आर॰ गुप्ता® कृत

NDA & NA

राष्ट्रीय रक्षा अकादमी एवं नौसेना अकादमी

गणित

प्रैक्टिस टेस्ट पेपर सहित

12वीं स्तर के सभी प्रतियोगी परीक्षाओं के लिए
भी उपयोगी पुस्तक

RPH संपादक मंडल
द्वारा संपादित

रमेश पब्लिशिंग हाउस, नई दिल्ली

प्रकाशक

ओ॰पी॰ गुप्ता, **रमेश पब्लिशिंग हाउस**

प्रशासनिक कार्यालय

12-H, न्यू दरियागंज रोड, आफिसर्स मेस के सामने,
नई दिल्ली-110002 ✆ 23275224, 23245124

E-mail: info@rameshpublishinghouse.com
For Online Shopping: www.rameshpublishinghouse.com

विक्रय केन्द्र

- बालाजी मार्किट, नई सड़क, दिल्ली-6 ✆ 23253720, 23282525
- 4457, नई सड़क, दिल्ली-6, ✆ 23918938

Book Code: R-704

ISBN: 978-93-5012-840-4

33rd Edition : March, 2024

मूल्यः ₹ 390

Printed by : Repro India Ltd.

CONTENTS

NDA & NA
MATHEMATICS

बीजगणित
(ALGEBRA)

समुच्चय सिद्धांत (SET THEORY)

समुच्चय (Set) : वस्तुओं का एक सुनिश्चित समूह समुच्चय कहलाता है। समुच्चय में सम्मिलित वस्तुओं का सुस्पष्ट और विशेष रूप में उल्लिखित होना अनिवार्य है।

समुच्चयों के वर्णन की विधियां :

(a) **सूचीकरण विधि (रोस्टर विधि) :** इसमें सभी अवयवों को सूचीबद्ध किया जाता है और उन्हें कोष्ठक {} द्वारा कोष्ठबद्ध किया जाता है।

उदाहरण : A = {1, 2, 3, ,4}

(b) **समुच्चय निर्माण विधि (गुणधर्म रूप) :** मान लें कि P एक गुणधर्म या गुणधर्मों का समूह है। यदि x में यह गुणधर्म उपस्थित हो, तो x समुच्चय में अंतर्निहित है। इसे प्रतीक रूप में निम्नवत् लिखा जा सकता है :

$A = \{x : P(x)\}$.

उदाहरण : A = {x : x, 5 से छोटी एक प्राकृत संख्या है}

A = {1, 2, 3, 4}

जिस समुच्चय में अवयवों की संख्या परिमित होती है उसे परिमित समुच्चय और जिस समुच्चय में अवयवों की संख्या परिमित नहीं होती उसे अनंत समुच्चय (Infinite set) कहते हैं।

परिमित समुच्चय की कोटि (Order of a Finite set): किसी परिमित समुच्चय में अवयवों की संख्या को उसकी कोटि कहते हैं। इसे संकेत रूप में n(A) द्वारा व्यक्त किया जाता है।

संकेत (Symbols) : कुछ सामान्यत: प्रयोग में लाए जाने वाले संकेत निम्नवत् हैं :

संकेत	***अर्थ***
$\Rightarrow$	सूचित करता है
$\in$	का सदस्य है
$A \subset B$	A, B का उपसमुच्चय है
$\Leftrightarrow$	... को सूचित करता है और ... द्वारा सूचित होता है
$\notin$	का सदस्य नहीं है
s.t	इस प्रकार कि
$\forall$	प्रत्येक के लिए
$\exists$	वहां विद्यमान है
iff	यदि और केवल यदि (यद्यैव)
&	और
$a\|b$	b, a का एक भाजक है
N	प्राकृत संख्याओं का समुच्चय
I	पूर्णांकों का समुच्चय
R	वास्तविक संख्याओं का समुच्चय
C	सम्मिश्र संख्याओं का समुच्चय
Q	परिमेय संख्याओं का समुच्चय

N = {1, 2, 3, 4, 5, 6, 7, 8, 9, 10, ...}

I = {...., –4, –3, –2, –1, 0, 1, 2, 3, 4, 5, ...}

C = {$a + ib : a, b \in$ R}

Q = {$\frac{a}{b}$: $a, b \in$ I और $b \neq 0$}

रिक्त समुच्चय (Null set) : जिन समुच्चय का कोई अवयव न हो उसे रिक्त समुच्चय (null or void or empty set) कहते हैं और इसे संकेत ϕ या {} द्वारा प्रदर्शित करते हैं।

उदाहरण : ϕ = {x : x पृथ्वी पर पाया जाने वाला एक अनश्वर प्राणी है}

या, ϕ = {x : x एक ऐसा पूर्णांक है जिसमें $x = x + 5$}

समष्टीय समुच्चय (Universal set) : किसी प्रसंग या विवेचन में अंतर्निहित सभी संभावित अवयवों से युक्त समुच्चय को समष्टीय समुच्चय कहते हैं।

संख्या समुच्चय (Number set) : नीचे संख्या समुच्चय दिए गए हैं :

(a) सभी प्राकृत संख्याओं के समुच्चय को N द्वारा सूचित किया जाता है।

N (गिनती की संख्याएं) = {1, 2, 3, 4}

(b) पूर्णांकों का समुच्चय Z या I द्वारा सूचित किया जाता है।

Z या I = { ...., –3, –2, –1, 0, 1, 2, 3, ...}

धनात्मक पूर्णांकों का समुच्चय

Z^+ या I^+ = {1, 2, 3, ...} = N

ऋणेतर पूर्णांकों का समुच्चय, W = पूर्ण संख्याओं (पूर्णांकों) का समुच्चय = {0, 1, 2, 3, ...}

ऋण पूर्णांकों का समुच्चय, Z^- या I^- = {–1, –2, –3, ...}

शून्येतर पूर्णांकों का समुच्चय, Z_0 = {± 1, ± 2, ± 3, ...}

(*c*) परिमेय संख्याओं का समुच्चय, Q = (p/q : जहां p और q पूर्णांक हैं तथा $q \neq 0$), परिमेय संख्याओं के **उदाहरण** : 1/2, –3/4, 5/2, 2, 3, ...

(*d*) समस्त वास्तविक संख्याओं के समुच्चय को R द्वारा सूचित किया जाता है।

(*e*) समस्त अपरिमेय संख्याओं के समुच्चय को R – Q द्वारा सूचित किया जाता है। वह संख्या जो वास्तविक संख्या हो किंतु परिमेय संख्या नहीं हो, अपरिमेय संख्या कहलाती है। अपरिमेय संख्याओं के **उदाहरण** : $\pi, e, \sqrt{2}, \sqrt{3}$, log 2, आदि।

उपसमुच्चय (Subset) : यदि A और B एक ही समष्टीय समुच्चय (universal set) के दो समुच्चय हों और यदि समुच्चय A का प्रत्येक अवयव समुच्चय B का भी अवयव हो, अर्थात् $x \in A \Rightarrow x \in B$, तो हम कहते हैं कि A , B का एक उपसमुच्चय है या A, B में अंतर्निहित है। इसे $A \subseteq B$ द्वारा सूचित किया जाता है।

दो समुच्चयों की समानता (Equality of Two Sets) : दो समुच्चय A और B समान कहलाते हैं यदि और केवल यदि उनमें अंतर्निहित अवयव एक जैसे हों, अर्थात् $A \subseteq B$ और $B \subseteq A$.

तुलनीय समुच्चय (Comparable sets) : दो समुच्चय A और B तुलनीय समुच्चय कहलाते हैं यदि $A \subseteq B$ या $B \subseteq A$ हो, उदाहरण {1, 2} और {1, 2, 3} तुलनीय समुच्चय हैं जबकि {1, 2, 2} और {2, 3, 4}तुलनीय समुच्चय नहीं है।

उचित और अनुचित उपसमुच्चय (Proper and Improper Subsets) : रिक्त समुच्चय ϕ प्रत्येक समुच्चय का उप समुच्चय होता है और प्रत्येक समुच्चय स्वयं का उपसमुच्चय होता है,अर्थात् प्रत्येक समुच्चय A के लिए $\phi \subset A$ और $A \subset A$ । इन्हें A का अनुचित उपसमुच्चय कहते हैं। अत: प्रत्येक अरिक्त समुच्चय के दो उपसमुच्चय होते हैं। उल्लेखनीय है कि ϕ का केवल एक उपसमुच्चय ϕ होता है जो अनुचित उपसमुच्चय होता है।

अत: A के अन्य सभी उपसमुच्चय उसके उचित उपसमुच्चय (proper subsets) कहलाते हैं।

अत: यदि $A \subseteq B, A \neq B, A \neq \phi$, तो A को B का उचित उपसमुच्चय कहते हैं।

उदाहरण : यदि A = {1, 2}, तो ϕ, {1}, {2}, {1, 2}, A के उपसमुच्चय हैं जिनमें से ϕ और {1, 2} अनुचित उपसमुच्चय तथा {1} और {2} इसके उचित उपसमुच्चय हैं।

किसी परिमित समुच्चय के उपसमुच्चयों की संख्या (Number of Subsets of a Finite Set) : यदि समुच्चय A के n अवयव हों तो A के उपसमुच्चयों की संख्या 2^n होगी।

घात समुच्चय (Power set) : किसी समुच्चय A के सभी उपसमुच्चयों के समुच्चय को समुच्चय A का घात समुच्चय कहते हैं। इसे P(A) द्वारा सूचित किया जाता है। अत:

$$n(A) = P \Rightarrow n\{P(A)\} = 2^P$$

कुछ महत्त्वपूर्ण निगमन (Some Important Deductions)

(*a*) $A \subseteq A, \forall A$

(*b*) $\phi \subseteq A \ \forall \ A$

(*c*) $A \subseteq U$ (समष्टीय समुच्चय) $\forall$ U में A

(*d*) $A = B \Leftrightarrow A \subseteq B, B \subseteq A$

दो समुच्चयों का सम्मिलन (Union of two sets) : दो समुच्चयों A और B के सभी अवयवों का ऐसा समुच्चय जिसमें A और B के सर्वनिष्ठ अवयवों को केवल एक ही बार लिखा गया हो, दोनों समुच्चयों A और B का सम्मिलन (union) कहलाता है। समुच्चय A और B के सम्मिलन को संकेत $A \cup B$ द्वारा सूचित करते हैं।

अत: $x \in A \cup B \Leftrightarrow x \in A$ या $x \in B$ और $x \notin A \cup B$ $\Leftrightarrow x \not\subset A$ और $x \not\subset B$.

साथ ही, $A \cup B = \{x : x \in A$ या $x \in B\}$

उदाहरण : यदि A = {a, b, c}, B = {*c, d, e*} हो, तो $A \cup B = \{a, b, c, d, e\}$

महत्त्वपूर्ण निगमन :

(*a*) $A \cup A = A, A \cup U = U, A \cup \phi = A$

(*b*) $A \subseteq A \cup B$; $B \subseteq A \cup B$

(*c*) $A \cup B = B \cup A$ (क्रम-विनिमेय नियम)

(*d*) यदि A और B दो ऐसे परिमित समुच्चय हों कि $n(A) = p, n(B) = q$.
न्यूनतम $n(A \cup B)$ = अधिकतम (p, q) और अधिकतम $n(A \cup B) = p + q$

(*e*) $A \subseteq B \Rightarrow A \cup B = B$

(*f*) $(A \cup B) \cup C = A \cup (B \cup C)$ (साहचर्य नियम)

दो समुच्चयों का सर्वनिष्ठ (Intersection of two sets): दो समुच्चयों A और B का सर्वनिष्ठ वह समुच्चय होता है जिसका प्रत्येक अवयव A और B दोनों समुच्चयों का अवयव हो।

दो समुच्चयों A और B के सर्वनिष्ठ को संकेत रूप में $A \cap B$ द्वारा व्यक्त किया जाता है। अत:

$x \in A \cap B \Leftrightarrow x \in A$ और $x \in B$

$\therefore A \cap B = \{x : x \in A$ और $x \in B\}$

साथ ही, $x \not\subset A \cap B \Leftrightarrow x \notin A$ या $x \notin B$

उदाहरण : यदि A = {1, 2, 3} और B = {2, 3, 5} तो $A \cap B = \{2, 3\}$

असंयुक्त समुच्चय (Disjoint Set) : यदि दो समुच्चयों A और B में कोई सर्वनिष्ठ अवयव नहीं हो तो ऐसे समुच्चय असंयुक्त समुच्चय कहलाते हैं। अत: समुच्चय A और B असंयुक्त समुच्चय हैं $\Leftrightarrow A \cap B = \phi$

उदाहरण : समुच्चय {1,2} और समुच्चय {3, 4} असंयुक्त समुच्चय हैं।

महत्वपूर्ण निगमन :

(a) $A \cap \phi = \phi, A \cap U = A, A \cap A = A$

(b) $A \cap B \subseteq A, A \cap B \subseteq B, A \cap B \subseteq A \cup B$

(c) $A \subseteq B \Rightarrow A \cap B = A$

(d) यदि A और B ऐसे परिमित समुच्चय हों कि $n(A) = p$, $n(B) = q$ तो न्यूनतम $n(A \cap B) = 0$, अधिकतम $n(A \cap B) =$ न्यूनतम (p, q)

(e) $A \cap B = B \cap A$ (क्रम-विनिमेय नियम)

(f) $(A \cap B) \cap C = A \cap (B \cap C)$ (साहचर्य नियम)

समुच्चयों का व्यवकलन या घटाव (Difference of Sets): यदि A और B दो समुच्चय हैं तो A – B (A घटाव B) उन अवयवों का समुच्चय है जो समुच्चय A के अवयव हैं किन्तु समुच्चय B के अवयव नहीं हैं।

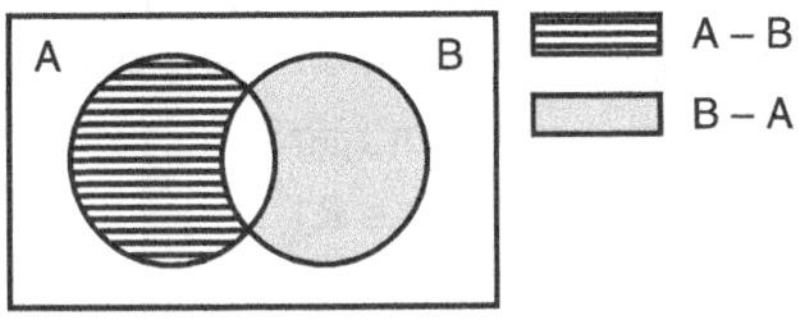

अत: $x \in A - B \Leftrightarrow x \in A$ और $x \notin B$

और इसलिए, $x \notin A - B \Leftrightarrow x \notin A$ या $x \notin B$

साथ ही $A - B = \{x : x \in A, x \notin B\}$

उदाहरण : निम्नलिखित समुच्चयों पर विचार करें–

A = {1, 2, 3}, B = {3, 4, 5}, तो

A – B = {1, 2}, B – A = {4, 5}

एक अन्य उदाहरण, R – Q समस्त अपरिमेय संख्याओं का समुच्चय है।

कुछ निगमन :

(a) $A - B \subseteq A, B - A \subseteq B$

(b) $A \subseteq B \Leftrightarrow A - B = \phi$

(c) $A - B \neq B - A$

(d) $A - B = A - (A \cap B)$

(e) $A - B, B - A, A \cap B$ युगलत: असंयुक्त समुच्चय हैं।

सममित अंतर (Symmetric Difference) : $(A - B) \cup (B - A)$ को A और B का सममित अंतर कहते हैं। इसे प्राय: $A \Delta B$ द्वारा सूचित किया जाता है। साथ ही, $A \Delta B = (A \cup B) - (A \cap B)$

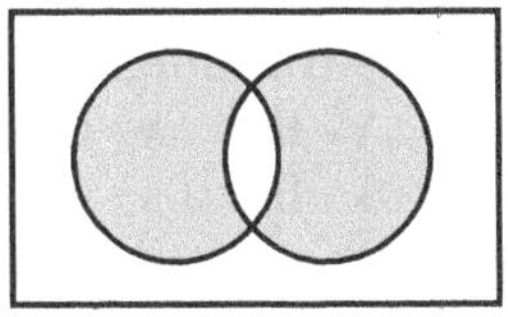

A Δ B

पूरक (Complement) : किसी समुच्चय A का पूरक उन अवयवों का समुच्चय है जो समुच्चय A के सदस्य नहीं हैं, अर्थात् अंतर U – A, जहां U समष्टीय समुच्चय है।

इसे A′ या A^C या C(A) द्वारा सूचित किया जाता है।

उदाहरण : यदि U = {1, 2, ..., 10} और A = {1, 3, 5, 7, 9} हो, तो A′ = {2, 4, 6, 8, 10}

कुछ निगमन :

(a) $A \cap A' = \phi, A \cup A' = U$ (समष्टीय समुच्चय)

(b) $U' = \phi, \phi' = U$

(c) $(A')' = A$

(d) $A - B = A \cap B'$

कार्तीय गुणन (Cartesian Product) : समुच्चय A और समुच्चय B का A × B द्वारा प्रदर्शित कार्तीय गुणन सभी क्रमित युग्मों का समुच्चय है जिसके पहले निर्देशांक समुच्चय A के अवयव और दूसरे निर्देशांक समुच्चय B के अवयव होते हैं। संकेत रूप में,

$A \times B = \{(a, b) : a \in A, b \in B\}$

उदाहरण : यदि $A = \{a, b\}$, B = {1, 2, 3} हो, तो $A \times B = \{(a, 1), (a, 2), (a, 3), (b, 1), (b, 2), (b, 3)\}$

कुछ निगमन :

(a) $B \subset C \Leftrightarrow A \times B \subset A \times C$

(b) $n(A) = p, n(B) = q \Rightarrow n(A \times B) = pq$

इन संक्रियाओं के कुछ महत्त्वपूर्ण नियम–

(a) **क्रम-विनिमेय नियम (Commutative law) :**
$A \cup B = B \cup A$; $A \cap B = B \cap A, A - B \neq B - A$
$A \Delta B = B \Delta A, A \times B \neq B \times A$

(b) **साहचर्य नियम (Associative Laws) :**
$(A \cup B) \cup C = A \cup (B \cup C)$
$(A \cap B) \cap C = A \cap (B \cap C)$

$(A \Delta B) \Delta C = A \Delta (B \Delta C)$
$(A - B) - C \neq A - (B - C)$
$(A \times B) \times C \neq A \times (B \times C)$

(c) **वितरण-नियम (Distributive Laws) :**
$A \cup (B \cap C) = (A \cup B) \cap (A \cup C)$
$A \cap (B \cup C) = (A \cap B) \cup (A \cap C)$
$A \times (B \cap C) = (A \times B) \cap (A \times C)$
$A \times (B \cup C) = (A \times B) \cup (A \times C)$
$A \times (B - C) = A \times B - A \times C$

(d) **डी मॉर्गन का नियम (De Morgan's Laws) :**
$A - (B \cup C) = (A - B) \cap (A - C)$
$A - (B \cap C) = (A - B) \cup (A - C)$
$(A \cup B)' = A' \cap B'$
$(A \cap B)' = A' \cup B'$

परिमित समुच्चयों के क्रमीकरण से संबंधित कुछ अन्य परिणाम

समुच्चय (Sets) : यदि A, B और C परिमित समुच्चय हों और U परिमित समष्टीय समुच्चय हो, तो

(a) यदि A और B असंयुक्त समुच्चय हों तो
$n(A \cup B) = n(A) + n(B)$

(b) $n(A \cup B) = n(A) + n(B) - n(A \cap B)$

(c) $n(A - B) = n(A) - n(A \cap B)$, अर्थात् $n(A) = n(A - B) + n(A \cap B)$

(d) $n(A \Delta B)$ = (उन अवयवों की संख्या जो समुच्चय A या B में से किसी एक के सदस्य हों)
$= n[(A - B) \cup (B - A)]$
$= n[(A \cap B') \cup (A' \cap B)]$
$= n(A) + n(B) - 2n(A \cap B)$

(e) n(न तो A और न ही B) $= n(A' \cap B') = n(A \cup B)' = n(U) - n(A \cup B)$

(f) $n(A' \cup B') = n(A \cap B)' = n(U) - n(A \cap B)$

(g) $n(A \cup B \cup C) = n(A) + n(B) + n(C) - n(A \cap B) - n(B \cap C) - n(A \cap C) + n(A \cap B \cap C)$

(h) n(A, B और C में से ठीक-ठीक किन्हीं दो समुच्चयों में स्थित अवयवों का समुच्चय) $= n(A \cap B) + n(B \cap C) + n(C \cap A) - 3n(A \cap B \cap C)$

(i) n(A, B और C में से कम से कम किन्हीं दो समुच्चयों में स्थित अवयवों का समुच्चय) $= n(A \cap B) + n(A \cap C) + n(B \cap C) - 2n(A \cap B \cap C)$

(j) n(A, B और C में से ठीक-ठीक किसी एक समुच्चय में स्थित अवयवों का समुच्चय) $= n(A) + n(B) + n(C) - 2n(A \cap B) - 2n(B \cap C) - 2n(A \cup C) + 3n(A \cup C)$

संबंध (Relations) : मान लें कि A और B दो अरिक्त समुच्चय हैं। तो $A \times B$ का प्रत्येक उपसमुच्चय A से B का संबंध दर्शाता है और A से B का प्रत्येक संबंध $A \times B$ का एक उपसमुच्चय है।

यदि $R \subseteq A \times B$ और $(a, b) \in R$ हो, तो हम कहते हैं कि a, b से संबंध R द्वारा संबंधित है और इसे $a R b$ के रूप में लिखते हैं। यदि $(a, b) \notin R$ हो तो हम इसे $a \not R b$ के रूप में लिखते हैं।

उदाहरण : मान लें कि A = {1, 2, 3, 4, 5}, B = {1,3} हम A से B का संबंध निम्नलिखित रूप में दर्शाते हैं:

a R B यदि और केवल यदि $a \leq b;\ a \in A, b \in B$.

तो $R = \{(1, 1), (1, 3), (2, 3)\} \subset A \times B$.

संबंध का प्रांत और परिसर (Domain and Range of a Relation) : मान लें कि B का A से संबंध R है। अर्थात् यदि $R \subseteq A \times B$, तो

प्रांत R (Domain R) = $\{a : a \in A, (a, b) \in R$, कुछ $b \in B$ के लिए$\}$

अर्थात् प्रांत R उन क्रमित युग्मों के सभी पहले अवयवों का समुच्चय है जो R में अंतर्निहित हैं। साथ ही, परिसर R = $\{b : b \in B, (a, b) \in R$, कुछ $a \in A$ के लिए$\}$

अर्थात् परिसर R अन क्रमित युग्मों के सभी दूसरे अवयवों का समुच्चय है जो R में अंतर्निहित हैं। अत: प्रांत $R \subseteq A$, परिसर $R \subseteq B$

व्युत्क्रम संबंध (Inverse Relation) : यदि B का A से संबंध $R \subseteq A \times B$ हो, तो व्युत्क्रम संबंध $R^{-1} \subseteq B \times A$ को निम्नलिखित द्वारा व्यक्त किया जाता है :

$R^{-1} = \{(b, a) : (a, b) \in R\}$

यह स्पष्ट है कि

(a) $a R b \Leftrightarrow b R^{-1} a$

(b) प्रांत R^{-1} = परिसर R और परिसर R^{-1} = प्रांत R

(c) $(R^{-1})^{-1} = R$

उदाहरण : मान लें कि A = {1, 2, 3, 4}, B = {a, b, c} और R = {(1, a), (1, c), (2, a)} हो, तो

(i) प्रांत R = {1, 2}, परिसर R = {a, c}.

(ii) $R^{-1} = \{(a,1), (c, 1) (a, 2)\}$.

संबंध-संयोजन (Composition of Relations) : यदि $R \subseteq A \times B$ और $S \subseteq B \times C$ दो संबंध हों तो R और S संबंधों का संयोजन $S\ o\ R \subseteq A \times C$ द्वारा सूचित किया जाता है और इसे निम्नलिखित द्वारा परिभाषित किया जाता है:

$(a, c) \in (S \, o \, R)$ यदि और केवल यदि $\exists \, b \in B$ इस प्रकार हो कि $(a, b) \in R, (b, c) \in S$.

उदाहरण : मान लें कि $A = \{1, 2, 3\}, B = \{a, b, c, d\}, C = \{\alpha, \beta, \gamma\}$

तो, $R(\subseteq A \times B) = \{(1, a), (1, c), (2, d)\}$

$S(\subseteq B \times C) = \{(a, \alpha), (a, \gamma), (a, \beta)\}$

उपर्युक्त स्थिति में $S \, o \, R(\subseteq A \times C) = \{(1, \alpha), (1, \gamma), (1, \beta)\}$

हमें संबंध $R \, o \, S$ का परिकलन करने में सावधान रहना चाहिए। वास्तव में, $S \, o \, R$ संबंध R से आरंभ होता है जबकि $R \, o \, S$ संबंध S से आरम्भ होता है।

व्यापक रूप में $S \, oR \neq R \, o \, S$ साथ ही, $(S \, o \, R)^{-1} = R^{-1} o \, S^{-1}$, जिसे उत्क्रमण नियम (reversal rule) कहते हैं।

किसी समुच्चय में संबंध (Relation in a set) : मान लें कि $A \, (\neq \phi)$ एक समुच्चय है और $R \subseteq A \times A$ अर्थात् R समुच्चय A में एक संबंध है।

स्वतुल्य संबंध (Reflexive Relations) : R एक स्वतुल्य संबंध है यदि $(a, a) \in R, \; \forall \; a \in R$ हो। यहां उल्लेखनीय है कि यदि $\exists$ कोई $a \in A$ ऐसा कि $a \not R a$, तो R स्वतुल्य संबंध नहीं है।

उदाहरण : यदि $A = \{1, 2, 3\}$ और $R = \{(1, 1), (1, 3)\}$ तो R स्वतुल्य संबंध नहीं है क्योंकि $3 \in A$ किन्तु $(3, 3) \notin R$.

सममित संबंध (Symmetric Relation) : R का A से संबंध सममित संबंध होगा यदि $(x, y) \in R \Rightarrow (y, x) \in R$ अर्थात् यदि x, y से R संबंधित हो, तो y भी x से R संबंधित है। उल्लेख किया जाता है कि R सममित है यदि और केवल यदि $R^{-1} = R$ हो।

प्रतिसममित संबंध (Anti Symmetric Relation) : R को एक प्रतिसममित संबंध कहते हैं यदि $(a, b) \in R$ और $(b, a) \in R \Rightarrow a = b$ हो।

अत: यदि $a \neq b$ तो a, b से संबंधित हो सकता है या b, a से संबंधित हो सकता है किन्तु दोनों एक-दूसरे से कभी संबंधित नहीं हो सकते।

उदाहरण : यदि N प्राकृत संख्याओं का समुच्चय हो, तो संबंध $R \subseteq N \times N$ को निम्नवत् परिभाषित किया जा सकता है।

$x \, R \, y$ यदि और केवल यदि x, y को विभाजित करता हो (अर्थात् x/y) तो $x \, R \, y, \, y \, R \, x \Rightarrow x, y$ को विभाजित करता है और y, x को विभाजित करता है $\Rightarrow x = y$.

संक्रामक संबंध (Transitive Relation) : R एक संक्रामक संबंध कहलाता है यदि $(a, b) \in R, (b, c) \in R \Rightarrow (a, c) \in R$ हो। दूसरे शब्दों में यदि a, b से संबंधित हो और b, c से संबंधित हो, तो a, c से संबंधित होगा।

संक्रामक संबंध तभी स्थापित नहीं हो पाता जबकि a, b, c इस प्रकार से हों कि $a \, R \, b, \, b \, R \, c$ किन्तु $a \not R c$ हो।

उदाहरण : समुच्चय $A = \{1, 2, 3\}$ और नीचे दिए गए संबंधों पर विचार करें :

$$R_1 = \{(1, 2), (1, 3)\}$$
$$R_2 = \{(1, 2)\}$$
$$R_3 = \{(1, 1)\}$$
$$R_4 = \{(1, 2), (2, 1), (1, 1)\}$$

R_1, R_2 और R_3 संबंध संक्रामक संबंध हैं किन्तु R_4 संक्रामक संबंध नहीं है क्योंकि R_4 में $(2, 1) \in R_4, (1, 2) \in R_4$ किन्तु $(2, 2) \notin R_4$.

तत्समक संबंध (Identity Relation) : R एक तत्समक संबंध है यदि $(a, b) \in R$ यदि और केवल यदि $a = b$ हो।

दूसरे शब्दों में A का प्रत्येक अवयव केवल स्वयं से ही संबंधित है।

तत्समक संबंध स्वतुल्य, सममित और संक्रामक संबंध हो सकता है।

उदाहरण : समुच्चय $A = \{1, 2, 3\}$ में $R = \{(1, 2), (2, 2), (3, 3)\}$ का A के साथ तत्समक संबंध है।

तुल्यता संबंध (Equivalence Relations) : समुच्चय A में संबंध R को तुल्यता संबंध कहते हैं यदि

1. R स्वतुल्य संबंध हो अर्थात् $(a, a) \in R, \; \forall \, a \in A$
2. R सममित संबंध हो, अर्थात् $(a, b) \in R \Rightarrow (b, a) \in R$
3. R संक्रामक संबंध हो अर्थात् $(a, b), (b, c) \in R \Rightarrow (a, c) \in R$.

किसी तुल्यता संबंध का तुल्यता वर्ग (Equivalence Class of an Equivalence Relation) : यदि $A(\neq \phi)$ में R तुल्यता संबंध हो और $a \in A$ हो तो $[a]$ या $\{\overline{a}\}$ द्वारा सूचित a के तुल्यता वर्ग को A के उन सभी बिन्दुओं के समुच्चय के रूप में परिभाषित किया जाता है जो a से संबंध R के अंतर्गत संबंधित हों। इस प्रकार $[a] = \{x \in A : x \, R \, a\}$

इस प्रकार यह स्पष्ट है कि :

(a) $b \in [a] \Rightarrow a \in [b]$

(b) $b \in [a] \Rightarrow [a] = [b]$

(c) दो तुल्यता वर्ग या तो असंयुक्त होते हैं या सदृश।

सम्मिश्र संख्या (COMPLEX NUMBER)

सम्मिश्र संख्या (Complex Number) : संख्या $a + ib$, जहां a और b वास्तविक संख्याएं हैं, सम्मिश्र संख्या कहलाती है।

या

क्रमित युग्म (a, b) जिसमें a और b वास्तविक संख्याएं हैं, सम्मिश्र संख्या कहलाती है।

यदि $Z = a + ib$ हो, तो a को वास्तविक भाग कहते हैं जिसे $\text{Re}(z)$ द्वारा सूचित किया जाता है और b को सम्मिश्र संख्या का अधिकल्पित भाग कहते हैं जिसे $\text{Im}(z)$ द्वारा सूचित किया जाता है।

सम्मिश्र संख्या $z = x + iy, x, y \in R$ पूर्णत: वास्तविक संख्या होती है यदि $y = 0$ हो, अर्थात् यदि $\text{Im}(z) = 0$ हो और पूर्णत: अधिकल्पित संख्या होती है यदि $x = 0$ हो अर्थात् यदि $\text{Re}(z) = 0$ हो।

समान सम्मिश्र संख्या (Equal Complex Numbers): यदि $z_1 = x_1 + iy_1$ और $z_2 = x_2 + iy_2$ हो, तो $z_1 = z_2$, अर्थात् $x_1 + iy_1 = x_2 + iy_2 \Leftrightarrow x_1 = x_2, y_1 = y_2$ सम्मिश्र संख्या $z = x + iy = 0 \Leftrightarrow x = 0, y = 0$

किसी सम्मिश्र संख्या का मापांक और कोणांक (Modulus and Argument of a Complex Number) : यदि $z = x + iy$ हो तो z का मापांक धनात्मक वास्तविक संख्या $\sqrt{(x^2 + y^2)}$ होता है और इसे $|z|$ द्वारा सूचित किया जाता है।

अर्थात् $|z| = \sqrt{(x^2 + y^2)}$.

सम्मिश्र संख्या $z = x + iy \neq 0$ का कोणांक (argument or amplitude) कोई भी वह संख्या हो सकती है जो नीचे दिए गए समीकरणों के निकाय का हल हो :

$$\cos\theta = \frac{x}{\sqrt{(x^2 + y^2)}}, \sin\theta = \frac{y}{\sqrt{(x^2 + y^2)}}$$

और इसे कोणांक (z) द्वारा सूचित किया जाता है।

किसी सम्मिश्र संख्या का कोणांक एक ही नहीं होता। यदि कोणांक का एक मान θ हो, तो $2n\pi + \theta$ भी z के कोणांकों के मान हैं जबकि $n \in I$ सम्मिश्र संख्या z के कोणांक का मुख्य मान वह कोणांक θ है जो असमिका $-\pi < \theta \leq \pi$ का हल हो।

उल्लेखनीय है कि सम्मिश्र संख्या 0 का कोणांक परिभाषित नहीं किया गया है।

किसी सम्मिश्र संख्या का संयुग्मी (Conjugate of a Complex Number): यदि $z = x + iy$ एक सम्मिश्र संख्या हो, तो $\bar{z}$ द्वारा सूचित सम्मिश्र संख्या $x - iy$ को सम्मिश्र संख्या का संयुग्मी कहते हैं, अर्थात् $\bar{z} = x - iy$.

संयुग्मियों और मापांको का गुणधर्म (Properties of Conjugates and Moduli) :

(a) $|z| = |\bar{z}|$ (b) $|z|^2 = z \cdot \bar{z}$

(c) $\overline{(z_1 \pm z_2)} = \bar{z} \pm \bar{z}_2$ (d) $\overline{(z_1 z_2)} = \bar{z}_1 \cdot \bar{z}_2$

(e) $\overline{(z_1/z_2)} = \bar{z}_1/\bar{z}_2$ (f) $|z| = 0$ iff $z = 0$

(g) $|z_1 + z_2| \leq |z_1| + |z_2|$ (h) $|z_1 - z_2| \geq |z_1| - |z_2|$.

सम्मिश्र संख्या का ज्यामितीय निरुपण (Geometrical Representation of Complex Number) : सम्मिश्र संख्या $z = x + iy$ को एक बिन्दु p द्वारा निरूपित किया जा सकता है जिसके कार्तीय निर्देशांक (cartesian coordinates) (x, y) हैं जिन्हें अक्ष OX और OY द्वारा दर्शाया जाता है जो क्रमश: वास्तविक और अधिकल्पित अक्ष कहलाते हैं।

सम्मिश्र संख्याओं को जिन समतल पर बिन्दुओं के रूप में निरूपित किया जाता है उसे आरगां समतल या आरगां आरेख या सम्मिश्र समतल या गाउस-समतल कहते हैं।

किसी सम्मिश्र संख्या का ध्रुवीय रूप (Polar form of a Complex Number)

(a) सम्मिश्र संख्या $z = x + iy, x, y \in R$ को ध्रुवीय रूप में $z = r(\cos\theta + i\sin\theta)$ के रूप में निरूपित किया जा सकता है जहां $x = r\cos\theta, y = r\sin\theta, r = \sqrt{(x^2 + y^2)} = |z|$ और θ, जो कोणांक z है, समीकरण $\cos\theta = x\big/\sqrt{(x^2 + y^2)} = x/r$ और $\sin\theta = y\big/\sqrt{(x^2 + y^2)} = y/r$ का हल है।

(b) यदि $z_1 = r_1(\cos\theta_1 + i\sin\theta_1)$ और $z_2 = r_2(\cos\theta_2 + i\sin\theta_2)$ हो, तो

$|z_1| = r_1, |z_2| = r_2$, कोणांक $z_1 + \theta_1$ और कोणांक $z_2 + \theta_2$

अब $z_1 z_2 = r_1 r_2 \cos(\theta_1 + \theta_2)$

$\therefore |z_1 z_2| = r_1 r_2$, कोणांक $(z_1 z_2) = \theta_1 + \theta_2$

अत: $|z_1 z_2| = |z_1||z_2|$ और कोणांक $(z_1 z_2) =$ कोणांक z_1 – कोणांक z_2

साथ ही, $(z_1/z_2) = (r_1/r_2) \cos(\theta_1 - \theta_2)$

$\therefore |z_1/z_2| = (r_1/r_2)$ और $\log(z_1/z_2) = \theta_1 - \theta_2$

अतः $|z_1/z_2| = |z_1|/|z_2|$ और कोणांक (z_1/z_2) = कोणांक z_1 – कोणांक z_2

इकाई का घनमूल (Cube Root of Unity) :

(a) इकाई के घनमूल 1, $\omega = \dfrac{-1+\sqrt{3i}}{2}$ और

$\omega^2 = \dfrac{-1-\sqrt{3i}}{2}$ होते हैं।

(b) यदि ω इकाई का सम्मिश्र घनमूल हो, तो

$\omega^3 = 1$ और $\omega^2 + \omega + 1 = 0$

दो बिन्दुओं के बीच दूरी (Distance Between two Points) : यदि z_1 और z_2 दो सम्मिश्र संख्याएं हो तो z_1 और z_2 के बीच दूरी $|z_1 - z_2|$ होगी।

दिए गए रेखाखंड को एक निश्चित अनुपात में विभाजित करने वाला बिन्दु (Point dividing a Line Segment in a given Ratio)

मान लें कि $z_1 = x_1 + iy_1$, $z_2 = x_2 + iy_2$ आरगां समतल में क्रमशः बिन्दु A और B के अधिस्थान (affixes) हैं। यदि $\lambda \neq 1$ एक वास्तविक संख्या हो, तो AB पर केवल एक ही बिन्दु C इस प्रकार होगा AC : CB = λ : 1 बिन्दु C को $\left(\dfrac{x_1+\lambda x_2}{\lambda+1}, \dfrac{y_1+\lambda y_2}{\lambda+1}\right)$ द्वारा व्यक्त किया जाता है।

अतः C का अधिस्थान $(z_1 + \lambda z_2)(1+\lambda)$ है। यदि z_1, z_2, z_3 किसी त्रिभुज में शीर्षों के अधिस्थान हों, तो त्रिभुज के केंद्रक का अधिस्थान होगा :

$(z_1 + z_2 + z_3)/3$

तीन बिन्दु z_1, z_2, z_3 संरेखीय होंगे यदि

$$\begin{vmatrix} z_1 & \bar{z}_1 & 1 \\ z_2 & \bar{z}_2 & 1 \\ z_3 & \bar{z}_3 & 1 \end{vmatrix} = 0$$

श्रेढ़ी (PROGRESSION)

अनुक्रम (Sequence) : अनुक्रम सहप्रांत R या C के साथ प्रांत N (प्राकृत संख्याओं का समुच्चय) के संबंध में विनिर्दिष्ट फलन होता है। यदि सहप्रांत R हो, तो इसे वास्तविक अनुक्रम और यदि सहप्रांत C हो तो इसे सम्मिश्र अनुक्रम कहते हैं।

यदि $f : N \to S$ एक अनुक्रम हो, तो इसे प्रायः $\{f(1), f(2). ....\} \equiv \{f(x)\}$ के रुप में लिखा जाता है। यदि $t_n = f(n)$ हो, तो अनुक्रम को $\{t_1, t_2, t_3 ....\} = \{t_n\}$ के रूप में भी लिखा जाता है।

शृंखला (Series) : यदि $\{t_1, t_2, t_3, ...\}$ एक अनुक्रम हो, तो $S = t_1 + t_2 + t_3 + ...$ को संगत शृंखला कहते हैं।

समांतर श्रेढ़ी (Arithmetic Progression) : समांतर श्रेढ़ी एक ऐसे अनुक्रम को कहते हैं जिनके पद एक निश्चित संख्या द्वारा बढ़ते या घटते हैं। अतः यदि अनुक्रम $\{t_1, t_2, t_3, ...\}$ ऐसा हो कि $t_n - t_{n-1}$ सभी $n \in N$ के लिए एक स्थिरांक हो तो यह अनुक्रम एक समांतर श्रेढ़ी है। इस स्थिरांक को समांतर श्रेढ़ी का सार्व अंतर (Common difference) कहते हैं।

समांतर श्रेढ़ी में *n*वां पद और *n*–पदों का योग (*n*-th Term and Sum of *n*-terms of an A.P.) : यदि किसी समांतर श्रेढ़ी का पहला पद *a* हो और *d* सार्व अंतर हो तो श्रेढ़ी का *n*वां पद $t_n = a + (n-1)d$ और *n*पदों का योग $Sn = \dfrac{n}{2}\left[2a+(n-1)d\right] = \dfrac{n}{2}(a+1)$, जहां *a* और *l* श्रेढ़ी का क्रमशः पहला पद और अंतिम पद है।

समांतर माध्य (Arithmetic Mean) : किन्हीं दो संख्याओं *a* और *b* का समांतर माध्य (A) दी गई दोनों संख्याओं के योग को 2 से विभाजित करके ज्ञात किया जाता है।

अतः $A = \dfrac{a+b}{2}$

इस प्रकार *a*, A और *b* समांतर श्रेढ़ी में होंगे।

यदि $x_1, x_2, ... , x_n$ कुल *n* संख्याएं हो, तो इनका समांतर माध्य $= (x_1 + x_2 + ... + x_n)/n$.

***n* समांतर माध्य (The *n*-Arithmetic Means) :** संख्याएं $A_1, A_2, ... , A_n$ दी गई संख्याओं *a* और *b* के बीच *n* समांतर माध्य कहलाती हैं यदि $a, A_1, A_2, ... , A_n, b$ सतांतर श्रेढ़ी में हों। स्पष्ट है कि $b = t_{n+2} = a + (n+1)d$,

$\therefore d = \dfrac{b-a}{n+1}$ और इस प्रकार $A_1 = a + \dfrac{b-a}{n+1}$ ....,

$A_r = a + \dfrac{r(b-a)}{n+1}$,

समांतर श्रेढ़ी से संबंधित कुछ महत्वपूर्ण तथ्य (Some Important Facts about A.P.) :

(a) यदि किसी दी गई समांतर श्रेढ़ी के प्रत्येक पद में कोई

निश्चित संख्या जोड़ी या घटाई जाए तो प्राप्त शृंखला भी समांतर श्रेढ़ी में होगी और इसका सार्व अंतर अपरिवर्तित रहेगा।

(b) यदि किसी दी गई समांतर श्रेढ़ी के प्रत्येक पद को किसी निश्चित संख्या से गुणा किया जाए या किसी निश्चित शून्येतर संख्या द्वारा विभाजित किया जाए तो प्राप्त शृंखला भी समांतर श्रेढ़ी में होगी।

(c) यदि $x_1 + x_2 + x_3 + ...$ और $y_1 + y_2 + y_3 + ...$ दो समांतर श्रेढ़ी हों तो $x_1 \pm y_1, x_2 \pm y_2, x_3 \pm y_3$ भी समांतर श्रेढ़ी में होंगे।

(d) समांतर श्रेढ़ी में तीन पदों को $(a - d), a, (a + d)$ के रूप में और चार पदों को $a - 3d, a - d, a + d, a + 3d$ के रूप में लिया जाना उपयुक्त होता है।

(e) समांतर श्रेढ़ी में $a_n = \frac{1}{2}\left(a_{n-k} + a_{n+k}\right)$, जहां $k \le n$.

गुणोत्तर श्रेढ़ी (Geometric Progression) : गुणोत्तर श्रेढ़ी संख्याओं का एक ऐसा अनुक्रम होता है जिसमें पहला पद शून्येतर होता है और प्रत्येक अनुवर्ती पद पूववर्ती पद और दिए गए अनुक्रम के लिए स्थिर एक शून्येतर संख्या के गुणनफल के बराबर होता है। इस शून्येतर संख्या को गुणोत्तर श्रेढ़ी का सार्व अनुपात (common ratio) कहते हैं।

गुणोत्तर श्रेढ़ी में *n*वां पद और *n*–पदों का योग (*n*-th term and Sum of *n* terms of a G.P.) : यदि किसी गुणोत्तर श्रेढ़ी का पहला पद a हो और इसका सार्व अनुपात r हो, तो गुणोत्तर श्रेढ़ी में nवां पद $= t_n = ar^{n-1}$ और n–पदों का योग (S_n द्वारा सूचित) :

$$S_n = \frac{a\left(r^n - 1\right)}{r - 1} = \frac{a\left(1 - r^n\right)}{1 - r} \text{ यदि } r \ne 1.$$

अनंत गुणोत्तर श्रेढ़ी का योग (Sum of Infinite G.P.): यदि $-1 < r < 1$, अर्थात् $|r| < 1$ हो, तो अनंत गुणोत्तर श्रेढ़ी का योग $a + ar + ar^2 + ... = a/(1 - r)$.

गुणोत्तर माध्य (Geometric Mean) : यदि $a, b > 0$ हो, तो a और b का गुणोत्तर माध्य $= \sqrt{(ab)}$.

यदि $a_1, a_2, ... , a_n > 0$ हो, तो इनका गुणोत्तर माध्य $= (a_1 . a_2 .... a_n)^{1/n}$.

यदि दो धनात्मक वास्तविक संख्याओं a और b के बीच n गुणोत्तर माध्य $g_1, g_2, ... , g_n$ निविष्ट कराए जाने हों तो $a, g_1, g_2, ... , g_n, b$ गुणोत्तर श्रेढ़ी में होंगे।

अत: $b = ar^{n-1}$, अर्थात् $r = (b/a)^{1/n+1}$ और तब $g_1 = ar, g_2 = ar^2, ... , g_n = ar^n$.

गुणोत्तर श्रेढ़ी से संबंधित कुछ महत्वपूर्ण तथ्य (Some Important Facts about G.P.) :

(a) यदि किसी गुणोत्तर श्रेढ़ी के प्रत्येक पद को किसी निश्चित, शून्येतर संख्या से गुणा या भाग किया जाए तो प्राप्त अनुक्रम भी गुणोत्तर श्रेढ़ी में होगा।

(b) यदि $x_1, x_2, x_3, ...$ और $y_1, y_2, y_3, ...$ दो गुणोत्तर श्रेढ़ी हों तो $x_1y_1, x_2y_2, x_3y_3, ...$ और $\frac{x_1}{y_1}, \frac{x_2}{y_2}, \frac{x_3}{y_3}, ...$ भी गुणोत्तर श्रेढ़ी में होंगे।

(c) यदि x_1, x_2, x_3 ....धनात्मक पदों की गुणोत्तर श्रेढ़ी हो तो $\log x_1, \log x_2, \log x_3, ...$ समांतर श्रेढ़ी में होगा और विलोमत:।

(d) किसी गुणोत्तर श्रेढ़ी में तीन पद $a/r, a, ar$ के रूप में और गुणोत्तर श्रेढ़ी में चार पद $a/r^3, a/r, ar, ar^3$ के रूप में लिए जाते हैं। यह प्रस्तुतीकरण उपयोगी है यदि दिए गए प्रश्न में पदों का गुणनफल अंतर्निहित हो। अन्य प्रश्नों में पदों को $a, ar, ar^2, ...$ के रूप में लिया जाना चाहिए।

हरात्मक श्रेढ़ी (Harmonic Progression) : अनुक्रम $x_1, x_2, x_3, ..., x_n ....$, जहां प्रत्येक n के लिए $x_n \ne 0$ को हरात्मक श्रेढ़ी में कहा जाता है यदि अनुक्रम $\frac{1}{x_1}, \frac{1}{x_2}, \frac{1}{x_3}$ समांतर श्रेढ़ी में हों। उल्लेखनीय है कि हरात्मक श्रेढ़ी का कोई भी पद शून्य नहीं हो सकता।

हरात्मक श्रेढ़ी का *n*वां पद (*n*th Term of a H.P.) : यदि $x_1, x_2, x_3, ...$ एक हरात्मक श्रेढ़ी हो तो इसकी संगत समांतर श्रेढ़ी $\frac{1}{x_1}, \frac{1}{x_2}$ .... होगी।

अत: यदि $a = a/x_1$ और $d = \frac{1}{x_2} - \frac{1}{x_1}$ हो, तो x_n (हरात्मक श्रेढ़ी का nवां पद) $= \frac{1}{a + (n-1)d}$.

हरात्मक माध्य (Harmonic Mean) : यदि a और b दो शून्येतर संख्याएं हों, तो a और b का हरात्मक माध्य (H द्वारा सूचित) निम्नलिखित द्वारा व्यक्त किया जाता है :

$$\frac{1}{H}=\frac{1}{2}\left(\frac{1}{a}+\frac{1}{b}\right) \text{ या } H=\frac{2ab}{a+b}$$

यदि a_1, a_2, a_n कुछ शून्येतर संख्याएं हैं जिनकी कुल संख्या n है तो उनका हरात्मक माध्य H निम्नलिखित द्वारा व्यक्त किया जा सकता है :

$$\frac{1}{H}=\frac{1}{2}\left(\frac{1}{a_1}+\frac{1}{a_2}+....+\frac{1}{a_n}\right)$$

यदि दो शून्येतर संख्याओं a और b के बीच $H_1, H_2, ... H_n$, कुल n हरात्मक माध्य निविष्ट हों, तो

$\frac{1}{a}, \frac{1}{H_1}, \frac{1}{H_2}, \frac{1}{H_3} .... \frac{1}{H_n}, \frac{1}{b}$ समांतर श्रेढ़ी में होंगे।

यदि x_1, x_2, x_3 .... समांतर श्रेढ़ी में और y_1, y_2, y_3 .... गुणोत्तर श्रेढ़ी में हों तो x_1y_1, x_2y_2, x_3y_3 को समांतर गुणोत्तर अनुक्रम (Arithmetic Geometric Sequence, A.G.S) में कहा जाता है।

समांतर गुणोत्तर अनुक्रम का रुप $x, (x+d)r, (x+2d)r^2$, ... होता है।

समांतर गुणोत्तर अनुक्रम का nवां पद और n पदों का योग : समांतर गुणोत्तर अनुक्रम का nवां पद = $\{x+(n-1)d\}r^{n-1}$

इस श्रृंखला के n पदों का योग,

$$S_n = x+(x+d)r+(x+2d)r^2+....+\{x+(n-1)d\}r^{n-1} \quad ....(i)$$

$$rS_n = xr+(x+d)r^2+....+\{x+(n-2)d\}r^{n-1}+\{x+(n-1)d\}r^n \quad ....(ii)$$

उपर्युक्त (i) से (ii) को घटाने पर,

$$(1-r)S_n = x+dr(1+r+r^2+....+r^{n-2})-\{x+(n-1)d\}r^n$$

$$\text{या } S_n=\frac{x}{1-r}+dr\frac{(1-r^{n-1})}{(1-r)^2}-\frac{\{x+(n-1)d\}r^n}{1-r}$$

यदि $-1<r<1$, तो अनंत पर योग

$$S_\infty=\lim_{n\to\infty} yS_n=\frac{x}{1-r}+\frac{dr}{(1-r)^2} \text{ चूंकि } \lim_{n\to\infty} r^n=0.$$

$\sum n, \sum n^2, \sum n^3$ के लिए सूत्र :

(a) $\sum n=\sum_{r=1}^{n} r = 1+2+3+....+n=\frac{1}{2}n(n+1)$

(b) $\sum n^2=\sum_{r=1}^{n} r^2=\frac{1}{6}n(n+1)(2n+1)$.

(c) $\sum n^3=\sum_{r=1}^{n} r^3=\left[\frac{1}{2}n(n+1)\right]^2$.

समांतर माध्य, गुणोत्तर माध्य और हरात्मक माध्य के बीच संबंध (Connection Between A.M., G.M. and H.M.) : यदि दो संख्याओं a और b के समांतर माध्य, गुणोत्तर माध्य और हरात्मक माध्य क्रमशः A, G और H हों, तो

(a) $AH=G^2$ (b) $A \geq G \geq H^2$

द्विघात समीकरण, व्यंजक और असमिकाएं (QUADRATIC EQUATIONS, EXPRESSIONS AND INEQUATIONS)

द्विघात व्यंजक (Quadratic Expression) : $f(x)=ax^2+bx+c, a\neq 0; a, b, c \in C$ को द्विघात व्यंजक या द्विघाती फलन या सम्मिश्र गुणांको से युक्त द्वितीय घात का बहुपद कहते हैं।

यदि $a, b, c \in R$ हो, तो $f(x)$ को एक वास्तविक बहुपद (real polynomial) कहते हैं।

द्विघात समीकरण (Quadratic Equation) : यदि शून्य से समीकृत बहुपद $f(x)$, x के एक या एक से अधिक विशिष्ट मानों से संतुष्ट होता हो, तो $f(x)=0$ को एक समीकरण कहते हैं। x चर वाले द्विघात समीकरण का सामान्य रूप $ax^2+bx+c=0$ है, जहां $a\neq 0$.

उदाहरण : $f(x)=x^2-3x+2=0$ एक द्विघात समीकरण है क्योंकि यह x के केवल दो मानों अर्थात् $x=2$ और $x=1$ से ही संतुष्ट होता है।

तत्समक (Identity) : समीकरण $f(x)=0$ एक तत्समक कहलाता है यदि यह $f(x)$ के प्रांत में x के प्रत्येक मान द्वारा संतुष्ट होता हो।

उदाहरण : $f(x)=(x+1)^2-(x^2+2x+1)=0$ प्रांत C में एक तत्समक है क्योंकि यह प्रत्येक सम्मिश्र संख्या द्वारा संतुष्ट होता है।

समीकरण $ax^2+bx+c=0$ के मूल :

यहां दिया गया समीकरण है :

$$ax^2+bx+c=0$$

$$\text{या} \quad a^2x^2+abx+ac=0$$

या $\left(ax+\frac{1}{2}b\right)^2 = \frac{1}{4}\left(b^2-4ac\right)$

या $ax+\frac{1}{2}b = \pm\frac{1}{2}\sqrt{\left(b^2-4ac\right)}$

$\therefore \quad x = \dfrac{-b\pm\sqrt{\left(b^2-4ac\right)}}{2a}$

यदि α और β उपर्युक्त समीकरण के मूल हों और $\alpha > \beta$, तो

$\alpha = \dfrac{-b\pm\sqrt{\left(b^2-4ac\right)}}{2a}$ और

$\beta = \dfrac{-b-\sqrt{\left(b^2-4ac\right)}}{2a}$

स्पष्ट है कि $\sigma = \alpha+\beta = -b/a$, $\sigma = \alpha\beta = c/a$,

$\alpha-\beta = \sqrt{\left(b^2-4ac\right)}/a$

राशि $b^2-4ac = \Delta$ को समीकरण का विविक्तकर (discriminant) कहते हैं।

समीकरण $ax^2+bx+c=0$ के मूलों की प्रकृति :

(*a*) मान लें कि $a, b, c \in R$ और $a \neq 0$ है, तो

(*i*) मूल वास्तविक और स्पष्ट होंगे यदि और केवल यदि $\Delta > 0$.

(*ii*) मूल वास्तविक और समान होंगे यदि और केवल यदि $\Delta = 0$.

(*iii*) मूल अधिकल्पित होंगे यदि और केवल यदि $\Delta < 0$.

(*iv*) यदि $p+iq$ एक मूल हो तो अन्य मूल निश्चित रूप से होगा $p-iq$ जहां $q \in R$, $i = \sqrt{(-1)}$.

(*b*) (*i*) यदि $a, b, c \in Q$ (परिमेय संख्याओं का समुच्चय) और Δ परिमेय संख्या का एक पूर्ण वर्ग हो तो मूल निश्चित ही परिमेय होंगे।

(*ii*) यदि $a, b, c \in Q$ और $p+\sqrt{q}$ $(p, q \in Q)$ एक मूल हो, तो दूसरा मूल निश्चित ही $p-\sqrt{q}$ होगा।

(*c*) यदि $a = 1$ हो b, c पूर्णांक हों और मूल परिमेय हों तो वे निश्चित ही पूर्णांक होंगे।

(*d*) यदि a और c के चिह्न परस्पर विपरीत हों, तो मूल निश्चित ही विपरीत चिह्न वाले होंगे।

(*e*) यदि समीकरण $ax^2+bx+c=0$ दो से अधिक मानों से संतुष्ट होता हो, तो यह एक तत्समक (identity) है और $a = b = c = 0$ तथा विलोमत: यदि समीकरण $ax^2+bx+c=0$ एक तत्समक हो और $a=b=c=0$ हो तो यह दो से अधिक मानों से संतुष्ट होगा।

(*f*) यदि मूलों के परिमाण बराबर किंतु चिह्न विपरीत हों तो $b = 0$, $ac > 0$.

(*g*) यदि मूल एक दूसरे के व्युत्क्रम हों तो $c = a$.

कुछ महत्त्वपूर्ण साध्य (Some Important Propositions):

(*a*) यदि α और β समीकरण $f(x) = ax^2+bx+c=0$ के मूल हों, तो $f(x) = a(x-\alpha)(x-\beta)$.

(*b*) यदि किसी समीकरण के मूल α और β हों तो वह समीकरण $x^2-(\alpha+\beta)x+\alpha\beta = 0$ है।

(*c*) **एक सार्व मूल (One Common Root) :** दो द्विघात समीकरणों $f(x) = a_1x^2+b_1x+c_1=0$ और $g(x) = a_2x^2+b_2x+c_2=0$ का केवल एक सार्व मूल (common root) होता है यदि $a_1\alpha^2+b_1\alpha+c_1=0$ और $a_2\alpha^2+b_2\alpha+c_2=0$ हो। अत: वज्र-गुणन (cross multiplication) की विधि से निम्नलिखित प्राप्त होता है:

$$\frac{\alpha^2}{b_1c_2-b_2c_1} = \frac{\alpha}{c_1a_2-c_2a_1} = \frac{1}{a_1b_2-a_2b_1}$$

$(a_1b_2-a_2b_1 \neq 0)$

अत: एक सार्व मूल के लिए अपेक्षित शर्त है:

$(c_1a_2-c_2a_1)^2 = (b_1c_2-b_2c_1)(a_1b_2-a_2b_1)$, और यदि $c_1, c \neq 0$ (अर्थात् $a \neq 0$) हो, तो

$$\alpha = \frac{b_1c_2-b_2c_1}{c_1a_2-c_2a_1} \text{ या } \frac{c_1a_2-c_2a_1}{a_1b_2-a_2b_1}$$

(*d*) **दोनों सार्व मूल (Both common Roots) :** समीकरणों $a_1x^2+b_1x+c_1=0$ और $a_2x^2+b_2x+c_2=0$ के दोनों मूल सार्व-मूल (common root) होंगे यदि और केवल यदि $\dfrac{a_1}{a_2} = \dfrac{b_1}{b_2} = \dfrac{c_1}{c_2}$ हो।

(*e*) यदि α समीकरण $f(x) = 0$ का एक पुनरावृत्त मूल (repeated root) हो, तो α समीकरण $f'(x) = 0$ का भी एक मूल होगा।

(*f*) यदि α समीकरण $f(x) = 0$ का पुनरावृत्त सार्वमूल हो और $g(x) = 0$ हो, तो समीकरणों $f'(x) = 0$ और $g'(x) = 0$ का भी सार्वमूल होगा।

कुछ द्विघात और उच्च घात वाली असमिकाओं का हल (Solutions of Some Quadratic and Higher Degree Inequations) :

(*a*) $a > 0$ होने पर $x^2 < a^2$ या $|x| < a$ होगा यदि और केवल यदि $-a < x < a$ हो।

(*b*) $a > 0$ होने पर $x^2 > a^2$ या $|x| > a$ होगा यदि और केवल यदि $x < -a$ या $x > a$ हो।

(*c*) $\alpha < \beta$ होने पर $(x-\alpha)(x-\beta) < 0$ होगा यदि और केवल यदि $\alpha < x < \beta$ हो। $(x-\alpha)(\alpha-\beta) > 0$ यदि और केवल यदि $x < \alpha$ या $x > \beta$ हो।

उदाहरण के लिए : $3x^2 + 2x - 1 < 0$ विचार करें।

असमिका समतुल्य होगी, $x^2 - \frac{2}{3}x - \frac{1}{3} < 0$ अर्थात्

$\left(x + \frac{1}{3}\right)^2 - \frac{4}{9} < 0$ के जिसमें परिणाम (1) का प्रयोग करने पर निम्नलिखित प्राप्त होता है:

$$-\frac{2}{3} < x + \frac{1}{3} < \frac{2}{3} \text{ अर्थात् } -1 < x < \frac{1}{3}.$$

टिप्पणी : उपर्युक्त असमिकाएं निम्नलिखित प्रकार से भी हल की जा सकती हैं :

विचार करें : $f(x) = (x-\alpha)(x-\beta), \alpha < \beta$

$f(x) = 0$ होने पर $x = \alpha, \beta$, तो

	$x-\alpha$	$x-\beta$	$f(x)$
$x-\alpha$	–	–	+
$\alpha < x < \beta$	+	–	–
$x > \beta$	+	+	+

अतः $f(x) = (x-\alpha)(x-\beta) < 0$ यदि $\alpha < x < \beta$ हो

> 0 यदि $x < \alpha$ या $x > \beta$

अर्थात् $f(x)$:

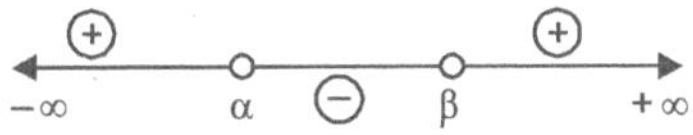

उपर्युक्त प्रक्रिया का उपयोग उच्च घात वाली असमिकाओं ओर परिमेय पूर्णांक असमिकाओं का हल ज्ञात करने में भी किया जा सकता है। उपर्युक्त प्रक्रिया में निम्नलिखित 3 चरण अंतर्निहित हैं:

चरण 1 : अंश और हर के स्थान पर शून्य रख कर x का मान ज्ञात करें और फलन को रैखिक गुणकों (linear factors) में परिवर्तित करें। x के ये मान क्रांतिक बिंदु कहे जाते हैं।

चरण 2 : इन सभी बिंदुओं को संख्या रेखा पर क्रम से व्यवस्थित करें।

चरण 3 : दाहिने छोर के + चिह्न से आरम्भ करके एकांतरतः – और + चिह्नों को लें :

$$+ \; - \; + \; - \; +$$

अब प्राप्त निष्कर्ष के अनुसार अपना उत्तर लिखें

उदाहरण 1 : समीकरण $(2x+1)(x-3)(x-1) > 0$ को हल करें।

हल : मान लें कि $f(x) = (2x+1)(x-3)(x-1)$, $f(x) = 0$

इससे $x = -1/2, 3, 1$ प्राप्त होता है

इन मूलों को संख्या रेखा पर क्रम से व्यवस्थित करने पर, हमें प्राप्त होता है : $x = -1/2, 1, 3$.

$f(x)$:

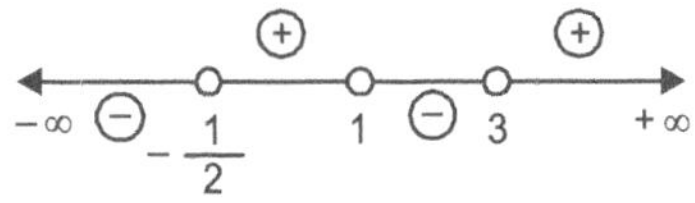

अतः $-1/2 < x < 1$ और $x > 3$ में, $f(x) = 0$

उदाहरण 2 : हल करें $f(x) = \dfrac{(x-1)(x+2)}{(x-5)} \le 0$

हल : यहां क्रांतिक बिंदु हैं : 1, –2, 5

$\therefore f(x)$:

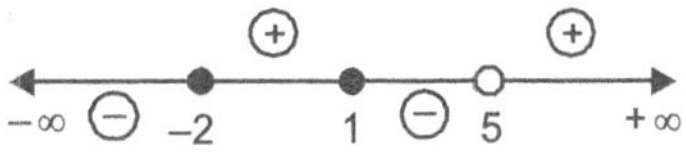

और चूंकि $(x-5)$ अंश में है, अतः $f(x) = 0$, जबकि $x = 1$ और -2, $x \ne 5$.

अतः $f(x) \le 0$ जबकि $x \le -2$ और $1 \le x < 5$ इसे हल समुच्चय $x \in (-\infty, -2) \cup (1, 5)$ के रूप में भी व्यक्त किया जा सकता है।

द्विपद व्यंजक $f(x) = ax^2 + bx + c$ के चिह्न : समीकरण $f(x) = ax^2 - bx + c$ जहां $a \ne 0$ और $a, b, c \in \mathrm{R}$ पर विचार करें।

स्थिति I : $\Delta = b^2 - 4ac < 0$ अर्थात् $f(x) = 0$ के अधिकल्पित मूल है।

$$f(x) = a\left\{x^2 + \frac{b}{a}x + \frac{c}{a}\right\}$$

$$= a\left\{\left(x + \frac{b}{2a}\right)^2 + \frac{4ac - b^2}{4a^2}\right\}$$

चूंकि $\Delta < 0, \dfrac{4ac - b^2}{4a^2} > 0$

अत: $\left\{\left(x+\frac{b}{2a}\right)^2+\frac{4ac-b^2}{4a^2}\right\}>0$

इस प्रकार $f(x) > 0$ सभी $x \in R$ के लिए यदि $a > 0$ और $f(x) < 0$ सभी $x \in R$ के लिए यदि $a < 0$ हो अर्थात् सभी $x \in R$ के लिए $f(x)$ और a के समान चिह्न होंगे।

स्थिति II : यदि $\Delta = 0$ हो, तो $f(x) = a\,(x + b/2a)^2$.

चूंकि सभी $x \in R$ के लिए $(x + b/2a)^2 \geq 0$.

$\therefore$ सभी $x \in R$ के लिए $f(x) \geq 0$ यदि $a > 0$, और सभी $n \in R$ के लिए $f(x) < 0$ यदि $a < 0$.

उदाहरण 3 : यदि सभी वास्तविक x के लिए $2x^2 + ax + 5 \geq 0$ हो, तो a का मान ज्ञात करें।

उपर्युक्त चर्चा से यह स्पष्ट है कि $\Delta \leq 0$ क्योंकि x^2 का गुणांक $= 2 > 0$ है,

अत: $a^2 - 40 \leq 0,\ a^2 \leq \left(2\sqrt{10}\right)^2$

इस प्रकार, $-2\sqrt{10} \leq a \leq 2\sqrt{10}$.

स्थिति III : $\Delta > 0$ । इस स्थिति में मूल वास्तविक और सुस्पष्ट हैं।

मान लें कि α, β मूल हैं और $\alpha < \beta$ । तो $f(x) = a\,(x - \alpha)(x - \beta)$.

यदि $a > 0$ हो,तो

—×—×—

$f(x) : > 0$ $\alpha < 0$ β > 0

अर्थात् यदि $\alpha < x < \beta, f(x) < 0$

यदि $x < \alpha$ या $x > \beta$; $f(x) > 0$.

और यदि $a > 0$, तो,

—×—×—

$(fx) < 0\ \alpha > 0, \beta < 0$

उपर्युक्त चर्चा से यह स्पष्ट है कि a और $f(x)$ के समान चिह्न हैं। इनके चिह्न केवल तभी समान नहीं होते जबकि मूल वास्तविक हों और x उनके बीच अवस्थित हो।

मूलों की अवस्थिति (अंतराल जिसमें मूल अवस्थित होते हैं)

मान लें कि $f(x) = ax^2 + bx + c = 0$, $a, b, c \in R$, $a > 0$ और α, β मूल हैं।

(*a*) $f(x) = 0$ के दोनों मूल एक निश्चित संख्या k से अधिक हों

—×—×—×—

k α β

तो मूल निश्चित रूप से वास्तविक होंगे और चूंकि k, α और β के बीच अवस्थित नहीं हैं, अत: $\Delta \geq 0$, $f(k) > 0$ और $\alpha + \beta > 2k$, अर्थात् $\Delta \geq 0, f(x) > 0, -(b/a) > 2k$.

(*b*) एक मूल k से छोटा और दूसरा मूल k से बड़ा हो

—×—×—×—

α k β

यहां मूल निश्चित ही वास्तविक और सुस्पष्ट होंगे अत: $\Delta > 0, f(k) < 0$.

(*c*) यदि एक मूल ठीक-ठीक अंतराल (k_1, k_2) में अवस्थित हो, अर्थात्

—×—×—×—×—×—

β k_1 α k_2 β c

$\beta < k_1 < \beta < k_2$ या $k_1 < \alpha < k_2 < \beta$, तो $f(k_1)$ या $f(k_2)$ में से एक ऋणात्मक और दूसरा धनात्मक होगा, अत: $\Delta > 0, f(k_1)\,f(k_2) < 0$.

(*d*) यदि दोनों मूल संख्याओं p और q के बीच अवस्थित हों

—×—×—×—×—

p α β q

यहां मूल निश्चित ही वास्तविक होंगे,

अत: $\Delta \geq 0, f(p) > 0, f(q) > 0$.

$p < \frac{\alpha - \beta}{2} < q$ अर्थात् $p < -\frac{1}{2a} < q$

(*e*) यदि $f(p)$ और $f(q)$ के चिह्न परस्पर विपरीत हों, तो $f(x) = 0$ का p और q के बीच निश्चित ही कम से कम एक मूल अवस्थित होगा अर्थात् p और q के बीच कम से कम एक α निश्चित ही इस प्रकार अवस्थित होगा कि $p < \alpha < q$, $f(x) = 0$.

यह परिणाम किसी भी घात के किसी बहुपद समीकरण के संबंध में भी लागू होगा और यह रोले प्रमेय को संतुष्ट करता है।

(*f*) यदि $f(x)$ कोई बहुपद इस प्रकार हो कि $f(a) = f(b) = 0$, तो $f'(x) = 0$ का कम से कम एक मूल a और b के बीच अवस्थित होगा अर्थात् ऐसे बहुपद का कम से कम एक मूल (c) ऐसा होता है कि $a < c < b$ और $\beta\ f'(c) = 0$

यह परिणाम बहुपद समीकरण से संबंधित एक अधिक व्यापक प्रमेय, जिसे रोले का प्रमेय कहते हैं, का एक विशिष्ट रूप है।

क्रमचय और संचय (PERMUTATIONS AND COMBINATIONS)

योग नियम (The Sum Rule) : मान लें कि कोई कार्य A, m तरीकों से और कार्य B, n तरीकों से किया जा सकता है और दोनों कार्य एक साथ नहीं किए जा सकते तो A या B कार्य (उनमें

से कम से कम एक) $(m + n)$ तरीकों से किया जा सकता है। यह नियम दो या अधिक विशिष्ट घटनाओं के संदर्भ में भी लागू होता है।

गुणन नियम (The Product Rule) : यदि दो कार्यों A और B में से A कार्य m तरीकों से और B कार्य n तरीकों से किया जा सकता है तथा A और B के लिए अपनाए जाने वाले तरीके इस अर्थ में संबंधित नहीं हैं कि B, A के परिणामों से स्वतंत्र n तरीकों से किया जाता है। इस स्थिति में A और B, mn तरीकों से होता है। उदाहरण के लिए मान लें कि दो प्रश्न A और B दिए गए हैं जिन्हें क्रमशः दो और तीन विधियों से हल किया जा सकता है। अतः A या B को $2 + 3 = 5$ तरीकों से हल किया जा सकता है तथा A और B दोनों को $2 \times 3 = 6$ तरीकों से हल किया जा सकता है।

क्रमचय (Permutation) : ऐसा प्रत्येक विन्यास जो अनेक असमान वस्तुओं में से कुछ या सभी को लेकर किया जा सकता है, क्रमचय कहलाता है।

संचय (Combination) : ऐसा प्रत्येक भिन्न-भिन्न समूह जो अनेक वस्तुओं में से कुछ या सभी को लेकर (क्रमबद्धता पर विचार किए बिना) बनाया जा सकता है, संचय कहलाता है।

महत्वपूर्ण परिणाम

(i) किसी दिए गए समय में r प्रकार की n विभिन्न आकृतियों के क्रमचय की संख्या $(0 \le r \le n) = n(n-1)(n-2) \ldots (n-r+1) = n!/(n-r)! = {}^nP_r$.
यह n भिन्न-भिन्न आकृतियों में से r आकृतियों को लेकर r स्थानों को भरने के समतुल्य है।

(ii) n विभिन्न आकृतियों के क्रमचय की संख्या, जबकि किसी दिए गए समय में इनमें से समस्त प्रकार की आकृतियों को लिया गया हो : $= n!$

(iii) किसी दिए गए समय में r प्रकार की n आकृतियों के संचय की संख्या $(0 \le r \le n)$

$$= {}^nC_r = \frac{n!}{(n-r)!\,r!}$$

(iv) किसी दिए गए समय में r प्रकार की n विभिन्न आकृतियों के क्रमचय की संख्या, जबकि प्रत्येक आकृति कितनी भी बार ली जा सकती हो $= n^r$.

(v) किसी दिए गए समय में r प्रकार की n विभिन्न आकृतियों के संचय की संख्या, जबकि कोई भी आकृति कितनी भी बार ली जा सकती हो
$= (1 + x + x^2 + \ldots. x^r)^n$ में x^r का गुणांक
$= (1-x)^n$ में x^r का गुणांक $= {}^{n+r-1}C_r$.

(vi) किसी दिए गए समय में r प्रकार की n विभिन्न आकृतियों के संचय की संख्या, जबकि किसी एक प्रकार की p आकृतियां हर बार ली जाती हों,
$= {}^{(n-p)}C_{(r-p)}$.

(vii) किसी दिए गए समय में r प्रकार की n विभिन्न आकृतियों के क्रमचय की संख्या, जबकि किसी एक प्रकार की p आकृतियां हर बार ली जाती हों,
$= {}^{(n-p)}C_{(r-p)} \cdot r!$.

(viii) किसी दिए गए समय में r प्रकार की n विभिन्न आकृतियों के संचय की संख्या, जबकि किसी एक प्रकार की p आकृतियाँ कभी भी न ली जाती हों,
$= {}^{(n-p)}C_r$.

(ix) किसी दिए गए समय में r प्रकार की n विभिन्न आकृतियों के क्रमचय (विन्यास) की संख्या, जबकि किसी एक प्रकार की p आकृतियां कभी भी न ली जाती हों,
$= {}^{(n-p)}C_r\, r!$

(x) n आकृतियों के क्रमचय की संख्या, जबकि किसी दिए गए समय में इनमें से समस्त प्रकार की आकृतियों को लिया गया हो और p_1 किसी एक प्रकार की एक जैसी आकृतियां हों, p_2 किसी दूसरे प्रकार की एक जैसी आकृतियां हों, p_r उनमें से r वें प्रकार की एक जैसी आकृतियाँ हों, $(p_1 + p_2 + \ldots. + p_r \le n)$ और शेष आकृतियों में से प्रत्येक भिन्न-भिन्न आकृतियां हों,
$= n!/\{p_1!\, p_2! \ldots. p_r!\}$.

(xi) संचय की संख्या यदि किसी दिए गए समय में कुछ या समस्त n आकृतियों को लिया गया हो,
$= {}^nC_1 + {}^nC_2 + \ldots. {}^nC_n = 2^{n-1}$.

(xii) $p_1 + p_2 + \ldots. + p_r$ आकृतियों में से कुछ या समस्त आकृतियों को लेकर एक समूह बनाने के तरीकों की कुल संख्या, जबकि p_1 किसी एक प्रकार की एक जैसी आकृतियां हों, p_2 किसी दूसरे प्रकार की एक जैसी आकृतियां हों ...., p_r उनमें से rवें प्रकार की एक जैसी आकृतियां हों $= (p_1 + 1)(p_2 + 1) \ldots. (p_r + 1) - 1$.

(xiii) यदि एक प्रकार की p_1 आकृतियां हों, दूसरे प्रकार की p_2 आकृतियां हों .... nवें प्रकार की p_n आकृतियां हों तो इन $(p_1 + p_2 + \ldots. + p_n)$ आकृतियों में से r आकृतियों के चयन के तरीकों की संख्या
$= (1 + x + \ldots. + x^{P_1})(1 + x + \ldots. + x^{P_2}) \ldots.$
$(1 + x + \ldots. + x^{P_n})$ में $x^{r'}$ का गुणांक ....*(i)*

यदि ऐसे संग्रह में प्रत्येक प्रकार की एक आकृति शामिल की जानी हो, तो r प्रकार की आकृतियों के चयन के तरीकों की संख्या = गुणनफल $(x + x^2 + ... + x^{P_1})(x + x^2 + ... + x^{P_2}) .... (x + x^2 + ... + x^{P_n})$ में x^r का गुणांक ....(ii)

(xiv) n विभिन्न आकृतियों को तीन ऐसे समूहों में विभाजित करने के तरीके (जिनमें क्रमश: r, s और t आकृतियां हों, r, s और t सुस्पष्ट (भिन्न-भिन्न) हैं और $r + s + t = n$.

$$= {}^nC_r \cdot {}^{n-r}C_2 \cdot {}^{n-r-s}C_t = \frac{n!}{r!\,.\,s!\,.\,t!}$$

(xv) $3n$ आकृतियों को तीन समान समूहों में विभाजित करने के तरीकों की संख्या $= \dfrac{(3n)!}{n!\,.\,n!\,.\,3!\,.\,3!}$

(xvi) $3n$ आकृतियों को तीन व्यक्तियों में बराबर-बराबर बांटने (अर्थात् $3n$ आकृतियों को 3 समान समूहों में समूहों के क्रमचय से बांटना) के तरीकों की संख्या = $\dfrac{(3n)!}{(n!)^3}$.

(xvii) **अपविन्यास (Derangement) :** आकृतियों के एक दिए गए क्रम में कोई भी परिवर्तन अपविन्यास कहलाता है।

(xviii) यदि n आकृतियां एक पंक्ति में किसी एक क्रम में व्यवस्थित हैं तो उन्हें इस प्रकार अपविन्यास करने के तरीकों की संख्या ताकि कोई भी आकृति अपने मूल स्थान पर न रहे :

$$= n!\left(1 - \frac{1}{1!} + \frac{1}{2!} - \frac{1}{3!} + (-1)^n.\frac{1}{n!}\right)$$

(xix) ${}^nC_r$ का अधिकतम मान :

${}^nC_r$ का मान अधिकतम होता है जबकि $r = n/2$ जबकि n का मान सम हो $r = (n-1)/2$ या $(n+1)/2$ जबकि n का मान विषम हो।

(xx) ${}^nC_r = {}^nC_{n-r'}$

(xxi) ${}^nC_r + {}^nC_{r+1} = {}^{n+1}C_{r+1}$

(xxii) ${}^nC_r + {}^nC_s \Rightarrow r = s$ या $r + s = n$

(xxiii) n विभिन्न आकृतियों के वृत्तीय क्रमचय की संख्या जबकि इन समस्त आकृतियों को किसी एक ही समय में लिया गया हो $= (n-1)!$

(xxiv) किसी गोल मेज पर n व्यक्तियों के विन्यासों की संख्या $= (n-1)!$

(xxv) एक माला बनाने के लिए n फूलों के विन्यासों की संख्या $= \dfrac{1}{2}(n-1)!$.

द्विपद प्रमेय (BINOMIAL THEOREM)

क्रमगुणित फलन (The Factorial Function) : यदि $n \in$ N हो, तो n का क्रमगुणन, जिसे n_1 द्वारा सूचित किया जाता है, निम्नलिखित द्वारा दर्शाया जा सकता है :

$n! = n.\,(n-1)\,(n-2)\,....\,3\,.\,2\,.\,1$

यह भी माना जाता है कि $0! = 1$.

टिप्पणी—

(a) $n! = n.\,(n-1)! = n\,(n-1)\,(n-2)!$, आदि

(b) $1/(-n)! = 0$

चिह्न ${}^nC_r$: यदि $0 < r < n$, $n, r \in$ N, ${}^nC_r = \dfrac{n!}{(n-r)!\,r!}$

(a) ${}^nC_0 = {}^nC_n = 1$ और ${}^nC_r = 0$ जहां $r > n$.

(b) ${}^nC_{n-r} = {}^nC_r$

(c) ${}^nC_r = {}^nC_s$ यदि और केवल यदि $r = s$ या $r + s = n$.

(d) ${}^nC_r = \dfrac{n(n-1)(n-2)\,....\,(n-r+1)}{r!}$.

$\therefore {}^nC_1 = \dfrac{n}{1} = n$, ${}^nC_2 = \dfrac{n(n-1)}{2!}$, आदि।

${}^nC_r$ का अधिकतम मान : $r = \dfrac{n}{2}$ के लिए ${}^nC_r$ का मान अधिकतम होता है यदि n सम हो और $r = (n-1)/2$ या $(n+1)/2$ के लिए ${}^nC_r$ का मान अधिकतम होता है यदि n विषम हो।

द्विपद प्रमेय (किसी धनात्मक पूर्णांक के लिए) : यदि n एक धनात्मक पूर्णांक हो और $x, y \in c$ हो, तो

$$(x+y)^n = {}^nC_0x^n + {}^nC_1x^{n-1}y + {}^nC_2x^{n-2}y^2 + ... + {}^nC_rx^{n-r}y^r + ... + {}^nC_ny^n. \quad ....(i)$$

तथा $(1+x)^n = {}^nC_0 + {}^nC_1x + {}^nC_2x^2 + ... + {}^nC_rx^r + ... + {}^nC_nx^n$. ....(ii)

$$= {}^nC_0x^n + {}^nC_1x^{n-1} + {}^nC_2x^{n-2} + ... + {}^nC_rx^{n-r} + ... + {}^nC_0. \quad ....(iii)$$

यहां ${}^nC_0, {}^nC_1, {}^nC_2, ... {}^nC_n$ द्विपद गुणांक कहलाते हैं।

समीकरण (i) में y के स्थान पर $-y$ को प्रतिस्थापित करने पर, $(x-y)^n = {}^nC_0x^n - {}^nC_1x^{n-1}y + {}^nC_2x^{n-2}y^2 + \dots (-1)^r x^{n-r}y^r + \dots + (-1)^n\,{}^nC_n y^n$. ....$(iv)$

n के सम या विषम होने पर अंतिम पद क्रमशः धनात्मक या ऋणात्मक होता है

(1) समीकरण (i) और (iv) को जोड़ने पर
$(x+y)^n + (x-y)^n = 2[x^n + {}^nC_2x^{n-2}y^2 + \dots]$ ....(v)
= 2 (विषम संख्या के पदों का योग)
n के सम या विषम होने पर अंतिम पद क्रमशः ${}^nC_ny^n$ या ${}^nC_{n-1}y^{n-1}$ होता है।

(2) समीकरण (i) से समीकरण (iv) को घटाने पर,
$(x+y)^n - (x-y)^n = 2[{}^nC_1x^{n-1}y + {}^nC_3x^{n-3}y^3 + \dots]$.
= 2 (सम संख्या के पदों का योग)
n के सम या विषम होने पर अंतिम पद क्रमशः ${}^nC_{n-1}xy^{n-1}$ या ${}^nC_ny^n$ होता है।

याद रखने योग्य कुछ महत्वपूर्ण बातें :

$(x+y)^n$ के द्विपद प्रसरण के लिए जहां n एक धनात्मक पूर्णांक है,

(a) प्रसरण में पदों की संख्या $(n+1)$ होती है।

(b) प्रसरण के प्रत्येक पद में घातांकों (x और y की घातों) का योग n होता है (अर्थात् प्रत्येक पद n घात का पद होता है)

(c) आरम्भ से और अंत से लिए गए पदों के द्विपद गुणांक समान होते हैं क्योंकि ${}^nC'_r = {}^nC_{n-r}$.

$(x+y)^n$ के प्रसरण में व्यापक पद : $(x+y)^n$ के द्विपद प्रसरण में $(r+1)$वां पद, जिसे T_{r+1} द्वारा सूचित किया जाता है, $T_{r+1} = {}^nC_rx^{n-r}y^r$ द्वारा व्यक्त किया जाता है।

$(x+y)^n$ के प्रसरण में पदों का मध्य पद :

स्थिति I : यदि n सम हो, तो प्रसरण में केवल एक मध्य पद अर्थात् $(n/2+1)$ वां पद होगा।

$\therefore$ मध्य पद = $(n/2+1)$ वां पद
$= {}^nC_{n/2}\,x^{n/2}y^{n/2}$.

उदाहरण के लिए : यदि $n = 8$ हो, तो मध्य पद
$= (8/2+1) = 5$वां अर्थात् T_5.

स्थिति II : यदि n विषम हो, तो प्रसरण में दो मध्य पद होंगे अर्थात् $1/2\,(n+1)$ और $1/2\,(n+3)$ वां पद; अर्थात् मध्य पद है:

$$T_{(n+1)/2} = {}^nC_{(n-1)/2}\cdot x^{(n+1)/2}\cdot y^{(n-1)/2}$$

और $$T_{(n+3)/2} = {}^nC_{(n+1)/2}\cdot x^{(n-1)/2}\cdot y^{(n-1)/2}.$$

उदाहरण के लिए : यदि $n = 7$ हो, तो $(x+y)^7$ के प्रसरण में पदों की संख्या $7+1 = 8$ होगी।

$\therefore$ मध्य पद चौथा और पांचवां पद (अर्थात् T_4 और T_5) होंगे।

अंतिम पद से $(m+1)$ वां पद ज्ञात करना : $(x+y)^n$ के द्विपद प्रसरण में अंतिम से $(m+1)$वां पद = आरंभ से $(n-m+1)$ वां पद $= T_{n-m+1}$.

n^m $(m \le n)$ का गुणांक ज्ञात करना : सर्वप्रथम $T_{r+1} = {}^nC_rx^{n-r}y^r$ ज्ञात करें।

x का घातांक $= m$ रखें अर्थात् यदि y, x से स्वतंत्र हो, तो $n-r = m$, या $r = n-m$.

यदि y, x का एक फलन भी हो, तो हल ज्ञात करें और x की घात ज्ञात करके इसे m से समीकृत करें तथा इस प्रकार r का मान ज्ञात करें। यदि r = धन पूर्णांक या 0, तो x^m का गुणांक ज्ञात करें और यदि r = ऋण पूर्णांक या एक भिन्न हो, तो x^m गुणांक = 0.

उदाहरण : नीचे दिए गए पद के प्रसरण में x से स्वतंत्र पद का गुणांक ज्ञात करें :

$$\left[\sqrt{\left(\frac{x}{5}\right)} + \frac{5}{2x^2}\right]^{10}$$

हल : $$T_{r+1} = {}^{10}C_r \left\{\sqrt{\left(\frac{x}{5}\right)}\right\}^{10-r}\left(\frac{5}{2x^2}\right)$$

$$= {}^{10}C_r\,\frac{x^{5-(r/2)}}{5^{5-(r/2)}}\cdot\frac{5^r}{2^r\,.\,x^{2r}}$$

$$= {}^{10}C_r\,\frac{5^{(3r/2)-5}}{2^r}\,.\,x^{5-(5r/2)}$$

यदि T_{r+1}, x से स्वतंत्र हो, तो $5-(5r/2) = 0$ या $r = 2$.
अतः T_{2+1}, x से स्वतंत्र है और इसका गुणांक

$${}^{10}C_2\,5^{-2}/2^2 = \frac{10\times 9}{2\times 25\times 4} = \frac{9}{20}.$$

$(x+y)^n$ के प्रसरण में संख्यात्मक रूप में सबसे बड़ा (महत्तम) पद (Greatest Term) : $T_r <=> T_{r+1}$ जैसा कि

$$\left|\frac{r}{(n-r+1)x}\right| <=> 1.$$ समता का चिह्न प्रयोग करने पर,

$$r = \frac{(n+1)\,|x|}{|x|+1}$$

हमें समता का चिह्न प्रयोग करके r का मान ज्ञात करना चाहिए और तब सबसे बड़ा पद ज्ञात करने के लिए असमता चिह्नों का प्रयोग करना चाहिए। उदाहरण के लिए यदि r का मान 9/4 होता हो तो

$$\left.\begin{array}{l} r = 2 < 9/4 \Rightarrow T_2 < T_3 \\ r = 3 > 9/4 \Rightarrow T_3 < T_4 \end{array}\right\}$$ असमता चिह्नों के तदनुरूपी

अत: T_3 सबसे बड़ा पद है।

यदि r एक पूर्णांक हो, मान लें $r = 3$, तो हमें निम्नवत् प्रक्रिया करनी चाहिए :

$$r = 2 < 3 \Rightarrow T_2 < T_3$$
$$r = 3 \Rightarrow T_3 = T_4$$
$$r = 4 > 3 \Rightarrow T_4 > T_5$$

अत: T_3 और T_4 दो सबसे बड़े पद हैं।

$(x + y + z)^n$ के प्रसरण (विस्तार) में पदों की संख्या : यदि $(x + y + z)^n$ में n एक धन पूर्णांक हो, तो $(x + y + z)^n$ के प्रसरण (विस्तार) में पदों की संख्या $= \frac{1}{2}(n+1)(n+2)$.

द्विपद गुणांकों के गुणधर्म (Properties of Binomial Coefficients :

(a) $C_0 + C_1 + C_2 + ... + C_n = 2^n$.

(b) $C_0 + C_2 + C_4 = ... = C_1 + C_3 + C_5 + ... = 2^{n-1}$.

(c) $C_1 + 2C_2 + 3C_3 + ... + {}^nC_n = n.2^{n-1}$

(d) $C_1 - 2C_2 + 3C_3 - .... = 0$

(e) $C_0 + 2C_1 + 3C_2 + ... + (n+1)C_n = (n+1)2^{n-1}$

(f) $C_0C_r + C_1C_{r-1} + ... + C_{n-r}C_n = (2n)!/\{(n-r)!(n+r)!\}$

(g) $C_0^2 - C_1^2 + C_2^2 + ... + C_n^2 = (2n)!/(n!)^2$

(h) $C_0^2 - C_1^2 + C_2^2 - C_3^2 + ... = \begin{cases} 0, \text{ यदि } n \text{ विषम हो} \\ (-1)^{n/2}\, {}^nC_{n/2}, \\ \text{यदि } n \text{ सम हो} \end{cases}$

द्विपद प्रमेय (किसी भी सूचकांक के लिए) : किसी भी परिमेय संख्या $n(n \neq 0)$ के लिए,

$$(1+x)^n = 1 + nx + \frac{n(n-1)}{2!}x^2 + \frac{n(n-1)(n-2)}{3!}x^3 + ... + \frac{n(n-1)(n-2)....(n-r+1)}{r!}x^r + ...$$

टिप्पणी :

(i) यदि n एक ऋण पूर्णांक या एक परिमेय भिन्न हो, तो उपर्युक्त प्रसरण में पदों की संख्या अनंत होती है।

(ii) यदि n एक ऋण पूर्णांक या एक परिमेय भिन्न हो तो यह प्रसरण निम्नलिखित के लिए वैध होगा : $|x| < 1$, अर्थात् $-1 < x < 1$ के लिए।

(iii) यदि n एक घन पूर्णांक हो तो प्रसरण में पदों की संख्या $(n + 1)$ अर्थात् परिमित होगी और

$$T_{r+1} = \frac{n(n-1)(n-2)....(n-r+1)}{r!}x^r.$$

(iv) यदि n एक धन पूर्णांक हो, तो $(1 + x)^{-n} = 1 - nx + \frac{n(n+1)}{2!}x^2 - \frac{n(n+1)(n+2)}{3!}x^3 + ... = 1 + (-1)^n\, {}^nC_1.x + (-1)^2\, {}^{n+1}C_2\, x^2 + (-1)^3\, {}^{n+2}C_3\, x^3 + ... + (-1)^r\, {}^{n+r-1}C_r\, x^r + ...$

(v) यदि n एक धन पूर्णांक हो, तो

$$(1-x)^{-n} = 1 + nx + \frac{n(n+1)}{2!}x^2 + \frac{n(n+1)(n+2)}{2!}x^3 + ...$$
$$= 1 + {}^nC_1x + {}^{n+1}C_2\, x^2 + {}^{n+2}C_3\, x^3 + ... + {}^{n+r-1}C_r\, x^r + ...$$

व्यापक पद (General Term) :

(a) $(1 + x)^n$ के प्रसरण में व्यापक पद अर्थात् $(r + 1)$वां पद

$$T_{r+1} = \frac{n(n-1)(n-2)....(n-r+1)}{r!}x^r.$$

(b) यदि n एक धन पूर्णांक हो, तो $(1 + x)^{-n}$ के प्रसरण में $T_{r+1} = (-1)^r\, {}^{n+r-1}C_r\, x^r$.

(c) यदि n एक धन पूर्णांक हो, तो $(1 - x)^{-n}$ के प्रसरण में $T_{r+1} = {}^{n+r-1}C_r x^r$.

कुछ महत्वपूर्ण प्रसरण (विस्तार) :

(a) $(1-x)^{-1} = 1 + x + x^2 + x^3 + ... + x^r + ...$

(b) $(1+x)^{-1} = 1 - x + x^2 - x^3 + ... + (-1)^r x^r + ...$

(c) $(1-x)^{-2} = 1 + 2x + 3x^2 + 4x^3 + ... + (r+1)x^r + ...$

(d) $(1+x)^{-2} = 1 - 2x + 3x^2 - 4x^3 + ... + (-1)^r (r+1)x^r + ...$

लघुगणक (Logarithms) :

लघुगणक : यह वृहत गुणा, भाग और घातांकों वाले गणितीय परिकलनों और प्रश्नों को हल करने के लिए प्रयोग में लाई जाने वाली एक अत्यधिक उपयोगी विधि है।

लघुगणक किसी चरघातांकी तत्समक (सर्वसमिका) को व्यक्त करने का एक समतुल्य रूप है।

परिभाषा : किसी दिए गए आधार पर किसी दी गई संख्या का लघुगणक आधार की वह घात है जिससे आधार का मान दी गई संख्या के बराबर होता हो। यदि b कोई संख्या हो और p तथा N दो अन्य संख्याएं ऐसी हों कि $b^P = N$, तो हम कहते हैं कि आधार b पर N का लघुगणक p है और इसे $\log_b N = p$ के रूप में लिखते हैं। इस प्रकार चरघातांकी तत्समक $b^P = N$ लघुगणकीय तत्समक $\log_b N = p$ के समतुल्य है।

आधार e वाले लघुगणकों को प्राकृतिक लघुगणक या स्काटलैंड के गणितज्ञ जॉन नैपियर के नाम पर नैपिरीय लघुगणक (Napierian logarithms) कहते हैं। आधार 10 पर लघुगणकों का प्रयोग करना अधिक सुविधाजनक होता है और इसे साधारण लघुगणक कहते हैं। आधार 10 के सापेक्ष लघुगणकों में प्राय: आधार के पादांक को नहीं लिखा जाता। अत: log N का अर्थ है $\log_{10}N$.

नीचे दिए गए उदाहरणों में किसी चरघातांकी तत्समक का समतुल्य लघुगणकीय तत्समक दर्शाया गया है :

चरघातांकी	लघुगणकीय
$b^P = N$	$\log_b N = P$
$3^2 = 9$	$\log_3 9 = 2$
$4^{-2} = \frac{1}{16}$	$\log_4\left(\frac{1}{16}\right) = -2$
$4^{-2} = 0.0625$	$\log_4(0.0625) = -2$
$64^{1/3} = 4$	$\log_{64}(4) = \frac{1}{3}$

लघुगणकों के गुण धर्म :

(i) $a^{\log_a x} = x; a \neq 0, \pm 1, x > 0.$

(ii) $a^{\log_b x} = x^{\log_b a}; a > 0, b > 0, \neq 1, x > 0.$

(iii) $\log_a a = 1, \log_a 1 = 0; a > 0, \neq 1.$

(iv) $\log_a x = \frac{1}{\log_x a}; x, a > 0, \neq 1$

(v) $\log_a x = \log_b x . \log_a b = \frac{\log_b x}{\log_b a}; a, b > 0, \neq 1, x > 0.$

(vi) $x, y > 0, a > 0, \neq 1$ के लिए,

(a) $\log_a (x.y) = \log_a x + \log_a y$

(b) $\log_a (x/y) = \log_a x - \log_a y$

(c) $\log_a (x^n) = n \log_a x.$

(vii) $x > 0, a > 0, \neq 1$ के लिए,

(a) $\log_{a^n}(x) = \left(\frac{1}{n}\right)\log_a x$

(b) $\log_{a^n}(x)^m = \left(\frac{m}{n}\right)\log_a x$

(viii) *(a)* $\log_a x > 0$, यदि और केवल यदि $x > 1, a > 1$ या $0 < x < 1, 0 < a < 1$

(b) $\log_a x < 0$, यदि और केवल यदि $x > 1, 0 < a < 1$ या $0 < x < 1, a > 1$

(ix) $x > y > 0$ के लिए,

(a) $\log_a x > \log_a y$ यदि $a > 1$

(b) $\log_a x < \log_a y$ यदि $0 < a < 1$

(x) यदि $a > 1$, तो

(a) $\log_a x > p \Rightarrow x > a^p$

(b) $0 < \log_a x < p \Rightarrow 0 < x < a^p$.

(xi) यदि $0 < a < 1$, तो

$\log_a x > p \Rightarrow 0 < x < a^p$

$0 < \log_a x > p \Rightarrow < a^p < x < 1.$

द्विआधारी संख्या पद्धति (BINARY NUMBER SYSTEM)

द्विआधारी संख्या पद्धति वॉन न्यूमैन द्वारा 1946 में शुरू की गई। इसमें केवल दो संख्याओं 0 और 1 का प्रयोग किया जाता है। अत: इसका आधार या मूलांक (radix) 2 है।

दशमलव संख्या को द्विआधारी संख्या में परिवर्तित करना (Decimal to Binary Conversion) :

(i) **पूर्णांक :** दी गई दशमलव संख्या को 2 से विभाजित करें और प्राप्त भागफल को पुन: 2 से विभाजित करें। इस प्रक्रिया को तब तक दोहराते रहें जब तक कि भागफल के रूप में 1 का अंक प्राप्त न हो जाए। अंतिम भागफल अर्थात् 1 को बाएं छोर पर और इसकी दाहिनी ओर प्राप्त हुए शेष फलों (remainders) को प्राप्त होने के उल्टे क्रम में लिखने पर द्विआधारी संख्या प्राप्त होती है।

(ii) **दशमलव भिन्न (Decimal Fraction) :** दी गई संख्या को 2 से गुणा करें और पूर्णांकीय भाग को निकाल कर अलग लिखें तथा गुणनफल के शेष भिन्नात्मक भाग को पुन: 2 से गुणा करें। यह संक्रिया तब तक दोहराते रहें जब तक कि भिन्नात्मक भाग घट कर शून्य न हो जाए। प्राप्त हुए पूर्णांकीय भागों को प्राप्ति के क्रम में लिखने पर समतुल्य द्विआधारी संख्या प्राप्त होती है।

(iii) **वास्तविक संख्या (Real Number) :** चूंकि इसमें पूर्णांकीय भाग और भिन्नात्मक भाग अंतर्निहित होते हैं, अतः प्रत्येक भाग को अलग-अलग द्विआधारी रूप में परिवर्तित करें और तब परिणाम को संयोजित करके लिखें।

टिप्पणी : यदि भिन्नात्मक भाग आवर्ती हो या सांत न हो, तो प्रक्रिया रोककर एक सन्निकट मान प्राप्त करें।

द्विआधारी संख्या का दशमलव संख्या में परिवर्तन (Binary to Decimal Conversion) : द्विआधारी संख्या के प्रत्येक द्वयंक को उसके तदनुरूपी स्थिति मानों अर्थात् 2^n से गुणा करें और उन्हें जोड़ कर समतुल्य दशमलव संख्या ज्ञात करें। पूर्णांकीय भाग के लिए दाहिनी छोर पर स्थित द्वयंक से आरंभ करें और $n = 0, 1, 2, ...$ लिखते हुए द्विआधारी संख्या के बायीं छोर पर पहुंचें। भिन्नात्मक भाग के लिए बायें छोर से आरंभ करके $n = -1, -2, -3, ...$ लिखते हुए दाहिने छोर पर पहुंचें।

द्विआधारी अंकगणित (Binary Arithmetic) :

योग के नियम : $0 + 0 = 0$

$0 + 1 + 1$

$1 + 0 = 1$

$1 + 1 = 1 \quad 0 \rightarrow$ योग

↓

हस्तांगत

व्यवकलन (घटा) के नियम : $0 - 0 = 0$

$1 - 0 = 1$

$1 - 1 = 0$

$0 - 1 = 1$

(बायीं ओर के सन्निकट द्वयंक से 1 प्राप्त करके)

1 का पूरक (1's Complement) : दी गई द्विआधारी संख्या में स्थित सभी '0' को 1 में और सभी 1 को 0 में परिवर्तित करें।

2 का पूरक (2's Complement) : 1 का पूरक +1.

द्विआधारी घटा की 1 की पूरक विधि : घटाई जाने वाली संख्या के 1 के पूरक को उस संख्या से जोड़ें जिससे इसे घटाई जानी थी। यदि जोड़ने पर हासिल 1 प्राप्त होता हो तो उत्तर होगा योगफल + जोड़ने पर प्राप्त संख्या का हासिल (अर्थात् 1)। किंतु यदि जोड़ने पर हासिल 1 प्राप्त नहीं होता हो तो उत्तर ऋणात्मक होगा और योगफल के 1 के पूरक के बराबर होगा।

घटा की 2 की पूरक विधि : घटाई जाने वाली संख्या के 2 के पूरक को उस संख्या से जोड़ें जिससे उसे घटाई जानी थी। यदि जोड़ने पर एक समग्र हासिल के रूप में 1 प्राप्त होता हो तो प्राप्त योगफल (हासिल छोड़कर) उत्तर होगा। यदि जोड़ने पर हासिल कुछ भी प्राप्त नहीं होता तो उत्तर ऋणात्मक होगा और योगफल के 2 के पूरक के बराबर होगा।

गुणन के नियम (Multiplication Rules) :

$0 \times 0 = 0$

$0 \times 1 = 0$

$1 \times 0 = 0$

$1 \times 1 = 1$

भाग के नियम (Division Rules) :

$0 \div 0 = 0$

$1 \div 1 = 1$

$\left.\begin{array}{l} 1 \div 0 = 0 \\ 0 \div 1 = 1 \end{array}\right\}$ अर्थहीन/अनंत

कुछ महत्वपूर्ण पद :

आधार या मूलांक (Base or Radix) : यह संख्या पद्धति में प्रयुक्त विभिन्न अंकों की संख्या के बराबर होता है।

द्वयंक या बिट (Bit) : यह मूलतः ''द्विआधारी अंक'' (Binary digit) शब्दों का संक्षिप्त रूप है अर्थात् इसमें द्विआधारी संख्या पद्धति में प्रयुक्त अंक 0 और 1 शामिल हैं। द्वयंक (Bit) डिजिटल इलेक्ट्रॉनिक्स और कम्प्यूटरों में सूचना की सबसे छोटी/मूल इकाई को निरूपित करता है।

बाइट (Byte) : 8 बिटों या द्वंयकों का समुच्चय एक बाइट कहलाता है, उदाहरण : 11001011, 10101110, आदि।

निब्बल (Nibble) : 4 बिटों या द्वंयकों का समुच्चय एक निब्बल कहलाता है, उदाहरण : 1101, 1011, 1010 आदि।

कम्प्यूटरों में किसी छोटी सी सूचना के लिए भी भारी संख्या में द्वंयकों की आवश्यकता हो सकती है और इस कारण उन्हें व्यक्त करने के लिए हजारों-लाखों द्वंयकों को प्रयुक्त किया जाता है।

1 किलोबाइट (kb) = 2^{10} बाइट = 1024 बाइट (लगभग 10^3 के बराबर जो किलो की इकाई है)

1 मेगा बाइट (mb) = 2^{20} बाइट = 1024 × 1024 बाइट (लगभग 10^6 के बराबर जो मेगा की इकाई है)

1 गीगा बाइट (gb) = 2^{30} बाइट (लगभग 10^9 के बराबर जो गीगा की इकाई है)

बहुविकल्पी प्रश्नावली

1. यदि $a = \{x : x$, 3 का एक गुणज है$\}$ और $B = \{x : x$, 5 का एक गुणज है$\}$, तो $A \cap B$ निम्नलिखित द्वारा व्यक्त किया जाएगा :

A. $\{3, 6, 9, ...\}$ B. $\{5, 10, 15, 20, ...\}$
C. $\{15, 30, 45, ...\}$ D. इनमें से कोई नहीं

2. यदि X और Y दो समुच्चय हों तो $X \cup (Y \cap X)'$ निम्नलिखित में से किसके बराबर होगा :

A. X B. Y
C. ϕ D. इनमें से कोई नहीं

3. यदि $A = \{1, 2, 3, 4, 5,\}$, $B = \{2, 3, 6, 7\}$ हो, तो $(A \times B) \cap (B \times A)$ में अवयवों की संख्या होगी :

A. 18 B. 6
C. 4 D. 0

4. 52 व्यक्तियों के एक समूह में 16 व्यक्ति चाय पीते हैं किंतु वे कॉफी नहीं पीते तथा 33 व्यक्ति चाय पीते हैं। यह माना जाता है कि प्रत्येक व्यक्ति चाय या कॉफी पीते हैं। इस समूह में कितने व्यक्ति ऐसे हैं जो कॉफी पीते हैं किंतु वे चाय नहीं पीते ?

A. 19
B. 36
C. दिए गए आंकड़े से यह ज्ञात नही किया जा सकता
D. इनमें से कोई नहीं

5. 100 भारतीय व्यक्तियों के एक समूह के सर्वेक्षण से यह ज्ञात होता है कि इनमें से 60 व्यक्ति पनीर खाना पसंद करते हैं जबकि 70 व्यक्ति सेब खाना पसंद करते हैं। यदि पनीर और सेब दोनों के शौकीन व्यक्तियों की संख्या 'n' हो तो,

A. $n = 30$ B. $n = 60$
C. $n = 10$ D. इनमें से कोई नहीं

6. केवल 0 या 1 की प्रविष्टियों वाले 3 की कोटि के सभी सारणिकों के समुच्चय पर विचार करें। यदि B, समुच्चय A का एक उपसमुच्चय हो जिसमें 1 मान वाले सभी सारणिक शामिल हों तथा –1 के मान वाले सभी सारणिकों के समुच्चय का एक उपसमुच्चय C हो, तो :

A. B में C के समान ही अनेक अवयव शामिल हैं
B. $C = \phi$
C. B में C के दोगुने अवयव शामिल हैं
D. $A = B \cup C$

7. यदि $n(\cup) = 700$, $n(A) = 200$, $n(B) = 300$, $n(A \cap B) = 100$ हो, तो $n(A' \cap B') = ?$

A. 400 B. 600
C. 300 D. इनमें से कोई नहीं

8. यदि $A_1, A_2, ..., A_{30}$, तीस समुच्चय हों जिनमें से प्रत्येक में 5 अवयव हों और $B_1, B_2, ... B_n$, n समुच्चय हों जिनमें से प्रत्येक में 3 अवयव हों तथा $\bigcup_{i=1}^{30} A_i = \bigcup_{i=1}^{n} B_i = S$ और S का प्रत्येक अवयव A_i के ठीक–ठीक 10 और B_i के ठीक–ठीक 9 अवयवों के अंतर्गत आता हो तो n निम्नलिखित के बराबर है :

A. 15 B. 3
C. 45 D. इनमें से कोई नहीं

9. दो परिमित समुच्चयों में क्रमशः m और n अवयव हैं। पहले समुच्चय के उपसमुच्चयों की कुल संख्या दूसरे समुच्चय के उपसमुच्चयों की कुल संख्या से 58 अधिक हो, तो m और n के मान हैं :

A. 7, 6 B. 6, 3
C. 5, 1 D. 8, 7

10. किसी विद्यालय के कुल 880 विद्यार्थियों में से 224 विद्यार्थी क्रिकेट खेलते हैं, 240 विद्यार्थी हॉकी खेलते हैं और 336 विद्यार्थी बास्केटबॉल खेलते हैं तथा 64 विद्यार्थी बास्केटबॉल और हॉकी दोनों खेलते हैं, 80 विद्यार्थी क्रिकेट और बास्केटबॉल दोनों खेलते हैं और 40 विद्यार्थी क्रिकेट और हॉकी दोनों खेलते हैं तथा 24 विद्यार्थी सभी तीनों खेल खेलते हैं। बताइए कि इस विद्यालय में कितने ऐसे विद्यार्थी हैं जो कोई भी खेल नहीं खेलते ?

A. 128 B. 216
C. 240 D. 16

11. यदि $A = \{1, 2, 3\}$, $B = \{1, 3, 5\}$ हो और $R : A \to B$ संबंध को $R = \{(1, 3), (1, 5), (2, 1)\}$ द्वारा परिभाषित किया जाता हो, तो R^{-1} को निम्नलिखित द्वारा परिभाषित किया जाएगा :

A. $\{(1, 2), (3, 1), (1, 3), (1, 5)\}$
B. $\{(1, 2), (3, 1), (2, 1)\}$
C. $\{(1, 2), (5, 1), (3, 1)\}$
D. इनमें से कोई नहीं

12. यदि संबंध R को प्राकृत संख्याओं के समुच्चय के साथ स्थापित संबंध $R = \{(a, b) : a = 2b\}$ के रूप में दर्शाया जाता हो, तो R^{-1} निम्नलिखित द्वारा व्यक्त किया जाएगा :

A. {(2, 1), (4, 2), (6, 3) ....}
B. {(1, 2), (2, 4), (3, 6) ....}
C. R^{-1} को किन्हीं संख्याओं के समुच्चय के रूप में सूचित नहीं किया जा सकता
D. उपर्युक्त में से कोई नहीं

13. प्राकृत संख्याओं के एक समुच्चय से स्थापित किया गया संबंध R, जिसे {(a, b) : a और b के बीच 3 का अंतर है} के रूप में परिभाषित किया जाता है, निम्नलिखित द्वारा दर्शाया जाएगा :

A. {(1, 4), (2, 5), (3, 6), ...}
B. {(4, 1), (5, 2), (6, 3), ...}
C. {(1, 3), (2, 6), (3, 9), ...}
D. इनमें से कोई नहीं

14. पूर्णांकों के एक समुच्चय से स्थापित किए गए संबंध R को R = {(a, b) : a, b को विभाजित करता है} द्वारा व्यक्त किया जाता हो, तो R है :

A. स्वतुल्य संबंध (Reflexive Relation)
B. सममित संबंध (Symmetric Relation)
C. संक्रामक संबंध (Transitive Relation)
D. तुल्यता संबंध (Equivalence Relation)

15. यदि दो परिमित समुच्चय A और B इस प्रकार हों कि $n(A) = 2$, $n(B) = 3$, तो A से B के संबंधों की कुल संख्या होगी :

A. 4 B. 8
C. 64 D. इनमें से कोई नहीं

16. यदि R एक संबंध < A = {1, 2, 3, 4} से B = {1, 3, 5} का हो अर्थात् $(a, b) \in R$ यदि और केवल यदि $a < b$ हो, तो RoR^{-1} होगा :

A. {(1, 3), (1, 5), (2, 3), (2, 5), (3, 5), (4, 5)}
B. {(3, 1), (5, 1), (5, 2), (5, 3), (5, 4)}
C. {(3, 3), (3, 5), (5, 3) (5, 5)}
D. उपर्युक्त में से कोई नहीं

17. $8x = 6$ (मोड 14), $x \in Z$ का हल समुच्चय होगा :

A. $[8] \cup [6]$ B. $[8] \cup [14]$
C. $[6] \cup [13]$ D. $[8] \cup [6] \cup [13]$

18. यदि $n(A) = n$ हो, तो A से स्थापित किए गए सभी संबंधों की संख्या होगी :

A. 2^n B. $2^{(n)!}$
C. 2^{n^2} D. इनमें से कोई नहीं

19. $p + iq > r + it$ केवल तभी सार्थक है यदि हो :

A. $p = 0, r = 0$ B. $p = 0, t = 0$
C. $q = 0, r = 0$ D. $q = 0, t = 0$

20. निम्नलिखित में से कौन सा सत्य है ?

A. $2 + 3i > 1 + 4i$ B. $6 + 2i > 1 + 3i$
C. $5 + 8i > 5 + 7i$ D. इनमें से कोई नहीं

21. $z + \bar{z} = 0$ यदि और केवल यदि हो :

A. $Re(z) = 0$ B. $Im(z) = 0$
C. $Re(z) = Im(\bar{z})$ D. इनमें से कोई नहीं

22. कोणांक z + कोणांक $\bar{z}$ $(\bar{z} \neq 0) =$

A. 0 B. π
C. $\pi/2$ D. इनमें से कोई नहीं

23. यदि $z = \bar{z}$ हो, तो

A. z वास्तविक है
B. z पूर्णतः अधिकल्पित है
C. z कोई भी सम्मिश्र संख्या है
D. इनमें से कोई नहीं

24. $z\bar{z} = 0$ यदि और केवल यदि हो :

A. $Re(z) = 0$ B. $Im(z) = 0$
C. $z = 0$ D. इनमें से कोई नहीं

25. $(z + a)(\bar{z} + a)$, जहां a वास्तविक संख्या है, निम्नलिखित के समतुल्य होगा :

A. $|z - a|$ B. $z^2 + a^2$
C. $|z + a|^2$ D. इनमें से कोई नहीं

26. सम्मिश्र संख्याएं $\sin x + i\cos 2x$ और $\cos x - i\sin 2x$ एक दूसरे के संयुग्मी होंगी यदि हो :

A. $x = n\pi$ B. $x = (n + 1/2)\pi$
C. $x = 0$ D. x का कोई मान न हो

27. यदि $\begin{vmatrix} 6i & -3i & 1 \\ 4 & 3i & -1 \\ 20 & 3 & i \end{vmatrix} = x + iy$, तो

A. $x = 3, y = 1$ B. $x = 1, y = 3$
C. $x = 0, y = 3$ D. $x = 0, y = 0$

28. यदि $\dfrac{(1+i)x - 2i}{3+i} + \dfrac{(2-3i)y + i}{3-i} = i$ हो, तो x और y के वास्तविक मान निम्नलिखित द्वारा सूचित किए जाएंगे:

A. $x = -3, y = -1$ B. $x = 3, y = -1$
C. $x = 3, y = 1$ D. $x = 1, y = -3$

29. $\left(1-i\sqrt{3}\right)/\left(1+i\sqrt{3}\right)$ का कोणांक है :

A. $\frac{\pi}{3}$ B. $\frac{2\pi}{3}$
C. $\frac{4\pi}{3}$ D. $\frac{-2\pi}{3}$

30. यदि z_1, z_2, z_3, z_4 समीकरण $z^4 = 1$, के मूल हों, तो $\sum_{i=1}^{4} z_i^3$ निम्नलिखित के बराबर है :

A. 4 B. 0
C. $1+i$ D. $-1-i$

31. $\frac{i^{592}+i^{590}+i^{588}+i^{586}+i^{584}}{i^{582}+i^{580}+i^{578}+i^{576}+i^{574}}-1$ का मान निम्नलिखित के बराबर होगा :

A. –1 B. –2
C. –3 D. –4

32. योगफल $\sum_{n=1}^{13}\left(i^n+i^{n+1}\right)$, जहां $i = \sqrt{(-1)}$ है, का मान निम्नलिखित के बराबर होगा :

A. i B. $i-1$
C. $-i$ D. 0

33. न्यूनतम धन पूर्णांक n जिससे $\left(\frac{1+i}{1-i}\right)^n$ का मान घट कर इकाई रह जाएगा, निम्नलिखित में से कौन सा होगा?

A. 2 B. 4
C. 8 D. 12

34. न्यूनतम धन पूर्णांक n जिनके लिए $(1+i)^{2n} = (1-i)^{2n}$ हो, निम्नलिखित में से कौन सा होगा?

A. 4 B. 8
C. 2 D. 12

35. यदि α और β भिन्न-भिन्न सम्मिश्र संख्याएं हों और $|\beta| = 1$ हो, तो $\left|\frac{\beta-\alpha}{1-\alpha\beta}\right|$ निम्नलिखित के बराबर होगा :

A. 0 B. 1/2
C. 1 D. 2

36. $1 + i^2 + i^4 + i^6 + ... + i^{2n}$ है :

A. धनात्मक

B. ऋणात्मक

C. 0

D. ज्ञात नहीं किया जा सकता

37. किन्हीं दो सम्मिश्र संख्याओं z_1, z_2 और किन्हीं दो वास्तविक संख्याओं a और b के लिए $|az_1 - bz_2|^2 + |bz_1 + az_2|^2$ निम्नलिखित में से किसके बराबर होगा?

A. $(a + b)\,(|z_1|^2 + |z_2|^2)$
B. $(a^2 + b^2)\,(|z_1|^2 + |z_2|^2)$
C. $(a^2 + b^2)\,(|z_1| + |z_2|)$
D. इनमें से कोई नहीं

38. मूल से बिंदु z तक की अधिकतम दूरी जो $\left|z+\frac{1}{z}\right| = 2$ को संतुष्ट करती हो, होगी :

A. $\frac{1}{2}\left(2+\sqrt{5}\right)$ B. $1+\sqrt{2}$
C. $\sqrt{2}-1$ D. इनमें से कोई नहीं

39. यदि ω इकाई का एक अधिकल्पित धन मूल हो, तो sin $\{\omega^{10} + \omega^{23}\}\ \pi - \pi/4\}$ का मान निम्नलिखित के बराबर होगा :

A. $-\sqrt{3}/2$ B. $-1/\sqrt{2}$
C. $1/\sqrt{2}$ D. $\sqrt{3}/2$

40. मान लें कि z एक सम्मिश्र संख्या है जो $z^2 + z + 1 = 0$ को संतुष्ट करती है। यदि n, 3 का एक गुणज नहीं है, तो $z^n + z^{2n}$ का मान निम्नलिखित में से किसके बराबर होगा?

A. 2 B. –2
C. 0 D. –1

41. यदि $z_1 = a + ib$, $z_2 = c + id$ दो सम्मिश्र संख्याएं ऐसी हों कि $|z_1| = |z_2| = 1$ और $Re\,(z_1\,\bar{z}_2) = 0$ हो और यदि $w_1 = a + ic$ तथा $w_2 = b + id$ हो, तो $Re\,(w_1\,\overline{w_2})$ का मान होगा :

A. 1 B. 0
C. –1 D. इनमें से कोई नहीं

42. किसी भी पूर्णांक n के लिए $z = \frac{\left(\sqrt{3}+i\right)^{4n+1}}{\left(1-i\sqrt{3}\right)^{4n}}$ का कोणांक होगा :

A. $\pi/6$ B. $\pi/3$
C. $\pi/2$ D. $2\pi/3$

43. यदि $\omega\,(\neq 1)$ इकाई का एक घनमूल हो और $(1 + \omega)^7 = A + B\omega$ हो, तो क्रमश: $(A, B \in R)$ संख्याओं का मान होगा :

A. 0, 1 B. 1, 1
C. 1, 0 D. –1, 1

44. यदि ω इकाई का एक अधिकल्पित घनमूल हो और p के घनमूल α, β, γ हों, तो किसी भी x, y और z के लिए $\frac{x\alpha + y\beta + z\gamma}{x\beta + y\gamma + z\alpha}$ के मान होंगे :

A. ω, ω^2 B. $-\omega, -\omega^2$
C. 1, – 1 D. इनमें से कोई नहीं

45. यदि ω इकाई का एक घनमूल हो, तो $(1 + \omega - \omega^2)(1 - \omega + \omega^2)$ का मान होगा :

A. 1 B. 0
C. 2 D. 4

46. यदि 1, ω, ω^2 इकाई के घनमूल हों तो $(1 + \omega)^3 - (1 + \omega^2)^3$ का मान होगा :

A. 2ω B. 2
C. –2 D. 0

47. यदि ω इकाई का एक सम्मिश्र घनमूल हो, तो $\frac{a + b\omega + c\omega^2}{c + a\omega + b\omega^2} + \frac{a + b\omega + c\omega^2}{b + c\omega + a\omega^2}$ का मान होगा :

A. 1 B. 0
C. 2 D. –1

48. $\left[\frac{-1+\sqrt{-3}}{2}\right]^{3n} + \left[\frac{-1-\sqrt{-3}}{2}\right]^{3n} = ?$

A. 0 B. 1
C. 2 D. 3

49. यदि $(x + iy)^{1/3} = a + ib$, तो $x/a + y/b = ?$

A. 0 B. 1
C. –1 D. इनमें से कोई नहीं

50. यदि α और β इकाई के अधिकल्पित घनमूल हों और $x = a + b$, $y = a\alpha + b\beta$, $z = a\beta + b\alpha$ हो, तो $xyz = ?$

A. $(a + b)^3$ B. $a^3 + b^3$
C. $(a - b)^3$ D. $a^3 - b^3$

51. यदि इकाई के घनमूल 1, ω, ω^2 हों तो समीकरण $(x - 1)^3 + 8 = 0$ के मूल होंगे :

A. $-1, 1 + 2\omega, 1 + 2\omega^2$
B. $-1, 1 - 2\omega, 1 - 2\omega^2$
C. –1, –1, –1
D. इनमें से कोई नहीं

52. यदि ω (≠1) इकाई का एक घनमूल हो, तो

$$\begin{vmatrix} 1 & 1+i+\omega^2 & \omega^2 \\ 1-i & -1 & \omega^2-1 \\ -i & -i+\omega-1 & -1 \end{vmatrix}$$ निम्नलिखित के बराबर है :

A. 0 B. 1
C. i D. ω

53. यदि z और w दो ऐसी सम्मिश्र संख्याएं हों कि $|z| \le 1$, $|w| \le 1$ और $|z + iw| = |z - i\overline{w}| = 2$ हो, तो z निम्नलिखित के बराबर है :

A. 1 या i B. 1 या $-i$
C. 1 या –1 D. i या –1

54. यदि $x + iy = \sqrt{\left(\frac{a+ib}{c+id}\right)}$ हो तो $(x^2 + y^2)^2 = ?$

A. $\left(a^2 + b^2\right)/\left(c^2 + d^2\right)$
B. $\left(a^2 - b^2\right)/\left(c^2 + d^2\right)$
C. $\left(a^2 - b^2\right)/\left(c^2 - d^2\right)$
D. $(a - b)/(c - d)/(a + c)(c + d)$

55. मान लें कि z_1 और z_2 दो ऐसी सम्मिश्र संख्याएं हैं कि $z_1 \ne z_2$ और $|z_1| = |z_2|$ यदि z_1 में धनात्मक वास्तविक भाग और z_2 में ऋणात्मक अधिकल्पित भाग हों, तो $(z_1 + z_2)/(z_1 - z_2)$ का मान होगा :

A. शून्य
B. वास्तविक और धनात्मक
C. वास्तविक और ऋणात्मक
D. पूर्णतः अधिकल्पित

56. प्रतिबंध $|z + 1 - i| \le 1$ को संतुष्ट करने वाली सम्मिश्र संख्या z में न्यूनतम धनात्मक कोणांक वाली सम्मिश्र संख्या निम्नलिखित में से कौन सी है ?

A. $1 - i$ B. $-1 + i$
C. $-i$ D. इनमें से कोई नहीं

57. किसी शृंखला के क्रमागत पद $\frac{1}{1+\sqrt{x}}, \frac{1}{1-x}, \frac{1}{1-\sqrt{x}}$ हैं :

A. हरात्मक श्रेढ़ी में
B. गुणोत्तर श्रेढ़ी में
C. समांतर श्रेढ़ी में
D. समांतर और गुणोत्तर श्रेढ़ी में

58. यदि किसी समांतर श्रेढ़ी का pवां पद q और qवां पद p हो तो r वां पद होगा :

A. $p + q + r$ B. $p + q - r$
C. $p - q + r$ D. इनमें से कोई नहीं

59. सभी दो अंकों वाली विषम संख्याओं का योग होगा :

A. 2475 B. 2530
C. 4905 D. 5049

60. शृंखला $\frac{1}{2} + \frac{1}{3} + \frac{1}{6} + \ldots$ 9 पदों तक का योगफल होगा:

A. –5/6 B. –1/2
C. 1 D. –3/2

61. यदि $S_n = nP + \frac{1}{2}n(n-1)Q$ जहां S_n किसी समांतर श्रेढ़ी के पहले n पदों का योगफल दर्शाता हो, तो सार्वअंतर (Common difference) होगा :

A. P + Q B. 2P + 3Q
C. 2Q D. Q

62. 100 और 500 के बीच 6 से विभाज्य संख्याओं का योग होगा :

A. 67 B. 498
C. 2010 D. 20100

63. यदि किसी समांतर शृंखला का पहला, दूसरा और अंतिम पद क्रमशः a, b और c हो, तो इस शृंखला में पदों की संख्या होगी :

A. $1/2(a + b + c)$
B. $1/2(b + c - 2a)$
C. $(b + c - 2a)/(b - a)$
D. इनमें से कोई नहीं

64. यदि $\dfrac{3 + 5 + 7 + \ldots + n \text{ पद}}{5 + 8 + 11 + \ldots + 10 \text{ पद}} = 7$ हो, तो n का मान होगा :

A. 35 B. 36
C. 37 D. 40

65. किसी समांतर श्रेढ़ी में आरंभ और अंत से समदूरस्थ पदों का योग निम्नलिखित के बराबर होगा :

A. पहले पद
B. दूसरे पद
C. पहले और अंतिम पद के योग
D. अंतिम पद

66. मान लें कि S_n किसी समांतर श्रेढ़ी के पहले n पदों के योग को सूचित करता है। यदि $S_{2n} = 3S_n$ हो, तो अनुपात S_{3n}/S_n निम्नलिखित के बराबर होगा :

A. 4 B. 6
C. 8 D. 10

67. यदि दो समांतर शृंखलाओं के n पदों के योग $7n + 1 : 4n + 27$ के अनुपात में हों तो उनके 11वें पदों के बीच अनुपात होगा :

A. 3 : 4 B. 4 : 3
C. 78 : 61 D. 152 : 119

68. एक समांतर श्रेढ़ी में यदि p पदों का योग q पदों के योग के बराबर हो, तो $(p + q)$ पदों का योग होगा :

A. $p + q$ B. 0
C. $-(p + q)$ D. –2

69. यदि $\frac{1}{q+r}, \frac{1}{r+p}, \frac{1}{p+q}$ समांतर श्रेढ़ी में हो तो

A. p, q, r समांतर श्रेढ़ी में होंगे
B. p^2, q^2, r^2 समांतर श्रेढ़ी में होंगे
C. $1/p, 1/q, 1/r$ समांतर श्रेढ़ी में होंगे
D. उपर्युक्त में से कोई नहीं

70. यदि समीकरण $x^3 - 12x^2 + 39x - 28 = 0$ के मूल समांतर श्रेढ़ी में हों तो उनका सार्व अंतर होगा :

A. ± 1 B. ± 2
C. ± 3 D. ± 4

71. यदि $x, 2x + 2, 3x + 3, \ldots$ गुणोत्तर श्रेढ़ी में हों, तो चौथा पद होगा:

A. 27 B. –27
C. 13.5 D. –13.5

72. यदि किसी गुणोत्तर श्रेणी में $(p + q)$ वां पद m और $(p - q)$वां पद n हो तो pवां पद होगा :

A. m/n B. $\sqrt{(mn)}$
C. $\sqrt{(m/n)}$ D. $\sqrt{(n/m)}$

73. यदि शृंखला 3, $\sqrt{3}$, 1 ... का n वां पद 1/243 हो, तो n है:

A. 12 B. 13
C. 14 D. 15

74. किसी अनंत गुणोत्तर श्रेणी का योगफल 23 और अनंत पदों के वर्गफलों का योग 69 हो तो श्रेढ़ी का पहला पद है:

A. 69/13 B. 10/3
C. 9/10 D. 13/69

75. किसी गुणोत्तर श्रेढ़ी में पहले तीन पदों का योग और पहले छः पदों का योग 125 : 152 के अनुपात में हो, तो सार्व अनुपात होगा:

A. 1/5 B. 2/5
C. 3/5 D. 4/5

76. यदि a, b, c समांतर श्रेढ़ी में हों और $a, c-b, b-a$ गुणोत्तर श्रेढ़ी में हों $(a \neq b \neq c)$ तो $a : b : c$ का मान होगा :

A. 1 : 3 : 5 B. 1 : 2 : 4
C. 1 : 2 : 3 D. इनमें से कोई नहीं

77. एक गुणोत्तर श्रेढ़ी में पद सम संख्या में है। यदि सभी पदों का योग श्रेढ़ी में विषम स्थान पर स्थित पदों के योग का पांच गुना हो, तो श्रेढ़ी में सर्वनिष्ठ संख्या होगी :

A. 2 B. 3
C. 4 D. 5

78. यदि धनात्मक संख्याओं की गुणोत्तर श्रेढ़ी का nवां पद a_n हो और $\sum_{n=1}^{100} a_{2n} = \alpha$ और $\sum_{n=1}^{100} a_{2n-1} = \beta$ इस प्रकार हो कि $\alpha \neq \beta$, तो सार्व अनुपात होगा :

A. α/β B. β/α
C. $\sqrt{\alpha/\beta}$ D. $\sqrt{\beta/\alpha}$

79. यदि x, y, z गुणोत्तर श्रेढ़ी में तथा $\log x - \log 2y$, $\log 2y - \log 3z$ और $\log 3z - \log x$ समांतर श्रेढ़ी में हों, तो x, y, z एक ऐसे त्रिभुज की भुजाओं की लंबाईयां हैं जो है:

A. एक न्यून कोण त्रिभुज
B. एक समकोण त्रिभुज
C. एक अधिक कोण त्रिभुज
D. एक समबाहु त्रिभुज

80. यदि $y-x$, $2(y-a)$, $y-z$ हरात्मक श्रेढ़ी में हों, तो $x-a, y-a, z-a$ निम्नलिखित में से किस श्रेढ़ी में होंगे?

A. समांतर श्रेढ़ी B. गुणोत्तर श्रेढ़ी
C. हरात्मक श्रेढ़ी D. इनमें से कोई नहीं

81. 0.423 का मान है :

A. 419/999 B. 419/990
C. 423/1000 D. इनमें से कोई नहीं

82. यदि a, b, c समांतर श्रेढ़ी में भी हों और गुणोत्तर श्रेढ़ी में भी, तो

A. $a = b \neq c$ B. $a \neq b = c$
C. $a \neq b \neq c$ D. $a = b = c$

83. यदि α और β समीकरण $x^2 - 3x + a = 0$ के मूल हों तथा γ और δ समीकरण $x^2 - 12x + b = 0$ के मूल हों तथा $\alpha, \beta, \gamma, \delta$ (क्रम में) एक वर्धमान गुणोत्तर श्रेढ़ी निर्मित करते हों, तो

A. $a = 3, b = 12$ B. $a = 12, b = 3$
C. $a = 2, b = 32$ D. $a = 4, b = 16$

84. यदि a, b, c समांतर श्रेढ़ी में हों, तो a/bc, $1/c$, $1/b$ निम्नलिखित में से किस श्रेढ़ी में होंगे?

A. समांतर श्रेढ़ी B. गुणोत्तर श्रेढ़ी
C. हरात्मक श्रेढ़ी D. इनमें से कोई नहीं

85. यदि $a^{1/x} = b^{1/y} = c^{1/z}$ तथा a, b, c हरात्मक श्रेढ़ी में हों तो x, y, z निम्नलिखित में से किस श्रेढ़ी में होंगे?

A. समांतर श्रेढ़ी B. गुणोत्तर श्रेढ़ी
C. हरात्मक श्रेढ़ी D. इनमें से कोई नहीं

86. $\log_3 2, \log_6 2, \log_{12} 2$ निम्नलिखित में से किस श्रेढ़ी में है?

A. समांतर श्रेढ़ी B. गुणोत्तर श्रेढ़ी
C. हरात्मक श्रेढ़ी D. इनमें से कोई नहीं

87. यदि a, b, c हरात्मक श्रेढ़ी में हों, तो $1/(b-a) + 1/(b-c) = ?$

A. $1/a + 1/c$ B. $1/b + 1/a$
C. $1/c + 1/b$ D. इनमें से कोई नहीं

88. यदि a, b, c गुणोत्तर श्रेढ़ी में हों तो $\log_a 10, \log_b 10, \log_c 10$ निम्नलिखित में से किस श्रेढ़ी में होंगे?

A. समांतर श्रेढ़ी B. गुणोत्तर श्रेढ़ी
C. हरात्मक श्रेढ़ी D. इनमें से कोई नहीं

89. $1 + 3 + 6 + 10 + 15 + \dots n$ पदों तक = ?

A. $\frac{1}{6}n(n+1)(n+3)$

B. $\frac{1}{6}n(n+1)(n+2)$

C. $\frac{1}{6}n(n+1)(2n-1)$

D. इनमें से कोई नहीं

90. दो धनात्मक वास्तविक संख्याओं के समांतर माध्य और उनके हरात्मक माध्य का अनुपात $m : n$ हो, तो $a : b = ?$

A. $\left[\sqrt{(m-n)} + \sqrt{n}\right] / \left[\sqrt{(m-n)} - \sqrt{n}\right]$

B. $\left[\sqrt{n}+\sqrt{(m-n)}\right]/\left[\sqrt{n}-\sqrt{(m-n)}\right]$

C. $\left[\sqrt{m}+\sqrt{(m-n)}\right]/\left[\sqrt{m}-\sqrt{(m-n)}\right]$

D. $\left[\sqrt{m}-\sqrt{(m-n)}\right]/\left[\sqrt{m}+\sqrt{(m-n)}\right]$

91. यदि दो संख्याओं P और Q का हरात्मक माध्य H हो, तो H/P + H/Q का मान होगा :

A. 2 B. PQ/(P + Q)
C. (P + Q)/PQ D. इनमें से कोई नहीं

92. यदि दो संख्याओं a और b का हरात्मक माध्य $\frac{a^{n+1}+b^{n+1}}{a^n+b^n}$ हो, तो n का मान होगा :

A. 1 B. –1/2
C. –1 D. 0

93. यदि a, b, c समांतर श्रेढ़ी में और b, c, d हरात्मक श्रेढ़ी में हों तो a, b, c, d के बीच संबंध होगा :

A. $ab = cd$ B. $ac = bd$
C. $ad = bc$ D. इनमें से कोई नहीं

94. यदि a, b, c समांतर श्रेढ़ी में, b, c, d गुणोत्तर श्रेढ़ी में और c, d, e हरात्मक श्रेढ़ी में हों तो a, c, e निम्नलिखित में से किस श्रेढ़ी में होंगे ?

A. समांतर श्रेढ़ी B. गुणोत्तर श्रेढ़ी
C. हरात्मक श्रेढ़ी D. इनमें से कोई नहीं

95. शृंखला 2 + 7 + 14 + 23 + 34 + ... का 99वां पद होगा :

A. 9999 B. 9998
C. 10000 D. इनमें से कोई नहीं

96. यदि पहली n प्राकृत संख्याओं का योग उनके वर्गों के योग का 1/5 गुना हो तो n का मान होगा :

A. 5 B. 6
C. 7 D. 8

97. यदि a, b, c, d और p ऐसी अलग-अलग वास्तविक संख्याएं हों कि $(a^2+b^2+c^2)p^2-2(ab+bc+cd)p+(b^2+c^2+d^2)\le 0$, तो a, b, c, d निम्नलिखित में से किस श्रेढ़ी में होंगे ?

A. समांतर श्रेढ़ी B. गुणोत्तर श्रेढ़ी
C. हरात्मक श्रेढ़ी D. इनमें से कोई नहीं

98. शृंखला 1.2 + 2.3 + 3.4 + 4.5 + ... के n पदों का योग होगा :

A. n^3 B. $\frac{1}{3}n(n+1)(n+2)$
C. $n(n+1)(n+2)$ D. इनमें से कोई नहीं

99. शृंखला $1+\frac{4}{5}+\frac{7}{5^2}+\frac{10}{5^3}+\ldots\infty$ के अनंत तक के पदों का योग होगा :

A. 16/35 B. 11/8
C. 35/16 D. 8/16

100. $2^{1/4} . 4^{1/8} . 8^{1/16} . 16^{1/32}\ldots\infty$ निम्नलिखित में से किसके बराबर है ?

A. 1 B. 2
C. 3/2 D. 5/2

101. शृंखला $\frac{1}{2}+\frac{3}{4}+\frac{7}{8}+\frac{15}{16}+\ldots$ के पहले n पदों का योग निम्नलिखित में से किसके बराबर होगा ?

A. 2^n-n-1 B. $1-2^{-n}$
C. $n+2^{-n}-1$ D. 2^n-1

102. यदि $a>0$, तो $\sqrt{\left\{a+\sqrt{\left(a+\sqrt{a}+\ldots\right)}\right\}}=?$

A. $\frac{1}{2}\sqrt{(4a-1)}$ B. $\frac{1}{2}\left[1+\sqrt{(4a+1)}\right]$
C. $\frac{1}{2}\left[1-\sqrt{(4a+1)}\right]$ D. इनमें से कोई नहीं

103. समीकरण $x^2-6x+6=0$ के मूलों का संख्यात्मक अंतर होगा :

A. 0 B. $\sqrt{6}$
C. $\sqrt{(12)}$ D. $\sqrt{(18)}$

104. यदि समीकरण $5x^2+13x+K=0$ का एक मूल दूसरे मूल का व्युत्क्रम हो, तो k निम्नलिखित के बराबर होगा :

A. 0 B. 5
C. 1/6 D. 6

105. यदि समीकरण $x^2+px+12=0$ का एक मूल 4 हो, जबकि समीकरण $x^2+px+q=0$ के मूल समान हों तो q का मान होगा :

A. 49/4 B. 4/49
C. 4 D. इनमें से कोई नहीं

106. यदि α और β समीकरण $ax^2 + bx + c = 0$ के दो मूल हों तो $(1 + \alpha + \alpha^2)(1 + \beta + \beta^2) = ?$

A. 0 B. धनात्मक

C. ऋणात्मक D. इनमें से कोई नहीं

107. यदि $ax^2 + bx + c = 0$ के मूल α और β हों तथा $Ax^2 + Bx + C = 0$, के मूल $\alpha - k$ और $\beta - k$ हों, तो $(B^2 - 4AC)/(b^2 - 4ac)$ का मान होगा :

A. 0 B. 1

C. $(A/a)^2$ D. $(a/A)^2$

108. यदि समीकरण $ax^2 + bx + c = 0$ के मूल वास्तविक तथा $\alpha/(\alpha - 1)$ और $(\alpha + 1)/\alpha$ रूप के हों तो $(a + b + c)^2$ का मान होगा :

A. $b^2 - 4ac$ B. $b^2 - 2ac$

C. $2b^2 - ac$ D. इनमें से कोई नहीं

109. यदि α, β समीकरण $x^2 - ax + b = 0$ के मूल हों, तो $\alpha^4 + \alpha^2\beta + \alpha^2\beta + \alpha\beta^3 + \beta^4$ का मान निम्नलिखित के बराबर होगा :

A. $a^4 + 3a^2b + b^2$ B. $a^4 - 3a^2b + b^2$

C. $a^3 + 3a^2 b + b^2$ D. $a^3 - 3a^2b + b^2$

110. यदि α, β समीकरण $x^2 + px + q = 0$ के मूल हों तो, $(\omega\alpha + \omega^2\beta)(\omega^2\alpha + \omega\beta) = ?$

A. $p^2 - q$ B. $p^2 + q$

C. $p^2 - 3q$ D. $p^2 + 3q$

111. यदि α और β समीकरण $(x - a)(x - b) = c, c \neq 0$ के मूल हों तो समीकरण $(x - \alpha)(x - \beta) + c = 0$ के मूल होंगे :

A. a, c B. b, c

C. a, b D. $a + c, b + c$

112. यदि α और β समीकरण $x^2 + ax - b = 0$ तथा γ और δ समीकरण $x^2 + ax + b = 0$ के मूल हों तो $(\alpha - \gamma)(\beta - \delta)(\alpha - \delta)(\beta - \gamma) = ?$

A. $2b$ B. $2b^2$

C. $4b^2$ D. b

113. यदि $x^2 - x - k = 0$, का एक मूल दूसरे मूल का वर्ग हो, तो $k = ?$

A. $2 \pm \sqrt{3}$ B. $3 \pm \sqrt{2}$

C. $2 \pm \sqrt{5}$ D. $5 \pm \sqrt{2}$

114. यदि समीकरण $ax^2 + bx + c = 0$ के मूल $m : n$ के अनुपात में हो; तो

A. $mna^2 = (m + n)c^2$

B. $mnb^2 = (m + n)ac$

C. $mnb^2 = (m + n)^2ac$

D. इनमें से कोई नहीं

115. यदि $ax^2 + 2bc + c = 0$ के मूलों का अनुपात $px^2 + 2qx + r = 0$ के मूलों के अनुपात के समान हो, तो :

A. $b/ac = q/pr$ B. $b^2/ac = q^2/pr$

C. $2b/ac - q^2/pr$ D. इनमें से कोई नहीं

116. यदि समीकरण $x^2 + ax + \beta = 0$ के मूल 8, 2 हों और समीकरण $x^2 + \alpha x + b = 0$ के मूल 3, 3 हों तो समीकरण $x^2 + ax + b = 0$ के मूल होंगे :

A. 8, –1 B. –9, 2

C. –8, –2 D. 9, 1

117. यदि समीकरण $x^2 - p(x + 1) - q = 0$ के मूल α और β हों, तो $\dfrac{\alpha^2 + 2\alpha + 1}{\alpha^2 + 2\alpha + q} + \dfrac{\beta^2 + 2\beta + 1}{\beta^2 + 2\beta + q}$ का मान होगा:

A. 2 B. 1

C. 0 D. इनमें से कोई नहीं

118. यदि समीकरण $x^2 + bx + c = 0$ और समीकरण $x^2 + cx + b = 0, (b \neq c)$ का एक उभयनिष्ठ मूल हो, तो

A. $b + c = 0$ B. $b + c = 1$

C. $b + c + 1 = 0$ D. इनमें से कोई नहीं

119. यदि $(1 + m^2) x^2 + 2mcx + (c^2 - a^2) = 0$ के मूल समान हों, तो

A. $c^2 = a^2 (1 - m^2)$ B. $c^2 = a^2 (1 - m)$

C. $a^2 = c^2 (m^2 + 1)$ D. $c^2 = a^2 (1 + m^2)$

120. समीकरण $(x - b)(x - c) + (x - a)(x - c) + (x - a)(x - b) = 0$ में दोनों मूल होंगे :

A. धनात्मक B. ऋणात्मक

C. वास्तविक D. इनमें से कोई नहीं

121. यदि a, b, c गुणोत्तर श्रेढ़ी में हो तो समीकरण $ax^2 + 2bc + c = 0$ और समीकरण $dx^2 + 2ex + f = 0$ का मूल उभयनिष्ठ होगा यदि $d/a, e/b, f/c$ हो :

A. समांतर श्रेढ़ी में B. गुणोत्तर श्रेढ़ी में

C. हरात्मक श्रेढ़ी में D. इनमें से कोई नहीं

122. p के मानों के किस समुच्चय के लिए समीकरण $3x^2 + 2x + p(p - 1) = 0$ के मूल विपरीत चिह्न वाले होंगे?

A. $(\infty, -0)$ B. $(0, 1)$

C. $(1, \infty)$ D. $(0, \infty)$

123. यदि α और β समीकरण $x^2 + x + 1 = 0$ के मूल हों तो निम्नलिखित में से किस समीकरण के मूल α^{19}, β^7 होंगे?

A. $x^2 - x - 1 = 0$ B. $x^2 - x + 1 = 0$
C. $x^2 + x - 1 = 0$ D. $x^2 + x + 1 = 0$

124. निम्नलिखित में से परिमेय गुणांकों वाले किस समीकरण का एक मूल $i - 1$ है?
A. $x^2 - x + 1 = 0$ B. $x^2 - x + 1/2 = 0$
C. $x^2 + 2x + 2 = 0$ D. इनमें से कोई नहीं

125. यदि समीकरण $x^2 + px + q = 0$ का एक मूल $3 + 4i$ हो, तो
A. $p = 6, q = 25$ B. $p = 6, q = 1$
C. $p = -6, q = -7$ D. $p = -6, q = 25$

126. निम्नलिखित में से किस समीकरण के मूल समीकरण $ax^2 + bx + c = 0$ के मूलों के व्युत्क्रम होंगे जबकि $c \neq 0$?
A. $(a/c)\, x^2 - bx - 1 = 0$
B. $cx^2 - (b/c)x + a = 0$
C. $bx^2 + cx + a = 0$
D. $cx^2 + bx + a = 0$

127. k के मानों के किस समुच्चय के लिए समीकरण $4x^2 - 20kx + (25k^2 + 15k - 66) = 0$ के दोनों मूल 2 से कम होंगे?
A. $(2, \infty)$ B. $(4/5, 2)$
C. $(-\infty, -1)$ D. इनमें से कोई नहीं

128. समीकरण $x - 2/(x-1) = 1 - 2/(x-1)$ में
A. कोई मूल नहीं है B. एक मूल है
C. दो मूल हैं D. अनंततः अनेक मूल हैं

129. k के कितने मानों के लिए अंतराल $(0, 1)$ में समीकरण $x^2 - 3x + k = 0$ के दो भिन्न-भिन्न मान होंगे?
A. 0 B. 2
C. 3 D. अनंततः अनेक

130. यदि α और β समीकरण $x^2 + px + q = 0$ के मूल हों तथा α^4, β^4 समीकरण $x^2 - rx + s = 0$ के मूल हों तो समीकरण $x^2 - 4qx + 2q^2 - r = 0$ में होंगे सदैव :
A. दो वास्तविक मूल
B. दो ऋणात्मक मूल
C. दो धनात्मक मूल
D. एक धनात्मक और एक ऋणात्मक मूल

131. मान लें कि a, b, c वास्तविक संख्याएं हैं जहां $a \neq 0$। यदि α समीकरण $a^2x^2 + bx + c = 0$ का एक मूल हो, β समीकरण $a^2x^2 - bx - c = 0$ का एक मूल हो और $0 < \alpha < \beta$, तो समीकरण $a^2x^2 + 2bx + 2c = 0$ का एक मूल γ होगा जो सदैव निम्नलिखित को संतुष्ट करेगा:
A. $\gamma = 1/2\,(\alpha + \beta)$ B. $\gamma = \alpha + 1/2\,\beta$
C. $\gamma = \alpha$ D. $\alpha < \gamma < \beta$

132. p के किस मान के लिए समीकरण $x^2 + px + 8 = 0$ के मूलों के बीच अंतर 2 होगा?
A. ± 2 B. ± 4
C. ± 6 D. ± 8

133. यदि समीकरण $x^2 + px + q = 0$ में x का गुणांक 13 के स्थान पर 17 मान लेने पर समीकरण के मूल -2 और -15 हो जाते हों, तो मूल समीकरण के मूलों के मान हैं :
A. 2, 15 B. 10, 3
C. $-10, -3$ D. $-2, 15$

134. x से संबंधित एक द्विघात समीकरण को हल करते समय दो छात्रों में से एक ने नियतांक को गलत उतारा जिससे हल ज्ञात करने पर उसे समीकरण के मूल 3 और 2 प्राप्त हुए। दूसरे छात्र ने नियतांक और x^2 के गुणांक को ठीक रूप में उतारा जो क्रमशः -6 और 1 था। उसके द्वारा हल किए गए समीकरण के सही मूल होंगे :
A. $3, -2$ B. $-3, 2$
C. $-6, -1$ D. $6, -1$

135. यदि x वास्तविक संख्या और $k = (x^2 - x + 1)/(x^2 + x + 1)$ हो, तो :
A. $1/3 \leq k \leq 3$ B. $k \geq 3$
C. $k \leq 1/3$ D. इनमें से कोई नहीं

136. यदि $f(x) = 2x^3 + mx^2 - 13x + n$ तथा 2 और 3 समीकरण $f(x) = 0$ के मूल हों तो m और n के मान होंगे:
A. $-5, -30$ B. $-5, 30$
C. $5, 30$ D. इनमें से कोई नहीं

137. फलन $y = \sqrt{\{x\,(x-3)\}}$ की निश्चयात्मकता के प्रांत के अंतर्गत स्थित समीकरण $(3|x| - 3)^2 = |x| + 7$ के हल होंगे :
A. $\pm 1/9, \pm 2$ B. $-1/9, 2$
C. $1/9, -2$ D. $-1/9, -2$

138. यदि $a^2 + b^2 + c^2 = 1$ हो, तो $ab + bc + ca$ का मान निम्नलिखित के बीच होगा :
A. $[1/2, 2]$ B. $[-1, 2]$
C. $[-1/2, 1]$ D. $[1, 1/2]$

139. यदि $|x - 2| + |x - 3| = 7$ हो, तो $x = ?$
A. 6 B. -1
C. 6 या -1 D. इनमें से कोई नहीं

140. समीकरण $x^2 + 5|x| + 4 = 0$ के वास्तविक मूल होंगे :

A. (–1, –4) B. (1, 4)
C. (–4, 4) D. इनमें से कोई नहीं

141. यदि $y = f(x) = \tan x \cot 3x$ हो, तो

A. $1/3 < y < 1$
B. $-\infty < y < 1/3$ या $3 < y < x$
C. $1/3 < y < \infty$
D. $-\infty < y < 1$

142. यदि $a \le 0$ हो, तो समीकरण $x^2 - 2a\,|x - a| - 3a^2 = 0$ का मूल होगा :

A. $\left(-1+\sqrt{6}\right)a$ B. $\left(\sqrt{6}+1\right)a$
C. a D. इनमें से कोई नहीं

143. समीकरण $|x^2| - 3|x| + 2 = 0$ के हलों की संख्या होगी:

A. 4 B. 1
C. 3 D. 2

144. समीकरण $|x^2| + |x| - 6 = 0$ का मूल :

A. एक और केवल एक वास्तविक संख्या होगी
B. वास्तविक संख्याएं होंगी जिनका योग एक होगा
C. वास्तविक संख्याएं होंगी जिनका योग शून्य होगा
D. वास्तविक संख्याएं होंगी जिनका गुणनफल शून्य होगा

145. $7^{\log_7 (x^2 - 4x + 5)} = x - 1$ में x के मान होंगे :

A. 2, 3 B. 7
C. –2, –3 D. 2, –3

146. यदि x_1, x_2, x_3 समीकरण $ax^2 + bx + c = 0$ के विभिन्न मूल हों, तो

A. $a = b = 0, c \in R$ B. $a = c = 0, b \in R$
C. $b^2 - 4ac \ge 0$ D. $a = b = c = 0$

147. यदि $-x^2 + 3x + 4 > 0$ हो, तो

A. $-1 < x < 4$ B. $x < -1$ और $x > 4$
C. $-1 \le x \le 4$ D. $x \le -1$ या $x \ge 4$

148. निम्नलिखित में से किस मान के लिए $x^3 + 1 \ge x^2 + x$ होगा :

A. $x \le 0$ B. $x \ge 0$
C. $x \ge -1$ D. $-1 \le x \le 1$

149. यदि व्यंजक $y^2 + 2xy + 2x + my + 3$ को दो परिमेय गुणनखंडों में विभक्त किया जा सकता हो तो m अनिवार्यत: होगा :

A. एक धनात्मक वास्तविक संख्या
B. –2 के बराबर
C. एक ऋणात्मक वास्तविक संख्या
D. 3 के बराबर

150. अंतराल [–3, 3/2] में $x^2 - 3x + 3$ का न्यूनतम मान होगा:

A. 3/2 B. 5
C. –15 D. –20

151. यदि $x \le R$, तो $(x^2 + 2x + c)/(x^2 + 4x + 3c)$ के सभी मान वास्तविक हो सकते हैं यदि

A. $0 < c < 1$ B. $-1 < c < 1$
C. $-\infty < c < 0$ D. $1 < c < \infty$

152. यदि 1, $\omega, \omega^2, \ldots\ \omega^{n-1}$ इकाई के n मूल हों, तो $(1-\omega)(1-\omega^2)\ldots(1-\omega^{n-1})$ निम्नलिखित के बराबर होगा :

A. 0 B. 1
C. n D. n^2

153. यदि α और β समीकरण $x^2 + px + q = 0$ के और साथ ही समीकरण $x^{2n} + p^n x^n + q^n = 0$ के भी मूल हों तथा यदि $\dfrac{\alpha}{\beta}, \dfrac{\beta}{\alpha}$ समीकरण $x^n + 1 + (x+)^n = 0$ के मूल हों तो n है :

A. एक विषम पूर्णांक B. एक सम पूर्णांक
C. कोई भी पूर्णांक D. इनसे से कोई नहीं

154. यदि $f(x)$ समीकरण $F(x) = n - [x], 0 \ne x \in R$ द्वारा परिभाषित एक फलन हो जहां $[x]$, x से कम या x के बराबर एक सबसे बड़ा पूर्णांक है तो $F(x) + F(1/x) = 1$ के हलों की संख्या होगी :

A. 0 B. अनंत
C. 1 D. 2

155. बहुपद $1 + a_1 x + a_2 x^2 + \ldots\ a_n x^n = 0$ के वास्तविक मूलों की संख्या कितनी होगी यदि $|x| < 1/3$ और $|a_n| < 2$ हो ?

A. n यदि n एक सम संख्या हो
B. 1 यदि n की संख्या विषम हो
C. 0, किसी भी $n \in N$ के लिए
D. इनमें से कोई नहीं

156. a के किन मानों के लिए समीकरण $x^2 + x + a = 0$ के मूल वास्तविक और 'a' से अधिक होंगे ?

A. $0 < a < 1/4$ B. $a < 1/4$
C. $a < -2$ D. $-2 < a < 0$

157. समीकरण $\left(3+\sqrt{8}\right)^n + \left(3-\sqrt{8}\right)^n = 3n$ का हल निम्नलिखित में से कौन सा होगा?

A. 2, –2 B. 4, – 4
C. 3, –3 D. इनमें से कोई नहीं

158. यदि α और β समीकरण $x^2 - px + q = 0$ के मूल हों और $U_n = \alpha^n + \beta^n$ हो, तो $p.\ U_n - q.\ U_{n-1}$ निम्नलिखित के बराबर होगा :

A. U_{n+1} B. U_{n+2}
C. U_{n-2} D. इनमें से कोई नहीं

159. समीकरण $x^2 - 2kx + k^2 - 1 = 0$ के दोनों मूल –2 और 4 के बीच अवस्थित होंगे यदि k निम्नलिखित अंतराल में अवस्थित हो :

A. (–1, 1) B. (1, 3)
C. (–1, 3) D. (–3, –1)

160. यदि $(\log_5 x)^2 + \log_5 x < 2$ हो, तो x निम्नलिखित में से किस अंतराल में अवस्थित होगा?

A. $\left(\frac{1}{5}, \frac{1}{\sqrt{5}}\right)$ B. $\left(\frac{1}{25}, \frac{1}{5}\right)$
C. $(1, \infty)$ D. $(0, \infty)$

161. यदि ${}^9P_5 + 5.{}^9P_4 = {}^{10}P_r$ हो, तो $r = ?$

A. 4 B. 5
C. 9 D. 10

162. यदि ${}^nC_r + {}^nC_{r+1} = {}^{n+1}C_n$ हो, तो $x = ?$

A. r B. $r - 1$
C. n D. $r + 1$

163. यदि ${}^nC_{r-1} = 36, {}^nC_r = 84$ और ${}^nC_{r+1} = 126$ हो, तो r निम्नलिखित में से किसके बराबर होगा?

A. 1 B. 2
C. 3 D. इनमें से कोई नहीं

164. व्यंजक ${}^{47}C_4 + \sum_{j=1}^{5} {}^{52-j}C_3$ निम्नलिखित के बराबर है :

A. ${}^{47}C_5$ B. ${}^{52}C_5$
C. ${}^{52}C_4$ D. इनमें से कोई नहीं

165. r क्रमागत धन पूर्णांकों का गुणनफल जो $r!$ द्वारा विभाजित हो, का मान होगा :

A. एक उचित भिन्न B. r के बराबर
C. एक धन पूर्णांक D. इनमें से कोई नहीं

166. अंग्रेजी के शब्द EAMCET के सभी अक्षरों को संभावित तरीकों से विन्यस्त करने पर ऐसे विन्यासों की संख्या कितनी होगी जिनमें कोई भी दो स्वर (vowels) एक दूसरे के सन्निकट नहीं हों?

A. 360 B. 144
C. 72 D. 54

167. अंग्रेजी के शब्द LAUGH के सभी अक्षरों को संभावित तरीकों से विन्यस्त करने पर ऐसे विन्यासों की संख्या कितनी होगी यदि स्वरों (vowels) को सन्निकट रखा जाए?

A. 10 B. 24
C. 48 D. 120

168. अंग्रेजी के शब्द MATHEMATICS के चार अक्षरों को कितने तरीकों से विन्यस्त किया जा सकता है?

A. 136 B. 192
C. 1680 D. 2454

169. आपके पास 10 व्यक्ति हैं जिन्हें A, B .... J नामों से पुकारा जाता है। इनमें से केवल 5 व्यक्तियों को ही एक पंक्ति में बैठाया जा सकता है। आप इन व्यक्तियों को कितने भिन्न-भिन्न तरीकों से पंक्ति में बैठाएंगे यदि A को इन 5 व्यक्तियों के टीम में अवश्य लिया जाना हो किन्तु G और H को टीम में नहीं लिया जाना हो?

A. ${}^8P_5$ B. ${}^7P_5$
C. ${}^7C_3.(4!)$ D. ${}^7C_3.(5!)$

170. यदि 10 भिन्न-भिन्न अवयवों का A एक समुच्चय हो, तो A से A तक के भिन्न-भिन्न फलनों की कुल संख्या कितनी होगी?

A. 10! B. 10^{10}
C. 2^{10} D. $2^{10} - 1$

171. यदि एक हॉल में 10 बल्ब लगे हों जिनमें से प्रत्येक बल्ब को अलग-अलग जलाया जा सकता हो, तो हॉल को कितने प्रकार से प्रकाशित किया जा सकता है?

A. 10^2 B. 1023
C. 210 D. 10!

172. 1 और 2 के अंकों का प्रयोग करके 10 अंकों वाली कितनी संख्याएं लिखी जा सकती हैं?

A. ${}^{10}C_1 + {}^9C_2$ B. 2^{10}
C. ${}^{10}C_2$ D. 10!

173. n भुजाओं वाले बहुभुज के विकर्णों की संख्या होगी :

A. $n(n-1)/2$ B. $n(n-1)(n-2)/6$
C. $n(n-1)$ D. $n(n-3)/2$

174. 3, 4, 5, 6, 7, 8, 0 अंकों का प्रयोग करके 4 अंकों वाली ऐसी कितनी संख्याएं लिखी जा सकती हैं जिनमें कोई भी अंक दोबारा प्रयोग न किया गया हो?

A. 720 B. 840

C. 280 D. इनमें से कोई नहीं

175. यदि 0, 1, 2, 3, 4 अंकों का प्रयोग करके 5 अंकों वाली संख्याएं बनाई जाएं तो ऐसी कितनी संख्याए होंगी जिनमें कम से कम एक अंक को पुनरावर्तित (दोबारा प्रयोग) किया गया हो?

A. 96 B. 120

C. 2500 D. 2404

176. 0, 1, 2, ... 9, अंकों में से किसी भी अंक का कितनी भी बार प्रयोग करके 5 से विभाज्य ऐसी कितनी धन पूर्णांक संख्याए बनाई जा सकती हैं जो 6000 से अधिक हो किन्तु 7000 से अधिक न हों?

A. 200 B. 112

C. 119 D. इनमें से कोई नहीं

177. व्यंजक 1.1! + 2.2! + ... + $n.n$! निम्नलिखित में से किसके बराबर है :

A. $(n + n)!$ B. $(n + 1)! + 1$

C. $(n + 1)! - 1$ D. $(n + 1)! - n!$

178. 0, 1, 2, 3, 4, 5 अंकों का प्रयोग करके 3 अंकों वाली ऐसी कितनी संख्याएं निर्मित की जा सकती हैं जो 3 से विभाज्य हों तथा किसी भी संख्या में किसी भी अंक का दोबारा प्रयोग नहीं किया गया हो?

A. 100 B. 60

C. 40 D. इनमें से कोई नहीं

179. 0, 1, 2, 3, 4, 5 अंकों का प्रयोग करके 5 अंकों वाली ऐसी कितनी संख्याएं निर्मित की जा सकती हैं जो 3 से विभाज्य हो तथा किसी भी संख्या में किसी भी अंक का दोबारा प्रयोग नहीं किया गया हो?

A. 216 B. 600

C. 240 D. 3125

180. एक हॉल में एकत्रित प्रत्येक व्यक्ति हॉल में उपस्थित प्रत्येक व्यक्ति से हाथ मिलाता है। यदि हॉल में कुल 66 बार हाथ मिलाए गए हों तो हॉल में कुल कितने व्यक्ति हैं?

A. 11 B. 12

C. 8 D. 14

181. यदि किसी बहुभुज के विकर्णों की संख्या 44 हो, तो बहुभुज की भुजाओं की संख्या कितनी है?

A. 11 B. 7

C. 8 D. इनमें से कोई नहीं

182. 13 खिलाड़ियों में से जिनमें 4 गेंदबाज और 2 विकेट कीपर हैं, 11 खिलाड़ियों के एक क्रिकेट टीम का चयन करना है। यदि इस टीम में एक विकेट कीपर और कम से कम 3 गेंदबाज रखे जाने हों तो टीम के लिए खिलाड़ियों का चयन कितने प्रकार से किया जा सकता है?

A. 8 B. 22

C. 112 D. इनमें से कोई नहीं

183. एक बक्से में दो सफेद, तीन लाल और चार काले रंग के गेंद हैं। यदि इस बक्से से एक बार में अलग-अलग रंग वाले तीन गेंदों को निकाला जाना हो, जिनमें कम से कम एक गेंद लाल रंग का हो, तो ऐसी निकासियों की कुल संख्या कितनी हो सकती है?

A. 45 B. 64

C. 63 D. 46

184. एक पार्टी में शामिल होने के लिए 20 व्यक्तियों को आमंत्रित किया जाता है। यदि इनमें से दो विशिष्ट मेहमानों को मेजबान के अगल-बगल बैठाया जाए, तो एक वृत्ताकार मेज के चारों और लगी कुर्सियों पर मेजबान के साथ मेहमानों को कितने प्रकार से बैठाया जा सकता है?

A. 18! . 2! B. 18! . 3!

C. 19! . 2! D. इनमें से कोई नहीं

185. एक त्रिभुज ABC की भुजाओं AB, BC, CA पर क्रमश: 3, 5 और 6 आंतरिक बिंदु हैं। इन बिंदुओं को विभिन्न त्रिभुजों के शीर्ष के रूप में प्रयुक्त करके कितने त्रिभुज निर्मित किए जा सकते हैं?

A. 364 B. 333

C. 240 D. इनमें से कोई नहीं

186. किसी समतल पर 18 बिंदुओं में से पांच सरेखीय बिंदुओं को छोड़ कर अन्य कोई भी तीन बिंदु एक ही सरल रेखा पर अवस्थित नहीं हैं। इन बिंदुओं को जोड़कर कितनी सीधी रेखाएं खीचीं जा सकती हैं?

A. 143 B. 144

C. 153 D. इनमें से कोई नहीं

187. किसी समतल पर दिए गए 12 बिंदुओं में से सात बिंदु एक ही सरल रेखा पर अवस्थित हैं। इन 12 बिंदुओं के समुच्चय से बिंदुओं को विभिन्न त्रिभुजों के शीर्ष के रूप मे प्रयुक्त करके कितने त्रिभुज निर्मित किए जा सकते हैं?

A. 105 B. 115

C. 175 D. 185

188. सरल रेखाएं I_1, I_2, I_3 समांतर हैं और एक ही समतल में अवस्थित हैं। I_1 रेखा पर कुल m बिंदुओं I_2 रेखा पर कुल n बिंदुओं और I_3 रेखा पर कुल k बिंदुओं को विभिन्न त्रिभुजों के शीर्ष मान कर अधिकतम कितने त्रिभुज निर्मित किए जा सकते हैं?

A. ${}^{m+n+k}C_3$
B. ${}^{m+n+k}C_3 - {}^{m}C_3 - {}^{n}C_3 - {}^{k}C_3$
C. ${}^{m}C_3 + {}^{n}C_3 + {}^{k}C_3$
D. इनमें से कोई नहीं

189. $4n$ विद्यार्थियों को 4 सेक्शनों में बराबर-बराबर कितने प्रकार से बांटा जा सकता है?

A. $\frac{(4n)!}{n!}$ B. $\frac{(4n)!}{4!\,n!}$
C. $\frac{(4n)!}{(n!)^4}$ D. $\frac{(4n)!}{4!\,(n!)^4}$

190. यदि 5 पुरस्कारों को 4 बच्चों के बीच वितरित किया जाना हो जबकि प्रत्येक बच्चा कितनी भी संख्या में पुरस्कार प्राप्त कर सकता हो, तो यह पुरस्कार वितरण कितने प्रकार से किया जा सकता है?

A. 6^4 B. 4^5
C. $4!\,2^4$ D. $6.(4!)$

191. एक परीक्षा में तीन बहुविकल्पी प्रकार के प्रश्न पूछे गए हैं जिनमें से प्रत्येक प्रश्न में 4 विकल्प दिए गए हैं। ऐसे कितने प्रकार हो सकते हैं जिनमें कोई विद्यार्थी सभी सही उत्तर प्राप्त करने में असफल हो सकता है?

A. 11 B. 12
C. 27 D. 63

192. यदि 22 खिलाड़ियों में से ग्यारह खिलाड़ियों के एक टीम का चयन करते समय हर बार किन्हीं 2 खिलाड़ियों को टीम में और किन्हीं 4 खिलाड़ियों को टीम से बाहर रखा जाए तो इस टीम के लिए खिलाड़ियों का चयन कितने प्रकार से किया जा सकता है?

A. ${}^{16}C_{11}$ B. ${}^{16}C_5$
C. ${}^{16}C_9$ D. ${}^{20}C_9$

193. 9600 के 1और 9600 सहित कुल विभाजकों (divisors) की संख्या कितनी होगी?

A. 60 B. 58
C. 48 D. 46

194. 7 पुरुषों और 7 महिलाओं को एक मेज के चारों ओर लगी कुर्सियों पर इस प्रकार बैठाया जाना है कि एक महिला के अगल-बगल एक पुरुष बैठे तो ऐसी आसन व्यवस्था (seating arrangement) कितने प्रकार से की जा सकती है?

A. $(7!)^2$ B. $(6!)^2$
C. $6! \times 7!$ D. $7!$

195. 5 अंकों के ऐसे टेलीफोन नंबरों की संख्या कितनी हो सकती है जिनमे कोई एक दोबारा से आया हो?

A. 90000 B. 10000
C. 30240 D. 69760

196. समुच्चय A में n अवयव अंतर्निहित है। समुच्चय A का एक उपसमुच्चय P बनाया जाता है। समुच्चय A उपसमुच्चय P के अवयवों को प्रतिस्थापित करके पुन:निर्मित किया जाता है और समुच्चय A का एक उपसमुच्चय Q पुनर्निमित किया जाता है। P और Q उपसमुच्चयों को कितने प्रकार से निर्मित किया जा सकता है कि $P \cap Q = \phi$ हो?

A. 2^n B. 3^n
C. 2^{n-1} D. इनमें से कोई नहीं

197. एक थैले में अनगिनत संख्या में काले, नीले, नारंगी और लाल गेंद हैं। बताइए कि इस थैले से एक बार में 10 गेंदों का चयन कितने प्रकार से किया जा सकता है ताकि प्रत्येक बार किए गए चयन में प्रत्येक रंग का कम से कम एक गेंद अवश्य शामिल हो?

A. 1001 B. 286
C. 270 D. इनमें से कोई नहीं

198. सरल रेखा AB पर m बिंदु और एक दूसरी सरल रेखा AC पर n बिंदु हैं किंतु इनमें से कोई भी बिंदु A नहीं है। यदि *(i)* A को छोड़कर और *(ii)* A को शामिल करके इन बिंदुओं को विभिन्न त्रिभुजों के शीर्ष मानकर त्रिभुज बनाए जाएं तो इन दोनों स्थितियों में प्राप्त त्रिभुजों की संख्याओं का अनुपात होगा?

A. $\frac{m+n-2}{m+n}$ B. $\frac{m+n-2}{2}$
C. $\frac{m+n-2}{m+n+2}$ D. इनमें से कोई नहीं

199. आपके पास 1 से 60 तक के नम्बर छपे 60 ग्रीटिंग कार्ड और 60 लिफाफे हैं। ग्रीटिंग कार्ड को लिफाफे में कितने प्रकार से डाला जा सकता है कि हर बार एक ग्रीटिंग कार्ड गलत नंबर के लिफाफे में डाला जाए?

A. $(59)!$ B. 3540
C. $(60)! - 1$ D. इनमें से कोई नहीं

200. आपको 24 अक्षरों का एक समूह दिया गया है जिनमें 8 अक्षर a के, 8 अक्षर b के और शेष अक्षर अलग-अलग हैं। इस समूह में से 8 अक्षरों का चयन आप कितने भिन्न-भिन्न प्रकार से कर सकते हैं?

A. 2^7 B. 8.2^8
C. 10.2^7 D. इनमें से कोई नहीं

201. किसी परीक्षा में n प्रश्न पूछे गए हैं। इस परीक्षा में 2^{n-i} छात्रों ने कम से कम i प्रश्नों (जहां $i = 1, 2, ... n$) का उत्तर गलत दिया। यदि दिए गए गलत उत्तरों की कुल संख्या 2047 हो, तो n का मान निम्नलिखित के बराबर होगा :

A. 10 B. 11
C. 12 D. इनमें से कोई नहीं

202. 1 से 1000 तक के पूर्णांकों को सूचीबद्ध करने में 5 का अंक कितनी बार लिखा जाएगा?

A. 271 B. 272
C. 300 D. इनमें से कोई नहीं

203. ऐसे त्रिभुजों की संख्या कितनी होगी जिनके कोणीय बिंदु एक दिए गए अष्टभुज के कोणीय बिंदुओं पर संपाती हों किंतु जिसकी कोई भी भुजा इस अष्टभुज की भुजा के बराबर नहीं हो?

A. 56 B. 24
C. 16 D. इनमें से कोई नहीं

204. यदि किसी समतल पर स्थित छ: बिंदुओं को सभी संभव तरीकों से अपरिमित सीधी रेखाओं द्वारा जोड़ा जाए जिनमें ऐसी कोई भी दो रेखाएं न हों जो संपाती या समांतर हों और ऐसी कोई भी तीन रेखाएं न हों जो एक ही बिन्दु से निकलती हों (मूल 6 बिंदुओं को छोड़ कर), तो अलग-अलग प्रतिच्छेद बिंदुओं की संख्या होगी :

A. 105 B. 45
C. 51 D. इनमें से कोई नहीं

205. यदि एक समिति के लिए सदस्यों का चयन चार पुरुषों और छ: महिलाओं में से इस प्रकार किया जाना हो कि समिति में कम से कम दो पुरुष सदस्य और कम से कम पुरुषों की दोगुनी संख्या में महिला सदस्य हों तो इस समिति के लिए सदस्यों का चयन कितने प्रकार से किया जा सकता है?

A. 94 B. 126
C. 136 D. इनमें से कोई नहीं

206. एक बैठक में दस वक्ताओं द्वारा अपने-अपने विचार रखे जाने हैं। यदि A अपना विचार B से पहले और B अपना विचार C से पहले रखना चाहते हों तो बैठक में इन सभी वक्ताओं को अपने-अपने विचार रखने का मौका कितने प्रकार से दिया जा सकता है?

A. $\dfrac{10!}{3}$ B. 7!
C. $\dfrac{10!}{6}$ D. $7! \times 3!$

207. यदि $(x^2 + k/x)^2$ में x का गुणांक 270 हो, तो $k = ?$

A. 3 B. 4
C. 5 D. इनमें से कोई नहीं

208. $(x^2 - 1/x)^9$ में x से स्वतंत्र पद होगा?

A. 1 B. −1
C. 48 D. इनमें से कोई नहीं

209. $\left[\sqrt{\left(\frac{x}{3}\right)} + \sqrt{\left(\frac{3}{2x^2}\right)}\right]^{10}$ के विस्तार में x से स्वतंत्र पद होगा :

A. कोई नहीं B. $^{10}C_1$
C. 5/12 D. 1

210. यदि $\left(x/3 - 2/x^2\right)^{10}$ के विस्तार में r वें पद में x^4 निहित हो, तो r का मान निम्नलिखित में से किसके बराबर होगा?

A. 2 B. 3
C. 4 D. 5

211. $\sum_{m=0}^{100} {}^{100}C_m\,(x-3)^{100-m}\,.\,2^m$ के विस्तार में x^{53} का गुणांक होगा :

A. $^{100}C_{47}$ B. $^{100}C_{53}$
C. $-^{100}C_{53}$ D. $-^{100}C_{100}$

212. $(1 + x + x^2 + x^3)^n$ के विस्तार में x^4 का गुणांक होगा :

A. $^nC_4$
B. $^nC_4 + {}^nC_2$
C. $^nC_4 + {}^nC_2 + {}^nC_4 \cdot {}^nC_2$
D. $^nC_4 + {}^nC_2 + {}^nC_1 \cdot {}^nC_2$

213. $\left(1+3\sqrt{2x}\right)^9 + \left(1-3\sqrt{2x}\right)^9$ के विस्तार में शून्येतर पदों की संख्या होगी :

A. 9 B. 0
C. 5 D. 10

214. यदि $\left[x + x^{\log_{10} x}\right]^5$ के विस्तार में तीसरा पद 10,00,000 के बराबर हो, तो x = ?

A. 10

B. 100

C. 1000

D. ऐसे किसी x का अस्तित्व नहीं है

215. $(2 + 3x)^{12}$ जहां $x = 5/6$ हों, के विस्तार में संख्यात्मक रूप से महत्तम पद (numerically greatest term) होगा:

A. $^{12}C_7 5^5.4$

B. $^{12}C_8 \cdot \frac{5^8}{2^4}$

C. $^{12}C_7 \left(\frac{5}{2}\right)^7 .2^5$

D. इनमें से कोई नहीं

216. $(x + y + z)^{10}$ के विस्तार में पदों की संख्या होगी:

A. 11 B. 33

C. 66 D. इनमें से कोई नहीं

217. व्यंजक $\left[x+\left(x^3-1\right)^{1/2}\right]^5+\left[x-\left(x^3-1\right)^{1/2}\right]^5$ निम्नलिखित में से किस घात का एक बहुपदी व्यंजक है ?

A. 5 B. 6

C. 7 D. 8

218. यदि धनात्मक पूर्णांक $r > 1, n > 2$ दिए गए हों और यदि $(1 + x)^{2n}$ के द्विपदी प्रसरण में $3r$ वें और $(r + 2)$वें पद के गुणांक बराबर हों, तो :

A. $n = 2r$ B. $n = 3r$

C. $n = 2r + 1$ D. इनमें से कोई नहीं

219. यदि $(2 + x/3)^n$ में x^7 और x^8 के गुणांक बराबर हों, तो n का मान होगा :

A. 50 B. 55

C. 45 D. 15

220. $(1+x)^{(p+q)}$ के प्रसरण में x^p और x^q (p और q धनात्मक पूर्णांक हैं) के गुणांक होंगे :

A. बराबर

B. बराबर और विपरीत चिह्न वाले

C. एक दूसरे के व्युत्क्रम

D. इनमें से कोई नहीं

221. $(1 + x)^{10}$ के प्रसरण में महत्तम गुणांक होगा :

A. 10!/5!.6! B. $10!/(5!)^2$

C. 10!/5!.7! D. इनमें से कोई नहीं

222. $(1+x)^{2n+2}$ के प्रसरण में महत्तम गुणांक होगा :

A. $\frac{(2n)!}{(n!)^2}$ B. $\frac{(2n+2)!}{\{(n+1)!\}^2}$

C. $\frac{(2n+2)!}{n!(n+1)!}$ D. $\frac{(2n)!}{n!(n+1)!}$

223. यदि $(1 - x + x^2)^n = a_0 + a_1x + a_2x^2 + ... + a_{2n}x^{2n}$ हो, तो $a_0 + a^2 + ... + a_{2n}$ निम्नलिखित के बराबर होगा:

A. $\frac{1}{2}\left(3^n+1\right)$ B. $\frac{1}{2}\left(3^n-1\right)$

C. $\frac{1}{2}\left(1-3^n\right)$ D. $3^n + \frac{1}{2}$

224. $(1 + x)^{50}$ के प्रसरण में x की विषम घातों के गुणांकों का योग होगा :

A. 0 B. 2^{49}

C. 2^{50} D. 2^{51}

225. यदि $(1 + x)^m . (1- x)^n$ के प्रसरण में x और x^2 के गुणांक क्रमशः 3 और –6 हो, तो m निम्नलिखित के बराबर होगा :

A. 6 B. 9

C. 12 D. 24

226. यदि $(1 + x)^n$ के प्रसरण में m वें, $(m + 2)$ वें और $(m + 2)$वें पद के गुणांक समांतर श्रेढ़ी में हों, तो

A. $n^2 + n(4m + 1) + 4m^2 - 2 = 0$

B. $n^2 + n(4m+1) + 4m^2 + 2 = 0$

C. $(n-2m)^2 = n + 2$

D. $(n+2m)^2 = n + 2$

227. $C_0 - \frac{C_1}{2} + \frac{C_2}{3} + \frac{C_3}{4} + ... =$

A. 0 B. 2^{n-1}

C. $\frac{1}{n+1}$ D. इनमें से कोई नहीं

228. श्रृंखला $\frac{2(n/2)!(n/2)!}{n!}\left\{C_0^2 - 2C_1^2 + 3C_2^2 - 4C_3^2 + ... (-1)^n (n+1) C_n^2\right\}$ जहां n एक सम धन पूर्णांक है, का योग निम्नलिखित के बराबर होगा :

A. $(-1)^{n/2}(n + 1)$ B. $(-1)^n(n + 2)$

C. $(-1)^{n/2}(n + 2)$ D. इनमें से कोई नहीं

229. $1+\frac{2}{3}.\frac{1}{2}+\frac{2.5}{3.6}\left(\frac{1}{2}\right)^2+\frac{2.5.8}{3.6.9}.\left(\frac{1}{2}\right)^3+.... =$

A. $2^{1/3}$ B. $3^{1/4}$
C. $4^{1/3}$ D. $3^{1/3}$

230. $(5^{1/2}+7^{1/8})^{1024}$ के प्रसरण में पूर्णांकीय पदों की संख्या होगी :

A. 128 B. 129
C. 130 D. 131

231. $(1+x)^n (1+1/x)^n$ के प्रसरण में x से स्वतंत्र पद होगा :

A. $C_0^2 + 2C_1^2 + ... + (n+1) C_n^2$
B. $(C_0 + C_1 + ... + C_n)^2$
C. $C_0^2 + C_1^2 + ... + C_n^2$
D. उपर्युक्त में से कोई नहीं

232. ${}^nC_0 - {}^nC_1 + {}^nC_2 - {}^nC_3 + ... + (-1)^n\, {}^nC_n$ निम्नलिखित के बराबर है :

A. 2^n B. $2^n - 1$
C. 0 D. 2^{n-1}

233. $C_0 + {}^3C_1 + {}^5C_2 + {}^7C_3 + ... + {}^{(2n+1)}C_n$ का मान निम्नलिखित के बराबर होगा :

A. 2^n B. $2^n + n\,.\,2^{n-1}$
C. $2^n (n+1)$ D. इनमें से कोई नहीं

234. साधारण संकेत पद्धति में $C_0C_r + C_1C_{r+1} + ... + C_{n-r}C_n = ?$

A. $(2n)!/\{(n-r)!\,(n+r)!\}$
B. $(2n)!/\{(n+r)!\,(n-r)!\}$
C. ${}^{2n}C_n$
D. उपर्युक्त में से कोई नहीं

235. $(7.995)^{1/3}$ का दशमलव के चार स्थानों तक सन्निकट मान होगा :

A. 1.9995 B. 1.9996
C. 1.9990 D. 1.9991

236. $(1+x)^2/(1-x)^3$ में x^n का गुणांक होगा :

A. $3n^2 + 2n + 1$ B. $2n^2 + 2n + 1$
C. $n^2 + n + 1$ D. $2n^2 - 2n + 1$

237. $1+\frac{1}{3}x+\frac{1.4}{3.6}x^2+\frac{1.4.7}{3.6.9}x^3+....$ निम्नलिखित के बराबर है :

A. x B. $(1+x)^{1/3}$
C. $(1-x)^{1/3}$ D. $(1-x)^{-1/3}$

238. $\log_5 5 \log_4 9 \log_3 2$ का मान होगा :

A. 2 B. 1
C. 5 D. इनमें से कोई नहीं

239. $\log_3 11.\log_{11} 13.\log_{13} 15.\log_{15} 27 =$

A. 1 B. 2
C. 3 D. इनमें से कोई नहीं

240. $\log_{2\sqrt{2}} 512 =$

A. 4 B. 5
C. 6 D. 7

241. यदि $A = \log_2 \log_2 \log_4 256 + 2\log_{\sqrt{2}} 2$, तो A निम्नलिखित के बराबर होगा :

A. 2 B. 3
C. 5 D. 7

242. $25^{(1/2 + \log_{1/5} 27 + \log_{125} 81)} =$

A. 0 B. 1
C. 10/81 D. $5\sqrt[3]{9/81}$

243. फलन $\sqrt{(\log_{0.5} x)}$ का प्रांत होगा :

A. $(1, \infty)$ B. $(0, \infty)$
C. $(0, 1)$ D. $(0.5, 1)$

244. यदि $\log_{10} 3 = 0.477$ हो, तो 3^{40} में अंकों की संख्या होगी :

A. 18 B. 19
C. 20 D. 21

245. यदि $a^x = b$, $b^y = c$, $c^z = a$ हो, तो xyz का मान है :

A. 0 B. 1
C. 2 D. 3

246. $7\log(16/15) + 5\log(15/14) + 3\log(81/80) =$

A. 0 B. 1
C. log 2 D. log 3

247. यदि $\log_{16} x + \log_4 x + \log_2 x = 14$ हो, तो $x = ?$

A. 16 B. 32
C. 64 D. इनमें से कोई नहीं

248. यदि $N = m!$ (m, 2 से बड़ा एक स्थिर धन पूर्णांक है) तो $\frac{1}{\log_2 N}+\frac{1}{\log_3 N}+....+\frac{1}{\log_m N}$ निम्नलिखित के बराबर होगा :

A. –1 B. 0
C. 1 D. 2

249. $\log(\log_{ab} a + 1/\log_b ab) = ?$

A. 0 B. 1
C. log ab D. इनमें से कोई नहीं

250. $\sqrt{(\log^2_{0.5} 4)}$ का मान निम्नलिखित के बराबर होगा :

A. -2 B. $\sqrt{(-4)}$

C. 2 D. इनमें से कोई नहीं

251. $\frac{\log_8 17}{\log_9 23} - \frac{\log_{2\sqrt{2}} 17}{\log_3 23} =$

A. 0 B. 1

C. 17/8 D. 23/17

252. $\frac{1}{\log_{xy} xyz} + \frac{1}{\log_{yz} xyz} + \frac{1}{\log_{zx} xyz} =$

A. 0 B. 1

C. 2 D. $\log_x xyz$

253. समीकरण $\log_e x + \log_e (1 + x) = 0$ निम्नलिखित रूप में लिखा जा सकता है :

A. $x^2 + x - 1 = 0$ B. $x^2 + x + 1 = 0$

C. $x^2 + x - e = 0$ D. $x^2 + x + e = 0$

254. यदि $2 \log_{16} (x^2 + x) - \log_4 (x + 1) = 2$ हो, तो $x =$?

A. -1 B. 16

C. 2 D. इनमें से कोई नहीं

255. यदि $\frac{1}{\log_a x} + \frac{1}{\log_c x} = \frac{2}{\log_b x}$ हो, तो a, b, c निम्नलिखित में से किस श्रेढ़ी में होंगे?

A. समांतर श्रेढ़ी B. गुणोत्तर श्रेढ़ी

C. हरात्मक श्रेढ़ी D. इनमें से कोई नहीं

256. $\log_{10} \tan 1° + \log_{10} \tan 2° + ... \log_{10} \tan 89° =$

A. 0 B. 1

C. 2 D. 3

257. संख्या $\log_2 7$ है

A. एक पूर्णांक B. एक परिमेय संख्या

C. एक अपरिमेय संख्या D. एक अभाज्य संख्या

258. यदि $a = \log_3 5$, $b = \log_{17} 25$ हो तो निम्नलिखित में से कौन सा सत्य होगा?

A. $a < b$ B. $a = b$

C. $a > b$ D. इनमें से कोई नहीं

259. यदि $a^2 + c^2 = b^2$ हो, तो निम्नलिखित में से किसके संदर्भ में समीकरण $1/\log_{(b-c)} a + 1/\log_{(b+c)} a = 2$ सत्य होगा?

A. $b > c, a > 0, \neq 1$

B. $b > |c|, a > 0, \neq 1$

C. $b > c, \neq c + 1, a > 0. \neq 1$

D. $b > |c|, \neq |c| + 1, a > 0, \neq 1$

260. 45 को द्विआधारी संख्या पद्धति में परिवर्तित करने पर प्राप्त संख्या होगी :

A. $(101101)_2$ B. $(110010)_2$

C. $(110011)_2$ D. $(100011)_2$

261. 92 को द्विआधारी संख्या पद्धति में परिवर्तित करने पर प्राप्त संख्या होगी :

A. $(1000111)_2$ B. $(1011100)_2$

C. $(111001)_2$ D. $(10011001)_2$

262. 0.25 को द्विआधारी संख्या पद्धति में परिवर्तित करने पर प्राप्त संख्या होगी :

A. $(0.10)_2$ B. $(0.01)_2$

C. $(0.001)_2$ D. $(1.0)_2$

263. 0.75 का द्विआधारी संख्या पद्धति में परिवर्तित रूप होगा:

A. $(0.10)_2$ B. $(0.11)_2$

C. $(0.01)_2$ D. $(1.10)_2$

264. 0.45 का द्विआधारी समतुल्य होगा :

A. $(0.0111010)_2$ B. $(0.1100010)_2$

C. $(0.0111001)_2$ D. $(0.11001101)_2$

265. 25.65 का द्विआधारी समतुल्य होगा :

A. $(11011.100011)_2$ B. $(11011.110010)_2$

C. $(11001.1100011)_2$ D. $(11001.1010011)_2$

266. $(1011101)_2$ को दशमलव पद्धति में परिवर्तित करने पर प्राप्त समतुल्य संख्या होगी :

A. $(55)_{10}$ B. $(45)_{10}$

C. $(35)_{10}$ D. $(25)_{10}$

267. $(10000)_2$ को दशमलव संख्या पद्धति में परिवर्तित करने पर प्राप्त समतुल्य संख्या होगी :

A. $(8)_{10}$ B. $(16)_{10}$

C. $(32)_{10}$ D. $(64)_{10}$

268. $(1101.011)_2$ को दशमलव संख्या पद्धति में परिवर्तित करने पर प्राप्त समतुल्य संख्या होगी :

A. $(13.875)_2$ B. $(13.575)_2$

C. $(13.785)_2$ D. $(13.755)_2$

269. $(0.1001)_2$ को दशमलव संख्या पद्धति में परिवर्तित करने पर प्राप्त समतुल्य संख्या होगी :

A. $(0.7593)_{10}$ B. $(0.9357)_{10}$

C. $(0.9375)_{10}$ D. $(0.9735)_{10}$

270. $(10001)_2$ और $(11001)_2$ का योग होगा :

A. 101010 B. 110011

C. 101101 D. 110101

271. $(1101)_2$ से $(1011)_2$ को घटाने पर प्राप्त संख्या होगी :
A. 110 B. 11
C. 1011 D. 10

272. $(1101)_2$ और $(1001)_2$ का गुणनफल होगा :
A. 1001111 B. 1100111
C. 1110101 D. 1100101

273. $(0.101)_2$ और $(0.11)_2$ का गुणनफल होगा :
A. $(0.00111)_2$ B. $(0.11011)_2$
C. $(0.10101)_2$ D. $(0.01111)_2$

274. $(111101)_2 \div (101)_2$ निम्नलिखित के बराबर होगा :
A. भागफल = $(1100)_2$, शेष = $(0)_2$
B. भागफल = $(1100)_2$, शेष = $(1)_2$
C. भागफल = $(0101)_2$, शेष = $(1)_2$
D. भागफल = $(1101)_2$, शेष = $(1)_2$

व्याख्यात्मक उत्तर

1. C : $A = \{3, 6, 9, 12, 15, 18, ...\}$
$B = \{5, 10, 15, ...\}$
$\therefore A \cap B = \{15, 30, 45, ...\}$
चूंकि x, 3 और 5 दोनों का एक गुणज है यदि और केवल यदि यह 3 और 5 के महत्तम समापवर्तक अर्थात् 15 का भी गुणज हो। नोट : $aN \cap bN = hN$, ($h = a, b$ का महत्तम समापवर्तक)

2. C : $X \cap (Y \cap X)' = X \cap (Y' \cap X')$
$= (X \cap X') \cap Y' = \phi \cap X' = \phi$

3. C : $(x, y) \in (A \times B) \cap (B \times A)$
$\Rightarrow (x, y) \in A \times B; (x, y) \in (B \times A)$
$\Rightarrow (x \in A, y \in B)$; और $(x \in B, y \in A)$
$\Rightarrow x, y \in A \cap B$
अब $A \cap B = \{2, 3\}$
$\therefore (A \times B) \cap (B \times A)$ में अवयवों की संख्या $2 \times 2 = 4$.

4. A : $n(T \cap C) = n(T) - n(T - C)$
$= 33 - 16 = 17$
$\because n(T - C) + n(T \cap C) + n(C - T) = 52$
अत: $n(C - T) = 52 - 16 - 17 = 19$
वैकल्पिक विधि :
चूंकि $T \cup C = 52$,
अत: $n(T) + n(C - T) = 52$
$\therefore n(C - T) = 52 - 33 = 19$.

5. C : मान लें A = सेब, C = पनीर
तो $\left.\begin{array}{l} n(A \cap C) \le n(A) \\ n(A \cap C) \le n(C) \end{array}\right\}$
$\Rightarrow n(A \cap C) \le 60$
साथ ही $n(A \cap C) = n(A) + n(C) - n(A \cup C)$
$\ge 70 + 60 - 100$
$= 30$
$\therefore 30 \le n(A \cap C) \le 60$

6. A : चूंकि किन्ही दो पंक्तियों में अदला-बदली से सारणिक के मान का चिह्न बदल जाता है, अत: 1 मान वाले सारणिकों की संख्या –1 मान वाले सारणिकों की संख्या के बराबर है।
साथ ही, $\begin{vmatrix} 1 & 0 & 0 \\ 0 & 1 & 1 \\ 0 & 1 & 0 \end{vmatrix} = -1$ अत: $C \ne 0$.

7. C : $n(A' \cap B') = n(A \cup B)'$
$= 700 - n(A \cup B)$
$= 700 - [200 + 300 - 100]$
$= 300$

8. C : $\bigcup_{i=1}^{30} A_i = \frac{1}{10}(5 \times 30) = 15$
[चूंकि सम्मिलन S मे अवयव A_i's के 10 के अंतर्गत आते हैं]
साथ ही $S = \bigcup_{i=1}^{30} B_i = (3n)/9 = n/3$
$\therefore n/3 = 15 \Rightarrow n = 45$.

9. B : $2^m = 2^n + 56$
जो संतुष्ट होता है यदि $m = 6, n = 3$ हो।

10. D : मान लें कि C, B और H से उन बच्चों का समुच्चय इंगित होता है जो क्रमश: क्रिकेट, बास्केटबॉल, हॉकी खेलते हैं। तो,
$n(C \cup B \cup H) = n(C) + n(B) + n(H)$
$- n(C \cap B) - n(B \cap H) - n(H \cap C)$
$+ n(H \cap C \cap H)$
$= 224 + 336 + 240 - 64 - 80 - 40 + 24$
$= 640$
$\therefore$ कोई भी खेल नहीं खेलने वाले बच्चों की संख्या
$= 880 - 640 = 240$.

11. D : $(x, y) \in R \Leftrightarrow (y, x) \in R^{-1}$,
$\therefore R^{-1} = \{(3, 1), (5, 1), (1, 2)\}$

12. B : R = {(2, 1), (4, 2), (6, 3), ...}
अत: R^{-1} = {(1, 2), (2, 4), (3, 6), ...}

13. D : R = {(*a*, *b*): *a*, *b* ∈ N, A ~ *b* = 3}
= {(*n*, *n* + 3), (*n* + 3, *n*) : *n* ∈ N}
= {(1, 4), (4, 1), (2, 5), (5, 2), ...}

14. C : R स्वतुल्य नहीं है क्योंकि (0, 0) ∈ R, चूंकि 0, 0 को विभाजित नहीं करता
R सममित नहीं है, क्योंकि 2/4, किंतु 4/2
R संक्रामक है क्योंकि
$a \backslash b,\ b \backslash c \Rightarrow b = an,\ c = bm,\ n, m \in Z$
$\Rightarrow c = a(nm) \qquad (nm \in Z)$
$\Rightarrow a \backslash c.$
∴ R न तो स्वतुल्य है और न ही सममित बल्कि यह केवल संक्रामक है
∴ R तुल्यता संबंध नहीं है।

15. C : यहां 0 (A × B) = 2 × 3 = 6
चूंकि A × B का प्रत्येक उपसमुच्चय A से B का संबंध स्थापित करता है। A से B के संबंधों की संख्या A × B के उपसमुच्चयों की संख्या के बराबर अर्थात् $2^6 = 64$ है।

16. C : R = {(1,3),(1,5),(2,3),(2,5),(3,5),(4,5)}
∴ R^{-1} = {(3,1),(5,1),(3,2),(5,2),(5,3),(5,4)}
∴ R *o* R^{-1} = {(3, 3), (3, 5), (5, 3), (5, 5)}
(ध्यान दें कि RoR^{-1} स्थापित करने के लिए हमें R^{-1} से आरंभ करना होगा)

17. C : $8x - 6 = 14p\ (p \in Z)$
$\Rightarrow \quad x = (1/8)\,[14p + 6],\ x \in Z$
$= (1/4)(7p + 3)$
$\Rightarrow \quad x = 6, 13, 20, 27, 34, 41, 48, \ldots$
∴ हल समुच्चय
= {6, 20, 34, 48, ...} ∪ {13, 27, 41, ...}
= [6] ∪ [13],
जहां [6], [13] क्रमश: 6 और 13 के तुल्यता वर्ग हैं।

18. C : समुच्चय A के संदर्भ में स्थापित संबंधों की संख्या = A × A के उपसमुच्चयों की संख्या = 2^{n^2}
[∵ $n\,(A \times A) = n^2$]

19. D : सम्मिश्र संख्याओं के बीच संबंध > या < नहीं है। अत: दी गई असमिका केवल तभी सार्थक है यदि *q* = 0 और *t* = 0 हो अर्थात् यदि संख्याएं वास्तविक हों।

20. D : चूंकि दो सम्मिश्र संख्याओं के बीच संबंध > या < का अस्तित्व नहीं होता।

21. A : मान लें कि $z = x + iy \therefore \bar{z} = x - iy$
$\therefore \ z + \bar{z} = 0 \Rightarrow 2x = 0 \Rightarrow x = 0$
अर्थात् $Re\,(z) = 0$
विलोमत: यदि $Re\,(z)\,x = 0$ हो,
तो $z + \bar{z} = 2x = 0$

22. A : मान लें $z = x + iy$, तो
कोणांक z + कोणांक $\bar{z}$ = कोणांक $(x + iy)$ + कोणांक $(x - iy)$
$= \tan^{-1}\left(y/x + \tan^{-1}\left(-y/x\right)\right) = 0$

23. A : मान लें कि $z = x + iy$, तो
$z = \bar{z} \Rightarrow x + iy = x - iy \Rightarrow y = 0$
$\Rightarrow z$ वास्तविक है।

24. C : मान लें $z = x + iy$, तो
$z\bar{z} = 0 \Rightarrow (x + iy)\,(x - iy) = x^2 + y^2 = 0$
$\Rightarrow x = 0$ और $y = 0 \Rightarrow z = 0$

25. C : $\therefore \quad |z + a|^2 = (z + a)\,(\overline{z + a})$
$= (z + a)\,(\bar{z} + a)$

26. D : यदि $\sin x + i \cos 2x$ और $\cos x - i \sin 2x$ एक दूसरे के संयुग्मी हों तो
$\overline{\left(\sin x + i \cos 2x\right)} = \cos x - i \sin 2x$
$\Rightarrow \sin x - i \cos 2x = \cos x - i \sin 2x$
$\Rightarrow \sin x = \cos x$ और $\cos 2x = \sin 2x$
$\Rightarrow \tan x = 1$ और $\tan 2x = 1$
ये दोनों समीकरण एक साथ नहीं हो सकते।

27. D : $x + iy = \begin{vmatrix} 6i+4 & 0 & 0 \\ 4 & 3i & -1 \\ 20 & 3 & i \end{vmatrix}$ $R_1 \to R_1 + R_2$ से
$= (6i + 4)(3i^2 + 3) = 0$
$\Rightarrow x = 0,\ y = 0$

28. B : दिया गया व्यंजक
$\Rightarrow 4x + 9y = 3,\ 2x - 7y = 13$
$\Rightarrow x = 3,\ y = -1$

29. D : $\dfrac{1 - i\sqrt{3}}{1 + i\sqrt{3}} = \dfrac{(1 - i\sqrt{3})^2}{4} = \dfrac{-2 - 2\sqrt{3i}}{4}$
$= -\dfrac{1}{2} - \dfrac{\sqrt{3}}{2}i$

$\therefore$ कोणांक $\left(-\frac{1}{2}-\frac{\sqrt{3}}{2}i\right) = -(\pi - \tan^{-1}\sqrt{3})$
$= -2\pi/3$

ध्यान दें $-\pi <$ कोणांक $\le \pi$, अतः

कोणांक $\left(\frac{1-i\sqrt{3}}{1+i\sqrt{3}}\right) \neq 4\pi/3$

30. B : समीकरण $z^4 = 1$
अर्थात्, $(x^2-1)(z^2+1) = 0$ के मूल हैं;
$1, -1, i, -i$

$\therefore \sum_{i=1}^{4} z_j^3 = 1 - 1 + i^3 + (-i)^3 = 1 - 1 - i + i = 0$

31. B : दिया गया व्यंजक

$= \frac{i^{10}(i^{582}+i^{580}+i^{578}+i^{576}+i^{574})}{i^{582}+i^{580}+i^{578}+i^{576}+i^{574}} - 1$

$= i^{10} - 1 = i^2 - 1 = -2.$

32. B : $\sum_{n=1}^{13}\left(i^n + i^{n+1}\right) = (1+i)\sum_{n=1}^{13} i^n$

$= (1+i)(i + i^2 + ... + i^{13})$

$= (1+i)\frac{i(1-i^{13})}{1-i} = \frac{(i-1)(1-i)}{1-i}$

$= i - 1$

33. B : दिया गया व्यंजक $= \left[\frac{(1+i)^2}{(1-i)(1+(i))}\right]^n = (i)^n$

जो न्यूनतम धन पूर्णांक $n = 4$ के लिए 1 के बराबर है।

34. C : $(1+i)^{2n} = (1-i)^{2n}$

$\Rightarrow \left(\frac{1+i}{1-i}\right)^{2n} = 1 \Rightarrow (i)^{2n} = 1$

$\therefore n = 2$ न्यूनतम धन पूर्णांक है।

35. C : $|\beta| = 1 \Rightarrow |\beta|^2 = 1 \Rightarrow \beta\bar{\beta} = 1$

$\therefore \left|\frac{\beta-\alpha}{1-\bar{\alpha}\beta}\right| = \left|\frac{\beta-\alpha}{\beta\bar{\beta}-\bar{\alpha}\beta}\right| = \left|\frac{\beta-\alpha}{\beta(\bar{\beta}-\bar{\alpha})}\right|$

$= \frac{|\beta-\alpha|}{|\beta||\overline{\beta-\alpha}|} = \frac{1}{|\beta|} = 1$

36. D : दिया गया व्यंजक $= 1 - 1 + 1 - 1 + ... + (-1)^n$
जिसे यदि n अज्ञात हो, तो ज्ञात नहीं किया जा सकता।

37. B : $|az_1 - bz_2|^2 + |bz_1 + az_2|^2$
$= (az_1 - bz_2)(a\bar{z}_1 - b\bar{z}_2)$
$+ (b\bar{z}_1 + a\bar{z}_2)(b\bar{z}_1 + a\bar{z}_2)$
$= a^2 z_1\bar{z}_1 + b^2 z_2\bar{z}_2 - ab\, z_1\bar{z}_2 - ab\, z_2\bar{z}_1$
$+ b^2 z_1\bar{z}_1 + a^2 z_2\bar{z}_2 + ab\, z_1\bar{z}_2 + ab\, z_2\bar{z}_1$
$= (a^2+b^2)(|z_1|^2 + |z_2|^2)$ $\quad \because z\bar{z} = |z|^2$

38. B : मूल से z की दूरी $= |z|$

अब $\left||z| - \frac{1}{|z|}\right| \le \left|z + \frac{1}{z}\right| = 2$

$\Rightarrow -2 \le |z| - \frac{1}{|z|} \le 2$

$\therefore |z|^2 + 2|z| - 1 \ge 0 \Rightarrow (|z|+1)2 \ge 2$
$\Rightarrow |z| \le -1 - \sqrt{2}$ या $|z| \ge -1 + \sqrt{2}$
$\therefore$ न्यूनतम $|z| = \sqrt{2} - 1$
साथ ही $|z|^2 - 2|z| - 1 \le 0 \Rightarrow (|z|-1)^2 \le 2$
$\Rightarrow 1 - \sqrt{2} \le |z| \le \sqrt{2} + 1$
अधिकतम $|z| = \sqrt{2} + 1$

39. C : $\sin\{(\omega^{10} + \omega^{23})\pi - \pi/4\}$
$= \sin\{(\omega + \omega^2)\pi - \pi/4\} = \sin\{-\pi - \pi/4\}$
$= \sin \pi/4 = 1/\sqrt{2}$

40. D : दिया गया है, $z^2 + z + 1 = 0$
$\therefore (z-1)(z^2+z+1) = 0 \therefore z^3 = 1$
यदि n, 3 का गुणज नहीं हो तो हम $n = 3m + r$ नहीं लिख सकते जहां $m \in 1$ और $r = 1$ या 2
तो $2n = 6m + 2r$
यदि $r = 1$, तो $2r = 2$
$\therefore z^n + z^{2n} = (z^3)^m . z^r + (z^3)^{2n} . z^{2r} = z^r + z^{2r}$
$= z + z^2 = -1$
यदि $r = 2$, तो $2r = 4$ $\quad \therefore 2n + 3(m+1) + 1$
$\therefore z^n + z^{2n} = (z^3)^m . z^r + (z^3)^{m+1} . z^1 = z^2 + z = -1$
अतः $z^n + z^{2n} = -1$.

41. B : $|z_1| = |z_2| = 1 \Rightarrow a^2 + b^2 = c^2 + d^2 = 1$ ...(1)
$Re(z_1\bar{z}_2) = ac + bd = 0$
$\Rightarrow \frac{a}{b} = \frac{d}{-c}$ λ मान लें ...(2)

$Re(w_1 \overline{w}_2) = Re(a + ic)(b - id) = ab + cd$

(1) और (2) से, $b^2(1+\lambda^2) = d^2\left(1+\frac{1}{\lambda^2}\right) = 1$

$\Rightarrow \frac{b^2}{d^2} = \frac{1}{\lambda^2}$ या $d^2 = b^2\lambda^2$

$\therefore$ $Re(w_1 w_2) = b^2\lambda - d^2/\lambda$
$= b^2\lambda - b^2\lambda = 0$

42. A : $z = \frac{(2.e^{i\pi/6})^{4n+1}}{(2.e^{-ix/3})^{4n}} = \frac{2^{4n+1}e^{i(4n+1)\pi/6}}{2^{4n}e^{-i\,4n\pi/3}}$
$= 2.e^{i\,(12n+1)\pi/6} = 2.e^{2nxi}.e^{\pi i/6}$
$= 2.e^{xl/6}\,e^{2nxi} = 1$
$\therefore$ कोणांक $z = \pi/6$

43. B : मान लें $\omega = \frac{-1-i\sqrt{3}}{2}$, तो $\omega^2 = \frac{-1+i\sqrt{3}}{2}$
$\therefore (1+\omega)^7 = A + B\omega \Rightarrow (-\omega^2)^7 = A + B\omega$
$\Rightarrow -\omega^2 = A + B\omega$
$\Rightarrow \frac{1}{2} - \frac{i\sqrt{3}}{2} = A + B\left(\frac{-1-i\sqrt{3}}{2}\right)$
$\Rightarrow A - \frac{B}{2} = \frac{1}{2}, \; -\frac{\sqrt{3}}{2} = -\frac{B\sqrt{3}}{3}$
$\Rightarrow B = 1, \quad \therefore A = 1$

44. A : चूंकि P के घनमूल $\alpha, \beta. \gamma$ हैं जो $p^{1/3}, p^{1/3}\omega, p^{1/3}\omega^2$ हैं
स्थिति I : मान लें $\alpha = p^{1/3}, \beta = p^{1/3}\omega$,
या $\gamma = p^{1/3}\omega^2$

तो $Z = \frac{x\alpha + y\beta + z\gamma}{x\beta + y\gamma + z\alpha} = \frac{x + y\omega + z\omega^2}{x\omega + y\omega^2 + z}$

$$Z = \frac{\omega^2(x + y\omega^2 + z\omega^2)}{(x + y\omega^2 + z\omega)} = \omega^2$$

अत: z का मान ω या ω^2 हो सकता है। α, β, γ के लिए अन्य सभी संयोजनों का मान ω या ω^2 होता है।

45. D : $(1 + \omega - \omega^2)(1 - \omega + \omega^2)$
$= (1 + \omega + \omega^2 - 2\omega^2)(1 + \omega + \omega^2 - 2\omega)$
$= (0 - 2\omega^2)(0 - 2\omega) = 4\omega^3 = 4$

46. D : $(1 + \omega)^3 - (1 + \omega^2)^3$
$= (-\omega^2)^3 - (-\omega)^3 = -\omega^6 + \omega^3 = 0$

47. D : दिया गया व्यंजक
$= \frac{\omega^2(a + b\omega + c\omega^2)}{c\omega^2 + a\omega^3 + b\omega^4} + \frac{\omega(a + b\omega + c\omega^2)}{(b\omega + c\omega^2 + a\omega^3)}$
$= \omega^2 + \omega = -1$

48. C : $-\frac{1}{2} + \frac{1}{2}\sqrt{3}i = \cos 2\pi/3 + i\sin 2\pi/3$

और $-\frac{1}{2} - \frac{1}{2}\sqrt{3}i = \cos 4\pi/3 + i\sin 4\pi/3$

$\therefore$ दिया गया व्यंजक
$= (\cos 2\pi/3 + i\sin 2\pi/3)^{3n} - (\cos 4\pi/3 + i\sin 4\pi/3)^{3n}$
$= (\cos 2\pi n + i\sin 2\pi n) - (\cos 4\pi n + i\sin 4\pi n)$
$= 2$

49. D : $x + iy + (a + ib)^3$
$= a^3 + i^3b^3 + 3ai^2b^2 + 3ia^2b$
$= (a^3 - 3ab^2) + i(3a^2b - b^3)$
$\Rightarrow x = a^3 - 3ab^2, y = 3a^2b - b^3$
$\Rightarrow x/a + y/b = (a^2 - 3b^2) + (3a^2 - b^2)$
$= 4(a^2 - b^2)$.

50. B : α, β इकाई के सम्मिश्र घन मूल हैं
$\therefore$ मान लें $\alpha = \omega$ और $\beta = \omega^2$
$\therefore xyz = (a + b)(a\gamma + b\beta)(a\beta + b\alpha)$
$= (a + b)\,[(a^2 + b^2)\,\alpha\beta + ab(\alpha^2 + \beta^2)]$
$= (a + b)\,[(a^2 + b^2)\,\omega^3 + ab(\omega^2 + \omega^4)]$
$= (a + b)\,[a^2 + b^2 - ab(\omega^2 + \omega)]$
$= (a + b)\,[a^2 + b^2 - ab] = a^3 + b^3$

51. B : $(x - 1)^3 + 8 = 0$
$\Rightarrow (x - 1) = (-8)^{1/3} = (-2)(1)^{1/3}$
$\Rightarrow x - 1 = -2.1, -2\omega, -2\omega^2$
$\Rightarrow x = -1, 1 - 2\omega, 1 - 2\omega^2$

52. A : $\Delta = \begin{vmatrix} 1 & 1+i+\omega^2 & \omega^2 \\ 1-i & -1 & \omega^2-1 \\ -i & -i+\omega-1 & -1 \end{vmatrix}$

$R_2 \to R_1 + R_3 - R_2$

$$\Delta = \begin{vmatrix} 1 & 1+i+\omega^2 & \omega^2 \\ 0 & -(1+\omega+\omega^2) & 0 \\ -i & -i+\omega-1 & -1 \end{vmatrix} = 0$$

चूंकि $1 + \omega + \omega^2 = 0$

53. C : $|z - (-iw)| = |z - (i\overline{w})|$

$\Rightarrow z$ संयुग्मी $-i\omega$ और $i\overline{\omega}$ को जोड़ने वाले रेखा-खंड के समकोण समद्विभाजक पर अवस्थित है, अत: z, x-अक्ष पर अवस्थित है

मान लें $z = x$. चूंकि $|z| \le 1 \Rightarrow |x| \le 1$

साथ ही $|z + iw| \le |z| + |iw|$

$\Rightarrow 2 \le |x| + |w|$

चूंकि $|w| \le 1$, इसलिए $|x| + |w| \not> 2$ और

$|x| + |w| = 2$ केवल यदि $|x| = 1$

$|w| = 1$

$\therefore x = 1$ या -1

54. A: $x + iy = \sqrt{[(a + ib)/(c + id)]}$

$\therefore x - iy = \sqrt{[(a - ib)/(c - id)]}$

गुणा और वर्ग करने पर,

$(x^2 + y^2)^2 = (a^2 + b^2)/(c^2 + d^2)$

55. D : मान लें $z_1 = a + ib$ और $z_2 = c - id$

जहां a और d धन वास्तविक राशियां हैं

$\therefore |z_1| = |z_2| \Rightarrow a^2 + b^2 = c^2 + d^2$ ....(1)

अब $\dfrac{z_1 + z_2}{z_1 - z_2} = \dfrac{(a+c)+i(b-d)}{(a-c)+i(b+d)}$

$= \dfrac{(a+c)+i(b-d)}{(a-c)+i(b+d)} \times \dfrac{(a-c)-i(b+d)}{(a-c)+i(b+d)}$

$= \dfrac{(a^2-c^2)+(b^2-d^2)-2i(ad+bc)}{(a-c)^2+(b+d)^2}$

$= \dfrac{-2i(ad+bc)}{(a-c)+(b+d)^2}$, ...(1) का प्रयोग करने पर

अब $\dfrac{z_1 + z_2}{z_1 - z_2} = 0 \Rightarrow ad + bc = 0$

$\Rightarrow \dfrac{a}{c} = -\dfrac{b}{d} = k$ मान लें

$\Rightarrow a = ck$ और $b = -dk$

$\Rightarrow a + ib = k(c - id)$ पर ....(2)

यदि $k = 1$, तो (2) से, $z_1 = z_2$,

जो $z_1 \ne z_2$ के विपरीत है

यदि $k \ne 1$, तो समीकरण (1) संतुष्ट नहीं होता है

$\therefore (z_1 + z_2)/(z_1 - z_2) \ne 0$, तब यह पूर्णत: अधिकल्पित है।

56. D : $|z + 1 - i| \le 1 \Rightarrow [z - (-1 + i)) \le 1$ जो 1 त्रिज्या और $(-1 + i)$ पर केंद्रित वृत्त के आंतरिक भाग और परिधि को निरूपित करता है।

विकर्ण खींच कर सत्यापित करें कि वृत्त पर बिन्दु $z = i$ दर्शाता है कि कोणांक z न्यूनतम धन पूर्णांक है।

57. C : यहां $\dfrac{1}{1-x} - \dfrac{1}{1+\sqrt{x}} = \dfrac{\sqrt{x}}{1-x}$

और $\dfrac{1}{1-\sqrt{x}} - \dfrac{1}{1-x} = \dfrac{\sqrt{x}}{1-x}$

अत: पद समांतर श्रेढ़ी में हैं।

58. B : pवां पद $= a + (p - 1)\, d = q$

qवां पद $= a + (q - 1)\, d = p$

हल करने पर, $d = -1, a = p + q - 1$

$\therefore r$वां पद $= a + (r - 1)\, d = p + q - r$

59. A : सभी दो अंकों वाली विषम संख्याओं का योग

$= 11 + 13 + 15 + ... + 99$

$= \dfrac{1}{2} . 45\,(11 + 99) = 2475.$

60. D : दी गई शृंखला समांतर श्रेढ़ी में है

$a = 1/2, d = 1/3 - 1/2 = -1/6$

$S_9 = ½ . 9[2 . ½ + (9 - 1).(- 1/6)] = - 3/2$

61. D : $t_n = S_n - S_n - 1$

$= nP + ½n(n - 1)\, Q - [(n - 1)P] + ½(n - 1)(n - 2)Q]$

$= P + (n - 1)Q$

अब, $d = t_n - t_{n-1}$

$= [P + (n - 1)Q] - [P + (n - 2)Q]$

$= Q$

62. D : 100 और 500 के बीच 6 से विभाज्य संख्याएं

$S_n = 102 + 108 + 114 + ... + 498$

यदि S_n में n पद हों, तो

$498 = 102 + (n - 1).6 \Rightarrow n = 67$

$\therefore S_n = ½\,(67)(102 + 498) = 20100$

63. C : $a = a, d = b - a$

$t_n = a + (n - 1)d = c$

$\Rightarrow n = (b + c - 2a)/(b - a)$

64. A : $7 = \dfrac{\frac{1}{2}n[6 + (n-1).2]}{\frac{1}{2}.10(10 + 9.3)}$

या $n^2 + 2n - 1295 = 0$

या $(n-35)(n+37)=0$

$\therefore n=35$

65. C : मान लें कि सार्व अंतर d वाली समांतर श्रेढ़ी का पहला पद a और अंतिम पद l है।

$\therefore$ आंरभ से r वां पद और अंत से r वां पद

$=[a+(r-1)d]+[1-(r-1)d]=a+l$

= पहले और अंतिम पदों का योग

66. B : $S_{2n}=3S_n \Rightarrow ½(2n)[2a+(2n-1)d]$
$=3.(½ n)[2a+(n-1)d] \Rightarrow 2a=(n+1)d$

$$\therefore \frac{S_{3n}}{S_n}=\frac{½(3n)[2a+(3n-1)d]}{½(n)[2a+(n-1)d]}$$

$$=\frac{3[(n+1)d+(3n-1)d]}{(n+1)d+(n-1)d}=6$$

67. B : यदि $a_1, a_1+d_1,\ldots..$ और $a_2, a_2+d_2,\ldots..$ दो समांतर श्रेढ़ी हों, तो

$$\frac{1/2.n[2a_1+(n-1)d_1]}{1/2.n[2a_2+(n-1)d_2]}=\frac{7n+1}{4n+27}$$

$$\Rightarrow \frac{2a_1+(n-1)d_1}{2a_2+(n-1)d_2}=\frac{2.4+(n-1).7}{2.(31/2)+(n-1).4}$$

$$\therefore \frac{a_1}{4}=\frac{d_1}{7}=\frac{a_2}{31/2}=\frac{d_2}{4}=\lambda \text{ (मान लें)}$$

$\therefore$ 11वें पदों का अनुपात

$$=\frac{a_1+10d_1}{a_2+10d_2}=\frac{(4+10.7).\lambda}{(31/2+10.4).\lambda}=\frac{2.74}{111}=\frac{4}{3}$$

68. B : $S_p=S_q$
$\Rightarrow (½p)[2a+(p-1)d]=(½q)[2a+(q-1)d]$
$\Rightarrow 2a(p-q)=(q^2-q-p^2+p)d$
$=-(p-q)(p+q-1)d$
$\Rightarrow \quad 2a=-(p+q-1)d$
$S_{p+q}=½(p+q)[2a+(p+q-1)d]=0$

69. B : $1(q+r), 1/(r+p), 1/(p+q)$ समांतर श्रेढ़ी में हैं

$$\Rightarrow \frac{1}{r+p}-\frac{1}{q+r}=\frac{1}{p+q}-\frac{1}{r+p}$$

$\Rightarrow q^2-p^2=r^2-q^2 \Rightarrow p^2, q^2, r^2$ समांतर श्रेढ़ी में हैं।

70. C : यदि $a-d, a, a+d$ समांतर श्रेढ़ी में स्थित मूल हों, तो

$\sum\alpha=3a=12 \Rightarrow a=4$

$\alpha\beta\gamma=a(a^2-d^2)=28 \Rightarrow d=\pm 3$

71. D : यहां $(2x+2)^2=x(3x+3)$

$\Rightarrow x^2+5x+4=0 \Rightarrow x=-4$

$\therefore x-1$ अमान्य है जिसके लिए $t_2=0$

$\therefore -4, -6, -9, \ldots.$ गुणोत्तर श्रेढ़ी में है।

$\therefore t_4=(-4)(3/2)^3=-13.5$

72. B: $t_{p+q}=ar^{p+q-1}=m$
$t_{p-q}=ar^{p-q-1}=n$
$\Rightarrow mn=a^2r^{2(p-1)}$
$\Rightarrow t_p=ar^{(p-1)}=\sqrt{(mn)}$

73. B: $t_n=3(1/\sqrt{3})^{n-1}=1/243$
$\Rightarrow 3^{(3-n)/2}=3^{-5} \Rightarrow ½(n-3)=5 \Rightarrow n=13$

74. A : मान लें कि $a. ar. ar^2 \ldots.$ गुणोत्तर श्रेढ़ी में हैं

$\therefore 23=a+ar+ar^2+\ldots=a/(1-r)$ .... (1)

और $69=a^2+a^2r^2+a^2r^4+\ldots=a^2/(1-r^2)$ ..... (2)

हल करने पर $a=69/13$

75. C:
$$\frac{S_3}{S_6}=\frac{a(1-r^3)}{1-r}.\frac{1-r}{a(1-r^6)}$$

$$=\frac{1}{1+r^3}=\frac{125}{152} \text{ (दिया गया है)}$$

$\Rightarrow \qquad r=3/5$

76. C : यहां $b=\frac{1}{2}(a+c)$ और $(c-b)^2=a(b-c)$

$\Rightarrow [c-½(a+c)]^2=a\{½(a+c)-a\}$
चूंकि $a\neq c$, $c=3a$ और इसलिए $b=2a$

$$\therefore \frac{a}{1}=\frac{b}{2}=\frac{c}{3}, \text{ i.e., } a:b:c=1:2:3$$

77. C : मान लें कि गुणोत्तर श्रेढ़ी $a, ar, ar^2, \ldots.$में $2n$ पद हैं।

दिया गया है कि, शृंखला का योग $=5(t_1+t_3+\ldots.n$ पद)

$$\Rightarrow \frac{a(1-r^{2n})}{1-r}=5.\frac{a[1-(r^2)^n]}{1-r^2}$$

$\Rightarrow r=4$

78. D : मान लें $a, ar, ar^2, \ldots$गुणोत्तर श्रेढ़ी है

$$\alpha=\sum_{n=1}^{100}a_{2n}=a_2+a_4+\ldots 100 \text{ पद}$$

या $\alpha = ar + ar^3 + \ldots$ 100 पद

या $\alpha = ar\,(1 + r^2 + r^4 \ldots + r^{198})$

$$\beta = \sum_{n=1}^{100} a_{2n-1} = a_1 + a_3 + \ldots \text{ 100 पद}$$

$= a + ar^2 + \ldots$ 100 पद

$= a(1 + r^2 + r^4 + \ldots + r^{198})$

$\therefore\ \alpha/\beta = r$

79. C: यहां $y^2 = xz$ और

$2[\log 2y - \log 3z]$

$= \log x - \log 2y + \log 3z - \log x$

$\Rightarrow z = 4x/9$ और $y = 2x/3$

[स्पष्ट है कि $x, y, z > 0$]

चूंकि $x + y = 5x/3 > z$, $x + z = 13x/9 > y$ और $y + z = 10x/9 > x$, x, y, z एक त्रिभुज की भुजाएं हैं साथ ही,

$\cos A = (y^2 + z^2 - x^2)/2yz = -29/48 < 0$

$\therefore\ \Delta ABC$ अधिक कोण त्रिभुज है।

80. B: यहां $2(y - a) = \dfrac{2(y-x)(y-z)}{2y-x-z}$

अर्थात् $y^2 - 2ay + ax + az - xz = 0$

या $(y - a)^2 = (x - a)(z - a)$, इसलिए

$x - a,\ y - a,\ z - a$ गुणोत्तर श्रेढ़ी में हैं।

81. B: मान लें $x = 3.4\dot{2}\dot{3} = 0.4232323 \ldots$.

$\therefore\ 10x = 4.232323 \ldots$.

और $1000x = 423.2323 \ldots$.

$\therefore\ 990x = 419$ या $x = 419/990$

82. D: $2b = a + c$ .... (1)

और $b^2 = ac$ .... (2)

(2) और (1) से, $[½(a + c)]^2 = ac$

$\Rightarrow (a + c)^2 - 4ac = 0$

$\Rightarrow (a - c)^2 = 0 \Rightarrow a = c$

$\therefore$ (1) से, $2b = 2a$. अतः $a = b = c$

83. C: चूंकि α, β, γ एक वर्धमान गुणोत्तर श्रेढ़ी निर्मित करते हैं

$\therefore\ \beta = \alpha r, \gamma = \alpha r^2, \delta = \alpha r^3, r > 1$

अब $\alpha + \beta = 3 \Rightarrow \alpha(1 + r) = 3$ .... (1)

$\gamma + \delta = 12 \Rightarrow \alpha r^2 (1 + r) = 12$ .... (2)

(1) और (2) से, $r = 2, \alpha = 1$

$\therefore\ a = \alpha\beta = \alpha^2 r = 2$

और $b = \gamma\delta = \alpha^2 r^5 = 32$

84. A : a, b, c समांतर श्रेढ़ी में हैं

$\Rightarrow a/bc,\ b/bc,\ c/bc$ भी समांतर श्रेढ़ी में हैं

$\Rightarrow a/bc,\ 1/c,\ 1/b$ समांतर श्रेढ़ी में हैं

85. A: $a^{1/x} = b^{1/y} = c^{1/z} = k$ (मान लें)

$\Rightarrow a = k^x, b = k^y, c = k^z$

अब a, b, c गुणोत्तर श्रेणी में है $\Rightarrow b_2 = ac$

$\Rightarrow k^{2y} = k^{x+z} \Rightarrow 2y = x + z$

$\Rightarrow x, y, z$ समांतर श्रेणी में है

86. C: $\dfrac{1}{\log_6 2} - \dfrac{1}{\log_3 2} = \log_2 6 - \log_2 3$

$= \log_2 (6/3) = \log_2 2 = 1$

$\dfrac{1}{\log_{12} 2} - \dfrac{1}{\log_6 2} = \log_2 12 - \log_2 6 = 1$

$= \log_2 (12/6) = \log_2 2 = 1$

$\therefore\ 1/(\log_6 2) - 1/(\log_3 2)$

$= 1/(\log_{12} 2) - 1/(\log_6 2)$

$\Rightarrow \log_3 2, \log_6 2, \log_{12} 3$ हरात्मक श्रेढ़ी में हैं।

87. A: $b = 2ac/(a + c)$

$$\frac{1}{b-a} = \frac{1}{2ac/(a+c)-a} = \frac{a+c}{a(c-a)}$$

$$\frac{1}{b-c} = \frac{1}{2ac/(a+c)-a} = \frac{a+c}{c(a-c)}$$

$$\frac{1}{b-a} + \frac{1}{b-c} = \frac{a+c}{c-a}\left(\frac{1}{a} - \frac{1}{c}\right)$$

$$= \frac{a+c}{ac} = \frac{1}{c} + \frac{1}{a}$$

88. C: $1/\log_a 10 + 1/\log_c 10$

$= \log_{10} a + \log_{10} c = \log_{10} ac$

$= \log_{10} b^2 + 2\log_{10} b = 2/\log_b 10$

$= \log_a 10, \log_b 10, \log_c 10$ हरात्मक श्रेणी में हैं

89. B: $S = 1 + 3 + 6 + 10 + 15 + \ldots + T_n$

$S = \quad 1 + 3 + 6 + 10 + \ldots + T_{n-1} + T_n$

घटाने पर,

$0 = (1 + 2 + 3 + 4 + 5 \ldots n$ पदों तक$) - T_n$

$\therefore\ T_n = ½\, n(n + 1) = ½(n^2 + n)$

$\therefore\ S_n = \sum T_n = ½\{\sum n^2 + \sum n\}$

$$= \frac{1}{2}\cdot\left\{\frac{1}{6}n(n+1)(2n+1) + \frac{1}{2}n(n+1)\right\}$$

$$= \frac{1}{12} n(n+1)\{2n+1+3\}$$

$$= \frac{1}{6} n(n+1)(n+2)$$

90. C: $\dfrac{\text{समांतर माध्य}}{\text{हरात्मक माध्य}} = \dfrac{(a+b)/2}{2ab/(a+b)}$

$$= \frac{(a+b)^2}{4ab} = \frac{m}{n}$$

$$\Rightarrow \frac{(a+b)^2}{2ab} = \frac{2m}{n} \Rightarrow \frac{a^2+b^2}{2ab} = \frac{2m-n}{n}$$

$$\Rightarrow \frac{a^2+b^2+2ab}{a^2+b^2-2ab} = \frac{2m}{2(m-n)}$$

$$\Rightarrow \left(\frac{a+b}{a-b}\right)^2 = \frac{m}{m-n}$$

$$\Rightarrow \frac{a+b}{a-b} = \frac{\sqrt{m}}{\sqrt{(m-n)}}$$

$$\Rightarrow \frac{a}{b} = \frac{\sqrt{m}+\sqrt{(m-n)}}{\sqrt{m}-\sqrt{(m-n)}}$$

91. A: $\dfrac{2}{H} = \dfrac{1}{P} + \dfrac{1}{Q} \Rightarrow \dfrac{H}{p} + \dfrac{H}{Q} = 2$

92. C: $\dfrac{a^{n+1}+b^{n+1}}{a^n+b^n} = \dfrac{2ab}{a+b}$ (a और b का हरात्मक माध्य)

$\Rightarrow a^{n+2} + ab^{n+1} + a^{n+1}b + b^{n+2}$
$= 2a^{n+1}b + 2ab^{n+1}$
$\Rightarrow a^{n+2} - a^{n+1}b = -b^{n+2} + ab^{n+1}$
$\Rightarrow a^{n+1}(a-b) = b^{n+1}(a-b)$
$\Rightarrow (a/b)^{n+1} = 1 = (a/b)^0$
$\Rightarrow n+1 = 0 \Rightarrow n = -1$

93. C: a, b, c समांतर श्रेढ़ी में हैं
$\Rightarrow 2b = a + c$ ... (1)
b, c, d हरात्मक श्रेढ़ी में हैं $\Rightarrow c = 2bd/(b+d)$
$\Rightarrow bc + cd = 2bd \Rightarrow bc + cd\ (a+c)d$
$\Rightarrow bc = ad$

94. B: यहां $2b = a + c$ ... (1)
$c^2 = bd$ ... (2)
$d = 2ce/(c+e)$ ... (3)
(2) में (1) और (3) से प्रतिस्थापित करने पर,

$$c^2 = \frac{1}{2}(a+c).[2ce/(c+e)]$$

$\Rightarrow c^2 = ae \Rightarrow a, c, e$ गुणोत्तर श्रेढ़ी में है।

95. B: $S = 2 + 7 + 14 + 23 + ... + t_{99}$
$S = \quad 2 + 7 + 14 + ... + t_{98} + t_{99}$

घटाने पर,
$0 = [2 + 5 + 7 + 9 + ... + 99 \text{ पद}] - t_{99}$
$t_{99} = 2 + [5 + 7 + 9 + ... + 98 \text{ पद}]$
$= 2 + \frac{1}{2}(98)[2 \times 5 + 97 \times 2] = 9998$

96. C: $\Sigma n = (1/5)\Sigma n^2$

या $\frac{1}{2} n(n+1) = \frac{1}{5} \cdot \frac{1}{6} n(n+1)(2n+1)$

या $\frac{1}{30} n(n+1)(14-2n) = 3 \therefore n = 7$

97. B: दिए गए संबंध से,
$(a^2p^2 - 2abp + b^2) + (...) + (...) \le 0$
या $(ap-b)^2 + (bp-c)^2 + (cp-d)^2 \le 0$ ...(1)
चूंकि a, b, c, d सभी वास्तविक हैं
$\therefore$ (1) संभव है केवल यदि
$ap - b = 0, bp - c = 0, cp - d = 0$
$\Rightarrow b/a = c/b = d/c = p$
$\Rightarrow a, b, c, d$ गुणोत्तर श्रेढ़ी में हैं

98. B: $t_n = n(n+1) = n^2 + n$
$S_n = \Sigma t_n = \Sigma n^2 + \Sigma n$

$$= \frac{1}{6} n(n+1)(2n+1) + \frac{1}{2} n(n+1)$$

$$= \frac{1}{6} n(n+1)(2n+1+3)$$

$$= \frac{1}{3} n(n+1)(2n+2)$$

99. C: $S = 1 + \dfrac{4}{5} + \dfrac{7}{5^2} + \dfrac{10}{5^3} + ... \infty$

$\dfrac{1}{5} S = \quad \dfrac{1}{5} + \dfrac{4}{5^2} + \dfrac{7}{5^3} + ... \infty$

घटाने पर,

$$\frac{4}{5} S = 1 + 3\left(\frac{1}{5} + \frac{1}{5^2} + \frac{1}{5^3} + ...\infty\right)$$

$= 1 + 3(1/5)/(1 - 1/5) = 7/4$

$\therefore \quad S = 35/16$

100. B: $x = 2^{1/4}.4^{1/8}.8^{1/16}.16^{1/32} + \ldots \infty$

$x = 2^{1/4 + 2/8 + 3/16 + 4/32 + \ldots \infty}$

मान लें $S = \frac{1}{4}+\frac{2}{8}+\frac{3}{16}+\frac{4}{32}+\ldots\infty$

$\frac{1}{2}S = \frac{1}{8}+\frac{2}{16}+\frac{3}{32}+\ldots\infty$

घटाने पर,

$$\frac{1}{2}S = \frac{1}{4}+\frac{1}{8}+\frac{1}{16}+\frac{1}{32}+\ldots\infty = \frac{(1/4)}{\left(1-\frac{1}{2}\right)}$$

$S = 1 \quad \therefore x = 2^1 = 2$

101. C: $S = \frac{1}{2}+\frac{3}{4}+\frac{7}{8}+\frac{15}{16}+\ldots+t_n$

$S = \frac{1}{2}+\frac{3}{4}+\frac{7}{8}+\ldots+t_{n-1}+t_n$

घटाने पर,

$$0 = \left(\frac{1}{2}+\frac{1}{4}+\frac{1}{8}+\frac{1}{16}+\ldots.+n \textbf{ पदों तक}\right) - t_n$$

$$\therefore t_n = \frac{(1/2)\left[1-(1/2)^n\right]}{1-1/2} = 1-(1/2)^n$$

$$S_n = \sum_{n=1}^{n} t_n = \sum_{n=1}^{n} 1 - \sum_{n=1}^{n} (1/2)^n$$

$= n - [1/2 + (1/2)^2 + (1/2)^3 + \ldots n$ पद$]$

$$= n - \frac{1/2\left[1-(1/2)^n\right]}{1-1/2} = n - 1 + 2^{-n}$$

102. B: मान लें $x = \sqrt{a+\sqrt{a+\sqrt{a+\sqrt{a+\ldots\infty}}}}$

$\Rightarrow x = \sqrt{(a+x)}$

$\Rightarrow x^2 - x - a = 0$

$\Rightarrow x = \frac{1}{2}[1 \pm \sqrt{(1+4a)}]$

$\therefore x = \frac{1}{2}[1 + \sqrt{(1+4a)}]$

x के अन्य ऋणात्मक मानों को निराकृत कर देने पर जबकि x निश्चित ही धनात्मक होगा।

103. C: $\alpha + \beta = 6, \alpha\beta = 6$

$\therefore \alpha - \beta = \sqrt{[(\alpha+\beta)^2 - 4\alpha\beta]} = \sqrt{(12)}$

104. B: मान लें कि α और $1/\alpha$ मूल हैं

$\therefore$ मूलों का गुणनफल $= \alpha\,(1/\alpha) = 1$

$= k/5 \Rightarrow k = 5.$

105. A : $\because$ समीकरण $x^2 + px + 12 = 0$ का एक मूल 4 है

$\therefore 16 + 4p + 12 = 0 \Rightarrow p = -7$

यदि समीकरण $x^2 + px + q = 0$ के समान मूल हों, तो $p^2 - 4q = 0 \Rightarrow q = p^2/4 = 49/4.$

106. B: $\alpha + \beta = -b/a, \alpha\beta = c/a$

$(1 + \alpha + \alpha^2)(1 + \beta^2)$

$= 1 + (\alpha + \beta) + (\alpha^2 + \beta^2) + \alpha\beta + \alpha\beta(\alpha + \beta) + \alpha^2\beta^2$

$= 1 + (\alpha + \beta) + (\alpha + \beta)^2 - \alpha\beta + \alpha\beta\,(\alpha + \beta) + (\alpha\beta)^2$

$= 1 - b/a + b^2/a^2 - c/a + (c/a)(-b/a) + c^2/a^2$

$= (a^2 + b^2 + c^2 - ab - bc - ca)/a^2$

$= [(a - b)^2 + (b - c)^2 + (c - a)^2]/(2a^2),$

जो कि धनात्मक है

107. A: $\alpha - \beta = (\alpha + \beta)^2 - 4\alpha\beta$

$= (b^2 - 4ac)/a^2 \quad \ldots(1)$

साथ ही, $[(\alpha - k) - (\beta - k)]^2$

$= \{(\alpha - k)^2 + (\beta - k)\}^2 - 4(\alpha - k)(\beta - k)$

$= (-B/A)^2 - 4(C/A) = (B^2 - 4AC)/A^2 \quad \ldots(2)$

(1) और (2) से,

$(b^2 - 4ac)/a^2 = (B^2 - 4AC)/A^2$

$$\therefore \frac{B^2 - 4AC}{b^2 - 4ac} = \left(\frac{A}{a}\right)^2$$

108. A: यहां $\frac{\alpha+1}{\alpha} + \frac{\alpha}{\alpha-1} = -\frac{b}{a}$ और $\frac{\alpha+1}{\alpha-1} = \frac{c}{a}$

$\therefore \alpha = (c + a)/(c - a)$ और $\frac{2\alpha^2 - 1}{\alpha(\alpha-1)} = -\frac{b}{a}$

α प्रतिस्थापित करने पर,

$(a + b + c)^2 = b^2 - 4ac$

109. B: $\alpha + \beta = a, \alpha\beta = b.$

$\therefore \alpha^4 + \alpha^3\beta + \alpha^2\beta^2 + \alpha\beta^3 + \beta^4$

$= (\alpha + \beta)(\alpha^3 + \beta^3) + \alpha^2\beta^2$

$= (\alpha + \beta)^2 [(\alpha + \beta)^2 - 3\alpha\beta] + (\alpha\beta)^2$

$= a^2(a^2 - 3b) + b^2 = a^4 - 3a^2b + b^2$

110. C: $\alpha + \beta = -p, \alpha\beta = q$

$(\omega\alpha + \omega^2\beta)(\omega^2\alpha + \omega\beta)$

$= \alpha^2 + \beta^2 + (\omega^2 + \omega)\alpha\beta = \alpha^2 + \beta^2 - \alpha\beta$

$(\because \omega^3 = 1, 1 + \omega + \omega^2 = 1)$

$= (\alpha + \beta)^2 - 3\alpha\beta = p^2 - 3q$

111. A: α, β समीकरण $(x - a)(x - b)$ के मूल हैं

या $x^2 - (a + b)x + (ab - c) = 0$

$\therefore \alpha + \beta = a + b, \alpha\beta = ab - c$

अब समीकरण $(x - \alpha)(x - \beta) + c = 0$

या $x^2 - (\alpha + \beta)x + \alpha\beta + c = 0$

या $x^2 - (a + b)x + ab = 0$

या $(x - a)(x - b) = 0 \qquad \therefore x = a, b$

112. C: $\alpha + \beta = -a, \alpha\beta = -b, \gamma + \delta = -a, \gamma\delta = b$

$\therefore (\alpha - \gamma)(\beta - \delta)(\alpha - \delta)(\beta - \gamma)$

$= [\alpha\beta - (\alpha + \beta)\gamma + \gamma^2][\alpha\beta - (\alpha + \beta)\delta + \delta]$

$= (-b + a\gamma + \gamma^2)(-b + a\delta + \delta^2)$

$= (-b - b)(-b - b) = 4b^2$

$\because \gamma^2 + a\gamma + b = 0, \delta^2 + a\delta + b = 0$ क्योंकि γ, δ समीकरण $x^2 + ax + b = 0$ के मूल हैं।

113. A: यदि α, α^2 मूल हों तो,

$\alpha + \alpha^2 = 1 \qquad \ldots(1)$

$\alpha.\alpha^2 = \alpha^3 = -k$ या $\alpha = -k^{1/3}$

$\therefore$ (1) से, $-k^{1/3} + k^{2/3} = 1$

घन करने पर,

$-k + k^2 - 3k^{1/3} + k^{2/3}(-k^{1/3} + k^{2/3}) = 1$

या $-k + k^2 - 3k.1 = 1$ या $k^2 - 4k - 1 = 0$

$$\therefore k = \frac{1}{2}[4 \pm \sqrt{(16 + 4)}] = 2 \pm \sqrt{5}$$

114. C: यदि α, β मूल हों तो, $\alpha + \beta = -b/a, \alpha\beta = c/a.$

और $\dfrac{\alpha}{\beta} = \dfrac{m}{n} \Rightarrow \dfrac{\alpha}{m} = \dfrac{\beta}{n} = \dfrac{\alpha + \beta}{m + n} = k$ (मान लें)

$\therefore \alpha + \beta = k(m + n), \alpha = km, \beta = kn.$

अब $(\alpha + \beta)^2 = k^2(m + n)^2$

$= (\alpha/m)(\beta/n)(m + n)^2$

या $(-b/a)^2.mn = (c/a)(m + n)^2$

या $mnb^2 = (m + n)^2ac$

115. B: यदि समीकरण $ax^2 + 2bx + c = 0$ के मूल $m : n$ अनुपात में हों तो प्रश्न संख्या 114 के उत्तर के अनुसार संक्रिया करने पर,

$mn(2b)^2 = (m + n)^2 ac \qquad \ldots(i)$

यदि समीकरण $px^2 + 2qx + r = 0$ के मूल भी उसी अनुपात $m : n$ में हों, तो

$mn(2q)^2 = (m + n)^2 pr \qquad \ldots(ii)$

उपर्युक्त *(i)* को *(ii)* से भाग करने पर,

$$b^2/q^2 = (ac)/(pr) \text{ या } b^2/ac = q^2/qr$$

116. D: 8, 2 समीकरण $x^2 + ax + \beta = 0$ के मूल हैं

$\therefore 8 + 2 = 10 = -a, 8.2 = 16 = \beta$

अर्थात् $a = -10, \beta = 16$

3, 3 समीकरण $x^2 + \alpha x + b = 0$ के मूल हैं

$\therefore 3 + 3 = 6 = -\alpha, 3.3 = b$

अर्थात्, $\alpha = -6, b = 9$

अब $x^2 + ax + b = 0$ का निम्नलिखित रूप होगा

$x^2 - 10x + 9 = 0$

या $(x - 1)(x - 9) = 0 \therefore x = 1, 9.$

117. B: दिया गया समीकरण है $x^2 - px - (p + q) = 0$

$\alpha + \beta = p, \alpha\beta = -(p + q)$

अब $(\alpha + 1)(\beta + 1) = \alpha\beta + (\alpha + \beta) + 1$

$= -(p + q) + p + 1 = 1 - q$

दिया गया व्यंजक

$$= \frac{(\alpha+1)^2}{(\alpha+1)^2 + (q-1)} + \frac{(\beta+1)^2}{(\beta+1)^2 + (q-1)}$$

$$= \frac{\left[2(\alpha+1)^2(\beta+1)^2 + (q-1)\{(\alpha+1)^2 + (\beta+1)^2\}\right]}{\left[(\alpha+1)^2(\beta+1)^2 + (q-1)\{(\alpha+1)^2 + (\beta+1)^2\} + (q-1)^2\right]}$$

$$= \frac{2(1-q)^2 + (q-1)\left[(\alpha+1)^2 + (\beta+1)^2\right]}{2(1-q)^2 + (q-1)\left[(\alpha+1)^2 + (\beta+1)^2\right]} = 1$$

118. C : यदि α उभयनिष्ठ मूल हो, तो $\alpha^2 + b\alpha + c = 0$ और $\alpha^2 + c\alpha + b = 0$

घटाने पर, $(b - c)\alpha + c - b = 0 \therefore \alpha = 1$

$\therefore 1 + b.1 + c = 0$, अर्थात्, $b + c + 1 = 0$

119. D: यदि मूल समान हों, तो

$(2mc)^2 - 4.(1 + m^2)(c^2 - a^2) = 0$

$\Rightarrow c^2 = a^2(1 + m^2)$

120. C: समीकरण को निम्नलिखित रूप में लिखा जा सकता है:

$3x^2 - 2(a + b + c)x + (bc + ca + ab) = 0$

$\therefore B^2 - 4AC = 4(a + b + c)^2 - 12(bc + ca + ab)$

$= 2[(a-b)^2 + (b-c)^2 + (c-a)^2] \geq 0$

$\therefore$ दोनों मूल वास्तविक हैं।

121. A: चूंकि a, b, c गुणोत्तर श्रेढ़ी में हैं

$\therefore b^2 = ac$, अत: $ax^2 + 2bx + c = 0$ के समान मूल हैं

क्योंकि $\Delta = 4b^2 - 4ac = 0$

और मूल है, $-2b/2a = -b/a$

अत: उभयनिष्ठ मूल निश्चित रूप से $-b/a$ होगा।

$$\therefore \quad \frac{db^2}{a^2} - \frac{2eb}{a} + f = 0$$

या $$\frac{dac}{a^2} - \frac{2eb}{a} + f = 0$$

या $$\frac{d}{a} - \frac{2eb}{ac} + \frac{f}{c} = 0$$

या $$\frac{d}{a} + \frac{f}{c} = \frac{2e}{b}$$

अर्थात् d/a, e/b, f/c समांतर श्रेढ़ी में हैं।

122. B : चूंकि मूलों के चिह्न परस्पर विपरीत हैं, अत: मूलों का गुणनफल ऋणात्मक होगा

$\therefore p\,(p-1)/3 < 0$ या $0 < p < 1$

अपेक्षित समुच्चय है $(0, 1)$

123. D : दिया गया है : $x^2 + x + 1 = 0$

$$\therefore \ x = \frac{1}{2}\left[-1 \pm i\sqrt{3}\right]$$

$$= \frac{1}{2}\left(-1 - i\sqrt{3}\right), \frac{1}{2}\left(-1 + i\sqrt{3}\right) = \omega, \omega^2$$

$\therefore$ मान लें, $\alpha = \omega$ और $\beta = \omega^2$

अब $\alpha^{19} + \beta^7 = \omega^{19} + \left(\omega^2\right)^7$

$$= \left(\omega^3\right)^6 . \omega + \left(\omega^3\right)^4 . \omega^2 = \omega + \omega^2 = -1$$

और $\alpha^{19} . \beta^7 = \omega^{19} . (\omega^2)^7 = \omega^{33} = (\omega^3)^{11} = 1$

अत: समीकरण जिसके मूल α^{19}, β^7 हैं, होगा :

$x^2 - (-1)x + 1 = 0$, अर्थात् $x^2 + x + 1 = 0$.

124. C: एक मूल है $-1 + i$

$\therefore$ दूसरा मूल होगा $-1 - i$

$\therefore$ अपेक्षित समीकरण

$x^2 - (-1 + i - 1 - i)x + (-1 + i)\,(-1 - i) = 0$

या $x^2 + 2x + 2 = 0$.

125. D: मूल हैं : $3 + 4i$ और $3 - 4i$

$\therefore$ योग$= 3 + 4i + 3 - 4i = -p$

और गुणनफल $= (3 + 4i)\,(3 - 4i) = q$

$\therefore p = -6, q = 25$.

126. D: $\alpha + \beta = -b/a, \alpha\beta = c/a$.

$1/\alpha$ और $1/\beta$ मूलों वाला समीकरण है :

$x^2 - (1/\alpha + 1/\beta)x + (1/\alpha)\,(1/\beta) = 0$

या $\alpha\beta x^2 - (\alpha + \beta)x + 1 = 0$

या $cx^2 + bx + a = 0$

127. C: चूंकि दोनों मूलों α और β का मान 2 से कम है, अत:

$- \times - \times - \times -$

$\alpha \quad \beta \quad 2$

(i) $\Delta \geq 0$ *(ii)* $f(2) > 0$ *(iii)* $\alpha + \beta < 4$

अत: *(i)* $400k^2 - 16(25k^2 + 15k - 66) \geq 0$

अर्थात्, $25k^2 - 25k^2 - 15k + 66 \geq 0$

या $k \leq 66/15$

$f(2) = 16 - 40k + 25k^2 + 15k - 66 > 0$

$\Rightarrow 25k^2 - 25k - 50 > 0$

$\Rightarrow k^2 - k - 2 > 0$

$\Rightarrow (k-2)(k+1) > 0$

$\Rightarrow k < -1$ या $k > 2$

$\alpha + \beta = (20k/4) < 4 \Rightarrow k < 4/5$

(i), (ii), (iii) से $-\infty < k < -1$.

अत: अपेक्षित समुच्चय $= (-\infty, -1)$

128. A : समीकरण को निम्नलिखित रूप में लिखा जा सकता है:

$x^2 - 2x + 1 = 0.\ x \neq 1$

या $(x-1)^2 = 0$

जो अमान्य है, क्योंकि $x \neq 1$

अत: समीकरण का कोई मूल नहीं है।

129. A : मूल α, β अंतराल $(0, 1)$ में अवस्थित हैं $(\alpha \neq \beta)$

अत: *(i)* $\Delta > 0$, *(ii)* $f(0) > 0, f(1) > 0$

(iii) $0 < \alpha + \beta < 2$

$\therefore$ यहां प्रत्येक k के लिए $\alpha + \beta = 3 \nless 2$

अत: ऐसे किसी k का अस्तित्व नहीं है।

130. A: $\alpha + \beta = -p, \alpha\beta = q,$

$\alpha^4 + \beta^4 = r, \alpha^4\beta^4 = s.$

$\alpha^2 + \beta^2 = (\alpha + \beta)^2 - 2\alpha\beta = p^2 - 2q$

$\therefore \quad r = \alpha^4 + \beta^4 = (\alpha^2 + \beta^2)^2 - 2\alpha^2\beta^2$

$= (p^2 - 2q)^2 - 2q^2$

या $(p^2)^2 - 4q(p^2) + 2q^2 - r = 0$ ... (1)

$\therefore p^2$ समीकरण

$x^2 - 4qx + 2q^2 - r = 0$ का एक मूल है ... (2)

यदि उपर्युक्त समीकरण (2) का दूसरा मूल α' हो, तो
$p^2 + \alpha' = 4q \therefore \alpha' = 4q - p^2$
साथ ही समीकरण (1) के संदर्भ में,
$B^2 - 4AC = 16q^2 - 4(2q^2 - r)$
$= 8q^2 + 4r = 8q^2 + 4(p^4 - 4qp^2 + 2q^2)$ [(1) से]
$= 4(p^2 - 2q^2) > 0$
$\therefore$ समीकरण (2) के मूल वास्तविक हैं और ये क्रमशः p^2 और $4q - p^2$ हैं।
इन दो मूलों में से दोनों मूल न तो धनात्मक हैं और न ही दोनों मूल-ऋणात्मक हैं।

131. D: $a^2\alpha^2 + b\alpha + c = 0$ ... (1)
और $a^2\beta^2 - b\beta - c = 0$ ... (2)
अब मान लें, $f(x) = a^2x^2 + 2bx + 2c$
$\therefore f(\alpha) = a^2\alpha^2 + 2b\alpha + 2c = -a^2\alpha^2 < 0,$
(1) का प्रयोग करने पर
और $f(\beta) = a^2\beta^2 + 2b\beta + 2c = 3a^2\beta^2 > 0,$
(2) का प्रयोग करने पर
$\because f(\alpha)$ और $f(\beta)$ विपरीत चिह्न युक्त हैं और $\alpha < \beta$
$\therefore \alpha$ और β के बीच γ इस प्रकार अवस्थित है कि $f(\gamma) = 0$
यहां $\alpha < \gamma < \beta$, जहां γ समीकरण $a^2x^2 + 2bx + 2c = 0$ का एक मूल है।

132. C : यदि α, β मूल हों तो
$\alpha + \beta = -p, \alpha\beta = 8$
अब $\alpha - \beta = 2 \Rightarrow (\alpha - \beta)^2 = 4$
$\Rightarrow (\alpha + \beta)^2 - 4\alpha\beta = 4$
$\Rightarrow p^2 - 32 = 4 \Rightarrow p = \pm 6.$

133. C: यदि α और β मूल हों, तो
$\alpha\beta = (-2)(-15) = 30$
और $\alpha + \beta = -13 \Rightarrow \alpha, \beta = -3, -10.$

134. D : मान लें कि सही समीकरण $ax^2 + bx + c = 0$ और सही मूल α और β हैं।
c को गलत मानने पर 3 और 2 मूल होंगे
$\therefore \alpha + \beta = 3 + 2 = 5$ ....*(i)*
साथ ही, $a = 1$ और $c = -6$
$\therefore \alpha\beta = c/a = -6$ ....*(ii)*
(i) और *(ii)* समीकरणों को हल करने पर सही मूल 6 और –1 होंगे।

135. A: $k(x^2 + x + 1) = x^2 - x + 1$
$\Rightarrow (k-1)x^2 + (k+1)x + (k-1) = 0$
$x \in R \Rightarrow (k+1)^2 - 4(k-1)^2 \ge 0$
$\Rightarrow 3k^2 - 10k + 3 \le 0$
$\Rightarrow 3(k - 1/3)(k - 3) \le 0$
$\Rightarrow 1/3 \le k \le 3.$

136. B: $\because$ 2 और 3 समीकरण $f(x) = 0$ के मूल हैं
$\therefore f(2) = 4m + n - 10 = 0$ ....*(i)*
और $f(3) = 9m + n + 15 = 0$ ....*(ii)*
हल करने पर, $m = -5, n = 30.$

137. D : फलन
$y = \sqrt{[x(x-3)]}$ की परिभाषा का प्रांत $x(x-3) \ge 0$ है अर्थात् $x \le 0$ या $x \ge 3$ ....*(i)*
दिया गया समीकरण निम्नलिखित रूप में भी लिखा जा सकता है :
$$a[x]^2 - 18|x| + 2 = 0$$
अर्थात् $(9|x| - 1)(|x| - 2) = 0$
अर्थात् $|x| = 2$ या $|x| = 1/9$
$\therefore$ दिए गए समीकरण के हल हैं :
$\pm 2, \pm 1/9$ ....*(ii)*
प्राप्त *(i)* में अपेक्षित हल है : –2, –1/9.

138. C: दिया गया है कि $(a + b + c)^2 \ge 0$
$\Rightarrow (a^2 + b^2 + c^2) + 2(ab + bc + ca) \ge 0$
$\Rightarrow ab + bc + ca \ge -1/2$ ... (1)
साथ ही $a^2 + b^2 + c^2 - (ab + bc + ca)$
$$= \frac{1}{2}[(a-b)^2 + (b-c)^2 + (c-a)^2] \ge 0$$
$\Rightarrow 1 - (ab + bc + ca) \ge 0$
$\Rightarrow ab + bc + ca \le 1$ ... (2)
(1) और (2) को संयोजित करने पर,
$-1/2 \le ab + bc + ca \le 1$
अर्थात् $ab + bc + ca$ अवस्थित हैं $[-1/2, 1]$ में.

139. C: यहां $x = 2$ और 3 क्रांतिक बिंदु है
जबकि $x < 2, |x-2| = -(x-2)$
$|x-3| = -(x-3)$
$\therefore$ दिया गया समीकरण निम्नवत् समीकृत होता है :
$2 - x + 3 - x = 7 \Rightarrow x = -1 < 2$
$\therefore x = -1$ एक हल है।
जबकि $2 \le x < 3, |x-2| = x - 2$
$|x-3| = -(x-3)$
$\therefore$ समीकरण निम्नवत् समीकृत होता है :
$x - 2 + 3 - x = 7 \Rightarrow 1 = 7$

∴ इस स्थिति में कोई हल प्राप्त नहीं होता

जबकि $x \geq 3$ हो तो समीकरण निम्नवत् समीकृत होता है :

$x - 2 + x - 3 = 7 \Rightarrow x = 6 > 3$

अत: हम पाते हैं कि $x = 6$ या -1.

140. D : जबकि $x < 0, |x| = -x$

∴ समीकरण है, $x^2 - 5x + 4 = 0 \Rightarrow x = 1, 4$

जो प्रांत में नहीं हैं

∴ इस स्थिति में कोई हल प्राप्त नहीं होता

जबकि $x \geq 0, |x| = x$

∴ समीकरण है :

$x^2 + 5x + 4 = 0 \Rightarrow x = -1, -4$

ये भी प्रांत में नहीं हैं

∴ दिए गए समीकरण का कोई हल नहीं है

141. B: $y = \dfrac{\tan x}{\tan 3x} = \dfrac{\tan x\,(1 - 3\tan^2 x)}{3\tan x - \tan^3 x}$

चूंकि $\tan x = 0$ से $x = n\pi$ प्राप्त होता है, अत: $\tan 3x = 0$, $\tan x = 0$ फलन के प्रांत के अंतर्गत नहीं है

∴ $3y - y\tan^2 x = 1 - 3\tan^2 x$

अर्थात् $(y - 3)\tan^2 x = 3y - 1$

∴ $\dfrac{3y-1}{y-3} > 0$ अर्थात् $y < 1/3$ या $y > 3$.

142. A : जबकि $x - a < 0$

$|x - a| = -(x - a)$

∴ समीकरण है : $x^2 + 2a(x - a) - 3a^2 = 0$

$\Rightarrow x^2 + 2ax - 5a^2 = 0$

$\Rightarrow x = -\left(1 + \sqrt{6}\right)a, \left(-1 + \sqrt{6}\right)a$

∵ $x < a \leq 0$.

∴ केवल $x = \left(-1 + \sqrt{6}\right)a$ परिसर में अवस्थित है

$x = \left(-1 + \sqrt{6}\right)a$ हल है जो (a) में दिया गया है।

जबकि $x - a \geq 0, |x - a| = x - a$

∴ समीकरण है : $x^2 - 2a(x - a) - 3a^2 = 0$

$\Rightarrow x^2 - 2ax - a^2 = 0$

$\Rightarrow x = \left(1 + \sqrt{2}\right)a, \left(1 - \sqrt{2}\right)a$

∵ $x \geq a$ और $a \leq 0$, तो $x = \left(1 - \sqrt{2}\right)a$ परिसर में है किंतु यह दिया गया नही है।

143. A : जबकि $x < 0, (x) = -x$

∴ समीकरण है : $x^2 + 3x + 2 = 0 \Rightarrow x = -1, -2$

जो हल है जबकि $x \geq 0$ $(x) = x$

∴ समीकरण है : $x^2 - 3x + 2 = 0 \Rightarrow x = 1, 2$

ये भी हल है। अत: हलों की कुल संख्या 4 है।

144. C : जबकि $x < 0, (x) = -x$

∴ समीकरण है : $x^2 - x - 6 = 0 \Rightarrow x = -2, 3$

∵ $x < 0$ ∴ $x = 2$ हल है, जबकि $x \geq 0, (x) = x$

∴ समीकरण है, $x^2 + x - 6 = 0 \Rightarrow x = 2, -3$

∵ $x \geq 0$ ∴ $x = 2$ हल है

अत: $x = 2, -2$ हल है और उनका योग शून्य है।

145. A: दिया गया समीकरण $x^2 - 4x + 5 = x - 1$ है,

$\Rightarrow x^2 - 5x + 6 = 0 \Rightarrow x = 2, 3$

∵ $x^2 - 4x + 5 > 0$, सभी $x \in R$ के लिए ये समीकरण वैध है।

146. D: चूंकि द्विघात समीकरण $ax^2 + bx + c = 0$ के तीन अलग-अलग मूल हैं अत: यह निश्चित ही एक तत्समक है। अत: $a = b = c = 0$

147. A: $-x^2 + 3x + 4 > 0$

$\Rightarrow x^2 - 3x - 4 = 0 \Rightarrow (x + 1)(x - 4) < 0$

$\Rightarrow -1 < x < 4$.

148. C: $x^3 + 1 \geq x^2 + x$

$\Rightarrow x^3 - x^2 - x + 1 \geq 0$

$\Rightarrow (x - 1)^2 (x + 1) \geq 0 \Rightarrow x \geq -1$.

149. B: $abc + 2fgh - af^2 - bg^2 - ch^2 = 0$

$\Rightarrow m = -2$

और $h^2 - ab = 1 > 0$ संतुष्ट होता है

150. A: $x^2 - 3x + 3 = (x - 3/2)^2 + 3/4$

∴ न्यूनतम मान $= 3/4$, जो $(-3, 3/2)$ में अवस्थित है।

151. A: मान लें $y = (x^2 + 2x + c)/(x^2 + 4x + 3c)$,

तो $(y - 1)x^2 + (4y - 2)x + (3cy - c) = 0$

चूंकि x वास्तविक है ∴ $\forall y \in R$,

$(4y - 2)^2 - 4(y - 1)(3cy - c) \geq 0, \forall y$,

अर्थात् $4y^2 - 4y + 1 - (3cy^2 - cy - 3cy + 3) \geq 0$

अर्थात् $(4 - 3c)y^2 + 4(c - 1)y - (c - 1) \geq 0$, $\forall y \in R$.

∴ $4 - 3c > 0$,

$16(c - 1)^2 + 4(4 - 3c)(c - 1) < 0$

या $c < 4/3$ और $c(c - 1) < 0$

∴ $c < 4/3$ और $0 < c < 1$

∴ अपेक्षित उत्तर है $0 < c < 1$.

152. C: यदि 1, $a, a_2, ...a_{n-1}$ कुल n हैं, तो इकाई का nवां मूल

$\therefore$ वे समीकरण के मूल हैं

$x^n - 1 = 0$. अत:

$x^n - 1 = (x-1)(x-a_1)(x-a_2) \ldots (x-a_{n-1})$

साथ ही

$x^n - 1 = (x-1)(x^{n-1} + x^{n-2} + \ldots + x + 1)$

$\therefore (x^{n-1} + x^{n-2} + \ldots + x + 1)$

$= (x-a_1)(x-a_2) \ldots (x-a_{n-1})$

$x = 1$, रखने पर,

$n = (1-a_1)(1-a_2) \ldots (1-a_{n-1})$

अत: $(1-w)(1-w^2) \ldots (1-w^{n-1}) = n$.

153. B: α, β समीकरण $x^2 + px + q = 0$ के मूल हैं

$\therefore \alpha + \beta = -p, \alpha\beta = q$ ....(*i*)

α, β समीकरण $x^{2n} + p^n x^n + q^n = 0$ के मूल भी हैं

$x^{2n} + p^n x^n + q^n = 0$

$\therefore \alpha + \beta = -p^n, \alpha\beta = q^n$ ... (2)

साथ ही $\alpha^{2n} + p^n\alpha^n + q^n = 0$

और $\beta^{2n} + p^n\beta^n + q^n = 0$

$\Rightarrow (\alpha^{2n} - \beta^{2n}) + p^n(\alpha^n - \beta^n) = 0$

$\Rightarrow (\alpha^n - \beta^n)(\alpha^n + \beta^n) + p^n(\alpha^n - \beta^n) = 0$

$\Rightarrow (\alpha^n - \beta^n)[\alpha^n + \beta^n + p^n] = 0$

मान लें $\alpha^n \neq \beta^n$

$\therefore \alpha^n + \beta^n + p^n = 0$ ..... (3)

(1) का प्रयोग करने पर $(-p)^n = -(\alpha + \beta)^n$

$\because \frac{\alpha}{\beta}, \frac{\beta}{\alpha}$ समीकरण $x^n + 1 + (x+1)^n = 0$ के मूल हैं

$\therefore \alpha^n + \beta^n + (\alpha + \beta)^n = 0$

या $\alpha^n + \beta^n = -(\alpha + \beta)^n$ .... (4)

(3) और (4) से

$-p^n = -(\alpha + \beta)^n \Rightarrow p^n = (\alpha + \beta)^n$

$\Rightarrow p^n = (-p)^n \Rightarrow n$ सम संख्या है।

$\Rightarrow a$ और b के चिह्न विपरीत हैं।

154. B: दिया गया है कि $F(x) = x - [x], 0 \neq x \in R$

$F(x) + F(1/x) = x - [x] + 1/x - [1/x] = 1$

$\Rightarrow x + 1/x - 1 = [x] + [1/x]$

$\frac{x^2 + 1 - x}{x}$ = (पूर्णांक) k (मान लें)

$\therefore x^2 - (k+1)x + 1 = 0$

$\because x$ वास्तविक है, अत:

$(k+1)^2 - 4 \geq 0 \; [b^2 - 4ac \geq 0]$

या $k^2 - 2k - 3 \geq 0 \Rightarrow (k+3)(k-1) \geq 0$

$k \leq -3$ या $k \geq 1$

अत: हलों की संख्या $F(x) + F(1/x) = 1$ अनंत है।

155. C: दिया गया है कि $1 + a_1x + a_2x^2 + \ldots + a_nx^n = 0$

$\Rightarrow a_1x + a_2x^2 + \ldots + a_nx^n = -1$

मान लें $f(x) = a_1x + a_2x^2 + \ldots + a_nx^n = -1$

दोनों पक्षों का मापांक लेने पर,

$|f(x)| = |a_1x + a_2x^2 + \ldots + a_nx^n| = |-1|$

या $|f(x)| \leq |a_1||x| + |a_2||x^2| + \ldots |a_n||x^n| = 1$

किंतु प्रत्येक $|a_n| < 2$ और $|x| < 1/3$

$$\therefore |f(x)| = 1 \;\leq 2\left[\frac{1}{3} + \frac{1}{3^2} + \ldots \frac{1}{3^n}\right]$$

$$< 2\left[\frac{1}{3} + \frac{1}{3^2} + \ldots..\right]$$

$$< 2\left[\frac{1/3}{1 - 1/3}\right]$$

$$< 1$$

अत: $|f(x)| = 1 < 1$ जो संभव नहीं है

$\therefore$ बहुपदी $1 + a_1x + a_2x^2 + a_nx^n = 0$ के वास्तविक मूलों की संख्या 0, किसी भी $n \in N$ के लिए।

156. C. समीकरण $f(x) = 0$ जहां $ax^2 + bx + c = f(x)$, के दोनों मूल एक दी गई संख्या k से अधिक हो, के लिए निम्नलिखित शर्त है :

$b^2 - 4ac > 0, f(x) > 0, \frac{-b}{2a} > k$

दिया गया है कि $f(x) = x^2 + x + a = 0$

$1 - 4a > 0 \quad f(a) > 0 \quad -1/2 > a$

$\Rightarrow a < 1/4, a^2 + 2a > 0$ और $a < -1/2$

$\Rightarrow a < -1/2$ और $a^2 + 2a > 0$

$\Rightarrow a < -1/2$ और $a(a+2) > 0$

$\Rightarrow a < -1/2$ और $(a+2) < 0$ $(\therefore a < 0)$

$\Rightarrow a < -1/2$ और $a < -2 \Rightarrow a < -2$.

157. A: दिया गया है कि $(3 + \sqrt{8})^x + (3 - \sqrt{8})^x = 34$

या $(3+\sqrt{8})^x + \frac{(3-\sqrt{8})^x(3+\sqrt{8})^x}{(3+\sqrt{8})^x} = 34$

या $(3+\sqrt{8})^x + \frac{1}{(3+\sqrt{8})^x} = 34$

मान लें $(3 + \sqrt{8})^x = a$

$\therefore a + \frac{1}{a} = 34 \Rightarrow a^2 - 34a + 1 = 0$

$a = \frac{34 \pm \sqrt{(34)^2 - 4}}{2}$

$a = 17 \pm 6\sqrt{8}$, अर्थात् $(3 + \sqrt{8})^x = 17 \pm 6\sqrt{8}$

$(3 + \sqrt{8})^x = 17 \pm 6\sqrt{8}$ लेने पर,

$(3 + \sqrt{8})^x = 9 + 8 + 6\sqrt{8}$

$(3 + \sqrt{8})^x = (3 + \sqrt{8})^2 \Rightarrow x = 2$

और $(3 + \sqrt{8})^x = 17 - 6\sqrt{8} = (3 - \sqrt{8})^2$

या $(3 + \sqrt{8})^x = (3 + \sqrt{8})^{-2} \Rightarrow x = -2$

अत: $x = 2$ या $x = -2$.

158. A: $U_n = \alpha^n + \beta^n$ और α, β समीकरण $x^2 - px + q = 0$ के मूल हैं

तो $\alpha + \beta = p, \alpha\beta = q$

तो $p.U_n - q\,U_{n-1} = (\alpha + \beta)(\alpha^n + \beta^n) - (\alpha\beta)(\alpha^{n-1} + \beta^{n-1})$

$= \alpha^{n+1} + \alpha\beta^n + \beta\alpha^n + \beta^{n+1} - \alpha^n\beta - \alpha\beta^n$

$= \alpha^{n+1} + \beta^{n+1} = U_{n+1}$.

159. C: दिया गया द्विपद है : $x^2 - 2kx + k^2 - 1 = 0$ ....(1)

मान लें कि दिए गए द्विपद समीकरण के α, β दो मूल हैं जो –2 और 4 के बीच अवस्थित हैं। तो

$4k^2 - 4(k^2 - 1) > 0$

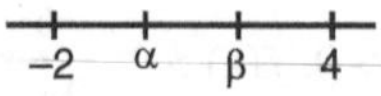

और $4 + 4k + k^2 - 1 > 0$ [समीकरण (1) में $x = -2$ रखने पर]

$\Rightarrow k^2 + 4k + 3 > 0$ या $(k + 3)(k + 1) > 0$

$\therefore k > -1$ या $k < -3$ ..... (2)

समीकरण (1) में $x = -4$ रखने पर

$16 - 8k + k^2 - 1 > 0$ या $k^2 - 8k + 15 > 0$

या $(k - 5)(k - 3) > 0$ या $k < 3$ या $k > 5$ ..... (3)

समीकरण (1) से, $\alpha + \beta = 2k$

और $-4 < \alpha + \beta < 8$

या $-4 < 2k < 8 \Rightarrow -2 < k < 4$ ..... (4)

अत: $k \in (-1, 3)$ जो (2), (3) और (4) को संतुष्ट करता है।

160. B: दिया गया समीकरण है

$(\log_5 x)^2 + \log_5 x < 2$

मान लें $\log_5 x = a$ तो $a^2 + a < 2$

या $a^2 + a - 2 < 0 \Rightarrow (a + 2)(a - 1) < 0$

$-2 < a < 1$ या $-2 < \log_5 x < 1$

$\therefore 5^{-2} < x < 5 \Rightarrow 1/25 < x < 5$.

161. B: दिए गए संबंध से,

$\frac{9!}{4!} + 5.\frac{9!}{5!} = \frac{(10)!}{(10-r)!}$

$\Rightarrow \frac{2.9!}{4!} = \frac{10.9!}{(10-r)!}$

$\Rightarrow (10 - r)! = 5.4! = 5!$

$\Rightarrow 10 - r = 5 \Rightarrow r = 5$.

162. D: ${}^{n+1}C_x = {}^nC_r + {}^nC_{r+1} = {}^{n+1}C_{r+1}$

$\Rightarrow x = r + 1$.

163. C: प्रथम दो संबंधों को विभाजित करने पर,

$$\frac{36}{84} = \frac{3}{7} = \frac{n!}{(r-1)!(n-r+1)!} \times \frac{r!(n-r)!}{n!}$$

$$= \frac{r}{n-r+1}$$

$\Rightarrow 3(n - r + 1) = 7r \Rightarrow n = (10r - 3)/3$ ... (1)

पुन: दूसरे और तीसरे संबंधों को विभाजित करने पर,

$$\frac{86}{126} = \frac{14}{21} = \frac{n!}{r!(n-r)!} \times \frac{(r+1)!(n-r-1)!}{n!} = \frac{r+1}{n-r}$$

$\Rightarrow n = (5r + 3)/2$

(1) और (2) को हल करने पर $r = 3$.

164. C: दिया गया व्यंजक

$= {}^{51}C_3 + {}^{50}C_3 + {}^{49}C_3 + {}^{48}C_3 + {}^{47}C_3 + {}^{48}C_4$

$= {}^{51}C_3 + {}^{50}C_3 + {}^{49}C_3 + {}^{48}C_3 + {}^{48}C_4$

$= {}^{51}C_3 + {}^{50}C_3 + {}^{49}C_3 + {}^{49}C_4$

$= {}^{51}C_3 + {}^{50}C_3 + {}^{50}C_4$

$= {}^{51}C_3 + {}^{51}C_4 = {}^{52}C_4$.

165. C: r क्रमागत धन पूर्णांकों

$n + 1, ..., n + r - 1, n + r$ पर विचार करें

तो $\frac{(n+1)...(n+r)}{r!} = \frac{n!(n+1)...(n+r)}{n!r!}$

$= {}^{n+r}C_r$, जो एक धन पूर्णांक है।

166. C: पहले 3 व्यंजकों को 3! प्रकार से रखें और तब 4 स्थानों पर (2 उनके बीच में और 2 बगलों में) 3 स्वरों को

जिनमें एक स्वर पुनरावृत हो रहा हो, ${}^4p_3/2!$ प्रकारों से रखा जा सकता है।

अत: अपेक्षित संख्या = $3!{}^4p_3/2! = 72$.

167. C: दो स्वरों को एक साथ एक अक्षर के रूप में मानने पर कुल 4 अक्षर बनते हैं जिन्हें 4! तरीकों से व्यवस्थित किया जा सकता है जबकि 2 स्वरों को 2! तरीकों से भी व्यवस्थित किया जा सकता है।

∴ व्यवस्थाओं की कुल संख्या = 4! . 2! = 48

168. A: शब्दों की अपेक्षित संख्या = शब्दों की कुल संख्या – उन शब्दों की कुल संख्या जिनमें कोई भी अक्षर पुनरावृत न हुआ हो

$= 10^5 - {}^{10}P_5 = 100000 - 30240$

$= 69760$

(क्योंकि शब्द का प्रत्येक स्थान किसी भी अक्षर द्वारा 10 तरीकों से भरा जा सकता है)

169. D: 10 व्यक्तियों में से A को टीम में अवश्य लिया जाना है तथा G और H को टीम में नहीं लिया जाना है, अत: हमें शेष 7 में से 4 और व्यक्तियों का चयन करना है। यह ${}^7C_4$ तरीकों से किया जा सकता है। इन 5 व्यक्तियों को एक पंक्ति में 5! तरीकों से बैठाया जा सकता है। अत: संभावित व्यवस्थाओं की संख्या = ${}^7C_4 . 5! = {}^7C_3 . (5!)$

170. B: समुच्चय A का प्रत्येक अवयव समुच्चय के 10 अवयवों से संयोजित किया जा सकता है।

∴ फलनों की कुल संख्या = 10^{10}

171. B: प्रत्येक बल्ब में दो विकल्प होते हैं अर्थात् या तो उसे स्विच ऑन करके जलाया जा सकता है या फिर उसे स्विच बंद करके बुझाया जा सकता है।

∴ अपेक्षित संख्या = $2^{10} - 1 = 1023$

(चूंकि केवल एक प्रकार में जबकि सभी स्विच बंद हों, हॉल प्रकाशित नहीं होगा)

172. B: चूंकि 10 अंकों वाली संख्या का प्रत्येक स्थान 2 अंको द्वारा दो तरीकों से भरा जा सकता है।

173. D: बहुभुज के n शीर्षों को मिलाने पर प्राप्त रेखाओं की कुल संख्या ${}^nC_2$ होगी। इनमें से n रेखाएं बहुभुज की भुजाएं होंगी और शेष रेखाएं बहुभुज का विकर्ण होंगी।

∴ विकर्णों की संख्या = ${}^nC_2 - n = n(n-3)/2$.

174. A: * * * *

(≠ 0)

$6 \times 6 \times 5 \times 4 = 720.$

वैकल्पिक विधि : दिए गए 7 अंकों में से 4 अंकों का ${}^7P_4$ तरीकों से क्रमचय किया जा सकता है। 0 से शुरू होने वाली संख्याओं की संख्या ${}^6P_3$ है। अत: 4 अंकों वाली संख्याओं की अपेक्षित संख्या = ${}^7P_4 - {}^6P_3$ $= 7.6.5.4 - 6.5.4 = 720$.

175. D: यदि पुनरावर्तन की अनुमति हो, तो 0, 1, 2, 3, और 4 से निर्मित 5 अंकों वाली संख्याओं की संख्या

* * * * *

(≠ 0)

$4 \times 5 \times 5 \times 5 \times 5 = 2500$

बिना पुनरावर्तन के 5 अंकों वाली संख्याओं की संख्या=

* * * * *

(≠ 0)

$4 \times 4 \times 3 \times 2 \times 1 = 96$

अत: उन संख्याओं की संख्या जिनमें कम से कम एक अंक का पुनरावर्तन हो

$= 2500 - 96 = 2404$

176. A: 5 से विभाज्य किसी भी संख्या में इकाई के स्थान पर 0 या 5 का अंक होगा। 6000 से बड़ी या उसके बराबर तथा 7000 से छोटी संख्याओं पर विचार करें। इन संख्याओं का परिकलन निम्नवत् किया जा सकता है :

* * * *

(6) (0 या 5)

$1 \times 10 \times 10 \times 2 = 200.$

177. C: $1.1! + 2.2! + 3.3! + ... n.n!$

$= \{2.1! + 3.2! + 4.3! + ... + (n+1)n!\} - \{1! + 2! + 3! + ... + n!\}$

$= (2! + 3! + ... + (n+1)!) - (1! + 2! + ... + n!)$

$= (n+1)! - 1$

178. C.

संख्या का अंतिम अंक	दो अन्य संभावित अंक	विन्यासों की संख्या
0	(1,2), (1,5), (2, 4), (4, 5)	$4 \times (3! - 2!) = 16$
1	(2, 3), (3, 5)	$2 \times 3! = 12$
2	(3, 4)	$3! = 6$
3	(4, 5)	$3! = 6$
	कुल	= 40

179. A: यदि किसी संख्या के सभी अंकों का योग 3 से विभाज्य हो तो संख्या 3 से विभाज्य होगी। यहां सभी छ: अकों का योग 15 है। पांच अंकों का योग भी 3 से विभाज्य होगा यदि हम छ: अंकों में से 0 या 3 को छोड़ दें।

3 का अंक छोड़ने पर संख्याओं की कुल संख्या
$= 5! - 4!$
(चूंकि जिन संख्याओं में प्रथम स्थान पर 0 का अंक हो वे चार अंको वाली संख्याएं होगी जैसे कि 01245)
और 0 का अंक छोड़ देने पर, संख्याओं की कुल संख्या $= 5!$
अत: अपेक्षित संख्या $= (5! - 4!) + 5! = 216$.

180. B: मान लें कि कमरे में कुल n व्यक्ति हैं
$\therefore$ हाथ मिलाने की कुल संख्या $= {}^nC_2 = 66$

$\Rightarrow \frac{1}{2}n(n-1) = 66 \Rightarrow n^2 - n - 132 = 0$
$\Rightarrow (n+11)(n-12) = 0$
$\Rightarrow n = 12 \quad (\because n \neq -11)$

181. A: यदि बहुभुज की भुजाओं की संख्या n हो, तो विकर्णों की कुल संख्या $= {}^nC_2 - n = 44$

$\Rightarrow \frac{1}{2}n(n-1) - n = 44$
$\Rightarrow (n-11)(n+8) = 0$
$\Rightarrow n = 11 \quad (\because n \neq -8)$

182. B: दो स्थितियां हैं :
स्थिति I. 3 गेंदबाज : इस स्थिति में,

विकेट कीपर	गेंदबाज	अन्य
2 से 1	4 से 3	शेष 7 से 7
$^2C_1$	$^4C_3$	$\times\ ^7C_7 = 8$ .....(1)

स्थिति II. 4 गेंदबाज : इस स्थिति में,

विकेट कीपर	गेंदबाज	अन्य
2 से 1	4 से 4	7 से 6
$2C_1 \times$	$^4C_4 \times$	$^7C_6 = 14$ .....(2)

(1) और (2), को जोड़ने पर चयनों की अपेक्षित संख्या $= 8 + 14 = 22$

183. B:

लाल गेंद (3)	अन्य (6)	तरीके
1	2	$^3C_1 \times {}^6C_2 = 45$
2	1	$^3C_2 \times {}^6C_1 = 18$
3	×	$^3C_3 = 1$
		कुल = 64

184. A: मेजबान किसी भी सीट पर बैठ सकता है। मेजबान के दोनों ओर दो विशिष्ट अतिथि $2! = 2$ तरीकों से बैठ सकते हैं और शेष 18 अतिथि $(18)!$ तरीकों से बैठ सकते हैं अत: कुल तरीके $= 2.(18)!$.

185. B: दिए गए 14 बिंदुओं में से 3 बिंदुओं का चयन $^{14}C_3 = 364$ तरीकों से किया जा सकता है।
किंतु एक रेखा पर स्थित बिंदुओं से 3 बिंदुओं को चयन करने पर कोई त्रिभुज नहीं बनता। ऐसे चयन हैं :
$^3C_3 + {}^5C_3 + {}^6C_3 = 1 + 10 + 20 = 31$
अत: निर्मित किए जा सकने वाले त्रिभुजों की कुल संख्या $= 364 - 31 = 333$.

186. B: सीधी रेखाओं की संख्या
$= {}^{18}C_2 - ({}^5C_2 - 1) = 144$.

187. D: त्रिभुजों की कुल संख्या $= {}^{12}C_3 - {}^7C_3 = 185$
(चूंकि एक रेखा पर स्थित सभी 3 बिंदुओं को मिलाने से कोई त्रिभुज नहीं बनता)

188. B: बिंदुओं की कुल संख्या है $m + n + k$. इन बिंदुओं को मिलाने से निर्मित हुए त्रिभुजों की संख्या $= {}^{m+n+k}C_3$.
एक रेखा पर स्थित 3 बिंदुओं को मिलाने से कोई त्रिभुज नहीं बनता, ऐसे त्रिभुज हैं : $^mC_3 + {}^nC_3 + {}^kC_3$.
$\therefore$ अपेक्षित संख्या
$= {}^{m+n+k}C_3 - {}^mC_3 - {}^nC_3 - {}^kC_3$.

189. C: **संकेत :** तरीकों की संख्या
$= {}^{4n}C_n . {}^{3n}C_n . {}^{2n}C_n . {}^nC_n$

$= \frac{(4n)!}{(3n)!n!} . \frac{(3n)!}{(2n)!n!} . \frac{(2n)!}{(n!)(n!)} .1 = (4n)!/(n!)^4$.

190. B: चूंकि चार प्रतिभागियों में से किसी भी एक को प्रत्येक पुरस्कार दिया जा सकता है, अत: तरीकों की संख्या $= 4 \times 4 \times 4 \times 4 \times 4 = 4^5$.

191. D: प्रत्येक प्रश्न का उत्तर 4 तरीकों से दिया जा सकता है और सभी प्रश्नों का सही उत्तर केवल एक तरीके से ही दिया जा सकता है, अत: तरीकों की अपेक्षित संख्या
$= 4^3 - 1 = 63$.

192. C: 22 खिलाड़ियों में से 4 को छोड़कर हमें शेष अर्थात् $22 - 4 - 2 = 16$ खिलाड़ियों में से 9 खिलाड़ियों का चयन करना है।
$\therefore$ चयन की संख्या $= {}^{16}C_9$.

193. C: $\because 9600 = 2^7 \times 3 \times 5^2$
$\because$ विभाजकों की संख्या
$= (7+1) \times (1+1) \times (2+1) = 48$.

194. C: पहले सात महिलाएं मेज के चारों ओर $6!$ तरीकों से बैठेंगी और तब सात पुरुष प्रत्येक दो महिलाओं के जोड़े के बीच के स्थानों में $7!$ तरीकों से बैठेंगे।
$\therefore$ अपेक्षित विन्यास $= 6! \times 7!$.

195. D: कोई टेलीफोन नंबर शून्य के अंक से आरंभ हो सकता है। अत: ऐसे टेलीफोन नंबरों की संख्या जिनमें कम से कम एक अंक का पुनरावर्तन होता हो

$= 10^5 - {}^{10}P_5 = 10^5 - (10.9.8.7.6)$
$= 69760$

196. B: मान लें, $A = \{a_1, a_2, \dots, a_n\}$

$a_1 \in A$ के लिए हमारे पास निम्नलिखित विकल्प हैं :

(i) $a_i \in P; a_i \in Q$
(ii) $a_i \in P; a_i \notin Q$
(iii) $a_i \in P; a_i \in Q$
(iv) $a_i \notin P; a_i \notin Q$

इनमें से केवल *(ii)*, *(iii)* और *(iv)* से यह सूचित होता है कि $a_i \notin P \cap Q$। अत: ऐसे तरीकों की संख्या जिनमें $a_1, a_2, \dots, a_n$ में से कोई भी $P \cap Q$ के अंतर्गत न हों, 3^n है।

197. D: तरीकों की संख्या

$= (y + y^2 + y^3 + \dots)^4$ में y^{10} का गुणांक
$= (1 + y + y^2 + \dots)^4$ में y^6 का गुणांक
$= (1 - y)^{-4}$ में y^6 का गुणांक
$= (4.5.6.7.8.9)/6! = 84.$

198. A: **स्थिति I : जबकि A छोड़ दिया गया हो**

त्रिभुजों की संख्या = (AB से 2 बिंदुओं) (AC से एक बिंदु) का चयन + (AB से एक बिंदु) (AC से दो बिंदुओं) का चयन

$$= {}^mC_2\,{}^nC_2 + {}^mC_2\,{}^nC_2 = \frac{1}{2}(m + n - 2)mn \quad \dots\dots (1)$$

स्थिति II : जबकि A शामिल किया गया हो

ऐसे त्रिभुज जिनका एक शीर्ष A पर हो, AB से एक बिंदु और AC से एक बिंदु वाले त्रिभुजों = mn को पहली स्थिति में जोड़ा जाना है।

$\therefore$ त्रिभुजों की संख्या

$$= mn + \frac{1}{2}mn(m + n - 2)$$
$$= \frac{1}{2}mn(m + n) \quad \dots\dots (2)$$

$\therefore$ अपेक्षित अनुपात $= (m + n - 2)/(m + n)$.

199. D: मान लें कि कार्ड संख्या p को लिफाफा संख्या q में रखा जाता है, तो कार्ड संख्या q निश्चित ही गलत लिफाफे में रखा जाएगा। अत: यदि सभी कार्डों को उनके संगत लिफाफों में नहीं रखा जाता, तो कम से कम दो कार्ड निश्चित ही गलत लिफाफों में रखे जाएंगे।

200. C: चयनों की संख्या =

$(1+x+x^2+\dots+x^8)(1+x+x^2+\dots+x^8).(1+x)^8$ में x^8 का गुणांक

$= \dfrac{(1-x^9)^2}{1-x}(1+x)^8$ में x^8 का गुणांक
$= (1+x)^8(1+x)^{-2}$ में x^8 का गुणांक
$(1 + {}^8C_1x + {}^8C_2x^2 + \dots + {}^8C_3x^8)$
$\times (1 + 2x + 3x^2 + 4x^3 + \dots 9x^8 + \dots)$ में x^8 का गुणांक
$= 9.{}^8C_0 + 8.{}^8C_1 + 7.{}^8C_2 + \dots + 1.{}^8C_8$
$= C_0 + 2C_1 + 3C_2 + \dots + 9C_8.[C_r = {}^8C_r]\dots(1)$

अब $C_0x + C_1x^2 + \dots + C_8x^9 = x(1+x)^7$

x के संदर्भ में अवकलन करने पर,

$C_0 + 2C_1x + 3C_2x^2 + 9C_8x^8$
$= (1+x)^8 + 8x(1+x)^7$

$x = 1$, रखने पर

$C_0 + 2C_1 + 3C_2 + \dots + 9C_8 = 2^8 + 8.2^7$
$= 2^7.(2+8) = 10.2^7.$

201. B: कम से कम $i(1 \le i \le n-1)$ प्रश्नों का गलत उत्तर देने वाले छात्रों की संख्या $2^{n-i} - 2^{n-i-1}$ है।

सभी n प्रश्नों का गलत उत्तर देने वाले छात्रों की संख्या 2^0 अर्थात् 1 है।

$\therefore$ गलत उत्तरों की कुल संख्या

$= 1.(2^{n-1} - 2^{n-2}) + 2.(2^{n-2} - 2^{n-3}) +$
$\dots + (n-1)(2^1 - 2^0) + n(2^0)$
$= 2^{n-1} + 2^{n-2} + 2^{n-3} + \dots + 2^0 = 2^{n-1}.$
$\therefore 2^n - 1 = 2047 \Rightarrow 2^n = 2^{11}.$
$\therefore n = 11.$

202. C: चूंकि 1000 में 5 नहीं है, अत: हमें 1 से 999 तक के पूर्णांकों की सूची बनाते समय कितनी बार 5 आता है, इसे गिनना है। 1 से 999 के बीच कोई भी संख्या xyz, $0 \le x, y, z \le 9$ के रूप की है। जिन संख्याओं में 5 केवल एक बार आता है, उनकी संख्या है, $({}^3C_1) \times 9 \times 9 = 243$.

जिन संख्याओं में 5 ठीक दो बार आता है, उनकी संख्या है, $({}^3C_2 \times 9) = 27$.

जिन संख्याओं में तीनों अंक 5 का हो, उनकी संख्या = 1.

अत: 5 का अंक कुल

$1 \times 243 + 2 \times 27 + 3 \times 1 = 300$ बार आता है।

203. C: मान लें कि अष्टभुज के शीर्ष $A_1, A_2, \dots, A_8$ हैं।

ऐसे त्रिभुज जिनकी केवल एक भुजा अष्टभुज की भुजा पर पड़ती हो

मान लें कि यह भुजा A_1A_2 है, तो तीसरा शीर्ष A_4, A_5, A_6, A_7 में से कोई भी एक होगा (आसन्न शीर्षों A_3 और A_8 को छोड़ देना है)। अत: ऐसे त्रिभुजों की संख्या जिनकी एक भुजा A_1A_2 हो = 4.

$\therefore$ ऐसे त्रिभुजों की संख्या जिनकी एक भुजा अष्टभुज की भुजा पर हो = 8.4 = 32

अब ऐसे त्रिभुजों की संख्या जिनकी दो भुजाएं अष्टभुज की भुजाओं पर हों

= 8, $[A_1A_2A_3, A_2A_3A_4, ..., A_3A_1A_2]$

सभी संभावित त्रिभुजों की कुल संख्या

$= {}^8C_3 = 56$

$\therefore$ अपेक्षित संख्या = 56 – 32 – 8 = 16.

204. C: 6 बिंदुओं को जोड़ने पर बनने वाली रेखाओं की संख्या $= {}^6C_2 = 15$। इन रेखाओं से प्राप्त प्रतिच्छेद बिंदु $= {}^{15}C_2 = 105$.

अब ज्ञात करें कि मूल छ: बिंदु कितनी बार आते हैं। मान लें कि एक बिंदु A_1 है। A_1 को शेष पांच बिंदुओं से जोड़ने पर 5 रेखाएं प्राप्त होती है और इन पांच रेखाओं से कोई भी दो रेखाएं A_1 बिंदु पर प्रतिच्छेदित होती है।

$\therefore$ 105 प्रतिच्छेद बिंदुओं में A_1 बिंदु ${}^5C_2 = 10$ बार आता है।

अन्य पांच बिंदुओं के साथ भी ऐसी ही स्थिति है

$\therefore$ प्रतिच्छेद बिंदुओं के 6 मूल बिंदु $6 \times 10 = 60$ बार आते हैं।

अत: अलग-अलग प्रतिच्छेद बिंदुओं की संख्या

= 105 – 60 + 6 = 51.

205. C: हमें नीचे दिया गया पैटर्न प्राप्त होता है :

महिला	पुरुष	तरीके
2	4	${}^4C_2.{}^6C_4 = 90$
2	5	${}^4C_2.{}^6C_5 = 36$
2	6	${}^4C_2.{}^6C_6 = 6$
2	6	${}^4C_3.{}^6C_6 = 4$

$\therefore$ कुल तरीकों की संख्या = 136

206. C: 10 वक्ताओं के विन्यासों की संख्या (10)! है। इन विन्यासों में A,B,C को 3! = 6 बार क्रमचय भी किया जाता है, किंतु ABC का एक निश्चित क्रम है। अत: अपेक्षित विन्यासों की संख्या (10)!/6 है।

207. A: $T_{r+1} = {}^5C_r (x^2)^{5-r} (k/x)^r = {}^5C_r k^r x^{10-3r}$

x के गुणांक के लिए, $10 - 3r = 1 \Rightarrow r = 3$

$\therefore$ x का गुणांक $= {}^5C_3 k^3 = 270$ (दिया गया है)

$\Rightarrow k^3 = 270/10 = 27 \Rightarrow k = 3.$

208. D: $T_{r+1} = {}^9C_r (x^2)^{9-r} (-1/x)^r = {}^9C_r (-1)^r x^{18-3r}$

x से स्वतंत्र पद के लिए

$18 - 3r = 0 \Rightarrow r = 6$

$\therefore$ x से स्वतंत्र पद

$= {}^9C_6 (-1)^6 = 84.$

209. A: $T_{r+1} = {}^{10}C_r \{\sqrt{(x/3)}\}^{10-r} \sqrt{(3/2x^2)}\}^r$

$= {}^{10}C_r (1/3)^{5-r/2}(3/2)^r . x^{5-3r/2}$

x से स्वतंत्र पद के लिए

$5 - 3r/2 = 0 \Rightarrow r = 10/3$

जो धन पूर्णांक नहीं है

अत: x से स्वतंत्र कोई पद नहीं है

210. B: $T_r = {}^{10}C_{r-1} (x/3)^{10-r(r-1)} (-2/x^2)^{r-1}$

$= {}^{10}C_{r-1} (1/3)^{11-r} .(-2)^{r-1} x^{13-3r}$

x^4 के गुणांक के लिए, $13 - 3r = 4 \Rightarrow r = 3.$

211. C: दी गई श्रृंखला

$= (x-3)^{100} + {}^{100}C_1 (x-3)^{99}.2^1$

$+ {}^{100}C_2 (x-3)^{98}.2^2 + ... + {}^{100}C_{100} 2^{100}$

$= [(x-3)+2]^{100} = (x-1)^{100} = (1-x)^{100}$

$\therefore$ x^{54} का गुणांक $= {}^{100}C_{53} (-1)^{53}$

$= -{}^{100}C_{53}$

212. D: $(1 + x + x^2 + x^3)^n = (1+x)^n (1+x^2)^n$

$= (1 + {}^nC_1x + {}^nC_2x^2 + {}^nC_3x^3 + {}^nC_4x^4 + ... + x^n)$

$\times [1 + {}^nC_1x^2 + {}^nC_2x^4 + ... + (x^2)^n]$

$\therefore$ x^4 का गुणांक $= {}^nC_4 + {}^nC_2 . {}^nC_1 + {}^nC_2.$

213. C: दिया गया व्यंजक

$= 2[1 + {}^9C_2(3\sqrt{2}x)^2 + {}^9C_4(3\sqrt{2}x)^4$

$+ {}^9C_6(3\sqrt{2}x)^6 + {}^9C_8(3\sqrt{2}x)^8]$

$\therefore$ शून्येतर पदों की संख्या 5 है।

214. A: $T_3 = T_{2+1}$

$= {}^5C_2.x^3 (x \log_{10} x)^2 = 10^6$

$\therefore 3 \log_{10} x + 2(\log_{10} x)^2 = 5$

$\therefore 2 (\log_{10} x)^2 + 5 \log_{10} x - 2 \log_{10} x - 5 = 0$

$\therefore (\log_{10} x - 1)(2 \log_{10} x + 5) = 0$

$x = 10$ या $x = 10^{-5/2}$

यहां $x = 10.$

215. C: $x = 5/6$ पर $(2+3x)^{12} = (5/2)^{12} [1 + 4/5]^{12}$

$$|T_r| <=> |T_{r+1}| \text{ as } \left|\frac{4}{(n-r+1)x}\right| <=> 1$$

अर्थात् $\left|\frac{r.5}{(13-r)4}\right| <=> 1$

अर्थात्, $r <=> 52/9$

$r = 5 < 52/9 \Rightarrow T_5 < T_6$
$r = 6 < 52/9 \Rightarrow T_6 > T_7$

$\therefore$ $[1 + 4/5]^{12}$ के प्रसरण में T_6 महत्तम पद है

अत: $x = 5/6$ पर $(2 + 3x)^{12}$ के प्रसरण में महत्तम पद $(5/2)^{12}.{}^{12}C_5.(4/5)^5$ अर्थात् ${}^{12}C_7.(5/2)^7.2^5$ है।

216. C: प्रसरण में पदों की संख्या

$$= \frac{1}{2}(n+1)(n+2)$$

$$= \frac{1}{2}(10+1)(10+2) = 66.$$

217. C: दिया गया व्यंजक

$2[x^5 + {}^5C_2x^3\{(x^2-1)^{1/2}\}^2 + {}^5C_4\, x\{(x^2-1)^{1/2}\}^4]$
$= 2[x^5 + 10x^3(x^3-1) + 5x(x^3-1)^2]$
$= 5x^7 + 10x^6 + x^5 - 10x^4 - 10x^3 + 5x$

जो 7 की घात का एक बहुपद है।

218. A: $(3r)$ वें पद का गुणांक

$= (r+2)$ वें पद का गुणांक

$\Rightarrow {}^{2n}C_{3r-1} = {}^{2n}C_{3r+1}$
$\Rightarrow (3r-1) + (r+1) = 2n \Rightarrow n = 2r.$

219. B: x^7 का गुणांक $= x^8$ का गुणांक

$\Rightarrow {}^nC_7.2^{n-7}.(1/3)^7 = {}^nC_8.2^{n-8}.(1/3)^8$

$$\Rightarrow 7!\frac{n!}{(n-7)!}.2 = \frac{n!}{8!(n-8)!}.\frac{1}{3}$$

$$\Rightarrow \frac{2}{n-7} = \frac{1}{8.3} \Rightarrow n = 55.$$

220. A: x^p का गुणांक

$= {}^{p+q}C_p = {}^{p+q}C_q = x^q$ का गुणांक

221. B: x^r का गुणांक ${}^{10}C_r$ है, जो अधिकतम होगा यदि

$r = 10/2 = 5$ हो ($\because$ 10 सम संख्या है)

अत: महत्तम गुणांक =

${}^{10}C_5 = (10)!/(5!)^2.$

222. B: $(1 + x)^{2n+2}$ के प्रसरण में $(r + 1)$ वें पद का गुणांक महत्तम गुणांक है यदि

$$r \le \frac{(2n+2)+1}{2}$$

$\Rightarrow r \le (n+1) + 1/2$
$\Rightarrow r = n + 1$

$\therefore$ महत्तम गुणांक $= {}^{2n+2}C_{n+1}$

$$= \frac{(2n+2)!}{(n+1)!(n+1)!} = \frac{(2n+2)!}{\{(n+1)!\}^2}.$$

223. A: दिया गया है कि $(1 - x + x^2)^n = a_0 + a_1x + a_2x^2 + a_3x^3 + a_4x^4 + ... + a_{2n}x^{2n}$ ..... (1)

(1) में क्रमश: $x = 1$ और $x = -1$ प्रतिस्थापित करने पर,

$1 = a_0 + a_1 + a_2 + a_3 + a_4 + ... + a_{2n}$ ..... (2)

और $3^n = a_0 - a_1 + a_2 - a_3 + a_4 + ... + a_{2n}$ ..... (3)

(2) से (3) को जोड़ने पर,

$3^n + 1 = 2[a_0 + a_2 + a_4 + ... + a_{2n}]$
$\Rightarrow a_0 + a_2 + a_4 + ... + a_{2n} = 1/2(3^n + 1).$

224. B: दिया गया है :

$(1 + x)^{50} = C_0 + C_1x + C_2x^2 + C_3x^3 + C_4x^4 + ... + C_{50}x^{50}.$ ..... (1)

(1) में क्रमश: $x = 1$ और $x = -1$ रखने पर,

$2^{50} = C_0 + C_1 + C_2 + C_3 + C_4 + ... + C_{50}$ ....(2)

और $0 = C_0 - C_1 + C_2 - C_3 + C_4 + ... + C_{50}$ ....(3)

(2) से (3) को घटाने पर,

$2^{50} = 2[C_1 + C_3 + C_5 + ... + C_{49}]$

अर्थात् $C_1 + C_3 + C_5 + ... + C_{49} = 2^{49}.$

225. C: $(1 + x)^m (1 - x)^n$

$$= \left[1 + mx + \frac{m(m-1)}{2!}x^2 + ...\right] \times \left[1 - nx + \frac{n(n-1)}{2!}x^2 + ...\right]$$

$\therefore$ x का गुणांक $= m - n = 3$ ... (1)

और x^2 का गुणांक

$$= \frac{1}{2}m(m-1) + \frac{1}{2}n(n-1) - mn = -6 \quad ... (2)$$

(1) और (2) को हल करने पर, $m = 12.$

226. C: m वें, $(m + 1)$ वें, और $(m + 2)$ वें पदों के गुणांक समांतर श्रेढ़ी में हैं

$\Rightarrow {}^nC_{m-1}, {}^nC_m, {}^nC_{m+1}$ समांतर श्रेढ़ी में है

$\Rightarrow 2.{}^nC_m = {}^nC_{m-1} + {}^nC_{m+1}$

$$\Rightarrow \frac{(2n)!}{m!(n-m)!} = \frac{n!}{(m-1)!(n-m+1)!} + \frac{n!}{(m+1)!(n-m-1)!}$$

$\Rightarrow 2(m+1)(n-m+1) = (m+1)m + (n-m+1)(n-m)$

$\Rightarrow 4mn - 4m^2 + n - n^2 + 2 = 0$

$\Rightarrow (n-2m)^2 = n+2.$

227. C: $(1-x)^n = C_0 - C_1x + C_2x^2 + ... + (-1)^n C_nx^n$
समाकलित करने पर,

$$-\frac{1}{n+1}(1-x)^{n+1} + A = C_0x - \frac{C_1x^2}{2} + \frac{C_2x^3}{3} - ... + (-1)^n \frac{C_nx^n}{n+1}$$

$x = 0$ रखने पर, $A = \dfrac{1}{n+1}$

अब $x = 1$ रखने पर,

$$C_0 - \frac{C_1}{2} + \frac{C_2}{3} - ... + (-1)^n \frac{C_n}{n+1} = \frac{1}{(n+1)}.$$

228. C: $C_0 + C_1x + C_2x^2 + C_3x^3 + ... + C_nx^n = (1+x)^n$ ..... (1)

(1) को x से गुणा करके अवकलन करने पर,

$C_0 + 2C_1x + 3C_2x^2 + ... + (n+1)C_nx^n = (1+x)^n + nx(1+x)^{n-1}$ ..... (2)

(1) में x के स्थान पर $(-1/x)$ को रखने पर,

$$C_0 - \frac{C_1}{x} + \frac{C_2}{x^2} - \frac{C_3}{x^3} + ... = \left(1 - \frac{1}{x}\right)^n = \frac{(1-x)^n}{x^n} \quad ..... (3)$$

[$\because n$ एक सम संख्या है]

(2) और (3) से,

$C_0^2 - 2C_1^2 + 3C_2^2 - ... =$ व्यंजक $(1-x)^n [(1+x)^n + nx(1+x)^{n-1}]/x^n$ के प्रसरण में x से स्वतंत्र पद का गुणांक $= [(1-x^2)^n + n.x(1-x)(1-x^2)^{n-1}]$ में x^n का गुणांक

$= (-1)^{n/2}\, {}^nC_{n/2} - n.{}^{n-1}C_{(n-2)/2}\,(-1)^{(n-2)/2}$

$$= (-1)^{n/2}\left[\frac{n!}{(n/2)!(n/2)!} + \frac{n.(n-1)!(n/2)}{\{(n-2)/2\}!(n/2)!(n/2)}\right]$$

$$= (-1)^{n/2}.\frac{(n+2)}{2}.\frac{n!}{(n/2)!(n/2)!}$$

$$\therefore \frac{2(n/2)!(n/2!)}{n}\{C_0^2 - 2C_1^2 + 3C_2^2 - 4C_3^2 + ... + (-1)^n(n+1)C_n^2\}$$

$= (-1)^{n/2}(n+2).$

229. C: $S = 1 + \frac{2}{3}.\frac{1}{2} + \frac{2.5}{3.6}\left(\frac{1}{2}\right)^2 + \frac{2.5.8}{3.6.9}\left(\frac{1}{2}\right)^3 + ...$

$$= 1 + \frac{(2/3)}{1}.\left(\frac{1}{2}\right) + \frac{(2/3)(5/3)}{2!}\left(\frac{1}{2}\right)^2 + \frac{(2/3)(5/3)(8/3)}{3!}\left(\frac{1}{2}\right)^3 + ...$$

$= (1 - 1/2)^{-2/3} = (1/2)^{-2/3} = 2^{2/3} = 4^{1/3}$

[परिणाम $(1-x)^{-n} = \left(1 + nx + \frac{n(n-1)}{2!}x^2 + ...\right)$ का प्रयोग करने पर].

230. B: $[5^{1/2} + 7^{1/8}]^{1024} = [(5^{1/2} + 7^{1/8})^8]^{128}$

$= [5^4 + {}^8C_1\, 5^{7/2}\, 7^{1/8} + ... + {}^8C_7\, 5^{1/2}.7^{7/8} + {}^8C_8.7]^{128}$

$= [5^4 + 7]^{128} +$ (अपूर्णांकीय पद)

$\Rightarrow$ पूर्णांकीय पदों की संख्या 129 है।

231. C: $(1+x)^n(1+1/x)^n$

$= [C_0 + C_1x + C_2x^2 + ... + C_nx^n] \times [C_0 + C_1(1/x) + C_2(1/x)^2 + ... + C_n.(1/x)^n]$

$\therefore$ प्रसरण में x से स्वतंत्र पद

$= C_0^2 + C_1^2 + C_2^2 + ... + C_n^2.$

232. C: दिया गया है :

$(1+x)^n = {}^nC_0 + {}^nC_1x + {}^nC_2x^2 + ... + {}^nC_nx^n$

$x = -1$ रखने पर,

${}^nC_0 - {}^nC_1 + {}^nC_2 - {}^nC_3 + ... + (-1)^n\, {}^nC_n = 0$

233. C: दिया गया है:

$C_0 + 3C_1 + 5C_2 + 7C_3 + ... + (2n+1)C_n$

$= (C_0 + C_1 + C_2 + C_3 + ... + C_n) + 2[C_1 + 2C_2 + 3C_3 + ... + nC_n]$

$= 2^n + 2n\, 2^{n-1} = 2^n(n+1).$

234. A: $C_0 + C_1x + C_2x^2 + \ldots + C_nx^n = (1+x)^n$

$$C_0 + \frac{C_1}{x} + \ldots + \frac{C_r}{x^r} + \frac{C_{r+1}}{x^{r+1}} + \ldots + \frac{C_n}{x^n}$$
$$= \left(1+\frac{1}{x}\right)^n = \frac{(1+x)^n}{x^n}$$

गुणा करने पर,

$C_0C_r + C_1C_{r+1} + C_2C_{r+2} + \ldots$

$$= \frac{(1+x)^{2n}}{x^n} \text{ में } \frac{1}{x^r} \text{ का गुणांक}$$

$= (1+x)^{2n}$ में x^{n-r} का गुणांक

$= {}^{2n}C_{n-r} = (2n)!/(n-r)!\,(n+r)!$

235. B: $(7.995)^{1/3} = (8 - .005)^{1/3}$
$= (8)^{1/3}\,(1 - 005/8)^{1/3}$

$$= 2\left[1 - \frac{1}{3} \times \frac{0.005}{8} + \frac{(1/3)(1/3-1)}{2!}\left(\frac{0.005}{8}\right)^2\right]$$

$= 2\,[1 - 0.000208] = 1.999584 = 1.9996$

236. B: $(1+x)^2/(1-x) = (1+x)^2\,(1-x)^{-3}$
$= (1 + 2x + x^2)\,[1 + {}^3C_1x + {}^4C_2\,x^2 + \ldots$
$+ {}^{3+n-3}C_{n-2}\,x^{n-2} + {}^{3+n-2}C_{n-1}\,x^{n-1}$
$+ {}^{3+n-1}C_n\,x^n + \ldots]$

$\therefore$ x^n का गुणांक

$= {}^{3+n-1}C_n + 2.\,{}^{3+n-2}C_{n-1} + {}^{3+n-3}C_{n-2}$

$= {}^{2+n}C_n + 2.{}^{n+1}C_{n-1} + {}^nC_{n-2}$

$$= \frac{(2+n)!}{n!2!} + \frac{2(n+1)!}{(n-1)!2!} + \frac{n!}{(n-2)!2!}$$

$$= \frac{n![(2+n)(1+n) + 2(n+1)n + n(n-1)]}{n!2!}$$

$= 2n^2 + 2n + 1.$

237. D: मान लें, $1 + \frac{1}{3}x + \frac{1.4}{3.6}x^2 + \frac{1.4.7}{3.6.9}x^3 + \ldots..$

$$= (1+y)^n = 1 + ny + \frac{n(n-1)}{2!}y^2 + \ldots..$$

$$\therefore ny = \frac{1}{3}x, \quad \frac{n(n-1)}{2!}y^2 = \frac{1.4}{4.6}x^2$$

हल करने पर, $n = -1/3$, $y = -x$

दी गई श्रृंखला $= (1-x)^{-1/3}$.

238. B: दिया गया व्यंजक :

$= 1.\log_{2^2} 3^2.\log_3 2$

$$= \frac{2}{2}\log_2 3.1/(\log_2 3) = 1.$$

239. C: दिया गया व्यंजक :

$= \log_3 27 = \log_3 3^3$
$= 3\log_3 3 = 3.$

240. C: $\log_{2\sqrt{2}} 512 = \log_{2^{3/2}} 2^9$
$= \{9/(3/2)\}\log_2 2 = 6.$

241. C: $A = \log_2 \log_2 \log_4 4^4 + 2\,\log_{2^{1/2}} 2$
$= \log_2 \log_2 4 + 2/(1/2)\log_2 2$
$= \log_2 \log_2 2^2 + 4 = \log_2 2 + 4 = 5.$

242. D: दिया गया व्यंजक :

$$= 5^{2\left(1/2+\log_{5^{-1}} 3^3 + \log_{5^3} 3^4\right)}$$
$$= 5^{\left[1+2.\{3/(-1)\}\log_5 3 + 2(4/3)\log_5 3\right]}$$
$$= 5^{\left[\log_5 5 + \log_3 3^{-6} + \log_5 3^{8/3}\right]}$$
$$= 5^{\log_5 5.3^{8/3}/3^6} = 5\sqrt[3]{9/81}.$$

243. C: फलन वास्तविक होगा यदि $\log_{0.5} x \geq 0$

अर्थात् यदि $0 < x \leq 1$ हो ($\because$ आधार $= 0.5 < 1$

$\Rightarrow x \in (0, 1)$

244. C: मान लें कि $x = 3^{40}$

$\therefore\ \log x = 40\log_{10} 3$
$= 40 \times (0.477) = 19.08$

अत: x में अंकों की संख्या 20 है।

245. B: $a = c^z = (b^y)^z = b^{yz} = (a^x)^{yz}$
$= a^{xyz} \Rightarrow xyz = 1.$

246. C: दिया गया व्यंजक :

$= 7(4\log 2 - \log 3 - \log 5)$
$+ 5(2\log 5 - \log 3 - 3\log 2)$
$+ 3(4\log 3 - 4\log 2 - \log 5) = \log 2.$

247. D: $\log_{16} x + \log_4 x + \log_2 x$
$= \log_{24} x + \log_{22} x + \log_2 x$

$$= \frac{1}{4}\log_2 x + \frac{1}{2}\log_2 x + \log_2 x$$
$$= \frac{7}{4}\log_2 x = 14$$

$\therefore\ \log_2 x = 8$

अर्थात् $x_1 = 2^8 = 256.$

248. C: दिया गया व्यंजक :

$= \log_N 2 + \log_N 3 + \ldots + \log_N m$
$= \log_N (2.3.\ldots m) = \log_N m!$
$= \log_{m!} m! = 1.$

249. A: दिया गया व्यंजक :

$= \log\,(\log_{ab} a + \log_{ab} b)$

$= \log(\log_{ab} ab) = \log 1 = 0.$

250. C: $\log_{0.5} 4 = \log_{2^{-1}} (2)^2$

$= \{2/(-1)\}. \log_2 2 = -2$

$\therefore \sqrt{(\log^2_{0.5} 4)} = \sqrt{(-2)^2} = \sqrt{4} = 2.$

251. A: दिया गया व्यंजक :

$$= \frac{\log_{2^3} 17}{\log_{3^2} 23} - \frac{\log_{2^{3/2}} 17}{\log_3 23}$$

$$= \frac{\frac{1}{3}\log_2 17}{\frac{1}{2}\log_3 23} - \frac{\frac{2}{3}\log_2 17}{\log_3 23} = 0.$$

252. C: दिया गया व्यंजक :

$= \log_{xyz} xy + \log_{xyz} yz + \log_{xyz} zx$

$= \log_{xyz} (xy.yz.zx) = 2 \log_{xyz} (xyz)$

$= 2.$

253. A: $\log_e x + \log_e (1 + x) = 0$

$\Rightarrow \log_e x (1 + x) = 0 \Rightarrow x (1 + x) = e^0 = 1$

$\Rightarrow x^2 + x - 1 = 0.$

254. B: दिया गया व्यंजक निम्नलिखित के समतुल्य है :

$\log_4 [(x^2 + x)/(x + 1)] = 2$

अर्थात् $(x^2 + x)/(x + 1) = 16$

या $x^2 - 15x - 16 = 0$, इसलिए $(x - 16) (x + 1) = 0$

या $x = 16, - 1$. लेकिन $x = -1$ पर $\log (x + 1)$ अपरिभाषित है। $\therefore x = 16$ अपेक्षित उत्तर है।

255. B: दिया गया व्यंजक

$\Rightarrow \log_x a + \log_x c = 2 \log_x b$

$\Rightarrow \log_x ac = \log_x b^2 \Rightarrow b^2 = ac$

$\Rightarrow a, b, c$ गुणोत्तर श्रेढ़ी में हैं।

256. A: $\log \tan 89° = \log \cot 1° = -\log 1°$ आदि

$\therefore$ दिया गया व्यंजक

$= \log \tan 1° + \log \tan 2° + ... + \log \tan 44°$

$+ \log \tan 45° - \log \tan 44° - ... - \log \tan 2° - \log \tan 1°$

$= \log \tan 45° = \log 1 = 0.$

257. C: मान लें कि $\log_2 7$ एक परिमेय संख्या है

$\therefore$ मानें कि $\log_2 7 = p/q$, जहां $p, q \in N$.

$\Rightarrow 7 = 2^{p/q} \Rightarrow 7^q = 2^p$.

स्पष्टत: (1) असत्य है क्योंकि बाम पक्ष विषम है जबकि दक्षिण पक्ष सम है और ये दो बराबर नहीं हो सकते। अत: $\log_2 7$ एक परिमेय संख्या नहीं है। इसके अतिरिक्त $\log_2 7$ पूर्णांक नहीं है, अत: यह अभाज्य संख्या नहीं हो सकती। अत: $\log_2 7$ एक अपरिमेय संख्या है।

258. C: $b = 2 \log_{17} 5 = 2/\log_5 17$

और $a = 1/\log_5 3 = 2/\log_5 9$

चूंकि $\log_5 17 > \log_5 9$ $\therefore a > b.$

259. D: $\log_a x$ को वास्तविक प्रांत में परिभाषित किया जाता है। यदि $x > 0, a > 0, \neq 1.$

$\therefore 1/\log_{(b-c)} a + 1/\log_{(b+c)} a$ को $b - c > 0$, $b + c > 0, b - c \neq 1, b + c \neq 1$ के लिए परिभाषित किया जाता है।

$\therefore b > |c|$ और $b \neq |c| + 1.$

इसके साथ ही $a = 1$ के लिए हमें हर $= 0$ प्राप्त होता है। अत: $a > 0, \neq 1.$

$\therefore$ यदि $b > |c|, \neq |c| + 1$ और $a > 0, \neq 1$, तो $1/\log_{(b-c)}a + 1/\log_{(b+c)}a = \log_a (b - c) + \log_a (b + c)$

260. A:

शेष ↓

2	45	1
Q	22	0
u o	11	1
t i	5	1
e n	2	0
t s	1	

(Quotients; परिणाम ↑)

$\therefore (45)_{10} = (101101)_2.$

टिप्पणी : यहां जिन स्थानों पर भागफल और शेषफल लिखे गए हैं वे भाग की सामान्य संक्रिया में अंत:परिवर्तित हो जाते हैं।

261. B:

2	92	0
	46	0
	23	1
	11	1
	5	1
	2	0
	1	

(परिणाम ↑)

$\therefore (92)_{10} = (1011100)_2.$

262. A:

		गुणनफल	*पूर्णांकीय भाग*
0.25×2	=	0.5	0
0.5×2	=	1.0	1

(↓ परिणाम)

$\therefore (0.25)_{10} = (0.10)_2$

263. B:

		गुणनफल	*पूर्णांकीय भाग*
0.75×2	=	1.5	1
0.5×2	=	1.0	1

(↓ परिणाम)

$\therefore (0.75)_{10} = (0.11)_2$

264. C:

		गुणनफल	गुणनफल का पूर्णांकीय भाग
0.45×2	=	0.9	0
0.9×2	=	1.8	1
0.8×2	=	1.6	1
0.6×2	=	1.2	1
0.2×2	=	0.4	0
0.4×2	=	0.8	0
0.8×2	=	1.6	1 ↓ परिणाम

यहां हम देख सकते हैं कि प्रक्रिया अब आवर्ती चरण में पहुंच चुकी है जो अनंत चरणों तक पुनरावर्तित होती जाएगी। अत: हम लिखते हैं :

$\therefore (0.45)_{10} = (0.0111001)_2$ (लगभग)

265. D: 25.65 का पूर्णांकीय भाग 25 और भिन्नात्मक भाग 0.65 है। अब द्विआधारी संख्या पद्धति में 25 और 0.65 की समतुल्य संख्या अलग-अलग ज्ञात करें।

शेषफल ↓

		शेषफल
2	25	1 ↑
Quotients	12	0
	6	0
	3	1
	1	परिणाम

	गुणनफल का पूर्णांकीय भाग
$0.65 \times 2 = 1.30$	1
$0.30 \times 2 = 0.60$	0
$0.60 \times 2 = 1.20$	1
$0.20 \times 2 = 0.40$	0
$0.40 \times 2 = 0.80$	0
$0.80 \times 2 = 1.60$	1
$0.60 \times 2 = 1.20$	1 ↓ परिणाम

अब प्रक्रिया आवर्ती चरण में पहुंच चुकी है।

$\therefore (25.65)_{10} = (11001.1010011)_2$ (लगभग)

266. B:

भारित मान	2^5	2^4	2^3	2^2	2^1	2^0
द्विआधारी मान	1	0	1	1	0	1
गुणनफल	32	0	8	4	0	1

योग = 32 + 0 + 8 + 4 + 0 + 1 = 45

$\therefore (101101)_2 = (45)_{10}$.

267. B:

भारित मान	2^4	2^3	2^2	2^1	2^0
द्विआधारी मान	1	0	0	0	0
गुणनफल	16	0	0	0	0

योग = 16

$\therefore (10000)_2 = (16)_{10}$.

268. A:

भारित मान	2^3	2^2	2^1	2^0	2^{-1}	2^{-2}	2^{-3}
द्विआधारी मान	1	1	0	1	0	1	1
गुणनफल	8	4	0	1	1/2	1/4	1/8

योग = (8 + 4 + 0 + 1) + (0.5 + 0.25 + 0.125)
= 13.875

$\therefore (1101.001)_2 = (13.875)_{10}$.

269. C:

भारित मान	2^{-1}	2^{-2}	2^{-3}	2^{-4}
द्विआधारी मान	1	0	0	1
गुणनफल	1/2	1/4	1/8	1/16

योग = 1/2 + 1/4 + 1/8 + 1/16 = 0.5 + 0.25 + 0.125 + 0.0625 = 0.9375

$\therefore (0.1001)_2 = (0.9375)_{10}$.

270. A:

```
        1  0  0  0  1
     +  1  1  0  0  1
-----------------------
योग = 1  0  1  0  1  0
```

271. D:

```
 1101
-1011
-----
 0010   या केवल 10
```

पहला कॉलम : 1 – 1 = 0

दूसरा कॉलम : 0 का मान 1 से कम है। अत: हम तीसरे स्तंभ से 1 उधार लेते हैं। अत: हम लिख सकते हैं : 0 – 1 = 1, जो वस्तुत: 10 – 1 = 1 से आता है।

तीसरा स्तंभ : चूंकि इससे दूसरे कॉलम द्वारा 1 उधार लिया गया है, अत: यह घटकर 0 – 0 = 0 हो जाता है।

चौथा कॉलम : 1 – 1 = 0

272. C:

```
            1  1  0  1
         ×  1  0  0  1
         -------------
            1  1  0  1
       + 0  0  0  0
    + 0  0  0  0
 + 1  1  0  1
----------------------
   1  1  1  0  1  0  1
```

$\therefore (1101)_2 \times (1001)_2 = (1110101)_2$

273. D:

```
      0. 1  0  1
    ×  0. 1  1
    -----------
       1  0  1
  + 1  0  1
  -------------
   .0  1  1  1  1
```

$\therefore (0.101)_2 \times (0.11)_2 = (0.01111)_2$

274. B:

```
101) 1 1 1 1 0 1   (1100 ← भागफल)
     1 0 1
     -----
     × 1 0 1
       1 0 1
     -------
     × × 0 1   ← शेषफल
```

$\therefore$ भागफल = $(1100)_2$, शेषफल = $(1)_2$.

आव्यूह या मैट्रिक्स और सारणिक
(Matrices And Determinants)

आव्यूह (Matrices): m पंक्तियों और n स्तंभों की आयताकार सारणी में विन्यस्त mn संख्याओं (वास्तविक या सम्मिश्र) का निकाय $m \times n$ कोटि का आव्यूह या $m \times n$ आव्यूह कहलाता है (जिसे m और n का आव्यूह के रूप में पढ़ा जाता है)

$m \times n$ आव्यूह निम्नवत् लिखा जाता है :

$$\begin{bmatrix} a_{11} & a_{12} & \dots & a_{1n} \\ a_{21} & a_{22} & \dots & a_{2n} \\ \dots & \dots & \dots & \dots \\ \dots & \dots & \dots & \dots \\ a_{m1} & a_{m2} & \dots & a_{mn} \end{bmatrix}$$

जहां a_{ij} से iवें पंक्ति और jवें स्तंभ में स्थित संख्या निरूपित होती है। संख्याओं a_{11}, a_{12}, आदि को आव्यूह का अवयव या उसकी प्रविष्टि कहते हैं।

किसी आव्यूह या मैट्रिक्स को निर्मित करने वाली संख्याओं को कोष्ठबद्ध करने के लिए निम्नलिखित कोष्ठकों का प्रयोग किया जाता है :

[], (), {}, || ||.

इस पुस्तक में हम आव्यूह को निरूपित करने के लिए [] कोष्ठक का प्रयोग करेंगे। आव्यूह को अंग्रेजी के बड़े अक्षरों A, B, ... द्वारा सूचित किया जाएगा। यदि A एक $m \times n$ कोटि का आव्यूह (मैट्रिक्स) हो, तो हम इसे $A = [a_{ij}]_{m \times n}$ के रूप में लिखेंगे।

पंक्ति आव्यूह (Row Matrix) : एकल पंक्ति वाले आव्यूह (मैट्रिक्स) को पंक्ति आव्यूह या पंक्ति सदिश (row vector) कहते हैं।

उदाहरण : आव्यूह $[a_{11}, a_{12}, \dots, a_{1n}]$ को $1 \times n$ पंक्ति आव्यूह कहते हैं।

स्तंभ आव्यूह (Column Matrix) : एकल स्तंभ वाले आव्यूह को स्तंभ आव्यूह या स्तंभ सदिश (column vector) कहते हैं।

उदाहरण : आव्यूह $\begin{bmatrix} a_{1j} \\ a_{2j} \\ \dots \\ \dots \\ a_{mj} \end{bmatrix}$ एक $m \times 1$ स्तंभ आव्यूह है।

वर्ग आव्यूह (Square Matrix): यदि $m = n$, हो, अर्थात् यदि किसी आव्यूह में पंक्तियों और स्तंभों की संख्या बराबर (मान लें n) हो, तो इसे n कोटि का वर्ग आव्यूह कहते हैं।

शून्य आव्यूह (Null or Zero Matrix) : यदि किसी आव्यूह के सभी अवयव शून्य के बराबर हों तो इसे शून्य आव्यूह कहते हैं और इसे $O_{m \times n}$ या O द्वारा सूचित करते हैं।

विकर्ण आव्यूह (Diagonal Matrix) : एक ऐसा वर्ग आव्यूह जिसमें अग्रग विकर्ण के अवयवों को छोड़ कर अन्य सभी अवयव शून्य हों, विकर्ण आव्यूह कहलाता है। अतः विकर्ण आव्यूह में, $a_j = 0$ यदि $i \neq j$.

2 और 3 कोटि के विकर्ण आव्यूह के उदाहरण हैं :

$$\begin{bmatrix} k_1 & 0 \\ 0 & k_2 \end{bmatrix}, \begin{bmatrix} k_1 & 0 & 0 \\ 0 & k_2 & 0 \\ 0 & 0 & k_3 \end{bmatrix}.$$

अदिश आव्यूह (Scalar Matrix) : एक ऐसा वर्ग आव्यूह जिसमें सभी विकर्णी अवयव बराबर हों और अन्य सभी अवयव शून्य के बराबर हों, अदिश आव्यूह कहलाता है।

अर्थात् किसी अदिश आव्यूह में $a_{ij} = k$, जबकि $i = j$ और $a_{ij} = 0$ (जहां $i \neq j$)

अतः $\begin{bmatrix} k & 0 & 0 \\ 0 & k & 0 \\ 0 & 0 & k \end{bmatrix}$ एक अदिश आव्यूह है

एकांक आव्यूह या तत्समकारी आव्यूह (Unit Matrix or Identity Matrix) : एक ऐसा वर्ग आव्यूह जिसमें सभी विकर्णी अवयव 1 के बराबर हों और अन्य सभी अवयव शून्य के बराबर हों, एकांक या तत्समकारी आव्यूह कहलाता है। 2 और 3 कोटि के एकांक (या तत्समकारी) आव्यूह के उदाहरण हैं :

$$\begin{bmatrix} 1 & 0 \\ 0 & 1 \end{bmatrix}, \begin{bmatrix} 1 & 0 & 0 \\ 0 & 1 & 0 \\ 0 & 0 & 1 \end{bmatrix}.$$

उपरि त्रिभुजीय आव्यूह (Upper Triangular Matrix) : एक ऐसा वर्ग आव्यूह A जिसमें अवयव $a_{ij} = 0$ ($i > j$ के लिए)

हो, उपरि त्रिभुजीय आव्यूह कहलाता है।

निम्न त्रिभुजीय आव्यूह (Lower Triangular Matrix) : एक ऐसा वर्ग आव्यूह A जिसमें अवयव $a_{ij} = 0$ ($i < j$ के लिए) हो, निम्न त्रिभुजीय आव्यूह कहलाता है।

सम आव्यूह (Equal Matrices) : A = B के रूप में लिखे गए दो आव्यूहों A और B को सम आव्यूह कहते हैं, यदि

(i) दोनों समान कोटि के हों अर्थात् दोनों में पंक्तियों और स्तंभों की संख्या समान हो, और

(ii) दोनों आव्यूहों के संगत स्थानों में समान अवयव हों।

आव्यूह परिवर्तन (Transpose of a Matrix) : मान लें कि A एक $m \times n$ आव्यूह है। इस आव्यूह में पंक्तियों में स्थित अवयवों के स्थान पर स्तंभ में स्थित अवयवों को रखने और स्तंभ में स्थित अवयवों के स्थान पर पंक्तियों में स्थित अवयवों को रखने पर प्राप्त $n \times m$ कोटि को आव्यूह A का आव्यूह -परिवर्तन (transpose of matrix) कहते हैं और इसे A' या A^T या A^t द्वारा इंगित करते हैं।

संकेत रूप में : यदि $A = [a_{ij}]_{m \times n}$ एक आव्यूह हो, तो आव्यूह A का A' या A^T या A^t द्वारा इंगित आव्यूह परिवर्तन को A' = $[a'_{ji}]_{n \times m}$ द्वारा इंगित किया जाता है जहां $a'_{ji} = a_{ij}$.

आव्यूह परिवर्तन के कुछ महत्वपूर्ण परिणाम :

(i) $(A+B)' = A' + B'$

(ii) $(kA)' = kA'$ जहां k एक स्थिरांक है

(iii) $(AB)' = B'A'$.

ऋणात्मक आव्यूह (Negative Matrix) : यदि $A = [a_{ij}]_{m \times n}$ एक आव्यूह हो तो आव्यूह A के ऋणात्मक आव्यूह को आव्यूह $[-a_{ij}]_{m \times n}$ द्वारा परिभाषित किया जाता है और – A द्वारा इंगित किया जाता है।

आव्यूह का संयुग्मी (Conjugate of a Matrix) : यदि A ऐसा आव्यूह हो जिसमें अवयवों के रूप में मिश्र संख्याएं हों, तो A के प्रत्येक अवयव के स्थान पर उसके संयुग्मी को प्रतिस्थापित करने पर A से प्राप्त आव्यूह को आव्यूह A का संयुग्मी कहते हैं और $\overline{A}$ द्वारा निरूपित करते हैं।

सममित आव्यूह (Symmetric Matrix) : किसी वर्ग आव्यूह A को सममित आव्यूह कहते हैं यदि A' = A हो,

अत: कोई वर्ग आव्यूह $A = [a_{ij}]$ सममित होता है यदि i और j के सभी मानों के लिए $a_{ij} = a_{ji}$ हो।

विषम सममित आव्यूह (Skew-symmetric Matrix) : कोई वर्ग आव्यूह A विषम सममित आव्यूह कहलाता है यदि A' = – A हो।

अत: कोई वर्ग आव्यूह $A = [a_{ij}]$ विषम सममित होता है यदि i और j के सभी मानों के लिए $a_{ij} = -a_{ji}$ हो।

विशेषकर $a_{ii} = -\overline{a}_{ii} \Rightarrow 2a_{ii} = 0 \Rightarrow a_{ii} = 0$

अर्थात् विषम सममित आव्यूह के सभी विकर्णी अवयव अनिवार्यत: समाप्त हो जाने चाहिए।

हर्मिटीय आव्यूह (Hermitian Matrix) : किसी वर्ग आव्यूह A को हर्मिटीय आव्यूह कहते हैं यदि $\left(\overline{A}\right)' = A$ हो।

अत: यदि $A = [a_{ij}]$ एक वर्ग आव्यूह हो, तो आव्यूह A हर्मिटीय आव्यूह होता है यदि i और j के सभी मानों के लिए $a_{ij} = \overline{a}_{ji}$ हो।

विशेषकर $a_{ii} = \overline{a}_{ii}$

$$\Rightarrow a_{ii} = \overline{a}_{ii} = 0$$
$$\Rightarrow (\alpha + i\beta) - (\alpha - i\beta) = 0,$$
यदि $a_{ii} = \alpha + i\beta$.
$$\Rightarrow 2i\beta = 0 \Rightarrow \beta = 0$$
$$\Rightarrow a_{ii} = \alpha \text{ (वास्तविक)}$$

अर्थात् किसी हर्मिटीय आव्यूह के सभी विकर्णी अवयव अनिवार्यत: वास्तविक होते हैं।

विषम हर्मिटीय आव्यूह (Skew-Hermitian Matrix) : किसी वर्ग आव्यूह A को विषम हर्मिटीय आव्यूह कहते हैं यदि $\left(\overline{A}\right)' = -A$ हो।

अत: यदि $A = [a_{ij}]$ एक वर्ग आव्यूह हो, तो आव्यूह एक विषम हर्मिटीय आव्यूह होता है यदि i और j के सभी मानों के लिए $a_{ij} = -\overline{a}_{ji}$ हो।

विशेषकर,

$$a_{ii} = -\overline{a}_{ii}$$
$$\Rightarrow \quad a_{ii} + \overline{a}_{ii} = 0$$
$$\Rightarrow \quad (\alpha + i\beta) + (\alpha - i\beta) = 0, \text{ if } a_{ii} = \alpha + i\beta$$
$$\Rightarrow \quad 2\alpha = 0 \Rightarrow a = 0$$
$$\Rightarrow \quad a_{ii} = i\beta.$$

अर्थात् किसी विषम हर्मिटीय आव्यूह के सभी विकर्णी अवयव पूर्णत: काल्पनिक या शून्य होते हैं।

आव्यूहों का योग (Addition of Matrices) : यदि A और B समान कोटि $m \times n$ के दो आव्यूह हों, तो उनका योग A + B समुच्चय A और समुच्चय B के संगत अवयवों को जोड़ने पर प्राप्त $m \times n$ कोटि के आव्यूह के द्वारा निरूपित होगा।

अत: यदि $A = [a_{ij}]_{m \times n}$ और $B = [b_{ij}]_{m \times n}$, हो, तो A + B $= [a_{ij} + b_{ij}]_{m \times n}$.

ध्यान दें कि हम योग A + B तभी ज्ञात कर सकते हैं यदि आव्यूह

A और B समान कोटि के हों अर्थात् यदि आव्यूह A में पंक्तियों और स्तंभों की संख्या आव्यूह B में पंक्तियों और स्तंभों की संख्या के बराबर हो।

आव्यूह के योग के गुणधर्म

(*a*) **आव्यूह के योग का क्रम विनिमेय नियम (Commutative law) :** यदि A और B दो $m \times n$ आव्यूह हों, तो $A + B = B + A$.

(*b*) **आव्यूह के योग का साहचर्य नियम :** यदि A, B और C तीन $m \times n$ आव्यूह हों, तो

$$(A + B) + C = A + (B + C).$$

आव्यूह का अदिश गुणन : यदि $A = [a_{ij}]_{m \times n}$ एक आव्यूह हो और k एक अदिश राशि हो, तो आव्यूह A के प्रत्येक अवयव को k से गुणा करने पर प्राप्त आव्यूह को A का k से अदिश गुणज कहते हैं और इसे kA या Ak द्वारा इंगित करते हैं।

किसी आव्यूह का किसी अदिश राशि से गुणज के गुणधर्म:

(*a*) यदि k_1 और k_2 अदिश राशियां हों और A एक आव्यूह हो, तो $(k_1 + k_2)\,A = k_1A + k_2\,A$.

(*b*) यदि k_1 और k_2 अदिश राशियां हों और A एक आव्यूह हो, तो $k_1\,(k_2A) - (k_1k_2)\,A$.

(*c*) यदि A और B समान कोटि के दो आव्यूह हों और k एक अदिश राशि हो तो $k(A+ B) = kA + kB$.

(*d*) यदि k_1 और k_2 दो अदिश राशियां हों और A कोई आव्यूह हो तो $(k_1 + k_2)A = k_1A + k_2A$.

(*e*) यदि A कोई आव्यूह हो और k एक अदिश राशि हो तो $(-k)A = -(kA) = k(-A)$.

आव्यूहों का गुणन : यदि A एक $m \times n$ आव्यूह तथा B एक $n \times p$ आव्यूह हो तो A और B आव्यूहों का गुणनफल A.B कोटि $m \times p$ का आव्यूह होता है जिसका (i, j) वां अवयव A की iवीं पंक्ति और B के jवें स्तंभ के संगत अवयवों के गुणनफलों को जोड़ने पर प्राप्त होता है।

संकेत रूप में : यदि $A = [a_{ij}]_{m \times n}$ कोटि $m \times n$ का एक आव्यूह हो और $B = [b_{jk}]_{n \times p}$ कोटि $n \times p$ का एक आव्यूह हो, तो गुणनफल आव्यूह AB को कोटि $m \times p$ के आव्यूह $C = [c_{ik}]_{m \times p}$ द्वारा सूचित किया जाता है।

$$\text{जहां } c_{ik} = \sum_{j=1}^{n} a_{ij}\, b_{jk},$$

$$\text{अर्थात् } c_{ik} = a_{i1}\, b_{k1} + a_{i2}\, b_{k2} + \ldots + a_{in}\, b_{nk}.$$

आव्यूह गुणन के गुणधर्म :

(*a*) **गुणन का साहचर्य नियम (Associative Law for Multiplication) :** अर्थात् यदि A, B और C क्रमशः $m \times n$, $n \times p$ और $p \times q$ कोटि के तीन आव्यूह हों,तो $(AB)C = A(BC)$.

(*b*) **बंटन नियम (Distributive Law) :** यदि A, B, और C क्रमशः $m \times n$, $n \times p$ और $p \times q$ कोटि के तीन आव्यूह हों, तो $A.(B + C) = A.B + A.C$.

(*c*) आव्यूह गुणन सामान्यतः क्रमविनिमेय नहीं होता अर्थात् $A.B \neq B.A$ (सामान्यतः)

वर्गसम आव्यूह (Idempotent Matrix) : किसी वर्ग आव्यूह A को वर्गसम आव्यूह कहते हैं यदि $A^2 = A$ हो।

अंतर्वलनी आव्यूह (Involutory Matrix) : किसी वर्ग आव्यूह A को अंतर्वलनी आव्यूह कहते हैं यदि $A^2 = I$ हो।

शून्यंभावी आव्यूह (Nilpotent Matrix) : किसी वर्ग आव्यूह A को शून्यंभावी आव्यूह कहते हैं यदि उसमें एक धनपूर्णांक m इस प्रकार हो कि $A^m = 0$ हो। यदि m एक न्यूनतम धनपूर्णांक m इस प्रकार हो कि $A^m = O$ हो, तो m को शून्यंभावी आव्यूह A की घात कहते हैं।

अवयव का उपसारणिक (Minor of an Element) : किसी वर्ग आव्यूह A के अवयव a_{ij} का *उपसारणिक* M_{ij} उस आव्यूह के सारणिक (determinant) को कहते हैं जो दिए गए वर्ग आव्यूह A की i-वीं पंक्ति और j-वें स्तंभ का लोप करने के उपरांत शेष रहता है।

अवयव का सह-गुणनखंड (Cofactor of an Element) : किसी वर्ग आव्यूह A के अवयव a_{ij} का **सह गुणनखंड** C_{ij} दिए गए आव्यूह A की i-वीं पंक्ति और j-वें स्तंभ का लोप करने के उपरांत शेष बचे आव्यूह की सारणिक का $(-1)^{i+j}$ गुना होता है।

सहखंडज-आव्यूह (Adjoint of a Matrix) : यदि $A = [a_{ij}]_{m \times n}$ एक वर्ग आव्यूह हो और C_{ij} आव्यूह A में a_{ij} का सह गुणनखंड हो, तो A के प्रत्येक अवयव के स्थान पर A में उसके सहगुणनखंड को प्रतिस्थापित करने पर प्राप्त आव्यूह-परिवर्त (transpose of matrix)B को आव्यूह A का सहखंडज कहते हैं और इसे सहखंडज A द्वारा सूचित करते हैं।

अर्थात् सहखंडज $A = B^t$, जहां $B = [C_{ij}]$.

$$\text{यदि } A = \begin{bmatrix} a_{11} & a_{12} & a_{13} \\ a_{21} & a_{22} & a_{23} \\ a_{31} & a_{32} & a_{33} \end{bmatrix}, \text{ तो}$$

$$\text{सहखंडज } A = \begin{bmatrix} C_{11} & C_{21} & C_{31} \\ C_{12} & C_{22} & C_{32} \\ C_{13} & C_{23} & C_{33} \end{bmatrix}$$

वर्ग आव्यूह A और सहखंडज A के बीच महत्वपूर्ण संबंध : यदि A एक $n \times n$ वर्ग आव्यूह हो, तो आव्यूह A (सहखंडज A) = (सहखंडज A). A = $|A|.I_n$, जहां I_n एक $n \times n$ तत्समकारी आव्यूह (unit matrix) है।

व्युत्क्रम आव्यूह (Inverse of a Matrix) : यदि A एक $n \times n$ वर्ग आव्यूह हो और यदि B एक ऐसा आव्यूह हो कि $AB = I_n = BA$ जहां I एक $n \times n$ तत्समकारी आव्यूह हो, तो B को आव्यूह A का व्युत्क्रम आव्यूह कहते हैं और इसे A^{-1} द्वारा इंगित करते हैं।

अव्युत्क्रमणीय और व्युत्क्रमणीय आव्यूह (Singular and Non-Singular Matrix) : किसी वर्ग आव्यूह A को व्युत्क्रमणीय आव्यूह (non-singular matrix) कहते हैं यदि इसका व्युत्क्रम अर्थात A^{-1} विद्यमान हो। यदि A^{-1} विद्यमान न हो तो वर्ग आव्यूह A को अव्युत्क्रमणीय आव्यूह (singular matrix) कहते हैं।

या

किसी वर्ग आव्यूह A को अव्युत्क्रमणीय आव्यूह कहते हैं यदि $|A| = 0$ हो और व्युत्क्रमणीय आव्यूह कहते हैं यदि $|A| \neq 0$ हो। प्रत्येक व्युत्क्रमणीय आव्यूह का एक ही व्युत्क्रम होता है।

व्युत्क्रम आव्यूह के लिए उत्क्रमण नियम (Reversal Law for the Inverse of Matrices) : यदि A और B एक ही प्रकार के दो वर्ग आव्यूह हों, तो $(AB)^{-1} = B^{-1} A^{-1}$.

प्रारंभिक पंक्ति संक्रियाएं (Elementary Row Operations): किसी आव्यूह से संबंधित प्रारंभिक पंक्ति संक्रियाओं के नाम से जानी जाने वाली संक्रियाएं (या रूपांतरण) निम्नवत् परिभाषित की जाती हैं :

(a) *आव्यूह की किन्हीं दो पंक्तियों का व्यतिहार (विनिमय):* आव्यूह की i-वीं और j-वीं पंक्तियों के व्यतिहार (विनिमय) के लिए प्राय: संकेत R_{ij} का प्रयोग किया जाता है।

(b) *किसी पंक्ति के प्रत्येक अवयव का किसी शून्येतर स्थिरांक से गुणन*
आव्यूह की i-वीं पंक्ति के प्रत्येक अवयव के किसी स्थिरांक k $(k \neq 0)$ से गुणन के लिए प्राय: संकेत $R_1(k)$ का प्रयोग किया जाता है।

(c) *किसी पंक्ति के अवयवों में किसी अन्य पंक्ति के संगत अवयवों और किसी शून्येतर स्थिरांक के गुणनफल को जोड़ना*
आव्यूह की i-वीं पंक्ति के अवयवों में j-वीं पंक्ति के अवयव और स्थिरांक k $(k \neq 0)$ के गुणनफल को जोड़ने के लिए प्राय: संकेत $R_{ij}(k)$ का प्रयोग किया जाता है।

आव्यूहों का प्रयोग करके युगपत् समीकरणों को हल करना

1. **असमघात रैखिक समीकरणों का निकाय (System of Non-Homogeneous Linear Equations) :** n अज्ञात राशियों $x_1, x_2, \ldots, x_n$ में m रैखिक समीकरणों (असमघात) के निम्नलिखित निकाय पर विचार करें :

$$a_{11}x_1 + a_{12}x_2 + \ldots + a_{1n}x_n = b_1$$
$$a_{21}x_1 + a_{22}x_2 + \ldots + a_{2n}x_n = b_2$$
$$\ldots \quad \ldots \quad \ldots \quad \ldots \quad \ldots$$
$$\ldots \quad \ldots \quad \ldots \quad \ldots \quad \ldots$$
$$a_{m1}x_1 + a_{m2}x_2 + \ldots + a_{mn}.x_n = b_m.$$

यहां $b_1, b_2, \ldots b_m$ स्थिरांक हैं।

इस समीकरण निकाय को आव्यूह के रूप में निम्नवत् लिखा जा सकता है :

$$\begin{bmatrix} a_{11} & a_{12} & \ldots & a_{1n} \\ a_{21} & a_{22} & \ldots & a_{2n} \\ \ldots & \ldots & \ldots & \ldots \\ \ldots & \ldots & \ldots & \ldots \\ a_{m1} & a_{m2} & \ldots & a_{mn} \end{bmatrix} \begin{bmatrix} x_1 \\ x_2 \\ \vdots \\ \vdots \\ x_n \end{bmatrix} = \begin{bmatrix} b_1 \\ b_2 \\ \vdots \\ \vdots \\ b_n \end{bmatrix}$$

या AX = B

$$\text{जहां } [A] = \begin{bmatrix} a_{11} & a_{12} & \ldots & a_{1n} \\ a_{21} & a_{22} & \ldots & a_{2n} \\ \ldots & \ldots & \ldots & \ldots \\ \ldots & \ldots & \ldots & \ldots \\ a_{m1} & a_{m2} & \ldots & a_{mn} \end{bmatrix}$$ गुणांक आव्यूह (coefficient matrix) है और $X = \begin{bmatrix} x_1 \\ x_2 \\ \vdots \\ \vdots \\ x_n \end{bmatrix}$,

$B = \begin{bmatrix} b_1 \\ b_2 \\ \vdots \\ \vdots \\ b_n \end{bmatrix}$ क्रमशः अज्ञात राशियों और स्थिरांकों के स्तंभ आव्यूह (Column matrix) हैं।

असमघात रैखिक समीकरणों का आव्यूह विधि से हल ज्ञात करने की विधियां : असमघात रैखिक समीकरणों के निकाय AX = B, जहां A एक वर्ग आव्यूह है, की संगति और असंगति के लिए हम निम्नलिखित मानदंडों का प्रयोग करते हैं :

(a) यदि $|A| \neq 0$ हो, तो निकाय अविरोधी या संगत

(consistent) होता है और इसका हल अद्वितीय होता है और इसे $X = A^{-1} B$ द्वारा व्यक्त किया जाता है।

यदि $|A| = 0$ हो, तो समीकरणों के निकाय का या तो कोई हल नहीं होता है या इसके अनंत हल होते हैं।

यदि $|A| = 0$ हो, तो (सहखंडज A).B ज्ञात करना

स्थिति I : यदि (सहखंडज A) B $\neq 0$, हो तो निकाय का कोई हल नहीं होता अर्थात् निकाय विरोधी या असंगत (inconsistent) होता है।

स्थिति II : यदि (सहखंडज B) B = 0 हो, तो निकाय अविरोधी या संगत होता है और इसके अनंत हल होते हैं।

2. समघात रैखिक समीकरणों का निकाय (System of Homogeneous Linear Equations) : n-अज्ञात राशियों $x_1, x_2, ..., x_n$ में समघात रैखिक समीकरणों के निम्नलिखित निकाय पर विचार करें :

$$a_{11}x_1 + a_{12}x_2 + ... + a_{1n}x_n = 0$$
$$a_{21}x_1 + a_{22}x_2 + ... + a_{2n}x_n = 0$$
$$..$$
$$..$$
$$a_{m1}x_1 + a_{m2}x_2 + ... + a_{mn}x_n = 0.$$

इस समीकरण निकाय को आव्यूह के रूप में AX = 0 के रूप में लिखा जा सकता है :

$$\text{जहां } A = \begin{bmatrix} a_{11} & a_{12} & \cdots & a_{1n} \\ a_{21} & a_{22} & \cdots & a_{2n} \\ \cdots & \cdots & \cdots & \cdots \\ \cdots & \cdots & \cdots & \cdots \\ a_{m1} & a_{m2} & \cdots & a_{mn} \end{bmatrix} \text{ और}$$

$$X = \begin{bmatrix} x_1 \\ x_2 \\ : \\ : \\ x_n \end{bmatrix}; \quad O = \begin{bmatrix} 0 \\ 0 \\ : \\ : \\ 0 \end{bmatrix}$$

संगति या अविरोध की कसौटी (Criterion of Consistency): समघात रैखिक समीकरणों के निकाय AX = 0 जहां A एक वर्ग-आव्यूह है, की संगति या अविरोध के लिए हम निम्नलिखित कसौटियों का प्रयोग करते हैं :

(a) यदि $|A| \neq 0$, हो, तो निकाय का केवल निरर्थक हल (trivial solution) होता है।

(b) यदि $|A| = 0$, हो, तो निकाय के अनंत हल होते हैं।

यहां यह ध्यातव्य है कि यदि $|A| = 0$ हो, तो (सहखंडज A) B = O जहां B = O.

सारणिक या डिटर्मिनेन्ट्स (DETERMINANTS)

सारणिक (Determinant) : 3 की कोटि का सारणिक निम्नवत् लिखा जाता है :

$$\begin{bmatrix} a_{11} & a_{12} & a_{13} \\ a_{21} & a_{22} & a_{23} \\ a_{31} & a_{32} & a_{33} \end{bmatrix}$$

यहां क्षैतिज रेखाएं पंक्ति (rows) और ऊर्ध्वाधर रेखाएं स्तंभ (columns) कहलाती हैं। अवयव a_{11}, a_{22}, a_{33} विकर्णी अवयव कहलाते हैं।

उपसारणिक (Minors) : अवयव a_{ij} से होकर निकलने वाली i-वीं पंक्ति और j-वें स्तंभ का लोप करने पर प्राप्त सारणिक को अवयव a_{ij} का उपसारणिक कहते हैं और इसे M_{ij} द्वारा इंगित करते हैं।

सहगुणनखंड (Cofactors) : अवयव a_{ij} का सहगुणनखंड अवयव a_{ij} से होकर निकलने वाली i-वीं पंक्ति और j-वें स्तंभ का लोप करने पर प्राप्त सारणिक का $(-1)^{i+j}$ गुना होता है और इसे C_{ij} द्वारा सूचित किया जाता है। अत: $C_{ij} = (-1)^{i+j} M_{ij}$.

सारणिक का मान (Value of the Determinant) : यदि $\Delta =$

$$\begin{vmatrix} a_{11} & a_{12} & a_{13} \\ a_{21} & a_{22} & a_{23} \\ a_{31} & a_{32} & a_{33} \end{vmatrix} \text{ हो, तो}$$

$$\Delta = a_{11} C_{11} + a_{12} C_{12} + a_{13} C_{13} = a_{11} M_{11} - a_{12} M_{12} + a_{13} M_{13}.$$

यह सारणिक की प्रथम पंक्ति का विस्तार है। इसी प्रकार हम सारणिक की किसी भी पंक्ति या किसी भी स्तंभ का विस्तार ज्ञात कर सकते हैं।

अत: किसी भी पंक्ति (स्तंभ) के अवयवों और संगत सह गुणनखंडों के गुणनफलों का योग सारणिक के मान के बराबर होता है।

उल्लेखनीय है कि किसी पंक्ति के अवयवों और किसी अन्य पंक्ति के सह-गुणनखंडों के गुणनफलों का योग शून्य होता है। स्तंभों के संदर्भ में भी यही परिणाम होता है।

अत:
$$\sum a_{ij} C_{ij} = \sum a_{2j} C_{2j} = \sum a_{3j} C_{3j} = \Delta,$$
$$\sum a_{i1} C_{i1} = \sum a_{12} C_{i2} = \sum a_{i3} C_{i3} = \Delta,$$

किंतु $\sum a_{pj} C_{qj} = \sum a_{ip} C_{iq} = 0.$

सारणिकों की विशेषताएं (Properties of Determinants):

(*a*) पंक्तियों और स्तंभों का व्यतिहार (विनिमय) करने पर सारणिक का मान परिवर्तित नहीं होता। पंक्तियों और स्तंभों का व्यतिहार करने पर प्राप्त सारणिक को सारणिक-परिवर्तन (transpose of determinant) कहते हैं और इसे Δ^T द्वारा सूचित किया जाता है। अत: $\Delta = \Delta^T$.

(*b*) यदि किसी पंक्ति (स्तंभ) के सभी अवयव शून्य हों, तो सारणिक का मान शून्य होता है।

(*c*) सारणिक की किन्हीं दो पंक्तियों (स्तंभों) का विनिमय करने पर सारणिक का चिह्न परिवर्तित हो जाता है।
इस प्रकार यदि किन्हीं दो पंक्तियों (स्तंभों) का विनिमय करने पर नया सारणिक Δ^* प्राप्त होता हो, तो $\Delta = \Delta^*$.
यदि i-वी और j-वीं पंक्ति का परस्पर विनिमय किया जाता हो तो यह संक्रिया $R_i \rightleftharpoons R_j$ द्वारा सूचित की जाती है।

(*d*) यदि किसी सारणिक की किसी पंक्ति (स्तंभ) के सभी अवयवों को किसी शून्येतर स्थिरांक से गुणा किया जाए तो सारणिक का उसी-स्थिरांक से गुणा हो जाता है। यदि हम $R_i \to pR_i$ का प्रयोग करें अर्थात् i-वीं पंक्ति के प्रत्येक अवयव को p से गुणा करें, तो

$$\Delta^* = p\Delta \text{ या } \Delta = \frac{1}{p}\Delta^*. \; (p \neq 0),$$

जहां Δ^* प्राप्त हुआ नया सारणिक है।

(*e*) यदि किसी पंक्ति (स्तंभ) के सभी अवयव किसी अन्य पंक्ति (स्तंभ) के अवयवों के समानुपातिक (सर्वसम) हों, तो सारणिक शून्य होता है।

(*f*) यदि किसी पंक्ति (स्तंभ) का प्रत्येक अवयव दो संख्याओं का योग हो, तो सारणिक को उसी कोटि के दो सारणिकों के योग के रूप में व्यक्त किया जा सकता है। उदाहरण के लिए,

$$\begin{vmatrix} a_1+\alpha_1 & b_1 & c_1 \\ a_2+\alpha_2 & b_2 & c_2 \\ a_3+\alpha_3 & b_3 & c_3 \end{vmatrix} = \begin{vmatrix} a_1 & b_1 & c_1 \\ a_2 & b_2 & c_2 \\ a_3 & b_3 & c_3 \end{vmatrix} + \begin{vmatrix} \alpha_1 & b_1 & c_1 \\ \alpha_2 & b_2 & c_2 \\ \alpha_3 & b_3 & c_3 \end{vmatrix}$$

यह नोट किया जाए कि दक्षिण पार्श्व के दोनों सारणिकों में C_2 और C_3 के मान एकसमान रहते हैं।

(*g*) सारणिक का मान निम्नलिखित प्रकार की संक्रिया में अपरिवर्तित रहता है :

$$R_i \to R_i + pR_j + qR_k, j, k \neq i$$

इसी प्रकार स्तंभों के लिए अर्थात् $C_i \to C_i + pC_j + qC_k$, $j, k \neq i$ प्रकार की संक्रिया के लिए :
यहां परिवर्तित की जाने वाली पंक्ति (स्तंभ) को किसी स्थिरांक से गुणा नहीं किया जाता।
दूसरी ओर यदि हम संक्रिया $R_i \to pR_i + qR_j$ को अनुप्रयुक्त करें तो हमें सारणिक के मान को p से भाग करना चाहिए।
एक साथ एकाधिक संक्रियाओं को प्रयोग में लाया जा सकता है किंतु एक पंक्ति या एक स्तंभ का अपरिवर्तित रहना अनिवार्य है। इन संक्रियाओं से हम अधिकतम संख्या में अवयवों को शून्य में परिवर्तित कर सकते हैं ताकि सारणिक के मानों का परिकलन सरल हो जाए।

(*h*) यदि $x = \alpha$ रखने पर कोई सारणिक $\Delta(x)$ शून्य हो जाता हो, तो $(x - \alpha)$, $\Delta(x)$ का एक गुणनखंड है।

(*i*) जिस सारणिक में विकर्णी अवयवों को छोड़कर अन्य सभी अवयव शून्य के बराबर हों तो वह सारणिक विकर्णी अवयवों के गुणनफल के बराबर होगा, अर्थात्

$$\begin{vmatrix} a & 0 & 0 \\ 0 & b & 0 \\ 0 & 0 & c \end{vmatrix} = abc.$$

तथा सारणिक $\begin{vmatrix} 1 & 0 & 0 \\ 0 & 1 & 0 \\ 0 & 0 & 1 \end{vmatrix}$ को तत्समक या एकक सारणिक कहते हैं तथा इसका मान 1 होता है।

समान कोटि के दो सारणिकों का गुणनफल (Product of Two Determinants of Same Order) : मान लें

$$\Delta_1 = \begin{vmatrix} a_1 & b_1 & c_1 \\ a_2 & b_2 & c_2 \\ a_3 & b_3 & c_3 \end{vmatrix} \text{ और } \Delta_2 = \begin{vmatrix} \alpha_1 & \beta_1 & \gamma_1 \\ \alpha_2 & \beta_2 & \gamma_2 \\ \alpha_3 & \beta_3 & \gamma_3 \end{vmatrix}.$$

तो Δ_1 और Δ_2 का पंक्ति-पंक्ति गुणन (row by row multiplication) निम्नवत् दर्शाया जाएगा :

$$\Delta_1.\Delta_2 = \begin{vmatrix} a_1\alpha_1 + b_1\beta_1 + c_1\gamma_2 & a_1\alpha_2 + b_1\beta_2 + c_1\gamma_2 & a_1\alpha_3 + b_1\beta_3 + c_1\gamma_3 \\ a_2\alpha_1 + b_2\beta_1 + c_2\gamma_1 & a_2\alpha_2 + b_2\beta_2 + c_2\gamma_2 & a_2\alpha_3 + b_2\beta_3 + c_2\gamma_3 \\ a_3\alpha_1 + b_3\beta_1 + c_3\gamma_1 & a_3\alpha_2 + b_3\beta_2 + c_3\gamma_2 & a_3\alpha_2 + b_3\beta_3 + c_3\gamma_3 \end{vmatrix}$$

प्रश्न में यथा अपेक्षित पंक्ति-स्तंभ, स्तंभ-पंक्ति या स्तंभ-स्तंभ गुणन भी किया जा सकता है। गुणनफल के व्यापक अवयव के लिए नीचे दी गई सारणी देखें :

गुणन का प्रकार:	$\Delta_1 . \Delta_2$ का (i, j) वां अवयव
पंक्ति × पंक्ति	: (Δ_1 की i-वीं पंक्ति) × (Δ_2 की j-वीं पंक्ति)
पंक्ति × स्तंभ	: (Δ_1 की i-वीं पंक्ति)×(Δ_2 का j-वां स्तंभ)
स्तंभ × पंक्ति	: (Δ_1 का i-वां स्तंभ)×(Δ_2 की j-वीं पंक्ति)
स्तंभ × स्तंभ	: (Δ_1 का i-वां स्तंभ) × (Δ_2 का j-वां स्तंभ)

किसी सारणिक का अवकलन (Differentiation of a Determinant)

I. मान लें कि $\Delta(x)$ दो की कोटि का एक सारणिक है। यदि हम लिखें :

$\Delta(x) = [C_1; C_2]$ जहां C_1 और C_2 क्रमश: पहले और दूसरे स्तंभ को सूचित करते हों, तो

$\Delta'(x) = [C_1' : C_2] + [C_1 : C_2'],$

जहां C_1' ऐसे स्तंभ को सूचित करता है जिसमें i-वें स्तंभ C_i में सभी फलनों के अवकलज अंतर्निहित हैं। इसी प्रकार यदि हम लिखें,

$$\Delta(x) = \begin{bmatrix} R_1 \\ R_2 \end{bmatrix}, \text{ तो } \Delta'(x) = \begin{bmatrix} R_1' \\ R_2 \end{bmatrix} + \begin{bmatrix} R_1 \\ R_2' \end{bmatrix}.$$

II. मान लें कि $\Delta(x)$ तीन कोटि का एक सारणिक है। यदि हम लिखें $\Delta(x) = [C_1; C_2; C_3]$, तो

$\Delta'(x) = [C_1', C_2, C_3] + [C_1, C_2', C_3] + [C_1, C_2, C_3']$

और इसी प्रकार यदि हम लिखें, $\Delta(x) = \begin{bmatrix} R_1 \\ R_2 \\ R_3 \end{bmatrix}$,

$$\text{तो } \Delta'(x) = \begin{bmatrix} R_1' \\ R_2 \\ R_3 \end{bmatrix} + \begin{bmatrix} R_1 \\ R_2' \\ R_3 \end{bmatrix} + \begin{bmatrix} R_1 \\ R_2 \\ R_3' \end{bmatrix}.$$

III. यदि केवल एक पंक्ति (स्तंभ) में x के फलन हों और अन्य पंक्तियां नियत हों, अर्थात्

$$\text{मान लें } \Delta(x) = \begin{vmatrix} f_1(x) & f_2(x) & f_3(x) \\ b_1 & b_2 & b_3 \\ c_1 & c_2 & c_3 \end{vmatrix} \text{ (मान लें)}$$

$$\text{तो } \Delta'(x) = \begin{vmatrix} f_1'(x) & f_2'(x) & f_3'(x) \\ b_1 & b_2 & b_3 \\ c_1 & c_2 & c_3 \end{vmatrix}$$

और व्यापक रूप में,

$$\Delta^n(x) = \begin{vmatrix} f_1^n(x) & f_2^n(x) & f_3^n(x) \\ b_1 & b_2 & b_3 \\ c_1 & c_2 & c_3 \end{vmatrix}$$

जहां n कोई भी धन पूर्णांक है और $f_n(x)$ से $f(x)$ का n-वां अवकलज सूचित होता है।

मान लें कि $\Delta \neq 0$ और Δ^c से सह-गुणनखंडों का सारणिक सूचित होता हो, तो $\Delta^c = D^{n-1}$ जहां Δ की कोटि $n\ (> 0)$ है।

$\Delta = 0 \Rightarrow \Delta^c = 0.$

समघात रैखिक समीकरण (Homogeneous Linear Equations) : तीन अज्ञात राशियों x, y, z में समघात रैखिक समीकरणों के निकाय पर विचार करें :

$$a_1x + b_1y + c_1z = 0$$
$$a_2x + b_2y + c_2z = 0$$
$$a_3x + b_3y + c_3z = 0.$$

स्थिति I. यदि $\Delta = \begin{vmatrix} a_1 & b_1 & c_1 \\ a_2 & b_2 & c_2 \\ a_3 & b_3 & c_3 \end{vmatrix} \neq 0$ हो, तो निकाय का केवल एक हल $x = y = z = 0$ होगा जिसे शून्य हल या निरर्थक हल कहते हैं।

स्थिति II. यदि $\Delta = \begin{vmatrix} a_1 & b_1 & c_1 \\ a_2 & b_2 & c_2 \\ a_3 & b_3 & c_3 \end{vmatrix} = 0$ हो, तो निकाय के अनंत हल होंगे, अत: निकाय के अतुच्छ अर्थात् शून्येतर (x, y, z में से कम से कम एक शून्य के बराबर नहीं) हल होंगे।

असमघात रैखिक समीकरणों के निकाय के संबंध में क्रैमर-नियम (Cramer's Rule for System of Non-Homogeneous Linear Equations) :

निम्नलिखित समीकरणों पर विचार करें

$$a_1x + b_1y + c_1z = d_1$$
$$a_2x + b_2y + c_2z = d_2$$
$$a_3x + b_3y + c_3z = d_3$$

हम परिभाषित करते हैं Δ = गुणांकों का सारणिक

$$= \begin{vmatrix} a_1 & b_1 & c_1 \\ a_2 & b_2 & c_2 \\ a_3 & b_3 & c_3 \end{vmatrix} \quad \Delta_x = \begin{vmatrix} d_1 & b_1 & c_1 \\ d_2 & b_2 & c_2 \\ d_3 & b_3 & c_3 \end{vmatrix},$$

जो दक्षिण पक्ष में x के गुणांकों के स्तंभ को निरूद्ध करने और इसके स्थान पर अचर पदों d_1, d_2, d_3 के स्तंभ को रखने पर प्राप्त होता है।

इसी प्रकार, $\Delta y = \begin{vmatrix} a_1 & d_1 & c_1 \\ a_2 & d_2 & c_2 \\ a_3 & d_3 & c_3 \end{vmatrix}$ और

$$\Delta z = \begin{vmatrix} a_1 & b_1 & d_1 \\ a_2 & b_2 & d_2 \\ a_3 & b_3 & d_3 \end{vmatrix}$$

अब

स्थिति I: यदि $\Delta \neq 0$, तो निकाय (1) का हल

$x = \dfrac{\Delta_x}{\Delta} = y = \dfrac{\Delta_y}{\Delta}, z = \dfrac{\Delta_z}{\Delta}$ द्वारा दर्शाया जाता है और निकाय को अविरोधी निकाय (consistent system) कहते हैं।

स्थिति II: यदि $\Delta = 0$ हो किंतु $\Delta_x, \Delta_y, \Delta_z$ में से कम से कम एक शून्येतर ($\neq 0$) हो, तो निकाय का कोई सार्व हल (common solution) नहीं होता और इसलिए निकाय को असंगत निकाय (incosistent system) कहते हैं।

स्थिति III: यदि $\Delta = 0$ हो, $\Delta_x = \Delta_y = \Delta_z = 0$ हो तथा Δ का कम से कम एक सह गुणनखंड शून्येतर ($\neq 0$) हो तो निकाय के अपरिमित रूप से अनेक हल होते हैं और तब निकाय का हल निराकरण की विधि (elimination method) द्वारा ज्ञात किया जा सकता है।

तीन समीकरणों से एक अज्ञात राशि का निराकरण(विलोपन) करने पर दो अज्ञात राशियों में केवल एक समीकरण प्राप्त होता है। अतः दो अज्ञात राशियों को अन्य के पदों में ज्ञात किया जा सकता है। हम इस अज्ञात राशि को एक यादृच्छिक मान प्रदान करते हैं।

यदि $\Delta = \Delta_x = \Delta_y = \Delta_z = 0$ हो तथा Δ, Δ_x, Δ_y और Δ_z के सभी सह गुणनखंड शून्य हों तो निकाय तीन अज्ञात राशियों में केवल एक समीकरण के समतुल्य होता है और तब हम किन्हीं दो अज्ञात राशियों को यादृच्छिक मान देकर दो अचर राशियों के पदों में शेष अज्ञात राशि को ज्ञात करते हैं।

बहुविकल्पी प्रश्न

1. यदि $A = \begin{bmatrix} 3 & 0 & 0 \\ 0 & 2 & 0 \\ 0 & 0 & 1 \end{bmatrix}$ हो, तो A है :

A. विकर्णी आव्यूह
B. अदिश आव्यूह
C. एकांक या तत्समकारी आव्यूह
D. इनमें से कोई नहीं

2. यदि A एक सममित और साथ ही विषम सममित आव्यूह भी हो, तो A है :

A. विकर्णी आव्यूह
B. शून्य आव्यूह
C. त्रिभुजीय आव्यूह
D. इनमें से कोई नहीं

3. यदि $A = \begin{bmatrix} 1 & 1 & 3 \\ 5 & 2 & 6 \\ -2 & -1 & -3 \end{bmatrix}$ हो तो A है :

A. शून्यंभावी आव्यूह (nilpotent matrix)
B. वर्गसम आव्यूह (idempotent matrix)
C. अदिश आव्यूह (scalar matrix)
D. इनमें से कोई नहीं

4. यदि $A = \begin{bmatrix} 1 & 0 \\ 2 & 0 \end{bmatrix}, B = \begin{bmatrix} 0 & 0 \\ 1 & 12 \end{bmatrix}$ हो, तो

A. $AB = 0, BA = 0$
B. $AB = 0, BA \neq 0$
C. $AB \neq 0, BA = 0$
D. $AB \neq 0, BA \neq 0$

5. यदि $A = \begin{bmatrix} 1 & -2 & 3 \\ -4 & 2 & 5 \end{bmatrix}$ और $B = \begin{bmatrix} 2 & 3 \\ 4 & 5 \\ 2 & 1 \end{bmatrix}$ हो, तो

A. AB, BA विद्यमान हैं और इनके मान समान हैं
B. AB, BA विद्यमान है और इनके मान असमान हैं
C. AB विद्यमान है किंतु BA विद्यमान नहीं है
D. AB विद्यमान नहीं है किंतु BA विद्यमान है

6. यदि $A = \begin{bmatrix} 1 & 0 & 1 \\ 0 & 0 & 0 \\ 1 & 0 & 1 \end{bmatrix}$ हो, तो $A^2 =$

A. A
B. – A
C. 2A
D. – 2A

7. यदि $A = \begin{bmatrix} 1 & 2 & 1 \\ 3 & 4 & 2 \\ 1 & 3 & 2 \end{bmatrix}$ हो और

$B = \begin{bmatrix} 10 & -4 & -1 \\ -11 & 5 & 0 \\ 9 & -5 & -1 \end{bmatrix}$ हो, तो

A. $AB = BA$
B. $AB \neq BA$
C. $AB = 2BA$
D. इनमें से कोई नहीं

8. यदि $A = \begin{bmatrix} i & 0 \\ 0 & i \end{bmatrix}$ हो तो $A^2 =$

A. $\begin{bmatrix} 1 & 0 \\ 0 & -1 \end{bmatrix}$ B. $\begin{bmatrix} -1 & 0 \\ 0 & -1 \end{bmatrix}$

C. $\begin{bmatrix} 1 & 0 \\ 0 & 1 \end{bmatrix}$ D. $\begin{bmatrix} -1 & 0 \\ 0 & 1 \end{bmatrix}$

9. यदि आव्यूह AB शून्य हो, तो

A. A = O या B = O

B. A = O और B = O

C. यह आवश्यक नहीं है कि A = O या B = O हो

D. उपर्युक्त सभी कथन असत्य हैं

10. यदि $A = \begin{bmatrix} 2 & 0 & 1 \\ 2 & 1 & 3 \\ 1 & -1 & 0 \end{bmatrix}$ हो, तो $A^2 - 5A + 6I =$

A. $\begin{bmatrix} 1 & -1 & -5 \\ -1 & -1 & 4 \\ -3 & -10 & 4 \end{bmatrix}$ B. $\begin{bmatrix} 1 & -1 & -3 \\ -1 & -1 & -10 \\ -5 & 4 & 4 \end{bmatrix}$

C. O D. I

11. यदि $A = \begin{bmatrix} 4 & 2 \\ -1 & 1 \end{bmatrix}$ हो, तो $(A - 2I)(A - 3I) =$

A. A B. I

C. O D. 5I

12. यदि $A = \begin{bmatrix} 1 & 2 \\ 3 & -5 \end{bmatrix}$ और $B = \begin{bmatrix} 1 & 0 \\ 0 & 2 \end{bmatrix}$ हों और X एक ऐसा आव्यूह हो कि A = BX तो X = ?

A. $\begin{bmatrix} 2 & 4 \\ 3 & -5 \end{bmatrix}$ B. $\frac{1}{2}\begin{bmatrix} 2 & 4 \\ 3 & -5 \end{bmatrix}$

C. $\frac{1}{2}\begin{bmatrix} -2 & 4 \\ 3 & 5 \end{bmatrix}$ D. इनमें से कोई नहीं

13. यदि $A = \begin{bmatrix} 5 & x \\ y & 0 \end{bmatrix}$ और $A = A^t$ हो, तो

A. $x = 0, y = 5$ B. $x + y = 5$

C. $x = y$ D. इनमें से कोई नहीं

14. यदि $A = \begin{bmatrix} -1 & -2 & -2 \\ 2 & 1 & -2 \\ 2 & -2 & 1 \end{bmatrix}$ हो, तो सहखंड A =

A. A B. A^t

C. 3A D. $3A^t$.

15. यदि $A = \begin{bmatrix} 1 & 2 \\ 2 & 3 \end{bmatrix}$ हो, तो $A^{-1} =$

A. $\begin{bmatrix} -3 & 2 \\ 2 & -1 \end{bmatrix}$ B. $\begin{bmatrix} 3 & 2 \\ 2 & 1 \end{bmatrix}$

C. $\begin{bmatrix} 1 & 2 \\ 2 & 3 \end{bmatrix}$ D. $\begin{bmatrix} 3 & -2 \\ -2 & 1 \end{bmatrix}$

16. यदि $A = \begin{bmatrix} 3 & -3 & 4 \\ 2 & -3 & 4 \\ 0 & -1 & 1 \end{bmatrix}$ हो, तो $A^{-1} =$

A. A B. A^2

C. A^3 D. A^4

17. समीकरणों :

$2x - 3y + 6z = 4$, $5x + 7y - 14z = 1$, $3x + 2y - 4z = 0$, के हल के संबंध में निम्नलिखित कथन सत्य हैं :

A. इनका अद्वितीय हल होगा

B. इनका कोई हल नहीं होगा

C. इनके अपरिमित रूप से अनेक हल होंगे

D. उपर्युक्त में से कोई नहीं

18. यदि मान Δ के एक तृतीय कोटि के सारणिक के प्रत्येक अवयव को 5 से गुणा किया जाए तो नए सारणिक का मान होगा :

A. Δ B. 5Δ

C. 25Δ D. 125Δ

19. सारणिक $\begin{vmatrix} -1 & 1 & 1 \\ 1 & -1 & 1 \\ 1 & 1 & -1 \end{vmatrix}$ का मान निम्नलिखित के बराबर होगा :

A. –4 B. 0

C. 1 D. 4

20. यदि $\begin{vmatrix} 4 & 1 \\ 2 & 1 \end{vmatrix}^2 = \begin{vmatrix} 3 & 2 \\ 1 & x \end{vmatrix} - \begin{vmatrix} x & 3 \\ -2 & 1 \end{vmatrix}$ हो, तो $x =$

A. 6 B. 7

C. 8 D. इनमें से कोई नहीं

21. सारणिक $\begin{vmatrix} 1 & \omega & \omega^2 \\ \omega & \omega^2 & 1 \\ \omega^2 & 1 & \omega \end{vmatrix}$ का मान है :

A. 0

B. 1

C. ∞

D. ω: जहां ω इकाई का घनमूल है

22. यदि $\begin{vmatrix} x+a & b & c \\ c & x+b & a \\ a & b & x+c \end{vmatrix} = 0$, हो तो x का एक मान

होगा :

A. $a+b+c$ B. $-(a+b+c)$

C. $a^2+b^2+c^2$ D. $a^3+b^3+c^3$

23. सारणिक $\begin{vmatrix} 1 & 2 & -3 \\ 4 & 5 & 0 \\ 2 & 0 & 1 \end{vmatrix}$ में 4 का सह गुणनखंड निम्नलिखित में से किसके बराबर है ?

A. 2 B. -2

C. -5 D. इनमें से कोई नहीं

24. यदि $x+y+z=\pi$, हो तो

$\Delta = \begin{vmatrix} \sin(x+y+z) & \sin B & \cos C \\ -\sin B & 0 & \tan A \\ \cos(A+B) & -\tan A & 0 \end{vmatrix}$ का मान निम्नलिखित में से किसके बराबर होगा ?

A. 0 B. $2\sin B \tan A \cos C$

C. 1 D. इनमें से कोई नहीं

25. सारणिक

$\begin{vmatrix} x+1 & x+2 & x+4 \\ x+3 & x+5 & x+8 \\ x+7 & x+10 & x+14 \end{vmatrix}$ का मान है :

A. -2 B. x^2+2

C. 2 D. इनमें से कोई नहीं

26. यदि समीकरण $\begin{vmatrix} 7 & 6 & x \\ 2 & x & 2 \\ x & 3 & 7 \end{vmatrix} = 7$ का एक मूल $x=-9$ हो, तो इसके अन्य मूल होंगे :

A. 2, 6 B. 3, 6

C. 2, 7 D. 3, 7

27. यदि ω इकाई का एक घनमूल हो, तो समीकरण

$\begin{vmatrix} x+1 & \omega & \omega^2 \\ \omega & x+\omega^2 & 1 \\ \omega^2 & 1 & x+\omega \end{vmatrix} = 0$ का एक मूल होगा

A. $x=1$ B. $x=\omega$

C. $x=\omega^2$ D. $x=0$

28. यदि (x) एक ऐसा बहुपदी हो जो समीकरण

$f(x) = \frac{1}{2}\begin{vmatrix} f(x) & f(1/x)-f(x) \\ 1 & f(1/x) \end{vmatrix}$

को संतुष्ट करता हो और $f'(2)=17$ हो, तो $f(5)$ का मान होगा :

A. 624 B. -124

C. 626 D. 126

29. यदि किसी तृतीय कोटि के एक सारणिक का मान 11 हो, तो सह गुणनखंडों द्वारा निर्मित सारणिक के वर्ग का मान होगा :

A. 11 B. 121

C. 1331 D. 14641

30. यदि $\Delta = \begin{vmatrix} 1 & \sin\theta & 1 \\ -\sin\theta & 1 & \sin\theta \\ -1 & -\sin\theta & 1 \end{vmatrix}$ हो, तो Δ निम्नलिखित में से किस अंतराल में अवस्थित होगा ?

A. [3, 4] B. [2, 4]

C. [1, 4] D. इनमें से कोई नहीं

31. $\begin{vmatrix} 1 & 1 & 1 \\ {}^mC_1 & {}^{m+2}C_1 & {}^{m+2}C_1 \\ {}^mC_2 & {}^{m+1}C_2 & {}^{m+2}C_2 \end{vmatrix}$ निम्नलिखित के बराबर है:

A. $m(m+1)$ B. 0

C. 1 D. $m(m-1)$

32. यदि a, b, c भिन्न-भिन्न हों और $\begin{vmatrix} a & a^2 & a^3-1 \\ b & b^2 & b^3-1 \\ c & c^2 & c^3-1 \end{vmatrix} = 0$ हो, तो

A. $a+b+c=0$ B. $abc=1$

C. $a+b+c=1$ D. $ab+bc+ca=0$

33. यदि $\Delta_1 = \begin{vmatrix} x & b & b \\ a & x & b \\ a & a & x \end{vmatrix}$ और $\Delta_2 = \begin{vmatrix} x & b \\ a & x \end{vmatrix}$ दो सारणिक हों, तो

A. $\Delta_1 = 3(\Delta_2)^2$ B. $(d/dx)\Delta_1 = 3\Delta_2$

C. $(d/dx)\Delta_1 = 3\Delta_2^2$ D. $\Delta_1 = 3(\Delta_2)^{3/2}$

34. सारणिक $\begin{vmatrix} \cos(\theta+\phi) & -\sin(\theta+\phi) & \cos 2\phi \\ \sin\theta & \cos\theta & \sin\theta \\ -\cos\theta & \sin\theta & \cos\theta \end{vmatrix}$ है :

A. 0 B. θ से स्वतंत्र

C. ϕ से स्वतंत्र D. θ और ϕ दोनों से स्वतंत्र

35. समीकरणों

$a_1x+b_1y+c_1z=0$, $a_2x+b_2y+c_2z=0$ और $a_3x+b_3y+c_3z=0$ के निकाय के लिए

यदि $\begin{vmatrix} a_1 & b_1 & c_1 \\ a_2 & b_2 & c_2 \\ a_3 & b_3 & c_3 \end{vmatrix} = 0$ हो, तो निकाय के हलों के

संबंध में निम्नलिखित में से कौन सा कथन सत्य है ?

A. इसके दो से अधिक हल होंगे

B. इसका एक निरर्थक (trivial) हल और एक अतुच्छ हल (non-trivial) हल होगा

C. इसका कोई हल नहीं होगा

D. इसका केवल निरर्थक हल (0, 0, 0) होगा

36. यदि रैखिक समीकरणों $x + 4ay + az = 0, x + 3by + bz = 0,$ $x + 2cy + cz = 0$ के निकाय का एक शून्येतर हल हो, तो a, b, c निम्नलिखित में से किस श्रेढ़ी में होंगे ?

A. समांतर श्रेढ़ी B. गुणोत्तर श्रेढ़ी

C. हरात्मक श्रेढ़ी D. इनमें से कोई नहीं

37. निम्नलिखित में से 'λ' के किस मान के लिए समीकरणों $2x - y + 3 = 0; x + \lambda y + 7 = 0; 3x + 2y - 2 = 0$ का निकाय अविरोधी होगा ?

A. –3 B. –9

C. –45/13 D. 45/13

38. यदि सारणिक $\Delta = \begin{vmatrix} a_1 & b_1 & c_1 \\ a_2 & b_2 & c_2 \\ a_3 & b_3 & c_3 \end{vmatrix}$ के अवयवों $a_1, b_1, c_1,$ .... के सह गुणनखंड क्रमशः $A_1, B_1, C_1,$ .... हों, तो $\begin{vmatrix} B_2 & C_2 \\ B_3 & C_3 \end{vmatrix} = ?$

A. $a_1 \Delta$ B. $a_1 a_3 \Delta$

C. $(a_1 + b_1)\Delta$ D. इनमें से कोई नहीं

39. यदि $\begin{vmatrix} x & x+y & x+y+z \\ 2x & 3x+2y & 4x+3y+2z \\ 3x & 6x+3y & 10x+6y+3z \end{vmatrix} = 64$ हो, तो x का वास्तविक मान है :

A. 2 B. 3

C. 4 D. 6

40. यदि $\Delta_r = \begin{vmatrix} x & y & z \\ 2^r & 2 \times 3^r & 3 \times 4^r \\ 2 \times (2^n - 1) & 3 \times (3^n - 1) & 4 \times (4^n - 1) \end{vmatrix}$ हो, तो $\sum_{r=1}^{n} \Delta_r$ का मान है :

A. 0

B. xyz

C. $24xyz\,(2^n - 1)\,(3^n - 1)\,(4^n - 1)$

D. इनमें से कोई नहीं

41. निम्नलिखित में से किस पैरामीटर पर सारणिक $\begin{vmatrix} 1 & a & a^3 \\ \cos\,(p-d)\,x & \cos\,px & \cos\,(p+d)\,x \\ \sin\,(p-d)\,x & \sin\,px & \sin\,(p+d)\,x \end{vmatrix}$ का मान निर्भर नहीं करता ?

A. a B. p

C. d D. x

42. निम्नलिखित में से कौन सा कथन सत्य है ?

A. सारणिक x, y, z समांतर श्रेढ़ी में हैं

B. सारणिक x, y, z गुणोत्तर श्रेढ़ी में हैं

C. सारणिक x, y, z हरात्मक श्रेढ़ी में हैं

D. सारणिक xy, yz, zx समांतर श्रेढ़ी में हैं

43. यदि $f(x) = \begin{vmatrix} x^3 & \sin x & \cos x \\ 6 & -1 & 0 \\ p & p^2 & p^3 \end{vmatrix}$ हो, जहां p अचर है तो $x = 0$ पर $\frac{d^3}{dx^3} f(x)$ होगा :

A. p B. $p + p^2$

C. $p + p^3$ D. p से स्वतंत्र

व्याख्यात्मक उत्तर

1. A: चूंकि $a_{ij}\ (i \neq j) = 0,$ और $a_{ii} \neq 0,$ कम से कम एक i के लिए, ∴ A विकर्णी आव्यूह है।

2. B: मान लें कि $A = [a_{ij}]_{n \times m}$. चूंकि A एक विषम सममित आव्यूह है।

$a_{ij} = 0\ (i = 1, 2,, \ldots n)$ और $a_{ij} = -\,a_{ij}\ (i \neq j)$

साथ ही A सममित आव्यूह भी है, अतः $a_{ij} = a_{ji}$ समस्त i और j के लिए

∴ $a_{ij} = 0$ समस्त $i \neq j$ के लिए

अतः $a_{ij} = 0$ समस्त i और j के लिए अर्थात् A एक शून्य आव्यूह है।

3. A: $A^2 = \begin{bmatrix} 1 & 1 & 3 \\ 5 & 2 & 6 \\ -2 & -1 & -3 \end{bmatrix} \begin{bmatrix} 1 & 1 & 3 \\ 5 & 2 & 6 \\ -2 & -1 & -3 \end{bmatrix}$

$= \begin{bmatrix} 0 & 0 & 0 \\ 3 & 3 & 9 \\ -1 & -1 & -3 \end{bmatrix}$ ∴ A वर्गसम आव्यूह नहीं है

साथ ही,

$$A^3 = \begin{bmatrix} 0 & 0 & 0 \\ 3 & 3 & 9 \\ -1 & -1 & -3 \end{bmatrix} \begin{bmatrix} 1 & 1 & 3 \\ 5 & 2 & 6 \\ -2 & -1 & -3 \end{bmatrix}$$

$$= \begin{bmatrix} 0 & 0 & 0 \\ 0 & 0 & 0 \\ 0 & 0 & 0 \end{bmatrix}$$

अत: A घातांक 3 का शून्यंभावी आव्यूह है।

4. B: $AB = \begin{bmatrix} 1 & 0 \\ 2 & 0 \end{bmatrix} \begin{bmatrix} 0 & 0 \\ 1 & 12 \end{bmatrix} = \begin{bmatrix} 0 & 0 \\ 0 & 0 \end{bmatrix} = 0$ और BA

$= \begin{bmatrix} 0 & 0 \\ 1 & 12 \end{bmatrix} \begin{bmatrix} 1 & 0 \\ 2 & 0 \end{bmatrix} = \begin{bmatrix} 0 & 0 \\ 25 & 0 \end{bmatrix} \neq 0$

5. B: यहां A एक 2×3 आव्यूह और B एक 3×2 आव्यूह है। ∴ AB और BA दोनों विद्यमान हैं और AB एक 2×2 आव्यूह है, जबकि BA एक 3×3 आव्यूह है।

$\therefore AB \neq BA.$

6. C: $A^2 = \begin{bmatrix} 1 & 0 & 1 \\ 0 & 0 & 0 \\ 1 & 0 & 1 \end{bmatrix} \begin{bmatrix} 1 & 0 & 1 \\ 0 & 0 & 0 \\ 1 & 0 & 1 \end{bmatrix}$

$= \begin{bmatrix} 2 & 0 & 2 \\ 0 & 0 & 0 \\ 2 & 0 & 2 \end{bmatrix} = 2A$

7. B: $AB = \begin{bmatrix} -3 & 1 & -2 \\ 4 & -2 & -5 \\ -5 & 1 & -3 \end{bmatrix}$ और

$BA = \begin{bmatrix} -3 & 1 & 0 \\ 4 & -2 & -1 \\ -7 & -5 & -3 \end{bmatrix} \neq AB$

8. B: $A^2 = \begin{bmatrix} i & 0 \\ 0 & i \end{bmatrix} \begin{bmatrix} i & 0 \\ 0 & i \end{bmatrix} = \begin{bmatrix} i^2 & 0 \\ 0 & i^2 \end{bmatrix}$

$= \begin{bmatrix} -1 & 0 \\ 0 & -1 \end{bmatrix}$

9. C: $A = \begin{bmatrix} 0 & 0 \\ 1 & 0 \end{bmatrix}$; $B = \begin{bmatrix} 0 & 0 \\ 0 & 1 \end{bmatrix}$ पर विचार करें,

तो $A \neq 0, B \neq 0$. किंतु $AB = \begin{bmatrix} 0 & 0 \\ 0 & 0 \end{bmatrix} = 0$

10. B: $A^2 = \begin{bmatrix} 5 & -1 & 2 \\ 9 & -2 & 5 \\ 0 & -1 & -2 \end{bmatrix}$

$A^2 - 5A + 6I = \begin{bmatrix} 5 & -1 & 2 \\ 9 & -2 & 5 \\ 0 & -1 & -2 \end{bmatrix}$

$-5\begin{bmatrix} 2 & 0 & 1 \\ 2 & 1 & 3 \\ 1 & -1 & 0 \end{bmatrix} + 6\begin{bmatrix} 1 & 0 & 0 \\ 0 & 1 & 0 \\ 0 & 0 & 1 \end{bmatrix}$

$= \begin{bmatrix} 1 & -1 & -3 \\ -1 & -1 & -10 \\ -5 & 4 & 4 \end{bmatrix}$

11. C: $A - 2I = \begin{bmatrix} 4 & 2 \\ -1 & 1 \end{bmatrix} - 2\begin{bmatrix} 1 & 0 \\ 0 & 1 \end{bmatrix} = \begin{bmatrix} 2 & 2 \\ -1 & -1 \end{bmatrix}$

$A - 3I = \begin{bmatrix} 4 & 2 \\ -1 & 1 \end{bmatrix} - 3\begin{bmatrix} 1 & 0 \\ 0 & 1 \end{bmatrix} = \begin{bmatrix} 1 & 2 \\ -1 & -2 \end{bmatrix}$

$\therefore (A - 2I)(A - 3I)$

$= \begin{bmatrix} 2 & 2 \\ -1 & -1 \end{bmatrix} \begin{bmatrix} 1 & 2 \\ -1 & -2 \end{bmatrix} = \begin{bmatrix} 0 & 0 \\ 0 & 0 \end{bmatrix} = 0.$

12. B: $A = BX \Rightarrow B^{-1}A = B^{-1}BX = X.$

अब $|B| = 2$, सहखंडज $B = \begin{bmatrix} 2 & 0 \\ 0 & 1 \end{bmatrix}' = \begin{bmatrix} 2 & 0 \\ 0 & 1 \end{bmatrix}$

$\therefore B^{-1} = \frac{1}{2}\begin{bmatrix} 2 & 0 \\ 0 & 1 \end{bmatrix}$ और $B^{-1}A = \frac{1}{2}\begin{bmatrix} 2 & 0 \\ 0 & 1 \end{bmatrix}$

$\begin{bmatrix} 1 & 2 \\ 3 & -5 \end{bmatrix} = \frac{1}{2}\begin{bmatrix} 2 & 4 \\ 3 & -5 \end{bmatrix}$

13. C: $A = A^t \Rightarrow \begin{bmatrix} 5 & x \\ y & 0 \end{bmatrix} = \begin{bmatrix} 5 & y \\ x & 0 \end{bmatrix} \Rightarrow x = y.$

14. D: $C_{11} = -3, C_{12} = -6, \quad C_{13} = -6$
$C_{21} = 6, \quad C_{22} = 3, \quad C_{23} = -6$
$C_{31} = 6, \quad C_{23} = -6, \quad C_{33} = 3.$

$\therefore$ सहखंडज $A = \begin{bmatrix} C_{11} & C_{21} & C_{31} \\ C_{12} & C_{22} & C_{32} \\ C_{13} & C_{23} & C_{33} \end{bmatrix}$

$= \begin{bmatrix} -3 & 6 & 6 \\ -6 & 3 & -6 \\ -6 & -6 & 3 \end{bmatrix}$

$= 3\begin{bmatrix} -1 & 2 & 2 \\ -2 & 1 & -2 \\ -2 & -2 & 1 \end{bmatrix} = 3A^t.$

15. A: $C_{11} = 3, C_{12} = -2, C_{21} = -2, C_{22} = 1$

और $|A| = \begin{vmatrix} 1 & 2 \\ 2 & 3 \end{vmatrix} = -1.$

$\therefore\ A^{-1} = \frac{1}{|A|}$ (सहखंडज A) $= \frac{1}{-1}\begin{bmatrix} C_{11} & C_{21} \\ C_{12} & C_{22} \end{bmatrix}$

$= -\begin{bmatrix} 3 & -2 \\ -2 & 1 \end{bmatrix} = \begin{bmatrix} -3 & 2 \\ 2 & -1 \end{bmatrix}$

16. C: $C_{11} = 1, C_{12} = -2, C_{13} = -2,$
$C_{21} = -1, C_{22} = 3, C_{23} = 3$
$C_{31} = 0, C_{32} = -4, C_{33} = -3.$

$$|A| = \begin{vmatrix} 3 & -3 & 4 \\ 2 & -3 & 4 \\ 0 & -1 & 1 \end{vmatrix}$$

$$= \begin{vmatrix} 3 & -3 & 1 \\ 2 & -3 & 1 \\ 0 & -1 & 0 \end{vmatrix} \text{ By } C_3 \to C_3 + C_2$$

$= -(-1)(3-2) = 1.$

$\therefore\ A^{-1}\ \frac{1}{|A|}$ (सहखंडज A)

$$= \frac{1}{1}\begin{bmatrix} C_{11} & C_{21} & C_{31} \\ C_{12} & C_{22} & C_{32} \\ C_{13} & C_{23} & C_{33} \end{bmatrix}$$

या $A^{-1} = \begin{bmatrix} 1 & -1 & 0 \\ -2 & 3 & -4 \\ -2 & 3 & -3 \end{bmatrix}$

अब $A^2 = \begin{bmatrix} 3 & -4 & 4 \\ 0 & -1 & 0 \\ -2 & 2 & -3 \end{bmatrix}$

$$A^3 = A^2 = A \begin{bmatrix} 3 & -4 & 4 \\ 0 & -1 & 0 \\ -2 & 2 & -3 \end{bmatrix} \times \begin{bmatrix} 3 & -3 & 4 \\ 2 & -3 & 4 \\ 0 & -1 & 1 \end{bmatrix}$$

$$= \begin{bmatrix} 1 & -1 & 0 \\ -2 & 3 & -4 \\ -2 & 3 & -3 \end{bmatrix} = A^{-1}.$$

17. B: समीकरण आव्यूह समीकरण AX = B के समतुल्य हैं ...... (1)

जहां $A = \begin{bmatrix} 2 & -3 & 6 \\ 5 & 7 & -14 \\ 3 & 2 & -4 \end{bmatrix},$

$x = \begin{bmatrix} x \\ y \\ z \end{bmatrix}, B = \begin{bmatrix} 4 \\ 1 \\ 0 \end{bmatrix}$ अब $|A| = \begin{vmatrix} 2 & -3 & 6 \\ 5 & 7 & -14 \\ 3 & 2 & -4 \end{vmatrix}$

$$= \begin{vmatrix} 2 & -3 & 0 \\ 5 & 7 & 0 \\ 3 & 2 & 0 \end{vmatrix}, \text{By } C_3 \to C_3 + 2C_2 = 0.$$

$\therefore$ समीकरणों का या तो कोई हल नहीं है या इनके अपरिमित रूप से अनंत हल है। इसके संबंध में निर्णय करने के लिए (सहखंडज A) B ज्ञात करें

$C_{11} = 0, C_{12} = -22, C_{13} = -11$
$C_{21} = 0, C_{22} = -26, C_{23} = -13$
$C_{31} = 0, C_{32} = 58, C_{33} = 29.$

सहखंडज $A = \begin{bmatrix} C_{11} & C_{21} & C_{31} \\ C_{12} & C_{22} & C_{32} \\ C_{13} & C_{23} & C_{33} \end{bmatrix}$

$$= \begin{bmatrix} 0 & 0 & 0 \\ -22 & -26 & 58 \\ -11 & -13 & 29 \end{bmatrix}$$

(सहखंडज A) $B = \begin{bmatrix} 0 & 0 & 0 \\ -22 & -26 & 58 \\ -11 & -13 & 29 \end{bmatrix}\begin{bmatrix} 4 \\ 1 \\ 0 \end{bmatrix}$

$$= \begin{bmatrix} 0 \\ -114 \\ -57 \end{bmatrix} \neq 0.$$

अत: निकाय का कोई हल नहीं है

18. D: चूंकि किसी एक पंक्ति के प्रत्येक अवयव को 5 से गुणा करने पर सारणिक का मान भी 5 से गुणा हो जाएगा। यदि सभी 3 पंक्तियों के सभी अवयवों को 5 से गुणा किया जाए तो सारणिक का मान 5.5.5 = 125 से गुणा हो जाएगा।

19. D: $C_2 \to C_2 + C_1$ और $C_3 \to C_3 + C_1$ पर संक्रिया करने पर,

$$\Delta = \begin{vmatrix} -1 & 0 & 0 \\ 1 & 0 & 2 \\ 0 & 2 & 0 \end{vmatrix} = -1(0-4) = 4$$

20. A: दिए गए समीकरण से,
$4 = 3x - 2 - (x + 6) = 2x - 8$
$\therefore\ x = 6$

21. A: $\begin{vmatrix} 1 & \omega & \omega^2 \\ \omega & \omega^2 & 1 \\ \omega^2 & \omega & \omega \end{vmatrix} =$

$$\begin{vmatrix} 1+\omega+\omega^2 & \omega & \omega^2 \\ 1+\omega+\omega^2 & \omega^2 & 1 \\ 1+\omega+\omega^2 & 1 & \omega \end{vmatrix} = 0$$

$[\therefore\ 1 + \omega + \omega^2 = 0]$

22. B: संकेत : $C_1 \to C_1 + C_2 + C_3$ अनुप्रयुक्त करें :

23. B: $A = [a_{ij}]$ में 4 स्थान a_{21} में है। अतः a_{21} का सहगुणनखंड है : $(-1)^{2+1}\begin{vmatrix} a_{12} & a_{13} \\ a_{32} & a_{33} \end{vmatrix} = -\begin{vmatrix} 2 & -3 \\ 0 & 1 \end{vmatrix} = -2.$

24. A: चूंकि $x + y + z = \pi$,

$$\Delta = \begin{vmatrix} 0 & \sin B & \sin C \\ -\sin B & 0 & \tan A \\ -\cos C & -\tan A & 0 \end{vmatrix}$$

$\therefore\ -\Delta' = \Delta$, अर्थात् $-\Delta = \Delta$ so $\Delta = 0$

25. A: $C_2 \to C_2 - C_1$ और $C_3 \to C_3 - C_1$ से,

$$\Delta = \begin{vmatrix} x+1 & 1 & 3 \\ x+3 & 2 & 5 \\ x+7 & 3 & 7 \end{vmatrix}$$

$R_2 \to R_2 - R_1$, $R_3 \to R_3 - R_1$ से,

$$= \begin{vmatrix} x+1 & 1 & 3 \\ 2 & 1 & 2 \\ 6 & 2 & 4 \end{vmatrix} = \begin{vmatrix} x+1 & 1 & 3 \\ 2 & 1 & 2 \\ 2 & 0 & 0 \end{vmatrix},$$

$\therefore\ R_3 \to R_3 - 2R_2 = 2\,(2 - 3) = -2.$

26. C: $R_1 \to R_1 + R_2 + R_3$ से,

$$\Delta = \begin{vmatrix} x+9 & x+9 & x+9 \\ 2 & x & 2 \\ x & 3 & 7 \end{vmatrix}$$

$$= \begin{vmatrix} x+9 & 0 & 0 \\ 2 & x-2 & 0 \\ x & 3-x & 7-x \end{vmatrix}$$

$C_2 \to C_2 - C_1$
$C_3 \to C_3 - C_1$

$= (x+9)\,(x-2)\,(7-x)$

$\therefore\ \Delta = 0 \Rightarrow = -9, 2, 7$

$\therefore$ अन्य मूल (2, 7).

27. D: $C_1 \to C_1 + C_2 + C_3$ से,

$$\Delta = \begin{vmatrix} x & \omega & \omega^2 \\ x & x+\omega^2 & 1 \\ x & 1 & x+\omega \end{vmatrix}$$

$\because\ 1 + \omega + \omega^2 = 0$

$$= x\begin{vmatrix} 1 & \omega & \omega^2 \\ 1 & x+\omega^2 & 1 \\ 1 & 1 & x+\omega \end{vmatrix} = x\Delta_1$$

$\therefore\ \Delta = 0 \Rightarrow x = 0 \quad \because\ \Delta_2 \neq 0$

28. C: दिए गए समीकरण से,

$f(x)\,f(1/x) = f(x) + f(1/x)$ (1)

$x = 1$ रखने पर, $[f(1)]^2 = 2f(1)$

$f(2) = 17$ (दिया गया है), $x = 1/2$ रखने पर,

$17.f(1/2) = 17 + f(1/2)$

$\therefore\ f(1/2) = 17/16 = 1 + 1/16$

$f(2) = 17 = 2^4 + 1, f(1/2) = (1.2)^4 + 1$

अतः $f(x) = x^4 + 1$.

यह $f(1) = 2$ को भी संतुष्ट करता है।

अतः $f(1) = 2$.

सत्यापन :

बायां पक्ष $= (x^4 + 1)\,(1/x^4 + 1)$
$= (1/x^4)\,(x^8 + 2x^4 + 1)$
$= x^4 + 1/x^4 + 2.$

दक्षिण पक्ष $= x^4 + 1/x^4 + 2.$

$\therefore$ बायां पक्ष = दायां पक्ष

अतः $f(5) = 5^4 + 1 = 626.$

29. B: $\Delta^c = \Delta^{3-1} = \Delta^2 = (11)^2 = 121.$

30. B: $\Delta = \begin{vmatrix} 1 & \sin\theta & 1 \\ -\sin\theta & 1 & \sin\theta \\ 0 & 0 & 2 \end{vmatrix}, (R_2 \to R_2 + R_1)$

$= 2\,(1 + \sin^2\theta).$

$0 \le \sin^2\theta \le 1 \Rightarrow\ 1 \le (1 + \sin^2\theta) \le 2.$

$2 \le 2(1 + \sin^2\theta) \le 4$

$\therefore\ \Delta$ अवस्थित है [2, 4] में।

31. C: $\Delta = \begin{vmatrix} 1 & 1 & 1 \\ m & m+1 & m+2 \\ \frac{1}{2}m(m-1) & \frac{1}{2}(m+1)m & \frac{1}{2}(m+2)(m+1) \end{vmatrix}$

$$= \frac{1}{2}\begin{vmatrix} 1 & 0 & 0 \\ m & 1 & 1 \\ m(m-1) & 2m & 2(m+1) \end{vmatrix}$$

$(C_2 \to C_2 - C_1, C_3 \to C_3 - C_2)$

$= 1$

32. B: दिया गया है $\begin{vmatrix} a & a^2 & a^3 \\ b & b^2 & b^3 \\ c & c^2 & c^3 \end{vmatrix} - \begin{vmatrix} a & a^2 & 1 \\ b & b^2 & 1 \\ c & c^2 & 1 \end{vmatrix} = 0.$

$$\Rightarrow abc\begin{vmatrix} 1 & a & a^2 \\ 1 & b & b^2 \\ 1 & c & c^2 \end{vmatrix} - \begin{vmatrix} 1 & a & a^2 \\ 1 & b & b^2 \\ 1 & c & c^2 \end{vmatrix} = 0$$

$$\Rightarrow (abc - 1)\begin{vmatrix} 1 & a & a^2 \\ 1 & b & b^2 \\ 1 & c & c^2 \end{vmatrix} = 0$$

$\Rightarrow abc = 1.$

33. B: $\frac{d}{dx}\Delta_1 = \begin{vmatrix} 1 & 0 & 0 \\ a & x & b \\ a & a & x \end{vmatrix}$

$+ \begin{vmatrix} x & b & b \\ 0 & 1 & 0 \\ a & a & x \end{vmatrix} + \begin{vmatrix} x & b & b \\ a & x & b \\ 0 & 0 & 1 \end{vmatrix}$

$= \begin{vmatrix} x & b \\ a & x \end{vmatrix} + \begin{vmatrix} x & b \\ a & x \end{vmatrix} + \begin{vmatrix} x & b \\ a & x \end{vmatrix} = 3\Delta_2$

34. B: $R_1 \to R_1 + R_2 \sin\phi - R_3 \cos\phi$ से,

$$\Delta = \begin{vmatrix} 2\cos\theta\cos\phi & -2\sin\theta\cos\phi & 0 \\ \sin\theta & \sin\theta & \sin\phi \\ -\cos\theta & \sin\theta & \cos\phi \end{vmatrix}$$

R_1 से $2\cos\phi$ को कॉमन लेने और तदुपरांत $R_1 \to R_1 + R_3$ प्रयुक्त करने पर

$$\Delta = (2\cos\phi)\begin{vmatrix} 0 & 0 & \cos\phi \\ \sin\theta & \cos\theta & \sin\phi \\ -\cos\theta & \sin\theta & \cos\phi \end{vmatrix}$$

$= (2\cos^2\phi)(\sin^2\theta + \cos^2\theta) = 2\cos^2\phi$
जो θ से स्वतंत्र है।

35. A: $\because \Delta = 0$
$\therefore$ समीकरण के अनंत हल होंगे।

36. C: यदि गुणांकों का सारणिक $\Delta = \begin{vmatrix} 1 & 4a & a \\ 1 & 3b & b \\ 1 & 2c & c \end{vmatrix} = 0$ हो

तो निकाय का शून्येतर अर्थात अतुच्छ हल होगा।
अब

$$\Delta = \begin{vmatrix} 1 & 4a & a \\ 0 & 3b-4a & b-a \\ 0 & 2c-3b & c-b \end{vmatrix} \quad R_2 \to R_2 - R_1$$

$R_3 \to R_3 - R_2$

$\Delta = 0 \Rightarrow (3b-4a)(c-b) = (b-a)(2c-3b)$
$\Rightarrow b = 2ac/(a+c)$
$\Rightarrow a, b, c$ हरात्मक श्रेढ़ी में हैं।

37. C: निकाय अवरोधी होता है यदि

$$\Delta = \begin{vmatrix} 2 & -1 & 3 \\ 1 & \lambda & 7 \\ 3 & 2 & -2 \end{vmatrix} = 0 \Rightarrow -45/13.$$

38. A: $B_2 = \begin{vmatrix} a_1 & c_1 \\ a_3 & c_3 \end{vmatrix} = a_1c_3 - c_1a_3$

$C_2 = -\begin{vmatrix} a_1 & b_1 \\ a_3 & b_3 \end{vmatrix} = -(a_1b_3 - a_3b_1)$

$B_3 = -\begin{vmatrix} a_1 & c_1 \\ a_2 & c_2 \end{vmatrix} = -(a_1c_2 - a_2c_1)$

$C_3 = \begin{vmatrix} a_1 & b_1 \\ a_2 & b_2 \end{vmatrix} = a_1b_1 - a_2b_1$

$$\begin{vmatrix} B_2 & C_2 \\ B_3 & C_3 \end{vmatrix} = \begin{vmatrix} a_1c_3 - a_3c_1 & -(a_1b_3 - a_3b_1) \\ -(a_1c_2 - a_2c_1) & a_1b_2 - a_2b_1 \end{vmatrix}$$

$$= \begin{vmatrix} a_1c_3 & -a_11b_3 \\ -a_1c_2 & a_1b_2 \end{vmatrix} + \begin{vmatrix} a_1c_3 & a_3b_1 \\ -a_1c_2 & -a_2b_1 \end{vmatrix}$$

$$+ \begin{vmatrix} -a_3c_1 & -a_1b_3 \\ a_2c_1 & a_1b_2 \end{vmatrix} + \begin{vmatrix} -a_3c_1 & a_3b_1 \\ a_2c_1 & -a_2b_1 \end{vmatrix}$$

$= a_1^2(b_2c_3 - b_3c_2) + a_1b_1(-c_3a_2 + a_3c_2)$
$+ a_1c_1(-a_3b_2 + a_2b_3) + c_1b_1(a_3b_2 - a_2a_3)$
$= a_1\Delta.$

39. C: $\Delta = \begin{vmatrix} x & x+y & x+y+z \\ 0 & x & 2x+y \\ 0 & 3x & 7x+3y \end{vmatrix} \begin{matrix} R_2 \to R_2 - 2R_1 \\ R_3 \to R_3 - 3R_1 \end{matrix}$

$$= \begin{vmatrix} x & x+y & x+y+z \\ 0 & x & 2x+y \\ 0 & 0 & x \end{vmatrix} \quad R_3 \to R_3 - 3R_2$$

$= x^3$

$\Delta = 64 \Rightarrow x^3 = 64$

$\Rightarrow x$ का एकमात्र वास्तविक मान 4 है।

40. A: $\sum_1^n \Delta_r =$

$$\begin{vmatrix} x & y & z \\ \sum_1^n 2^r & 2\sum_1^n 3^r & 3\sum_1^n 4^r \\ 2\times(2^n-1) & 3\times(3^n-1) & 4\times(4^n-1) \end{vmatrix}$$

$$= \begin{vmatrix} x & y & z \\ 2\times(2^n-1) & 3\times(3^n-1) & 4\times(4^n-1) \\ 2\times(2^n-1) & 3\times(3^n-1) & 4\times(4^n-1) \end{vmatrix}$$

$= 0.$

41. B: $C_1 \to C_1 + C_3 - 2C_2 \cos dx$ से,

$$\Delta = \begin{vmatrix} 1+a^2-2\cos dx & a & a^2 \\ 0 & \cos px & \cos(p+d)x \\ 0 & \sin px & \sin(p+d)x \end{vmatrix}$$

$= (1 + a^2 - 2\cos dx)\sin x,$

जो p से स्वतंत्र है।

42. B: $C_1 \to C_1 - pC_2 - C_3$ से,

$$\Delta = \begin{vmatrix} 0 & x & y \\ 0 & y & z \\ -(xp^2+2py+z) & xp+y & yp+z \end{vmatrix}$$

$= -(xp^2 + 2py + z)(xz - y^2)$

$\Delta = 0 \Rightarrow xz - y^2 = 0$, अर्थात् x, y, z गुणोत्तर श्रेढ़ी में हैं।

43. D: $$f'''(x) = \begin{vmatrix} \frac{d^3}{dx^3}(x^3) & \frac{d^3}{dx^3}(\sin x) & \frac{d^3}{dx^3}(\cos x) \\ 6 & -1 & 0 \\ p & p^2 & p^3 \end{vmatrix}$$

$$= \begin{vmatrix} 6 & -\cos x & \sin x \\ 6 & -1 & 0 \\ p & p^2 & p^3 \end{vmatrix}$$

$$f'''(0) = \begin{vmatrix} 6 & -1 & 0 \\ 6 & -1 & 0 \\ p & p^2 & p^3 \end{vmatrix} = 0.$$

जो p से स्वतंत्र है।

त्रिकोणमिति

TRIGONOMETRY

कोण मापन (Measurement of Angles) : कोणों का मापन प्राय: डिग्रियों (अंशों) या रेडियनों में किया जाता है जिन्हें नीचे परिभाषित किया गया है :

डिग्री या अंश (Degrees) : यदि समकोण को 90 समान भागों में विभाजित किया जाए तो ऐसे प्रत्येक भाग को एक डिग्री या अंश कहते हैं। अत: एक समकोण 90 डिग्री के बराबर होता है। एक डिग्री को $1°$ द्वारा इंगित किया जाता है।

यदि 1 डिग्री को साठ बराबर भागों में विभाजित किया जाए, तो ऐसे प्रत्येक भाग को एक मिनट कहते हैं और इसे 1' द्वारा इंगित करते हैं।

यदि एक मिनट को साठ बराबर भागों में विभाजित किया जाए तो ऐसे प्रत्येक भाग को एक सेकंड कहते हैं और इसे 1" द्वारा इंगित करते हैं।

अत:

1 समकोण = $90°$ (इसे 90 डिग्री पढ़ा जाता है)

$1° = 60'$ (इसे 60 मिनट पढ़ा जाता है)

$1' = 60''$ (इसे 60 सेकंड पढ़ा जाता है)

रेडियन (Radians) : किसी वृत्त की त्रिज्या के बराबर लंबाई वाले वृत्त के चाप (वृत्तांश) द्वारा वृत्त के केंद्र पर निर्मित कोण एक रेडियन के बराबर होता है।

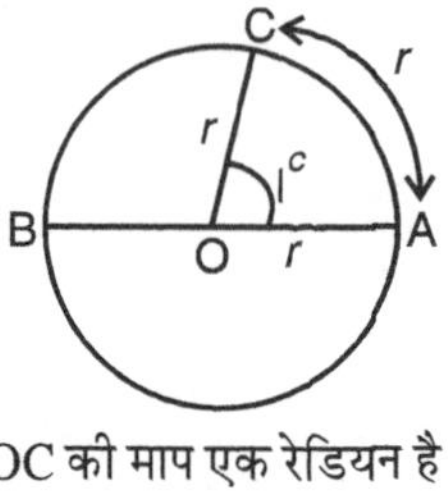

बगल के चित्र में OA = OC = चाप AC = r = वृत्त की त्रिज्या, तो ∠ AOC की माप एक रेडियन है जिसे 1^c द्वारा व्यक्त किया जाता है। अत: ∠ AOC = 1^c.

स्थिरांक π (A Constant Number π): किसी भी वृत्त की परिधि और व्यास के अनुपात का मान सदैव एक नियत संख्या के बराबर होता है जिसे यूनानी भाषा के अक्षर π द्वारा व्यक्त करते हैं।

अत: π = परिधि/व्यास

∴ यदि वृत्त की त्रिज्या r हो, तो इसकी परिधि = $2\pi r$.

स्थिरांक π एक अपरिमेय संख्या है और इसका सन्निकट मान 22/7 माना जाता है।

वृत्त के एक चाप और इस चाप द्वारा वृत्त के केंद्र पर निर्मित कोण के बीच संबंध (Relation Between an Arc and the Angle Subtended at the centre of Circle) : यदि r त्रिज्या के एक वृत्त के एक चाप की लंबाई s हो, तो इस चाप द्वारा वृत्त के केंद्र पर निर्मित कोण θ (रेडियन में) निम्नलिखित द्वारा व्यक्त किया जाता है :

$\theta = s/r$ या $\quad s = r\theta$

अर्थात्, चाप= त्रिज्या × कोण (रेडियन में)

उपर्युक्त चित्र में,

$$\angle AOB = \frac{ACB}{r} \text{ (रेडियन में)} = \frac{\pi r}{r} = \pi \text{ रेडियन}$$

अत: π रेडियन = $180°$ = 2 समकोण

$$\text{या 1 रेडियन} = \frac{180}{\pi} \text{ डिग्री} = \frac{180}{22} \times 7 \text{ डिग्री}$$

= 57° 17' 44.8" (सन्निकट)

त्रिज्यखंड का क्षेत्रफल (Sectorial Area): मान लें कि OAB एक त्रिज्यखंड है जिसमें केंद्रीय कोण $\theta°$ और त्रिज्या r है।

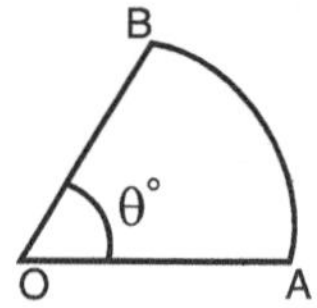

तो त्रिज्यखंड OAB का क्षेत्रफल = $\frac{1}{2} r^2 \theta$.

त्रिकोणमितीय अनुपात (Trigonometrical Ratios) : समकोण त्रिभुज ABC में यदि ∠CAB = θ हो, तो BC = कोण θ की सम्मुख भुजा = लंब = P (मान लें), AC = समकोण की सम्मुख भुजा = कर्ण = H (मान लें) और AB = B (मान लें)

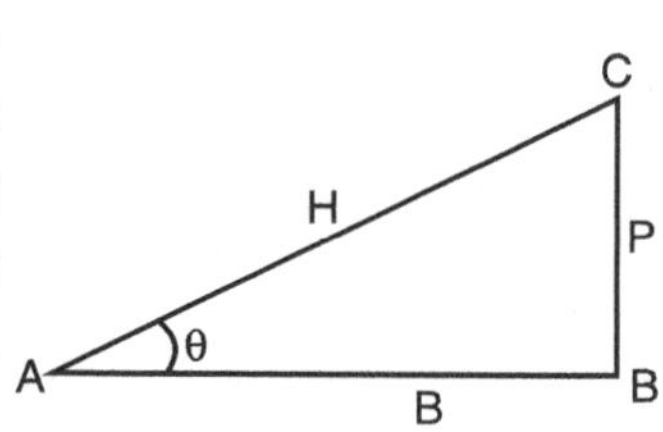

छ: त्रिकोणमितीय अनुपात नीचे दिए गए है :

sin θ = P/H, cos θ = B/H, tan θ = P/B.

(और tan θ = sin θ/cos θ, cosec θ = 1/sin θ = H/P., sec θ = 1/cos θ = H/B, cot θ = 1/tan θ = B/P.)

छ: त्रिकोणमितीय अनुपातों में संबंध स्थापित करने वाले मूल सूत्र (Basic Formulae Connecting Six Trigonometrical Ratios) : छ: त्रिकोणमितीय अनुपातों में संबंध

स्थापित करने वाले सूत्र हैं :

(i) $\sin^2 \theta + \cos^2 \theta = 1$ या $\cos^2 \theta = 1 - \sin^2 \theta$ या $\sin^2 \theta = 1 - \cos^2 \theta$.

(ii) $1 + \tan^2 \theta = \sec^2 \theta$ या $\sec^2 \theta$ या $\sec^2 \theta - \tan^2 \theta = 1$

(iii) $1 + \cot^2 \theta = \text{cosec}^2 \theta$ या $\text{cosec}^2 \theta - \cot^2 \theta = 1$.

त्रिकोणमितीय अनुपातों के चिह्न (Sign of Trigonometrical Ratios) :

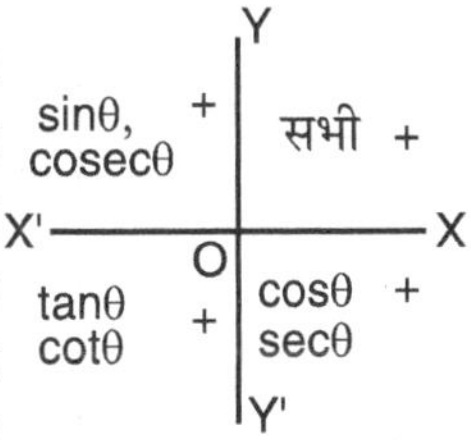

प्रथम चतुर्थांश (वृत्तपाद) $0 < \theta < 90°$, सभी त्रिकोणमितीय अनुपात धनात्मक; द्वितीय चतुर्थांश $90° < \theta < 180°$, केवल $\sin \theta$ और $\text{cosec}\ \theta$, धनात्मक; तृतीय चतुर्थांश $180° < \theta < 270°$, केवल $\tan \theta$ और $\cot \theta$, धनात्मक; चतुर्थ चतुर्थांश $270° < \theta < 360°$, केवल $\cos \theta$ और $\sec \theta$, धनात्मक।

संबंधित कोणों का त्रिकोणमितीय अनुपात (Trigonometrical Ratios of Related Angles)

$\sin(-\theta) = -\sin\theta$, $\cos(-\theta) = \cos\theta$, $\tan(-\theta) = -\tan\theta$

$\sin(90° - \theta) = \cos\theta$ $\cos(90° - \theta) = \sin\theta$ $\tan(90° - \theta) = \cot\theta$	$\sin(270° - \theta) = -\cos\theta$ $\cos(270° - \theta) = -\sin\theta$ $\tan(270° - \theta) = \cot\theta$
$\sin(90° + \theta) = \cos\theta$ $\cos(90° + \theta) = -\sin\theta$ $\tan(90° + \theta) = -\cot\theta$	$\sin(270° + \theta) = -\cos\theta$ $\cos(270° + \theta) = \sin\theta$ $\tan(270° + \theta) = -\cot\theta$
$\sin(180° + \theta) = -\sin\theta$ $\cos(180° + \theta) = -\cos\theta$ $\tan(180° + \theta) = -\tan\theta$	$\sin(360° + \theta) = -\sin\theta$ $\cos(360° + \theta) = \cos\theta$ $\tan(360° + \theta) = \tan\theta$
$\sin(180° + \theta) = -\sin\theta$ $\cos(180° + \theta) = -\cos\theta$ $\tan(180° + \theta) = \tan\theta$	$\sin(360° + \theta) = -\sin\theta$ $\cos(360° + \theta) = \cos\theta$ $\tan(360° + \theta) = \tan\theta$

उपर्युक्त परिणाम निम्नलिखित नियमों से प्राप्त हो सकता है :

नियम 1: $90° \pm \theta$, $270° \pm \theta$ का त्रिकोणमितीय अनुपात परिवर्तित हो जाता है, अर्थात् $\sin \to \cos$, $\cos \to \sin$, $\tan \to \cot$.

धन या ऋण चिह्न में परिवर्तन चिह्न नियम द्वारा किया जाता है। उदाहरण के लिए , $\sin(270° + \theta)$ का मान ज्ञात करने के लिए, sin को cos में बदल दिया जाता है और चूंकि कोण $270° + \theta$ चौथे चतुर्थांश (वृत्तपाद) का कोण है जिसमें sin का चिह्न ऋणात्मक (–ve) है।

$\therefore \sin(270° + \theta) = -\cos\theta$.

नियम 2: $180° \pm \theta$, $360° \pm \theta$ का त्रिकोणमितीय अनुपात परिवर्तित नहीं होता तथा धन या ऋण चिह्न में परिवर्तन चिह्न नियम द्वारा शासित होता है।

उदाहरण के लिए, $\cos(180° - \theta)$ का मान ज्ञात करने के लिए cos में परिवर्तन नहीं किया जाता है और चूंकि कोण $180° - \theta$ द्वितीय वृत्तपाद का कोण है, जिसमें cos का चिह्न ऋणात्मक है।

$\therefore \cos(180° - \theta) = -\cos\theta$.

व्यापक रूप में यदि कोणों $\frac{1}{2}n\pi + \theta$ और $\frac{1}{2}n\pi - \theta, n \in I$ पर विचार करें, तो

(i) यदि यह माना जाए कि $0 < \theta < 90°$, तो इस बात पर निर्भर करते हुए परिणाम का चिह्न धनात्मक या ऋणात्मक होता है कि उस वृत्तपाद में दिया गया फलन धनात्मक है या ऋणात्मक।

(ii) यदि n का मान सम हो, तो परिणाम में वही त्रिकोणमितीय फलन होता है जो दिए गए व्यंजक में है। किंतु यदि n का मान विषम हो, तो परिणाम में संगत सहफलन होता है, अर्थात् sine बदलकर cosine हो जाता है, tangent बदलकर cotangent हो जाता है, secant बदलकर cosecant हो जाता है और इसी प्रकार विलोमत: परिवर्तन होता है।

उदाहरण के लिए : $\cos(450° - \theta)$ पर विचार करें। यहां $450° = 5 \times 90°$, इस प्रकार $450° - \theta$ एक पहले वृत्तपाद का कोण है और n विषम है, अत: $\cos(450° - \theta) = \sin\theta$.

इसी प्रकार यह भी ज्ञात किया जा सकता है कि $\cos(450° - \theta) = \cos(360° + 90° - \theta) = \cos(90° - \theta) = \sin\theta$.

कोणों से संबंधित कुछ रोचक परिणाम (Some Interesting Results About Angles) :

(1) $\cos n\pi = (-1)^n$, $\sin n\pi = 0$

(2) $\cos(n\pi + \theta) = (-1)^n \cos\theta$

$\sin(n\pi + \theta) = (-1)^n \sin\theta$

(3) $\cos\left(\frac{n\pi}{2} + \theta\right) = (-1)^{\frac{n+1}{2}} \sin\theta$ यदि n विषम हो

$= (-1)^{\frac{n}{2}} \cos\theta$ यदि n सम हो

(4) $\sin\left(\frac{n\pi}{2} + q\right) = (-1)^{\frac{n-1}{2}} \cos\theta$ यदि n विषम हो

$$= (-1)^{\frac{n}{2}} \sin\theta \text{ यदि } n \text{ सम हो}$$

उदाहरण : निम्नलिखित पर विचार करें :

n	$\frac{n\pi}{2}+\theta$	$\cos\left(\frac{n\pi}{2}+\theta\right)$
1	$\pi/2+\theta$	$-\sin\theta$
2	$\pi+\theta$	$-\cos\theta$
3	$3\pi/2+\theta$	$\sin\theta$
4	$2\pi+\theta$	$\cos\theta$

इसी प्रकार हम इस प्रकार के अनेक अन्य परिणाम भी प्राप्त कर सकते हैं।

90° से कम मान के कुछ कोणों के sine, cosine और tangent को दर्शाने वाली तालिका :

	0°	15°	18°	22.5°	30°	36°	45°	60°	67.5°	90°
sin	0	$\frac{\sqrt{6}-\sqrt{2}}{4}$	$\frac{\sqrt{5}-1}{4}$	$\frac{\sqrt{2-\sqrt{2}}}{2}$	$\frac{1}{2}$	$\frac{\sqrt{10-2\sqrt{5}}}{4}$	$\frac{1}{\sqrt{2}}$	$\frac{\sqrt{3}}{2}$	$\frac{\sqrt{\sqrt{2}+1}}{\sqrt{(2\sqrt{2})}}$	1
cos	1	$\frac{\sqrt{6}+\sqrt{2}}{4}$	$\frac{\sqrt{10+2\sqrt{5}}}{4}$	$\frac{\sqrt{\sqrt{2}+1}}{\sqrt{(2\sqrt{2})}}$	$\frac{\sqrt{3}}{2}$	$\frac{\sqrt{5}+1}{4}$	$\frac{1}{\sqrt{2}}$	$\frac{1}{2}$	$\frac{\sqrt{2-\sqrt{2}}}{2}$	0
tan	0	$2-\sqrt{3}$	$\frac{\sqrt{25-10\sqrt{5}}}{5}$	$\sqrt{2}-1$	$\frac{1}{\sqrt{3}}$	$\sqrt{5-2\sqrt{5}}$	1	$\sqrt{3}$	$\sqrt{2}+1$	अपरिभाषित

त्रिकोणमितीय अनुपातों की सीमाएं (Bounds of T-Ratios):

चूंकि $\sin^2\theta + \cos^2\theta = 1$, अत: $\sin\theta$ और $\cos\theta$ के निरपेक्ष मान कभी भी 1 से अधिक नहीं हो सकते। अत: $0 \le |\sin\theta| \le 1$, $0 \le |\cos\theta| \le 1$ अर्थात् $-1 \le \sin\theta; \cos\theta \le 1$ या $0 \le \sin^2\theta; \cos^2\theta \le 1$.

और $\sec\theta; \operatorname{cosec}\theta \ge 1$ या ≤ -1

अर्थात् $\sec\theta, \operatorname{cosec}\theta$ कभी भी -1 और 1 के बीच अवस्थित नहीं हो सकते।

यहां उल्लेख है कि $-\infty < \tan\theta; \cot\theta < \infty$.

यदि एक त्रिकोणमितीय अनुपात दिया गया हो, तो अन्य त्रिकोणमितीय अनुपातों के मान ज्ञात करना : यदि कोई एक त्रिकोणमितीय अनुपात दिया गया हो, तो उसकी सहायता से अन्य त्रिकोणमितीय अनुपातों के मान ज्ञात किए जा सकते हैं। उदारहण के लिए $\sin\theta = 1/3$। चूंकि sine का मान प्रथम और द्वितीय वृत्तपादों में धनात्मक होता है, अत:

$$\cos\theta = \sqrt{1-(1/9)}$$

या $-\sqrt{1-(1/9)}$

अर्थात् $2\sqrt{2}/3$ या $-2\sqrt{2}/3$

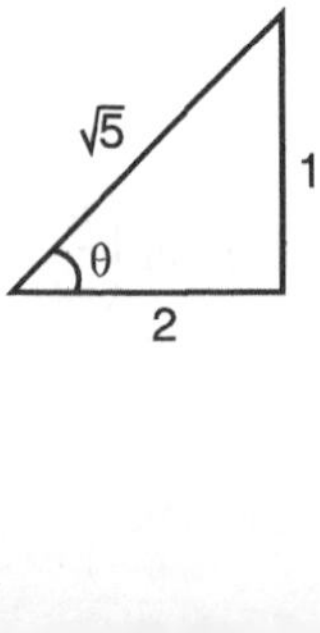

($\theta \in$ प्रथम वृत्तपाद या $\theta \in$ द्वितीय वृत्तपाद के अनुसार)
हम समकोण त्रिभुज निर्मित करके अन्य अनुपात भी ज्ञात कर सकते हैं।

उदाहरण : मान लें कि $\theta = 1/2$, $\pi < \theta < 3\pi/2$, तो चूंकि $\sin\theta$ तृतीय वृत्तपाद में है, अत: sine और cosine दोनों ऋणात्मक होंगे। $\therefore \sin\theta = -1/\sqrt{5}$, $\cos\theta = -2/\sqrt{5}$.

यदि θ का मान कम हो, तो sin θ, cos θ और tan θ के सन्निकट मान (Approximate Values of sin θ, cos θ and tan θ when θ is Small) : मान लें कि θ एक लघु कोण है जिस का मान रेडियन में व्यक्त किया गया है, तो $\sin\theta \approx \theta$, $\cos \approx 1$, $\tan\theta \approx \theta$ में प्रथम कोटि के सन्निकट मान हैं। द्वितीय कोटि के सन्निकट मान नीचे दिए गए हैं :

$$\sin\theta \simeq \theta, \cos\theta \simeq 1 - \frac{\theta^2}{2}, \tan\theta = \theta.$$

त्रिकोणमितीय अनुपातों का वर्धमान और ह्रासमान आचरण (Increasing and Decreasing Behaviour of Trigonometrical Ratios) : यदि $-\pi/2 \le \theta \le \pi/2$, हो तो प्रथम और चतुर्थ वृत्तपादों में कोण में वृद्धि के साथ $\sin\theta$ के मान में वृद्धि होती है जबकि द्वितीय और तृतीय वृत्तपादों में $\sin\theta$ के मान में 1 से -1 की कमी होती है।

अत: $\theta_1 < \theta_2 \quad \Rightarrow \sin\theta_1 < \sin\theta_2$ ($\theta_1, \theta_2 \in$ प्रथम या

चतुर्थ वृत्तपाद)

$\Rightarrow \sin\theta_1 > \sin\theta_2$ ($\theta_1, \theta_2 \in$ द्वितीय या तृतीय वृत्तपाद)

हम इसी प्रकार अन्य अनुपातों के आचरण का भी निर्णय कर सकते हैं। यदि वृद्धि के लिए ↑ संकेत का और ह्रास के लिए ↓ संकेत का प्रयोग किया जाए, तो हमें निम्नलिखित चार्ट प्राप्त होता है :

(y, x′ ओर)	(y, x ओर)
sin ↓ cos ↓ tan ↑ cot ↓ sec ↑ cosec ↑	sin ↑ cos ↓ tan ↑ cot ↓ sec ↑ cosec ↓
sin ↓ cos ↑ tan ↑ cot ↓ sec ↓ cosec ↑	sin ↑ cos ↑ tan ↑ cot ↓ sec ↓ cosec ↓

(अक्ष: x'—O—x, y—y')

योग और व्यवकलन (घटा) के सूत्र (Addition and Subtraction Formulae) :

(*i*) $\sin(A+B) = \sin A\cos B + \cos A\sin B$

(*ii*) $\sin(A-B) = \sin A\cos B - \cos A\sin B$

(*iii*) $\cos(A+B) = \cos A\cos B - \sin A\sin B$

(*iv*) $\cos(A-B) = \cos A\cos B + \sin A\sin B$

(*v*) $\tan(A+B) = \dfrac{\tan A + \tan B}{1 - \tan A\tan B}$

(*vi*) $\tan(A-B) = \dfrac{\tan A - \tan B}{1 + \tan A\tan B}$

(*vii*) $\cot(A+B) = \dfrac{\cot A\cot B - 1}{\cot A + \cot B}$

(*viii*) $\cot(A-B) = \dfrac{\cot A\cot B + 1}{\cot B - \cot A}$

(*xi*) $\sin(A+B)\sin(A-B) = \sin^2 A - \sin^2 B = \cos^2 B - \cos^2 A$

(*x*) $\cos(A+B)\cos(A-B) = \cos^2 A - \sin^2 B = \cos^2 B - \sin^2 A$

द्विकोणों से युक्त सूत्र (Formulae Involving Double Angles): उपर्युक्त (*i*), (*iii*), और (*v*) में $A = B = \theta$ प्रतिस्थापित करने पर निम्नलिखित सूत्र प्राप्त होते हैं :

(*i*) $\sin 2\theta = 2\sin\theta\cos\theta = \dfrac{2\tan\theta}{1+\tan^2\theta}$

(*ii*) $\cos 2\theta = \cos^2\theta - \sin^2\theta = 1 - 2\sin^2\theta = 2\cos^2\theta - 1 = \dfrac{1-\tan^2\theta}{1+\tan^2\theta}$

(*iii*) $1 + \cos 2\theta = 2\cos^2\theta$, $1 - \cos 2\theta = 2\sin^2\theta$, $\cos^2\theta = \dfrac{1}{2}(1+\cos 2\theta)$, $\sin^2\theta = \dfrac{1}{2}(1-\cos 2\theta)$.

(*iv*) $\tan 2\theta = \dfrac{2\tan\theta}{1-\tan^2\theta}$

अर्ध कोणों से संबंधित सूत्र (Formulae Involving Half Angles) : 2θ के स्थान पर θ प्रतिस्थापित करने पर निम्नलिखित सूत्र प्राप्त होते हैं :

(*i*) $\sin\theta = 2\sin\dfrac{\theta}{2}\cos\dfrac{\theta}{2} = \dfrac{2\tan\frac{\theta}{2}}{1+\tan^2\frac{\theta}{2}}$

(*ii*) $\cos\theta = \cos^2\dfrac{\theta}{2} - \sin^2\dfrac{\theta}{2} = 1 - 2\sin^2\dfrac{\theta}{2}$

$= 2\cos^2\dfrac{\theta}{2} - 1 = \dfrac{1-\tan^2\frac{\theta}{2}}{1+\tan^2\frac{\theta}{2}}$

(*iii*) $\tan\theta = \dfrac{2\tan\frac{\theta}{2}}{1-\tan^2\frac{\theta}{2}}$

त्रिशः कोणों से संबंधित सूत्र (Formulae Involving Triple Angles)

(*i*) $\sin 3\theta = 3\sin\theta - 4\sin^3\theta$

(*ii*) $\cos 3\theta = 4\cos^3\theta - 3\cos\theta$

(*iii*) $\tan 3\theta = \dfrac{3\tan\theta - \tan^3\theta}{1 - 3\tan^2\theta}$

(*iv*) $\cot 3\theta = \dfrac{\cot^3\theta - 3\cot\theta}{3\cot^2\theta - 1}$

गुणनफलों को योग या अंतर के रूप में परिवर्तित करने के लिए सूत्र (Formulae for Changing the Products into Sum or Difference) : पूर्वोक्त योग और व्यवकलन के *(i)* से *(iv)* सूत्रों को जोड़ने और घटाने पर निम्नलिखित सूत्र प्राप्त होते हैं :

$$\left.\begin{aligned}2\sin A\cos B &= \sin(A+B)+\sin(A-B)\\ 2\cos A\sin B &= \sin(A+B)-\sin(A-B)\end{aligned}\right\}, A > B$$

$$2\cos A\cos B = \cos(A+B)+\cos(A-B)$$

$$2\sin A\sin B = \cos(A-B)-\cos(A+B).$$

योग या अंतर को गुणनफल के रूप में परिवर्तित करने के लिए सूत्र (Formulae for Changing the Sum or Difference into Products) : ऊपर में दिए गए सूत्र में A + B = C, A – B = D और इसलिए A = (C + D)/2, B = (C – D)/2 प्रतिस्थापित करने पर हमें निम्नलिखित सूत्र प्राप्त होते हैं :

$$\sin C+\sin D = 2\sin\left(\frac{C+D}{2}\right).\cos\left(\frac{C-D}{2}\right);$$

$$\sin C-\sin D = 2\cos\left(\frac{C+D}{2}\right).\sin\left(\frac{C-D}{2}\right)$$

$$\cos C+\cos D = 2\cos\left(\frac{C+D}{2}\right).\cos\left(\frac{C-D}{2}\right);$$

$$\cos C-\cos D = 2\sin\left(\frac{C+D}{2}\right).\sin\left(\frac{D-C}{2}\right)$$

तीन या अधिक कोणों से संबंधित सूत्र (Formulae Involving Three or More Angles) :

(i) $\sin(\alpha+\beta+\gamma) = \sin\alpha\cos\beta\cos\gamma+\cos\alpha\sin\beta\cos\gamma+\cos\alpha\cos\beta\sin\gamma-\sin\alpha\sin\beta\sin\gamma.$

(ii) $\cos(\alpha+\beta+\gamma) = \cos\alpha\cos\beta\cos\gamma-\cos\alpha\sin\beta\sin\gamma-\sin\alpha\cos\beta\sin\gamma-\sin\alpha\sin\beta\cos\gamma.$

(iii) $\tan(\alpha+\beta+\gamma)$

$$= \frac{\tan\alpha+\tan\beta+\tan\gamma-\tan\alpha\tan\beta\tan\gamma}{1-(\tan\alpha\tan\beta+\tan\beta\tan\gamma+\tan\gamma\tan\alpha)}$$

$$= \frac{\sigma_1-\sigma_3}{1-\sigma_2}$$

(iv) $\sin(A_1+A_2+\ldots.A_n) = \cos A_1\cos A_2\ldots\cos A_n(\sigma_1-\sigma_3+\sigma_5\ldots)$

(v) $\cos(A_1+A_2+\ldots+A_n) = \cos A_1\cos A_2\ldots\cos A_n(1-\sigma_2+\sigma_4-\sigma_6+\ldots)$

(vi) $\tan(A_1+A_2+\ldots+A_n) = \dfrac{\sigma_1-\sigma_3+\sigma_5-\ldots}{1-\sigma_2+\sigma_4-\sigma_6+\ldots}$

जहां $\sigma_1 = \Sigma\tan A_1$, $\sigma_2 = \Sigma\tan A_1\tan A_2$, $\sigma_3 = \Sigma\tan A_1\tan A_2\tan A_3$, etc.

$a\cos\theta+b\sin\theta$ के लिए ध्रुवीय रूप (Polar Form for $a\cos\theta+b\sin\theta$): यदि $x = a\cos\theta+b\sin\theta$ हो, तो x को cos में या sin के रूप में निम्नवत् परिवर्तित किया जा सकता है:

(i) $a = r\cos\alpha$, $b = r\sin\alpha$ प्रतिस्थापित करने पर, $r = \sqrt{a^2+b^2}$ और $\tan\alpha = b/a$.

(ii) $a = r\sin\alpha$, $b = r\cos\alpha$ प्रतिस्थापित करने पर, $x = r\sin(\theta+\alpha)$; $r = \sqrt{(a^2+b^2)}$ और $\cos\alpha = b/r$, $\sin\alpha = a/r$.

उदाहरण : माल लें, $x = -\sqrt{3}\cos\theta+\sin\theta$.

$-\sqrt{3} = r\cos\alpha$, $1 = r\sin\alpha$ रखने पर $r = 2$ प्राप्त होता है $\cos\alpha = -\sqrt{3}/2$, $\sin\alpha = 1/2$, अत: $\alpha = 2\pi/3$.

$\therefore\ x = 2\cos(\theta-2\pi/3)$

($a\cos\theta+b\sin\theta$) के अधिकतम और न्यूनतम मान [Greatest and Least Values of ($a\cos\theta+b\sin\theta$)]

मान लें कि $x = a\cos\theta+b\sin\theta = r\cos(\theta-\alpha)$.

चूंकि $-1\le\cos(\theta-\alpha)\le 1$, अत: $-r\le x\le r$

अर्थात् $-\sqrt{(a^2+b^2)}\le x\le\sqrt{(a^2+b^2)}$.

कुछ महत्वपूर्ण तत्समक (Some Important Identities) :

यदि $A+B+C = \pi$ हो, तो

(i) $\tan A+\tan B+\tan C = \tan A\tan B\tan C$

(ii) $\cot A\cot B+\cot B\cot C+\cot C\cot A = 1$

(iii) $\sin 2A+\sin 2B+\sin 2C = 4\sin A\sin B\sin C$

(iv) $\cos 2A+\cos 2B+\cos 2C = -1-4\cos A\cos B\cos C$

(v) $\cos^2 A+\cos^2 B+\cos^2 C = 1-2\cos A\cos B\cos C$

(vi) $\cos A+\cos B+\cos C = 1+4\sin\frac{A}{2}\sin\frac{B}{2}\sin\frac{C}{2}$

(vii) $\tan\frac{A}{2}\tan\frac{B}{2}+\tan\frac{B}{2}\tan\frac{C}{2}+\tan\frac{C}{2}\tan\frac{A}{2} = 1$

(viii) $\cot\frac{A}{2}+\cot\frac{B}{2}+\cot\frac{C}{2} = \cot\frac{A}{2}\cot\frac{B}{2}\cot\frac{C}{2}$

ऐसे तत्समकों को सिद्ध करने के लिए हमें पूरक और

संपूरक कोणों के गुणधर्म का प्रयोग करना होता है। उदाहरण : $A + B + C = \pi$, के लिए
$\sin(B + C) = \sin(\pi - A) = \sin A$, $\cos A = \cos[\pi - (B + C)] = -\cos(B + C)$,
$\tan(A + B) = \tan(\pi - C) = -\tan C$, $\tan\left(\frac{A+B}{2}\right) = \tan\left(\frac{\pi}{2} - \frac{C}{2}\right) = \cot\frac{A}{2}$

$\sin(A + B - C) = \sin(A + B + C - 2C) = \sin(\pi - 2C) = \sin 2C$, आदि

दो अत्यधिक उपयोगी तत्समक नीचे दर्शाए गए हैं :

(ix) $\cos\alpha + \cos\beta + \cos\gamma + \cos(\alpha + \beta + \gamma) = 4\cos\left(\frac{\alpha+\beta}{2}\right)\cos\left(\frac{\beta+\gamma}{2}\right)\cos\left(\frac{\gamma+\alpha}{2}\right)$,

(x) $\sin\alpha + \sin\beta + \sin\gamma - \sin(\alpha + \beta + \gamma) = 4\sin\left(\frac{\alpha+\beta}{2}\right)\sin\left(\frac{\beta+\gamma}{2}\right)\sin\left(\frac{\gamma+\alpha}{2}\right)$

इनके अतिरिक्त किसी त्रिभुज में दो अधिक व्यापक और रोचक तत्समक निम्नवत् हैं :

(xi) $\sin 2mA + \sin 2mB + \sin 2mC = (-1)^{m+1} 4 \sin mA \sin mB \sin mC$,

(xii) $\cos mA + \cos mB + \cos mC = 1 \pm 4 \sin\frac{mA}{2} \sin\frac{mC}{2}$, इस बात पर निर्भर करते हुए कि m, $4n + 1$ प्रकार का है या $4n + 3$ प्रकार का।

प्रतिलोम फलन (Inverse Function): यदि f समुच्चय A से समुच्चय B तक ऐकैकी आच्छादी फलन (bijective function) हो, तो f का प्रतिलोम अर्थात् $f^{-1}: B \to A$, विद्यमान होता है और इसे ऐसे फलन के रूप में परिभाषित करते हैं जो प्रत्येक अवयव $y \in A$, को इस प्रकार संबंध करता है कि $y = f(x)$। अत: यदि $y = f(x)$, $x \in A$, हो, तो इसका अर्थ यह है कि $x = f^{-1}(y)$, $y \in B$। फलन f के लिए A इसका प्रांत (domain) और B इसका परिसर (range) है जबकि फलन f^{-1} के लिए परिभाषा का प्रांत (domain of definition) समुच्चय B है और इसका परिसर समुच्चय A है।

प्रतिलोम वृत्तीय फलन (Inverse Circular Functions) : प्रतिलोम फलनों से संबंधित उपर्युक्त तथ्य को वृत्तीय फलनों के संदर्भ में प्रयुक्त करने पर प्रतिलोम वृत्तीय फलन प्राप्त होते हैं।

(i) $x = \sin\theta, -1 \leq x \leq 1$ विचार करें। .... (1)

उपर्युक्त समीकरण का अर्थ है कि यदि θ कोण के sine का मान x हो, तो $\sin^{-1} x$ (x का साइन प्रतिलोम के रूप में पठित) वह कोण होता है जिसके साइन का मान x हो।

अब यदि $\sin\theta = 1/2$, हो, तो $\theta = \pi/6, 5\pi/6, 13\pi/6, \ldots, -7\pi/6, -11\pi/6, \ldots$

[चूंकि $\sin(\pi/6) = 1/2$, $\sin(5\pi/6) = 1/2$, $\sin(-7\pi/6) = 1/2$, आदि]

अत: x के किसी प्रदत्त मान के लिए θ के ऐसे अनंत मान हैं जो $\sin\theta = x$ को संतुष्ट करते हैं। $\sin\theta = x$ को संतुष्ट करने वाले θ के ऐसे सभी मान $\sin^{-1} x$ के व्यापक मान कहलाते हैं। अत: प्रतिचित्रण $\sin. R \to [-1, 1]$ अनेक आच्छादी प्रतिचित्रण होता है और इसलिए $\sin^{-1}$ प्रतिलोम संबंध है न कि एक प्रतिलोम फलन। यदि प्रांत (domain) को $[-\pi/2, \pi/2]$ तक सीमित कर दिया जाए तो हम पाते हैं कि फलन एकैक हो जाता है अत: $\sin[-\pi/2, \pi/2] \to [-1, 1]$ प्रतिलोम्य या व्युत्क्रमणीय (invertible) होता है तथा $\sin^{-1} : [-1, 1] \to [-\pi/2, \pi/2]$ विद्यमान होता है और $\sin^{-1} x = \theta$ होता है यदि और केवल यदि $\sin\theta = x$, हो, और इसे sin का प्रतिलोम फलन (inverse function of sin) कहते हैं और इसे $\sin^{-1}$ द्वारा इंगित करते हैं। प्राय: $[-\pi/2, \pi/2]$ में $\sin^{-1}x$ का मान $\sin^{-1} x$ का मुख्य मान कहलाता है तथा R में $\sin^{-1} x$ के मान इसके सामान्य मान कहलाते हैं। अत: $\sin^{-1} x$ का प्रांत $= [-1, 1]$ तथा $\sin^{-1} x$ का परिसर $= [-\pi/2, \pi/2]$.

अन्य प्रतिलोम वृत्तीय फलनों पर भी इसी प्रकार चर्चा की जा सकती है। नीचे प्रतिलोम वृत्तीय (प्रतिलोम त्रिकोणमितीय) फलनों के प्रांत और परिसर दर्शाए गए हैं :

फलन	प्रांत	परिसर
$\sin^{-1} x$	$[-1, 1]$	$[-\pi/2, \pi/2]$
$\cos^{-1} x$	$[-1, 1]$	$[0, \pi]$
$\tan^{-1} x$	$R, (-\infty, \infty)$	$(-\pi/2, \pi/2)$
$\cot^{-1} x$	$R, (-\infty, \infty)$	$(0, \pi)$
$\sec^{-1} x$	$x \geq 1$ or $x \leq -1$	$[0, \pi] - \{\pi/2\}$
$\mathrm{cosec}^{-1} x$	$x \geq 1$ or $x \leq -1$	$[-\pi/2, \pi/2] - \{0\}$

अत: प्रतिलोम वृत्तीय फलनों की परिभाषाएं नीचे दी गई हैं :

(1) $\sin^{-1} x = \theta$ यदि और केवल यदि $\sin\theta = x$, $-1 \leq x \leq 1$, $-\pi/2 \leq \theta \leq \pi/2$

(2) $\cos^{-1} x = \theta$ यदि और केवल यदि $\cos \theta = x, \; -1 \le x \le 1, 0 \le \theta \le \pi$

(3) $\tan^{-1} x = \theta$ यदि और केवल यदि $\tan \theta = x, -\infty < x < \infty, -\pi/2 < \theta < \pi/2$

(4) $\cot^{-1} x = \theta$ यदि और केवल यदि $\cot \theta = x, -\infty < x < \infty, 0 < \theta < \pi$

(5) $\sec^{-1} x = \theta$ यदि और केवल यदि $\sec \theta = x, x \le -1$ या $x \ge 1, 0 \le \theta \le \pi, \theta \ne \pi/2$

(6) $\text{cosec}^{-1} x = \theta$ यदि और केवल यदि $\text{cosec}\, \theta = x, x \ge 1$ या $x \le -1, -\pi/2 \le \theta \le \pi/2, \theta \ne 0$

यह उल्लेखनीय है कि यदि अन्यथा उल्लेख न किया गया हो, तो प्रतिलोम वृत्तीय फलनों के केवल मुख्य मानों पर विचार किया जाता है। मुख्य मान चार्ट को ग्राफीय रूप में निम्नवत् दर्शाया जा सकता है :

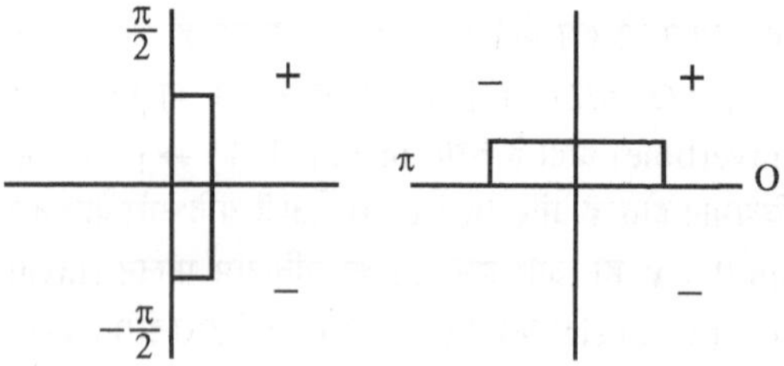

$\sin^{-1}, \tan^{-1}, \text{cosec}^{-1}$ $\qquad$ $\cos^{-1}, \cot^{-1}, \sec^{-1}$

प्रतिलोम फलनों के मुख्य मानों के महत्व को ध्यान में रखते हुए उपर्युक्त तथ्य को एक अन्य रूप में नीचे प्रस्तुत किया जा रहा है :

प्रतिलोम वृत्तीय फलनों के मुख्य मान (Principal Values for Inverse Circular Functions)

$x \ge 0$ के लिए मुख्य मान	$x < 0$ के लिए मुख्य मान
$0 \le \sin^{-1} x \le \pi/2$	$-\pi/2 \le \sin^{-1} x < 0$
$0 \le \cos^{-1} x \le \pi/2$	$\pi/2 < \cos^{-1} x \le \pi$
$0 \le \tan^{-1} x < \pi/2$	$-\pi/2 < \tan^{-1} x < 0$
$0 < \cot^{-1} x \le \pi/2$	$\pi/2 < \cot^{-1} x < \pi$
$0 \le \sec^{-1} x < \pi/2$	$\pi/2 < \sec^{-1} x \le \pi$
$0 < \text{cosec}^{-1} x \le \pi/2$	$-\pi/2 \le \text{cosec}^{-1} x < 0$

अतः $\sin^{-1}(1/2) = \pi/6$, न कि $5\pi/6$, $\cos^{-1}(-1/2) = 2\pi/3$ न कि $4\pi/3$, $\tan^{-1}(-\sqrt{3}) = -\pi/3$ न कि $2\pi/3$, $\cot^{-1}(-1) = 3\pi/4$ न कि $-\pi/4$, आदि

प्रतिलोम वृत्तीय फलनों के व्यापक मान (General Values of Inverse Circular Functions) : हम जानते हैं कि यदि α एक ऐसा सबसे छोटा कोण हो जिसका साइन (sine) x, हो तो ऐसे सभी कोणों को जिनका साइन x हो, $n\pi + (-1)^n \alpha$, के रूप में लिखा जा सकता है जहां $n = 0, 1, 2, \ldots$ है। अतः $\sin^{-1} x$ का व्यापक मान (general value) $n\pi + (-1)^n \alpha$ माना जा सकता है। $\sin^{-1} x$ का व्यापक मान $\sin^{-1} x$ द्वारा व्यक्त किया जाता है।

अतः $\sin^{-1} x = n\pi + (-1)^n \alpha, -1 \le x \le 1,$
यदि $\sin \alpha = x$ और $-\pi/2 \le \alpha \le \pi/2$

इसी प्रकार, अन्य प्रतिलोम वृत्तीय फलनों के व्यापक मान निम्नवत् हैं :

$\cos^{-1} x = 2n\pi \pm \alpha, -1 \le x \le 1,$
यदि $\cos \alpha = x$ और $0 \le \alpha \le \pi$

$\tan^{-1} x = n\pi + \alpha, \quad x \in R,$
यदि $\tan \alpha = x$, और $-\pi/2 < \alpha < \pi/2$

$\cot^{-1} x = n\pi + \alpha, \quad x \in R,$
यदि $\cot \alpha = x$ और $0 < \alpha < \pi$

$\sec^{-1} x = 2n\pi \pm \alpha, \quad x \ge 1$ या $x \le -1,$
यदि $\sec \alpha = x, 0 \le \alpha \le \pi, \ne \pi/2$

$\text{cosec}^{-1} x = n\pi + (-1)^n \alpha, x \ge 1$ या $x \le -1,$
यदि $\text{cosec}\, \alpha = x; -\pi/2 \le \alpha \le \pi/2, x \ne 0$

प्रतिलोम वृत्तीय फलनों के बीच संबंध (RELATIONS BETWEEN INVERSE CIRCULAR FUNCTIONS)

(i) $\sin(\sin^{-1} x) = x, \quad -1 \le x \le 1,$
$\cos(\cos^{-1} x) = x, \quad -1 \le x \le 1,$
$\tan(\tan^{-1} x) = x, \quad -\infty < x < \infty,$
$\cot(\cot^{-1} x) = x, \quad -\infty < x < \infty$
$\sec(\sec^{-1} x) = x, \quad x \le -1$ या $x \ge 1,$
$\text{cosec}(\text{cosec}^{-1} x) = x, \quad x \le -1$ या $x \ge 1.$

(ii) $\sin^{-1}(\sin \theta) = \theta, \quad -\pi/2 \le \theta \le \pi/2,$
$\cos^{-1}(\cos \theta) = \theta, \quad 0 \le \theta \le \pi,$
$\tan^{-1}(\tan \theta) = \theta, \quad -\pi/2 < \theta < \pi/2,$
$\cot^{-1}(\cot \theta) = \theta, \quad 0 < \theta < \pi,$
$\sec^{-1}(\sec \theta) = \theta, \quad 0 \le \theta \le \pi, \theta \ne \pi/2,$
$\text{cosec}^{-1}(\text{cosec}\, \theta) = \theta, \quad -\pi/2 \le \theta \le \pi/2, \theta \ne 0$

उदाहरण : इस प्रकार $\cos^{-1}\{\cos(-\pi/3)\} \ne -\pi/3$ किंतु $\cos^{-1}\{\cos(-\pi/3)\} = \cos^{-1}(\cos \pi/3) = \pi/3$

$\sin^{-1}(\sin 3\pi/4) \ne 3\pi/4$, किंतु $\sin^{-1}(\sin 3\pi/4) = \sin^{-1}\{\sin(\pi - \pi/4)\} = \sin^{-1} \sin \pi/4 = \pi/4$

(iii) $\sin^{-1}(-x) = -\sin^{-1} x, -1 \le x \le 1,$

$\cos^{-1}(-x) = \pi - \cos^{-1} x, -1 \le x \le 1$
$\tan^{-1}(-x) = -\tan^{-1} x, x \in R,$
$\cot^{-1}(-x) = \pi - \cot^{-1} x, x \in R$
$\sec^{-1}(-x) = \pi - \sec^{-1} x, x \ge 1$ या $x \le -1,$
$\text{cosec}^{-1}(-x) = -\text{cosec}^{-1} x, x \ge 1$ या $x \le -1$

(iv) $\sin^{-1} x + \cos^{-1} x = \pi/2, -1 \le x \le 1,$
$\tan^{-1} x + \cot^{-1} x = \pi/2, x \in R,$
$\sec^{-1} x + \text{cosec}^{-1} x = \pi/2, x \ge 1$ या $x \le -1$

(v) $\text{cosec}^{-1} x = \sin^{-1}(1/x), x \le -1$ या $x \ge 1,$
$\sec^{-1} x = \cos^{-1}(1/x), x \le -1$ या $x \ge 1$

$$\cot^{-1} x = \begin{cases} \tan^{-1}(1/x), & x > 0 \\ \pi + \tan^{-1}(1/x), & x < 0 \end{cases}$$

उदाहरण : $\text{cosec}^{-1}(1/2) \ne \sin^{-1} 2$ और इसी प्रकार $-1 < x < 1$ । ऐसा इसलिए क्योंकि $\sin^{-1} 2$ और $\text{cosec}^{-1}(1/2)$ अपरिभाषित हैं।

$\cot^{-1}(-\sqrt{3}) \ne \tan^{-1}(1/\sqrt{3})$ और इसी प्रकार $\cot^{-1}(-\sqrt{3}) = 5\pi/6$ और $\tan^{-1}(-1/\sqrt{3}) = \pi/6$.

चूंकि $x < 0$, $\cot^{-1} x \in$ द्वितीय वृत्तपाद और $\tan^{-1}(1/x) \in$ चतुर्थ वृत्तपाद, अत: $\cot^{-1} x = \pi + \tan^{-1} 1/x$ यदि $x < 0$.

(vi) *(a)* यदि $xy < 1$ हो, तो $\tan^{-1} x + \tan^{-1} y = \tan^{-1} \dfrac{x+y}{1-xy}$.

(b) यदि $xy > 1$ हो, तो $\tan^{-1} x + \tan^{-1} y$

$$= \begin{cases} \pi + \tan^{-1}\left(\dfrac{x+y}{1-xy}\right) & \text{यदि } x > 0, y > 0 \\ -\pi + \tan^{-1}\left(\dfrac{x+y}{1-xy}\right), & x < 0, y < 0. \end{cases}$$

(c) यदि $xy = 1$ हो, तो $\tan^{-1} x + \tan^{-1} y$

$$= \begin{cases} \pi/2, & \text{यदि } x > 0, y > 0 \\ -\pi/2, & \text{यदि } x < 0, y < 0 \end{cases}$$

(d) $\tan^{-1} x - \tan^{-1} y = \tan^{-1}\left(\dfrac{x-y}{1+xy}\right)$

उदाहरण : $\tan^{-1} 1 + \tan^{-1} \sqrt{3} = \tan^{-1}\left(\dfrac{1+\sqrt{3}}{1-\sqrt{3}}\right) = -\tan^{-1} \dfrac{1+\frac{1}{\sqrt{3}}}{1-\frac{1}{\sqrt{3}}} = -\left[\tan^{-1} 1 + \tan^{-1}(1/\sqrt{3})\right]$

$= -(\pi/4 + \pi/6) = -5\pi/12$ असत्य है क्योंकि बाम पक्ष $= \pi/4 + \pi/3 = 7\pi/12$.

यहां $x > 0, y > 0, xy > 1$ अत: 6*(b)* से, $\tan^{-1} 1 + \tan^{-1} \sqrt{3} = \pi - 5\pi/12 = 7\pi/12$.

उपप्रमेय : $x = y$ रखने पर,

$$2\tan^{-1} x = \begin{cases} \tan^{-1} \dfrac{2x}{1-x^2}, & 0 \le x^2 < 1, \text{ अर्थात् } |x| < | \\ \pi + \tan^{-1} \dfrac{2x}{1-x^2}, & x > 1 \\ -\pi + \tan^{-1} \dfrac{2x}{1-x^2}, & x < -1 \\ \pi/2, & x = 1 \\ -\pi/2, & x = -1 \end{cases}$$

(vii) *(a)* यदि $x^2 + y^2 \le 1,$
$\sin^{-1} x + \sin^{-1} y = \sin^{-1}[x\sqrt{(1-y^2)} + y\sqrt{(1-x^2)}]$

(b) यदि $x^2 + y^2 > 1, x > 0, y > 0;$
$\sin^{-1} x + \sin^{-1} y = \pi - \sin^{-1}[x\sqrt{(1-y^2)} + y\sqrt{(1-x^2)}]$

(c) $x < 0, y < 0;$
$\sin^{-1} x + \sin^{-1} y = -\pi - \sin^{-1}[x\sqrt{(1-y^2)} + y\sqrt{(1-x^2)}]$

(d) यदि $0 \le x, y \le 1;$
$\sin^{-1} x - \sin^{-1} y = \sin^{-1}[x\sqrt{(1-y^2)} - y\sqrt{(1-x^2)}]$

प्रमाण : मान लें $\sin^{-1} x = \alpha$, $\sin^{-1} y = \beta$, तो $x = \sin\alpha$, $y = \sin\beta$, $0 \le x \le 1, 0 \le y \le 1$

अत: $0 \le \alpha \le \pi/2, 0 \le \beta \le \pi/2.$

$\therefore$ $0 \le \alpha + \beta \le \pi$. चूंकि $x\sqrt{(1-y^2)} + y\sqrt{(1-x^2)} \ge 0$, $0 \le$ दक्षिण पक्ष $\le \pi/2$.

स्थिति I : $0 \le \alpha + \beta \le \pi/2$, अर्थात् $\alpha \le \pi/2 - \beta$ .... (1)

या $\sin\alpha \le \sin(\pi/2 - \beta) = \cos\beta$ या $x \le \sqrt{(1-y^2)}$ या $x^2 \le (1-y^2)$ या $x^2 + y^2 \le 1$, $[x, \sqrt{(1-y^2)} \ge 0]$

तो $\sin(\alpha+\beta) = \sin\alpha\cos\beta + \cos\alpha\sin\beta = x\sqrt{(1-y^2)} + y\sqrt{(1-x^2)}$ ... (2)

$[\cos\beta, \cos\alpha \ge 0]$

(1) और (2) से,

$\alpha + \beta = \sin^{-1}[x\sqrt{(1-y^2)} + y\sqrt{(1-x^2)}]$ ... (3)

अत: $\sin^{-1} x + \sin^{-1} y = \sin^{-1} y$

$= \sin^{-1}[x\sqrt{(1-y^2)} + y\sqrt{(1-x^2)}]$ यदि $x^2 + y^2 \le 1$, $x \ge 0, y \ge 0$ ... (4)

स्थिति II : $\pi/2 < \alpha + \beta < \pi$ or $0 \leq \pi - (\alpha + \beta) \leq \pi/2$ ... (5)

और $\sin [\pi - (\alpha + \beta)] = \sin (\alpha + \beta)$
$= x \sqrt{(1 - y^2)} + y \sqrt{(1 - x^2)}$ ... (6)

(5) और (6) से, $\pi - (\alpha + \beta) = \sin^{-1} [x \sqrt{(1 - y^2)} + y \sqrt{(1 - x^2)}]$ ... (7)

और (5) से, $\alpha > \pi/2 - \beta$, $0 \leq \alpha \leq \pi/2$, $0 \leq \pi/2 - \beta \leq \pi/2$ और प्रथम वृत्तपाद में sine के निश्चित रूप से वर्धमान फलन होने के कारण,

$\sin \alpha > \sin (\pi/2 - \beta) = \cos \beta$ or $x > \sqrt{(1 - y^2)}$

अर्थात् $x^2 + y^2 > 1$.

अत: यदि $0 < x, y \leq 1$, $x^2 + y^2 > 1$ तो समीकरण (7) से $\sin^{-1} x + \sin^{-1} y = \pi - \sin^{-1} [x \sqrt{(1 - y^2)} + y \sqrt{(1 - x^2)}]$

भाग *(c)* और *(d)* छात्रों के लिए छोड़ दिया गया है।

(viii) $\cos^{-1} x + \cos^{-1} y = \cos^{-1} [xy - \sqrt{(1 - x^2)} \sqrt{(1 - y^2)}]$, if $0 \leq x, y \leq 1$.
$= 2\pi - \cos^{-1} [xy - \sqrt{(1 - x^2)} \sqrt{(1 - y^2)}]$ यदि $-1 \leq x, y < 0$

(ix) अब हम छात्रों का ध्यान एक बार फिर से कथित प्रत्यक्ष सूत्र की ओर आकर्षित करते हैं

$\cos^{-1} x - \cos^{-1} y = \cos^{-1} [xy + \sqrt{(1 - x^2)} \sqrt{(1 - y^2)}]$. $|x| \leq 1, |y| \leq 1$.

मान लें $\cos^{-1} x = \alpha$, $\cos^{-1} y = \beta$ तो $\cos (\alpha - \beta) = \cos \alpha \cos \beta + \sin \alpha \sin \beta = xy + \sqrt{(1 - x^2)} \sqrt{(1 - y^2)}$, अत: $\cos^{-1} x - \cos^{-1} y = \cos^{-1} [xy + \sqrt{(1 - x^2)} \sqrt{(1 - y^2)}]$.

अब यदि $x = 1/\sqrt{2}$, $y = 1/2$ लिया जाए तो बाम पक्ष $= \cos^{-1} (1/\sqrt{2}) - \cos^{-1} (1/2) = \pi/4 - \pi/3 = -\pi/12$.

$$\text{दक्षिण पक्ष} = \cos^{-1} \left[\frac{1}{2\sqrt{2}} + \frac{\sqrt{3}}{2\sqrt{2}}\right]$$

$$= \cos^{-1} \cos (\pi/12) = \pi/12.$$

ऐसा इसलिए कि यदि $xy \geq 0$ हो तो दक्षिणपक्ष $\in$ प्रथम वृत्तपाद (चतुर्थांश) किंतु बाम पक्ष प्रथम या चतुर्थ वृत्तपाद से संबंधित होगा। अत: इस सूत्र को निम्नवत लिखा जाना चाहिए :

$\cos^{-1} x - \cos^{-1} y = \cos^{-1} [xy + \sqrt{(1 - x^2)} \sqrt{(1 - y^2)}]$, $-1 \leq x \leq y \leq 1$.

(x) $2 \tan^{-1} x = \sin^{-1} \dfrac{2x}{1+x^2} = \tan^{-1} \dfrac{2x}{1-x^2}$ $(|x| < 1)$

$$\pi - 2 \tan^{-1} x = \sin^{-1} \frac{2x}{1+x^2} \; (|x| > 1).$$

और $0 \leq x \leq$ के लिए $2 \tan^{-1} x = \cos^{-1} \dfrac{1-x^2}{1+x^2}$.

किसी प्रतिलोम फलन का मान किसी अन्य प्रतिलोम फलन के रूप में ज्ञात करना (To Find the Value of one Inverse Function in Terms of Other Inverse Function) : मान लें कि $\sin^{-1} x$ दिया गया है, तो $\sin^{-1} x = \theta \Rightarrow x = \sin \theta$; $\cos \theta = \sqrt{(1 - \sin^2 \theta)} = \sqrt{(1 - x^2)}$

$\therefore \theta = \cos^{-1} \sqrt{(1 - x^2)}$

स्पष्ट है कि $-\pi/2 \leq \sin^{-1} x \leq \pi/2$ और $0 \leq \cos^{-1} \sqrt{(1 - x^2)} \leq \pi/2$, अत: समता (equality) केवल $0 \leq \sin^{-1} x \leq \pi/2$, अर्थात् $0 \leq x \leq 1$ के लिए ही स्थापित हो सकती है। $-1 \leq x < 0$, के लिए, $-\pi/2 \leq \sin^{-1} x < 0$ और $\cos (-\theta) = \cos \theta$.

अत:

$$\sin^{-1} x = \begin{cases} \cos^{-1} \sqrt{(1 - x^2)} \text{ यदि } 0 \leq x \leq 1 \\ -\cos^{-1} \sqrt{(1 - x^2)} \text{ यदि } -1 \leq x < 0 \end{cases} \quad ...(1)$$

$\tan \theta = \dfrac{x}{\sqrt{1-x^2}}$ से, $\sin^{-1} x = \theta$

$$= \tan^{-1} \frac{x}{\sqrt{1-x^2}}$$

हम देखते हैं कि $x = \pm 1$ के लिए $\tan^{-1} \dfrac{x}{\sqrt{1-x^2}}$ अपरिभाषित है, अत: इस परिणाम का प्रांत $-1 < x < 1$ होना चाहिए।

और तब उस स्थिति में $-\pi/2 < \sin^{-1} x < \pi/2$ और $-\pi/2 < \tan^{-1} \dfrac{x}{\sqrt{1-x^2}} < \pi/2$.

अत: $\sin^{-1} x = \tan^{-1} \dfrac{x}{\sqrt{1-x^2}}$ यदि $-1 < x < 1$ ... (2)

$\cot \theta = \dfrac{\sqrt{1-x^2}}{x}$ से $\theta = \cot^{-1} \dfrac{\sqrt{1-x^2}}{x}$.

यह परिणाम स्पष्टत: $0 < x \leq 1$ के लिए सत्य है।

क्या होता है यदि $-1 \leq x < 0$ हो,

तो $-\pi/2 \leq \sin^{-1} x > 0$ किंतु $\pi/2 \leq \cot^{-1} \dfrac{\sqrt{1-x^2}}{x} < \pi$.

चूंकि $\cot(\theta - \pi) = \cot\theta$ और $-\pi/2 \le \cot^{-1}\frac{\sqrt{1-x^2}}{x} - \pi < 0$,

अत: $\sin^{-1}x = -\pi + \cot^{-1}\frac{\sqrt{1-x^2}}{x}$ यदि $-1 \le x < 0$ हो।

$$\text{तो } \sin^{-1}x = \begin{cases} \cot^{-1}\frac{\sqrt{1-x^2}}{x} & \text{यदि } 0 < x \le 1 \\ -\pi + \cot^{-1}\frac{\sqrt{1-x^2}}{x} & \text{यदि } -1 \le x < 0 \end{cases} \quad ...(3)$$

स्पष्ट है कि $\sin^{-1} x = \text{cosec}^{-1} 1/x$

यदि $-1 \le x \le 1, x \ne 0$ ... (4)

$$\text{अंत में } \sin^{-1} x = \begin{cases} \sec^{-1}\frac{1}{\sqrt{1-x^2}} & 0 \le x < 1 \\ -\sec^{-1}\frac{1}{\sqrt{1-x^2}} & -1 < x < 0 \end{cases} \quad ...(5)$$

इसी प्रकार संक्रिया करके हम अन्य रूपांतरणों को भी ज्ञात कर सकते हैं।

त्रिभुज के गुणधर्म (Properties of Triangle) : किसी त्रिभुज ABC में कोण BAC, ABC और ACB अंग्रेजी के बड़े अक्षरों $\angle A$, $\angle B$, और $\angle C$ द्वारा व्यक्त किए जाते हैं और $\angle A$, $\angle B$, $\angle C$ की सम्मुख भुजाएं BC, CA, AB संगत छोटे अक्षरों अर्थात् क्रमश: a, b, c द्वारा व्यक्त की जाती है।

अत: ΔABC में, $\angle BAC = A$, $\angle ABC = \angle B$, $\angle ACB = \angle C$, $BC = a$, $CA = b$, $AB = c$.

साइन नियम (Sine Rule) : किसी भी त्रिभुज ABC में, $a/\sin A = b/\sin B = c/\sin C = 2R$.

कोसाइन नियम (Cosine Rule) : किसी भी त्रिभुज ABC में,

$$\cos A = (b^2 + c^2 - a^2)/2bc$$
$$\cos B = (c^2 + a^2 - b^2)/2ca$$
$$\cos C = (a^2 + b^2 - c^2)/2ab.$$

प्रक्षेप नियम (Projection Rule) : किसी भी त्रिभुज ABC में,

$$a = b\cos C + c\cos B$$
$$b = c\cos A + a\cos C$$
$$c = a\cos B + b\cos A.$$

स्पर्शज्या नियम या नैपियर अनुरूपता (Tangent Rule or Napier's Analogy): किसी भी त्रिभुज ABC में,

$$\tan\frac{B-C}{2} = \frac{b-c}{b+c}\cot\frac{A}{2}$$
$$\tan\frac{C-A}{2} = \frac{c-a}{c+a}\cot\frac{B}{2}$$
$$\tan\frac{A-B}{2} = \frac{a-b}{a+b}\cot\frac{C}{2}$$

त्रिभुज का क्षेत्रफल (Area of a Triangle) : Δ ABC का क्षेत्रफल जिसे Δ या S द्वारा सूचित किया जाता है, निम्नलिखित सूत्र की सहायता से ज्ञात करते हैं :

(i) $\Delta = \frac{1}{2} bc\sin A = \frac{1}{2} ca\sin B = \frac{1}{2} ab\sin C.$

(ii) $\Delta = \sqrt{[s(s-a)(s-b)(s-c)]}$,
जहां $s = (a + b + c)/2$

(iii) $\Delta = \frac{b^2\sin C\sin A}{2\sin B} = \frac{c^2\sin A\sin B}{2\sin C} = \frac{a^2\sin B\sin C}{2\sin A}$

किसी त्रिभुज के अर्धकोणों के त्रिकोणमितीय अनुपात (Trigonometrical Ratios of the Half Angles of a Triangle) :

(A)*(i)* $\sin\frac{A}{2} = \sqrt{\left[\frac{(s-b)(s-c)}{bc}\right]}$

(ii) $\sin\frac{B}{2} = \sqrt{\left[\frac{(s-c)(s-a)}{ca}\right]}$

(iii) $\sin\frac{C}{2} = \sqrt{\left[\frac{(s-a)(s-b)}{ab}\right]}$

(B)*(i)* $\cos\frac{A}{2} = \sqrt{\left[\frac{s(s-a)}{bc}\right]}$

(ii) $\cos\frac{B}{2} = \sqrt{\left[\frac{s(s-b)}{ca}\right]}$

(iii) $\cos\frac{C}{2} = \sqrt{\left[\frac{s(s-c)}{ab}\right]}$

(C)*(i)* $\tan\frac{A}{2}=\sqrt{\left[\frac{(s-b)(s-c)}{s(s-a)}\right]}$

(ii) $\tan\frac{B}{2}=\sqrt{\left[\frac{(s-c)(s-a)}{s(s-b)}\right]}$

(iii) $\tan\frac{C}{2}=\sqrt{\left[\frac{(s-a)(s-b)}{s(s-c)}\right]}$

(D) $\sin A=\frac{2}{bc}\sqrt{s(s-a)(s-b)(s-c)}=\frac{2\Delta}{bc}$,

$\sin B=\frac{2\Delta}{ca}$, $\sin C=\frac{2\Delta}{ab}$.

त्रिभुज का परिवृत्त (Circumcircle of a Triangle) : किसी त्रिभुज के शीर्षों से होकर निकलने वाले वृत्त को त्रिभुज का परिवृत्त कहते हैं।

परिवृत्त का केंद्र त्रिभुज का परिकेंद्र (circumcentre) कहलाता है और यह त्रिभुज की भुजाओं के लंब समद्विभाजक रेखाओं का प्रतिच्छेद बिंदु होता है।

परिवृत्त की त्रिज्या त्रिभुज की परित्रिज्या (circumradius) कहलाती है जिसे प्राय: R द्वारा इंगित किया जाता है और निम्नलिखित सूत्र द्वारा व्यक्त किया जाता है :

$$R=\frac{a}{2\sin A}=\frac{b}{2\sin B}=\frac{c}{2\sin C}=\frac{abc}{4\Delta}.$$

त्रिभुज का अंत:वृत्त (Incircle of a Triangle) : त्रिभुज के भीतर बनाया गया ऐसा वृत्त जो त्रिभुज की सभी तीनों भुजाओं को स्पर्श करता हो त्रिभुज का अंत: वृत्त कहलाता है।

अंत:वृत्त का केंद्र त्रिभुज का अंत: केंद्र (incentre) कहलाता है और यह त्रिभुज के कोणों के आंतरिक समद्विभाजक रेखाओं का प्रतिच्छेद बिंदु होता है।

अंत: वृत्त की त्रिज्या त्रिभुज की अंत: त्रिज्या (inradius) कहलाती है जिसे प्राय: r द्वारा इंगित किया जाता है तथा निम्नलिखित सूत्र द्वारा व्यक्त किया जाता है :

$$r=\Delta/s=(s-a)\tan\frac{A}{2}=(s-b)\tan\frac{B}{2}$$

$$=(s-c)\tan\frac{C}{2}.$$

$$=\frac{a\sin\frac{B}{2}\sin\frac{C}{2}}{\cos\frac{A}{2}}=\frac{b\sin\frac{A}{2}\sin\frac{C}{2}}{\cos\frac{B}{2}}$$

$$=\frac{c\sin\frac{B}{2}\sin\frac{A}{2}}{\cos\frac{C}{2}}$$

$$=4R\sin\frac{A}{2}\sin\frac{B}{2}\sin\frac{C}{2}.$$

त्रिभुज के बहिर्वृत्त (Escribed Circles of a Triangle) : त्रिभुज ABC की भुजा BC को तथा अन्य दो भुजाओं AB और AC की वर्धित रेखा को स्पर्श करने वाला वृत्त त्रिभुज के कोण A के सम्मुख त्रिभुज का बहिर्वृत्त कहलाता है।

इसी प्रकार, हम त्रिभुज के कोण B और कोण C के सम्मुख बहिर्वृत्तों को परिभाषित कर सकते हैं।

बहिर्वृत्तों के केंद्र बहिष्केंद्र (ex-centres) कहलाते हैं।

कोण A के सम्मुख बहिर्वृत्त का केंद्र कोण A की आंतरिक समद्विभाजक रेखा तथा B और C कोणों की बाह्य समद्विभाजक रेखाओं का प्रतिच्छेद बिंदु होता है। इस केंद्र को प्राय: I_1 द्वारा इंगित किया जाता है।

ΔABC के $\angle A$, $\angle B$ और $\angle C$ के सम्मुख बहिर्वृत्तों की त्रिज्याएं बहिर्त्रिज्याएं कहलाती हैं और इन्हें प्राय: क्रमश: r_1, r_2 और r_3 द्वारा इंगित किया जाता है तथा निम्नलिखित सूत्र द्वारा व्यक्त किया जा सकता है :

(i) $r_1=s\tan\frac{A}{2}$, $r_2=s\tan\frac{B}{2}$, $r_3=s\tan\frac{C}{2}$.

(ii) $r_1=\frac{a\cos\frac{B}{2}\cos\frac{C}{2}}{\cos\frac{A}{2}}$

$r_2=\frac{b\cos\frac{C}{2}\cos\frac{A}{2}}{\cos\frac{B}{2}}$,

$r_3=\frac{c\cos\frac{A}{2}\cos\frac{B}{2}}{\cos\frac{C}{2}}$

(iii) $r_1=4R\sin\frac{A}{2}\cos\frac{B}{2}\cos\frac{C}{2}$,

$$r_2 = 4R\cos\frac{A}{2}\sin\frac{B}{2}\cos\frac{C}{2}$$

$$r_3 = 4R\cos\frac{A}{2}\cos\frac{B}{2}\sin\frac{C}{2}.$$

त्रिभुज का लंब केंद्र (Orthocentre of a Triangle) : किसी त्रिभुज में उसके शीर्षों से सम्मुख भुजाओं पर खींची गई लंब रेखाओं के प्रतिच्छेद बिंदु को त्रिभुज का लंबकेंद्र (orthocentre) कहते हैं।

मान लें कि त्रिभुज ABC के A, B और C शीर्षों से सम्मुख भुजाओं BC, CA और AB पर क्रमश: AD, BE और CF लंबवत् रेखाएं खींची जाती हैं जिनका प्रतिच्छेद बिंदु O है। तो O त्रिभुज ABC का लंबकेंद्र है।

त्रिभुज DEF को Δ ABC का पदिक त्रिभुज (pedal triangle) कहते हैं।

त्रिभुज के शीर्षों और भुजाओं से लंबकेंद्र की दूरी (Distances of the Orthocentre from the Vertices and the Sides): यदि ΔABC में O त्रिभुज का लंबकेंद्र और DEF पदिक त्रिभुज हो जहां AD, BE, CF त्रिभुज के A, B, C शीर्षों से क्रमश: BC, CA, AB सम्मुख भुजाओं पर लंब हों, तो

(i) OA = 2R cos A, OB = 2R cos B और OC = 2R cos C.

(ii) OD = 2R cos B cos C, OE = 2R cos C cos A और OF = 2R cos A cos B.

(iii) पदिक त्रिभुज की परित्रिज्या = R/2.

(iv) पदिक त्रिभुज का क्षेत्रफल = 2Δ cos A cos B cos C.

माध्यिकाओं की लंबाइयां और केंद्रों के बीच संबंध (Lengths of Medians and Connections Between Centres) : मान लें कि O, O', G और I त्रिभुज ABC के क्रमश: परिकेंद्र लंब केंद्र, केंद्रक और अंत: केंद्र हैं।

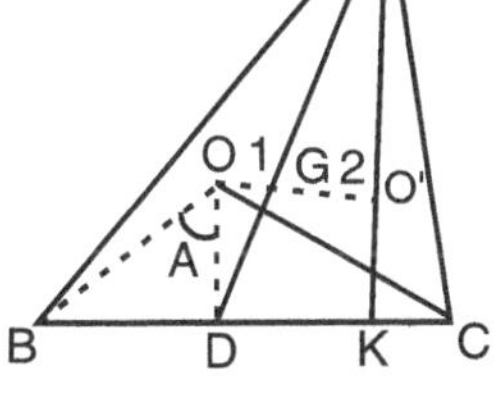

(i) मान लें कि AD, BE और CF त्रिभुज की माध्यिकाएं हैं, तो

$$4AD^2 = b^2 + c^2 + 2bc\cos A = 2b^2 + 2c^2 - a^2$$
$$4BE^2 = c^2 + a^2 + 2ac\cos B = 2c^2 + 2a^2 - b^2$$
$$4CF^2 = a^2 + b^2 + 2ab\cos C = 2a^2 + 2b^2 - c^2.$$

(ii) O, G और O' संरेखीय है और G, OO' को 1 : 2 के अनुपात में विभाजित करता है

$\therefore \frac{OG}{O'G} = \frac{1}{2}$. परिकेंद्र O और लंबकेंद्र O' के बीच की दूरी OO'

$= R\sqrt{(1 - 8\cos A\cos B\cos C)}$

$\therefore OG = (R/3)\sqrt{(1 - 8\cos A\cos B\cos C)}$

(iii) परिकेंद्र O और अंत: केंद्र I के बीच की दूरी

$OI = R\sqrt{[1 - 8\sin(A/2)\sin(B/2)\sin(C/2)]}$

(iv) यदि I_1, I_2, I_3 त्रिभुज ABC के क्रमश: कोण A, B, C के सम्मुख बनाए गए बहिर्वृत्तों के केंद्र हों, तो

$OI_1 = R\sqrt{[1 + 8\sin(A/2)\cos(B/2)\cos(C/2)]}$,
$OI_2 = R\sqrt{[1 + 8\cos(A/2)\sin(B/2)\cos(C/2)]}$,
$OI_3 = R\sqrt{[1 + 8\cos(A/2)\cos(B/2)\sin(C/2)}$.

चक्रीय चतुर्भुज (Cyclic Quadrilateral) : चतुर्भुज ABCD को चक्रीय चतुर्भुज कहते हैं यदि इसके सभी चारों शीर्ष अर्थात् A, B, C और D एक वृत्त पर स्थित हों।

(i) चक्रीय चतुर्भुज ABCD का क्षेत्रफल

$= \sqrt{[(s-a)(s-b)(s-c)(s-d)]}$

जहां AB = a, BC = b, CD = c, DA = d

और $2s = a + b + c + d$.

(ii) चक्रीय चतुर्भुज की परित्रिज्या

$$R = \frac{1}{4}\sqrt{\left[\frac{(ab+cd)(ac+bd)(ad+bc)}{(s-a)(s-b)(s-c)(s-d)}\right]}.$$

नियमित बहुभुज (Regular Polygon) : किसी बहुभुज को नियमित बहुभुज कहते हैं यदि इसकी सभी भुजाएं समान हों तथा इसके सभी कोण भी समान हों।

(i) **परिवृत्त (Circumscribed Circle) :** किसी नियमित बहुभुज के सभी शीर्षों से होकर निकलने वाले वृत्त को उस बहुभुज का परिवृत्त कहते हैं।

यदि n भुजाओं वाले किसी नियमित बहुभुज की प्रत्येक भुजा की लंबाई a हो, तो परिवृत्त की त्रिज्या R,

$$R = \frac{a}{2\sin(\pi/n)} = \frac{a}{2}\ \text{cosec}\left(\frac{\pi}{n}\right).$$

(ii) **अंत:वृत्त (Inscribed Circle) :** किसी नियमित बहुभुज के भीतर बनाया गया ऐसा वृत्त जो बहुभुज की सभी भुजाओं को स्पर्श करता हो, बहुभुज का अंत:वृत्त कहलाता है। प्रत्येक a लंबाई की n भुजाओं वाले नियमित बहुभुज के

अंत:वृत्त की त्रिज्या,

$$r = \frac{a}{2}\cot\left(\frac{\pi}{n}\right)$$

(iii) **नियमित बहुभुज का क्षेत्रफल (Area of a regular polygon) :** प्रत्येक a लंबाई की n भुजाओं वाले नियमित बहुभुज का क्षेत्रफल D निम्नलिखित द्वारा व्यक्त किया जाता है :

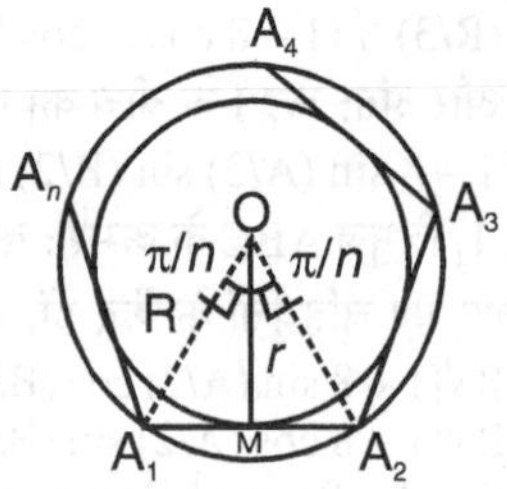

$$\Delta = \frac{1}{4}na^2\cot(\pi/n) = \frac{1}{2}nR^2\sin(2\pi/n)$$

$$= nr^2\tan(\pi/n).$$

ऊंचाई और दूरी (HEIGHTS AND DISTANCES)

उन्नयन कोण और अवनमन कोण (Angle of Elevation and Depression) : मान लें कि O और P दो ऐसे बिंदु हैं जिनमें से P, O की तुलना में उच्च तल पर है तथा PQ और OX क्रमश: P और O से खींची गई क्षैतिज रेखाएं हैं। यदि कोई प्रेक्षक (या आंख) O पर हो और वस्तु P पर हो तो $\angle XOP$ को O से P का उन्नयन कोण (angle of elevation) कहते हैं। यह कोण O से P की कोणीय ऊंचाई (angular height) भी कहलाता है।

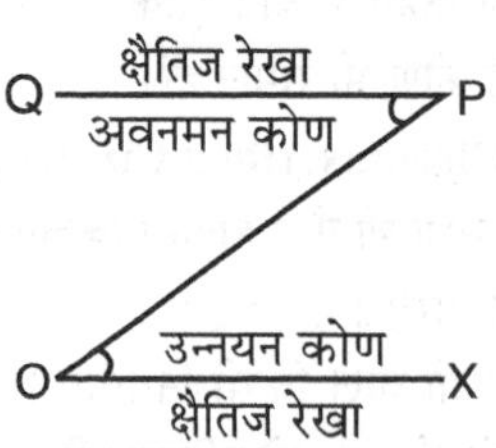

यदि कोई प्रेक्षक (या आंख) P पर हो और वस्तु O पर हो, तो $\angle QPO$ को P से O का अवनमन कोण (angle of depression) कहते हैं।

ऊंचाई और दूरी से संबंधित प्रश्नों को हल करने की विधियां (Methods of Solving a Problem of Heights and Distances) :

(i) यथासंभव सभी कोणों और दूरियों को दर्शाते हुए सुस्पष्ट चित्र बनाएं।

(ii) याद रखें, यदि कोई रेखा किसी समतल के लंबवत् हो तो वह उस समतल में प्रत्येक रेखा के लंबवत् होगी।

(iii) ऊंचाई और दूरी से संबंधित प्रश्नों में हमें एक समकोण त्रिभुज प्राप्त होता है जिसमें एक कोण (न्यून कोण) और एक भुजा की माप ज्ञात होती है। अत: त्रिभुज की अन्य भुजाओं का परिकलन करने के लिए ज्ञात लंबाई वाली भुजा से संबंध त्रिकोणमितीय अनुपातों का अर्थात् निम्नलिखित सूत्र का प्रयोग करें :

$$\frac{\text{अपेक्षित भुजा}}{\text{ज्ञात भुजा}} = (\text{ज्ञात मान वाले कोण का कोई त्रिकोणमितीय अनुपात})$$

(iv) समकोण त्रिभुज को छोड़कर अन्य किसी भी त्रिभुज में हम साइन नियम (sine rule) अर्थात् सूत्र $\frac{a}{\sin A} = \frac{b}{\sin B} = \frac{c}{\sin C}$ या कोसाइन सूत्र अर्थात् $\cos A = \frac{b^2 + c^2 - a^2}{2\,bc}$, आदि का प्रयोग कर सकते हैं।

(v) दो भिन्न-भिन्न त्रिभुजों में जिनमें कोई एक भुजा उभयनिष्ठ हो, उभयनिष्ठ भुजा की लंबाई अलग-अलग ज्ञात करें और इस प्रकार प्राप्त दो मानों को समीकृत करें।

(vi) यदि दो बिंदुओं A और B को मिलाने वाली रेखा किसी रेखा पर स्थित बिंदु P पर बृहत्तम कोण α बनाती हो, तो A, B और P से होकर खींचा गया वृत्त सरल रेखा को बिंदु P पर स्पर्श करेगा।

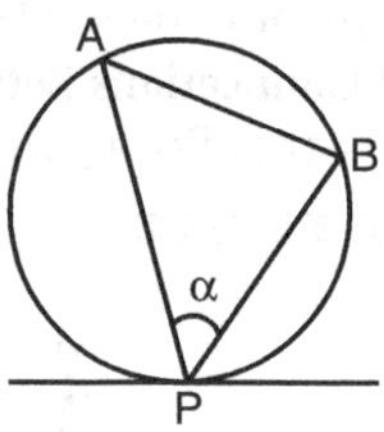

वृत्तों से संबंधित कुछ परिणाम (Some Results on Circle)

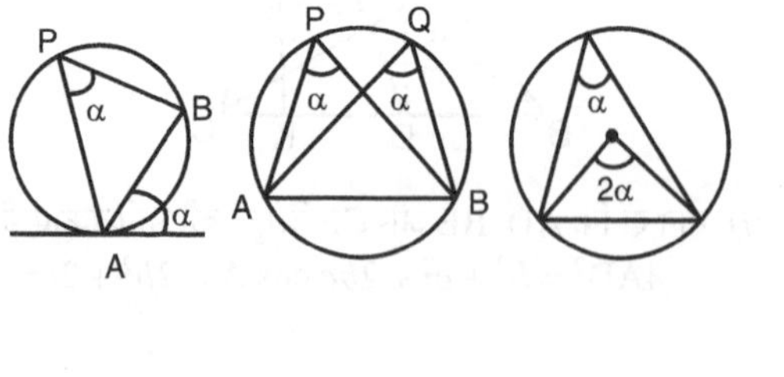

m-n प्रमेय (त्रिकोणमितीय प्रमेय)

The m-n Theorem (Trigonometric Theorem):

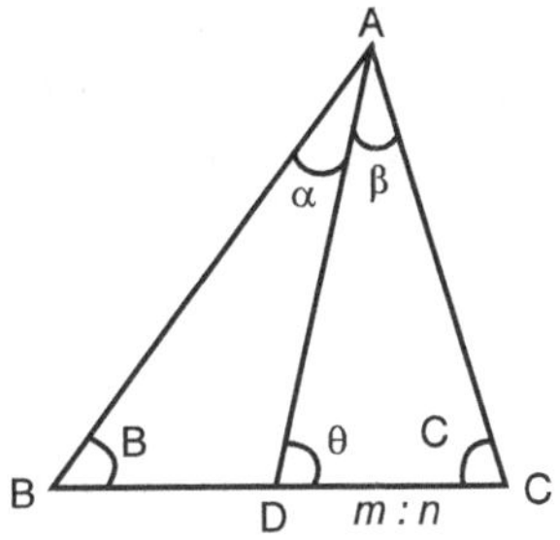

यदि D, BC को $m : n$ के अनुपात में विभाजित करता हो, तो

$$(m + n) \cot \theta = n \cot B - m \cot C$$

या $(m + n) \cot \theta = m \cot \alpha - n \cot \beta$

ये परिणाम अज्ञात कोणों को ज्ञात करने में अत्यधिक उपयोगी हैं।

अतिपरवलयिक फलन (Hyperbolic Functions):

1. $\sin h\, x$, $\cos hx$ और $\tan hx$ द्वारा व्यक्त अतिपरवलयिक sine, cosine और tangent नीचे परिभाषित किए गए हैं :

   (i) $\sin hx = \frac{1}{2} (e^x - e^{-x})$

   (ii) $\cos hx = \frac{1}{2} (e^x + e^{-x})$ और

   (iii) $\tan hx = (e^x - e^{-x})/(e^x + e^{-x})$

   जहां x वास्तविक या सम्मिश्र राशि है।

2. (i) $\cos h^2 x - \sin h^2 x = 1$

   (ii) $1 - \tan h^2 x = \sec h^2 x$

   (iii) $\cot h^2 x - 1 = \operatorname{cosec} h^2 x$.

3. (i) $\sin h (x + y) = \sin h\, x \cos h\, y + \cos h\, x \sin h\, y$

   (ii) $\sin h (x - y) = \sin h\, x \cos h\, y - \cos h\, x \sin h\, y$

   (iii) $\cos h (x + y) = \cos h\, x \cos h\, y + \sin h\, x \sin h\, y$

   (iv) $\cos h (x - y) = \cos h\, x \cos h\, y - \sin h\, x \sin h\, y$

   (v) $\tanh (x + y) = \dfrac{\tanh x + \tanh y}{1 + \tanh x \tanh y}$

   (vi) $\tan h (x - y) = \dfrac{\tan hx - \tan hy}{1 - \tan hx \tan hy}$

4. (i) $\sin h\, 2x = 2 \sin h\, x \cos h\, x = \dfrac{2 \tan hx}{1 - \tan h^2 x}$

   (ii) $\cos h\, 2x = \cos h^2 x + \sin h^2 x = 2 \cos h^2 x - 1$
   $= 1 + 2 \sin h^2 x$

   $= \dfrac{1 + \tan h^2 x}{1 - \tan h^2 x}$

   (iii) $\tan h\, 2x = \dfrac{2 \tan hx}{1 + \tan h^2 x}$

5. (i) $\sin h\, 3x = 3 \sin hx + 4 \sin h^3 x$

   (ii) $\cos h\, 3x = 4 \cos h^3 x - 3 \cos h\, x$

   (iii) $\tan h\, 3x = \dfrac{3 \tan hx + \tan h^3 x}{1 + 3 \tan h^2 x}$

6. (i) $\sin h\, x + \sin h\, y = 2 \sin h \tfrac{1}{2}(x + y) \cos h \tfrac{1}{2}(x - y)$

   (ii) $\sin h\, x - \sin h\, y = 2 \cos h \tfrac{1}{2}(x + y) \sin h \tfrac{1}{2}(x - y)$

   (iii) $\cos h\, x + \cos h\, y = 2 \cos h \tfrac{1}{2}(x + y) \cos h \tfrac{1}{2}(x - y)$

   (iv) $\cos h\, x - \cos h\, y = 2 \sin h \tfrac{1}{2}(x + y) \sin h \tfrac{1}{2}(x - y)$

7. (i) $\sin h^{-1} x = \log [x + \sqrt{(x^2 + 1)}]$

   (ii) $\cos h^{-1} x = \log [x + \sqrt{(x^2 - 1)}]$

   (iii) $\tan h^{-1} x = \tfrac{1}{2} \log \left(\dfrac{1 + x}{1 - x}\right)$

   (iv) $\cot h^{-1} x = \tfrac{1}{2} \log \left(\dfrac{x + 1}{x - 1}\right)$

8. (i) $\sin (ix) = i \sin h\, x$

   (ii) $\cos (ix) = \cos h\, x$

   (iii) $\tan (ix) = i \tan x$

9. (i) $(\cos h\, x + \sin h\, x)^n = e^{nx} = \cos h\, nx + \sin h\, nx$

   (ii) $(\cos h\, x - \sin h\, x)^n = e^{-nx} = \cos h\, nx - \sin h\, nx$

बहुविकल्पी प्रश्नावली

1. किसी त्रिभुज के कोण समांतर श्रेढ़ी में हैं और सबसे छोटे कोण की रेडियन में माप और मध्यमान वाले कोण की डिग्री में माप का अनुपात $\pi : 200$ है। त्रिभुज के सबसे बड़े कोण की रेडियन में माप होगी :

   A. $(11/30)\pi$ B. $\pi/3$

   C. $\pi/2$ D. इनमें से कोई नहीं

2. पृथ्वी से चंद्रमा तक की दूरी 3,50,000 किमी है और इसका व्यास पृथ्वी पर खड़े प्रेक्षक की आंखों में 31' का कोण निर्मित करता है। चंद्रमा का व्यास निम्नलिखित में से कितना है?

   A. 3157 (11/27) किमी B. 315 (11/27) किमी

   C. 3050 (11/27) किमी D. इनमें से कोई नहीं

3. यदि $\sin\theta = -3/5$ और θ तृतीय वृत्तपाद (third quadrant) में अवस्थित हो, तो $\cos(\theta/2)$ का मान होगा:
A. 1/5 B. $-1/\sqrt{(10)}$
C. $-1/5$ D. $1/\sqrt{(10)}$

4. यदि $\tan\theta = -4/3$ हो, तो $\sin\theta = ?$
A. $-4/5$ किंतु 4/5 नहीं B. $-4/5$ या 4/5
C. 4/5 किंतु $-4/5$ नहीं D. इनमें से कोई नहीं

5. यदि कोण θ तृतीय वृत्तपाद में अवस्थित हो और $\tan\theta = 3$ हो, तो $\sin\theta$ का मान होगा :
A. $1/\sqrt{(10)}$ B. $-1/\sqrt{(10)}$
C. $-3/\sqrt{(10)}$ D. $3/\sqrt{(10)}$

6. यदि $(\sec\alpha + \tan\alpha)(\sec\beta + \tan\beta)(\sec\gamma + \tan\gamma) = \tan\alpha\tan\beta\tan\gamma$ हो, तो $(\sec\alpha - \tan\alpha)(\sec\beta - \tan\beta)(\sec\gamma - \tan\gamma) =$
A. $\cot\alpha\cot\beta\cot\gamma$
B. $\tan\alpha\tan\beta\tan\gamma$
C. $\cot\alpha + \cot\beta + \cot\gamma$
D. $\tan\alpha + \tan\beta + \tan\gamma$

7. निम्नलिखित में से कौन सा सत्य है ?
A. $\sin 1° > \sin 1$
B. $\sin 1° < \sin 1$
C. $\sin 1° = \sin 1$
D. $\sin 1° = (\pi/180)\sin 1$

8. निम्नलिखित में कौन सा सत्य है ?
A. $\tan 1 > \tan 2$ B. $\tan 1 = \tan 2$
C. $\tan 1 < \tan 2$ D. $\tan 1 = 1$

9. $\cos 1° \cos 2° \ldots \cos 100°$ का मान है :
A. 1 B. -1
C. 0 D. इनमें से कोई नहीं

10. $\cos 24° + \cos 5° + \cos 175° + \cos 204° + \cos 300° =$
A. 1/2 B. $-1/2$
C. $\sqrt{(3/2)}$ D. इनमें से कोई नहीं

11. $\tan 5° \tan 25° \tan 45° \tan 65° \tan 85° =$
A. 1 B. 1/2
C. 3/4 D. इनमें से कोई नहीं

12. $\tan\frac{\pi}{20}\tan\frac{3\pi}{20}\tan\frac{5\pi}{20}\tan\frac{7\pi}{20}\tan\frac{9\pi}{20} =$
A. 1 B. -1
C. 1/2 D. इनमें से कोई नहीं

13. $\sin^2(\pi/18) + \sin^2(\pi/9) + \sin^2(7\pi/18) + \sin^2(4\pi/9)$
A. 1 B. 2
C. 4 D. इनमें से कोई नहीं

14. $\tan\theta\sin(\pi/2 + \theta)\cos(\pi/2 - \theta) =$
A. 1 B. -1
C. $1/2\sin 2\theta$ D. इनमें से कोई नहीं

15. $\log\sin 1° \log\sin 2° \ldots \log\sin 179° =$
A. 1 B. 0
C. $1/\sqrt{2}$ D. इनमें से कोई नहीं

16. $\log\tan 1° + \log\tan 2° + \ldots + \log\tan 89° =$
A. 1 B. 0
C. $\pi/4$ D. इनमें से कोई नहीं

17. $\sin 12° \sin 48° \sin 54°$ का मान है :
A. 1/2 B. 1/3
C. 1/6 D. 1/8

18. यदि $f(x) = \cos^2 x + \sec^2 x$, हो, तो इसका मान सदैव निम्नलिखित होगा :
A. $f(x) < 1$ B. $f(x) = 1$
C. $2 > f(x) > 1$ D. $f(x) \geq 2$

19. यदि $A = \cos^2\theta + \sin^4\theta$, हो, तो θ के सभी मानों के लिए:
A. $1 \leq A \leq 2$ B. $13/16 \leq A \leq 1$
C. $3/4 \leq A \leq 13/16$ D. $3/4 \leq A \leq 1$

20. यदि $x = r\cos\theta\cos\phi$, $y = r\cos\theta\sin\phi$, $z = r\sin\theta$ हो, तो $x^2 + y^2 + z^2 =$
A. 0 B. 1
C. r D. r^2

21. यदि $x = a\cos^3\theta$, $y = b\sin^3\theta$ हो, तो
A. $(x/a)^{2/3} + (y/b)^{2/3} = 1$
B. $(x/b)^{2/3} + (y/a)^{2/3} = 1$
C. $(a/x)^{2/3} + (b/y)^{2/3} = 1$
D. $(b/x)^{2/3} + (a/y)^{2/3} = 1$

22. समीकरण $x = \dfrac{2a\theta}{1+\theta^2}, y = \dfrac{a(1-\theta^2)}{1+\theta^2}$, जहां a एक स्थिरांक है, निम्नलिखित के वक्र का एक प्राचलिक समीकरण है :
A. $x - y^2 = a^2$ B. $x^2 + y^2 = a^2$
C. $x^2 + 4y^2 = 4a^2$ D. $x = 2y$

23. व्यंजक $3\left[\sin^4\left\{\frac{3}{2}\pi - \alpha\right\} + \sin^4(3\pi + \alpha)\right]$

$-2\left[\sin^6\left(\frac{1}{2}\pi + \alpha\right) + \sin^6(5\pi - \alpha)\right]$ निम्नलिखित

के बराबर है :

A. 0 B. 1
C. 3 D. $\sin 4\alpha + \cos 6\alpha$

24. $\frac{1}{\sin 10^\circ} - \frac{\sqrt{3}}{\cos 10^\circ}$ निम्नलिखित के बराबर है :

A. 2 B. 4
C. 3 D. इनमें से कोई नहीं

25. $\sqrt{3}$ cosec 20° – sec 20° निम्नलिखित के बराबर है :

A. 2 B. 2 sin 20°/sin 40°
C. 4 D. 4 sin 20°/sin 40°

26. यदि $\tan A = \frac{a}{a+1}$ और $\tan B = \frac{1}{2a+1}$ हो, तो A + B का मान होगा :

A. 0 B. $\pi/2$
C. $\pi/3$ D. $\pi/4$

27. त्रिभुज PQR में $\angle R = \pi/2$ है। यदि tan (P/2) और tan (Q/2) समीकरण $ax^2 + bx + c = 0$, के मूल हों, तो

A. $a + b = c$ B. $b + c = a$
C. $a + c = b$ D. $b = c$

28. $\sqrt{(\log_3 \tan x)}$ निम्नलिखित में से किसके लिए वास्तविक होगा ?

A. $n\pi + \pi/4 \le x < n\pi + \pi/2$
B. $n\pi < x < n\pi + \pi/2$
C. $n\pi \pm \pi/4 \le x < n\pi \pm \pi/2$
D. इनमें से कोई नहीं

29. यदि $\tan \theta = a/b$ हो, तो $b \cos 2\theta + a \sin 2\theta =$

A. a B. b
C. b/a D. इनमें से कोई नहीं

30. cos 57° + sin 27° =

A. cos 30° B. cos 3°
C. sin 3° D. इनमें से कोई नहीं

31. $\cos \pi/7 \cos 2\pi/7 \cos 4\pi/7$ का मान होगा

A. 0 B. 1/2
C. 1/3 D. – 1/8

32. $\sin \pi/14 \sin 3\pi/14 \sin 5\pi/14$ का मान होगा

A. 1/16 B. 1/8
C. 1/2 D. 1

33. sin 20° sin 40° sin 60° sin 80°=

A. – 3/16 B. 5/16
C. 3/16 D. – 5/16

34. sin 12° sin 24° sin 48° sin 84° =

A. cos 20° cos 40° cos 60° cos 80°
B. sin 20° sin 40° sin 60° sin 80°
C. 3/15
D. इनमें से कोई नहीं

35. ($\cos \pi/5 \cos 2\pi/5 \cos 4\pi/5 \cos 8\pi/5$) का मान है:

A. 1/16 B. 0
C. – 1/8 D. – 1/16

36. यदि $\sin \alpha = 12/13$, जहां $0 < \alpha < \pi/2$ और $\cos \beta = -3/5$, जहां $\pi < \beta < 3\pi/2$, हो, तो $\cos (\alpha + \beta)$ का मान निम्नलिखित में से किसके बराबर होगा ?

A. 33/65 B. 63/65
C. – 33/65 D. –63/65

37. $\cos^{-1} (\cos 7\pi/6)$ का मुख्य मान है :

A. $-\pi/5$ B. $7\pi/6$
C. $5\pi/6$ D. इनमें से कोई नहीं

38. $\sin^{-1} [\sin (2\pi/3)]$ का मुख्य मान है :

A. $-2\pi/3$ B. $2\pi/3$
C. $4\pi/3$ D. $5\pi/3$
E. इनमें से कोई नहीं

39. $\cos^{-1} (\cos 5\pi/4)$ का मान निम्नलिखित में से किसके बराबर है ?

A. $5\pi/4$ B. $3\pi/4$
C. $-\pi/4$ D. इनमें से कोई नहीं

40. $\sin (\cot^{-1} x)$ का मान होगा :

A. $\sqrt{(1 + x^2)}$ B. x
C. $(1 + x^2)^{-3/2}$ D. $(1 + x^2)^{-1/2}$

41. $\tan (\cos^{-1} x)$ निम्नलिखित में से किसके बराबर है ?

A. $\sqrt{(1 - x^2)}/x$ B. $x/\sqrt{(1 + x^2)}$
C. $\sqrt{(1 + x^2)}/x$ D. $x\sqrt{(1 - x^2)}$

42. $\sin [2 \sin^{-1} (0.8)]$ का मान निम्नलिखित में से किसके बराबर है ?

A. sin 1.2° B. sin 1.6°
C. 0.48 D. 0.96

43. यदि $\cos^{-1} (1/x) = \theta$, हो, तो $\tan \theta$ का मान होगा :

A. $1/\sqrt{(x^2 - 1)}$ B. $\sqrt{(x^2 - 1)}$
C. $\sqrt{(1 - x^2)}$ D. $\sqrt{(x^2 + 1)}$

44. यदि $\sin^{-1} x = \pi/5$, जहां $x \in (-1, 1)$, हो, तो $\cos^{-1} x$ का मान होगा :

A. $3\pi/10$ B. $5\pi/10$
C. $7\pi/10$ D. $9\pi/10$

45. $\tan^{-1} 2 + \tan^{-1} 3$ का मान निम्नलिखित में से किसके बराबर है ?

A. $-\pi/4$ B. $-3\pi/4$

C. $\pi/4$ D. $3\pi/4$

46. $\tan^{-1}\left(\frac{x}{y}\right) - \tan^{-1}\frac{x-y}{x+y} = ?$

A. $\pi/2$ B. $\pi/3$
C. $\pi/6$ D. $\pi/4$ या $-3\pi/4$

47. $2\tan^{-1}(1/3) + \tan^{-1}(1/7) =$

A. $\tan^{-1}(49/29)$ B. $\pi/2$
C. 0 D. $\pi/4$

48. $\cos^{-1}(15/17) + 2\tan^{-1}(1/5) =$

A. $\pi/2$ B. $\cos^{-1}(171/221)$
C. $\pi/4$ D. इनमें से कोई नहीं

49. $\cos[\sin^{-1}(3/5) + \sin^{-1}(5/13)]$ निम्नलिखित में से किसके बराबर होगा?

A. 33/65 B. 65/33
C. 23/65 D. 65/23

50. $\tan\left[\frac{1}{2}\sin^{-1}\frac{2a}{1+a^2} + \frac{1}{2}\cos^{-1}\frac{1-a^2}{1+a^2}\right] =$

A. $\frac{2a}{1+a^2}$ B. $\frac{a}{1+a^2}$
C. $\frac{2a}{1-a^2}$ D. $\frac{2}{1+a^2}$

51. $\sin\left[\tan^{-1}\frac{1-x^2}{2x} + \cos^{-1}\frac{1-x^2}{1+x^2}\right] =$

A. 0 B. 1
C. $1/\sqrt{2}$ D. $\sqrt{2}$

52. $\tan[\cos^{-1}(4/5) + \tan^{-1}(2/3)]$ का मान है :

A. 6/17 B. 7/16
C. 17/6 D. इनमें से कोई नहीं

53. $\sin[\sin^{-1}(\sqrt{5}/4) + \tan^{-1}\sqrt{(5/11)}]$ का मान है:

A. $\frac{\sqrt{5}}{4\sqrt{11}}$ B. $\frac{4}{\sqrt{35}}$
C. $\frac{\sqrt{55}}{8}$ D. इनमें से कोई नहीं

54. $\tan[\sin^{-1}(3/5) - \cos^{-1}(-4/5)]$ निम्नलिखित में से किसके बराबर है?

A. 24/7 B. −24/7
C. 7/24 D. −7/24

55. $\cot[\tan^{-1} 1/2 + \tan^{-1} 1/5 + \tan^{-1} 1/8] =$

A. 1 B. −1
C. $\sqrt{2}$ D. $-\sqrt{2}$

56. $\cot^{-1}\left[\frac{\sqrt{(1-\sin x)}+\sqrt{(1+\sin x)}}{\sqrt{(1-\sin x)}-\sqrt{(1+\sin x)}}\right]$ का मान निम्नलिखित में से किसके बराबर होगा?

A. $\pi - x$ B. $2\pi - x$
C. $x/2$ D. $\pi - x/2$

57. $\sin[\cot^{-1}\cos\tan^{-1} x]$ बराबर है :

A. $\sqrt{\left(\frac{x^2-1}{x^2+2}\right)}$ B. $\sqrt{\left(\frac{x-2}{x^2+1}\right)}$
C. $\sqrt{\left(\frac{x^2+1}{x^2+2}\right)}$ D. इनमें से कोई नहीं

58. यदि $x = \tan^{-1}(1/7)$ और $y = \tan^{-1}(1/3)$ हो, तो

A. $\cos 2x = \sin 4y$ B. $\cos 4y = \cos 2x$
C. $\cos 2y = \sin 4x$ D. इनमें से कोई नहीं

59. यदि $\cos^{-1} x/a + \cos^{-1} y/b = \alpha$ हो, तो $\frac{x^2}{a^2} - \frac{2xy}{ab}\cos\alpha + \frac{y^2}{b^2} =$

A. $\sin^2\alpha$ B. $\cos^2\alpha$
C. $\tan^2\alpha$ D. $\cot^2\alpha$

60. यदि $\cos^{-1} p + \cos^{-1} q + \cos^{-1} r = \pi$ हो, तो $p^2 + q^2 + r^2 + 2pqr =$

A. 3 B. 1
C. −1 D. इनमें से कोई नहीं

61. यदि $\sin^{-1} x + \sin^{-1} y + \sin^{-1} z = \pi/2$ हो, तो $x^2 + y^2 + z^2 + 2xyz =$

A. 0 B. 1
C. −1 D. इनमें से कोई नहीं

62. यदि $\sin^{-1}\left(\frac{2a}{1+a^2}\right) + \sin^{-1}\left(\frac{2b}{1+b^2}\right) = 2\tan^{-1} x$, हो, तो x का मान निम्नलिखित में से किसके बराबर है?

A. $\frac{a-b}{1+ab}$ B. $\frac{b}{1+ab}$
C. $\frac{b}{1-ab}$ D. $\frac{a+b}{1-ab}$

63. $\sin^{-1}\dfrac{2a}{1+a^2}-\cos^{-1}\dfrac{1-b^2}{1+b^2}=\tan^{-1}\dfrac{2x}{1-x^2}=$

A. $\dfrac{a-b}{1-ab}$ B. $\dfrac{1+ab}{a-b}$

C. $\dfrac{ab-1}{a+b}$ D. $\dfrac{a-b}{1+ab}$

64. निम्नलिखित में से x का कौन सा मान समीकरण $\sin^{-1} x + \sin^{-1}(1-x) = \cos^{-1} x$ को संतुष्ट करता है?

A. 1, 0 B. 1, –1

C. 0, 1/2 D. इनमें से कोई नहीं

65. यदि किसी त्रिभुज के कोण 1 : 2 : 3 के अनुपात में हों, तो त्रिभुज की संगत भुजाएं निम्नलिखित में से किस अनुपात में होंगी?

A. 2 : 3 : 1 B. $\sqrt{3}$: 2 : 1

C. 2 : $\sqrt{3}$: 1 D. 1 : $\sqrt{3}$: 2

66. त्रिभुज ABC में $a^2(\sin^2 B - \sin^2 C) + b^2(\sin^2 C - \sin^2 A) + c^2(\sin^2 A - \sin^2 B)$ का मान निम्नलिखित में से किसके बराबर है?

A. $2\sum a^2b^2$ B. $2(a^2+b^2+c^2)$

C. $(a+b+c)^2$ D. 0

67. यदि $a\cos A = b\cos B$ हो, तो त्रिभुज होगा :

A. समबाहु त्रिभुज

B. समकोण त्रिभुज

C. समद्विबाहु त्रिभुज

D. समद्विबाहु या समकोण त्रिभुज

68. यदि किसी त्रिभुज ABC में $a\sin A = b\sin B$ हो, तो वह त्रिभुज है :

A. समद्विबाहु त्रिभुज B. समकोण त्रिभुज

C. समबाहु त्रिभुज D. इनमें से कोई नहीं

69. यदि किसी त्रिभुज ABC में $\cos A/a = \cos B/b = \cos C/c$ हो तो वह त्रिभुज है :

A. समकोण त्रिभुज B. अधिककोण त्रिभुज

C. समबाहु त्रिभुज D. समद्विबाहु त्रिभुज

70. यदि $\dfrac{\sin A}{\sin C}=\dfrac{\sin(A-B)}{\sin(B-C)}$ हो, तो a^2, b^2, c^2 निम्नलिखित में से किस श्रेढ़ी में हैं?

A. संमातर श्रेढ़ी B. गुणोत्तर श्रेढ़ी

C. हरात्मक श्रेढ़ी D. इनमें से कोई नहीं

71. $\sum\dfrac{b^2-c^2}{\cos B+\cos C}=$

A. 0 B. s

C. R D. Δ

72. किसी त्रिभुज ABC में यदि $b + c = 3a$, हो, तो $\cot\dfrac{1}{2}B \cot\dfrac{1}{2}C$ का मान होगा :

A. 1 B. 2

C. $\sqrt{3}$ D. 3

73. $\sum a^3\cos(B-C) =$

A. $3abc$ B. $3(a+b+c)$

C. $abc(a+b+c)$ D. 0

74. किसी त्रिभुज ABC में यदि $a = 3, b = 4, c = 5$ हो, तो sin 2B का मान होगा:

A. 24/25 B. 25/24

C. 1/25 D. इनमें से कोई नहीं

75. Δ ABC में यदि $a=\sqrt{3}, b=\dfrac{1}{2}(\sqrt{6}+\sqrt{2}), c=\sqrt{2}$, हो, तो कोण A कितनी डिग्री का होगा?

A. 30° B. 60°

C. 75° D. इनमें से कोई नहीं

76. यदि किसी Δ ABC के कोण A, B और C समांतर श्रेढ़ी में हों, तो

A. $c^2 = a^2 + b^2 - ab$ B. $b^2 = a^2 + c^2 - ac$

C. $c^2 = a^2 + b^2$ D. इनमें से कोई नहीं

77. त्रिभुज ABC में $a(b\cos C - c\cos B) =$

A. a^2 B. $b^2 - c^2$

C. 0 D. इनमें से कोई नहीं

78. Δ ABC में $(b+c)\cos A + (c+a)\cos B + (a+b)\cos C$ का मान निम्नलिखित में से किसके बराबर है?

A. 0 B. rR

C. Rr^2 D. $a+b+c$

79. किसी Δ ABC की परिमाप त्रिभुज के कोणों के साइनों के समांतर माध्य का 6 गुना है। यदि भुजा a की माप 1 हो, तो कोण A है :

A. $\pi/6$ B. $\pi/3$

C. $\pi/2$ D. π

80. किसी त्रिभुज ABC में यदि $\dfrac{\cos A}{a}=\dfrac{\cos B}{b}=\dfrac{\cos C}{c}$ हो और भुजा $a = 2$ हो तो त्रिभुज का क्षेत्रफल होगा :

A. 1 B. 2

C. $\sqrt{3}/2$ D. $\sqrt{3}$

81. किसी त्रिभुज Δ ABC में $a = 4, b = 3, \angle A = 60°$ हो, तो c का मान निम्नलिखित समीकरण के मूल के बराबर होगा :

A. $c^2 - 3c - 7 = 0$ B. $c^2 + 3c + 7 = 0$
C. $c^2 - 3c + 7 = 0$ D. $c^2 + 3c - 7 = 0$

82. यदि किसी त्रिभुज की भुजाएं क्रमशः a, b और $c = \sqrt{(a^2 + ab + b^2)}$ हों तो त्रिभुज का सबसे बड़ा कोण होगा :

A. 60° B. 90°
C. 120° D. इनमें से कोई नहीं

83. एक चौराहे पर दो सीधी सड़कें एक दूसरे से 60° के कोण पर मिलती हैं। इनमें से किसी एक सड़क पर एक बस चौराहे से 2 किमी. की दूरी पर और दूसरी सड़क पर एक कार चौराहे से 3 किमी. की दूरी पर है। इस स्थिति में इन दोनों वाहनों के बीच की प्रत्यक्ष (सीधी) दूरी होगी :

A. 1 किमी. B. $\sqrt{2}$ किमी.
C. 4 किमी. D. $\sqrt{7}$ किमी.

84. किसी Δ ABC में यदि $b = \sqrt{3} + 1$, $c = \sqrt{3} - 1$, $\angle A = 60°$ हो, तो $\tan \frac{1}{2}$ (B – C) का मान है :

A. 2 B. 1/2
C. 1 D. 3

85. किसी Δ ABC में $\tan \frac{1}{2}$ (A + B). $\cos \frac{1}{2}$ (A – B) निम्नलिखित में से किसके बराबर होगा?

A. $\frac{a-b}{a+b}$ B. $\frac{a+b}{c}$
C. $\frac{a+b}{a-b}$ D. $\frac{a-b}{2(a+b)}$

86. यदि किसी Δ ABC में $\Delta = a^2 - (b - c)^2$ हो, तो tan A निम्नलिखित में से किसके बराबर है?

A. 15/16 B. 8/15
C. 8/17 D. 1/2

87. यदि किसी ΔABC में $a \cos^2 \frac{1}{2} C + c \cos^2 \frac{1}{2} A = 3b/2$ हो, तो त्रिभुज के कोण :

A. समांतर श्रेढ़ी में होंगे B. गुणोत्तर श्रेढ़ी में होंगे
C. हरात्मक श्रेढ़ी में होंगे D. $a = c$ को संतुष्ट करेंगे

88. किसी त्रिभुज में जिसका एक कोण 120° हो, भुजाओं की लंबाइयां समांतर श्रेढ़ी में हैं। यदि त्रिभुज की सबसे बड़ी भुजा 7 सेमी लंबी हो, तो त्रिभुज का क्षेत्रफल होगा :

A. $3\sqrt{(15/4)}$ सेमी.^{2} B. $15\sqrt{3}/4$ सेमी.^{2}
C. 15/4 सेमी.^{2} D. $3\sqrt{3}/4$ सेमी.^{2}

89. यदि $c^2 = a^2 + b^2$, $2s = a + b + c$ हो, तो $4s (s - a) (s - b) (s - c) = ?$

A. s^4 B. $b^2 c^2$
C. $c^2 a^2$ D. $a^2 b^2$

90. यदि cos A + cos B + cos C = 3/2 हो, तो त्रिभुज है :

A. समबाहु त्रिभुज B. समकोण त्रिभुज
C. समद्विबाहु त्रिभुज D. इनमें से कोई नहीं

91. Δ ABC में यदि $\angle C = 90°$ और AC $= \sqrt{3}$BC हो, तो $\angle$ABC निम्नलिखित के बराबर होगा :

A. 30° B. 60°
C. 75° D. 45°

92. यदि किसी Δ ABC में, 3 sin A = 6 sin B = $2\sqrt{3}$ sin C हो, तो कोण A की माप है :

A. 0° B. 30°
C. 60° D. 90°

93. यदि किसी Δ ABC की माध्यिका AD त्रिभुज की भुजा AB के साथ θ कोण बनाती हो, तो $\sin (A - \theta)$ का मान है :

A. $(b/c) \operatorname{cosec} \theta$ B. $(b/c) \sin \theta$
C. $(c/b) \sin \theta$ D. $(c/b) \operatorname{cosec} \theta$

94. आकाश में उड़ रहे एक पतंग की डोरी क्षैतिज से 60° के कोण पर झुकी हुई है। यदि डोरी की लंबाई 20 मी. हो तो जमीन से पतंग कितनी ऊंचाई पर होगी?

A. 15 मी. B. $15\sqrt{3}$ मी.
C. 10 मी. D. $10\sqrt{3}$ मी.

95. यदि समुद्र तल से 60 मी. ऊंची एक प्रकाश-स्तंभ की चोटी से उसकी ओर आ रहे एक नाव का अवनमन कोण (angle of depression) 15° हो, तो प्रकाश स्तंभ के आधार से नाव कितनी दूरी पर है?

A. $\left(\frac{\sqrt{3}-1}{\sqrt{3}+1}\right)$ 60 मी. B. $\left(\frac{\sqrt{3}+1}{\sqrt{3}-1}\right)$ 60 मी.
C. $\frac{\sqrt{3}+1}{\sqrt{3}-1}$ मी. D. इनमें से कोई नहीं

96. यदि समुद्र तल से 60 मी. ऊंची एक प्रकाश-स्तंभ की चोटी से उसकी ओर आ रहे एक नाव का अवनमन कोण (angle of depression) 15° हो, तो प्रकाश स्तंभ के

आधार से नाव कितनी दूरी पर है ?

A. $(\sqrt{3}-1)^2 \times 30$ मी. B. $(\sqrt{3}+1)^2 \times 30$ मी.
C. $(\sqrt{3}-1) \times 30$ मी. D. $(\sqrt{3}+1) \times 30$ मी.

97. यदि 25 मी. ऊंची किसी पहाड़ी की चोटी से किसी मीनार का उन्नयन कोण (angle of elevation) और मीनार के आधार का अवनमन कोण (angle of depression) बराबर हो, तो मीनार की ऊंचाई है :

A. 25 मी. B. $25\sqrt{2}$ मी.
C. $25/\sqrt{2}$ मी. D. 50 मी.

98. एक खंभा AB जमीन पर ऊर्ध्वाधर खड़ा है जिसका अंतिम सिरा A जमीन के तल पर है तथा C, AB का मध्य बिंदु है। जमीन पर A से कुछ दूरी पर स्थित P एक बिंदु है। खंभे का BC भाग P पर β कोण निर्मित करता है। यदि AP $= n$AB हो, तो $\tan \beta = ?$

A. $\dfrac{n}{2n^2+1}$ B. $\dfrac{n}{n^2-1}$
C. $\dfrac{n}{n^2+1}$ D. इनमें से कोई नहीं

99. एक ऊर्ध्वाधर खड़े अधूरे स्तंभ के आधार से 100 मी. की क्षैतिज दूरी पर स्थित किसी बिंदु पर स्तंभ की चोटी का उन्नयन कोण 45° है। यदि इस स्तंभ के पूरा बन जाने पर उसी बिंदु पर स्तंभ की चोटी का उन्नयन कोण 60° होता हो, तो अधूरे स्तंभ को पूरा करने के लिए उसकी ऊंचाई कितनी बढ़ानी होगी ?

A. $50\sqrt{2}$ मी. B. 100 मी.
C. $100(\sqrt{3}-1)$ मी. D. $100(\sqrt{3}+1)$ मी.

100. जमीन से 300 मी. की ऊंचाई पर उड़ रहा एक हवाई जहाज जब एक अन्य हवाई जहाज के ठीक ऊपर से गुजरता है तो उस क्षण जमीन पर स्थित किसी एक ही बिंदु पर इन दोनों जहाजों का उन्नयन कोण क्रमश: 60° और 45° है। नीचे स्थित हवाई जहाज जमीन के तल से कितनी ऊंचाई पर उड़ रहा है ?

A. $100\sqrt{3}$ मी. B. $100/\sqrt{3}$ मी.
C. 50 मी. D. $150(\sqrt{3}+1)$ मी.

101. आंधी चलने से दो भागों में टूटे हुए एक पेड़ का ऊपरी भाग पेड़ के पाद-बिंदु से 10 मी. की दूरी पर जमीन से 45° का कोण बनाते हुए जमीन को छूता है। पेड़ की कुल ऊंचाई है :

A. 15 मी. B. 20 मी.
C. $10(1+\sqrt{2})$ मी. D. $10(1+\sqrt{3}/2)$ मी.

102. 3000 मी. की ऊंचाई पर उड़ रहे एक हवाई जहाज का जमीन पर किसी बिंदु से उन्नयन कोण 45° है। यदि हवाई जहाज द्वारा अगले 15 सेकंडों तक उड़ान भरने के बाद उन्नयन कोण बदल कर 30° हो जाता हो, तो हवाई जहाज की चाल है :

A. 145 मी./से. B. 146.4 मी./से.
C. 149 मी./से. D. 149.5 मी./से

103. 150 मी. ऊंची एक पहाड़ी की चोटी का नाव में बैठे एक व्यक्ति से उन्नयन कोण 60° है जो उस व्यक्ति द्वारा नाव को खेते हुए पहाड़ी से दूर जाने पर 2 मिनट में बदलकर 45° हो जाता है। नाव की चाल है :

A. $(9-3\sqrt{3})/2$ किमी/घंटा
B. $(9+3\sqrt{3})/2$ किमी/घंटा
C. $(9\sqrt{3}/2)$ किमी/घंटा
D. इनमें से कोई नहीं

104. किसी नदी के एक किनारे पर खड़ा कोई व्यक्ति यह पाता है कि उसके ठीक सामने नदी के दूसरे किनारे पर खड़े एक पेड़ की चोटी का उन्नयन कोण 60° है। अब अपने स्थान से 40 मी. पीछे हटने पर वह व्यक्ति पाता है कि पेड़ की चोटी का उन्नयन कोण बदल कर 30° हो गया। नदी की चौड़ाई ज्ञात करें।

A. 40 मी. B. 60 मी.
C. 20 मी. D. 30 मी.

105. एक मीनार के ऊपरी सिरे पर a फीट लंबा एक झंडे का डंडा लगा है। यदि क्षैतिज समतल पर स्थित किसी बिंदु से मीनार की चोटी और उस पर लगे डंडे के ऊपरी सिरे के उन्नयन कोण क्रमश: θ और ϕ हों तो मीनार की ऊंचाई बताएं।

A. $\dfrac{a\sin\theta\cos\phi}{\cos(\theta+\phi)}$ B. $\dfrac{a\sin\theta\cos(\theta+\phi)}{\sin\phi}$
C. $\dfrac{a\cos(\theta+\phi)}{\sin\theta\sin\phi}$ D. इनमें से कोई नहीं

106. क्षैतिज समतल पर बनी मीनार की चोटी का जमीन पर स्थित किसी बिंदु A से उन्नयन कोण α है। यदि कोई प्रेक्षक इस बिंदु से मीनार के आधार की ओर a दूरी चलता हो, तो उन्नयन कोण बदल कर β हो जाता है। मीनार की ऊंचाई ज्ञात करें।

A. $\dfrac{a\sin\alpha\sin\beta}{\sin(\beta-\alpha)}$ B. $\dfrac{a\sin\alpha\sin\beta}{\sin(\alpha-\beta)}$

C. $\frac{a\sin(\beta-\alpha)}{\sin\alpha\sin\beta}$ D. $\frac{a\sin(\alpha-\beta)}{\sin\alpha\sin\beta}$

107. एक टेलीविजन टावर के पाद बिंदु से होकर निकलने वाले क्षैतिज तल में स्थित एक सरल रेखा पर बिंदुओं A, B और C से टावर की चोटी के उन्नयन कोण क्रमशः α, 2α और 3α हैं। यदि AB = a हो, तो टावर की ऊंचाई होगी :
A. $a \tan \alpha$ B. $a \sin \alpha$
C. $a \sin 2\alpha$ D. $a \sin 3\alpha$

108. यदि r त्रिज्या के एक गोल गुब्बारे के केंद्र से प्रेक्षक की आंख का अवनमन कोण α और उसका प्रेक्षक की आंख से उन्नयन कोण β हो तो भूतल से गुब्बारे के केंद्र की ऊंचाई है :
A. $r \sin \alpha \sin \beta$ B. $r \operatorname{cosec} \frac{1}{2} \alpha \sin \beta$
C. $r \operatorname{cosec} \alpha \sin \beta$ D. इनमें से कोई नहीं

109. ABCD एक वर्गाकार भूखंड है। यदि इस भूखंड के D बिंदु पर खड़े एक खंभे के ऊपरी सिरे का A या C बिन्दु से उन्नयन कोण 30° तथा B बिंदु से θ हो, तो $\tan \theta$ निम्नलिखित में से किसके बराबर है?
A. $\sqrt{6}$ B. $1/\sqrt{6}$
C. $\sqrt{3}/\sqrt{2}$ D. $\sqrt{2}/\sqrt{3}$

110. दो ऊर्ध्वाधर मीनारों के पाद-बिंदुओं को जोड़ने वाली रेखा के मध्य बिंदु से इन मीनारों की चोटियों के उन्नयन कोण क्रमशः 60° और 30° है। इन मीनारों की ऊंचाइयों का अनुपात होगा :
A. 2 : 1 B. $\sqrt{3}$: 1
C. 3 : 2 D. 3 : 1

111. ABC एक त्रिभुजाकार पार्क है जिसमें AB = AC = 100 मी. है। BC के बीचों बीच एक घंटाघर बना है। यदि A और B से इस घंटाघर के शिखर के उन्नयन कोण क्रमशः $\cot^{-1}(3.2)$ और $\operatorname{cosec}^{-1}(2.6)$ हों तो घंटाघर की ऊंचाई है :
A. 25/2 मी. B. 25 मी.
C. 50 मी. D. इनमें से कोई नहीं

112. cosh 0 का मान है :
A. 0 B. 1
C. 2 D. इनमें से कोई नहीं

113. $\sinh(-x) =$
A. $\sinh x$ B. $-\sinh x$
C. $\cosh x$ D. इनमें से कोई नहीं

114. $\tanh(-x) =$
A. $-\tanh x$ B. $\tanh x$
C. $\coth x$ D. इनमें से कोई नहीं

115. $\sinh(x+y)\cosh(x-y) =$
A. $\sinh 2x + \sinh 2y$
B. $\frac{1}{2}(\sinh 2x + \sinh 2y)$
C. $\frac{1}{2}[\sinh 2x - \sinh 2y]$
D. इनमें से कोई नहीं

116. $\cosh 3x - \sinh 3x =$
A. e^{3x} B. e^{-3x}
C. $2e^{3x}$ D. $2e^{-3x}$

117. $\frac{\coth x+1}{\coth x-1} = e^{kx}$ हो, तो $k =$
A. 1 B. 2
C. 3 D. इनमें से कोई नहीं

118. $2\sin(\alpha+i\beta)\cos(\alpha-i\beta) =$
A. $\sin 2\alpha + i\sinh 2\beta$
B. $\sin 2\alpha + \sinh 2\beta$
C. $\sin 2\alpha - i\sin 2\beta$
D. इनमें से कोई नहीं

119. यदि $\cosh x = \sec\theta$ हो, तो $x =$
A. $\tan(\pi/4 - \theta/2)$ B. $\tan(\pi/4 + \theta/2)$
C. $\log\tan(\pi/4 - \theta/2)$ D. $\log\tan(\pi/4 + \theta/2)$

120. यदि $\cosh x = \sec\theta$ हो, तो $\tanh^2 x/2 =$
A. $\tan\theta/2$ B. $\cot\theta/2$
C. $\tan^2\theta/2$ D. इनमें से कोई नहीं

121. यदि $u = \log\tan(\pi/4 + \theta/2)$ हो, तो $\tanh u/2 =$
A. $\tan\theta/2$ B. $\tan\theta$
C. $\cot\theta/2$ D. इनमें से कोई नहीं

122. यदि $u = \log\tan(\pi/4 + \theta/2)$ हो, तो $\cosh u =$
A. $\sec\theta$ B. $\sin\theta$
C. $\cos\theta$ D. इनमें से कोई नहीं

123. $\sinh^{-1} 3 =$ ....
A. $\log(3 + \sqrt{10})]$ B. $\log(3 - 2\sqrt{2})$
C. $\log(3 + 2\sqrt{2})$ D. इनमें से कोई नहीं

124. $\log(2 + \sqrt{5}) =$
A. $\sinh^{-1} 1$ B. $\sinh^{-1} 2$
C. $\cosh^{-1} 1$ D. $\cosh^{-1} 2$

व्याख्यात्मक उत्तर

1. A: मान लें कि समांतर श्रेढ़ी में कोणों की डिग्री माप है :
$A = \theta - \phi, B = \theta, C = \theta + \phi$
$\therefore A + B + C = 180° \Rightarrow B = \theta = 60°$

अब $\frac{\pi}{200} = \frac{\text{A रेडियन में}}{\text{B डिग्री में}}$

$= \frac{(60 - \phi)(\pi/180)}{60}$

$\Rightarrow \quad \phi = 6°$

$\therefore$ सबसे बड़ा कोण $= C = \theta + \phi = 66°$
$= 66 \times (\pi/180) = (11/30)\, \pi$ रेडियन

2. A: मान लें कि l चंद्रमा का व्यास है और a पृथ्वी से इसकी दूरी है। यदि चंद्रमा द्वारा प्रेक्षक की आंख में θ कोण बनाया जाता है तो

$$l = a\theta = 350000 \times \left(\frac{31}{60} \times \frac{\pi}{180}\right)$$

$$= \frac{3500 \times 31}{6 \times 18} \times \frac{22}{7} = 3157\frac{11}{27} \text{ किमी.}$$

3. B: $\because \theta$ तृतीय वृत्तपाद में स्थित कोण है।
$\therefore \cos\theta$ ऋणात्मक है
$\because \quad \sin\theta = -3/5$
$\Rightarrow \quad \cos\theta = -\sqrt{(1 - \sin^2\theta)} = -4/5$

अब $\cos^2\frac{1}{2}\theta = \frac{1}{2}(1 + \cos\theta)$

$= \frac{1}{2}(1 - 4/5) = 1/10$

$\Rightarrow \cos\frac{1}{2}\theta = \pm 1/\sqrt{(10)}$

किंतु दिया गया है कि $180° < \theta < 270°$
$\Rightarrow 90° < \theta/2 < 135°$
अर्थात् $\theta/2$ द्वितीय वृत्तपाद में अवस्थित कोण है

$\Rightarrow \cos\frac{\theta}{2}$ ऋणात्मक है

अत: $\cos\frac{\theta}{2} = -1/\sqrt{10}$.

4. B: $\tan\theta = -4/3$
$\Rightarrow \theta$ द्वितीय या चतुर्थ वृत्तपाद में अवस्थित है।
$\therefore \sin\theta$ का मान इस तथ्य पर निर्भर करते हुए कि θ द्वितीय वृत्तपाद में अवस्थित है या चतुर्थ वृत्तपाद में, धनात्मक या ऋणात्मक होता है।
अब $\sin\theta = \tan\theta/\sqrt{(1 + \tan^2\theta)} = 4/5$
अत: $\sin\theta = -4/5$ या $4/5$.

5. C: $\because \theta$ तृतीय वृत्तपाद में अवस्थित है,
$\therefore \sin\theta < 0$.
अत: $\sin\theta = -\tan\theta/\sqrt{(1 - \tan^2\theta)} = -3/\sqrt{(10)}$.

6. A: दिए गए व्यंजक के दोनों पक्षों को $(\sec\alpha - \tan\alpha)$. $(\sec\beta - \tan\beta)$. $(\sec\gamma - \tan\gamma)$ से गुणा करने पर,
$1.1.1. = (\sec\alpha - \tan\alpha)$.
$(\sec\beta - \tan\beta).(\sec\gamma - \tan\gamma).\tan\alpha\tan\beta\tan\gamma$
$\Rightarrow (\sec\alpha - \tan\alpha).(\sec\beta - \tan\beta).(\sec\gamma - \tan\gamma) = \cot\alpha.\cot\beta.\cot\gamma$.

7. B: 1 रेडियन $= (180/\pi)$ डिग्री $= 57°$ (सन्निकट)
$\therefore \sin 1° < \sin 57° \Rightarrow \sin 1° < \sin 1$.

8. A: 1 रेडियन $= 57°$ (सन्निकट)
जो प्रथम वृत्तपाद में अवस्थित होता है $\therefore \tan 1 > 0$,
और 2 रेडियन $= 114°$ (सन्निकट) जो द्वितीय वृत्तपाद में अवस्थित है $\therefore \tan = < 0$
अत: $\tan 1 > \tan 2$.

9. C: $\because \cos 90° = 0$
$\therefore$ दिया गया व्यंजक
$= \cos 1° \cos 2° \ldots \cos 89°.0 \cos 91° \ldots \cos 100° = 0$.

10. A: दिया गया व्यंजक
$= \cos 24° + \cos 5° + \cos(180° - 5°) + \cos(180° + 24°) + \cos(360° - 60°)$
$= \cos 24° + \cos 5° - \cos 5° - \cos 24° + \cos 60° = 1/2$.

11. A: दिया गया व्यंजक
$= \tan 5° \tan 25°.1 \tan(90° - 25°) \times \tan(90° - 5°) = \tan 5° \tan 25° \cot 25° \cot 5° = 1$.

12. A: दिया गया व्यंजक
$$= \tan\frac{\pi}{20}.\tan\frac{3\pi}{20}.\tan\frac{\pi}{4}.\tan\left(\frac{\pi}{2} - \frac{3\pi}{20}\right) \times \tan\left(\frac{\pi}{2} - \frac{\pi}{20}\right)$$

$= \tan\dfrac{\pi}{20}.\tan\dfrac{3\pi}{20}.1.\cot\dfrac{3\pi}{20}\cot\dfrac{\pi}{20} = 1.$

13. B: दिया गया व्यंजक

$= \sin^2\dfrac{\pi}{18} + \sin^2\dfrac{\pi}{9} + \sin^2\left(\dfrac{\pi}{2} - \dfrac{\pi}{9}\right) + \sin^2\left(\dfrac{\pi}{2} - \dfrac{\pi}{18}\right)$

$= \sin^2\dfrac{\pi}{18} + \sin^2\dfrac{\pi}{9} + \cos^2\dfrac{\pi}{9} + \cos^2\dfrac{\pi}{18}$

$= 1 + 1 = 2.$

14. D: दिया गया व्यंजक

$= (\sin\theta/\cos\theta).(\cos\theta).(\sin\theta) = \sin^2\theta.$

15. B: $\because \log\sin 90° = \log 1 = 0$

$\therefore$ दिया गया व्यंजक $= 0.$

16. B: दिया गया व्यंजक $= \log(\tan 1°.\tan 2° \ldots \tan 44°.\tan 45°.\cot 44°.\cot 43° \ldots \cot 1°)$

$= \log 1 = 0.$

17. D: $\sin 12° \sin 48°. \sin 54°$

$= \dfrac{1}{2}(\cos 36° - \cos 60°)\cos 36°$

$= \dfrac{1}{4}(2\cos^2 36° - \cos 36°)$

$= \dfrac{1}{4}(1 + \cos 72° - \cos 36°)$

$= \dfrac{1}{4}(1 + \sin 18° - \cos 36°) = \dfrac{1}{4}.\left(\dfrac{1}{2}\right) = \dfrac{1}{8}.$

18. D: $f(x) = (\cos x - \sec x)^2 + 2 \Rightarrow f(x) \geq 2$

19. D: $A = \cos^2\theta + \sin^2\theta\sin^2\theta$

$\Rightarrow A \leq \cos^2\theta + \sin^2\theta.1 \qquad (\because \sin^2\theta \leq 1)$

$\Rightarrow A \leq 1$

पुन: $A = (1 - \sin^2\theta) + \sin^4\theta$

$\Rightarrow A = \left(\sin^2\theta - \dfrac{1}{2}\right)^2 + \left(1 - \dfrac{1}{4}\right) \Rightarrow A \geq 3/4$

अत: $3/4 \leq A \leq 1.$

20. D: $x^2 + y^2 + z^2$

$= r^2[\cos^2\theta(\cos^2\phi + \sin^2\phi) + \sin^2\theta]$

$= r^2[\cos^2\theta + \sin^2\theta] = r^2.$

21. A: $1 = \cos^2\theta + \sin^2\theta$

या $1 = [(x/a)^{1/3}]^2 + [(y/b)^{1/3}]^2$

या $(x/a)^{2/3} + (y/b)^{2/3} = 1.$

22. B: $y = \dfrac{a(1-\theta^2)}{1+\theta^2}$ से, $\theta^2 = \dfrac{a-y}{a+y}$

$\therefore x^2 = \dfrac{4a^2\theta^2}{(1+\theta^2)^2}$

$= 4a^2\left(\dfrac{a-y}{a+y}\right)\Big/\left(1 + \dfrac{a-y}{a+y}\right)^2$

या $x^2 = (a-y)(a+y) = a^2 - y^2$

या $x^2 + y^2 = a^2.$

23. B: दिया गया व्यंजक

$= 3[\cos^4\alpha + \sin^4\alpha] - 2[\cos^6\alpha + \sin^6\alpha]$

$= 3(\cos^4\alpha + \sin^4\alpha) - 2(\cos^2\alpha + \sin^2\alpha) \times (\cos^4\alpha + \sin^4\alpha - \sin^2\alpha\cos^2\alpha)$

$= 3(\cos^4\alpha + \sin^4\alpha) - 2(\cos^4\alpha + \sin^4\alpha - \sin^2\alpha\cos^2\alpha)$

$= \cos^4\alpha + \sin^4\alpha + 2\sin^2\alpha\cos^2\alpha$

$= (\cos^2\alpha + \sin^2\alpha)^2 = 1.$

24. B: दिया गया व्यंजक $= \dfrac{\cos 10° - \sqrt{3}\sin 10°}{\sin 10°\cos 10°}$

$= \dfrac{2\left[\dfrac{1}{2}\cos 10° - \left(\dfrac{1}{2}\sqrt{3}\right)\sin 10°\right]}{\dfrac{1}{2}\sin 20°}$

$= \dfrac{4\sin(30° - 10°)}{\sin 20°} = 4.$

25. C: दिया गया व्यंजक

$= \dfrac{\sqrt{3}\cos 20° - \sin 20°}{\cos 20°\sin 20°}$

$= \dfrac{2\left[\left(\dfrac{1}{2}\sqrt{3}\right)\cos 20° - \dfrac{1}{2}\sin 20°\right]}{\dfrac{1}{2}\sin 40°}$

$= \dfrac{4\sin(60° - 20°)}{\sin 40°} = 4.$

26. D: $\tan(\theta + \phi) = (\tan\theta + \tan\phi)/(1 - \tan\theta\tan\phi) = 1 \Rightarrow \theta + \phi = \pi/4.$

27. A: $\tan (P/2) + \tan (Q/2) = -b/a$,
$\tan (P/2).\tan (Q/2) = c/a$
$\angle P + \angle Q = \pi/2$

$$\tan\left(\frac{1}{2}P + \frac{1}{2}Q\right) = 1$$

$$= \frac{\tan(P/2) + \tan(Q/2)}{1 - \tan\ (P/2)\tan\ (Q/2)}$$

$$= \frac{-b/a}{1 - c/a} = \frac{-b}{a-c}$$

$\Rightarrow a + b = c.$

28. A: $\sqrt{(\log_3 \tan x)}$ वास्तविक है यदि $\log_3 \tan x \geq 0$
अर्थात् $\tan x \geq 1$ (चूंकि आधार $= 3 > 1$)
$\therefore \pi/4 \leq x < \pi/2$. सामान्य मान्य $n\pi + \pi/4 \leq x\ n\pi + \pi/2$ द्वारा दर्शाए जाते हैं।

29. B: $b \cos 2\theta + a \sin 2\theta$

$$= b\left(\frac{1-\tan^2\theta}{1+\tan^2\theta}\right) + a\left(\frac{2\tan\theta}{1+\tan^2\theta}\right)$$

$$= \frac{b\{1-(a/b)^2\} + 2a.a/b}{1+(a/b)^2} = b.$$

30. B: $\cos 57° + \sin 27° = \sin 33° + \sin 27°$
$= 2 \sin 30° \cos 3° = \cos 3°.$

31. D: बाम पक्ष

$$= \frac{1}{2\sin\pi/7}.\left(2\sin\frac{\pi}{7}\cos\frac{\pi}{7}\right)\cos\frac{2\pi}{7}\cos\frac{4\pi}{7}$$

$$= \frac{1}{2\sin\pi/7}.\frac{1}{2}\left(2\sin\frac{2\pi}{7}\cos\frac{2\pi}{7}\right)\cos\frac{4\pi}{7}$$

$$= \frac{1}{4\sin\pi/7}.\frac{1}{2}\left(2\sin\frac{4\pi}{7}.\cos\frac{4\pi}{7}\right)$$

$$= \frac{1}{8}\cdot\frac{\sin 8\pi/7}{\sin\pi/7} = \frac{\sin(\pi+\pi/7)}{8\sin\pi/7}$$

$$= \frac{-\sin\pi/7}{8\sin\pi/7} = -\frac{1}{8}.$$

32. B: दिया गया व्यंजक

$$= \sin\left(\frac{\pi}{2}-\frac{3\pi}{7}\right)\sin\left(\frac{\pi}{2}-\frac{2\pi}{7}\right)\sin\left(\frac{\pi}{2}-\frac{\pi}{7}\right)$$

$$= \cos\frac{3\pi}{7}\cos\frac{2\pi}{7}\cos\frac{\pi}{7}$$

$$= -\cos\frac{\pi}{7}\cos\frac{2\pi}{7}\cos\frac{4\pi}{7}$$

$$= -\frac{1}{8}\frac{\sin\frac{8\pi}{7}}{\sin\ (\pi/7)} = \frac{1}{8}.$$

33. C: दिया गया व्यंजक
$= ½ (2 \sin 20° \sin 80°) (½\sqrt{3}).\sin 40°$
$= (¼\sqrt{3}).(\cos 60° - \cos 100°). \sin 40°$
$= (1/8) \sqrt{3}. (\sin 40° - 2 \cos 100° \sin 40°)$
$= (1/8) \sqrt{3}.(\sin 40° - (\sin 140° - \sin 60°)]$
$= (1/8) \sqrt{3} (\sin 40° - \sin (180° - 40°)$
$+ \sqrt{3}/2] = 3/16.$

34. A: $\sin 12° \sin 24° \sin 48° \sin 84°$

$$= \frac{1}{4}(2 \sin 12° \sin 48°)(2 \sin 24° \sin 84°)$$

$$= \frac{1}{4}(\cos 36° - \cos 60°)(\cos 60° - \cos 108°)$$

$$= \frac{1}{4}(\cos 36° - \frac{1}{2})(\frac{1}{2} + \sin 18°)$$

$$= \frac{1}{4}\left[\frac{1}{4}(\sqrt{5}+1) - \frac{1}{2}\right]\left[\frac{1}{2} + \frac{1}{4}(\sqrt{5}-1)\right]$$

$= (1/64)(\sqrt{5} - 1)(\sqrt{5} + 1) = 1/16$
और $\cos 20° \cos 40° \cos 60° \cos 80°$

$$= \frac{1}{2}(2 \cos 20° \cos 80°)\frac{1}{2}\cos 40°$$

$$= \frac{1}{4}(\cos 100° + \cos 60°)\cos 40°$$

$= (1/8) (2 \cos 100° \cos 40° + \cos 40°)$
$= (1/8) (\cos 140° + \cos 60° + \cos 40°)$

$$= (1/8)(-\cos 40° + \frac{1}{2} + \cos 40°) = 1/16.$$

35. D: दिया गया व्यंजक
$= \cos \pi/5 \cos 2\pi/5.\cos (\pi - \pi/5)$
$\times \cos (2\pi - 2\pi/5)$
$= -\cos^2 \pi/5 \cos^2 2\pi/5$
$= -[\{1/(2 \sin \pi/5).(2 \sin \pi/5 \cos \pi/5)$
$\times \cos 2\pi/5^2]$
$= -[1/(2 \sin \pi/5).\sin 2\pi/5.\cos 2\pi/5]^2$

$$= -[1/(2\sin\pi/5).\frac{1}{2}.\sin 4\pi/5]^2$$

$$= -[1/(2\sin\pi/5).\frac{1}{2}.\sin(\pi - \pi/5)]^2 = -1/16.$$

36. A: चूंकि $0 < \alpha < \pi/2 \Rightarrow \cos\alpha$ धनात्मक है

$\therefore \cos\alpha = \sqrt{(1 - \sin^2\alpha)} = 5/13$

और $\pi < \beta < 3\pi/2 \Rightarrow \sin\beta$ ऋणात्मक है

$\therefore \sin\beta = -\sqrt{(1 - \cos^2\beta)} = -4/5$

अब $\cos(\alpha + \beta)$

$= \cos\alpha\cos\beta - \sin\alpha\sin\beta = 33/65.$

37. C: $\cos^{-1}(\cos 7\pi/6)$

$= \cos^{-1}[\cos(2\pi - 7\pi/6)]$

$= \cos^{-1}[\cos 5\pi/6] = 5\pi/6.$

38. A: $\sin^{-1}[\sin(2\pi/3)] = \sin^{-1}[\sin\pi - \pi/3)]$

$= \sin^{-1}[\sin\pi/3] = \pi/3.$

39. B: $\cos^{-1}(\cos 5\pi/4) = \cos^{-1}[\cos(2\pi - 3\pi/4)]$

$= \cos^{-1}[\cos 3\pi/4] = 3\pi/4.$

40. D: $\sin(\cot^{-1}x) = \sin\theta$

जहां $\cot^{-1}x = \theta$, अर्थात् $x = \cot\theta$

$$= \frac{1}{\sqrt{(1+\cot^2\theta)}} = \frac{1}{\sqrt{(1+x^2)}}.$$

41. A: $\tan(\cos^{-1}x) = \tan\theta$

जहां $\cos^{-1}x = \theta$, अर्थात् $x = \cos\theta$

$= \sqrt{(\sec^2\theta - 1)} = \sqrt{(1/x^2 - 1)} = \sqrt{(1 - x^2)}/x.$

42. D: $\sin[2\sin^{-1}(0.8)] = \sin 2\theta$

जहां $\sin^{-1}(0.8) = \theta$, अर्थात् $\sin\theta = 0.8$

$= 2\sin\theta\sqrt{(1 - \sin^2\theta)}$

$= 2(0.8)\sqrt{[1 - (0.8)^2]} = 0.96.$

43. B: $\cos^{-1}(1/x) = \theta \Rightarrow \cos\theta = 1/x$

$$\therefore \tan\theta = \frac{\sqrt{(1-\cos^2\theta)}}{\cos\theta} = \frac{\sqrt{(1-1/x^2)}}{(1/x)}$$

$= \sqrt{(x^2 - 1)}.$

44. A: $\cos^{-1}x = \pi/2 - \sin^{-1}x = \pi/2 - \pi/5 = 3\pi/10.$

45. D: $\tan^{-1}2 + \tan^{-1}3$

$$= \pi + \tan^{-1}\frac{2+3}{1-2.3} \qquad \because\ 2.3 > 1$$

$= \pi - \tan^{-1}1 = \pi - \pi/4 = 3\pi/4.$

46. D: दिया गया व्यंजक

$$= \tan^{-1}\left[\left(\frac{x}{y} - \frac{x-y}{x+y}\right)\Big/\left(1 + \frac{x}{y}.\frac{x-y}{x+y}\right)\right]$$

यदि $\left(\frac{x}{y}\right)\left(\frac{x-y}{x+y}\right) > -1$

$$= -\pi + \frac{\pi}{4} = -\frac{3\pi}{4}$$

यदि $\frac{x}{y} < 0, \frac{x}{y} > 0$ और $\left(\frac{x}{y}\right)\left(\frac{x-y}{x+y}\right) < -1$

$= \tan^{-1}1 = \pi/4.$

47. D: $2\tan^{-1}(1/3) + \tan^{-1}(1/7)$

$$= \tan^{-1}\frac{2(1/3)}{1-(1/3)^2} + \tan^{-1}\left(\frac{1}{7}\right)$$

$= \tan^{-1}(3/4) + \tan^{-1}(1/7)$

$$= \tan^{-1}\frac{3/4+1/7}{1-(3/4)(1/7)} = \tan^{-1}1 = \frac{\pi}{4}.$$

48. D: $\cos^{-1}(15/17) + 2\tan^{-1}(1/5)$

$$= \cos^{-1}(15/17) + \cos^{-1}\frac{1-(1/5)^2}{1+(1/5)^2}$$

$= \cos^{-1}(15/17) + \cos^{-1}(12/13)$

$= \cos^{-1}[(15/17).(12/13)]$

$-\sqrt{[\{1 - (15/17)^2\}.\{1 - (12/13)^2\}]}$

$= \cos^{-1}(140/221).$

49. A: दिया गया व्यंजक

$= \cos\sin^{-1}[(3/5)\sqrt{\{1 - (5/13)^2\}}$

$+ (5/13)\sqrt{\{1 - (3/5)^2\}}]$

$= \cos\sin^{-1}(56/65)$

$= \cos\cos^{-1}\sqrt{\{1 - (56/65)^2\}} = 33/65.$

50. C: दिया गया व्यंजक

$$= \tan\left[\frac{1}{2}\sin^{-1}\frac{2\tan^2\theta}{1+\tan^2\theta} + \frac{1}{2}\cos^{-1}\frac{1-\tan^2\theta}{1+\tan^2\theta}\right]$$

$a = \tan\theta$ प्रतिस्थापित करने पर,

$$= \tan\left(\frac{1}{2}\cdot 2\theta + \frac{1}{2}2\theta\right) = \tan 2\theta$$

$= 2\tan\theta/(1 - \tan^2\theta) = 2a/(1 - a^2).$

51. B: दिया गया व्यंजक

$= \sin[\tan^{-1}\cot 2\theta + \cos^{-1}\cos 2\theta]$

$x = \tan\theta$ प्रतिस्थापित करने पर,

$= \sin[\tan^{-1}\tan(\pi/2 - 2\theta) + 2\theta]$

$= \sin(\pi/2 - 2\theta + 2\theta) = \sin(\pi/2) = 1.$

52. C: $\tan[\cos^{-1}(4/5) + \tan^{-1}(2/3)]$

$= \tan[\tan^{-1}(3/4) + \tan^{-1}(2/3)]$

$= \tan\tan^{-1}(17/6) = 17/6.$

53. C: दिया गया व्यंजक

$= \sin[\sin^{-1}(\sqrt{5}/4) + \sin^{-1}(\sqrt{5}/4)]$

$= \sin(2\sin^{-1}(\sqrt{5}/4)]$
$= \sin\sin^{-1}[2.\sqrt{5}/4.\sqrt{(1-5/16)}]$
$= \sqrt{(55)}/8.$

54. A: दिया गया व्यंजक
$= \tan[\sin^{-1}(3/5) - \pi + \cos^{-1}(4/5)]$
$= \tan[-\pi + 2\sin^{-1}(3/5)]$
$= \tan[2\sin^{-1}(3/5)]$
$= \tan[2\tan^{-1}(3/4)] = \tan 2\theta,$
जहां $\theta = \tan^{-1}(3/4)$
$= 2\tan\theta/(1-\tan^2\theta) = 24/7.$

55. A: दिया गया व्यंजक

$$= \cot\left[\tan^{-1}\frac{1/2+1/5}{1-(1/2).(1/5)} + \tan^{-1}\frac{1}{8}\right]$$

$= \cot[\tan^{-1}(7/9) + \tan^{-1}(1/8)]$

$$= \cot\left[\tan^{-1}\frac{7/9+1/8}{1-(7/9).(1/8)}\right]$$

$= \cot\tan^{-1} 1 = 1.$

56. D: दिया गया व्यंजक

$$= \cot^{-1}\left[\frac{\left(\cos\frac{x}{2}-\sin\frac{x}{2}\right)+\left(\cos\frac{x}{2}+\sin\frac{x}{2}\right)}{\left(\cos\frac{x}{2}-\sin\frac{x}{2}\right)-\left(\cos\frac{x}{2}-\sin\frac{x}{2}\right)}\right]$$

नोट करें कि :

$$\sin\frac{x}{2} < \cos\frac{x}{2}, \text{ for } 0 < x < \pi/2$$

$$= \cot^{-1}\left(-\cot\frac{x}{2}\right) = \cot^{-1}\cot\left(\pi-\frac{x}{2}\right) = \pi - \frac{x}{2}.$$

57. C: $\sin[\cot^{-1}\cos\tan^{-1}x]$
$= \sin[\cot^{-1}\cos\theta]$
जहां $\tan^{-1}x = \theta$, अर्थात् $x = \tan\theta$

$$= \sin\left[\cot^{-1}\frac{1}{\sqrt{(1+\tan^2\theta)}}\right]$$

$$= \sin\left[\cot^{-1}\left(\frac{1}{\sqrt{(1+x^2)}}\right)\right]$$

$= \sin\phi$ जहां $\phi = \cot^{-1}[1/\sqrt{(1+x^2)}]$

$$= \frac{1}{\sqrt{(1+\cot^2\phi)}} = \sqrt{\left(\frac{x^2+1}{x^2+2}\right)}.$$

58. A: $x = \tan^{-1}(1/7) \Rightarrow \tan x = 1/7$
और $y = \tan^{-1}(1/3) \Rightarrow \tan y = 1/3$
अब $\cos 2x = (1-\tan^2 x)/(1+\tan^2 x)$
$= 24/25,$
$\sin 4y = 2\sin 2y\cos 2y$

$$= \frac{2.2\tan y.\left(1-\tan^2 y\right)}{\left(1+\tan^2 y\right)^2} = \frac{24}{25}$$

$\therefore \cos 2x = \sin 4y.$

59. A: दिया गया व्यंजक
$\Rightarrow \cos^{-1}[x/a.y/b - \sqrt{[\{1-(x/a)^2\}\{1-(y/b)^2\}]}]$
$= \alpha$
$\Rightarrow \sqrt{[(a^2-x^2)(b^2-y^2)]} = xy - ab\cos\alpha$
$\Rightarrow (a^2-x^2)(b^2-y^2) = x^2y^2 + a^2b^2.\cos^2\alpha$
$- 2abxy\cos\alpha$
(दोनों पक्षों का वर्ग करने पर)
$\Rightarrow b^2x^2 - 2abxy\cos\alpha + a^2y^2$
$= a^2b^2(1-\cos^2\alpha)$

$$\Rightarrow \frac{x^2}{a^2} - \frac{2xy}{ab}\cos\alpha + \frac{y^2}{b^2} = \sin^2\alpha.$$

60. B: दिया गया व्यंजक
$\Rightarrow \cos^{-1}[pq - \sqrt{\{(1-p^2)(1-q^2)\}}]$
$= \pi - \cos^{-1} r = \cos^{-1}(-r)$
$\Rightarrow pq - \sqrt{\{(1-p^2)(1-q^2)\}} = -r$
$\Rightarrow (pq+r)^2 = (1-p^2)(1-q^2)$
$\Rightarrow p^2 + q^2 + r^2 + 2pqr = 1.$

61. B: दिया गया व्यंजक
$\Rightarrow \cos^{-1}\sqrt{(1-x^2)} + \cos^{-1}\sqrt{(1-y^2)}$
$= \pi/2 - \sin^{-1} z$
$\Rightarrow \cos^{-1}[\sqrt{(1-x^2)}.\sqrt{(1-y^2)}$
$- \sqrt{[\{1-(1-x^2)\}\{1-(1-y^2)\}]}] = \cos^{-1} z$
$\Rightarrow \sqrt{[(1-x^2)(1-y^2)]} - xy = z$
$\Rightarrow (1-x^2)(1-y^2) = (xy+z)^2$
$\Rightarrow x^2 + y^2 + z^2 + 2xyz = 1.$

62. D: $a = \tan\alpha$, $b = \tan\beta$ प्रतिस्थापित करने पर,
$\Rightarrow \sin^{-1}\sin 2\alpha + \sin^{-1}\sin 2\beta = 2\tan^{-1} x$
$\Rightarrow 2\alpha + 2\beta = 2\tan^{-1} x$
$\Rightarrow \tan^{-1} a + \tan^{-1} b = \tan^{-1} x$

$$\Rightarrow \tan^{-1}\frac{a+b}{1-ab} = \tan^{-1}x \Rightarrow x = \frac{a+b}{1-ab}.$$

63. D: दिया गया व्यंजक

$\Rightarrow 2\tan^{-1}a - 2\tan^{-1}b = 2\tan^{-1}x$

$$\Rightarrow 2\left[\tan^{-1}\frac{a-b}{1+ab}\right] = 2\tan^{-1}x$$

$$\Rightarrow x = \frac{a-b}{1+ab}.$$

64. C: दिया गया है कि

$\sin^{-1}(1-x) = (\pi/2 - \sin^{-1}x) - \sin^{-1}x$

$= \pi/2 - 2\sin^{-1}x$

दोनों पक्षों को साइन से गुणा करने पर,

$1 - x = \sin(\pi/2 - 2\sin^{-1}x)$

$= \cos(2\sin^{-1}x)$

$= \cos 2\theta = 1 - 2\sin^2$, जहां $\sin^{-1}x = \theta$

या $1 - x = 1 - 2x^2$ या $x(1-2x) = 0$

$\therefore x = 0, 1/2.$

65. D: मान लें $A = \theta$, $B = 2\theta$ और $C = 3\theta$

$\therefore A + B + C = \pi \Rightarrow 6\theta = 180° \Rightarrow \theta = 30°$

अर्थात् $A = 30°, B = 60°, C = 90°$

$\therefore a : b : c = \sin A : \sin B : \sin C$

$= \sin 30° : \sin 60° : \sin 90°$

$= 1/2 : \sqrt{3}/2 : 1 = 1 : \sqrt{3} : 2.$

66. D: दिया गया व्यंजक

$= \sum k^2 \sin^2 A(\sin^2 B - \sin^2 C) = 0$

67. D: $a\cos A = b\cos B$

$\Rightarrow k\sin A\cos A = k\sin B\cos B$

$\Rightarrow \sin 2A - \sin 2B = 0$

$\Rightarrow 2\cos(A+B)\sin(A-B) = 0$

$\Rightarrow$ या तो $\cos(A+B) = 0$ या $\sin(A-B) = 0$

$\Rightarrow A + B = 90°$ या $A - B = 0$ अर्थात् $A = B$

अतः त्रिभुज या तो समद्विबाहु त्रिभुज है या समकोण त्रिभुज

68. A: $a\sin A = b\sin B$

$\Rightarrow k\sin A.\sin A = k\sin B.\sin B$

$\Rightarrow \sin^2 A - \sin^2 B = 0$

$\Rightarrow \sin(A+B)\sin(A-B) = 0$

$\Rightarrow \sin C\sin(A-B) = 0$

$\Rightarrow \sin(A-B) = 0, \because \sin C \neq 0$ as $C \neq 0$

$\Rightarrow A - B = 0 \Rightarrow A = B$

अर्थात् दिया गया त्रिभुज समद्विबाहु है।

69. C: $\frac{\cos A}{a} = \frac{\cos B}{b} = \frac{\cos C}{c}$

$$\Rightarrow \frac{\cos A}{k\sin A} = \frac{\cos B}{k\sin B} = \frac{\cos C}{k\sin C}$$

$\Rightarrow \cot A = \cot B = \cot C$

$\Rightarrow A = B = C = 60°$

$\therefore$ त्रिभुज समबाहु है।

70. A: $\frac{\sin A}{\sin C} = \frac{\sin(A-B)}{\sin(B-C)}$

$\Rightarrow \sin A\sin(B-C) = \sin C\sin(A-B)$

$\Rightarrow \sin(B+C)\sin(B-C)$

$= \sin(A+B)\sin(A-B)$

$\Rightarrow \sin^2 B - \sin^2 C = \sin^2 A - \sin^2 B$

$\Rightarrow b^2 - c^2 = a^2 - b^2 \Rightarrow a^2, b^2, c^2$ समांतर श्रेढ़ी में हैं।

71. A: दिया गया व्यंजक

$$= \sum\frac{\sin^2 B - \sin^2 C}{\cos B + \cos C} = \sum\frac{\cos^2 C - \cos^2 B}{\cos B + \cos C}$$

$= \sum(\cos C - \cos B) = 0.$

72. B: $b + c = 3a$

$\Rightarrow k(\sin B + \sin C) = 3k\sin A$

$$\Rightarrow 2\sin\frac{(B+C)}{2}\cos\frac{(B-C)}{2}$$

$$= 3.2\sin\frac{A}{2}\cos\frac{A}{2}$$

$$\Rightarrow \cos\frac{A}{2}\cos\frac{(B-C)}{2} = 3\cos\frac{(B+C)}{2}\cos\frac{A}{2}$$

$$\Rightarrow \cos\frac{B}{2}\cos\frac{C}{2} + \sin\frac{B}{2}\sin\frac{C}{2}$$

$$= 3\left[\cos\frac{B}{2}\cos\frac{C}{2} - \sin\frac{B}{2}\sin\frac{C}{2}\right]$$

$$\Rightarrow 2\cos\frac{B}{2}\cos\frac{C}{2} = 4\sin\frac{B}{2}\sin\frac{C}{2}$$

$$\Rightarrow \cot\frac{B}{2}\cot\frac{C}{2} = 2.$$

73. A: $\sum a^3\cos(B-C)$

$= \sum k^3\sin^3 A\cos(B-C)$

$= k^3 \sum \sin^2 A.\sin(B+C)\cos(B-C)$

$= \frac{1}{2} k^3 \sum \sin^2 A(\sin 2B + \sin 2C)$

$= \frac{1}{2} k^3 [\sin^2 A(\sin 2B + \sin 2C)$
$+ \sin^2 B(\sin 2C + \sin 2A)$
$+ \sin^2 C(\sin 2A + \sin 2B)]$

$= k^3 [(\sin^2 A \sin B \cos B + \sin^2 B \sin A \cos A)$
$+ (\sin^2 A \sin C \cos C + \sin^2 C \sin A \cos A)$
$+ (\sin^2 B \sin C \cos C + \sin^2 C \sin B \cos B)]$

$= k^3 [\sin A \sin B(\sin A \cos B + \sin B \cos A)$
$+ \sin A \sin C(\sin A \cos C + \sin C \cos A)$
$+ \sin B \sin C(\sin B \cos C + \sin C \cos B)]$

$= k^3 [\sin A \sin B \sin(A+B)$
$+ \sin A \sin C \sin(A+C)$
$+ \sin B \sin C \sin(B+C)]$

$= 3k^3 \sin A \sin B \sin C = 3abc.$

74. A: $\cos B = (a^2 + c^2 - b^2)/(2ac) = 3/5$
$\therefore \sin 2B = 2 \sin B \cos B$
$= 2\sqrt{(1-\cos^2 B)}.\cos B = 24/25.$

75. B: $\cos A = (b^2 + c^2 - a^2)/(2bc) = 1/2$
$\Rightarrow \angle A = 60°.$

76. B: मान लें कि समांतर श्रेढ़ी में स्थित कोण निम्नवत् हैं:
$A = \theta - \phi, B = \theta$ और $C = \theta + \phi$
$\therefore A + B + C = 180° \Rightarrow \theta = 60°$, अर्थात् $B = 60°$
अब $\cos B = \cos 60° = \frac{1}{2} = \frac{a^2 + c^2 - b^2}{2ac}$
$\Rightarrow a^2 + c^2 - ac = b^2.$

77. B: $a(b \cos C - c \cos B)$

$= ab.\left(\frac{a^2 + b^2 - c^2}{2ab}\right) - ac.\left(\frac{a^2 + c^2 - b^2}{2ac}\right)$

$= b^2 - c^2.$

78. D: दिया गया व्यंजक
$= (b \cos C + c \cos B) + (c \cos A + a \cos C)$
$+ (a \cos B + b \cos A)$
$= a + b + c.$

79. A: दिया गया है कि

$a + b + c = 6\cdot\frac{1}{3}(\sin A + \sin B + \sin C)$

$\Rightarrow k(\sin A + \sin B + \sin C)$
$= 2(\sin A + \sin B + \sin C)$
जहां $k = a/\sin A = b/\sin B = c/\sin C$
$\Rightarrow (k-2)(\sin A + \sin B + \sin C) = 0$
$\Rightarrow k - 2 = 0 \Rightarrow k = 2$
$\Rightarrow a/\sin A = k = 2 \Rightarrow \sin A = 1/2 \ (\because a = 1)$
$\Rightarrow A = \pi/6,$

80. D: दिया गया है कि $\frac{\cos A}{a} = \frac{\cos B}{b} = \frac{\cos C}{c}$

$\Rightarrow \frac{\cos A}{k \sin A} = \frac{\cos B}{k \sin B} = \frac{\cos C}{k \sin C}$
$\Rightarrow \cot A = \cot B = \cot C$
$\Rightarrow A = B = C = 60°$
$\therefore$ त्रिभुज समबाहु है और त्रिभुज की भुजा $= a = 2$
$\therefore$ त्रिभुज का क्षेत्रफल $= (\sqrt{3}/4)a^2 = \sqrt{3}.$

81. A: $\cos A = \frac{(b^2 + c^2 - a^2)}{2bc}$

$\Rightarrow \cos 60° = \frac{1}{2} = \frac{9 + c^2 - 16}{2.3c}$
$\Rightarrow c^2 - 3c - 7 = 0.$

82. C: त्रिभुज की भुजाएं a, b और c
$= \sqrt{(a^2 + ab + b^2)}$ हैं।
स्पष्ट है कि त्रिभुज की तीनों भुजाओं में C सबसे बड़ी भुजा है,
$\therefore$ सबसे बड़ा कोण C है।

$\therefore \cos C = \frac{a^2 + b^2 - c^2}{2ab} = -\frac{1}{2}$
$\Rightarrow C = 120°.$

83. D: मान लें कि दोनों सड़कें A चौराहे पर एक दूसरे से मिलती हैं। यदि बस और कार इन दो सड़कों पर क्रमश: B और C बिंदु पर हों, तो
$c = AB = 2$ किमी., $b = AC = 3$ किमी.
दोनों वाहनों के बीच की दूरी
$= BC = a$ किमी.

अब $\cos A = \cos 60° = \frac{b^2 + c^2 - a^2}{2bc}$

$\Rightarrow \frac{1}{2} = \frac{3^2 + 2^2 - a^2}{2.3.2} \Rightarrow a = \sqrt{7}$ किमी.

84. C: $\tan\frac{B-C}{2} = \frac{b-c}{b+c}\cot\frac{A}{2}$

$$= \frac{(\sqrt{3}+1)-(\sqrt{3}-1)}{(\sqrt{3}+1)+(\sqrt{3}-1)} \cot 30° = 1.$$

85. C: $\tan\frac{A+B}{2}.\cot\frac{A-B}{2}$

$$= \tan\left(\frac{\pi}{2}-\frac{C}{2}\right)\tan\frac{(A-B)}{2}$$

$$= \cot\frac{C}{2}\Big/\left[\frac{a-b}{a+b}\cot\frac{C}{2}\right] = \frac{a+b}{a-b}$$

86. B: दिया गया व्यंजक

$$\Rightarrow \frac{1}{2}\ bc \sin A = -(b^2 + c^2 - a^2) + 2bc$$

$$\Rightarrow \frac{1}{2} bc \sin A = -2bc \cos A + 2bc$$

$$\Rightarrow \sin\frac{A}{2}\cos\frac{A}{2} = 2(1-\cos A) = 4\sin^4\frac{A}{2}$$

$$\Rightarrow \sin\frac{A}{2}\left[\cos\frac{A}{2} - 4\sin\frac{A}{2}\right] = 0$$

$$\Rightarrow \cos\frac{A}{2} - 4\sin\frac{A}{2} = 0$$

$$\because\ \sin\frac{A}{2} \neq 0$$

$$\Rightarrow \tan\frac{A}{2} = \frac{1}{4}$$

$$\therefore \tan A = 2\frac{\tan\frac{A}{2}}{\left(1-\tan^2\frac{A}{2}\right)} = \frac{8}{15}.$$

87. A: दिया गया व्यंजक

$$\Rightarrow 2a\cos^2\frac{C}{2} + 2c\cos^2\frac{A}{2} = 3b$$

$\Rightarrow a\,(1 + \cos C) + c\,(1 + \cos A) = 3b$

$\Rightarrow a + c + (a \cos C + c \cos A) = 3b$

$\Rightarrow a + c + b = 3b \Rightarrow a + c = 2b$

$\Rightarrow a, b, c$ समांतर श्रेढ़ी में हैं।

88. B: मान लें कि $\angle A = 120°$, स्पष्ट है कि $\angle A$ त्रिभुज का सबसे बड़ा कोण है और $a = 7$ सेमी. त्रिभुज की सबसे बड़ी भुजा है। चूंकि Δ की भुजाएं समांतर श्रेढ़ी में हैं $\therefore$ मान लें कि $b = 7 - d$ और $c = 7 - 2d$, जहां d धनात्मक है

अब $\cos A = \cos 120° = (b^2 + c^2 - a^2)/2bc$

$\Rightarrow (7 - d)^2 + (7 - 2d)^2 - 7^2$

$= -(7 - d)(7 - 2d)$

$\Rightarrow d^2 - 9d + 14 = 0 \Rightarrow (d - 2)(d - 7) = 0$

$\therefore d = 2,\ \because d \neq 7$ क्योंकि $d = 7, b = 0,$

अत: $b = 5, c = 3.$

$\therefore \Delta ABC$ का क्षेत्रफल $= \frac{1}{2}\ bc \sin A$

$= \frac{1}{2}\ 5.3 \sin 120°$

$= 15\sqrt{3}/4$ सेमी^{2}.

89. D: $c^2 = a^2 + b^2 \Rightarrow \angle C = 90°$

$$\therefore \Delta = \frac{1}{2}\ ab \sin C = \frac{1}{2}\ ab \sin 90° = \frac{1}{2}\ ab$$

$\Rightarrow 4s\,(s - a)\,(s - b)\,(s - c) = 4\Delta^2 = a^2b^2.$

90. A: $\cos A + \cos B + \cos C$

$$= 2\cos\frac{(A+B)}{2}.\cos\frac{(A-B)}{2} + \cos C$$

$$= 2\sin\frac{C}{2}.\cos\frac{(A-B)}{2} + 1 - 2\sin^2\frac{C}{2}$$

$$= 1 + 2\sin\frac{C}{2}\left[\cos\frac{(A-B)}{2} - \sin\frac{C}{2}\right]$$

$$= 1 + 2\sin\frac{C}{2}\left[\cos\frac{(A-B)}{2} - \cos\frac{(A+B)}{2}\right]$$

$$= 1 + 4\sin\frac{A}{2}.\sin\frac{B}{2}\sin\frac{C}{2}$$

$\therefore \cos A + \cos B + \cos C = 3/2$

$$\Rightarrow 1 + 4\sin\frac{A}{2}\sin\frac{B}{2}\sin\frac{C}{2} = \frac{3}{2}$$

$$\Rightarrow \sin\frac{A}{2}\sin\frac{A}{2}\sin\frac{B}{2}\sin\frac{C}{2} = \frac{1}{8}$$

$\Rightarrow r/(4R) = 1/8 \Rightarrow R = 2r$

अत: त्रिभुज समबाहु त्रिभुज है।

91. B: $AC = \sqrt{3}BC$

$\Rightarrow b = \sqrt{3}.a$

$\Rightarrow \sqrt{3} = b/a = \sin B/\sin A$

$= \sin B/\sin (90° - B)$

$\because \angle C = 90°$

$\Rightarrow \sqrt{3} = \tan B \Rightarrow \angle B = 60°.$

92. D: $3 \sin A = 6 \sin B = 2\sqrt{3} \sin C$

$$\Rightarrow \frac{\sin A}{2} = \frac{\sin B}{1} = \frac{\sin C}{\sqrt{3}}$$

$$\Rightarrow \frac{a}{2} = \frac{b}{1} = \frac{c}{\sqrt{3}} = k$$

$\Rightarrow a = 2k, b = k, c = \sqrt{3}k,$

$$\therefore \cos A = \frac{b^2 + c^2 - a^2}{2bc} = 0 \Rightarrow \angle A = 90°.$$

93. C: ΔABD में,

$$\frac{BD}{\sin \theta} = \frac{AD}{\sin B} \Rightarrow BD = AD.\sin \theta / \sin B \quad ... (1)$$

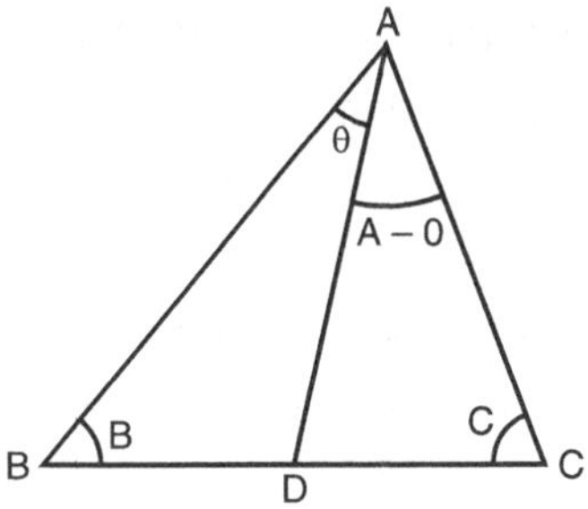

Δ ACD में, $\frac{CD}{\sin (A - \theta)} = \frac{AD}{\sin C}$

$\Rightarrow CD = AD \sin (A - \theta) / \sin C \quad .... (2)$

$\therefore BD = CD$

$\Rightarrow AD \sin \theta / \sin B = AD. \sin (A - \theta) / \sin C$

$$\Rightarrow \sin (A - \theta) = \frac{\sin C}{\sin B}. \sin \theta = \frac{c}{b} \sin \theta,$$

94. D:

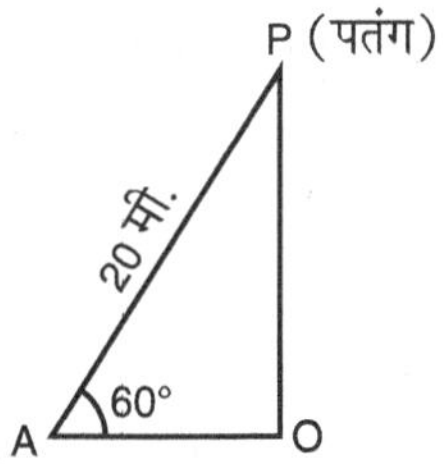

डोरी की लंबाई = AP = 20 मी.

पतंग की ऊंचाई = OP = AP sin 60°

$$= 20 \times \frac{\sqrt{3}}{2} = 10\sqrt{3}..$$

95. B: मान लें कि प्रकाश स्तंभ की 60 मी. ऊंची चोटी P है। यदि प्रश्नाधीन क्षण में नाव की स्थिति A हो, तो $\angle OAP = \angle LPA = 15°$.

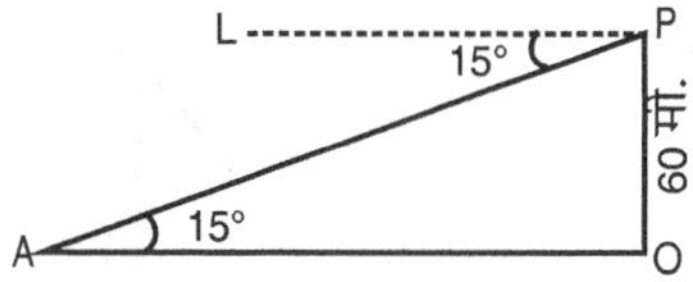

अब, tan 15° = OP/OA = 60/OA

$\therefore$ OA = 60 cot 15° = 60 cot (45° – 30°)

$$= 60 \frac{\cot 45° \cot 30° + 1}{\cot 30° - \cot 45°} = \left(\frac{\sqrt{3}+1}{\sqrt{3}-1}\right) 60 \text{ मी.}$$

96. C: प्रश्न संख्या 95 से,

$$\text{अपेक्षित दूरी} = \left(\frac{\sqrt{3}+1}{\sqrt{3}-1}\right) 60 \text{ मी.}$$

$$= \frac{\left(\sqrt{3}+1\right)^2}{\left(\sqrt{3}-1\right)\left(\sqrt{3}+1\right)} \times 60$$

$$= \left(\sqrt{3}+1\right)^2 \times 30 \text{ मी.}$$

97. D: यदि 25 मी. ऊंची पहाड़ी की चोटी = AB और OP मीनार है, इस प्रकार कि

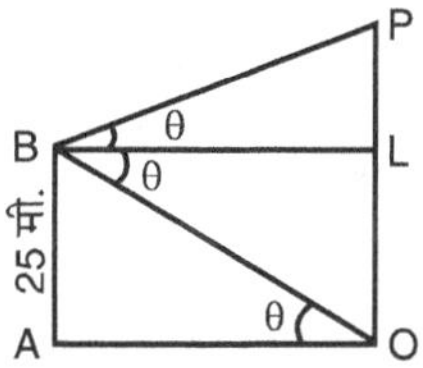

$\angle PBL = \angle OBL = \theta$ (मान लें)

Δ OAB में, OA = AB cot θ = 25 cot θ = BL.

Δ BPL में,

PL = BL tan θ = 25 cot θ tan θ = 25 मी.

$\therefore$ मीनार की ऊंचाई = OP = OL + PL = 50 मी.

98. A: C खंभा AB का मध्य बिंदु है तथा जमीन पर A से कुछ दूरी पर स्थित P एक बिंदु है, इस प्रकार कि $\angle BPC = \beta$. मान लें कि $\angle APC = \alpha$

$\therefore \tan \alpha = AC/AP = AB/(2AP) = 1/(2n).$

$\because AP = n\,AB$ (दिया गया है)

Δ APB में, $\tan (\alpha + \beta) = AB/AP = 1/n$

अब, $\tan \beta = \tan [(\alpha + \beta) - \alpha]$

$$= \frac{\tan(\alpha + \beta) - \tan \alpha}{1 + \tan(\alpha + \beta) \tan \alpha}$$

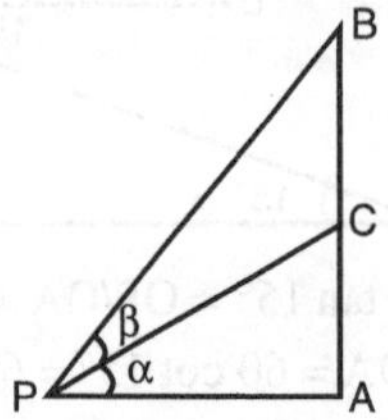

$$= \frac{1/n - 1/(2n)}{1 + (1/n)(1/2n)} = \frac{n}{2n^2 + 1}.$$

99. C: मान लें कि OP अधूरा और OQ पूरा बना स्तंभ है। यदि क्षैतिज समतल पर A एक बिंदु इस प्रकार हो कि OA = 100 मी.

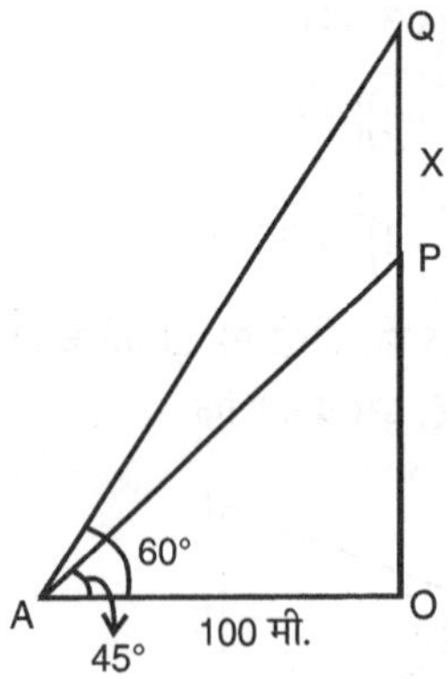

तो $\angle OAP = 45°$ और $\angle OAQ = 60°$

Δ OAP में, $\tan 45° = OP/OA$

$\therefore OP = OA = 100$ मी.

Δ OAQ में, $\tan 60° = OQ/OA$

$\Rightarrow \sqrt{3} = (100 + x)/100$

$\Rightarrow x = 100(\sqrt{3} - 1)$ मी.

100. A: प्रश्न 99 के उत्तर में दिया गया चित्र देखें।
मान लें कि जब जमीन पर स्थित बिंदु A पर दोनों जहाजों का उन्नयन कोण क्रमश: 60° और 45° हो तो इन जहाजों की स्थितियां क्रमश: Q और P है।

$\therefore \angle OAP = 45°$ और $\angle OAQ = 60°$

दिया गया है कि OQ = 300 मी.

मान लें कि OP = h हो, तो Δ OAP में OA = OP = h.

अब Δ OAQ में $\tan 60° = OQ/OA$

$\Rightarrow \sqrt{3} = 300/h \quad \therefore h = 100\sqrt{3}$ मी.

101. C: मान लें कि AQ (= PQ) पेड़ OP का टूटा हुआ भाग है जिसका ऊपरी भाग जमीन को A बिंदु पर इस प्रकार छूता है कि :

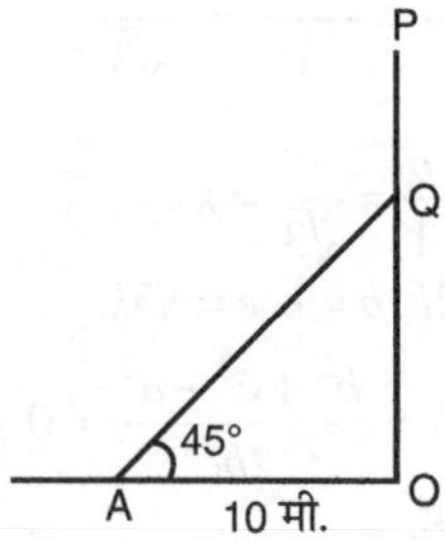

$\angle QAO = 45°$. $\therefore OA = 10$ मी. $\because OQ = 10$ मी.

अब Δ OAQ में,

$AQ = \sqrt{(OA^2 + OQ^2)} = 10\sqrt{2}$ मी.

$\therefore$ पेड़ की कुल लंबाई

$= OP = OQ + PQ = OQ + AQ$

$= 10(1 + \sqrt{2})$ मी.

102. B: मान लें कि 3000 मी. की ऊंचाई पर उड़ रहे हवाई जहाज की दो स्थितियां क्रमश: P और Q हैं।

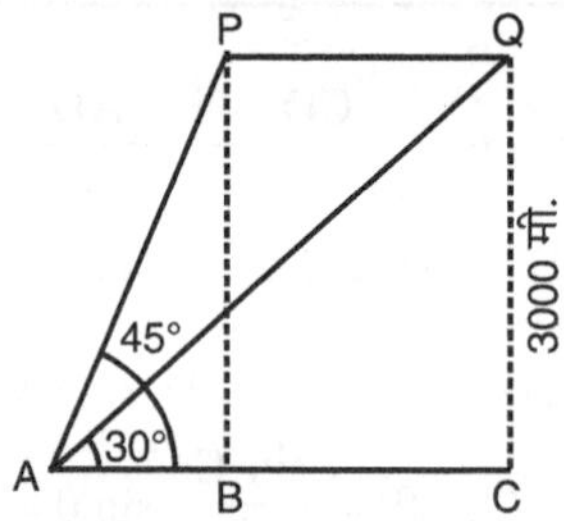

$\therefore PB = QC = 3000$ मी.

A जमीन पर एक बिंदु इस प्रकार है कि

$\angle PAB = 45°$ और $\angle QAC = 30°$

Δ ABP में, $AB = BP \cot 45° = 3000$ मी.

Δ AQC में, $AC = CQ \cot 30° = 3000\sqrt{3}$ मी.

$\therefore PQ = BC = AC - AB$

$= 3000(\sqrt{3} - 1)$ मी.

अत: हवाई जहाज की चाल

$$= \frac{\text{दूरी PQ}}{\text{समय}} = \frac{3000(\sqrt{3} - 1)}{15}$$

$= 200(1.732 - 1) = 146.4$ मी./से.

103. A: मान लें कि OP 150 मी. ऊंची पहाड़ी की चोटी है तथा A नाव की पहली स्थिति है जबकि $\angle OAP = 60°$ था

और B नाव की 2 मिनट बाद की स्थिति है जबकि $\angle OBP = 45°$ हो जाता है।

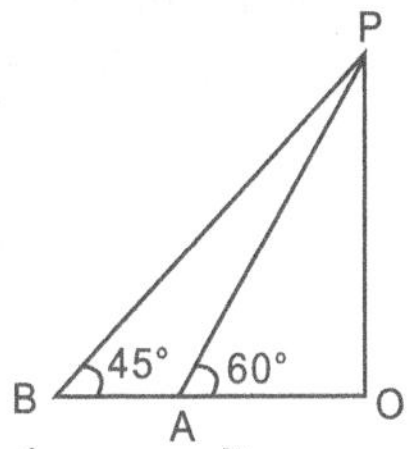

ΔOAP और ΔOBP में,

$OA = OP \cot 60° = 150/\sqrt{3} = 50\sqrt{3}$ मी.

और $OB = OP \cot 45° = 150$ मी.

$\therefore AB = OB - OA = 50(3 - \sqrt{3})$ मी.

$$\therefore \text{नाव की चाल} = \frac{\text{दूरी AB}}{\text{समय}} = \frac{50\left(3-\sqrt{3}\right)}{2} \text{ मी./से.}$$

$$= 25(3 - \sqrt{3}) \frac{60}{1000} \text{ किमी./घंटा}$$

$$= \frac{9 - 3\sqrt{3}}{2} \text{ किमी./घंटा}$$

104. C: प्रश्न 103 के उत्तर में दिए गए चित्र को देखें। मान लें कि नदी के एक किनारे पर वह व्यक्ति A बिंदु पर खड़ा है तथा नदी के दूसरे किनारे पर उस व्यक्ति के सम्मुख खड़ा OP एक पेड़ है और $\angle OAP = 60°$। जब वह व्यक्ति पीछे हटकर स्थिति B पर पहुंचता है, तो

$AB = 40$ मी. और $\angle OBP = 30°$

मान लें कि $OA = x$ और $OP = h$

ΔOAP में, $OP = OA \tan 60° = x\sqrt{3}$

और ΔOBP, $OP = OB \tan 30° = (x + 40)/\sqrt{3}$

$\therefore (x + 40)/\sqrt{3} = x\sqrt{3} \Rightarrow x = 20$ मी.

105. B: मान लें कि OP एक मीनार है जिसकी ऊंचाई h है और PQ झंडे का डंडा है जिसकी ऊंचाई a है, इस प्रकार है कि

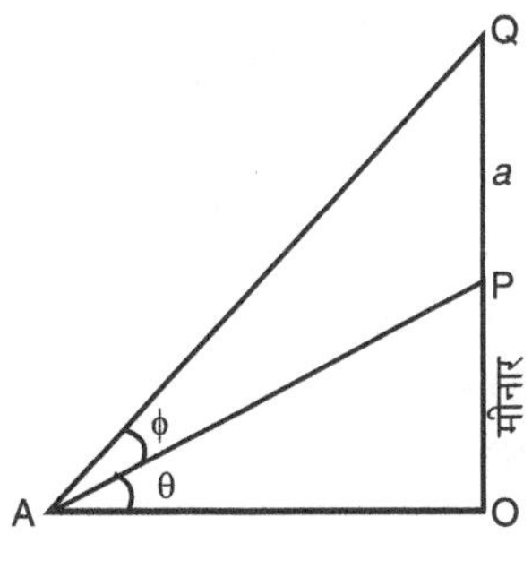

$\angle OAP = \theta$ और $\angle PAQ = \phi$

ΔOAP और ΔOAQ में,

$$OA = OP \cot\theta = h\cot\theta$$

और $$OA = OQ\cot(\theta + \phi) = (h + a)\cot(\theta + \phi)$$

$$\therefore \quad h\cot\theta = (h + a)\cot(\theta + \phi)$$

$$\Rightarrow \quad h = \frac{a\cot(\theta+\phi)}{\cot\theta - \cot(\alpha+\phi)}$$

$$= \frac{a\sin\theta\cos(\theta+\phi)}{\sin\phi}.$$

106. A: मान लें कि OP एक मीनार है जिसकी ऊंचाई h है और O से होकर क्षैतिज रेखा में A और B दो ऐसी स्थितियां हैं जबकि,

$\angle OAP = x$, $\angle OBP = \beta$ और $OB = x$

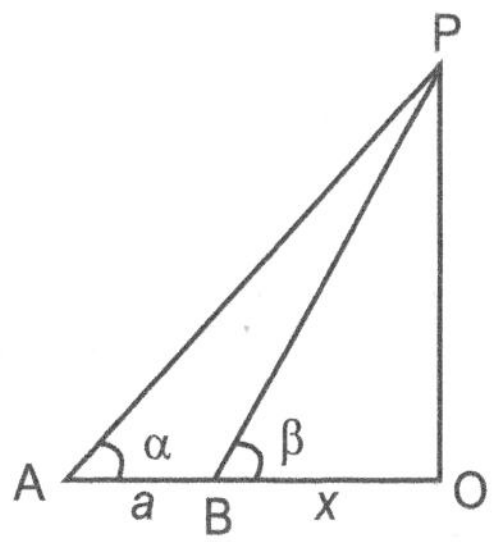

ΔOBP में $OB = x = h\cot\beta$, और

ΔOAP में $OA = a + x = h\cot\alpha$

$\therefore a = h(\cot\alpha - \cot\beta)$

$\Rightarrow h = a\sin\alpha\sin\beta/\sin(\beta - \alpha)$

107. C: OP ऊर्ध्वाधर मीनार है। A, B, C से चोटी P के उन्नयन कोण क्रमशः α, 2α, 3α हैं।

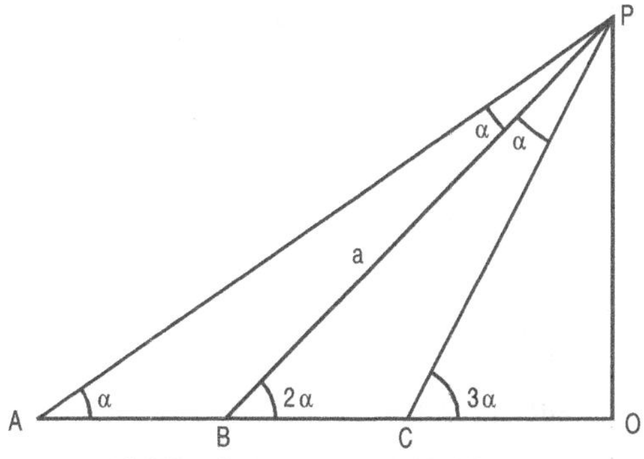

$\angle APB = 2\alpha - \alpha = \alpha = \angle PAB$

$\therefore$ BP = AB = a

$\therefore$ ΔOBP, OP = BP sin 2α = a sin 2α

108. B: मान लें कि r त्रिज्या के गुब्बारे का केंद्र O है जो प्रेक्षक की आंख E में α कोण निर्मित करता है।

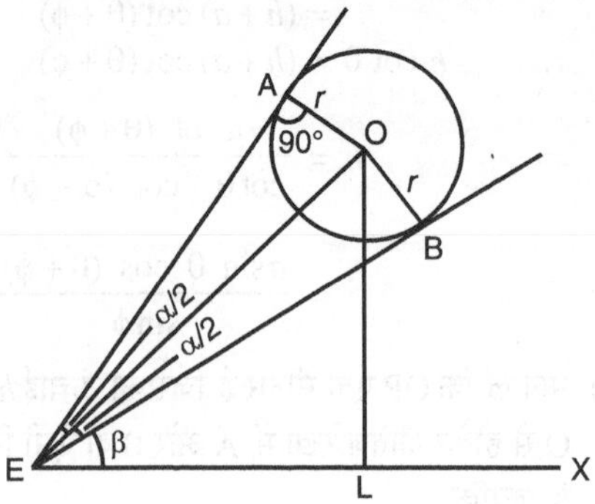

यदि EA और EB गुब्बारे की स्पर्श रेखाएं हों,तो

$\angle$OEA = $\angle$OEB = α

ΔOAE में, $\sin \frac{1}{2}\alpha$ = OA/OE

$\therefore$ OE = $r \operatorname{cosec} \frac{1}{2} \alpha$

ΔOEL में, गुब्बारे के केंद्र की ऊंचाई = h = OE sin β

= $r \operatorname{cosec} \frac{1}{2} \times \sin \beta$.

109. B: मान लें कि वर्गाकार भूखण्ड ABCD की भुजाओं की लंबाई a है तथा D बिंदु पर खड़े खंभे की ऊंचाई h है। चूंकि P का A या C बिंदु से उन्नयन कोण 30° है तथा B बिंदु से θ है,

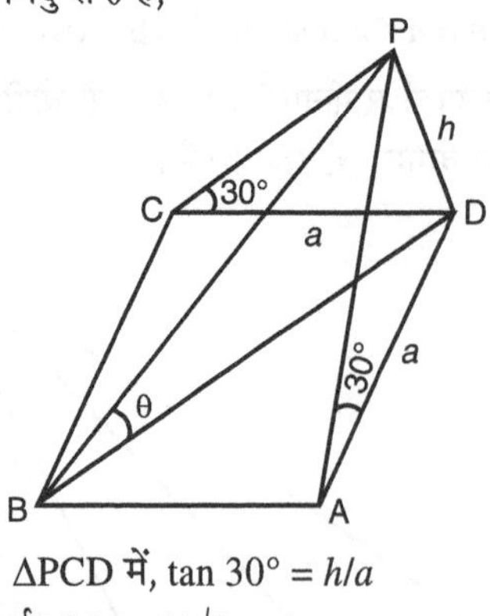

$\therefore$ ΔPCD में, tan 30° = h/a

अर्थात् $h/a = 1/\sqrt{3}$

और ΔPBD में,

$\tan\theta$ = PD/BD = $h/(a\sqrt{2}) = 1/\sqrt{6}$

$\therefore$ BD = $\sqrt{(AB^2 + AD^2)} = a\sqrt{2}$.

110. D: मान लें कि AB और CD दो मीनार हैं जिसकी ऊंचाइयां क्रमशः h_1 और h_2 हैं तथा इन दोनों मीनारों के पाद-बिंदुओं A और C को मिलाने वाली रेखा AC का मध्य बिंदु O है।

मान लें कि OA = OC = x

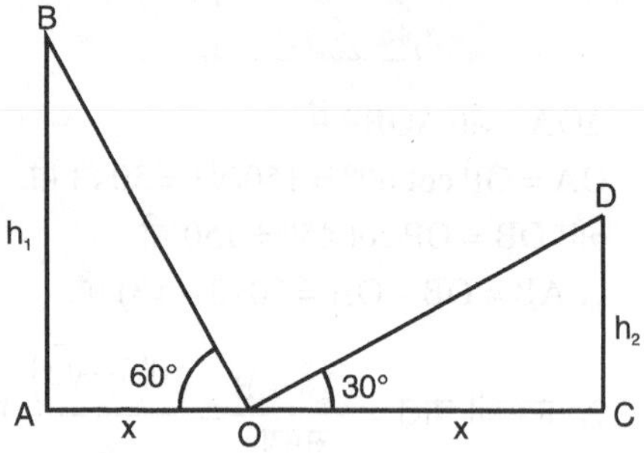

तो $h_1 = x \tan 60° = x\sqrt{3}$

और $h_2 = x \tan 30° = x/\sqrt{3}$

$\therefore$ $\frac{h_1}{h_2} = \frac{3}{1}$, अर्थात् $h_1 : h_2 = 3 : 1$.

111. B: दिया गया है $\alpha = \cot^{-1}(3.2)$, $\beta = \operatorname{cosec}^{-1}(2.6)$

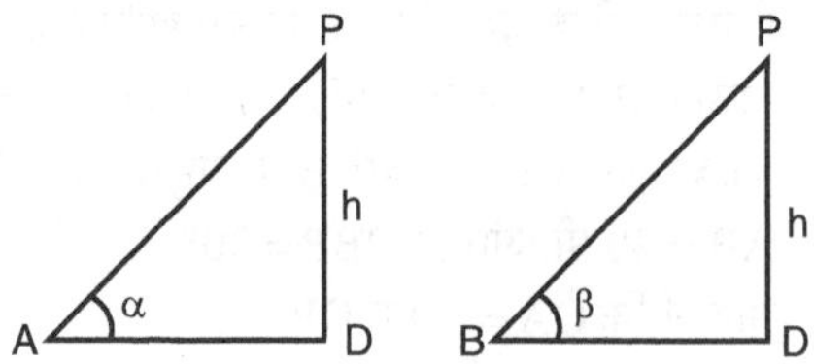

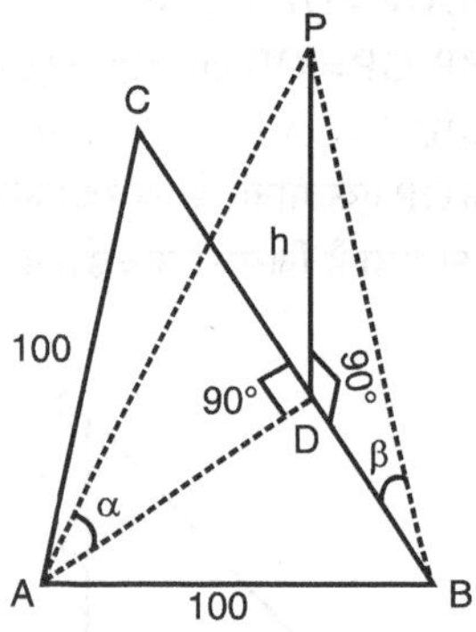

ΔPAD में, AD = $h \cot \alpha$,

ΔPBD में, BD = $h \cot \beta$

ΔABD में,

$AB^2 = AD^2 + BD^2 = h^2 (\cot^2 \alpha + \cot^2 \beta)$

या $100^2 = h^2 \{\cot^2 \alpha + (\text{cosec}^2 \beta - 1)\}$

या $100^2 = h^2 [(3.2)^2 + (2.6)^2 - 1] = 16h^2$

$\Rightarrow h = 25\text{m}.$

112. B: $\cosh 0 = \frac{1}{2} (e^0 + e^{-0}) = 1.$

113. B: $\sinh x = \frac{1}{2} (e^x - e^{-x})$

$\therefore \sinh (-x) = \frac{1}{2} (e^{-x} - e^{-(-x)})$

$= -\frac{1}{2} (e^x - e^{-x}) = -\sinh x.$

114. A: $\tanh x = (e^x - e^{-x})/(e^x + e^{-x})$

$\therefore \tanh (-x) = [e^{-x} - e^{-(-x)}]/[e^{-x} + e^{-(-x)}]$

$= -(e^x - e^{-x})/(e^x + e^{-x}) = -\tanh x.$

115. B: $\sinh (x + y) \cosh (x - y)$

$= \frac{1}{2} [e^{(x+y)} - e^{-(x+y)}] \cdot \frac{1}{2} [e^{(x+y)} + e^{-(x-y)}]$

$= \frac{1}{2} \left[\frac{1}{2} (e^{2x} - e^{-2x}) + \frac{1}{2} (e^{2y} - e^{-2y}) \right]$

$= \frac{1}{2} (\sinh 2x + \sinh 2y).$

116. B: $\cosh 3x - \sinh 3x$

$= \frac{1}{2} (e^{3x} + e^{-3x}) - \frac{1}{2} (e^{3x} - e^{-3x}) = e^{-3x}.$

117. B: $e^{kx} = \frac{\coth x + 1}{\coth x - 1}$

$= \frac{\left(e^x + e^{-x}\right)/\left(e^x - e^{-x}\right) + 1}{\left(e^x + e^{-x}\right)/\left(e^x - e^{-x}\right) - 1}$

$= \frac{e^x}{e^{-x}} = e^{2x} \Rightarrow k = 2.$

118. A: $2 \sin (\alpha + i\beta) \cos (\alpha - i\beta)$

$= \sin (\alpha + i\beta + \alpha - i\beta) + \sin (\alpha + i\beta - \alpha + i\beta)$

$= \sin 2\alpha + \sin 2 i\beta = \sin 2\alpha + i \sinh 2\beta.$

119. D: $\cosh x = \sec \theta$

$\therefore x = \cosh^{-1} (\sec \theta)$

$= \log [\sec \theta + \sqrt{(\sec^2 \theta - 1)}]$

$= \log (\sec \theta + \tan \theta) = \log \left(\frac{1 + \sin \theta}{\cos \theta}\right)$

$= \log \frac{(\sin \theta/2 + \cos \theta/2)^2}{\cos^2 \theta/2 - \sin^2 \theta/2}$

$= \log \frac{\sin \theta/2 + \cos \theta/2}{\cos \theta/2 - \sin \theta/2} = \log \frac{1 + \tan \theta/2}{1 - \tan \theta/2}$

$= \log \tan (\pi/4 + \theta/2)$

120. B: $\cosh x = \sec \theta$

$\frac{1 + \tanh^2 x/2}{1 - \tanh^2 x/2} = \sec \theta \frac{1}{\cos \theta}$

$\therefore$ योगांतरानुपात द्वारा

$\frac{2 \tanh^2 x/2}{2} = \frac{1 - \cos \theta}{1 + \cos \theta}$

या $\tanh^2 x/2 = \tan^2 \theta/2.$

121. A: $u = \log \tan (\pi/4 + \theta/2)$

$\therefore e^u = \tan (\pi/4 + \theta/2)$

$\frac{e^u}{1} = \frac{1 + \tan \theta/2}{1 - \tan \theta/2}$

योगांतरानुपात द्वारा

$\frac{e^u - 1}{e^u + 1} = \frac{2 \tan \theta/2}{2} = \frac{e^{u/2} - e^{-u/2}}{e^{u/2} + e^{-u/2}} = \tan \frac{\theta}{2}$

या $\tanh u/2 = \tan \theta/2$

122. A: $u = \log \tan (\pi/4 + \theta/2)$

$\therefore e^u = \tan (\pi/4 + \theta/2)$

$= (1 + \tan \pi/2)/(1 - \tan \theta/2)$

$\therefore \cosh u = \frac{1}{2} (e^u + e^{-u})$

$= \frac{1}{2} \left[\frac{1 + \tan \theta/2}{1 - \tan \theta/2} + \frac{1 - \tan \theta/2}{1 + \tan \theta/2}\right]$

$= \frac{1 + \tan^2 \theta/2}{1 - \tan^2 \theta/2} = \sec \theta.$

123. A: $\sinh^{-1} 3 = \log [3 + \sqrt{(1 + 3^2)}]$

$= \log\left[3 + \sqrt{10}\right].$

124. B: $\log (2 + \sqrt{5})$

$= \log [2 + \sqrt{(2^2 + 1)}] = \sinh^{-1} 2.$

द्विविम और त्रिविम विश्लेषिक ज्यामिति

ANALYTICAL GEOMETRY OF TWO AND THREE DIMENSIONS

द्विविम ज्यामिति (GEOMETRY OF TWO DIMENSIONS)

दूरी सूत्र (Distance Formula) :

(a) दो बिंदुओं (x_1, y_1) और (x_2, y_2) के बीच दूरी $= \sqrt{[(x_2 - x_1)^2 + (y_2 - y_1)^2]}$.

(b) बिंदुओं (x_1, y_1) की मूल बिंदु से दूरी $= \sqrt{(x_1^2 + y_1^2)}$.

खंड सूत्र (Section Formulae) :

(a) बिंदुओं $A(x_1, y_1)$ और $B(x_2, y_2)$ को मिलाने वाली रेखा को $m : n$ के अनुपात में (आंतरिक और बाह्य रूप में) विभाजित करने वाले बिंदु 'P' के निर्देशांक (x, y)

यदि AB रेखा को बिंदु P आंतरिक रूप में विभाजित करता हो, तो :

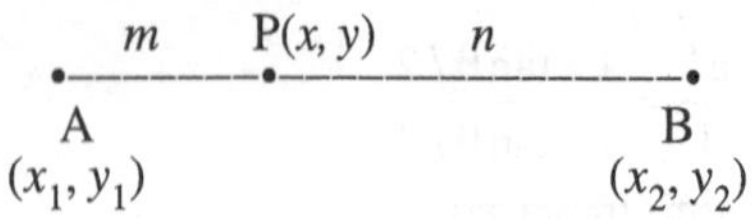

$$x = \frac{mx_2 + nx_1}{m+n}, y = \frac{my_2 + ny_1}{m+n}$$

यदि AB रेखा को बिंदु P बाह्यत: विभाजित करता हो, तो

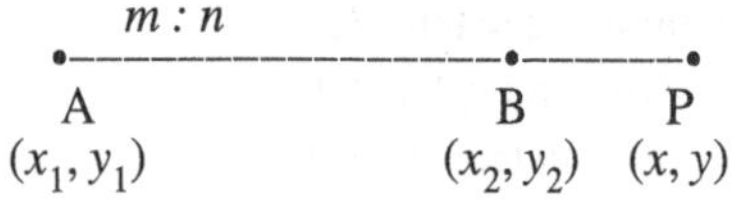

$$x = \frac{mx_2 - nx_1}{m-n}, y = \frac{my_2 - ny_1}{m-n}$$

(b) $A(x_1, y_1)$ और $B(x_2, y_2)$ को जोड़ने वाली रेखा के मध्य बिन्दु के निर्देशांक है :

$$\left(\frac{x_1 + x_2}{2}, \frac{y_1 + y_2}{2}\right)$$

त्रिभुज का क्षेत्रफल (Area of a Triangle) : $A(x_1, y_1)$, $B(x_2, y_2)$ और $C(x_3, y_3)$ शीर्षों वाले त्रिभुज ABC का क्षेत्रफल

$$= \tfrac{1}{2} |(x_1y_2 + x_2y_3 + x_3y_1) - (y_1x_2 + y_2x_3 + y_3x_1)|$$

या $$= \tfrac{1}{2} |x_1(y_2 - y_3) + x_2(y_3 - y_1) + x_3(y_1 - y_2)|$$

or $$= \frac{1}{2}\begin{vmatrix} x_1 & y_1 & 1 \\ x_2 & y_2 & 1 \\ x_3 & y_3 & 1 \end{vmatrix}$$

चतुर्भुज का क्षेत्रफल (Area of a Quadrilateral) : $A(x_1, y_1)$, $B(x_2, y_2)$, $C(x_3, y_3)$ और $D(x_4, y_4)$ शीर्षों वाले चतुर्भुज ABCD का क्षेत्रफल

$$= \tfrac{1}{2} |(x_1y_2 + x_2y_3 + x_3y_4 + x_4y_1) - (y_1x_2 + y_2x_3 + y_3x_4 + y_4x_1)|.$$

त्रिभुज का केंद्रक (Centroid of a Triangle) : किसी त्रिभुज की माध्यिकाओं (शीर्ष और सम्मुख भुजा के मध्य बिंदु को मिलाने वाली रेखाओं) के प्रतिच्छेद बिंदु को त्रिभुज का केंद्रक कहते हैं। त्रिभुज का केंद्रक उसकी माध्यिकाओं को 2 : 1 के अनुपात में विभाजित करता है।

यदि त्रिभुज के शीर्षों के निर्देशांक क्रमश: (x_1, y_1), (x_2, y_2) और (x_3, y_3) हों तो इसके केंद्रक के निर्देशांक हैं :

$$\left(\frac{x_1 + x_2 + x_3}{3}, \frac{y_1 + y_2 + y_3}{3}\right)$$

त्रिभुज का परिकेंद्र (Circumcentre of a Triangle) : त्रिभुज की भुजाओं के लंब समद्विभाजकों के प्रतिच्छेद बिंदु को त्रिभुज का परिकेंद्र कहते हैं। यह त्रिभुज के शीर्षों से होकर निकलने वाले वृत्त का केंद्र होता है और त्रिभुज के सभी तीनों शीर्षों से समान दूरी पर होता है। इस दूरी को त्रिभुज की परि-त्रिज्या (circum-radius) कहते हैं।

त्रिभुज का अंत: केंद्र (In-centre of a Triangle) : किसी त्रिभुज की तीनों भुजाओं को स्पर्श करने वाले वृत्त के केंद्र को त्रिभुज का अंत: केंद्र कहते हैं। यह त्रिभुज के कोणों की आंतरिक समद्विभाजक रेखाओं का प्रतिच्छेद बिन्दु होता है। त्रिभुज की सभी तीनों भुजाओं से उसके अंत: केंद्र की दूरी समान होती है और इस दूरी को त्रिभुज की अंत: त्रिज्या (in-radius) कहते हैं।

यदि $A(x_1, y_1)$, $B(x_2, y_2)$, $C(x_3, y_3)$ त्रिभुज के शीर्षों में निर्देशांक हों, तो इसके अंत: केंद्र के निर्देशांक होंगे :

$\left(\frac{ax_1+bx_2+cx_3}{a+b+c}, \frac{ay_1+by_2+cy_3}{a+b+c}\right)$, जहां $BC = a$, $CA = b$ और $AB = c$.

त्रिभुज का लंब केंद्र (Ortho-centre of a Triangle) : त्रिभुज के शीर्षों से सम्मुख भुजाओं पर खींची गई लंब रेखाओं के प्रतिच्छेद बिंदु को त्रिभुज का लंब केंद्र कहते हैं।

दिए गए तीन बिंदुओं की संरेखता (Collinearity of Three given Points) : दिए गए कोई तीन बिंदु A, B, C संरेख अर्थात् एक सरल रेखा में स्थित होते हैं यदि

(a) ΔABC का क्षेत्रफल शून्य हो

(b) AB की प्रवणता = AC प्रवणता

(c) इन तीन बिंदुओं में से कोई एक (मान लें बिंदु C) अन्य दो बिंदुओं (यहां बिंदु A और B) को मिलाने वाली सरल रेखा पर स्थित हो।

किसी रेखा की प्रवणता (Slope of a Line) : दो बिंदुओं $A(x_1, y_1)$ और $B(x_2, y_2)$ को मिलाने वाली रेखा की प्रवणता m द्वारा सूचित की जाती है और इसे निम्नवत् व्यक्त किया जाता है:

$$m = \frac{y_2 - y_1}{x_2 - x_1} = \tan\theta,$$

जहां θ उपर्युक्त दो बिंदुओं को मिलाने वाली रेखा और x-अक्ष की धनात्मक दिशा के बीच का कोण है। इस कोण θ को धनात्मक माना जाता है यदि इसे x-अक्ष की धनात्मक दिशा से बामावर्त दिशा में मापा जाए।

बिंदु पथ (Locus of a Point) : किसी गतिमान बिंदु का बिंदुपथ कुछ प्रदत्त ज्यामितीय प्रतिबंध या प्रतिबंधों के अधीन उस बिंदु द्वारा अपनाया गया पथ होता है।

किसी बिंदु का बिंदुपथ ज्ञात करने की विधियां : किसी बिंदु का बिंदुपथ ज्ञात करने के लिए निम्नलिखित का अनुसरण करें: मान लें कि (h, k) गतिमान बिंदु P के निर्देशांक हैं। अब प्रदत्त ज्यामितीय प्रतिबंधों का उपयोग करके h, k और अन्य ज्ञात व अज्ञात राशियों के बीच संबंध ज्ञात करें। h, k और ज्ञात राशियों के बीच संबंध जानने के लिए इन संबंधों से अज्ञात राशियों का लोप कर दें। अब (h, k) का व्यापीकरण अर्थात् h के लिए x और k के लिए y का प्रयोग करके $P(h, k)$ का बिंदुपथ ज्ञात किया जाता है।

(a) ΔABC में यदि AD त्रिभुज के शीर्ष A से सम्मुख भुजा BC पर खींची गई माध्यिका हो, तो $AB^2 + AC^2 = 2(AD^2 + BD^2)$.

(b) यदि किसी त्रिभुज की कोई भी दो माध्यिकाएं समान हों, तो वह समद्विबाहु त्रिभुज होता है।

(c) किसी समकोण त्रिभुज में कर्ण का मध्य बिंदु शीर्षों से समदूरस्थ होता है।

(d) समचतुर्भुज, वर्ग, आयत और समांतर चतुर्भुज में विकर्ण एक दूसरे को समद्विभाजित करते हैं।

(e) किसी चतुर्भुज के मध्य बिंदुओं को एक क्रम में मिलाने पर प्राप्त आकृति समातंर चतुर्भुज होती है।

(f) यदि $f(x, y) = 0$ वक्र हो, तो अक्षों को मूल अक्षों के समांतर रखते हुए मूल बिंदु को बिंदु (h, k) पर स्थानांतरित करने पर वक्र का समीकरण x के स्थान पर $X + h$ और y के स्थान पर $Y + k$ को प्रतिस्थापित करके प्राप्त होता है। इस प्रकार नए मूल बिंदु के संदर्भ में वक्र का रूपांतरित समीकरण है :

$$f(X + h, Y + k) = 0.$$

(g) यदि (x, y) अक्ष OX और OY के संदर्भ में बिंदु P के निर्देशांक हों और (x', y') मूल अक्षों OX, OY को उसी मूल पर बामावर्त दिशा में θ कोण से घुमाने पर प्राप्त अक्ष OX', OY' के संदर्भ में बिंदु P के निर्देशांक हों, तो

$$x = x'\cos\theta - y'\sin\theta$$
$$y = x'\sin\theta - y'\cos\theta$$

अत: θ कोण से घुमाए गए अक्षों के संदर्भ में वक्र का समीकरण ज्ञात करने के लिए,

x के स्थान पर $x'\cos\theta - y'\sin\theta$ को प्रतिस्थापित करें,

और y के स्थान पर $x'\sin\theta + y'\cos\theta$ को प्रतिस्थापित करें,

(x, y) और (x', y') को जोड़ने वाले संबंधों को निम्नलिखित स्कीम में लिखा जा सकता है :

	x'	y'
x	$\cos\theta$	$-\sin\theta$
y	$\sin\theta$	$\cos\theta$

(h) समीकरण $ax^2 + 2hxy + by^2 = 0$ में xy पद को हटाने के लिए अक्षों को जिस कोण से घुमाया जाना आवश्यक है, उस कोण θ का मान :

$$\theta = \tfrac{1}{2}\tan^{-1}\{2h/(a-b)\}$$

सरल रेखाएं (Straight Lines) : किसी सरल रेखा के समीकरण का व्यापक रूप $ax + by + c = 0$ (x और y में प्रथम घात का समीकरण) है जहां a, b और c वास्तविक अचर राशियां हैं जो सभी एक ही साथ शून्य के बराबर नहीं है।

अक्षों के समांतर रेखाएं (Lines Parallel to Axes) :

(*a*) x-अक्ष के समांतर और उससे b दूरी पर स्थित किसी सरल रेखा का समीकरण $y = b$ द्वारा दर्शाया जाता है।

(*b*) y-अक्ष के समांतर और उससे a दूरी पर स्थित किसी सरल रेखा का समीकरण $x = a$ द्वारा दर्शाया जाता है।

(*c*) क्रमशः x-अक्ष और y-अक्ष के समांतर और बिंदुओं (a, b) से होकर निकलनेवाली रेखाओं के समीकरण $y = b$, $x = a$ द्वारा दर्शाए जाते हैं।

(*d*) x-अक्ष का समीकरण $y = 0$ और y-अक्ष का समीकरण $x = 0$ होता है।

प्रवणता अंतःखंड रूप (Slope Intercept Form) : y-अक्ष पर अंतःखंड c काटने वाली और x-अक्ष की धनात्मक दिशा के साथ बामावर्त दिशा में θ कोण निर्मित करने वाली सरल रेखा का समीकरण $y = mx + c$ द्वारा दर्शाया जाता है जहां $m = \tan\theta$.

संख्या $m = \tan\theta$ को रेखा की प्रवणता (slope or the gradient of the line) कहते हैं।

स्पष्ट है कि, $y = mx$ मूल बिंदु से होकर निकलने वाली रेखा का समीकरण है।

प्रवणता बिंदु रूप (Slope Point Form) : बिंदु $A(x_1, y_1)$ से होकर निकलने वाली सरल रेखा, जिसकी प्रवणता m हो, का समीकरण निम्नलिखित द्वारा दर्शाया जाता है।

$$y - y_1 = m(x - x_1) \quad \text{.... (1)}$$

इस समीकरण को निम्नवत् भी लिखा जा सकता है :

$$\frac{x - x_1}{\cos\theta} = \frac{y - y_1}{\sin\theta} = r \text{ (मान लें)} \quad \text{.... (2)}$$

$(\because m = \tan\theta)$

रेखा के इस रूप को रेखा का प्राचलिक रूप या सममित रूप (parametric form or symmetrical form) कहते हैं।

इस रेखा पर किसी बिंदु P के निर्देशांक $(x_1 + r\cos\theta, y_1 + r\sin\theta)$ माने जाते हैं

$\therefore$ $A(x_1, y_1)$ से बिंदु P की दूरी

$= \sqrt{[(x_1 + r\cos\theta - x_1)^2 + (y_1 + r\sin\theta - y_1)^2]} = r$

अतः यदि बिंदु $A(x_1, y_1)$ से होकर निकलने वाली रेखा का समीकरण उपर्युक्त (2) के रूप में लिखा जाए जिसमें x और y के गुणांक 1 के बराबर हों और हरों (denominators) में पदों के वर्गों का योग 1 के बराबर हो, तो $A(x_1, y_1)$ से r दूरी पर इस रेखा पर बिंदु P के निर्देशांक $(x_1 + r\cos\theta, y_1 + r\sin\theta)$ होंगे।

दो बिंदु रूप (Two Points Form) : दो बिंदुओं $A(x_1, y_1)$ और $B(x_2, y_2)$ से होकर निकलने वाली सरल रेखा का समीकरण निम्नवत् दर्शाया जा सकता है

$$y - y_1 = \frac{y_2 - y_1}{x_2 - x_1}(x - x_1)$$

$$\text{इसकी प्रवणता} = \frac{y_2 - y_1}{x_2 - x_1} = \frac{\text{कोटियों का अंतर}}{\text{भुजाओं का अंतर}}$$

अंतःखंड रूप (Intercept Form) : अक्ष x और y क्रमशः a और b अंतःखंड निर्मित करने वाली सरल रेखा के समीकरण $x/a + y/b = 1$ द्वारा प्रदर्शित किया जा सकता है।

अभिलंब (या लंब) रूप (Normal (or Perpendicular) Form) : एक सरल रेखा का समीकरण जिस पर मूल बिंदु सें लंब रेखा p लंबाई की हो और x अक्ष की धनात्मक दिशा के साथ α कोण निर्मित करती हो, निम्नलिखित द्वारा व्यक्त किया जाता है: $x\cos\alpha + y\sin\alpha = p$.

रेखा $Ax + By + C = 0$ की निर्देशक अक्षों पर प्रवणता और अंतःखंड (Slope and Intercepts on Coordinate Axes of the Line $Ax + By + C = 0$)

(*a*) **रेखा की प्रवणता ज्ञात करना :** समीकरण $Ax + By + C = 0$ को

$y = -(A/B)x - (C/A)$ के रूप में लिखा जा सकता है

$y = mx + c$ से तुलना करने पर, $m = -(A/B)$

$$\text{रेखा की प्रवणता} = \frac{x \text{ का गुणांक}}{y \text{ का गुणांक}}$$

(*b*) **y-अक्ष पर अंतःखंडों को ज्ञात करना :** समीकरण (1) को $\dfrac{x}{(-C/A)} + \dfrac{y}{(-C/B)} = 1$ के रूप में लिखा जा सकता है

$x/a + y/b = 1$ से तुलना करने पर,

$a = x$-अक्ष पर अंतःखंड $= -C/A$

$b = y$-अक्ष पर अंतःखंड $= -C/B$

दो रेखाओं के बीच कोण (Angle Between Two Lines) : यदि m_1 और m_2 दो रेखाओं की प्रवणताएं हो, तो उन रेखाओं के बीच का कोण θ निम्नलिखित द्वारा व्यक्त किया जाता है :

$$\theta = \tan^{-1}\left|\frac{m_1 - m_2}{1 + m_1 m_2}\right|$$

(*a*) **दो रेखाओं के समांतर होने की शर्त (Condition for two lines to be parallel) :** दो रेखाएं जिनकी प्रवणताएं क्रमशः m_1 और m_2 हों, समांतर होती हैं यदि $\theta = 0°$ या $180°$ हो,

$\therefore \quad \tan\theta = 0 \Rightarrow m_1 = m_2$.

यदि दो रेखाएं $a_1x + b_1y + c_1 = 0$ और $a_2x + b_2y + c_2 = 0$, हों, तो $m_1 = a_1/b_1$ और $m_2 = -a_2/b_2$,

अर्थात् दोनों समीकरणों में x और y के गुणांक समानुपाती होते हैं।

(b) **दो रेखाओं के परस्पर लंबतः होने की शर्त (Condition for two lines to be perpendicular) :** दो रेखाएं जिनकी प्रवणताएं m_1 और m_2 हों, परस्पर लंबत: होती हैं यदि $\theta = 90°$ हो।

$\therefore \quad \tan\theta = \infty \Rightarrow = 1 + m_1m_2 = 0$ या $m_1m_2 = -1$

यदि दो रेखाएं $a_1x + b_1y + c_1 = 0$ और $a_2x + b_2y + c_2 = 0$, हों तो ये दोनों रेखाएं परस्पर लंबत: होती हैं यदि $m_1m_2 = (-a_1/b_1)(a_2/b_2) = -1$ या $a_1a_2 + b_1b_2 = 0$

अर्थात् x के गुणांकों का गुणनफल + y के गुणांकों का गुणनफल = 0.

$ax + by + c = 0$ की समांतर रेखा का समीकरण (Equation of Line Parallel to $ax + by + c = 0$) : रेखा $ax + by + c = 0$ की समांतर रेखा को समीकरण $ax + by + \lambda = 0$ द्वारा व्यक्त किया जाता है। अत: किसी दी गई रेखा के समांतर किसी रेखा का समीकरण लिखने के लिए x और y के गुणांकों को परिवर्तित न करते हुए केवल अचर पद को ही परिवर्तित किया जाता है।

रेखा $ax + by + c = 0$ की लंब रेखा का समीकरण (Equation of Line Perpendicular to $ax + by + c = 0$) : रेखा $ax + by + c = 0$ की लंब रेखा का समीकरण $bx + ay + \lambda = 0$ द्वारा व्यक्त किया जाता है।

अत: किसी दी गई रेखा की लंबवत् रेखा का समीकरण लिखने के लिए दी गई रेखा में x और y के गुणांकों का परस्पर विनिमय करें तथा इनमें से किसी एक गुणांक का चिह्न परिवर्तित करें तथा अचर पद भी बदल दें।

दी गई दो रेखाओं का प्रतिच्छेद बिंदु (Point of Intersection of Two Given Lines) : मान लें कि दी गई दो रेखाएं क्रमश:

$a_1x + b_1y + c_1 = 0$ और $a_2x + b_2y + c_2 = 0$ हैं।

इन दोनों समीकरणों को हल करने पर दी गई रेखाओं का प्रतिच्छेद बिंदु होगा :

$$\left(\frac{b_1c_2 - b_2c_1}{a_1b_2 - a_2b_1}, \frac{c_1a_2 - c_2a_1}{a_1b_2 - a_2b_1}\right).$$

संगामी रेखाएं (Concurrent Lines) : तीन या अधिक सरल रेखाएं संगामी रेखाएं कहलाती हैं यदि वे किसी एक बिंदु पर मिलती हों।

कोई तीन रेखाएं संगामी हैं, इसे सिद्ध करने की विधियां (Methods to Prove the Three Lines to be Concurrent) :

(a) किन्हीं दो रेखाओं का प्रतिच्छेद बिंदु ज्ञात करें और यदि यह बिंदु तीसरी रेखा के समीकरण को संतुष्ट करता हो, तो दी गई तीनों रेखाएं संगामी होंगी और यह बिंदु दी गई तीनों रेखाओं का प्रतिच्छेद बिंदु होगा।

(b) तीन रेखाएं $a_1x + b_1y + c_1 = 0$, $a_2x + b_2y + c_2 = 0$ और $a_3x + b_3y + c_3 = 0$ संगामी रेखाएं होती हैं यदि

$$\begin{vmatrix} a_1 & b_1 & c_1 \\ a_2 & b_2 & c_2 \\ a_3 & b_3 & c_3 \end{vmatrix} = 0 \text{ हो।}$$

(c) मान लें कि P = 0, Q = 0 और R = 0 कोई तीन दी गई रेखाएं हैं। ये तीनों रेखाएं संगामी रेखाएं होंगी यदि तीन ऐसी नियत संख्याएं l, m, n ज्ञात हों जिनमें से सभी शून्य न हो (अर्थात् इनमें से कम से कम एक संख्या शून्य के बराबर न हो) और $lP + mQ + nR = 0$ परिवर्तित होकर $0.x + 0.y + 0 = 0$ का रूप ले लेता हो।

दो रेखाओं के प्रतिच्छेद बिंदु से होकर निकलने वाली कोई रेखा (Any Line Through the Point of Intersection of Two Lines) : मान लें कि P = 0 और Q = 0 दो दी गई रेखाएं हैं। इस स्थिति में इन दोनों रेखाओं के प्रतिच्छेद बिंदु से होकर निकलने वाली किसी रेखा का समीकरण $P + \lambda Q = 0$ होगा जहां λ कोई वास्तविक संख्या है।

λ का मान प्रश्न में उल्लिखित प्रतिबंध द्वारा ज्ञात किया जाएगा।

किसी दिए गए बिंदु (x_1, y_1) से रेखा $ax + by + c = 0$ पर लंबत:

$$\text{खींची गई रेखा की लंबाई} = \frac{ax_1 + by_1 + c}{\sqrt{(a^2 + b^2)}}.$$

लंबत: दूरी ज्ञात करने की विधि (Method to find the Perpendicular Distance) : यदि सरल रेखा के समीकरण में सभी पदों को बाम पक्ष में इस प्रकार लाएं कि समीकरण का दक्षिण पक्ष शून्य हो जाए तो बिंदु (x_1, y_1) से रेखा पर खींची गई लंब रेखा की लंबाई समीकरण में x और y के स्थान पर क्रमश:

x_1 और y_1 को प्रतिस्थापित करके और तत्पश्चात इसे x और y के गुणांकों के वर्गों के योग के वर्गमूल द्वारा विभाजित करके ज्ञात की जा सकती है।

समांतर रेखाओं के बीच की दूरी (Distance Between Parallel Lines) : मान लें कि $ax + by + c_1 = 0$ और $ax + by + c_2 = 0$ दो समांतर रेखाएं हैं।

इन दो सरल रेखाओं के बीच की दूरी ज्ञात करने के लिए हम निम्नलिखित प्रक्रिया का अनुसरण करते हैं :

(a) इनमें से किसी भी रेखा पर एक बिंदु ज्ञात करें। इसके लिए यदि $x = 0$ रखें और y ज्ञात करें या $y = 0$ रखें और x ज्ञात करें, तो दी गई रेखाओं के बीच दूरी एक रेखा पर इस बिंदु से दूसरी रेखा पर खींची गई लंब रेखा की लंबाई के बराबर होगी, या

(b) मान लें कि $P(h, k)$ किसी एक रेखा (मान लें) $ax + by + c_1 = 0$ पर कोई एक बिंदु है, $\therefore ah + bk = -c_1$.

तो रेखाओं के बीच की दूरी = बिंदु $P(h, k)$ से अन्य रेखा $ax + by + c_2 = 0$ पर खींची गई लंब रेखा की लंबाई

$$= \left|\frac{ah + bk + c_2}{\sqrt{(a^2 + b^2)}}\right| = \left|\frac{c_2 - c_1}{\sqrt{(a^2 + b^2)}}\right|;\ \text{या}$$

(c) प्रत्येक रेखा की उसके मूल बिंदु से दूरी ज्ञात करें। यदि ये दूरियां क्रमश: p_1 और p_2 हों, तो

$$p_1 = \frac{c_1}{\sqrt{(a^2 + b^2)}} \text{ और } p_2 = \frac{c_2}{\sqrt{(a^2 + b^2)}}$$ और चिह्नों

को अपरिवर्तित रखें, तो इन रेखाओं के बीच की लंब दूरी

$$= |p_2 - p_1| = \left|\frac{c_2 - c_1}{\sqrt{(a^2 + b^2)}}\right|.$$

दो रेखाओं के बीच के कोणों के समद्विभाजकों का समीकरण (Equation of the Bisectors of the Angles Between Two Lines) : यदि दी गई दो रेखाएं क्रमश: $a_1x + b_1y + c_1 = 0$ और $a_2x + b_2y + c_2 = 0$ हों, तो इन दो रेखाओं के बीच के कोणों के समद्विभाजकों का समीकरण होगा :

$$\frac{a_1x + b_1y + c_1}{\sqrt{(a_1^2 + b_1^2)}} = \pm \frac{a_2x + b_2y + c_2}{\sqrt{(a_1^2 + b_1^2)}} \quad ...(1)$$

स्मरण रहे कि कोणों की समद्विभाजक रेखाओं का प्रत्येक बिंदु दी गई रेखाओं से समदूरस्थ होता है।

किसी रेखा के संदर्भ में दो बिंदुओं की स्थिति (Position of two Points with Respect to a Line) : दो बिंदु $P(x_1, y_1)$ और $Q(x_2, y_2)$ सरल रेखा $ax + by + c = 0$ के एक ही ओर या उसके विपरीत पक्षों में इस बात पर निर्भर करते हुए अवस्थित होते हैं कि $ax_1 + by_1 + c$ और $ax_2 + by_2 + c$ के मानों के चिह्न एक जैसे हैं या फिर इनके मानों के चिह्न एक दूसरे के विपरीत हैं।

सरल रेखा $ax + by + c = 0$ दिए गए समतल xy को दो भागों में विभाजित करती है। (x_1, y_1) और मूल बिंदु रेखा $ax + by + c = 0$ द्वारा विभाजित xy तल के एक ही भाग में अवस्थित होते हैं यदि $ax_1 + by_1 + c$ और c के मान समान चिह्न वाले हों तथा ये xy तल के परस्पर विपरीत भागों में अवस्थित होते हैं यदि $ax_1 + by_1 + c$ और c के मान परस्पर विपरीत चिह्नों वाले हों।

वृत्त (Circle) : वृत्त किसी ऐसे बिंदु के बिंदुपथ (locus) को कहते हैं जो किसी तल में इस प्रकार गतिमान होता है कि तल के किसी निश्चित बिंदु से उसकी दूरी सदैव नियत रहती है। इस निश्चित बिंदु को वृत्त का केंद्र तथा नियत दूरी को वृत्त की त्रिज्या कहते हैं।

बिंदु (h, k) को वृत्त का केंद्र और वृत्त की त्रिज्या (a) मान कर खींचा गया वृत्त (Circle with Centre at the Point (h, k) and Radius a) : ऐसे वृत्त का समीकरण होगा :

$$(x - h)^2 + (y - k)^2 = a^2$$

विशेष स्थिति : मूल बिंदु पर केंद्र और त्रिज्या a मान कर खींचे गए वृत्त का समीकरण $x^2 + y^2 = a^2$ होता है।

बिंदु (h, k) को केंद्र मान कर खींचा गया वृत्त जो x-अक्ष को स्पर्श करता हो (Circle with Centre at the Point (h, k) and which Touches the Axis of x) : यदि वृत्त x-अक्ष को स्पर्श करता हो, तो वृत्त की त्रिज्या केंद्र के y-निर्देशांक के बराबर होती है।

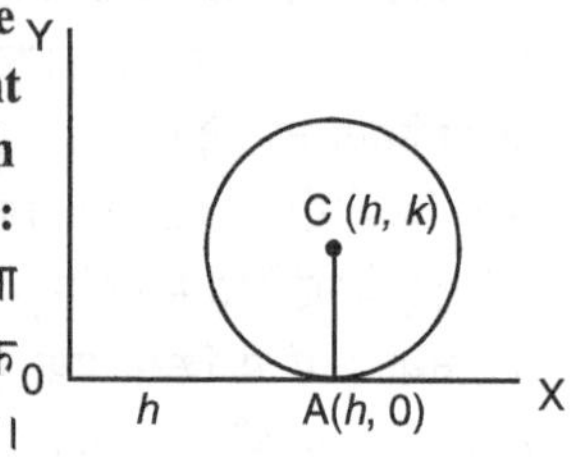

$\therefore$ वृत्त का समीकण : $(x - h)^2 + (y - k)^2 = k^2$

या $x^2 + y^2 - 2hx - 2ky + h^2 = 0$ होगा ....*(i)*

यह वृत्त x-अक्ष से उस बिंदु पर मिलता है जहां $y = 0$ हो।

$\therefore$ समीकरण *(i)* में $y = 0$ रखने पर, $x^2 - 2hx + h^2 = 0$ या $(x - h)^2 = 0$

जिससे $x (= h)$ के दो सदृश मान प्राप्त होते हैं।

अत: वृत्त x-अक्ष को बिंदु $(h, 0)$ पर स्पर्श करता है

स्मरणीय तथ्य : यदि कोई वृत्त x-अक्ष को बिंदु $(h, 0)$ पर स्पर्श करता हो, तो $y = 0$ रखने पर वृत्त का समीकरण बदल कर

$(x-h)^2 = 0$ के रूप में आ जाएगा।

बिंदु (h, k) को केंद्र मानकर खींचा गया वृत्त जो y-अक्ष को स्पर्श करता हो (Circle with Centre at the Point (h, k) and which Touches the Axis of y) : यदि वृत्त y-अक्ष को स्पर्श करता हो, तो उसकी त्रिज्या केंद्र के x-निर्देशांक के बराबर होती है।

∵ वृत्त का समीकरण निम्नलिखित द्वारा व्यक्त किया जाता है :

$$(x-h)^2 + (y-k)^2 = h^2$$

या $x^2 + y^2 - 2hx - 2ky + k^2 = 0$ .... (i)

यह वृत्त y-अक्ष को उस बिंदु पर स्पर्श करता है जहां $x = 0$ हो। समीकरण (i) में $x = 0$ रखने पर,

$y^2 - 2ky + k^2 = 0$ या

$(y-r)^2 = 0$

जिससे $y (= k)$ के दो सदृश मान प्राप्त होते हैं।

अत: वृत्त y-अक्ष को बिंदु $(0, k)$ पर स्पर्श करता है।

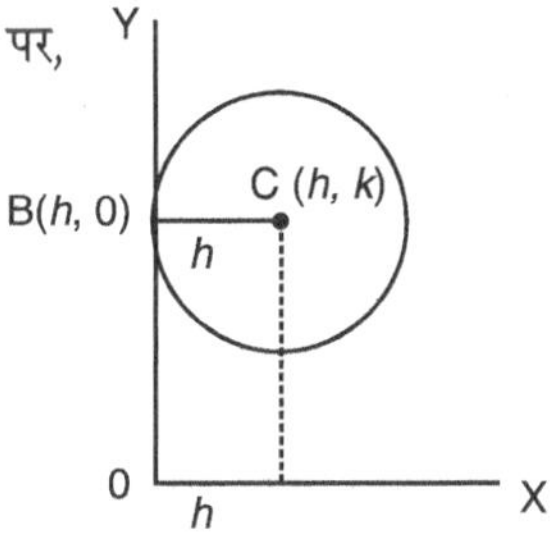

स्मरणीय तथ्य : यदि कोई वृत्त y-अक्ष को बिंदु $(0, k)$ पर स्पर्श करता हो, तो $x = 0$ रखने पर वृत्त का समीकरण बदल कर $(y-k)^2 = 0$ के रूप में आ जाता है।

दोनों निर्देशक अक्षों को स्पर्श करने वाला वृत्त (Circle which Touches both the Coordinate Axes) : मान लें कि वृत्त की त्रिज्या a है। चूंकि वृत्त का केंद्र चार वृत्तपादों (quadrants) में से किसी भी वृत्तपाद में हो सकता है, अत: यह चार बिंदुओं $(\pm a, \pm a)$ में से कोई भी एक बिंदु हो सकता है। अत: दोनों निर्देशक अक्षों को स्पर्श करने वाले a त्रिज्या के चार वृत्त हैं और उनके समीकरण हैं :

$(x \pm a)^2 + (y \pm a)^2 = a^2$

या $x^2 + y^2 \pm 2ax \pm 2ay + a^2 = 0.$

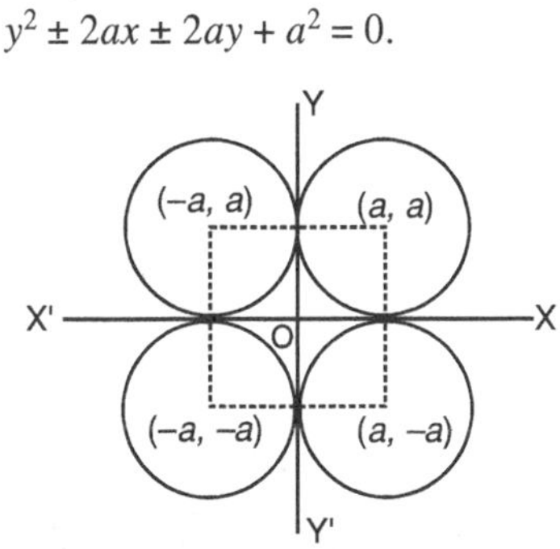

वृत्त का व्यापक समीकरण (General Equation of a Circle) : किसी वृत्त का व्यापक समीकरण है :

$$x^2 + y^2 + 2gx + 2fy + c = 0 \quad .... (1)$$

जहां g, f और c नियतांक हैं।

इस वृत्त के लिए केंद्र के निर्देशांक हैं : $(-g, -f)$ और त्रिज्या $= \sqrt{(g^2 + f^2 - c)}$.

संकेंद्र वृत्त (Concentric Circles) : वृत्त $x^2 + y^2 + 2gx + 2fy + c = 0$ के संकेंद्र किसी वृत्त (जिसका केंद्र समान हो) का समीकरण $x^2 + y^2 + 2gx + 2fy + \lambda = 0$ होता है जहां λ एक वास्तविक नियतांक है।

$A(x_1, y_1)$ और $B(x_2, y_2)$ बिंदुओं को व्यास के रूप में मिलाने वाली रेखा से युक्त वृत्त (Circle with the Line Joining the Points $A(x_1, y_1)$ and $B(x_2, y_2)$ as Diameter) : वृत्त का समीकरण $(x - x_1)(x - x_2) + (y - y_1)(y - y_2) = 0$ होगा।

वृत्त के प्राचलिक समीकरण (Parametric Equations of a Circle) :

(a) वृत्त $x^2 + y^2 = a^2$ के प्राचलिक समीकरण $x = a \cos \theta$ और $y = a \sin \theta$ होते हैं।

(b) वृत्त $(x-h)^2 + (y-k)^2 = a^2$ के प्राचलिक समीकरण $x = h + a \cos \theta$ और $y = k + a \sin \theta$ होते हैं।

जहां θ एक प्राचल (parameter) है।

किसी दी गई रेखा द्वारा किसी वृत्त को स्पर्श करने की शर्त (Condition for a Given Line to Touch a Circle) : यदि कोई रेखा किसी वृत्त को स्पर्श करती हो, तो वह रेखा वृत्त को दो संपाती बिंदुओं (coincident points) पर प्रतिच्छेद करती है। इस स्थिति में वृत्त के केंद्र से रेखा पर खींची गई लंब रेखा की लंबाई वृत्त की त्रिज्या के बराबर होगी।

दो वृत्तों की उभयनिष्ठ जीवा का समीकरण (Equation of the Common Chord of Two Circles) :

मान लें कि $S_1 = 0$ और $S_2 = 0$ दो वृत्त हैं जिनमें x^2 और y^2 के गुणांक इकाई के बराबर हैं। इन दोनों वृत्तों की उभयनिष्ठ जीवा का समीकरण

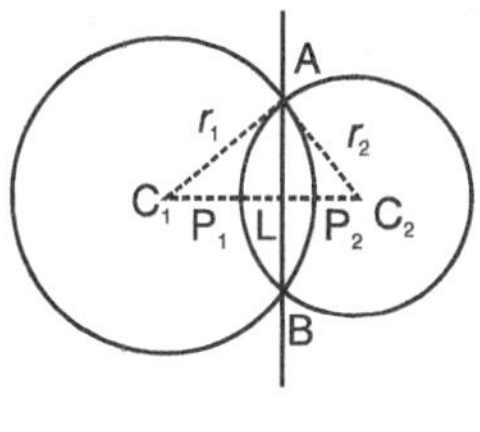

$S_1 - S_2 = 0$ होगा।

उभयनिष्ठ जीवा की लंबाई

$$= AB = 2AL = 2\sqrt{(r_1^2 - p_1^2)} = 2\sqrt{(r_2^2 - p_2^2)}$$

जहां r_1 और r_2 वृत्तों की त्रिज्याएं हैं और

$p_1 = C_1L =$ केंद्र C_1 से उभयनिष्ठ जीवा AB पर खींचा गया लंब।

$p_2 = C_2L =$ केंद्र C_2 से उभयनिष्ठ जीवा AB पर खींचा गया लंब।

वृत्त S = 0 और रेखा P = 0 के प्रतिच्छेद बिंदुओं से होकर निकलने वाले वृत्त का समीकरण $S + \lambda P = 0$ है, जहां, λ कोई वास्तविक संख्या है।

दो वृत्तों के $S_1 = 0$ और $S_2 = 0$ के प्रतिच्छेद बिंदुओं से होकर निकलने वाले वृत्त का समीकरण $S_1 + \lambda S_2 = 0\ (\lambda \neq -1)$ जहां λ एक वास्तविक संख्या है

दो वृत्तों को परस्पर स्पर्श करने की शर्त (Condition for the two Circles to Touch) :

(*a*) यदि दो वृत्त एक दूसरे को किसी एक बिंदु पर बाह्यतः स्पर्श करते हों, तो उनके केंद्रों C_1 और C_2 के बीच दूरी = उनकी त्रिज्याओं r_1 और r_2 का योग, अर्थात् $C_1C_2 = r_1 + r_2$ और स्पर्श बिंदु P उनके केंद्रों C_1 और C_2 को जोड़ने वाली रेखा को वृत्त की त्रिज्याओं के अनुपात में अर्थात् $r_1 : r_2$ के अनुपात में आंतरिक रूप में विभाजित करेगा।

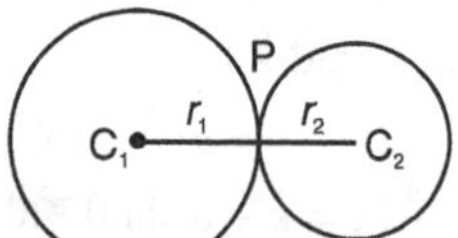

(*b*) यदि दो वृत्त एक दूसरे को आंतरिक रूप में स्पर्श करते हों, तो उनके केंद्रों C_1 और C_2 के बीच दूरी = उनकी त्रिज्याओं r_1 और r_2 के बीच अंतर, अर्थात्, $C_1\ C_2 = |r_1 - r_2|$, तथा स्पर्श बिंदु *P* वृत्तों के केंद्रों C_1 और C_2 को मिलाने वाली रेखा को उनकी त्रिज्याओं के अनुपात में अर्थात् r_1 और r_2 के अनुपात में बाह्यतः विभाजित करेगा।

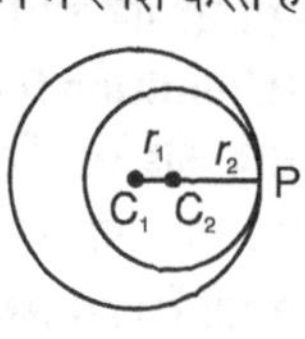

किसी वृत्त के संदर्भ में किसी बिंदु की स्थिति (Position of a Point with Respect to a Circle) : यदि S = 0 एक वृत्त और $P(x_1, y_1)$ एक दिया गया बिंदु हो, तो

(*i*) बिंदु P वृत्त के आंतरिक भाग में अवस्थित होगा यदि $S(x_1, y_1) < 0$ हो।

(*ii*) बिंदु P वृत्त पर अवस्थित होगा यदि $S(x_1, y_1) = 0$ हो, और

(*iii*) बिंदु P वृत्त के बाह्य भाग में अवस्थित होगा यदि $S(x_1, y_1) > 0$ हो।

स्पर्श रेखा के समीकरण (Equations of Tangent) :

(*a*) वृत्त $x^2 + y^2 = a^2$ पर स्थित बिंदु (x_1, y_1) से निकलने वाली स्पर्श रेखा का समीकरण :

$$xx_1 + yy_1 + a_2.$$

(*b*) वृत्त $x^2 + y^2 + 2gx + 2fy + c = 0$ पर अवस्थित बिंदु (x_1, y_1) से निकलने वाली स्पर्श रेखा का समीकरण :

$$xx_1 + yy_1 + g(x + x_1) + f(y + y_1) + c = 0$$

स्पर्श रेखा का समीकरण लिखने की विधियां (Methods to Write the Equation of the Tangent) : वृत्त पर अवस्थित बिंदु (x_1, y_1) से निकलने वाली स्पर्श रेखा का समीकरण प्राप्त करने के लिए वृत्त के समीकरण में x^2 के स्थान पर xx_1 को, y^2 के स्थान पर yy_1 को x के स्थान पर $½(x + x_1)$ को और y के स्थान पर $½(y + y_1)$ को प्रतिस्थापित करें।

अभिलंब (Normal) : बिंदु (x_1, y_1) पर वृत्त का अभिलंब वह लंब रेखा होती है जो बिंदु (x_1, y_1) पर वृत्त की स्पर्श रेखा पर खींची गई हो और बिंदु (x_1, y_1) से होकर निकलती हो।

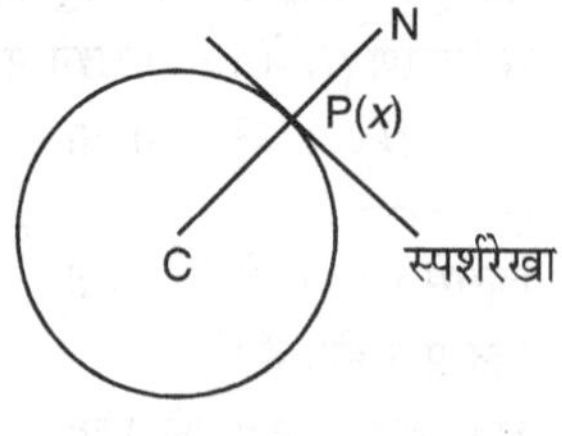

स्पष्ट है कि किसी वृत्त का अभिलंब उसके केंद्र से होकर निकलता है।

$\therefore$ वृत्त $x^2 + y^2 = a^2$ पर अवस्थित बिंदु (x_1, y_1) पर अभिलंब

का समीकरण $y - 0 = \dfrac{y_1 - 0}{x_1 - 0}(x - 0)$ अर्थात् $\dfrac{x}{x_1} = \dfrac{y}{y_1}$

साथ ही, वृत्त $x^2 + y^2 + 2gx + 2fy + c = 0$ पर अवस्थित बिंदु (x_1, y_1) पर अभिलंब का समीकरण :

$$y - y_1 = \frac{y_1 - (-f)}{x_1 - (-g)}(x - x_1) \text{ अर्थात् } \frac{x - x_1}{x_1 + g} = \frac{y - y_1}{y_1 + f}$$

प्रवणता *m* के रूप में स्पर्शरेखा (Tangent in Terms of Slope *m*) : सरल रेखा $y = mx + c$ वृत्त $x^2 + y^2 = a^2$ को स्पर्श करती है यदि $c^2 = a^2(1 + m^2)$ हो, अतः वृत्त $x^2 + y^2 = a^2$ की स्पर्शरेखा का m के रूप में समीकरण है : $y = mx \pm a\sqrt{(1 + m^2)}$.

संस्पर्श जीवा (Chord of Contact) : यदि $P(x_1, y_1)$ वृत्त के बाह्य भाग में अवस्थित एक बिंदु हो तथा A और B बिंदु $P(x_1, y_1)$ से वृत्त पर खींची गई स्पर्श रेखाओं के संस्पर्श बिंदु हों,

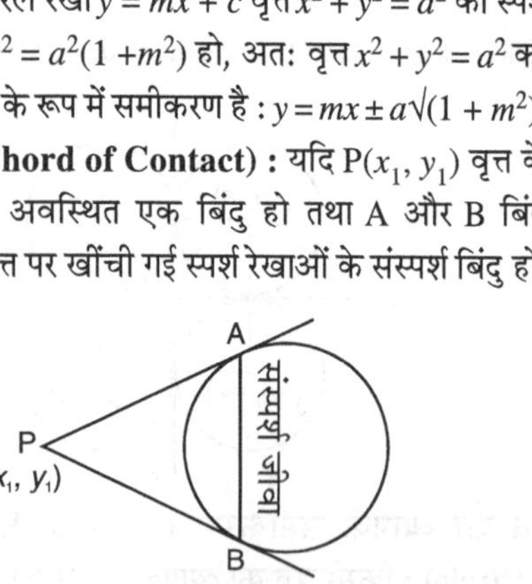

तो रेखा AB बिंदु P से खींची गई स्पर्श रेखाओं की संस्पर्श जीवा (chord of contact) कहलाती है। हम यह भी कहते हैं कि AB बिंदु P की संस्पर्श जीवा है।

वृत्त $x^2 + y^2 = a^2$ के संदर्भ में बिंदु $P(x_1, y_1)$ की संस्पर्श जीवा का समीकरण $xx_1 + yy_1 = a^2$ है और वृत्त $-x^2 + y^2 + 2gx + 2fy + c = 0$ के संदर्भ में संस्पर्श जीवा का समीकरण $xx_1 + yy_1 + g(x + x_1) + f(y + y_1) + c = 0$ है।

ध्रुवी (Polar) : यदि P एक नियत बिंदु हो और वृत्त की जीवाएं इस बिंदु से होकर खींची गई हों, तो इन जीवाओं के सिरों पर खींची गई स्पर्श रेखाओं के प्रतिच्छेद बिंदुओं का रेखापथ (locus) बिंदु P का ध्रुवी (Polar of the point P) कहलाता है।

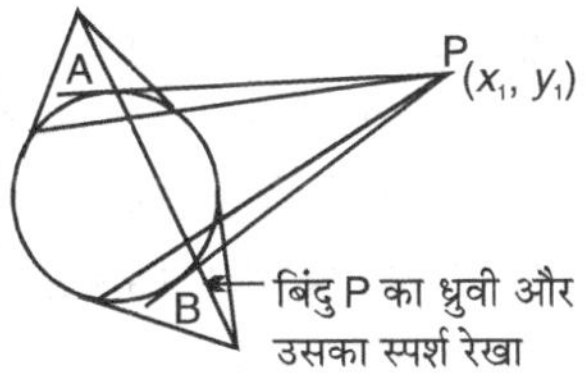

वृत्त $x^2 + y^2 = a^2$ के संदर्भ में बिंदु $P(x_1, y_1)$ के ध्रुवी का समीकरण $xx_1 + yy_1 = a_2$ है और वृत्त $x^2 + y^2 + 2gx + 2fy + c = 0$ के संदर्भ में बिंदु $P(x_1, y_1)$ के ध्रुवी का समीकरण $xx_1 + yy_1 + g(x + x_1) + f(y + y_1) + c = 0$ है।

वृत्त $x^2 + y^2 = a^2$ के संदर्भ में रेखा $lx + my + n = 0$ का ध्रुव ज्ञात करना (To Find the Pole of the Line $lx + my + n = 0$ w.r.t. the Circle $x^2 + y^2 = a^2$) :

मान लें कि वृत्त $x^2 + y^2 = a^2$ के संदर्भ में रेखा $lm + my + n = 0$ का ध्रुव $P(x_1, y_1)$ है।

तो इस वृत्त के संदर्भ में बिंदु $P(x_1, y_1)$ के ध्रुवी का समीकरण $xx_1 + yy_1 - a^2 = 0$ होगा।

स्पष्ट है कि उपर्युक्त दोनों ही स्थितियों में एक ही रेखा को निरूपित किया गया है जो सदृश होनी चाहिए।

$\therefore$ उपर्युक्त की तुलना करने पर,

$l/x_1 = m/y_1 = n/(-a^2)$

$\therefore$ $x_1 = -a^2l/n$ और $y_1 = -a^2m/n$

अत: रेखा का ध्रुव $(-a^2l/n, -a^2m/n)$ है।

संयुग्मी बिंदु (Conjugate Points) : दो बिंदु किसी वृत्त के संदर्भ में संयुग्मी बिंदु कहलाते हैं यदि उनमें से प्रत्येक बिंदु उसी वृत्त के संदर्भ में अन्य बिंदु के ध्रुवी पर अवस्थित हो।

संयुग्मी रेखाएं (Conjugate Lines) : दो रेखाएं किसी वृत्त के संदर्भ में संयुग्मी रेखाएं कहलाती हैं यदि उनमें से प्रत्येक रेखा का ध्रुव दूसरी रेखा पर अवस्थित हो।

जीवा, जिसका मध्य बिंदु दिया गया हो (Chord with a given Middle Point) : वृत्त $S \equiv x^2 + y^2 + 2gx + 2fy + c = 0$ की जीवा जिसका मध्य बिंदु $P(x_1, y_1)$ हो, का समीकरण है :

$$T = S_1$$

जहां $T = xx_1 + yy_1 + g(x + x_1) + f(y + y_1) + c$ जो वृत्त $S = 0$ पर अवस्थित बिंदु (x_1, y_1) पर वृत्त की स्पर्श रेखा के समीकरण के बाम पक्ष का व्यंजक है, और $S = x_1^2 + y_1^2 + 2gx_1 + 2fy_1 + c$, जो वृत्त $S = 0$ के समीकरण के बाम पक्ष में x और y के स्थान पर क्रमश: x_1 और y_1 प्रतिस्थापित करने पर प्राप्त व्यंजक है।

किसी बिंदु से खींची गई स्पर्श रेखा की लंबाई (Length of the Tangent from a Point) : वृत्त $x^2 + y^2 = a^2$ पर बिंदु $P(x_1, y_1)$ से खींची गई स्पर्श रेखा की लंबाई $\sqrt{(x_1^2 + y_1^2 - a^2)}$ होती है और वृत्त $x^2 + y^2 + 2gx + 2fy + c = 0$ के संदर्भ में यह लंबाई $\sqrt{(x_1^2 + y_1^2 + 2gx_1 + 2fy_1 + c)}$ होती है।

विधि : पहले वृत्त के समीकरण को समीकृत करके मानक रूप में लाएं जिसमें x^2 और y^2 के गुणांक इकाई के बराबर हों तथा समीकरण का दक्षिण पक्ष शून्य हो, तत्पश्चात् वृत्त के समीकरण में दिए गए बिंदु का निर्देशांक प्रतिस्थापित करें। इस प्रकार प्राप्त बाम पक्ष का वर्गमूल दिए गए बिंदु से स्पर्श रेखा की लंबाई होगा।

स्पर्श रेखा युग्म (Pair of Tangent) : वृत्त के बाह्य भाग में अवस्थित किसी बिंदु से वृत्त पर दो स्पर्श रेखाएं खींची जा सकती है। वृत्त $S \equiv x^2 + y^2 + 2gx + 2fy + c = 0$ पर बिंदु $P(x_1, y_1)$ से खींची गई स्पर्श रेखाओं के युग्म का समीकरण $SS_1 = T^2$ है, जहां

$T = xx_1 + yy_1 + g(x + x_1) + f(y + y_1) + c$ है।

जो वृत्त $S = 0$ पर अवस्थित बिंदु (x_1, y_1) पर वृत्त की स्पर्श रेखा के समीकरण के बाम पक्ष का व्यंजक है और $S_1 = x_1^2 + y_1^2 + 2gx_1 + 2fy_1 + c$ जो वृत्त $S = 0$ के समीकरण के बाम पक्ष में x और y के स्थान पर x_1 और y_1 प्रतिस्थापित करने पर प्राप्त व्यंजक है।

दो वृत्तों का प्रतिच्छेद कोण (Angle of Intersection of two Circles) : दो वृत्तों का प्रतिच्छेद कोण उनके प्रतिच्छेद बिंदुओं पर उनकी स्पर्श रेखाओं के बीच का कोण होता है जो इन दोनों वृत्तों के प्रतिच्छेद बिंदुओं पर खींचे गए अभिलंबों के बीच के कोण के बराबर होता है।

मान लें कि दो दिए गए वृत्तों के समीकरण हैं :

$$x^2 + y^2 + 2g_1x + 2f_1y + c_1 = 0 \quad \text{....(1)}$$

और $$x^2 + y^2 + 2g_2x + 2f_2y + c_2 = 0 \quad \text{....(2)}$$

तो वृत्त (1) के संबंध में वृत्त का केंद्र = $C_1(-g_1, -f_1)$ और त्रिज्या $r_1 = \sqrt{(g_1^2 + f_1^2 - c_1)}$; तथा वृत्त (2) के संबंध में वृत्त का केंद्र = $C_2(-g_2, -f_2)$ और त्रिज्या $r_2 = \sqrt{(g_2^2 + f_2^2 - c_2)}$.

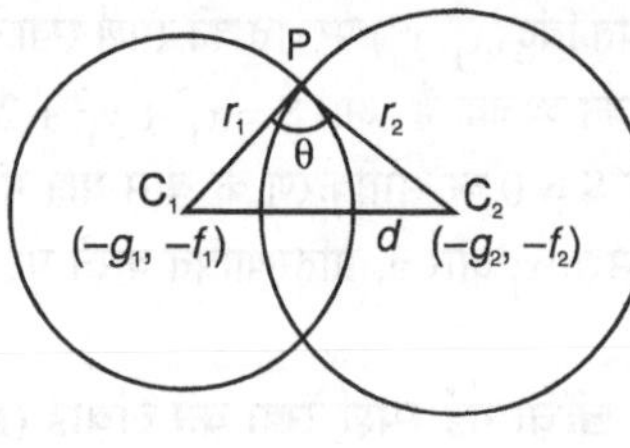

यदि दोनों वृत्त एक दूसरे को बिंदु P पर प्रतिच्छेद करते हों तो PC_1 और PC_2 दोनों वृत्तों पर बिंदु P पर अभिलंब होंगे।

∴ दोनों वृत्तों का प्रतिच्छेद कोण

= बिंदु P पर अभिलंबों के बीच का कोण = θ,

यदि θ न्यूण कोण हो

या $\pi - \theta$, यदि θ अधिक कोण हो, जहां $\angle C_1PC_2 = \theta$.

θ का मान ज्ञात करने के लिए हम सूत्र

$\cos\theta = (r_1^2 + r_2^2 - d^2)/(2r_1r_2)$, जहां $C_1C_2 = d$ का प्रयोग कर सकते हैं।

दो वृत्तों का लंबकोणीय प्रतिच्छेद (Orthogonal Intersection of Two Circles) : दो वृत्त एक दूसरे को लांबिकत: प्रतिच्छेद करते हैं यदि उनका प्रतिच्छेद कोण एक समकोण हो अर्थात् यदि उनके प्रतिच्छेद बिंदु पर खींची गई स्पर्श रेखाओं के बीच का कोण समकोण हो।

यदि दो वृत्तों के समीकरण क्रमश:

$x^2 + y^2 + 2g_1x + 2f_1y + c_1 = 0$ और

$x^2 + y^2 + 2g_2x + 2f_2y + c_2 = 0$ हो, तो

दोनों वृत्त एक दूसर को लांबिकत: प्रतिच्छेद करेंगे यदि

$2g_1g_2 + 2f_1f_2 = c_1 + c_2$ हो।

त्रिज्य अक्ष (Radical Axis) : दो वृत्तों का त्रिज्य अक्ष उस बिंदु का रेखापथ होता है जो इस प्रकार गमन करता है कि उस बिंदु से उन दोनों वृत्तों पर खींची गई स्पर्शरेखाओं की लंबाइयां समान हों।

यदि दो वृत्तों के समीकरण क्रमश:

$S_1 \equiv x^2 + y^2 + 2g_1x + 2f_1y + c_1 = 0$ और

$S_2 \equiv x^2 + y^2 + 2g_2x + 2f_2y + c_2 = 0$ हों,

तो दोनों वृत्तों के त्रिज्य अक्ष का समीकरण होगा :

$2(g_1 - g_2)x + 2(f_1 - f_2)y + c_1 - c_2 = 0$ या $S_1 - S_2 = 0$

यदि दोनों वृत्त एक दूसरे को प्रतिच्छेद करते हों तो $S_1 - S_2 = 0$ उनकी उभयनिष्ठ जीवा का समीकरण होगा। यदि दोनों वृत्त एक दूसरे को स्पर्श करते हों तो उभयनिष्ठ जीवा $S_1 - S_2 = 0$ स्पर्श बिंदु पर उभयनिष्ठ स्पर्श रेखा हो जाती है।

अत: यदि दो वृत्त एक दूसरे को प्रतिच्छेद करते हों तो उनकी उभयनिष्ठ जीवा उनका त्रिज्य अक्ष होगी और यदि दोनों वृत्त एक दूसरे को स्पर्श करते हों तो उनके स्पर्श बिंदु पर खींची गई स्पर्श रेखा उनका त्रिज्य अक्ष होगी।

त्रिज्य केंद्र (Radical Centre) : वह बिंदु जहां युग्म में लिए गए तीन वृत्तों के त्रिज्य अक्ष परस्पर मिलते हैं, उनका त्रिज्य केंद्र कहलाता है। स्पष्ट है कि त्रिज्यकेंद्र से संगत वृत्तों पर खींची गई स्पर्श रेखाओं की लंबाइयां समान होती हैं।

वृत्तों का समाक्ष कुल (Coaxal Family of Circles) : वृत्तों का एक कुल वृत्तों का समाक्ष कुल कहलाता है यदि इस कुल के वृत्तों के प्रत्येक युग्म का त्रिज्य अक्ष एक ही हो।

दो दिए गए वृत्तों से समाक्ष वृत्त (Circles Coaxal with Two given Circles) : यदि $S_1 = 0$ और $S_2 = 0$ दो वृत्त हों, तो इन दोनों वृत्तों से समाक्ष वृत्तों के कुल (परिवार) का समीकरण $S_1 + \lambda S_2 = 0$ या $S_1 + \mu(S_1 - S_2) = 0$, होगा जहां λ, μ प्राचल (parameters) हैं।

सीमांत बिंदु (Limiting Points) : किसी समाक्ष निकाय के बिंदु वृत्तों को सीमांत बिंदु कहते हैं। अत: यदि समाक्ष निकाय के वृत्त की त्रिज्या शून्य हो, तो वृत्त का केंद्र निकाय का सीमांत बिंदु होता है।

दो वृत्तों की उभयनिष्ठ स्पर्श रेखाएं (Common Tangents to two Circles) :

(a) **उभयनिष्ठ अनुस्पर्श रेखाएं (Direct common tangents) :** दो वृत्तों की उभयनिष्ठ अनुस्पर्श रेखाएं दोनों वृत्तों के केंद्रों C_1 और C_2 को मिलाने वाली रेखा पर अवस्थित एक ऐसे बिंदु (मान लें P) पर एक दूसरे से मिलती हैं जो C_1, C_2 रेखा को उन वृत्तों की त्रिज्याओं (मान लें r_1 और r_2) के अनुपात में बाह्यत: विभाजित करता है।

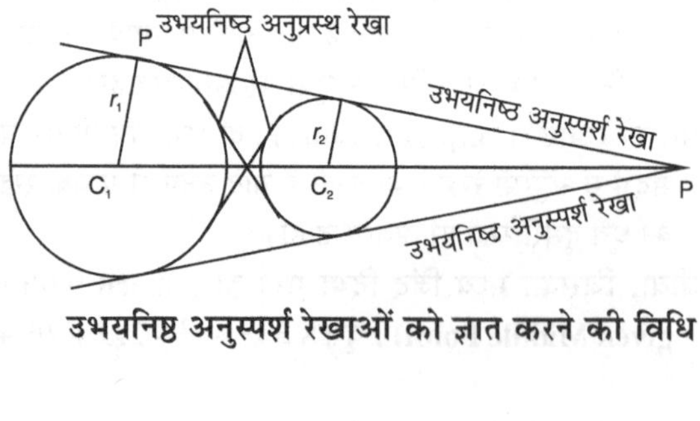

उभयनिष्ठ अनुस्पर्श रेखाओं को ज्ञात करने की विधि

(Method to find direct common tangents): सर्वप्रथम दोनों वृत्तों के केंद्रों C_1, C_2 और त्रिज्याओं r_1, r_2 के निर्देशांक ज्ञात करें। तत्पश्चात C_1C_2 को बाह्यत: r_1: r_2 के अनुपात में विभाजित करने वाले बिंदु P के निर्देशांक ज्ञात करें। अब दोनों उभयनिष्ठ अनुस्पर्श रेखाओं का अलग-अलग समीकरण ज्ञात करने के लिए बिंदु P(h, k) से होकर निकलने वाली किसी भी एक रेखा का समीकरण लिखें

अर्थात् $y - k = m(x - h)$ .... (1)

यदि यह रेखा (1) दोनों प्रदत्त वृत्तों की स्पर्श रेखा हो, तो इस तथ्य का उपयोग करके कि एक वृत्त के केंद्र C_1 से रेखा (1) पर लंब की लंबाई वृत्त की त्रिज्या r_1 के बराबर है, m के दो मानों को ज्ञात करें।

रेखा (1) में m के इन मानों को प्रतिस्थापित करके दो उभयनिष्ठ अनुस्पर्श रेखाओं का समीकरण प्राप्त किया जाता है।

उभयनिष्ठ अनुस्पर्श रेखा का संयुक्त समीकरण सूत्र $SS_1 = T^2$ का प्रयोग करके ज्ञात किया जाता है, जहां S = 0 दिए गए दो वृत्तों में से कोई एक वृत्त है और T_1, S_1 के सामान्य अर्थ हैं।

(*b*) **उभयनिष्ठ अनुप्रस्थ स्पर्श रेखाएं (Transverse common tangents):** दो वृत्तों की उभयनिष्ठ अनुप्रस्थ स्पर्श रेखाएं दोनों वृत्तों के केंद्रों C_1और C_2 को मिलाने वाली रेखा पर अवस्थित एक ऐसे बिंदु (मान लें Q) पर एक दूसरे को प्रतिच्छेद करती हैं जो C_1C_2 रेखा को उन वृत्तों की त्रिज्याओं (मान लें r_1 और r_2) के अनुपात में आंतरिक रूप में विभाजित करता है।

उभयनिष्ठ अनुप्रस्थ स्पर्श रेखाओं को ज्ञात करने की विधि (Method to find transverse common tangents): दो वृत्तों के केंद्रों C_1 और C_2 को मिलाने वाली रेखा को उनकी त्रिज्याओं r_1 और r_2 के अनुपात में अंतरिक रूप में विभाजित करने वाले बिंदु Q के निर्देशांकों को ज्ञात करें और तत्पश्चात उभयनिष्ठ अनुस्पर्श रेखाओं को ज्ञात करने के लिए बताई गई विधि का अनुसरण करें।

शंकु परिच्छेद (Conic Sections) : किसी बिंदु का बिंदु पथ जो इस प्रकार गमन करता है कि एक निश्चित बिंदु से उसकी दूरी और एक निश्चित सरल रेखा से उसकी दूरी का अनुपात अचर रहे तो उस बिंदु पथ को शंकु परिच्छेद कहते हैं। यहां उल्लिखित निश्चित बिंदु को शंकु परिच्छेद का फोकस (नाभि) निश्चित सरल रेखा को शंकु परिच्छेद का नियंता (directrix) तथा अचर अनुपात (मान लें e) को शंकु परिच्छेद की उत्केंद्रता (eccentricity) कहते हैं।

शंकु परिच्छेद कहलाता है :

(*a*) परवलय, यदि $e = 1$

(*b*) दीर्घवृत्त, यदि $e < 1$

(*c*) अतिपरवलय, यदि $e > 1$

व्यापक समीकरण (General Equation) : द्वितीय घात का रैखिक समीकरण $ax^2 + 2hxy + by^2 + 2gx + 2fy + c = 0$, एक शंकु परिच्छेद (conic section) को निरूपित करता है जो होता है :

(*a*) परवलय, यदि $h^2 - ab = 0$ और $\Delta \neq 0$

(*b*) दीर्घवृत्त, यदि $h^2 - ab \leq 0$ और $\Delta \neq 0$

(*c*) अतिपरवलय, यदि $h^2 - ab > 0$ और $\Delta \neq 0$

मानक समीकरण (The Standard Equation) : नीचे कुछ ज्यामितीय आकृतियों के मानक समीकरण दिए गए हैं :

(*a*) परवलय का मानक समीकरण है : $y^2 = 4ax$

(*b*) दीर्घवृत्त का मानक समीकरण है : $x^2/a^2 + y^2/b^2 = 1$

(*c*) अतिपरवलय का मानक समीकरण है : $x^2/a^2 - y^2/b^2 = 1$

शंकुपरिच्छेद के अक्ष (Axes of a Conic Section): वह रेखा (या रेखाएं) जिसके (जिनके) परित: दिया गया शंकु परिच्छेद सममित हो, शंकु परिच्छेद का (के) अक्ष कहलाती है (हैं)।

(*a*) किसी परवलय का एक अक्ष होता है।

(*b*) दीर्घवृत्त के दो अक्ष होते हैं जिन्हें क्रमश: दीर्घ अक्ष (major axis) और लघु अक्ष (minor axis) कहते हैं। दीर्घवृत्त $x^2/a^2 + y^2/b^2 = 1$ के लिए अक्षों की लंबाईयां क्रमश: $2a$ और $2b$ होती हैं जो क्रमश: दीर्घ और लघु अक्ष होते हैं। यदि $a > b$ तथा क्रमश: x-अक्ष और y-अक्ष के अनुदिश अवस्थित होते हैं और $b^2 = a^2(1 - e^2)$.

(*c*) अतिपरवलय के दो अक्ष होते हैं जो क्रमश: अनुप्रस्थ अक्ष (transverse axis) और संयुग्मी अक्ष (conjugate axis) कहलाते हैं। अतिपरवलय $x^2/a^2 - y^2/b^2 = 1$ के लिए अनुप्रस्थ और संयुग्मी अक्षों की लंबाईयां क्रमश: $2a$ और $2b$ होती हैं तथा वे क्रमश: x-अक्ष और y-अक्ष के अनुदिश अवस्थित होते हैं तथा $b^2 = a^2(e^2 - 1)$.

शीर्ष (Vertices) : शंकु परिच्छेद और उसके अक्ष के प्रतिच्छेद बिंदुओं को शांकव (कॉनिक) के शीर्ष कहते हैं।

परवलयिक शंकु परिच्छेद का एक शीर्ष $(a, 0)$ होता है जबकि दीर्घवृत्तीय तथा अतिपरवलयिक शंकुपरिच्छेद के दो-दो शीर्ष $(a, 0)$ और $(-a, 0)$ होते हैं।

नाभि और नियंता (Foci and Directrices):

(*a*) परवलय $y^2 = 4ax$ के लिए नाभि $(a, 0)$ और नियंता $x = -a$ होती है।

(*b*) दीर्घवृत्त $x^2/b^2 + y^2/b^2 = 1$ के लिए नाभियां $(ae, 0)$ और $(-ae, 0)$ तथा संगत नियंताओं के मान क्रमश: $x = a/e$ और $x = -a/e$ होते हैं।

(*c*) अतिपरवलय $x^2/a^2 - y^2/b^2 = 1$, के लिए नाभियां $(ae, 0)$ और $(-ae, 0)$ तथा संगत नियंताओं के मान $x = a/e$ और $x = -a/e$ होते हैं।

नाभीय गुणधर्म (Focal Property) :

(*a*) यदि $P(x, y)$ परवलय $y^2 = 4ax$ पर कोई बिंदु हो और $S(a, 0)$ उसकी नाभि हो तो $PS = x + a$.

(*b*) यदि P एक ऐसे दीर्घवृत्त पर कोई बिंदु हो जिसकी नाभियां S और S' हों तथा दीर्घ अक्ष की लंबाई $2a$ हो, तो $PS + PS' = 2a$.

(*c*) यदि P एक ऐसे अतिपरवलय पर स्थित कोई बिंदु हो जिनकी नाभियां S और S' हों तथा अनुप्रस्थ अक्ष की लंबाई $2a$ हो, तो $|PS - PS'| = 2a$.

नाभीय जीवा (Focal Chord) : किसी शंकु परिच्छेद की नाभि से होकर निकलने वाली जीवा उसकी नाभीय जीवा कहलाती है।

नाभिलंब (Latus Rectum) : नाभि या नाभियों से निकलने वाली जीवा या जीवाएं जो दीर्घ अक्ष या अनुप्रस्थ अक्ष पर लंबवत् होती हैं, नाभिलंब कहलाती हैं।

निम्नलिखित ज्यामितीय आकृतियों के नाभिलंब की लंबाइयां :

(*a*) परवलय के नाभिलंब की लंबाई $= 4a$

(*b*) दीर्घवृत्त के नाभिलंब की लंबाई $= 2b^2/a$

(*c*) अतिपरवलय के नाभिलंब की लंबाई $= 2b^2/a$

स्पर्शरेखाएं (Tangents) : निम्नलिखित के बिंदु (x_1, y_1) पर स्पर्श रेखाओं का समीकरण :

(*a*) परवलय की स्पर्शरेखा का समीकरण : $yy_1 = 2a(x + x_1)$

(*b*) दीर्घवृत्त की स्पर्शरेखा का समीकरण : $\frac{xx_1}{a^2} + \frac{yy_1}{b^2} = 1$

(*c*) अतिपरवलय की स्पर्शरेखा का समीकरण : $\frac{xx_1}{a^2} - \frac{yy_1}{b^2} = 1$

स्पर्शिता की शर्त (Condition for Tangency) : निम्नलिखित आकृति के लिए रेखा $y = mx + c$ की स्पर्शिता की शर्त है :

(*a*) परवलय के लिए : $c = a/m$

(*b*) दीर्घवृत्त के लिए : $c^2 = a^2m^2 + b^2$

(*c*) अतिपरवलय के लिए : $c^2 = a^2m^2 - b^2$

***m* के पदों में स्पर्श रेखाएं (Tangents in Terms of *m*) :** यदि m स्पर्शरेखा की प्रवणता हो, तो निम्नलिखित आकृति के लिए इसका समीकरण :

(*a*) परवलय के लिए : $y = mx + a/m$

(*b*) दीर्घवृत्त के लिए : $y = mx \pm \sqrt{(a^2m^2 + b^2)}$

(*c*) अतिपरवलय के लिए : $y = mx \pm \sqrt{(a^2m^2 - b^2)}$

अभिलंब का समीकरण (Equation of Normal) : परवलय $y^2 = 4ax$ के अभिलंब का समीकरण $y = mx - 2am - am^3$ होता है जहां m अभिलंब की प्रवणता है और यह परवलय पर बिंदु $(am^2, -2am)$ पर अभिलंब है।

संस्पर्श जीवा (Chord of Contact) : किसी शंकु परिच्छेद के बाह्य भाग में स्थित बिंदु से शंकु परिच्छेद पर खींची गई स्पर्श रेखाओं के स्पर्श बिंदुओं को मिलाने वाली रेखा उस बिंदु की संस्पर्श जीवा कहलाती है। निम्नलिखित आकृतियों के संबंध में बिंदु (x_1, y_1) की संस्पर्श जीवा का समीकरण निम्नवत् है :

(*a*) परवलय के लिए : $yy_1 = 2a(x + x_1)$

(*b*) दीर्घवृत्त के लिए : $\frac{xx_1}{a^2} + \frac{yy_1}{b^2} = 1$

(*c*) अतिपरवलय के लिए : $\frac{xx_1}{a^2} - \frac{yy_1}{b^2} = 1$

किसी बिंदु का ध्रुवी (Polar of a Point) : किसी बिंदु का ध्रुवी दिए गए बिंदु से होकर निकलने वाली जीवा के सिरों पर खींची गई शंकु परिच्छेद की स्पर्श रेखाओं के प्रतिच्छेद बिंदुओं का बिंदु पथ होता है।

यह बिंदु ध्रुवी का ध्रुव कहलाता है।

निम्नलिखित आकृतियों के संबंध में बिंदु (x_1, y_1) के ध्रुवी का समीकरण निम्नवत् है :

(*a*) परवलय के लिए : $yy_1 = 2a(x + x_1)$

(*b*) दीर्घवृत्त के लिए : $\frac{xx_1}{a^2} + \frac{yy_1}{b^2} = 1$

(*c*) अतिपरवलय के लिए : $\frac{xx_1}{a^2} - \frac{yy_1}{b^2} = 1$

किसी बिंदु से होकर स्पर्श रेखाएं (Tangents Through a Point) : शंकु परिच्छेद $S = 0$ पर बिंदु (x_1, y_1) से खींची गई स्पर्श रेखाओं के युग्म का समीकरण $SS_1 = T^2$ होता है, जहां

(*a*) परवलय $y^2 = 4ax$ के लिए $S = y^2 - 4ax$, $S_1 = y_1^2 - 4ax_1$, $T = yy_1 - 2a(x + x_1)$

(*b*) दीर्घवृत्त $x^2/a^2 + y^2/b^2 = 1$ के लिए $S = x^2/a^2 + y^2/b^2 - 1$, $S_1 = x_1^2/a^2 + y_1^2/b^2 - 1$, $T = xx_1/a^2 + yy_1/b^2 - 1$

(c) अतिपरवलय $x^2/a^2 - y^2/b^2 = 1$ के लिए $S = x^2/a^2 - y^2/b^2 - 1$, $S_1 = x_1^2/a^2 - y_1^2/b^2 = 1$, $T = xx_1/a^2 + yy_1/b^2 - 1$.

जीवा, जिसका मध्य बिंदु दिया गया हो (Chord with a given Mid-point) : जीवा, जिसका मध्य बिंदु $P(x_1, y_1)$ हो, का समीकरण $T = S_1$ होता है।

शंकु परिच्छेदों का प्राचलिक समीकरण (Parametric Equations of Conics) :

(a) प्राचल (पैरामीटर) t के पदों में परवलय $y^2 = 4ax$ पर स्थित बिंदु के निर्देशांक $(at^2, 2at)$ माने जाते हैं। इस बिंदु को t द्वारा इंगित किया जाता है,
अत: परवलय के प्राचलिक समीकरण $x = at^2$, $y = 2at$ हैं।

(b) दीर्घवृत्त $x^2/a^2 + y^2/b^2 = 1$ पर स्थित किसी बिंदु के निर्देशांक $(a \cos \phi, b \sin \phi)$ माने जाते हैं, ϕ को बिंदु का उत्केंद्र कोण (eccentric angle) कहते हैं और बिंदु को ϕ द्वारा इंगित किया जाता है।
अत: दीर्घवृत्त के प्राचलिक समीकरण $x = a \cos \phi$, $y = b \sin \phi$ हैं।

(c) अतिपरवलय $x^2/a^2 - y^2/b^2 = 1$ पर स्थित किसी बिंदु के निर्देशांक $(a \sec \phi, b \tan \phi)$ माने जाते हैं और उस बिंदु को ϕ द्वारा इंगित किया जाता है।
अत: परवलय के प्राचलिक समीकरण $x = a \sec \phi$, $y = b \tan \phi$ हैं।

स्पर्श रेखा का समीकरण (Equation of Tangent) : निम्नलिखित बिंदु पर स्पर्श रेखा का समीकरण :

(a) $y^2 = 4ax$ पर स्थित बिंदु t पर स्पर्श रेखा का समीकरण है: $yt = x + at^2$

(b) $x^2/a^2 + y^2/b^2 = 1$ पर स्थित बिंदु ϕ पर स्पर्श रेखा का समीकरण है : $(x/a) \cos \phi + (y/b) \sin \phi = 1$

(c) $x^2/a^2 - y^2/b^2 = 1$ पर स्थित बिंदु ϕ पर स्पर्श रेखा का समीकरण है : $(x/a) \sec \phi + (y/b) \tan \phi = 1$.

अभिलंब का समीकरण (Equation of Normal) :

(a) $y^2 = 4ax$ पर स्थित बिंदु t पर अभिलंब का समीकरण : $y = -tx + 2at + at^3$

(b) $x^2/a^2 + y^2/b^2 = 1$ पर स्थित बिंदु ϕ पर अभिलंब का समीकरण : $ax \sec \phi - \text{by} \operatorname{cosec} \phi = a^2 - b^2$

(c) $x^2/a^2 - y^2/b^2 = 1$ पर स्थित बिंदु ϕ पर अभिलंब का समीकरण : $ax \cos \phi + \text{by} \cos \phi = a^2 + b^2$.

नियामक वृत्त (Director Circle) : किसी दीर्घवृत्त (या अति परवलय) पर खींची गई दो लंबत: स्पर्श रेखाओं के प्रतिच्छेद बिंदु का बिंदु पथ नियामक वृत्त (director circle) कहलाता है।

(a) दीर्घवृत्त $x^2/a^2 + y^2/b^2 = 1$ के नियामक वृत्त का समीकरण $x^2 + y^2 = a^2 + b^2$ होगा।

(b) अति परवलय $x^2/a^2 - y^2/b^2 = 1$ के नियामक वृत्त का समीकरण $x^2 + y^2 = a^2 - b^2$ होगा।

सहायक वृत्त (Auxillary Circle) : दीर्घवृत्त के दीर्घ अक्ष या अतिपरवलय के अनुप्रस्थ अक्ष को व्यास मान कर दीर्घवृत्त या अतिपरवलय पर खींचा गया वृत्त सहायक वृत्त कहलाता है। इसका समीकरण :

$$x^2 + y^2 = a^2$$

नाभीय जीवा (Focal Chord) : यदि PQ परवलय $y^2 = 4ax$ की एक नाभीय जीवा हो और P के निर्देशांक $(at^2, 2at)$ हों तो Q के निर्देशांक $(a/t^2, -2a/t)$ होंगे।

बिंदु और शंकु परिच्छेद (Point and the Conic) : यदि $S = 0$ एक शंकु परिच्छेद हो, तो बिंदु $P(x_1, y_1)$ अवस्थित होगा :

(a) शंकु परिच्छेद के आंतरिक भाग में यदि $S(x_1, y_1) < 0$

(b) शंकु परिच्छेद पर यदि $S(x_1, y_1) = 0$ हो

(c) शंकु परिच्छेद से बाहर यदि $S(x_1, y_1) > 0$ हो

संयुग्मी व्यास (Conjugate Diameters) : किसी दीर्घवृत्त के व्यास संयुग्मी व्यास कहलाते हैं यदि उसमें से प्रत्येक व्यास दूसरे व्यास की समांतर जीवा को समद्विभाजित करता हो।

(a) यदि $y = m_1x$ और $y = m_2x$ दीर्घवृत्त $x^2/a^2 + y^2/b^2 = 1$, के संयुग्मी व्यास हों, तो

$$m_1m_2 = -b^2/a^2.$$

(b) यदि θ और ϕ किसी दीर्घवृत्त के दो संयुग्मी अर्धव्यास CP और CQ के P और Q बिंदुओं के उत्केंद्र कोण हों, तो $\theta \sim \phi = \pi/2$.

अनंतस्पर्शी (Asymptotes) :

(a) अतिपरवलय $x^2/a^2 - y^2/b^2 = 1$ के अनंतस्पर्शी हैं $y = \pm (b/a)x$.

(b) अनंतस्पर्शी रेखाओं के समीकरण और अतिपरवलय के समीकरण में एक नियत राशि का अंतर होता है।

संयुग्मी अतिपरवलय (Conjugate Hyperbola) : अतिपरवलय जिसके अनुप्रस्थ अक्ष और संयुग्मी अक्ष क्रमश: दिए गए अतिपरवलय के संयुग्मी अक्ष और अनुप्रस्थ अक्ष होते हैं उसे दिए गए अतिपरवलय का संयुग्मी अतिपरवलय कहते हैं। अत: यदि $x^2/a^2 - y^2/b^2 = 1$ दिया गया अतिपरवलय हो, तो $y^2/b^2 - x^2/a^2 = 1$ उसका संयुग्मी अतिपरवलय होगा।

यदि e और e' दो अतिपरवलयों की उत्केंद्रताएं हों, तो $1/e^2 + 1/e'^2 = 1$ होगा।

त्रिविम विश्लेषिक ज्यामिति (ANALYTICAL GEOMETRY OF THREE DIMENSIONS)

त्रिविमीय बिंदु के निर्देशांक (Coordinates of a Point in Space) : मान लें कि O एक नियत बिंदु है जिसे मूल बिंदु कहा जाता है और OX, OY और OZ तीन परस्पर लंबवत् रेखाएं हैं जो क्रमशः x-अक्ष, y-अक्ष और z-अक्ष के रूप में मानी गई हैं, इस प्रकार कि इनसे एक दक्षिण-वर्ती निकाय निर्मित होता है। तल XOY, YOZ और ZOX क्रमशः xy-तल, yz-तल और zx-तल कहलाते हैं।

नीचे के चित्र में OX, OY और OZ में धनात्मक x, y और z अक्षों को दर्शाया गया है।

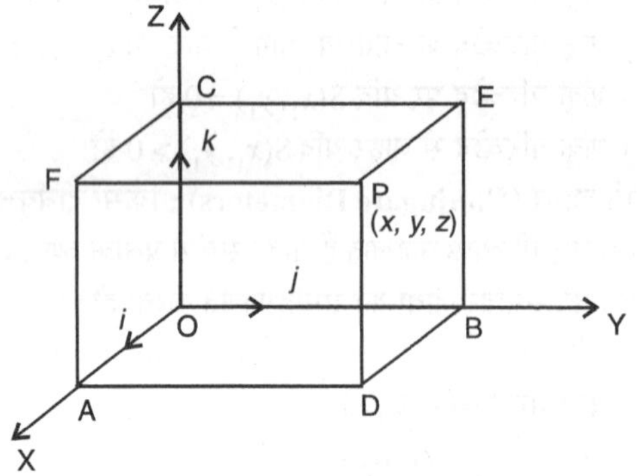

मान लें कि P एक त्रिविमीय बिंदु है और y-z, z-x और x-y तलों से P की दूरियां क्रमशः x, y, z (उपयुक्त चिह्नों सहित) हैं, तो हम कहते हैं कि P के निर्देशांक (x, y, z) हैं। साथ ही $OA = x$, $OB = y$, $OC = z$.

किसी बिंदु का स्थिति सदिश (Position Vector of a Point): यदि i, j, k क्रमशः OX, OY और OZ के अनुदिश मात्रक सदिश हों, तो बिंदु $P(x, y, z)$ का स्थिति सदिश $\overrightarrow{OP} = xi + yj + zk$ होगा।

दूरी सूत्र (Distance Formula) : दो बिंदुओं $A(x_1, y_1, z_1)$ और $B(x_2, y_2, z_2)$ के बीच दूरी AB निम्नलिखित द्वारा दर्शाया जाता है :

$$AB = \sqrt{[(x_2 - x_1)^2 + (y_2 - y_1)^2 + (z_2 - z_1)^2]}$$

मूल बिंदु से दूरी (Distance from Origin) : मान लें कि O एक मूल बिंदु है और $P(x, y, z)$ कोई बिंदु है, तो

$$OP = \sqrt{(x^2 + y^2 + z^2)}.$$

निर्देशक अक्ष से किसी बिंदु की दूरी (Distance of a Point from Coordinate Axes) : मान लें कि $P(x, y, z)$ एक त्रिविमीय बिंदु है। मान लें कि PA, PB और PC बिंदु P से क्रमशः OX, OY और OZ अक्षों पर खींची गई लंब रेखाएं हैं, तो

$$PA = \sqrt{(y^2 + z^2)},$$
$$PB = \sqrt{(z^2 + x^2)},$$
$$PC = \sqrt{(x^2 + y^2)},$$

परिच्छेद सूत्र (Section Formulae) : यदि $P(x_1, y_1, z_1)$ और $Q(x_2, y_2, z_2)$ दो बिंदु हों और बिंदु $P(x, y, z)$ रेखा PQ को $m_1 : m_2$ के अनुपात मे विभाजित करता हो, तो R है :

$$(x, y, z) = \left(\frac{m_1x_2 + m_2x_1}{m_1 + m_2}, \frac{m_1y_2 + m_2y_1}{m_1 + m_2}, \frac{m_1z_2 + m_2z_1}{m_1 + m_2}\right).$$

यदि (m_1/m_2) धनात्मक हो, तो R रेखा PQ को आंतरिक रूप में और यदि m_1/m_2 ऋणात्मक हो, तो बाह्यतः विभाजित करता है। विशेषकर PQ को $m_1 : m_2$ अनुपात में बाह्यतः विभाजित करने वाले बिंदु के निर्देशांक हैं :

$$\left(\frac{m_1x_2 - m_2x_1}{m_1 - m_2}, \frac{m_1y_2 - m_2y_1}{m_1 - m_2}, \frac{m_1z_2 - m_2z_1}{m_1 - m_2}\right).$$

मध्य बिंदु (Mid-point) : PQ का मध्य बिंदु निम्नलिखित द्वारा दर्शाया जाता है :

$$\left(\frac{x_1 + x_2}{2}, \frac{y_1 + y_2}{2}, \frac{z_1 + z_2}{2}\right)$$

त्रिभुज का केंद्रक (Centroid of a Triangle) : यदि किसी त्रिभुज के शीर्ष क्रमशः $A(x_1, y_1, z_1)$, $B(x_2, y_2, z_2)$ और $C(x_3, y_3, z_3)$ हों, तो इसका केंद्रक G निम्नलिखित द्वारा दर्शाया जाता है :

$$G = \left(\frac{x_1 + x_2 + x_3}{3}, \frac{y_1 + y_2 + y_3}{3}, \frac{z_1 + z_2 + z_3}{3}\right).$$

चतुष्फलक का केंद्रक (Centroid of a Tetrahedron) : यदि किसी चतुष्फलक के शीर्ष क्रमशः $A(x_1,y_1, z_1)$, $B(x_2,y_2, z_2)$, $C(x_3,y_3, z_3)$ और $D(x_4,y_4, z_4)$ हों, तो इसका केंद्रक G निम्नलिखित द्वारा दर्शाया जाता है :

$$G = [¼(x_1 + x_2 + x_3 + x_4), ¼(y_1 + y_2 + y_3 + y_4), ¼(z_1 + z_2 + z_3 + z_4)].$$

अनुपात ज्ञात करना जिसमें कोई दिया गया बिंदु किसी दिए

गए रेखाखंड को विभाजित करता है (To Find the Ratio in which a given Point Divides a Given Line-Segment) : मान लें कि P(α, β, γ), A(a_1, b_1, c_1) और B(a_2, b_2, c_2) तीन बिंदु हैं और हमें ज्ञात करना है कि बिंदु P किस अनुपात में AB रेखाखंड को विभाजित करता है। मान लें कि यह अनुपात $k : 1$ है, तो

$$\frac{ka_2 + a_1}{k+1} = \alpha, \frac{kb_2 + b_1}{k+1} = \beta, \frac{kc_2 + c_1}{k+1} = \gamma.$$

इन्हें हल करके k का मान ज्ञात करें। यदि $k = 2/3$ हो, तो अनुपात 2 : 3 होगा और यदि k धनात्मक हो तो P रेखाखंड को अंतरत: विभाजित करता है और यदि k ऋणात्मक हो तो P रेखाखंड को बाह्यत: विभाजित करता है। इसके अतिरिक्त यदि निकाय असंगत (inconsistent) हो, तो P रेखाखंड AB को किसी भी अनुपात में विभाजित नहीं करता और इस स्थिति में P रेखाखंड AB पर अवस्थित नहीं होता अर्थात् P, A और B अंसरेख (non-collinear) हैं।

दिक्-कोसाइन (Direction Cosines) : यदि α, β, γ किसी दिष्ट रेखा द्वारा क्रमश: x, y और z अक्षों की धनात्मक दिशाओं के साथ निर्मित किए गए कोण हों, तो $\cos\alpha$, $\cos\beta$ और $\cos\gamma$ को उस रेखा का दिक् कोसाइन (Direction Cosines) कहते हैं।

दिक् कोसाइन प्राय: $< l, m, n >$ द्वारा इंगित किए जाते हैं। तो $l = \cos\alpha$, $m = \cos\beta$ और $n = \cos\gamma$.

दिक् अनुपात (Direction Ratios) : यदि a, b, c दिक् कोसाइन l, m, n के समानुपाती हों तो a, b, c को दिक् अनुपात कहते हैं।

ध्रुवांतर रेखा और दिक् कोसाइन के संदर्भ में किसी बिंदु की स्थिति (Position of a Point in Terms of Radius Vector and d.c.'s) : यदि P(x, y, z) कोई एक बिंदु हो और OP = r हो, तो $\cos\alpha = x/r$, $\cos\beta = y/r$, $\cos\gamma = z/r$ होगा और इस स्थिति में x, y, z रेखा OP के दिक् आनुपात होंगे और P के निर्देशांक ($r\cos\alpha, r\cos\beta, r\cos\gamma$) अर्थात् ($lr, mr, nr$) होंगे।

दिक् कोसाइनों के बीच संबंध (Relation Between Direction Cosines) : $OP^2 = [x^2 + y^2 + z^2] \Rightarrow r^2 = r^2 (\cos^2\alpha + \cos^2\beta + \cos^2\gamma)$

$$= r^2 (l^2 + m^2 + n^2)$$

$$\boxed{l^2 + m^2 + n^2 = 1}$$

दिक् अनुपात और दिक् कोसाइन (D.R.'s and D.C.'s) : यदि a, b, c किसी रेखा के दिक् अनुपात और l, m, n रेखा के दिक् कोसाइन हों, तो

$$\frac{a}{l} = \frac{b}{m} = \frac{c}{n} = r \text{ (मान लें)}$$

$$\therefore a^2 + b^2 + c^2 = r^2 (l^2 + m^2 + n^2) = r^2$$

$$\therefore r = \sqrt{[a^2 + b^2 + c^2]}$$

$\therefore$ दिक् कोसाइन l, m, n निम्नलिखित द्वारा दर्शाए जाते हैं :

$$l = \frac{a}{r}, m = \frac{b}{r}, n = \frac{c}{r}, \text{ जहां } r = \sqrt{[(a^2 + b^2 + c^2)]}$$

अक्षों के दिक् कोसाइन (D.C.'s of Axes) : चूंकि धनात्मक x अक्ष क्रमश: x, y, z अक्षों के साथ 0°, 90° के कोण बनाता है।
$\therefore$ x-अक्ष के दिक् कोसाइन 1, 0, 0 हैं। इसी प्रकार, y और z-अक्षों के दिक् कोसाइन भी होंगे।

$\therefore$ x-अक्ष के दिक् कोसाइन = 1, 0, 0

y-अक्ष के दिक् कोसाइन = 0, 1, 0

z-अक्ष के दिक् कोसाइन = 0, 0, 1

दो बिंदुओं को मिलाने वाली रेखा के दिक् अनुपात (Direction Ratios of the Line Joining two Points) : यदि A(x_1, y_1, z_1) और B(x_2, y_2, z_2) दो बिंदु हों, तो AB के दिक् अनुपात

$x_2 - x_1, y_2 - y_1, z_2 - z_1$, होंगे और AB के दिक् कोसाइन

$\frac{1}{r}(x_2 - x_1), \frac{1}{r}(y_2 - y_1), \frac{1}{r}(z_2 - z_1)$ होंगे जहां $r = \sqrt{[\Sigma(x_2 - x_1)^2]}$.

किसी रेखा का दूसरी रेखा पर प्रक्षेप (Projection of a Line on Another Line) : मान लें कि PQ एक रेखाखंड है जहां P(x_1, y_1, z_1) और Q(x_2, y_2, z_2) तथा मान लें कि L एक सरल रेखा है जिसके दिक् कोसाइन l, m, n हैं। ध्यान दें कि l, m, n रेखा L के दिक् कोसाइन हैं न कि दिक् अनुपात। इस स्थिति में रेखा L पर PQ में प्रक्षेप की लंबाई = $|l(x_2 - x_1) + m(y_2 - y_1) + n(z_2 - z_1)|$.

दो रेखाओं के बीच कोण (Angle Between Two Lines) : मान लें कि दो रेखाओं, जिसके दिक् कोसाइन l_1, m_1, n_1 और l_2, m_2, n_2 हैं, के बीच का कोण θ है, तो

$$\cos\theta = l_1l_2 + m_1m_2 + n_1n_2.$$

साथ ही $\sin^2\theta = \Sigma(l_1m_1)^2$

लंबता और समांतरता (Perpendicularity and Parallelism) : यदि दो रेखाओं के दिक् कोसाइन क्रमश: l_1, m_1, n_1 और l_2, m_2, n_2 हों तो वे लंबवत् होंगी यदि $\theta = 90°$ अर्थात् $\cos\theta = 0$ हो।

यदि $l_1l_2 + m_1m_2 + n_1n_2 = 0$

इसके अतिरिक्त दोनों रेखाएं एक दूसरे के समांतर होंगी यदि $\theta = 90°$ अर्थात् $\sin\theta = 0$. हो। अर्थात् $\frac{l_1}{l_2} = \frac{m_1}{m_2} = \frac{n_1}{n_2}$

किसी दी गई रेखा पर PQ के प्रक्षेप की लंबाई (Length of Projection of PQ on a given Line) : यदि $P(x_1, y_1, z_1)$ और $Q(x_2, y_2, z_2)$ दो बिंदु हों और दी गई रेखा के दिक् कोसाइन (न कि दिक् अनुपात) l, m और n हों, तो दी गई रेखा पर PQ के प्रक्षेप की लंबाई होगी :

$(x_2 - x_1)l + (y_2 - y_1)m + (z_2 - s_1)n.$

लग्रांज तत्समक (Lagrange's Identity) : तत्समक $(x_1^2 + y_1^2 + z_1^2)(x_2^2 + y_2^2 + z_2^2) - (x_1x_2 + y_1y_2 + z_1z_2)^2 = (x_1y_2 - x_2y_1)^2 + (y_1z_2 - y_2z_1)^2 + (z_1x_2 - z_2x_1)^2$, को लग्रांज तत्समक के नाम से जाना जाता है। यह कुछ परिणामों का परिकलन करने में अत्यंत उपयोगी है।

समतल (The Plane) : कोई ज्यामितीय बिंदु पथ एक समतल होता है यदि वह ऐसा हो कि यदि P और Q बिंदु पथ पर स्थित कोई दो बिंदु हों तो रेखा PQ पर स्थित प्रत्येक बिंदु उस बिंदुपथ पर भी अवस्थित होगा।

समतल समीकरण (Equation of a Plane) : प्रत्येक समतल का समीकरण प्रथम कोटि का अर्थात् $ax + by + cz + d = 0$, रूप का समीकरण होता है जिसमें a, b, c नियतांक होते हैं जहां $a^2 + b^2 + c^2 \neq 0$ (अर्थात् $a, b, c \neq 0$ भी होता है)

निर्देशांक समतलों के समांतर तल (Planes Parallel to the Coordinate Planes) :

(a) y-z समतल का समीकरण, $x = 0$

(b) z-x समतल का समीकरण, $y = 0$

(c) x-y समतल का समीकरण, $z = 0$

(d) x-y समतल के समांतर c दूरी (यदि $c > 0$, धनात्मक z-अक्ष की ओर) पर स्थित तल का समीकरण, $z = c$, y-z समतल और z-x समतल के समांतर तलों का समीकरण भी इसी प्रकार होता है।

अक्षों के समांतर तलों का समीकरण (Equation of a Planes Parallel to the Axes) : यदि $a = 0$ हो, तो तल x-अक्ष के समांतर होगा अर्थात् x-अक्ष के समांतर समतल का समीकरण होगा : $by + cz + d = 0$

इसी प्रकार, y-अक्ष और z-अक्ष के समांतर तलों के समीकरण क्रमशः $ax + cz + d = 0$ और $ax + by + d = 0$ होंगे।

उद्गम या मूल बिंदु से होकर निकलने वाले तल का समीकरण (Equation of a Plane Through Origin) :

उद्गम या मूल बिंदु से होकर निकलने वाले तल का समीकरण: $ax + by + cz = 0.$

किसी प्रदत्त बिंदु से होकर निकलने वाले समतल का समीकरण (Equation of a Plane Through a given Point) : यदि तल $ax + by + cz + d = 0$ बिंदु (x_1, y_1, z_1) से होकर निकलता हो $ax_1 + by_1 + cz_1 + d = 0$ होगा।

$\therefore$ घटाने पर, समीकरण $a(x - x_1) + b(y - y_1) + c(z - z_1) = 0$ प्राप्त होता है जो अपेक्षित समीकरण है।

अंतःखंड रूप में तल का समीकरण (Equation of a Plane in Intercept Form) : अक्ष से a, b, c अंतःखंडों को काटने वाले तल का समीकरण है :

$$\frac{x}{a} + \frac{y}{b} + \frac{z}{c} = 1.$$

किसी तल का अभिलंब रूपीय समीकरण (Equation of a Plane in Normal Form) : यदि मूल बिंदु से तल की अभिलंब दूरी P हो और अभिलंब रेखा के दिक् कोसाइन (l, m, n) हों तो तल का समीकरण $lx + my + nz = p$ होगा।

किसी तल के समीकरण का अभिलंब रूप में परिवर्तन (Transformation of the Equation of a Plane to the Normal Form) : समीकरण को प्रसामान्य (अभिलंब) रूप में बदलने के लिए पहले नियत (अचर) पद को दाहिने पक्ष में लिखें और उसे धनात्मक बनाएं, तत्पश्चात् प्रत्येक पद को $\sqrt{(a^2 + b^2 + c^2)}$ से भाग करें जहां a, b, c क्रमशः x, y और z के गुणांक हों।

उदाहरण : $$\frac{ax}{\pm\sqrt{(a^2+b^2+c^2)}} + \frac{by}{\pm\sqrt{(a^2+b^2+c^2)}} + \frac{cz}{\pm\sqrt{(a^2+b^2+c^2)}} = \frac{d}{\pm\sqrt{(a^2+b^2+c^2)}}$$

जहां + चिह्न लिया जाना है यदि $d > 0$

और − चिह्न लिया जाना है यदि $d < 0$.

तीन बिंदुओं से होकर निकलने वाले तल का समीकरण (Equation of a Plane Through Three Points) : तीन असंरेख बिंदुओं $(x_1, y_1, z_1), (x_2, y_2, z_2), (x_3, y_3, z_3)$ से होकर निकलने वाले तल का समीकरण निम्नवत् होता है :

$$\begin{vmatrix} x & y & z & 1 \\ x_1 & y_1 & z_1 & 1 \\ x_2 & y_2 & z_2 & 1 \\ x_3 & y_3 & z_3 & 1 \end{vmatrix} = 0$$

दो तलों के बीच का कोण (Angle Between Two Planes): दो तलों $ax + by + cz + d = 0$ और $a'x + b'y + c'z + d' = 0$ पर विचार करें। इन समतलों के बीच का कोण उनके अभिलंबों के बीच के कोण के बराबर होता है। चूंकि उनके अभिलंबों के दिक् अनुपात क्रमश: a, b, c और a', b', c' हैं, अत: उनके बीच का कोण θ निम्नलिखित द्वारा प्रदर्शित किया जाता है :

$$\cos\theta = \frac{aa'+bb'+cc'}{\sqrt{(a^2+b^2+c^2)}\sqrt{(a'^2+b'^2+c'^2)}}$$

∴ तल अभिलंब होंगे यदि $aa' + bb' + cc' = 0$

और वे समांतर होंगे यदि $a/a' = b/b' = c/c'$.

किसी दिए गए तल के समांतर तल (Planes Parallel to a given Plane) : समतल $ax + by + cz + d = 0$ के समांतर तल का समीकरण $ax + by + cz + d' = 0$ होता है।

d' अन्य प्रदत्त परिस्थितियों द्वारा निर्धारित किया जाता है।

दो प्रदत्त समतलों के प्रतिच्छेद बिंदु से होकर निकलने वाला तल (A Plane Through the Line of Intersection of Two given Planes) : निम्नलिखित दो तलों पर विचार करें :

$u = ax + by + cz + d = 0$ और

$v = a'x + b'y + c'z + d' = 0.$

समीकरण $u + \lambda v = 0$ (जहां λ एक यथार्थ पैरामीटर है) दिए गए तलों की प्रतिच्छेद रेखा से होकर निकलनेवाले तल को निरूपित करता है और यदि तल समांतर हों, तो यह समीकरण उनके समांतर तल को निरूपित करता है।

किसी तल के दो पार्श्व (Two Sides of a Plane) : समतल $P \equiv ax + by + cz + d = 0$ और दो बिंदुओं $A(x_1, y_1, z_1)$ तथा $A(x_2, y_2, z_2)$ पर विचार करें :

(*a*) यदि $P(A) = ax_1 + by_1 + cz_1 + d_1$ और $P(B) = ax_2 + by_2 + cz_2 + d_2$ के चिह्न समान हों तो A और B समतल के एक ही पार्श्व में होंगे।

(*b*) यदि P(A) और P(B) के चिह्न परस्पर विपरीत हों तो A और B समतल के विपरीत पार्श्व में होंगे।

समतल से किसी बिंदु की लंब दूरी (Perpendicular Distance of a Point from the Plane) : समतल $ax + by + cz + d = 0$ से बिंदु $A(x_1, y_1, z_1)$ की लंब दूरी p निम्नलिखित द्वारा दर्शाया जाती है :

$$p = \frac{|ax_1 + by_1 + cz_1 + d|}{\sqrt{(a^2+b^2+c^2)}}$$

दो समतलों के बीच के कोणों के समद्विभाजक (Bisectors of Angles Between Two Planes) : यदि दो समतलों के समीकरण क्रमशः $ax + by + cz + d = 0$ और $a_1x + b_1y + c_1z + d = 0$ हों, तो उनके बीच के कोणों के समद्विभाजकों के समीकरण निम्नलिखित द्वारा दर्शाए जाएंगे :

$$\frac{ax+by+cz+d}{\sqrt{(a^2+b^2+c^2)}} = \pm\frac{a_1x+b_1y+c_1z+d_1}{\sqrt{(a_1^2+b_1^2+c_1^2)}} \quad (*)$$

किसी त्रिभुज का क्षेत्रफल (Area of a Triangle) : मान लें कि किसी त्रिभुज ABC के शीर्ष क्रमश: $A(x_1, y_1, z_1)$, $B(x_2, y_2, z_2)$ और $C(x_3, y_3, z_3)$ हों तथा l, m, n अभिलंब के दिक् कोसाइन हैं।

यह भी मान लें कि $\Delta_x = y - z$ समतल पर Δ ABC का प्रक्षेप अत: $\Delta_x = \Delta.l$.

इसी प्रकार,

$\Delta_y = z - x$ समतल पर Δ ABC का प्रक्षेप या $\Delta y = \Delta.m$

$\Delta_z = x - y$ समतल पर Δ ABC का प्रक्षेप या $\Delta z = \Delta.n$

$$\therefore \quad \Delta_x^2 + \Delta_y^2 + \Delta_z^2 = \Delta^2 (l^2 + m^2 + n^2) = \Delta^2.$$

$$\Delta = \sqrt{(\Delta_x{}^2 + \Delta_y{}^2 + \Delta_z{}^2)}.$$

इसके अतिरिक्त यह भी स्पष्ट है कि

$$\Delta_x = \frac{1}{2}\begin{vmatrix} y_1 & z_1 & 1 \\ y_2 & z_2 & 1 \\ y_3 & z_3 & 1 \end{vmatrix}, \Delta_y = \frac{1}{2}\begin{vmatrix} z_1 & x_1 & 1 \\ z_2 & x_2 & 1 \\ z_3 & x_3 & 1 \end{vmatrix}$$

$$\text{और } \Delta_x = \frac{1}{2}\begin{vmatrix} x_1 & y_1 & 1 \\ x_2 & y_2 & 1 \\ x_3 & y_3 & 1 \end{vmatrix}$$

किसी चतुष्फलक का आयतन (Volume of a Tetrahedron): $A(x_1, y_1, z_1)$, $B(x_2, y_2, z_2)$, $C(x_3, y_3, z_3)$ और $D(x_4, y_4, z_4)$ शीर्षों वाले चतुष्फलक का आयतन निम्नलिखित द्वारा व्यक्त किया जाता है :

$$V = \frac{1}{6}\begin{vmatrix} x_1 & y_1 & z_1 & 1 \\ x_2 & y_2 & z_2 & 1 \\ x_3 & y_3 & z_3 & 1 \\ x_4 & y_4 & z_4 & 1 \end{vmatrix}$$

यदि $ax^2 + by^2 + cz^2 + 2fyz + 2gzx + 2hxy = 0$ तलों के एक युग्म को निरूपित करता हो, तो इन तलों के बीच का कोण

निम्नलिखित द्वारा निरूपित होगा :

$$\tan\theta = \frac{2\sqrt{f^2+g^2+h^2-ab-bc-ca}}{a+b+c}$$

सरल रेखाएं (Straight Lines) : किसी भी स्थान पर खींची गई एक सरल रेखा दो ऐसे तलों के प्रतिच्छेद द्वारा निरूपित होती है जो परस्पर समांतर नहीं होते। अत: किसी सरल रेखा का समीकरण दो तलों (नीचे यथा उल्लिखित) के समीकरण द्वारा निर्मित तंत्र या निकाय के हल के रूप में प्रस्तुत किया जाता है :

$$a_1x + b_1y + c_1z + d_1 = 0$$
$$a_2x + b_2y + c_2z + d_2 = 0$$

यह रूप असममित रूप भी कहलाता है। कुछ विशेष सरल रेखाएं नीचे इंगित की गई हैं।

सरल रेखाएं	समीकरण
(i) मूल बिंदु से होकर	$y = mx, z = nx$
(ii) x-अक्ष	$y = 0, z = 0$
(iii) y-अक्ष	$x = 0, z = 0$
(iv) z-अक्ष	$x = 0, y = 0$
(v) x-अक्ष के समांतर	$y = p, z = q$
(vi) y-अक्ष के समांतर	$x = h, z = q$
(vii) z-अक्ष के समांतर	$x = h, y = p$

सममित रूप में किसी सरल रेखा का समीकरण (Equation of a Straight Line in Symmetrical Form) :

(a) **एक बिंदु रूप (One point form) :** यदि $A(x_1, y_1, z_1)$ सरल रेखा पर दिया गया एक बिंदु हो और l, m, n रेखा के दिक् कोसाइन हों, तो उसका समीकरण होगा :

$$\frac{x-x_1}{l} = \frac{y-y_1}{m} = \frac{z-z_1}{n} = r \text{ (मान लें)}$$

ध्यान रखा जाए कि $P(x_1 + lr, y_1 + mr, z_1 + nr)$ इस रेखा पर बिंदु $A(x_1, y_1, z_1)$ से r दूरी पर स्थित एक सामान्य बिंदु है अर्थात् $AP = r$। यहां उल्लेखनीय है कि $AP = r$ की स्थिति में l, m, n निश्चित रूप से दि्क कोसाइन होंगे न कि दिक् अनुपात। यदि a, b, c रेखा के दिक् अनुपात हों तो रेखा का समीकरण होगा :

$$\frac{x-x_1}{l} = \frac{y-y_1}{m} = r \text{ किंतु यहां } AP \neq r.$$

(b) दो बिंदुओं $A(x_1, y_1, z_1)$ और $B(x_2, y_2, z_2)$ से होकर निकलने वाली रेखा का समीकरण :

$$\frac{x-x_1}{x_2-x_1} = \frac{y-y_1}{y_2-y_1} = \frac{z-z_1}{z_2-z_1}.$$

असममित रूप का सममित रूप में परिवर्तन (Reduction of Non-Symmetrical Form to Symmetrical Form) : मान लें कि असममित रूप में रेखा का समीकरण $a_1x + b_1y + c_1z + d_1 = 0; a_2x + b_2y + c_2z + d_2 = 0$ है।

रेखा का सममित रूप में समीकरण ज्ञात करने के लिए *(a)* उसका दिक् अनुपात और *(b)* रेखा पर स्थित किसी भी बिंदु के निर्देशांकों को जानना आवश्यक है।

(a) **दिक अनुपात (Direction ratios):** मान लें कि l, m, n रेखा के दिक अनुपात हैं। चूंकि रेखा दोनों तलों में अवस्थित है, अत: यह दोनों ही तलों के अभिलंबों के लंबवत् होगी। अत:

$$a_1l + b_1m + c_1n = 0$$
$$a_2l + b_2m + c_2n = 0$$

इन समीकरणों से, l, m, n के आनुपातिक मानों को वज्रगुणन (cross-multiplication) द्वारा निम्नलिखित रूप में ज्ञात किया जा सकता है :

$$\frac{l}{b_1c_2-b_2c_1} = \frac{m}{c_1a_2-c_2a_1} = \frac{n}{a_1b_2-a_2b_1}.$$

(b) **रेखा पर स्थित बिंदु (Point on the line):** ध्यान दें कि चूंकि l, m, n का मान एक साथ शून्य नहीं हो सकता, अत: इनमें से कम से कम एक शून्येतर होगा। मान लें कि $a_1b_2 - a_2b_1 \neq 0$। इस स्थिति में रेखा x-y समतल के समांतर नहीं हो सकती, अत: वह इसे प्रतिच्छेद करती है। मान लें कि वह x-y समतल को $(x_1, y_1, 0)$ में प्रतिच्छेद करती है, तो $a_1x_1 + b_1y_1 + d_1 = 0$ और $a_2x_1 + b_2y_1 + d_2 = 0$ इन्हें हल करने पर हमें रेखा पर एक बिंदु प्राप्त होता है। तब इसका समीकरण निम्नवत् हो जाता है :

$$\frac{x-x_1}{b_1c_2-b_2c_1} = \frac{y-y_1}{c_1a_2-c_2a_1} = \frac{z-z_1}{a_1b_2-a_2b_1}$$

एक रेखा और एक समतल के बीच कोण (Angle Between a Line and a Plane) : मान लें कि रेखा और समतल के समीकरण क्रमश: $\frac{x-x_1}{l} = \frac{y-y_1}{m} = \frac{z-z_1}{n}$, और $ax + by + cz + d = 0$ हैं और रेखा तथा समतल के बीच का कोण θ है। तब रेखा और समतल के अभिलंब के बीच का कोण $(\pi/2 - \theta)$ होगा। अत:

$$\sin\theta = \frac{al+bm+cn}{\sqrt{(a^2+b^2+c^2)}\sqrt{(l^2+m^2+n^2)}}$$

रेखा समतल के समांतर होगी यदि $\theta = 0$

अर्थात् यदि $al + bm + cn = 0$ हो।

रेखा समतल के लंबवत् होगी यदि रेखा समतल के अभिलंब के समांतर हो, अर्थात् यदि $\frac{a}{l} = \frac{b}{m} = \frac{c}{n}$ हो।

रेखा के दिए गए समतल पर अवस्थित होने की शर्तें : रेखा $\frac{x-x_1}{l} = \frac{y-y_1}{m} = \frac{z-z_1}{n}$ समतल $Ax + By + Cz + D = 0$ पर अवस्थित होगी यदि

(a) $Al + Bm + Cn = 0$ और

(b) $Ax_1 + By_1 + Cz_1 + D = 0$

किसी रेखा पर किसी बिंदु से लंब रेखा का पाद, लंबाई और समीकरण (Foot, Length and Equation of Perpendicular from a Point to a Line) : मान लें कि रेखा का समीकरण निम्नवत् है :

$$\frac{x-a}{l} = \frac{y-b}{m} = \frac{z-c}{n} = r \text{ (मान लें)} \quad \text{.... (1)}$$

और $A(\alpha, \beta, \gamma)$ वह बिंदु है। यदि l, m, n रेखा के वास्तविक दिक् कोसाइनों को इंगित करते हों, तो रेखा (1) पर कोई भी बिंदु होगा :

$$P(lr + a, mr + b, nr + c) \quad \text{.... (2)}$$

यदि यह रेखा पर A से खींचे गए लंब का पाद हो तो AP रेखा पर लंब होगा। अत:

$$l(lr + a - \alpha) + m(mr + b - \beta) + n(nr + c - \gamma) = 0$$

अर्थात् $r = (\alpha - a)l + (\beta - b)m + (\gamma - c)n$,

चूंकि $l^2 + m^2 + n^2 = 1$.

(2) में r का यह मान प्रतिस्थापित करने पर हमें रेखा पर बिंदु A से लंब का पाद प्राप्त होता है।

लंबाई (Length) : चूंकि लंब का पाद P ज्ञात है, अत: लंब की लंबाई $AP = \sqrt{[(lr + a - \alpha)^2 + (mr + b - \beta)^2 + (nr + c - \gamma)^2]}$.

लंब रेखा का समीकरण निम्नलिखित द्वारा व्यक्त किया जाता है:

$$\frac{x-\alpha}{lr+a-\alpha} = \frac{y-\beta}{mr+b-\beta} = \frac{z-\gamma}{nr+c-\gamma}.$$

किसी दी गई रेखा से होकर निकलने वाले तल का समीकरण (Equation of any Plane through a Given Line) :

रेखा $\frac{x-x_1}{l} = \frac{y-y_1}{m} = \frac{z-z_1}{n}$ से होकर निकलने वाले किसी तल का समीकरण है : $A(x-x_1) + B(y-y_1) + C(z-z_1) = 0$, जहां $Al + Bm + Cn = 0$.

किसी दी गई रेखा से होकर निकलने वाले अनेक तल हो सकते हैं। अतिरिक्त प्रतिबंध दिए जाने पर किसी विशिष्ट तल को ज्ञात किया जा सकता है।

प्रतिबंध कि दो दी गई रेखाएं एक दूसरे को प्रतिच्छेद करती हैं अर्थात् वे समतलीय हैं अर्थात् दो दी गई रेखाओं की विषमतलीयता या समतलीयता की जांच करना।

दो प्रतिच्छेदी रेखाओं वाले तल का समीकरण :

मान लें कि दो रेखाएं हैं :

$$\frac{x-\alpha_1}{l_1} = \frac{y-\beta_1}{m_1} = \frac{z-\gamma_1}{n_1} \quad \text{....(1)}$$

और $$\frac{x-\alpha_2}{l_2} = \frac{y-\beta_2}{m_2} = \frac{z-\gamma_2}{n_2} \quad \text{.... (2)}$$

ये रेखाएँ एक-दूसरे को प्रतिच्छेद करेंगी यदि वे एक ही तल में अवस्थित हों। अब उपर्युक्त रेखा (1) वाले तल का समीकरण :

$a(x - \alpha_1) + b(y - \beta_1) + c(z - \gamma_1) = 0$ .... (3)

जहां $al_1 + bm_1 + cn_1 = 0$ .... (4)

तल (3) में रेखा (2) निहित होगी यदि बिंदु $(\alpha_2, \beta_2, \gamma_2)$ उस पर अवस्थित हो और तल पर खींचा गया अभिलंब रेखा (2) पर लंबवत् हो।

अर्थात् यदि $a(\alpha_2 - \alpha_1) + b(\beta_2 - \beta_1) + c(\gamma_2 - \gamma_1) = 0$ ....(5)

जहां $al_2 + bm_2 + cn_2 = 0$ .... (6)

(4), (5) और (6) से a, b, c को निराकृत करने पर अपेक्षित प्रतिबंध होगा :

$$\Delta = \begin{vmatrix} \alpha_2-\alpha_1 & \beta_2-\beta_1 & \gamma_2-\gamma_1 \\ l_1 & m_1 & n_1 \\ l_2 & m_2 & n_2 \end{vmatrix} = 0 \quad \text{.... (7)}$$

यदि हम (3), (4), (6) से a, b, c को निराकृत कर दें तो दो रेखाओं से युक्त तल होगा :

$$\begin{vmatrix} x-\alpha_1 & y-\beta_1 & z-\gamma_1 \\ l_1 & m_1 & n_1 \\ l_2 & m_2 & n_2 \end{vmatrix} = 0 \quad \text{.... (8)}$$

समतलीयता का प्रतिबंध यदि दोनों रेखाएं सामान्य रूप में हों (Condition of Coplanarity if both Lines are in General Form) :

मान लें कि रेखाएं हैं : $ax + by + cz + d = 0 = a'x + b'y + c'z + d'$ और $\alpha x + \beta y + \gamma z + \delta = 0 = \alpha' x + \beta' y + \gamma' z + \delta' = 0$.

ये समतलीय होंगी यदि

$$\begin{vmatrix} a & b & c & d \\ a' & b' & c' & d' \\ \alpha & \beta & \lambda & \delta \\ \alpha' & \beta' & \lambda' & \delta' \end{vmatrix} = 0$$

दो विषमतलीय सरल रेखाओं के बीच की लघुतम दूरी (Shortest Distance Between Two Skew Straight Lines) : दो विषमतलीय सरल रेखाओं के बीच की लघुतम दूरी दोनों रेखाओं पर लंबवत् होती है।

लघुतम दूरी का परिमाण और समीकरण (Magnitude and Equation to the Shortest Distance) :

प्रथम विधि (प्रक्षेप विधि) : मान लें कि रेखाओं के समीकरण हैं :

$$\frac{x-\alpha}{l} = \frac{y-\beta}{m} = \frac{z-\gamma}{n} \quad \dots (1)$$

और $$\frac{x-\alpha'}{l'} = \frac{y-\beta'}{m'} = \frac{z-\gamma'}{n'} \quad \dots (2)$$

मान लें कि λ, μ, ν, लघुतम दूरी के कोसाइन हैं। चूंकि लघुतम दूरी प्रदत्त प्रत्येक रेखा की लंबवत् है, अत: $l\lambda + m\mu + n\nu = 0$; $l'\lambda + m'\mu + n'\nu = 0$.

इन्हें हल करने पर,

$$\frac{\lambda}{mn'-m'n} = \frac{\mu}{nl'-n'l} = \frac{\nu}{lm'-l'm} = \frac{1}{\sqrt{\Sigma(mn'-m'n)^2}}$$

$$\therefore \quad \lambda = \frac{mn'-m'n}{\sqrt{\Sigma(mn'-m'n)^2}}, \mu = \frac{nl'-n'l}{\sqrt{\Sigma(mn'-m'n)^2}},$$

$$\nu = \frac{lm'-l'm}{\sqrt{\Sigma(mn'-m'n)^2}}$$

$P(\alpha, \beta, \gamma)$ रेखा (1) पर स्थित एक बिंदु है और $Q(\alpha', \beta', \gamma')$ रेखा (2) पर स्थित एक बिंदु है। लघुतम दूरी, जिसके दिक् कोसाइन λ, μ, ν हैं, PQ रेखा पर इन बिंदुओं को मिलाने पर प्राप्त प्रक्षेपित रेखा होगी।

$\therefore$ लघुतम दूरी $= (\alpha - \alpha')\lambda + (\beta - \beta')\mu + (\gamma - \gamma')\nu$

$$= \frac{(\alpha-\alpha')(mn'-m'n) + (\beta-\beta')(nl'-n'l) + (\gamma-\gamma')(lm'-l'm)}{\sqrt{\{\Sigma(mn'-m'n)^2\}}}$$

$$= \begin{vmatrix} \alpha-\alpha' & \beta-\beta' & \gamma-\gamma' \\ l & m & n \\ l' & m' & n' \end{vmatrix} \div \sqrt{\{\Sigma(mn'-m'n)^2\}}$$

रेखा (1) और लघुतम दूरी से युक्त तल का समीकरण है :

$$\begin{vmatrix} x-\alpha & y-\beta & z-\gamma \\ l & m & n \\ \lambda & \mu & \nu \end{vmatrix} = 0 \quad \dots (3)$$

रेखा (2) और लघुतम दूरी से युक्त तल का समीकरण होगा :

$$\begin{vmatrix} x-\alpha' & y-\beta' & z-\gamma' \\ l' & m' & n' \\ \lambda & \mu & \nu \end{vmatrix} = 0 \quad \dots (4)$$

समीकरण (3) और (4) से दी गई रेखाओं (1) और (2) के बीच की लघुतम दूरी निरूपित होगी।

द्वितीय विधि (पाद विधि) : रेखा (1) पर एक बिंदु $P(lr + \alpha, mr + \beta, nr + \lambda)$ और रेखा (2) पर एक बिंदु $Q(l's + \alpha', m's + \beta', n's + \gamma')$ है।

यदि P और Q दी गई रेखा से लघुतम दूरी के प्रतिच्छेद बिंदु हों, तो PQ दोनों रेखाओं पर लंब होगा। यदि λ, μ, υ' लघुतम दूरी में दिक् अनुपात हों, तो

$\lambda = lr + \alpha - l's - \alpha', \mu = mr + \beta - m's - \beta'$ और $\nu = nr + \gamma - n's - \gamma'$

$\therefore \quad l\lambda - m\mu + n\nu = 0$ और $l'\lambda - m'\mu + n'\nu = 0$.

इन समीकरणों को हल करने पर हम r और s तथा तत्पश्चात् P और Q ज्ञात कर सकते हैं।

अब हम लघुतम दूरी ज्ञात कर सकते हैं जो PQ है और जिसका समीकरण P और Q से होकर निकलने वाली रेखा का समीकरण है।

तृतीय विधि (सदिश विधि) : चूंकि l, m, n और l', m', n' रेखाओं के दिक कोसाइन हैं, अतः उनकी दिशा में मात्रक सदिश हैं :

$\hat{e} = l\hat{i} + m\hat{j} + n\hat{k}$ और $\hat{e}' = l'i + m'j + n'k$.

यदि RS लघुतम दूरी हो तो $\overrightarrow{RS}$ दोनों के लंबवत् होगा।

अत: RS = RS या PQ का प्रक्षेप $= \dfrac{\overrightarrow{PQ}.(\hat{e} \times \hat{e}')}{|\hat{e} \times \hat{e}'|}$.

गोला (Sphere) : गोला किसी बिंदु का गमन पथ है जो किसी स्थिर बिंदु से एक निश्चित दूरी पर बना रहता है। इस निश्चित

या नियत दूरी को गोले की त्रिज्या और स्थिर बिंदु को गोले का केंद्र कहते हैं।

गोले का समीकरण (Equation of a Sphere) : यदि (a, b, c) किसी गोले का केंद्र और r उसकी त्रिज्या हो, तो गोले का समीकरण होगा :

$(x-a)^2+(y-b)^2+(z-c)^2=r^2$.

किसी गोले का व्यापक समीकरण (General Equation of a Sphere) : समीकरण $x^2+y^2+z^2+2ux+2vy+2wx+d=0$

एक गोले को निरूपित करता है जिसका केंद्र $(-u, -v, -w)$ और त्रिज्या $\sqrt{(u^2+v^2+w^2-d)}$ है

यदि $u^2+v^2+w^2-d>0$ हो।

किसी दिए गए व्यास का गोला (Sphere with a given Diameter) : व्यास के रूप में $A(x_1, y_1, z_1)$ और $B(x_2, y_2, z_2)$ बिंदुओं को जोड़ने वाले रेखाखंड पर निर्मित गोले का समीकरण है :

$(x-x_1)(x-x_2)+(y-y_1)(y-y_2)+(z-z_1)(z-z_2)=0$

चार बिंदुओं से होकर निकलने वाले गोले का समीकरण (Equation of Sphere Through Four Points) : चार असमतलीय बिंदुओं (x_1, y_1, z_1), (x_2, y_2, z_2), (x_3, y_3, z_3) और (x_4, y_4, z_4) से होकर निकलने वाले गोले का समीकरण है :

$$\begin{vmatrix} x^2+y^2+z^2 & x & y & z & 1 \\ x_1^2+y_1^2+z_1^2 & x_1 & y_1 & z_1 & 1 \\ x_2^2+y_2^2+z_2^2 & x_2 & y_2 & z_2 & 1 \\ x_3^2+y_3^2+z_3^2 & x_3 & y_3 & z_3 & 1 \\ x_4^2+y_4^2+z_4^2 & x_4 & y_4 & z_4 & 1 \end{vmatrix} = 0$$

समतल और गोला (Plane and Sphere) : मान लें कि $P = ax + by + cz + d = 0$ एक समतल और $S = x^2+y^2+z^2+2ux+2vy+2wz+k=0$ एक गोला है। मान लें कि गोले के केंद्र $(-u, -v, -w)$ से समतल $P = 0$ पर खींचे गए लंब रेखा की लंबाई P है। $r = \sqrt{(u^2+v^2+w^2-k)}$ गोले की त्रिज्या है। तो

$p < r \Rightarrow$ समतल गोले को प्रतिच्छेद करता है

$p = r \Rightarrow$ समतल गोले को स्पर्श करता है

$p > r \Rightarrow$ समतल गोले को न तो प्रतिच्छेद करता है और न ही उसे स्पर्श करता है।

गोले का समतल परिच्छेद (Plane Section of a Sphere) : यदि समतल गोले को प्रतिच्छेद करता हो तो इसका प्रतिच्छेद (काट) एक वृत्त होगा। वृत्त का केंद्र गोले के केंद्र O से समतल पर खींची गई लंब रेखा का पाद N और उसकी त्रिज्या $\sqrt{(r^2 - ON^2)}$ होगी जहां r गोले की त्रिज्या है।

बृहत् वृत्त (Great Circle) : गोले के केंद्र से होकर निकलने वाले समतल द्वारा निर्मित गोले का परिच्छेद बृहत् वृत्त कहलाता है।

दो गोलों का प्रतिच्छेद (Intersection of Two Spheres) : नीचे उल्लिखित दो गोलों पर विचार करें :

$S = x^2+y^2+z^2+2ux+2vy+2wx+d=0$

और $S' = x^2+y^2+z^2+2u'x+2v'y+2w'z+d'=0$.

यहां $C(-u, -v, -w)$ और $C'(-u', -v', -w')$ उनके केंद्र हैं तथा यदि r और r' उनकी संगत त्रिज्याएं हों, तो

$CC' > r + r' \Rightarrow$ गोले एक दूसरे के बाह्य (exterior) हैं अर्थात् ये न तो एक दूसरे को प्रतिच्छेद करते हैं और न ही ये एक दूसरे के भीतर हैं।

$|r - r'| < CC' < r + r' \Rightarrow$ गोले प्रतिच्छेदी (intersecting) हैं।

$CC' = |r + r'| \Rightarrow$ ये एक दूसरे को बाह्यतः स्पर्श करते हैं।

$CC' = |r + r'| \Rightarrow$ ये एक दूसरे को अंतरतः स्पर्श करते हैं।

$CC' < |r - r'| \Rightarrow$ एक गोला दूसरे गोले में अंतर्निहित है।

उभयनिष्ठ प्रतिच्छेदी तल (Common Plane of Intersection): यदि $S = 0$ और $S' = 0$ एक दूसरे को प्रतिच्छेद करते हों तो $S - S' = 0$ उभयनिष्ठ प्रतिच्छेदी तल के समीकरण को निरूपित करता है और इस प्रतिच्छेदन से एक वृत्त बनता है।

स्पर्श तल (Tangent Planes) : गोले के $x^2+y^2+z^2+2ux+2vy+2wz+d=0$ किसी भी बिंदु (x_1, y_1, z_1) पर स्पर्श तल का समीकरण है : $xx_1+yy_1+zz_1+u(x+x_1)+v(y+y_1)+w(z+z_1)+d=0$।

अत:

(a) गोले के केंद्र से गोले के किसी भी अन्य बिंदु को मिलाने वाली रेखा वहां स्थित स्पर्शतल पर लंबवत् होती है।

(b) यदि कोई तल या रेखा किसी गोले को स्पर्श करती है तो गोले के केंद्र से खींचे गए लंब की लंबाई गोले की त्रिज्या के बराबर होती है।

वृत्त का समीकरण (Equation of a Circle) : वृत्त को दो समीकरणों द्वारा निरूपित किया जा सकता है। जिनमें से एक गोले को निरूपित करता है और दूसरा एक तल को निरूपित करता है।

अत: वृत्त का समीकरण है :

$S \equiv x^2+y^2+z^2+2ux+2vy+2wz+d=0,$

$P \equiv Ax+By+Cz+D=0$

वृत्त को उससे होकर निकलने वाले किन्हीं दो गोलों के समीकरणों द्वारा भी निरूपित किया जा सकता है। अतः वृत्त को समीकरण $S_1 = 0, S_2 = 0$ द्वारा भी निरूपित किया जा सकता है।

बहुविकल्पी प्रश्नावली

1. यदि किसी चतुर्भुज ABCD के शीर्ष क्रमशः A(0, 0), B(3, 4), C(7, 7) और D(4, 3) हों, तो चतुर्भुज है :
A. समचतुर्भुज (rhombus)
B. आयत (rectangle)
C. वर्ग (square)
D. इनमें से कोई नहीं

2. बिंदुओं (2, 7), (4, –1), (–2, 6) को मिलाने से निर्मित त्रिभुज होगा :
A. समबाहु (equilateral)
B. समकोण (right angled)
C. समद्विबाहु (isosceles)
D. उपर्युक्त में से कोई नहीं

3. यदि किसी त्रिभुज के कोणिक बिंदु क्रमशः (1, 1), (–1, –1) और $(-\sqrt{3}, \sqrt{3})$ हों, तो त्रिभुज होगा :
A. समकोण त्रिभुज B. समद्विबाहु त्रिभुज
C. समबाहु त्रिभुज D. इनमें से कोई नहीं

4. (–3, –4) और (1, –2) बिंदुओं को मिलाने वाला रेखाखंड y-अक्ष द्वारा निम्नलिखित अनुपात में विभाजित होता है :
A. 1 : 3 B. 2 : 3
C. 3: 1 D. 3 : 2

5. $x + y - 4 = 0, 3x + y - 4 = 0$ और $x + 3y - 4 = 0$ सरल रेखाओं द्वारा निर्मित त्रिभुज होगा :
A. समद्विबाहु त्रिभुज B. समकोण त्रिभुज
C. समबाहु त्रिभुज D. इनमें से कोई नहीं

6. यदि P(1, 2), Q(4, 6), R(5, 7) और S(a, b) समांतर चतुर्भुज PQRS के शीर्ष हों, तो
A. $a = 2, b = 4$ B. $a = 3, b = 4$
C. $a = 2, b = 3$ D. $a = 3, b = 5$

7. यदि किसी त्रिभुज के शीर्ष क्रमशः $(a, b + c), (b, c + a)$ और $(c, a + b)$ बिंदुओं पर अवस्थित हों तो त्रिभुज का क्षेत्रफल होगा :
A. 0 B. $a + b + c$
C. $ab + bc + ca$ D. इनमें से कोई नहीं

8. यदि A और B क्रमशः बिंदु (–3, 4) और (2, 1) हों, तो AB को इस प्रकार बढ़ाए जाने पर कि AC = 2BC हो, AB के वर्धित भाग पर स्थित बिंदु C के निर्देशांक होंगे :
A. (2, 4) B. (3, 7)
C. (7, –2) D. (–1/2, 5/2)

9. किसी समांतर चतुर्भुज के विकर्ण के सिरे क्रमशः बिंदु (3, –4) और (–6, 5) पर अवस्थित हैं। यदि समांतर चतुर्भुज का तीसरा शीर्ष (–2, 1) हो तो चौथा शीर्ष होगा :
A. (1, 0) B. (–1, 0)
C. (1, 1) D. इनमें से कोई नहीं

10. यदि किसी समांतर चतुर्भुज PQRS के विकर्ण $x + 3y = 4$ और $6x - 2y = 7$ रेखाओं के अनुदिश हों, तो PQRS होगा :
A. एक आयत B. एक वर्ग
C. एक चक्रीय चतुर्भुज D. एक समचतुर्भुज

11. यदि P और Q क्रमशः A(–2, 5) और B(3, 1) बिंदुओं को मिलाने वाली रेखा पर इस प्रकार अवस्थित दो बिंदु हों कि AP = PQ = QB तो PQ का मध्य बिंदु होगा :
A. (1/2, 3) B. (–1/2, 4)
C. (2, 3) D. (–1, 4)

12. अक्षों पर समान रूप से नत तथा (1, –2) और (3, 4) बिंदुओं से समान दूरी पर स्थित सरल रेखा का समीकरण होगा :
A. $x + y + 1 = 0$ B. $x + y + 2 = 0$
C. $x - y - 2 = 0$ D. $x - y - 1 = 0$

13. यदि (0, 1), (1, 1) और (1, 0) किसी त्रिभुज की भुजाओं के मध्य बिंदु हों, तो त्रिभुज का अंतः केन्द्र (incentre) होगा:
A. $(2 + \sqrt{2}, 2 + \sqrt{2})$ B. $[2 + \sqrt{2}, -(2 + \sqrt{2})]$
C. $(2 - \sqrt{2}, 2 - \sqrt{2})$ D. $[2 - \sqrt{2}, -(2 - \sqrt{2})]$

14. यदि A, B और C बिंदुओं के निर्देशांक क्रमशः (6, 3)(–3, 5) और (4, –2) हों और P के निर्देशांक (x, y) हों, तो Δ PBC/Δ ABC = ?
A. $\frac{x + y - 2}{7}$ B. $\left|\frac{x + y - 2}{7}\right|$
C. $\left|\frac{x - y + 2}{7}\right|$ D. इनमें से कोई नहीं

15. A(6, 3), B(–3, –3), C(4, –2) और D(x, $3x$) चार बिंदु हैं। यदि Δ DBC : Δ ABC = 1 : 2 हो, तो x निम्नलिखित में से किसके बराबर होगा?

A. 11/8 B. 8/11
C. 3 D. इनमें से कोई नहीं

16. निर्देशक अक्ष की दिशा परिवर्तित किए बिना मूल बिंदु को (h, k) में अंतरित कर दिया जाता है ताकि समीकरण $x^2 + y^2 - 4x + 6y - 7 = 0$ में रैखिक (एक घात वाले) पद निराकृत हो जाएं। बिंदु (h, k) का मान होगा :

A. (3, 2) B. (–3, 2)
C. (2, –3) D. इनमें से कोई नहीं

17. बिंदु (0, 8/3), (1, 3) और (82, 30) निम्नलिखित में से किसके शीर्ष होंगे?

A. अधिक कोण त्रिभुज B. न्यून कोण त्रिभुज
C. समकोण त्रिभुज D. इनमें से कोई नहीं

18. तीन रेखाएं $3x + 4y + 6 = 0$, $\sqrt{2}x + \sqrt{3}y + 2\sqrt{2} = 0$ और $4x + 7y + 8 = 0$ हैं :

A. किसी त्रिभुज की भुजाएं
B. संगामी
C. समांतर
D. इनमें से कोई नहीं

19. बिंदु ($-a$, $-b$), (0, 0), (a, b) और (a^2, ab) हैं :

A. संरेख (collinear)
B. एक आयत के शीर्ष बिंदु
C. एक समांतर चतुर्भुज के शीर्ष बिंदु
D. इनमें से कोई नहीं

20. यदि $3y + 4x = 1$, $y = x + 5$ और $5y + bx = 3$ रेखाएं संगामी हों, तो b का मान होगा :

A. 1 B. 3
C. 6 D. 0

21. A(1, 3) और C(5, 1) आयत ABCD के दो सम्मुख शीर्ष हैं। यदि रेखा BD की प्रवणता 2 हो, तो BD का समीकरण होगा :

A. $2x - y = 4$ B. $2x - y = 1$
C. $4x - 2y = 3$ D. इनमें से कोई नहीं

22. यदि किन्हीं चार रेखाओं के समीकरण क्रमशः $x + 2y - 3 = 0$, $3x + 4y - 7 = 0$, $2x + 3y - 4 = 0$ और $4x + 5y - 6 = 0$ हों, तो वे रेखाएं होंगी :

A. सभी संगामी
B. किसी एक चतुर्भुज की भुजाएं
C. परस्पर प्रतिच्छेदी
D. इनमें से कोई नहीं

23. यदि रेखाएं $x + ay + a = 0$, $bx + y + b = 0$ और $cx + cy + 1 = 0$, (a, b, c के सुस्पष्ट अलग-अलग मान हैं और इनका मान 1के बराबर नहीं है) संगामी हों, तो

$\frac{a}{a-1}+\frac{b}{b-1}+\frac{c}{c-1}$ का मान होगा :

A. –1 B. 0
C. 1 D. इनमें से कोई नहीं

24. रेखाएं $lx + my + n = 0$, $mx + ny + l = 0$ और $nx + ly + m = 0$ (l, m, n, सभी के मान समान नहीं हैं) संगामी रेखाएं नहीं होंगी यदि :

A. $l^2 + m^2 + n^2 = 1$ B. $lm + mn + nl = 1$
C. $lm + mn + nl = 0$ D. $l + m + n = 0$

25. बिंदु ($t^2 + 2t + 5$, $2t^2 + t - 2$) रेखा $x + y = 2$ पर अवस्थित होगा यदि

A. t के सभी वास्तविक मानों को लिया जाए
B. t के कुछ वास्तविक मानों को लिया जाए
C. $t = (-2 \pm \sqrt{3})/6$
D. इनमें से कोई नहीं

26. किसी त्रिभुज ABC के शीर्ष बिंदु क्रमशः A(2, 2), B(–4, –4), C(5, –8). हों, तो C से होकर निकलने वाली माध्यिका की लंबाई होगी :

A. √(65) B. √(117)
C. √(85) D. √(113)

27. P(3, 1), Q(6, 5) और R(x, y) तीन बिंदु इस प्रकार से हों कि कोण PRQ समकोण हो और Δ RPQ का क्षेत्रफल = 7 हो, तो ऐसे बिंदु R की संख्या होगी :

A. 0 B. 1
C. 2 D. 4

28. यदि किसी समतल पर अवस्थित दो लंब रेखाओं से किसी बिंदू की दूरियों का योग 1 हो, तो उसका बिंदुपथ होगा :

A. वर्ग B. वृत्त
C. सरल रेखा D. दो प्रतिच्छेदी रेखाएं

29. यदि दो रेखाओं $x \sin\theta + y \cos\theta = \frac{1}{2} a \sin 2\theta$ और $x \cos\theta - y \sin\theta = a \cos\theta$ की मूल बिंदु से दूरियां क्रमशः p और q हों, तो p, q और a के बीच संबंध होगा:

A. $4q^2 + p^2 = a^2$ B. $4p^2 + q^2 = a^2$
C. $p^2 + q^2 = a^2$ D. $p^2 - q^2 = a^2$

30. यदि कोई रेखा $(a \cos^3 \theta, a \sin^3 \theta)$ से होकर निकलती हो तथा रेखा $x \sec \theta + y \csc \theta = a$ पर लंब हो, तो उस रेखा का समीकरण होगा :

A. $x \cos \theta + y \sin \theta = 2a \cos 2\theta$
B. $x \sin \theta - y \cos \theta = 2a \cos 2\theta$
C. $x \sin \theta + y \cos \theta = 2a \cos 2\theta$
D. इनमें से कोई नहीं

31. यदि बिंदुओं (a_1, b_1) और (a_2, b_2) से समदूरस्थ किसी बिंदु के बिंदुपथ का समीकरण $(a_1, - a_2)x + (b_1 - b_2)y + c = 0$ हो तो इस समीकरण में c का मान होगा :

A. $a_1^2 - a_2^2 + b_1^2 - b_2^2$
B. $\sqrt{}(a_1^2 + b_1^2 - a_2^2 + b_2^2)$
C. $½(a_1^2 + a_2^2 + b_1^2 + b_2^2)$
D. $½(a_2^2 + b_2^2 - a_1^2 - b_1^2)$

32. किसी बिंदु A से परस्पर 30° के कोण पर दो रेखाएं खींची जाती हैं। इनमें से एक रेखा पर बिंदु A से 1 इकाई दूरी पर बिंदु B अंकित किया जाता है और बिंदु B से दूसरी रेखा पर एक लंब रेखा खींची जाती है जिसके पाद से AB पर एक अन्य लंब रेखा खींची जाती है और इसी प्रकार आगे भी लंब रेखाओं को खींचने का क्रम जारी रखा जाता है। इस प्रकार खींची गई सभी लंब रेखाओं की लंबाईयों का योग होगा :

A. $2 - \sqrt{3}$ B. $2 + \sqrt{3}$
C. $¼(2 + \sqrt{3})$ D. इनमें से कोई नहीं

33. बिंदु (1, –2) से होकर निकलने वाली और अक्ष से समान अंत:खंडों को निर्मित करने वाली सरल रेखा का समीकरण होगा :

A. $x + y = 1$ B. $x - y = 1$
C. $x + y + 1 = 0$ D. $x - y - 2 = 0$

34. निम्नलिखित में से किस रेखा समीकरण का व्युत्क्रम अक्ष पर a और b अंत:खंडों को निर्मित करेगा ?

A. $x/a + y/b = 1$ B. $ax + by = 1$
C. $ax + by = ab$ D. $ax - by = 1$

35. रेखा $x \cos \alpha + y \sin \alpha = p$, जहां p एक नियतांक है, द्वारा अक्षों के बीच अंत:खंडित भाग के मध्य-बिंदु का बिंदु पथ होगा :

A. $x^2 + y^2 = 4p^2$ B. $1/x^2 + 1/y^2 = 4/p^2$
C. $x^2 + y^2 = 4/p^2$ D. $1/x^2 + 1/y^2 = 2/p^2$

36. रेखा L द्वारा निर्देशक अक्ष पर a और b अंत:खंड निर्मित किए जाते हैं। यदि मूल बिंदु को स्थिर रखा जाए और निर्देशक अक्ष को एक निश्चित कोण से घुमाया जाए तो घुमाए गए अक्ष पर उसी रेखा के अंत:खंड p और q हो जाते हैं। इस संदर्भ में निम्नलिखित में से कौन सा संबंध सत्य है ?

A. $a^2 + b^2 = p^2 + q^2$
B. $1/a^2 + 1/b^2 = 1/p^2 + 1/q^2$
C. $a^2 + p^2 = b^2 + q^2$
D. $1/a^2 + 1/p^2 = 1/b^2 + 1/q^2$

37. एक समद्विबाहु त्रिभुज के आधार के सिरे $(2a, 0)$ और $(0, a)$ पर अवस्थित हैं और त्रिभुज की एक भुजा y-अक्ष के समांतर है। दूसरी भुजा का समीकरण होगा :

A. $x + 2y - a = 0$ B. $x + 2y = 2a$
C. $3x + 4y - 4a = 0$ D. $3x - 4y + 4a = 0$

38. समांतर रेखाओं $y = 2x + 4$ और $6x = 3y + 5$ के बीच की दूरी होगी ?

A. $17/\sqrt{3}$ B. 1
C. $3/\sqrt{5}$ D. $17\sqrt{5}/15$

39. यदि PQR एक समकोण समद्विबाहु त्रिभुज हो जिसका समकोण P(2, 1) पर हो और यदि रेखा QR का समीकरण $2x + y = 3$ हो, तो PQ और PR रेखाओं के युग्म को निरूपित करनेवाला समीकरण है :

A. $3x^2 + 3y^2 + 8xy - 20x - 10y + 25 = 0$
B. $3x^2 - 3y^2 + 8xy - 20x - 10y + 25 = 0$
C. $2x^2 + 2y^2 + 8xy + 20x - 10y + 25 = 0$
D. $2x^2 - 2y^2 - 8xy + 20x - 10y + 25 = 0$

40. बिंदु (2, 0), (0, 1), (4, 5) और $(0, a)$ एकवृत्तीय (concyclic) होंगे यदि a का मान हो :

A. 14/3 या 1 B. 14 या 1/3
C. –14/3 या –1 D. इनमें से कोई नहीं

41. यदि वृत्त $x^2 + y^2 - 8x - 4y + c = 0$ के व्यास के एक सिरे पर निर्देशांक (–3, 2) हों तो दूसरे सिरे पर निर्देशांक होंगे :

A. (5, 3) B. (6, 2)
C. (1, –8) D. (11, 2)

42. 3 की त्रिज्या वाले किसी वृत्त जो वृत्त $x^2 + y^2 + 3x - 6y - 9 = 0$ के बाहर-बाहर निर्मित हैं, के केंद्र का बिंदुपथ होगा:

A. $x^2 + y^2 + 3x - 6y + 5 = 0$
B. $x^2 + y^2 + 3x - 6y - 31 = 0$
C. $x^2 + y^2 + 3x - 6y + 29/4 = 0$
D. इनमें से कोई नहीं

43. वृत्त जिसके दो अभिलंब $(x - 1)(y - 2) = 0$ और एक स्पर्श रेखा $3x + 4y = 6$ है, का समीकरण निम्नलिखित में से कौन सा होगा ?

A. $x^2 + y^2 - 2x - 4y + 4 = 0$

B. $x^2 + y^2 - 2x - 4y + 5 = 0$
C. $x^2 + y^2 = 5$
D. $(x - 3)^2 + (y - 4)^2 = 5$

44. बिंदु (5, 0) को $10 \cos \theta, 10 \sin \theta$ से मिलाने वाली रेखा को बिंदु P पर 2 : 3 के अनुपात में अंतरतः विभाजित किया जाता है। यदि θ के मान में परिवर्तन होता हो, तो P का रेखापथ होगा :

A. सरल रेखाओं का एक युग्म
B. एक वृत्त
C. एक सरल रेखा
D. इनमें से कोई नहीं

45. रेखाएं $2x - 3y = 5$ और $3x - 4y = 7$, 154 वर्ग इकाई क्षेत्रफल वाले एक वृत्त के व्यास हों तो इस वृत्त का समीकरण होगा ($\pi = 22/7$)

A. $x^2 + y^2 + 2x - 2y = 62$
B. $x^2 + y^2 + 2x - 2y = 47$
C. $x^2 + y^2 - 2x + 2y = 47$
D. $x^2 + y^2 - 2x + 2y = 62$

46. यदि वृत्त $x^2 + y^2 - 2y = 0$ में मूल बिंदु से जीवाएं खींची जाएं तो इन जीवाओं के मध्य बिंदुओं का बिंदुपथ होगा :

A. $x^2 + y^2 - y = 0$ B. $x^2 + y^2 - x = 0$
C. $x^2 + y^2 - 2x = 0$ D. $x^2 + y^2 - x - y = 0$

47. वृत्त $x^2 + y^2 - 2x + 4y + 3 = 0$ के भीतर एक वर्ग अंत:निर्मित है जिसकी भुजाएं निर्देशक अक्षों के समांतर हैं। इस वर्ग का एक शीर्ष होगा :

A. $(1 + \sqrt{2}, -2)$ B. $(1 - \sqrt{2}, -2)$
C. $(1, -2 + \sqrt{2})$ D. इनमें से कोई नहीं

48. यदि रेखाएं $a_1x + b_1y + c_1 = 0$ और $a_2x + b_2y + c_2 = 0$ निर्देशक अक्ष को एकवृत्तीय बिंदुओं पर काटते हों तो:

A. $a_1a_2 = b_1b_2$ B. $a_1b_1 = a_2b_2$
C. $a_1b_2 = a_2b_1$ D. इनमें से कोई नहीं

49. a और b लंबाइयों के दो दंड (rods) जो एक दूसरे से समकोण पर इस प्रकार व्यवस्थित हैं कि उनके सिरे एकवृत्तीय (Concyclic) हैं, अपने-अपने अक्ष पर गति कर रहे हैं। इन एकवृत्तीय बिंदुओं से होकर निकलने वाले वृत्त के केंद्र का बिंदुपथ होगा :

A. $4(x^2 + y^2) = a^2 + b^2$ B. $x^2 - y^2 = a^2 - b^2$
C. $4(x^2 - y^2) = a^2 - b^2$ D. $x^2 + y^2 = a^2 + b^2$

50. एक वृत्त का मूल बिंदु उसका केंद्र है जो एक ऐसे समबाहु त्रिभुज के शीर्षों से होकर निकल रहा है जिसकी माध्यिका की लंबाई $3a$ है। इस वृत्त का समीकरण होगा :

A. $x^2 + y^2 = 9a^2$ B. $x^2 + y^2 = 16a^2$
C. $x^2 + y^2 = 4a^2$ D. $x^2 + y^2 = a^2$

51. $y + \sqrt{3}x = 6$, $y - \sqrt{3}y = 6$ और $y = 0$ रेखाओं द्वारा निर्मित त्रिभुज के परिवृत्त का समीकरण है :

A. $x^2 + y^2 - 4y = 0$ B. $x^2 + y^2 + 4x = 0$
C. $x^2 + y^2 - 4y = 12$ D. $x^2 + y^2 + 4x = 12$

52. वृत्त $x^2 + y^2 - 10x + 16 = 0$ और $x^2 + y^2 = r^2$ एक दूसरे को दो अलग-अलग बिंदुओ पर प्रतिच्छेदित करते है यदि:

A. $r < 2$ B. $r > 8$
C. $2 < r < 8$ D. $2 \leq r \leq 8$

53. वृत्त $x^2 + y^2 = r^2$ को A और B बिंदुओं पर काटने वाली एक रेखा एक नियत बिंदु $P(\alpha, \beta)$ से खींची जाती हो, तो PA.PB निम्नलिखित में से किसके बराबर होगा ?

A. $(\alpha + \beta)^2 - r^2$ B. $\alpha^2 + \beta^2 - r^2$
C. $(\alpha - \beta)^2 + r^2$ D. इनमें से कोई नहीं

54. यदि वृत्त $x^2 + y^2 = px + qy$ (जहां $p, q \neq 0$) में बिंदु (p, q) से खींची गई दो अलग-अलग जीवाएं x-अक्ष द्वारा समद्विभाजित होती हों, तो

A. $p^2 = q^2$ B. $p^2 = 8q^2$
C. $p^2 < 8q^2$ D. $p^2 > 8q^2$

55. निम्नलिखित में से किस बिंदु से खींची गई रेखा $9x + y - 28 = 0$ वृत्त $2x^2 + 2y^2 - 3x + 5y - 7 = 0$ की संस्पर्श जीवा होगी ?

A. $(3, -1)$ B. $(3, 1)$
C. $(-3, 1)$ D. इनमें से कोई नहीं

56. x-अक्ष पर 5 इकाई लंबाई का अंत:खंड काटने के लिए बिंदु (2, 0) से होकर वृत्त खींचे जाते हैं। यदि उनके केंद्र पहले वृत्तपाद में अवस्थित हो तो उन वृत्तों का समीकरण होगा :

A. $x^2 + y^2 - 9x + 2ky + 14 = 0$
B. $3x^2 + 3y^2 - 27x - 2ky + 42 = 0$
C. $x^2 + y^2 - 9x - 2ky + 14 = 0$
D. $x^2 + y^2 - 2kx - 9y + 14 = 0$

57. रेखा $y = mx + c$ वृत्त $x^2 + y^2 = r^2$ को दो वास्तविक अलग-अलग बिंदुओं पर प्रतिच्छेद करती हैं यदि

A. $-r\sqrt{(1 + m^2)} < c < r\sqrt{(1 + m^2)}$
B. $-c\sqrt{(1 - m^2)} < r < c\sqrt{(1 - m^2)}$
C. $-r < \sqrt{(1 - m^2)} < c < r < \sqrt{(1 + m^2)}$
D. इनमें से कोई नहीं

58. एक वृत्त समीकरण $x^2 + y^2 - 6x + 8y - 11 = 0$ द्वारा निरूपित किया जाता है और इसके साथ ही दो बिंदु (0, 0) और (1, 8) भी दिए गए हैं। ये बिंदु अवस्थित होंगे :

A. एक वृत्त से बाहर और दूसरा वृत्त के भीतर

B. दोनों बिंदु वृत्त के भीतर
C. दोनों बिंदु वृत्त के बाहर
D. एक वृत्त पर और दूसरा वृत्त के भीतर

59. यदि बिंदु (2, –1) को वृत्त केंद्र मान कर खींचे गए वृत्त पर मूल बिंदु से खींची गई एक स्पर्श रेखा का समीकरण $3x + y = 0$ हो, तो मूल बिंदु से ही खींची गई अन्य स्पर्श रेखा का समीकरण होगा :
A. $3x - y = 0$ B. $x + 3y = 0$
C. $x - 3y = 0$ D. इनमें से कोई नहीं

60. बिंदुओं (0, 0) और (1, 0) से होकर निकलने वाले और वृत्त $x^2 + y^2 = 9$ को स्पर्श करने वाले वृत्त का केंद्र होगा :
A. (3/2, 1/2) B. (1/2, 3/2)
C. (1/2, 1/2) D. $(1/2, -\sqrt{2})$

61. एक रेखा निर्देशक अक्ष से A और B बिंदुओं पर मिलती है। Δ ABC के परितः एक वृत्त खींचा गया है। यदि मूल बिंदु पर क्रमशः A और B बिंदुओं से वृत्त की स्पर्श रेखाओं की दूरियां m और n हों, तो वृत्त का व्यास होगा :
A. $m(m + n)$ B. $(m + n)$
C. $n(m + n)$ D. इनमें से कोई नहीं

62. उस वृत्त का समीकरण क्या होगा जो पहले वृत्तपाद में दोनों अक्षों और सरल रेखा $4x + 3y = 6$ को स्पर्श करता हो और उसके नीचे अवस्थित हो ?
A. $4x^2 + 4y^2 - 4x - 4y + 1 = 0$
B. $x^2 + y^2 - 6x - 6y + 9 = 0$
C. $x^2 + y^2 - 6x - y + 9 = 0$
D. $4(x^2 + y^2 - x - 6y) + 1 = 0$

63. $x^2 + y^2 - 2x - 4y + 1 = 0$ और $x^2 + y^2 - 10x - 8y + 25 = 0$ वृत्तों की सार्व जीवा (common chord) का समीकरण है :
A. $2x - 3y - 6 = 0$ B. $2x + 3y + 6 = 0$
C. $x - 2y - 3 = 0$ D. इनमें से कोई नहीं

64. मूल बिंदु से होकर निकलने और वृत्तों $x^2 + y^2 - 8y + 12 = 0$ तथा $x^2 + y^2 - 4x - 6y - 3 = 0$ में से प्रत्येक को लांबिकतः काटने वाले वृत्त का समीकरण है :
A. $x^2 + y^2 + 6x + 3y = 0$
B. $x^2 + y^2 + 3x - 6y = 0$
C. $x^2 + y^2 + 6x - 3y = 0$
D. $x^2 + y^2 - 3x + 6y = 0$

65. जिस बिंदु से तीन वृत्तों $x^2 + y^2 = 4$, $x^2 + y^2 - 2x - 4y + 1 = 0$, $x^2 + y^2 - 4x - 2y + 1 = 0$ पर खींची गई स्पर्श रेखाओं की लंबाइयां समान हों, उसके निर्देशांक निम्नलिखित में से कौन से हैं ?
A. (5/6, 5/6) B. (5/6, 6/5)
C. (5/6, – 5/6) D. (– 5/6, 5/6)

66. बिंदु (2, 0) से होकर निकलने वाले वृत्त जिसका वृत्त $x^2 + y^2 = 1$ के संदर्भ में मूलाक्ष (radical axis) $x = ½$, हो, निम्नलिखित समीकरण द्वारा दर्शाया जाता है :
A. $x^2 + y^2 - 2x = 0$ B. $x^2 + y^2 + 2x = 0$
C. $x^2 + y^2 - 2y = 0$ D. $x^2 + y^2 + 2y = 0$

67. वृत्तों के समाक्ष निकाय जिसमें $x^2 + y^2 - 6x - 6y + 4 = 0$, $x^2 + y^2 - 2x - 4y + 3 = 0$ वृत्त निहित हैं, का एक सीमा बिंदु (limit point) होगा :
A. (–1, 1) B. (–1, 2)
C. (–2, 1) D. (–2, 2)

68. एक वृत्त किसी दूसरे वृत्त $x^2 + y^2 - 6x - 6y + 14 = 0$ को बाह्यतः स्पर्श करता है और साथ ही y-अक्ष को भी स्पर्श करता है। इस वृत्त के केंद्र का बिंदुपथ निम्नलिखित में से किस समीकरण द्वारा दर्शाया जाएगा ?
A. $x^2 - 6x - 10y + 14 = 0$
B. $x^2 - 10x - 6y + 14 = 0$
C. $y^2 - 6x - 10y + 14 = 0$
D. $y^2 - 10x - 6y + 14 = 0$

69. निम्नलिखित में से किस वृत्त पर रेखा $y - x + 3 = 0$ बिंदु $(3 + 3\sqrt{2}, 3/\sqrt{2})$ के अभिलंब होगी ?
A. $(x - 3 - 3/\sqrt{2})^2 + (y - 3/\sqrt{2})^2 = 9$
B. $(x - 3/\sqrt{2})^2 + (y - 3/\sqrt{2})^2 = 9$
C. $x^2 + (y - 3)^2 = 9$
D. $(x^2 - 3)^2 + y^2 = 9$

70. वृत्त $x^2 + y^2 = a^2$ के बिंदु (h, h) पर स्पर्श रेखा की प्रवणता होगी :
A. 0 B. 1
C. – 1 D. h पर निर्भर

71. वृत्त $x^2 + y^2 + 2gx + 2fy + c = 0$ पर मूल बिंदु और बिंदु (g, f) से खींची गई स्पर्श रेखा की संस्पर्श जीवाओं के बीच की दूरी होगी :
A. $g^2 + f^2$ B. $\frac{1}{2}(g^2 + f^2 + c)$
C. $\dfrac{g^2 + f^2 + c}{2\sqrt{(g^2 + f^2)}}$ D. $\dfrac{g^2 + f^2 - c}{2\sqrt{(g^2 + f^2)}}$

72. t के सभी मानों के लिए बिंदुओं $(1, t)$, $(t, 1)$ और (t, t) से होकर निकलनेवाला वृत्त निम्नलिखित बिंदु से होकर निकलता है :
A. (–1, –1) B. (–1, 1)

C. (1, –1) D. (1, 1)

73. मूल बिंदु से निकलने वाले एक वृत्त का केंद्र रेखा $x + y = 4$ पर अवस्थित है और यह वृत्त $x^2 + y^2 - 4x + 2y + 4 = 0$ को लंबत: काटता है। इस वृत्त का समीकरण होगा :
A. $x^2 + y^2 - 2x - 6y = 0$
B. $x^2 + y^2 - 6x - 3y = 0$
C. $x^2 + y^2 - 4x - 4y = 0$
D. इनमें से कोई नहीं

74. यदि O मूल बिंदु और OP, OQ वृत्त $x^2 + y^2 + 2x + 4y + 1 = 0$ की स्पर्शरेखाएं हों तो Δ OPQ का परिकेंद्र (circum-centre) होगा :
A. (–1, –2) B. (1, 2)
C. (–2, –1) D. इनमें से कोई नहीं

75. मूल बिंदु से वृत्त $(x - 7)^2 + (y + 1)^2 = 25$ पर खींची गई स्पर्श रेखाओं के बीच का कोण होगा :
A. $\pi/3$ B. $\pi/6$
C. $\pi/2$ D. $\pi/8$

76. यदि कोई वृत्त बिंदु (a, b) से होकर निकलता हो और वृत्त $x^2 + y^2 = p^2$ को लंबत: काटता हो, तो उसके केंद्र के बिंदुपथ का समीकरण होगा :
A. $2ax + 2by - (a^2 + b^2 + p^2) = 0$
B. $2ax + 2by - (a^2 - b^2 + p^2) = 0$
C. $x^2 + y^2 - 3ax - 4by + (a^2 + b^2 + p^2) = 0$
D. $x^2 + y^2 - 2ax - 3by + (a^2 - b^2 - p^2) = 0$

77. मूल बिंदु की वृत्त $x^2 + y^2 - 2x - 4y - 4 = 0$ के संदर्भ में संस्पर्श जीवा का समीकरण होगा :
A. $x + 2y + 4 = 0$
B. $x + 2y - 4 = 0$
C. ऐसी काई संस्पर्श जीवा का अस्तित्व नहीं होता
D. इनमें से कोई नहीं

78. $x = 3(\cos t + \sin t), y = 4(\cos t - \sin t)$ द्वारा निरूपित वक्र होता है :
A. दीर्घवृत्ताकार B. परवलयिक
C. अतिपरवलयिक D. वृत्ताकार

79. $x = t^2 + t + 1, y = t^2 - t + 1$ द्वारा प्राचलिकत: निर्मित (parametrically described) वक्र निम्नलिखित में से किसे निरूपित करता है ?
A. सरल रेखाओं के एक युग्म
B. एक दीर्घवृत्त
C. एक परवलय
D. एक अतिपरवलय

80. यदि एक परवलय की नाभि (–1, 1) और नियता (directrix) $4x + 3y - 24 = 0$ द्वारा निरूपित की जाती हो तो उसका समीकरण होगा :
A. $9x^2 + 16y^2 - 24xy + 242x + 94y - 526 = 0$
B. $16x^2 + 9y^2 - 24xy + 242x + 94y - 526 = 0$
C. $2x^2 - 23y^2 + 7xy + 32x + 17y + 40 = 0$
D. इनमें से कोई नहीं

81. यदि (2, 0) एक परवलय का शीर्ष और y-अक्ष उसकी नियता (directrix) हो, तो उसकी नाभि होगी :
A. (2, 0) B. (– 2, 0)
C. (4, 0) D. (–4, 0)

82. परवलय $y^2 - x - 2y + 2 = 0$ की नाभि होगी :
A. (1/4, 0) B. (1, 2)
C. (3/4, 1) D. (5/4, 1)

83. यदि किसी परवलय का शीर्ष (–1, –2) हो, उसका अक्ष ऊर्ध्वाधर हो और जो बिंदु (3, 6) से होकर निकलता हो, तो उसका समीकरण होगा :
A. $x^2 + 4x + 28y - 136 = 0$
B. $x^2 + 2x - 2y - 3 = 0$
C. $y^2 + 4y - 16x - 12 = 0$
D. इनमें से कोई नहीं

84. परवलय $x^2 - 3y - 6x + 6 = 0$ का अक्ष है :
A. $x = -3$ B. $y = -1$
C. $x = 3$ D. $y = 1$

85. यदि किसी परवलय की नाभि (3, 3) और नियता $3x - 4y = 2$ हो, तो उसका नाभि लंब (latus rectum) होगा :
A. 2 B. 3
C. 4 D. 5

86. एक परिवर्ती वृत्त बिंदु $(a, 0)$ से होकर निकलता है और रेखा $x + y = 0$ को स्पर्श करता है। यदि S = 0 वृत्त के केंद्र के बिंदुपथ को निरूपित करता हो, तो S = 0 निम्नलिखित में से क्या होगा ?
A. एक परवलय
B. एक दीर्घवृत्त
C. एक अतिपरवलय
D. समांतर सरल रेखाओं का एक युग्म

87. परवलय $y^2 = 4x$ के शीर्ष से होकर खींची गईं सभी जीवाओं के मध्य बिंदुओं का बिंदुपथ निम्नलिखित में से किसके द्वारा निरूपित किया जाएगा ?
A. $y^2 = 8x$ B. $y^2 = 2x$
C. $x^2 + 4y^2 = 16$ D. $x^2 = 2y$

88. दीर्घवृत्त $5x^2 + 9y^2 = 45$ का नाभिलंब (latus rectum) होगा :

A. 5/3 B. 10/3
C. $2\sqrt{5}/3$ D. $\sqrt{5}/3$

89. समीकरण $x^2 + 2y^2 - 2x + 3y + 2 = 0$ द्वारा निरूपित वक्र की उत्केंद्रता होगी :

A. 0 B. 1/2
C. $1/\sqrt{2}$ D. $\sqrt{2}$

90. दीर्घवृत्त $25(x + 1)^2 + 9(y + 2)^2 = 225$ की नाभियां निम्नलिखित बिंदुओं पर अवस्थित होंगी :

A. (–1, 2) और (–1, –6)
B. (–2, 1) और (–2, 6)
C. (–1, –2) और (–2, –1)
D. (–1, –2) और (–1, –6)

91. दीर्घवृत्त $9x^2 + 16y^2 = 144$ पर किसी भी बिंदु से नाभीय दूरियों (focal distances) का योग होगा :

A. 32 B. 18
C. 16 D. 8

92. यदि $P(x, y)$, $F_1(3, 0)$, $F_2(-3, 0)$ और $16x^2 + 25y^2 = 400$ हो, तो $PF_1 + PF_2$ का मान निम्नलिखित में से किसके बराबर होगा?

A. 8 B. 6
C. 10 D. 12

93. दीर्घवृत्त $x^2/16 + y^2/b^2 = 1$ और अतिपरवलय $x^2/144 - y^2/81 = 1/25$ की नाभियां संपाती हों तो b^2 का मान होगा :

A. 1 B. 5
C. 7 D. 9

94. यदि किसी अतिपरवलय का नाभि बिंदु (2, 1) हो, नियता सरल रेखा $2x + 3y - 1 = 0$ हो और उत्केंद्रता (eccentricity) $\sqrt{2}$ हो, तो उसका समीकरण होगा :

A. $5x^2 - 5y^2 + 24xy - 44x - 14y + 63 = 0$
B. $5x^2 - 5y^2 - 24xy - 44x - 14y + 63 = 0$
C. $5x^2 + 5y^2 + 24xy - 44x - 14y + 63 = 0$
D. $5x^2 + 5y^2 + 24xy + 44x - 14y + 63 = 0$

95. अतिपरवलय $2x^2 + y^2 - 3xy - 5x + 4y + 6 = 0$ का केंद्र निम्नलिखित में से कौन सा बिंदु होगा ?

A. (1, 2) B. (2, 1)
C. (1, 1) D. (2, 2)

96. अतिपरवलय $9x^2 - 16y^2 - 18x - 64y - 199 = 0$ का केंद्र होगा :

A. (1, 2) B. (1, –2)
C. (–1, 2) D. इनमें से कोई नहीं

97. अतिपरवलय $9x^2 - 16y^2 + 72x - 32y - 16 = 0$ की उत्केंद्रता होगी :

A. 5/4 B. 4/5
C. 9/16 D. 16/9

98. अतिपरवलय $4x^2 - 9y^2 - 36 = 0$ की नाभियां होंगी :

A. $[\pm\sqrt{(11)}, 0]$ B. $[\pm\sqrt{(12)}, 0]$
C. $[\pm\sqrt{(13)}, 0]$ D. $[0, \pm\sqrt{(12)}]$

99. यदि किसी दीर्घवृत्त के दीर्घ अक्ष की लंबाई उसके लघु अक्ष की लंबाई की तीन गुनी हो, तो उसकी उत्केंद्रता होगी:

A. 1/3 B. $1/\sqrt{3}$
C. $1/\sqrt{2}$ D. $2\sqrt{2}/3$

100. यदि किसी दीर्घवृत्त के नाभिलंब की लंबाई उसके दीर्घ अक्ष की लंबाई का 1/3 हो तो उसकी उत्केंद्रता होगी :

A. 2/3 B. $\sqrt{(2/3)}$
C. $5 \times 4 \times 3/7^3$ D. $(3/4)^4$

101. एक दीर्घवृत्त किसी सिराहीन डोरी की सहायता से निर्मित किया जाता है जो दो पिनों से होकर निकलता है। यदि दीर्घवृत्त के अक्ष 6 सेमी. और 4 सेमी. हों तो दीर्घवृत्त को निर्मित करने के लिए डोरी की अपेक्षित लंबाई और पिनों के बीच की दूरी की सेमी में माप होगी :

A. 6, $2\sqrt{5}$ B. 6, $\sqrt{5}$
C. 4, $2\sqrt{5}$ D. इनमें से कोई नहीं

102. एक दौड़ के मैदान (रेसकोर्स) में दौड़ लगाते हुए एक व्यक्ति ने पाया कि उससे दो ध्वज दंडों की दूरियों का योग हमेशा 10 मी है और ध्वजदंडों के बीच की दूरी 8 मी है। उस धावक द्वारा दौड़ लगाते हुए संवृत क्षेत्र का वर्ग मीटर में क्षेत्रफल होगा :

A. 15π B. 12π
C. 18π D. 8π

103. रेखा $y = mx + 1$ परवलय $y^2 = 4x$ पर एक स्पर्श रेखा होगी यदि

A. $m = 1$ B. $m = 2$
C. $m = 4$ D. $m = 3$

104. वक्र $y^2 = x$ पर स्थित जिस बिंदु पर खींची गई स्पर्श रेखा x-अक्ष के साथ 45° का कोण निर्मित करती है उस बिंदु को निम्नलिखित में से किसके द्वारा निरूपित किया जा सकता है?

A. (1/2, 1/4) B. (1/2, 1/2)

C. (2, 4) D. (1/4, 1/2)

105. रेखा $x - y + 2 = 0$ परवलय $y^2 = 8x$ को निम्नलिखित में से किस बिंदु पर स्पर्श करती है ?

A. $(2, -4)$ B. $(1, 2\sqrt{2})$
C. $(4, -4\sqrt{2})$ D. $(2, 4)$

106. यदि परवलय $y^2 = ax$ पर खींची गई स्पर्श रेखा x-अक्ष के साथ 45° का कोण निर्मित करती हो, तो इसका संस्पर्श बिंदु होगा :

A. $(a/2, a/4)$ B. $(-a/2, a/4)$
C. $(a/4, a/2)$ D. $(-a/4, a/2)$

107. यदि सरल रेखा $y = 4x + c$ दीर्घवृत्त $x^2/8 + y^2/4 = 1$ की एक स्पर्श रेखा हो, तो c का मान निम्नलिखित में से किसके बराबर होगा ?

A. ± 4 B. ± 6
C. ± 1 D. $\pm\sqrt{(132)}$

108. परवलय $y^2 = 4x$ पर अभिलंब रेखा जो रेखा $y = 2x - 5$ के समांतर हो, का समीकरण होगा :

A. $y = 2x$ B. $y = 2x - 12$
C. $y = 2x - 10$ D. इनमें से कोई नहीं

109. परवलय $y^2 = 16x$ की स्पर्शरेखा जो रेखा $y = 3x + 7$ के लंब हो, का समीकरण होगा :

A. $y - 3x + 4 = 0$ B. $3y - x + 36 = 0$
C. $3y + x - 36 = 0$ D. $3y + x + 36 = 0$

110. परवलय $y^2 = 4x + 5$ की स्पर्श रेखा जो रेखा $y = 2x + 7$ के संमातर हो, का समीकरण होगा :

A. $y = 2x + 3$ B. $y = 2x + 4$
C. $y = 2x$ D. इनमें से कोई नहीं

111. अतिपरवलय $2x^2 - 3y^2 = 6$ की स्पर्श रेखा जो रेखा $y = 3x + 4$ के समांतर हो, का समीकरण होगा :

A. $y = 3x + 5$
B. $y = 3x - 5$
C. $y = 3x + 5$ और $y = 3x - 5$
D. इनमें से कोई नहीं

112. यदि अतिपरवलय $x^2/4 - y^2/9 = 1$ के बिंदु $(2 \sec \phi, 3 \tan \phi)$ पर खींची गई स्पर्श रेखा एक अन्य रेखा $3x - y + 4 = 0$, के समांतर हो, तो ϕ का मान होगा :

A. 45° B. 60°
C. 30° D. 75°

113. अतिपरवलय $y^2 = 8x$ पर बिंदु (2, 1) से खींची गई स्पर्श रेखाओं की संख्या होगी :

A. 0 B. 1
C. 2 D. 3

114. अतिपरवलय $x^2/9 - y^2/4 = 1$ पर बिंदु (6, 2) से होकर खींची गई स्पर्श रेखाओं की संख्या होगी :

A. 0 B. 1
C. 2 D. 3

115. बिंदु (2, 3) से दीर्घवृत्त $9x^2 + 16y^2 = 144$ पर खींची गई स्पर्श रेखाओं का समीकरण होगा :

A. $y - 3 = 0, x + y = 5$
B. $x - 3 = 0, x - y = 5$
C. $z + y - 3 = 0, x - y + 5 = 0$
D. इनमें से कोई नहीं

116. बिंदु (1, 2) से दीर्घवृत्त $3x^2 + 2y^2 = 5$ पर खींची गई दो स्पर्श रेखाओं के बीच का कोण होगा :

A. $\tan^{-1}(12/5)$ B. $\tan^{-1}(6/\sqrt{5})$
C. $\tan^{-1}(12/\sqrt{5})$ D. $\tan^{-1}(12/5)$

117. परवलय $y^2 = 4ax$ के बिंदु $(at_1^2, 2at_1)$ पर खींचा गया अभिलंब उससे बिंदु $(at_2^2, 2at_2)$ पर फिर से मिलता हो, तो

A. $t_1 = 2t_2$ B. $t_1^2 = 2t_2$
C. $t_1t_2 = -1$ D. इनमें से कोई नहीं

118. परवलय $y^2 = 4ax$ के बिंदु $(at^2, 2at)$ पर खींचे गए अभिलंब की प्रवणता होगी :

A. $1/t$ B. t
C. $-t$ D. $-1/t$

119. परवलय $y^2 = 4ax$ के दो अभिलंबों, जो एक दूसरे से समकोण पर हैं, के प्रतिच्छेद बिंदु का बिंदुपथ निम्नलिखित में से किसके द्वारा निरूपित किया जा सकता है ?

A. $y^2 = a(x - 2a)$ B. $y^2 = a(x + 2a)$
C. $y^2 = a(x - 3a)$ D. $y^2 = a(x + 3a)$

120. किसी परवलय की नाभीय जीवा के मध्य बिंदु का बिंदुपथ होता है :

A. वृत्त B. परवलय
C. दीर्घवृत्त D. अतिपरवलय

121. परवलय $3x^2 - 2y^2 + 4x - 6y = 0$ की जीवाओं के मध्य बिंदुओं का $y = 2x$ के समांतर बिंदुपथ होगा :

A. $3x - 4y = 4$ B. $3y - 4x + 4 = 0$
C. $4x - 4y = 3$ D. $3x - 4y = 2$

122. यदि बिंदु $(au^2, 2au)$ और $(av^2, 2av)$ परवलय $y^2 = 4ax$, की नाभीय जीवा के सिरे हों, तो

A. $uv - 1 = 0$ B. $uv + 1 = 0$
C. $u + v = 0$ D. $u - v = 0$

123. यदि दीर्घवृत्त $x^2/a^2 + y^2/b^2 = 1$ की परस्पर लंब स्पर्श रेखाओं के प्रतिच्छेद बिंदु का बिंदुपथ एक वृत्त हो जिसका केंद्र बिंदु (0, 0) हो, तो उस वृत्त की त्रिज्या होगी :

A. $a + b$ B. ab
C. b/a D. $\sqrt{(a^2 + b^2)}$

124. दीर्घवृत्त $3x^2 + 2y^2 = 1$ के संदर्भ में रेखा $9x + 2y = 1$ का ध्रुव होगा :

A. (–1, –3) B. (–1, 3)
C. (3, –1) D. (3, 1)

125. यदि e_1 और e_2 किसी अतिपरवलय और उसके संयुग्मी अतिपरवलय की उत्क्रेंद्रताएं हों, तो $1/e_1^2 = ?$

A. $1 + 1/e_2^2$ B. $1 - 1/e_2^2$
C. $1/e_2^2 - 1$ D. इनमें से कोई नहीं

126. (2, 4, 5) और (3, 5, –4) बिंदुओं को मिलाने वाली रेखा Y-Z तल द्वारा निम्नलिखित में से किस अनुपात में विभाजित होगी ?

A. 2 : 3 B. 3 : 2
C. –2 : 3 D. 4 : –3

127. y और z-अक्षों में से प्रत्येक के साथ 60° का कोण निर्मित करने वाली सरल रेखा x-अक्ष के साथ निम्नलिखित में से कौन सा कोण निर्मित करती है ?

A. 45° B. 30°
C. 75° D. 60°

128. (3, 4, 5) और (4, 6, 3) बिंदुओं को मिलाने वाली रेखा का (–1, 2, 4) और (1, 0, 5) बिंदुओं को मिलाने वाली रेखाखंड पर प्रक्षेप की लंबाई होगी :

A. 4/3 B. 2/3
C. 8/3 D. 1/3

129. यदि मूल बिदु O के संदर्भ में बिंदु P के निर्देशांक (3, 12, 4) हों, तो OP के दिक् कोसाइन (direction cosines) का मान होगा :

A. 3, 12, 4
B. 1/4, 1/3, 1/2
C. $3/\sqrt{(13)}, 1/\sqrt{(13)}, 2/\sqrt{(13)}$
D. 3/13, 12/13, 4/13

130. त्रि-विमीय अंतराल (Three dimensional space) में समीकरण $y^2 + z^2 = 0$ का आलेख होगा :

A. x-अक्ष B. y-अक्ष
C. z-अक्ष D. yz-तल

131. यदि कोई रेखा किसी घन के चार विकर्णों के साथ क्रमशः $\alpha, \beta, \gamma, \delta$ कोण निर्मित करती हो, तो $\cos^2 \alpha + \cos^2 \beta + \cos^2 \gamma + \cos^2 \delta$ का मान होगा :

A. 0 B. 2
C. 4/3 D. 5/3

132. किन्हीं दो सरल रेखाओं के दिक् कोसाइन क्रमशः $al + bm + cn = 0$ और $fmn + gnl + hlm = 0$ द्वारा निरूपित किए जाते हैं। वे रेखाएं लंबवत् होंगी यदि :

A. $\frac{f}{a} + \frac{g}{b} + \frac{h}{c} = 0$
B. $\sqrt{(a/f)} + \sqrt{(b/g)} + \sqrt{(c/h)} = 0$
C. $\sqrt{(af)} = \sqrt{(bg)} = \sqrt{(ch)}$
D. $\sqrt{(a/f)} = \sqrt{(b/g)} = \sqrt{(c/h)}$

133. एक रेखाखंड (सदिश) की लंबाई 21 और दिक् अनुपात (2, –3, 6) है। यदि वह रेखा x-अक्ष के साथ एक अधिक कोण निर्मित करती हो, तो रेखा (सदिश) के घटक होंगे:

A. 6, – 9, 18 B. 2, – 3, 6
C. – 18, 27, – 54 D. – 6, 9, – 18

134. यदि कोई रेखा उन रेखाओं के लंबवत् हो जिनके दिक् अनुपात 1, – 1, 2 और 2, 1, – 1 हों, तो उस रेखा के दिक् कोसाइन को निम्नलिखित में से किसके द्वारा व्यक्त किया जा सकता है ?

A. $[- 1/\sqrt{(35)}, 5/\sqrt{(35)}, 3/\sqrt{(35)}]$
B. $[- 1/\sqrt{(35)}, - 5/\sqrt{(35)}, 3/\sqrt{(35)}]$
C. $[1/\sqrt{(35)}, 5/\sqrt{(35)}, - 3/\sqrt{(35)}]$
D. इनमें से कोई नहीं

135. रेखाओं के एक युग्म जिनके दिक् अनुपात 1, 1, 2 और $\sqrt{3} - 1, - \sqrt{3}, - 1, 4$ हों, के बीच का कोण होगा :

A. 30° B. 45°
C. 60° D. 90°

136. यदि चतुष्फलक OABC जिसमें A, B और C क्रमशः $(a, 2, 3), (1, b, 2)$ और $(2, 1, c)$ द्वारा निरूपित किए जाते हैं, में चतुष्फलक का केंद्रक (centroid) (1, 2, 3) द्वारा निरूपित किया जाता हो, तो मूल बिंदु से $P(a, b, c)$ की दूरी निम्नलिखित के बराबर होगी :

A. $\sqrt{(107)}$ B. $\sqrt{(14)}$
C. $\sqrt{(107/4)}$ D. इनमें से कोई नहीं

137. यदि O से खींची गई तीन समतलीय रेखाओं के दिक् अनुपात $[1, - 1, k], [2, - 3, 0]$ और $[1, 0, 3]$ हों, तो $k = ?$

A. 1
B. 0
C. ऐसे किसी k का अस्तित्व नहीं है
D. उपर्युक्त में से कोई नहीं

138. रेखा $\frac{x+3}{5}=\frac{y-1}{2}=\frac{z+4}{3}$ पर बिंदु (0, 2, 3) से खींची गई लंब रेखा का पाद होगा :

A. (–2, 3, 4) B. (2, – 1, 3)
C. (2, 3, – 1) D. (3, 2, – 1)

139. बिंदु (– 2, – 2, 2) से होकर निकलने वाले तल का समीकरण क्या होगा यदि उसमें (1, 1, 1) और (1, – 1, 2) बिंदुओं को मिलाने वाली रेखा अंतर्निहित हो ?

A. $x + 2y - 3z + 4 = 0$
B. $3x - 4y + 1 = 0$
C. $5x - 2y - 3z - 17 = 0$
D. $x - 3y - 6z + 8 = 0$

140. यदि तल $x - 2y + 3z = 0$ को तल $2x + 3y - 4z - 5 = 0$ के साथ प्रतिच्छेद रेखा के परित: एक समकोण बनाते हुए घुमाया जाए तो नई स्थिति में उस तल का समीकरण क्या होगा ?

A. $28x - 17y + 9z = 0$
B. $22x + 5y - 4z - 35 = 0$
C. $25x + 17y + 52z - 25 = 0$
D. $x + 35y - 10z - 70 = 0$

141. यदि किसी बिंदु P(*a, b, c*) से YZ और ZX तलों पर लंब रेखाएं PA,PB खींची जाएं तो तल OAB का समीकरण होगा :

A. $bcx + cay + abz = 0$
B. $bcx + cay - abz = 0$
C. $bcx - cay + abz = 0$
D. $-bcx + cay + abz = 0$

142. यदि कोई तल निर्देशक अक्षों से A, B, C बिंदुओं पर मिलता हो और (α, β, γ) Δ ABC का केंद्रक हो तो तल का समीकरण होगा :

A. $x/\alpha + y/\beta + z/\gamma = 3$
B. $x/\alpha + y/\beta + z/\gamma = 1$
C. $3x/\alpha + 3y/\beta + 3z/\gamma = 1$
D. $\alpha x + \beta y + \gamma z = 1$

143. बिंदुओं (2, – 3, 1) और (– 1, 1, – 7) से होकर निकलने वाले तल $x - 2y + 5z + 1 = 0$ के अभिलंब तल का समीकरण निम्नलिखित में से किसके द्वारा व्यक्त किया जा सकता है ?

A. $4x - 4y + z + 7 = 0$
B. $4x - 7y + 2z + 11 = 0$
C. $2x + y - z = 0$
D. इनमें से कोई नहीं

144. समतल $2x - 3y + 4z - 12 = 0$ और तीन निर्देशक तलों के बीच स्थित चतुष्फलक का आयतन निम्नलिखित में से किसके द्वारा व्यक्त किया जाएगा ?

A. $3\sqrt{(29)}$ B. $6\sqrt{(29)}$
C. 12 D. इनमें से कोई नहीं

145. OP से समकोण पर स्थित P(2, 3 –1) से होकर निकलने वाले तल का समीकरण होगा :

A. $2x + 3y - z = 14$ B. $2x + 3y - z = \sqrt{(14)}$
C. $2x + y - z = 14$ D. इनमें से कोई नहीं

146. बिंदु (2, –3, 1) से होकर निकलने वाले तथा (3, 4, – 1) और (2, – 1, 5) बिंदुओं को मिलाने वाली रेखा के लंबवत् तल का समीकरण निम्नलिखित द्वारा व्यक्त किया जा सकता है :

A. $x + 5y - 6z + 19 = 0$
B. $x - 5y + 6z - 23 = 0$
C. $x + 5y - 6z = 19$
D. इनमें से कोई नहीं

147. रेखा $\frac{x+1}{1}=\frac{y+3}{3}=\frac{z+2}{-2}$ और तल $3x + 4y + 5z = 5$ के प्रतिच्छेद बिंदु के निर्देशांक होंगे :

A. (5, 15, – 14) B. (3, 4, 5)
C. (1, 3, – 2) D. (3, 12, – 10)

148. एक दूसरे के साथ समकोण बनाती हुई दो रेखाओं के दिक् कोसाइन l_1, m_1, n_1 और l_2, m_2, n_2 हैं। इन दोनों रेखाओं के लंबत: एक तीसरी रेखा के दिक् कोसाइन होंगे:

A. $m_1n_2 - m_2n_1, n_1l_2 - n_2l_1, l_1m_2 - l_2m_1$
B. $l_1 + l_2, m_1 + m_2, n_1 + n_2$
C. $l_1 - l_2, m_1 - m_2, n_1 - n_2$
D. इनमें से कोई नहीं

149. रेखा $\frac{x-2}{3}=\frac{y-3}{4}=\frac{z-4}{5}$ निम्नलिखित में से किस तल के समांतर होगी ?

A. $2x + y - 2z = 0$ B. $3x + 4y - 5z = 7$
C. $x + y + z = 2$ D. $2x + 3y + 4z = 0$

150. यदि रेखा $x = ay + b, z = cy + d$ और रेखा $x = a'y + b', z = c/y + d'$ परस्पर लंबवत् हों, तो

A. $aa' + bb' = 1$ B. $aa' + c' = -1$
C. $aa' + bb' = 0$ D. इनमें से कोई नहीं

151. तल $2x - y + z = 0$ पर बिंदु (1, 3, 4) से होकर खींची गई लंब रेखा के पाद बिंदु के निर्देशांक होंगे :

A. (1, 1, – 4) B. (4, – 3, 1)
C. (1, – 3, 4) D. (– 1, 4, 3)

152. $x = 1, y = 2$ और $y = -1, z = 0$ रेखाओं के बीच का कोण होगा :

A. 90° B. 30°
C. 60° D. 0°

153. यदि मूल बिंदु से होकर निकलने वाली अक्ष की ओर समान रूप से नत किसी रेखा P एक स्थिर बिंदु (a, a, a) हो, तो OP पर लंबवत् P से होकर निकलने वाला कोई भी तल अक्ष को अंत:खंडित करता है जिसके व्युत्क्रमों का योग निम्नलिखित के बराबर होता है :

A. a B. $3/2a$
C. $3a/2$ D. इनमें से कोई नहीं

154. समतल $x + y + z - 1 = 0$ पर रेखा $\frac{x-1}{2} = \frac{y-2}{1} = \frac{z-3}{3}$ के प्रक्षेप का समीकरण होगा:

A. $x + y + z - 1 = 0 = 2x - y - z + 3$
B. $x + y - z - 1 = 0 = x + 2y - z - 3$
C. $2x - y + 3z - 1 = 0 = x + y + z + 1$
D. $x + 2y - 3z = 0 = x + y + z - 1$

155. एक सरल रेखा बिंदु $(2, -1, -1)$ से होकर निकलती है और समतल $4x + y + z + 2 = 0$ के समांतर तथा रेखा $x/1 = y/(-2) = (z-5)/1$ के लंबवत् है। इस सरल रेखा का समीकरण होगा :

A. $(x-2)/4 = (y+1)/1 = (z+1)/1$
B. $(x+2)/4 = (y-1)/1 = (z-1)/3$
C. $(x-2)/(-1) = (y+1)/1 = (z+1)/3$
D. $(x+2)/(-1) = (y-1)/1 = (z-1)/3$

156. तल $3x + 2y - 2x + 5 = 0$ के समांतर अवस्थित रेखा $\frac{x-1}{2} = \frac{y-3}{4} = \frac{z-2}{3}$ से बिंदु (3, 8, 2) की दूरी होगी:

A. 2 B. 3
C. 5 D. इनमें से कोई नहीं

157. जिन रेखाओं में तल $3x - 7y - 5z = 1$, $5x - 13y + 3z + 2 = 0$ समतल $8x - 11y + 2z = 0$ को काटते हों उन रेखाओं के बीच का कोण होगा :

A. $\pi/3$ B. π
C. $\pi/2$ D. $2\pi/3$

158. $\frac{x-1}{2} = \frac{y-2}{3} = \frac{z-3}{4}$ और $\frac{x-2}{3} = \frac{y-4}{4} = \frac{z-5}{5}$ रेखाओं के बीच की लघुतम दूरी होगी :

A. 1/6 B. $1/\sqrt{6}$
C. $(1/\sqrt{3})$ D. 1/3

159. समतल $2x - y + z + 3 = 0$ के संदर्भ में बिंदु (1, 3, 4) का प्रतिबिंब होगा :

A. (– 1, 4, 3) B. (– 3, 5, 2)
C. (1, 3, 4) D. इनमें से कोई नहीं

160. एक तल किसी नियत बिंदु (a, b, c) से होकर निकलता है। मूल बिंदु से इस तल पर खींची गई लंब रेखा के पाद बिंदु का बिंदुपथ होगा :

A. $x^2 + y^2 + z^2 + ax + by + cz = 0$
B. $x^2 + y^2 + z^2 - ax - by - cz = 0$
C. $x^2 + y^2 + z^2 + 2ax + 2by + 2cz = 0$
D. $x^2 + y^2 + z^2 + 2ax - 2by - 2cz = 0$

161. एक चतुष्फलक के चार फलक क्रमशः $x = 0, y = 0, z = 0$ और $x/a + y/b + z/c = 1$ हैं। इस चतुष्फलक के परितः स्थित गोले का समीकरण होगा :

A. $x^2 + y^2 + z^2 = a^2 + b^2 + c^2$
B. $x^2 + y^2 + z^2 - ax - by - cz = 0$
C. $x^2 + y^2 + z^2 - 2ax - 2by - 2cz = 0$
D. इनमें से कोई नहीं

162. नियत त्रिज्या $2k$ का एक गोला मूल बिंदु से होकर निकलता है और अक्ष से A, B, C बिंदुओं पर मिलता है। चतुष्फलक OABC के केंद्रक का बिंदुपथ होगा :

A. $x^2 + y^2 + z^2 = 4k^2$ B. $x^2 + y^2 + z^2 = k^2$
C. $2(x^2 + y^2 + z^2) = k^2$ D. इनमें से कोई नहीं

163. यदि किसी गोले का केंद्र (2, 3, – 4) हो और वह गोला तल $2x + 6y - 3z + 15 = 0$ को स्पर्श कर रहा हो, तो उसका समीकरण होगा :

A. $x^2 + y^2 + z^2 - 4x - 6y + 8z - 20 = 0$
B. $x^2 + y^2 + z^2 + 4x - 6y - 8z - 20 = 0$
C. $x^2 + y^2 + z^2 - 4x - 6y + 8z + 20 = 0$
D. इनमें से कोई नहीं

164. एक गोला $x^2 + y^2 + z^2 = 9$ किसी समतल $x + y + z = 3$ द्वारा काटा जाता है। इस प्रकार निर्मित वृत्त की त्रिज्या होगी:

A. $\sqrt{6}$ B. $\sqrt{3}$
C. 3 D. 6

165. समतल $2x - 2y + z + 12 = 0$ गोला $x^2 + y^2 + z^2 - 2x - 4y + 2z - 3 = 0$ को किस बिंदु पर स्पर्श करेगा?

A. (1, – 4, – 2) B. (– 1, 4, – 2)
C. (– 1, – 4, 2) D. (1, 4, – 2)

166. गोला $x^2 + y^2 + z^2 - 4x - 6y - 8z - 5 = 0$ के संकेंद्रिक गोला जो बिंदु (0, 1, 0) से होकर निकलता हो, का समीकरण

होगा :

A. $x^2 + y^2 + z^2 - 4x - 6y - 8z + 1 = 0$
B. $x^2 + y^2 + z^2 - 4x - 6y - 8z + 5 = 0$
C. $x^2 + y^2 + z^2 - 4x - 6y - 5z + 2 = 0$
D. $x^2 + y^2 + z^2 - 4x - 6y - 5z + 3 = 0$

167. यदि गोला $x^2 + y^2 + z^2 - 6x - 12y - 2z + 20 = 0$ के किसी व्यास का एक सिरा (2, 3, 5) हो, तो उस व्यास के दूसरे सिरे के निर्देशांक होंगे :

A. (4, 3, 5) B. (4, 3, – 3)
C. (4, 9, –3) D. इनमें से कोई नहीं

व्याख्यात्मक उत्तर

1. A: AB = BC = CD = DA = 5 किंतु विकर्ण AC ≠ BD, अतः यह एक समचतुर्भुज है न कि वर्ग।

2. B: यदि दिए गए बिंदु क्रमशः A, B, C हों, तो AB = √(68), BC = √(85) और CA = √(17)
∴ त्रिभुज समकोण त्रिभुज है।

3. C: यदि दिए गए बिंदु क्रमशः A, B, C हों, तो AB = BC = CA = 2√2
∴ त्रिभुज समबाहु त्रिभुज है।

4. C: यदि y-अक्ष रेखाखंड को P बिंदु पर λ : 1 के अनुपात में विभाजित करता है, तो P का x-निर्देशांक

$$= \frac{\lambda.1 + 1.(-3)}{\lambda + 1} = 0 \Rightarrow \lambda = 3$$

∴ अपेक्षित अनुपात = 3 : 1.

5. A: Δ के शीर्षों को ज्ञात करने पर हम पाते हैं कि इसके शीर्ष क्रमशः A(0, 4), B(1, 1) और C(4, 0) हैं।
अब AB = √(10) = BC. CA = 4√2
अतः त्रिभुज समद्विबाहु त्रिभुज है।

6. C: संकेत : PQ की प्रवणता = SR की प्रवणता तथा PS की प्रवणता = QR की प्रवणता का प्रयोग करें और तब हल करें।

7. A: क्षेत्रफल = ½[{$a.(c + a) + b.(a + b) + c.(b + c)$} – {$(b + c).b + (c + a).c + (a + b).a$}] = 0

8. C: संकेत : AC = 2BC जहां बिंदु C, AB के वर्धित भाग पर स्थित है ⇒ बिंदु C रेखा AB को 2 : 1 के अनुपात में बाह्यतः विभाजित करता है।

9. B: मान लें कि A(3, – 4) और C(–6, 5) समांतर चतुर्भुज ABCD के विकर्ण के सिरे हैं। मान लें कि B(– 2, 1) और D (x, y) हैं। तब AC और BD विकर्णों के मध्य बिंदु संपाती हैं। अतः

$$\frac{x-2}{2} = \frac{-6+3}{2} \text{ और } \frac{y+1}{2} = \frac{5-4}{2}$$

⇒ $x = -1, y = 0$.
∴ D के निर्देशांक (– 1, 0) हैं।

10. D: विकर्णों की प्रवणताओं का गुणनफल = – 1 अर्थात् विकर्ण परस्पर लंबतः है।
अतः PQRS एक समचतुर्भुज है।

11. A: यहां AP = PQ = QB ⇒ PQ का मध्य बिंदु वही है जो AB का मध्य बिंदु है।
∴ PQ का मध्य बिंदु (1/2, 3) है।

12. D: बिंदुओं (1, – 2) और (3, 4) को मिलाने वाली रेखा का मध्य बिंदु (2, 1) है जो रेखा $x - y - 1 = 0$ पर अवस्थित है जो अक्ष पर समान रूप से नत है और दिए गए बिंदु से समदूरस्थ है।

13. C: यदि $A(x_1, y_1), B(x_2, y_2), C(x_3, y_3)$ त्रिभुज के तीन शीर्ष हों और यदि (0, 1), (1, 1) और (1, 0) क्रमशः AB, BC और CA के मध्य बिंदु हों तो
$x_1 + x_2 = 0, x_2 + x_3 = 2, x_3 + x_1 = 2,$
$y_1 + y_2 = 2, y_2 + y_3 = 2, y_3 + y_1 = 0,$
अतः A(0, 0), B(0, 2) और C(2, 0) त्रिभुज ABC के शीर्ष हैं।
अब a = BC = 2√2, b = CA = 2, c = AB = 2.
∴ अंतः केंद्र के निर्देशांक (α, β) निम्नलिखित द्वारा दर्शाए जाते हैं।

$$\alpha = \frac{ax_1 + bx_2 + cx_3}{a+b+c} = 2 - \sqrt{2},$$

$$\beta = \frac{ay_1 + by_2 + cy_3}{a+b+c} = 2 - \sqrt{2},$$

अर्थात् अंतःकेंद्र है (2 – √2, 2 – √2).

14. B: $$\Delta PBC = \frac{1}{2}\begin{vmatrix} x & y & 1 \\ -3 & 5 & 1 \\ 4 & -2 & 1 \end{vmatrix}$$
= ½|7x + 7y – 14|
और Δ ABC = ½ |42 + 21 – 14| = 49/2

$\therefore \Delta PBC/\Delta ABC = \frac{1}{7}|x + y - 2|.$

15. A: $\frac{\Delta DBC}{\Delta ABC} = \frac{1}{2}$

$\Rightarrow \frac{½|28x-14|}{49/2} = \frac{1}{2} \Rightarrow |28x - 14| = 49/2$

$\Rightarrow 28x - 14 = \pm 49/2 \Rightarrow x = 11/8$ या $- 3/8$

यहां $x = - 3/8$ नहीं दिया गया है, अत: $x = 11/8$.

16. C: $x = x' + h, y = y' + k$ रखने पर, दिया गया समीकरण निम्नलिखित रूप में बदल जाता है :

$x'^2 + y'^2 + x'(2h-4) + y'(2k+6) + h^2 + k^2 - 7 = 0.$

रैखिक पदों के निराकरण हेतु हमारे पास होने चाहिए $2h - 4 = 0, 2k + 6 = 0 \Rightarrow h = 2, k = - 3$

अर्थात् $(h, k) = (2, - 3)$.

17. D: A, B, C संरेखीय हैं

18. B: चूंकि पहली दो रेखाओं का प्रतिच्छेद बिंदु $(- 2, 0)$ तीसरी रेखा का भी समाधान करता है, अत: रेखाएं संरेखीय हैं।

19. A: दिए गए बिंदुओं द्वारा निर्मित चतुर्भुज का क्षेत्रफल = 0 $\Rightarrow$ बिंदु संरेखीय हैं।

20. C: पहली दो रेखाओं के प्रतिच्छेद बिंदु के निर्देशांकों अर्थात् $(- 2, 3)$ को तीसरे समीकरण में प्रतिस्थापित करने पर $5.3 - 2b = 3 \Rightarrow b = 6$.

21. A: BD, AC के मध्य बिंदु अर्थात् $(3, 2)$ से होकर निकलता है।

$\therefore$ BD का समीकरण है, $y - 2 = 2(x - 3)$ अर्थात् $2x - y = 4$.

22. C: $x + 2y - 3 = 0$ और $2x + 3y - 4 = 0$ रेखाओं का प्रतिच्छेद बिंदु $(- 1, 2)$ है जो समीकरण $4x + 5y - 6 = 0$ को संतुष्ट करता है किंतु समीकरण $3x + 4y - 7 = 0$ को संतुष्ट नहीं करता। अत: सभी चार रेखाएं संगामी नहीं है। चूंकि एक बिंदु पर तीन रेखाएं मिलती हैं, अत: इन चार बिंदुओं से चतुर्भुज का निर्माण नहीं हो सकता।

23. C: चूंकि रेखाएं संगामी हैं, अत:

$$\therefore \begin{vmatrix} 1 & a & a \\ b & 1 & b \\ c & c & 1 \end{vmatrix} = 0 \text{ या } \begin{vmatrix} 1 & a-1 & a-1 \\ b & 1-b & 0 \\ c & 0 & 1-c \end{vmatrix} = 0$$

या $1.(1-b)(1-c) - b.(a-1)(1-c) + c[0 - (a-1)(1-b)] = 0$

$(a - 1)(b - 1)(c - 1)$ से भाग देने पर,

$$\frac{1}{a-1} + \frac{b}{b-1} + \frac{c}{c-1} = 0$$

$$\text{या } \left(-1 + \frac{a}{a-1}\right) + \frac{b}{b-1} + \frac{c}{c-1} = 0$$

$$\text{या } \frac{1}{a-1} + \frac{b}{b-1} + \frac{c}{c-1} = 1.$$

24. D: दी गई रेखाएं संगामी होंगी यदि

$$\begin{vmatrix} l & m & n \\ m & n & l \\ n & l & m \end{vmatrix} = 0 \Rightarrow \begin{vmatrix} l+m+n & m & n \\ l+m+n & n & l \\ l+m+n & l & m \end{vmatrix} = 0$$

$\Rightarrow (l + m + n)(l^2 + m^2 + n^2 - lm - mn - nl) = 0$

$\Rightarrow ½(l+m+n)[(l-m)^2 + (m-n)^2 + (n-l)^2] = 0$

$\Rightarrow l + m + n = 0$

चूंकि $(l - m)^2 + (m - n)^2 + (n - l)^2 \neq 0$ क्योंकि l, m, n सभी बराबर नहीं है।

25. D: दिया गया बिंदु रेखा $x + y = 2$ पर अवस्थित होगा यदि $3t^2 + 3t + 1 = 0$ हो।

यहां $\Delta = 9 - 12 < 0$.

$\therefore t$ का मान काल्पनिक है।

अत: दिया गया बिंदु रेखा पर अवस्थित नहीं हो सकता

26. C: **संकेत** : यदि CD माध्यिका हो, तो

$CA^2 + CB^2 = 2(CD^2 + AD^2) \Rightarrow CD = \sqrt{(85)}$.

27. C: $\angle PRQ = 90°$

$\Rightarrow$ RP की प्रवणता $\times$ RQ की प्रवणता $= - 1$

$$\Rightarrow \frac{1-y}{3-x} \times \frac{1-5}{3-6} = -1 \Rightarrow 3x + 4y = 13. \quad \text{.... (1)}$$

ΔRPQ का क्षेत्रफल = 7

$\Rightarrow ½[(3.5 + 6.y + x.1) - (1.6 + 5.x + y.3)] = \pm 7$

$\Rightarrow 3y - 4x = 5$ .... (2)

$\Rightarrow 3y - 4x = - 23$ .... (3)

(1) और (2), (1) और (3) को हल करने पर, हमें R के दो अलग-अलग निर्देशांक प्राप्त होते हैं।

28. A: दो लंब रेखाओं को अक्ष मानने पर इन रेखाओं (अक्षों) से $P(x, y)$ की दूरियों का योग होगा $|x| + |y| = 1$ इससे चार रेखाएं $x + y = 1, x - y = 1, - x + y = 1$ और

$-x - y = 1$ प्राप्त होती है जिनके मिलने से एक वर्ग बनता है।

29. B: $p = (a/2) \sin 2\theta$, $q = a \cos 2\theta$
$\Rightarrow 4p^2 + q^2 = a^2$.

30. D: रेखा $x \sec\theta + y \operatorname{cosec}\theta = a$ की प्रवणता
$-\sec\theta/\operatorname{cosec}\theta = -\sin\theta/\cos\theta$ है।
$\therefore$ इस रेखा पर लंब रेखा की प्रवणता $= \cos\theta/\sin\theta$
$\therefore$ अपेक्षित रेखा का समीकरण
$y - a\sin^3\theta = (\cos\theta/\sin\theta)(x - a\cos^3\theta)$
या $x\cos\theta - y\sin\theta = a(\cos^4\theta - \sin^4\theta)$
$= a(\cos^2\theta + \sin^2\theta)(\cos^2\theta - \sin^2\theta)$
या $x\cos\theta - y\sin\theta = a\cos 2\theta$.

31. D: मान लें कि $P(h, k)$ वह बिंदु है, तो
$\sqrt{[(h-a_1)^2 + (k-b_1)^2]} = \sqrt{[(h-a_2)^2 + (k-b_2)^2]}$
या $(a_1 - a_2)h + (b_1 - b_2)k + \frac{1}{2}(a_2^2 + b_2^2 - a_1^2 - b_1^2) = 0$
$\therefore$ $P(h, k)$ का बिन्दुपथ
$(a_1 - a_2)x + (b_1 - b_2)y + \frac{1}{2}(a_2^2 + b_2^2 - a_1^2 - b_1^2) = 0$
$(a_1 - a_2)x + (b_1 - b_2)y + c = 0$ से तुलना करने पर,
$c = \frac{1}{2}(a_2^2 + b_2^2 - a_1^2 - b_1^2)$.

32. B:

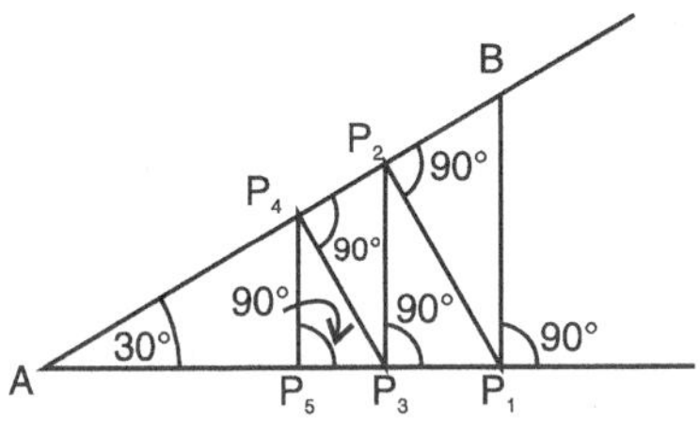

$AB = 1$, $BP_1 = \sin 30° = 1/2$
और $AP_1 = \sqrt{3}/2$
$P_1P_2 = AP_1 \cos 30° = \sqrt{3}/4$
और $AP_2 = AP_1 \cos 30° = 3/4$
अत: $P_2P_3 = AP_2 \sin 30° = 3/8$ इत्यादि
$\therefore$ लंब रेखाओं का योग
$= BP_1 + P_1P_2 + P_2P_3 + P_3P_4 \ldots$

$$\frac{1}{2} + \frac{\sqrt{3}}{4} + \frac{3}{8} + \ldots = \frac{1/2}{1-\sqrt{3}/2} = \frac{1}{2-\sqrt{3}}$$
$$= 2 + \sqrt{3}.$$

33. C: अक्ष पर समान लंबाई a के अंत:खंडों वाली रेखा का समीकरण $x/a + y/a = 1$ या $x + y = a$ है।
यदि यह बिंदु $(1, -2)$ से होकर निकलती हो, तो $a = 1 - 2 = -1$.
$\therefore$ $x + y = -1$ या $x + y + 1 = 0$ अपेक्षित रेखा है।

34. B: यदि a_1, b_1 अक्ष पर रेखा के अंत:खंड हों, तो
$1/a_1 = a$, $1/b_1 = b \Rightarrow a_1 = 1/a$, $b_1 = 1/b$.
$\therefore$ रेखा का समीकरण है :
$x/a_1 + y/b_1 = 1$ या $ax + by = 1$.

35. B: रेखा का समीकरण है :
$$x\cos\alpha + y\sin\alpha = p$$
या $$\frac{x}{(p/\cos\alpha)} + \frac{y}{(p/\sin\alpha)} = 1$$
$\therefore$ अक्ष पर रेखा के अंत:खंड हैं, $p/\cos\alpha$ और $p/\sin\alpha$, अर्थात् यह रेखा $A(p/\cos\theta, 0)$ और $B(0, p/\sin\alpha)$ बिंदुओं पर अक्ष से मिलती है।
यदि AB का मध्य बिंदु $P(h, k)$ हो, तो
$h = \frac{1}{2}(p/\cos\alpha)$ और $k = \frac{1}{2}(p/\sin\alpha)$
या $\cos\alpha = p/(2h)$ और $\sin\alpha = p/(2k)$
वर्ग करके जोड़ने पर,
$$p^2/(4h^2) + p^2/(4k^2) = 1$$
$\therefore$ $P(h, k)$ का बिंदुपथ है : $1/x^2 + 1/y^2 = 4/p^2$.

36. B: रेखा L का समीकरण है :
$$x/a + y/b = 1 \qquad \text{....(1)}$$
मान लें कि OX और OY नए अक्ष हैं (मूल बिंदु O को स्थिर रखकर अक्ष ox और oy को θ कोण से घुमाने पर)। चूंकि p, q नए अक्ष OX और OY पर रेखा L के अंत:खंड हैं, अत: नए अक्ष के संदर्भ में रेखा L का समीकरण होगा :
$$X/p + Y/q = 1 \qquad \text{...(2)}$$
स्पष्ट है कि (1) और (2) द्वारा निरूपित रेखा L पर मूल बिंदु से लंब की लंबाई समान हैं,
$\therefore$ $1/\sqrt{(1/a^2 + 1/b^2)} = 1/\sqrt{(1/p^2 + 1/q^2)}$
या $1/a^2 + 1/b^2 = a/p^2 + 1/q^2$.

37. D: मान लें कि $A(2a, 0)$ और $B(0, a)$ समद्विबाहु ΔABC के आधार के अंत्य बिंदु हैं।

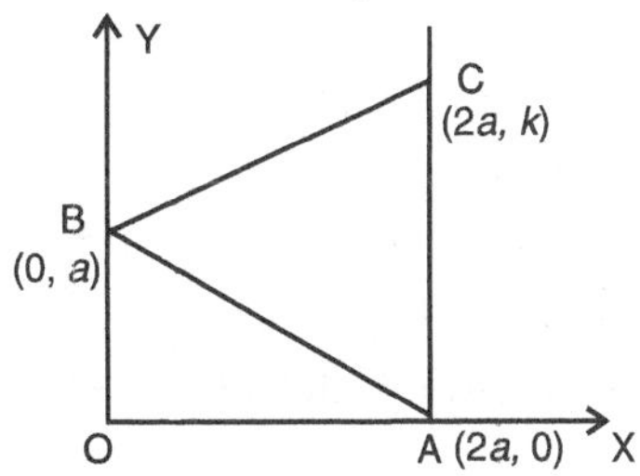

यदि समान भुजाओं मान लें AC का समीकरण $x = 2a$ हो, तो शीर्ष C के निर्देशांक $(2a, k)$ माने जा सकते हैं।

तो CA = CB

$\Rightarrow k = \sqrt{[2a - 0)^2 + (k - a)^2]}$

$\Rightarrow 0 = 5a^2 - 2ak \Rightarrow k = 5a/2$

$\therefore$ C के निर्देशांक हैं $(2a, 5a/2)$

$\therefore$ भुजा BC का समीकरण है :

$$y - a = \frac{(5a/2) - a}{2a - 0}(x - 0)$$

या $3x - 4y + 4a = 0.$

38. D: दी गई रेखाएं निम्नवत् लिखी जा सकती है :

$y - 2x - 4 = 0$ और $y - 2x + 5/3 = 0$

$\therefore$ समांतर रेखाओं के बीच दूरी

$$= \left|\frac{c_2 - c_1}{\sqrt{(a^2 + b^2)}}\right| = \left|\frac{5/3 - (-4)}{\sqrt{(1+4)}}\right| = \frac{17\sqrt{5}}{15}$$

39. B: यदि m भुजा PQ या PR की प्रवणता हो, तो

$\frac{m - (-2)}{1 + (-2)m} = \pm \tan \pi/4 \because$ QR की प्रवणता -2 है

और $\angle PQR = \angle PRQ = 45°$

$\Rightarrow m = 3, -1/3$

$\therefore$ PQ और PR भुजाओं के समीकरण हैं

$3x - y - 5 = 0$ और $x + 3y - 5 = 0$

उनका संयुक्त समीकरण है :

$(3x - y - 5)(x + 3y - 5) = 0$

अर्थात् $3x^2 - 3y^2 + 8xy - 20x - 10y + 25 = 0.$

40. A: मान लें कि वृत्त $x^2 + y^2 + 2gx + 2fy + c = 0$ है। यह बिंदुओं (2, 0), (0, 1), (4, 5) से होकर निकलता है।

अत: $4 + 4g + c = 0, 1 + 2f + c = 0,$

$4l + 8g + 10f + c = 0$

इन समीकरणों को हल करने पर,

$g = -13/6, f = -17/6, c = 14/3$

अत: वृत्त है : $3(x^2 + y^2) - 13x - 17y + 14 = 0$

चूंकि $(0, a)$ भी इस पर अवस्थित है,

$\therefore 3a^2 - 17a + 14 = 0$ अत: $a = 1$ या $14/3$.

41. D: दिया गया वृत्त $x^2 + y^2 - 8x - 4y + c = 0$ है जिसका केंद्र (4, 2) है।

यदि (a, b) व्यास के दूसरे सिरे के निर्देशांक हों, तो व्यास का मध्य बिंदु केंद्र है।

$\therefore \frac{1}{2}(-3, a) = 4$ और $\frac{1}{2}(2 + b) = 2$

$\Rightarrow a = 11, b = 2.$

$\therefore$ व्यास का दूसरा सिरा है : (11, 2).

42. D: प्रदत्त वृत्त के संदर्भ में केंद्र $(-3/2, 3)$ और त्रिज्या $= \sqrt{(9/4 + 9 + 9)} = 9/2$ है।

स्पष्ट है कि बाहर-बाहर बने वृत्त के केंद्र का बिंदुपथ भी एक वृत्त है जिसका केंद्र भी प्रदत्त वृत्त का केंद्र $(-3/2, 3)$ है और त्रिज्या $= (9/2) + 3 = 15/2$ है।

अत: अपेक्षित बिंदुपथ है :

$(x + 3/2)^2 + (y - 3)^2 = (15/2)^2$

या $x^2 + y^2 + 3x - 6y - 45 = 0.$

43. A: दो अभिलंब हैं $x - 1 = 0$ और $y - 2 = 0$.

उनका प्रतिच्छेद बिंदु (1, 2) वृत्त का केंद्र है और वृत्त की त्रिज्या = केंद्र (1, 2) से स्पर्श रेखा $3x + 4y = 6$ पर लंब।

$$= \frac{3.1 + 4.2 - 6}{\sqrt{(9+16)}} = 1$$

$\therefore$ वृत्त का समीकरण है :

$(x - 1)^2 + (y - 2)^2 = 1^2$

अर्थात् $x^2 + y^2 - 2x - 4y + 4 = 0.$

44. B: मान लें कि बिंदु $P(h, k)$ दिए गए बिंदुओं को मिलाने वाली रेखा को 2 : 3 के अनुपात में अंतरतः रूप में विभाजित करता है, तो

$$h = \frac{1}{5}(20 \cos \theta + 15) = 4 \cos \theta + 3$$

$\therefore \quad h - 3 = 4 \cos \theta \quad \text{....}(i)$

और $\quad k = \frac{1}{5}(20 \sin \theta + 0) = 4 \sin \theta \quad \text{...}(ii)$

(i) और *(ii)* को वर्ग करके जोड़ने पर,

$(h - 3)^2 + k^2 = 16$

$\therefore P(h, k)$ का बिंदुपथ $(x - 3)^2 + y^2 = 16$

या $x^2 + y^2 - 6x - 7 = 0$ है।

जो एक वृत्त को निरूपित करता है।

45. C: वृत्त का केंद्र दिए गए विकर्णों का प्रतिच्छेद बिंदु अर्थात् बिंदु (1, – 1) है। यदि r वृत्त की त्रिज्या हो, तो उसका क्षेत्रफल $\pi r^2 = 154 \quad \therefore r = 7$ cm

$\therefore$ वृत्त का समीकरण है :

$$(x - 1)^2 + (y + 1)^2 = 7^2$$

या $\quad x^2 + y^2 - 2x + 2y = 47.$

46. A: मान लें कि मूल बिंदु से वृत्त $x^2 + y^2 - 2y = 0$ पर खींची गई जीवा का मध्य बिंदु $P(x_1, y_1)$ है।

तो जीवा का समीकरण है : $T = S_1$
अर्थात् $xx_1 + yy_1 - (y + y_1) = x_1^2 + y_1^2 - 2y_1$
जो (0, 0) बिंदु से होकर निकलता है
$\therefore -y = x_1^2 + y_1^2 - 2y_1$, अर्थात् $x_1^2 + y_1^2 - y_1 = 0$
$\therefore$ मध्य बिंदु (x_1, y_1) का बिंदुपथ है :
$x^2 + y^2 - y = 0$.

47. D: दिए गए वृत्त का केंद्र (1, –2) है। चूंकि वृत्त में अंतः निर्मित वर्ग की भुजाएं निर्देशक अक्षों के समांतर हैं, अतः किसी भी शीर्ष का x निर्देशक अक्ष 1 के बराबर नहीं हो सकता और इसका y निर्देशक अक्ष – 2 के बराबर नहीं हो सकता।
अतः A, B और C में प्रदत्त कोई भी बिंदु वर्ग का शीर्ष नहीं हो सकता।

48. A: रेखा $a_1x + b_1y + c_1 = 0$, x और y अक्षों को क्रमशः $A(-c_1/a_1, 0)$ और $B(0, -c_1/b_1)$ बिंदुओं पर तथा रेखा $a_2x + b_2y + c_2 = 0$ अक्षों को $C(-c_2/a_2, 0)$ और $D(0, -c_2/b_2)$ बिंदुओं पर काटती है।
अतः AC और BD क्रमशः x और y अक्षों के अनुदिश जीवाएं हैं जो मूल बिंदु O पर प्रतिच्छेद करती है।
चूंकि A, B, C, D एकवृत्तीय हैं, अतः
OA.OC = OB.OD

या $\left|\left(-\frac{c_1}{a_1}\right)\left(-\frac{c_2}{a_2}\right)\right| = \left|\left(-\frac{c_1}{b_1}\right)\left(-\frac{c_2}{b_2}\right)\right|$

या $|a_1a_2| = |b_1b_2|$.
अतः $a_1a_2 = b_1b_2$ ही दिए गए विकल्पों में सही विकल्प है।

49. C: Δ CAL और Δ CME में,
$$k^2 + a^2/4 = h^2 + b^2/4 = r^2$$
$$\therefore \quad 4(h^2 - k^2) = a^2 - b^2.$$

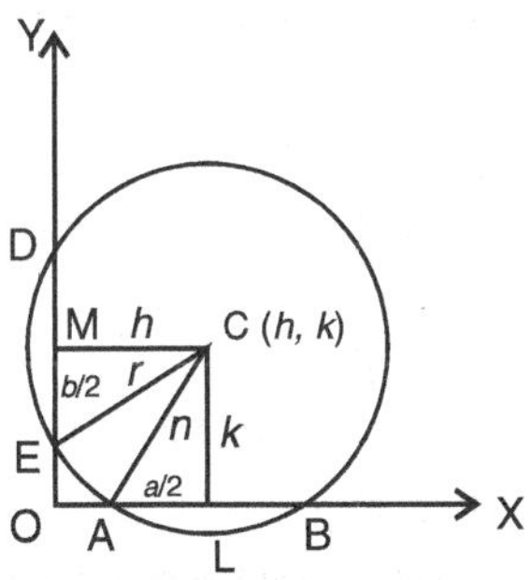

$\therefore (h, k)$ का बिंदुपथ है : $4(x^2 - y^2) = a^2 - b^2$.

50. C: किसी समबाहु त्रिभुज का केंद्रक उसके परिवृत्त का केंद्र होता है और वृत्त की त्रिज्या वृत्त के केंद्रक से त्रिभुज के किसी भी शीर्ष तक की दूरी होती है। अर्थात् वृत्त की त्रिज्या = त्रिभुज के किसी भी शीर्ष से केंद्रक तक की दूरी = $\frac{2}{3}$ (माध्यिका) = $\frac{2}{3}.(3a) = 2a$.
अतः परिवृत्त जिसका केंद्र (0, 0) और त्रिज्या $2a$ हो, का समीकरण है :
$(x - 0)^2 + (y - 0)^2 = (2a)^2$ या $x^2 + y^2 = 4a^2$.

51. C: त्रिभुज की किन्हीं दो भुजाओं को एक साथ लेकर उनका हल निकालने पर Δ के शीर्ष क्रमशः A(0, 6), B $(-2\sqrt{3}, 0)$ और C$(2\sqrt{3}, 0)$ प्राप्त होते हैं।

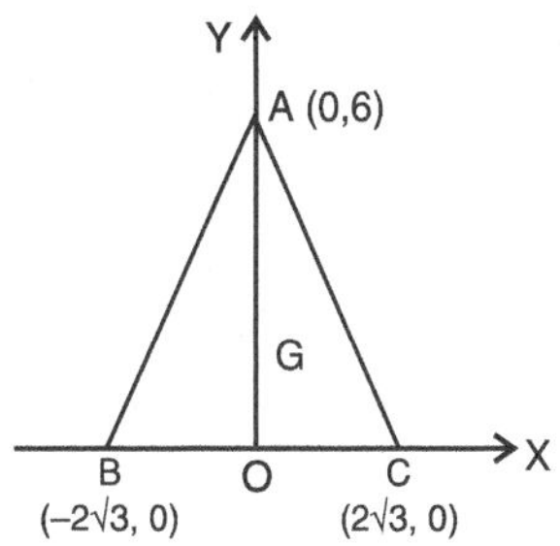

$\because$ AB = BC = CA
$\therefore \Delta$ ABC एक समबाहु त्रिभुज है।
स्पष्ट है कि G माध्यिका OA का केंद्रक है। इस प्रकार

कि, OG = $\frac{1}{3}$OA = 2

$\therefore$ केंद्रक G के निर्देशांक हैं : (0, 2)
जो परिवृत्त का केंद्र है और इसकी त्रिज्या = GA = 4.
$\therefore$ परिवृत्त का समीकरण है :
$(x - 0)^2 + (y - 2)^2 = 4^2$ या $x^2 + y^2 - 4y = 12$.

52. C: दिए गए वृत्तों के केंद्र क्रमशः $C_1(5, 0)$ और $C_2(0, 0)$ तथा उनकी त्रिज्याएं क्रमशः $r_1 = 3$ और $r_2 = r$ हैं। हम जानते हैं कि दोनों वृत्त एक दूसरे को बाह्यतः स्पर्श करते हैं यदि $C_1C_2 = r_1 + r_2$ और आंतरिक रूप में स्पर्श करते हैं यदि $C_1C_2 = |r_1 - r_2|$ हो। अतः दोनों वृत्त दो अलग-अलग बिंदुओं पर एक दूसरे को प्रतिच्छेद करेंगे यदि
$|r_1 - r_2| < C_1C_2 < r_1 + r_2$
या यदि $\quad r - 3 < 5 < r + 3$
या यदि $\quad r < 8$ और $r > 2$
या यदि $\quad 2 < r < 8$ हो

53. B: मान लें कि बिंदु (α, β) से होकर निकलने वाली रेखा का समीकरण है :

$$\frac{x-\alpha}{\cos\theta} = \frac{y-\beta}{\sin\theta} = k \text{ (मान लें)} \quad .... (1)$$

जहां k रेखा पर बिंदु $P(\alpha, \beta)$ से किसी बिंदु (x, y) की दूरी है।

मान लें कि यह रेखा वृत्त $x^2 + y^2 = r^2$ से $(\alpha + k\cos\theta, \beta + k\sin\theta)$ पर मिलती है

$\therefore (\alpha + k\cos\theta)^2 + (\beta + k\sin\theta)^2 = r^2$

या $k^2 + 2(\alpha\cos\theta + \beta\sin\theta)k + (\alpha^2 + \beta^2 - r^2) = 0$

जो k में द्विघाती समीकरण है। यदि k_1 और k_2 इसके मूल हों और रेखा (1) वृत्त से A और B बिंदुओं पर मिलती हो तो $PA = k_1$ और $PB = k_2$.

$\therefore PAPB = k_1k_2 =$ मूलों का गुणनफल $= \alpha^2 + \beta^2 - r^2$.

54. D: वृत्त है : $x^2 + y^2 - px - qy = 0$ .... (1)

बिंदु (p, q) से होकर निकलने वाली जीवा जो x-अक्ष द्वारा समद्विभाजित होती है, का दूसरा सिरा $(h, -q)$ माना जा सकता है जो (1) पर अवस्थित है

$\therefore h^2 - ph + 2q^2 = 0$ .... (2)

दो अलग-अलग जीवाओं की उपस्थिति के लिए (2) के दो अलग-अलग मूल होंगे।

$\therefore \quad p^2 - 4.2q^2 > 0 \quad \Rightarrow p^2 > 8q^2.$

55. D: मान लें कि अपेक्षित बिंदु (h, k) है। तो वृत्त $S \equiv x^2 + y^2 - (3/2)x + (5/2)y - (7/2) = 0$ के संदर्भ में इसकी संस्पर्श जीवा होगी :

$hx + ky - (3/4)(x + h) + (5/4)(y + k) - (7/2) = 0$

या $(4h - 3)x + (4k + 5)y - (3h - 5k + 14) = 0$ .... (1)

किंतु प्रदत्त संस्पर्श जीवा है,

$9x + y - 28 = 0$ .... (2)

(1) और (2) में गुणाकों की तुलना करने पर,

$$\frac{4h-3}{9} = \frac{4k+5}{1} = \frac{3h-5k+14}{28}$$

अर्थात् $h - 9k = 12$ और $3h - 117k = 126$.... (3)

हल करने पर, $h = 3, k = -1$.

अतः अपेक्षित बिंदु है $(3, -1)$। किंतु यह बिंदु निश्चित रूप से वृत्त के बाहर है क्योंकि वृत्त के भीतर या वृत्त पर स्थित किसी भी बिंदु की कोई संस्पर्श जीवा नहीं होती। अब $S(3, -1) = -1 < 0$, अर्थात् $(3, -1)$ वृत्त के भीतर है, अतः ऐसा कोई बिंदु नहीं है जिसकी (2) एक संस्पर्श जीवा हो।

56. C: स्पष्ट है कि केंद्र का x-निर्देशांक AB या AB′ के मध्य बिंदु का x-निर्देशांक है, अर्थात् 9/2 या – 1/2

चूंकि केंद्र पहले वृत्तपाद $h = 9/2$ में अवस्थित है

$\therefore$ वृत्त का समीकरण होगा :

$(x - 9/2)^2 + (y - k)^2 = (h - 2)^2 + k^2 = 25/4 + k^2$

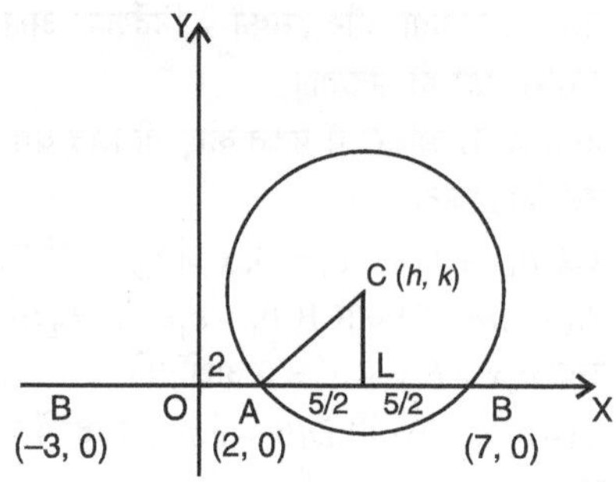

या $x^2 + y^2 - 9x - 2ky + 14 = 0$.

57. A: $y = mx + c$ और $x^2 + y^2 = r^2$ को हल करने पर,

$(1 + m^2)x^2 + 2mc\,x + c^2 - r^2 = 0$ .... (1)

दो वास्तविक अलग-अलग प्रतिच्छेद बिंदु के लिए, (1) के दोनों मूल निश्चित ही वास्तविक और अलग-अलग होंगे

$\therefore \Delta = 4m^2c^2 - 4(1 + m^2)(c^2 - r^2) > 0$

$\Rightarrow c^2 < r^2(1 + m^2)$

$\Rightarrow -r\sqrt{(1 + m^2)} < c < r\sqrt{(1 + m^2)}$.

58. A: वृत्त का समीकरण है :

$S \equiv x^2 + y^2 - 6x + 8y - 11 = 0$

$S(0, 0) = -11 < 0$ अतः $(0, 0)$ वृत्त के आंतरिक भाग में अवस्थित है

$S(1, 8) = 1 + 64 - 6 + 64 - 11 > 0$ अतः $(1, 8)$ वृत्त के बाहर अवस्थित है।

59. C: चूंकि $3x + y = 0$ दिए गए वृत्त को स्पर्श करता है, इसकी त्रिज्या r केंद्र $(2, -1)$ से रेखा $3x + y = 0$ पर खींची गई लंब रेखा की लंबाई के बराबर होगी

$\therefore \quad r = (6 - 1)/\sqrt{(9 + 1)} = 5/\sqrt{10}$

मान लें कि $y = mx$ मूल बिंदु से खींची गई एक अन्य स्पर्श रेखा है, तो

$$|2m + 1|/\sqrt{(1 + m^2)} = 5/\sqrt{10}$$

या $5(1 + m^2) = 2(2m + 1)^2$

$\Rightarrow$ $3m^2 + 8m - 3 = 0 \Rightarrow m = -3, 1/3$

चूंकि – 3 दी गई स्पर्श रेखा की प्रवणता है, अत: अन्य स्पर्श रेखा की प्रवणता 1/3 है।

$\therefore\ y = (1/3)x$ या, $x - 3y = 0.$

60. D: मान लें कि वृत्त का समीकरण है :

$x^2 + y^2 + 2gx + 2fy + c = 0$ .... (1)

यह बिंदुओं (0, 0) और (1, 0) से होकर निकलता है।

$\therefore$ $c = 0$ और $1 + 2g + c = 0$

$\therefore$ $g = -1/2$

वृत्त (1) की त्रिज्या,

$r_1 = \sqrt{(g^2 + f^2 - c)} = \sqrt{(1/4 + f^2)}$

यह वृत्त बिंदु (0, 0) से होकर निकलता है और वृत्त $x^2 + y^2 = 9$ को स्पर्श भी करता है, अत: यह वृत्त $x^2 + y^2 = 9$ को आभ्यंतरिक भाग में स्पर्श करेगा

$\therefore\ C_1C_2 = \sqrt{(g^2 + f^2)} = |r_1 - r_2|$

$\Rightarrow \sqrt{(1/4 + f^2)} = |3 - \sqrt{(1/4 + f^2)}|$

$\Rightarrow f^2 = 2 \Rightarrow f = \pm\sqrt{2}.$

अत: ऐसे वृत्तों का केंद्र = $(1/2, \pm\sqrt{2})$,

इसलिए एकमात्र $(1/2, -\sqrt{2})$ ही प्रदत्त विकल्प है।

61. C: मान लें कि A के निर्देशांक $(a, 0)$ हैं और B के निर्देशांक $(0, b)$ हैं।

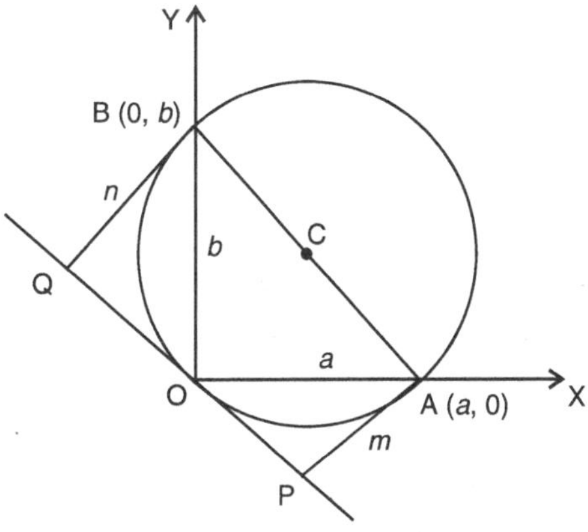

$\because\ \angle AOB = \pi/2$, AB व्यास है।

$\therefore$ वृत्त का केंद्र $(a/2, b/2)$ है और उसकी त्रिज्या = $\frac{1}{2}\sqrt{(a^2 + b^2)}$.

$\therefore$ वृत्त का समीकरण है :

$x^2 + y^2 - ax - by = 0$

मूल बिंदु पर स्पर्श रेखा होगी : $ax + by = 0$

$m = (a, 0)$ से $\perp = a^2/\sqrt{(a^2 + b^2)}$

$n = (0, b)$ से लंब = $b^2/\sqrt{(a^2 + b^2)}$

$\therefore$ व्यास = $\sqrt{(a^2 + b^2)} = m + n.$

62. A: यदि a उस वृत्त की त्रिज्या हो जो दोनों अक्षों को स्पर्श करती हो और पहले वृत्तपाद में अवस्थित हो, तो वृत्त का केंद्र = $C(a, a)$ होगा।

यदि वृत्त रेखा $4x + 3y = 6$ को भी स्पर्श करता हो, तो इस रेखा पर केंद्र (a, a) से लंब की लंबाई = वृत्त की त्रिज्या,

अर्थात् $\dfrac{4a + 3a = 6}{\sqrt{(16+9)}} = \pm a \Rightarrow a = 1/2, 3.$

$\therefore$ रेखा से नीचे अवस्थित वृत्त के लिए $a = 1/2$। चूंकि (0, 0) और (a, a) स्पर्श रेखा के एक ही ओर अवस्थित हैं।

$\therefore$ अपेक्षित वृत्त का समीकरण,

$(x - 1/2)^2 + (y - 1/2)^2 = (1/2)^2$

या $4x^2 + 4y^2 - 4x - 4y + 1 = 0.$

63. D: यहां $C_1 = (1, 2), C_2 = (5, -4);$

$r_1 = 2, r_2 = 4$

$C_1C_2 = \sqrt{(16 + 36)} = \sqrt{(52)}, r_1 + r_2 = 6.$

चूंकि $C_1C_2 > r_1 + r_2$, दिए गए वृत्त एक दूसरे को प्रतिच्छेद नहीं करते, अत: कोई सर्वनिष्ठ जीवा नहीं है।

64. C: मूल बिंदु से होकर निकलने वाले वृत्त का समीकरण निम्नवत् लिखा जा सकता है :

$x^2 + y^2 + 2gx + 2fy = 0$ .... (1)

यह दोनों प्रदत्त वृत्तों को लंबत: काटता है,

अत: $2.0.g - 2.4.f = 12 + 0$

और $-4g - 6f = -3 + 0.$

हल करने पर, $g = 3, f = -3/2.$

अत: वृत्त का समीकरण है : $x^2 + y^2 + 6x - 3y = 0.$

65. A: त्रिज्यीय केंद्र अपेक्षित बिंदु है। पहले और दूसरे वृत्तों का त्रिज्यीय अक्ष है,

$S' - S'' = 0 \Rightarrow 2x + 4y = 5$ .... (1)

पहले और तीसरे वृत्तों का त्रिज्यीय अक्ष है,

$S' - S''' = 0 \Rightarrow 4x + 2y = 5$ .... (2)

(1) और (2) को हल करने पर, त्रिज्यीय केंद्र है (5/6, 5, 6)।

66. A: मान लें कि $S \equiv x^2 + y^2 - 1 = 0$ और $L \equiv (2x - 1) = 0$। जिस वृत्त का वृत्त $S = 0$ के संदर्भ में त्रिज्यीय अक्ष $L = 0$ है, उसका समीकरण $S + \lambda L = 0$ द्वारा

अर्थात् $(x^2 + y^2 - 1) + \lambda(2x - 1) = 0$ द्वारा व्यक्त किया जाता है।

यह बिंदु (2, 0) से होकर निकलता है, अत: $3 + 3\lambda = 0$ या $\lambda = -1$.

$\therefore$ अपेक्षित वृत्त है : $x^2 + y^2 - 2x = 0$.

67. A: त्रिज्यीय अक्ष का समीकरण है : $S_1 - S_2 = 0$

अर्थात् $4x + 2y - 1 = 0$.

$\therefore$ समाक्ष प्रणाली में वृत्त का समीकरण निम्नवत् लिखा जा सकता है :

$(x^2 + y^2 - 6x - 6y + 4) + \lambda(4x + 2y - 1) = 0$

या $x^2 + y^2 - (6 - 4\lambda)x - (6 - 2\lambda)y + (4 - \lambda) = 0$ .... (1)

जिसका केंद्र है, $C(3 - 2\lambda, 3 - \lambda)$ और त्रिज्या $r = \sqrt{[(3 - 2\lambda)^2 + (3 - \lambda)^2 - (4 - \lambda)]}$

यदि $r = 0$, तो हम पाते हैं, $\lambda = 2$ या 7/5

C के निर्देशांकों को रखने पर, सीमा बिंदु हैं (– 1, 1) और (1/5, 8/5).

68. D: मान लें कि वृत्त का केंद्र (h, k) है। चूंकि वृत्त y-अक्ष को स्पर्श करता है,

$\therefore$ इसकी त्रिज्या h होगी। अन्य दिए गए वृत्त का केंद्र (3, 3) और त्रिज्या 2 है।

चूंकि वृत्त बाह्यत: स्पर्श करता है, अत: केंद्रों के बीच की दूरी $= r_1 + r_2$

$\Rightarrow \quad (h - 3)^2 + (k - 3)^2 = (h + 2)^2$

$\Rightarrow \quad k^2 - 10h - 6k + 14 = 0$

$\therefore$ अपेक्षित केंद्र बिंदु है : $y^2 - 10x - 6y + 14 = 0$.

69. D: बिंदु $(3 + 3/\sqrt{2}, 3/\sqrt{2})$ A और C में दिए गए वृत्तों को संतुष्ट नहीं करता।

$\therefore$ A और C सही विकल्प नहीं हो सकते।

B में दिए गए वृत्त का केंद्र $(3\sqrt{2}, 3/\sqrt{2})$ है, जो रेखा $y - x + 3 = 0$ पर अवस्थित नहीं है।

$\therefore$ विकल्प B में दिया गया वृत्त भी सही विकल्प नहीं हो सकता।

विकल्प D में दिए गए वृत्त का केंद्र (3, 0) रेखा $y - x + 3 = 0$ पर अवस्थित है।

अत: रेखा विकल्प D में दिए गए वृत्त पर प्रदत्त बिंदु पर अभिलंब है।

70. C: बिंदु (h, h) पर स्पर्श रेखा का समीकरण $hx + hy = a^2$ है।

$\therefore$ प्रवणता $= -h/h = -1$.

71. D: मूल बिंदु (0, 0) और बिंदु (g, f) से दिए गए वृत्त पर खींची गई स्पर्श रेखाओं की संस्पर्श जीवाओं के समीकरण हैं :

$0.x + 0.y + g(x + 0) + f(y + 0) + c = 0$

या $gx + fy + c = 0$ .... (1)

और $gx + fy + g(x + g) + f(y + f) + c = 0$

या $gx + fy + ½(g^2 + f^2 + c) = 0$ .... (2)

स्पष्ट है कि (1) और (2) समांतर हैं।

$\therefore$ दो जीवाओं के बीच की दूरी

$$= \frac{½(g^2 + f^2 + c) - c}{\sqrt{(g^2 + f^2)}} = \frac{g^2 + f^2 - c}{2\sqrt{(g^2 + f^2)}}.$$

72. D: मान लें कि वृत्त का समीकरण है :

$x^2 + y^2 + 2gx + 2fy + c = 0$.

तो $\quad 1 + t^2 + 2g + 2ft + c = 0$ .... (1)

$t^2 + 1 + 2gt + 2f + c = 0$ .... (2)

$t^2 + t^2 + 2gt + 2ft + c = 0$ .... (3)

इन्हें हल करने पर,

$2g = -(t + 1)$ और $c = 2t, (t \neq 1)$.

अत: वृत्त का समीकरण है,

$x^2 + y^2 - (t + 1)x - (t + 1)y + 2t = 0$

या $\quad (x^2 + y^2 - x - y) + t(-x - y + 2) = 0$ .... (4)

चूंकि t स्वेच्छ (arbitrary) है, अत: वृत्त (4) सदैव $x^2 + y^2 - x - y = 0$ और $x + y - 2 = 0$ के प्रतिच्छेद बिंदुओं से होकर निकलता है।

इन्हें हल करने पर $x = 1$ और $y = 1$ ही एकमात्र हल प्राप्त होता है।

73. C: चूंकि केंद्र $x + y = 4$ पर अवस्थित है, अत: केंद्र को $(h, 4 - h)$ माना जा सकता है। चूंकि वृत्त मूलबिंदु से होकर निकलता है।

$\therefore$ अपेक्षित वृत्त का समीकरण होगा :

$x^2 + y^2 - 2hx - 2(4 - h)y = 0$.

चूंकि यह वृत्त दिए गए वृत्त को लंबत: काटता है, अत:

$2.(-2)(-h) - 2(4 - h).1 = 4 + 0 \Rightarrow h = 2$.

$\therefore$ $x^2 + y^2 - 4x - 4y = 0$ ही अपेक्षित वृत्त है।

74. D: चूंकि PQ संस्पर्श जीवा है,

$\therefore$ इसका समीकरण है :

$x + 2y + 1 = 0$. .... (1)

P और Q बिंदुओं (जीवा PQ और वृत्त के प्रतिच्छेद

बिंदुओं) से होकर निकलने वाले वृत्त का समीकरण है:
$(x^2 + y^2 + 2x + 4y + 1) + \lambda(x + 2y + 1) = 0$
यह मूल बिंदु (0, 0) से होकर निकलता है,
अत: $\lambda = -1$.
$\therefore \Delta$ OPQ के परिवृत्त का समीकरण है :

$$x^2 + y^2 - x - 2y = 0$$

जिसका केंद्र (1/2, 1) है।

75. C: यदि $y = mx$ मूलबिंदु से वृत्त $(x - 7)^2 + (y + 1)^2 = 25$ पर खींची गई स्पर्श रेखा हो, तो

$$\frac{7m - (-1)}{\sqrt{(m^2+1)}} = \pm 5$$

या $12m^2 + 7m - 12 = 0$.
यदि m_1, m_2 इसके मूल हों, तो
$m_1 m_2 = -12/12 = -1$
अत: दोनों स्पर्श रेखाओं के बीच का कोण $\pi/2$ है।

76. A: मान लें कि (a, b) से होकर निकलने वाले वृत्त का समीकरण है :

$$x^2 + y^2 + 2gx + 2fy + c = 0 \quad .... (1)$$

$$\therefore \; a^2 + b^2 + 2ga + 2fb + c = 0 \quad .... (2)$$

यदि वृत्त (1) वृत्त $x^2 + y^2 - p^2 = 0$ को लंबत: काटता हो, तो

$$2g.0 + 2f.0 = c - p^2 \Rightarrow c = p^2.$$

यदि $C(h, k)$ वृत्त (1) का केंद्र हो, तो

$$h = -g, k = -f \Rightarrow g = -h, f = -k.$$

इन मानों को (2) में प्रतिस्थापित करने पर,

$$a^2 + b^2 - 2ah - 2bk + p^2 = 0.$$

या $2ah + 2bk - (a^2 + b^2 + p^2) = 0$.
अत: केंद्र (h, k) का बिंदु पथ है :

$$2ax + 2by - (a^2 + b^2 + p^2) = 0.$$

77. C: चूंकि $S(0, 0) = -4 < 0$
$\therefore$ (0, 0) वृत्त के अभ्यंतर में है। अत: कोई संस्पर्श जीवा अस्तित्व में नहीं होगी।

78. A: दिए गए व्यंजकों से,

$$x^2/3^2 + y^2/4^2 = 2$$

या $x^2/18 + y^2/32 = 1$ जो एक दीर्घवृत्त है।

79. C: $x + y = 2(t^2 + 1), x - y = 2t$.
t का निराकरण करने पर,

$$x + y = \tfrac{1}{2}(x - y)^2 + 2$$

या $\quad x^2 - 2xy + y^2 - 2x - 2y + 4 = 0$
जिसके लिए $D \neq 0$ और $h^2 = ab$
अत: प्रदत्त वक्र एक परवलय को निरूपित करता है।

80. A: मान लें कि $P(x_1, y_1)$ परवलय पर एक बिंदु है ,
$\therefore$ नाभि से P की दूरी
= नियता (directrix) से P की दूरी

$$\Rightarrow \sqrt{[(x_1 + 1)^2 + (y_1 - 1)^2]} = \pm \frac{4x_1 + 3y_1 - 24}{\sqrt{(16+9)}}$$

$$\Rightarrow 9x_1^2 + 16y_1^2 - 24x_1y_1 + 24x_1 + 94y_1 - 526 + 0.$$

$\therefore P(x_1, y_1)$ का बिंदु पथ अर्थात् परवलय का समीकरण है :
$9x^2 + 16y^2 - 24xy + 242x + 94y - 526 = 0.$

81. C: शीर्ष और नियता के बीच की दूरी (जो y अक्ष है) = 2 = a (मान लें)
$\therefore$ y-अक्ष से नाभि की दूरी = $2a = 4$
$\therefore$ नाभि के निर्देशांक जो x-अक्ष पर हैं, होंगे (4, 0).

82. D: परवलय का समीकरण निम्नवत् लिखा जा सकता है :
$(y - 1)^2 = (x - 1)$.
यहां $4a = 1$, अर्थात् $a = 1/4$ और
शीर्ष है : $(h, k) \equiv (1, 1)$.
अत: नाभिक है $(a + h, 0 + k)$
अर्थात् (1/4 + 1, 0 + 1) या (5/4, 1).

83. B: अक्ष ऊर्ध्वाधर अर्थात् y-अक्ष के समांतर है, अत: इसका समीकरण होना चाहिए $(x + 1)^2 = 4a(y + 2)$
यह (3, 6) से होकर निकलता है, अत: $4a = 2$.
अत: अपेक्षित परवलय का समीकरण है :
$x^2 + 2x - 2y - 3 = 0$.

84. C: परवलय का समीकरण निम्नवत् लिखा जा सकता है :

$$(x - 3)^2 = 3(y + 1)$$

$\therefore$ परवलय का अक्ष है $x - 3 = 0$.

85. A: नाभिक और नियता के बीच दूरी = $2a$
$= |9 - 12 - 2|/5 = 1$.
$\therefore$ नाभिलंब = $4a = 2$.

86. A: मान लें कि $P(h, k)$ वृत्त का केंद्र है
चूंकि यह $(a, 0)$ से होकर निकलता है, अत: इसकी त्रिज्या

$$= \sqrt{[(h - a)^2 + k^2]}.$$

वृत्त रेखा $x + y = 0$ को स्पर्श करता है,

अत: $\dfrac{h+k}{\sqrt{2}} = \pm \sqrt{[(h - a)^2 + k^2]}$.

अत: केंद्र $P(h, k)$ का बिंदुपथ है :

$$S \equiv x^2 + y^2 - 2xy - 4ax + 2a^2 = 0.$$

यहां $h^2 - ab = 0$ किंतु

$$abc + 2fgh - af^2 - bg^2 - ch^2 \neq 0$$

अत: यह एक परवलय को निरूपित करता है, न कि समांतर सरल रेखाओं के युग्म को।

87. B: मान लें कि P(h, k) शीर्ष (0, 0) से होकर निकलने वाली जीवा OP का मध्य बिंदु है, तो P बिंदु $(2h, 2k)$ होगा जो परवलय $y^2 = 4x$ पर अवस्थित होगा।

$\therefore 4k^2 = 8h$.

अत: P का बिंदुपथ $y^2 = 2x$ होगा।

88. B: दीर्घवृत्त का समीकरण निम्नवत् लिखा जा सकता है : $x^2/9 + y^2/5 = 1$, $\therefore a^2 = 9, b^2 = 5$

$\therefore$ नाभिलंब $= 2b^2/a = 10/3$.

89. C: दिया गया समीकरण है : $x^2 + 2y^2 - 2x + 3y + 2 = 0$,

जिसे $\dfrac{(x-1)^2}{1/8} + \dfrac{[(y+3)/4]^2}{1/16} = 1$ के रूप में लिखा जा सकता है जो एक दीर्घवृत्त को निरूपित करता है जिसके लिए

$a^2 = 1/8, b^2 = 1/16$.

$\therefore \quad b^2 = 3^2$ और केंद्र है $(h, k) \equiv (-1, -2)$.

अब $e^2 = 1 - b^2/a^2 = 16/25 \Rightarrow e = 4/5$.

$\therefore$ नाभि के निर्देशांक हैं :

$(h, k \pm ae)$ अर्थात् $(-1, -2 \pm 4)$

अर्थात् $(-1, 2)$ और $(-1, -6)$.

91. D: दीर्घवृत्त के दिए गए समीकरण को निम्नवत् लिखा जा सकता है : $x^2/16 + y^2/9 = 1$

$\therefore \quad a^2 = 16, b^2 = 9 \Rightarrow a = 4$.

दीर्घवृत्त पर किसी भी बिंदु से नाभीय दूरियों का योग $= 2a = 8$.

92. C: $PF_1 + PF_2 = \sqrt{[(x-3)^2 + y^2]} + \sqrt{[(x+3)^2 + y^2]}$

$= \sqrt{[(x-3)^2 + (400 - 16x^2)/25]}$

$+ \sqrt{[(x+3)^2 + (400 - 16x^2)/25]}$

$= (1/5)[(25 - 3x) + (25 + 3x)] = 10$

दिए गए दीर्घ वृत्त के लिए, $x \leq 5, y \leq 4$.

93. C: दिए गए दीर्घवृत्त के लिए, $a^2 = 16, b^2 = b^2$

$\therefore e^2 = 1 - b^2/a^2 \Rightarrow e = \sqrt{(16 - b^2)}/4$

अत: दीर्घवृत्त की नाभियां हैं :

$(\pm ae, 0)$ अर्थात् $[\pm \sqrt{(16 - b^2)}, 0]$

अतिपरवलय का समीकरण निम्नवत् लिखा जा सकता है : $\dfrac{x^2}{(12/5)^2} - \dfrac{y^2}{(9/5)^2} = 1$

$\therefore a = 12/5$ और $b = 9/5$। केंद्र है (0, 0).

$\therefore e^2 = 1 + b^2/a^2 \Rightarrow e = 5/4$.

अत: अतिपरवलय की नाभियां हैं :

$(\pm ae, 0)$ अर्थात् $(\pm 3, 0)$.

चूंकि दीर्घवृत्त और अतिपरवलय की नाभियां संपाती हैं, अत:

$\sqrt{(16 - b^2)} = 3 \Rightarrow b^2 = 7$.

94. B: यदि P(x, y) अतिपरवलय पर कोई बिंदु हो, तो (2, 1) से P की दूरी $= e$.

नियता $2x + 3y - 1 = 0$ से P की दूरी

अर्थात् $\sqrt{[(x-2)^2 + (y-1)^2]} = \sqrt{2}.(2x + 3y - 1)/\sqrt{(4+9)}$.

या $13(x^2 + y^2 - 4x - 2y + 5) = 2(2x + 3y - 1)^2$

या $5x^2 - 5y^2 - 24xy - 44x - 14y + 63 = 0$, जो अतिपरवलय का समीकरण है।

95. B: अतिपरवलय का समीकरण है :

$f \equiv 2x^2 + y^2 - 3xy - 5x + 4y + 6 = 0$.

केंद्र निम्नलिखित द्वारा निरूपित किया जाता है :

$$\frac{\partial f}{\partial x} = 4x - 3y - 5 = 0$$

और $$\frac{\partial f}{\partial y} = 2y - 3x + 4 = 0$$

इन्हें हल करने पर, केंद्र है : (2, 1).

96. B: अतिपरवलय का समीकरण निम्नवत् लिखा जा सकता है :

$(x-1)^2/4^2 - (y+2)^2/3^2 = 1$

जिसका केंद्र है $(1, -2)$.

97. A: अतिपरवलय का समीकरण है :

$$\frac{(x+4)^2}{16} - \frac{(y+1)^2}{9} = 1$$

$\therefore \quad a^2 = 16, b^2 = 9$

$e^2 = 1 + b^2/a^2 = 25/16 \Rightarrow e = 5/4$.

98. C: अतिपरवलय का समीकरण है :

$(x^2/3^2) - (y^2/2^2) = 1$.

$\therefore a^2 = 3^2$ और $b^2 = 2^2$. केंद्र है (0, 0).

और $e^2 = 1 + b^2/a^2 = 13/9 \Rightarrow e = [\pm\sqrt{(13)}, 0]$.

99. D: दीर्घ अक्ष = 3 (लघु अक्ष)

$\Rightarrow 2a = 3(2b)$

$\Rightarrow a^2 = 9b^2 = 9a^2(1 - e^2) \Rightarrow e = 2\sqrt{2}/3$.

100. B: नाभिलंब = (1/3) दीर्घ अक्ष
$\Rightarrow 2b^2/a = 2a/3$
$\Rightarrow a^2 = 3b^2 = 3a^2(1 - e^2) \Rightarrow e = \sqrt{(2/3)}$.

101. D: दिया गया है कि $2a = 6, 2b = 4$, अर्थात् $a = 3, b = 2$,
$e^2 = 1 - b^2/a^2 = 5/9 \therefore e = \sqrt{5}/3$.
पिनों के बीच की दूरी = $2ae = 2\sqrt{5}$ सेमी.
डोरी की लंबाई = $2a + 2ae = 6 + 2\sqrt{5}$ सेमी.

102. A: यहां $2a = 10$ मी. और $2ae = 8$ मी.
$\therefore e = 4/5, a = 5$ मी.
$\therefore b^2 = a^2(1 - e^2) = 9 \Rightarrow b = 3$.
अत: संवृत क्षेत्र का क्षेत्रफल = $\pi ab = 15\pi$ वर्ग मी.

103. A: परवलय का समीकरण है $y^2 = 4x$
$\therefore \quad a = 1$
रेखा $y = mx + 1$ परवलय की स्पर्श रेखा होगी यदि
$c = a/m \Rightarrow 1 = 1/m \Rightarrow m = 1$ हो

104. D: परवलय का समीकरण है, $y^2 = x$
$\therefore \quad 4a = 1 \quad$ अर्थात् $a = 1/4$
स्पर्श रेखा $y = mx + a/m$ का संस्पर्श बिंदु है, $(a/m^2, 2a/m)$
यहां $a = 1/4, m = \tan 45° = 1$
$\therefore$ संस्पर्श बिंदु है (1/4, 1/2).

105. D: मान लें कि रेखा $y = x + 2$ .... (1)
परवलय $y^2 = 8x$, को बिंदु $P(x_1, y_1)$ पर स्पर्श करती है।
$\therefore$ P पर स्पर्श रेखा का समीकरण है :
$yy_1 = 4(x + x_1)$ .... (2)
(1) और (2) से,
$1/y_1 = 1/4 = 2/4x_1 \Rightarrow x_1 = 2, y_1 = 4$
अत: संस्पर्श बिंदु है, (2, 4).

106. C: यदि संस्पर्श बिंदु $P(x_1, y_1)$ हो, तो स्पर्श रेखा का समीकरण है :
$yy_1 = \frac{1}{2} a(x + x_1)$ .... (1)
$m = \tan 45° = 1$ के लिए स्पर्श रेखा का समीकरण
$y = x + a/4$ .... (2)
(1) और (2) से, $x_1 = a/4, y_1 = a/2$.
$\therefore$ संस्पर्श बिंदु है, $(a/4, a/2)$.

107. D: रेखा $y = mx + c$ दीर्घवृत्त $x^2/a^2 + y^2/b^2 = 1$ की स्पर्श रेखा होगी यदि $c = \pm\sqrt{(a^2m^2 + b^2)}$ हो
यहां $a^2 = 8, b^2 = 4, m = 4$.
$\therefore c = \pm\sqrt{(8 \times 16 + 4)} = \pm\sqrt{(132)}$.

108. B: परवलय $y^2 = 4ax$ पर अभिलंब का प्रवणता m के संदर्भ में समीकरण है :
$y = mx - 2am - am^3$.
यहां $a = 1, m = 2$ है, अत: अभिलंब का समीकरण होगा :
$y = 2x - 4 - 8 = 2x - 12$.

109. D: परवलय $y^2 = 4ax$ की स्पर्शरेखा का समीकरण है, $y = mx + a/m$.
रेखा $y = 3x + 7$ की प्रवणता 3 है।
इस रेखा की लंब रेखा की प्रवणता = $-1/3 = m$
अत: इस रेखा के लंब परवलय $y^2 = 16x$ की स्पर्श रेखा का समीकरण होगा :
$y = (-1/3)x + 4/(-1/3)$
अर्थात् $3y + x + 36 = 0$.

110. A: परवलय का समीकरण है :
$y^2 = 4x + 5$ .... (1)
रेखा $y = 2x + 7$ की समांतर रेखा का समीकरण होगा:
$y = 2x + \lambda$ .... (2)
(1) और (2) में x का निराकरण करने पर,
$y^2 - 2y + (2\lambda - 5) = 0$ .... (3)
यदि रेखा (2) रेखा परवलय (1) की स्पर्श रेखा हो तो (2) रेखा (1) से दो वास्तविक संपाती बिंदुओं पर मिलेगी, अत: (3) के मूल वास्तविक और समान होंगे।
$\therefore \quad (-2)^2 - 4(2\lambda - 5) = 0 \Rightarrow \lambda = 3$.
(2) में प्रतिस्थापित करने पर, स्पर्श रेखा का समीकरण $y = 2x + 3$ होगा।

111. C: अतिपरवलय का समीकरण है : $2x^2 - 3y^2 = 6$ ...(1)
मान लें कि $y = 3x + 4$ की समांतर रेखा का समीकरण है : $y = 3x + \lambda$ .... (2)
(1) और (2) में y का निराकरण करने पर,
$25x^2 + 18\lambda x + (3\lambda^2 + 6) = 0$. .... (3)
यदि (2) अतिपरवलय (1) की स्पर्श रेखा हो, तो (3) के मूल वास्तविक और समान होंगे।
$\therefore (18\lambda)^2 - 4(25)(3\lambda^2 + 6) = 0 \Rightarrow l = \pm 5$.
इसे (2) में प्रतिस्थापित करने पर, स्पर्श रेखाओं के समीकरण होंगे : $y = 3x \pm 5$.

112. C: अतिपरवलय $x^2/4 - y^2/9 = 1$ के बिंदु $(2 \sec\phi, 3 \tan\phi)$ पर स्पर्श रेखा का समीकरण है :
$$\frac{x.2\sec\phi}{4} - \frac{y.3\tan\phi}{9} = 1$$

जिसकी प्रवणता है $\dfrac{3\sec\phi}{2\tan\phi} = 3/(2\sin\phi)$.

रेखा $3x - y + 4 = 0$ की प्रवणता 3 है।

यदि स्पर्श रेखा और रेखा एक दूसरे के समांतर हैं, तो $3/(2\sin\phi) = 3 \Rightarrow \sin\phi = 1/2 \Rightarrow \phi = 30°$.

113. A: (2, 1) को प्रतिस्थापित करने पर,

$$S_1 = 1^2 - 8 \times 2 = -15 < 0.$$

$\therefore$ बिंदु (2, 1) परवलय के अभ्यंतर में अवस्थित है। अतः इस स्थिति में कोई स्पर्श रेखा नहीं होगी अर्थात् स्पर्श रेखाओं की संख्या शून्य होगी।

114. C: बिंदु (6, 2) को प्रतिस्थापित करने पर,

$$S_1 = 6^2/9 - 2^2/4 - 1 = 2 > 0,$$

$\therefore$ बिंदु (6, 2) अतिपरवलय के बाह्य भाग में अवस्थित है। अतः बिंदु (6, 2) से होकर निकलनेवाली स्पर्श रेखाओं की संख्या दो है।

115. A: स्पर्श रेखाओं के युग्म का समीकरण होगा

$$SS_1 = T^2$$

$S = 9x^2 + 16y^2 - 114$

$S_1 = 9(2)^2 + 16(3)^2 - 144 = 36$

$T = 9.(2x) + 16.(3y) - 144$

$18x + 48y - 144$

$\therefore$ स्पर्श रेखाओं का समीकरण होगा

$(9x^2 + 16y^2 - 144)(36) = (18x + 48y - 144)^2$

या $y^2 + xy - 3x - 8y + 15 = 0$

या $y(y + x) - 3(x + y) - 5(y - 3) = 0$

या $(y + x)(y - 3) - 5(y - 3) = 0$

या $(y - 3)(x + y - 5) = 0$

$\therefore$ स्पर्श रेखाएं हैं :

$y - 3 = 0$ और $x + y = 0$.

116. C: बिंदु (1, 2) से दीर्घवृत्त पर खींची गई दो स्पर्श रेखाओं का समीकरण है : $SS_1 = T^2$

या $(3x^2 + 2y^2 - 5)(3.1^2 + 2.2^2 - 5)$

$$= (3x.1 + 2y.2 - 5)^2$$

या $9x^2 - 4y^2 - 24xy + 30x + y - 55 = 0$

$\therefore$ स्पर्श रेखाओं के बीच का कोण

$$\theta = \tan^{-1}\left|\frac{2\sqrt{(h^2 - ab)}}{a+b}\right|$$

$$= \tan^{-1}\left|\frac{2\sqrt{(144+36)}}{9-4}\right|$$

$= \tan^{-1}(12/\sqrt{5})$.

117. D: परवलय का समीकरण है, $y^2 = 4ax$ .... (1)

बिंदु $P(at_1^2, 2at_1)$ पर अभिलंब का समीकरण है

$y = -t_1x + 2at_1 + at_1^3$.

यदि यह परवलय (1) से $Q(at_2^2, at_2)$ बिंदु पर मिलता हो, तो $2at_2 = -t_1(at_2^2) + 2at_1 + at_1^3$

$2a(t_2 - t_1) = at.(t_1^2 - t_2^2)$

या $-2 = t_1(t_1 + t_2)$ या $t_2 = -t_1 - 2/t_1$.

118. C: परवलय $y^2 = 4ax$ के बिंदु $(at^2, 2at)$ पर खींचे गए अभिलंब का समीकरण है :

$y = -tx + 2at + at^3$

$\therefore$ अभिलंब की प्रवणता $= -t$.

119. C: परवलय है : $y^2 = 4ax$ .... (1)

मान लें कि बिंदु $P(x_1, y_1)$ से परवलय (1) पर खींचे गए अभिलंब का समीकरण है :

$y = mx - 2am - am^3$

$\therefore$ $y_1 = mx_1 - 2am - am^3$

या $am^3 + (2a - x_1)m + y_1 = 0$ .... (2)

जिसके मूल m_1, m_2, m_3 हैं

$\therefore$ $m_1m_2m_3 = -y_1/a$ .... (3)

यदि दोनों अभिलंब समकोण पर हों तो

$m_2m_3 = -1$ .... (4)

$\therefore$ (3) से, $m_1(-1) = -y_1/a$ या $m_1 = y_1/a$.

किंतु m_1 (2) का मूल है

$\therefore$ $am_1^3 + (2a - x_1m_1 + y_1) = 0$

या $a(y_1^3/a^3) + (2a - x_1)(y_1/a) + y_1 = 0$

या $y_1^2 = a(x_1 - 3a)$

$\therefore$ बिंदु $P(x_1, y_1)$ का बिंदुपथ है,

$y^2 = a(x - 3a)$.

120. B: मान लें कि बिंदु $P(x_1, y_1)$ परवलय $y^2 = 4ax$ की नाभीय जीवा का मध्य बिंदु है

$\therefore$ जीवा का समीकरण है, $T = S_1$

या $yy_1 - 2a(x + x_1) = y_1^2 - 4ax_1$

या $yy_1 - 2ax = y_1^2 - 2ax_1$.

यह नाभि $(a, 0)$ से होकर निकलती है

$\therefore$ $0 - 2a.a = y_1^2 - 2ax_1$

या $y_1^2 = 2a(x_1 - a)$.

अत: मध्य बिंदु $P(x_1, y_1)$ का बिंदुपथ होगा

$y^2 = 2a(x - a)$

जो एक परवलय है।

121. A: मान लें कि $P(x_1, y_1)$ अतिपरवलय $3x^2 - 2y^2 + 4x - 6y = 0$ की जीवा का मध्य बिंदु है।

$\therefore$ जीवा का समीकरण होगा $T = S_1$

अर्थात् $3xx_1 - 2yy_1 + 2(x + x_1) - 3(y + y_1) = 0$

या $(3x_1 + 2)x - (2y_1 + 3)y + (2x_1 - 3y_1) = 0$

यदि यह जीवा रेखा $y = 2x$, के समांतर हो, तो

$$m_1 = m_2 \Rightarrow = -\frac{3x_1 + 2}{-(2y_1 + 3)} = 2$$

$$\Rightarrow 3x_1 - 4y_1 = 4.$$

अत: मध्य बिंदु (x_1, y_1) का बिंदुपथ $3x - 4y = 4$ है।

122. B: $(au^2, 2au)$ और $(av^2, 2av)$ को मिलाने वाली रेखा का समीकरण होगा :

$$y - 2au = \frac{2a(v-u)}{a(v^2 - u^2)}\ (x - au^2)$$

या $y - 2au = (x - au^2)$

यदि यह रेखा नाभीय जीवा हो, तो नाभि $(a, 0)$ इस पर अवस्थित है

$$\therefore \quad 0 - 2au = \frac{2}{v+u}\ (a - au^2) \Rightarrow uv + 1 = 0.$$

123. D: मान लें कि दीर्घवृत्त $x^2/a^2 + y^2/b^2 = 1$ पर बिंदु $P(x_1, y_1)$ से खींची गई स्पर्श रेखाओं का समीकरण है :

$y = mx \pm \sqrt{(a^2m^2 + b^2)}$

$\therefore \quad y_1 - mx_1 = \pm \sqrt{(am^2 + b^2)}$.

वर्ग करने पर,

$(x_1^2 - a^2)m^2 - (2x_1y_1)m + (y_1^2 - b^2) = 0$

जिसके मूल m_1 और m_2 है (मान लें) यदि दो स्पर्श रेखाएं एक दूसरे पर लंब हों तो $m_1m_2 = (y_1^2 - b^2)/(x_1^2 - a^2) = -1$

$\Rightarrow x_1^2 + y_1^2 = a^2 + b^2$.

$\therefore$ $P(x_1, y_1)$ का बिंदुपथ है $x^2 + y^2 = a^2 + b^2$ जो एक वृत्त है जिसका केंद्र $(0, 0)$ है और त्रिज्या $= \sqrt{(a^2 + b^2)}$.

124. D: मान लें कि दीर्घवृत्त $3x^2 + 2y^2 = 1$ के संदर्भ में रेखा $9x + 2y = 1$ का ध्रुव $P(x_1, y_1)$ है ....(1)

$\therefore$ P के ध्रुवी का समीकरण होगा :

$3xx_1 + 2yy_1 = 1.$ .... (2)

(1) और (2) की तुलना करने पर,

$9/(3x_1) = 2/(2y_1) = 1/1 \Rightarrow x_1 = 3, y_1 = 1.$

अत: ध्रुव है, (3, 1).

125. B: मान लें कि $x^2/a^2 - y^2/b^2 = 1$ अतिपरवलय है तो इसका संयुग्मी अतिपरवलय होगा $y^2/b^2 - x^2/a^2 = 1$.

यदि e_1 और e_2 उनकी उत्केंद्रताएं हों, तो

$b^2 = a^2\ (e_1^2 - 1)$ और $a^2 = b^2\ (e_2^2 - 1)$

अत: $1/e_1^2 = a^2/(a^2 + b^2)$

और $1/e_1^2 = b^2/(a^2 + b^2)$

अत: $1/e_1^2 + 1/e_1^2 = 1$,

अर्थात् $1/e_1^2 = 1 - 1/e_1^2$.

126. C: मान लें कि अपेक्षित अनुपात $\lambda : 1$ है।

तो बिंदु है :

$$\frac{3\lambda + 2}{\lambda + 1}, \frac{5\lambda + 4}{\lambda + 1}, \frac{-4\lambda + 5}{\lambda}$$

यह λ, Z तल पर अवस्थित है अत: इसका x-निर्देशांक $= 0$ अर्थात् $\lambda = -2/3$

$\therefore$ अनुपात है : – 2: 3

अर्थात् 2 : 3 बाह्यत:

127. A: मान लें कि कोण α है, तो रेखा के दिक् कोसाइन हैं $\cos \alpha$, 1/2, 1/2.

$\therefore \cos^2 \alpha + 1/4 + 1/4 = 1$, अर्थात् $\cos^2 \alpha = 1/2$ या $\alpha = 45°$.

128. A: (– 1, 2, 4) और (1, 0, 5) को मिलाने वाली रेखा के दिक् अनुपात 2, – 2, 1 हैं, अत: इसके दिक् कोसाइन हैं, 2/3, – 2/3, 1/3.

$\therefore$ (3, 4, 5) और (4, 6, 3) को मिलाने वाले रेखाखंड के प्रक्षेप की लंबाई होगी :

$= |(1/3)[(4 - 3)2 + (6 - 4)(-2) + (-2)(1)]|$

$= |(1/3)[2 - 4 - 2]| = 4/3.$

129. D: $OP = \sqrt{(3^2 + 12^2 + 4^2)} = 13 = r$ (मान लें)

मान लें कि OP के दिक् कोसाइन l, m, n हैं

$\therefore \quad x = lr, y = mr, z = nr$

$\Rightarrow \quad l = x/r, n = y/r, n = z/r,$

अर्थात् $l = 3/13, m = 12/13, n = 4/13.$

130. A: $y^2 + z^2 = 0 \Rightarrow y = 0, z = 0.$

त्रिविमीय अंतराल में $y = 0, z = 0$ क्रमश: x-z तल और x-y तल को निरूपित करता है जिसका प्रतिच्छेद x-अक्ष है।

131. C:

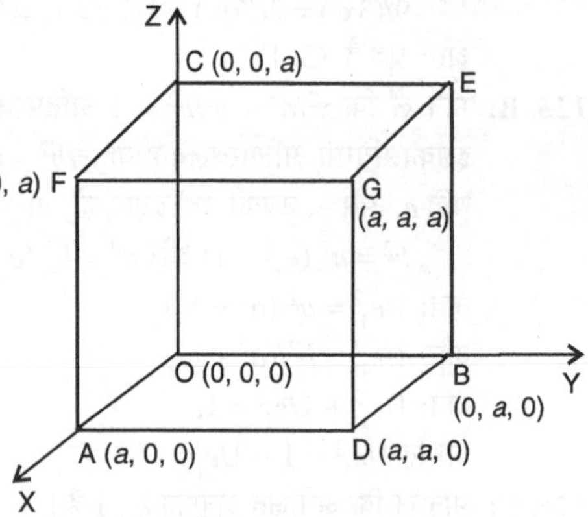

घन के चार विकर्ण हैं OG, AE, BF और DC.

इन विकर्णों के दिक् अनुपात निम्नलिखित हैं :

OG के दिक् अनुपात $a - 0, a - 0, a - 0$, अर्थात् a, a, a हैं

AE के दिक् अनुपात $0 - a, a - 0, a - 0$, अर्थात् $-a, a, a$ हैं

BF के दिक् अनुपात $a - 0, 0 - a, a - 0$, अर्थात् $a, -a, a$ हैं

DC के दिक् अनुपात $0 - a, 0 - a, a - 0$, अर्थात् $-a, -a, a$ हैं

मान लें कि दी गई रेखा के दिक् अनुपात हैं x, y, z.

मान लें कि दी गई रेखा विकर्ण OG, AE, BF और DC के साथ क्रमश: $\alpha, \beta, \gamma, \delta$ कोण निर्मित करती है।

तो $\cos\alpha = \dfrac{xa + ya + za}{\sqrt{a^2 + a^2 + a^2}\sqrt{x^2 + y^2 + z^2}}$

$$= \frac{xa + ya + za}{\sqrt{3a^2}\sqrt{x^2 + y^2 + z^2}} = \frac{x + y + z}{\sqrt{3}\sqrt{x^2 + y^2 + z^2}}$$

$$\therefore \quad \cos^2\alpha = \frac{(x + y + z)^2}{3(x^2 + y^2 + z^2)}$$

इसी प्रकार,

$$\cos^2\beta = \frac{(-x + y + z)^2}{3(x^2 + y^2 + z^2)}$$

$$\cos^2\gamma = \frac{(x - y + z)^2}{3(x^2 + y^2 + z^2)}$$

$$\cos^2\delta = \frac{(-x - y + z)^2}{3(x^2 + y^2 + z^2)}$$

अत: $\cos^2\alpha + \cos^2\beta + \cos^2\gamma + \cos^2\delta$

$$= \frac{1}{3(x^2 + y^2 + z^2)}\,[(x + y + z)^2 + (-x + y + z)^2 + (x - y + z)^2 + (-x - y + z)^2]$$

$= 4/3$

132. A: पहले व्यंजक से,

$$n = -\frac{al + bm}{c}$$

n के इस मान को दूसरे व्यंजक में प्रतिस्थापित करने पर,

$$fg\left(-\frac{al + bm}{c}\right) + gl\left(-\frac{al + bm}{c}\right) + hlm = 0,$$

या $afml + bfm^2 + agl^2 + bglm - chlm = 0,$

$$ag\frac{l^2}{m^2} + \frac{l}{m}(af + bg - ch) + bf = 0 \quad .... (1)$$

अब यदि l_1, m_1, n_1 और l_2, m_2, n_2 दो रेखाओं के दिक् कोसाइन हों, तो (1) से,

$$\frac{l_1 l_2}{m_1 m_2} = \frac{bf}{ag},$$

[चूंकि (1) के मूल l_1/m_1, l_2/m_2 हैं]

या $\dfrac{l_1 l_2}{f/a} = \dfrac{m_1 m_2}{g/b}$

इसी प्रकार l के निराकरण से,

$$\frac{m_1 m_2}{g/b} = \frac{n_1 n_2}{h/c}$$

$$\therefore \quad \frac{l_1 l_2}{f/a} = \frac{m_1 m_2}{g/b} = \frac{n_1 n_2}{h/c} = q \text{ (मान लें)}$$

हम जानते हैं कि रेखाएं लंबवत् होती हैं, यदि

$$l_1 l_2 + m_1 m_2 + n_1 n_2 = 0,$$

अर्थात् यदि $(f/a)q + (g/b)q + (h/c) = 0,$

अर्थात् यदि $f/a + g/b + h/c = 0.$

133. D: मान लें कि रेखाखंड (सदिश) के घटक a, b, c हैं, तो $a^2 + b^2 + c^2 = 21^2 = 441$

$$\frac{a}{2} = \frac{b}{-3} = \frac{c}{6} = \lambda \text{ (मान लें)}$$

और $a < 0$

$\therefore \quad \lambda^2\,[4 + 9 + 36] = 441 \Rightarrow \lambda^2 = 9$

चूंकि $a = 2\lambda < 0, \lambda = -3$

अत: घटक हैं : – 6, 9, – 18.

134. A: यदि दी गई रेखाओं के लंबवत् रेखा के दिक् कोसाइन l, m, n हों तो

$$1.l - 1.m + 2.n = 0$$

और $2.l + 1.m - 1.n = 0$

$$\therefore \quad \frac{l}{1-2} = \frac{m}{4+1} = \frac{n}{1+2}$$

अर्थात् $\dfrac{l}{-1} = \dfrac{m}{5} = \dfrac{n}{3} = \dfrac{\sqrt{(l^2+m^2+n^2)}}{\sqrt{(1+25+9)}} = \dfrac{1}{\sqrt{35}}$

$\Rightarrow l = -1/\sqrt{(35)}, m = 5/\sqrt{(35)}, n = 3/\sqrt{(35)}.$

135. C: रेखा के दिक् कोसाइन हैं $1/\sqrt{6}, 1/\sqrt{6}, 2/\sqrt{6}$ और $(\sqrt{3} - 1)/2\sqrt{6}, (-\sqrt{3} - 1)2\sqrt{6}, 4/2\sqrt{6}$

$\therefore \quad \sqrt{(1^2 + 1^2 + 2^2)} = \sqrt{6}$

और $\sqrt{[(\sqrt{3}-1)^2 + (-\sqrt{3}-1)^2 + 4^2]} = \sqrt{(24)} = 2\sqrt{6}.$

यदि रेखाओं के बीच का कोण θ हो, तो

$$\cos\theta = l_1l_2 + m_1m_2 + n_1n_2$$

$$= \frac{1}{16}\cdot\frac{\sqrt{3}-1}{2\sqrt{6}} + \frac{1}{\sqrt{6}}\cdot\frac{-\sqrt{3}-1}{2\sqrt{6}} + \frac{2}{\sqrt{6}}\cdot\frac{4}{2\sqrt{6}} = \frac{1}{2}$$

$\Rightarrow \quad \theta = 60°.$

136. D: चतुष्फलक OABC के केंद्रक (मान लें G) के निर्देशांक हैं :

$$\left(\frac{0+a+1+2}{4}, \frac{0+2+b+1}{4}, \frac{0+3+2+c}{4}\right)$$

अर्थात् $[(a + 3)/4, (b + 3)/4, (c + 5)/4].$

यदि केंद्रक (1, 2, 3) हो तो

$(a + 3)/4 = 1, (b + 3)/4 = 2, (c + 5)/4 = 3$

$\Rightarrow \quad a = 1, b = 5, c = 7$

$\therefore$ P के निर्देशांक (a, b, c), अर्थात् (1, 5, 7) हैं।

$\therefore \quad PG = \sqrt{\{(1-1)^2 + (5-2)^2 + (7-3)^2\}} = 5.$

137. A: यदि रेखाएं समतलीय और l, m, n तल पर अभिलंब के दिक् कोसाइन हों, तो

$$1.l - 1.m + k.n = 0$$
$$2.l - 0.m + 0.n = 0$$
$$1.l + 0.m + 3.n = 0$$

$$\Rightarrow \begin{vmatrix} 1 & -1 & k \\ 2 & -3 & 0 \\ 1 & 0 & 3 \end{vmatrix} = 0 \Rightarrow k = 1.$$

138. C: दी गई रेखा पर कोई बिंदु है $(5r - 3, 2r + 1, 3r - 4)$.

यदि यह (1, 2, 3) से लंब रेखा का पाद हो, तो

$$5(5r - 3 - 0) + 2(2r + 1 - 2) + 3(3r - 4 - 3) = 0$$

अर्थात् $38r = 38$, अर्थात् $r = 1$

$\therefore$ लंब का पाद है, (2, 3, – 1).

139. D: (–2, –2, 2) से होकर निकलने वाले तल का समीकरण निम्नलिखित द्वारा प्रदर्शित किया जाता है :

$$a(x + 2) + b(y + 2) + c(z - 2) = 0$$

इसमें बिंदुओं (1, 1, 1) और (1, –1, 2) को मिलाने वाली रेखा अंतर्निहित है, अत: ये बिंदुएं भी तल में अवस्थित हैं

$\therefore \quad 3a + 3b - c = 0$

$\quad 3a + b + 0.c = 0$

$\therefore \quad \dfrac{a}{1} = \dfrac{b}{-3} = \dfrac{c}{-6} = r$ (मान लें)

या $\quad a = r, b = -3r, c = -6r$

$\therefore$ तल का समीकरण है :

$$x - 3y - 6z + 8 = 0.$$

140. B: दिए गए तल का समीकरण है :

$$x - 2y + 3z = 0 \quad \text{.... (1)}$$

तल (1) और तल $2x + 3y - 4y - 5 = 0$ की प्रतिच्छेद रेखा से होकर निकलने वाले तल का समीकरण निम्नवत् माना जा सकता है :

$$(x - 2y + 3z) + \lambda(2x + 3\lambda - 4y - 5) = 0$$

अर्थात् $(1 + 2\lambda)x + (-2 + 3\lambda)y + (3 - 4\lambda)z - 5\lambda = 0 \quad$ .... (2)

यदि (1) और (2) तलों के बीच का कोण 90° हो, तो

$$1.(1 + 2\lambda) - 2.(-2 + 3\lambda) + 3.(3 - 4\lambda) = 0$$

$\Rightarrow \quad \lambda = 7/8$

इसे (2) में प्रतिस्थापित करने पर, नई स्थिति में तल का समीकरण $22x + 5y - 4z - 35 = 0$ होगा।

141. B: बिंदु $P(a, b, c)$ से y-z तल और z-x तल पर खींचे गए लंब के पाद बिंदु A और B क्रमश: $A(0, b, c)$ और $B(a, 0, c)$ द्वारा निरूपित किए जाते हैं। मूल बिंदु (0, 0, 0) से होकर निकलने वाले तल का समीकरण है:

$$px + qy + rz = 0 \quad \text{.... (1)}$$

यह A और B से होकर निकलता है,

अत:

$$0p + bq + cr = 0$$

और $ap + 0q + cr = 0$

$\therefore \quad \dfrac{p}{bc} = \dfrac{q}{ac} = \dfrac{r}{-ab} = \lambda$ (मान लें)

$\therefore$ तल OAB का समीकरण है

$bcx + cay - abz = 0.$

142. A: मान लें कि तल का समीकरण है :

$x/a + y/b + z/c = 1$ ....(1)

तल (1) अक्ष से $A(a, 0,0)$, $B(0, b, 0)$ और $C(0, 0, c)$ पर मिलता है।

यदि (α, β, γ) Δ ABC के केंद्रक हों तो, $\alpha = (a + 0 + 0)/3$, $\beta = (0 + b + 0)/3$,

$\gamma = (0 + 0 + c)/3$

अर्थात् $a = 3\alpha, b = 3\beta, c = 3\gamma$

इन मानों को (1) में प्रतिस्थापित करने पर,

अपेक्षित तल है :

$x/\alpha + y/\beta + z/\gamma + 3.$

143. B: बिंदु (2, – 3, 1) से होकर निकलने वाले तल का समीकरण है :

$a(x - 2) + b(y + 3) + c(z - 1) = 0$ ....(1)

यह बिंदुओं (– 1, 1, – 7) से होकर निकलता है,

अत: $-3a + 4b - 8c = 0$ ....(2)

यह तल $x - 2y + 5z + 1 = 0$ के लंबवत् है,

अत: $a - 2b + 5c = 0$ ....(3)

(2) और (3) को हल करने पर,

$$\frac{a}{4} = \frac{b}{7} = \frac{c}{2} = \lambda$$

(1) में a, b, c के इन मानों को प्रतिस्थापित करने पर, अपेक्षित तल का समीकरण होगा :

$4x + 7y + 2z + 11 = 0.$

144. C: चतुष्फलक (0, 0, 0), (6, 0, 0), (0, – 4, 0), (0, 0, 3)

$$\therefore \quad \text{आयतन} = \left\| \frac{1}{6} \begin{vmatrix} 0 & 0 & 0 & 1 \\ 6 & 0 & 0 & 1 \\ 0 & -4 & 0 & 1 \\ 0 & 0 & 3 & 1 \end{vmatrix} \right\| = 12.$$

145. A: दिए गए बिंदु P के निर्देशांक हैं (2, 3, – 1) तथा OP अपेक्षित तल से समकोण पर है, अत: तल पर अभिलंब रेखा के दिक् अनुपात होंगे : 2, 3, – 1.

P(2, 3, –1) से होकर समतल का समीकरण होगा :

$a(x - 2) + b(y - 3) + c(z + 1) = 0$

चूंकि तल की अभिलंब रेखा के दिक् अनुपात 2, 3, – 1 हैं।

अत: $a/2 = b/3 = c/(-1)$ और इसलिए अपेक्षित तल का समीकरण है :

$2(x - 2) + 3(y - 3) - 1(z + 1) = 0$

या $2x + y - z = 14.$

146. A: A(3, 4, – 1) और B(2, – 1, 5) बिंदुओं को मिलाने वाली रेखा के दिक् अनुपात हैं :

3 – 2, 4 + 1, – 1 – 5, अर्थात् 1, 5, – 6.

बिंदु P(2, –3, 1) से होकर निकलने वाले तल का समीकरण है :

$a(x - 2) + b(y + 3) + c(z - 1) = 0$ .... (1)

तल रेखा AB के लंबवत् है, अत: तल (1) पर अभिलंब के दिक् अनुपात होंगे, 1, 5, – 6 और इस प्रकार,

$$\frac{a}{1} = \frac{b}{5} = \frac{c}{-6},$$

अत: अपेक्षित समतल का समीकरण होगा :

$1(x - 2) + 5(y + 3) - 6(z - 1) = 0.$

या $x + 5y - 6z + 19 = 0.$

147. B: रेखा का समीकरण है :

$$\frac{x+1}{1} = \frac{y+3}{3} = \frac{z-2}{-2} = r \text{ (मान लें)} \quad ...(1)$$

इस रेखा पर किसी भी बिंदु को निम्नवत् लिखा जा सकता है :

$(r - 1, 3r - 3, -2r + 2)$

यदि यह बिंदु रेखा (1) और तल

$3x + 4y + 5z = 5$ .... (2)

का प्रतिच्छेद बिंदु हो, तो यह बिंदु तल (2) पर अवस्थित होगा। अत:

$3(r - 1) + 4(3r - 3) + 5(-2r + 2) = 5$

अर्थात् $5r - 5 = 5$ या $r = 2$

$\therefore$ अपेक्षित प्रतिच्छेद बिंदु होगा (1, 3, – 2).

148. A: मान लें कि एक दूसरे के साथ समकोण बनाती हुई दो रेखाओं के दिक् कोसाइन l, m, n है। अत:

$ll_1 + mm_1 + nn_1 = 0,$

और $ll_2 + mm_2 + nn_2 = 0$

$$\therefore \quad \frac{l}{m_1n_2 - m_2n_1} = \frac{l}{n_1l_2 - n_2l_1} = \frac{n}{l_1m_2 - l_2m_1}$$

$$= \frac{\sqrt{[l^2 + m^2 + n^2]}}{\sqrt{\Sigma(m_1n_2 - m_2n_1)^2}}$$

अब $l^2 + m^2 + n^2 = 1$ और

$\sqrt{\Sigma}(m_1n_2 - m_2n_1)^2 = \sin\theta = \sin 90 = 1$

[$\because$ दी गई रेखाएं एक दूसरे की लंबवत् हैं]

$\therefore$ दिक् कोसाइन हैं:

$m_1n_2 - m_2n_1,\ n_1l_2 - n_2l_1,\ l_1m_2 - l_2m_1$.

149. A: रेखा $\frac{x-\alpha}{l} = \frac{y-\beta}{m} = \frac{z-\lambda}{n}$ समतल

$ax + by + cz + d = 0$ के समांतर होगी

यदि रेखा समतल के अभिलंब पर लंबवत् हो अर्थात्

$al + bm + cn = 0$

इस प्रश्न में यह प्रतिबंध समतल $2x + y - 2z = 0$ द्वारा सतुंष्ट होता है।

150. B: दोनों रेखाओं का समीकरण निम्नवत् लिखा जा सकता है:

$$\frac{x-b}{a} = \frac{y-0}{1} = \frac{z-d}{c}$$

और $\frac{x-b'}{a'} = \frac{y-0}{1} = \frac{z-d'}{c'}$

$\therefore$ रेखाएं लम्बवत् होंगी यदि

$a.a' + 1.1 + c.c' = 0$, अर्थात् $aa' + cc' = -1$.

151. D: समतल पर खींची गई लंब रेखा समतल के अभिलंब के समांतर होगी, अत: समतल $2x - y + z + 3 = 0$ पर खींची गई लंब रेखा के दिक् अनुपात होंगे : 2, – 1, 1 अत: बिंदु (1, 3, 4) से खींची गई लंब रेखा का समीकरण होगा

$$\frac{x-1}{2} = \frac{y-3}{-1} = \frac{z-4}{1} = r \text{ (मान लें)}$$

इस पर कोई बिंदु $(2r + 1, -r + 3, r + 4)$ हैं। यदि यह लंबवत् रेखा का पाद हो तो यह समतल पर अवस्थित होगा।

$\therefore\ 2(2r + 1) - (-r + 3) + (r + 4) + 3 = 0$

अर्थात् $6r + 6 = 0$, अर्थात् $r = -1$

लंब रेखा का पाद है : (– 1, 4, 3).

152. A: रेखाएं हैं :

$x = 1, y = 2$, अर्थात् $\frac{x-1}{0} = \frac{y-2}{0} = \frac{z}{1}$

और $y = -1, z = 0$ अर्थात् $\frac{x}{1} = \frac{y+1}{0} = \frac{z}{0}$

$\therefore$ यदि θ उनके बीच का कोण हो, तो

$\cos\theta = 0.1 + 0.0 + 1.0 = 0$ अर्थात् $\theta = 90°$.

153. D: चूंकि रेखा अक्ष की ओर समान रूप से नत है और मूल बिंदु से होकर निकलती है। चूंकि इसके दिक् कोसाइन 1, 1, 1 हैं, अत: इसका समीकरण होगा :

$$\frac{x}{1} = \frac{y}{1} = \frac{z}{1}$$

इस रेखा पर बिंदु P को (a, a, a) द्वारा व्यक्त किया जाता है। अत: $P(a, a, a)$ से होकर निकलने वाली और OP पर लंब इस रेखा का समीकरण होगा :

$1.(x - a) + 1.(y - a) + 1.(z - a) = 0$

[$\because$ OP समतल पर अभिलंब है]

अर्थात् $x + y + z = 3a$

या $\frac{x}{3a} + \frac{y}{3a} + \frac{z}{3a} = 1$

अक्ष पर अंत:खंडों को $3a, 3a, 3a$ द्वारा सूचित किया जा सकता है जिसके व्युत्क्रम $1/3a, 1/3a, 1/3a$ होंगे।

$\therefore$ इन अंत:खंडों के व्युत्क्रमों का योग

$$= \frac{1}{3a} + \frac{1}{3a} + \frac{1}{3a} = \frac{3}{3a} = \frac{1}{a}.$$

154. A: रेखा $\frac{x-1}{2} = \frac{y-2}{1} = \frac{z-3}{3}$ .... (1)

का समतल $x + y + z - 1 = 0$ .... (2)

पर प्रक्षेप समतल (2) और समतल (2) के अभिलंब समतल जिसमें रेखा (1) निहित हो, को प्रतिच्छेद करेगा। अब रेखा (1) से होकर निकलने वाले तल का समीकरण निम्नवत् लिखा जा सकता है :

$A(x - 1) + B(y - 2) + C(z - 3) = 0$ .... (3)

जहां $2.A + 1.B + 3.C = 0$ .... (4)

यदि समतल (3) समतल (2) के अभिलंब हो, तो

$1.A + 1.B + 1.C = 0$ .... (5)

(4) और (5) $\Rightarrow A/(-2) = B/1 = C/1 - k$ मान लें.

$\therefore\ A = -2k, B = k, C = k$

(3) में प्रतिस्थापित करने पर,

$2x - y - z + 3 = 0$ .... (6)

अत: अपेक्षित प्रक्षेप को समतल (2) और समतल (6) द्वारा निरूपित किया जा सकता है।

155. C: मान लें कि a, b, c अपेक्षित रेखा के दिक् अनुपात हैं

$\therefore$ रेखा समतल $4x + y + z + 2 = 0$ के समांतर और रेखा $x/1 = y/(-2) = (z - 5)/1$ की लंबवत् है।

$\therefore \quad 4a + 1.b + 1.c = 0$ .... (1)

और $1.a - 2.b + 1.c = 0$ .... (2)

$\Rightarrow \quad a/3 = b/(-3) = c/(-9) = k$ (मान लें)

$\therefore$ अपेक्षित रेखा का समीकरण है :

$$\frac{x-2}{a} = \frac{y+1}{b} = \frac{z+1}{c}$$

अर्थात् $(x-2)/3 = (y+1)/(-3) = (z+1)/(-9)$

अर्थात् $(x-2)/(-1) = (y+1)/1 = (z+1)/3.$

156. D: मान लें कि बिंदु (3, 8, 2) मान लें बिंदु A से होकर निकलने वाली रेखा जो तल

$$3x + 2y - 2z + 5 = 0 \quad .... (1)$$

के समांतर है,

रेखा $$\frac{x-1}{2} = \frac{y-3}{4} = \frac{z-2}{3} \quad .... (2)$$

से बिंदु P $(1 + 2r, 3 + 4r, 2 + 3r)$ पर मिलती है

$\therefore$ रेखा AP के दिक् अनुपात हैं,

$1 + 2r - 3, 3 + 4r - 8, 2 + 3r - 2$

अर्थात् $2r - 2, 4r - 5, 3r$

$\because$ AP समतल (1) के समांतर है

$\therefore \quad 3(2r-2) + 2(4r-5) - 2(3r) = 0 \Rightarrow r = 2$

$\therefore$ P के निर्देशांक होंगे : (5, 11, 8)

$\therefore$ अपेक्षित दूरी = AP = 7.

157. C: मान लें कि l_1, m_1, n_1 और l_2, m_2, n_2 उन रेखाओं के दिक् अनुपात है जिनमें समतल

$3x - 7y - 5z = 1,\ 5x - 13y + 3z + 2 = 0$

समतल $8x - 11y + 2z = 0$, को काटते हैं, तो

$$3l_1 - 7m_1 - 5n_1 = 0$$
$$8l_2 - 11m_2 + 2n_2 = 0$$

$\therefore \quad l_1/(-69) = m_1/(-46) = n_1/23$

और $5l_2 - 13m_2 + 3n_2 = 0$

$$8l_2 - 11m_2 + 2n_2 = 0$$

$\therefore \quad l_2/7 = m_2/14 = n_2/49.$

यदि दोनों रेखाओं के बीच का कोण θ हो, तो

$$\cos\theta = \frac{l_1l_2 + m_1m_2 + n_1n_2}{\sqrt{(l_1^2 + m_1^2 + n_1^2)}\sqrt{(l_2^2 + m_2^2 + n_2^2)}} = 0$$

$\therefore \quad \theta = \pi/2.$

158. B: रेखाओं $\frac{x-\alpha}{l} = \frac{y-\beta}{m} = \frac{z-\gamma}{n}$

और $\frac{x-\alpha'}{l'} = \frac{y-\beta'}{m'} = \frac{z-\gamma'}{n'}$ के बीच की लघुतम

$$\text{दूरी} = \begin{vmatrix} \alpha-\alpha' & \beta-\beta' & \gamma-\gamma' \\ l & m & n \\ l' & m' & n' \end{vmatrix} \div \sqrt{\Sigma(mn' - m'n)^2}$$

यहां रेखाएं हैं $\frac{x-1}{2} = \frac{y-2}{3} = \frac{z-3}{4} = r$ (मान लें)

और $\frac{x-2}{3} = \frac{y-4}{4} = \frac{z-5}{5} = s$ (मान लें)

$\therefore \Sigma(mn' - m'n)^2 = \sqrt{(-1)^2 + (2)^2 + (1)^2]} = \sqrt{6}$

$$\therefore \text{S.D.} = \begin{vmatrix} 1 & 2 & 2 \\ 2 & 3 & 4 \\ 3 & 4 & 5 \end{vmatrix} \div \sqrt{6} = \frac{1}{\sqrt{6}}.$$

159. B: समतल $2x - y + z + 3 = 0$ के लंबवत् बिंदु A(1, 3, 4) से होकर निकलने वाली रेखा का समीकरण

$$\frac{x-1}{2} = \frac{y-3}{-1} = \frac{z-4}{1} = r \quad \text{(मान लें)}$$

इस पर कोई बिंदु P होगा : $(2r + 1, -r + 3, r + 4)$.

यदि यह बिंदु (1, 3, 4) का प्रतिबिंब हो, तो AP का मध्य बिंदु समतल पर अवस्थित होगा

$$\therefore 2\left(\frac{2r+1+1}{2}\right) - \left(\frac{-r+3+3}{2}\right) + \left(\frac{r+4+4}{2}\right) + 3 = 0$$

या $4r + 4 + r - 6 + r + 8 + 6 = 0$ या $r = -2$

$\therefore$ (1, 3, 4) का प्रतिबिंब (– 3, 5, 2) है।

160. B: बिंदु (a, b, c) से होकर निकलने वाले समतल का समीकरण है :

$$\alpha(x-a) + \beta(y-b) + \gamma(z-c) = 0. \quad .... (1)$$

इस तल पर मूल बिंदु (0, 0, 0) से खींचे गए लंब का समीकरण होगा :

$$\frac{x}{\alpha} = \frac{y}{\beta} = \frac{z}{\gamma} = r \quad \text{(मान लें)} \quad .... (2)$$

मान लें कि लंब रेखा का पाद $P(x_1, y_1, z_1)$ है। तो यह समतल (2) और समतल (1) पर अवस्थित होगा, अत:

$$x_1 = \alpha r, y_1 = \beta r, z_1 = \gamma r$$

$$\therefore \frac{x_1}{r}(x_1 - a) + \frac{y_1}{r}(y_1 - b) + \frac{z_1}{r}(z_1 - c) = 0$$

अर्थात् $x_1^2 + y_1^2 + z_1^2 - ax_1 - by_1 - cz_1 = 0$

अत: P का बिंदु पथ होगा

$$x^2 + y^2 + z^2 - ax - by - cz = 0.$$

161. B: चतुष्फलक के चार पार्श्व हैं :

$$x = 0 \quad .... (1)$$
$$y = 0 \quad .... (2)$$

$z = 0$ .... (3)

$x/a + y/b + z/c = 1$ .... (4)

(1), (2), (3); (2),(3), (4); (1), (3), (4) और (1), (2), (4); को हल करने पर चतुष्फलक के शीर्ष होंगे : O(0, 0, 0), A(*a*, 0, 0), B(0, *b*, 0) और C(0, 0, *c*) अब O, A, B और C से होकर निकलने वाले गोले का समीकरण ज्ञात करें।

162. B: मान लें कि OA = *a*, OB = *b* और OC = *c*.

$\therefore$ O(0, 0, 0), A(*a*, 0, 0), B(0, *b*, 0), C(0, 0, *c*) से होकर निकलने वाले गोले का समीकरण होगा :

$x^2 + y^2 + z^2 - ax - by - cz = 0$ .... (1)

गोले की त्रिज्या

$= \sqrt{(a^2/4 + b^2/4 + c^2/4)} = 2k$

$\Rightarrow a^2 + b^2 + c^2 = 16k^2$ .... (2)

यदि (*f*, *g*, *h*) चतुष्फलक OABC का केंद्रक हो, तो

$f = a/4$, $g = b/4$, $h = c/4$

अर्थात् $a = 4f$, $b = 4g$, $c = 4h$

(2) में प्रतिस्थापित करने पर,

$f^2 + g^2 + h^2 = k^2$

$\therefore$ केंद्र (*f*, *g*, *h*) का बिंदुपथ होगा : $x^2 + y^2 + z^2 = k^2$.

163. A: गोले का केंद्र (2, 3, – 4) के रूप में दिया जाता है

$\therefore$ गोले की त्रिज्या

= केंद्र (2, 3, – 4) से तल $2x + 6y - 3z + 15 = 0$ पर खींची गई लंब रेखा की लंबाई

$$= \frac{2.2 + 6.3 - 3(-4) + 15}{\sqrt{[2^2 + 6^2 + (-3)^2]}} = 7$$

$\therefore$ अपेक्षित गोले का समीकरण

$(x - 2)^2 + (y - 3)^2 + (z + 4)^2 = (7)^2$

अर्थात् $x^2 + y^2 + z^2 - 4x - 6y + 8z - 20 = 0$.

164. A: गोला $x^2 + y^2 + z^2 = 9$ के लिए केंद्र C है (0, 0, 0) और त्रिज्या CA = 3.

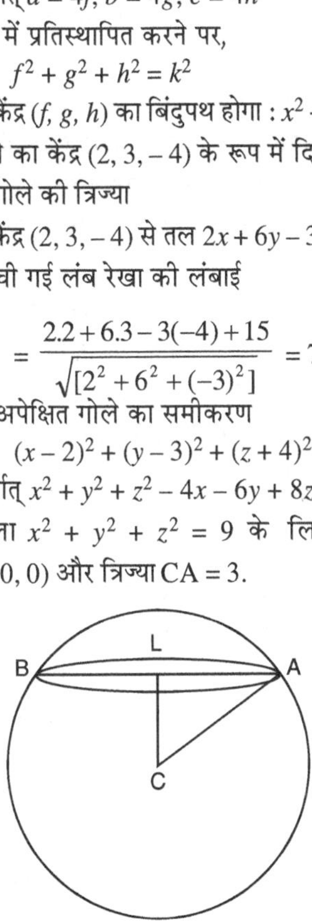

अब CL = समतल $x + y + z = 3$ पर C से खींची गई लंब रेखा की लंबाई

$$= \frac{3}{\sqrt{(1+1+1)}} = \sqrt{3}$$

Δ ACL में AL = $\sqrt{(CA^2 - CL^2)} = \sqrt{6}$.

165. B: गोला $x^2 + y^2 + z^2 - 2x - 4y + 2x - 3 = 0$ का केंद्र (1, 2, – 1) और त्रिज्या $\sqrt{(1 + 4 + 1 + 3)} = 3$ है।

तल $2x - 2y + z + 12 = 0$ से गोले के केंद्र की लंब दूरी

$= (2.1 - 2.2 - 1 + 12)/\sqrt{(4 + 4 + 1)} = 3$ = त्रिज्या

$\therefore$ समतल गोले को स्पर्श करता है।

अब संस्पर्श बिंदु केंद्र से समतल पर खींची गई लंब रेखा का पाद है। केंद्र (1, 2, – 1) से समतल पर खींची गई लंब रेखा का समीकरण होगा :

$$\frac{x-1}{2} = \frac{y-2}{-2} = \frac{z+1}{1} = r \text{ (मान लें)}$$

इस पर कोई बिंदु $(2r + 1, -2r + 2, r - 1)$ है

यह समतल पर अवस्थित होनी चाहिए

$\therefore$ $2(2r + 1) - 2(-2r + 2) + (r - 1) + 12 = 0$

या $r = -1$

$\therefore$ संस्पर्श बिंदु है : (– 1, 4, – 2).

166. B: दिए गए वृत्त के संकेन्द्री (concentric) वृत्त का समीकरण है :

$x^2 + y^2 + z^2 - 4x - 6y - 8z + k = 0$ .... (1)

यह वृत्त (1) बिंदु (0, 1, 0) से होकर निकलती हो, तो

$1 - 6 + k = 0$, $k = 5$

अत: वृत्त का समीकरण है :

$x^2 + y^2 + z^2 - 4x - 6y + 8z + 5 = 0$.

167. C: मान लें कि बिंदु (x_1, y_1, z_1) व्यास का दूसरा सिरा है। तो गोले का समीकरण होगा :

$$(x - 2)(x - x_1) + (y - 3)(y - y_1) + (z - 5)(z - z_1) = 0$$

या $x^2 + y^2 + z^2 - (x_1 + 2)x - (y_1 + 3)y - (z_1 + 5)z + 2x_1 + 3y_1 + 5z_1 = 0$

इसकी दिए गए समीकरण

$x^2 + y^2 + z^2 - 6x - 12y - 2z + 20 = 0$, से तुलना करने पर,

$x_1 + 2 = 6$, $y_1 + 3 = 12$, $z_1 + 5 = 2$

और $2x_1 + 3y_1 + 5z_1 = 20$

अर्थात् $x_1 = 4$, $y_1 = 9$, $z_1 = -3$

अत: व्यास का दूसरा सिरा है : (4, 9, – 3).

अवकल गणित
(DIFFERENTIAL CALCULUS)

राशि (Quantity) : ऐसी कोई भी संख्या जिसके साथ जोड़, घटा, गुणा या भाग जैसी गणितीय संक्रियाएं की जा सकती हैं, राशि कहलाती हैं।

अचर राशि (Constant) : ऐसी राशि जिसका मान संपूर्ण गणितीय संक्रिया के दौरान अपरिवर्तित रहता है, अचर राशि कहलाती है।

चर राशि (Variable) : ऐसी राशि जिसके कई मान हो सकते हैं, चर राशि कहलाती है। चर राशियों को प्राय:

$x, y, z, \ldots, u, v, w, \ldots,$ आदि द्वारा इंगित किया जाता है।

(a) **स्वतंत्र चर राशि (Independent variable) :** ऐसी चर राशि जो अपनी इच्छानुसार कोई भी मान ग्रहण कर सकती है, स्वंतत्र चर राशि कहलाती है।

(b) **परतंत्र चर राशि (Dependent variable) :** ऐसी चर राशि जिसका मान किसी अन्य चर राशि के मान पर निर्भर करता है, परतंत्र चर राशि कहलाती है।

उदाहरण के लिए, समीकरण $y = \sin x$, $y = mc + c$ में x स्वतंत्र चर राशि और y परतंत्र चर राशि है।

चर का प्रांत (Domain of Variable) : यदि चर राशि x के मान a और b के बीच हों, तो a और b के बीच x के सभी मानों के वास्तविक समुच्चय को चर राशि x का प्रांत (domain) कहते हैं।

(a) **विवृत प्रांत (Open domain) :** यदि चर x के मान a और b के बीच अवस्थित हों किंतु a या b के बराबर न हों, तो a और b के बीच x के सभी मानों का समुच्चय विवृत प्रांत कहलाता है और $]a, b[$ या (a, b) द्वारा सूचित किया जाता है।

(b) **संवृत प्रांत (Closed domain) :** यदि चर x के मान a और b के बराबर हों और साथ ही a और b के बीच अवस्थित हों, तो a और b सहित a और b के बीच x के सभी मानों का समुच्चय संवृत प्रांत कहलाता है और इसे $[a, b]$ द्वारा सूचित किया जाता है।

अर्ध-विवृत प्रांत (The semi-open domains) $]a, b[$ और $[a, b[$ द्वारा सूचित किए जाते हैं।

$]a, b[$ प्रांत वाम पक्ष में विवृत और दक्षिण पक्ष में संवृत होता है अर्थात् यह b सहित a और b के बीच x के सभी मानों का समुच्चय होता है। यहां $x \neq a$.

$[a, b[$ प्रांत वाम पक्ष में संवृत और दक्षिण पक्ष में विवृत होता है अर्थात् यह a सहित a और b के बीच x के सभी मानों का समुच्चय होता है। यहां $x \neq b$.

अवकल फलन (Differential Functions) : व्यापक रूप में यदि कोई चर राशि y अन्य चर राशि x पर आश्रित हो तो हम कहते हैं कि y, x का एक फलन है और इसे $y = f(x)$ के रूप में लिखते हैं जो x और y के बीच संबंध को दर्शाता है।

x के उन सभी मानों का समुच्चय जिसके लिए y ($y = f(x)$ द्वारा परिभाषित) का एक निश्चित मान हो, फलन का प्रांत कहलाता है, और x के अलग-अलग मानों के लिए y के सभी मानों का समुच्चय फलन का रेंज (range) कहलाता है।

वास्तविक फलन (Real Function) : जिस फलन के लिए प्रांत और रेंज वास्तविक संख्याओं के उपसमुच्चय हों उसे एक वास्तविक फलन कहते हैं।

यदि $y = f(x)$, x का एक ऐसा फलन हो कि उसके प्रांत में x के प्रत्येक मान के संगत y का एक निश्चित (एक ही) मान हो, तो y को x का एकल मान वाला फलन कहते हैं।

फलन की समुच्चय सैद्धांतिक परिभाषा (Set-Theoretic Definition of Function) : मान लें कि A और B दो अरिक्त समुच्चय हैं। समुच्चय A से समुच्चय B तक का फलन b निर्धारित करने के लिए एक ऐसे नियम का पालन किया जाता है जिसके अनुसार A का प्रत्येक अवयव a किसी न किसी प्रकार B के एक और केवल एक अवयव से संबंधित हो।

यदि A से B तक का फलन f हो, तो हम इसे निम्नवत् इंगित करते हैं :

$$f : \mathrm{A} \rightarrow \mathrm{B}.$$

यदि फलन f अवयव $a \in \mathrm{A}$ का अवयव $b \in \mathrm{B}$ से संबंध स्थापित करता है तो हम लिखते हैं $b = f(a)$। अवयव $b \in \mathrm{B}$ को f के अधीन a का प्रतिबिंब (image) तथा अवयव $a \in \mathrm{A}$ को $b \in \mathrm{B}$ का पूर्व-प्रतिबिंब (Pre-image) कहते हैं।

फलन f का प्रांत और रेंज (Domain and Range of Function f) : यदि A से B तक का फलन $f : \mathrm{A} \rightarrow \mathrm{B}$ हो, तो समुच्चय A फलन f का प्रांत कहलाता है और B के ऐसे सभी अवयवों, जो A के अवयवों के प्रतिबिंब हों, का समुच्चय फलन

f का रेंज कहलाता है जिसे $f(A)$ द्वारा सूचित किया जाता है।

अर्थात् $f(A) = \{b = f(a) : a \in A\}$

स्पष्ट है कि $f(A) \subseteq B$.

अचर फलन (Constant Function) : फलन $f : R \to R$ एक अचर फलन कहलाता है यदि $\exists$ एक अचर $k \in R$, इस प्रकार हो कि $f(x) = k, \forall x \in R$.

इस फलन f का प्रांत R है अर्थात् परिसर (रेंज) की सभी वास्तविक संख्याओं का समुच्चय एक ऐसा समुच्चय है जिसमें एकल अवयव $k \in R$ अंतर्निहित होता है।

तत्समक फलन (Identity Function) : फलन $f : R \to R$ को तत्समक फलन कहते हैं यदि $f(x) = x, \forall x \in R$ हो।

इस तत्समक फलन का प्रांत R होता है और इसका रेंज भी R होता है।

फलनों की समता (Equality of Functions) : दो फलन $f : A \to B$ और $g : A \to B$ समान कहलाते हैं यदि और केवल यदि $f(a) = g(a), \forall a \in A$। यदि f और g समान फलन हों, तो हम लिखते हैं : $f = g$.

बहुपद फलन (Polynomial Function) : फलन

$f(x) = a_0 + a_1x + a_2x^2 + ... + a_nx^n$,

जहां $a_0, a_1, ..., a_n$, वास्तविक संख्याएं इस प्रकार हों कि $a_n \neq 0$ और n एक धन पूर्णांक हो, को n घात का बहुपद फलन कहते हैं।

किसी बहुपद फलन का प्रांत R होता है।

परिमेय फलन (Rational Function) : दो बहुपद फलनों के भागफल द्वारा परिभाषित फलन को परिमेय फलन कहते हैं।

अत: $R(x) = P(x)/Q(x)$, जहां $P(x)$ और $Q(x)$ $(\neq 0)$ बहुपद फलन है, एक परिमेय फलन है।

अपरिमेय फलन (Irrational Function) : जिस फलन में बहुपद या बहुपदों की एक या अधिक करणियां अंतर्निहित हों उसे अपरिमेय फलन कहते हैं।

उदाहरण के लिए, $\sqrt{(x^2 + 2x + 3)}, x^7 (x^3 + 2x^2 + 7)^{2/3} [\sqrt{(1 + x)}]$ अपरिमेय फलन हैं।

बीजीय फलन (Algebraic Functions) : बीजीय फलन उसे कहते हैं जिसमें चर राशि x की घातों और मूलों से युक्त परिमित संख्या में पद निहित होते हैं तथा साथ ही जोड़, घटा, गुणा और भाग, ये चार सरल संक्रियाएं अंतर्निहित होती हैं। स्पष्ट है कि सभी बहुपद, परिमेय और अपरिमेय फलन बीजीय फलन होते हैं।

अबीजीय फलन (Transcendental Functions) : ऐसे सभी फलन जो बीजीय नहीं होते, अबीजीय फलन कहलाते हैं। इन फलनों में निम्नलिखित शामिल होते हैं :

(*a*) त्रिकोणमितीय फलन (Trigonometic Functions) जैसे कि $\sin x, \cos x, \tan x$, आदि :

(*b*) प्रतिलोम त्रिकोणमितीय फलन (Inverse Trigonometric Functions) जैसे कि $\sin^{-1} x, \cos^{-1} x, \tan^{-1} x$, आदि

(*c*) चरघातांकी फलन (Exponential Function) जैसे कि e^x, a^x, आदि

(*d*) लघुगणकीय फलन (Logarithmic Functions) जैसे कि $\log_a x, \log (1 + x)$, आदि

(*e*) व्यापक चरघातांकी फलन (General Exponential Functions) जैसे कि $x^{\log x}, x^{\cos x}$, आदि

(*f*) किसी चर राशि की असम्मेय घात (Incommensurable powers) जैसे कि $x^e, x^{\sqrt{5}}$, आदि

स्पष्ट फलन (Explicit Functions) : y को स्वतंत्र चर राशि x का स्पष्ट फलन कहा जाता है यदि हम लिख सकते हों कि $y = f(x)$, अर्थात् यदि y को स्वतंत्र चर राशि x के पदों में सीधे-सीधे व्यक्त किया जा सकता हो।

उदाहरण : $y = x^2, y = 2x^3 + 3x^2 + x + 3$ आदि x के स्पष्ट फलन हैं।

अस्पष्ट फलन (Implicit Functions) : y को स्वतंत्र चर राशि (या राशियों) x का अस्पष्ट फलन कहा जाता है यदि इसे x के पदों में सीधे-सीधे व्यक्त नहीं किया जा सकता हो।

उदाहरण : $x^3y^2 + 3xy^2 + x^3 + y^3 + 3y + 2x + 5 = 0$ में y, x का अस्पष्ट फलन है।

सम फलन (Even Function) : फलन $f(x)$ को x का सम फलन कहते हैं यदि x के सभी मानों के लिए $f(-x) = f(x)$ हो।

उदाहरण : $\cos x, x^n, \sin^n x$ ये सभी x के सम फलन हैं यदि n एक सम संख्या हो।

विषम फलन (Odd Function) : फलन $f(x)$ को x का विषम फलन कहते हैं यदि x के सभी मानों के लिए $f(-x) = -f(x)$ हो।

उदाहरण : $x^n \cdot \sin^n x$ ये सभी x के विषम फलन हैं यदि n एक विषम संख्या हो।

आवर्ती फलन (Periodic Functions) : फलन $f(x)$ को आवर्ती फलन कहा जाता है यदि कोई एक धन संख्या इस प्रकार हो कि $f(x + T) = f(x)$। T को फलन $f(x)$ का आवर्त कहते हैं।

स्पष्ट है कि यदि T, $f(x)$ का आवर्त हो तो $f(x) = f(x + T) = f(x + 2T) = f(x + 3T) = ...$

अत: T, 2T, 3T, ... सभी $f(x)$ के आवर्त हैं तथा इन सभी

आवर्तों में से न्यूनतम को अर्थात् न्यूनतम धन संख्या T [इस प्रकार कि $f(x + T) = f(x)$] को $f(x)$ का मूल आवर्त (Fundamental Period) कहते हैं।

उदाहरण : 2π फलनों $\sin x$ और $\cos x$ का आवर्त (या मूल आवर्त) है यदि 2π एक न्यूनतम धन संख्या इस प्रकार हो कि $\sin x = \sin (x + 2\pi)$, $\cos x = \cos (x + 2\pi)$ । $\tan x$ और $\cot x$ का आवर्त π है।

निरपेक्ष मान फलन या मापांक फलन (Absolute Value Function or Modulus Function) :

फलन $f(x) = |x|$,

जहां $|x| = \begin{cases} x, & \text{जबकि } x \geq 0 \\ -x, & \text{जबकि } x < 0 \end{cases}$ हो, को x का निरपेक्ष मान फलन या मापांक फलन कहते हैं।

इस फलन $f(x)$ का प्रांत सभी वास्तविक संख्याओं का समुच्चय होता है और चूंकि प्रत्येक $x \in R$ के लिए $|x| \geq 0$ अत: $f(x)$ का रेंज सभी ऋणेतर वास्तविक संख्याओं (non-negative real number) का समुच्चय होता है।

महत्तम पूर्णांक फलन (Greatest Integer Function) : $y = f(x) = [x]$ द्वारा इंगित महत्तम पूर्णांक फलन x से कम या x के बराबर सबसे बड़े पूर्णांक को सूचित करता है।

व्यापक रूप में, यदि n एक पूर्णांक हो तथा x कोई भी वास्तविक संख्या (n और $n + 1$ के बीच की) हो अर्थात् यदि $n \leq x < n + 1$ तो $[x] = n$.

अत: $[3.04] = 3$, $[3.9] = 3.[3.9999] = 3.[-.64]$
$= [-1 + .36]$
$= -1. [-4.79] = [-5 + 21] = -5.[-6] = -6$, आदि

चूंकि x का कोई भी वास्तविक मान हो सकता है, अत: $[x]$ का प्रांत सभी वास्तविक संख्याओं का समुच्चय होता है।

फलन $[x]$ का रेंज सभी पूर्णांकों का समुच्चय होता है।

संयुक्त फलन (Composite Functions) : मान लें कि f और g दो फलन इस प्रकार हैं कि रेंज $f \subseteq$ प्रांत g, तो $g \, of$ द्वारा इंगित g और f के संयुक्त फलन को f के प्रांत में प्रत्येक x के लिए $(g \, o f)(x) = g[f(x)]$ द्वारा परिभाषित किया जा सकता है।

प्रतिलोम फलन (Inverse Functions) : मान लें कि $y = f(x)$ एक समुच्चय A के रूप में परिभाषित एक एकल (अर्थात् एक मान वाला) फलन है तथा मान लें कि $a \in A$ के सभी अवयवों के लिए $f(a)$ के मानों का समुच्चय B है अर्थात् $B = f(A)$, f का रेंज समुच्चय (range set) है। तो f^{-1} द्वारा इंगित फलन f का प्रतिलोम B के रूप में परिभाषित एक फलन इस प्रकार है कि $f^{-1}(b) = a$, जहां $b = f(a)$.

स्पष्ट है कि f^{-1} का रेंज समुच्चय स्वंय A ही है अर्थात् $f^{-1}(B) = A$.

सीमा (Limit) : संख्या l को $x = a$ पर $f(x)$ की सीमा (limit) यदि यादृच्छिक रूप से किसी भी चयनित धन संख्या $\in$ (जो कितनी भी छोटी क्यों न हो किंतु शून्य के बराबर न हो) के लिए एक संगत संख्या δ (शून्य से बड़ी) प्राप्त हो, इस प्रकार कि $|f(x) - 1| < \in$, x के सभी मानों के लिए जिसके लिए $0 < |x - a| < \delta$

दूसरे शब्दों में, फलन $f(x)$ सीमा l की ओर प्रयाण करने का प्रयास करता है [अर्थात् $f(x) \to l$] ज्यों ही x सीमा a की ओर प्रयाण करने का प्रयास करती है [अर्थात् $x \to a$] यदि x को a के काफी निकट मानकर $f(x)$ और l के बीच अंतर के मान को हम अपनी इच्छानुसार सर्वाधिक कम कर सकते हों। हम इसे निम्नवत् लिखते हैं :

$$\lim_{x \to 0} f(x) = l$$

अनिर्धार्य रूप (Indeterminate Forms) : x के किसी मान के लिए (मान लें कि $x = a$) यदि फलन $f(x)$ निम्नलिखित में से कोई भी रूप प्राप्त करता हो :

$$\frac{0}{0}, \frac{\infty}{\infty}, \infty - \infty, 0 \times \infty, 0^0, 1^\infty, \infty^0$$

तो $f(x)$ को $x = a$ पर अनिर्धार्य कहा जाता है।

एल-हॉस्पिटल्स नियम (L-Hospital's Rule) : यदि $\phi(x)$ और $\psi(x)$ दो फलन इस प्रकार हों कि $\phi(a) = 0$ और $\psi(a) = 0$ हो, तो

$$\lim_{x \to a} \frac{\phi(x)}{\psi(x)} = \lim_{x \to a} \frac{\phi'(x)}{\psi'(x)}$$

बशर्ते ϕ' और $\psi'(a)$ में से दोनों शून्य न हों।

कुछ महत्त्वपूर्ण सीमाएं (Some Important Limits) :

(i) $\lim_{\theta \to 0} \frac{\sin \theta}{\theta} = 1$, जहां θ की माप रेडियन में की जाती है

(ii) $\lim_{n \to \infty} \left(1 + \frac{1}{n}\right)^n = e$,

(iii) $\lim_{n \to -\infty} \left(1 + \frac{1}{n}\right)^n = e$,

(iv) $\lim_{n \to \infty} \left(1 + \frac{a}{n}\right)^n = e$,

(v) $\lim_{x \to 0} (1+x)^{1/x} = e,$

(vi) $\lim_{x \to a} \frac{x^n - a^n}{x - a} = na^{n-1}, n \neq 1,$

(vii) $\lim_{n \to \infty} a^n = \begin{cases} \infty \text{ अत: इसका अस्तित्व नहीं होता} & \text{यदि } a > 1 \\ 0 & \text{यदि } -1 < a < 1 \\ \text{अस्तित्व नहीं होता} & \text{यदि } a \leq -1 \end{cases}$

कुछ महत्वपूर्ण सूत्र :

(i) $\sin x = x - \frac{x^3}{3!} + \frac{x^5}{5!} - \frac{x^7}{7!} + \ldots \infty$

(ii) $\cos x = 1 - \frac{x^2}{2!} + \frac{x^4}{4!} - \frac{x^6}{6!} + \ldots \infty$

(iii) $\sinh x = x + \frac{x^3}{3!} + \frac{x^5}{5!} + \ldots \infty$

(iv) $\cosh x = 1 + \frac{x^2}{2!} + \frac{x^4}{4!} + \ldots \infty$

(v) $\tan x = x + \frac{1}{3}x^3 + \frac{2}{15}x^5 + \ldots \infty$

(vi) $e^x = 1 + \frac{x}{1!} + \frac{x^2}{2!} + \frac{x^3}{3!} + \ldots \infty$

(vii) $\log(1+x) = x - \frac{1}{2}x^2 + \frac{1}{3}x^3 \ldots \infty, |x| < 1$

(viii) $a^x = 1 + x \log a + \frac{x^2 (\log a)^2}{2!} + \frac{x^3 (\log a)^3}{3!} + \ldots$

(ix) $\sin^{-1} x = x + 1^2 . x^3/3! + 1^2 . 3^2 x^5/5! + \ldots$

(x) $\cos^{-1} x = x - x^3/6 + \ldots$

(xi) $\tan^{-1} x = x - x^3/3 + x^5/5$

सीमाओं का मान ज्ञात करना (व्यवहारिक नियम)

गुणनखंड द्वारा (By Factorisation) : $\lim_{x \to a} \frac{\phi(x)}{\psi(x)}$ का मान ज्ञात करने के लिए यदि संभव हो तो $\phi(x)$ और $\psi(x)$ दोनों का गुणनखंड ज्ञात करें, तत्पश्चात अंश और हर दोनों में निहित a-युक्त उभयनिष्ठ गुणक (factor) को निरसित (cancel) करें। अंत में x के स्थान पर a को प्रतिस्थापित करके सीमा (limit) ज्ञात करें।

उदाहरण :

$$\lim_{x \to a} \frac{x^3 - a^3}{x^2 - a^2} = \lim_{x \to a} \frac{(x-a)(x^2 + ax + a^2)}{(x-a)(x+a)}, \quad \because x - a \neq 0$$

$$= \lim_{x \to a} \frac{x^2 + ax + a^2}{x + a} = \frac{a^2 + a^2 + a^2}{a + a} = \frac{3}{2}a.$$

प्रतिस्थापन की विधि द्वारा मान ज्ञात करना (Evaluation by Substitution) : $\lim_{x \to a} f(x)$ का मान ज्ञात करने के लिए $x = a + h$ रखें और अंश तथा हर को हल करें, तत्पश्चात अंश और हर में निहित h से युक्त उभयनिष्ठ गुणक को निरसित करें। अंत में $h = 0$ प्रतिस्थापित करके सीमा (limit) ज्ञात करें।

उदाहरण :

$$\lim_{x \to a} \frac{x^3 - a^3}{x^2 - a^2} = \lim_{h \to 0} \frac{(a+h)^3 - a^3}{(a+h)^2 - a^2}, \text{ } x = a + h \text{ रखने पर,}$$

$$= \lim_{h \to 0} \frac{h(3a^2 + 3ah + h^2)}{h(2a+h)} = \lim_{h \to 0} \frac{3a^2 + 3ah + h^2}{2a + h}$$

$$= \frac{3a^2}{2a} = \frac{3}{2}a.$$

एल-हॉस्पिटल्स नियम द्वारा (By L-Hospital's Rule) : 0/0 या ∞/∞ रूप के लिए प्रयुक्त एल-हॉस्पिटल नियम :

उदाहरण :

$$\lim_{x \to a} \frac{x^3 - a^3}{x^2 - a^2} \text{ जो 0/0 रूप का है}$$

$$= \lim_{x \to a} \frac{3x^2}{2x}, \text{ पृथकत: अवकलनीय अंश और हर}$$

$$= \frac{3}{2}\frac{a^2}{a} = \frac{3}{2}a.$$

प्रसरण सूत्र के प्रयोग द्वारा (By Using Expansions Formulae) : सीमाओं (limits) को सरल करने और उनका मान ज्ञात करने में प्रसरण सूत्र का प्रयोग भी अत्यधिक उपयोगी सिद्ध होता है

$$\lim_{x \to 0} \frac{\sin x - x + \frac{1}{6}x^3}{x^5}$$

$$= \lim_{x \to 0} \frac{(x - x^3/3! + x^5/5! \ldots) - x + \frac{1}{6}x^3}{x^5}$$

$$= \lim_{x\to 0}\left[\frac{1}{5!} + x \text{ और उसकी घातों से युक्त पद }\right]$$

$$= \frac{1}{5!} = \frac{1}{120}.$$

परिमेयकरण द्वारा (By Rationalisation) : यदि अंश और हर (या दोनों ही) अपरिमेय फलन हों, तो फलन की सीमा ज्ञात करने के लिए अंश या हर (या दोनों) का परिमेयकरण उपयोगी होता है

उदाहरण :

$$\lim_{x\to 0}\frac{\sqrt{(1+x)}-1}{x} = \lim_{x\to 0}\frac{\sqrt{(1+x)}-1}{x}\times\frac{\sqrt{(1+x)}+1}{\sqrt{(1+x)}+1}$$

$$= \lim_{x\to 0}\frac{1+x-1}{x\left[\sqrt{(1+x)}+1\right]} = \lim_{x\to 0}\frac{1}{\sqrt{(1+x)}+1} = \frac{1}{2}.$$

सीमा जबकि $x \to \infty$ हो (Limits when $x \to \infty$)

यदि $x \to \infty$ हो, तो सीमा ज्ञात करने के लिए $x = 1/t$ या $t = 1/x$ प्रतिस्थापित करें ताकि $t \to 0$ जबकि $x \to \infty$ और निर्धारित प्रथा का अनुपालन करें

उदाहरण : $\lim_{x\to\infty}\dfrac{2x^3+3x^2+4}{3x^3-4x^2+2x+7}$

$$= \lim_{t\to 0}\frac{2/t^3+3/t^2+4}{3/t^3-4/t^2+2/t+7},$$ प्रतिस्थापित करने पर $x = 1/t$

$$= \lim_{t\to 0}\frac{2+3t+4t^3}{3-4t+2t^2+7t^3} = \frac{2}{3}.$$

वामवर्ती सीमा और दक्षिणवर्ती सीमा ज्ञात करके सीमा ज्ञात करना (To Find the Limit by Finding L.H.L. and R.H.L.) : $x \to a$ के रूप में किसी फलन $f(x)$ की सीमा का परिकलन कतिपय विशिष्ट मामलों में दक्षिणवर्ती सीमा (R.H.L.) और वामवर्ती सीमा (L.H.L.) ज्ञात करके किया जा सकता है जबकि $f(x)$ के मान $x \le a$ और $x \ge a$ के लिए x के अलग-अलग फलनों द्वारा व्यक्त किए जाते हों। फलन $f(x)$ ($x \to a$ के रूप में) की सीमा l है यदि

$$f(a+0) = l = f(a-0)$$

$f(a + 0)$, जिसे $x = a$ पर दक्षिणवर्ती सीमा कहा जाता है, निम्नलिखित द्वारा व्यक्त किया जाता है :

$$f(a+0) = \lim_{h\to 0} f(a+h)$$

और $f(a - 0)$ जिसे $x = a$ पर वामवर्ती सीमा कहा जाता है, निम्नलिखित द्वारा व्यक्त किया जाता है :

$$f(a-0) = \lim_{h\to 0} f(a-h)$$

सांतत्य (Continuity) : एक विवृत अंतराल l पर परिभाषित चर राशि x के लिए वास्तविक मान वाले फलन $f(x)$ को $x = a \in I$ संतत् (continuous) कहा जाता है यदि और केवल यदि किसी भी यादृच्छिक रूप से चयनित धन संख्या $\in$ जो चाहे कितनी भी छोटी क्यों न हो, के लिए हम एक संगत संख्या δ ज्ञात कर सकते हों इस प्रकार कि $|f(x) - f(a)| < \in$ (x के ऐसे मानों के लिए जिनके लिए $|x - a| < \delta$ हो) ध्यान रखें कि δ का मान $\in$ के मान पर निर्भर करता है, अत: हम δ का चयन $\in$ का चयन करने के बाद करते हैं।

सांतत्य की एक वैकल्पिक परिभाषा (An Alternative Definition of Continuity) : किसी फलन $f(x)$ को $x = a \in I$ पर संतत कहा जाता है यदि और केवल यदि $\lim_{x\to a} f(x)$ हो जो परिमित और $f(a)$ के बराबर हो।

अर्थात् $\lim_{h\to 0} f(a + h) = \lim_{h\to 0} f(a - h) = f(a)$

सांतत्य की जांच करने के लिए व्यावहारिक नियम (Working Rule to Test the Continuity) : $x = a$ पर फलन $f(x)$ के सांतत्य की जांच करने के लिए $f(a - 0)$, $f(a + 0)$ और $f(a)$ ज्ञात करें। तब फलन $f(x)$, $x = a$ पर संतत होता है यदि और केवल यदि,

$$f(a-0) = f(a+0) = f(a)$$

जो $x = a$ पर सांतत्य की जांच करने का एक व्यवहारिक नियम है।

वाम पक्ष और दक्षिण पक्ष से सांतत्य (Continuity from the Left and Continuity from the Right) :

(i) फलन $f(x)$ को $x = a$ पर वाम पक्ष से संतत कहा जाता है यदि $f(a - 0) = f(a)$.

(ii) फलन $f(x)$ को $x = a$ पर दक्षिण पक्ष से संतत कहा जाता है यदि $f(a + 0) = f(a)$.

किसी विवृत अंतराल में सांतत्य (Continuity in an Open Interval) : कोई फलन $f(x)$ विवृत अंतराल $]a, b[$ में संतत कहलाता है यदि वह अंतराल के प्रत्येक बिंदु पर संतत हो।

किसी संवृत अंतराल में सांतत्य (Continuity in a Closed Interval) : कोई फलन $f(x)$ संवृत अंतराल $[a, b]$ में संतत

कहलाता है यदि

(*i*) फलन $f(x)$ दक्षिण पक्ष से $x = a$ पर संतत हो अर्थात् $f(a+0) = f(a)$ हो।

(*ii*) फलन $f(x)$ वाम पक्ष से $x = b$ पर संतत हो अर्थात् $f(b - 0) = f(b)$ हो।

(*iii*) $f(x)$ विवृत अंतराल $]a, b[$ में सभी बिंदुओं पर संतत हो अर्थात् $f(c-0) = f(c) = f(c+0), \forall c \in]a, b[$ हो।

असांतत्य (Discontinuity) : कोई फलन किसी बिंदु $x = a$ पर असंतत कहलाता है यदि वह उस बिंदु पर संतत नहीं हो। वह बिंदु $x = a$ जहां फलन संतत नहीं होता, असांतत्य बिंदु (point of discontinuity) कहलाता है।

किसी बिंदु पर अवकलज (Derivative at a Point) : यदि $f(x)$ विवृत अंतराल $]a, b[$ पर परिभाषित x का एक फलन हो और यदि $x = c$ इस अंतराल का कोई बिंदु हो तो $f(x)$ को बिंदु $x = c$ पर अवकलनीय कहते हैं यदि और केवल यदि

$\lim_{h\to 0} \frac{f(c+h)-f(c)}{h}$ परिमित रूप में अस्तित्व में हो।

इस सीमा का मान $f(x)$ का बिंदु $x = c$ पर अवकलज (या अवकल गुणांक, differential constant) कहलाता है और इसे निम्नलिखित द्वारा इंगित किया जाता है :

$$f'(c), \mathrm{D}\, f(c) \text{ या } \left[\frac{d}{dx} f(x)\right]_{x=c}$$

प्रगामी और प्रतिक्रामी अवकलज (Progressive and Regressive Derivatives) : $x = c$ बिंदु पर $f(x)$ का $\mathrm{R}f'(c)$ द्वारा इंगित प्रगामी अवकलज या दक्षिणवर्ती अवकलज सूत्र

$$\mathrm{R}f'(c) = \lim_{h\to 0} \frac{f(c+h)-f(c)}{h}, h > 0$$

द्वारा व्यक्त किया जाता है यदि वह परिमित रूप में उपस्थित हो। $x = c$ बिंदु पर $f(x)$ का $\mathrm{L}f'(c)$ द्वारा इंगित प्रतिक्रामी अवकलज या वामवर्ती अवकलज सूत्र

$$\mathrm{L}f'(c) = \lim_{h\to 0} \frac{f(c-h)-f(c)}{-h}, h > 0$$

द्वारा व्यक्त किया जाता है यदि वह परिमित हो।

फलन $f(x)$ को $x = c$ पर अवकलनीय कहा जाता है यदि $\mathrm{R}f'(c)$ परिमित भी हो और बराबर भी तथा उनके सर्वनिष्ठ मान को बिंदु $x = c$ पर अवकलज या अवकल गुणांक कहते हैं। फलन $f(x)$ को $x = c$ बिंदु पर अनवकलनीय (non-differentiable) कहते हैं यदि

(*i*) $\mathrm{R}f'(c)$ और $\mathrm{L}f'(c)$ में से कोई भी एक या दोनों अस्तित्व में न हों, या

(*ii*) $\mathrm{R}f'(c)$ और $\mathrm{L}f'(c)$ दोनों का अस्तित्व हो किंतु वे बराबर न हों, या

(*iii*) $\mathrm{R}f'(c)$ और $\mathrm{L}f'(c)$ में से कोई भी एक या दोनों परिमित न हों।

पूर्णांकीय फलनों का अवकल गुणांक (Differential Coefficient of Integral Functions) :

(*i*) यदि $f(x) = \int_{u(x)}^{v(x)} g(t)\,dt$ हो, तो $\frac{d}{dx} f(x) = g\{v(x)\}.v'(x) - g\{u(x)\}.u'(x)$

(*ii*) यदि $y = \int_{u(x)}^{v(x)} f(x,t)\,dt$ हो, तो $\frac{dy}{dx}$

$$= \int_{u(x)}^{v(x)} \frac{df}{dx} dt + v'(x) f\{x, v(x)\} - u'(x).f\{x, u(x)\}$$

अवकल गुणांकों की परिभाषा :

मान लें कि $y = f(x)$ एक दिया गया फलन है, तो सीमा : $\lim_{h\to 0} \frac{f(x+h)-f(x)}{h}$, यदि अस्तित्व में है, को x के संदर्भ में y का अवकल गुणांक कहते हैं और इसे $\frac{dy}{dx}$ या dy/dx या $f'(x)$ द्वारा इंगित करते हैं।

$$\text{अत: } \frac{dy}{dx} = \frac{d}{dx} f(x) = \lim_{h\to 0} \frac{f(x+h)-f(x)}{h}$$

अवकल गुणांकों के अन्य रूप :

(*i*) $\frac{d}{dx} f(x) = \lim_{\delta x\to 0} \frac{f(x+\delta x)-f(x)}{\delta x}$

(*ii*) बिंदु $x = a$ पर $y = f(x)$ का $\left[\frac{dy}{dx}\right]_{x=a}$ या $f'(a)$ द्वारा इंगित अवकल गुणांक $\left[\frac{dy}{dx}\right]_{x=a} = f'(a) = \lim_{h\to 0} \frac{f(a+h)-f(a)}{h}$, द्वारा परिभाषित किया जाता है बशर्ते सीमा अस्तित्व में हो।

कुछ मानक अवकल (Some Standard Differentials) :

(*i*) $\frac{d}{dx}$ (स्थिरांक) $= 0$

(ii) $\frac{d}{dx}\{c\,f(x)\} = c\frac{d}{dx}f(x)$, जहां c एक स्थिरांक है

(iii) $\frac{d}{dx}\{f_1(x) \pm f_2(x)\} = \frac{d}{dx}f_1(x) \pm \frac{d}{dx}f_2(x)$

(iv) $\frac{d}{dx}\{f_1(x)\cdot f_2(x)\}$

$$= \left\{\frac{d}{dx}f_1(x)\right\}.f_2(x) + f_1(x)\cdot\frac{d}{dx}f_2(x)$$

(v) $\frac{d}{dx}\left(\frac{\text{अंश}}{\text{हर}}\right)$

$$= \frac{\left(\frac{d}{dx}\text{अंश}\right)(\text{ हर }) - \text{अंश}\left(\frac{d}{dx}\text{हर}\right)}{(\text{ हर })^2}$$

(vi) $\frac{d}{dx}x^n = nx^{n-1}$, जहां x एक स्थिरांक है।

(vii) $\frac{d}{dx}e^x = e^x$

(viii) $\frac{d}{dx}a^x = a^x \log_e a,\ a > 0$

(ix) $\frac{d}{dx}(\log_e x) = \frac{1}{x},\ x > 0$

(x) $\frac{d}{dx}(\log_a x) = \frac{1}{x}\log_a e,\ x > 0$

(xi) $\frac{d}{dx}\sin x = \cos x$

(xii) $\frac{d}{dx}\cos x = -\sin x$

(xiii) $\frac{d}{dx}\tan x = \sec^2 x$

(xiv) $\frac{d}{dx}\operatorname{cosec} x = -\operatorname{cosec} x \cot x$

(xv) $\frac{d}{dx}\sec x = \sec x \tan x$

(xvi) $\frac{d}{dx}\cot x = -\operatorname{cosec}^2 x$

(xvii) $\frac{d}{dx}\sin^{-1} x = \frac{1}{\sqrt{(1-x^2)}}$

(xviii) $\frac{d}{dx}\cos^{-1} x = -\frac{1}{\sqrt{(1-x^2)}}$

(xix) $\frac{d}{dx}\tan^{-1} x = \frac{1}{1+x^2}$

(xx) $\frac{d}{dx}\cot^{-1} x = -\frac{1}{1+x^2}$

(xxi) $\frac{d}{dx}\sec^{-1} x = \frac{1}{|x|\sqrt{(x^2-1)}}$

(xxii) $\frac{d}{dx}\operatorname{cosec}^{-1} x = -\frac{1}{|x|\sqrt{(x^2-1)}}$

(xxiii) $\frac{d}{dx}\sinh x = \cosh x$

(xxiv) $\frac{d}{dx}\cosh x = \sinh x$

(xxv) $\frac{d}{dx}\tanh x = \operatorname{sech}^2 x$

(xxvi) $\frac{d}{dx}\coth x = -\operatorname{cosech}^2 x$

(xxvii) $\frac{d}{dx}\operatorname{sech} x = -\operatorname{sech} x \tanh x$

(xxviii) $\frac{d}{dx}\operatorname{cosech} x = -\operatorname{cosech} x \coth x$

(xxix) $\frac{d}{dx}\sinh^{-1} x = 1\sqrt{(1+x^2)}$

(xxx) $\frac{d}{dx}\cosh^{-1} x = 1/\sqrt{(x^2-1)}$

(xxxi) $\frac{d}{dx}\tanh^{-1} x = 1/\sqrt{(x^2-1)}$

(xxxii) $\frac{d}{dx}\coth^{-1} x = 1/(1-x^2)$

(xxxiii) $\frac{d}{dx}\operatorname{sech}^{-1} x = -1/x\sqrt{(1-x^2)}$

(xxxiv) $\frac{d}{dx}\operatorname{cosech}^{-1} x = -1/x\sqrt{(1+x^2)}$

किसी फलन का अवकलन : शृंखला नियम (Differentiation of a Function : Chain Rule):

यदि y, t का एक फलन हो और t, x, का एक फलन हो, तो

$$\frac{dy}{dx}=\frac{dy}{dt}\times\frac{dt}{dx}$$

अत: यदि $y = f(t)$ और $t = \phi(x)$, तो $\frac{dy}{dx} = f'(t)$ और $\frac{dt}{dx} = \phi'(x)$.

$$\therefore \frac{dy}{dx}=\frac{dy}{dt}\cdot\frac{dt}{dx}=f'(t)\cdot\phi'(x)$$

इस नियम को शृंखला नियम कहते हैं।

इस शृंखला नियम का निम्नवत् विस्तार किया जा सकता है। मान लें कि $y = f(t)$, $t = \phi(z)$, $z = \psi(x)$, तो

$$\frac{dy}{dx}=\frac{dy}{dt}\cdot\frac{dt}{dz}\cdot\frac{dz}{dx}=f'(t)\cdot\phi'(z)\cdot\psi'(x)$$

उदाहरण : मान लें कि $y = \log \sin x^3 = \log t$

$t = \sin x^3 = \sin z$ प्रतिस्थापित करने पर, $z = 3^3$,

$$\frac{dy}{dx}=\frac{dy}{dt}\cdot\frac{dt}{dz}\cdot\frac{dz}{dx}=(1/t).\cos z\, 3x^2$$
$$= (1/\sin x^3)\cos x^3.3x^2 = 3x^2 \cot x^3.$$

प्राचलिक समीकरणों का अवकलन (Differentiation of Parametric Equations) :

मान लें कि x और y प्राचल t के फलन हैं अर्थात् मान लें कि $x = f(t)$ और $y = \phi(t)$, तो

$$\frac{dy}{dx}=\frac{dy}{dt}\Big/\frac{dx}{dt}=\phi'(t)/f'(t).$$

लघुगणक द्वारा अवकलन (Differentiation by taking Logarithm) : निम्नलिखित प्रकार के फलनों का अवकलन लघुगणक ज्ञात करके किया जाता है।

(i) जबकि फलन में कुछ फलनों के गुणनफल और भागफल अंतर्निहित हों।

(ii) जब x के फलन की घात x के ही एक फलन के बराबर हो।

उदाहरण : मान लें कि $y = [f(x)]^{\phi(x)}$.

दोनों ओर का लघुगणक करने पर, $\log y = \phi(x) \log f(x)$.

दोनों पक्षों का x के संदर्भ में अवकलन करने पर

$$\frac{1}{y}\frac{dy}{dx}=\phi'(x)\log f(x)+\phi(x).\frac{f'(x)}{f(x)}$$

या $$\frac{dy}{dx}=y[\phi'(x)\log f(x)+\phi(x).f'(x)/f(x)]$$

$$=[f(x)]^{\phi(x)}[\phi'(x)\log f(x)+\phi(x).f'(x)/f(x)]$$
$$=[f(x)]^{\phi(x)}\log f(x).\phi'(x)+\phi(x).[f(x)]^{\phi(x)-1}.f'(x)$$

अर्थात् $\frac{dy}{dx} = f(x)$ को स्थिरांक मान कर y का अवकल $+ \phi(x)$ को स्थिरांक मान कर y का अवकल

किसी फलन के संदर्भ में किसी फलन का अवकलन (Differentiation of a Function w.r.t. a Function) :

मान लें कि $y = f(x)$ और $z = \phi(x)$। z के संदर्भ में y का अवकल ज्ञात करने के लिए निम्नलिखित सूत्र का प्रयोग किया जाता है :

$$\frac{dy}{dz}=\frac{dy}{dx}.\frac{dx}{dz}=\frac{dy}{dx}\Big/\frac{dz}{dx}.$$

उत्तरोत्तर अवकलन (Successive Differentiation) : मान लें कि $y = f(x)$। तो यदि $f(x)$ अवकलनीय हो तो $y_1 = dy/dx = f'(x)$ भी x का एक अवकलनीय फलन है। dy/dx का अवकलज d^2y/dx^2 या y_2 द्वारा इंगित किया जाता है अर्थात् $y_2 = d^2y/dx^2 = f''(x).f''(x)$ भी x का एक अवकलनीय फलन है। अत: हम $f(x)$ का चाहे जितनी बार (धनात्मक पूर्णांक में) अवकलन कर सकते हैं। यदि n एक धन पूर्णांक हो तो y या f का n-वां अवकलज y_n या d^ny/dx^n या $y^{(n)}$ या D^ny द्वारा इंगित किया जाता है।

अत: $$y_n = y^{(n)} = d^ny/dx^n = f^n(x) = D^ny.$$

स्पर्श रेखा का समीकरण (Equation of Tangents) :

(i) वक्र $y = f(x)$ पर बिंदु $P(x, y)$ पर स्पर्श रेखा का समीकरण $Y - y = (dy/dx)(X - x)$ है जहां (x, y) वक्र के किसी भी बिंदु के चलित निर्देशांक (current coordinates) हैं।

(ii) वक्र $y = f(x)$ के बिंदु $P(x_1, y_1)$ पर स्पर्श रेखा का समीकरण है :

$$y-y_1=\left[\frac{dy}{dx}\right]_{(x_1,y_1)}(x-x_1)$$

यदि वक्र $y = f(x)$ के बिंदु $P(x, y)$ पर स्पर्श रेखा द्वारा x के अक्ष की धन दिशा के साथ वामावर्त दिशा में ψ कोण निर्मित किया जाता हो, तो $\tan \psi = dy/dx$

जिसे बिंदु $P(x, y)$ पर वक्र की प्रवणता (gradient or slope) कहते हैं।

***x* के अक्ष की समांतर स्पर्श रेखा (Tangent Parallel to the axis of *x*) :** जिस बिंदु पर स्पर्श रेखा x के अक्ष के समांतर होती है,

$dy/dx = 0$

x के अक्ष की लंब स्पर्श रेखा (Tangent Perpendicular to the axis of x) : जिस बिंदु पर स्पर्श रेखा x के अक्ष के लंबवत् होती है अर्थात् y के अक्ष के समांतर होती हैं,

$$dx/dy = 0.$$

अभिलंब समीकरण (Equation of Normal) :

(i) वक्र $y = f(x)$ के बिंदु P(x, y) पर अभिलंब का समीकरण है :

$$(Y - y) = -\frac{dx}{dy}(X - x) \text{ या } (Y - y)\frac{dy}{dx} + (X - x) = 0$$

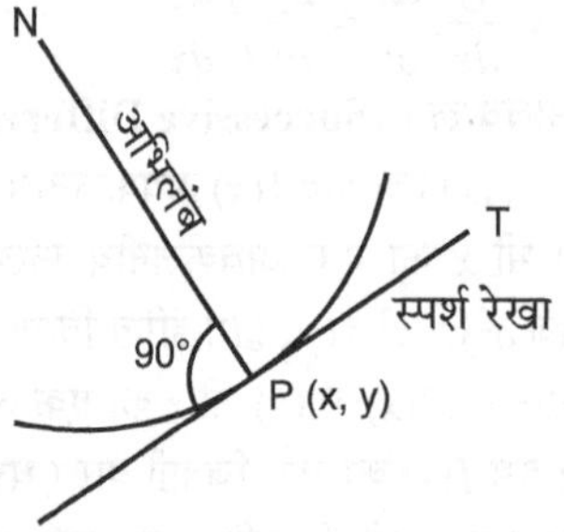

(ii) वक्र $y = f(x)$ के बिंदु P(x_1, y_1) पर अभिलंब का समीकरण होता है :

$$(y - y_1)\left[\frac{dy}{dx}\right]_{(x_1 + y_1)} + (x - x_1) = 0$$

दो वक्रों का प्रतिच्छेद कोण (Angle of Intersection of Two Curves) : दो वक्रों का प्रतिच्छेद कोण दोनों वक्रों के प्रतिच्छेद बिंदु पर खींची गई स्पर्श रेखाओं के बीच के कोण को कहते हैं।

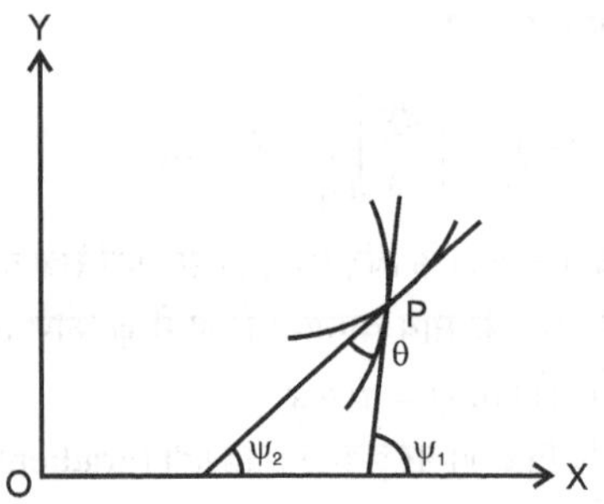

यदि प्रतिच्छेद बिंदु P पर दोनों वक्रों का प्रतिच्छेद कोण θ हो, तो

(i) $\theta = |\psi_1 - \psi_2|$ या *(ii)* $\theta = \tan^{-1}\left|\frac{m_1 - m_2}{1 + m_1 m_2}\right|$

जहां m_1 और m_2 दोनों वक्रों के प्रतिच्छेद बिंदु पर उनकी प्रवणताएं (gradients) हैं।

अर्थात् $m_1 = \tan\psi_1$ और $m_2 = \tan\psi_2$

जहां ψ_1 और ψ_2 दोनों वक्रों के प्रतिच्छेद बिंदु पर उनकी स्पर्श रेखाओं द्वारा x के अक्ष की धन दिशा के साथ निर्मित कोण है।

दो वक्रों के परस्पर स्पर्श करने की शर्त (Condition for the two curves to touch) : दो वक्र अपने प्रतिच्छेद बिंदु पर एक दूसरे को स्पर्श करते हैं यदि $m_1 = m_2$ हो।

दो वक्रों के लंबतः प्रतिच्छेद करने की शर्त (Condition of orthogonal intersection of two curves) : दो वक्र अपने प्रतिच्छेद बिंदु पर लंबतः (समकोण बनाते हुए) प्रतिच्छेदित होते हैं यदि $m_1 m_2 = -1$ हो।

स्पर्श रेखा, अभिलंब, अधः स्पर्शी और अधोलंब की लंबाइयां (Lengths of tangent, normal, subtangent and subnormal) : मान लें कि वक्र के बिंदु P(x, y) पर खींची गई स्पर्शरेखा और अभिलंब x के अक्ष से क्रमशः T और N बिंदुओं पर मिलते हैं। यदि PM बिंदु P की कोटि (ordinate) हो, तो :

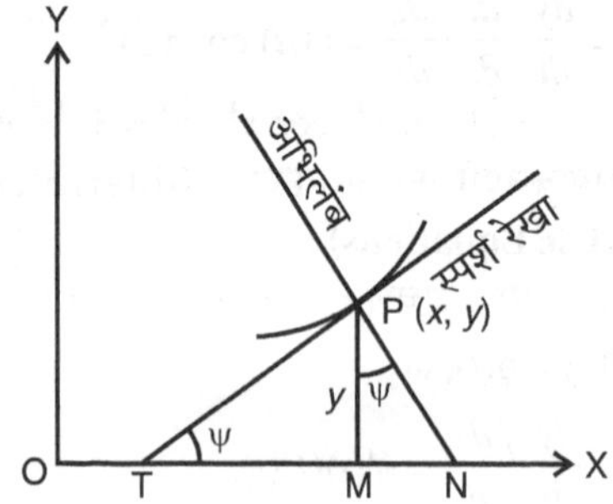

(i) स्पर्श रेखा की लंबाई = PT $|y \operatorname{cosec}\psi|$

$$= \left|\frac{y\sqrt{[1 + (dy/dx)^2]}}{dy/dx}\right|$$

(ii) अभिलंब की लंबाई : PN = $|y \sec\psi|$
$= |y\,[1 + (dy/dx)^2]^{1/2}|$

(iii) अधः स्पर्शी (Sub-tangent) की लंबाई : TM = $|y \cot\psi|$
$= |y/(dy/dx)|$

(iv) अधोलंब की लंबाई : MN = $|y \tan\psi|$
$= |y(dy/dx)|$

अक्ष पर स्पर्श रेखा के अंतःखंड (Intercept of Tangent on the Axes) :

(i) x के अक्ष पर स्पर्श रेखा का अंतःखंड
$= |x - y(dx/dy)|$

(ii) y के अक्ष पर स्पर्श रेखा का अंत:खंड

$$= | y - x(dy/dx) |$$

एकदिष्ट फलन (Monotonic Function) : किसी फलन $f(x)$ को अंतराल I में एकदिष्ट कहा जाता है यदि इसमें निम्नलिखित में से कोई भी एक गुण उपस्थित हो :

(i) वर्धमान यदि $x_1 < x_2 \Rightarrow f(x_1) < f(x_2)$,

(ii) अह्रासमान यदि $x_1 < x_2 \Rightarrow f(x_1) \le f(x_2)$,

(iii) ह्रासमान यदि $x_1 < x_2 \Rightarrow f(x_1) > f(x_2)$ और

(iv) अवर्धमान यदि $x_1 < x_2 \Rightarrow f(x_1) \ge f(x_2)$

ग्राफीय उदाहरण :

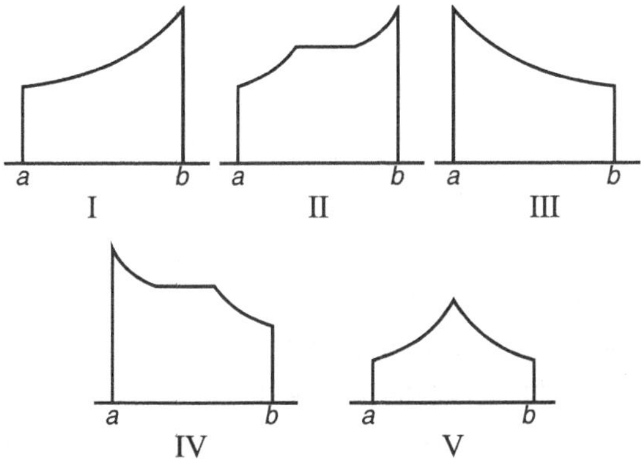

यह संभव है कि कोई फलन किसी अंतराल में न तो वर्धमान और न ही ह्रासमान हो

उदाहरण : देखें चित्र V.

एकदिष्टता के लिए परीक्षण : (प्रथम व्युत्पन्न जांच)

किसी अंतराल 1 में $f(x)$ है

वर्धमान यदि $f'(x) > 0$

अह्रासमान यदि $f'(x) \ge 0$

ह्रासमान यदि $f'(x) < 0$

अह्रासमान यदि $f'(x) \le 0$

उच्चिष्ठ और अल्पिष्ठ (Maxima and Minima) : उच्चिष्ठ और अल्पिष्ठ स्थानीय गुण हैं। किसी फलन $f(x)$ का x_0 पर मान अधिकतम (उच्चिष्ठ) होता है यदि $f(x_0)$ का मान किसी अंतराल $(x_0 - h, x_0 + h)$ में या सरल शब्दों में कहा जाए तो x_0 से युक्त किसी अंतराल में अधिकतम हो और इसी प्रकार फलन का x_0 पर मान अल्पतम (अल्पिष्ठ) होता है यदि x_0 से युक्त किसी अंतराल में $f(x_0)$ का मान न्यूनतम हो। अत: $f(x)$ का मान x_0 पर अधिकतम होता है यदि किसी अंतराल में

$$I =]x_0 - h, x_0 + h[$$

सभी $x \in I$ के लिए, $f(x) < f(x_0)$

और अल्पिष्ठ यदि $f(x) > f(x_0)$.

उच्चिष्ठ और अल्पिष्ठ के लिए आवश्यक शर्त : यदि $f(x)$ को प्रांत D में परिभाषित किया जाता हो तो उच्चिष्ठ या अल्पिष्ठ बिंदु $x_0 \in D$ पर अवस्थित हो सकता है यदि

(i) $f'(x_0) = 0$

(ii) $f'(x_0)$ का अस्तित्व न हो अर्थात् $f(x)$, x_0 पर अनवकलनीय (non-differentiable) हो किंतु x_0 पर संतत हो।

उच्चिष्ठ और अल्पिष्ठ के लिए व्यापक पद चरम मानों (extremum values) का प्रयोग किया जाता है।

उच्चिष्ठ (अधिकतम) या अल्पिष्ठ (न्यूनतम) मानों को जांच करने की विधियां :

***(i)* प्रथम व्युत्पन्न परीक्षण :**

मान लें कि x_0 एक चरम (क्रांतिक) बिंदु है, तो

$f'(x_0 - h)$	$f'(x_0 + h)$	परिणाम
> 0	< 0	x_0 पर अधिकतम
< 0	> 0	x_0 पर न्यूनतम
> 0	> 0	न तो अधिकतम
< 0	< 0	और न ही न्यूनतम

यहां यह नोट किया जाए कि h एक अत्यधिक छोटी धन संख्या है। अत: चिह्न (+ या –) का निर्धारण करते समय अंश या हर में h की केवल न्यूनतम घात पर विचार किया जाना चाहिए। उदाहरण के लिए,

$$\frac{1-15h}{h-100h^2} \approx \frac{1}{h} > 0$$

एकनिष्ठता और उच्चिष्ठ/अल्पिष्ठ मान : एकनिष्ठता से युक्त निम्नलिखित उदाहरण पर विचार करें :

$f(x) = x^4 - 8x^3 + 22x^2 - 24x + 5.$

$f'(x) = 4(x - 1)(x - 2)(x - 3) \Rightarrow f'(x) = 0$ जहां $x = 1$, 2 और 3.

बहुपद होने के कारण $f(x)$ प्रत्येक स्थान पर संतत और अवकलनीय है।

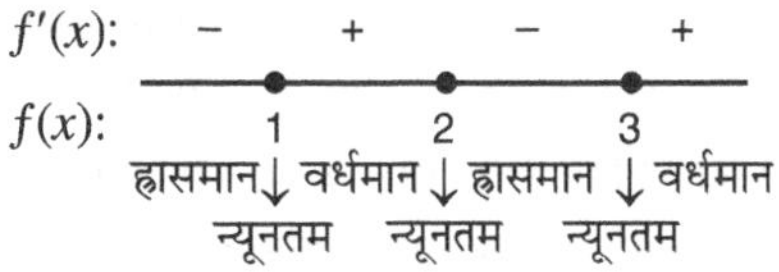

व्यावहारिक विधि : $x = a$ पर उच्चिष्ठ या अल्पिष्ठ मानों की जांच करने के लिए पहले a से मामूली कम x के मानों के लिए $f'(x)$ का चिह्न ज्ञात करें और तत्पश्चात a से मामूली अधिक x के मानों के लिए $f'(x)$ का चिह्न ज्ञात करें।

(i) यदि $f'(x)$ का चिह्न धनात्मक (+ve) से बदल कर ऋणात्मक (–ve) होता हो तो $x = a$ पर $f(x)$ का अधिकतम मान है।

(ii) यदि $f'(x)$ का चिह्न ऋणात्मक से बदलकर धनात्मक होता हो तो $x = a$ पर $f(x)$ का मान न्यूनतम होता है।

(iii) यदि $f'(x)$ का मान बदलता न हो तो $x = a$ पर $f(x)$ का मान न तो अधिकतम और न ही न्यूनतम होता है।

***(ii)* द्वितीय व्युत्पन्न परीक्षण :**

यदि $f(x)$ का x पर एक व्युत्पन्न हो और $f'(x_0) = 0$ हो, तो

$f''(x_0) > 0 \Rightarrow f(x)$ का x_0 पर अल्पिष्ठ (न्यूनतम) मान होता है

$f''(x_0) < 0 \Rightarrow f(x)$ का x_0 पर उच्चिष्ठ (अधिकतम) मान होता है।

यदि $f''(x_0) = 0$ हो, तो हम कुछ नही कह सकते और तब $f'''(x_0) \neq 0$, और x_0 पर $f(x)$ का न तो उच्चिष्ठ और न ही अल्पिष्ठ मान होगा और यदि $f'''(x_0) = 0$ तो

$f^{iv}(x_0) \quad > 0 \Rightarrow x_0$ पर अल्पिष्ठ मान

$< 0 \Rightarrow x_0$ पर उच्चिष्ठ मान

व्यापक रूप में,

यदि $f'(x_0) = f''(x_0) = ... = f^{(n-1)}(x_0) = 0, f^{(n)}(x_0) \neq 0$। यदि n विषम हो, तो $x = x_0$ पर न तो उच्चिष्ठ और न ही अल्पिष्ठ मान होगा और यदि n सम हो तो $f^{(n)}(x_0) > 0$ का मान x_0 पर न्यूनतम होता है और $f^{(n)}(x_0) < 0$ का मान x_0 पर अधिकतम होता है।

उच्चिष्ठ और अल्पिष्ठ मानों के कुछ अधिकतम गुण :

(i) यदि $f(x)$ एक संतत फलन हो, तो उच्चिष्ठ और अल्पिष्ठ मान एकांतरत: प्राप्त होते हैं।

(ii) यदि केवल दो क्रांतिक बिंदु हों जिनमें से एक उच्चिष्ठ और दूसरा अल्पिष्ठ हो, तो

उच्चिष्ठ > अल्पिष्ठ

(iii) **मध्यवर्ती मान प्रमेय (Intermediate value theorem) :** यदि $[a, b]$ पर f एक संतत फलन हो और $l = f(x)$ का न्यूनतम मान तथा $m = f(x)$ का अधिकतम (उच्चिष्ठ) मान हो तो प्रत्येक p (जहां $l < p < m$ हो) के लिए कम से कम एक c ऐसा होता है कि $a \leq c \leq b$ और $f(c) = p$.

अर्थात् न्यूनतम और अधिकतम के बीच प्रत्येक मान $[a, b]$ में कम से कम एक बार अवश्य प्राप्त होना चाहिए।

(iv) यदि $f(x) \to \infty$ क्योंकि $x \to a$ और $x \to b$ तथा केवल एक क्रांतिक बिंदु मान लें $x = c$ इस प्रकार हो कि $a < c < b$ तो $f(c)$ का अनिवार्यत: न्यूनतम और अल्पिष्ठ मान होता है। इसी प्रकार यदि $f(x) \to -\infty$ क्योंकि $x \to a$, $x \to b$, इस प्रकार कि $a < c < b$, तो $f(c)$ का मान अधिकतम और उच्चिष्ठ मान होता है

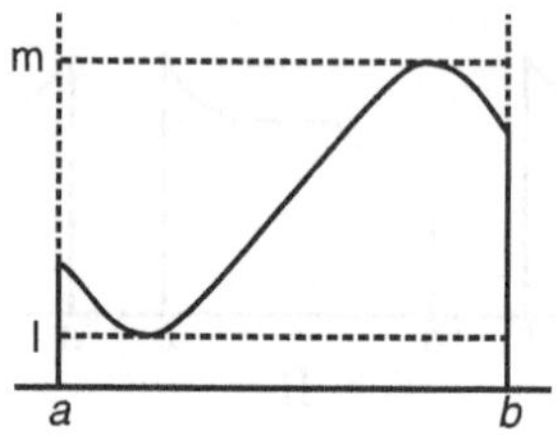

फलन का महत्तम और अल्पतम मान (Greatest and Least Value of a Function) :

I. संवृत अंतराल [a, b] में परिभाषित फलन

(a) यदि $f(x)$ का मान $[a, b]$ में संतत हो, तो महत्तम $f(x)$ = उच्चिष्ठ या महत्तम {]a, b[में सभी क्रांतिक बिंदुओं पर $f(x)$ के $f(a), f(b)$ मान}

अल्पतम $f(x)$ = अल्पिष्ठ {]a, b[में सभी क्रांतिक बिंदुओं पर $f(x)$ के $f(a), f(b)$ मान}

(b) यदि $f(x)$ में एक या अधिक असांतत्य बिंदु (points of discontinuity) हों :

यदि $f(x)$ परिबद्ध हो (अर्थात् किसी भी बिंदु पर ∞ या $-\infty$ नहीं हो)। यदि असांतत्य बिंदुओं पर मान अस्तित्व में हों तो

महत्तम $f(x)$ = उच्चिष्ठ {सभी क्रांतिक बिंदुओं पर $f(x)$ के $f(a), f(b)$ मान तथा असांतत्य बिंदुओं पर $f(x)$ के मान}

अल्पतम $f(x)$ = अल्पिष्ठ {सभी क्रांतिक बिंदुओं पर $f(x)$ के $f(a), f(b)$ मान तथा असांतत्य बिंदुओं पर $f(x)$ के मान}

यदि $f(x)$ परिबद्ध न हो अर्थात् किसी बिंदु या बिंदुओं पर $f(x) \to$ या $-\infty$

यदि कुछ बिंदुओं पर $f(x) \to +\infty$ हो, तो कोई भी महत्तम मान नहीं होता और

यदि कुछ बिंदुओं पर $f(x) \rightarrow -\infty$ हो, तो कोई भी अल्पतम मान नहीं होता।

II. व्यापक प्रांत D में परिभाषित फलन (Functions defined in general domain D)

स्थिति I. जब केवल एक क्रांतिक बिंदु हो :

यदि $x = x_0$ एक क्रांतिक बिंदु हो जिस पर $f(x)$ का उच्चिष्ठ मान हो तो $f(x)$ का मान x_0 के वामपक्ष में वर्धमान और x_0 के दक्षिण पक्ष में ह्रासमान होगा। अत: $f(x)$ का ग्राफ नीचे दर्शाए गए अनुसार होगा :

अत: $f(x_0)$ फलन $f(x)$ का महत्तम मान भी होगा।

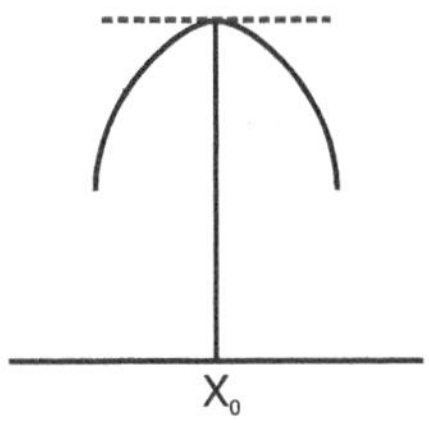

स्थिति II. दो क्रांतिक बिंदु :

यदि $x = a$ और b दो क्रांतिक बिंदु हों और यदि उच्चिष्ठ मान a पर और अल्पिष्ठ मान b पर हों तो ग्राफ निम्नवत् होगा :

अत: $f(x)$ का मान उच्चिष्ठ या अल्पिष्ठ नहीं होता जब तक कि $\lim\limits_{x\to\infty} f(x)$ और $\lim\limits_{x\to-\infty} f(x)$ दोनों $< f(a)$ न हो।

यदि दोनों $f(a)$ से कम हों केवल तभी $f(a)$ का मान अधिकतम होगा। अल्पतम मान के लिए भी यही स्थिति होती है।

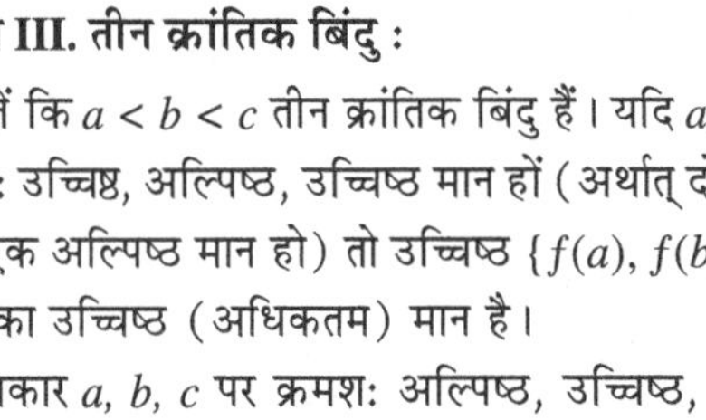

स्थिति III. तीन क्रांतिक बिंदु :

मान लें कि $a < b < c$ तीन क्रांतिक बिंदु हैं। यदि a, b, c पर क्रमश: उच्चिष्ठ, अल्पिष्ठ, उच्चिष्ठ मान हों (अर्थात् दो उच्चिष्ठ और एक अल्पिष्ठ मान हो) तो उच्चिष्ठ $\{f(a), f(b)\}$ फलन $f(x)$ का उच्चिष्ठ (अधिकतम) मान है।

इसी प्रकार a, b, c पर क्रमश: अल्पिष्ठ, उच्चिष्ठ, अल्पिष्ठ मान (अर्थात् दो अल्पिष्ठ और एक अल्पिष्ठ मान) प्राप्त हों तो अल्पतम $f(x) =$ अल्पिष्ठ $\{f(a), f(b)\}$, आदि।

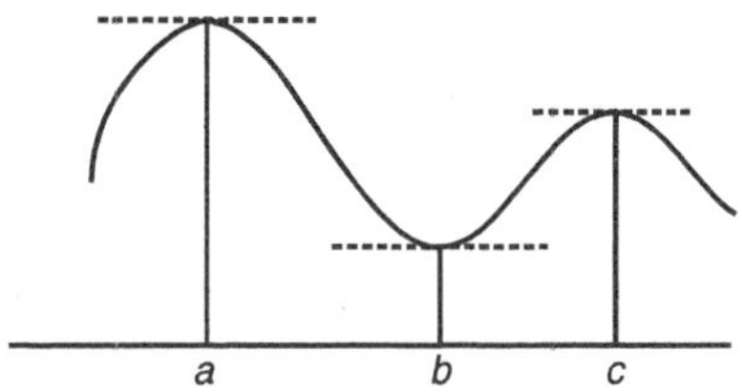

एक दर मापक के रूप में व्युत्पन्न मान (Derivative as a Rate Measure) : मान लें कि $y = f(x)$ दो चर राशियों x और y के बीच एक व्यंजक है। यदि δx, x में एक मामूली परिवर्तन हो और δy, y में तदनुरूपी परिवर्तन हो तो $\delta y/\delta x$ अंतराल $(x, x + \delta x)$ में x के संदर्भ में y में परिवर्तन की औसत दर को निरूपित करता है।

सीमा को $\delta x \rightarrow 0$, मानने पर औसत परिवर्तन की दर $\delta y/\delta x$ बदल कर dy/dx हो जाती है जिसे x के संदर्भ में y में तात्क्षणिक परिवर्तन की दर कहते हैं।

वेग और त्वरण (Velocity and Acceleration) : यदि किसी कण द्वारा समय t में तय की गई दूरी s इस प्रकार हो कि $s = f(t)$, तो किसी भी क्षण t में कण का वेग v और त्वरण a निम्नलिखित द्वारा व्यक्त किया जाता है :

$$v = \frac{ds}{dt} \text{ और } a = \frac{dv}{dt} = \frac{d^2s}{dt^2}$$

समय t के साथ वर्धमान s की दिशा में वेग और त्वरण दोनों का मान धनात्मक होता है।

कोणीय वेग और त्वरण (Angular Velocity and Acceleration) : मान लें कि वक्र पर गतिशील किसी कण की t समय में स्थिति P इस प्रकार है, कि $\angle POX = \theta$, जहां OX आरंभिक रेखा और O ध्रुव हैं, तो

कोणीय वेग $= d\theta/dt$

और कोणीय त्वरण $= d^2\theta/dt^2$.

दोनों का मान समय t के साथ वर्धमान θ की दिशा में धनात्मक होता है।

सन्निकटन और त्रुटि (Approximation and Error) :

दिया गया है कि $\lim\limits_{\delta x\to 0} \dfrac{\delta y}{\delta x} = \dfrac{dy}{dx}$

$\therefore$ δx के अपेक्षाकृत छोटे मानों के लिए, $\dfrac{\delta y}{\delta x} = \dfrac{dy}{dx}$ (सन्निकट)

अर्थात् $\delta y = \left(\dfrac{dy}{dx}\right)\delta x$ (सन्निकट)

अत: x के मान में एक लघु त्रुटि δx के संगत y के मान में सन्निकट त्रुटि $\frac{dy}{dx}\delta x$ होगी।

प्रतिशत त्रुटि (Percentage Error) : मान लें कि चर राशि x में δx एक त्रुटि है तो $\delta x/x$ को x में सापेक्षिक त्रुटि और $(\delta x/x)$ 100 को x में प्रतिशत त्रुटि कहते हैं।

बहुविकल्पी प्रश्नावली

1. यदि $f(x) = \cos(\log x)$ हो, तो $f(x^2)\, f(y^2) - \frac{1}{2}[f(x^2/y^2) + f(x^2y^2)]$ का मान होगा :

A. -2 B. -1
C. $1/2$ D. इनमें से कोई नहीं

2. यदि $f(x)$ एक बहुपद हो जो $f(x)\, f(1/x) = f(x) + f(1/x)$ को संतुष्ट करता हो और $f(3) = 28$ हो, तो $f(4)$=?

A. 63 B. 65
C. 17 D. इनमें से कोई नहीं

3. निम्नलिखित में से b और c के किन मानों के लिए तत्समक $f(x+1) - f(x) = 8x + 3$ संतुष्ट होता है जहां $f(x) = bx^2 + cx + d$?

A. $b = 2, c = 1$ B. $b = 4, c = -1$
C. $b = -1, c = 4$ D. $b = -1, c = 1$

4. वास्तविक चर राशि x के वास्तविक फलन $f(x) = \sqrt{(\log_{16} x^2)}$ की परिभाषा का प्रांत है :

A. $x > 0$ B. $|x| \geq 1$
C. $|x| \geq 4$ D. $x \geq 4$

5. यदि $f(x) = \cos^{-1}\frac{1}{4}(2 - |x|) + \{\log(3-x)\}^{-1}$, हो, तो इसका प्रांत होगा :

A. $[-2, 6]$ B. $[-6, 2] \cup (2, 3)$
C. $[-6, 2]$ D. $[-2, 2] \cup (2, 3)$

6. फलन $f(x) = \sec^{-1}(x/\sqrt{(x-[x])})$ को निम्नलिखित में से किसके लिए परिभाषित किया जा सकता है ?

A. सभी वास्तविक x B. $R - (]-1, 1[\cup Z)$
C. $R^+ - (0, 1)$ D. इनमें से कोई नहीं

7. $f(x) = \cot^{-1}[x/\sqrt{(x^2 - [x^2])}]\ x \in R$, का प्रांत है :

A. R B. $R - \{0\}$
C. $R - \{\pm\sqrt{n} : n \in N\}$ D. इनमें से कोई नहीं

8. $f(x) = \sqrt{[\cos(\sin x)]} + (1-x)^{-1} + \sin^{-1}\frac{x^2+1}{2x}$ का प्रांत है :

A. $R - \{1\}$ B. $\{-1, 1\}$
C. $\{1, \infty\}$ D. इनमें से कोई नहीं

9. $f(x) = \log_2 \log_3 \log_{4/\pi} (\tan^{-1} x)^{-1}$ का प्रांत है :

A. R B. $(4/\pi, \infty)$
C. $(0, 1)$ D. इनमें से कोई नहीं

10. $\left(-\frac{\pi}{2}, \frac{\pi}{2}\right)$ में अवस्थित महत्तम अंतराल जिसमें फलन $f(x) = 3^{-x^2} +$ चाप $\cos\left(\frac{1}{2}x - 1\right) + \log\cos x$, परिभाषित होता है, है :

A. $[0, \pi]$ B. $\left[-\frac{\pi}{2}, \frac{\pi}{2}\right]$
C. $\left[0, \frac{\pi}{2}\right]$ D. इनमें से कोई नहीं

11. फलन $y = \frac{1}{\sqrt{\{|x| - x\}}}$ का प्रांत है :

A. $(-\infty, 0)$ B. $(-\infty, 0)$
C. $(-\infty, -1)$ D. $(-\infty, \infty)$

12. यदि $f\left(x + \frac{1}{x}\right) = x^2 + 1/x^2\ (x \neq 0)$, हो, तो $f(x) = ?$

A. x^2 B. $x^2 - 1$
C. $x^2 - 2$ D. इनमें से कोई नहीं

13. फलन $f(x) = 1/(2 - \cos 3x)$ का रेंज है :

A. $]1/3, 1[$ B. $[1/3, 1]$
C. $[1/3, 1]$ D. $]1/3, 1[$

14. यदि $f(x) = x/\sqrt{(1+x^2)}$ हो, तो $(f o f o f)(x) =$

A. $\frac{3x}{\sqrt{(1+x^2)}}$ B. $\frac{x}{\sqrt{(1+3x^2)}}$
C. $\frac{3x}{\sqrt{(1+x^2)}}$ D. इनमें से कोई नहीं

15. $\cos(x^2)$ का आवर्त है :

A. 2π B. $4\pi^2$
C. $\pi^2/4$ D. इनमें से कोई नहीं

16. निम्नलिखित में से कौन सा फलन आवर्ती है ?

A. $f(x) = x - |x|$, जहां $[x]$ वास्तविक संख्या x से कम

या उसके बराबर महत्तम पूर्णांक को इंगित करता है

B. $f(x) = x \sin(1/x)$, जहां $x \neq 0$, $f(0) = 0$

C. $f(x) = x \cos x$

D. इनमें से कोई नहीं

17. $f(x) = \tan(3x + 2)$ का आवर्त है :

A. π B. $2\pi/3$

C. $\pi/3$ D. इनमें से कोई नहीं

18. निम्नलिखित में से कौन सा एक सम फलन (even function) है ?

A. $f(x) = \dfrac{a^x + 1}{a^x - 1}$ B. $f(x) = x\dfrac{a^x - 1}{a^x + 1}$

C. $f(x) = \dfrac{a^x - a^{-x}}{a^x + a^{-x}}$ D. $f(x) = \sin x$

19. $n \in Z$ के किस मान के लिए फलन $f(x) = \sin(nx)/\sin(x/n)$ का आवर्त 4π होगा ?

A. 2 B. 3

C. 4 D. 5

20. x के सभी मानों का समुच्चय निम्नलिखित में से कौन सा होगा जिसके लिए $|f(x) + g(x)| < |f(x)| + |g(x)|$ सत्य हो यदि $f(x) = x - 3$ और $g(x) = 4 - x$ हो ?

A. R B. R –]3, 4[

C. R – [3, 4] D. इनमें से कोई नहीं

21. यदि $f(x) = \cos px + \sin x$ आवर्ती हो तो p निश्चित रूप से होगा :

A. परिमेय B. अपरिमेय

C. धन वास्तविक संख्या D. इनमें से कोई नहीं

22. यदि $\log_{0.3}(x - 1) < \log_{0.09}(x - 1)$ हो, तो x निम्नलिखित में से किस अंतराल में अवस्थित होगा ?

A. $(2, \infty)$ B. $(1, 2)$

C. $(-2, -1)$ D. इनमें से कोई नहीं

23. प्राचल (parameter) α, के किस मान के लिए फलन $f(x) = 1 + \alpha x$, $\alpha \neq 0$ स्वयं का ही प्रतिलोम (inverse) होगा ?

A. – 2 B. –1

C. 1 D. इनमें से कोई नहीं

24. यदि $f(x) = 3x - 5$ हो, तो $f^{-1}(x)$

A. $1/(3x - 5)$ द्वारा व्यक्त किया जाता है

B. $(x + 5)/3$ द्वारा व्यक्त किया जाता है

C. अस्तित्व में नहीं होता क्योंकि f एकेक (one-one) नहीं है

D. अस्तित्व में नहीं होता क्योंकि f एक में नहीं है

25. यदि $g\{f(x)\} = |\sin x|$ और $f\{g(x)\} = (\sin\sqrt{x})^2$ हो, तो

A. $f(x) = \sin^2 x$, $g(x) = \sqrt{x}$

B. $f(x) = \sin x$, $g(x) = |x|$

C. $f(x) = x^2$, $g(x) = \sqrt{x}$

D. f और g निर्धारित नहीं किया जा सकता

26. यदि $f: R \to R$ को $f(x) = \sin x$ द्वारा और $g: [1, \infty] \to R$ को $g(x) = \sqrt{(x^2 - 1)}$ द्वारा परिभाषित किया जाता हो, तो g और f का संयुक्त फलन $(g \circ f)(x)$ होगा:

A. $\sqrt{\{\sin(x^2 - 1)\}}$ B. $\sin\sqrt{(x^2 - 1)}$

C. $\cos x$ D. अपरिभाषित

27. यदि फलन $f(x) = x^2 + x + \sin x - \cos x + \log(1 + |x|)$ को अंतराल [0, 1] पर परिभाषित किया जाता हो, तो $f(x)$ की अंतराल [–1, 1] तक विषम विस्तृति होगी :

A. $x^2 + x + \sin x + \cos x - \log[1 + |x|]$

B. $-x^2 + x \sin x + \cos x - \log(1 + |x|)$

C. $-x^2 + x \sin x - \cos x + \log(1 + |x|)$

D. इनमें से कोई नहीं

28. मान लें कि $f(x) = \sin x$, $g(x) = ln|x|$. यदि संयुक्त फलनों f और g तथा g और f के रेंज क्रमशः R_1 और R_2 हों, तो :

A. $R_1 =]-1, 1[$, $R_2 =]-\infty, 0[$

B. $R_1 =]-\infty, 0[$, $R_2 =]-1, 1]$

C. $R_1 =]-1, 1[$, $R_2 =]-\infty, 0]$

D. $R_1 = [-1, 1]$, $R_2 =]-\infty, 0]$

29. $f(x) = \sqrt{\left(\dfrac{(x+1)(x-3)}{(x-2)}\right)}$ एक वास्तविक मान का फलन है जिसका प्रांत है :

A. $]-\infty, -1] \cup [3, \infty[$

B. $]-\infty, -1] \cup]2, 3]$

C. $[-1, 2[\cup [3, \infty[$

D. इनमें से कोई नहीं

30. $\lim_{x \to 0} \dfrac{\sqrt{\left[\frac{1}{2}(1 - \cos 2x)\right]}}{x}$ है :

A. 1 B. –1

C. 0 D. इनमें से कोई नहीं

31. $\lim_{x\to 1}\frac{\sqrt{\{1-\cos 2(x-1)\}}}{x-1}$

A. इसका अस्तित्व है और यह √2 के बराबर होता है
B. इसका अस्तित्व है और यह – √2 के बराबर होता है
C. इसका अस्तित्व नहीं होता है क्योंकि $x - 1 \to 0$
D. इसका अस्तित्व नहीं होता है क्योंकि वामवर्ती सीमा दक्षिणवर्ती सीमा के बराबर नहीं है

32. $\lim_{x\to 0}\frac{1-\cos x}{x^2}$ निम्नलिखित के बराबर है :

A. 0 B. 1/4
C. 1/2 D. 1

33. यदि $f(x)=\frac{\sin\left(c^{x-2}-1\right)}{\log(x-1)}$ हो, तो $\lim_{x\to 2} f(x)$?

A. –2 B. –1
C. 0 D. 1

34. $\lim_{x\to -1}\frac{\sqrt{\pi}-\sqrt{(\cos^{-1}x)}}{\sqrt{(x+1)}}$ का मान निम्नलिखित के बराबर है :

A. 1/√π B. 1/√(2π)
C. 1 D. 0

35. यदि $f(x)=\sqrt{\left(\frac{x-\sin x}{x+\cos^2 x}\right)}$ हो, तो $\lim_{x\to\infty} f(x) = ?$

A. 0 B. ∞
C. 1 D. इनमें से कोई नहीं

36. $\lim_{x\to 0}\frac{x^2\sin(1/x)-x}{1-|x|}$ का मान होगा :

A. 0 B. 1
C. –1 D. इनमें से कोई नहीं

37. यदि $\lim_{x\to a}\frac{a^x-x^a}{x^x-a^a}=-1$, तो a का मान निम्नलिखित में से किसके बराबर होगा ?

A. 1 B. 0
C. –1 D. इनमें से कोई नहीं

38. यदि $x \sin(1/x), x \neq 0$ हो, तो $\lim_{x\to 0} f(x) =$

A. 1 B. 0
C. –1 D. इनमें से कोई नहीं

39. $\lim_{x\to\infty}\frac{\sqrt{(x^2-1)}}{2x+1}=$

A. 1 B. 0
C. –1 D. 1/2

40. $\lim_{h\to 0} 2\left[\frac{\sqrt{3}\sin\left(\frac{1}{6}\pi+h\right)-\cos\left(\frac{1}{6}\pi+h\right)}{\sqrt{3}.h(\sqrt{3}\cos h-\sin h)}\right]=$

A. 2/3 B. 4/3
C. –2√3 D. –4/3

41. $\lim_{x\to\pi/4}\left(\frac{\sin x-\cos x}{x-\pi/4}\right)$ का मान निम्नलिखित में से किसके बराबर है ?

A. √2 B. 1/√2
C. 2 D. 1/2

42. $\lim_{x\to 0}\frac{|x+1|+|x-1|-2}{x}$ का मान निम्नलिखित में से किसके बराबर है ?

A. 1 B. –1
C. 2 D. 0

43. $\lim_{x\to 0}\frac{x.2^x-x}{1-\cos x}$ का मान निम्नलिखित में से किसके बराबर है ?

A. log 2 B. ½ log 2
C. 2 log 2 D. इनमें से कोई नहीं

44. $\lim_{x\to\infty}\sqrt{\left(\frac{x+\sin x}{x-\cos x}\right)}=$

A. 0 B. 1
C. –1 D. इनमें से कोई नहीं

45. $\lim_{x\to 0}\left\{\tan\left(\frac{\pi}{4}+x\right)\right\}^{1/x}$ का मान निम्नलिखित में से किसके बराबर है ?

A. 1 B. –1
C. e^2 D. e

46. $\lim_{n\to\infty}(4^n + 5^n)^{1/n}$ का मान निम्नलिखित में से किसके बराबर है ?

A. 4 B. 5
C. e D. इनमें से कोई नहीं

47. यदि $f(x)=\left(\frac{x^2+5x+3}{x^2+x+2}\right)^x$ हो, तो $\lim_{x\to\infty} f(x) = ?$

A. e^4 B. e^3
C. e^2 D. 2^4

48. $\lim_{x\to0}\left(\frac{1+\tan x}{1+\sin x}\right)^{\operatorname{cosec} x}$ का मान है :

A. e B. $1/e$

C. 1 D. इनमें से कोई नहीं

49. $\lim_{n\to\infty}\left[\frac{1}{n^3+1}+\frac{4}{n^3+1}+\frac{9}{n^3+1}+\ldots+\frac{n^2}{n^3+1}\right]=?$

A. 1 B. 2/3

C. 1/3 D. 0

50. $\lim_{n\to\infty}\left[\frac{1}{1.3}+\frac{1}{3.5}+\frac{1}{5.7}+\ldots+\frac{1}{(2n+1)(2n+3)}\right]=?$

A. 0 B. 1/2

C. 1/9 D. 2

51. $\lim_{x\to\infty}(1+2/x)^x$ का मान निम्नलिखित में से किसके बराबर है?

A. e B. ∞

C. e^2 D. $1/e$

52. $\lim_{x\to\infty}\left(\frac{x-2}{x+2}\right)^{x+1}$ का मान निम्नलिखित में से किसके बराबर है?

A. e^{-4} B. e^{-2}

C. e^2 D. e^4

53. $\lim_{n\to\infty}\left(\frac{n+1}{n+2}\right)^{2n+1}$ का मान निम्नलिखित में से किसके बराबर है?

A. e B. e^{-2}

C. e^{-1} D. 1

54. $\lim_{n\to\infty} x^{1/x}$ का मान निम्नलिखित में से किसके बराबर है?

A. 0 B. 1

C. e D. ∞

55. $\lim_{n\to\infty}\sin[\pi\sqrt{(n^2+1)}]=$

A. ∞

B. 0

C. इसका अस्तित्व नहीं होता

D. इनमें से कोई नहीं

56. यदि $f(x)=\sin[x]/[x],\quad [x]\neq0$

$=0\quad [x]=0,$

जहां $[x]$ एक ऐसे महत्तम पूर्णांक को सूचित करता है जो x से कम या उसके बराबर हो, तो $\lim_{x\to0} f(x)$ निम्नलिखित में से किसके बराबर होगा ?

A. 1 B. 0

C. −1 D. इनमें से कोई नहीं

57. $\lim_{n\to\infty}\sum_{r=1}^{n}\frac{\pi}{n}\sin\left(\frac{\pi r}{n}\right)=?$

A. 1 B. 2

C. 3 D. 4

58. $\lim_{x\to0}\frac{\int_0^x \sin^3 x\,dx}{x^4}=$

A. 4 B. 3/4

C. 0 D. 1/4

59. फलन $f(x)=[\log(1+ax)-\log(1-bx)]/x$ बिंदु $x=0$. पर परिभाषित नहीं होता। $x=0$ पर f को निम्नलिखित में से कौन सा मान दिया जाए ताकि यह $x=0$ पर संतत हो?

A. $a-b$ B. $a+b$

C. $\log a+\log b$ D. इनमें से कोई नहीं

60. $f(0)$ को निम्नलिखित में से कौन सा मान दिए जाने पर फलन

$$f(x)=\frac{\sqrt{(a^2-ax+x^2)}-\sqrt{(a^2+ax+x^2)}}{\sqrt{(a+x)}-\sqrt{(a-x)}}$$

x के सभी मानों के लिए संतत हो जाता है?

A. $a\sqrt{a}$ B. $\sqrt{a}$

C. $-\sqrt{a}$ D. $-a\sqrt{a}$

61. यदि फलन

$$f(x)=\begin{cases}\frac{\sqrt{(1+px)}-\sqrt{(1-px)}}{x}, & -1\le x<0\\ \frac{2x+1}{x-2}, & 0\le x\le1\end{cases}$$

अंतराल $[-1, 1]$ में संतत हो, तो p का मान निम्नलिखित में से किसके बराबर होगा ?

A. −1 B. −1/2

C. 1/2 D. 1

62. निम्नलिखित में से k के किस मान से फलन

$$f(x)=\begin{cases}\sin(1/x) & , x\neq0\\ k & , x=0\end{cases}$$

बिंदु $x=0$ पर संतत हो जाएगा ?

A. 8 B. 1

C. -1 D. इनमें से कोई नहीं

63. यदि फलन

$$f(x) = \begin{cases} x^2/a & 0 \le x < 1 \\ a, & 1 \le x < \sqrt{2} \\ (2b^2 - 4b)/x^2 & \sqrt{2} \le x < \infty \end{cases}$$

संतत हो जबकि $0 \le x < \infty$, तो a और b के सर्वाधिक उपयुक्त मान होंगे :

A. $a = 1, b = -1$ B. $a = -1, b = 1 + \sqrt{2}$
C. $a = -1, b = 1$ D. इनमें से कोई नहीं

64. फलन $f(x) = [x] \cos [(2x - 1)/2]\pi$, [.] महत्तम पूर्णांक फलन को इंगित करता हो तो वह असंतत होगा :

A. सभी x पर
B. सभी पूर्णांकीय बिंदुओं पर
C. किसी भी x पर नहीं
D. x पर जो एक पूर्णांक नहीं हो

65. यदि $f'(x)$, $x = 0$ पर संतत हो और $f''(0) = p$ हो तो

$\lim_{x \to 0} \dfrac{2f(x) - 3f(2x) + f(4x)}{x^2}$ का मान होगा :

A. k B. $2k$
C. $3k$ D. इनमें से कोई नहीं

66. ऐसे सभी बिंदुओं का समुच्चय जबकि फलन $f(x) = x/(1 + |x|)$ अवकलनीय हो, होगा :

A. $(-\infty, \infty)$ B. $(0, \infty)$
C. $(-\infty, 0) \cup (0, \infty)$ D. $(0, \infty)$
E. इनमें से कोई नहीं

67. यदि $f(x) = \frac{1}{2}x - 1$ और $[x]$ महत्तम पूर्णांक $\le x$ को इंगित करता हो तो अंतराल $[0, \pi]$ पर :

A. $\tan [f(x)]$ और $1/f(x)$ दोनों संतत होंगे
B. $\tan [f(x)]$ और $1/f(x)$ दोनों असंतत होंगे
C. $\tan [f(x)]$ और $f^{-1}(x)$ दोनों संतत होंगे
D. $\tan [f(x)]$ संतत होगा किंतु $1/f(x)$ संतत नहीं होगा

68. यदि $f : R \to R$ एक अवकलनीय फलन और $f(1) = 4$ हो तो

$\lim_{x \to 1} \int_4^{f(x)} \dfrac{2t}{x-1} dt$ को निम्नलिखित में से किसके द्वारा व्यक्त किया जा सकता है ?

A. $8f'(1)$ B. $4f'(1)$
C. $2f'(1)$ D. $f'(1)$

69. यदि $f(2) = 4$ और $f'(2) = 1$.

हो, तो $\lim_{x \to 2} \dfrac{xf(2) - 2f(x)}{x - 2}$ को निम्नलिखित में से किसके द्वारा व्यक्त किया जाएगा ?

A. 2 B. -2
C. -4 D. 3

70. x और y के सभी मानों के लिए मान लें कि $f(x + y) = f(x) f(y)$ तथा यह भी मान लें कि $f(3) = 3$ और $f'(0) = 11$, तो $f'(3)$ निम्नलिखित में से किसके द्वारा व्यक्त होगा ?

A. 22 B. 44
C. 33 D. इनमें से कोई नहीं

71. यदि [.] से एक महत्तम पूर्णांकीय फलन इंगित होता हो और $f(x) = [\tan^2 x]$ हो तो :

A. $\lim_{x \to 0} f(x)$ का अस्तित्व नहीं होता
B. $f(x)$ का मान $x = 0$ पर संतत है
C. $f(x)$ बिंदु $x = 0$ पर अवकलनीय नहीं है
D. $f(0) = 1$

72. $x - 2$ पर $|x - 1| + |x - 3|$ के व्युत्पन्न का मान होगा:

A. -2 B. 0
C. 2 D. अपरिभाषित

73. कितने बिंदुओं पर फलन $f(x) = |x - 0.5| + |x - 1| + \tan x$ का अंतराल $[0, 2]$ में व्युत्पन्न नहीं होगा ?

A. 1 B. 2
C. 3 D. 4

74. बिंदु $x = 1$ पर फलन

$f(x) = \begin{cases} x^3 - 1; & 1 < x < \infty \\ x - 1; & -\infty < x \le 1 \end{cases}$ होता है :

A. संतत और अवकलनीय
B. संतत और अनवकलनीय
C. असंतत और अवकलनीय
D. असंतत और अनवकलनीय

75. $x = 0$ पर $f(x) = |x|^3$ का व्युत्पन्न होगा:

A. -1 B. अपरिभाषित
C. 0 D. 1/2

76. यदि $f(x) = \begin{cases} ax^2 + b & : x \le 0 \\ x^2 & : x > 0 \end{cases}$

में $x = 0$ पर व्युत्पन्न निहित हो, तो

A. $a = 0, b = 0$ B. $a > 0, b = 0$

C. $a \in \mathbb{R}, b = 0$ D. इनमें से कोई नहीं

77. यदि $f(x) = \sin(1/x) : x \neq 0, f(0) = 0$ हो, तो

A. $\lim_{x \to 0} f(x) = 1$

B. $f(x)$ बिंदु $x = 0$ पर संतत है

C. $f(x)$ बिंदु $x = 0$ के सन्निकट परिबद्ध होता है

D. इनमें से कोई नहीं

78. निम्नलिखित में p के किस मान के लिए फलन

$$f(x) = \frac{(4^x - 1)^3}{\sin(x/p)\log\{1 + (x^2/3)\}}, x \neq 3$$

का मान 12 $(\log 4)^3$, $x = 0$ होगा?

A. 1 B. 2

C. 3 D. इनमें से कोई नहीं

79. x के जिस मान से फलन

$$f(x) = \frac{\tan x \log(x-2)}{x^2 - 4x + 3}$$

असंतत फलन होता है, उसे निम्नलिखित में से किसके द्वारा व्यक्त किया जा सकता है?

A. $(-\infty, 2) \cup \{3\}$

B. $(-\infty, 2) \cup \{3, n\pi + \pi/2 : n \geq 1\}$

C. $(-\infty, 2)$

D. इनमें से कोई नहीं

80. यदि $f(x) = (x - x_0)\, g(x)$ जहां x_0 पर $g(x)$ संतत हो, तो $f'(x_0)$ निम्नलिखित में से किसके बराबर होगा?

A. 0 B. x_0

C. $f(x_0)$ D. इनमें से कोई नहीं

81. यदि $f(x) = (x - 4)/(2\sqrt{x})$, तो $f'(0)$ निम्नलिखित में से किससे व्यक्त होता है?

A. 0 B. 1

C. इसका अस्तित्व नहीं है D. इनमें से कोई नहीं

82. यदि $f(x) = \log_{x^2}(ln\, x)$, तो $x = e$ पर $f'(x)$ का मान होगा :

A. 0 B. 1

C. $1/e$ D. $1/(2e)$

83. यदि $y = \sin^{-1}(½x) + \cos^{-1}(½x)$, हो, तो dy/dx निम्नलिखित में से किसके बराबर होगा?

A. 0 B. $2/\sqrt{(1 - x^2)}$

C. $\pi/2$ D. इनमें से कोई नहीं

84. यदि $y = \tan^{-1}[(1 - x^2)/1 + x^2]$ हो, तो dy/dx निम्नलिखित में से किसके बराबर होगा?

A. $1/(1 + x^4)$ B. $-2x/(1 + x^4)$

C. $-1/(1 + x^4)$ D. इनमें से कोई नहीं

85. x के संदर्भ में $f(\log x)$ का अवकल गुणांक निम्नलिखित में से क्या होगा (जबकि $f(x) = \log x$ दिया गया है)

A. $x/\log x$ B. $\log x/x$

C. $(x \log x)^{-1}$ D. इनमें से कोई नहीं

86. $\frac{d}{dx}(x^x)$ का मान है :

A. $x\, x^{x-1}$ B. $x^x \log ex$

C. $x^x \log x$ D. इनमें से कोई नहीं

87. यदि $y = (1 + 1/x)^x$ हो, तो $dy/dx = ?$

A. $\left(1+\frac{1}{x}\right)^x\left[\log\left(1+\frac{1}{x}\right) - \frac{1}{1+x}\right]$

B. $\left(1+\frac{1}{x}\right)^x\left[\log\left(1+\frac{1}{x}\right)\right]$

C. $\left(x+\frac{1}{x}\right)^x\left[\log(x+1) - \frac{x}{x+1}\right]$

D. $\left(1+\frac{1}{x}\right)^x\left[\log\left(1+\frac{1}{x}\right) + \frac{1}{1+x}\right]$

88. यदि $y = \log|x|, x \neq 0$ हो, तो $\frac{dy}{dx}$ का मान निम्नलिखित में से किसके द्वारा व्यक्त किया जा सकता है?

A. $\frac{1}{|x|}$ B. $\frac{1}{x}$

C. $-\frac{1}{x}$ D. इनमें से कोई नहीं

89. यदि $y = \sqrt{\left(\frac{1+\cos 2\theta}{1-\cos 2\theta}\right)}$ हो, तो $\theta = 3\pi/4$ पर $\frac{dy}{d\theta}$ का मान होगा :

A. -2 B. 2

C. ± 2 D. इनमें से कोई नहीं

90. यदि $x^y y^x = 1$, तो $\frac{dy}{dx} =$

A. $\frac{y(y + x\log y)}{x(y\log x + x)}$ B. $\frac{y(x + y\log x)}{x(y + x\log y)}$

C. $-\dfrac{y(y+x\log y)}{x(x+y\log x)}$ D. इनमें से कोई नहीं

91. यदि $y=\sec^{-1}\dfrac{2x}{1+x^2}+\sin^{-1}\dfrac{x-1}{x+1}$, तो $\dfrac{dy}{dx}$ है

A. 1

B. $\dfrac{x-1}{x+1}$

C. इसका अस्तित्व नहीं होता

D. इनमें से कोई नहीं

92. यदि $y=\log_u v$, जहां u और v द्वारा x के फलन निरूपित होते हैं, तो dy/dx निम्नलिखित में से किसके बराबर है?

A. $-\dfrac{\log v}{u(\log u)^2}\dfrac{du}{dx}+\dfrac{1}{v(\log u)}.\dfrac{dv}{dx}$

B. $\dfrac{1}{v}\dfrac{dv}{dx}+\log v\dfrac{du}{dx}$

C. $\dfrac{1}{v}\dfrac{dv}{dx}$

D. $\dfrac{1}{u}\dfrac{du}{dv}+\dfrac{1}{v}\dfrac{dv}{dx}$

93. $\sec\tan^{-1}x$ का अवकल गुणांक निम्नलिखित में से किसके बराबर होगा?

A. $x/(1+x^2)$ B. $x\sqrt{(1+x^2)}$
C. $1/\sqrt{(1+x^2)}$ D. $x/\sqrt{(1+x^2)}$

94. यदि $y=\sec^{-1}\left(\dfrac{x+1}{x-1}\right)+\sin^{-1}\left(\dfrac{x-1}{x+1}\right)$, तो $\dfrac{dy}{dx}=$

A. 1 B. 0
C. $(x-1)/(x+1)$ D. $(x+1)/(x-1)$

95. यदि $x^y=e^{x-y}$, तो dy/dx है

A. $\dfrac{y}{1+\log x}$ B. $\dfrac{x-y}{(1+\log x)^2}$

C. $\dfrac{x-y}{1+\log x}$ D. $\dfrac{\log x}{(1+\log x)^2}$

या

A. $\dfrac{1+x}{1+\log x}$ B. $\dfrac{1-\log x}{1+\log x}$

C. अपरिभाषित D. $\dfrac{\log x}{(1+\log x)^2}$

96. यदि $x=a\cos^3\theta$, $y=a\sin^3\theta$, तो $\sqrt{[1+(dy/dx)^2]}=$

A. $\tan^2\theta$ B. $\sec^2\theta$
C. $\sec\theta$ D. $|\sec\theta|$

97. यदि $x=a(\cos t+\log\tan t/2)$, $y=a\sin t$, तो $t=\pi/4$ पर, $\dfrac{dy}{dx}=$

A. 1 B. –1
C. 0 D. a

98. यदि $f(x)=e^x$ और $g(x)=ln\ x$, तो $(g\ o\ f)'(x)$ निम्नलिखित में से किसके बराबर है?

A. 0 B. –1
C. 0 D. $1+e$

99. यदि $y=\sqrt{[\sin x+\sqrt{\{\sin x+\sqrt{(\sin x+...)}\}}]}$, तो $\dfrac{dy}{dx}=$

A. $\dfrac{2y-1}{\cos x}$ B. $\dfrac{\cos x}{2y-1}$

C. $\dfrac{2x-1}{\cos y}$ D. $\dfrac{\cos y}{2x-1}$

100. यदि $\Delta_1=\begin{vmatrix}x&a&a\\b&x&a\\b&b&x\end{vmatrix}$ और $\Delta_2=\begin{vmatrix}x&a\\b&x\end{vmatrix}$, तो

A. $\dfrac{d}{dx}\Delta_1=\Delta_2$ B. $\dfrac{d}{dx}\Delta_1=3\Delta_2$

C. $\dfrac{d}{dx}\Delta_2=\Delta_1-\Delta_2$ D. इनमें से कोई नहीं

101. यदि $y=\sin^{-1}\sqrt{(1-x)}+\cos^{-1}\sqrt{x}$, तो $\dfrac{dy}{dx}=$

A. $\dfrac{1}{\sqrt{[x(1-x)]}}$ B. $\dfrac{-1}{\sqrt{[x(1-x)]}}$

C. $\dfrac{1}{\sqrt{[x(1+x)]}}$ D. इनमें से कोई नहीं

102. $\cos^{-1}\sqrt{(1-x^2)}$ के संदर्भ में $\sin^{-1}x$ का व्युत्पन्न है :

A. $1/\sqrt{[(1-x^2)]}$ B. $\cos^{-1}x$
C. 1 D. इनमें से कोई नहीं

103. $\cos^{-1}\left(\dfrac{1-x^2}{1+x^2}\right)$ के संदर्भ में $\tan^{-1}\left(\dfrac{2x}{1-x^2}\right)$ का व्युत्पन्न है :

A. 1/2 B. 1

C. 0　　D. 2

104. यदि $y^2 = a\,e^{-2x} + (2/5)(\cos x - 2\sin x)$ हो, तो $y\dfrac{dy}{dx} + y^2 + \sin x$ निम्नलिखित के बराबर होगा :

A. -1　　B. 1

C. 0　　D. इनमें से कोई नहीं

105. यदि $y = x^{x^{x^{\ldots\infty}}}$, तो $x(1 - y\log x)dy/dx =$

A. x^2　　B. y^2

C. xy^2　　D. इनमें से कोई नहीं

106. यदि $y = \cos^{-1}[(2\cos x + 3\sin x)/\sqrt{(13)}]$.

तो $\dfrac{dy}{dx} = 1$

A. x के सभी मानों के लिए

B. $\tan^{-1} 3/2 < x < \pi + \tan^{-1} 3/2$ के लिए

C. $-\{\pi - \tan^{-1}(3/2)\} < x < \tan^{-1}(3/2)$ के लिए

D. x के किसी भी मान के लिए नहीं

107. यदि $x/y + y/x = 2$, तो $\dfrac{dy}{dx}$ है

A. 1　　B. 2

C. -1　　D. -2

108. $\dfrac{d}{dx}\left\{\sin^{-1}\left(\dfrac{3}{2}x - \dfrac{x^3}{2}\right)\right\}$

A. $3/\sqrt{(4 - x^2)}$　　B. $-3/\sqrt{(4 - x^2)}$

C. $1/\sqrt{(4 - x^2)}$　　D. $-1/\sqrt{(4 - x^2)}$

109. यदि $f(x) = \tan^{-1}\sqrt{[(1 + \sin x)/(1 - \sin x)]}$, $0 \le x \le \pi/2$, तो $f'(\pi/6)$ है

A. $-1/4$　　B. $-1/2$

C. $1/4$　　D. $1/2$

110. यदि $y = x^{\log x}$, तो $\dfrac{dy}{dx} =$

A. $\log x..x^{\log x - 1}$

B. $x^{\log x - 1}.2\log x$

C. $x\log(\log x)$

D. $1/(x\log x).x^{\log x - 1}$

111. यदि $x\sqrt{(1 + y)} + y\sqrt{(1 + x)} = 0$, तो $dy/dx =$

A. $1/(1 + x^2)$　　B. $-1/(1 + x)^2$

C. $1/(1 + x)$　　D. इनमें से कोई नहीं

112. यदि $\sqrt{(1 - x^2)} + \sqrt{(1 - y^2)} = a(x - y)$, तो $\dfrac{dy}{dx} =$

A. $\sqrt{\left(\dfrac{1-x^2}{1-y^2}\right)}$　　B. $\sqrt{\left(\dfrac{1-y^2}{1-x^2}\right)}$

C. $(1 - x^2)/(1 - y^2)$　　D. इनमें से कोई नहीं

113. यदि $y = \sin bx$, तो $y_3(0) =$

A. b^3　　B. 0

C. $-b^3$　　D. इनमें से कोई नहीं

114. यदि $y = \log\sec x$, तो $y_4(0) =$

A. 4　　B. 0

C. -4　　D. इनमें से कोई नहीं

115. यदि $y = \log(1 + \sin x)$, तो $y_4(0) =$

A. $-1/12$　　B. $1/12$

C. 2　　D. -2

116. यदि $y = \sin(e^x - 1)$, तो $y_3(0) =$

A. 0　　B. 4

C. 2　　D. इनमें से कोई नहीं

117. यदि $y = \sin 2x\cos 3x$, तो $y_2 =$

A. $\dfrac{1}{2}(-25\sin 5x + \sin x)$

B. $\dfrac{1}{2}(25\sin 5x - \sin x)$

C. $\dfrac{1}{2}(25\cos 5x + \cos x)$

D. इनमें से कोई नहीं

118. यदि $y = \tan^{-1}\left(\dfrac{\log(e/x^2)}{\log(ex^2)}\right) + \tan^{-1}\left(\dfrac{3 + 2\log x}{1 - 6\log x}\right)$, तो $y'' =$

A. 1/2　　B. 2

C. -1　　D. इनमें से कोई नहीं

119. यदि $y = a(1 + \cos\theta)$, $x = a(\theta + \sin\theta)$, तो $\dfrac{d^2y}{dx^2}$ at $\theta = \pi/2$ है

A. $-1/a$　　B. -1

C. 0　　D. इनमें से कोई नहीं

120. यदि $y = \sin(m\sin^{-1}x)$, तो

A. $(1 - x^2)y_2 - xy_1 + m^2y = 0$

B. $(1 - x^2)y_2 + xy_1 - m^2y = 0$

C. $(1 - x^2)y_2 - xy_1 + m^2y = 0$

D. इनमें से कोई नहीं

121. यदि $y = [\log\{x + \sqrt{(x^2 + 1)}\}]^2$, तो $(1 + x^2)y_2 + xy_1 =$

A. 1　　B. 2

C. –1 D. इनमें से कोई नहीं

122. यदि $y^{1/m} + y^{-1/m} = 2x$, तो $(x^2 - 1)y_2 + xy_1 =$

A. m^2y B. $-m^2y$

C. $\pm m^2y$ D. इनमें से कोई नहीं

123. यदि $y = b \cos \{n \log (x/n)\}$, तो

A. $x^2y_2 - xy_1 + n^2y = 0$

B. $x^2y_2 + xy_1 - n^2y = 0$

C. $x^2y_2 - xy_1 - n^2y = 0$

D. $x^2y_2 + xy_1 + n^2y = 0$

124. यदि $x^3 - 2x^2y^2 + 5x + y - 5 = 0$ और $y(1) = 1$ हो, तो $y''(1)$ का मान होगा :

A. 22/27 B. –182/23

C. 8 D. –238/27

125. यदि $P(x)$ 3 की घात का एक बहुपदी हो, जिसमें $P(0) = 4$, $P'(0) = 3$, $P''(0) = 4$, $P'''(0) = 6$ हो, तो $P'(-1) = ?$

A. –10 B. 10

C. 2 D. इनमें से कोई नहीं

126. यदि $y^2 = P(x)$ 3 की घात का एक बहुपदी हो, तो

$2\frac{d}{dx}\left\{y^3 \frac{d^2y}{dx^2}\right\}$ निम्नलिखित में से किसके बराबर होगा?

A. $P'''(x) + P'(x)$ B. $P''(x) + P'''(x)$

C. $P(x) + P'''(x)$ D. एक स्थिरांक

127. यदि प्राचलिक समीकरण (parametric equation) $x = f(t)$, $y = g(t)$ दिया गया हो, तो d^2y/dx^2 निम्नलिखित में से किसके बराबर होगा?

A. $\left(\frac{d^2y}{dt^2}\cdot\frac{dx}{dt} - \frac{dy}{dt}\cdot\frac{d^2x}{dt^2}\right)\Big/\left(\frac{dx}{dt}\right)^2$

B. $\left(\frac{dx}{dt}\cdot\frac{d^2y}{dt^2} - \frac{d^2x}{dt^2}\cdot\frac{dy}{dt}\right)\Big/\left(\frac{dx}{dt}\right)^3$

C. $\frac{d^2y}{dt^2}\Big/\frac{d^2x}{dt^2}$

D. $\frac{g''(t)}{f''(t)}\frac{g'(t)}{f'(t)}$

128. यदि $y = x^4/(x^2 - 3x + 2)$ हो, तो $n > 2$ के लिए $y_n = ?$

A. $n!\,[16(x-2)^{-n-1} - (x-1)^{-n-1}]$

B. $(-1)^n n![16(x-2)^{-n-1} - (x-1)^{-n-1}]$

C. $(-1)^n n![16(x-2)^{-n-1} + (x-1)^{-n-1}]$

D. इनमें से कोई नहीं

129. यदि $y = \sin^2x \cos^2x$ हो, तो $y_n =$

A. $(4^n/8).\cos(4x + n\pi/2)$

B. $\{(-1)^n 4^n/8\}.\cos(4x + n\pi/2)$

C. $(-4^n/8).\cos(4x + n\pi/2)$

D. इनमें से कोई नहीं

130. यदि $u = \sin nx + \cos nx$, तो $u_r =$

A. $\{1 + (-1)^r \sin 2nx\}^{1/2}$

B. $n^r \{1 + \sin 2nx\}^{1/2}$

C. $n^r \{1 + (-1)^r \sin 2nx\}^{1/2}$

D. इनमें से कोई नहीं

131. वक्र $y - e^{xy} + x = 0$ के निम्नलिखित में से किस बिंदु पर एक ऊर्ध्वाधर स्पर्श रेखा खींची जा सकती है?

A. (1, 1) B. किसी बिन्दु पर नहीं

C. (0, 1) D. (1, 0)

132. यदि वक्र $x = at^2$, $y = 2at$ पर खींची गई स्पर्श रेखा x-अक्ष के लंबवत् हो, तो उसका संस्पर्श बिंदु (point of contact) होगा :

A. (a, a) B. $(0, a)$

C. $(a, 0)$ D. $(0, 0)$

133. वक्र $y = e^{2x}$ के बिंदु (0, 1) पर खींची गई स्पर्श रेखा x-अक्ष से निम्नलिखित में से किस बिंदु पर मिलती है?

A. $(0, a)$ B. (2, 0)

C. (–1/2, 0) D. इनमें से कोई नहीं

134. वक्र $y = x^3 + 5$ पर खींची गई स्पर्श रेखा निम्नलिखित में से किन बिंदुओं पर रेखा $x + 3y = 2$ के लंबवत् होगी?

A. (6, 1), (–1, 4) B. (1, 6), (1, 4)

C. (6, 1), (4, –1) D. (1, 6), (–1, 4)

135. वक्र $y = be^{-x/a}$ के बिंदु $x = 0$ पर खींची गई स्पर्श रेखा का समीकरण होगा :

A. $x/a - y/b = 1$ B. $y/b - x/a = 1$

C. $x/a + y/b = 1$ D. इनमें से कोई नहीं

136. वक्र $ax^2 + 2hxy + by^2 = 1$ के निम्नलिखित में से किस बिंदु पर खींची गई स्पर्श रेखा y-अक्ष के समांतर होगी?

A. (0, 0)

B. जहां $hx + by = 0$ उससे मिलती हो

C. जहां $ax + hy = 0$ उससे मिलती हो

D. इनमें से कोई नहीं

137. वक्र $y = ae^{-x/b}$ जिस बिंदु पर y-अक्ष को काटता हो वहां वक्र की प्रवणता होगी :

A. a/b B. $-a/b$

C. b/a D. $-b/a$

138. यदि वक्र $ax + by + xy = 0$ के बिंदु (1, 1) पर खींची गई स्पर्श रेखा x-अक्ष के साथ $\tan^{-1} 2$ कोण बनाते हुए नत हो, तो

A. $a = 1, b = -2$ B. $a = -2, b = 1$
C. $a = -1, b = 0$ D. इनमें से कोई नहीं

139. वक्र $y = ax^2 + bx + c$ के बिंदुओं $x = p$ और $x = q$ को मिलाने वाली जीवा वक्र पर खींची गई जिस स्पर्श रेखा के समांतर होती है उसका भुज (abscissa) होगा :

A. $1/2\ (p + q)$ B. $1/2\ (p - q)$
C. $pq/2$ D. इनमें से कोई नहीं

140. वक्र $(x - 2)^4 + (y - 1)^4 = 8.1$ के बिंदु (5, 1) पर खींची गई स्पर्श रेखा का समीकरण होगा :

A. $2x + y = 1$ B. $x + 5y = 10$
C. $y = 1$ D. $x = 5$

141. रेखा $x/a + y/b = 1$ वक्र $y = be^{-x/a}$ को निम्नलिखित में से किस बिंदु पर स्पर्श करती है ?

A. $(a, b/a)$ B. $(-a, b/a)$
C. $(a, a/b)$ D. इनमें से कोई नहीं

142. वक्र $(1 + x^2)y = 1$ और $(x + 1)\ y = 1$ के प्रतिच्छेद बिंदुओं पर खींची गई स्पर्श रेखाओं के समीकरण निम्नलिखित में से किसके द्वारा व्यक्त किए जा सकते हैं ?

A. $x + 2y = 1, y = 1$ B. $x + 2y = 2, x = 1$
C. $x + 2y = 2, y = 1$ D. $x + 2y = 1, x = 1$

143. सरल रेखा $x + y = a$ दीर्घवृत्त $x^2/9 + y^2/16 = 1$ की स्पर्श रेखा होगी यदि a का मान हो :

A. 8 B. ± 5
C. ± 10 D. ± 6

144. यदि $y = 4x - 5$ वक्र $y^2 = px^3 + q$ के बिंदु (2, 3) पर खींची गई एक स्पर्श रेखा हो, तो :

A. $p = 2, q = -7$ B. $p = -2, q = 7$
C. $p = -2, q = -7$ D. $p = 2, q = 7$

145. यदि वक्र $y^2 = 5x - 1$ के बिंदु (1, –2) पर खींचा गया अभिलंब $ax - 5y + b = 0$, द्वारा व्यक्त किया जाए तो a और b है :

A. 4, –14 B. 4, 14
C. –4, 14 D. –4, –14

146. $y = x^2$ और $6y = 7 - x^3$ वक्रों के (1, 1) बिंदुओं पर प्रतिच्छेद कोण का मान होगा :

A. $\pi/4$ B. $\pi/3$
C. $\pi/2$ D. इनमें से कोई नहीं

147. यदि वक्र $y^2 = 16x$ और $9x^2 + by^2 = 16$ एक दूसरे को समकोण पर प्रतिच्छेदित करते हों तो b का मान होगा :

A. 2 B. 4
C. 9/2 D. इनमें से कोई नहीं

148. समकोणीय अतिपरवलय $y^2 - x^2 = a^2$ के बिंदु $(a, \sqrt{2}a)$ पर अध:स्पर्शी (subtangent) की लंबाई होगी :

A. $\sqrt{2}a$ B. $a^{3/2}\sqrt{2}$
C. $2a$ D. $1/2a$

149. परवलय $y^2 = 4ax$ के किसी बिंदु पर अधोलंब की लंबाई निम्नलिखित के बराबर होगी :

A. $\sqrt{2}a$ B. $2\sqrt{2}a$
C. $a/\sqrt{2}$ D. $2a$

150. वक्र $\sqrt{x} + \sqrt{y} = 3$ के बिंदु (4, 1) पर अध:स्पर्शी की लंबाई होगी :

A. 2 B. 1/2
C. –3 D. 4

151. निम्नलिखित की स्थिति में फलन $f(x) = \cos x - 2px$ एकदिष्टत: ह्रासमान होगा :

A. $p < 1/2$ B. $p > 1/2$
C. $p < 2$ D. $p > 2$

152. फलन $f(x) = 2x^3 - 15x^2 + 36x + 1$ निम्नलिखित अंतराल में एकदिष्टत: ह्रासमान होता है :

A. $]2, 3[$ B. $]-\infty, 2[$
C. $]3, \infty[$ D. इनमें से कोई नहीं

153. $f(x) = x^9 + 3x^7 + 6$ निम्नलिखित के लिए वर्धमान होता है :

A. सभी धनात्मक वास्तविक x
B. सभी ऋणात्मक वास्तविक x
C. सभी $x \in R_0$
D. इनमें से कोई नहीं

154. यदि फलन $f(x) = kx^3 - 9x^2 + 9x + 3$ प्रत्येक अंतराल में एकदिष्टत: वर्धमान हो, तो

A. $k < 3$ B. $k \leq 3$
C. $k > 3$ D. इनमें से कोई नहीं

155. $f(x) = (x + 2)\ e^{-x}$ द्वारा परिभाषित फलन x होता है :

A. x के सभी मानों के लिए ह्रासमान
B. $(-\infty, -1)$ में ह्रासमान और $(-1, \infty)$ में वर्धमान
C. x के सभी मानों के लिए वर्धमान
D. $(-1, \infty)$ में ह्रासमान और $(-\infty, -1)$ में वर्धमान

156. $y = [x(x - 3)]^2$ निम्नलिखित अंतराल में अवस्थित x के सभी मानों के लिए वर्धमान होता है :

A. $0 < x < 3/2$ B. $0 < x < \infty$

C. $-\infty < x < 0$ D. $1 < x < 3$

157. यदि $a < 0$ हो तो फलन $(e^{ax} + e^{-ax})$ निम्नलिखित द्वारा व्यक्त x के मानों के लिए एकदिष्टत: ह्रासमान फलन है :

A. $x > 0$ B. $x < 0$
C. $x > 1$ D. $x < 1$

158. a के सभी मानों का समुच्चय जिसके लिए

$$f(x) = \left(\frac{\sqrt{(a+4)}}{1-a} - 1\right)x^5 - 3x + \log 5$$ का मान वास्तविक x के सभी मानों के लिए ह्रसोन्मुख होता है, होगा :

A. $(-\infty, \infty)$
B. $[-4, 1/2\{3 - \sqrt{(21)}\}] \cup (1, \infty)$
C. $[-3, 1/2\{5 - \sqrt{(27)}\}] \cup (2, \infty)$
D. $(1, \infty)$

159. फलन $f(x) = \dfrac{ln(\pi + x)}{ln(e + x)}$ होता है :

A. $[0, \infty]$ पर वर्धमान
B. $[0, \infty]$ पर ह्रासमान
C. $[0, \pi/e]$ पर वर्धमान और $[\pi/e, \infty]$ पर ह्रासमान
D. $[0, \pi/e]$ पर ह्रासमान और $[\pi/e, \infty]$ पर वर्धमान

160. यदि किसी अंतराल में $f(x) = \dfrac{x}{\sin x}$ और $g(x) = \dfrac{x}{\tan x}$, $0 < x \le 1$ हो, तो इस अंतराल में

A. $f(x)$ और $g(x)$ दोनों वर्धमान फलन है
B. $f(x)$ और $g(x)$ दोनों ह्रासमान फलन है
C. $f(x)$ एक वर्धमान फलन है
D. $g(x)$ एक वर्धमान फलन है

161. यदि $f(x) = x^5 - 20x^3 + 240x$ हो, तो $f(x)$ निम्नलिखित में से किसे संतुष्ट करता है ?

A. यह केवल $(0, \infty)$ में एकदिष्टत: ह्रासमान है
B. यह प्रत्येक दशा में एकदिष्टत: ह्रासमान है
C. यह प्रत्येक दशा में एकदिष्टत: वर्धमान है
D. यह केवल $(-\infty, 0)$ में एकदिष्टत: वर्धमान है

162. मान लें कि f और g $\{0, \infty)$ से $[0, \infty)$ तक क्रमश: वर्धमान और ह्रासमान फलन हैं।

$h(x) = f\{g(x)\}$.

यदि $h(0)$ तो $h(x) - h(1)$ है :

A. हमेशा शून्य B. हमेशा धनात्मक
C. हमेशा ऋणात्मक D. इनमें से कोई नहीं

163. $[-1, 2]$ में फलन $f(x) = |x| + |x - 1|$ है:

A. वर्धमान B. ह्रासमान
C. अचर D. इनमें से कोई नहीं

164. यदि प्रत्येक वास्तविक संख्या x के लिए $f(x) = \dfrac{x^2 - 1}{x^2 + 1}$ हो, तो f का अल्पतम मान :

A. नहीं होता क्योंकि f परिबद्ध है
B. f परिबद्ध होने के बावजूद प्राप्त नहीं होता
C. -1 के बराबर होता है
D. 1 के बराबर होता है

165. यदि $x > 0$, $xy = 1$ हो, तो $x + y$ का अल्पतम मान होगा:

A. 2 B. -2
C. 1 D. इनमें से कोई नहीं

166. a त्रिज्या के गोले में अंतर्निहित अधिकतम आयतन के बेलन की ऊंचाई होगी :

A. $a/\sqrt{3}$ B. $a\sqrt{3}$
C. $2a/\sqrt{3}$ D. $2a\sqrt{3}$

167. यदि $f(x) = x^5 - 5x^4 + 5x^3 - 10$ का $x = p$ और $x = q$ पर स्थानीय उच्चिष्ठ और अल्पिष्ठ मान हो तो $(p, q) = ?$

A. $(0, 1)$ B. $(1, 3)$
C. $(1, 0)$ D. इनमें से कोई नहीं

168. यदि फलन $f(x) = 2x^3 - 9ax^2 + 12a^2x + 1, (a \ge 0)$ बिंदु p और q पर क्रमशः उच्चतम और अल्पतम मान प्राप्त कर लेते हों इस प्रकार कि $p^2 = q$ हो, तो a का मान निम्नलिखित में से किसके बराबर है :

A. 2 या 0 B. केवल शून्य
C. केवल 2 D. इनमें से कोई नहीं

169. $y = 8a/x^2 + a/(6 - x)^2$ का चरम मान होगा :

A. a B. $5a/4$
C. $3a/4$ D. इनमें से कोई नहीं

170. $f(x) = (3 - x)\, e^{2x} - 4x\, e^x - x$ में है :

A. $x = 0$ पर एक उच्चिष्ठ मान
B. $x = 0$ पर एक अल्पिष्ठ मान
C. $x = 0$ पर उपर्युक्त दोनों में से कोई नहीं
D. $f(x)$ बिंदु $x = 0$ पर व्युत्पन्न नहीं है

171. यदि $y = a \log|x| + bx^2 + x$ के $x = -1$ और $x = 2$ पर चरम मान हों, तो

A. $a = 2, b = -1$ B. $a = 2, b = -1/2$
C. $a = -2, b = 1/2$ D. इनमें से कोई नहीं

172. निम्नलिखित में से x के किस मान के लिए $f(x) = \sin x$

$+ \cos 2x (x > 0)$ का अल्पिष्ठ मान होगा :

A. $n\pi/2$ B. $3/2(n+1)\pi$

C. $1/2(2n+1)\pi$ D. इनमें से कोई नहीं

173. फलन $f(x) = \sin 2x/\sin(x + 1/4\pi)$ का अंतराल $[0, \pi/2]$ पर अधिकतम मान होगा :

A. $1/\sqrt{2}$ B. $\sqrt{2}$

C. 1 D. $-\sqrt{2}$

174. a के किस मान के लिए समीकरण $x^2 - (a-2)x - a + 1 = 0$ के मूलों के वर्गों के योग का मान अल्पतम होगा?

A. 2 B. 1

C. 3 D. 0

175. फलन $y = \cos x + 1/2 \cos 2x - 1/3 \cos 3x$ के उच्चिष्ठ और अल्पिष्ठ मानों का अंतर होगा :

A. 2/3 B. 9/4

C. 4/9 D. इनमें से कोई नहीं

176. बिंदु [0, 1] पर $y = (x+1)^{1/3} - (x-1)^{1/3}$ का अधिकतम मान होगा :

A. 1 B. 0

C. $2^{1/3}$ D. इनमें से कोई नहीं

177. x^x का निम्नलिखित में से किस पर एक अचर बिंदु होगा?

A. $x = e$ B. $x = 1/e$

C. $x = 1$ D. $x = \sqrt{e}$

178. $f(x) = \sin^p x \cos^q x$, $(p, q > 0, 0 < x < \pi/2)$ का उच्चिष्ठ बिंदु निम्नलिखित पर होगा :

A. $x = \tan^{-1} \sqrt{(p/q)}$

B. $x = \tan^{-1} \sqrt{(q/p)}$

C. ऐसा कोई बिन्दु नहीं होता

D. इनमें से कोई नहीं

179. 20 सेमी. लंबे तार को एक त्रिज्यखंड की आकृति में मोड़ने पर उसके द्वारा संवृत क्षेत्र का अधिकतम संभव क्षेत्रफल होगा :

A. 10 वर्ग सेमी. B. 25 वर्ग सेमी.

C. 30 वर्ग सेमी. D. इनमें से कोई नहीं

180. (3, 4) से होकर निकलने वाली रेखा, जो प्रथम वृत्तपाद से न्यूनतम क्षेत्रफल का त्रिभुज काटती है, का समीकरण होगा :

A. $4x + 3y - 24 = 0$ B. $3x + 4y - 12 = 0$

C. $2x + 3y - 12 = 0$ D. $3x + 2y - 24 = 0$

181. किसी दिए गए गोले के अंतर्गत निर्मित अधिकतम आयतन के शंकु की ऊंचाई और गोले के व्यास का अनुपात होगा:

A. 2/3 B. 3/4

C. 1/3 D. 1/4

182. a के किस मान के लिए समीकरण $ax^2 + (a-1)x + 2 = 0$ के मूलों के बीच अंतर का मान न्यूनतम होगा?

A. 1/5 B. 5

C. –1/5 D. इनमें से कोई नहीं

183. वक्र $y = 2x + 3x^{2/3}$ के लिए

A. उच्चिष्ठ $x = -1$ पर, अल्पिष्ठ $x = 0$ पर

B. उच्चिष्ठ $x = -1$ पर, $x = 0$ पर कोई नहीं

C. $x = -1$ पर अल्पिष्ठ मान

D. उपर्युक्त में से कोई नहीं

184. यदि फलन $f(x) = x^3 + ax^2 + bx + c$ का $x = 3$ पर अल्पिष्ठ और $x = -1$ पर उच्चिष्ठ मान हो, तो

A. $a = -3, b = -9, c = 0$

B. $a = 3, b = 9, c = 0$

C. $a = -3, b = -9, c \in R$

D. इनमें से कोई नहीं

185. $x^4 - 2/3x^3 - 2x^2 + 2x$ का अंतराल [0, 3] में अधिकतम और न्यूनतम मान होगा :

A. क्रमश: 51 और 0

B. क्रमश: 23/48 और 0

C. क्रमश: 1/3 और 0

D. क्रमश: 23/48 और 1/3

186. यदि $f(x) = \int_1^x \frac{\cos t}{t} dt, x > 1$ हो, तो $x = n\pi + 1/2\pi$ पर $f(x)$ का होगा :

A. अल्पिष्ठ मान जबकि $n = 0, 2, 4, ...,$

B. अल्पिष्ठ मान जबकि $n = 1, 3, 5, ...,$

C. उच्चिष्ठ मान जबकि $n = 1, 3, 5, ...,$

D. इनमें से कोई नहीं

187. चुंबकीय टेप में प्रत्येक x अभिलक्षणों के समूह में सूचनाओं के N अभिलक्षण निहित हैं, समूह संसाधन काल (batch processing time) $\alpha + \beta x^2$ सेकंड है जहां α और β धन नियतांक हैं। तीव्र गति से संसाधन के लिए x का इष्टतम मान होगा :

A. α/β B. β/α

C. $\sqrt{(\alpha/\beta)}$ D. $\sqrt{(\beta/\alpha)}$

188. दो शून्येतर संख्याओं का योग 6 है। उनके व्युत्क्रमों के योग का न्यूनतम मान होगा :

A. 3/4 B. 6/5

C. 2/3 D. इनमें से कोई नहीं

189. यदि $P(x) = a_0 + a_1x^2 + a_2x^2 + a_2x^4 + ... + a_nx^{2n}$ एक वास्तविक चर राशि x में एक बहुपदी हो, जहां $0 < a_0 < a_1 < a_2 < ... a_n$ तो फलन $P(x)$ में

A. न तो कोई उच्चिष्ठ और न ही कोई अल्पिष्ठ मान है
B. केवल एक उच्चिष्ठ मान है
C. केवल एक उच्चिष्ठ और एक अल्पिष्ठ मान है
D. उपर्युक्त में से कोई नहीं

190. वक्र $a^2/x^2 + b^2/y^2 = 1$ की न्यूनतम ध्रुवांतर रेखा (minimum radius vector) की लंबाई होगी :

A. $a - b$ B. $a + b$
C. $2a + b$ D. इनमें से कोई नहीं

191. अनुक्रम $a_n = \dfrac{n^2}{n^3 + 200}$ में बृहत्तम पद निम्नलिखित में से किसके द्वारा व्यक्त किया जाएगा?

A. $\dfrac{(400)^{2/3}}{600}$ B. $\dfrac{8}{89}$
C. $\dfrac{49}{543}$ D. इनमें से कोई नहीं

192. किसी कण द्वारा t सेकंड में तय की गई दूरी s (मीटर में) को $s = ae^t + be^{-t}$ द्वारा व्यक्त किया जाता है। t वें सेकंड में उस कण का त्वरण होगा :

A. s B. as
C. $-bs$ D. इनमें से कोई नहीं

193. कोई कण किसी रेखा पर गति कर रहा है जबकि इसकी अवस्थिति s (मीटर में) समय t (सेकंड में) का एक फलन है जिसे निम्नवत् व्यक्त किया जाता है :

$$s = t^3 + at^2 + bt + c,$$

जहां a, b, c स्थिरांक हैं। यह ज्ञात होता है कि $t = 1$ सेकंड में कण की अवस्थिति $s = 7$ मीटर, वेग 7 मीटर/सेकंड और त्वरण 12 मी/से.^{2} है। a, b, c के मान होंगे :

A. −3, 2, 7 B. 3, −2, 5
C. 3, 2, 1 D. इनमें से कोई नहीं

194. किसी कण द्वारा गतिमान अवस्था में t समय में तय की गई दूरी t के द्विघाती फलन का वर्गमूल हो, तो

A. वेग $\propto$ (1/दूरी) B. त्वरण $\propto$ 1/दूरी^{3}
C. त्वरण $\propto$ दूरी^{3} D. इनमें से कोई नहीं

195. यदि कोई कण सरल रेखा पर $v = 24t^2 (1 - t)$ नियम का पालन करते हुए गति कर रहा हो तो उस कण का त्वरण कितने समय में अधिकतम हो जाएगा?

A. 3 सेकंड B. 1/3 सेकंड
C. 2 सेकंड D. 8 सेकंड

196. किसी पत्थर को ऊर्ध्वाधर ऊपर की दिशा में फेंकने पर वह पत्थर t सेकंड में x ऊंचाई पर पहुंच जाता है जहां $x = 80t - 160t^2$। वह पत्थर कितने सेकंडों में अधिकतम ऊंचाई पर पहुंचेगा?

A. 2 B. 2.5
C. 3 D. 3.5

197. एक 2 मीटर लंबा व्यक्ति 6 मीटर ऊंचे एक प्रकाश स्तंभ से 5 मीटर प्रति मिनट की एकसमान चाल से चलना शुरू करता है। उस व्यक्ति की छाया की लंबाई किस दर से बढ़ेगी?

A. 2/5 मी प्रति से. B. 5/2 किमी. प्रति घंटा
C. 10 मी प्रति मिनट D. इनमें से कोई नहीं

198. किसी शांत झील में एक पत्थर फेंकने पर पानी में वृत्ताकार तरंगें 4 सेमी./से की गति से चलती हैं। जिस क्षण वृत्ताकार तरंग की त्रिज्या 10 सेमी हो उस क्षण संवृत क्षेत्र में किस दर से वृद्धि होगी?

A. 100π सेमी^{2}/से. B. 80π सेमी/से.
C. 40 सेमी.^{2}/से. D. इनमें से कोई नहीं

199. एक वृत्ताकार प्लेट की त्रिज्या 0.03 सेमी. प्रति सेकंड की एकसमान दर से बढ़ रही है। जब प्लेट की त्रिज्या 10 सेमी. हो उस क्षण प्लेट के क्षेत्रफल में प्रति सेकंड किस दर से वृद्धि होगी?

A. 0.06π वर्ग सेमी B. 0.6π वर्ग सेमी
C. 6π वर्ग सेमी D. 3π वर्ग सेमी

200. 10 फीट लंबा एक छड़ AB के सिरे A और B दो लंब रेखाओं क्रमशः OX और OY पर गति करते हैं। जब A बिंदु O से 8 फीट की दूरी पर हो, तो यह 2 फीट/सेकंड की दर से गति कर रहा होता है। इस क्षण B किस दर से गति कर रहा है?

A. (8/3) फीट प्रति से. ऊपर की ओर
B. (3/8) फीट प्रति से. नीचे की ओर
C. (8/3) फीट प्रति से. नीचे की ओर
D. इनमें से कोई नहीं

201. 26 मीटर लंबा एक छड़ एक ऊर्ध्वाधर दीवार के सहारे टिका कर रखा गया है। छड़ के पाद सिरे को दीवार से 24 मी. प्रति से. की दर से दूर ले जाया जाता है। जब छड़ का पाद दीवार से 10 मी. दूर हो तो उसके नीचे की ओर ऊर्ध्वाधर खिसक रहे मध्य भाग का वेग होगा :

A. 10 मी./से. B. 8 मी./से.

C. 6 मी./से. D. 5 मी./से.

202. समीकरण $x^4 - 12x + 7 = 0$ का मूल जो लगभग 2 के बराबर है निम्नलिखित में से किसके सन्निकट होगा ?

A. 2.05 B. 1.95

C. 2.15 D. इनमें से कोई नहीं

203. समीकरण $x^4 - x^3 - x + 1 = 0$, का 1 है :

A. द्विगुणमूल (Double root)

B. सरल मूल (Simple root)

C. त्रिकमूल (Triple root)

D. इनमें से कोई नहीं

204. समीकरण $e^{x-1} + x - 2 = 0$ में है :

A. एक वास्तविक मूल B. दो वास्तविक मूल

C. तीन वास्तविक मूल D. अनंत वास्तविक मूल

205. समीकरण $3x^2 + 4ax + b = 0$ का]0, 1[में कम से कम एक मूल होगा यदि :

A. $4a + b + 3 = 0$ B. $2a + b + 1 = 0$

C. $b = 0, a = -4/3$ D. इनमें से कोई नहीं

206. यदि $f(x) = (x-1)(x-2)(x-3)(x-4)$ हो, तो $f'(x) = 0$ के तीन मूलों में से

A. तीनों धनात्मक होंगे

B. तीनों ऋणात्मक होंगे

C. दो मिश्र होंगे

D. तीनों वास्तविक होंगे जिनमें से कुछ धनात्मक और कुछ ऋणात्मक होंगे

207. यदि एक गोलाकार गुब्बारे की त्रिज्या 1% के भीतर मापी जाती हो, तो उसके आयतन में त्रुटि का प्रतिशत होगा :

A. $4\pi r^2$% B. 3%

C. (88/7)% D. इनमें से कोई नहीं

208. एक गैस के दाब p और आयतन V के बीच संबंध को $pV^{1.4} = \lambda$ (स्थिरांक) द्वारा दर्शाया जाता है। गैस के आयतन में (1/2)% की कमी आने पर उसके दाब में होने वाली संगत वृद्धि होगी :

A. (2.8)% B. (1.4)%

C. (0.7)% D. इनमें से कोई नहीं

209. यदि ΔABC की भुजाएं किंचित इस प्रकार परिवर्तित होती हैं कि उसकी परित्रिज्या स्थिर बनी रहती है, तो

$$\frac{da}{\cos A} + \frac{db}{\cos B} + \frac{dc}{\cos C} = ?$$

A. 6R B. 2R

C. 0 D. इनमें से कोई नहीं

210. एक घन इस प्रकार प्रसरित हो रहा है कि उसके किनारे 5 सेमी./सेकंड की दर से बदल रहे हैं। यदि घन के एक किनारे की लंबाई 4 सेमी हो, तो घन के आयतन में परिवर्तन की दर होगी :

A. 100 घन सेमी/सेकंड B. 120 घन सेंमी./सेकंड

C. 180 घन सेमी./सेकंड D. 240 घन सेमी./सेकंड

211. यदि फलन $f(x) = x(x+3)e^{-x/2}$ अंतराल [–3, 0] में रोले के प्रमेय (Rolle's Theorem) के सभी प्रतिबंधों को संतुष्ट करता हो तो c का मान होगा :

A. 0 B. 1

C. 2 D. –2

212. रोले के प्रमेय का प्रयोग करने पर समीकरण

$$a_0x^n + a_1x^{n-1} + ... + a_n = 0$$

का 0 और 1 के बीच कम से कम एक मूल होता है यदि

A. $\frac{a_0}{n} - \frac{a_1}{n-1} + ... a_{n-1} = 0$

B. $\frac{a_0}{n-1} + \frac{a_1}{n-2} + ... + a_{n-2} = 0$

C. $na_0 + (n-1)a_1 + ... + a_{n-1} = 0$

D. $\frac{a_0}{n+1} + \frac{a_1}{n} + ... + a_n = 0$

213. यदि [1, 3] के अंतराल पर परिभाषित फलन $f(x) = x^3 - 6x^2 + ax + b$ से $c = \frac{(2\sqrt{3}+1)}{\sqrt{3}}$ के लिए रोले के प्रमेय का समाधान होता हो तो

A. $a = 11, b = 6$ B. $a = -11, b = 6$

C. $a = 11, b \in R$ D. इनमें से कोई नहीं

214. यदि $f(x) = x(x-1)(x-2); a = 0, b = 1/2$ हो तो माध्यमान प्रमेय (Mean Value Theorem) के c का मान होगा :

A. 1 B. $1 + \sqrt{(21)}6$

C. $1 - \sqrt{(21)}6$ D. इनमें से कोई नहीं

215. यदि f एक द्विपदी फलन हो जो $[a, b]$ पर $f(x) = \alpha x^2 + \beta x + \gamma, \alpha \neq 0$ द्वारा परिभाषित होता हो तो लग्रांज के माध्यमान प्रमेय (Lagrange's mean value theorem) द्वारा गारंटित वास्तविक 'c' निम्नलिखित में से किसके बराबर होगा ?

A. $1/2(a + b)$ B. $\sqrt{(ab)}$

C. $2ab/(a + b)$ D. $(a/b + b/a)$

व्याख्यात्मक उत्तर

1. D: $f(x^2)\, f(y^2)$
$= \cos(\log x^2)\cos(\log y^2)$
$= 1/2\,[\cos(\log x^2 + \log y^2) + \cos(\log x^2 - \log y^2)]$
$= 1/2\,[\cos\log(x^2y^2) + \cos\log(x^2/y^2)]$
$= 1/2\,[f(x^2y^2) + f(x^2/y^2)]$
$\therefore$ दिया गया व्यंजक $= 0$.

2. B: मान लें कि $f(x) = a_0x^n + a_1x^{n-1} + \ldots + a_{n-1}x + a_n$,
$a_0 \neq 0$ एक n घात का बहुपदी है
चूंकि $f(x).f(1/x) = f(x) + f(1/x)$, अत:

$$[a_0x^n + a_1x^{n-1} + \ldots + a_{n-1}x + a_n] \times \left[\frac{a_0}{x^n} + \frac{a_1}{x^{n-1}} + \ldots + \frac{a_{n-1}}{x} + a_n\right]$$

$$= a_0x^n + a_1x^{n-1} + \ldots + a_{n-1}x + a_n + \frac{a_0}{x^n} + \frac{a_1}{x^{n-1}} + \ldots + \frac{a_{n-1}}{x} + a_n$$

x के सदृश घातों के गुणांकों की तुलना करने पर,
$a_0\, a_n = a_0 \Rightarrow a_0(a_n - 1) = 0 \Rightarrow a_n = 1$ $[\because a_0 \neq 0]$
$a_1\, a_n + a_0\, a_{n-1} = a_1 \Rightarrow a_0\, a_{n-1} = 0 \Rightarrow a_{n-1} = 0$
इसी प्रकार, $a_{n-2} = a_{n-3} = \ldots a_1 = 0$
साथ ही $a_0^2 + a_1^2 + a_2^2 + \ldots + a_n^2 = 2a_n$
$\Rightarrow a_0^2 = 1$, अर्थात् $a_0 = \pm 1$
$\therefore f(x) = x^n + 1$ या $-x^n + 1$
यदि $f(x) = x^n + 1$, तो
$f(3) = 3^n + 1 = 28 \Rightarrow n = 3$
यदि $f(x) = -x^n + 1$
$f(3) = -3^n + 1 \Rightarrow 3^n = -27$
जो संभव नहीं है
$\therefore f(x) = x^3 + 1$, अत: $f(4) = 4^3 + 1 = 65$.

3. B: $f(x+1) - f(x) = 8x + 3$
$\Rightarrow [b(x+1)^2 + c(x+1) + d] - (bx^2 + cx + d) = 8x + 3$
$\Rightarrow (2b)x + (b + c) = 8x + 3$
$\Rightarrow 2b = 8, b + c = 3 \Rightarrow b = 4, c = -1.$

4. B: $\because \log_a \alpha \geq 0$ यदि $(a > 1.\ \alpha \geq 1)$
या $(0 < a < 1, 0 < \alpha \leq 1)$
$f(x)$ वास्तविक है यदि $\log_{16}x^2 \geq 0$
यहां $a = 16 > 1 \therefore \log_{16} x^2 \geq 0.$
यदि $x^2 \geq 1 \Rightarrow |x| \geq 1.$

5. B: $\cos^{-1} x$ परिभाषित होता है यदि $-1 \leq x \leq 1$
$\therefore \cos^{-1} 1/4\,(2 - |x|)$ परिभाषित होता है यदि
$-1 \leq 1/4\,(2 - |x|) \leq 1$, अर्थात् $-6 \leq -|x| \leq 2$
या $-2 \leq |x| \leq 6$. किंतु $|x| \geq 0$ अत:
$0 \leq |x| \leq 6$, अर्थात् $-6 \leq x \leq 6$ ..... (1)
और $1/\log(3 - x)$ परिभाषित होता है यदि
$3 - x > 0, \neq 1$ चूंकि $\log 1 = 0$
अत: $x < 3, \neq 2.$ ..... (2)
$\therefore f(x)$ का प्रांत (1) और (2) दोनों में उभयनिष्ठ क्षेत्र है, अत: प्रांत है :
$-6 \leq x < 2$ या $2 < x < 3$
अर्थात् $[-6, 2) \cup (2, 3)$.

6. B: $\sec^{-1}$ को $x \geq 1$ या $x \leq -1$ के लिए अर्थात् $R -]-1, 1[$ में परिभाषित किया जाता है
$\therefore f(x)$ को परिभाषित किया जाता है यदि

$$\frac{x}{\sqrt{(x-[x])}} \leq -1 \text{ या} \geq 1 \text{ हो।}$$

और $x - [x] \neq 0$, अत: x एक पूर्णांक नहीं होना चाहिए क्योंकि सभी n पूर्णांकों के लिए $[n] = n$ और $n - [n] = 0$
अत: $\sec^{-1}\{x/\sqrt{x} - [x]\}$ का प्रांत
$R - (] -1, 1[\cup Z)$ है जहां Z सभी पूर्णांकों का एक समुच्चय है।

7. D: $\cot^{-1} x$ का प्रांत R है जो वास्तविक संख्याओं का समुच्चय है और $x/\sqrt{(x^2 - [x^2])}$ को परिभाषित किया जाता है यदि $x^2 \neq [x^2]$, अर्थात् x^2 पूर्णांक न हो क्योंकि $x^2 = [x^2]$, यदि x^2 एक पूर्णांक है। अत: $x^2 \neq$ ऋणोत्तर पूर्णांक अर्थात् 0 या धन पूर्णांक
अत: धन पूर्णांक $= R - \{\sqrt{x}, x \geq 0, x \in Z\}$.

8. D: चूंकि $x^2 + 1 \geq 2x$ अत:

$$\frac{x^2+1}{2x} \geq 1 \text{ यदि } x > 0 \text{ और} \leq -1 \text{ यदि } x < 0.$$

$x = 1$ के लिए, $\dfrac{x^2+1}{2x} = 1$

और यदि $x = -1$, $\dfrac{x^2+1}{2x} = -1$,

अत: $\sin^{-1}\left(\frac{x^2+1}{2x}\right)$ का अस्तित्व होने की एकमात्र संभावना है जबकि $x = 1$ या -1 ... (1)

$(1-x)^{-1} = 1/(1-x)$ निर्धारित होता है जबकि $x \neq 1$ ... (2)

और $-\frac{\pi}{2} < -1 \le \sin x < 1 < \pi/2$.

$\therefore$ $\cos(\sin x) > 0$ अर्थात् $\sqrt{[\cos(\sin x)]}$ का अस्तित्व $x \in R$ के सभी मानों के लिए है ... (3)

समीकरण (1) – (3) से, $f(x)$ का प्रांत $\{-1\}$ है।

9. C: $\log_2 x$ वास्तविक है यदि $x > 0$ अत:

$$\log_3 \log_{(4/\pi)} (\tan^{-1} x)^{-1} > 0$$

$\because$ आधार $3 > 1$ अत: $\log_{(4/\pi)} (\tan^{-1} x)^{-1} > 1$

अब आधार $4/\pi > 1$ अत:

$$(\tan^{-1} x)^{-1} > 4/\pi$$

या $\tan^{-1} x < \pi/4$

अत: $0 < x < 1$

अत: अपेक्षित प्रांत है (0, 1).

10. C: 3^{-x^2} को सभी $x \in R$ के लिए परिभाषित किया जाता है। चाप $\cos(1/2x - 1)$ को परिभाषित किया जाता है, $-1 \le 1/2x - 1 \le 1$ अर्थात् $0 \le x \le 4$ के लिए और $\log \cos x$ को परिभाषित (वास्तविक) किया जाता है, $\cos x > 0$, अर्थात् $2n\pi - \pi/2 < x < 2n\pi + \pi/2$ के लिए

अत: $(-\pi/2, \pi/2)$ में अवस्थित महत्तम अंतराल है $[0, \pi/2]$।

11. A: y वास्तविक और अस्तित्व में होता है यदि

$$|x| - x > 0$$

$\Rightarrow$ $|x| > x \Rightarrow x < 0$

$\therefore$ फलन y का प्रांत है $(-\infty, 0)$.

12. C: मान लें कि $z = x + 1/x$, तो

$$f(z) = f(x + 1/x) = x^2 + 1/x^2$$
$$= (x + 1/x^2) - 2 = z^2 - 2$$

अत: $f(x) = x^2 - 2$.

13. B: $-1 \le \cos 3x \le 1$

$\Rightarrow$ $2 - 1 \le 2 - \cos 3x \le 2 + 1$

$\Rightarrow$ $1/3 \le 1/(2 - \cos 3x) \le 1$

अत: $f(x)$ का रेंज है [1/3, 1].

14. B: $(f \circ f \circ f)(x) = (f \circ f)(f(x))$

$$= (f \circ f)\left(\frac{x}{\sqrt{(1+x^2)}}\right)$$

$$= f\left[\left(\frac{x}{\sqrt{(1+x^2)}}\right) \Big/ \sqrt{\left(1+\frac{x^2}{1+x^2}\right)}\right]$$

$$= f\left(\frac{x\sqrt{(1+x^2)}}{\sqrt{(1+x^2)}\sqrt{(1+2x^2)}}\right)$$

$$= f\left(\frac{x}{\sqrt{(1+2x^2)}}\right)$$

$$= \frac{x}{\sqrt{(1+2x^2)}} \Big/ \sqrt{\left[1+\frac{x^2}{1+2x^2}\right]}$$

$$= \frac{x}{\sqrt{(1+3x^2)}}.$$

15. D: मान लें कि $\cos x^2$ आवर्ती है जिसका आवर्त p है, तो

$$\cos(x+p)^2 = \cos(x^2)$$

$\Rightarrow$ $(x+p)^2 = 2n\pi \pm x^2$

$\Rightarrow$ $2xp + p^2 = 2n\pi$ या $2x^2 + 2px + p^2 = 2n\pi$

जो $\forall x \in R$ के लिए संभव नहीं है क्योंकि दोनों व्यंजकों के दक्षिण पक्ष π के सम गुणज हैं जबकि वाम पक्ष के लिए इसकी आवश्यकता नहीं है।

16. A: मान लें कि p एक ऐसा अवयव अवस्थित है कि

(i) $x + p - [x + p] = x - [x]$

$\Rightarrow [x + p] - [x] = p$

जो सभी $p \in Z$ के लिए सत्य हैं

ऐसा इसलिए है क्योंकि $[n + x] = [x] + n \; \forall \; n \in Z$.

$\because$ इस फलन का आवर्त (मूल) न्यूनतम धन पूर्णांक अर्थात 1 है, अत: A सत्य है।

(ii) $(x + p) \sin(1/(x + p)) = x \sin(1/x)$ $(x \neq 0)$

$\Rightarrow x[\sin\{1/(x+p)\} - \sin(1/x)$
$+ p \sin\{1/(x+p)\} = 0 \; \forall \; x \in R$

जो सभी $x \in R$ के लिए तब तक सत्य नहीं हो सकता जब तक $p = 0$ न हो, अत: यह आवर्ती नहीं है, अत: B सत्य नहीं है।

(iii) अंतत: $x \cos x = (x + p) \cos(x + p)$

$\Rightarrow x[\cos x - \cos(x + p)] = p \cos(x + p)$

$\forall \; x \in R$ के लिए तब तक सत्य नहीं हो सकता जब

तक कि $p = 0$ न हो।

अत: $x \cos x$ आवर्ती नहीं है।

17. C: $\tan (3x + 2) = \tan (\pi + 3x + 2)$

$= \tan [3(x + \pi/3) + 2]$

$\Rightarrow f(x) = f(x + \pi/3) \quad \forall x \in R$

अत: $f(x)$ का आवर्त $\pi/3$ है।

चूंकि π, $\tan x$ का मूल आवर्त (fundamental period) है, अत: $\pi/3$, $\tan (3x + 2)$ का मूल आवर्त होगा।

18. B: A में, $f(-x) = \dfrac{a^{-x}+1}{a^{-x}-1} = \dfrac{1+a^x}{1-a^x}$

$= -\dfrac{a^x+1}{a^x-1} = -f(x)$

अत: यह सम नहीं है।

B में, $f(-x) = (-x)\dfrac{a^{-x}-1}{a^{-x}+1} = -x\dfrac{\left(1-a^x\right)}{1+a^x}$

$= x\dfrac{\left(a^x-1\right)}{\left(a^x+1\right)} = f(x)$

अत: यह एक सम फलन है।

C में, $f(-x) = \dfrac{a^{-x}-a^x}{a^{-x}+a^{-x}} = -f(x)$

अत: यह सम नहीं है।

D में, $f(-x) = \sin (-x) = -\sin x = -f(x)$

अत: यह भी सम नहीं है।

19. A: $n = 2$ के लिए

$f(x) = \sin (2x)/\sin (x/2)$

$= 4 \sin (x/2) \cos (x/2) \cos x/\sin(x/2)$

$= 4 \cos (x/2) \cos x$

$\cos x$ का आवर्त $= 2\pi$ और $\cos (x/2)$ का आवर्त $= 4\pi$ है। अत: $\sin 2x/\sin (x/2)$ का आवर्त 4π है।

$n = 3$ के लिए, $\sin \{3(x + 4\pi)\}/\sin \{(x + 4\pi/3)\}$

$= \sin 3x/\sin (x/3 + 4\pi/3)$

$\neq \sin 3x/\sin (x/3)$

अत: $n = 3$ के लिए 4π आवर्त नहीं है। इसी प्रकार हम देख सकते हैं कि

$n = 4$ और $n = 5$ के लिए भी $\sin nx/ \sin(x/n)$ का आवर्त 4π नहीं है।

20. C: दी गई असमिका निम्नलिखित के समतुल्य है :

$1 < |x-3| + |4-x|$

अर्थात् $1 < |x-3| + |x-4| \quad \ldots (1)$

$x < 3$ के लिए,

$3 - x + 4 - x = 7 - 2x > 1$

अर्थात् $x < 3$ जो प्रांत में सत्य है।

क्योंकि $3 \le x < 4$ (1) से,

$x - 3 + 4 - x = 1 \not> 1. \quad \ldots (2)$

$4 \le x$ से, $2x - 7 > 1 \Rightarrow x > 4 \quad \ldots (3)$

(1) – (3) से असमिका का हल $x < 3$ या $x > 4$ के रूप में प्राप्त होता है

अर्थात् $x \in]-\infty, 3[\cup] 4, \infty [$ जो $R - (3, 4]$ के बराबर है।

21. A: मान लें कि $f(x)$ एक आवर्ती फलन है जिसका आवर्त λ है, तो

$\sin (x + \lambda) + \cos p(x + \lambda)$

$= \sin x + \cos px, \forall x \in R.$

$x = 0$ और $-\lambda$ प्रतिस्थापित करने पर,

$\sin \lambda + \cos p\lambda = 1$

और $-\sin \lambda + \cos p\lambda = 1$

इन्हें हल करने पर $\sin \lambda = 0$ अत: $\lambda = n\pi$

और $\cos p\lambda = 1$, अर्थात् $p\lambda = 2m\pi$

क्योंकि $\lambda \neq 0$, m और n शून्येतर पूर्णांक हैं।

अत: $p = 2m\pi/\lambda$, जो परिमेय है।

22. A: $\log_{0.3} (x - 1) < \log_{0.09} (x - 1)$

$\Rightarrow \log_{0.3} (x - 1) < \log_{(.3)^2} (x - 1)$

$\Rightarrow \log_{0.3} (x - 1) < 1/2 \log_{0.3} (x - 1)$

$\Rightarrow 1/2 \log_{0.3} (x - 1) < 0$

$\Rightarrow (x - 1) > 1$ क्योंकि आधार < 1

$\Rightarrow x > 2$, *i.e.*, $x \in (2, \infty)$.

23. B: $f(x) = 1 + \alpha x = y$ (मान लें)

$\Rightarrow x = (y - 1)/\alpha = f(y)$,

यदि $f(x)$ स्वयं का ही प्रतिलोम हो।

$\Rightarrow (1/\alpha)\, y - 1/\alpha = 1 + \alpha y$

$\Rightarrow 1/\alpha = \alpha$ और $-1/\alpha = 1 \Rightarrow \alpha = -1.$

24. B: मान लें कि $y = f(x) = 3x - 5$

$\therefore x = (y + 5)/3 \Rightarrow f^{-1} (y) = x = (y + 5)/3$

अत: $f^{-1}(x) = (x + 5)/3$

इसलिए भी क्योंकि f एक है और इसका मान एक है अत: f^{-1} का अस्तित्व होता है।

25. A: दिया गया है कि $g\{f(x)\} = |\sin x|$

और $f\{g(x)\} = (\sin\sqrt{x})^2$

वास्तविक सत्यापन से यह पता चलता है कि केवल

$f(x) = \sin^2 x$

और $g(x) = \sqrt{x}$ से ही उपर्युक्त संबंध संतुष्ट होता है।

26. D: $(g\ o\ f)f(x) = g(f(x)) = g(\sin x)$

$= \sqrt{(\sin^2 x - 1)}$

$= \sqrt{\{-(1 - \sin^2 x)\}} = i\cos x \neq R.$

27. B: मान लें कि फलन A, B और C क्रमश: f_A, f_B और f_C द्वारा सूचित किए जाते हैं।

तो $f_A(-x) \neq -f(x)$

$f_B(-x) = -f(x)$

$f_C(-x) \neq -f(x)$

अत: $[-1, 0]$ में f_B विषम है

अत: f_B अंतराल $[-1, 1]$ में $f(x)$ की विषम विस्तृति है।

28. D: $(f\ o\ g)(x) = f(g(x)) = f(ln\,|x|) = \sin(ln\,|x|)$

$\therefore$ रेंज $R_1 = [-1, 1]$

$(g\ o\ f)(x) = g(f(x)) = g(\sin x) = ln\,|\sin x|$

$\therefore$ रेंज $R_2 =]-\infty, 0[\quad \therefore 0 < |\sin x| \leq 1.$

29. C: $\sqrt{\{g(x)\}}$ वास्तविक है यदि $g(x) \geq 0$

अत: $(x+1)(x-3)/(x-2) \geq 0$

जिसका प्रांत है :

$$\overset{-}{\text{——}} \times \overset{+}{\text{——}} \times \overset{-}{\text{——}} \times \overset{+}{\text{——}}$$

$\quad -1 \quad\quad 2 \quad\quad 3$

$[-1, 2[\cup [3, \infty[.$

30. D: मान लें कि $f(x) = \dfrac{\sqrt{[1/2(1-\cos 2x)]}}{x} = \dfrac{|\sin x|}{x}$

अब $f(0+0) = \lim\limits_{h\to 0}\dfrac{|\sin(0+h)|}{0+h}$

$= \lim\limits_{h\to 0}\dfrac{\sin h}{h} = 1,$

$f(0-0) = \lim\limits_{h\to 0}\dfrac{|\sin(0-h)|}{0-h}$

$= \lim\limits_{h\to 0}\dfrac{\sin h}{-h} = -1$

$\because f(0+0) \neq f(0-0)$

$\therefore \lim\limits_{x\to 0} f(x)$ का अस्तित्व नहीं है।

31. D: $f(1^-) = \lim\limits_{h\to 0} f(1-h) = \lim\limits_{h\to 0}\dfrac{\sqrt{\{1-\cos(-2h)\}}}{-h}$

$= \lim\limits_{h\to 0}\left[-\sqrt{2}.(\sinh/h)\right] = -\sqrt{2}$

और $f(1^+) = \lim\limits_{h\to 0} f(1+h)$

$= \lim\limits_{h\to 0}\dfrac{\sqrt{\{1-\cos(2h)\}}}{h}$

$= \lim\limits_{h\to 0}\left\{\sqrt{2}(\sinh/h)\right\} = \sqrt{2}$

$\because f(1^-) \neq f(1^+) \Rightarrow$ इस सीमा का अस्तित्व नहीं है।

32. C: $\lim\limits_{x\to 0}\dfrac{1-\cos x}{x^2}$

$= \lim\limits_{x\to 0}\dfrac{1}{2}\left(\dfrac{\sin 1/2\,x}{1/2\,x}\right)^2 = \dfrac{1}{2}.$

33. D: $\lim\limits_{x\to 2} f(x) = \lim\limits_{x\to 2}\dfrac{\sin\left(e^{x-2}-1\right)}{\log(x-1)}$

$= \lim\limits_{t\to 0}\dfrac{\sin\left(e^t-1\right)}{\log(1+t)}.\ x = 2+t$ रखने पर,

$= \lim\limits_{t\to 0}\dfrac{\sin(e^t-1)}{e^t-1}.\dfrac{e^t-1}{t}.\dfrac{t}{\log(1+t)}$

$= \lim\limits_{t\to 0}\dfrac{\sin\left(e^t-1\right)}{e^t-1}.\left(\dfrac{1}{1!}+\dfrac{t}{2!}+\ldots\right)$

$\times [1/(1 - 1/2t + 1/3t^2 \ldots)]$

$= 1.1.1 = 1 \quad\quad (\because t\to 0.\ e^t - 1 \to 0).$

34. B: $\cos^{-1} x = y$ प्रतिस्थापित करने पर,

$= \lim\limits_{y\to\pi}\dfrac{\sqrt{\pi}-\sqrt{y}}{\sqrt{(\cos y+1)}} = \lim\limits_{y\to\pi}\dfrac{\sqrt{\pi}-\sqrt{y}}{\sqrt{2}\cos(1/2\,y)}$

$= \lim\limits_{y\to\pi}\dfrac{\sqrt{\pi}-\sqrt{y}}{\sqrt{2}\sin(1/2\,\pi-1/2\,y)}$

$= \lim\limits_{y\to\pi}\dfrac{2}{\sqrt{2}(\sqrt{\pi}+\sqrt{y})}.\dfrac{1/2\,\pi-1/2\,y}{\sin(1/2\,\pi-1/2\,y)}$

$= \dfrac{2}{\sqrt{2}.2\sqrt{\pi}}.1 = \dfrac{1}{\sqrt{(2\pi)}}$

$(\because y\to\pi,\ 1/2\pi - 1/2y \to 0).$

35. C: $x = 1/t$ प्रतिस्थापित करने पर,

$\lim\limits_{x\to\infty} f(x) = \lim\limits_{t\to 0}\sqrt{\left(\dfrac{1/t-\sin(1/t)}{1/t+\cos^2(1/t)}\right)}$

$$= \lim_{t\to 0} \sqrt{\left(\frac{1 - t\sin(1/t)}{1 + t\cos^2(1/t)}\right)}$$

$$= \sqrt{\left[\frac{1 - 0.(a \text{ परिमित मान })}{1 + 0.(a \text{ परिमित मान })}\right]} = 1$$

[चूंकि sin (1/*t*) और cos (1/*t*) –1 और 1 के बीच एक परिमित मान प्राप्त करने का प्रयास करते हैं जबकि $t \to 0$].

36. A: $x = 1/t$ रखने पर,

$$= \lim_{t\to 0} \frac{(\sin t)/t - 1}{t - 1} = \frac{1-1}{0-1} = 0$$

वैकल्पिक विधि, $\lim_{x\to\infty} \frac{x^2 \sin(1/x) - x}{1 - |x|}$

$$= \lim_{x\to\infty} \frac{x^2\left(\frac{1}{x} - \frac{1}{3!}\frac{1}{x^3} + \ldots\right) - x}{1 - |x|} \quad [\because 1/x \to 0]$$

$$= \lim_{x\to\infty} \frac{\left(x - \frac{1}{6x} + \ldots - x\right)}{1 - |x|}$$

$$= \lim_{x\to\infty} \frac{\frac{1}{6x} - (1/x \text{ की घातों वाले पद })}{|x| - 1}$$

$= 0.$

37. A: $-1 = \lim_{x\to a} \frac{a^x - x^a}{x^x - a^a}\left(\frac{0}{0}\right)$

डी.एल. हॉस्पिटल नियम का प्रयोग करने पर,

$$-1 = \lim_{x\to a} \frac{a^x \log a - a x^{a-1}}{x^x(1 + \log x)}$$

$$= \frac{a^a(\log a - 1)}{a^a(\log a + 1)}$$

$\Rightarrow -(\log a + 1) = \log a - 1$

$\Rightarrow \log a = 0$

$\Rightarrow a = 1.$

38. B: $f(0+0) = \lim_{h\to 0} f(0+h)$

$= \lim_{h\to 0} h \sin 1/h$

$= 0 \times$ (कोई वास्तविक संख्या ≤ 1 और ≥ -1)

$= 0$

इसी प्रकार $f(0 - 0) = 0$

$\therefore \lim_{x\to 0} x \sin(1/x) = 0.$

39. D: दी गई सीमा

$$= \lim_{x\to\infty} \frac{\sqrt{(1 - 1/x^2)}}{2 + 1/x} = \frac{\sqrt{(1-0)}}{2+0} = \frac{1}{2}.$$

40. B: दी गई सीमा

$$= \lim_{h\to 0} 2\left[\frac{\frac{1}{2}\sqrt{3}\sin\left(\frac{1}{6}\pi + h\right) - \frac{1}{2}\cos\left(\frac{1}{6}\pi + h\right)}{\sqrt{3}h\left(\frac{1}{2}\sqrt{3}\cos h - \frac{1}{2}\sin h\right)}\right]$$

$$= \lim_{h\to 0} 2\left[\frac{\sin\left(\frac{1}{6}\pi + h - \frac{1}{6}\pi\right)}{\sqrt{3}h\cos\left(h + \frac{1}{6}\pi\right)}\right]$$

$$= \lim_{h\to 0}\left[\frac{2}{\sqrt{3}}\cdot\left(\frac{\sin h}{h}\right)\frac{1}{\cos\left(h + \frac{1}{6}\pi\right)}\right]$$

$$= \frac{2}{\sqrt{3}}.1.\frac{1}{\cos\left(\frac{1}{6}\pi\right)} = \frac{4}{3}.$$

41. A: $x = y + \pi/4$ रखने पर,

दी गई सीमा

$$= \lim_{y\to 0}\left(\frac{\sin(y + \pi/4) - \cos(y + \pi/4)}{y}\right)$$

$$= \lim_{y\to 0}\left(\sqrt{2}.\sin y/y\right) = \sqrt{2}.$$

42. D: चूंकि $x \to 0$, x अत्यल्प धन या ऋण संख्या है।

$\therefore x + 1 > 0$ और $x - 1 < 0$

$\Rightarrow |x + 1| = x + 1$

और $|x - 1| = -(x - 1) = 1 - x$

$\therefore$ दी गई सीमा

$$= \lim_{x\to 0} \frac{x + 1 + (1 - x) - 2}{x} = (0) = 0$$

43. C: दी गई सीमा

$$= \lim_{x\to 0} \frac{x(2^x-1)}{2(1/2x)^2} \cdot \left(\frac{(1/2x)}{\sin(1/2x)}\right)^2$$

$$= 2\lim_{x\to 0} \frac{x\log 2-(x\log 2)^2/2!}{x} \times \lim_{x\to 0}\left(\frac{1/2x}{\sin 1/2x}\right)^2$$

= 2.log 2.1 = 2 log 2.

44. B: $\lim_{x\to\infty}\sqrt{\left(\frac{x+\sin x}{x-\cos x}\right)}$

$$= \lim_{x\to\infty}\sqrt{\left(\frac{1+(\sin x/x)}{1-(\cos x/x)}\right)}$$

$$= \lim_{x\to\infty}\sqrt{(1)} = 1$$

[ऐसा इसलिए क्योंकि $\lim_{x\to\infty}\frac{\sin x}{x}$ और $\lim_{x\to\infty}\frac{\cos x}{x}$ दोनों शून्य के बराबर हैं ।]

45. C: दी गई सीमा

$$= \lim_{x\to 0}\left(\frac{1+\tan x}{1-\tan x}\right)^{1/x}$$

$$= \lim_{x\to 0}\frac{\left[(1+\tan x)^{1/\tan x}\right]^{(\tan x)/x}}{\left[(1-\tan x)^{1/\tan x}\right]^{(\tan x)/x}}$$

$$= \frac{e^1}{e^{-1}} = e^2. \left[\begin{array}{l}\lim[1+f(x)]^{1/f(x)} \\ \text{यदि} \quad f(x)\to 0\end{array} = e.\right]$$

46. B: दी गई सीमा

$$= \lim_{n\to\infty}(4^n+5^n)^{1/n}$$

$$= \lim_{n\to\infty} 5\left[\left\{1/(4/5)^n\right\}^{(5/4)^n}\right]^{(1/n).(4/5)^n}$$

$= 5.e^0 = 5.$ $\quad(\because (4/5)^n \to 0$ क्योंकि $n\to\infty)$

47. A: दी गई सीमा

$$= \lim_{x\to\infty}\left(1+\frac{4x+1}{x^2+x+2}\right)^x$$

$$= \lim_{x\to\infty}\left[(1+\alpha)^{1/\alpha}\right]^{(\alpha x)}$$

जहां $\alpha = \frac{4x+1}{x^2+x+2}$

$$= \frac{4+1/x}{x(1+1/x+2/x^2)} \to 0, \text{ क्योंकि } x\to\infty$$

और $\alpha x = \frac{4+1/x}{1+1/x+2/x^2} \to 4,$ क्योंकि $x\to\infty$

$\therefore$ दी गई सीमा $= e^4$.

48. C: दी गई सीमा

$$= \lim_{x\to 0}\left[(1+\tan x)^{\text{cosec}\, x}\times\left\{1/(1+\sin x)^{\text{cosec}\, x}\right\}\right]$$

$$= \lim_{x\to 0}\left[\left\{(1+\tan x)^{\cot x}\right\}^{\sec x} \times\left\{1/(1+\sin x)^{\text{cosec}\, x}\right\}\right]$$

$= e^{\sec 0}.\ 1/e = e.1/e = 1.$

49. C: दी गई सीमा

$$= \lim_{x\to\infty}\frac{1^2+2^2+3^2+\ldots+n^2}{1+n^3} = \lim_{x\to\infty}\frac{\Sigma n^2}{1+n^3}$$

$$= \lim_{x\to\infty}\frac{1}{6}\frac{n(n+1)(2n+1)}{1+n^3}$$

$$= \lim_{x\to\infty}\frac{1}{6}(1+1/n)(2+1/n)/(1/n^3+1)$$

$= (1/6).\ 1.2/(1) = (1/3).$

50. B: दी गई सीमा

$$= \lim_{n\to\infty}\frac{1}{2}\left[\left(1-\frac{1}{3}\right)+\left(\frac{1}{3}-\frac{1}{5}\right) + \ldots + \left(\frac{1}{2n+1}-\frac{1}{2n+3}\right)\right]$$

$$= \lim_{n\to\infty}\frac{1}{2}\left[1-\frac{1}{2n+3}\right] = \frac{1}{2}.1 = \frac{1}{2}.$$

51. C: दी गई सीमा

$$= \lim_{n\to\infty}\left[\left(1+\frac{2}{x}\right)^{x/2}\right]^2 = e^2.$$

52. A: दी गई सीमा

$$= \lim_{n\to\infty}\left[\left(1-\frac{4}{x+2}\right)^{-(x+2)/4}\right]^{-4(x+1)/(x+2)}$$

$$= e^{-4}$$

$$\left(\because \text{ क्योंकि } x \to \infty, \frac{-4(x+1)}{x+2} = \frac{-4(1+1/x)}{1+2/x} \to 4\right).$$

53. B: $\lim_{n\to\infty}\left(\frac{n+1}{n+2}\right)^{2n+1} = \lim_{n\to\infty}\left[1-\frac{1}{n+2}\right]^{2n+1}$

$$= \lim_{n\to\infty}\left[1-(2n+1)\frac{1}{n+2}+\frac{(2n+1)2n}{2!}\left(\frac{1}{n+2}\right)^2 - \frac{(2n+1).(2n).(2n-1)}{3!}\left(\frac{1}{n+2}\right)^3+\ldots\right]$$

$$= \lim_{n\to\infty}\left[1-\frac{2+1/n}{1+2/n}+\frac{(2+1/n).2}{2!}.\frac{1}{(1+2/n)^2} - \frac{(2+1/n)2(2-1/n)}{3!}.\frac{1}{(1+2/n)^2}+\ldots\right]$$

$$= 1-2+\frac{2^2}{2!}-\frac{2^3}{3!}+\ldots = e^{-2}.$$

54. B: मान लें कि A = $\lim_{x\to\infty} x^{1/x}$

$$\Rightarrow \log A = \lim_{x\to\infty}\frac{1}{x}\log x$$

$$= \lim_{x\to\infty}\left(\frac{1/x}{1}\right) = 0 \quad \text{(एल. हॉस्पिटल नियम द्वारा)}$$

$$\Rightarrow A = e^0 = 1.$$

55.B: सीमा

$$= \lim_{n\to\infty} \sin\left\{n\pi\left(1+\frac{1}{n^2}\right)^{1/2}\right\}$$

$$= \lim_{n\to\infty} \sin\left\{n\pi.\left[1+\frac{1}{2n^2}-\frac{1}{8n^4}+\ldots\right]\right\}$$

$$= \lim_{n\to\infty} \sin\left\{n\pi+\frac{\pi}{n}-\frac{\pi}{8n^3}+\ldots\right\}$$

$$= \lim_{n\to\infty} (-1)^n \sin\pi\left(\frac{1}{n}-\frac{1}{8n^3}+\ldots\right) = 0.$$

56. D: $f(0+0) = \lim_{h\to 0} f(0+h) = \lim_{h\to 0} f(h)$

$$= \lim_{h\to 0} 0 \qquad [\because [h]=0]$$

$$= 0$$

$$f(0-0) = \lim_{h\to 0} f(-h)$$

$$= \lim_{h\to 0}\frac{\sin[-h]}{[-h]}$$

$$= \lim_{h\to 0}\frac{\sin(-1)}{(-1)} = \sin 1$$

$\therefore f(0+0) \neq f(0-0)$

अतः $\lim_{x\to 0} f(x)$ का अस्तित्व नहीं है।

57. B: $\lim_{n\to\infty}\sum_{r=1}^{n}\frac{\pi}{n}\sin\left(\frac{r\pi}{n}\right)$

$$= \lim_{n\to\infty}\frac{\pi}{n}\sum_{r=1}^{n}\sin\frac{r\pi}{n}$$

$$= \lim_{n\to\infty}\frac{\pi}{n}\left[\sin\frac{\pi}{n}+\sin\frac{2\pi}{n}+\sin\frac{3\pi}{n}+\ldots+\sin\frac{n\pi}{n}\right]$$

$$= \lim_{n\to\infty}\frac{\pi}{n}.\frac{\sin\left\{\frac{\pi}{n}+\frac{1}{n}(n-1).\frac{\pi}{n}\right\}.\sin\left(\frac{1}{2}n.\frac{\pi}{n}\right)}{\sin\left(\frac{1}{2}.\frac{\pi}{n}\right)}$$

$$= \lim_{n\to\infty}\frac{\pi}{n}.\frac{\sin\left(\frac{\pi}{2}+\frac{\pi}{2n}\right).\sin\left(\frac{\pi}{2}\right)}{\sin\left(\frac{\pi}{2n}\right)}$$

$$= \lim_{n\to\infty} 2.\frac{\pi/2n}{\sin(\pi/2n)}.\cos\left(\frac{\pi}{2n}\right)$$

$$= 2.1.1 = 2$$

$\therefore n\to\infty \Rightarrow \pi/2n \to 0.$

58. D: $\lim_{x\to 0}\frac{\int_0^x \sin^3 x\,dx}{x^4}\left(\frac{0}{0}\right)$

$$= \lim_{x\to 0}\frac{\sin^3 x}{4x^3} = \lim_{x\to 0}\frac{1}{4}.\left(\frac{\sin x}{x}\right)^3 = \frac{1}{4}.$$

59. B: $f(x)$ फलन $x = 0$ पर संतत होगा यदि $x = 0$ पर $f(x)$ का निम्नलिखित मान होगा :

अर्थात्, $f(0) = \lim_{x\to 0} f(x) = a + b$ हो।

60. C: $f(0) = \lim_{x\to 0} f(x)$

$$= \lim_{x\to 0}\frac{\sqrt{(a^2-ax+x^2)}-\sqrt{(a^2+ax+x^2)}}{\sqrt{(a+x)}-\sqrt{(a-x)}}$$

$$= \lim_{x\to 0}\frac{(-2ax)\left[\sqrt{(a+x)}+\sqrt{(a-x)}\right]}{(2x)\left[\sqrt{(a^2-ax+x^2)}+\sqrt{(a^2+ax+x^2)}\right]}$$

$$= -\sqrt{a}$$

61. B: $f(0+0) = \lim_{h\to 0}\frac{2(0+h)+1}{(0+h)-2} = -\frac{1}{2}$

$$f(0-0) = \lim_{h\to 0}\frac{\sqrt{(1-ph)}-\sqrt{(1+ph)}}{0-h}$$

$$= \lim_{h\to 0}\frac{-2ph}{-h.\left[\sqrt{(1-ph)}+\sqrt{(1+ph)}\right]} = p$$

$f(x)$ अंतराल $[1, 1]$ में $x = 0$ पर संतत होगा यदि $f(0+0) = f(0-0) = f(0) \Rightarrow p = -1/2.$

62. D: $\lim_{x\to 0}\sin(1/x) =$ कोई वास्तविक संख्या ≤ 1 या ≥ -1 जो परिमित है किंतु निश्चित नहीं है

$\therefore$ सीमा का अस्तित्व नहीं है। अत: दिया गया फलन k के किसी भी मान के लिए संतत नहीं है।

63. C: $f(x)$ फलन $x = 1$ पर संतत है।

$\therefore f(1-0) = f(1) = f(1+0)$

$\Rightarrow 1/a = a \Rightarrow a = \pm 1$

$f(x)$ फलन $x = \sqrt{2}$ पर संतत है

$\therefore f(\sqrt{2}-0) = f(\sqrt{2}) = f(\sqrt{2}+0)$

$\Rightarrow a = (2b^2 - 4b)/2 \Rightarrow b^2 - 2b = a$

जबकि $a = -1, b^2 - 2b = -1$

$\Rightarrow (b-1)^2 = 0 \Rightarrow b = 1$

अर्थात् $a = -1, b = 1$, जो C में दिया गया है।

जबकि $a = 1, b^2 - 2b = 1 \Rightarrow b^2 - 2b - 1 = 0$

$\Rightarrow b = 1 \pm \sqrt{2}$

अर्थात् $a = 1, b = 1 + \sqrt{2}$, जो A, B या C में से किसी में नहीं दिया गया है।

64. B: यदि $x = n$ एक पूर्णांक, तो

$[x-h] = [n-h] = n-1$

और $[x+h] = [n+h] = n$

$$f(n-) = \lim_{h\to 0} f(n-h)$$
$$= \lim_{h\to 0}[n-h].\cos[n-h-1/2]\pi$$
$$= \lim_{h\to 0}(n-1).\cos(n-1)\pi$$
$$= (n-1) \text{ या } -(n-1)$$

तद्नुसार $(n-1)$ सम या विषम है।

$$f(n+) = \lim_{h\to 0}(n+h)$$
$$= \lim_{h\to 0}[n+h].\cos[n+h-1/2]\pi$$
$$= \lim_{h\to 0} n.\cos(n-1)\pi = n \text{ या } -n$$

तद्नुसार n सम या विषम है।

$\therefore f(n-1) \ne f(n+1)$

चूंकि सीमा का अस्तित्व नहीं है अत: $f(x)$ सभी पूर्णांकीय बिंदुओं के लिए असंतत है।

65. C: $\lim_{x\to 0}\frac{2f(x)-3f(2x)+f(4x)}{x^2}, \left(\frac{0}{0}\text{ रूप}\right)$

$$= \lim_{x\to 0}\frac{2f'(x)-6f'(2x)+4f'(4x)}{2x}\left(\frac{0}{0}\text{ रूप}\right)$$

$$= \lim_{x\to 0}\frac{2f''(x)-12f''(2x)+16f''(4x)}{2}$$

$= f''(0) - 6f''(0) + 8f''(0) = 3f''(0)$

$= 3 \times 4 = 12.$

66. A: मान लें कि $g(x) = x$ और $h(x) = 1 + |x|, x \in (-\infty, \infty)$. स्पष्ट है कि $g(x)$ सभी $x \in (-\infty, \infty)$ के लिए अवकलनीय है और $|x|$ सभी $x \ne 0$ के लिए अवकलनीय है।

$$\because |x| = \begin{cases} x, & x \ge 0 \\ -x, & x \le 0 \end{cases}$$

और $Rf'(0) = 1, Lf'(0) = -1 \neq Rf'(0)$

$\therefore$ $h(x)$ फलन $(-\infty, 0) \cup (0, \infty)$ में अवकलनीय है।

और $h(x) \neq 0$ सभी $x \in (-\infty, \infty)$ के लिए

$f(x) = \dfrac{g(x)}{h(x)} = \dfrac{x}{1+|x|}$, सभी $x \in (-\infty, 0) \cup (0, \infty)$ में अवकलनीय है।

अत:

$$f'(0) = \lim_{h\to 0} \frac{f(h)-f(0)}{h}$$

$$= \lim_{h\to 0} \frac{h/(1+|h|)-0}{h}$$

$$= \lim_{h\to 0} \frac{1}{1+|h|} = 1$$

$\therefore$ $f(x)$, $x = 0$ पर भी अवकलनीय है।

अत: $f(x)$, $(-\infty, \infty)$ में अवकलनीय है।

67. B: दिया गया है कि $[0, \pi]$ पर $f(x) = \dfrac{1}{2}x - 1$,

$$\therefore [f(x)] = \begin{cases} -1, & 0 \le x < 2 \text{ के लिए} \\ 0, & 2 \le x \le \pi \text{ के लिए} \end{cases}$$

$\Rightarrow$ $\tan[f(x)]$

$\tan(-1) = -\tan 1 \qquad 0 \le x < 2$

$\tan 0 = 0, \qquad 2 \le x \le \pi$

$\therefore$ $\tan f(x)$, $x = 2$ पर संतत नहीं है।

$\Rightarrow$ A सही उत्तर नहीं है।

अब $1/f(x) = 2/(x-2)$ जो $x = 2$ पर संतत नहीं है

$\therefore$ $\tan[f(x)]$ और $1/f(x)$ दोनों $[0, \pi]$ पर असंतत है।

$\Rightarrow$ B सही उत्तर है।

$\because$ $\tan[f(x)]$ अंतराल $[0, \pi]$ में $x = 2$ पर संतत नहीं है।

$\therefore$ C और D सही उत्तर नहीं हो सकते।

68. A: दिया गया है कि

$$\lim_{x\to 1} \int_4^{f(x)} \frac{2t}{x-1}\,dt = \lim_{x\to 1} \frac{1}{x-1}.\left[t^2\right]_4^{f(x)}$$

$$= \lim_{x\to 1} \frac{1}{(x-1)}.\left[\{f(x)\}^2 - 16\right] \qquad \left(\frac{0}{0} \text{ से}\right)$$

$$= \lim_{x\to 1} \frac{2f(x).f'(x)}{1} \text{ एल हॉस्पिटल नियम द्वारा}$$

$$= 2f(1).f'(x) = 8f'(1) \qquad [\because f(1) = 4].$$

69. A: $\displaystyle\lim_{x\to 2} \frac{xf(2) - 2f(x)}{x-2}$

$$= \lim_{x\to 2} \frac{(x-2)f(2) - 2\{f(x) - f(2)\}}{x-2}$$

$$= \lim_{x\to 2} f(2) - 2\lim_{x\to 2} \frac{f(x)-f(2)}{x-2}$$

$$= f(2) - 2f'(2) = 4 - 2 \times 1 = 2.$$

70. D: दिया गया है कि $f(0) = (0+0) = f(0).f(0)$

$\Rightarrow f(0)\{f(0) - 1\} = 0 \Rightarrow f(0) = 0$

या $f(0) = 1$

किन्तु, $f(0) = 0 \Rightarrow f(x) \therefore f(x+0) = f(x).f(0) = 0$

किन्तु चूंकि $f(3) = 3 \neq 0 = f(0) \neq 0$

और इसी प्रकार $f(0) = 1$

अब, $\displaystyle f'(x) = \lim_{h\to 0} \frac{f(x+h)-f(x)}{h}$

$$= \lim_{h\to 0} \frac{f(x)[f(h)-f(0)]}{h}$$

$$= f(x)\,f'(0)$$

$$= 11\,f(x).$$

$\therefore$ $f'(3)$ का मान $11 \times f(3) = 33$ प्रतीत होता है।

किंतु $\dfrac{f'(x)}{f(x)} = 11 \Rightarrow \log f(x) = 11x + \log k$,

$\Rightarrow f(x) = ke^{11x}$

$f(0) = 1 \Rightarrow k = 1$

$f(3) = 3 \Rightarrow k = 3/e^{33}$

अत: ऐसे किसी फलन का अस्तित्व नहीं है।

अत: $f'(3)$ प्राप्त नहीं किया जा सकता।

71. B: $f(0) = [\tan^2 0] = 0$

$$f(0-0) = \lim_{h\to 0} [\tan^2(-h)] = 0$$

$$f(0+0) = \lim_{h\to 0} [\tan^2 h)] = 0$$

अर्थात् $f(0-0) = f(0) = f(0+0)$

$\therefore$ $f(x)$ फलन $x = 0$ पर सतत है

और $\displaystyle Rf'(0) = \lim_{h\to 0} \frac{f(0+h)-f(0)}{h}$

$$= \lim_{h\to 0} \frac{\left[\tan^2 h\right] - \left[\tan^2 0\right]}{h}$$

147. C: दिया गया है कि $y^2 = 16x$ ... (1)

और $9x^2 + by^2 = 16$ ... (2)

अब $\left(\frac{dy}{dx}\right)_{(1)} = 16/2y = 8/y$

$\left(\frac{dy}{dx}\right)_{(2)} = -\frac{9x}{by}$

वक्र एक दूसरे को समकोण पर प्रतिच्छेदित करते हैं, अत:

$$\left(\frac{8}{y}\right)\left(-\frac{9x}{by}\right) = -1$$

$\Rightarrow \quad by^2 = 72x$

$\Rightarrow \quad 16bx = 72x$

$\Rightarrow \quad x = 0$ या $b = 9/2$.

किंतु $x = 0$ मानने पर समीकरण (1) में $y = 0$ तथा (0, 0) समीकरण (2) को संतुष्ट नहीं करता अत: केवल $b = 9/2$ ही सही उत्तर है।

148. C: दिया गया वक्र है :

$y^2 - x^2 = a^2$ ... (1)

अवकलन करने पर,

$dy/dx = x/y$

$(a, \sqrt{2}a)$ पर अध:स्पर्शी की लंबाई

$$= \left[\frac{y}{(dy/dx)}\right]_{(a,\sqrt{2}a)} = \left[\frac{y^2}{x}\right]_{(a,\sqrt{2}a)} = 2a.$$

149. D: दिया गया है कि $y^2 = 4ax$

$\therefore dy/dx = 2a/y$

$\therefore$ अधोलंब की लंबाई $= y.dy/dx = 2a.$

150. A: दिया गया है कि $\sqrt{x} + \sqrt{y} = 3$

$\therefore dy/dx = -\sqrt{(y/x)} = -1/2$, (4, 1) पर

$\therefore$ बिंदु (4, 1) पर

अध:स्पर्शी की लंबाई $= | y/(dy/dx) |$

$= | 1/(-1/2) | = 2.$

151. B: $f(x)$ एकदिष्टत: ह्रासमान होगा यदि $f'(x) < 0$.

$\Rightarrow f'(x) = -\sin x - 2p < 0$

$\Rightarrow \frac{1}{2}\sin x + p > 0$

$\Rightarrow p > 1/2.$ $[\because -1 \le \sin x \le 1]$

152. A: यहां

$f'(x) = 6[x^2 - 5x + 6] = 6(x-2)(x-3) < 0$

$\Rightarrow 2 < x < 3$

अत: अपेक्षित संख्या है]2, 3[.

153. C: $f'(x) = 9x^8 + 21x^6 > 0$ जो सभी $x \in R (\neq 0)$, अर्थात् $x \in R_0$ के लिए लागू होता है।

154. C: $f'(x) = 3kx^2 - 18x + 9$

$= 3[kx^2 - 6x + 3] > 0 \ \forall \ x \in R$

$\therefore \Delta = b^2 - 4ac < 0, k > 0$

अर्थात् $36 - 12x < 0$ या $k > 3$.

155. D: $f'(x) = -(x+1)e^{-x}$.

स्पष्ट है कि $f'(x) < 0$, जबकि $x > -1$

और $f'(x) > 0$, जबकि $x < -1$

अत: $f(x)$ का मान $(-1, \infty)$ के अंतराल में ह्रासमान और $(-\infty, -1)$ के अंतराल में वर्धमान है।

156. A: $f(x)$, x के सभी मानों के लिए वर्धमान है अत:

$f'(x) = 2x(x-3)(2x-3) > 0$

$\Rightarrow 4x(x - 3/2)(x-3) > 0$

$\Rightarrow 0 < x < 3/2$

$\therefore f'(x)$ — (−) × 0 — (+) × 3/2 — (−) × 3 — (+)

157. B: $f(x) = e^{ax} + e^{-ax}, a < 0$

$\therefore$ मान लिया कि $a = -p$, जहां $p > 0$

$\therefore \quad f(x) = e^{-px} + e^{px}, p > 0$

यदि $f(x)$ एकदिष्टत: ह्रासमान हो, तो

$f'(x) = p[e^{px} - e^{-px}] < 0$

$\Rightarrow \quad e^{px} < e^{px}$

$\Rightarrow \quad e^{2px} < 1$

$\Rightarrow \quad x < 0.$

158. B: $f'(x) = 5\left(\frac{\sqrt{(a+4)}}{1-a} - 1\right)x^4 - 3 < 0, \forall x$

$$\Rightarrow \left[\frac{\sqrt{(a+4)}}{(1-a)} - 1\right]x^4 < \frac{3}{5}, \forall x$$

यह तभी संभव है जबकि

$\frac{\sqrt{(a+4)}}{1-a} - 1 \le 0$, अर्थात् $\frac{\sqrt{(a+4)} + a - 1}{1-a} \le 0$ ... (1)

यदि $a > 1$, तो असमिका (1) सत्य है।

यदि $a < 1$, तो

$\sqrt{(a+4)} + a - 1 \le 0$, अर्थात् $a + 4 \le 1 + a^2 - 2a$

अर्थात् $a^2 - 3a - 3 \ge 0$

या $a \leq \frac{1}{2}[3-\sqrt{(21)}]$ या $a \geq \frac{1}{2}[3+\sqrt{(21)}]$

$\left.\begin{array}{l}\text{किंतु } a < 1 \text{ अत: } a \leq \frac{1}{2}[3-\sqrt{(21)}] \\ \text{किंतु } \sqrt{(a+4)} \text{ वास्तविक है अत: } a \geq -4\end{array}\right\} \ldots (2)$

इस प्रकार $-4 \leq a \leq \frac{1}{2}\{3-\sqrt{(21)}\}$ या $a > 1$.

159. B: $f'(x) = \dfrac{\frac{1}{n+x}.\ln(e+x) - \frac{1}{e+x}\ln(\pi+x)}{[\ln(e+x)]^2}$

$= \dfrac{(e+x)ln(e+x)-(\pi+x)ln(\pi+x)}{(\pi+x)(e+x)[ln(e+x)]^2} < 0,$

जैसे $1 < e < \pi$.

$\Rightarrow f(x)$ फलन $[0, \infty]$ के अंतराल में ह्रासमान है।

160. C: $f'(x) = \dfrac{\sin x - x\cos x}{\sin^2 x} = \dfrac{\cos x(\tan x - x)}{\sin^2 x}$

अब $0 < x < 1 \Rightarrow \tan x > x, \cos x > 0$

$\therefore f'(x) > 0$ for $0 < x < 1$.

$\Rightarrow f(x)$ वर्धमान फलन है।

और $g'(x) = \dfrac{\tan x - x\sec^2 x}{\tan^2 x} = \dfrac{\sin 2x - 2x}{2\sin^2 x}$

अब $(\sin 2x - 2x)' = 2\cos 2x - 2$

$= 2(\cos x - 1) < 0$

$\Rightarrow \sin 2x - 2x$ ह्रासमान है

$\Rightarrow \sin 2x - 2x < 0$ for $0 < x \leq 1$

$\therefore g'(x) < 0 \Rightarrow g(x)$ ह्रासमान है

161. C: $f'(x) = 5x^4 - 60x^2 + 240$

$= 5(x^4 - 12x^2 + 48)$

$= 5[(x^2-6)^2 + 12] > 0, \forall x$

$\Rightarrow f(x)$ प्रत्येक दशा में एकदिष्टत: वर्धमान है।

162. A: $g(x)$ फलन $[0, \infty[$ के अंतराल में ह्रासमान है $[0, \infty[$

अत: $x > 0 \Rightarrow g(x) \leq g(0) = 0$

$\Rightarrow g(x) = 0 \ \forall x > 0$ $\quad [\because g(x) \geq 0]$

$\therefore h(x) = h\{g(x)\} = h(0) \ \forall x \in [0, 1[$

अत: $h(x) - h(1) = h(0) - h(0) = 0 \ \forall x$.

163. D: $f(x) = |x| + |x-1|$

$= \begin{cases} -2x+1 & : -1 \leq x < 0 \\ 1 & : 0 \leq x < 1 \\ 2x-1 & : 1 \leq x \leq 2 \end{cases}$

$f'(x) = \begin{cases} -2 & : -1 \leq x < 0 \\ \text{अस्तित्व नहीं होता} & : x = 0 \\ 0 & : 0 < x < 1 \\ \text{अस्तित्व नहीं होता} & : x = 1 \\ 2 & : 1 < x \leq 2 \end{cases}$

अत: $f(x)$ फलन $[-1, 0[$ के अंतराल में ह्रासमान और $]1, 2]$ के अंतराल में वर्धमान है। अत: यह $[-1, 2]$ के अंतराल में न तो वर्धमान है और न ही ह्रासमान।

164. C: $f(x) = \dfrac{x^2-1}{x^2+1} = \dfrac{x^2+1-2}{x^2+1} = 1 - \dfrac{2}{x^2+1}$

$\because x^2 + 1 > 1$

$\therefore \dfrac{2}{x^2+1} \leq 2$ इसलिए $1 - \dfrac{2}{x^2+1} \geq 1 - 2$

$\therefore -1 \leq f(x) < 1$

अत: $f(x)$ का न्यूनतम मान -1 के बराबर है।

165. A: $y = 1/x \ (x > 0)$

$\Rightarrow z' = x + y = x + 1/x, (x > 0)$

$\Rightarrow z' = 1 - 1/x^2$

$z' = 0$ दिया गया है $x = 1$ क्योंकि $x > 0$

$z'' = 2/x^3 > 0$ अत: z, अर्थात् $x + y$ का $x = 1$ पर अल्पतम मान है।

चूंकि $x = 1$ अंतराल $]0, \infty[$ में एकमात्र चरम (क्रांतिक) बिंदु है अत: z का $x = 1$ पर अल्पतम मान होगा।

$\therefore$ अल्पतम z = अल्पतम $(x + y) = 1 + 1/1 = 2$.

166. C: आयतन $V = \pi(BE)^2.EF$

$V = \pi a^2 \sin^2\theta.2a\cos\theta$

$= 2\pi a^3 \cos\theta \sin^2\theta, (0 < \theta < \pi/2)$

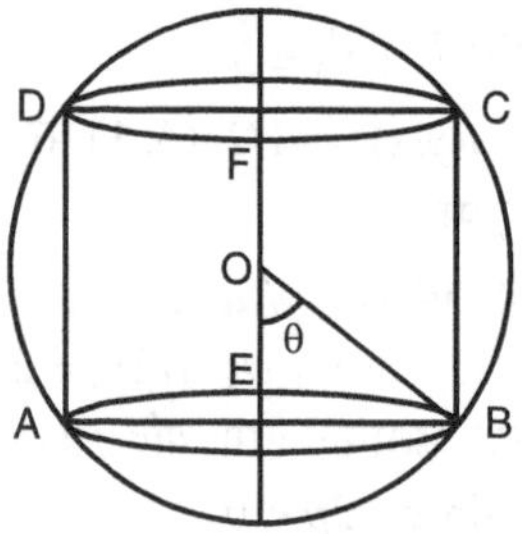

$\dfrac{dV}{d\theta} = 2\pi a^3 [-\sin^3\theta + 2\sin\theta\cos^2\theta]$

$= 2\pi a^3 [3\cos^2\theta - 1].\sin\theta$

$\dfrac{dV}{d\theta} = 0 \Rightarrow \cos\theta = 1/\sqrt{3}$

$[\sin\theta \neq 0, \cos\theta \neq -1/\sqrt{3}$ in $0 < \theta < \pi/2]$

$\frac{d^2V}{d\theta^2} < 0$ (सरलतापूर्वक जाना जा सकता है)

$\therefore$ V का मान $\cos\theta = 1/\sqrt{3}$ के लिए अधिकतम है।

$\therefore$ बेलन की ऊंचाई

$EF = 2a\cos\theta = 2a/\sqrt{3}$.

167. B: $f'(x) = 5x^2[x^2 - 4x + 3]$

$= 5x^2(x-3)(x-1) = 0$

दिया गया है कि $x = 0, 1, 3$

$\therefore$ p और q का मान 0 या 1 या 3 हो सकता है।

$f''(x) = 10x[2x^2 - 6x + 3]$

$f''(0) = 0, f''(1) < 0, f''(3) > 0$

और $f'''(0) = 30 \neq 0$.

$\therefore$ $f(x)$ का मान $x = 1$ पर अधिकतम, $x = 3$ पर अल्पतम और $x = 0$ पर न तो अधिकतम और नही अल्पतम है।

$\therefore p = 1, q = 3$

अर्थात् $(p, q) = (1, 3)$.

168. C: $f(x) = 2x^3 - 9ax^2 + 12a^2x + 1$

$f'(x) = 6x^2 - 18ax + 12a^2$

और $f''(x) = 12x - 18a$

$\because$ $f(x)$ का मान p पर अधिकतम q पर अल्पतम है।

$\therefore f'(p) = 0, f'(q) = 0, f''(p) < 0$ और $f''(q) > 0$

अब $f'(p) = 0 \Rightarrow 6p^2 - 18ap + 12a^2 = 0$ ... (1)

$f'(q) = 0 \Rightarrow 6q^2 - 18aq + 12a^2 = 0$ ... (2)

(1) और (2) को हल करने पर,

$p = a$ या $2a$, $q = a$ या $2a$

$f''(p) < 0 \Rightarrow 12p - 18a < 0 \Rightarrow p < 3a/2$

$f''(q) > 0 \Rightarrow 12q - 18a > 0 \Rightarrow q > 3a/2$

$\therefore p = a, q = 2a$ $(\because a > 0)$

यह भी दिया गया है कि $p^2 = q$

$\Rightarrow a^2 = 2a \Rightarrow a(a-2) = 0 \Rightarrow a = 0$ or 2

$a = 0$ के लिए, $f(x) = 2x^3 + 1$

जो x के किसी भी मान के लिए उच्चतम या अल्पतम मान प्राप्त नहीं करता।

अत: $a =$ केवल 2

169. C: $y = 8a/x^2 + a/(6-x)^2$

$dy/dx = -16a/x^3 + 2a/(6-x)^3$

$d^2y/dx^2 = 48a/x^4 + 6a/(6-x)^4$

y के उच्चतम या अल्पतम मान के लिए,

$dy/dx = 0 \Rightarrow x = 4$

जबकि $x = 4$, d^2y/dx^2 धनात्मक है।

$\therefore$ y अधिकतम है यदि $x = 4$ और न्यूनतम है यदि $y = 3a/4$.

170. C: $f(x) = (3-x)e^{2x} - 4xe^x - x$

$f'(x) = (5-2x)e^{2x} - 4(1+x)e^x - 1 = 0$

at $x = 0$

$f''(x) = (8-4x)e^{2x} - 4(x+2)e^x = 0, x = 0$ पर

$f'''(x) = (12-8x)e^{2x} - 4(x+3)e^x = 0, x = 0$ पर

$f^{iv}(x) = (16-16x)e^{2x} - 4(x+2)e^x = 0, x = 0$ पर

$f^{v}(x) = (16-32x)e^{2x} - 4(x+5)e^x$

पर $x = 0$, $f^v(x) = 16 - 20 = -4 \neq 0$

$\therefore$ $f(x)$ का मान $x = 0$ पर न तो अधिकतम और न ही न्यूनतम है।

171. B: चूंकि $\log|x| = \begin{cases} \log(x) & : x > 0 \\ \log(-x) & : x < 0 \end{cases}$,

$$\therefore \frac{d}{dx}\log(x) = \begin{cases} \frac{1}{x} & : x > 0 \\ \frac{1}{(-x)}(-1) = \frac{1}{x} & : x < 0 \\ \text{अस्तित्व नहीं है} & : x = 0 \end{cases}$$

y का $x = -1, 2$ पर चरम मान है, अत:

$\left(\frac{dy}{dx}\right)_{(-1)} = \left(\frac{dy}{dx}\right)_{(2)} = 0$

अब $\frac{dy}{dx} = \frac{a}{x} + 2bx + 1$

$\left(\frac{dy}{dx}\right)_{(-1)} = -a - 2b + 1 = 0$

$\left(\frac{dy}{dx}\right)_{(2)} = \frac{a}{2} + 4b + 1 = 0$

$\therefore a = 2, b = -1/2$.

172. C: $f'(x) = \cos x - 2\sin 2x$

$= \cos x(1 - 4\sin x)$

$f''(x) = -(\sin x + 4\cos 2x)$

$f(x)$ के उच्चिष्ठ या अल्पिष्ठ होने पर $f'(x) = 0$

$\Rightarrow \cos x(1 - 4\sin x) = 0$

$\Rightarrow$ या तो $\cos x = 0$ $\therefore x = (2n+1)\pi/2$

या $\sin x = 1/4$, $\therefore x = n\pi + (-1)^n \sin^{-1}(1/4)$

जबकि $x = (2n + 1)\pi/2$,

$$f''(x) = -\sin(n\pi + \pi/2)\pi/2 - 4\cos(2n + 1)\pi$$
$$= \pm 1 + 4 = 5 \text{ या } 3 > 0$$

$\therefore f(x)$ अल्पिष्ठ है जबकि $x = (2n + 1)\pi/2$.

173. C: $$f(x) = \frac{2\sin x \cos x}{(\sin x + \cos x)/\sqrt{2}}$$

$$= \frac{2\sqrt{2}}{\sec x + \operatorname{cosec} x} = \frac{1}{z} \text{ (मान लें)}$$

जहां $z = \sec x + \operatorname{cosec} x$

$$dz/dx = \sec x \tan x - \operatorname{cosec} x \cot x$$

$$= \frac{\cos x}{\sin^2 x}(\tan^3 x - 1)$$

z के अधिकतम या न्यूनतम होने की स्थिति में

$$dz/dx = 0 \Rightarrow \tan x = 1$$
$$\Rightarrow \quad x = \pi/4 \in [0, \pi/2]$$

$\because dz/dx$ का चिह्न बदलकर ऋणात्मक से धनात्मक होता है जबकि x बिन्दु $\pi/4$ से होकर निकलता है। अत: z का मान $x = \pi/4$ पर न्यूनतम है। अत: $f(x)$ का मान अधिकतम होगा जबकि $x = \pi/4$ हो।

$$\therefore \text{ अधिकतम } f(x) = \frac{2\sqrt{2}}{\sec \pi/4 + \operatorname{cosec} \pi/4} = 1.$$

174. B: मान लें कि α, β समीकरण

$x^2 - (a - 2)x - a + 1 = 0$ के मूल हैं तो

$$\alpha + \beta = a - 2, \alpha\beta = -a + 1$$
$$z = \alpha^2 + \beta^2 = (\alpha + \beta)^2 - 2\alpha\beta$$
$$= (a - 2)^2 + 2(a - 1)$$
$$= a^2 - 2a + 2$$

$$\frac{dz}{da} = 2a - 2 = 0 \Rightarrow a = 1$$

$$\frac{d^2 z}{da^2} = 2 > 0,$$

अत: z का $a = 1$ पर अल्पिष्ठ मान है

अत: $\alpha^2 + \beta^2$ का $a = 1$ की स्थिति में अल्पतम मान है। ऐसा इसलिए क्योंकि केवल एक अचर मान है जो अल्पिष्ठ है।

अत: $a = 1$.

175. B: दिया गया फलन आवर्ती है, जिसका आवर्त 2π है, अत: फलन के उच्चिष्ठ और अल्पिष्ठ मानों का अंतर अंतराल $[0, 2\pi]$ पर इन मानों के बीच अंतर द्वारा इंगित होगा।

अब

$$f'(x) = -\sin x - \sin 2x + \sin 3x$$
$$= -4 \sin x \sin 3/2x \sin 1/2x = 0$$

$\Rightarrow x = 0, \pi, 2\pi, \frac{2\pi}{3}, \frac{4\pi}{3}$ क्रांतिक बिंदु है

और $f''(x) = -[\cos x + 2\cos 2x - 3\cos 3x]$

x	0	$2\pi/3$	π	$4\pi/3$	$2x$
$f''(x)$	0	9/2	−4	9/2	0
$f(x)$	7/6	−13/12	−1/6	−13/12	7/6
परिणाम	उच्चिष्ठ	अल्पिष्ठ	स्थानीय उच्चिष्ठ	अल्पिष्ठ	उच्चिष्ठ

$\therefore$ अत: फलन के उच्चिष्ठ और अल्पिष्ठ मानों के बीच अंतर $f(x) = 7/6 + 13/12 = 27/12 = 9/4$.

176. D: $y = (x + 1)^{1/3} - (x - 1)^{1/3}$ on [0, 1]

$$\frac{dy}{dx} = \frac{1}{3}[1/(x + 1)^{2/3} - 1/(x - 1)^{2/3}] \text{ on } [0, 1[$$

[dy/dx का बिंदु $x = 1$]

$$= \frac{1}{3}\frac{(x-1)^{2/3} - (x+1)^{2/3}}{(x+1)^{2/3} \cdot (x-1)^{2/3}}$$

$\frac{dy}{dx} = 0$ बिंदु $x = 0$ पर जो एक अंत्य बिंदु है अत: [0, 1] पर कोई क्रांतिक बिंदु नहीं है।

साथ ही $(y)_{x=0} = 2$ और $(y)_{x=1} = 1$

$\therefore y_{\text{अधिकतम}} = 2$.

177. B: मान लें कि $y = x^x$

$$\log y = x.\log x, x > 0$$

अवकलन करने पर $\frac{dy}{dx} = x^x(1 + \log x)$

$$\therefore \quad \frac{dy}{dx} = 0 \Rightarrow \log x = -1 \Rightarrow x = e^{-1} = 1/e$$

$\therefore$ अचर बिंदु हैं $x = 1/e$

$$\frac{d^2 y}{dx^2} = x^x(1 + \log x)^2 + x^x.1/x$$

जबकि $x = \frac{1}{e}, \frac{d^2 y}{dx^2} = \left(\frac{1}{e}\right)^{1/e - 1} > 0.$

$\therefore y$ बिंदु $x = 1/e$ पर न्यूनतम है और न्यूनतम मान $= (1/e)^{1/e} = e^{-1/e}$.

178. A: दिया गया है कि $y = f(x) = \sin^p x \cos^q x$.

मान लें कि $z = \log y = p \log \sin x + q \log \cos x$. चूंकि y और $\log y$ का एक ही बिंदु पर उच्चिष्ठ और अल्पिष्ठ मान है।

$$\frac{dz}{dx} = p \cot x - q \tan x = 0$$

$\Rightarrow \tan^2 x = p.q$

$\Rightarrow \tan x = \sqrt{(p/q)}, (\tan x > 0)$

और $\dfrac{d^2z}{dx^2} = -[p \operatorname{cosec}^2 x + q \sec^2 x] > 0$

अत: $z = \log y$, अर्थात् y का $x = \tan^{-1} \sqrt{(p/q)}$ पर उच्चिष्ठ मान है।

179. B: मान लें कि r त्रिज्याखंड की त्रिज्या और θ उसका कोण है

$\therefore$ परिमिति $= 2r + \text{arc AB} = 2r + r\theta$

$= 20$ (दिया गया है)

$\Rightarrow \theta = (20 - 2r)/r.$

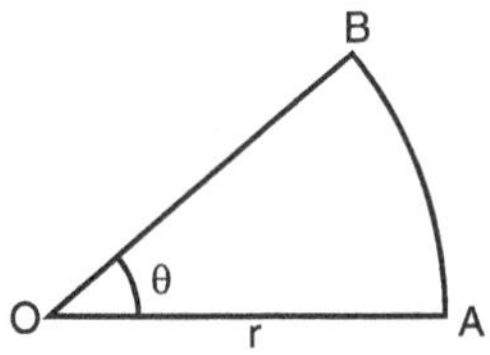

त्रिज्याखंड का क्षेत्रफल

$A = 1/2r^2 \theta = 1/2r^2.(20 - 2r)/r$

या $A = 10r - r^2$

$\dfrac{dA}{dr} = 10 - 2r = 0$, A के उच्चिष्ठ और अल्पिष्ठ मानों के लिए

$\Rightarrow r = 5$ cm

$\dfrac{d^2A}{d^2r} = -2$ जो ऋणात्मक है

$\therefore$ A अधिकतम है यदि $r = 5$ सेमी.

$\therefore$ अधिकतम क्षेत्रफल $A = 10.5 = 5^2 = 25$ वर्ग सेमी.

180. A: मान लें कि रेखा का समीकरण है :

$x/\alpha + y/\beta = 1$ ... (1)

यदि रेखा (1) बिंदु (3, 4) से होकर निकलती है, तो $3\alpha + 4\beta = 1$, और $\beta = 4\alpha/(\alpha - 3)$.

रेखा (1) निर्देशक अक्ष से OA = α और OB = β, लंबाइयों के अंत:खंडों को काटती है।

ΔOAB का क्षेत्रफल $A = 1/2\, OA.OB = 1/2\alpha\beta$

$= 2\alpha^2/(\alpha - 3)$

$$\frac{dA}{d\alpha} = \frac{2\alpha(\alpha - 6)}{(\alpha - 3)^2}$$

क्षेत्रफल के अधिकतम या न्यूनतम होने की स्थिति में $dA/d\alpha = 0 \Rightarrow \alpha = 6$ $\because \alpha \neq 0$

यदि $\alpha = 6$, हो तो A का मान न्यूनतम होता है क्योंकि α के $\alpha = 6$ से होकर निकलने पर $dA/d\alpha$ चिह्न ऋणात्मक से बदल कर धनात्मक होता है।

यदि $\alpha = 6, \beta = 8$ हो तो अपेक्षित रेखा का समीकरण $x/6 + y/8 = 1$ या $4x + 3y - 24 = 0$ होगा।

181. A: मान लें कि a त्रिज्या के गोले में अंत:निर्मित शंकु ABC की ऊंचाई AD = x है

$\therefore$ OD $= x - a$

तो शंकु के आधार की त्रिज्या

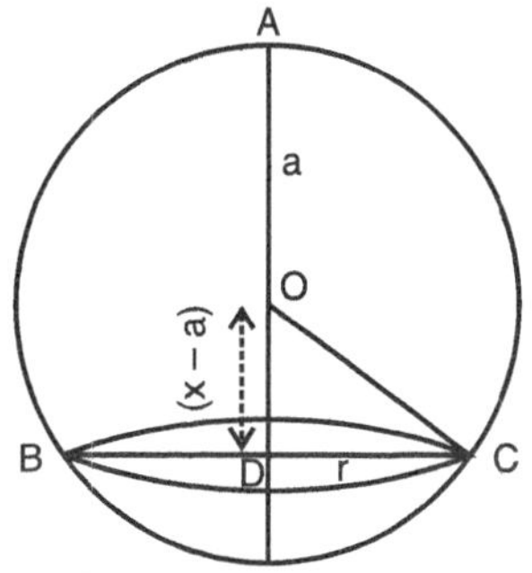

$r = CD = \sqrt{(OC^2 - OD^2)}$

$= \sqrt{[a^2 - (x - a)^2]} = \sqrt{(2ax - x^2)}$

$\therefore$ शंकु का आयतन V निम्नलिखित द्वारा व्यक्त किया जाता है

$$V = \frac{1}{3}\pi r^2 x = \frac{1}{3}\pi(2ax - x^2)x$$

$$= \frac{1}{3}\pi(2ax^2 - x^3)$$

$$\frac{dV}{dx} = \frac{1}{3}\pi(4ax - 3x^2)$$

$$\frac{d^2V}{dx^2} = \frac{1}{3}\pi(4a - 6x).$$

आयतन V के उच्चिष्ठ और अल्पिष्ठ मानों के लिए, $dV/dx - 0$

$\Rightarrow x = 4a/3$ $(\because x \neq 0)$

V के इस मान के लिए,

$$\frac{d^2V}{dx^2} = -(4\pi a/3) = (-ve)$$

V का उच्चिष्ठ (अधिकतम) मान होता है यदि

$x = 4a/3 = (2/3)(2a)$

अर्थात् जब शंकु की ऊंचाई = x = गोले के व्यास का 2/3 हो।

182. A: मान लें कि समीकरण के मूल α और β हैं तो

$\alpha + \beta = (1 - a)/a$ और $\alpha\beta = 2/a$.

$\alpha \sim \beta = |(\alpha - \beta)|$ अल्पतम है यदि $(\alpha - \beta)^2$ अल्पतम हो

मान लें कि

$$z = (\alpha - \beta)^2 = (\alpha + \beta)^2 - 4\alpha\beta$$

$$= \frac{(1-a)^2}{a^2} - \frac{8}{a} = \frac{1}{a^2}(a^2 - 2a + 1 - 8a)$$

$$= 1 - (10/a) + 1/a^2$$

$$\frac{dz}{da} = \frac{10}{a^2} - \frac{2}{a^3} = \frac{10(a - 1/5)}{a^3}$$

$\frac{dz}{da} = 0$ जबकि $a = 1/5$

$$\frac{d^2z}{da^2} = \frac{-20}{a^3} + \frac{6}{a^4} = \frac{-20a + 6}{a^4} > 0$$

अत: $z = (\alpha - \beta)^2$ का $a = 1/5$ पर न्यूनतम मान है

$\Rightarrow \alpha - \beta$ का भी $a = 1/5$ पर न्यूनतम मान होगा।

183. A: $\frac{dy}{dx} = 2 + 2x^{-1/3} = 2(x^{1/3} + 1)/x^{1/3}$

$\frac{dy}{dx} = 0, x = -1$ के लिए और $x = 0$, पर y है जो संतत है किंतु जिसका कोई व्युत्पन्न नहीं है, अत: $x = -1$ और 0 क्रांतिक बिंदु है।

$$\left(\frac{d^2y}{dx^2}\right)_{x=-1} = \left[-\frac{2}{3}x^{-4/3}\right]_{x=-1} = -2/3 < 0$$

अत: उच्चिष्ठ बिंदु $x = -1$ पर है।

साथ ही $\left(\frac{dt}{dx}\right)_{(0-h)} = \frac{2\left[1+(-h)^{1/3}\right]}{(-h)^{1/3}} < 0$

और $\left(\frac{dy}{dx}\right)_{(0+h)} = \frac{2\left[1+h^{1/3}\right]}{(h)^{1/3}} > 0$

जहां h का अत्यल्प मान है

$\therefore x = 0$ पर $f(x)$ का अल्पिष्ठ मान है।

184. C: $f'(x) = 3x^2 + 2ax + b$

$f''(x) = 6x + 2a$

$f'(3) = 27 + 6a + b = 0$

$f'(-1) = 3 - 2a + b = 0$

$\therefore \quad a = -3$ और $b = -9$

साथ ही $f''(3) = 18 - 6 > 0$ ($\therefore x = 3$ पर अल्पिष्ठ)

और $f''(-1) = -6 - 6 < 0$ ($\therefore x = -3$ पर उच्चिष्ठ)

अत: $a = -3$ और $b = -9$.

चूंकि $f'(x)$ का मान c पर निर्भर नहीं करता अत: c कोई भी वास्तविक संख्या हो सकता है।

185. A: $f(x) = x^4 - \frac{2}{3}x^3 - 2x^2 + 2x$

$f'(x) = 4x^3 - 2x^2 - 4x + 2 = 0$

$\Rightarrow 2(x + 1)(x - 1)(2x - 1) = 0$

$\Rightarrow x = -1, 1/2, 1$

यहां केवल $x = 1/2, 1$ ही [0, 3] में अवस्थित है।

अब

x	0	1/2	1	3
$f(x)$	0	23/48	1/3	51
	न्यूनतम			अधिकतम

$\therefore$ 0, 3 में अंतराल में $f(x)$ के अधिकतम और न्यूनतम मान क्रमश: 51 और 0 हैं।

186. B: $f'(x) = \cos x/x, (x > 1)$

$f'(x) = 0 \Rightarrow x = n\pi + \pi/2. \quad [n = 0, 1, 2, ...]$

$f''(x) = [-x \sin x - \cos x]/(x^2)$

$= -\frac{1}{x}\sin x$ [जबकि $\cos x = 0$]

$$f''(n\pi + \pi/2) = -\frac{1}{(n\pi + \pi/2)} \cdot \sin(n\pi + \pi/2)$$

$$= (-1)^{n+1}/[n\pi + \pi/2]$$

$f''(n\pi + \pi/2) < 0$ यदि n सम हो

> 0 यदि n विषम हो

$\therefore$ अत: $f(x)$ का उच्चिष्ठ मान होगा यदि n सम हो और इसका अल्पिष्ठ मान हमेशा यदि n विषम हो।

187. C: यहां समूहों की संख्या = N/x

∴ कुल संसाधन काल,

$$T = (N/x)(\alpha + \beta x^2) \text{ सेकंड}$$
$$= N(\alpha/x + \beta x) \text{ सेकंड}$$

$$\therefore \quad \frac{dT}{dx} = N(-\alpha/x^2 + \beta), \frac{d^2T}{dx^2} = 2\alpha N/x^3$$

T के उच्चिष्ठ या अल्पिष्ठ मानों के लिए,

$dT/dx = 0 \Rightarrow x = \sqrt{(\alpha/\beta)}$

$x = \sqrt{(\alpha/\beta)}$ के लिए d^2T/dx^2 धनात्मक है

∴ $x = \sqrt{(\alpha/\beta)}$ के लिए T का मान न्यूनतम होगा।

188. C: मान लें कि दो संख्याएं हैं, x और $6 - x$.

मान लें कि $y = 1/x + 1/(6 - x)$

$$\therefore \quad \frac{dy}{dx} = -\frac{1}{x^2} + \frac{1}{(6-x)^2}$$

$$\frac{d^2y}{dx^2} = \frac{2}{x^3} + \frac{2}{(6-x)^3}$$

y के अधिकतम या न्यूनतम मान के लिए $dy/dx = 0$

$\Rightarrow x = 3$.

जब $x = 3$, d^2y/dx^2 धनात्मक होगा।

∴ y का मान न्यूनतम होगा जबकि $x = 3$ हो।

तो न्यूनतम $y = 1/3 + 1/3 = 2/3$.

189. D: $P'(x) = 2a_1x + 4a_2x^3 + \ldots + 2na_nx^{2n-1}$

और

$P''(x) = 2a_1 + 12a_2x^2 + \ldots + 2n(2n-1)a_nx^{2n-2}$

$P(x)$, $P'(x) = 0$ के अधिकतम या न्यूनतम मान के लिए

$\Rightarrow 2x(a_1 + 2a_2x^2 + \ldots + na_nx^{2n-2}) = 0$

$\Rightarrow x = 0, \quad (\because a_1 + 2a_2x^2 + \ldots na_xx^{2n-2} \neq 0)$

चूंकि सभी $a_1, a_2, \ldots a_n$ धनात्मक हैं और x की सभी घातें सम हैं।

जबकि $x = 0$, $P''(x) = 2a_1$ जो धनात्मक है।

∴ $P(x)$ का $x = 0$ पर एक एक न्यूनतम मान है।

190. B: वक्र में $x = r\cos\theta$, $y = r\sin\theta$, प्रतिस्थापित करने पर,

$a^2/(r^2\cos^2\theta) + b^2/(r^2\sin^2\theta) = 1$

∴ $r^2 = a^2\sec^2\theta + b^2\text{cosec}^2\theta = u$ (मान लें) ...(1)

स्पष्ट है कि (0, 0) से बिंदु (x, y) की दूरी r है।

अब $\dfrac{du}{d\theta} = 2a^2\sec^2\theta\tan\theta - 2b^2\text{cosec}^2\theta\cot\theta$

u के उच्चिष्ठ या अल्पिष्ठ मानों के लिए $du/d\theta = 0$

$\Rightarrow a^2\tan\theta/\cos^2\theta = b^2\cot\theta/\sin^2\theta$

$\Rightarrow \tan^4\theta = b^2/a^2 \Rightarrow \tan^2\theta = b/a$.

$\tan^2\theta$ के इस मान के लिए,

$$\frac{d^2u}{d\theta^2} = 2a^2(\sec^4\theta + 2\sec^2\theta\tan^2\theta)$$
$$+ 2b^2(\text{cosec}^4\theta + 2\text{cosec}^2\theta\cot^2\theta) > 0$$

(∵ प्रत्येक पद का मान धनात्मक है)

∴ u, यहां r, का अल्पिष्ठ मान है जबकि $\tan^2\theta = b/a$.

(1) में प्रतिस्थापित करने पर, r का अल्पिष्ठ (न्यूनतम) मान निम्नलिखित द्वारा व्यक्त किया जाता है :

$$r^2 = a^2(1 + \tan^2\theta) + b^2(1 + \cot^2\theta)$$
$$= a^2(1 + b/a) + b^2(1 + a/b)$$
$$= (a + b)(a + b)$$

∴ r का न्यूनतम मान (न्यूनतम ध्रुवांतर रेखा की लंबाई) $= a + b$.

191. C: निम्नलिखित फलन पर विचार करें

$f(x) = x^2/(x^3 + 200)$; [1, ∞[में ... (1)

$f'(x) = x(400 - x^3)/(x^3 + 200)^2 = 0$

$\Rightarrow \quad x = (400)^{1/3} \quad (\because x \neq 0)$

जबकि $x = (400)^{1/3} - h \Rightarrow f'(x) > 0$

$x = (400)^{1/3} + h \Rightarrow f'(x) < 0$

∴ $f(x)$ का मान $x = (400)^{1/3}$ पर अधिकतम है

चूंकि $7 < (400)^{1/3} < 8$

अनुक्रम में वृहत्तम पद a_7 या a_8 द्वारा व्यक्त किया जाएगा

$\because \quad a_7 = 49/543$ और $a_8 = 8/89$,

और $49/543 < 8/89$,

$\therefore \quad a_7 = 49/543$ महत्तम पद है

192. A: $v = ds/dt = ae^t - be^{-t}$,

$a = d^2s/dt^2 = at^t + be^{-t} = s$.

193. B: $s = t^3 + at^2 + bt + c$

अत: $(s)_{t=1} = 1 + a + b + c = 7$ ... (1)

वेग $= \left(\dfrac{ds}{dt}\right)_{t=1} = (3t^2 + 2at + b)_{t=1}$

$= 3 + 2a + b = 7$ ... (2)

त्वरण $= (d^2s/dt^2)_{t=1} = (6t + 2a)_{t=1}$

$= 6 + 2a = 12$ ... (3)

(1), (2) और (3) को हल करने पर,

$a = 3, b = -2, c = 5$.

194. B: $s = \sqrt{(at^2 + bt + c)}$

$$v = \frac{ds}{dt} = \frac{(2at + b)}{2\sqrt{(at^2 + bt + c)}}$$

त्वरण = $\frac{d^2s}{dt^2}$

$$= \frac{\frac{1}{2}\left\{2a\sqrt{(at^2+bt+c)} - \frac{(2at+b)(2at+b)}{2\sqrt{(at^2+bt+c)}}\right\}}{\left(at^2+bt+c\right)}$$

$$= \frac{4a\left(at^2+bt+c\right)-(2at+b)^2}{4\left(at^2+bt+c\right)^{3/2}}$$

$$= \frac{\left(4ac-b^2\right)}{4s^3} \propto \frac{1}{s^3}.$$

195. B: त्वरण = $\frac{dv}{dt} = 48t - 72t^2$

$$= 72\left[\left(\frac{1}{3}\right)^2 - \left(t-\frac{1}{3}\right)^2\right]$$

जो अधिकतम है जबकि $t - 1/3 = 0$

अर्थात् $t = 1/3$ sec.

196. B: $v = \frac{dx}{dt} = 80 - 320\,t.$

अधिकतम ऊँचाई पर

$v = 0$

$\Rightarrow \quad t = 1/4 = 2.5$ सेकंड

197. D: छाया = EC = x

यदि AC = s हो, तो उस व्यक्ति की चाल = $\frac{ds}{dt} = 5$

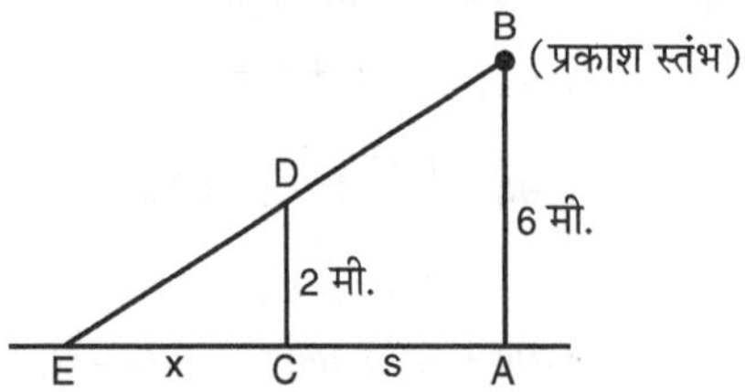

समरूप त्रिभुजों ΔEAB और ΔECD में

$\frac{x+s}{x} = \frac{6}{2} = 3 \Rightarrow x = s/2.$

छाया की लंबाई में वृद्धि की दर

$$= \frac{dx}{dt} = \frac{1}{2}\frac{ds}{dt} = (5/2) \text{ मी/से.}$$

$\therefore$ A, B और C में से कोई भी सत्य नहीं है।

198. D: यहां $\frac{dr}{dt} = 4$ सेमी/से.

क्षेत्रफल = A = πr^2

$\therefore \quad \frac{dA}{dt} = \left(2\pi r\frac{dr}{dt}\right)_{r=10} = 80\pi$ सेमी^{2}/से.

किंतु B में परिणाम 80π सेमी./से. में व्यक्त किया गया है जिसका मात्रक गलत है, अत: यह सही उत्तर नहीं है।

199. B: यदि प्लेट की त्रिज्या r हो तो उसका क्षेत्रफल

$A = \pi r^2$

$\therefore \quad \frac{dA}{dt} = 2\pi r\frac{dr}{dt} = 2\pi r.(0.03) = 0.06\,\pi r,$

दिया गया है कि $\frac{dr}{dt} = 0.03$

जहां $r = 10$, $\frac{dA}{dt} = 0.6\pi r$ वर्ग सेमी.

200. C: मान लें कि OA = x, OB = y

$\therefore x^2 + y^2 = 100$ ... (1)

$\Rightarrow$ जबकि $x = 8, y = 6.$

उपर्युक्त (1) का अवकलन करने पर,

$2x\frac{dx}{dt} + 2y\frac{dy}{dt} = 0$

जबकि $x = 8$, $\frac{dx}{dt} = 2$

अत: $\frac{dy}{dt} = -\frac{8\times 2}{6} = -8/3$ फीट/सेकंड

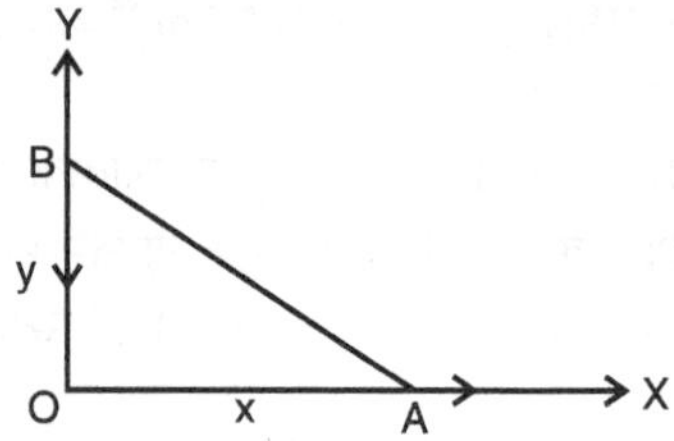

ऋणात्मक चिह्न यह दर्शाता है कि y घट रहा है अर्थात् B नीचे की ओर आ रहा है।

201. D: मान लें कि छड़ AB = 26 मी.

मान लें कि OA = x और OB = y

$\therefore x^2 + y^2 = 26^2$ ... (1)

दिया गया है कि $\frac{dx}{dt} = 24$ मी./से.

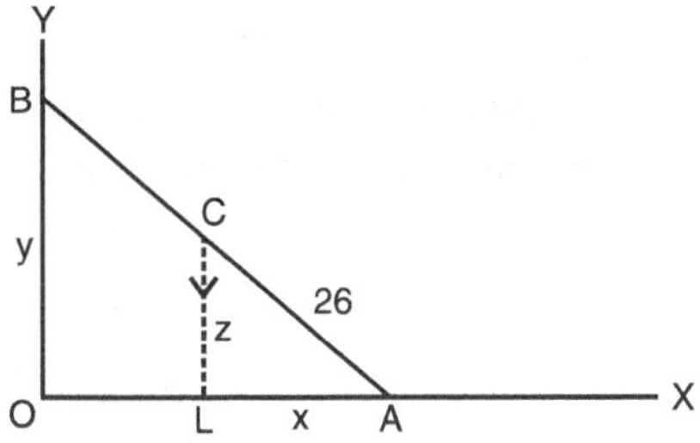

यदि AB का मध्य बिन्दु C हो तो

$z = LC = y/2$

$$\therefore \quad \frac{dz}{dt} = \frac{1}{2}\frac{dy}{dt} = \frac{1}{2}\left(-\frac{x}{y}\frac{dx}{dt}\right), (1) \text{ से}$$

$$= -12\ x/y \qquad \because \frac{dx}{dt} = 24$$

यदि $x = 10$ मी., तो समीकरण (1) से $y = 24$ मी.

$$\therefore \quad \frac{dz}{dt} = -12 \times 10/24 = -5$$

$\Rightarrow$ छड़ का मध्य बिन्दु ऊर्ध्वाधर नीचे की ओर 5 मी./से. की गति से खिसक रहा है

202. A: हम प्राप्त परिणाम का उपयोग सन्निकट परिकलन के लिए करते हैं।

$f(a + h) = f(a) + hf'(a)$

यहां $f(x) = x^4 - 12x + 7$

यदि मूल $2 + h$ हो, तो

$f(2 + h) = f(2) + hf'(2) = 0$

$\therefore -1 + h \times 20 = 0 \Rightarrow h = 0.05.$

अत: मूल का 2 के सन्निकट मान = 2.05

203. A: $f(1) = 1 - 1 - 1 + 1 = 0$

$f'(1) = (4x^3 - 3x^2 - 1)_{x=1} = 0$

$f''(1) = (12x^2 - 6x)_{x=1} \neq 0$

अत: $f(x)$ का $x = 1$ पर द्विगुण मूल है।

204. A: स्पष्ट है कि $f(1) = e^0 + 1 - 2 = 1 + 1 - 2 = 0$

अत: समीकरण का मूल 1 है।

मान लें कि $\alpha > 1$ भी एक मूल है, तो $f(\alpha) = 0.$

$\therefore$ रोले के प्रमेय द्वारा $f'(x) = 0$ (1 और α के बीच कम से कम एक x के लिए)

अब $f'(x) = e^{x-1} + 1 = 0$

$\Rightarrow \quad e^{x-1} = -1$

जो संभव नहीं है क्योंकि $x \in]1, \alpha[$ अर्थात् $x > 1$

$\therefore$ ऐसा कोई मूल नहीं है जो 1 से बड़ा हो,

इसी प्रकार हम यह भी दर्शा सकते हैं कि समीकरण का 1 से छोटा भी कोई मूल नहीं है।

इसलिए समीकरण का मूल केवल 1 है।

205. B: फलन $f(x)=x^3 + 2ax^2 + bx$ पर विचार करें,

स्पष्ट है कि $f(x)$, [0, 1] में संतत और]0, 1[में अवकलनीय है।

इसके अतिरिक्त $f(0) = 0$, यदि $f(1) = 1 + 2a + b = 0$, हो तो रोले के प्रमेय के सभी प्रतिबंधों का समाधान होता है

$\therefore f'(c) = 0$,]0, 1[में कम से कम एक-एक बार है अत:

$f'(x) = 3x^2 + 4ax + b = 0$,]0, 1[के अंतराल में कम से कम एक बार आता है अर्थात् समीकरण $3x^2 + 4ax + b = 0$ का]0, 1[में कम से कम एक मूल है।

यदि $1 + 2a + b = 0$ हो।

206. A: $f(x) = (x - 1)(x - 2)(x - 3)(x - 4)$ ... (1)

अंतराल [1, 2] पर विचार करें।

चूंकि $f(x)$ बीजीय बहुपदी है, अत: यह [1, 2] में संतत और]1, 2[में अवकलनीय है।

इसके अतिरिक्त $f(1) = 0 = f(2)$.

$\therefore$ रोले के प्रमेय द्वारा $x = c$

अस्तित्व में है इस प्रकार कि $1 < c < 2$ जहां $f'(c) = 0$

अत: $f'(x) = 0$ का विवृत अंतराल (open interval)]1, 2[में एक मूल विद्यमान है। स्पष्ट है कि यह मूल धनात्मक है। इसी प्रकार विवृत अंतरालों]2, 3[और]3, 4[में $f'(x) = 0$ के दो और धन मूल विद्यमान हैं

अत: $f'(x) = 0$ के तीनों मूल धनात्मक हैं।

207. B: दिया गया है कि $(\delta r/r) \times 100 = 1.$

$v = (4/3)\pi r^3$; $\log v = \log(4\pi/3) + 3 \log r$

$$\frac{1}{v}\delta v = \frac{3}{r}\delta r$$

$$\therefore \frac{1}{v} \cdot \delta v \times 100 = 3.\left(\frac{1}{r}\delta r \times 100\right) = 3$$

अत: आयतन में त्रुटि का प्रतिशत 3% के भीतर है।

208. C: दिया गया है कि $(\delta V/V)100 = -1/2.$

दिया गया है $p.V^{1.4} = \lambda$ = स्थिरांक

$\log p + 1.4 \log V = \log r$

$$\frac{1}{p}\delta p + 1.4.\frac{1}{V}\delta V = 0$$

$\therefore \left(\frac{1}{p}\delta p\right) 100 + 1.4\,(-1/2) = 0$

या $\frac{1}{p}\delta p.100 = 0.7$

अत: दाब में 0.7% की वृद्धि होती है।

209. C: साइन नियम के अनुसार

$$\frac{a}{\sin A} = \frac{b}{\sin B} = \frac{c}{\sin C} = R$$

$\therefore \quad da = R\cos A\, dA,\ db = R\cos B\, dB,$

और $\quad dc = R\cos C\, dC.$

$$\therefore \frac{da}{\cos A} + \frac{db}{\cos B} + \frac{dc}{\cos C} = R(dA + dB + dC) \quad \dots(1)$$

और $A + B + C = \pi$ (स्थिरांक)

अत: $dA + dB + dC = 0 \quad \dots(2)$

(1) और (2) से,

$$\frac{da}{\cos A} + \frac{db}{\cos B} + \frac{dc}{\cos C} = 0.$$

210. D: यदि घन के एक किनारे की लंबाई x हो तो आयतन $V = x^3$.

$$\therefore \quad \frac{dV}{dt} = 3x^2\frac{dx}{dt} = 3x^2 \times 5 = 15x^2$$

$$\because \frac{dx}{dt} = 5 \text{ (दिया गया है)}$$

जबकि $x = 4$ सेमी, $\frac{dV}{dt} = 15 \times 4^2 = 240$ सेमी^{2}/से.

211. D: $\quad f'(c) = 0$

$\Rightarrow \frac{1}{2}(-c^2 + c + 6)e^{-c/2} = 0$

$\Rightarrow (c + 2)(c - 3) = 0 \Rightarrow c -2, 3$

किन्तु $c = 3 \notin]-3, 0[$. $\quad \therefore c = -2$

212. D: निम्नलिखित फलन पर विचार करें :

$\phi(x) = \int(a_0x^n + a_1x^{n-1} + \dots + a_n)dx$

$$= \frac{a_0x^{n+1}}{n+1} + \frac{a_1x^n}{n} + \dots + a_nx + A \quad \dots(1)$$

जहां A अचर है

चूंकि $\phi(x)$ एक बीजीय बहुपदी है, अत: यह संवृत अंतराल [0, 1] में संतत और विवृत अंताल]0, 1[में अवकलनीय है।

यदि $f(0) = f(1)$ हो, तो

$$\frac{a_0}{n+1} + \frac{a_1}{n} + \dots + a_n = 0 \quad \dots(2)$$

अत: समीकरण (1) द्वारा सूचित $\phi(x)$ रोले के प्रमेय के सभी प्रतिबंधों को संतुष्ट करता है, अत: कम से कम एक $x = c$ इस प्रकार विद्यमान है कि $0 < c < 1$

जहां $\phi'(c) = 0$

अर्थात् $\phi'(x)$ का कम से कम एक मूल 0 और 1 के बीच में अवस्थित है।

अत: $\phi'(x)$ का कम से कम एक मूल 0 के बराबर है

अर्थात् $a_0x^n + a_1x^{n-1} + \dots + a_n = 0$

यदि उपर्युक्त समीकरण (2) का समाधान होता हो तो 0 और 1 के बीच अवस्थित है।

213. C: $f(x) = x^3 - 6x^2 + ax + b$ से रोले के प्रमेय का समाधान होता है यदि

$c = (2\sqrt{3} + 1)/\sqrt{3}$, [1, 3] में

$\therefore f(1) = f(3) \Rightarrow a = 11$ और $f'(c) = 0$

$\Rightarrow 3c^2 - 12c + a = 0$

जो $c = (2\sqrt{3} + 1)/\sqrt{3}$ और b के प्रत्येक वास्तविक मान के लिए सत्य है।

अत: $a = 11$ और $b \in R$.

214. C: $f(x) = x(x - 1)(x - 2)$ संवृत अंतराल [0, 1/2] में संतत और विवृत अंतराल]0, 1/2[में अवकलनीय है।

अब $\frac{f(b) - f(a)}{b - a} = f'(c)$

$\Rightarrow 2 \times (3/8) = 3c^2 - 6c + 2$

$\Rightarrow 12c^2 - 24c + 5 = 0$

$\Rightarrow c = 1 \pm \sqrt{(21)}/6$

किन्तु $\quad c = 1 + \sqrt{(21)}/6 \notin]0, 1/2[$

$\therefore \quad c = 1 - \sqrt{(21)}/6.$

215. A: $f(x) = \alpha x^2 + \beta x + y$

स्पष्ट है कि फलन $f(x)$ संवृत अंतराल $[a, b]$ में संतत और विवृत अंतराल $]a, b[$ में अवकलनीय है।

$\therefore$ लग्रांज के माध्यमान प्रमेय (Lagrange's mean value theorem) द्वारा यहां एक बिंदु इस प्रकार अवस्थित है कि $a < c < b$, जहां

$$f'(c) = \frac{f(b) - f(a)}{b - a}$$

$$\Rightarrow \quad 2\alpha c + \beta = \frac{\alpha(b^2 - a^2) + \beta(b - a)}{b - a}$$

$\Rightarrow \quad 2\alpha c + \beta = \alpha(b + a) + \beta$

$\Rightarrow \quad c = (a + b)/2.$

समाकलन गणित और अवकल समीकरण
(INTEGRAL CALCULUS AND DIFFERENTIAL EQUATIONS)

समाकलन (Integration) : फलन $f(x)$ जिसका x के संदर्भ में अवकल गुणांक, मान लें $F(x)$, दिया गया है, को ज्ञात करने की प्रक्रिया को x के संदर्भ में $f(x)$ का **समाकलन** कहते हैं। इसे निम्नवत् लिखा जाता है :

$$\int F(x)\,dx = f(x) \quad \text{जहां} \quad \frac{d}{dx} f(x) = F(x).$$

हम जानते हैं कि किसी अचर राशि का अवकल गुणांक शून्य होता है। अत: यदि c एक स्वेच्छ अचर हो जो x से स्वतंत्र हो, तो

$$\frac{d}{dx}\left[f(x)+c\right] = F(x), \text{ जबकि } \frac{d}{dx} f(x) = F(x).$$

अत: $\int F(x)\,dx = f(x) + c$ ... (1)

इस स्वेच्छ अचर c को समाकलन-अचर (constant of integration) कहते हैं,

(1) में उल्लिखित समाकलन को x के संदर्भ में $f(x)$ का अनिश्चित समाकल या केवल समाकल कहते हैं।

समाकलन की विधियां (Methods of Integration) : समाकलन की विभिन्न विधियों को निम्नवत् वर्गीकृत किया जा सकता है :

मानक सूत्रों का प्रयोग करके समाकलन (Integration by using standard formulae) :

(i) $\int k\,dx = kx + c$, k एक अचर है।

(ii) $\int k f(x)\,dx = k \int f(x)\,dx + c$

(iii) $\int [f_1(x) \pm f_2(x)]\,dx = \int f_1(x)\,dx \pm \int f_2(x)\,dx + c$

(iv) $\int x^n\,dx = x^{n+1}/(n+1) + c, (n \neq -1)$

(v) $\int (1/x)\,dx = \log_e |x| + c$

(vi) $\int a^x\,dx = a^x/\log_e a + c, a > 0$

(vii) $\int e^x\,dx = e^x + c$

(viii) $\int \sin x\,dx = -\cos x + c$

(ix) $\int \cos x\,dx = \sin x + c$

(x) $\int \sec^2 x\,dx = \tan x + c$

(xi) $\int \text{cosec}^2 x\,dx = -\cot x + c$

(xii) $\int \sec x \tan x\,dx = \sec x + c$

(xiii) $\int \text{cosec}\, x \cot x\,dx = -\text{cosec}\, x + c$

(xiv) $\int \tan x\,dx = \log|\sec x| + c = -\log|\cos x| + c$

(xv) $\int \cot x\,dx = \log|\sin x| + c$

(xvi) $\int \sec x\,dx = \log|\tan(1/4\,\pi + 1/2\,\pi)| + c = \log|(\sec x + \tan x| + c$

(xvii) $\int \text{cosec}\, x = \log|\tan 1/2\, x| + c = \log|(\text{cosec}\, x - \cot x| + c$

(xviii) $\int \sinh x\,dx = \cosh x + c$

(xix) $\int \cosh x\,dx = \sinh x + c$

(xx) $\int \text{sech}^2 x\,dx = \tanh x + c$

(xxi) $\int \text{cosech}^2 x\,dx = -\coth x + c$

(xxii) $\int \text{sech}\, x \tanh x\,dx = -\text{sech}\, x + c$

(xxiii) $\int \text{cosech}\, x \coth x\,dx = -\text{cosech}\, x + c$

(xxiv) $\int \tanh x\,dx = \log\cosh x + c$

(xxv) $\int \coth x\,dx = \log|\sinh x| + c$

(xxvi) $\int \frac{1}{\sqrt{(1-x^2)}}\,dx = \sin^{-1} x + c$ या $-\cos^{-1} x + c$

(xxvii) $-\int \frac{1}{\sqrt{(1-x^2)}}\,dx = \cos^{-1} x + c$ या $-\sin^{-1} x + c$

(xxviii) $\int \frac{1}{1+x^2}\,dx = \tan^{-1} x + c$ या $-\cot^{-1} x + c$

(xxix) $-\int \frac{1}{1+x^2}\,dx = \cot^{-1} x + c$ या $-\tan^{-1} x + c$

(xxx) $\int \frac{1}{x\sqrt{(x^2-1)}}\,dx = \sec^{-1} x + c$ या $-\text{cosec}^{-1} x + c$

(xxxi) $-\int \frac{1}{x\sqrt{(x^2-1)}}\,dx = \text{cosec}^{-1} x + c$ या $-\sec^{-1} x + c$

(xxxii) $\int \frac{dx}{a^2+x^2} = \frac{1}{a}\tan^{-1}\left(\frac{x}{a}\right) + c$

(xxxiii) $\int \frac{dx}{x^2-a^2} = \frac{1}{2a}\log\left|\frac{x-a}{x+a}\right| + c, x > a$

(xxxiv) $\int \frac{dx}{a^2 - x^2} = \frac{1}{2a} \log \left|\frac{a+x}{a-x}\right| + c, x < a$

(xxxv) $\int \frac{dx}{\sqrt{(a^2 - x^2)}} = \sin^{-1}\left(\frac{x}{a}\right) + c$

(xxxvi) $\int \frac{dx}{\sqrt{(x^2 + a^2)}} = \sinh^{-1}\left(\frac{x}{a}\right) + c$ या

$\log |[x + \sqrt{(a^2 + x^2]}| + c$

(xxxvii) $\int \frac{dx}{\sqrt{(x^2 - a^2)}} = \cosh^{-1}\left(\frac{x}{a}\right) + c$ या

$\log | [x + \sqrt{(x^2 - a^2)}] | + c$

(xxxviii) $\int \frac{dx}{x\sqrt{(x^2 - a^2)}} = \frac{1}{a} \sec^{-1}\left(\frac{x}{a}\right) + c$

(xxxix) $\int \sqrt{(a^2 - x^2)}\, dx = \frac{1}{2} x \sqrt{(a^2 - x^2)} + \frac{1}{2} a^2 \sin^{-1} (x/a) + c$

(xxxx) $\int \sqrt{(a^2 + x^2)}\, dx = \frac{1}{2} x \sqrt{(a^2 + x^2)} + \frac{1}{2} a^2 \sinh^{-1} (x/a) + c$ या $= \frac{1}{2} x \sqrt{(a^2 + x^2)} + \frac{1}{2} a^2 \log | [x + \sqrt{(a^2 + x^2)}] | + c$

(xxxxi) $\int \sqrt{(x^2 - a^2)}\, dx = \frac{1}{2} x \sqrt{(x^2 + a^2)} - \frac{1}{2} a^2 \cosh^{-1} (x/a) + c$ या $= \frac{1}{2} x \sqrt{(x^2 - a^2)} - \frac{1}{2} a^2 \log | [x + \sqrt{(x^2 + a^2)}] | + c$

(xxxxii) $\int e^{ax} \sin bx\, dx = \frac{e^{ax}}{a^2 + b^2} (a \sin bx - b \cos bx) + c$

$= \frac{e^{ax}}{\sqrt{(a^2 + b^2)}} \sin\left(bx - \tan^{-1}\frac{b}{a}\right) + c.$

(xxxxiii) $\int e^{ax} \cos bx\, dx = \frac{e^{ax}}{a^2 + b^2} (a \cos bx + b \sin bx)$

$= \frac{e^{ax}}{\sqrt{(a^2 + b^2)}} \cos\left(bx - \tan^{-1}\frac{b}{a}\right).$

(xxxxiv) **खंडशः समाकलन (Integration by parts) :**

$\int u.v\, dx = u. \int v\, dx - \int\left[\frac{du}{dx}. \int v\, dx\right]dx$

अर्थात् दो फलनों के गुणनफल का समाकल
= (पहला फलन) × (दूसरे फलन का समाकल)
– (पहले फलन के अवकल का समाकल) × (दूसरे फलन का समाकल)

(xxxxv) **शृंखला नियम (Chain rule) : उत्तरोत्तर खंडशः समाकलन के लिए :**

$\int u.v\, dx = uv_1 - u'v_2 + u''v_3 - u'''v_4 + ... + (-1)^{n-1} u^{n-1} v_n + (-1)^n \int u^n v_n\, dx$

जहां u^n द्वारा u का nवां अवकल गुणांक और v_n द्वारा v का nवां समाकल सूचित होता है।

प्रतिस्थापन द्वारा समाकलन (Integration by Substitution)

(a) समाकल $\int f(ax + b)\, dx$ का मान ज्ञात करना :

$ax + b = t$ प्रतिस्थापित करना ताकि $a\, dx = dt.$, अर्थात् $dx = (1/a)\, dt$,

$\int f(ax + b)\, dx = \int f(t). (1/a)\, dt = (1/a)\, F(t)$, जहां $\int f(t)\, dt = F(t)$

$= (1/a)\, F(ax + b).$

अतः समाकल $\int f(ax + b)\, dx$, का मान ज्ञात करने के लिए $(ax + b)$ को x के समान एक चर राशि मान कर $f(ax + b)$ का समाकलन ज्ञात करें और इसे ($ax + b$ में x के गुणांक) से भाग करें।

(i) $\int (ax + b)^n dx = \frac{(ax + b)^{n+1}}{a(n+1)} + c,\ n \neq -1$

(ii) $\int \frac{1}{ax + b} dx = \frac{1}{a} \log |(ax + b)| + c$

(iii) $\int e^{ax}\, dx = (1/a)\, e^{ax}$

(iv) $\int \sin (ax + b)\, dx = -(1/a) = -(1/a) \cos (ax + b) + c$

(v) $\int \cos (ax + b)\, dx = (1/a) \sin (ax + b) + c$

(vi) $\int \sec^2 (ax + b)\, dx = (1/a) \tan (ax + b) + c$

(vii) $\int \text{cosec}^2 (ax + b)\, dx = -(1/a) \cot (ax + b) + c$

(viii) $\int \sec (ax + b) \tan (ax + b)\, dx = (1/a) \sec (ax + b) + c$

(ix) $\int \text{cosec}\,(ax+b)\cot(ax+b)\,dx = -(1/a)\,\text{cosec}\,(ax+b)+c$

(b) $\int \frac{f'(x)}{f(x)}dx = \log f(x) + c$

(c) $\int [f(x)]^n f'(x)\,dx = [f(x)]^{n+1}/(n+1) + c$

(d) कुछ महत्वपूर्ण प्रतिस्थापन

फलन	प्रतिस्थापन
$\sqrt{(a^2 - x^2)}$	$x = a\sin\theta$ या $x = a\cos\theta$
$\sqrt{(a^2 + x^2)}$	$x = a\tan\theta$ या $x = a\sinh\theta$
$\sqrt{(x^2 + a^2)}$	$x = a\sec\theta$ या $x = a\cosh\theta$

विधि III: योगफल के रूप में वियोजित करके समाकलन (Integration by Decomposition into Sum):

(a) त्रिकोणमितीय रूपांतरण (Trigonometrical transformations) : त्रिकोणमितीय गुणनफलों जैसे कि : $\sin^2 x$, $\cos^2 x$, $\sin^3 x$, $\cos^3 x$, $\sin ax$, $\cos bx$, आदि के समाकलन के लिए उन्हें कोणों के गुणजों के साइनों और कोसाइनों के योगफल या अंतर के रूप में व्यक्त किया जाता है।

(b) आंशिक भिन्न (Partial fractions) : यदि दिया गया फलन दो बहुपदों के भिन्नों के रूप में हो, तो उसके समाकलन के लिए उसे यदि संभव हो तो भिन्नों के रूप में वियोजित करें।

कुछ विशेष समाकलों का समाकलन (Integration of Some Special Integrals) :

(a) $\int \frac{dx}{ax^2+bx+c}$ **का समाकलन :** इसे *(xxxii)*, *(xxxiii)*, *(xxxiv)* में से किसी भी एक रूप में परिवर्तित करके इसका समाकलन किया जा सकता है।

(b) $\int \frac{dx}{\sqrt{(ax^2+bx+c)}}$ **का समाकलन :** इसे *(xxxv)*, *(xxxvi)* या *(xxxvii)* में से किसी भी एक रूप में परिवर्तित करके इसका समाकलन किया जा सकता है।

(c) $\sqrt{(ax^2+bx+c)}\,dx$ **का समाकलन :** इसे *(xxxix)*, *(xxxx)* या *(xxxxi)* में से किसी भी एक रूप में परिवर्तित करके इसका समाकलन किया जा सकता है।

(d) $\int \frac{(px+q)\,dx}{ax^2+bx+c}, \int \frac{(px+q)dx}{\sqrt{(ax^2+bx+c)}}$,

$\int (px+q)\sqrt{(ax^2+bx+c)}\,dx$ **का समाकलन :** इनमें से किसी भी समाकल का मान ज्ञात करने के लिए $px + q = A\,(ax^2 + bx + c) + B$ का अवकल प्रतिस्थापित करें। दोनों पक्षों में x की सदृश घातों के गुणांकों की तुलना करके A और B का मान ज्ञात करें।

(e) $\int \frac{dx}{(x+k)\sqrt{(ax^2+bx+c)}}$ **का समाकलन :** $x + k = 1/t$ प्रतिस्थापित करें।

(f) $\int \frac{dx}{(Ax^2+B)\sqrt{(Cx^2+D)}}$ **का समाकलन :** $x = 1/t$ प्रतिस्थापित करें।

(g) $\int \frac{dx}{\sqrt{[(x-\alpha)(x-\beta)]}}, \int \sqrt{\left(\frac{x-\alpha}{\beta-x}\right)}dx$,

$\int \sqrt{[(x-\alpha)(\beta-x)]}.dx$ **का समाकलन :** $x = \alpha\cos^2\theta + \beta\sin^2\theta$ प्रतिस्थापित करें।

(h) $\int \frac{dx}{a+b\cos x}$, $\int \frac{dx}{a+b\sin x}$,

$\int \frac{dx}{a+b\cos x + c\sin x}$ **का समाकलन :** $\sin x = (2\tan 1/2\,x)/(1+\tan^2 1/2\,x)$

$\cos x = (1-\tan^2 1/2\,x)/(1+\tan^2 1/2x)$

प्रतिस्थापित करें और तत्पश्चात $\tan 1/2x = t$ रखें।

(i) $\int \frac{p\cos x + q\sin x}{a+b\cos x+b\sin x}dx$ **का समाकलन :**

$p\cos x + q\sin x = A\,(a + b\cos x + b\sin x) + B$. प्रतिस्थापित करें।

$(a + b\cos x + b\sin x) + C$ का अवकल ज्ञात करें

A, B और C का परिकलन $\cos x$, $\sin x$ और अचर पदों के गुणकों को समीकृत करके किया जा सकता है।

निश्चित समाकल (Definite Integral) : फलन $f(x)$ का a से b तक की सीमाओं के बीच अर्थात् अंतराल $[a, b]$ में निश्चित फलन $\int_a^b f(x)\,dx$ द्वारा इंगित किया जाता है और इसे निम्नवत् परिभाषित किया जाता है :

$$\int_a^b f(x)\,dx = [F(x)]_a^b = F(b) - F(a)$$

जहां $\int f(x)\,dx = F(x)$.

निश्चित समाकलों का सामान्य अभिलक्षण :

I. $\int_a^b f(x)\,dx = \int_a^b f(t)\,dt.$

II. $\int_a^b f(x)\,dx = -\int_b^a f(x)\,dx.$

III. $\int_a^b f(x)\,dx = \int_a^c f(x)\,dx + \int_c^b f(x)\,dx,$

जहां $a < c < b.$

IV. $\int_a^b f(x)\;dx = \int_a^b f(a+b-x)dx$

विशेषकर, $\int_0^a f(x)dx = \int_0^a f(a-x)dx$.

V. $\int_{-a}^a f(x)dx = 2\int_0^a f(x)dx,$ यदि $f(x)$ समफलन हो।

$\int_{-a}^a f(x)dx = 0,$ यदि $f(x)$ विषम फलन हो।

VI. $\int_{-a}^{2a} f(x)\;dx = 2\int_0^a f(x)\,dx,$ यदि $f(2a-x) = f(x)$

$\int_0^{2a} f(x)\,dx = 0,$ यदि $f(2a-x) = -f(x).$

समाकलन द्वारा श्रेणी संकलन (Summation of Series by Integration) :

$$\lim_{n\to\infty}\sum_{r=1}^{n-1}\left(\frac{r}{n}\right)\cdot\frac{1}{n} = \int_0^1 f(x)\,dx.$$

व्यवहारिक नियम : यहां निम्नवत् क्रिया करें :

(i) शृंखला का $(r-1)$ वां या rवां या $(r+1)$वां पद ज्ञात करें और उसे $(1/n) f(r/n)$ के रूप में व्यक्त करें।

अत: दी गई शृंखला निम्नलिखित रूप में आ जाती है :

$$\lim_{n\to\infty}\sum_{r=0}^{n-1} f\left(\frac{r}{n}\right)\cdot\left(\frac{1}{n}\right)$$

(ii) अब $\left(\lim_{n\to\infty}\sum\right)$ को $\int$ द्वारा, (r/n) को x द्वारा और $1/n$ को dx द्वारा प्रतिस्थापित करके उपर्युक्त शृंखला को एक निश्चित समाकल के बराबर लिखें।

(iii) समाकलन की सीमाएं निम्नवत् ज्ञात की जाती हैं :

निचली सीमा $= \lim_{n\to\infty}\left[\frac{r}{n}\right]_{r=0}$, $r = 0$ पहले पद के संगत है।

ऊपरी सीमा $= \lim_{n\to\infty}\left[\frac{r}{n}\right]_{r=n-1}$, $r = (n-1)$ पद के संगत है।

कुछ महत्वपूर्ण परिणाम :

(i) $\sum_{r=1}^{n} r = \frac{1}{2}\,n\,(n+1)$

(ii) $\sum_{r=1}^{n} r^2 = \frac{1}{6}\,n\,(n+1)\,(2n+1)$

(iii) $\sum_{r=1}^{n} r^3 = \frac{1}{4}\,n^2\,(n+1)^2$

(iv) $\sum_{r=0}^{n-1} \sin\,(\alpha + r\,\beta) = \sin\,(\alpha + 1/2\,(n-1)\,\beta\}$

$\sin\;(1/2n\;\beta)/\sin\,(1/2\;\beta)$

(v) $\sum_{r=0}^{n-1} \cos\;(\alpha + r\,\beta) = \cos\,\{\alpha + 1/2\,(n-1)\,\beta\}$

$\sin\,(1/2\;n\;\beta)/\sin\,(1/2\;\beta)$

(vi) $1/1^2 - 1/2^2 + 1/3^2 - \ldots = \pi^2/12$

(vii) $1/1^2 + 1/2^2 + 1/3^2 + \ldots = \pi^2/6.$

अवकल समीकरण (Differential Equation) : अवकल समीकरण एक ऐसा समीकरण है जिसमें किसी परतंत्र चर के अवकल गुणांक या परतंत्र और स्वतंत्र चरों के अवकल अंतनिर्हित होते हैं। अवकल समीकरणों का निम्नवत् वर्गीकरण किया जाता है:

(i) **साधारण अवकल समीकरण (Ordinary differential equation) :** जिस अवकल समीकरण में केवल एक स्वतंत्र चर राशि अंतर्निहित हो उसे साधारण अवकल समीकरण कहते हैं, उदाहरण : $\frac{dy}{dx} = y$.

(ii) **आंशिक अवकल समीकरण (Partial differential equation) :** जिस अवकल समीकरण में दो या अधिक स्वतंत्र चर राशि अंतर्निहित हों उसे आंशिक अवकल समीकरण कहते हैं, उदाहरण : $\frac{\partial y}{\partial x} = p\frac{\partial y}{\partial t}$.

अवकल समीकरण की कोटि (Order of Differential equation) : अवकल समीकरण की कोटि समीकरण में उपस्थित उच्चतम कोटि के व्युत्पन्न की कोटि को कहते हैं।

अवकल समीकरण का घात (Degree of Differential equation) : समीकरण में उपस्थित परतंत्र चर राशि और उसकी व्युत्पन्न राशियों से भिन्नों, करणियों को हटा देने के बाद प्राप्त उच्चतम कोटि की व्युत्पन्न राशि के घात को अवकल समीकरण की घात कहते हैं।

अवकल समीकरण का हल (Solution of a Differential Equation) : परतंत्र और स्वतंत्र चरों (जिनमें व्युत्पन्न अंतर्निहित नहीं होते) के बीच कोई भी संबंध जिसे अवकल समीकरण में प्रतिस्थापित करने पर वह एक तत्समक (identity) बन जाता है, अवकल समीकरण का हल कहलाता है।

अवकल समीकरण की रचना : अवकल समीकरण स्वेच्छ अचर राशियों (arbitrary constants) को निराकृत करके प्राप्त किया जा सकता है। इसे नीचे के उदाहरण में स्पष्ट किया गया है : निम्नलिखित समीकरण पर विचार करें :

$$y = mx + 2, \qquad \text{... (1)}$$

जहां m एक स्वेच्छ अचर राशि है।

(1) का अवकलन करने पर, $\frac{dy}{dx} = m$. ... (2)

(2) से m का मान समीकरण (1) में प्रतिस्थापित करने पर,

$$y = x\frac{dy}{dx} + 2 \qquad \text{... (3)}$$

जो प्रथम कोटि का और एक घात का साधारण अवकल समीकरण है।

व्यापक और विशिष्ट हल (General and Particular Solution) : अवकल समीकरण का ऐसा हल जिसमें निहित स्वतंत्र स्वेच्छ अचर राशियों की संख्या अवकल समीकरण की कोटि के बराबर होती है, समीकरण का व्यापक हल कहलाता है। व्यापक हल में निहित स्वेच्छ अचर राशियों को विशिष्ट मान प्रदान करने पर प्राप्त हल को विशिष्ट हल (particular solution) कहते हैं।

कुछ विशिष्ट प्रकार के समीकरणों को हल करने की विधियां:

(a) **चर पृथक्करणीय (Variables separable) :** यदि किसी अवकल समीकरण को $f_1(x)\,dx + f_2(y)\,dy = 0$, के रूप में लिखा जा सकता हो, तो हम कहते हैं कि चर राशियां पृथक्करणीय हैं। समाकलन करने पर हमें $\int f_1(x)\,dx + \int f_2(y)\,dy + c = 0$, के रूप में हल प्राप्त होता है जहां c एक स्वेच्छ अचर है।

(b) **प्रतिस्थापन की विधि (Method of Substitution) :** कभी-कभी समीकरण चर पृथक्करणीय के रूप में नहीं होता किंतु एक उपयुक्त प्रतिस्थापन से समीकरण को चर पृथक्करणीय (variables separable) में बदला जा सकता है जिसमें नई चर राशियां होती हैं। **उदाहरण के लिए,** निम्नलिखित अवकल समीकरण पर विचार करें :

$\sin^{-1}(dy/dx) = x + y$.

इस समीकरण में चर राशियां पृथक्करणीय नहीं हैं। किंतु $x + y = v$, प्रतिस्थापित करने पर ताकि

$1 + \frac{dy}{dx} = \frac{dv}{dx}$, हम पाते हैं कि $\frac{dv}{dx} - 1 = \sin v$,

जिसमें चर राशियां पृथक्करणीय है।

$$\therefore \frac{dv}{1 + \sin v} = dx$$

या $\frac{dv}{\left[\sin(v/2) + \cos(v/2)^2\right]} = dx$ या

$$\frac{\sec^2(v/2)}{\left[1 + \tan(v/2)\right]^2}dv = dx.$$

$1 + \tan(v/2) = t$, $1/2 \sec^2(v/2)\,dv = dt$ रखने पर,

हम पाते हैं कि $\frac{2}{t^2}dt = dx$.

समाकलन करने पर, $-\frac{2}{t} = x + c$ या $[\tan(v/2) + 1]$
$[x + c] = -2$

अतः अपेक्षित हल है

$$[\tan 1/2\,(x + y) + 1]\,[x + c] + 2 = 0$$

समघात समीकरण (Homogeneous Equation) :

$\frac{dy}{dx} = \frac{f_1(x,y)}{f_2(x,y)}$, जहां f_1 (x, y), f_2 (x, y) समान घात के x और y के समघात फलन हैं, के रूप का अवकल समीकरण समघात समीकरण कहलाता है।

व्यवहारिक नियम (Working Rule) : किसी समघात अवकल समीकरण को हल करने के लिए हम निम्नलिखित प्रक्रिया का अनुपालन करते हैं :

(i) $y = vx$ प्रतिस्थापित करें ताकि $v + x \frac{dv}{dx} = \frac{dy}{dx}$

(ii) इस प्रकार प्राप्त समीकरण एक ऐसे रूप का होगा जिसमें चर राशियां v और x पृथक्करणीय होंगी अर्थात् हमें निम्नलिखित समीकरण प्राप्त होगा :

$$f_1(v)dv + f_2(x)dx = 0.$$

(iii) इसका समाकलन करने के पश्चात् v को y/x द्वारा प्रतिस्थापित करें।

समघात रूप में समानेय समीकरण (Equation Reducible to Homogeneous form) :

$\frac{dy}{dx} = \frac{a_1x + b_1 + c_1}{a_2x + b_2y + c_2}$ जहां $\frac{a_1}{a_2} \neq \frac{b_1}{b_2}$

के रूप के अवकल समीकरण को निम्नलिखित प्रक्रिया का अनुपालन करके समघात समीकरण के रूप में समानीत किया जा सकता है :

$x = x + h$, $y = Y + k$, रखें ताकि $\frac{dy}{dx} = \frac{dY}{dX}$.

तब समीकरण निम्नलिखित रूप में बदल जाता है :

$$\frac{dy}{dx} = \frac{a_1X + b_1Y + (a_1h + b_1k + c_1)}{a_2X + b_2Y + (a_2h + b_2k + c_2)}.$$

अब h और k के मानों का इस प्रकार चयन करें कि $a_1h + b_1k + c_1 = 0$ और $a_2h + b_2k + c_2 = 0$.
तब h और k के इन मानों के लिए समीकरण निम्नलिखित रूप में आ जाता है : $\frac{dy}{dx} = \frac{a_1X + b_1Y}{a_2X + b_2Y}$.

यह एक समघात समीकरण है जिसे $Y = vX$ प्रतिस्थापित करके हल किया जा सकता है और तत्पश्चात Y और X को $y - k$ और $x - h$ द्वारा प्रतिस्थापित कर दिया जाए।

रैखिक अवकल समीकरण (Linear Differential Equation) : $\frac{dy}{dx} + Py = Q$, जहां P और Q केवल x के ही फलन हैं, के रूप के अवकल समीकरण को रैखिक अवकल समीकरण कहते हैं।

रैखिक समीकरण को हल करने के लिए व्यवहारिक नियम :

(i) दिए गए समीकरण को $\frac{dy}{dx} + P\,y = Q$, के रूप में लिखें जहां P और Q केवल x के ही फलन हैं।

(ii) समाकलन गुणक (integrating factor), I.F. = $c^{\int P\,dx}$ ज्ञात करें।

(iii) $y.(\text{I.F.}) = \int Q(\text{I.F.})dx + c$

रैखिक रूप में समानेय समीकरण (Equations Reducible to the Linear Form) :

I. बर्नूली समीकरण (Bernoulli's Equation) : $\frac{dy}{dx} + Py = Qy^n$, जहां P और Q केवल x के ही फलन हैं, के रूप का अवकल समीकरण बर्नूली समीकरण कहलाता है।

y^n द्वारा विभाजित करने पर, $y^{-n} \frac{dy}{dx} + y^{-(n-1)}.P = Q$।

$y^{-(n-1)} = v$ प्रतिस्थापित करने पर ताकि,

$\frac{(1-n)}{y^n} \frac{dy}{dx} = \frac{dv}{dx}$, हो, हमें निम्नलिखित समीकरण प्राप्त होता है :

$$\frac{dv}{dx} + (1-n)\,P.\,v = (1-n)\,Q$$

जो एक रैखिक अवकल समीकरण है।

II. यदि समीकरण $\frac{dy}{dx} + P\,f(y) = Q.\,g\,(y)$, जहां P और Q केवल x के फलन हैं, के रूप में हो तो हम समीकरण को g (y) से विभाजित करते हैं जिससे हमें $\frac{1}{g(y)}\frac{dy}{dx} + P.\frac{f(y)}{g(y)} = Q$ समीकरण प्राप्त होता है। अब $f\,(y)/g\,(y) = v$ का प्रतिस्थापन करें।

बहुविकल्पी प्रश्नावली

1. $\int(\tan x + \cot x)\,dx$ निम्नलिखित के बराबर है:
A. $\sec^2 x + \operatorname{cosec}^2 x + c$
B. $\log|\sin 2x| + c$
C. $\log|\cot x| + c$
D. $\log|\tan x| + c$

2. $\int_0^{\pi/2} \frac{dx}{1+\sin x}$ निम्नलिखित के बराबर है :
A. 0 B. 1/2
C. 1 D. 3/2

3. $\int_0^{2\pi} (\sqrt{1} + \sin 1/2\, x)\,dx$ का मान है :
A. 0 B. 2
C. 4 D. 8

4. $\int_a^b \frac{|x|}{x}\,dx,\ a < b$ का मान है :
A. $b - a$ B. $a - b$
C. $b + a$ D. $|b| - |a|$

5. $\int_{-1}^{2} \frac{|x|}{x}\,dx =$
A. 1
B. 3
C. इसका अस्तित्व नहीं होता
D. इनमें से कोई नहीं

6. $\int_{-1}^{1} |(1-x)|\,dx$ निम्नलिखित के बराबर है :
A. – 2 B. 0
C. 2 D. 4

7. $\int_0^4 (\sqrt{x})\,dx$, का मान क्या होगा जबकि () से x का भिन्नात्मक अंश इंगित होता हो?
A. 16/3 B. 25/3
C. 7/3 D. इनमें से कोई नहीं

8. $\int \frac{xe^x}{(x+1)^2}\,dx =$
A. $e^x/(x+1)$ B. $e^x/(x+1)^2$
C. $-e^x/(x+1)^3$ D. इनमें से कोई नहीं

9. यदि $I_1 = \int_1^2 \frac{dx}{\sqrt{(1+x^2)}}$ और $I_2 = \int_1^2 \frac{dx}{x}$ हो, तो
A. $I_1 > I_2$ B. $I_2 > I_1$
C. $I_1 = I_2$ D. $I_2 > 2I_2$

10. लघुतम अंतराल $[a, b]$ इस प्रकार कि $\int_0^1 \frac{dx}{\sqrt{(1+x^4)}} \in [a, b]$ हो, निम्नलिखित में से किसके द्वारा व्यक्त किया जा सकता है?
A. $[1/\sqrt{2}, 1]$ B. $[0, 1]$
C. $[1/2, 1]$ D. $[3/4, 1]$

11. $\int \frac{(\sin x + \cos x)\,dx}{\sqrt{(1+\sin 2x)}}$ निम्नलिखित में से किसके बराबर है?
A. $\log(\sin x + \cos x)$ B. x
C. $\log x$ D. $\log\sin(\cos x)$

12. $\int \frac{\sin x + \cos x}{\sqrt{(1+\sin 2x)}}\,dx,\ 3\pi/4 < x < 7\pi/4$ निम्नलिखित में से किसके बराबर है?
A. $\log(\sin x + \cos x)$ B. x
C. $\log x$ D. इनमें से कोई नहीं

13. $\int\sqrt{x}\, e^{\sqrt{x}}\,dx =$
A. $2\sqrt{x} - e^{\sqrt{x}} - 4\sqrt{x}\, e^{\sqrt{x}}$
B. $(2x - 4\sqrt{x} + 4)\, e^{\sqrt{x}}$
C. $(1 - 4\sqrt{x})\, e^{\sqrt{x}}$
D. इनमें से कोई नहीं

14. $\int[\sqrt{\tan x} + \sqrt{\cot x}]\,dx =$
A. $\sqrt{2}\tan^{-1}[(\sqrt{\tan x} - \sqrt{\cot x})/\sqrt{2}] + c$
B. $\sqrt{2}\tan^{-1}[(\sqrt{\tan x} + \sqrt{\cot x})/\sqrt{2}] + c$
C. $(1/\sqrt{2})\tan^{-1}[\sqrt{2}(\sqrt{\tan x} - \sqrt{\cot x})] + c$
D. इनमें से कोई नहीं

15. $\int_0^4 \frac{\sqrt{(x^2-4)}}{x} dx =$

A. $2(3\sqrt{3}-\pi)/3$ B. π
C. $2(3\sqrt{3}-\pi)$ D. इनमें से कोई नहीं

16. $\int \frac{\log x^2}{x} dx =$

A. $(\log x)^2 + c$ B. $1/2 (\log x)^2 + c$
C. $\log x^2 + c$ D. इनमें से कोई नहीं

17. $\int x^3 (\log x)^2 dx =$

A. $\frac{1}{32}x^4 [8(\log x)^2 + 4\log x - 1]$

B. $\frac{1}{32}x^4 [8(\log x)^2 + 4\log x + 1]$

C. $\frac{1}{32}x^4 [8(\log x)^2 - 4\log x - 1]$

D. इनमें से कोई नहीं

18. $\int_{-\pi/2}^{\pi/2} \sqrt{(\cos x - \cos^3 x)}\, dx =$

A. 3/4 B. – 3/4
C. 4/3 D. 0

19. $\int_{-\pi/2}^{0} \sqrt{[(\cos x - \cos^3 x)]}\, dx =$

A. 2/3 B. – 2/3
C. 3/2 D. –3/2

20. $\int \frac{dx}{e^x+1}$ का मान है :

A. $\log(e^x - 1) + c$ B. $\log(e^x + 1) + c$
C. $x - \log(e^x + 1)$ D. इनमें से कोई नहीं

21. $\int_3^8 \frac{2-3x}{x\sqrt{(1+x)}} dx =$

A. $2\log 3/(2e^3)$ B. $\log(3/e^3)$
C. $4\log(3/e^3)$ D. इनमें से कोई नहीं

22. यदि $(n-m)$ विषम हो और $|m| \neq |n|$, तो $\int_0^{\pi} \cos mx \sin nx\, dx$ निम्नलिखित में से किसके बराबर है ?

A. $2n/(n^2 - m^2)$ B. 0
C. $2n/(m^2 - n^2)$ D. $2m/(n^2 - m^2)$

23. दिया गया है कि $\int_0^{\infty} \frac{x^2 dx}{(x^2+a^2)(x^2+b^2)(x^2+c^2)}$

$= \frac{\pi}{2(a+b)(b+c)(c+a)}$ तो $\int_0^{\infty} \frac{dx}{(x^2+4)(x^2+9)}$

का मान होगा :

A. $\pi/60$ B. $\pi/20$
C. $\pi/40$ D. $\pi/80$

24. समाकल $\int_0^{\pi/4} \frac{\sin x + \cos x}{9 + 16\sin 2x} dx$ का मान होगा :

A. log 3 B. log 2
C. $\frac{1}{20}\log 3$ D. $\frac{1}{20}\log 2$

25. $\int \frac{x\sin^{-1} x}{\sqrt{(1-x^2)}} dx$ का मान है :

A. $\sqrt{(1-x^2)}\sin^{-1} x + c$
B. $x\sin^{-1} x + c$
C. $x - \sqrt{(1-x^2)}\sin^{-1} x + c$
D. $(\sin^{-1} x)^2 + c$

26. $\int \cos\sqrt{x}\, dx =$

A. $2[\sqrt{x}\sin\sqrt{x} + \cos\sqrt{x}] + c$
B. $[\sqrt{x}\sin\sqrt{x} - \cos\sqrt{x}] + c$
C. $2[\sqrt{x}\sin\sqrt{x} - \cos\sqrt{x}] + c$
D. इनमें से कोई नहीं

27. $\int \frac{1}{x\log_a x} = \log_e a \log_e(\log_e x)$ निम्नलिखित में से किसके लिए सत्य है ?

A. सब $x \in R$ B. $x > e$
C. $x > 1$ D. वास्तविक x के लिए नहीं

28. $\int \sec^3\theta\, d\theta =$

A. $1/2[\tan\theta\sec\theta + \log(\tan\theta + \sec\theta)] + c$

B. $1/2[\tan\theta \sec\theta - \log(\tan\theta + \sec\theta)] + c$
C. $1/2[\tan\theta \sec\theta - \log(\sec\theta - \tan\theta)] + c$
D. इनमें से कोई नहीं

29. $\int_0^{\pi/2} e^x (\sin x + \cos x)\, dx$ निम्नलिखित में से किसके बराबर है ?

A. 1 B. $e^{\pi/4}$
C. e^{π} D. $e^{\pi/2}$

30. $\int \frac{1+x+x^2}{1+x^2} e^{\tan^{-1} x} dx =$

A. $x^2 e^{\tan^{-1}x} + c$ B. $e^{\tan^{-1}x} + c$
C. $x e^{\tan^{-1}x} + c$ D. इनमें से कोई नहीं

31. $\int [\log \log x + (\log x)^{-2}]\, dx =$

A. $x \log(\log x)$
B. $x \log(\log x) + x/(\log x)$
C. $x \log(\log x) - x/(\log x)$
D. इनमें से कोई नहीं

32. $\int e^x (\sinh x + \cosh x)\, dx =$

A. $e^x \operatorname{sech} x$ B. $e^x \cosh x$
C. $\sinh 2x$ D. $\cosh 2x$

33. परवलय $y^2 = 4ax$ और उसके नाभिलंब (latus rectum) के बीच अवस्थित क्षेत्र है :

A. $(8/3)a^2$ B. $(8/3)a$
C. $4a/3$ D. $4a^2/3$

34. वक्र $y = 4 + 3x - x^2$ और x-अक्ष के बीच का क्षेत्र है :

A. (125/3) वर्ग मात्रक B. (125/4) वर्ग मात्रक
C. (125/6) वर्ग मात्रक D. इनमें से कोई नहीं

35. वक्र $y^2 = x$, सरल रेखा $y = 4$ और y-अक्ष द्वारा घिरे क्षेत्र का क्षेत्रफल होगा :

A. 16/3 B. 64/3
C. $7\sqrt{2}$ D. इनमें से कोई नहीं

36. प्रथम वृत्तपाद में अवस्थित क्षेत्र जो वृत्त $x^2 + y^2 = 4$ और रेखा $x = y\sqrt{3}$ द्वारा परिबद्ध हो, का क्षेत्रफल होगा :

A. π B. $\pi/2$
C. $\pi/3$ D. इनमें से कोई नहीं

37. अंतराल $[0, \pi/2]$ में $y = \tan x$, $y = \cot x$ वक्रों और x-अक्ष के बीच क्षेत्र का क्षेत्रफल होगा :

A. log 2 B. 1/2 log 2
C. $2 \log(1/\sqrt{2})$ D. इनमें से कोई नहीं

38. $x = 0$ और $x = 2\pi$ के बीच $y = x \sin x$ और x-अक्ष द्वारा परिबद्ध क्षेत्र का क्षेत्रफल होगा :

A. 2π B. 3π
C. 4π D. इनमें से कोई नहीं

39. परवलय $y^2 = 4ax$ और $x^2 = 4ay$ के बीच स्थित क्षेत्र का क्षेत्रफल होगा :

A. $8a^2/3$ B. $16a^2/3$
C. $4a^2/3$ D. इनमें से कोई नहीं

40. निर्देशांकों $x = 0$ और $x = 3$ के बीच अवस्थित वक्र $y = (x - 1)(x - 2)(x - 3)$ और x-अक्ष द्वारा परिबद्ध क्षेत्र का क्षेत्रफल निम्नलिखित के बराबर होगा :

A. 9/4 वर्ग मात्रक B. 11/4 वर्ग मात्रक
C. 11/2 वर्ग मात्रक D. इनमें से कोई नहीं

41. x-अक्ष और वक्र $y = \cos x$, जबकि $0 \le x \le 2\pi$ हो, के बीच अवस्थित क्षेत्र का क्षेत्रफल निम्नलिखित में से किसके द्वारा सूचित होगा ?

A. 0 B. 2
C. 3 D. 4

42. निर्देशांकों $x = 0$ और $x = \pi/6$ के बीच वक्र $y + \sqrt{3} \sin x = \sin 2x$ के अंतर्गत स्थित क्षेत्र का क्षेत्रफल होगा :

A. $1/4(\sqrt{7} - 4)$ B. $1/4(7 - 4\sqrt{3})$
C. $1/4(7 - \sqrt{3})$ D. इनमें से कोई नहीं

43. रेखा $x - y + 2 = 0$ और वक्र $x = \sqrt{y}$ के बीच अवस्थित क्षेत्र का क्षेत्रफल होगा :

A. 9 B. 9/2
C. 10/3 D. इनमें से कोई नहीं

44. वक्र $y = x^3$ और $y = \sqrt{(x)}$ के बीच अवस्थित क्षेत्र का क्षेत्रफल होगा :

A. 5/3 B. 5/4
C. 5/12 D. इनमें से कोई नहीं

45. वक्र $y = \log x$, $y = 0$ और $x = e$ द्वारा परिबद्ध क्षेत्र का क्षेत्रफल निम्नलिखित में से किसके द्वारा सूचित किया जा सकता है ?

A. e B. $e/2$
C. 1 D. इनमें से कोई नहीं

46. यदि A अंतराल $[0, \pi/4]$ में वक्र $y = \sin x$ और x-अक्ष के बीच स्थित क्षेत्र का क्षेत्रफल हो, तो इसी अंतराल में वक्र $y = \cos x$ और x-अक्ष के बीच स्थित क्षेत्र का क्षेत्रफल होगा:

A. A B. $\pi/2 - A$
C. $1 - A$ D. इनमें से कोई नहीं

47. $y = \sqrt{(4 - x^2)}, x = \sqrt{(3y)}$ वक्रों और x-अक्ष द्वारा परिबद्ध क्षेत्र है :

A. $1/2\ [1 + 2\pi/3 - 2\sqrt{3}/3]$
B. $[1 + 2\pi/3 - 2\sqrt{3}/3]$
C. $1/2\ [2\sqrt{3}/3 - 1 - 2\pi/3]$
D. इनमें से कोई नहीं

48. $y = |x - 1|$ और $y = 1$ द्वारा परिबद्ध क्षेत्र का क्षेत्रफल होगा :

A. 1　　B. 2
C. 1/2　　D. इनमें से कोई नहीं

49. वक्रों $y = |x - 1|, y = 0$ और $|x| = 2$ द्वारा परिबद्ध क्षेत्र का क्षेत्रफल होगा :

A. 5　　B. 4
C. 9/2　　D. इनमें से कोई नहीं

50. वक्र $y = x^3 - 4x$ और x-अक्ष द्वारा परिबद्ध क्षेत्र का क्षेत्रफल निम्नलिखित में से किसके बराबर होगा :

A. 0　　B. 4
C. 8　　D. इनमें से कोई नहीं

51. निम्नलिखित में से a के किस मान के लिए वक्र $y = 8x^2 - x^5$, सरल रेखाओं $x = 0$ और $x = a$ तथा x-अक्ष द्वारा परिबद्ध क्षेत्र का क्षेत्रफल 16/3 के बराबर होगा ?

A. $(8 - 4\sqrt{2})^{1/3}$
B. $(8 + \sqrt{2})^{1/3}$
C. ऐसे किसी a का अस्तित्व नहीं है
D. इनमें से कोई नहीं

52. वक्रों $y = |x - 1|$ और $y = 3 - |x|$ द्वारा परिबद्ध आकृति का क्षेत्रफल होगा :

A. 1　　B. 2
C. 3　　D. 4

53. वक्रों $y = x^2 + 2, y = -x, x = 0$ और $x = 1$ द्वारा परिबद्ध क्षेत्र का क्षेत्रफल होगा :

A. 17/8　　B. 17/6
C. 17/3　　D. इनमें से कोई नहीं

54. वक्रों $y = 2^x, y = 2x - x^2, x = 0$ और $x = 0$ और $x = 2$ द्वारा परिबद्ध क्षेत्र का क्षेत्रफल होगा :

A. $3/\log 2 - 4/3$　　B. $3/\log 2 + 4/3$
C. $3 \log 2 + 4/3$　　D. $3 \log 2 - 4/3$

55. वक्र $y = e^x, y = e^{-x}$ और सरल रेखा $x = 1$ द्वारा परिबद्ध क्षेत्र का क्षेत्रफल निम्नलिखित में से किसके द्वारा व्यक्त किया जाएगा ?

A. $e - e^{-1} + 2$　　B. $e - e^{-1} - 2$
C. $e + e^{-1} - 2$　　D. इनमें से कोई नहीं

56. sine और cosine वक्रों के बीच अवस्थित क्षेत्र का क्षेत्रफल निम्नलिखित में से किसके द्वारा व्यक्त किया जाएगा ?

A. $\sqrt{2}$　　B. $2\sqrt{2}$
C. $4\sqrt{2}$　　D. इनमें से कोई नहीं

57. वक्रों $x^2 + y^2 + \pi^2$ और $y = \sin x$ के बीच प्रथम वृत्तपाद में अवस्थित क्षेत्र निम्नलिखित में से किसके बराबर होगा ?

A. $(\pi^3 - 8)/2$　　B. $(\pi^3 - 8)/3$
C. $(\pi^2 - 8)/4$　　D. $(\pi^3 - 8)/4$

58. वक्र $y = x^3$ और रेखा $y = x$ के बीच अवस्थित क्षेत्र का क्षेत्रफल होगा :

A. 1/4　　B. 1
C. 2　　D. 1/2

59. वक्र $y^2 (2a - x) = x^3$ और रेखा $x = 2a$ द्वारा परिबद्ध क्षेत्र का क्षेत्रफल होगा :

A. $3\pi a^2$　　B. $3\pi a^2/2$
C. $3\pi a^2/4$　　D. इनमें से कोई नहीं

60. रेखा $y = x + 1$ के नीचे वृत्त $(x - 2)^2 + (y - 3)^2 = 32$ का क्षेत्रफल होगा :

A. $\int_{-2}^{6} \{(x + 1) + [\sqrt{(32 - (x - 2)^2} + 3]\}\, dx$

B. $\int_{-2}^{6} \{[\sqrt{\{32 - (x -)^2 + 3]} - (x + 1)\}\, dx$

C. $16\,\pi$

D. इनमें से कोई नहीं

61. वक्र $y = x^3$, x-अक्ष और निर्देशांकों $x = -2$ और $x = 1$ द्वारा परिबद्ध क्षेत्र का क्षेत्रफल होगा :

A. -9　　B. $-15/4$
C. 15/4　　D. 17/4

62. वक्र $xy^2 = a^2 (a - x)$ और y-अक्ष द्वारा परिबद्ध क्षेत्र का क्षेत्रफल होगा :

A. $\pi a^2/2$　　B. πa^2
C. $3\pi a^2$　　D. $3\pi a^2/2$

63. वक्र कुल (family of curves) $y^2 = 4a\,(x + a)$, जहां a एक स्वेच्छ अचर है, का अवकल समीकरण होगा :

A. $y\left[1 + \left(\frac{dy}{dx}\right)^2\right] = 2x\frac{dy}{dx}$

B. $y\left[1-\left(\frac{dy}{dx}\right)^2\right]=2x\frac{dy}{dx}$

C. $\frac{d^2y}{dx^2}+2\frac{dy}{dx}=0$

D. $\left(\frac{dy}{dx}\right)^3+3\frac{dy}{dx}+y=0$

64. वक्र कुल $y = e^x$ (A cos x + B sin x), जहां A और B स्वेच्छ अचर है, का अवकल समीकरण होगा :

A. $\frac{d^2y}{dx^2}-2\frac{dy}{dx}+2y=0$

B. $\frac{d^2y}{dx^2}+2\frac{dy}{dx}-2y=0$

C. $\frac{d^2y}{dx^2}+\left(\frac{dy}{dx}\right)^2+y=0$

D. $\frac{d^2y}{dx^2}-7\frac{dy}{dx}+2y=0$

65. यदि किसी अवकल समीकरण का व्यापक हल $y = (c_1 + c_2)\cos(x + c_3) - c_4\, e^{x+c_5}$, द्वारा व्यक्त किया जाता है, जहां c_1, c_2, c_3, c_4, c_5 स्वेच्छ अचर हैं, तो उस अवकल समीकण की कोटि है :

A. 5 B. 4
C. 3 D. 6

66. एक निश्चित त्रिज्या r और x-अक्ष पर केंद्र वाले वृत्त कुल (family of circles) का प्रथम कोटि का अवकल समीकरण होगा :

A. $y^2 (dy/dx)^2 + y^2 = r^2$
B. $y^2 + (dy/dx)^2 = r^2$
C. $x^2 (dy/dx)^2 - y^2 = r^2$
D. $y^2 - (dy/dx)^2 = r^2$

67. अवकल समीकरण $\sqrt{(a+x)}\frac{dy}{dx} + xy = 0$ का हल होगा :

A. $y = Ae^{(2/3)(2a-x)\sqrt{(a+x)}}$
B. $y = Ae^{-(2/3)(a-x)\sqrt{(a+x)}}$
C. $y = Ae^{(2/3)(2a+x)+\sqrt{(a+x)}}$
D. $y = Ae^{-(2/3)(2a-x)\sqrt{(a+x)}}$

68. अवकल समीकरण $x^2\, dy + y\,(x + y)\, dx = 0$ का हल होगा :

A. $y + 2x = c^2/x^2 y$ B. $y - 2x = c^2x^2/y$
C. $y + 2x = c^2x^2/y$ D. इनमें से कोई नहीं

69. समीकरण $(4x + 3y + 1)\, dx + (3x + 2y + 1)\, dy = 0$ निम्नलिखित में से किसे निरूपित करता है?

A. एक वृत्त कुल B. एक परवलय-कुल
C. एक दीर्घवृत्त-कुल D. एक अतिपरवलय-कुल

70. अवकल समीकरण $x\frac{dy}{dx} = 5y(\log x - \log y)$ है :

A. समघात किंतु रैखिक नहीं
B. रैखिक किंतु समघात नहीं
C. समघात और रैखिक दोनों
D. न तो समघात और न ही रैखिक

71. अवकल समीकरण $\sin 2x\,(dy/dx) - y = \tan x$ का हल है:

A. $y = \tan x + c\sqrt{(\tan x)}$
B. $x - y \sin x = c$
C. $xy \tan x = c$
D. इनमें से कोई नहीं

72. बिंदु (1, 0) से होकर निकलने वाले वक्र जो अवकल समीकरण $(1 + y^2)\, dx - xy\, dy = 0$ को संतुष्ट करता है, का समीकरण होगा :

A. $x^2 + y^2 = 1$ B. $x^2 - y^2 = 1$
C. $2x^2 + y^2 = 2$ D. इनमें से कोई नहीं

73. एक वक्र बिंदु (5, 3) से होकर निकलता है और इस वक्र के किसी बिंदु (x, y) पर उसकी प्रवणता और कोटि (ordinate) का गुणनफल उसके भुज (abscissa) के बराबर है। इस वक्र का समीकरण निम्नलिखित में से किसके द्वारा व्यक्त किया जा सकता है?

A. $x^2 + y^2 = 34$ B. $x^2 - y^2 = 16$
C. $5y - 3x = 0$ D. इनमें से कोई नहीं

74. बिंदु (2, 1) से होकर निकलने वाले वक्र, जिसकी बिंदु (x, y) पर प्रवणता $(x^2 + y^2)/2xy$ है, का समीकरण होगा :

A. $2(x^2 - y^2) = 3x$ B. $2(y^2 - x^2) = 6y$
C. $x(x^2 - y^2) = 6$ D. इनमें से कोई नहीं

75. अवकल समीकरण $(x^2 + y^2)\, dx - 2xy\, dy = 0$, का व्यापक हल है :

A. $x^2 - cx - y^2 = 0$ B. $(x - y)^2 = cx$
C. $x + y + 2xy = c$ D. $y = x^2 - 2x + c$

76. अवकल समीकरण $(dy/dx) + y = e^{-x}$ का हल है :

A. $y = (x + c)e^x$ B. $y.\, e^x = x + c$

C. $y e^x + x = c$ D. इनमें से कोई नहीं

77. अवकल समीकरण $2x\frac{dy}{dx} - y = 3$ के हल द्वारा निम्नलिखित में से कौन सी आकृति निरूपित होती है ?

A. सरल रेखा B. वृत्त

C. परवलय D. दीर्घ वृत्त

78. अवकल समीकरण $(dy/dx) + (y/x) = \sin x$ का हल है:

A. $x(y + \cos x) = \sin x + c$

B. $x(y - \cos x) = \sin x + c$

C. $x(y + \cos x) = \cos x + c$

D. इनमें से कोई नहीं

व्याख्यात्मक उत्तर

1. D: $\int(\tan x + \cot x)\,dx$
$= \log|\sec x| + \log|\sin x| + c$
$= \log|\sec x \sin x| + c$
$= \log|\tan x| + c.$

2. C: दिया गया समाकल

$$= \int_0^{\pi/2} \frac{dx}{1+\cos\left(\frac{1}{2}\pi - x\right)}$$

$$= \frac{1}{2}\int_0^{\pi/2} \sec^2\left(\frac{1}{4}\pi - \frac{1}{2}x\right)dx$$

$$= \left[-\tan\left(\frac{1}{4}\pi - \frac{1}{2}x\right)\right]_0^{\pi/2} = 1.$$

3. D: दिया गया समाकल

$$= \int_0^{2\pi}\left(\sin\frac{1}{4}x + \cos\frac{1}{4}x\right)dx$$

$$= \left[4\left(-\cos\frac{1}{4}x + \sin\frac{1}{4}x\right)\right]_0^{2\pi} = 8.$$

4. D: मान लें कि $I = \int_a^b \frac{|x|}{x}\,dx, a < b.$

(i) यदि $0 \le a < b$, तो $|x| = x$,

$$\therefore\ I = \int_a^b \frac{x}{x}dx = \int_a^b 1.dx = b - a.$$

(ii) यदि $a < b \le 0$, तो $|x| = -x$

$$\therefore\ I = \int_a^b \frac{-x}{x}\,dx = a - b = -b - (-a)$$

$$= |b| - |a|.$$

(iii) यदि $a < 0 < b$, तो

$$I = \int_a^0 \frac{|x|}{x}dx + \int_0^b \frac{|x|}{x}\,dx$$

$$= \int_a^0 \frac{-x}{x}dx + \int_0^b \frac{x}{x}\,dx$$

$$= -\int_a^0 dx + \int_0^b dx = a + b = b - (-a)$$

$$= |b| - |a|.$$

5. A: $\int_{-1}^{2} \frac{|x|}{x}\,dx = \int_{-1}^{0} \frac{|x|}{x}dx + \int_0^2 \frac{|x|}{x}\,dx$

$$= \int_{-1}^{0} \frac{-x}{x}dx + \int_0^2 \frac{x}{x}dx$$

$$= [-x]_{-1}^{0} + [x]_0^2 = 1.$$

6. C: $\int_{-1}^{1} |(1-x)|dx = \int_{-1}^{1}(1-x)\,dx$

$\because\ 1 - x \ge 0$ जबकि $-1 \le x \le 1$

$$= \left[x - \frac{1}{2}x^2\right]_{-1}^{1} = 2$$

7. C: $\int_0^4 (\sqrt{x})\,dx = \int_0^1 (\sqrt{x})\,dx + \int_1^4 (\sqrt{x})\,dx$

$$= \int_0^1 \sqrt{x}\,dx + \int_1^4 \{\sqrt{x} - 1\}\,dx$$

$$= \int_0^4 \sqrt{x}\,dx - \int_1^4 dx = \frac{2}{3}.\,8 - 3 = 7/3.$$

8. A: $I = \int \frac{[(x+1)-1]e^x}{(x+1)^2} dx$

$$= \int \underset{\text{II}}{e^x} \underset{\text{I}}{\frac{1}{x+1}} dx - \int e^x \cdot \frac{1}{(x+1)^2}.dx$$

$$= \frac{1}{x+1}.e^x - \int\left(-\frac{1}{(x+1)^2}\right)e^x\,dx$$

$$- \int \frac{1}{(x+1)^2} e^x dx$$

$= e^x/(x + 1)$.

9. B: हमें ज्ञात है कि $1 + x^2 > x^2, \forall x$

$\Rightarrow \sqrt{(1 + x^2)} < x, \forall x, \in [1, 2]$

$$\Rightarrow \frac{1}{\sqrt{(1+x^2)}} < \frac{1}{x} \quad \forall x \in [1, 2]$$

$$\Rightarrow \int_1^2 \frac{dx}{\sqrt{(1+x^2)}} < \int_1^2 \frac{dx}{x} \Rightarrow I_1 < I_2$$

$$\left[\begin{array}{l} \because f(x) < g(x)\ [a,b] \text{ में} \\ \Rightarrow \int_a^b f(x)dx < \int_a^b g(x)dx \end{array}\right]$$

10. A: मान लें $I = \int_0^1 \frac{dx}{\sqrt{(1+x^4)}}$

यहां $0 \le x \le 1 \quad \Rightarrow 1 \le 1 + x^4 \le 2$

$\Rightarrow 1 \le \sqrt{(1 + x^4)} \le \sqrt{2}$

$$\Rightarrow \frac{1}{\sqrt{2}} \le \frac{1}{\sqrt{(1+x^4)}} \le 1$$

$$\Rightarrow \frac{1}{\sqrt{2}} \le \int_0^1 \frac{dx}{\sqrt{(1+x^4)}} \le 1$$

यहां $[1/\sqrt{2}, 1]$ लघुतम अंतराल है इस प्रकार कि $I \in [1/\sqrt{2}, 1]$.

11. B: दिया गया है कि $\sqrt{(1 + \sin 2x)} = \sin x + \cos x$,

$\sin x + \cos x > 0$ लेने पर,

$\therefore$ दिया गया अंतराल $= \int 1.dx = x$.

12. D: दिया गया है कि $\sqrt{(1 + \sin 2x)} = \sqrt{(\sin x + \cos x)^2}$

$= -(\sin x + \cos x)$

$\because 3\pi/4 < x < 7\pi/4$ में $\sin x + \cos x < 0$

$\therefore$ दिया गया समाकल $= \int -1.\,dx = -x$.

13. B: $x = t^2$ रखने पर, $dx = 2t\,dt$

$I = \int t\,e^t.\,2t\,dt = 2\int t^2 e^t\,dt$

$= 2t^2.\,e^t - 4\int t\,e^t\,dt$

$= 2t^2\,e^t - 4\,(t\,e^t - e^t)$

$= (2x - 4\sqrt{x} + 4)\,e^{\sqrt{x}}$.

14. A: $\tan x = t^2$ रखने पर,

$dx = 2t\,dt/\sec^2 x = 2t\,dt/(1 + t^4)$

$$\therefore\ I = \int \frac{(t+1/t)2t\,dt}{(t^4+1)}$$

$$= 2\int \frac{t^2+1}{t^4+1}dt = 2\int \frac{(1+l/t^2)dt}{t^2+1/t^2}$$

$$= 2\int \frac{(1+1/t^2)dt}{(t-1/t)^2+2},\ t-(1/t) = u \text{ रखने पर,}$$

$$= 2\int \frac{du}{u^2+2} = \frac{2}{\sqrt{2}}\tan^{-1}\left(\frac{u}{\sqrt{2}}\right)+c$$

$= \sqrt{2}\tan^{-1}[\sqrt{\{(\tan x) - \sqrt{(\cot x)\}}/\sqrt{2}] + c$.

15. A: $x = 2\sec\theta$ रखने पर,

$$I = \int_0^{\pi/3} \frac{2\tan\theta}{2\sec\theta}\,2\sec\theta\tan\theta\,d\theta$$

$$= 2\int_0^{\pi/3} (\sec^2\theta - 1)d\theta$$

$$= 2[\tan\theta - \theta]_0^{\pi/3} = 2\,(3\sqrt{3} - \pi)/3.$$

16. A: $I = \int \frac{\log(x^2)}{x} dx$

$= 2\int \frac{\log x}{x}\, dx = 2\ \frac{1}{2}\ (\log x)^2 + c$

$= (\log x)^2 + c.$

17. D: $I = \int x^3 . (\log x)^2\, dx$
(II) (I)

$= 1/4\ x^4 . (\log x)^2 - \int 1/4\ x^4 . 2 \log x\ (1/x)\ dx$

$= 1/4 .\ x^4 (\log x)^2 - 1/2 \int x^3 \log x\ dx$
(II) (I)

$= 1/4 x^4 (\log x)^2 - 1/2\ [1/4\ x^4 \log x - \int 1/4\ x^4 \cdot (1/x)\ dx]$

$= 1/4\ x^4 (\log x)^2 - 1/8\ x^4 \log x + 1/8 \int x^3\ dx$

$= 1/4\ x^4 (\log x^2) - 1/8 .\ x^4 \log x + 1/32\ x^4 + c$

$= 1/32\ x^4\ [8\ (\log x)^2 - 4 \log x + 1] + c.$

18. C: $I = \int_{-\pi/2}^{\pi/2} \sqrt{(\cos x - \cos^3 x)}\ dx$

चूंकि $f(-x) = \cos(-x) - \cos^3(-x)$
$= \cos x - \cos^3 x = f(x)$

$\therefore I = 2 \int_0^{\pi/2} \sqrt{(\cos x - \cos^3 x)}\ dx$

$= 2 \int_0^{\pi/2} \sqrt{(\cos x)} . \sin x\ dx$

$= -2 \left[\frac{2}{3}(\cos x)^{3/2}\right]_0^{\pi/2} = \frac{4}{3}.$

19. A: दिया गया समाकल

$= \int_{-\pi/2}^{0} \sqrt{(\cos x . \sin^2 x)}\ dx$

$= -\int_{-\pi/2}^{0} \sqrt{(\cos x)} . \sin x\ dx$

$\because \sqrt{(\sin^2 x)} = -\sin x,$
$\sin x$ ऋणात्मक है जबकि $-\pi/2 < x < 0,$

$= \left[\frac{2}{3}(\cos x)^{3/2}\right]_{-\pi/2}^{0} = \frac{2}{3}.$

20. C: दिया गया समाकल

$= \int \left(1 - \frac{e^x}{e^x + 1}\right) dx = x - \log(e^x + 1) + c.$

21. A: $1 + x = t^2$, $dx = 2t\ dt$ प्रतिस्थापित करने पर दिया गया समाकल

$= 2 \int_2^3 \frac{5 - 3t^2}{t^2 - 1}\ dt = 2 \int_2^3 \left(\frac{2}{t^2 - 1} - 3\right) dt$

$= 2 \left[\frac{2}{2.1} \log \frac{t-1}{t+1} - 3t\right]_2^3 = 2 \log \left(\frac{3}{2e^3}\right).$

22. A: दिया गया समाकल

$I = \frac{1}{2} \int_0^{\pi} [\sin(m+n)x - \sin(m-n)x]\ dx$

$= -\frac{1}{2}\left[\frac{\cos(m+n)x}{m+n} - \frac{\cos(m-n)x}{m-n}\right]_0^{\pi}$

$= -\frac{1}{2}\left[\left\{\frac{(-1)^{m+n}}{m+n} - \frac{(-1)^{m-n}}{m-n}\right\} - \left\{\frac{1}{m+n} - \frac{1}{m-n}\right\}\right]$

चूंकि $n - m$ विषम है,
$\therefore n + m$ निश्चित ही विषम होगा
अत: $(-1)^{m+n} = (-1)^{m-n} = -1.$
साथ ही चूंकि
$|m| \neq |n|,\ m + n \neq 0,\ m - n \neq 0$

$\therefore I = \frac{1}{m+n} - \frac{1}{m-n}$

$= \frac{m - n - m - n}{m^2 - n^2} = \frac{2n}{n^2 - m^2}.$

23. A: **संकेत :** दिए गए समाकल में $a = 2$, $b = 3$ और $c = 0$ प्रतिस्थापित करें।

24. C: मान लें कि $\sin x - \cos x = t$,
$(\cos x + \sin x)\ dx = dt,$
($\because$ अंश में स्थित $\sin x + \cos x$, $\sin x - \cos x$ का

अवकल है)
$t^2 = (\sin x - \cos x)^2 = 1 - \sin 2x$
या $\sin 2x = 1 - t^2$,
दिया गया समाकल

$$= \int_{t=-1}^{0} \frac{dt}{9+16(1-t^2)} = \frac{1}{16}\int_{-1}^{0}\frac{dt}{(5/4)^2 - t^2}$$

$$= \frac{1}{16}\cdot\frac{1}{2.(5/4)}\left[\log\frac{5/4+t}{5/4-t}\right]_{-1}^{0}$$

$$= \frac{1}{40}\ [\log 1 - \log (1/9)]$$

$= (1/40) \log 3^2 = (1/20) \log 3.$

25. C: $\sin^{-1} x = t, x = \sin t, dx = \cos t\ dt$ रखने पर,
दिया गया समाकल
$= \int t \sin t\ dt = - t \cos t + \sin t + c$
$= - t \sqrt{(1 - \sin^2 t)} + \sin t + c,$
$= x - \sqrt{(1 - x^2)} \sin^{-1} x + c$

26. A: $x = t^2, dx = 2t\ dt$ प्रतिस्थापित करें
$\therefore \quad I = 2 \int t \cos t\ dt$
I II
$= 2 (t \sin t + \cos t) + c$
$= 2 [\sqrt{x} \sqrt{x} + \cos \sqrt{x}] + c.$

27. C: चूंकि $\log_e (\log_e x)$ वास्तविक है यदि
$\log_e x > 0$, अर्थात् $x > 1$.

28. A: $I = \int \sec\theta \sec^2\theta\ d\theta$
I II
$= \sec\theta \tan\theta - \int \sec\theta \tan^2\theta\ d\theta$
$= \sec\theta \tan\theta - \int \sec^3\theta\ d\theta + \int \sec\theta\ d\theta$
$\therefore 2I = \sec\theta \tan\theta + \log(\sec\theta + \tan\theta) + c$

$$\Rightarrow I = \frac{1}{2}[\tan\theta \sec\theta + \log(\tan\theta + \sec\theta)] + c.$$

29. D: दिया गया समाकल

$$= \int_0^{\pi/2} e^x \sin x\ dx + \int_0^{\pi/2} e^x \cos x\ dx$$

$$= \int_0^{\pi/2} e^x \sin x\ dx + \left[e^x \sin x\right]_0^{\pi/2}$$

$$- \int_0^{\pi/2} e^x \sin x\ dx = e^{\pi/2}.$$

30. C: दिया गया समाकल

$$= \int e^{\tan^{-1} x} . 1\ dx + \int \frac{x}{1+x^2} e^{\tan^{-1}} x\ dx$$

$$= e^{\tan^{-1} x} . x - \int e^{\tan^{-1} x} \cdot \frac{1}{1+x^2} . x\ dx$$

$$+ \int \frac{x}{1+x^2} e^{\tan^{-1} x}\ dx + c = xe^{\tan^{-1} x} + c.$$

31. C: दिया गया समाकल
$= \int \log \log x. 1\ dx + \int (\log x)^{-2}\ dx$

$$= (\log \log x)x - \int \frac{1}{x \log x} x\ dx$$

$+ \int (\log x)^{-2}\ dx$
$= x \log \log x - \int (\log x)^{-1}. 1\ dx$
$+ \int (\log x)^{-2}\ dx$
$= x \log \log x - (\log x)^{-1} x$
$- \int (\log x)^{-2} . (1/x)\ x\ dx + \int (\log x)^{-2}\ dx$
$= x \log \log x - x/(\log x).$

32. B: दिया गया समाकल
$= \int e^x \sinh x\ dx + \int e^x \cosh x\ dx$
I II
$= e^x \cosh x - \int e^x \cosh x\ dx + \int e^x \cosh x\ dx$
$= e^x \cosh x.$

33. A: परवलय $y^2 = 4ax$, x-अक्ष के परित: सममित है और नाभिलंब $x = a$ है, अत: अपेक्षित क्षेत्रफल

$$= 2\int_0^a \sqrt{(4ax)}\ dx = 8a^2/3 \text{ वर्ग मात्रक}$$

34. C: $y = 0$ और $y = 4 + 3x - x^2$ को हल करने पर, $x = - 1, 4$। वक्र x-अक्ष को $x = - 1$ और $x = 4$ के बीच प्रतिच्छेद नहीं करता

$$\therefore \text{क्षेत्रफल} = \int_{-1}^{4} (4 + 3x - x^2)\ dx = 125/6 \text{ वर्गमात्रक।}$$

35. B: वक्र x-अक्ष को $x = 1$ और $x = 3$, के बीच प्रतिच्छेद नहीं करता, अत: अपेक्षित क्षेत्रफल

$$= \int_1^3 y\ dx = \int_1^3 (1/x)\ dx = \log 3 - \log 1 = \log 3.$$

36. C: अपेक्षित क्षेत्रफल
$= \Delta$ OAC का क्षेत्रफल + Δ ABC का क्षेत्रफल

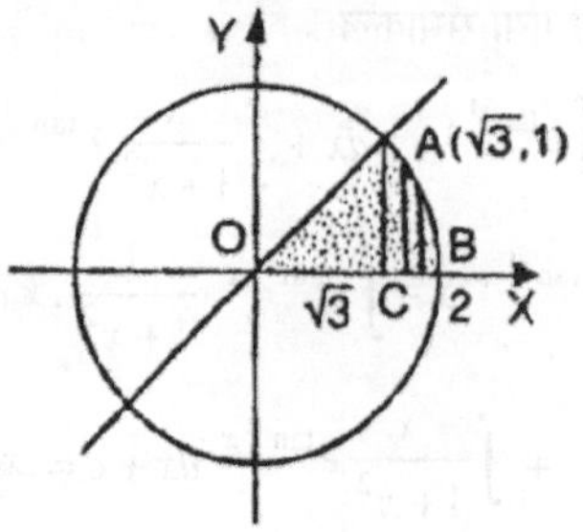

$$= \frac{1}{2}\sqrt{3} \times 1 + \int_{\sqrt{3}}^{2} \sqrt{(4 - x^2)}\, dx = \frac{\pi}{3}.$$

37. A: अंतराल $[0, \pi/2]$ में, $\tan x$ और $\cot x$, $x = \pi/4$ पर प्रतिच्छेद करते हैं

$\therefore$ अपेक्षित क्षेत्रफल

= OPBO का क्षेत्रफल + BPAB का क्षेत्रफल

$$= \int_0^{\pi/4} \tan x\, dx + \int_{\pi/4}^{\pi/2} \cot x\, dx$$

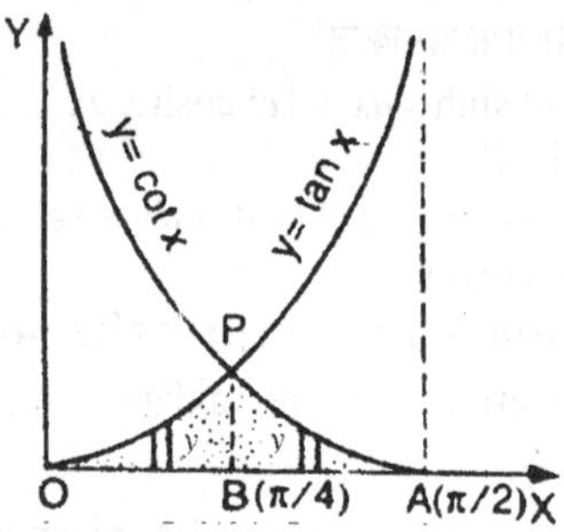

$$= \left[\log|\sec x|\right]_0^{\pi/4} + \left[\log|\sin x|\right]_{\pi/4}^{\pi/2}$$

$= \log\sqrt{2} + \log\sqrt{2} = \log 2.$

38. C: अंतराल $[0, 2\pi]$ में $x = \pi$ पर $y = x \sin x$ और $x = 0$, y धनात्मक होगा यदि $0 < x < \pi$,

और y ऋणात्मक होगा यदि $\pi < x < 2\pi$.

अत: वक्र $x = 0$ से $x = \pi$ तक x-अक्ष के ऊपर और $x = \pi$ से $x = 2\pi$ तक x-अक्ष से नीचे होगा।

$\therefore$ अपेक्षित क्षेत्रफल

$$= \left|\int_0^{\pi} x \sin x\, dx\right| + \left|\int_{\pi}^{2\pi} (x \sin x)\, dx\right|$$

$= \pi + 3\pi = 4\pi.$

39. B: वक्रों $\quad y^2 = 4ax \quad$ ...(1)

और $\quad x^2 = 4ay \quad$ ...(2)

को हल करने पर $x = 0$ और $4a$.

$\therefore$ अपेक्षित क्षेत्रफल

$$= \int_0^{4a} y_1\, dx - \int_0^{4a} y_2\, dx = \int_0^{4a} \left[2\sqrt{a}\sqrt{x} - \frac{x^2}{4a}\right] dx$$

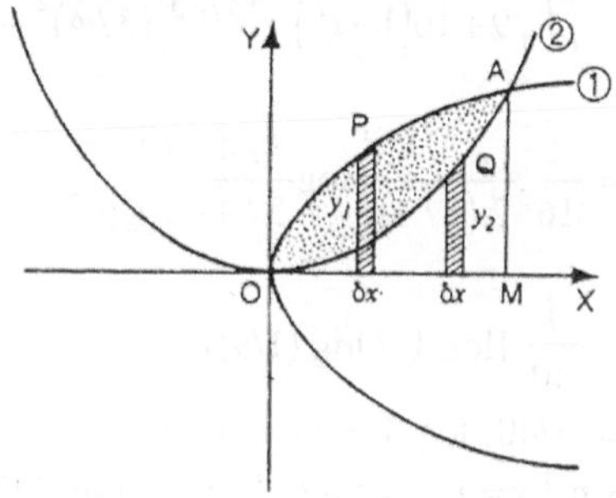

$$= \left[2\sqrt{a}.\frac{2}{3}.x^{3/2} - \frac{x^3}{12a}\right]_0^{4a}$$

$$= \frac{32}{3}a^2 - \frac{64a^3}{12a} = \frac{16}{3}a^2 \text{ वर्ग मात्रक}$$

40. B: स्पष्ट है कि $]0, 1[$ और $]2, 3[$ के अंतराल में $y < 0$ और $]1, 2[$ के अंतराल में $y > 0$

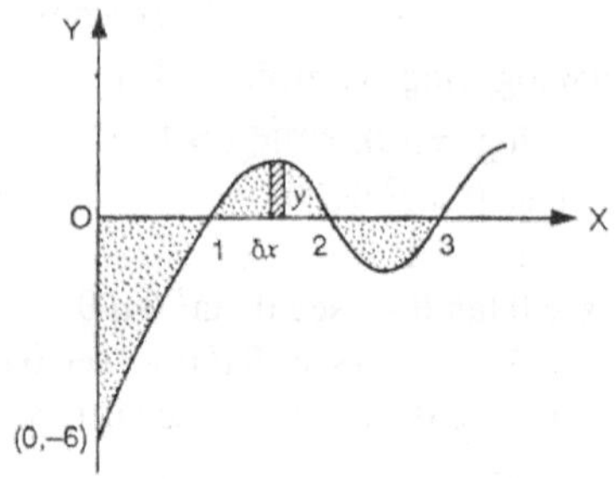

$$\therefore \text{ अपेक्षित क्षेत्रफल} = \left|\int_0^1 (x-1)(x-2)(x-3)\, dx\right| + \left|\int_1^2 (x-1)(x-2)(x-3)\, dx\right| + \left|\int_2^3 (x-1)(x-2)(x-3)\, dx\right|$$

= 11/4 वर्ग मात्रक = 0

41. D:

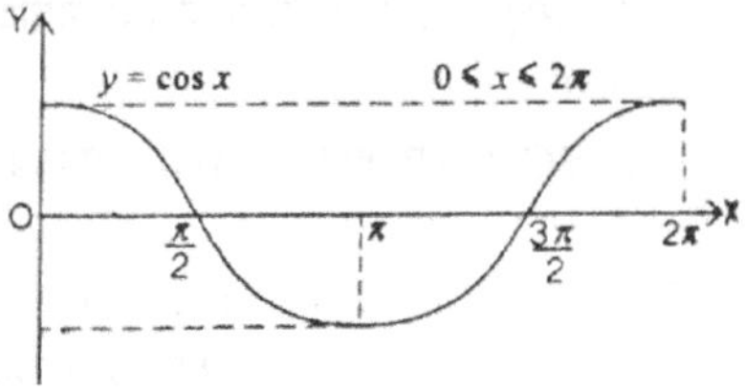

अपेक्षित क्षेत्रफल

$$= 4\int_0^{\pi/2} y\,dx = 4\int_0^{\pi/2} \cos x\,dx = 4.$$

42. B: वक्र $y + \sqrt{3}\sin x = \sin 2x$, x-अक्ष ($y = 0$) को उन बिंदुओं पर प्रतिच्छेद करता है जहां

$$2\sin x\cos x - \sqrt{3}\sin x = 0$$

या $\sin x\,(2\cos x - \sqrt{3}) = 0$

या $\sin x = 0$ या $\cos x = \sqrt{3}/2$

या $x = 0, \pi, \ldots, p/6, 11\,\pi/6, \ldots$

$\therefore$ अतः वक्र x-अक्ष को 0 और $\pi/6$ के बीच प्रतिच्छेद नहीं करता।

$\therefore$ क्षेत्र का अपेक्षित क्षेत्रफल

$$= \int_0^{\pi/6}\left(\sin 2x - \sqrt{3}\sin x\right)dx = \left(7 - \sqrt{3}\right)/4.$$

43. C: वक्र $x = \sqrt{y}$ है : $y = x^2\ (x \geq 0)$ ... (1)

और रेखा $x - y + 2 = 0$ ... (2)

ये एक-दूसरे को प्रतिच्छेद करते हैं

$x^2 - x - 2 = (x - 2)(x + 1) = 0$

अर्थात् $x = 2$ पर, (क्योंकि $x > 0$).

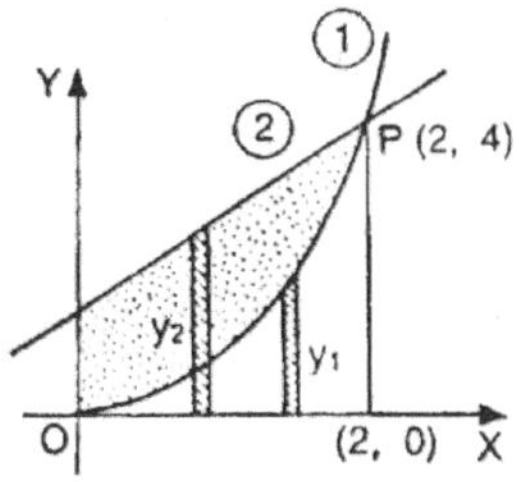

$\therefore$ अपेक्षित क्षेत्रफल

$$= \int_0^2 y_2\,dx - \int_0^2 y_1\,dx = \int_0^2\left\{x + 2 - x^2\right\}dx$$

$= 10/3.$

44. C: वक्र $y = \sqrt{3}$ है

$y^2 = x,\ (y \geq 0).$ ... (1)

वक्र (1) और वक्र $y = x^3$ ... (2)

के प्रतिच्छेद बिंदु है (0, 0) और (1, 1).

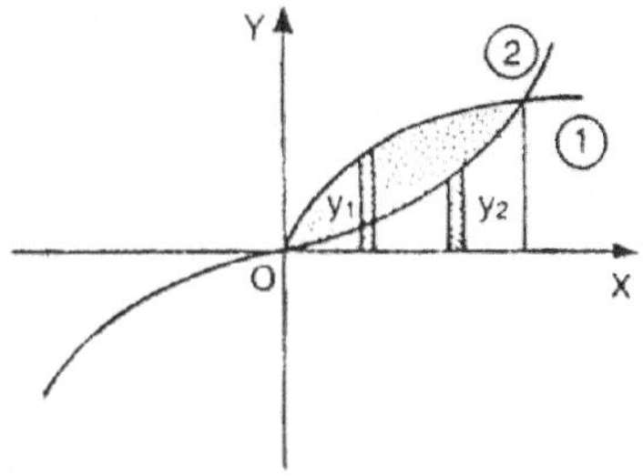

$\therefore$ अपेक्षित क्षेत्रफल

$$= \int_0^1 (y_1 - y_2)\,dx = \int_0^1\left(\sqrt{x} - x^3\right)dx = 5/12.$$

45. C:

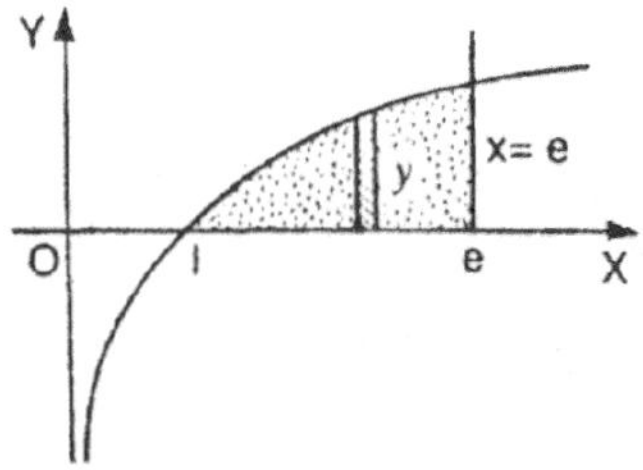

अपेक्षित क्षेत्रफल $= \int_1^e \log x\,dx$

$$= \left[x\log x - x\right]_1^e = (e - e) - (0 - 1) = 1.$$

46. C: $A = \int_0^{\pi/4}\sin x\,dx = 1 - 1/\sqrt{2}.$

$[0, \pi/4]$ के अंतराल में वक्र $y = \cos x$ और x-अक्ष के बीच अवस्थित क्षेत्र का क्षेत्रफल

$$A_1 = \int_0^{\pi/4}\cos x = 1/\sqrt{2} = 1 - A.$$

47. D: वक्र $y = \sqrt{(4 - x^2)}$

है $x^2 + y^2 = 4,\ y \geq 0$ ... (1)

और $x = \sqrt{(3y)}$

है $x^2 = 3y\ (x \geq 0).$ ... (2)

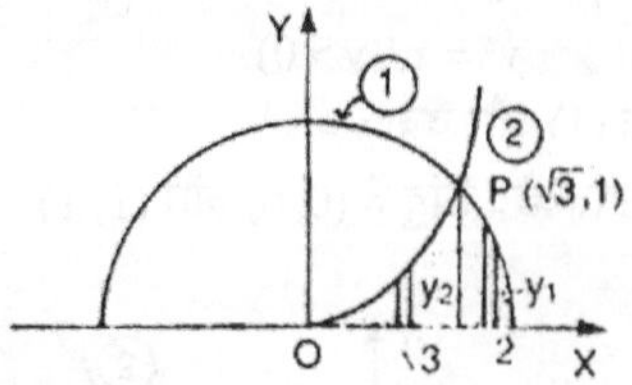

हल करने पर, $x^2 + (1/9)\, x^4 = 4$

अर्थात् $x^4 + 9x^2 - 36 = 0$

$(x^2 + 12)\,(x^2 - 3) = 0$

अर्थात् $x = \sqrt{3}$. $(\because x \geq 0)$.

$$\therefore \text{अपेक्षित क्षेत्रफल} = \int_0^{\sqrt{3}} y_2\, dx + \int_{\sqrt{3}}^{2} y_1\, dx$$

$$= \int_0^{\sqrt{3}} \frac{x^2}{3}\, dx + \int_{\sqrt{3}}^{2} \sqrt{\left(4 - x^2\right)}\, dx = \pi/3 - \sqrt{3}/6.$$

48. A: दिए गए वक्र हैं

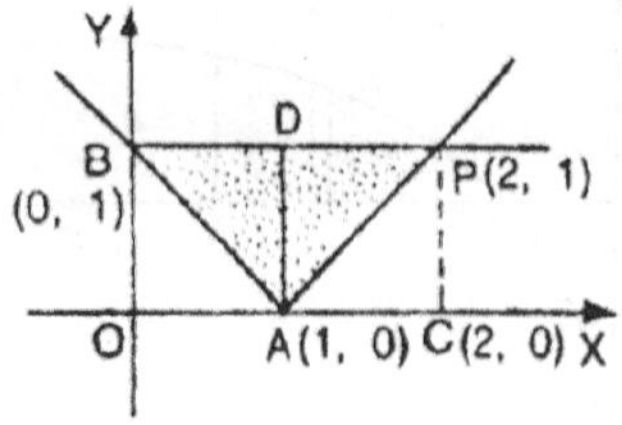

$$y = \begin{cases} x - 1, & \text{यदि } x \geq 1 \\ 1 - x, & \text{यदि } x < 1 \end{cases} \quad \ldots (1)$$

और $y = 1$ ... (2)

दोनों वक्रों के प्रतिच्छेद बिंदु B (0, 1) और P (2, 1) हैं

अपेक्षित क्षेत्रफल = Δ ABP का क्षेत्रफल

= 1/2 BP. AD = 1/2. 2.1 = 1.

49. A:

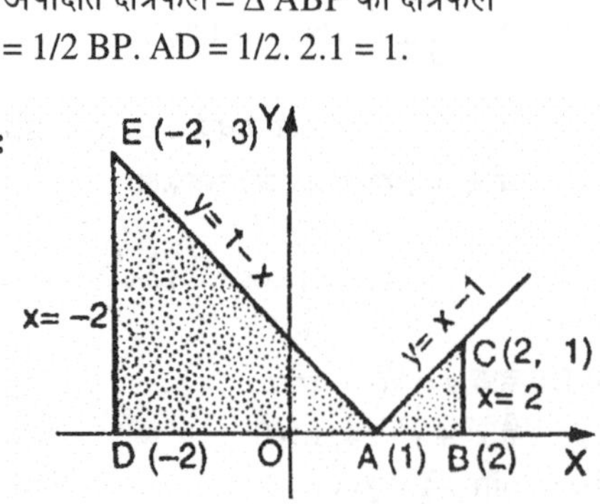

$$y = |x - 1| = \begin{cases} x - 1 : x \geq 1 \\ 1 - x : x < 1 \end{cases}$$

दी गई आकृति से स्पष्ट होता है कि अपेक्षित क्षेत्र का क्षेत्रफल

= ΔABC का क्षेत्रफल + ΔADE का क्षेत्रफल

= 1/2. 1.1 + 1/2. 3.3 = 5.

50. C: दिया गया वक्र $y = x\,(x - 2)\,(x + 2)$

x-अक्ष को बिंदु $x = 0, 2, -2$ पर प्रतिच्छेद करता है।

स्पष्ट है कि $y < 0$ जबकि $x < -2$, और 0 M $x < 2$ जहां

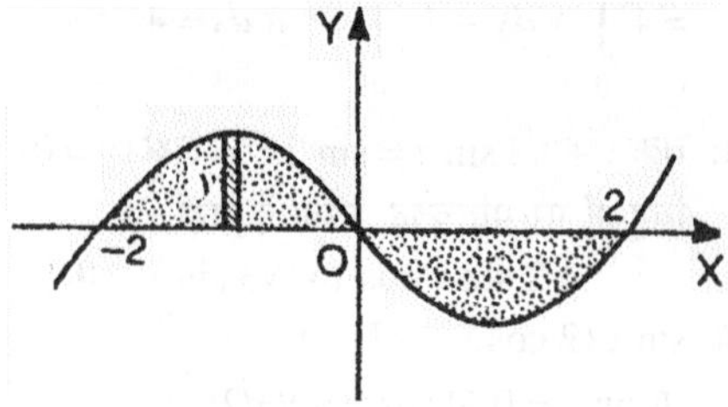

$y > 0$ जबकि $-2 < x < 0$, और $x > 2$

$\therefore$ अपेक्षित क्षेत्रफल

$$= \int_{-2}^{0} \left(x^3 - 4x\right) dx + \left| \int_0^2 \left(x^3 - 4x\right) dx \right|$$

= 4 + 4 = 8.

51. A: वक्र $y = x^2\,(8 - x^3)$ x-अक्ष को $x = 0$ और $x = 2$ पर प्रतिच्छेद करता है

स्पष्ट है कि $y > 0$ जबकि $0 < x < 2$

और $y < 0$ जबकि $x > 2$.

0 से 2 के बीच वक्र और x-अक्ष के बीच का स्थित क्षेत्र का क्षेत्रफल

$$= \int_0^2 \left(8x^2 - x^5\right) dx = \frac{32}{3} > \frac{16}{3}$$

$\therefore a < 2.$

$\therefore$ $x = 0$ से $x = a$ तक वक्र और x-अक्ष के बीच क्षेत्र का क्षेत्रफल

$$= \int_0^a x^2\left(8 - x^3\right) dx$$

$$= \frac{8}{3}a^3 - \frac{1}{6}a^6 = \frac{16}{3}.$$ (दिया गया है)

$\Rightarrow a^6 - 16a^3 + 32 = 0 \Rightarrow a^3 = 8 \pm 4\sqrt{2}.$

क्योंकि $a < 2$, अत: $a^3 < 8$

अत: $a^3 = 8 - 4\sqrt{2}$ अर्थात् $a = (8 - 4\sqrt{2})^{1/3}$.

52. D: $y = |x-1| = \begin{cases} x-1 : x \geq 1 \\ 1-x : x < 1 \end{cases}$ ... (1)

और $y = 3 - |x| = \begin{cases} 3-x : x \geq 0 \\ 3+x : x < 0 \end{cases}$ ... (2)

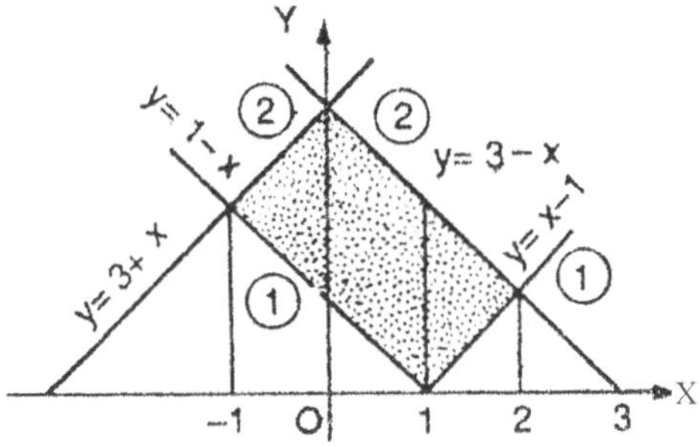

स्पष्ट है कि दोनों वक्र (–1, 2) और (2, 1) पर एक-दूसरे को प्रतिच्छेद करते हैं

अपेक्षित क्षेत्रफल

$$= \int_{-1}^{0} (y_2 - y_1)\,dx + \int_{0}^{1} (y_2 - y_1)\,dx + \int_{1}^{2} (y_2 - y_1)dx$$

$$= \int_{-1}^{0} [3 + x - (1-x)]\,dx + \int_{0}^{1} [(3-x)-(1-x)]\,dx + \int_{1}^{2} [(3-x)-(x-1)]dx$$

$$= \int_{-1}^{0} (2+2x)\,dx + \int_{0}^{1} 2\,dx + \int_{1}^{2} (4-2x)\,dx$$

$= 1 + 2 + (4-3) = 4.$

53. B:

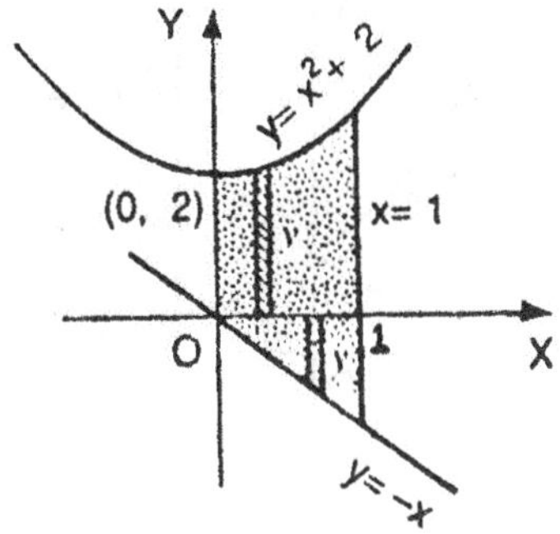

अपेक्षित क्षेत्रफल

$$= \int_0^1 \left(x^2 + 2\right) dx + \left|\int_0^1 (-x)\,dx\right| = \frac{17}{6}.$$

54. A: दो वक्र हैं

$y = 2^x$ ... (1)

और $y = 2x - x^2$ ... (2)

जो $x = 0$ और $x = 2$ के बीच प्रतिच्छेद नहीं करते

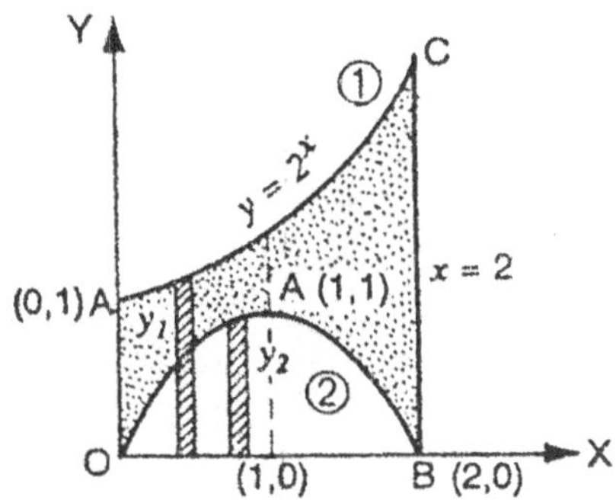

$\therefore$ अपेक्षित क्षेत्रफल

$$= \int_0^2 y_1\,dx - \int_0^2 y_2\,dx$$

$$= \int_0^2 \left(2^x - 2x + x^2\right)dx$$

$= 3/\log 2 - 4/3.$

55. C:

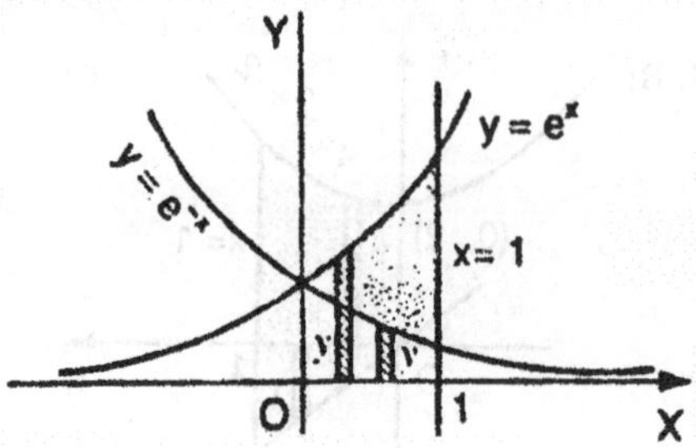

अपेक्षित क्षेत्रफल $= \int_0^1 \left(e^x - e^{-x}\right)dx$

$= e + e^{-1} - 2.$

56. B: $y = \sin x$ ... (1)

और $y = \cos x$ ... (2)

के प्रतिच्छेद बिंदु है

$x = \pi/4, 5\pi/4$ और $\sin x \geq \cos x$

$[\pi/4, 5\pi/4]$ में

$\therefore$ क्षेत्रफल $= \int_{\pi/4}^{5\pi/4} (\sin x - \cos x) = 2\sqrt{2}.$

57. D: दोनों वक्र एक-दूसरे को $x = \pi$ पर प्रतिच्छेद करते हैं। प्रथम वृत्तपाद में वृत्त $x^2 + y^2 = \pi^2$ का क्षेत्रफल

$= \pi.\pi^2/4.$

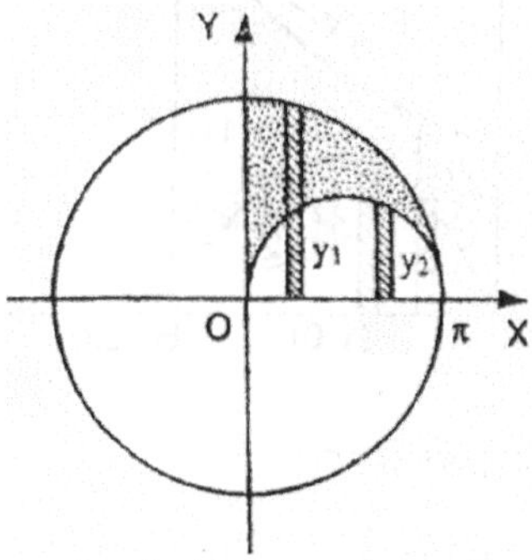

$x = 0$ से π के बीच $y = \sin x$ का क्षेत्रफल

$= \int_0^{\pi} \sin x\, dx = 2\int_0^{\pi/2} \sin x\, dx = 2$

$\therefore$ अपेक्षित क्षेत्रफल $= \pi^3/4 - 2 = (\pi^3 - 8)/4.$

58. D: दोनों वक्र हैं

$y = x^3$ ... (1)

और $y = x$ ... (2)

परस्पर सम्मुख वृत्तपादों में सममित है और प्रतिच्छेद बिन्दु हैं : $x = \pm 1$ और 0.

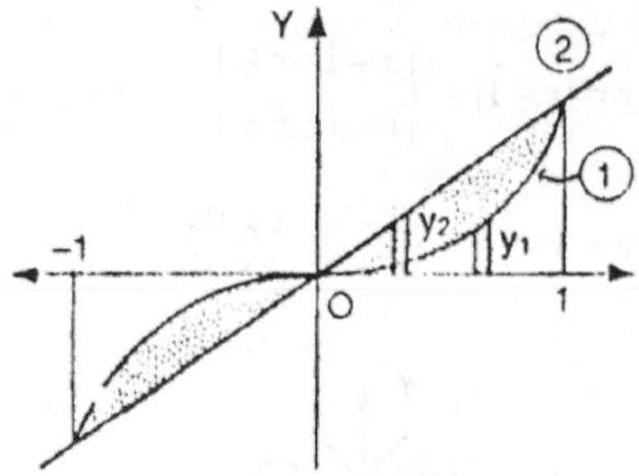

$\therefore$ अपेक्षित क्षेत्रफल $= 2\left[\int_0^1 y_2\, dx - \int_0^1 y_1\, dx\right]$

$= 2\int_0^1 \left(x - x^3\right) dx = 1/2.$

59. A: वक्र $y^2(2a - x) = x^3$ ... (1)

x-अक्ष के परित: सममित है और मूल बिंदु से होकर निकलता है।

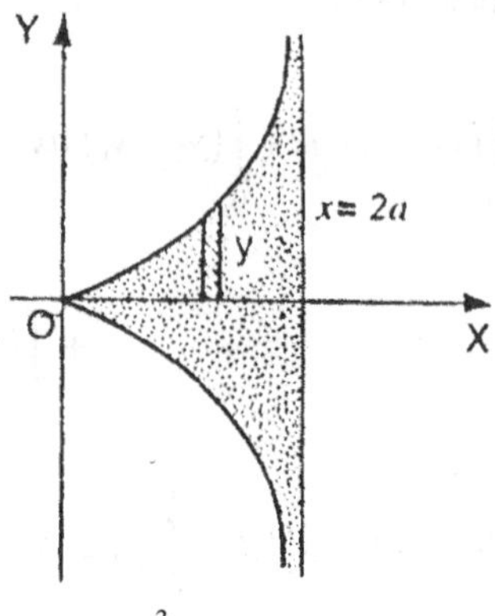

साथ ही $\frac{x^3}{(2a-x)} < 0$ जबकि $x < 2a$ या $x < 0$

अत: वक्र $x > 2a$ और $x < 0$ में अवस्थित नहीं है

अत: वक्र पूर्णत: अवस्थित होता है

$0 \leq x \leq 2a$ में

$\therefore$ क्षेत्रफल $= 2\int_0^{2a} \frac{x^{3/2}}{\sqrt{(2a-x)}} dx$

$$= 2\int_0^{\pi/2} 8.a^2.\sin^4\theta\, d\theta$$

$x = 2a\sin^2\theta$ रखने पर,

$$= 16.\frac{\Gamma(5/2)\,\Gamma(1/2)}{2\Gamma(3)} = 3\pi\, a^2.$$

60. C: चूंकि रेखा $y = x + 1$ वृत्त के केंद्र से होकर निकलती है, अत: यह वृत्त का एक व्यास है।
अत: इस रेखा से नीचे वृत्त का क्षेत्रफल अर्ध-वृत का क्षेत्रफल है।
अर्थात् $1/2.\pi.32 = 16\pi$.

61. D: यहां $y < 0$ जबकि $-2 \le x < 0$
और $y > 0$ जबकि $0 < x \le 1$.
अत: वक्र $y = x^3$ और निर्देशांकों $x = 2$ तथा $x = 0$ द्वारा परिबद्ध क्षेत्र x-अक्ष से नीचे और कोट्यांक $x = 0$ और $x = 1$ द्वारा परिबद्ध क्षेत्र x-अक्ष से ऊपर है।
अत: अपेक्षित क्षेत्रफल

$$= \left|\int_{-2}^{0} x^3 dx\right| + \int_0^1 x^3 dx = \frac{17}{4}.$$

62. B: वक्र x-अक्ष के परित: सममित है और $0 < x \le a$ में अवस्थित है।

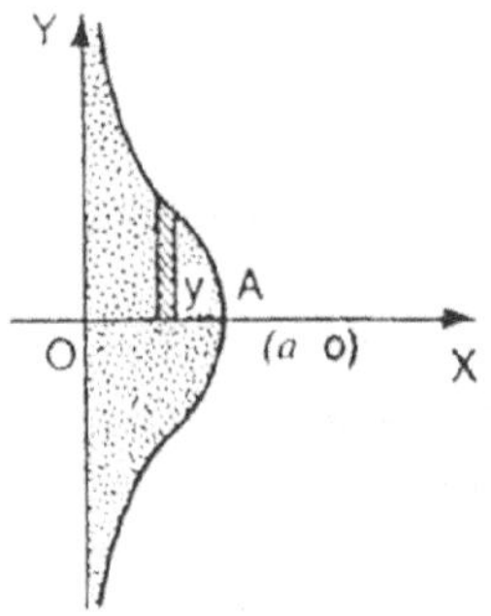

$$\therefore \text{ क्षेत्रफल} = 2\int_0^a a\sqrt{\left(\frac{a-x}{x}\right)}dx$$

$$= 4a^2 \int_0^{\pi/2} \cos^2\theta\, d\theta = \pi a^2.$$

$x = a\sin^2\theta$ रखने पर

63. B: दिया गया है कि $y^2 = 4a\,(x + a)$ ... (1)
अवकलन करने पर, $2y\,(dy/dx) = 4a$ ... (2)
(1) और (2) के बीच a का निराकरण करने पर, अपेक्षित समीकरण है :

$$y\,[1 - (dy/dx)^2] = 2x\, dy/dx.$$

64. A: $y = e^x\,(\text{A}\cos x + \text{B}\sin x)$ ... (1)

अवकलन करने पर, $\frac{dy}{dx} = e^x\,(\text{A}\cos x + \text{B}\sin x)$
$+ e^x\,(-\text{A}\sin x + \text{B}\cos x)$

या $\frac{dy}{dx} = y + e^x(-\text{A}\sin x + \text{B}\cos x)$ ... (2)

पुन: अवकलन करने पर,

$$\frac{d^2y}{dx^2} = \frac{dy}{dx} + e^x\,(-\text{A}\sin x + \text{B}\cos x)$$
$$- e^x\,(\text{A}\cos x + \text{B}\sin x) \quad ... (3)$$

(1) और (2) से समीकरण (3) में प्रतिस्थापित करने पर,

$$\frac{d^2y}{dx^2} = \frac{dy}{dx} + \left(\frac{dy}{dx} - y\right) - y$$

या $\frac{d^2y}{dx^2} = 2\frac{dy}{dx} + 2y = 0$

65. C: $y = (c_1 + c_2)\cos(x + c_3) - c_4\, e^{x + c_5}$ ... (1)

$\therefore\ y_1 = -(c_1 + c_2)\sin(x + c_3) - c_4\, e^{x + c_5}$
$y_2 = -(c_1 + c_2)\cos(x + c_3) - c_4\, e^{x + c_5}$
$= -[y + c_4\, e^{x + c_5}] - c_4\, e^{x + c_5}$
$= -y - 2c_4\, e^{x + c_5}$
$y_3 = -y_1 - 2c_4\, e^{x + c_5}$
या $y_3 = -y_1 + (y_2 + y)$
या $y_3 - y_2 + y_1 - y = 0$
जो अवकल समीकरण है जिसका हल (1) द्वारा दिया जाता है। स्पष्ट है कि अवकल समीकरण की कोटि 3 है।

66. A: मान लें कि $(\alpha, 0)$ वृत्त का x-अक्ष पर केंद्र है।
$\therefore$ वृत्त का समीकरण है :
$(x - \alpha)^2 + y^2 = r^2$ ... (1)

अवकलन करने पर, $2\,(x - \alpha) + 2y\,\frac{dy}{dx} = 0$ ... (2)

(1) और (2) के बीच α का निराकरण करने पर,

$$y^2 \left(\frac{dy}{dx}\right)^2 + y^2 = r^2$$

जो अपेक्षित अवकल समीकरण है।

67. A: दिए गए अवकल समीकरण को निम्नवत् लिखा जा सकता है :

$$\frac{dy}{y} + \frac{x\,dx}{\sqrt{(a+x)}} = 0$$

या $\frac{dy}{y} + \left\{\sqrt{a+x} - \frac{a}{\sqrt{(a+x)}}\right\} dx = 0$

समाकलन करने पर,

$\log y + (2/3)\,(a+x)^{3/2} - 2a\,\sqrt{(\alpha + x)} = \log A$

या $\log (yA) = (2/3)\,(3a - x - a)\,\sqrt{(a+x)}$

या $y = A\,e^{(2/3)\,(2a - x)\sqrt{(a+x)}}$.

68. A: दिया गया है कि $\frac{dy}{dx} + \frac{y(x+y)}{x^2} = 0$

$y = vx$ रखने पर,

$$v + x\frac{dv}{dx} + v\,(1+v) = 0$$

या $\frac{dx}{x} + \frac{dv}{v(v+2)} = 0$

या $\frac{dx}{x} + \frac{1}{2}\left(\frac{1}{v} - \frac{1}{v+2}\right) dv = 0$

समाकलन करने पर,

$\log x + \frac{1}{2}\,[\log v - \log (v+2)] + \log c = 0$

या $\log (v+2) = \log x^2 vc^2$

या $y + 2x = c^2x^2\,y$.

69. D: दिया गया अवकल समीकरण है :

$$\frac{dy}{dx} = -\frac{4x+3y+1}{3x+2y+1}$$

$x = X + h,\ y = Y + k$ रखने पर,

$$\frac{dY}{dX} = -\frac{4X+3Y+(4h+3k+1)}{3X+2Y+(3h+2k+1)}$$

यदि h और k का ऐसा मान लिया जाए कि

$4h + 3k + 1 = 0$ और $3h + 2k + 1 = 0$ हो

तो $h = -1,\ k = 1$

$$\therefore \frac{dY}{dX} = -\frac{4X+3Y}{3X+2Y}$$

यदि $Y = vX$, इस प्रकार हो कि $\frac{dY}{dX} = X\frac{dv}{dX} + v$,

तो $X\,\frac{dy}{dx} + \frac{2v^2+6v+4}{2v+3}\,dv = 0$

या $\frac{2v+3}{v^2+3v+2}\,dv + \frac{2dX}{X} = 0$

समाकलन करने पर

$\log (v^2 + 3v + 2) + 2\log X = \log c$

या $X^2\,(v^2 + 3v + 2) = c$

या $Y^2 + 3XY + 2X^2 = c$

या $(y-1)^2 + 3\,(x+1)\,(y-1) + 2\,(x+1)^2 = c$

या $2x^2 + 3xy + y^2 + x + y - c = 0$

जो एक अतिपरवलय कुल को निरूपित करता है क्योंकि

$\Delta = abc + 2\,fgh - af^2 - bg^2 - ch^2 \neq 0$

और $h^2 - ab = (3/2)^2 - 2.1 > 0$.

70. C: दिया गया अवकल समीकरण निम्नवत् लिखा जा सकता है : $\frac{dy}{dx} = 5\frac{y}{x}\log\frac{x}{y} = -5\frac{y}{x}\log\frac{y}{x}$

जो रैखिक और समघात है क्योंकि दक्षिण पक्ष के पदों के अंश और हर की घात समान है तथा dy/dx की घात 1 है।

71. A: दिए गए समीकरण को निम्नवत् लिखा जा सकता है :

$\frac{dy}{dx} - (\text{cosec } 2x)\,y = \tan x \text{ cosec } 2x, \quad \ldots (1)$

जो एक रैखिक अवकल समीकरण है जिसका पूर्णांकीय फलन (I.F.) $= e^{\int(-\text{cosec } 2x)\,dx}$

$= e^{-\frac{1}{2}\log \tan x} = 1/\sqrt{(\tan x)}$.

समीकरण (1) को I.F. $= 1/\sqrt{(\tan x)}$ से गुणा करने और समाकलन करने पर,

$y.1/\sqrt{(\tan x)} = c + \int \tan x \text{ cosec } 2x.1/\sqrt{(\tan x)}$

$dx = c + \frac{1}{2}\int \frac{\sec^2 x}{\sqrt{(\tan x)}}dx$

$= c + \frac{1}{2} \int t^{-1/2}\, dt,$ ($\tan x = t$ प्रतिस्थापित करने पर)

$= c + \sqrt{t} = c + \sqrt{(\tan x)}$ या y

$= \tan x + c\sqrt{(\tan x)}$.

72. B: दिया गया है कि $\frac{dx}{x} = \frac{y\,dy}{1+y^2}$

समाकलन करने पर

$\log |x| = \frac{1}{2} \log (1 + y^2) + \log c$

या $|x| = c\sqrt{(1 + y^2)}$

किंतु $x = 1, y = 0$ से $c = 1$.

$\therefore$ अपेक्षित हल है $x^2 = y^2 + 1$ या $x^2 - y^2 = 1$.

73. B: दिया गया है कि $y.\frac{dy}{dx} = x$ या $y\,dy = x\,dx$.

समाकलन करने पर,

$y^2 = x^2 + c$, जबकि $x = 5, y = 3, \therefore c = -16$

$\therefore$ हल है : $x^2 - y^2 = 16$.

74. A: यहां, $\frac{dy}{dx} = \frac{x^2+y^2}{2xy}$

$\therefore y = vx$, प्रतिस्थापित करने पर

$$v + x\frac{dv}{dx} = \frac{1+v^2}{2v}$$

अर्थात् $x\frac{dv}{dx} = \frac{1+v^2-2v^2}{2v} = \frac{1-v^2}{2v}$

$\therefore \frac{2v dv}{1-v^2} = \frac{dx}{x}$. अब समाकलन करें

75. A: दिए गए अवकल समीकरण को निम्नवत् लिखा जा सकता है :

$\frac{dy}{dx} = \frac{x^2+y^2}{2xy}$ जो एक समघात समीकरण है।

अत: $y = vx$ प्रतिस्थापित करने पर,

$x\frac{dv}{dx} = \frac{1-v^2}{2v} = \frac{dx}{x} - \frac{2v\,dv}{1-v^2} = 0$

समाकलन करने पर, $\log x + \log (1 - v^2) = \log c$

या $x(1 - v^2) = c$ या $x^2 - cx - y^2 = 0$.

76. B: समीकरण $\frac{dy}{dx} + y = e^{-x}$ एक रैखिक समीकरण है [$P = 1, Q = e^{-x}$]

$\therefore$ पूर्णांकीय फलन $= e^{\int 1.dx} = e^x$.

$\therefore$ हल है : $y e^x = \int e^{-x}.e^x\, dx = x + c$.

77. C: दिया गया अवकल समीकरण निम्नवत् लिखा जा सकता है : $\frac{dy}{dx} - \frac{1}{2x}.y = \frac{3}{2x}$

जो रैखिक है

$\therefore$ पूर्णांकीय फलन $e^{\int -\frac{1}{2x}dx} = e^{-\frac{1}{2}\log x} = x^{-1/2}$

$\therefore$ हल है : $y.x^{-1/2} = c + \int \frac{3}{2x} \cdot x^{-1/2}\, dx$

$yx^{-1/2} = c - 3x^{-1/2}$

या $(y + 3)^2 = c^2 x$

जो परवलय को निरूपित करता है।

78. A: $\frac{dy}{dx} + \frac{1}{x}y = \sin x$ एक रैखिक अवकल समीकरण है ($P = 1/x$, $Q = \sin x$).

$\therefore$ पूर्णांकीय फलन $= e^{\int \frac{1}{x} dx} = e^{\log x} = x$.

$\therefore$ हल है : $y.x = \int x \sin x\, dx$

$= -x\cos x + \sin x + c$,

या $x(y + \cos x) = \sin x + c$.

सदिश बीजगणित
VECTOR ALGEBRA

अदिश राशि (Scalar Quantity) : जिस राशि का केवल परिमाण हो और वह किसी भी दिशा से संबंधित न हो उसे अदिश राशि या केवल अदिश कहते हैं, उदाहरण : मात्रा, आयतन, ताप, घनत्व आदि।

सदिश राशि (Vector Quantity) : जिस राशि को व्यक्त करने के लिए परिमाण के साथ-साथ दिशा का भी उल्लेख किया जाता है उसे सदिश राशि या संक्षेप में केवल सदिश कहते हैं, उदाहरण : बल, वेग, विस्थापन, त्वरण आदि।

सदिशों की संकेत-पद्धति (Notation of Vectors) : सदिशों को मोटे टाइप के अक्षरों **a, b, c**, ... या $\vec{a}$, $\vec{b}$, $\vec{c}$, ... या $\overline{a}$, $\overline{b}$, $\overline{c}$, ..., द्वारा निरूपित किया जाता है अर्थात् किसी सदिश को निरूपित करने के लिए हम या तो मोटे टाइप के अक्षरों का प्रयोग करते हैं या फिर अक्षर *a, b, c*, ... के ऊपर तीर का चिह्न या रेखिका बनाते हैं जबकि अदिश राशियों को निरूपित करने के लिए बिना तीर के चिह्न या रेखिका वाले सामान्य टाइप के अक्षरों का प्रयोग किया जाता है।

सदिश राशि का मापांक (Modulus of a Vector) : जिस धनात्मक संख्या द्वारा किसी सदिश राशि के परिमाण की माप करते हैं उसे सदिश राशि का मापांक कहा जाता है। किसी सदिश *a* का मापांक संगत तिर्यक अक्षर '*a*' द्वारा इंगित किया जाता है। किसी सदिश ***a*** के मापांक *a* को $|\mathbf{a}|$ द्वारा भी निरूपित किया जाता है।

$\therefore\ a = |\mathbf{a}|$.

शून्य सदिश (Null Vector) : जिस सदिश राशि का परिमाण शून्य होता है उसे शून्य सदिश (null vector or zero vector) कहते हैं। इसे 0 या $\overline{0}$ या $\overrightarrow{AA}$ या $\overrightarrow{PP}$ या $\overrightarrow{00}$ आदि द्वारा व्यक्त किया जाता है।

मात्रक सदिश (Unit Vector) : जिस सदिश राशि का परिमाण इकाई (अर्थात् एक मात्रक) हो उसे मात्रक सदिश कहते हैं। प्राय: किसी मात्रक सदिश को सदिश राशि के ऊपर '$\wedge$' चिह्न डालकर व्यक्त किया जाता है। अत: $\hat{a}$ सदिश राशि **a** की दिशा में एक मात्रक सदिश है।

यदि $\hat{a}$, *a* की दिशा में *a* परिमाण का एक मात्रक सदिश हो, तो

$\mathbf{a} = a.\hat{a}$ अर्थात् $\hat{a} = \mathbf{a}/a = \mathbf{a}/|\mathbf{a}|$

अतः किसी सदिश राशि की दिशा में मात्रक सदिश को प्राप्त करने के लिए सदिश राशि को उसके परिमाण से भाग दिया जाता है।

$\therefore$ AB दिशा में मात्रक सदिश राशि $\overrightarrow{AB}/|\overrightarrow{AB}|$ या $\overrightarrow{AB}/(AB)$ द्वारा व्यक्त की जाएगी।

सजातीय और विजातीय सदिश (Like and Unlike Vectors) : जिन सदिश राशियों की दिशा एक जैसी होती है उन्हें सजातीय सदिश और विपरीत दिशाओं वाली सदिश राशियों को विजातीय सदिश कहते हैं।

समान सदिश (Equal Vectors) : दो सदिश राशियों **a** और **b** को समान कहा जाता है यदि उनकी दिशा और परिमाण समान हों और इन्हें **a** = **b** के रूप में लिखा जाता है।

ऋणात्मक सदिश (Negative of a Vector or Negative Vector): यदि किसी सदिश राशि का परिमाण सदिश **a** के समान हो किंतु उसकी दिशा सदिश **a** की दिशा की विपरीत हो तो उसे सदिश **a** का ऋणात्मक सदिश कहते हैं और उसे **–a** द्वारा निरूपित करते हैं।

संरेख या समांतर सदिश (Collinear or Parallel Vectors): जिन सदिश राशियों की एक ही क्रिया-रेखा हो या जिनकी क्रियारेखाएं एक ही सरल रेखा के समांतर हों उन्हें संरेख या समांतर सदिश कहते हैं।

यदि **a** और **b** दो संरेख सदिश हों तो एक अदिश राशि *m* इस प्रकार होता है कि **a** = *m***b**। यदि **a** और **b** की दिशा समान होती है तो *m* धनात्मक होता है और यदि **a** और **b** की दिशाएं परस्पर विपरीत होती हैं तो *m* ऋणात्मक होता है।

समतलीय सदिश (Coplanar Vectors) : जो सदिश राशियां एक ही तल में अवस्थित हों या एक ही तल के समांतर हों उन्हें समतलीय सदिश कहते हैं।

स्थिति सदिश (Position Vector) : यदि O दिक्स्थान में एक नियत बिंदु हो जिसे मूल कहें और यदि P समष्टि में कोई बिंदु हो, तो सदिश $\overrightarrow{OP}$ को मूल बिंदु O के संदर्भ में बिंदु P का स्थिति सदिश कहते हैं।

सदिशों का योग (Addition of Vectors) : दो सदिश राशियां **a** और **b** दी गई हैं। **a** को निरूपित करने के लिए सदिश $\overrightarrow{OA}$

खींचें। सदिश **a** के अंतिम बिंदु (terminal point) A को सदिश **b** का आरंभिक बिंदु मानकर **b** को निरूपित करने के लिए $\overrightarrow{AB}$ खींचें। इस स्थिति में **a** के आरंभिक बिंदु से **b** के अंतिम बिंदु तक खींची गई सदिश रेखा $\overrightarrow{OB}$ दोनों सदिश राशियों **a** और **b** के योग को निरूपित करेगी।

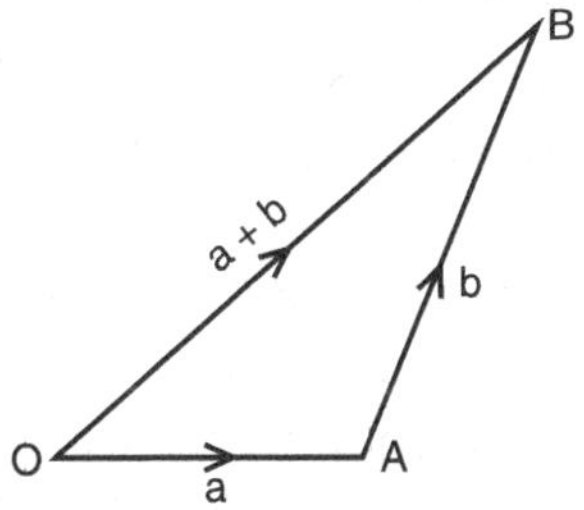

अत: यदि $\overrightarrow{OA} = \mathbf{a}$, $\overrightarrow{AB} = \mathbf{b}$ हो, तो $\overrightarrow{OB} = \overrightarrow{OA} + \overrightarrow{AB}$

अर्थात् $\overrightarrow{OB} = \mathbf{a} + \mathbf{b}$.

सदिशों के योग के उपर्युक्त नियम को सदिशों के योग का त्रिभुजीय नियम (Triangular law of vector addition) कहते हैं।

ΔOAB में, $\overrightarrow{OB} = \overrightarrow{OA} + \overrightarrow{AB}$

किसी भी संख्या में दिए गए सदिशों का योग ज्ञात करना : किसी भी संख्या में दिए गए सदिशों का योग ज्ञात करने के लिए हम सदिशों को दिष्ट रेखाखंडों (directed line segments) द्वारा निरूपित करते हैं तथा पूर्ववर्ती सदिश को निरूपित करने वाले रेखाखंड के अंतिम बिंदु को अगले सदिश को निरूपित करने वाले रेखाखंड का आरंभिक बिंदु मानते हैं। अब पहले सदिश को निरूपित करने वाले रेखाखंड के आंरभिक बिंदु को अंतिम सदिश को निरूपित करने वाले रेखाखंड के अंतिम बिंदु से जोड़ने वाला रेखाखंड सदिशों के योग को निरूपित करता है।

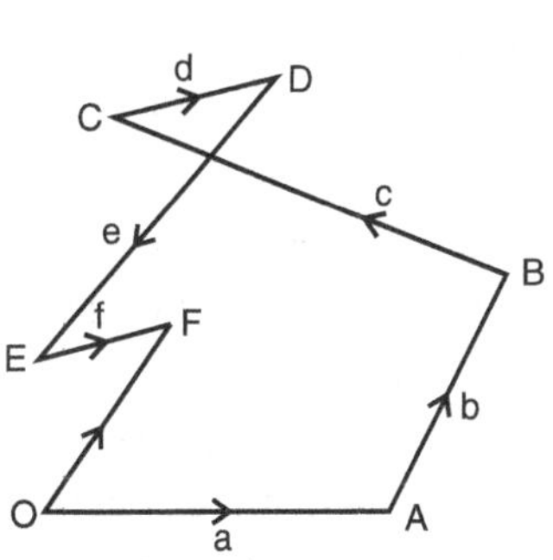

अत: यदि $\overrightarrow{OA} = \mathbf{a}$, $\overrightarrow{AB} = \mathbf{b}$, $\overrightarrow{BC} = \mathbf{c}$, $\overrightarrow{CD} = \mathbf{d}$, $\overrightarrow{DE} = \mathbf{e}$ और $\overrightarrow{EF} = \mathbf{f}$, हो, तो $\mathbf{a} + \mathbf{b} + \mathbf{c} + \mathbf{d} + \mathbf{e} + \mathbf{f} = \overrightarrow{OA} + \overrightarrow{AB} + \overrightarrow{BC} + \overrightarrow{CD} + \overrightarrow{DE} + \overrightarrow{EF} = \overrightarrow{OF}$.

किसी सदिश का अदिश गुणन (Scalar Multiplication of a Vector) : यदि m एक अदिश और **a** एक सदिश राशि हो तो $m\mathbf{a}$ एक ऐसी सदिश राशि के रूप में परिभाषित किया जाता है जिसका परिमाण सदिश **a** के परिमाण का $|m|$ गुना है और जिसकी दिशा **a** की दिशा के समान है यदि m धनात्मक हो और जिसकी दिशा **a** भी दिशा की विपरीत है यदि m ऋणात्मक हो। यदि m और n दो अदिश राशियां हों तो

(i) $m(n\mathbf{a}) = (mn)\mathbf{a} = n(m\mathbf{a})$

(ii) $(m + n)\mathbf{a} = m\mathbf{a} + n\mathbf{a}$.

सदिश राशियों का रैखिक संयोजन (Linear Combination of Vectors) : किसी सदिश राशि **r** को सदिश राशियों **a, b, c,** ... का एक रैखिक संयोजन कहते हैं यदि $x, y, z, \ldots$, आदि ऐसी अदिश राशियां हों कि

$$\mathbf{r} = x\mathbf{a} + y\mathbf{b} + z\mathbf{c} + \ldots$$

सदिशों का वियोजन (Resolution of Vectors) :

प्रमेय I : यदि **a** और **b** कोई दो असंरेख सदिश राशियां हों, तो **a** और **b** के समतलीय किसी सदिश राशि **r** को केवल और केवल $\mathbf{r} = x\mathbf{a} + y\mathbf{b}$ के रूप में व्यक्त किया जा सकता है जहां x और y अदिश राशियां हैं।

प्रमेय II: यदि **a**, **b** और **c** तीन शून्येतर असमतलीय सदिश राशियां हों तो किसी भी सदिश राशि **r** को केवल और केवल $\mathbf{r} = x\mathbf{a} + y\mathbf{b} + z\mathbf{c}$ द्वारा व्यक्त किया जा सकता है जहां x, y, z अदिश राशियां हैं।

प्रमेय III: यदि **i, j, k** क्रमश: समकोणिक निर्देशक अक्षों OX, OY, OZ, के अनुदिश दक्षिणावर्ती संकेतन में मात्रक सदिश हों और $P(x, y, z)$ समष्टि में कोई बिंदु हो, तो

$$\overrightarrow{OP} = \mathbf{r} = x\mathbf{i} + y\mathbf{j} + z\mathbf{k}.$$

दो महत्वपूर्ण प्रमेय :

प्रमेय I: यदि **a** और **b** दो असरेख सदिश हों तथा x और y अदिश राशियां हों इस प्रकार कि

$x\mathbf{a} + y\mathbf{b} = 0$, तो $x = 0$ और $y = 0$.

प्रमेय II: यदि **a**, **b**, **c** तीन असमतलीय सदिश हों और तीन अदिश राशियां x, y, z इस प्रकार हों कि $x\mathbf{a} + y\mathbf{b} + z\mathbf{c} = 0$, तो $x = 0$, $y = 0$ और $z = 0$.

सदिशों का रैखिकत: (एकघातत:) स्वतंत्र और परतंत्र निकाय (Linearly Independent and Dependent System of Vectors) :

(i) **रैखिकत: या एकघातत: परतंत्र (Linearly**

Dependent) : सदिश राशियों $\mathbf{a}_1, \mathbf{a}_2, \ldots \mathbf{a}_n$ के एक निकाय को रैखिकतः या एकघाततः परतंत्र निकाय कहा जाता है यदि अदिश राशियों $x_1, x_2, .., x_n$ का एक ऐसा निकाय जिसके सभी अवयव शून्य न हों (अर्थात् कम से कम एक शून्येतर हो) इस प्रकार विद्यमान हो कि

$x_1\mathbf{a}_1 + x_2\mathbf{a}_2 + \ldots + x_n\mathbf{a}_n = 0$ हो।

***(ii)* रैखिकतः या एकघाततः स्वतंत्र निकाय (Linearly Independent System) :** सदिश राशियों का जो निकाय रैखिकतः (एकघाततः) परतंत्र नहीं होता उसे रैखिकतः या एकघाततः स्वतंत्र निकाय कहते हैं।

या

सदिश राशियों $\mathbf{a}_1, \mathbf{a}_2, \ldots \mathbf{a}_n$ के एक निकाय को रैखिकतः या एकघाततः स्वतंत्र निकाय कहा जाता है यदि $x_1\mathbf{a}_1 + x_2\mathbf{a}_2 + \ldots + x_n\mathbf{a}_n = 0$ प्रकार के प्रत्येक संबंध से यह अर्थ सूचित होता है कि $x_1 = 0, x_2 = 0, \ldots, x_n = 0$.

खंडसूत्र (Section Formula) : यदि **a** और **b** मूल बिंदु O के संदर्भ में क्रमशः बिंदु A और बिंदु B के स्थिति सदिश हों तो उसी मूल बिंदु O के संदर्भ में एक बिंदु P जो AB को $m : n$ के अनुपात में खंडित (विभाजित) करता है, के स्थिति सदिश को

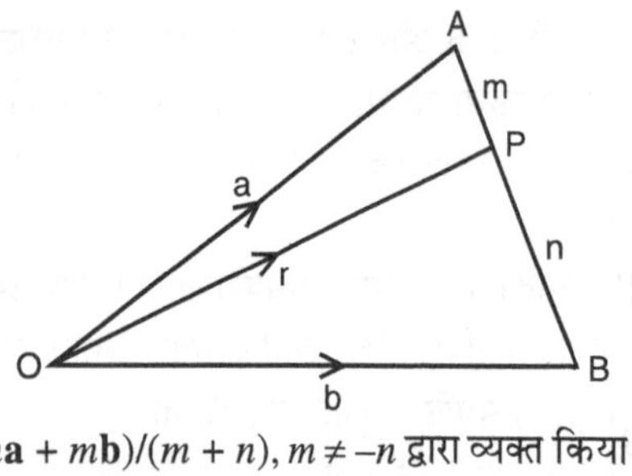

$\mathbf{r} = (n\mathbf{a} + m\mathbf{b})/(m + n), m \neq -n$ द्वारा व्यक्त किया जाता है।

त्रिभुज का केंद्रक (Centroid of Triangle) : यदि **a**, **b**, **c**, किसी ΔABC के शीर्षों A, B, C के मूल बिंदु O के संदर्भ में स्थिति सदिश हों, तो ΔABC के केंद्रक G का स्थिति सदिश निम्नलिखित द्वारा व्यक्त किया जाता है :

$$\vec{OG} = \frac{1}{3}(\mathbf{a} + \mathbf{b} + \mathbf{c}).$$

तीन बिंदुओं की संरेखता (Collinearily of Three Points): तीन बिंदु जिनके स्थिति सदिश क्रमशः **a**, **b** और **c** हों, की संरेखता की अनिवार्य और पर्याप्त शर्त यह है कि तीन अदिश राशियां x, y, z (जिनमें से सभी शून्य न हों) इस प्रकार विद्यमान हों कि

$$x\mathbf{a} + y\mathbf{b} + z\mathbf{c} = 0 \text{ और } x + y + z = 0.$$

इसके अतिरिक्त यदि

(i) **a**, **b**, **c**, संरेख हों

(ii) अदिश राशियां x, y, z इस प्रकार विद्यमान हों कि $x\mathbf{a} + y\mathbf{b} + z\mathbf{c} = 0$

(iii) दी गई अदिश राशियों में से कम से कम एक अदिश राशि शून्येतर हो, तो $x + y + z = 0$.

सदिश राशियों और बिंदुओं की संरेखता दर्शाने की विधियां (Methods to Show Collinearity of Vectors and Points) :

***(a)* दो सदिशों की संरेखता (Collinearity of two vectors) :** दो सदिश **a** और **b** को संरेख कहा जाता है यदि एक ऐसी अदिश राशि m विद्यमान हो कि दी गई सदिश राशियों में से एक सदिश राशि दूसरे का m गुना हो अर्थात् यदि $\mathbf{b} = m\mathbf{a}$.

व्यवहारिक नियम : यह सिद्ध करने के लिए कि दो सदिश राशियां **a** और **b** संरेख हैं, एक अदिश राशि m ज्ञात करें जो इस प्रकार हो कि दी गई सदिश राशियों में से एक राशि दूसरे का m गुना हो। यदि ऐसी कोई अदिश राशि विद्यमान न हो तो दोनों सदिश राशियां असंरेख सदिश राशि होंगी।

***(b)* तीन बिंदुओं की संरेखता (Collinearity of three points) :**

व्यवहारिक नियम 1 : यह सिद्ध करने के लिए कि तीन बिंदु A, B, C संरेख हैं सदिश $\vec{AB}$ और $\vec{AC}$ ज्ञात करें और यह दर्शाएं कि एक अदिश राशि m इस प्रकार से विद्यमान है कि $\vec{AB} = m\vec{AC}$.

यदि ऐसी कोई अदिश राशि m विद्यमान न हो तो ये तीनों बिंदु संरेख नहीं होंगे।

व्यवहारिक नियम 2 : यह सिद्ध करने के लिए कि तीन बिंदु A, B, C जिनके स्थिति सदिश क्रमशः **a**, **b**, **c** हों, संरेख बिंदु हैं, तीन अदिश राशियों x, y, z (जिनमें सभी शून्य न हों) ऐसी ज्ञात करें कि

$$x\mathbf{a} + y\mathbf{b} + z\mathbf{c} = 0, \text{ जहां } x + y + z = 0$$

यदि ऐसी अदिश राशियां x, y, z विद्यमान न हों, तो दिए गए बिंदु संरेख नहीं होंगे।

व्यवहारिक नियम 3 : यह सिद्ध करने के लिए कि तीन बिंदु A, B, C संरेख हैं, किसी ऐसे बिंदु (मान लें P) का स्थिति सदिश ज्ञात करें जो AC को $1 : \lambda$ के अनुपात में विभाजित करता हो। यदि λ का कोई वास्तविक मान इस प्रकार हो कि बिंदु P बिंदु B के संपाती हो अर्थात् P का स्थिति सदिश =

B का स्थिति सदिश, तो बिंदु संरेख होंगे। बिंदु संरेख नहीं होंगे यदि ऐसे λ का कोई वास्तविक मान न हो।

चार बिंदुओं की समतलीयता (Coplanarity of Four Points) : चार बिंदु जिनके स्थिति सदिश क्रमशः **a**, **b**, **c** और **d** हों, की समतलीयता के लिए अनिवार्य और पर्याप्त शर्त यह है कि ऐसी अदिश राशियां x, y, z और w (जिनमें से सभी शून्य न हों) विद्यमान हों कि $x\mathbf{a} + y\mathbf{b} + z\mathbf{c} + w\mathbf{d} = 0$ हो जहां $x + y + z + w = 0$.

सदिश राशियों और बिंदुओं की समतलीयता को दर्शाने की विधियां

***(a)* तीन सदिश राशियों की समतलीयता :**

व्यवहारिक नियम : यह सिद्ध करने के लिए कि तीन सदिश राशियां **a**, **b**, **c** समतलीय हैं इनमें से एक सदिश राशि को अन्य दो सदिश राशियों के रैखिक या एकघातीय संयोजन के रूप में व्यक्त करें अर्थात् इन्हें $\mathbf{c} = x\mathbf{a} + y\mathbf{b}$ के रूप में लिखें।

अब दोनों पक्षों के गुणांकों की तुलना करके x और y के मान ज्ञात करें। यदि अदिश राशियों x और y के वास्तविक मान विद्यमान हों तो सदिश राशियां समतलीय होंगी, अन्यथा वे समतलीय नहीं होंगी।

***(b)* चार बिंदुओं की समतलीयता :**

व्यवहारिक नियम 1 : यह सिद्ध करने के लिए कि चार बिंदु A, B,C और D समतलीय हैं, सदिश $\vec{AB}$, $\vec{AC}$ और $\vec{AD}$ ज्ञात करें। अब यह सिद्ध करने के लिए कि ये चार बिंदु समतलीय हैं, उपर्युक्त (a) में दिए गए व्यवहारिक नियम का प्रयोग करें।

चार बिंदु A, B, C और D समतलीय होते हैं यदि सदिश $\vec{AB}$, $\vec{AC}$ और $\vec{AD}$ समतलीय हों अन्यथा दिए गए चारों बिंदु असमतलीय होते हैं।

व्यवहारिक नियम 2 : यह सिद्ध करने के लिए कि चार बिंदु A, B, C और D जिनके स्थिति सदिश क्रमशः **a, b, c** और **d** हों, समतलीय हैं, ऐसी चार अदिश राशियां x, y, z, w (जिनमें से सभी शून्य न हों) ज्ञात करें कि

$x\mathbf{a} + y\mathbf{b} + z\mathbf{c} + w\mathbf{d} = 0$ इस प्रकार कि $x + y + z + w = 0$ हो। यदि x, y, z, w जैसी कोई अदिश राशि विद्यमान न हों तो बिंदु समतलीय नहीं होंगे।

दो सदिशों का अदिश (या बिंदु) गुणनफल (The Scalar or dot Product of Two Vectors) : दो सदिश राशियों **a** और **b** जिनके मापांक क्रमशः a और b हों, का अदिश या बिंदु गुणनफल अदिश राशि $ab \cos \theta$, द्वारा व्यक्त किया जाता है जहां θ उभयनिष्ठ मूल बिंदु से खींची गई दोनों सदिशों के बीच का कोण है।

दो सदिश राशियों **a** और **b** का अदिश गुणनफल $\mathbf{a}\cdot\mathbf{b}$ द्वारा व्यक्त किया जाता है।

अतः $\mathbf{a}\cdot\mathbf{b} = ab \cos \theta = |\mathbf{a}|\,|\mathbf{b}| \cos \theta$.

अदिश गुणनफल की विशेषताएं (Properties of Scalar Product) :

(i) अदिश गुणनफल क्रमविनिमेय (commutative) होता है, अर्थात् $\mathbf{a}\cdot\mathbf{b} = \mathbf{b}\cdot\mathbf{a}$.

(ii) अदिश गुणनफल किसी अदिश राशि के संदर्भ में साहचर्य (associative) होता है, अर्थात् यदि m अदिश राशि हो तो $(m\mathbf{a})\cdot\mathbf{b} = m(\mathbf{a}\cdot\mathbf{b}) = \mathbf{a}\cdot(m\mathbf{b})$.

(iii) अदिश गुणनफल सदिश योग के संदर्भ में बंटनात्मक (वितरक) होता है, अर्थात् $\mathbf{a}\cdot(\mathbf{b} + \mathbf{c}) = \mathbf{a}\cdot\mathbf{b} + \mathbf{a}\cdot\mathbf{c}$.

(iv) यदि **a** और **b** सजातीय और समांतर सदिश हों, तो $\theta = 0$,

$\therefore\ \mathbf{a}\cdot\mathbf{b} = \mathbf{ab} \cos 0 = \mathbf{ab}$.

(v) यदि **a** और **b** विजातीय और समांतर सदिश हों तो $\theta = \pi$,

$\therefore\ \mathbf{a}\cdot\mathbf{b} = \mathbf{ab} \cos \pi = ab$.

(vi) यदि $\hat{a}$ और $\hat{b}$ मात्रक सदिश हों तो

$\therefore\ a\cdot b = 1\cdot 1\cdot \cos \theta = \cos \theta$.

(vii) $\mathbf{a}\cdot\mathbf{a} = a^2$ अर्थात् $a^2 = \mathbf{a}^2$

अतः किसी सदिश राशि का वर्ग = उसके परिमाण का वर्ग

(viii) यदि **a** और **b** दो परस्पर लंब सदिश हों, तो $\mathbf{a}\cdot\mathbf{b} = 0$ किंतु

$\mathbf{a}\cdot\mathbf{b} = 0 \Rightarrow \mathbf{a} = 0$ या $\mathbf{b} = 0$ या $\mathbf{a} \perp \mathbf{b}$.

मात्रक सदिशों i, j, k का अदिश गुणनफल (Scalar Products of Unit Vectors i, j, k) :

$\mathbf{i}\cdot\mathbf{i} = 1 = \mathbf{j}\cdot\mathbf{j} = \mathbf{k}\cdot\mathbf{k}$

$\mathbf{i}\cdot\mathbf{j} = \mathbf{j}\cdot\mathbf{k} = \mathbf{k}\cdot\mathbf{i} = 0$

यदि $\mathbf{a} = a_1\mathbf{i} + a_2\mathbf{j} + a_3\mathbf{k}$ और $\mathbf{b} = b_1\mathbf{i} + b_2\mathbf{j} + b_3\mathbf{k}$

तो, $\mathbf{a}\cdot\mathbf{b} = a_1b_1 + a_2b_2 + a_3b_3$.

दो सदिशों के लंबवत् होने की शर्त (Condition for the Two Vectors to be Perpendicular) : दो शून्येतर सदिश $\mathbf{a} = a_1\mathbf{i} + a_2\mathbf{j} + a_3\mathbf{k}$ और $\mathbf{b} = b_1\mathbf{i} + b_2\mathbf{j} + b_3\mathbf{k}$ लंबवत् होते हैं यदि और केवल यदि

$\mathbf{a}\cdot\mathbf{b} = 0$ अर्थात् $a_1b_1 + a_2b_2 + a_3b_3 = 0$ हो।

दो सदिशों के बीच के कोण की कोज्या : यदि दो सदिशों के बीच का कोण θ हो, और

$\mathbf{a} = a_1\mathbf{i} + a_2\mathbf{j} + a_3\mathbf{k}$ और $\mathbf{b} = b_1\mathbf{i} + b_2\mathbf{j} + b_3\mathbf{k}$ हों, तो

$$\cos \theta = \frac{a_1b_1 + a_2b_2 + a_3b_3}{\sqrt{\left(a_1^2 + a_2^2 + a_3^2\right)}\cdot\sqrt{\left(b_1^2 + b_2^2 + b_3^2\right)}}$$

किसी सदिश का अन्य सदिश की दिशा में बहिर्वेशन तथा किसी सदिश का अन्य सदिश के अनुदिश और लंबवत् घटक (Projection of a Vector in the Direction of Other Vector and Components of a Vector along and Perpendicular to Other Vector) :

सदिश **a** के अनुदिश सदिश **r** का बहिर्वेशन $= \mathbf{r}\cdot\hat{a} = \frac{\mathbf{r}\cdot\mathbf{a}}{|\mathbf{a}|}$

सदिश **a** के अनुदिश सदिश **r** के बहिर्वेशन की लंबाई =

$$|\mathbf{r}\cdot\hat{a}| = \left|\frac{\mathbf{r}\cdot\mathbf{a}}{|\mathbf{a}|}\right|$$

सदिश **a** के अनुदिश सदिश **r** का घटक $= (\mathbf{r}\cdot\hat{a})\hat{a} = \frac{(\mathbf{r}\cdot\mathbf{a})\mathbf{a}}{|a|^2}$

और सदिश **a** पर लंबवत् सदिश **r** ($\mathbf{r} \perp \mathbf{a}$) का घटक $= \mathbf{r} - (\mathbf{r} - \hat{a})\hat{a} = \mathbf{r} - \frac{(\mathbf{r}\cdot\mathbf{a})\mathbf{a}}{|\mathbf{a}|^2}$

एक महत्वपूर्ण सूत्र : $\mathbf{a} = (\mathbf{a}\cdot\mathbf{i})\mathbf{i} + (\mathbf{a}\cdot\mathbf{j})\mathbf{j} + (\mathbf{a}\cdot\mathbf{k})\mathbf{k}$.

किसी बल द्वारा किया गया कार्य : किसी कण को A से B तक विस्थापित करने में किसी बल F द्वारा किया गया कार्य,

$W = F\cdot\overrightarrow{AB}$.

दो सदिशों का सदिश गुणनफल (The Vector or Cross Product of Two Vectors) : दो सदिशों **a** और **b** जिनके मापांक क्रमशः **a** और **b** हों, का सदिश गुणनफल एक सदिश राशि होता है जिसका परिमाण **ab** sin θ, होता है, जहां θ दोनों सदिशों के बीच का कोण होता है और जिसकी दिशा दोनों सदिशों **a** और **b** के लंबवत् मात्रक सदिश $\hat{n}$ की दिशा होती है जबकि **a**, **b** और $\hat{n}$ एक दक्षिणावर्ती त्रयक (right-hand triad) निर्मित करते हैं अर्थात् ये सभी दक्षिणावर्ती अभिविन्यास में अवस्थित होते हैं।

दक्षिणावर्ती अभिविन्यास (right handed orientation) से हमारा अभिप्राय यह है कि यदि हम किसी दक्षिणावर्ती पेंच को सदिश **a** से सदिश **b** में घुमाएं, तो $\hat{n}$ एक ऐसी दिशा को इंगित करेगा जो **a** और **b** के लंबवत् होगी और जिसमें दक्षिणावर्ती पेंच गति करेगा।

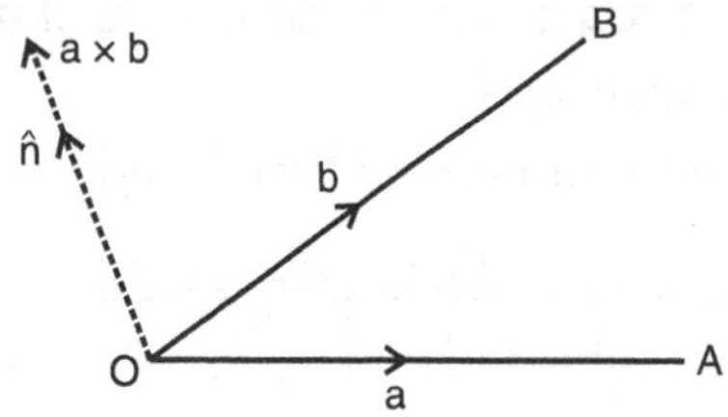

दोनों सदिशों **a** और **b** को सदिश गुणनफल **a × b** द्वारा इंगित किया जाता है।

अतः $\mathbf{a}\times\mathbf{b} = ab\sin\theta.\hat{n}$.

स्पष्ट है कि $|\mathbf{a}\times\mathbf{b}| = ab\sin\theta = |\mathbf{a}||\mathbf{b}|\sin\theta$.

सदिश गुणनफल की विशेषताएं :

(i) सदिश गुणनफल क्रम-विनिमेय (commutative) नहीं होता, अर्थात्

$$\mathbf{a}\times\mathbf{b} \neq \mathbf{b}\times\mathbf{a}.$$

दिया गया है कि $\mathbf{a}\times\mathbf{b} = ab\sin\theta\,\hat{n}$

$\therefore\ \mathbf{b}\times\mathbf{a} = ba\sin\theta(-\hat{n}) = -(ab\sin\theta\hat{n})$

अतः $\mathbf{a}\times\mathbf{b} = -\mathbf{b}\times\mathbf{a}$, अर्थात् सदिश गुणनफल क्रम विनिमेय नहीं है।

(ii) सदिश गुणनफल किसी अदिश राशि के संदर्भ में साहचर्य गुण प्रदर्शित करता है,अर्थात् यदि m एक अदिश राशि है, तो $m(\mathbf{a}\times\mathbf{b}) = (m\mathbf{a})\times\mathbf{b} = \mathbf{a}\times(m\mathbf{b})$.

(iii) सदिश गुणनफल सदिश योग के संदर्भ में बंटनात्मक होता है,

अर्थात् $\mathbf{a}\times(\mathbf{b}+\mathbf{c}) = \mathbf{a}\times\mathbf{b} + \mathbf{a}\times\mathbf{c}$.

(iv) यदि **a** और **b** समांतर सदिश हों, तो θ = 0 या π। इस प्रकार $\mathbf{a}\times\mathbf{b} = 0$. अतः $\mathbf{a}\times\mathbf{a} = 0$, $\mathbf{b}\times\mathbf{b} = 0$

(v) यदि **a** और **b** परस्पर लंब सदिश हों, तो θ = π/2। अतः $|\mathbf{a}\times\mathbf{b}| = ab$.

(vi) **मात्रक सदिश राशियों i, j, k का सदिश गुणनफल :**

यदि **i, j, k** सदिशों का प्रसामान्य लांबिक त्रयक (orthonormal triad) हो, तो

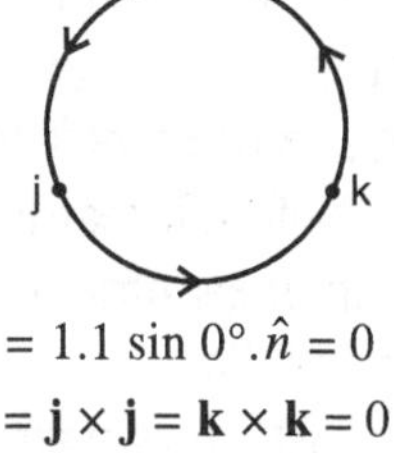

तो $\mathbf{i}\times\mathbf{i} = 1.1\sin 0°.\hat{n} = 0$

अतः $\mathbf{i}\times\mathbf{i} = \mathbf{j}\times\mathbf{j} = \mathbf{k}\times\mathbf{k} = 0$

$\mathbf{i}\times\mathbf{j} = 1.1\sin 90°.\ \mathbf{k} = \mathbf{k}$.

$\because\ \hat{n} = \mathbf{k}$ मात्रक सदिश ⊥ **i** और **j** पर, दक्षिणवर्ती पद्धति के अनुसार।

इसी प्रकार $\mathbf{j}\times\mathbf{k} = \mathbf{i}$ और $\mathbf{k}\times\mathbf{i} = \mathbf{j}$

तथा $\mathbf{j}\times\mathbf{i} = -\mathbf{k}$, $\mathbf{k}\times\mathbf{j} = -\mathbf{i}$, $\mathbf{i}\times\mathbf{k} = -\mathbf{j}$.

महत्वपूर्ण : दो सदिशों का सदिश गुणनफल आरेख में दर्शाए गए वृत्त द्वारा ज्ञात किया जा सकता है। किन्हीं दो

आसन्न (निकटवर्ती) सदिश राशियों का सदिश गुणनफल तीसरी सदिश राशि के बराबर होता है जिसका चिह्न जिन सदिश राशियों का गुणनफल ज्ञात किया जाना है उनमें पहली सदिश राशि से दूसरी सदिश राशि की ओर जाने पर तीर के निशान की दिशा में या दिशा की विपरीत दिशा में गति करने के अनुसार धनात्मक या ऋणात्मक होता है।

a और b दोनों के लंबवत् सदिश : a और b दोनों के लंबवत् सदिश को $\mathbf{a} \times \mathbf{b}$ द्वारा व्यक्त किया जाता है।

a और b दोनों के लंबवत् मात्रक सदिश : हम जानते हैं कि

$\mathbf{a} \times \mathbf{b} = ab \sin\theta\, \hat{n} = |\mathbf{a} \times \mathbf{b}|\hat{n}$

$$\therefore\ \hat{n} = \frac{(\mathbf{a} \times \mathbf{b})}{|\mathbf{a} \times \mathbf{b}|}$$

जो a और b दोनों के लंबवत् मात्रक सदिश हैं।

i, j, k के संदर्भ में सदिश गुणनफल :

मान लें कि $\mathbf{a} = a_1\mathbf{i} + a_2\mathbf{j} + a_3\mathbf{k}$, $b = b_1\mathbf{i} + b_2\mathbf{j} + b_3\mathbf{k}$, तो $a \times b$

$$\begin{aligned}
&= (a_1\mathbf{i} + a_2\mathbf{j} + a_3\mathbf{k}) \times (b_1\mathbf{i} + b_2\mathbf{j} + b_3\mathbf{k})\\
&= a_1b_1\mathbf{i} \times \mathbf{i} + a_1b_2\mathbf{i} \times \mathbf{j} + a_1b_3\mathbf{i} \times \mathbf{k}\\
&\quad + a_2b_1\mathbf{j} \times \mathbf{i} + a_2b_2\mathbf{j} \times \mathbf{j} + a_2b_3\mathbf{j} \times \mathbf{k}\\
&\quad + a_3b_1\mathbf{k} \times \mathbf{i} + a_3b_2\mathbf{k} \times \mathbf{j} + a_3b_3\mathbf{k} \times \mathbf{k}\\
&= 0 + a_1b_2\mathbf{k} + a_1b_3(-\mathbf{j}) + a_2b_1(-\mathbf{k}) + 0\\
&\quad + a_2b_3\mathbf{i} + a_3b_1\mathbf{j} + a_3b_2(-\mathbf{i}) + 0\\
&= (a_2b_3 - a_3b_2)\mathbf{i} + (a_3b_1 - a_1b_3)\mathbf{j}\\
&\quad + (a_1b_2 - a_2b_1)\mathbf{k}\\
&= \begin{vmatrix} \mathbf{i} & \mathbf{j} & \mathbf{k} \\ a_1 & a_2 & a_3 \\ b_1 & b_2 & b_3 \end{vmatrix}
\end{aligned}$$

दो सदिशों के बीच कोण की ज्या (Sine of the Angle Between Two Vectors) :

हम जानते हैं कि $\mathbf{a} \times \mathbf{b} = ab \sin\theta\, \hat{n}$

$$\therefore\ |\mathbf{a} \times \mathbf{b}| = ab \sin\theta.1 = |\mathbf{a}|\,|\mathbf{b}| \sin\theta$$

या $$\sin\theta = \frac{|\mathbf{a} \times \mathbf{b}|}{|\mathbf{a}|\,|\mathbf{b}|}$$

अत: $$\sin\theta = \frac{\mathbf{a} \times \mathbf{b} \text{ का मापांक}}{(\mathbf{a} \text{ का मापांक}).\ (\mathbf{b} \text{ का मापांक})}$$

त्रिभुज का क्षेत्रफल : ΔABC का सदिश क्षेत्रफल

$= \frac{1}{2}(\overrightarrow{AB} \times \overrightarrow{AC})$ और उसका परिमाण $= \frac{1}{2}|\overrightarrow{AB} \times \overrightarrow{AC}|$

समांतर चतुर्भुज का क्षेत्रफल :

(a) जब आसन्न भुजाएं दी गई हों : यदि a और b किसी समांतर चतुर्भुज की आसन्न भुजाओं OA और OB को निरूपित करते हों, तो

समांतर चतुर्भुज का क्षेत्रफल $= |\mathbf{a} \times \mathbf{b}|$

(b) जब विकर्ण दिए गए हों :

समांतर चतुर्भुज OACB का क्षेत्रफल $= \frac{1}{2}|\overrightarrow{OC} \times \overrightarrow{AB}|$

किसी बिंदु के परित किसी बल का सदिश आघूर्ण (या बल आघूर्ण) : बिंदु O के परित: A पर क्रियाशील बल F का सदिश आघूर्ण या बल आघूर्ण निम्नलिखित द्वारा व्यक्त किया जाता है:

$M = r \times F = \overrightarrow{OA} \times F$

जहां $r = \overrightarrow{OA}$ बिंदु O के संदर्भ में बिंदु A का बिंदु सदिश है। आघूर्ण का परिमाण निम्नलिखित द्वारा व्यक्त किया जाता है :

$M = |M| = |(\overrightarrow{OA} \times F)| = OA.F \sin\theta = F(OA \sin\theta) = F.(OM)$

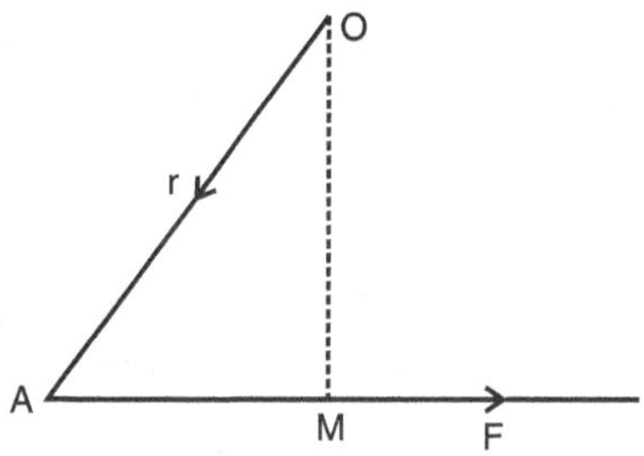

अत: बिंदु O के परित: बल F का सदिश आघूर्ण या बलआघूर्ण वह सदिश राशि है जिसका परिमाण उस बल F के परिमाण और बल की क्रिया रेखा से बिंदु O की लंब दूरी के गुणनफल के बराबर होता है।

वेग और कोणीय वेग (Velocity and Angular Velocity) : यदि कोई पिंड किसी अक्ष के परित: कोणीय वेग ω से घूम रहा हो तथा A इस अक्ष पर स्थित कोई बिंदु हो और v पिंड के बिंदु P का रैखिक वेग हो, तो

$$v = \omega \times \overrightarrow{AP} \text{ और } \omega = \frac{\overrightarrow{AP} \times V}{|\overrightarrow{AP}|^2}$$

बहुविकल्पी प्रश्नावली

1. क्रमश: 150, 200 और 100 ग्राम भार के तीन समतलीय बल किसी पिंड पर x-अक्ष से 0°, 30° और –90° के कोण पर क्रियाशील हैं। अत: इस पिंड को गति करने से रोकने के लिए अपेक्षित बल का परिमाण होगा :
   A. $(150 + 100\sqrt{3})$ ग्राम भार
   B. अक्ष से 180° के कोण पर $(150 + 100\sqrt{3})$ ग्राम भार
   C. अक्ष से 90° के कोण पर 150 ग्राम भार
   D. उपर्युक्त में से कोई नहीं
2. यदि $p\mathbf{i} + 3\mathbf{j} + 4\mathbf{k}$ और $\sqrt{q}\mathbf{i} + 5\mathbf{k}$ दो सदिश हों जहां p, $q \geq 0$ दो अदिश राशियां हों तो सदिशों की लंबाइयां निम्नलिखित के बराबर होंगी :
   A. (p, q) के सभी मानों
   B. (p, q) के मानों की केवल परिमित संख्या
   C. (p, q) के मानों की अपरिमित संख्या
   D. (p, q) का कोई भी मान नहीं
3. यदि P, Q, R, S के स्थिति सदिश क्रमश: **p**, **q**, **r**, **s** इस प्रकार हों कि $\mathbf{p} - \mathbf{q} = 2(\mathbf{s} - \mathbf{r})$ तो
   A. PQ और RS एक दूसरे को समद्विभाजित करते हैं
   B. PQ और PR एक दूसरे को समद्विभाजित करते हैं
   C. PQ और RS एक दूसरे को समत्रिभाजित करते हैं
   D. QS और PR एक दूसरे को समत्रिभाजित करते हैं
4. सदिश राशियां $\mathbf{a} - \mathbf{b} + \mathbf{c}$, $4\mathbf{a} - 7\mathbf{b} - \mathbf{c}$ और $3\mathbf{a} + 6\mathbf{b} + 6\mathbf{c}$ जहां **a**, **b**, **c** शून्येत्तर, असमतलीय हों, होंगी :
   A. संरेख
   B. समतलीय
   C. संरेख और समतलीय दोनों
   D. इनमें से कोई नहीं
5. यदि किसी समांतर चतुर्भुज का क्षेत्रफल $5\sqrt{3}$ हो, तो समांतर चतुर्भुज के विकर्ण सदिशों के निम्नलिखित में से किस युग्म के संपाती होंगे?
   A. $3\mathbf{i} + 2\mathbf{j} - \mathbf{k}, 3\mathbf{i} - \mathbf{j} + 4\mathbf{k}$
   B. $\frac{3\mathbf{i}}{2} - \frac{\mathbf{j}}{2} - \mathbf{k}, 2\mathbf{i} - 6\mathbf{j} + 8\mathbf{k}$
   C. $3\mathbf{i} + \mathbf{j} - 2\mathbf{k}, \mathbf{i} + 3\mathbf{j} + 4\mathbf{k}$
   D. इनमें से कोई नहीं
6. यदि $\mathbf{a} = 3\mathbf{i} - \mathbf{j}$, $\mathbf{b} = \mathbf{i} - 2\mathbf{j}$; $\mathbf{c} = -\mathbf{i} + 7\mathbf{j}$ और $\mathbf{p} = \mathbf{a} + \mathbf{b} + \mathbf{c}$ हों, तो **a** और **b** के रूप में p का मान होगा:
   A. $2\mathbf{a} + 3\mathbf{b}$ B. $-2\mathbf{a} - 3\mathbf{b}$
   C. $-2\mathbf{a} + 3\mathbf{b}$ D. $2\mathbf{a} - 3\mathbf{b}$
7. यदि $\mathbf{a} \times \mathbf{b} = \mathbf{a} \times \mathbf{c}$ जहां $\mathbf{a} \neq 0$ हो, तो
   A. $\mathbf{b} = \mathbf{c} + \lambda\mathbf{a}$ B. $\mathbf{c} = \mathbf{a} + \lambda\mathbf{b}$
   C. $\mathbf{a} = \mathbf{b} + \lambda\mathbf{c}$ D. इनमें से कोई नहीं
8. यदि $\vec{OA} = \mathbf{i} + 3\mathbf{j} - 2\mathbf{k}$ और $\vec{OB} = 3\mathbf{i} + \mathbf{j} - 2\mathbf{k}$ हो, तो कोण AOB को समद्विभाजित करने वाली सदिश रेखा $\vec{OC}$ निम्नलिखित में से किसके द्वारा व्यक्त की जाएगी?
   A. $\mathbf{i} - \mathbf{j} - \mathbf{k}$ B. $\mathbf{i} + \mathbf{j} + \mathbf{k}$
   C. $-\mathbf{i} + \mathbf{j} - \mathbf{k}$ D. $\mathbf{i} + \mathbf{j} - \mathbf{k}$
9. यदि $\mathbf{a} \times \mathbf{b} = \mathbf{c}$ और $\mathbf{b} \times \mathbf{c} = \mathbf{a}$ हो, तो
   A. **a**, **b**, **c** युग्मों में लंबकोणीय होंगे तथा $|\mathbf{a}| = |\mathbf{c}|$ और $|\mathbf{b}| = 1$
   B. **a**, **b**, **c** एक दूसरे के लंबकोणीय नहीं होंगे
   C. **a**, **b**, **c** युग्मों में लंबकोणीय होंगे किंतु $|\mathbf{a}| \neq |\mathbf{c}|$
   D. **a**, **b**, **c** लंबकोणीय होंगे किंतु $|\mathbf{b}| \neq 1$

   या

   यदि $\mathbf{a} \times \mathbf{b} = \mathbf{c}$, $\mathbf{b} \times \mathbf{c} = \mathbf{a}$ हो, तो
   A. $b = 1, a = c$ B. $c = 1, a = 1$
   C. $b = 2, c = 2a$ D. $a = 1, b = a$
10. यदि $\mathbf{a} \cdot \mathbf{b} = \beta$ और $\mathbf{a} \times \mathbf{b} = \mathbf{c}$ हो, तो **b** निम्नलिखित में से किसके बराबर होगा?
   A. $(\beta\mathbf{a} - \mathbf{a} \times \mathbf{c})/\mathbf{a}^2$ B. $(\beta\mathbf{a} + \mathbf{a} \times \mathbf{c})/\mathbf{a}^2$
   C. $(\beta\mathbf{c} - \mathbf{a} \times \mathbf{c})/\mathbf{a}^2$ D. $(\beta\mathbf{c} + \mathbf{a} \times \mathbf{c})/\mathbf{a}^2$
11. जिन बिंदुओं के स्थिति सदिश क्रमश: $10\mathbf{i} + 3\mathbf{j}$, $12\mathbf{i} - 5\mathbf{j}$ और $a\mathbf{i} + 11\mathbf{j}$ हों, वे संरेख बिंदु होंगे यदि a का मान हो:
   A. –8   B. 4
   C. 8   D. 12
12. यदि सदिश $B = 3\mathbf{j} + 4\mathbf{k}$ को $A = \mathbf{i} + \mathbf{j}$ के समांतर α सदिश और A के लंबवत् एक सदिश β के योग के रूप में लिखा जाना हो, तो $\alpha =$
   A. $\frac{3}{2}(\mathbf{i} + \mathbf{j})$ B. $\frac{2}{3}(\mathbf{i} + \mathbf{j})$

C. $\frac{1}{2}(\mathbf{i}+\mathbf{j})$ D. $\frac{1}{3}(\mathbf{i}+\mathbf{j})$

13. यदि $\mathbf{a} = \mathbf{i} + \mathbf{j} + p\mathbf{k}$ और $\mathbf{b} = \mathbf{i} + \mathbf{j} + \mathbf{k}$. हो, तो $|\mathbf{a}+\mathbf{b}| = |\mathbf{a}| + |\mathbf{b}|$ निम्नलिखित में से किसके लिए लागू होता है ?

A. सभी वास्तविक p B. कोई भी वास्तविक p नहीं
C. $p = -1$ D. $p = 1$

14. यदि किसी त्रिभुज ABC के शीर्षों के स्थिति सदिश क्रमश: A(4, 7, 8), B (2, 3, 4) और C (2, 5, 7) हों, तो त्रिभुज के कोण A के आंतरिक समद्विभाजक की लंबाई होगी :

A. $\frac{3}{2}\sqrt{(34)}$ B. $\frac{2}{3}\sqrt{(34)}$
C. $\frac{1}{2}\sqrt{(34)}$ D. $\frac{1}{3}\sqrt{(34)}$

15. त्रिभुज ABC के तीन शीर्ष क्रमश: A (1, –2, 2), B (1, 4, 0) और C (–4, 1, 1) हैं। यदि शीर्ष B से त्रिभुज की भुजा AC पर खींची गई लंब रेखा का पाद M हो, तो $\overrightarrow{BM}$ =

A. (–20/7, –30/7, 10/7)
B. (–20, –30, 10)
C. (2, 3, –1)
D. इनमें से कोई नहीं

16. सदिश **a** का एक समकोणिक कार्तीय तंत्र के संदर्भ में घटक $2p$ और 1 हैं। इस तंत्र को मूल बिंदु के परित: एक निश्चित कोण से वामावर्त दिशा में घुमाया जाता है। यदि नए तंत्र के संदर्भ में सदिश **a** के घटक $p + 1$ और 1 हों, तो

A. $p = 0$ B. $p = 1$ या $p = -1/3$
C. $p = -1$ या $p = 1/3$ D. $p = 1$ या $p = -1$

17. यदि $\mathbf{a} + \mathbf{b} + \mathbf{c} = 0$, $|\mathbf{a}| = 3$, $|\mathbf{b}| = 5$, $|\mathbf{c}| = 7$, हो, तो **a** और **b** के बीच का कोण होगा :

A. $\pi/6$ B. $2\pi/3$
C. $5\pi/3$ D. $\pi/3$

18. x के किन मानों के लिए सदिश $\mathbf{a} = x\mathbf{i} - 3\mathbf{j} - \mathbf{k}$ और $\mathbf{b} = 2x\mathbf{i} + x\mathbf{j} - \mathbf{k}$ के बीच का कोण न्यूनकोण तथा सदिश **b** और y-अक्ष के बीच का कोण $\pi/2$ और π के बीच होगा ?

A. 1, 1/2 B. $0 < x < 1/2$
C. सभी $x < 0$ D. $x < 0$ या $x > 1$

19. यदि **a** और **b** दो मात्रक सदिश हों और उनके बीच का कोण α हो, तो सदिश **a + b** एक मात्रक सदिश होगा यदि

A. $\alpha = \pi/4$ B. $\alpha = \pi/3$
C. $\alpha = 2\pi/3$ D. $\alpha = \pi/2$

20. xy तल में अवस्थित मात्रक सदिश जो सदिश $\mathbf{i} + \mathbf{j}$ के साथ 45° का और सदिश $3\mathbf{i} - 4\mathbf{j}$ के साथ 60° का कोण निर्मित करता है, निम्नलिखित में से किसके द्वारा निरूपित किया जा सकता है ?

A. **i** B. $(\mathbf{i}+\mathbf{j})/\sqrt{2}$
C. $(\mathbf{i}-\mathbf{j})/\sqrt{2}$ D. इनमें से कोई नहीं

21. यदि $(A + B) \perp B$ और $(A + 2B) \perp A$ हो, तो

A. $A = \sqrt{2}B$ B. $A = 2B$
C. $2A = B$ D. $A = B$

22. यदि **a, b, c** ऐसे तीन शून्येतर सदिश हों कि $\mathbf{a} + \mathbf{b} + \mathbf{c} = 0$, हो, तो $\mathbf{a}\cdot\mathbf{b} + \mathbf{b}\cdot\mathbf{c} + \mathbf{c}\cdot\mathbf{a}$ का मान होगा:

A. शून्य से कम B. शून्य के बराबर
C. शून्य से अधिक D. 3

23. यदि $|\alpha + \beta| = |\alpha - \beta|$ जहां $\alpha\beta \neq 0$ हो, तो

A. $\alpha \parallel \beta$ B. $\alpha \perp \beta$
C. $|\alpha| = |\beta|$ D. इनमें से कोई नहीं

24. यदि दो मात्रक सदिश **a** और **b** एक दूसरे से 60° के कोण पर नत हों, तो

A. $|\mathbf{a}+\mathbf{b}| > 1$ B. $|\mathbf{a}-\mathbf{b}| < 1$
C. $|\mathbf{a}-\mathbf{b}| > 1$ D. $|\mathbf{a}-\mathbf{b}| < 1$

25. यदि **a**, **b**, **c** तीन मात्रक सदिश हों जहां $\mathbf{b} \nparallel \mathbf{c}$ और $\mathbf{a} \times (\mathbf{b} \times \mathbf{c}) = 1/2\mathbf{b}$, तो **a** और **c** के बीच का कोण होगा :

A. $\pi/6$ B. $\pi/2$
C. $\pi/3$ D. इनमें से कोई नहीं

26. यदि $\mathbf{a} = (1, 1, -1)$ और $\mathbf{b} = (1, -1, 1)$ हो, तो **a** और **b** के तल में स्थित और **a** के लंबवत् मात्रक सदिश का मान होगा ?

A. $(2, 1, -1)/\sqrt{6}$ B. $(-1, 2, 1)/\sqrt{6}$
C. $(2, -1, 1)/\sqrt{6}$ D. इनमें से कोई नहीं

27. यदि सदिश राशियों $2\mathbf{i} + 4\mathbf{j} - 5\mathbf{k}$ और $b\mathbf{i} + 2\mathbf{j} + 3\mathbf{k}$ के योग के समांतर मात्रक सदिश के साथ सदिश $\mathbf{i} + \mathbf{j} + \mathbf{k}$ के अदिश गुणनफल का मान 1 हो तो b का मान होगा :

A. –2 B. –1
C. 0 D. 1

28. a के किस वास्तविक मान के लिए $x > 0$ के सभी मानों के लिए सदिश $(2, \log_3 x, a)$ और $(-3, a \log_3 x, -\log_3 x)$ के बीच का कोण न्यूनकोण होगा ?

A. $a = 0$
B. $a < 0$
C. $a > 0$

D. a के किसी वास्तविक मान के लिए नहीं

29. किसी कण को बिंदु (3, 4, 5) से बिंदु (1, 2, 3) तक विस्थापित करने में बल $F = 2\mathbf{i} - 3\mathbf{j} + 2\mathbf{k}$ द्वारा किए गए कार्य का परिमाण होगा :

A. 0 B. 3/2
C. –4 D. –2

30. यदि दो सदिश $a = 2\mathbf{i} - 3\mathbf{j} + 6\mathbf{k}$, और $\mathbf{b} = -2\mathbf{i} + 2\mathbf{j} - \mathbf{k}$ हों और $\lambda = \dfrac{\mathbf{b} \text{ पर } \mathbf{a} \text{ का बहिर्वेशन}}{\mathbf{a} \text{ पर } \mathbf{b} \text{ का बहिर्वेशन}}$ हो, तो λ का मान होगा :

A. 3/7 B. 7/3
C. 3 D. 7

31. मान लें कि $\vec{a} = 2\hat{i} + \hat{j} - 2\hat{k}$ और $\vec{b} = \hat{i} + \hat{j}$ है। यदि $\vec{c}$ एक सदिश इस प्रकार हो कि $\vec{a} \cdot \vec{c} = |\vec{c}|, |\vec{c} - \vec{a}| = 2\sqrt{2}$ तथा $(\vec{a} \times \vec{c})$ और $\vec{c}$ के बीच का कोण 30° हो, तो $|(\vec{a} \times \vec{b}) \times \vec{c}| = ?$

A. 2/3 B. 3/2
C. 2 D. 3

32. किसी कण पर क्रियाशील बलों के परिमाण 5, 3 और 1 मात्रक हैं और ये क्रमश: (6, 2, 3), (3, –2, 6) और (2, –3, –6) सदिशों की दिशा में कार्य करते हैं। यदि बलों का परिमाण नियत बना रहे जबकि कण बिंदु A(2, –1, –3) से बिंदु B(5, –1, 1) पर विस्थापित हो जाता हो, तो किए गए कार्य का परिमाण होगा :

A. 231 B. 33
C. 11 D. इनमें से कोई नहीं

33. यदि सदिश **c**, $\mathbf{a} = x\mathbf{i} + y\mathbf{i} + z\mathbf{k}$ और $\mathbf{b} = \mathbf{j}$ इस प्रकार हों कि **a**, **c** और **b** एक दक्षिणावर्ती तंत्र निर्मित करते हों तो **c** का मान होगा :

A. $z\mathbf{i} - x\mathbf{k}$ B. 0
C. $y\mathbf{j}$ D. $-z\mathbf{i} + x\mathbf{k}$

34. मान लें कि $\vec{a} = 2\hat{i} + \hat{j} + \hat{k}$, $\vec{b} = \hat{i} + 2\hat{j} - \hat{k}$ और एक मात्रक सदिश $\vec{c}$ समतलीय है। यदि $\vec{c}$ सदिश $\vec{a}$ के लंबवत् हो तो $\vec{c} = ?$

A. $\left(-\hat{j} + \hat{k}\right)/\sqrt{2}$ B. $\left(-\hat{i} - \hat{j} - \hat{k}\right)/\sqrt{3}$
C. $\left(\hat{i} - 2\hat{j}\right)/\sqrt{5}$ D. $\left(\hat{i} - \vec{j} - \hat{k}\right)/\sqrt{3}$

35. मान लें कि $\mathbf{a} = \mathbf{i} - \mathbf{j}$, $\mathbf{b} = \mathbf{j} - \mathbf{k}$, $\mathbf{c} = \mathbf{k} - \mathbf{i}$ है। यदि **d** एक मात्रक सदिश इस प्रकार हो कि $\mathbf{a} \cdot \mathbf{d} = [\mathbf{b}, \mathbf{c}, \mathbf{d}] = 0$ हो, तो $d = ?$

A. $\pm(\mathbf{i} + \mathbf{j} - 2\mathbf{k})/\sqrt{6}$ B. $\pm(\mathbf{i} + \mathbf{j} - \mathbf{k})/\sqrt{3}$
C. $\pm(\mathbf{i} + \mathbf{j} + \mathbf{k})/\sqrt{3}$ D. $\pm\mathbf{k}$

36. यदि $\vec{a} = \hat{i} + \hat{j} + \hat{k}$, $\vec{b} = 4\hat{i} + 3\hat{j} + 4\hat{k}$ और $\vec{c} = \hat{i} + \alpha\hat{j} + \beta\hat{k}$ एकघाततः परतंत्र सदिश हों और $|\vec{c}| = \sqrt{3}$ हो, तो

A. $\alpha = 1, \beta = -1$ B. $\alpha = 1, \beta = \pm 1$
C. $\alpha = -1, \beta = \pm 1$ D. $\alpha = \pm 1, \beta = 1$

37. मान लें कि A(0, 0, 0); B(1, 1, 1), C(3, 2, 1) और D(3, 1, 2) चार बिंदु हैं। A, B, C बिंदुओं से होकर निकलने वाले तल और A, B, D बिंदुओं से होकर निकलने वाले तल के बीच का कोण होगा :

A. $\pi/2$ B. $\pi/6$
C. $\pi/4$ D. $\pi/3$

38. यदि $\hat{n}$ एक मात्रक सदिश हो जो z-अक्ष के साथ 45° का कोण निर्मित करता हो तथा $(\hat{n} + \mathbf{i} + \mathbf{k})$ भी एक मात्रक सदिश हो, तो $\hat{n}$ का मान होगा :

A. $(1/\sqrt{2})\mathbf{i} - (1/2)\mathbf{j} - (1/2)\mathbf{k}$
B. $-(1/2)\mathbf{i} - (1/2)\mathbf{j} + (1/\sqrt{2})\mathbf{k}$
C. $-(1/2)\mathbf{i} + (1/\sqrt{2})\mathbf{j} - (1/2)\mathbf{k}$
D. इनमें से कोई नहीं

39. यदि शून्येतर सदिश **a** और **b** एक दूसरे पर लंबवत् हों, तो समीकरण $\mathbf{r} \times \mathbf{a} = \mathbf{b}$, का हल निम्नलिखित में से किसके द्वारा व्यक्त किया जा सकता है ?

A. $\mathbf{r} = x\mathbf{a} + \dfrac{1}{\mathbf{a} \cdot \mathbf{a}}(\mathbf{a} \times \mathbf{b}), x \in R$

B. $\mathbf{r} = x\mathbf{b} - \dfrac{1}{\mathbf{b} \cdot \mathbf{b}}(\mathbf{a} \times \mathbf{b}), x \in R$

C. $\mathbf{r} = x\,\mathbf{a} \times \mathbf{b}, x \in R$

D. इनमें से कोई नहीं

40. यदि $\mathbf{u} = \mathbf{a} - \mathbf{b}$, $\mathbf{v} = \mathbf{a} + \mathbf{b}$ और $|\mathbf{a}| = |\mathbf{b}| = 2$ हो, तो $|\mathbf{u} \times \mathbf{v}|$ निम्नलिखित में से किसके बराबर होगा?

A. $2\sqrt{[16 - (\mathbf{a} \cdot \mathbf{b})^2]}$ B. $\sqrt{[16 - (\mathbf{a} \cdot \mathbf{b})^2]}$
C. $2\sqrt{[4 - (\mathbf{a} \cdot \mathbf{b})^2]}$ D. $[4 - (\mathbf{a} \cdot \mathbf{b})^2]$

41. मान लें कि $\mathbf{a} = a_1\mathbf{i} + a_2\mathbf{j} + a_3\mathbf{k}$, $\mathbf{b} = b_1\mathbf{i} + b_2\mathbf{j} + b_3\mathbf{k}$, $\mathbf{c} = c_1\mathbf{i} + c_2\mathbf{j} + c_3\mathbf{k}$ तीन शून्येतर सदिश राशियां इस प्रकार हैं कि मात्रक सदिश राशि c अन्य सदिश राशियों **a** और **b** में से दोनों पर लंबवत् हैं। यदि **a** और **b** के बीच का

कोण $\pi/4$ हो, तो $\begin{vmatrix} a_1 & b_1 & c_1 \\ a_2 & b_2 & c_2 \\ a_3 & b_3 & c_3 \end{vmatrix}$ निम्नलिखित में से किसके बराबर होगा?

A. शून्य
B. 1
C. $\pm\sqrt{[(a_1^2 + a_2^2 + a_3^2)(b_1^2 + b_2^2 + b_3^2)]}/\sqrt{2}$
D. इनमें से कोई नहीं

42. किसी समांतर षट्फलक (Parallelopiped) का एक विकर्ण $4\hat{j} - 8\hat{k}$ है। यदि इसके किसी एक फलक के दो विकर्ण क्रमशः $6\hat{i} + 6\hat{k}$ और $4\hat{j} + 4\hat{k}$ हों तो उसका आयतन होगा :

A. 100 B. 120
C. 144 D. 160

43. शून्येतर सदिशों **a**, **b**, **c** के लिए $|(\mathbf{a} \times \mathbf{b})\cdot\mathbf{c}| = |\mathbf{a}||\mathbf{b}||\mathbf{c}|$ होगा यदि और केवल यदि

A. $\mathbf{a}\cdot\mathbf{b} = 0, \mathbf{b}\cdot\mathbf{c} = 0$ B. $\mathbf{b}\cdot\mathbf{c} = 0, \mathbf{c}\cdot\mathbf{a} = 0$
C. $\mathbf{c}\cdot\mathbf{a} = 0, \mathbf{a}\cdot\mathbf{b} = 0$ D. $\mathbf{a}\cdot\mathbf{b} = \mathbf{b}\cdot\mathbf{c} = \mathbf{c}\cdot\mathbf{a} = 0$

44. कोई बल $F = 2\mathbf{i} - \lambda\mathbf{j} + 5\mathbf{k}$ बिंदु A(1, 2, 5) पर आरोपित किया जाता है। यदि बिंदु (–1, –2, 3) के परितः इसका आघूर्ण $16\mathbf{i} - 6\mathbf{j} + 2\lambda\mathbf{k}$ हो, तो λ का मान निम्नलिखित में से किसके बराबर होगा?

A. 2 B. –1
C. शून्य D. –2

व्याख्यात्मक उत्तर

1. B: बल है :
$F_1 = 150 [\cos 0°\mathbf{i} + \sin 0°\mathbf{j}]$
$F_2 = 200 [\cos 30°\mathbf{i} + \sin 30°\mathbf{j}]$
$F_3 = 100 [\cos (-90°)\mathbf{i} + \sin (-90°)\mathbf{j}]$
$\therefore$ परिणामी बल (परिणामी सदिश)
$R = F_1 + F_2 + F_3 = (150 + 100\sqrt{3})\mathbf{i}$.
$\therefore$ पिंड को गति करने से रोकने के लिए अपेक्षित बल का परिमाण
$-R = -(150 - 100\sqrt{3})\mathbf{i}$.

2. C: दिया गया है कि
$|p\mathbf{i} + 3\mathbf{j} + 4\mathbf{k}| = |\sqrt{q}\mathbf{i} + 5\mathbf{k}|$
$\Rightarrow \sqrt{(p^2 + 25)} = \sqrt{(q + 25)}$
$\Rightarrow p^2 + 25 = q + 25 \Rightarrow p^2 = q, p, q \geq 0$.
अतः p, q के मानों की अपरिमित (अनंत) संख्या है जो $p^2 = q, p, q \geq 0$ को संतुष्ट करती है।

3. D: दिया गया है कि $\mathbf{p} - \mathbf{q} = 2(\mathbf{s} - \mathbf{r})$
या $\mathbf{p} + 2\mathbf{r} = \mathbf{q} + 2b$ या $\dfrac{\mathbf{p}+2\mathbf{r}}{1+2} = \dfrac{\mathbf{q}+2\mathbf{s}}{1+2}$
$\therefore$ PR को 2 : 1 के अनुपात में विभाजित करने वाला बिंदु QS को 2 : 1 के अनुपात में विभाजित करने वाले बिंदु के संपाती हैं।
अतः QS और PR एक दूसरे को समत्रिभाजित करते हैं।

4. D: सदिश $\mathbf{a} - \mathbf{b} + \mathbf{c}$, $4\mathbf{a} - 7\mathbf{b} - \mathbf{c}$, $3\mathbf{a} + 6\mathbf{b} + 6\mathbf{c}$ स्पष्टतः असमांतर हैं अतः ये असंरेख हैं।
साथ ही, $\begin{vmatrix} 1 & -1 & 1 \\ 4 & -7 & -1 \\ 3 & 6 & 6 \end{vmatrix} = 36 \neq 0$
$\therefore$ सदिश राशियां असमतलीय है।

5. D: यदि α, β किसी समांतर चतुर्भुज के विकर्णों को निरूपित करते हैं तो समांतर चतुर्भुज का क्षेत्रफल
$= 1/2(\alpha \times \beta)$.
$= 1/2\,|(3\mathbf{i} + 2\mathbf{j} - \mathbf{k}) \times (3\mathbf{i} - \mathbf{j} + 4\mathbf{k})|$
$= 1/2\,|7\mathbf{i} - 15\mathbf{j} - 9\mathbf{k}| = 1/2\sqrt{\{(49 + 225 + 81)\}}$
$= 1/2\sqrt{(355)}$
और $1/2|(3/2\mathbf{i} - 1/2\mathbf{j} - \mathbf{k}) \times (2\mathbf{i} - 6\mathbf{j} + 8\mathbf{k})|$
$= \sqrt{(90)} = 3\sqrt{(10)}$.
अंततः $1/2\,|(3\mathbf{i} + \mathbf{j} - 2\mathbf{k}) \times (\mathbf{i} + 3\mathbf{j} + 4\mathbf{k})|$
$= \sqrt{(90)} = 3\sqrt{(10)}$.

6. D: चूंकि सदिश **p**, **a** और **b** समतलीय हैं, अतः $\mathbf{p} = \lambda\mathbf{a} + \mu\mathbf{b}$.
$\therefore 3\mathbf{i} + 4\mathbf{j} = \lambda(3\mathbf{i} - \mathbf{j}) + \mu(\mathbf{i} - 2\mathbf{j})$
या $3\lambda + \mu = 3, \lambda + 2\mu = -4$
$\therefore \lambda = 2, \mu = -3$, अर्थात् $\mathbf{p} = 2\mathbf{a} - 3\mathbf{b}$.

7. A: $\mathbf{a} \times \mathbf{b} = \mathbf{a} \times \mathbf{c} \Rightarrow \mathbf{a} \times (\mathbf{b} - \mathbf{c}) = 0$
$\Rightarrow \mathbf{a} \parallel (\mathbf{b} - \mathbf{c})$ या $\mathbf{b} - \mathbf{c} = 0$
$\Rightarrow \lambda\mathbf{a} = \mathbf{b} - \mathbf{c}$ $(\lambda \in R)$
$\Rightarrow \mathbf{b} = \mathbf{c} + \lambda\mathbf{a}$.

8. D: हम जानते हैं कि सदिश **a** और **b** के बीच के कोण का आंतरिक समद्विभाजक है :

$\mathbf{r} = \lambda(\hat{a} + \hat{b})$

$\therefore \overrightarrow{OC} = \lambda(\hat{OA} + \hat{OB})$

$= \lambda[(\mathbf{i} + 3\mathbf{j} - 2\mathbf{k})/\sqrt{(14)} + (3\mathbf{i} + \mathbf{j} - 2\mathbf{k})/\sqrt{(14)}]$

$= \{\lambda/\sqrt{(14)}\}\ (4\mathbf{i} + 4\mathbf{j} - 4\mathbf{k})$

$= \{4l/\sqrt{(14)}\}\ (\mathbf{i} + \mathbf{j} - \mathbf{k})$

$\lambda = \sqrt{(14)}/4$ मानने पर, $\overrightarrow{OC}$ को निम्नवत् लिखा जा सकता है $(\mathbf{i} + \mathbf{j} - \mathbf{k})$.

9. A: $\mathbf{c} = \mathbf{a} \times \mathbf{b} \Rightarrow \mathbf{c} \perp \mathbf{a}$ और $\mathbf{c} \perp \mathbf{b}$

$\mathbf{a} = \mathbf{b} \times \mathbf{c} \Rightarrow \mathbf{a} \perp \mathbf{b}$ और $\mathbf{a} \perp \mathbf{c}$

$\therefore$ **a**, **b** और **c** युग्मों में समकोणिक हैं

$\mathbf{a} \times \mathbf{b} = \mathbf{c} \Rightarrow (\mathbf{b} \times \mathbf{c}) \times \mathbf{b} = \mathbf{c}$

$\Rightarrow (\mathbf{b}\cdot\mathbf{b})\mathbf{c} - (\mathbf{b}\cdot\mathbf{c})\mathbf{b} = \mathbf{c}$

$\Rightarrow \mathbf{b}^2\mathbf{c} = \mathbf{c}$ $\quad [\mathbf{b}\cdot\mathbf{c} = 0]$

$\Rightarrow \mathbf{b}^2 = 1$, अर्थात् $|\mathbf{b}| = 1$

और $|\mathbf{c}| = |\mathbf{a} \times \mathbf{b}| = |\mathbf{a}\cdot 1\cdot \sin \pi/2|$

$\Rightarrow \mathbf{a} = \mathbf{c}$, अर्थात् $|\mathbf{a}| = |\mathbf{c}|$.

10. A: यहां **a** और $\mathbf{c} = \mathbf{a} \times \mathbf{b}$ असंरेख सदिश है

$\therefore$ मान लें $\mathbf{b} = x\mathbf{a} + y(\mathbf{a} \times \mathbf{c})$ ... (1)

$\therefore \quad \beta = \mathbf{a}.\mathbf{b} = \mathbf{a}.[x\mathbf{a} + y(\mathbf{a} \times \mathbf{c})]$

$= x|\mathbf{a}|^2 + y\mathbf{a}.(\mathbf{a} \times \mathbf{c}) = x\mathbf{a}^2$

$\Rightarrow \quad x = \beta/\mathbf{a}^2$

और $\quad \mathbf{c} = \mathbf{a} \times \mathbf{b} = \mathbf{a} \times [x\mathbf{a} + y(\mathbf{a} \times \mathbf{c})]$

$= x\mathbf{a} \times \mathbf{a} + y\mathbf{a} \times (\mathbf{a} \times \mathbf{c})$

$= 0 + y(\mathbf{a}\cdot\mathbf{c})\mathbf{a} - y(\mathbf{a}\cdot\mathbf{a})\mathbf{c}$

$= y\{\mathbf{a}.(\mathbf{a} \times \mathbf{b})\}\ \mathbf{a} - y\mathbf{a}^2\mathbf{c} = -y\mathbf{a}^2\mathbf{c}$

$\Rightarrow \quad y = -1/\mathbf{a}^2$

$\therefore$ समीकरण (1) से, $\mathbf{b} = (\beta\mathbf{a} - \mathbf{a} \times \mathbf{c})/\mathbf{a}^2$.

11. C: मान लें कि दिए गए बिंदु क्रमशः A, B, C हैं। A, B, C संरेख हैं अतः $\overrightarrow{AB} = \overrightarrow{AC}$.

$\therefore \overrightarrow{AB} \times \overrightarrow{AC} = 0$

$\Rightarrow (2\mathbf{i} - 8\mathbf{j}) \times \{(\mathbf{a} - 10)\mathbf{i} + 8\mathbf{j}\} = 0$

$\Rightarrow a = 8$.

12. A: किसी अदिश t के लिए $\alpha \parallel A \Rightarrow \alpha = t(\mathbf{i} + \mathbf{j})$.

$B = \alpha + \beta \Rightarrow \beta = (3\mathbf{j} + 4\mathbf{k}) - t(\mathbf{i} + \mathbf{j})$.

$\beta \perp A \Rightarrow \beta.A = 0 \Rightarrow t = 3/2 \Rightarrow \alpha = 3/2(\mathbf{i} + \mathbf{j})$.

13. D: $|\mathbf{a} + \mathbf{b}| = |\mathbf{a}| + |\mathbf{b}|$

$\Rightarrow \sqrt{[4 + 4 + (p+1)^2]} = \sqrt{(p^2 + 2)} + \sqrt{3}$

$\Rightarrow p^2 + 2p + 9 = p^2 + 2 + 3 + 2\sqrt{3}\sqrt{(p^2 + 2)}$

$\Rightarrow p + 2 = \sqrt{3}\ \sqrt{(p^2 + 2)}$

$\Rightarrow p^2 + 4p + 4 = 3p^2 + 6$

$\Rightarrow 2p^2 - 4p + 2 = 2(p-1)^2 = 0$

$\Rightarrow p = 1$.

14. B: यहां $\quad \overrightarrow{OA} = 4\mathbf{i} + 7\mathbf{j} + 8\mathbf{k}$

$\overrightarrow{OB} = 2\mathbf{i} + 3\mathbf{j} + 4\mathbf{k},\ \overrightarrow{OC} = 2\mathbf{i} + 5\mathbf{j} + 7\mathbf{k}$,

$\therefore \quad \overrightarrow{AB} = \overrightarrow{OB} - \overrightarrow{OA} = -2\mathbf{i} - 4\mathbf{j} - 4\mathbf{k}$

$\Rightarrow \quad AB = |\overrightarrow{AB}| = 6$

$\overrightarrow{AC} = \overrightarrow{OC} - \overrightarrow{OA} = -2\mathbf{i} - 2\mathbf{j} - \mathbf{k}$

$\Rightarrow \quad AC = |\overrightarrow{AC}| = 3$.

अब यदि $\angle A$ का आंतरिक समद्विभाजक BC को D पर समद्विभाजित करता हो, तो ज्यामितीय परिकलन के अनुसार

$BD : CD = AB : AC = 6 : 3 = 2 : 1$

$$\therefore \text{p.v. of } D = \overrightarrow{OD} = \frac{(2.\overrightarrow{OC} + 1.\overrightarrow{OB})}{2+1}$$

$= 1/3(6\mathbf{i} + 13\mathbf{j} + 18\mathbf{k})$

$\therefore \quad \overrightarrow{AD} = \overrightarrow{OD} - \overrightarrow{OA} = 1/3(-6\mathbf{i} - 8\mathbf{j} - 6\mathbf{k})$

अतः $\angle A$ के आंतरिक समद्विभाजक की लंबाई

$= AD = |\overrightarrow{AD}| = 2/3\sqrt{(34)}$.

15. A: $\quad \overrightarrow{MB} = \overrightarrow{AB} - \overrightarrow{AM}$

$$= \overrightarrow{AB} - \frac{(\overrightarrow{AB}.\overrightarrow{AC})\overrightarrow{AC}}{(AC)^2}$$

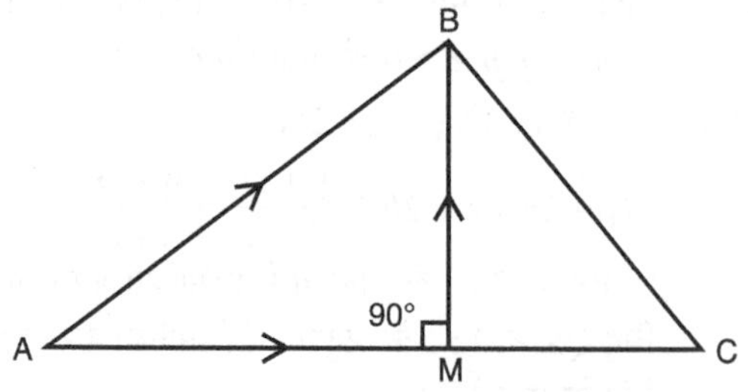

$= (6j - 2k)$

$$- \frac{\{(6\mathbf{j} - 2\mathbf{k})\cdot(-5\mathbf{i} + 3\mathbf{j} - \mathbf{k})\}(-5\mathbf{i} + 3\mathbf{j} - \mathbf{k})}{(25 + 9 + 1)}$$

$$= (6\mathbf{j} - 2\mathbf{k}) - \frac{20}{35}(-5\mathbf{i} + 3\mathbf{j} - \mathbf{k})$$

$$= \frac{10}{7}(2\mathbf{i} + 3\mathbf{j} - \mathbf{k})$$

$$\therefore \quad \vec{BM} = -\frac{10}{7}(2\mathbf{i} + 3\mathbf{j} - \mathbf{k}).$$

16. C: मान लें कि निर्देशक अक्ष के अनुदिश मात्रक सदिश **i**, **j** हैं।

$\therefore \quad n = 2p\mathbf{i} + 1.\mathbf{j}$ ... (1)

घुमाने पर, मान लें कि b सदिश का घटक $p + 1$ और 1 है।

$\therefore \quad \mathbf{b} = (p + 1)\mathbf{i}' + 1.\mathbf{j}'$ ... (2)

जहां **i**′, **j**′ नए निर्देशक अक्षों के अनुदिश मात्रक सदिश हैं।

किंतु घुमाने पर, $|\mathbf{b}| = |\mathbf{a}| \Rightarrow |\mathbf{b}|^2 = |\mathbf{a}|^2$

$\Rightarrow (p + 1)^2 + 1 = (2p)^2 + 1$

$\Rightarrow 3p^2 - 2p - 1 = 0$

$\Rightarrow (3p + 1)(p - 1) = 0 \Rightarrow p = 1$ या $-1/3$.

किंतु $p = 1$ के लिए, दोनों सदिशों के घटक समान हैं, अत: कोई घूर्णन नहीं हैं, $\therefore p \neq 1$.

17. D: $\mathbf{a} + \mathbf{b} + \mathbf{c} = 0 \Rightarrow \mathbf{a} + \mathbf{b} = -\mathbf{c}$

$\Rightarrow (\mathbf{a} + \mathbf{b})^2 = \mathbf{c}^2$

$\Rightarrow |\mathbf{a}|^2 + |\mathbf{b}|^2 + 2\mathbf{a}.\mathbf{b} = |\mathbf{c}|^2$

$\Rightarrow (3)^2 + (5)^2 + 2.3.5\cos\pi = 7^2$

$\Rightarrow \cos\pi = 1/2 \Rightarrow \theta = \pi/3$.

18. C: $\vec{a}\cdot\vec{b} > 0$ और $\vec{a}\cdot\vec{j} < 0$

$\therefore 2x^2 - 3x + 1 > 0$ और $x < 0$

या $(2x - 1)(x - 1) > 0$ और $x < 0$

अर्थात् ($x < 1/2$, या $x > 1$) और $x < 0$

अत: $x < 0$ अपेक्षित हल है।

19. C: **a** + **b** एक मात्रक सदिश है।

यदि $|\mathbf{a} + \mathbf{b}|^2 = 1$

अर्थात् यदि $|\mathbf{a}|^2 + |\mathbf{b}|^2 + 2\mathbf{a}\cdot\mathbf{b} = 1$

अर्थात् $1 + 1 + 2\mathbf{a}\cdot\mathbf{b} = 1$

अर्थात् यदि $\mathbf{a}\cdot\mathbf{b} = 1.1.\cos\alpha = -1/2$

अर्थात् यदि $\cos\alpha = -1/2$ अर्थात् $\alpha = 2\pi/3$.

20. D: मान लें कि x-y तल में अपेक्षित मात्रक सदिश है

$$\mathbf{r} = x\mathbf{i} + y\mathbf{j}$$

$\therefore \quad |\mathbf{r}| = \sqrt{(x^2 + y^2)} = 1$

या $x^2 + y^2 = 1$ ... (1)

अब **r** और सदिश **i** + **j** के बीच का कोण 45° तथा **r** और सदिश 3**i** – 4**j** के बीच का कोण 60° है।

$$\therefore \cos 45° = \frac{(x\mathbf{i} + y\mathbf{j})\cdot(\mathbf{i} + \mathbf{j})}{|x\mathbf{i} + y\mathbf{j}|\,|\mathbf{i} + \mathbf{j}|}$$

$$\text{और} \cos 60° = \frac{(x\mathbf{i} + y\mathbf{j})\cdot(3\mathbf{i} - 4\mathbf{j})}{|x\mathbf{i} + y\mathbf{j}|\,|3\mathbf{i} - 4\mathbf{j}|}$$

$\Rightarrow \quad x + y = 1$ ... (2)

$3x - 4y = 5/2$ ... (3)

x और y का ऐसा कोई मान नहीं है जो (1), (2) और (3) समीकरणों को संतुष्ट करता हो।

21. A: यहां

$(A + B)\cdot B = 0$ or $A\cdot B + B^2 = 0$

और $(A + 2B)\cdot A = 0$ या $A^2 + 2B\cdot A = 0$

$\because \quad A\cdot B = B\cdot A$

$\therefore \quad -B^2 = -1/2A^2$

या $\quad A^2 = 2B^2$

या $\quad A = \sqrt{2}B$.

22. A: $\mathbf{a} + \mathbf{b} + \mathbf{c} = 0$

$\Rightarrow (\mathbf{a} + \mathbf{b} + \mathbf{c})^2 = 0$

$\Rightarrow 2(\mathbf{a}\cdot\mathbf{b} + \mathbf{b}\cdot\mathbf{c} + \mathbf{c}\cdot\mathbf{a}) = -(\mathbf{a}^2 + \mathbf{b}^2 + \mathbf{c}^2)$

$\Rightarrow \mathbf{a}\cdot\mathbf{b} + \mathbf{b}\cdot\mathbf{c} + \mathbf{c}\cdot\mathbf{a} = -\frac{1}{2}(\mathbf{a}^2 + \mathbf{b}^2 + \mathbf{c}^2) < 0.$

अत: $\mathbf{a}\cdot\mathbf{b} + \mathbf{b}\cdot\mathbf{c} + \mathbf{c}\cdot\mathbf{a}$ का मान शून्य से कम है।

23. B: $|\alpha + \beta| = |\alpha - \beta|$

$\Rightarrow \quad |\alpha + \beta|^2 = |\alpha - \beta|^2$

$\Rightarrow |\alpha|^2 + |\beta|^2 + 2\alpha\cdot\beta = |\alpha|^2 + |\beta|^2 - 2\alpha\beta$

$\Rightarrow 4\alpha\cdot\beta = 0 \Rightarrow \alpha\cdot\beta = 0 \Rightarrow \alpha \perp \beta$.

24. A: $|\mathbf{a} + \mathbf{b}|^2 = |\mathbf{a}|^2 + |\mathbf{b}|^2 + 2\mathbf{a}\cdot\mathbf{b}$

$= 1 + 1 + 2.1.1.\cos 60° = 3$

$\Rightarrow \quad |\mathbf{a} + \mathbf{b}| = \sqrt{3} > 1$

और $\quad |\mathbf{a} - \mathbf{b}| = 1 \Rightarrow |\mathbf{a} - \mathbf{b}| = 1.$

25. C: $\mathbf{a} \times (\mathbf{b} \times \mathbf{c}) = \frac{1}{2}\mathbf{b}$

$\Rightarrow (\mathbf{a}\cdot\mathbf{c})\mathbf{b} - (\mathbf{a}\cdot\mathbf{b})\mathbf{c} = \frac{1}{2}\mathbf{b}$

$\Rightarrow (\mathbf{a}\cdot\mathbf{c} - 1/2)\mathbf{b} - (\mathbf{a}\cdot\mathbf{b})\mathbf{c} = 0$

$\Rightarrow \mathbf{a}\cdot\mathbf{c} = 1/2, \mathbf{a}\cdot\mathbf{b} = 0 \quad [\because \mathbf{b} \neq \mathbf{c}]$

$\Rightarrow \cos \alpha = 1/2$ अर्थात् $\alpha = \pi/3$

जहां **a** और **c** के बीच का कोण α है।

26. C: मान लें कि **a** और **b** के तल में स्थित सदिश **r** है।

$\mathbf{r} = \lambda\mathbf{a} + \mu\mathbf{b}\ (\lambda, \mu \in R)$

$\therefore \mathbf{r} = (\lambda + \mu)\mathbf{i} + (\lambda - \mu)\mathbf{j} + (-\lambda + \mu)\mathbf{k}$

$\mathbf{r} \perp \mathbf{a} \Rightarrow \lambda + \mu + \lambda - \mu + \lambda - \mu = 0$

$\Rightarrow \mu = 3\lambda$

$\therefore \quad \mathbf{r} = 2\lambda(2\mathbf{i} - \mathbf{j} + \mathbf{k})$

अतः $\quad \hat{r} = (2\mathbf{i} - \mathbf{j} + \mathbf{k})/\sqrt{6}$.

27. D: सदिश राशियों $2\mathbf{i} + 4\mathbf{j} - 5\mathbf{k}$ और $\mathbf{bi} + 2\mathbf{j} + 3\mathbf{k}$ का योग $(\mathbf{b} + 2)\mathbf{i} + 6\mathbf{j} - 2\mathbf{k}$ है।

$\therefore$ अतः इस योग के समांतर मात्रक सदिश

$$= -\frac{(b+2)\mathbf{i} + 6\mathbf{j} - 2\mathbf{k}}{\sqrt{[(b+2)^2 + 36 + 4]}}$$

$$= \frac{(b+2)\mathbf{i} + 6\mathbf{j} - 2\mathbf{k}}{\sqrt{(b^2 + 4b + 44)}} = \mathbf{r} \text{ (मान लें)}$$

अब $(\mathbf{i} + \mathbf{j} + \mathbf{k})\cdot r = 1$

$\Rightarrow (b + 2) + 6 - 2 = \sqrt{(b^2 + 4b + 44)}$

$\Rightarrow (b + 6)^2 = b^2 + 4b + 44 \Rightarrow b = 1$.

28. D: मान लें कि दी गई सदिश राशियां क्रमशः **x** और **y** हैं।

$\therefore \mathbf{x} = 2\mathbf{i} + b\mathbf{j} + a\mathbf{k},\ \mathbf{y} = -3\mathbf{i} + ab\mathbf{j} + b\mathbf{k}$

जहां $b = \log_3 x$.

x और y के बीच का कोण न्यूनकोण है यदि $\mathbf{x}\cdot\mathbf{y} > 0$ हो।

अर्थात् यदि $ab^2 + ab - 6 > 0$ ... (1)

जो सभी $b \in R$ के लिए $a = 0$ या $a < 0$ के लिए सत्य नहीं है।

अब मान लें कि $a > 0$,

$\therefore$ (1) से,

$b^2 + b - 6/a > 0$, $b \in R$ के सभी मानों के लिए

अब यदि $b = -1/2 \in R$ हो, तो

$(b + 1/2)^2 - (1/4 + 6/a) = -(1/4 + 6/a) \not> 0$, $a > 0$ के लिए

$\therefore a > 0$ के लिए (1) सत्य नहीं है।

अतः a का ऐसा कोई वास्तविक मान नहीं है जिसके लिए दिए गए सदिशों के बीच का कोण सभी $x > 0$ मानों के लिए न्यूनकोण हो।

29. D: $F = 2\mathbf{i} - 3\mathbf{j} + 2\mathbf{k}$

विस्थापन $d = (\mathbf{i} + 2\mathbf{j} + 3\mathbf{k}) - (3\mathbf{i} + 4\mathbf{j} + 5\mathbf{k})$

$= -2\mathbf{i} - 2\mathbf{j} - 2\mathbf{k}$

$\therefore$ कार्य $= F.\mathbf{d} = -4 + 6 - 4 = -2$.

30. B: $\lambda = \dfrac{\mathbf{b} \text{ पर } \mathbf{a} \text{ का बहिर्वेशन}}{\mathbf{a} \text{ पर } \mathbf{b} \text{ का बहिर्वेशन}}$

$$= \frac{(\mathbf{a}\cdot\mathbf{b})/|\mathbf{b}|}{(\mathbf{b}\cdot\mathbf{a})/|\mathbf{a}|} = \frac{|\mathbf{a}|}{|\mathbf{b}|} = \frac{7}{3}.$$

31. B: $\vec{a}\cdot\vec{c} = |\vec{c}| \Rightarrow 3|\vec{c}|\cos\theta = |\vec{c}|$

$\Rightarrow \cos\theta = 1/3$

$|\vec{c} - \vec{a}| = 2\sqrt{2} \Rightarrow \vec{c}^2 + \vec{a}^2 - 2\vec{c}\cdot\vec{a} = 8$

$\Rightarrow |\vec{c}|^2 + 9 - 6|\vec{c}|\cos\theta = 8 \qquad \because |\vec{a}| = 3$

$\Rightarrow (|\vec{c}| - 1)^2 = 0 \Rightarrow |\vec{c}| = 1$

$|\vec{a} \times \vec{b}| = |(2\hat{i} + \hat{j} - 2\hat{k}) \times (\hat{i} + \hat{j})| = 3$

$\therefore |(\vec{a} \times \vec{b}) \times \vec{c}| = |\vec{a} \times \vec{b}|\,.\,|\vec{c}|\sin 30°$

$= 3/2$.

32. B: बल R का परिणामी

$= (5/7)(6\mathbf{i} + 2\mathbf{j} + 3\mathbf{k}) + (3/7)(3\mathbf{i} - 2\mathbf{j} + 6\mathbf{k}) + (1/7)(2\mathbf{i} - 3\mathbf{j} - 6\mathbf{k})$

$= (41\mathbf{i} + \mathbf{j} + 27\mathbf{k})/7$.

साथ ही विस्थापन सदिश $= AB = 3\mathbf{i} + 4\mathbf{k}$.

$\therefore$ किया गया कार्य $= R\cdot AB = (1/7).(231)$

$= 33$ मात्रक

33. A: **a**, **c** और **b** एक दक्षिणावर्ती तंत्र निर्मित करते हैं, अतः

$\mathbf{c} = \lambda(\mathbf{b} \times \mathbf{a}),\ \lambda > 0$

$\therefore \mathbf{c} = \lambda\mathbf{j} \times (x\mathbf{i} + y\mathbf{j} + z\mathbf{k}) = \lambda(z\mathbf{i} - z\mathbf{k})$

$\lambda = 1$ मानने पर, $\mathbf{c} = z\mathbf{i} - x\mathbf{k}$.

34. A: मान लें $\vec{c} = x\hat{i} + y\hat{j} + z\hat{k}$

$\because \vec{a}, \vec{b}$ और $\vec{c}$ समतलीय हैं

$\therefore \vec{c} \perp \vec{a} \times \vec{b}$ है,

अर्थात् $\vec{c}$ is $\perp$ to $-5\hat{i} + 4\hat{j} + 3\hat{k}$

$\Rightarrow -x + y + z = 0$ ... (1)

साथ ही $\vec{c} \perp \vec{a} \Rightarrow 2x + y + z = 0$ ... (2)

(1) और (2) से, $\frac{x}{0} = \frac{y}{3} = \frac{z}{-3} = k$ (मान लें)

$\therefore x = 0, y = 3k, z = -3k \Rightarrow \vec{c} = 3k(\hat{j} - \hat{k})$

$\therefore k = -1/3\sqrt{2}$ मानने पर इस कुल में केवल विकल्प (A) अवस्थित है।

35. A: मान लें कि $\mathbf{d} = x\mathbf{i} + y\mathbf{j} + z\mathbf{k}$.

$\because$ **d** मात्रक सदिश है

$\therefore \quad |\mathbf{d}|^2 = x^2 + y^2 + z^2 = 1 \quad \ldots(1)$

$\mathbf{a}\cdot\mathbf{d} = 0 \Rightarrow x - y = 0 \quad \ldots(2)$

और $[\mathbf{b}, \mathbf{c}, \mathbf{d}] = 0 \Rightarrow \begin{vmatrix} 1 & -1 & 0 \\ 0 & 1 & -1 \\ x & y & z \end{vmatrix} = 0$

$\Rightarrow x + y + z = 0 \quad \ldots(3)$

(2) और (3) से, $y = x, z = -2x$.

$\therefore$ (1) से $x^2 + x^2 + 4x^2 = 1 \Rightarrow x = \pm 1/\sqrt{6}$

$\therefore d = \pm(\mathbf{i} + \mathbf{j} - 2\mathbf{k})/\sqrt{6}$

36. D: $\vec{a}, \vec{b}, \vec{c}$ एकघाततः परतंत्र सदिश है, अतः

$$[\vec{a}, \vec{b}, \vec{c}] = \begin{vmatrix} 1 & 1 & 1 \\ 4 & 3 & 4 \\ 1 & \alpha & \beta \end{vmatrix} = 1 - \beta = 0 \Rightarrow \beta = 1$$

साथ ही $|\mathbf{c}| = \sqrt{3} \Rightarrow 1 + \alpha^2 + \beta^2 = 3$

$\Rightarrow \alpha^2 = 1 \Rightarrow \alpha = \pm 1$.

अतः $\alpha = \pm 1, \beta = 1$.

37. D: मान लें कि $\mathbf{n}_1$ और $\mathbf{n}_2$ क्रमशः ABC और ABD तलों के अभिलंब सदिश हैं।

तो $\quad \mathbf{n}_1 = \vec{AB} \times \vec{AC} = -\mathbf{i} + 2\mathbf{j} - \mathbf{k}$

और $\quad \mathbf{n}_2 = \vec{AB} \times \vec{AD} = \mathbf{i} + \mathbf{j} - 2\mathbf{k}$

यदि θ तलों के बीच के न्यून कोण का मान हो तो θ उन तलों के अभिलंबों $\mathbf{n}_1$ और $\mathbf{n}_2$ के बीच का न्यूनकोण है।

$$\therefore \cos\theta = \left|\frac{-1+2+2}{\sqrt{6}\sqrt{6}}\right| = 1/2 \qquad \therefore \theta = \pi/3.$$

38. B: मान लें कि $\hat{n} = x\mathbf{i} + y\mathbf{j} + z\mathbf{k}$.

तो $x^2 + y^2 + z^2 = 1 \quad \ldots(1)$

$\hat{n}\cdot\mathbf{k} = \cos\pi/4 \Rightarrow z = 1/\sqrt{2} \quad \ldots(2)$

साथ ही $\hat{n} + \mathbf{i} + \mathbf{j} = (x+1)\mathbf{i} + (y+1)\mathbf{j} + z\mathbf{k}$ एक मात्रक सदिश है अतः

$(x+1)^2 + (y+1)^2 + z^2 = 1 \quad \ldots(3)$

(1), (2) और (3) को हल करने पर,

$x = -1/2, y = -1/2, z = 1/\sqrt{2}$

$\therefore \quad \hat{n} = -(1/2)\mathbf{i} - (1/2)\mathbf{j} + (1/\sqrt{2})\mathbf{k}.$

39. A: दिया गया है कि $\mathbf{a}\cdot\mathbf{b} = 0$

चूंकि $\mathbf{a}, \mathbf{b}, \mathbf{a}\times\mathbf{b}$ असमतलीय हैं

$\therefore r$ को निम्नवत् व्यक्त किया जा सकता है:

$r = l\mathbf{a} + m\mathbf{b} + n(\mathbf{a}\times\mathbf{b})$

$\therefore [l\mathbf{a} + m\mathbf{b} + n(\mathbf{a}\times\mathbf{b})] \times \mathbf{a} = \mathbf{b}$

$\Rightarrow m\mathbf{b}\times\mathbf{a} + n[(\mathbf{a}\cdot\mathbf{a})\mathbf{b} - (\mathbf{b}\cdot\mathbf{a})\mathbf{a}] = \mathbf{b}$

$\Rightarrow m\mathbf{b}\times\mathbf{a} + n(\mathbf{a}\cdot\mathbf{a})\mathbf{b} = \mathbf{b}$

$\Rightarrow m = 0, n = 1/(\mathbf{a}\cdot\mathbf{a})$

यह स्पष्ट है कि l अपरिमित या अनिर्धार्य (Indeterminate) है और कोई भी वास्तविक मान ग्रहण कर सकता है।

$$\therefore \mathbf{r} = x\mathbf{a} + \frac{1}{\mathbf{a}\cdot\mathbf{a}}(\mathbf{a}\times\mathbf{b});\ x \in \mathrm{R}.$$

40. A: $\mathbf{u}\times\mathbf{v} = (\mathbf{a}-\mathbf{b})\times(\mathbf{a}+\mathbf{b}) = 2\mathbf{a}\times\mathbf{b}$

$\therefore \quad |\mathbf{u}\times\mathbf{v}| = 2|\mathbf{a}\times\mathbf{b}|$

$= 2\sqrt{[a^2b^2\sin^2\theta]}$

$= 2\sqrt{[a^2b^2 - a^2b^2\cos^2\theta]}$

$= 2\sqrt{[(16 - (\mathbf{a}\cdot\mathbf{b})^2]}$

$[\because |\mathbf{a}| = |\mathbf{b}| = 2]$.

41. C: $\begin{vmatrix} a_1 & b_1 & c_1 \\ a_2 & b_2 & c_2 \\ a_3 & b_3 & c_3 \end{vmatrix} = (\mathbf{a}\times\mathbf{b})\cdot\mathbf{c}$

$= ab\sin(\pi/4)\ \hat{n}\cdot\mathbf{c}$

$= \pm ab\sin(\pi/4)$, चूंकि **c**, **a** और **b** दोनों पर लंब है अतः:

$\mathbf{c} \parallel \hat{n}$

$\therefore \hat{n}\cdot\mathbf{c} = 1$ या -1.

$= \pm\sqrt{[(a_1^2 + a_2^2 + a_3^2)(b_1^2 + b_2^2 + b_3^2)]}/\sqrt{2}$.

42. C: समांतर षट्फलक ABCD, EFGH में मान लें कि विकर्ण $\vec{AG} = 4\hat{j} - 8\hat{k}$

और यह भी मान लें कि फलक ABCD के विकर्ण निम्नलिखित द्वारा दर्शाए जाते हैं :

$\vec{AC} = 6\hat{i} + 6\hat{k}$ और $\vec{BD} = 4\hat{j} + 4\hat{k}$

∴ समांतर चतुर्भुज ABCD का सदिश क्षेत्रफल

$= \frac{1}{2}\vec{AC} \times \vec{BD} = \frac{1}{2}(6\hat{i} + 6\hat{k}) \times (4\hat{j} + 4\hat{k})$

$= -12\,(\hat{i} + \hat{j} - \hat{k})$

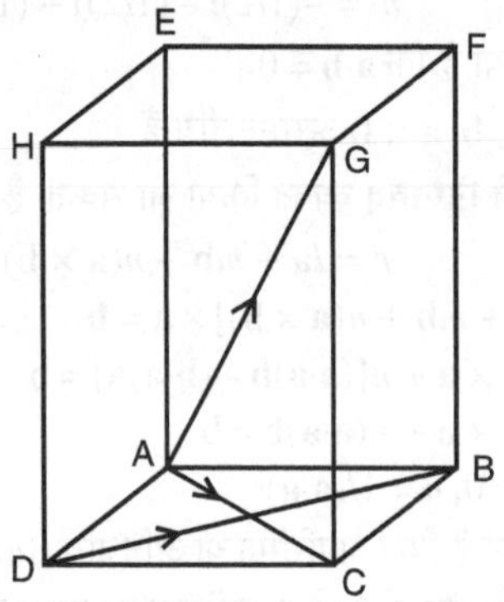

समांतर षट्कोणीय फलक का आयतन

$= |-12(\hat{i} + \hat{j} - \hat{k}).\vec{AG}|$

$= |-12(\hat{i} + \hat{j} - \hat{k}).(4\hat{j} - 8\hat{k})|$

$= |-12\,(0 + 4 + 8)| = 144$

43. D: $|(\mathbf{a} \times \mathbf{b})\cdot\mathbf{c}| = |\mathbf{a}|\,|\mathbf{b}|\,|\mathbf{c}|$

$\Leftrightarrow |ab \sin\theta\, \hat{n}\cdot\mathbf{c}| = abc$

$\Leftrightarrow |(ab \sin\theta)\, 1.c \cos\phi| = abc$

$\Leftrightarrow |\sin\theta|\,|\cos\phi| = 1$

$\Leftrightarrow \theta = \pi/2$ और $\phi = 0$

$\Leftrightarrow \mathbf{a} \perp \mathbf{b}$ और **c** है $\parallel \hat{n}$

$\Leftrightarrow \mathbf{a} \perp \mathbf{b}$ और **c** है $\perp$ **a** और **b** दोनों

$\Leftrightarrow$ **a, b, c** परस्पर लंबवत् है

$\Leftrightarrow \mathbf{a}\cdot\mathbf{b} = \mathbf{b}\cdot\mathbf{c} = \mathbf{c}\cdot\mathbf{a} = 0$

44. D: बिंदु B = $\vec{BA} \times F$ के परित: बिंदु A पर क्रियाशील बल F का बलाघूर्ण

$= (2\mathbf{i} + 4\mathbf{j} + 2\mathbf{k}) \times (2\mathbf{i} - \lambda\mathbf{j} + 5\mathbf{k})$

$= (20 + 2\lambda)\mathbf{i} - 6\mathbf{j} - (2\lambda + 8)\mathbf{k} = 16\mathbf{i} - 6\mathbf{j} + 2\lambda\mathbf{k}$

$\therefore 20 + 2\lambda = 16,\ 2\lambda = -(2\lambda + 8)$

$\Rightarrow \lambda = -2.$

सांख्यिकी और प्रायिकता

STATISTICS AND PROBABILITY

सांख्यिकी (STATISTICS)

सांख्यिकी (Statistics) : सांख्यिकी एक विज्ञान है। यह गणित की वह शाखा है जो आंकड़ों (संख्याओं) को प्रामाणिक रूप से एकत्र करने, वर्गीकृत करने और सारणीबद्ध करने तथा प्राप्त आंकड़ों से किसी घटना का विवेचन करने, निष्कर्ष निकालने और विभिन्न तथ्यों की तुलना करने से संबंधित है। प्रत्येक क्षेत्र में आंकड़ों और तथ्यों का संग्रह किया जाता है। किसी पूर्व निर्धारित उद्देश्य को ध्यान में रखकर संगृहीत संख्यात्मक तथ्यों या प्रेक्षणों को संख्यात्मक आंकड़े (statistical data) कहते हैं। सांख्यिकीय आंकड़े तीन प्रकार के होते हैं :

(a) **प्राथमिक आंकड़े (Primary data) :** किसी अनुसंधानकर्ता या सांख्यिकी-विद् द्वारा अपने स्वयं के प्रयोग के लिए संगृहीत आंकड़ों को प्राथमिक आंकड़े (primary data) कहते हैं। प्राथमिक आंकड़े अधिक विश्वसनीय और प्रासंगिक होते हैं क्योंकि ये अनुसंधानकर्ता या सांख्यिकी-विद् अर्थात् स्वयं प्रयोक्ता द्वारा ही अपने स्वयं के अध्ययन के लिए एकत्र किए जाते हैं।

(b) **गौण आंकड़े (Secondary data) :** जिन आंकड़ों को मूलत: किसी एक व्यक्ति द्वारा एकत्र किया जाता है किंतु जिनका प्रयोग अन्यों द्वारा किया जाता है उन्हें गौण आंकड़े कहते हैं।

(c) **वर्गीकृत आंकड़े (Grouped data) :** जब प्राथमिक आकड़ों को उनकी कुछ मुख्य-मुख्य विशेषताओं को प्रकाशित करने के लिए वर्गों या समूहों में व्यवस्थित कर दिया जाता है तो उन्हें समूहित या वर्गीकृत आंकड़े कहते हैं।

विचर (Variate) : उस राशि को जिसे हम अलग-अलग प्रेक्षणों में मापते हैं, विचर (variate) कहते हैं।

वर्ग-अंतराल (Class Interval) : हम आंकड़ों के प्रस्तुतीकरण को अधिक सरल बनाने की दृष्टि से उन्हें प्राय: वर्गों में रखते हैं जिसके लिए कुछ अंतराल का प्रयोग किया जाता है जिसे वर्ग-अतंराल कहते हैं। उदाहरण : 0-5, 5-10, 10-15, आदि।

वर्ग आमाप (Class-size) : किसी वर्ग अंतराल की वास्तविक उपरि सीमा और वास्तविक निम्न सीमा के अंतर को उस वर्ग अंतराल का आमाप (size) कहते हैं उदाहरण : वर्ग अंतराल 0-5 का वर्ग आमाप 5 है।

मध्य मान (Mid-value) : किसी वर्ग की निम्न और उपरि सीमा के बीच के चर मान को उस वर्ग का मध्य मान कहते हैं, उदाहरण : वर्ग अंतराल 0-5 का मध्य मान $0 + \frac{5}{2} = 2.5$ है।

बारंबारता (Frequency) : किसी विशिष्ट वर्ग के संगत प्रेक्षणों की संख्या को उस वर्ग की बारंबारता कहते हैं। उदाहरण : वर्ग अंतराल 5-10 की बारंबारता 6 हो, तो इसका अर्थ है कि 6 व्यक्तियों को 5 या अधिक किंतु 10 से कम चीजें प्राप्त हुई।

संचयी बारंबारता (Cumulative Frequency) : किसी वर्ग विशेष की बारंबारता और उससे पूर्व के सभी वर्गों की बारंबारता के योगफल को उस वर्ग-विशेष की संचयी बारंबारता कहते हैं। संचयी बारंबारता बंटन सारणी में अंतिम वर्ग की संचयी बारंबारता बारंबारताओं की कुल संख्या होती है।

वर्ग सीमाएं (Class Limits) : प्रत्येक वर्ग-अंतराल की दो सीमाएं होती हैं। अंतराल की निचली संख्या को निम्न सीमा (lower limit) और उपरि संख्या को उपरि सीमा (upper limit) कहते हैं। उदाहरण के लिए, वर्ग अंतराल 0-5 में, 0 निम्न सीमा है जबकि 5 वर्ग-अंतराल की उपरि सीमा है।

आयत चित्र (Histogram) : यह ऐसा सांख्यिकीय ग्राफ है जिसमें आयताकार स्तंभों की ऊंचाई द्वारा यह निरूपित या प्रदर्शित किया जाता है कि किसी प्रतिदर्श या प्रयोग में किसी परिणाम विशेष का प्रत्येक वर्ग कितनी बार आ रहा है। उदाहरण : नीचे की सारणी में किसी शहर में (15-50) आयु-वर्ग के प्रौढ़ व्यक्तियों की संख्या प्रदर्शित की गई है।

आयु वर्ग	व्यक्तियों की संख्या
15-20	200
20-25	350
25-30	475
30-35	600
35-40	750
40-45	900
45-50	100

उपर्युक्त आंकड़े का आयत-चित्र नीचे दिया गया है :

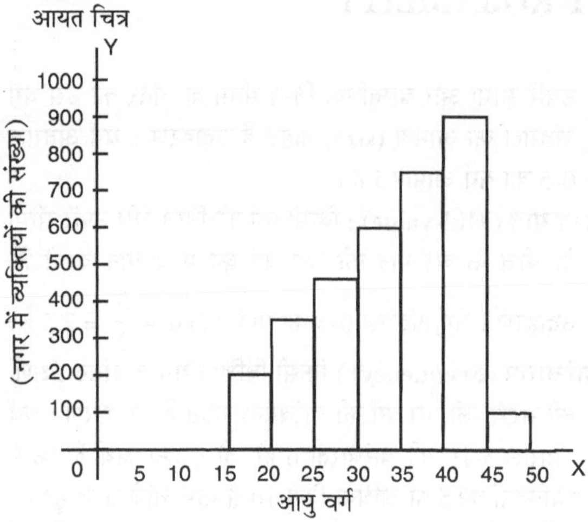

बारंबारता बहुभुज (Frequency Polygon) : समान वर्ग-अंतराल के आयत चित्र में प्रत्येक दो क्रमागत आयतों की ऊपरी भुजाओं के मध्य बिंदुओं को एक रेखाखंड द्वारा मिलाने से प्राप्त आकृति को बारंबारता बहुभुज कहते हैं।

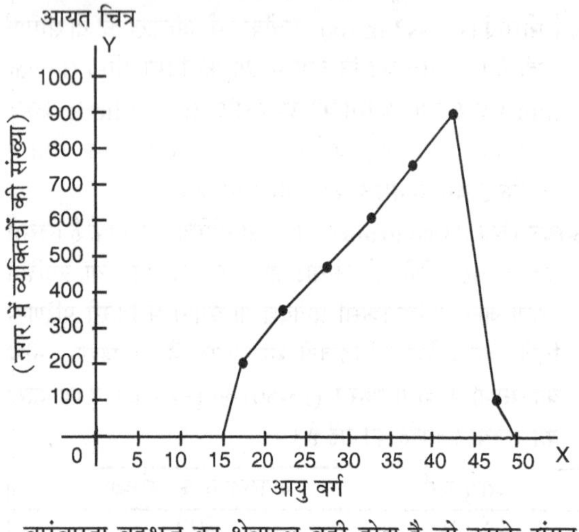

बारंबारता बहुभुज का क्षेत्रफल वही होता है जो उसके संगत आयत चित्र का है। उदाहरण : उपर्युक्त आंकड़े का बारंबारता बहुभुज चित्र में दर्शाया गया है।

दंड चार्ट (Bar Chart) : यह आकंड़ों का एक ऐसा ग्राफीय निरूपण है जिसमें आंकड़ों के किसी समुच्चय में दी गई राशियों की समानुपाती लंबाइयों के दंड बने होते हैं। इसका प्रयोग तब किया जाता है। जबकि किसी एक अक्ष का कोई सांख्यिकीय पैमाना नहीं हो सकता। उदाहरण के लिए यदि किसी अक्ष द्वारा यह निरूपित किया जाना हो कि मिश्रित बीजों के एक पैकेट से फूलों की अलग-अलग कितनी क्यारियां बनाई जा सकती हैं।

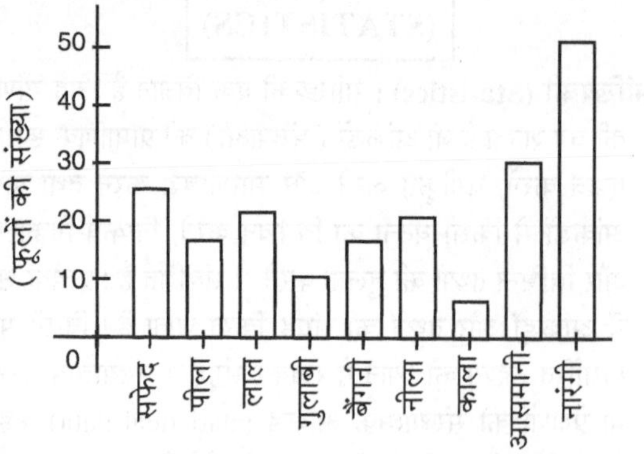

पाई चार्ट (Pie-chart) : इस प्रकार के आरेख में समानुपातों को किसी वृत्त के त्रिज्यखंडों (sectors) के रूप में प्रदर्शित किया जाता है। त्रिज्यखंडों के सापेक्षिक क्षेत्रफल विभिन्न अनुपातों को निरूपित करते हैं। उदाहरण : यदि 100 सैनिकों में से 25 सैनिक टैंक का, 30 सैनिक युद्धपोतों का, 40 सैनिक वायुयानों का और शेष सैनिक बंदूकों का प्रयोग करते हों तो उपर्युक्त आंकड़े का पाई-चार्ट निम्नवत् होगा :

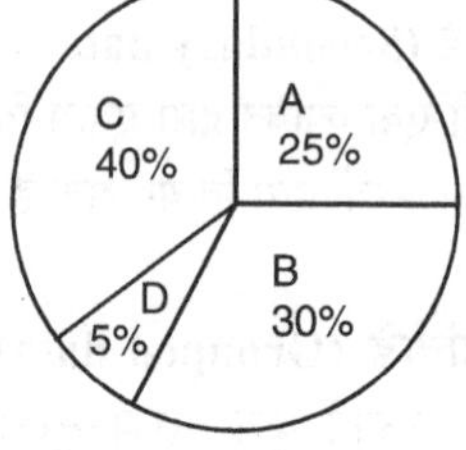

A टैंक का प्रयोग करने वाले सैनिक $= \dfrac{25 \times 360}{100} = 90°$

B युद्धपोतों का प्रयोग करने वाले सैनिक $= \dfrac{30 \times 360}{100} = 108°$

C वायुयानों का प्रयोग करने वाले सैनिक $= \dfrac{40 \times 360}{100} = 144°$

D बंदूकों का प्रयोग करने वाले सैनिक $= \dfrac{5 \times 360}{100} = 18°$

केंद्रीय प्रवृत्तियों की माप (Measures of Central Tendencies) : सांख्यिकी में केंद्रीय प्रवृत्तियों के विभिन्न प्रकार के औसत मानों या मापों का अध्ययन किया जाता है।

इनका निम्नवत् वर्गीकरण किया जा सकता है :

(a) **गणितीय माध्य (Mathematical Averages) :**

(i) समांतर माध्य (Arithmetic Mean)

(ii) ज्यामितीय या गुणोत्तर माध्य (Geometrical Mean)

(iii) हरात्मक माध्य (Harmonic Mean)

(b) स्थिति माध्य (Positional Averages) :

(i) माध्यिका (Median)

(ii) बहुलक (Mode)

समांतर माध्य (Arithmetic Mean) :

(a) **असंतत या विविक्त आंकड़ों के लिए (एकाकी शृंखला)**

(i) प्रत्यक्ष विधि (Direct method) : यदि $x_1, x_2, ..., x_n$ दिए गए n आंकड़ों के मान हों तो समांतर माध्य x निम्नलिखित द्वारा व्यक्त किया जाता है :

$$\bar{x} = \frac{1}{n}(x_1 + x_2 + ... + x_n) = \frac{1}{n}\sum_{i=1}^{n} x_i$$

(ii) संक्षिप्त विधि (Short cut method) : यदि A एक परिकल्पित माध्य हो और $d = x - A$ चर के प्रत्येक मान का परिकल्पित माध्य से विचलन हो तो समांतर माध्य $\bar{x}$ निम्नलिखित द्वारा व्यक्त किया जाता है :

$$\bar{x} = A + \frac{1}{n}\sum d$$

(a) **असंतत बारंबारता बंटन के लिए :**

(i) प्रत्यक्ष विधि $\bar{x} = \frac{\sum fx}{\sum f} = \frac{1}{N}\sum fx$, जहां f दी गई चर राशि x की बारंबारता है।

(ii) संक्षिप्त विधि $\bar{x} = A + \frac{1}{N}\sum fd$, जहां A = परिकल्पित माध्य, $d = x - A$ और $N = \sum f$.

(iii) चरणश : विचलन विधि (Step deviation method):

$$\bar{x} = A + \frac{h}{N}\sum fd', \text{ जहां } d' = \frac{1}{h}d = \frac{1}{h}(x - A)$$

चरणशः विचलन का मान है और $N = \sum f$.

(c) **संतत बारंबारता बंटन के लिए (अर्थात् जबकि आंकड़े वर्ग अंतरालों के रूप में दिए गए हों) :** यहां x = संगत वर्ग-अंतराल का ½ (उपरि सीमा + निम्न सीमा)

(d) **उभयनिष्ठ माध्य सूत्र (The Combined Mean Formula) :** मान लें कि $\bar{x}_1, \bar{x}_2, ... \bar{x}_k$, प्रेक्षणों के k समूहों, जिनके संगत आमाप (size) $n_1, n_2, ..., n_k$ हों, के माध्य हैं। तो उभयनिष्ठ माध्य $\bar{x}$ निम्नलिखित सूत्र द्वारा व्यक्त किया जाएगा :

$$\bar{x} = \frac{n_1\bar{x}_1 + n_2\bar{x}_2 + ... + n_k\bar{x}_k}{n_1 + n_2 + ... + n_k}$$

(e) **भारित समांतर माध्य (Weighted Arithmetic Mean)** भारित समांतर माध्य निम्नलिखित द्वारा व्यक्त किया जाता है:

$\bar{x}_w = \frac{\sum xw}{\sum w}$, जहां $\bar{x}_w$ भारित मान है, चर x के मानों से w-मानों के भार संयोजित किए गए हैं।

समांतर माध्य की गणितीय विशेषताएं (Mathematical Properties of Arithmetic Mean) :

(a) समांतर माध्य से प्रेक्षणों के एक दिए गए समुच्चय के विचलनों का योग शून्य के बराबर होता है, अर्थात् $\sum(x - \bar{x}) = 0$.

(b) प्रेक्षणों के एक समुच्चय के माध्य से विचलनों का योगफल न्यूनतम होता है, अर्थात्

$\sum(x - \bar{x})^2 \leq \sum(x - A)^2$, जहां A कोई संख्या है।

(c) यदि चर x के प्रत्येक मान में एक निश्चित परिमाण में वृद्धि (या कमी) की जाए तो ऐसा करने पर प्राप्त होने वाले प्रेक्षणों के समांतर माध्य में भी उसी निश्चित परिमाण के बराबर वृद्धि (या कमी) होती है।

मान लें कि $y = x \pm a$, जहां a एक निश्चित राशि है।

तो $\bar{y} = \bar{x} \pm a$.

(d) यदि चर x के मानों को एक शून्येतर नियत राशि से गुणा (या भाग) किया जाए तो इस प्रकार प्राप्त नए प्रेक्षणों का समांतर माध्य भी मूल माध्य को उसी निश्चित राशि से गुणा (या भाग) करके प्राप्त किया जा सकता है। अत: यदि

$y = kx$ तो $\bar{y} = k\bar{x}$.

(e) $\sum(x - \bar{x})^2 \leq \sum(x - A)^2$, जहां A कोई वास्तविक नियतांक हो।

दूसरे शब्दों में माध्य से विचलन के वर्गों का योगफल न्यूनतम होता है।

ज्यामितीय माध्य या गुणोत्तर माध्य (Geometrical Mean):

n धनात्मक (> 0) प्रेक्षणों के एक समुच्चय का ज्यामितीय या गुणोत्तर माध्य उनके गुणनफलों का n-वां मूल होता है। अत:

$x_1, x_2, ..., x_n$ का गुणोत्तर माध्य = $(x_1.x_2. \dots . x_n)^{1/n}$

या $\log(\text{G.M.}) = \frac{1}{n}\sum_{i=1}^{n}(\log x_i)$

अर्थात् G.M.(गुणोत्तर माध्य) = प्रतिलघुगणक $\left[\frac{1}{n}\sum_{i=1}^{n}\log x_i\right]$.

समूहित डेटा अर्थात् असंतत और संतत बंटनों की स्थिति में G.M. निम्नवत् दर्शाया जाता है :

G.M. = $[x_1^{f_1}.x_2^{f_2} \dots x_n^{f_n}]^{1/\text{N}}$

अर्थात् G.M. = प्रतिलघुगणक $\left[\frac{1}{\text{N}}\sum_{i=1}^{n}(f_i \log x_i)\right]$,

जहां $\text{N} = \sum f_n$.

गुणोत्तर माध्य की बीजीय विशेषताएं :

(a) यदि शृंखला के प्रत्येक पद को ज्यामितीय माध्य द्वारा प्रतिस्थापित किया जाए तो प्रेक्षणों का गुणनफल अपरिवर्तित रहता है।

(b) यदि $\text{G}_1, \text{G}_2, ..., \text{G}_k$ क्रमश: $n_1, n_2, ..., n_k$ प्रेक्षणों की k शृंखला के ज्यामितीय माध्य हों तो $n_1 + n_2 + ... + n_k$ का उभयनिष्ठ माध्य = N का परिकलन निम्नलिखित सूत्र द्वारा किया जा सकता है :

उभयनिष्ठ गुणोत्तर माध्य

$$= \text{प्रतिलघुगणक} \left[\frac{1}{\text{N}}\Sigma(n_i \log \text{G}_i)\right].$$

हरात्मक माध्य (Harmonic Mean) : प्रेक्षणों के एक समुच्चय का हरात्मक माध्य प्रेक्षणों के व्युत्क्रम के समांतर माध्य का व्युत्क्रम होता है बशर्ते सभी प्रेक्षण शून्येतर हों। अत:

$$\text{हरात्मक माध्य} = \left[\frac{1}{n}\Sigma(1/x)\right]^{-1}$$

समूहित आंकड़े के लिए हरात्मक माध्य

$$= \left[\frac{1}{n}\Sigma(f/x)\right]^{-1}, \text{जहां } \text{N} = \Sigma f.$$

इससे औसत चाल, किसी वस्तु के औसत विक्रय मूल्य आदि के परिकलन में बेहतर औसत मान प्राप्त होता है।

समांतर माध्य (A.M) गुणोत्तर माध्य (G.M.) और हरात्मक मान (H.M.) के बीच संबंध :

A.M. $\geq$ G.M. $\geq$ H.M., यदि सभी प्रेक्षण धनात्मक हों। समता का चिह्न तभी लगाया जाता है जबकि शृंखला के सभी प्रेक्षण समान हों।

माध्यिका (Median) : माध्यिका वह मान है जो आंकड़े के संपूर्ण समुच्चय को दो बराबर भागों में विभाजित करता है या बांटता है।

(a) **एकाकी शृंखला (असमूहित आंकड़ा) :** पहले दिए गए आंकड़े को आरोही या अवरोही क्रम में व्यवस्थित करें। अब माध्यिका का निम्नवत् परिकलन करें :

I. यदि n अर्थात् दिए गए समुच्चय में अवयवों की संख्या विषम हो तो $[\frac{1}{2}(n + 1)]$वें अवयव को समुच्चय की माध्यिका कहते हैं।

II. यदि n अर्थात् दिए गए समुच्चय में अवयवों की संख्या सम हो तो $(\frac{1}{2} n)$वें और $(\frac{1}{2} n + 1)$वें अवयवों का माध्य।

(b) **संतत बारंबारता बंटन :** इस स्थिति में माध्यिका ज्ञात करने के लिए हम निम्नलिखित क्रिया विधि अपनाते हैं :

चरण 1. आंकड़ों को उनके परिमाण के आरोही या अवरोही क्रम में विन्यस्त करते हैं।

चरण 2. संचयी बारंबारता ज्ञात करते हैं।

चरण 3. $\frac{1}{2}(\text{N} + 1)$वें अवयव की आमाप ज्ञात करते हैं, जहां N कुल बारंबारता है।

चरण 4. माध्यिका उस चर राशि के मान के रूप में प्राप्त करते हैं जिसकी संचयी बारंबारता में $\frac{1}{2}(\text{N} + 1)$वें अवयव का मान संपाती होता है।

(c) **संतत बारंबारता बंटन :** संतत बारंबारता बंटन में माध्यिका ज्ञात करने की क्रिया-विधि में निम्नलिखित चरण शामिल हैं :

चरण 1. संचयी बारंबारता का परिकलन करें।

चरण 2. $(\frac{1}{2}\text{N})$वें अवयव की आमाप ज्ञात करें।

चरण 3. संचयी बारंबारता स्तंभ में उस माध्यिका वर्ग की पहचान करें जहां (N/2)वें अवयव की आमाप संपाती होती हो।

चरण 4. माध्यिका का मान निम्नलिखित सूत्र द्वारा ज्ञात किया जाता है :

$$\text{माध्यिका} = l_1 + \frac{(\frac{1}{2}\text{N} - c)}{f} . (l_2 - l_1);$$

जहां l_1 = माध्यिका वर्ग की निम्न सीमा

l_2 = माध्यिका वर्ग की उपरि सीमा

f = माध्यिका वर्ग की बारंबारता

c = माध्यिका वर्ग के ठीक पहले के वर्ग की संचयी बारंबारता

विभागकारी मान (चतुर्थक, दशमक और शततमक) Partition Values (Quartiles, Deciles and Percentiles) : जो मान किसी शृंखला या बंटन को अनेक समान भागों में विभाजित करते हैं, उन्हें विभागकारी मान (partition values) कहा जाता है।

प्रचलित विभागकारी मान हैं—

1. चतुर्थक (Quartiles), **2.** दशमक (Deciles), **3.** शततमक (Percentiles).

यदि हम दिए गए बंटन या शृंखला को 99 समान भागों में बांटे तो हमें तीन विभाजक मान प्राप्त होते हैं। इन्हें तीन चतुर्थक कहा जाता है।

इसी प्रकार 9 दशमक दिए गए बंटन को 10 बराबर भागों में विभाजित करते हैं और 99 शतमक दिए गए बंटन को 99 समान भागों में विभाजित करते हैं।

चतुर्थक, दशमक और शततमक का परिकलन (Computation of the Quartiles, Deciles and Percentiles) :

(a) **एकाकी और असंतत शृंखला (Individual and Discrete Series) :** सबसे पहले दिए गए आंकड़े को केवल वर्धमान क्रम (आरोही क्रम) में विन्यस्त करें। अब

चतुर्थक Qr = शृंखला $r = 1, 2, 3$ में $[(N + 1)r/4]$ वां अवयव

दशमक Dr = शृंखला $r = 1, 2, ..., 9$ में $[(N + 1)r/10]$ वां अवयव

शततमक Pr = शृंखला $r = 1, 2, ..., 99$ में $[(N + 1)r/100]$ वां अवयव

(b) **संतत शृंखला (Continuous Series) :**

1. r-वां चतुर्थक : $Q_r = l_1 + \dfrac{(rN/4) - C}{f} .(l_2 - l_1)$, $r = 1, 2, 3$

2. r-वां दशमक: $D_r = l_1 + \dfrac{(rN/10) - C}{f}(l_2 - l_1)$, $r = 1, 2, ..., 9.$

3. r-वां शततमक : $P_r = l_1 + \dfrac{(rN/100) - C}{f}(l_2 - l_1)$, $r = 1, 2, ..., 99.$

यहां l_1, l_2, f और c के साधारण अर्थ हैं।

बहुलक (Mode) : बहुलक या मोडल मान प्रेक्षण की किसी शृंखला में ऐसा मान है जिसकी शृंखला में सर्वाधिक बारंबारता होती है। मोडल मान की बारंबारता की स्थिति में सन्निकट समूहन की विधि प्रयोग में लाई जा सकती है।

किसी संतत शृंखला में बहुलक का निर्धारण : जिस वर्ग की बारंबारता अधिकतम हो उसे बहुलक वर्ग (Modal Class) कहते हैं। यदि दो या अधिक वर्गों में बारंबारताएं समान पाई जाती हैं तो बहुलक वर्ग को ज्ञात करने के लिए समूहन की विधि प्रयोग में लाई जानी चाहिए। बहुलक वर्ग निर्धारित करने के बाद निम्नलिखित सूत्र का प्रयोग करके बहुलक ज्ञात किया जा सकता है :

$$\text{बहुलक} = l_1 + \frac{f_1 - f_0}{2f_1 - f_0 - f_2} \times h,$$

जहां l_1 = बहुलक वर्ग की निम्नसीमा

f_1 = बहुलक वर्ग की बारंबारता

f_0 = बहुलक वर्ग से पूर्ववर्ती वर्ग की बारंबारता

f_2 = बहुलक वर्ग के उत्तरवर्ती वर्ग की आवृत्ति

h = बहुलक वर्ग की आमाप

माध्य, माध्यिका और बहुलक के बीच आनुभविक संबंध (Empirical Relationship Between Mean, Median, Mode) :

(a) सममित बंटन में (symmetrical distribution):

माध्य = माध्यिका = बहुलक

(b) धनात्मक विषमतलीय वक्र की स्थिति में :

बहुलक < माध्यिका < माध्य

(c) ऋणात्मक विषमतलीय वक्र की स्थिति में :

माध्य < माध्यिका < बहुलक

(d) किंचित असममित बंटन की स्थिति में माध्य, माध्यिका और बहुलक के मानों के बीच निम्नलिखित आनुभविक संबंध होता है :

बहुलक = माध्यिका – 2 माध्य

परिक्षेपण (Dispersion) : विचर के वैयष्टिक मान (individual values) जिस अंश तक औसत मान से विचलित होते हैं उसे परिक्षेपण कहा जाता है।

परिक्षेपण (dispersion) की माप निम्नलिखित में उपयोगी है : *(i)* औसत मानों की विश्वसनीयता का निर्धारण करने, *(ii)* बंटनों की तुलना करने, *(iii)* परिवर्तनशीलता को नियंत्रित करने, *(iv)* बाद के सांख्यिकीय विश्लेषण। इन्हें द्वितीय कोटि के माध्य (averages of second order) भी कहते हैं।

परिक्षेपण की निरपेक्ष माप (Absolute Measures of

Dispersion) : इन्हें उन्हीं मात्रकों में व्यक्त किया जाता है जिनमें प्रेक्षण दिए गए हैं। अत: इन्हें दो या अधिक बंटनों में, जिनमें माप के लिए समान मात्रकों का प्रयोग किया गया हो, परिवर्तन या विचरण की तुलना करने के लिए प्रयोग में लाया जाता है।

परिक्षेपण की विभिन्न माप (Various Measures of Dispersion) : परिक्षेपण की माप प्राय: निम्नलिखित द्वारा व्यक्त की जाती है :

(*a*) परास (Range);

(*b*) अंतश्चतुर्थक परिसर और चतुर्थक विचलन (Inter Quartile Range and Quartile Deviation)

(*c*) माध्य विचलन (Mean Deviation) और

(*d*) मानक विचलन (Standard Deviation)

परिक्षेपण की सापेक्षिक माप (Relative Measures of Dispersion) : परिक्षेपण की सापेक्षिक माप को अनुपात प्रतिशत या परिक्षेपण की निरपेक्ष माप के गुणांक के रूप में व्यक्त किया जाता है। इनका प्रयोग माप के विभिन्न मात्रकों वाले दो या दो से अधिक बंटनों में परिवर्तनशीलता की तुलना करने के लिए किया जाता है।

परास (Range) : प्रेक्षणों के किसी समुच्चय के लिए सबसे बड़े प्रेक्षण और सबसे छोटे प्रेक्षण के बीच अंतर को प्रेक्षणों का परिसर या परास कहते हैं।

मान लें कि L = सबसे बड़ा प्रेक्षण

S = सबसे छोटा प्रेक्षण

परिसर $= L - S$

किसी समूहित आंकड़े के लिए L सबसे बड़े वर्ग की उपरि सीमा और S सबसे छोटे वर्ग की निम्न सीमा होती है।

$$\text{परिसर का गुणांक} = \frac{L-S}{L+S}.$$

अंतश्चतुर्थक परिसर और चतुर्थक विचलन (Interquartile Range and Quartile Deviation) :

(*a*) अंतश्चतुर्थक परिसर $= Q_3 - Q_1$.

(*b*) चतुर्थक विचलन या अर्ध-अंश्चतुर्थक परिसर $= ½(Q_3 - Q_1)$.

(*c*) चतुर्थक विचलन का गुणांक $= (Q_3 - Q_1)/(Q_3 + Q_1)$. इसे परिक्षेपण गुणांक (coefficient of dispersion) भी कहते हैं।

माध्य विचलन या औसत विचलन :

(*a*) **वैयष्टिक शृंखला (अवर्गीकृत आंकड़ा) :** निम्नलिखित से माध्य विचलन :

(*i*) माध्य $\bar{x}$ = माध्य विचलन $(\bar{x}) = \frac{1}{n}\sum|x - \bar{x}|$

(*ii*) माध्यिका M_d = माध्य विचलन $(M_d) = \frac{1}{n}\sum|x - M_d|$

(*iii*) बहुलक M_0 = माध्य विचलन $(M_0) = \frac{1}{n}\sum|x - M_0|$

यहां $|x - \bar{x}|$, आदि को निरपेक्ष विचलन कहते हैं।

(*b*) समूहित आंकड़े या बारंबारता बंटन : $M.D. = \frac{1}{n}\sum f|x - A|$,

जहां A माध्य ($\bar{x}$ या M_d या M_0) है, f संगत बारंबारता और $N = \sum f$ है।

(*c*) $$\text{माध्य विचलन के गुणांक} = \frac{\text{माध्य विचलन}}{\text{संगत औसत}}$$

मानक विचलन :

(*a*) **वैयष्टिक शृंखला के लिए :**

$$\text{मानक विचलन} = \sigma = \sqrt{\left[\frac{1}{n}\sum f(x-\bar{x})^2\right]}.$$

(*b*) बारंबारता वितरण के लिए :

$$\sigma = \sqrt{\left[\frac{1}{N}\sum f(x-\bar{x})^2\right]}$$

प्रसरण (variance) $= \sigma^2$.

मानक विचलन का परिकलन :

(*a*) **प्रत्यक्ष विधि (Standard Method) :**

$$\sigma = \sqrt{\left[\frac{\sum x^2}{n} - \bar{x}^2\right]}$$

(*b*) **संक्षिप्त विधि :** यदि A कोई परिकल्पित माध्य और $d = x - A$ हो, तो

$$\text{मानक विचलन} = \sqrt{\left[\frac{\sum d^2}{n} - \left(\frac{\sum d}{n}\right)^2\right]}.$$

समूहित आंकड़े के लिए मानक विचलन $= \sigma$

$$= \sqrt{\left[\frac{\sum fd^2}{N} - \left(\frac{\sum fd}{N}\right)^2\right]}, N = \sum f$$

(*c*) **चरणश: विचलन विधि :** यदि N संतत बारंबारता बंटन

हो और h अंतराल की आमाप हो, तथा मान लें कि $d' = (x - A)/h$, जहां A परिकल्पित माध्य हो, तो

$$\text{मानक विचलन} = \sigma = h\sqrt{\left[\frac{\sum fd'^2}{N} - \left(\frac{\sum fd'}{N}\right)^2\right]}, N = \sum f$$

मानक विचलन के बीजीय गुण :

(*a*) यदि किसी शृंखला के प्रत्येक विचर के मान में एक ही नियत परिमाण में वृद्धि या कमी हो तो शृंखला का मानक विचलन अपरिवर्तित रहता है। अतः मानक विचलन पर मूल में परिवर्तन का कोई प्रभाव नहीं पड़ता।

(*b*) यदि विचर x के मानों को एक नियत संख्या से गुणा किया जाए तो नए प्रेक्षण का मानक विचलन आंरभिक मानक विचलन को उसी नियत राशि से गुणा करके प्राप्त किया जा सकता है। अर्थात् यदि $y = kx$ हो, तो $\sigma_y = k\sigma_x$। अतः मानक विचलन पैमाने में परिवर्तन से स्वतंत्र नहीं होता। अतः यदि $y = ax + b$, $\sigma_y = |a|\,\sigma_x$.

(*c*) किसी असंतत बंटन में मानक विचलन माध्य से माध्य विचलन से अधिक या उसके बराबर होता है।

विचरण गुणांक (Coefficient of Variation) : विचरण गुणांक $C.V. = \frac{\sigma}{x} \times 100.$

वैषम्य गुणांक (Coefficient of Skewness) : वैषम्य गुणांक ज्ञात करने के दो सूत्र हैं :

(*a*) $S_k = \frac{\text{माध्य} - \text{बहुलक}}{\text{मानक विचलन}}$

(*b*) $S_k = \frac{Q_3 + Q_1 - 2Q_2}{Q_3 - Q_1}$

प्रायः सूत्र (*b*) अधिक पसंद किया जाता है और इसका परास – 1 से 1 तक होता है।

वैषम्य (Skewness) सममिति की कमी है और इसे धनात्मक कहते हैं यदि बारंबारता वक्र की लंबी पूंछ विचर के उच्च मान की ओर हो अर्थात् माध्य बहुलक से अधिक हों और इसकी विपरीत स्थिति में वैषम्य को ऋणात्मक कहा जाता है।

विशिष्ट σ गुना के बीच अवस्थित मदों का प्रतिशत :

सीमा (Limits)	**मदों का प्रतिशत** (Percentage of items)
(*a*) $\bar{x} \pm 1\,\sigma$ के भीतर	68.27%
(*b*) $\bar{x} \pm 2\,\sigma$ के भीतर	95.45%
(*c*) $\bar{x} \pm 3\,\sigma$ के भीतर	99.73%

दो शृंखलाओं का उभयनिष्ठ मानक विचलन (Combined S.D. for Two Series) : मान लें कि $\bar{x}_1$, $\bar{x}_2$ दो दी गई शृंखलाओं का संगत माध्य और σ_1, σ_2 संगत मानक विचलन है। मान लें कि $\bar{x}_{12}$ उभयनिष्ठ माध्य है। यह भी मान लें कि

$D_1 = (\bar{x}_1 - \bar{x}_{12})$ और $D_2 = (\bar{x}_2 - \bar{x}_{12})$

तो उभयनिष्ठ मानक विचलन S.D =

$$\sigma_{12} = \sqrt{\left[\frac{n_1(\sigma_1^2 + D_1^2) + n_2(\sigma_2^2 + D_2^2)}{n_1 + n_2}\right]}.$$

और प्रसरण = (मानक विचलन)$^2 = \sigma_{12}^2$.

परिक्षेपण की मापों के बीच आनुभविक संबंध (Empirical Relationship Between Measures of Dispersion) : किसी सामान्य या किंचित असममित बंटन के लिए परिक्षेपण की विभिन्न मापों के बीच निम्नलिखित आनुभविक संबंध विद्यमान होता है :

1. चतुर्थक विचलन = (2/3) मानक विचलन
2. माध्य विचलन = (4/5) मानक विचलन
3. चतुर्थक विचलन = (5/6) माध्य विचलन
4. 6 मानक विचलन = 9 चतुर्थक विचलन = 7.5 माध्य विचलन

द्विचर बारंबारता बंटन (Bivariate Frequency Distribution): द्विचर बंटन में हमारे पास प्रेक्षण के दो चर होते हैं जिस पर प्रेक्षण के प्रत्येक यूनिट के मान दर्ज किए जाते हैं। जिस बंटन में प्रेक्षण के दो से अधिक चर होते हैं। उन्हें बहुचर बंटन कहा जाता है।

यहां हम विशेष रूप से द्विचर बंटन पर चर्चा करेंगे जिसमें दो चर अन्योन्याश्रित हो सकते हैं अर्थात् उनमें सहविचरण होता है।

संबंध (Relationship) : जब एक चर राशि में परिवर्तन से दूसरी चर राशि में भी परिवर्तन हो जाता है तो इन चरों को परस्पर संबंधित चर कहते हैं। संबंध प्रायः दो प्रकार के होते हैं।

(*a*) बीजीय, उदाहरण : $y = x^2$, आदि

(*b*) सांख्यिकीय, उदाहरण : उत्पादन और मांग

सहसंबंध (Correlation) : दो चरों के बीच समकालिक विचरण की प्रवृत्ति को सहसंबंध या सह-विचरण कहते हैं। इससे यह पता चलता है कि दो चर परस्पर कितना अन्योन्याश्रित हैं।

सहसंबंध के विभिन्न प्रकार (Types of Correlation) : किसी द्विचर बंटन में सहसंबंध हो सकता है :

(1) या तो धनात्मक या ऋणात्मक और

(2) या तो रैखिक या अरैखिक

(a) **धनात्मक या प्रत्यक्ष सहसंबंध :** किसी सहसंबंध को धनात्मक या प्रत्यक्ष कहा जाता है जबकि किसी एक चर के मान में वृद्धि (या कमी) के फलस्वरूप दूसरे चर के मान में भी वृद्धि (या कमी) होती हो।

(b) **ऋणात्मक या प्रतिलोम सहसंबंध :** यदि किसी एक चर के मान में वृद्धि (या कमी) के फलस्वरूप दूसरे चर के मान में कमी (या वृद्धि) होती हो तो ऐसे संबंध को ऋणात्मक या प्रतिलोम सहसंबंध कहते हैं।

(c) **रैखिक और अरैखिक सहसंबंध :** रैखिक सहसंबंध में एक चर में परिवर्तन की मात्रा और दूसरे चर में परिवर्तन की मात्रा के बीच एक निश्चित अनुपात होता है। जिन चरों के बीच इस प्रकार का संबंध होता है उन्हें निरूपित करने वाला ग्राफ एक सरल रेखा होता है।

इसके विपरीत अरैखिक सह संबंध में एक चर में परिवर्तन की मात्रा का दूसरे चर में परिवर्तन की मात्रा के साथ कोई निश्चित अनुपात नहीं होता।

सहसंबंध ज्ञात करने की विधियां (Method of Finding Correlation) :

I. प्रकीर्ण आरेख (Scatter Diagram) : एक चर को क्षैतिज अक्ष (x-अक्ष) द्वारा और दूसरे चर को ऊर्ध्वाधर अक्ष (y-अक्ष) द्वारा निरूपित करके प्रेक्षणों को एक ग्राफ पेपर पर आलेखित किया जाता है। इससे एक प्रकीर्ण आरेख या बिंदु आरेख प्राप्त होता है।

II. कार्ल-पियरसन का सहसंबंध गुणांक (Karl Pearson's Coefficient of Correlation) :

सहप्रसरण (x, y) = सहप्रसरण (x, y)

$$= \frac{1}{n}\sum(x-\bar{x})(y-\bar{y})$$

$$= \frac{1}{n}\sum xy - \bar{x}\,\bar{y}.$$

यदि σ_x और σ_y क्रमशः x और y चरों के मानक विचलन हों, तो

$$r = \frac{\text{सहप्रसरण}\,(x,y)}{\sigma_x\sigma_y} = \frac{\sum(x-\bar{x})(y-\bar{y})}{\sqrt{[\sum(x-\bar{x})^2\sum(y-\bar{y})^2]}}$$

$$= \frac{n\sum xy - (\sum x)(\sum y)}{\sqrt{\{[n\sum x^2-(\sum x)^2][n\sum y^2-(\sum y)^2]\}}}$$

संक्षिप्त विधि

$$r = \frac{n\sum(dx\,dy)-(\sum dx)(\sum dy)}{\sqrt{[n\sum dx^2-(\sum dx)^2]}\sqrt{[n\sum dy^2-(\sum dy)^2]}}$$

जहां n = युग्मित प्रेक्षणों की संख्या

$dx = (x - A)$ A और B क्रमशः

$dy = (y - B)$ x और y शृंखलाओं के लिए परिकल्पित माध्य हैं।

कुछ विशेषताएं :

(a) $-1 \le r \le 1$.

(b) यदि $r = 1$, हो, तो सहसंबंध गुणांक पूर्णतः धनात्मक होता है।

(c) यदि $r = -1$ हो, तो सहसंबंध पूर्णतः ऋणात्मक होता है।

(d) सहसंबंध गुणांक एक संख्या मात्र होता है जो माप के मात्रक से स्वतंत्र होता है।

(e) सहसंबंध गुणांक मूल बिंदु और पैमाने में परिवर्तन से स्वतंत्र होता है।

(f) यदि $-1 < r < 1$ हो, तो यह x और y के बीच रैखिक संबंध की मात्रा को सूचित करता है जबकि इसके चिह्न संबंध की दिशा बताते हैं।

(g) यदि x और y दो स्वतंत्र चर हों, तो $r = 0$.

(h) यदि $r = 0$ हो, तो x और y को असहसंबंधित कहा जाता है। इसका अर्थ यह नहीं है कि दोनों विचर (variates) स्वतंत्र हैं। $r(x, y) = 0$ से एकमात्र यह सूचित होता है कि x और y चरों के बीच कोई भी रैखिक संबंध विद्यमान नहीं है। उनके बीच किसी अन्य प्रकार का संबंध विद्यमान हो सकता है, जैसे कि द्विघात संबंध, त्रिघात संबंध या त्रिकोणमितीय संबंध आदि।

(i) यदि x और y यादृच्छिक चर हों और a, b, c, d कोई भी संख्याएं हों इस प्रकार कि $a \ne 0, c \ne 0$ तो

$$r(ax+b, cy+d) = \frac{|ac|}{ac}\,r(x, y).$$

(j) यदि चर x और y समीकरण $ax + by + c = 0$ द्वारा परस्पर संबंधित हों, तो

$$r_{xy} = -1 \text{ यदि } ab > 0$$
$$= +1 \text{ यदि } ab < 0.$$

(k) यदि $z = ax + by$ तथा x और y के बीच का सहसंबंध गुणांक r हो, तो

$$\sigma_z^2 = a^2\sigma_x^2 + b^2\sigma_y^2 + 2ab\,r\,\sigma_x\sigma_y.$$

III. स्पियरमैन कोटि सहसंबंध (Spearman's Rank Correlation) : यदि युग्मित कोटियों के बीच अंतर d हो तथा कोटिबद्ध अवयवों की संख्या n हो तो कोटि सहसंबंध गुणांक ρ; निम्नवत् व्यक्त किया जाता है :

$$\rho = 1 - 6\,\frac{\sum d^2}{n(n^2-1)}.$$

समाश्रयण (Regression) : "समाश्रयण" पद का अर्थ है, औसत की ओर पीछे जाना।

समाश्रयण रेखाएं (Lines of regression) : यदि किसी द्विचर बंटन में चरों को संबंधित किया जाए तो यह देखा जा सकता है कि प्रकीर्ण-आरेख में बिंदु किसी वक्र के परित: गुच्छ रूप में एकत्रित हो जाते हैं जिसे समाश्रयण वक्र (curve of regression) कहते हैं। यदि वक्र एक सरल रेखा हो, तो समाश्रयण रैखिक होता है अन्यथा यह वक्ररेखीय होता है।

समाश्रयण रेखाओं का समीकरण (Equations of Regression Lines) : x पर y की समाश्रयण रेखा है :

$$y - \bar{y} = r\frac{\sigma_y}{\sigma_x}(x - \bar{x}) \quad \text{....(1)}$$

y पर x की समाश्रयण रेखा है :

$$x - \bar{x} = r\frac{\sigma_x}{\sigma_y}(y - \bar{y}) \quad \text{....(2)}$$

समाश्रयण गुणांक (Regression Coefficients) :

x पर y का समाश्रयण गुणांक $= b_{yx} = r\,\sigma_y/\sigma_x$ ....(1)

y पर x का समाश्रयण गुणांक $= b_{xy} = r\,\sigma_x/\sigma_y$ ....(2)

समाश्रयण रेखाओं के गुण (Properties of the Regression Lines) :

(a) x पर y की समाश्रयण रेखा का प्रयोग चर x के एक दिए गए मान के लिए y के सर्वाधिक उपयुक्त मान का आकलन करने के लिए किया जाता है। यहां y परतंत्र और x एक स्वतंत्र चर है।

(b) y पर x की समाश्रयण रेखा का प्रयोग चर y के एक दिए गए मान के लिए x के सर्वाधिक उपयुक्त मान का आकलन करने के लिए किया जाता है। यहां x परतंत्र और y एक स्वतंत्र चर है।

(c) दो समाश्रण रेखाएं एक दूसरे को एक बिंदु $(\bar{x}, \bar{y})$ पर काटती हैं। अत: दोनों समाश्रयण रेखाओं को हल करने पर हमें द्विचर बंटन में चरों के मध्यमान ज्ञात होते हैं।

समाश्रयण गुणांक के गुण (Properties of the Regression Coefficients) :

(a) समाश्रयण गुणांक और r दोनों के चिह्न समान होते हैं अर्थात् दोनों या तो धनात्मक होते हैं या फिर दोनों ऋणात्मक होते हैं।

(b) सहसंबंध गुणांक समाश्रयण गुणांकों का गुणोत्तर माध्य होता है।

अर्थात् $r^2 = b_{xy}\,b_{yx}$

$\therefore\ r = \sqrt{(b_{xy}\,b_{yx})}$ यदि $b_{xy} > 0$

$= -\sqrt{(b_{xy}\,b_{yx})}$ यदि $b_{xy} > 0$.

(c) $0 < |b_{xy}\,b_{yx}| \le 1$ यदि $r \le 0$, अर्थात् यदि $|b_{xy}| > 1$, $|b_{yx}| < 1$.

अत: यदि $b_{xy} > 1$, $b_{yx} < 1$ और यदि $b_{xy} < -1$, $b_{yx} > -1$.

(d) b_{xy}, b_{yx} और $r > 0$, $\frac{1}{2}(b_{xy} + b_{yx}) \ge r$

और यदि b_{xy}, इत्यादि < 0, $\frac{1}{2}(b_{xy} + b_{yx}) \le r$.

(e) समाश्रयण गुणांक मूल बिंदु में परिवर्तन से स्वतंत्र होता है किंतु यह पैमाने पर निर्भर करता है।

दो समाश्रयण रेखाओं के बीच का कोण (Angle Between Two Lines of Regression) : यदि θ दो समाश्रयण रेखाओं के बीच का कोण हो, तो

$$\tan\theta = \frac{(1-r^2)}{|r|}\cdot\frac{\sigma_x\sigma_y}{\sigma_x^2\sigma_y^2} \quad \text{....(1)}$$

(a) यदि $r = 0$, तो $\theta = \pi/2$ अर्थात् दोनों समाश्रयण रेखाएं एक दूसरे के लंबवत् होंगी। वस्तुत: ये अक्ष के समांतर होती हैं, x पर y की समाश्रयण रेखा x-अक्ष के समांतर और y पर x की समाश्रयण रेखा y-अक्ष के समांतर होती है।

(b) यदि $r = 1$ या -1 हो, तो $\theta = 0$ होता है, अत: समाश्रयण रेखाएं संपाती होती हैं।

महत्वपूर्ण टिप्पणियां : यदि दो समाश्रयण रेखाओं के समीकरण दिए गए हों तो b_{xy} और b_{yx} का चयन इस प्रकार करें कि $b_{xy}\,b_{yx} < 1$.

उदाहरण के लिए $x + 3y - 1 = 0$ और $2x + y + 2 = 0$ द्वारा व्यक्त समाश्रयण रेखाओं पर विचार करें।

अब $x + 3y - 1 = 0$ से $x = -3y + 1$ या

$y = -\dfrac{1}{3}x + \dfrac{1}{3}$ और $2x + y + 2 = 0$ से,

$x = -\dfrac{1}{2}y - 1$ या $y = -2x - 2$.

गुण $b_{xy}\, b_{yx} < 1$ का प्रयोग करने पर, हमें $b_{yx} = -1/3$ और $b_{xy} = -1/2$ का चयन करना चाहिए। अर्थात् x पर y की समाश्रयण रेखा $x + 3y - 1 = 0$ के रूप में तथा y पर x की समाश्रयण रेखा $2x + y + 2 = 0$ के रूप में प्राप्त होती है।

आकलन की मानक त्रुटि :

1. x के आकलन में मानक त्रुटि $Sx = \sigma_x \sqrt{(1 - r^2)}$ द्वारा व्यक्त की जाती है।
2. y के आकलन में मानक त्रुटि $S_y = \sigma_y (1 - r^2)$.

प्रायिकता (PROBABILITY)

यादृच्छिक प्रयोग (Random Experiment) : यदि किसी प्रयोग से एक नियत परिणाम प्राप्त न होता हो और प्राप्त परिणाम अनेक संभावित परिणामों में से ही एक हो, तो ऐसे प्रयोग को एक अभिप्रयोग या यादृच्छिक प्रयोग कहते हैं।

प्रतिदर्श समष्टि (Sample Space) : किसी प्रयोग के सभी संभावित परिणामों के समुच्चय को प्रतिदर्श समष्टि (sample space) कहते हैं बशर्ते इन परिणामों में से कोई भी दो या अधिक परिणाम युगपत या समकालिक न हों और इनमें से निश्चित रूप से एक परिणाम जब कभी भी प्रयोग किया जाए तो अवश्य प्राप्त हो।

घटना या अनुवृत्त (Events) : किसी प्रयोग के परिणाम अर्थात् प्रतिदर्श समष्टि के प्रतिदर्श बिंदु (sample points) प्राय: सरल घटना या अनुवृत्त कहलाते हैं तथा प्रतिदर्श समष्टि के किसी भी उपसमुच्चय 'S' को घटना या अनुवृत्त कहते हैं।

अत: पाशा फेंकना एक प्रयोग है, $S = \{1, 2, 3, 4, 5, 6\}$ प्रतिदर्श समष्टि है, $\{1\}, \ldots \{6\}$ सरल घटना या अनुवृत्त हैं, तथा $\{1, 2\}$ आदि घटनाएं हैं। रिक्त समुच्चय ϕ भी एक घटना या अनुवृत्त है क्योंकि $\phi \subset S$ और इसे असंभव घटना या अनुवृत्त (impossible event) कहते हैं। प्रतिदर्श समष्टि S, S का एक उपसमुच्चय भी है, अत: यह एक घटना या अनुवृत्त भी है। S सुनिश्चित घटना अर्थात् निश्चितता को निरूपित करता है।

समप्रायिक अनुवृत्त (Equally Likely Events) : घटनाओं या अनुवृत्तों के किसी समुच्चय को समप्रायिक (equally likely) कहा जाता है यदि सभी संगत घटकों पर विचार करने पर ऐसा कोई कारण उपस्थित न होता हो कि उनमें से किसी एक को अन्यों की तुलना में अधिमानता प्रदान की जा सके।

उदाहरण के लिए यदि किसी सुस्पष्ट सिक्के को, जिससे कि चित-पट का स्पष्टत: पता चले, उछाला जाए तो सिक्के के चित या पट आने की घटना समप्रायिक होती है।

निश्शेष घटना (Exhaustive Events) : घटनाओं के किसी समुच्चय को निश्शेष कहा जाता है यदि प्रयोग के निष्पादन से परिणाम के रूप में हर बार उन घटनाओं में से कोई एक समुपस्थित हो।

उदाहरण के लिए, यदि हम कोई पाशा फेकें तो घटनाएं $A_1 = \{1, 2\}$, $A_2 = \{2, 3, 3\}$ निश्शेष नहीं हैं क्योंकि हमें प्रयोग के परिणाम के रूप में 5 भी प्राप्त हो सकता है जो A_1 और A_2 में से किसी भी घटना का अवयव नहीं है। यदि हम घटनाओं $E_1 = \{1, 2, 3\}$ और $E_2 = \{2, 4, 5, 6\}$ पर विचार करें तो समुच्चय E_1, E_2 निश्शेष है।

परस्पर अपवर्जी घटनाएं (Mutually Exclusive Events) : घटनाओं के किसी समुच्चय को परस्पर अपवर्जी कहते हैं यदि उनमें कोई उभयनिष्ठ बिंदु न हो, अर्थात् उनमें से किसी भी एक घटना के घटित होने पर शेष घटनाओं में से किसी के भी घटित होने की संभावना समाप्त हो जाती हो। अत: $E_1, E_2, E_3, \ldots$ परस्पर अपवर्जी है यदि और केवल यदि $E_i \cap E_j = \phi$ जबकि $i \neq E_1$ और E_2 परस्पर अपवर्जी हैं।

किसी घटना का पूरक : किसी घटना A का $\overline{A}$, A' या A^c द्वारा सूचित पूरक A में निहित प्रतिदर्श बिंदुओं के अतिरिक्त समष्टि (space) के सभी प्रतिदर्श बिंदुओं का समुच्चय होता है।

उदाहरण : पाशा फेंकने के एक प्रयोग में

$S = \{1, 2, 3, 4, 5, 6\}$.

यदि $A = \{1, 3, 5, 6\}$, तो $\overline{A} = \{2, 4\}$

ध्यान रखें कि $A \cap \overline{A} = S$.

प्रायिकता की चिरप्रतिष्ठित परिभाषा : यदि किसी प्रयोग के n निश्शेष परस्पर अपवर्जी और समप्रायिक परिणाम हों और उनमें से m किसी घटना A के अनुकूल हों तो A के घटित होने की प्रायिकता को अनुपात m/n द्वारा व्यक्त किया जाता है।

अत: यदि किसी घटना A के घटित होने की प्रायिकता को p द्वारा व्यक्त किया जाए तो $p = m/n$.

स्पष्ट है कि p एक धनात्मक संख्या है जो इकाई से बड़ी नहीं है, जिससे कि $0 \leq p \leq 1$.

चूंकि ऐसे मामलों की संख्या जिसमें घटना A घटित नहीं होगी, $n - m$, है, अत: प्रायिकता q कि घटना घटित नहीं होगी, निम्नलिखित द्वारा व्यक्त की जाती है :

$$q = \frac{(n-m)}{n} = 1 - \frac{m}{n} = 1 - p.$$

$$\therefore\ p + q = 1$$

यदि किसी घटना A के घटित होने की प्रायिकता 1 हो, तो A निश्चित घटना है और यदि किसी घटना A के घटित होने की प्रायिकता 0 हो, तो A एक असंभव घटना है।

किसी घटना के अनुकूल संयोगानुपात और प्रतिकूल संयोगानुपात (Odds in Favour and Odds against an Event) : किसी प्रयोग के परिणाम स्वरूप यदि प्राप्त परिणामों में से a परिणाम किसी घटना E के अनुकूल हों और b परिणाम घटना के प्रतिकूल हों तो हम कहते हैं कि $a : b$ घटना E के अनुकूल संयोगानुपात हैं या $b : a$ घटना E के प्रतिकूल संयोगानुपात है।

अत: घटना E के अनुकूल संयोगानुपात

$$= \frac{\text{अनुकूल परिणामों की संख्या}}{\text{प्रतिकूल परिणामों की संख्या}}$$

इसी प्रकार घटना E के प्रतिकूल संयोगानुपात

$$= \frac{\text{प्रतिकूल परिणामों की संख्या}}{\text{अनुकूल परिणामों की संख्या}}$$

यदि किसी घटना के अनुकूल संयोगानुपात $a : b$ हों तो घटना के घटित होने की प्रायकिता $\frac{a}{a+b}$ और उस घटना के घटित न होने की प्रायिकता $\frac{b}{(a+b)}$ होती है।

योग प्रमेय (Addition Theorem) :

(a) यदि किसी प्रतिदर्श समष्टि S में 'A' और 'B' कोई दो घटनाएं हों, तो $P(A \cup B) = P(A) + P(B) - P(A \cap B)$.

(b) यदि 'A' और 'B' परस्पर अपवर्जी हों, तो $P(A \cap B) = 0$ ताकि $P(A \cup B) = P(A) + P(B)$.

[विशेष योग नियम]

(c) यदि A प्रतिदर्श समष्टि S में कोई घटना हो, तो $P(A') = 1 - P(A)$.

पूर्ण प्रायिकता प्रमेय (Total Probability Theorem) : यह प्रायिकता कि अनेक परस्पर अपवर्जी घटनाओं $A_1, A_2, ..., A_n$ में से कोई एक घटना घटित होगी, अलग-अलग घटनाओं की प्रायिकताओं का योग होती है। प्रतीक रूप में,

$P(A_1, + A_2, + ... + A_n) = P(A_1) + P(A_2) + ... + P(A_n)$.

सप्रतिबंध प्रायिकता (Conditional Probability) : यदि यह अभिधारणा सृजित हो कि कोई घटना A घटित हो चुकी है, B की प्रायिकता इस प्रतिबंध के तहत B की सप्रतिबंध प्रायिकता कहलाती है कि घटना A घटित हो चुकी है और इसे P(B/A) द्वारा व्यक्त किया जाता है।

P(B/A) को इस प्रकार पढ़ा जाता है ''घटना B की प्रायिकता यदि A^B हो''

सप्रतिबंध प्रायिकता प्रमेय (Conditional Probability Theorem) : यदि A और B प्रतिदर्श समष्टि S में कोई दो घटनाएं हों तो A के प्रसंग में B की सप्रतिबंध प्रायिकता निम्नलिखित द्वारा व्यक्त की जाती है :

$$P(B/A) = \frac{P(B \cap A)}{PA} = \frac{n(B \cap A)}{n(A)}, A \neq \phi.$$

गुणन-प्रमेय (Multiplication Theorem) : मिश्र प्रायिकता-प्रमेय (Theorem of Compound Probability):

(a) यदि प्रतिदर्श समष्टि S में A और B कोई घटनाएं हों तो

$P(A \cap B) = P(A).P(B/A)$ यदि $P(A) \neq 0$

$= P(B).P(A/B)$ यदि $P(B) \neq 0$.

(b) यदि A और B स्वतंत्र घटनाएं हों, तो $P(A \cap B) = P(A).P(B)$.

व्यापकीकृत गुणन-प्रमेय (Generalised Multiplication Theorem) : यदि $A_1, A_2, ..., A_n, A_{n+1}$ कुल $(n + 1)$ घटनाएं हों, इस प्रकार कि

$$P(A_1 \cap A_2 \cap ... \cap A_n), \text{ तो } P\left(\bigcap_{j=1}^{n+1} A_j\right)$$

$= P(A_1)P(A_2/A_1)\, P(A_3/A_1 \cap A_2)... P(A_{n+1}/A_1 \cap ... \cap A_n)$.

स्वतंत्र घटनाएं (Independent Events) : दो घटनाएं A और B स्वतंत्र कहलाती है यदि घटना A का घटित होना घटना B के घटित होने या न होने पर निर्भर न हो। अत: A और B स्वतंत्र होते हैं यदि

$P(A/B) = P(A)$ और $P(B/A) = P(B)$.

यदि A और B स्वतंत्र घटनाएं हों तो

(a) A और B' (अर्थात् $\overline{B}$) स्वतंत्र होते हैं, अर्थात् $P(A \cap \overline{B}) = P(A)\, P(\overline{B}) = P(A)[1 - P(B)]$.

(b) A' और B स्वतंत्र होते हैं अर्थात् $P(A' \cap B) = [1 - P(A)]P(B)$.

(c) A' और B' स्वतंत्र होते हैं, अत: $P(A' \cap B') = P(A')\, P(B') = [1 - P(A)][1 - P(B)]$.

(d) $P(A'/B') = P(A'), P(A'/B) = P(A')$.

परस्पर अपवर्जी और स्वतंत्र घटनाओं में अंतर (Difference Between Mutually Exclusiveness and Independence) : परस्पर अपवर्जी घटना उसे कहते हैं जब घटना एक ही प्रयोग से उत्पन्न होती हो और स्वतंत्र घटना उसे कहते हैं, जबकि घटना किसी भिन्न प्रयोग से उत्पन्न होती हो।

बेज प्रमेय (Baye's Theorem) : यदि $H_1, H_2, ..., H_n$ किसी प्रतिदर्श समष्टि S में परस्पर अपवर्जी और निश्शेष घटनाएं से हों, तो A एक अन्य घटना इस प्रकार होती हो कि $P(A) \neq 0$, तो $j = 1, 2, ..., n$ के लिए

$$P(H_j/A) = \frac{P(H_j)P(A/H_j)}{\sum_{k=j}^{n} P(H_k)P(A/H_k)}$$

गणितीय प्रत्याशा (Mathematical Expectation) : मान लें कि X एक विविक्त या असंतत यादृच्छिक चर है जो $x_1, x_2, ..., x_n$ मान अभिगृहीत करता है जबकि संगत प्रायिकता $p_1, p_2, ..., p_n$ हो।

तो X का प्रत्याशित मान या X की गणितीय प्रत्याशा, जिसे E(X) द्वारा व्यक्ति किया जाता है, निम्नवत् परिभाषित की जाती है :

$$E(X) = \sum_{i-1}^{n} x_i p_i \text{ जहां } \sum_{i-1}^{n} p_i = 1$$

अर्थात् $E(X) = x_1p_1 + x_2p_2 + ... + x_nx_n$, जहां $p_1 + ... + p_n = 1$.

मान लें कि किसी द्विपद प्रयोग के सफल होने की प्रायिकता p है और विफल होने की प्रायिकता q है, जहां $q = 1 - p$। यदि द्विपद प्रयोग के n स्वतंत्र अभिप्रयोग (trials) हों, तो ठीक-ठीक x सफलता की प्रायिकता निम्नलिखित द्वारा व्यक्त की जाती है : $P(x) = {}^nC_x\, q^{n-x} p^x$.

बहुपद प्रसरण का प्रयोग (Use of Multinomial Expansion): यदि किसी पाशे के m फलक (पार्श्व) हों जिन्हें क्रमश: 1, 2, 3, ..., m से चिह्नित किया गया हो और यदि ऐसे n पाशे फेंके जाएं तो इस बात की प्रायिकता कि ऊपरी पार्श्वों पर प्रदर्शित संख्याओं का योग p के बराबर होगा, निम्नलिखित के प्रसरण में xp के गुणांक द्वारा व्यक्त किया जाएगा :

$$\frac{(x + x^2 + x^3 + ... + x^m)^n}{m^n}$$

सिक्कों, पाशों और ताश के बारे में कुछ महत्वपूर्ण टिप्पणियां:

(a) **सिक्के (Coins) :**सिक्के के दो फलक होते हैं जिनमें से एक को चित और दूसरे को पट कहा जाता है। यदि कोई प्रयोग एकाधिक सिक्कों के साथ किया जाए तो सिक्कों को यदि अन्यथा कोई उल्लेख न किया गया हो, तो भिन्न-भिन्न (distinct) समझा जाता है।

(b) **पाशा (Dice) :** पाशा (घनाकार) में छ: पार्श्व या फलक होते हैं जो क्रमश: 1, 2, 3, 4, 5, 6 से चिह्नित होते हैं। चतुष्फलकीय (चार फलकों, 1, 2, 3, 4 वाले) या पंचफलकीय (पांच फलकों, 1, 2, 3, 4, 5 वाले) पाशे भी प्रयोग में लाए जा सकते हैं। जैसा कि सिक्कों के संदर्भ में उल्लेख किया गया है, यदि किसी प्रयोग के लिए एकाधिक पाशों का प्रयोग किया जाए तो सभी पाशे अलग-अलग माने जाते हैं यदि अन्यथा इस संबंध में कोई उल्लेख नहीं किया गया हो।

(c) **ताश (Playing Cards) :** ताश के एक पैक में प्राय: 52 पत्ते होते हैं।

ताश के पत्तों में चार सेट होते हैं (हुकुम का पत्ता, पान का पत्ता, ईंट का पत्ता और चिड़ी का पत्ता) जिनमें से प्रत्येक में 13–13 पत्ते होते हैं। पत्ते दो रंगों के होते हैं—लाल (पान और ईंट के पत्ते) तथा काला (हुकुम और चिड़ी के पत्ते) जिनके प्रत्येक रंग के 26–26 पत्ते होते हैं।

प्रत्येक सेट के 13 कार्डों में 3 फेस कार्ड होते हैं अर्थात् बादशाह, बेगम और गुलाम; अत: ताश के पत्तों में कुल 12 फेस कार्ड (4 बादशाह, 4 बेगम और 4 गुलाम) होते हैं। इनके अतिरिक्त 4 सेट ऑनर कार्ड के होते हैं जिनमें से प्रत्येक सेट में इक्का, बादशाह, बेगम और गुलाम—ये चार कार्ड होते हैं।

बहुविकल्पी प्रश्नावली

1. यदि $x_1, x_2, ..., x_n$ संख्याओं के समुच्चय का माध्य $\bar{x}$, हो, तो $x_i + 2_i$, $1 \le i \le n$ संख्याओं का माध्य होगा :

A. $\bar{x} + 2n$ B. $\bar{x} + n + 1$

C. $\bar{x} + 2$ D. $\bar{x} + n$

2. पहले n प्राकृत संख्याओं जिनके भार संगत संख्याओं के वर्गों के बराबर हैं, का भारित माध्य होगा :

A. $\frac{n+1}{2}$ B. $\frac{3n(n+1)}{2(2n+1)}$

C. $\frac{(n+1)(2n+1)}{6}$ D. $\frac{n(n+1)}{2}$

3. यदि 9 प्रेक्षणों का समांतर माध्य 100 है और 6 प्रेक्षणों का समांतर माध्य 80 हो, तो सभी 15 प्रेक्षणों का उभयनिष्ठ

माध्य होगा :

A. 100 B. 80
C. 90 D. 92

4. यदि माध्य और बहुलक के बीच का अंतर 63 हो, तो माध्य और माध्यिका के बीच अंतर का मान होगा :

A. 18 B. 24
C. 22 D. 21

5. यदि किसी चर के असंतत मान क्रमश:

$\alpha + 4, \alpha - \frac{7}{2}, \alpha - \frac{5}{2}, \alpha - 3, \alpha - 2, \alpha + \frac{1}{2}$, $\alpha - \frac{1}{2}, \alpha + 5\ (\alpha > 0)$, हों तो माध्यिका होगी:

A. $\alpha - \frac{5}{4}$ B. $\alpha - \frac{1}{2}$
C. $\alpha - 2$ D. $\alpha + \frac{5}{4}$

6. यदि नीचे दिए गए बंटन

विचर x	1	2	3	4	5
x की बारंबारता	4	5	k	1	2

का माध्य 2.6 हो, तो k का मान होगा :

A. 8 B. 10
C. 12 D. 18

7. पहले 7 प्राकृत संख्याओं का मानक विचलन (standard deviation) होगा :

A. $\frac{n(n+1)(2n+1)}{6}$ B. $\frac{n^2-1}{12}$
C. $\sqrt{\left(\frac{n^2-1}{12}\right)}$ D. इनमें से कोई नहीं

8. शृंखला $a, a + d, a + 2d, a + 2nd$ का माध्य से माध्य विचलन होगा :

A. $\frac{(n+1)d}{(2n+1)}$ B. $\frac{nd}{2n+1}$
C. $\frac{n(n+1)d}{(2n+1)}$ D. $\frac{(2n+1)d}{n(n+1)}$

9. 35 प्रेक्षणों के एक प्रतिदर्श का माध्य 80 और मानक विचलन 4 है। उसी आबादी से लिए गए 65 प्रेक्षणों के एक दूसरे प्रतिदर्श का माध्य 70 और मानक विचलन 3 है। संयोजित प्रतिदर्श का मानक विचलन होगा :

A. 5.85 B. 5.58
C. 34.2 D. इनमें से कोई नहीं

10. किसी परीक्षा में 200 छात्रों के प्राप्तांकों का माध्य और मानक विचलन क्रमश: 40 और 15 है। बाद में पता चला कि किसी छात्र का प्राप्तांक वास्तव में 40 था जिसे गलती से 50 पढ़ लिया गया था। छात्रों के प्राप्तांकों का सही माध्य और मानक ज्ञात करें।

A. 14.98, 39.95 B. 39.95, 14.98
C. 39.95, 224.5 D. इनमें से कोई नहीं

11. दो चरों x और y के बीच सहसंबंध गुणांक 0.5 है, उनका सहप्रसरण 16 और x का मानक विचलन 4 हो, तो y का मानक विचलन बताएं :

A. 4 B. 8
C. 16 D. 64

12. प्रेक्षणों $\{(1, 2), (2, 5), (3, 7), (4, 8), (5, 10)\}$, के लिए कार्ल-पीयरसन का सहसंबंध गुणांक निम्नलिखित में से किसके द्वारा व्यक्त किया जाएगा ?

A. 0.75 B. 0.85
C. 0.52 D. 0.985

13. यदि $\sum x = 15, \sum y = 40, \sum xy = 110, n = 5$, तो सहप्रसरण (x, y) निम्नलिखित में से किसके बराबर होगा ?

A. 22 B. 2
C. – 2 D. इनमें से कोई नहीं

14. प्रेक्षणों $\{(x, y)\} = \{(4, 2), (2, 4), (3, 2), (4, 4), (2, 4)\}$, के लिए x और y के बीच सहसंबंध गुणांक होगा :

A. 0.46 B. – 0.46
C. 0.21 D. इनमें से कोई नहीं

15. यदि $\bar{x} = 15,\ \bar{y} = 80, \sigma_x = 12, \sigma_y = 12, r = 75$ हो, तो $x = 55$ के संगत y का मान बताएं।

A. 110 B. 120
C. 100 D. इनमें से कोई नहीं

16. दो यादृच्छिक चरों की लघुतम वर्ग समाश्रयण रेखाएं $3x + 2y = 26$ और $6x + y = 331$ हैं। x और y के बीच सहसंबंध गुणांक निम्नलिखित में से किसके द्वारा व्यक्त किया जाएगा ?

A. – 0.5 B. 0.5
C. 0.25 D. इनमें से कोई नहीं

17. किसी सिक्के को चार बार उछालने पर सभी चारों अभिप्रयोगों में सिक्के के चित आने की प्रायिकता होती है :

A. 1/4 B. 15/16
C. 1/16 D. इनमें से कोई नहीं

18. यदि दो पाशों को एक साथ फेंका जाए तो दोनों पाशों से कुल 5 अंक प्राप्त करने की प्रायिकता होती है :

A. 1/18 B. 1/12
C. 1/9 D. इनमें से कोई नहीं

19. यदि दो पाशों को एक साथ फेंका जाए तो दोनों पाशों से कुल 7 अंक प्राप्त करने की प्रायिकता होती है :

A. 5/6 B. 1/6
C. 1/7 D. 7/6

20. यादृच्छिक चुने गए अधिवर्ष (leap year) में रविवार के 53 दिन होने की प्रायिकता होती है :

A. 7/366 B. 26/183
C. 1/7 D. 2/7

21. यदि 1 से 100 तक की संख्या लिखे 100 कार्डों के एक पैक से यादृच्छिक रूप में एक कार्ड खींचा जाए तो पैक से वर्ग संख्या लिखे कार्ड को खींचने की प्रायिकता होगी :

A. 1/5 B. 2/5
C. 1/10 D. इनमें से कोई नहीं

22. किसी प्रयोग के एक अभिप्रयोग (trial) में किसी घटना के घटित होने की प्रायिकता 0.6 है। यदि तीन स्वतंत्र अभिप्रयोग किए जाएं तो उस घटना के कम से कम एक बार घटित होने की प्रायिकता होगी :

A. 0.432 B. 0.064
C. 0.936 D. 0.568

23. दो अपवर्जी घटनाओं में से एक अनिवार्यतः घटित होनी है। इनमें से एक घटना के घटित होने की प्रायिकता दूसरी घटना के घटित होने की प्रायिकता की 2/3 हो, तो दूसरी घटना के अनुकूल संयोगानुपात होगा :

A. 1 : 3 B. 3 : 1
C. 2 : 3 D. 3 : 2

24. बारह कूपनों पर क्रमशः 1 से 12 तक की संख्या लिखी गई हैं। इनमें से यादृच्छिक रूप में एक-एक करके प्रतिस्थापित करते हुए छह कूपन चुने जाते हैं। किसी एक चयनित कूपन पर सबसे बड़ी संख्या जो 8 से कम या उसके बराबर हो, लिखी होने की प्रायिकता होगी :

A. $(2/3)^6$ B. $(7/12)^6$
C. 1/33 D. इनमें से कोई नहीं

25. सात पर्चियों पर 1 से 7 तक की संख्या लिखी गई है। इनमें से चार पर्चियां एक-एक करके प्रतिस्थापित करते हुए निकाली जाती हैं। इन पर्चियों पर लिखी संख्याओं में सबसे छोटी संख्या 5 हो, इसकी प्रायिकता होती है :

A. $1 - (2, 7)^4$ B. $4.(2/7)^4$
C. $(3/7)^4$ D. इनमें से कोई नहीं

26. एक थैले में 3 लाल रंग के, 4 सफेद रंग के और 5 नीले रंग के गेंद हैं। सभी गेंद अलग-अलग हैं। इस थैले से यादृच्छिक रूप में 2 गेंद निकाले जाएं तो वे अलग-अलग रंगों के होंगे, इसकी प्रायिकता होती है :

A. 47/66 B. 10/33
C. 5/22 D. इनमें से कोई नहीं

27. तीन परस्पर अपवर्जी घटनाओं A, B और C की प्रायिकताएं क्रमशः 2/3, 1/4 और 1/6 द्वारा व्यक्त की जाती हैं। यह कथन

A. सत्य है
B. असत्य है
C. कुछ कहा नहीं जा सकता
D. सत्य हो सकता है और असत्य भी

28. 1, 2, 3, 4, 5, 6 और 8 के अंकों से पांच अंकों की एक संख्या लिखी जाती हो तो संख्या के दोनों छोरों पर अंक सम हो, उसकी प्रायिकता होगी :

A. 2/7 B. 3/7
C. 4/7 D. इनमें से कोई नहीं

29. एक पाशे के 4 पार्श्वों पर कुछ नहीं लिखा गया है जबकि उसके पांचवें पार्श्व पर 2 और छठे पर 3 का अंक लिखा गया है। इस पाशे को 5 बार फेंके जाने पर कुल 12 आने की प्रायिकता होगी :

A. 5/1296 B. 5/1944
C. 5/2592 D. इनमें से कोई नहीं

30. तीन सदृश पाशे फेंके जाते हैं। इनमें से प्रत्येक द्वारा एक ही संख्या प्रदर्शित होगी, इसकी प्रायिकता होती है :

A. 1/6 B. 1/18
C. 1/36 D. इनमें से कोई नहीं

31. ताश के पत्तों के एक ढेर से एक-एक करके प्रतिस्थापित करते हुए तीन पत्ते खींचे जाएं तो 2 इक्के मिलने की प्रायिकता होगी :

A. $1/\{(13)^2 \times 17\}$ B. $1/(13)^3$
C. $3/(13)^3$ D. इनमें से कोई नहीं

32. यदि $0 \le p \le 5$ के अंतराल में किसी पूर्णांक p का यादृच्छिक चयन किया जाए तो समीकरण $x^2 + px + p/4 + 1/2 = 0$ के मूल वास्तविक हों, इसकी प्रायिकता होगी :

A. 4/5 B. 2/3
C. 3/5 D. इनमें से कोई नहीं

33. 2 लाल, 4 सफेद और 5 नीले रंग के गेंद जिनके समान रंग वाले गेंद एक जैसे हैं, यादृच्छिक रूप से एक पंक्ति में रखे जाएं कोई भी दो नीले रंग के गेंद पंक्ति में क्रमागत हों, इसकी प्रायिकता होगी :

A. 1/330 B. 1/22
C. 1/110 D. इनमें से कोई नहीं

34. यदि A और B ऐसी घटनाएं हों कि $P(A) > 0$ और $P(B) \neq 1$, तो $P(\overline{A}/\overline{B})$ निम्नलिखित में से किसके बराबर होगा?

A. $1 - P(A/B)$ B. $1 - P(\overline{A}/B)$
C. $\dfrac{1-P(A \cup B)}{P(\overline{B})}$ D. $\dfrac{P(\overline{A})}{P(\overline{B})}$

35. एक थैले में 4 सफेद और 4 काले रंग के गेंद रखे गए हैं और थैले से यदृच्छया (मनमाने तौर पर) 3 गेंद बाहर निकाले जाते हैं। यदि समान रंग के गेंद एक जैसे हों तो थैले से निकाले गए गेंदों में कुछ काले होंगे, इसकी प्रायिकता होगी :

A. 1/4 B. 1/14
C. 1/2 D. इनमें से कोई नहीं

36. दो घटनाओं A और B की प्रायिकताएं क्रमशः 0.25 और 0.50 हैं। यदि दोनों घटनाएं A और B एक साथ घटित होंगी, इसकी प्रायिकता 0.12 हो, तो न तो A घटित हो और न ही B इसकी प्रायिकता होगी :

A. 0.13 B. 0.38
C. 0.63 D. 0.37

37. एक बक्से में 1, 2, ..., 100 तक की संख्या लिखे 100 टिकट रखे गए हैं। इसमें से दो टिकट यादृच्छिक रूप में निकाले जाते हैं। यह पाया जाता है कि निकाले गए दो टिकटों पर अंकित सबसे बड़ी संख्या 10 से बड़ी नहीं है। टिकटों पर अंकित सबसे छोटी संख्या 5 हो, इसकी प्रायिकता होगी :

A. 13/15 B. 1/330
C. 1/3 D. 1/9

38. किसी समस्या के समाधान के लिए A के पक्ष में (अनुकूल) संयोगानुपात 3 : 4 है और उसी समस्या के समाधान के लिए B के विरुद्ध (प्रतिकूल) संयोगानुपात 5 : 7 है। यदि ये दोनों एक साथ मिलकर समस्या का समाधान ढूंढने का प्रयास करते हों तो समस्या के समाधान की प्रायिकता होगी:

A. 41/84 B. 16/21
C. 5/21 D. 1/4

39. ताश के 52 पत्तों के एक पैक से एक एक करके पत्ते बाहर निकाले जाएं तो पहला इक्के का पत्ता निकलने से पहले ठीक 10 पत्ते निकाले जाएंगे, इसकी प्रायिकता है :

A. 241/1456 B. 164/4165
C. 451/884 D. इनमें से कोई नहीं

40. एक पिता के साथ उसके तीन बच्चे घूमने जा रहे हैं, जिनमें कम से कम एक बच्चा लड़का है। उन बच्चों में 2 लड़के और 1 लड़की हो, इसकी प्रायिकता क्या होगी :

A. 1/4 B. 3/7
C. 1/3 D. इनमें से कोई नहीं

41. 1 से 80 तक संख्यांकित 80 कार्डों के एक पैक से मनमाने तौर पर 2 कार्ड निकाले जाते हैं। दोनों कार्ड़ों पर लिखी संख्या 4 से विभाज्य होगी, इसकी प्रायिकता निम्नलिखित में से किसके द्वारा दर्शाई जा सकती है?

A. 21/316 B. 19/316
C. 1/4 D. इनमें से कोई नहीं

42. एक घनाकार पाशे को 6 बार फेंका जाता है। पाशे पर 2 और 4 ठीक-ठीक 3–3 बार आएगा, इसकी प्रायिकता है:

A. $\dfrac{5}{11664}$ B. $\dfrac{1}{46656}$
C. $\dfrac{1}{5184}$ D. इनमें से कोई नहीं

43. किसी प्रयोग के एक अभिप्रयोग में किसी घटना A के घटित होने की प्रायिकता 0.7 है। इस प्रयोग के तीन स्वंतत्र अभिप्रयोग किए जाते हैं। घटना A कम से कम एक बार घटित होगी, इसकी प्रायिकता है :

A. 0.657 B. 0.973
C. 0.189 D. इनमें से कोई नहीं

44. दो खिलाड़ी किसी सिक्के को 4–4 बार उछालते हैं। उनके द्वारा सिक्के को उछालने पर सिक्के बराबर संख्या में चित आएं, इसकी प्रायिकता है :

A. $\dfrac{5}{256}$ B. $\dfrac{1}{16}$
C. $\dfrac{35}{128}$ D. इनमें से कोई नहीं

45. किसी प्रयोग में एक सिक्के को 3 बार उछाला जाता है और सफलता उस प्रतियोगी को मिलती है जिसके द्वारा

सिक्के को उछाले जाने पर 2 बार चित आते हैं। यदि प्रयोग 3 बार दोहराए जाएं तो सफलता प्राप्त नहीं होने की प्रायिकता निम्नलिखित में से किसके बराबर होगी :

A. $(7/8)^3$ B. $(1/8)^3$
C. $(5/8)^3$ D. इनमें से कोई नहीं

46. दो छात्रों द्वारा किसी प्रश्न को हल करने की प्रायिकता क्रमश: 1/2 और 1/3 है। प्रश्न के हल होने की संभावना है:

A. 2/3 B. 4/3
C. 1/3 D. 1

47. यदि A और B दो ऐसी घटनाएं हों कि P(A) = 0.4, P(B) = 0.3 और $P(A \cup B) = 0.7$, तो :

A. A और B स्वतंत्र घटनाएं हैं
B. A और B निश्शेष घटनाएं हैं
C. A और B परस्पर अपवर्जी हैं
D. इनमें से कोई नहीं

48. तीन छह-फलकों वाले पाशों को एक साथ फेंका जाए तो इन सभी पाशों पर आने वाली संख्याओं का कुल योग 8 हो, इसकी प्रायिकता होगी :

A. 7/72 B. 7/54
C. 4/27 D. इनमें से कोई नहीं

49. कुछ घटनाओं में से कम से कम किसी एक घटना के घटित होने की प्रायिकता 0.6 और सभी घटनाओं के एक साथ घटित होने की प्रायिकता 0.2 हो, तो P(A) + P(B) का मान होगा :

A. 0.8 B. 0.6
C. 0.2 D. 0.4

50. 50 वर्ष की आयु वाले किसी व्यक्ति की एक वर्ष के भीतर मृत्यु हो जाने की प्रायिकता p है। $A_1, A_2, ..., A_n$ कुल n व्यक्तियों में से जिनमें से प्रत्येक की आयु 50 वर्ष है, A_1 की मृत्यु एक वर्ष के भीतर और सबसे पहले होगी, इस बात की प्रायिकता है :

A. $1 - (1 - p)^n$ B. $[1 - (1 - p)^n]/n^2$
C. $[1 - (1 - p)^n]/n$ D. इनमें से कोई नहीं

51. A और B की एक वर्ष के भीतर मृत्यु हो जाएगी, इसकी प्रायिकताएं क्रमश: p और q हों, तो वर्ष की समाप्ति पर उनमें से केवल एक व्यक्ति जीवित बचेगा, इसकी प्रायिकता होगी :

A. $p + q$ B. $p + q - 2pq$
C. $p + q - pq$ D. $p + q + pq$

52. किसी व्यक्ति के बारे में ऐसा कहा जाता है कि वह 4 बार में से 3 बार सत्य बोलता है। वह एक पाशा फेंकता है और बताता है कि छह आया है। वास्तव में छह आया है, इस बात की प्रायिकता है :

A. 3/8 B. 1/5
C. 3/5 D. इनमें से कोई नहीं

53. एक पाशा और दो सिक्के एक साथ फेंके जाते हैं। दोनों सिक्के चित आएंगे और पाशे पर 1 या 2 आएगा, इसकी प्रायिकता होगी :

A. 7/12 B. 4/7
C. 1/12 D. इनमें से कोई नहीं

54. एक थैले में 8 नीले और 4 हरे रंग के गेंद हैं। यादृच्छिक रूप में 2 गेंद थैले से बाहर निकाले जाएं तो दोनों गेंद समान रंग के होंगे (सभी गेंद अलग-अलग माने जाते हैं), इसकी प्रायिकता होगी :

A. 17/33 B. 1/33
C. 14/33 D. 1/11

55. एक थैले में 8 नीले और 4 हरे रंग के गेंद हैं। समान रंग वाले गेंद एक जैसे हैं। थैले से यादृच्छिक रूप में दो गेंद बाहर निकाले जाते हैं। दोनों निकाले गए गेंद समान रंग के होंगे, इसकी प्रायिकता होगी :

A. 1/3 B. 2/3
C. 14/33 D. 1/11

56. यदि सिक्के को उछालने पर चित आने की प्रायिकता ≥ 0.9 हो, तो कम से कम एक बार चित आने के लिए सिक्के को कितनी बार उछालने की आवश्यकता होगी?

A. 3 B. 4
C. 5 D. इनमें से कोई नहीं

57. ताश के पत्तों के एक पैकेट से 2 पत्ते यादृच्छिक रूप में एक-एक करके प्रतिस्थपित करते हुए निकाले जाएं तो पहला पत्ता पान का पत्ता और दूसरा पत्ता बादशाह हो, इसकी प्रायिकता होती है :

A. 1/26 B. 1/52
C. 1/13 D. इनमें से कोई नहीं

58. यदि P(A) = 0.3, P(B) = 0.4, P(C) = 0.8, P(AB) = 0.08, P(AC) = 0.28, P(ABC) = 0.09, $P(A + B + C) \geq 0.75$ और P(BC) = x हो, तो

A. $0.23 \leq x \leq 0.48$ B. $0.32 \leq x \leq 0.84$
C. $0.25 \leq x \leq 0.73$ D. इनमें से कोई नहीं

59. यदि ASSASSIN शब्द के अक्षरों को एक पंक्ति में यादृच्छिक रूप में लिखा जाए तो S के दो अक्षर एक साथ

न आएं, इसकी प्रायिकता होगी :

A. 3/5 B. 1/28
C. 1/35 D. 1/14

60. एक व्यक्ति के पास एक सिक्का और एक पाशा है। वह बारी-बारी से पहले सिक्के को उछालता है और तब पाशा फेंकता है। उसके द्वारा फेंके गए पाशे पर 5 या 6 आए, इससे पहले ही सिक्के के चित आने की प्रायिकता होगी :

A. 3/4 B. 1/2
C. 1/3 D. इनमें से कोई नहीं

61. स्वंतत्र घटनाओं $A_1, ..., A_n$, के लिए यदि $P(A_i) = \frac{1}{i+1}$, $i = 1, 3$, तो इनमें से कोई भी घटना घटित न हो, इसकी प्रायिकता होती है :

A. $n/(n+1)$ B. $n - 1/(n+1)$
C. $1/(n+1)$ D. इनमें से कोई नहीं

62. एक पाशा फेंका जाता है। दो घटनाओं $A = \{1, 2, 3, 4\}$ और $B = \{4, 5, 6\}$ पर विचार करें, तो A और B घटनाएं हैं :

A. स्वंतत्र B. परतंत्र
C. परस्पर अपवर्जी D. निश्शेष

63. एक छह फलकों वाला पाशा इस प्रकार अभिनत है कि इसे फेंकने पर सम संख्या आने की प्रायिकता विषम संख्या आने की प्रायिकता की तुलना में दोगुनी है। यदि इस पाशे को दो बार फेंका जाए तो दोनों बारों मे पाशे द्वारा दर्शाई गई संख्याओं का योग एक सम संख्या होगी, इसकी प्रायिकता है :

A. 5/9 B. 4/9
C. 2/3 D. 1/3

64. किसी अभिनत पाशे के संबंध में पाशे को फेंकने पर उसके द्वारा प्रदर्शित संख्याओं की प्रायिकता नीचे की तालिका में दर्शाई गई है :

पार्श्व/फलक	1	2	3	4	5	6
प्रायिकता	0.10	0.32	0.21	0.15	0.05	0.17

पाशे को फेंका जाता है और आपको यह बताया जाता है कि पाशे द्वारा 1 या 2 की संख्या प्रदर्शित की गई है। पाशा 1 की संख्या को प्रदर्शित कर रहा है, इसकी प्रायिकता कितनी है ?

A. 1/10 B. 16/21
C. 5/21 D. इनमें से कोई नहीं

65. मान लें कि A, 4 अवयवों का एक समुच्चय है। A से A तक के सभी फलनों के समुच्चय से यह प्रायिकता कि यह एक गुणा का फलन (In to function) है, होगी :

A. 3/32 B. 29/32
C. 0 D. 1

66. 0, 1, 2, 3, 4 के अंको से पांच अंकों की एक संख्या बनाई जाती है जिसमें किसी भी अंक का एकाधिक बार प्रयोग नहीं किया जाता है। यह संख्या 4 से विभाज्य हो, इसकी प्रायिकता होगी :

A. 1/3 B. 5/16
C. 1/4 D. 4/15

67. गृह स्वामी, उसकी पत्नी और 8 अतिथि एक गोल डाइनिंग टेबल के परितः अपनी इच्छानुसार सीटों पर बैठे हों, तो गृह स्वामी और उसकी पत्नी के इकट्ठे बैठने की प्रायिकता होगी :

A. 1/9 B. 2/9
C. 1/5 D. 1/10

68. यदि ALLAHABAD शब्द के अक्षरों को यादृच्छिक रूप में व्यवस्थित किया जाए तो नए बने शब्द में सभी समरूप शब्द एक साथ लिखे जाएं, इसकी प्रायिकता होगी :

A. 1/63 B. 16/17
C. 5!/9! D. इनमें से कोई नहीं

69. पंद्रह कूपनों पर क्रमशः 1 से 15 तक की संख्या लिखी गई है। इनमें से यादृच्छिक रूप में एक-एक करके प्रतिस्थापित करते हुए सात कूपन चुने जाते हैं। किसी चुने गए कूपन पर सबसे बड़ी संख्या 8 लिखी हो, इसकी प्रायिकता होती है :

A. $(9/16)^6$ B. $(8/15)^7$
C. $(3/5)^5$ D. इनमें से कोई नहीं

70. 25 पुस्तकों के बीच गणित की पुस्तकों के 5 खंड रखे गए हैं। इन्हें एक शेल्फ में यादृच्छिक क्रम में विन्यस्त किया गया है। गणित की पुस्तकों के खंड बाएं से दायें वर्धमान क्रम में (गणित की पुस्तकों के खंड एक दूसरे की बगल में रखें गए हों, यह आवश्यक नहीं हैं) पाए जाएं, इसकी प्रायिकता होगी :

A. 1/5! B. 50!/55!
C. $1/50^5$ D. इनमें से कोई नहीं

71. मान लें कि $X = \{1, 2, ..., 50\}$। X के एक उपसमुच्चय A का यादृच्छिक चयन किया जाता है। A के अवयवों को प्रतिस्थापित करके समुच्चय A फिर से निर्मित किया जाता है और X के एक अन्य उपसमुच्चय B का यादृच्छिक

चयन किया जाता है। $A \cap B$ में ठीक-ठीक 5 अवयव निहित हों, इसकी प्रायिकता होगी :

A. ${}^{50}C_5 . 3^{45}/4^{50}$ B. ${}^{50}C_5(3/4)^{45}$
C. ${}^{50}C_5\ (1/2)^{50}$ D. इनमें से कोई नहीं

72. गोल्फ के खेल का कोई नौसिखिया उपयुक्त क्लब (डंडे) का प्रयोग करके सही शॉट लगा सके इसकी प्रायिकता 1/3 है और वह दोषपूर्ण क्लब (डंडे) का प्रयोग करके सही शॉट लगा सके, इसकी प्रायिकता 1/4 है। उसके थैले में 5 अलग-अलग क्लब (डंडे) हैं जिनमें से केवल एक ही उपयुक्त क्लब (डंडा) है। यदि वह यादृच्छिक रूप में किसी एक क्लब (डंडे) का चयन करके स्ट्रोक लगाता हो, तो उसके द्वारा सही शॉट लगाने की प्रायिकता होगी :

A. 1/3 B. 1/12
C. 4/15 D. 7/12

73. यदि दो पाशे फेंकने पर A को कुल 5 अंक प्राप्त होते हों, तो उसे पाशों को फेंकने पर 7 अंक प्राप्त होने से पहले एक बार फिर से 5 अंक प्राप्त हों, इसकी प्रायिकता होगी :

A. 2/45 B. 2/5
C. 1/81 D. 1/9

74. यदि A और B दो घटनाएं इस प्रकार हों कि $P(A \cup B) = 5/6$, $P(\overline{A}) = 1/4$, $P(B) = 1/3$, तो A और B हैं :

A. परस्पर अपवर्जी B. परतंत्र
C. स्वतंत्र D. इनमें से कोई नहीं

75. यदि $(1 - 3p)/2$, $(1 + 4p)/3$, $(1 + p)/6$ तीन परस्पर अपवर्जी और निश्शेष घटनाओं की प्रायिकताएं हों, तो p के सभी मानों का समुच्चय होगा :

A. (0, 1) B. (–1/4, 1/3)
C. (0, 1/3) D. $(0, \infty)$

76. 100 लड़कों को यादृच्छिक रूप से दो उपसमूहों में विभाजित कर दिया जाता है जिनमें से प्रत्येक में 50 लड़के हैं। सबसे अधिक लंबे दो लड़के अलग-अलग समूहों में हों, इसकी प्रायिकता होगी :

A. 50/99 B. 49/99
C. 25/99 D. इनमें से कोई नहीं

77. यदि $\frac{1}{4}(1 + 4p)$, $\frac{1}{3}(1 - p)$ और $\frac{1}{2}(1 - 2p)$ तीन परस्पर अपवर्जी घटनाओं की प्रायिकताएं हों, तो

A. $1/4 \le p \le 1/2$ B. $1/4 \le p \le 1/3$
C. $1/3 \le p \le 1/2$ D. इनमें से कोई नहीं

78. एक सौ सदृश सिक्कों जिन्हें उछालने पर प्रत्येक के चित आने की प्रायिकता p है, एक-एक बार उछाले जाते हैं। यदि $0 < p < 1$ हो और 50 सिक्कों को उछालने पर उनके चित आने की प्रायिकता 51 सिक्कों को उछालने पर उनके चित आने की प्रायिकता के बराबर हो तो p का मान होगा:

A. 1/2 B. 49/101
C. 50/101 D. 51/101

79. 100 बल्बों की एक पेटी में 10 बल्ब खराब हैं। 5 बल्बों के एक प्रतिदर्श में कोई भी बल्ब खराब न हो, इसकी प्रायिकता होगी :

A. $1/10^5$ B. $(9/10)^5$
C. ${}^{90}C_5/{}^{100}C_5$ D. इनमें से कोई नहीं

80. ताश के पत्तों के एक पैकेट में 4 इक्के, 4 बादशाह, 4 बेगम और 4 गुलाम हैं। पैक से यादृच्छिक रूप में पत्ते निकाले जाते हैं। निकाले गए पत्तों में कम से कम एक पत्ता इक्का हो, इसकी प्रायिकता होगी :

A. 1/5 B. 3/16
C. 9/20 D. 1/9

81. भारत का वेस्ट इंडीज और ऑस्ट्रेलिया दोनों के साथ एक-एक मैच होता है। इन दोनों मैचों में से प्रत्येक में भारत द्वारा 0, 1, 2 अंक प्राप्त करने की प्रायिकताएं क्रमश: 0.45, 0.05 और 0.50 हैं। यह मानकर कि परिणाम स्वतंत्र हैं, भारत द्वारा कम से कम 7 अंक प्राप्त करने की प्रायिकता है:

A. 0.8750 B. 0.0875
C. 0.0625 D. 0.0250

82. एक सिक्के को एक निश्चित बार फेंका जाता है। यदि 7 चित आने की प्रायिकता 9 चित आने की प्रायिकता के बराबर हो, तो 3 चित आने की प्रायिकता होगी

A. $35/2^{12}$ B. $35/2^{14}$
C. $7/2^{12}$ D. इनमें से कोई नहीं

83. A 60% बार सत्य बोलता है और B 70% बार सत्य बोलता है। किसी एक ही घटना का वर्णन करते समय वे एक ही बात कहेंगे, इसकी प्रायिकता होगी :

A. 0.42 B. 0.46
C. 0.54 D. 0.12

84. यदि किसी शतरंज के बोर्ड पर यादृच्छिक रूप में दो खानों का चयन किया जाए तो इन दोनों खानों की एक भुजा उभयनिष्ठ हो, इसकी प्रायिकता होगी :

A. 1/9 B. 2/7
C. 1/18 D. इनमें से कोई नहीं

85. तीन छह फलकों वाले पाशे को एक साथ फेंके जाने पर आने वाली तीन संख्याओं में से ठीक-ठीक दो संख्याएं

समान हों, इसकी प्रायिकता होगी :

A. 120/216 B. 126/216
C. 96/216 D. 90/216

86. एक थैले में 10 आम हैं जिनमें से 4 आम सड़े हुए है। इस थैले में से एक साथ दो आम निकाले जाते हैं। यदि उनमें से एक आम सड़ा हुआ न हो तो दूसरे आम के भी सड़े न होने की प्रायिकता होगी :

A. 5/18 B. 8/15
C. 5/13 D. 2/3

87. एक बक्से में 5 भूरे और 4 सफेद रंग के मोजे (जुर्राब) हैं। एक व्यक्ति इस बक्से से दो मोजे निकालता है। ये दोनों मोजे एक ही रंग के हों, इसकी प्रायिकता होगी :

A. 5/108 B. 1/6
C. 5/18 D. 4/9

88. मान लें कि $n(\geq 3)$ व्यक्ति किसी एक पंक्ति में बैठे हैं। इनमें से यादृच्छिक रूप में दो व्यक्तियों का चयन किया जाता है। ये दोनों व्यक्ति एक साथ न बैठे हों, इसकी प्रायिकता होगी :

A. $n - 1/n$ B. $(n - 2)/n$
C. $2/n - 1$ D. इनमें से कोई नहीं

89. 100 टिकट जिन पर 00, 01, ..., 99 तक की संख्या लिखी हो, में से यादृच्छिक रूप में एक टिकट का चयन किया जाता है। यदि टिकट पर लिखी गई संख्या के अंकों का योग और गुणनफल क्रमशः S और T हो तो S = 7, T = 0, के लिए प्रायिकता निम्नलिखित द्वारा प्रदर्शित की जाएगी :

A. 19/100 B. 2/19
C. 1/4 D. 1/50

90. एक थैले में $(2n + 1)$ सिक्के हैं। यह बताया गया है कि इन सिक्कों में से n सिक्कों पर दोनों ओर शीर्ष या चित (heads) बने हैं और शेष $(n + 1)$ सिक्के सही हैं अर्थात् उन पर चित और पट दोनों बने हैं। थैले से एक सिक्का यादृच्छिक रूप में लेकर उछाला जाता है। सिक्के के चित आने की प्रायिकता 31/42 हो, तो n का मान निम्नलिखित में से किसके बराबर होगा :

A. 10 B. 11
C. 12 D. 13

91. 7 फुटबॉल मैचों के परिणाम के बारे में जीत, बराबरी या हार का पूर्वानुमान लगाने के लिए एक प्रतियोगिता आयोजित की जाती है। A मनमाने ढंग से (यादृच्छिक रूप में) अनुमान लगाते हुए अपनी प्रविष्टि भेजता है। उसकी प्रविष्टि में ठीक-ठीक 4 सही पूर्वानुमान निहित होंगे, इसकी प्रायिकता होगी :

A. $8/3^7$ B. $16/3^7$
C. $280/3^7$ D. $560/3^7$

92. पांच अलग-अलग वस्तुओं 1, 2, 3, 4, 5 को 1, 2, 3, 4, 5 अंकित पांच स्थानों पर यादृच्छिक रूप में रखा जाता है। किसी एक व्यवस्था का यादृच्छिक रूप में चयन किया जाता है। चयनित व्यवस्था में कोई भी वस्तु उस पर अंकित संख्या के संगत स्थान पर नहीं रखी गई हो, इसकी प्रायिकता होगी:

A. 119/120 B. 1/5
C. 11/30 D. इनमें से कोई नहीं

93. आपको एक बक्स दिया जाता है जिसमें 20 कार्ड रखे गए हैं। इन कार्डों में से 10 कार्ड पर 'I' अक्षर छपा है। अन्य दस कार्डों पर 'T' अक्षर छपा है। यदि आप यादृच्छिक रूप में 3 कार्ड लेकर उसी क्रम में रख देते हैं तो IIT शब्द बनने की प्रायिकता होगी :

A. 9/80 B. 1/8
C. 4/27 D. 5/38

94. तीन घटनाओं A, B, C के लिए P (A या B के घटित होने की ठीक-ठीक एक घटना) = P (B या C के घटित होने की ठीक-ठीक एक घटना) = P (C या A के घटित होने की ठीक-ठीक एक घटना) = p और P (तीनों घटनाओं के एक साथ घटित होने की घटना) = p^2 हो, जहां $0 < p < 1/2$ तो A, B और C घटनाओं में से कम से कम किसी एक घटना के घटित होने की प्रायिकता होगी :

A. $\dfrac{3p+2p^2}{2}$ B. $\dfrac{p+3p^2}{4}$

C. $\dfrac{p+3p^2}{2}$ D. $\dfrac{3p+2p^2}{4}$

95. कृष्ण के अब से 10 वर्ष तक जीवित रहने की प्रायिकता 7/15 है और हैरी के अब से 10 वर्ष तक जीवित रहने की प्रायिकता 7/10 है। कृष्ण और हैरी दोनों की अब से 10 वर्ष बाद मृत्यु हो जाएगी, इसकी प्रायिकता है :

A. 21/150 B. 24/150
C. 49/150 D. 56/150

96. एक व्यक्ति किसी पैकेट से ताश का एक पत्ता निकालता है, उसे फिर से उसी स्थान पर रख देता है और सभी पत्तों को फेंटता है और फिर से एक पत्ता निकालता है, वह फिर से उस पत्ते को सभी पत्तों में मिलाकर पत्ते एक बार फिर से फेंटता है और फिर से एक पत्ता निकालता है। ऐसा वह

तब तक करता रहता है जब कि उसे पान का पत्ता नहीं मिल जाता। वह कम से कम चार बार पत्ते निकालेगा, इसकी प्रायिकता होगी :

A. 27/256 B. 175/256

C. 27/64 D. इनमें से कोई नहीं

97. एक अनभिनत (unbiased) पाशे को जिसके पार्श्वों पर क्रमशः 1, 2, 3, 4, 5 और 6 के अंक लिखे हैं, 4 बार फेंका जाता है। इस प्रकार प्राप्त चार अंकों में से न्यूनतम प्राप्त अंक 2 से कम न हो और अधिकतम प्राप्त अंक 5 से अधिक न हो, इसकी प्रायिकता होगी :

A. 16/81 B. 1/81

C. 80/81 D. 65/81

98. एक थैले में 9 अलग-अलग सफेद और 9 अलग-अलग काले रंग के गेंद रखे गए हैं। इस थैले में से यादृच्छिक रूप में एक-एक करके 9 गेंद निकाले जाते हैं तथा निकाले गए गेंद को हर बार थैले में वापस रख दिया जाता है। इस प्रकार निकाले गए गेंदों में प्रत्येक रंग के कम से कम चार गेंद हों, इसकी प्रायिकता होगी :

A. 1/2 से मामूली कम B. 1/2 से मामूली अधिक

C. 1/2 D. इनमें से कोई नहीं

99. ताश के 52 पत्तों के एक अच्छी तरह फेंटे गए पैक में से एक-एक करके यादृच्छिक रूप में तब तक पत्ते निकाले जाते हैं जब तक कि पहली बार 2 इक्के न मिल जाएं। इसके लिए 18 बार पत्ते निकालने पड़े, इसकी प्रायिकता होगी :

A. 3/34 B. 17/455

C. 561/15925 D. इनमें से कोई नहीं

100. एक बहुविकल्पी प्रश्न में चार वैकल्पिक उत्तर दिए गए हैं जिनमें से एक या एक से अधिक विकल्प सही है। उम्मीदवार को प्रश्न का उत्तर दिए जाने के लिए अंक तभी मिलेंगे जब कि वह सभी सही उत्तरों पर निशान लगाए। उम्मीदवार यादृच्छिक रूप में निशान लगाने का निर्णय करता है। यदि उसे प्रश्न का उत्तर देने के तीन अवसर दिए जाएं, तो उसे प्रश्न के उत्तर पर अंक प्राप्त होंगे, इसकी प्रायिकता होगी :

A. $1 - (14/15)^3$ B. $(1/15)^3$

C. 1/5 D. इनमें से कोई नहीं

101. एक बक्स में 24 एक जैसे गेंद रखे गए हैं जिनमें से 12 सफेद और 12 काले रंग के गेंद हैं। बक्स से एक-एक करके प्रतिस्थापित करते हुए यादृच्छिक रूप में गेंद निकाले जाते हैं। 7वीं निकासी में गेंद निकालने पर चौथी बार सफेद गेंद निकलेगा, इसकी प्रायिकता होगी :

A. 5/64 B. 27/32

C. 5/32 D. 1/2

102. एक अनभिनत (unbiased) पाशे को तब तक फेंका जाता है जब तक कि 4 से बड़ा अंक प्राप्त न हो जाए। इसके लिए पाशे को फेंके जाने की संख्या सम हो, इसकी प्रायिकता होगी :

A. 1/2 B. 2/5

C. 1/5 D. 2/3

103. तीन बक्सों में क्रमशः 3 सफेद और 1 काले, 2 सफेद और 2 काले, 1 सफेद और 3 काले रंग के गेंद रखे गए हैं। यदि इन बक्सों में से प्रत्येक से यादृच्छिक रूप में एक-एक गेंद निकाला जाए तो 2 सफेद और 1 काले गेंद निकलने की प्रायिकता होगी :

A. 13/32 B. 1/4

C. 1/32 D. 3/16

104. एक बक्स में 3 सफेद और 2 लाल रंग के गेंद रखे गए हैं। यदि पहला गेंद निकाला जाए तो दूसरा गेंद लाल रंग का निकलेगा। इस घटना की प्रायिकता होगी :

A. 8/25 B. 2/5

C. 3/5 D. 21/25

105. यदि समुच्चय {1, 2, 3, 4, ... 10} से यादृच्छिक रूप में p और q का प्रतिस्थापित करते हुए चयन किया जाए तो समीकरण $x^2 + px + q = 0$ के मूलों के वास्तविक होने की प्रायिकता होगी :

A. 0.62 B. 0.31

C. 0.63 D. इनमें से कोई नहीं

106. तीन बंदूकधारी एक ही लक्ष्य पर एक-एक करके 3 बार बंदूक दागते हैं। पहले व्यक्ति द्वारा लक्ष्य बेधन की प्रायिकता 0.4 है, दूसरे व्यक्ति द्वारा लक्ष्य बेधन की प्रायिकता 0.8 है तो उनमें से ठीक-ठीक दो व्यक्ति लक्ष्य बेधन कर सकते हैं, इसकी प्रायिकता होगी :

A. 0.92 B. 0.44

C. 0.94 D. इनमें से कोई नहीं

व्याख्यात्मक उत्तर

1. B: माध्य $= \frac{1}{n}\sum_{i=1}^{n}(x_i + 2i)$

$= \frac{1}{n}\Sigma x_i + \frac{2}{n}\sum_{i=1}^{n} i$

$= \bar{x} + \frac{2}{n}.n\,(n+1) = \bar{x} + n + 1$

2. B: $\bar{x} = \left(1\Big/\sum_{k=1}^{n} k^2\right).\sum_{1}^{n} k.k^2$

$= \frac{n^2(n+1)^2.6}{4.n(n+1)(2n+1)}$

$= \frac{3}{2}\frac{n(n+1)}{(2n+1)}.$

3. D: $\bar{x} = \frac{9\times 100 + 6\times 80}{9+6} = 92$

4. B: परिणाम से, बहुलक = 3 माध्यिका – 2 माध्य
माध्य > माध्यिका > बहुलक मानकर,
माध्य – बहुलक = 3 (माध्य–माध्यिका)
$\therefore$ 63 = 3 (माध्य–माध्यिका)
अर्थात्, माध्य – माध्यिक = 21.

5. A: आंकड़ों को निम्नवत व्यवस्थित करने पर,
$\alpha - 7/2, \alpha - 3, \alpha - 5/2, \alpha - 2, \alpha - 1/2,$
$\alpha + 1/2, \alpha + 4, \alpha + 5,$

माध्यिका $= \frac{1}{2}(\alpha - 2 + \alpha - 1/2) = \alpha - 5/4.$

6. A: $\frac{1\times 4 + 2\times 5 + 3\times k + 4\times 1 + 5\times 2}{4+5+k+1+2} = 26$

$\therefore 28 + 3k = 26\,(12 + k)$

या $0.4k = 3.2 \Rightarrow k = 8.$

7. C: $\sigma = \sqrt{\left[\frac{\Sigma x^2}{n} - \left(\frac{\Sigma x}{n}\right)^2\right]}$

$= \sqrt{\left\{\frac{n(n+1)(2n+1)}{6n} - \frac{n^2(n+1)^2}{4n^2}\right\}}$

$= \sqrt{\left\{\frac{n^2-1}{12}\right\}}.$

8. C: $\bar{x} = \dfrac{\frac{2n+1}{2}.[a+a+2nd]}{(2n+1)} = a + nd$

$\Sigma\,|x - \bar{x}\,| = 2d\,[1 + 2 + \dots + n] = n\,(n+1)d$

$\therefore$ माध्य विचलन $= \frac{n(n+1)d}{2n+1}.$

9. A: यहां $n_1 = 35, \bar{x}_1 = 80, \sigma_1 = 4$
$n_2 = 65, \bar{x}_2 = 70, \sigma_2 = 3$

$\therefore \quad \bar{x}_{12} = \frac{35\times 80 + 65\times 70}{35+65} = 73.5$

$\sigma_{12} = \sqrt{\left[\frac{35(16+42\times 25) + 65(9+12\times 25)}{100}\right]}$

$= \sqrt{(34.21)} = 5.85.$

10. B: सही $\Sigma x = 40 \times 200 - 50 + 40 = 7990$

$\therefore$ सही $\quad \bar{x} = 7990/200 = 39.95.$

गलत $\quad \Sigma x^2 = n[\sigma^2 + x^2]$
$= 200\,[40^2 + 15^2]$
$= 365000$

सही $\quad \Sigma x^2 = 365000 - 2500 + 1600$
$= 364100$

$\therefore$ सही $\quad \sigma = \sqrt{\left[\frac{364100}{200} - (39.95)^2\right]}$
$= \sqrt{[1820.5 - 1596]}$
$= \sqrt{(224.5)} = 14.98.$

11. B: $r = \frac{\text{सहप्रसरण}.(x,y)}{\sigma_x\sigma_y} \Rightarrow \sigma_y = \frac{\text{सहप्रसरण}.(x,y)}{r.\sigma_x}$

$= \frac{16}{(0.5)\times 4} = 8.$

12. D:

x	y	x^2	y^2	xy
1	2	1	4	2
2	5	4	25	10
3	7	9	49	21
4	8	16	64	32
5	10	25	100	50
15	32	55	242	115

यहां $r = 6$

तो $r = \dfrac{n.\sum xy - \sum x \sum y}{\sqrt{\left[n\Sigma x^2 - (\Sigma x)^2\right]\left[n\Sigma y^2 - (\Sigma y)^2\right]}}$

$= \dfrac{575 - 480}{\sqrt{(50) \times 186}} = 0.985.$

13. C: सहप्रसरण. $(x, y) = \dfrac{1}{n}\Sigma xy - x\bar{y}$

$= \dfrac{110}{5} - \dfrac{15}{5}.\dfrac{40}{5} = 22 - 24 = -2.$

14. B:

x	y	x^2	y^2	xy
4	2	16	4	8
2	4	4	16	8
3	2	9	4	6
4	4	16	16	16
2	4	4	16	8
15	16	49	56	46

यहां $r = 6$

तो $r = \dfrac{n.\Sigma xy - \Sigma x \Sigma y}{\sqrt{\left[n\Sigma x^2 - (\Sigma x)^2\right]\left[n\Sigma y^2 - (\Sigma y)^2\right]}}$

$= \dfrac{230 - 240}{\sqrt{20 \times 24}} = -0.46$

15. A: $b_{yx} = (0.75)\dfrac{12}{12} = \dfrac{3}{4}$

$\therefore$ x पर y की समाश्रयण रेखा का समीकरण

$y - \bar{y} = (3/4)(x - \bar{x})$

अर्थात् $y - 80 = (3/4)(x - 15)$

$\therefore$ y जबकि $x = 55$ हो निम्नलिखित द्वारा व्यक्त किया जाता है :

$y = 80 + 30 = 110.$

16. A: समाश्रयण रेखाओं के समीकरण है :

$3x + 2y = 26$ ...(1)

और $6x + y = 31$ ...(2)

(1) को निम्नवत् लिखा जा सकता है :

$x = -\dfrac{2}{3}y + \dfrac{26}{3}$ या $y = -\dfrac{3}{2}x + 13$

और (2) को निम्नवत् लिखा जा सकता है :

$x = (1/16)y + 31/6$ या $y - 6x + 31$

चूंकि $b_{xy}, b_{yx} \le 1$, अत:

$b_{yx} = 3/2$ और $b_{xy} = -1/6$

$\therefore$ $r^2 = (-3/2)(-1/6) = 1/4$

चूंकि $b_{xy} < 0, r < 0$ अत: $r - 1/2 = -0.5.$

17. C: $P = (1/2)^4 = 1/16.$

18. C: दोनों पाशों को $= 6 \times 6 = 36$ प्रकार से फेंका जा सकता है।

दोनों पाशों से कुल पांच अंक निम्नलिखित 4 प्रकार से प्राप्त किए जा सकते हैं :

$1 + 4, 2 + 3, 3 + 2, 4 + 1$

$\therefore$ अपेक्षित प्रायिकता $= 4/36 = 1/9.$

19. B: दोनों पाशों को $6 \times 6 = 36$ प्रकार से फेंका जा सकता है।

दोनों पाशों से कुल 7 अंक निम्नलिखित 6 प्रकार से प्राप्त किए जा सकते हैं :

$1 + 6, 2 + 5, 3 + 4, 4 + 3, 5 + 2, 6 + 1$

$\therefore$ अपेक्षित प्रायिकता $= 6/36 = 1/6.$

20. D: अधिवर्ष में 366 दिन अर्थात् 52 सप्ताह और 2 दिन होते हैं।

52 सप्ताहों में 52 रविवार होते हैं तथा 2 दिन निम्नवत हो सकते हैं :

रविवार और सोमवार, सोमवार और मंगलवार, मंगलवार और बुधवार, बुधवार और वृहस्पतिवार, वृहस्पतिवार और शुक्रवार, शुक्रवार और शनिवार, शनिवार और रविवार।

उपर्युक्त सात घटनाओं में से रविवार दो घटनाओं में आता है

$\therefore$ अपेक्षित प्रायिकता $=2/7.$

21. C: तरीकों की कुल संख्या $= {}^{100}C_1 = 100$

अनुकूल संख्याएं हैं : $1^2, 2^2, ..., 10^2.$

$\therefore$ अनुकूल तरीके $= 10$

$\therefore$ प्रायिकता $= 10/100 = 1/10.$

22. C: $P = 1 - (0.4)^3 = 0.936.$

23. D: मान लें कि $P(B) = x, P(A) = 2x/3$

$P(A) + P(B) = x + 2x/3 = 1 \Rightarrow 5x/3 = 1$

$\Rightarrow x = 3/5$

$P(A) = 2/5, P(B) = 3/5$

B के अनुकूल संयोगानुपात $= \dfrac{3/5}{1 - 3/5} = \dfrac{3}{2}.$

24. A: 1 से 8 तक की कोई भी संख्या लिखे कूपन के चयन की प्रायिकता = 8/12.
छह अभिप्रयोगों में :
P (1 से 8 तक की संख्या) = $(8/12)^6$
या P = $(2/3)^4$.

25. C: एक निकासी में P (5 या 6 या 7) = 3/7
∴ 4 निकासियों में से प्रत्येक में पर्चियों पर 5 या 6 या 7 लिखा हो, की प्रायिकता = $(3/7)^4$.

26. A: हमें निम्नलिखित पैटर्न प्राप्त होता है :
I लाल, सफेद $P_I = 3 \times 4/{}^{12}C_2$
II लाल, नीला $P_{II} = 3 \times 5/{}^{12}C_2$
III नीला, सफेद $P_{III} = 4 \times 5/{}^{12}C_2$
चूंकि ये सभी मामले अपवर्जी (exclusive) हैं,
अत: अपेक्षित प्रायिकता = $(12 + 15 + 20)/{}^{12}C_2$
$= (47 \times 2)/(12 \times 11) = 47/66.$

27. B: चूंकि घटनाएं A, B और C परस्पर अपवर्जी हैं, अत:
$$P(A \cup B \cup C) = \frac{2}{3}+\frac{1}{4}+\frac{1}{6}=\frac{13}{12} > 1,$$
जो संभव नहीं है।
अत: कथन असत्य है।

28. A: 1, 2, 3, 4, 5, 6 और 8 अंको से प्राप्त 5 अंको की कुल संख्या $={}^7P_5 = 7.6.5.4.3 = 2520$
उपर्युक्त अंकों में 4 सम अंक हैं (2, 4, 6 और 8).
∴ 2 सम अंकों का ${}^4C_2$ तरीकों से चयन किया जा सकता है।
∴ दोनों छोरों पर संख्याओं को
$2 \times 6 = 12$ तरीकों से रखा जा सकता है।
शेष 5 अंकों से शेष तीन स्थानों पर अंको को ${}^5P_3 = 60$ तरीकों से रखा जा सकता है।
∴ अपेक्षित प्रायिकता
$$= \frac{12 \times 60}{2520} = \frac{2}{7}.$$

29. A: **स्थितियां** : 2 3 **रिक्त**
स्थिति 1. – 4 1
स्थिति 2. 3 2 0
P (स्थिति 1) = ${}^5C_4\,(1/6)^4.4/6 = 20/6^5$
P (स्थिति 2) = ${}^5C_3\,(1/6)^2\,(1/6)^3 = 10/6^5$
P (12 का योग) = P(स्थिति 1) + P(स्थिति 2)
$$= \frac{20}{6^5}+\frac{10}{6^5}=\frac{30}{6^5}=\frac{5}{6^4}=\frac{5}{1296}.$$

30. C: अनुकूल स्थितियां = 6
कुल स्थितियां = $6^3 = 216$
$$P(\text{तीनों पाशों पर एक ही संख्या}) = \frac{6}{216}=\frac{1}{36}.$$

31. C: $P(\text{इक्के}) = \frac{4}{52}=\frac{1}{13}$
$P(\text{बादशाह}) = \frac{4}{52}=\frac{1}{13}$
P (2 इक्के और एक बादशाह)
$$= {}^3C_2.\left(\frac{1}{13}\right)^2\left(\frac{1}{13}\right)=\frac{3}{(13)^3}$$

32. B: समीकरण के मूल
$x^2 + px + p/4 + 1/2 = 0$ वास्तविक हैं यदि
$\Delta = p^2 - 4\,(p/4 + 1/2) \ge 0$
अर्थात् $(p - 2)\,(p + 1) \ge 0$
अर्थात् $p \le -1$ या $p \ge 2$
$0 \le p \le 5$ में p के संभावित मान हैं : 2, 3, 4, 5
अत: प्रायिकता = 4/6 = 2/3.

33. B: पंक्ति में 2 लाल, 4 सफेद और 5 नीले रंग के गेंद रखे गए हैं। चूंकि कोई भी दो नीले रंग का गेंद पंक्ति में क्रमागत नहीं है, अत: हमें निम्नलिखित पैटर्न प्राप्त होता है :
* • * • * • * • * • * • *
जहां • लाल या सफेद रंग के गेंद के स्थान तथा * नीले रंग के गेंद के लिए संभावित स्थान को व्यक्त करता है।
∴ नीले रंग के गेंद के लिए 5 स्थानों का चयन = ${}^7C_5$ तरीकों से किया जा सकता है।
चूंकि समान रंगों वाले गेंद एक जैसे हैं, अत: 5 नीले रंग के गेंदों का उन्हीं गेंदों से ही क्रमचय (permutation) = 1
$$\text{2 लाल और 4 सफेद रंग के गेंदों का क्रमचय} = \frac{6!}{2!4!}$$
यहां अनुकूल तरीके
$$= {}^7C_5\frac{6!}{2!4!} = \frac{7.6.6.5}{2.2} \quad ...(2)$$
$$\text{विन्यासों की कुल संख्या} = \frac{(11)!}{2!4!5!}$$
$$\therefore \text{प्रायिकता} = \frac{7.6.6.5.2!4!5!}{2.2(11)!} = \frac{1}{22}.$$

34. C: $P(\overline{A}/\overline{B}) = \dfrac{P(\overline{A} \cap \overline{B})}{P(\overline{B})} = \dfrac{P(\overline{A \cup B})}{P(\overline{B})}$

$= \dfrac{1 - P(A \cup B)}{P(\overline{B})}$.

35. A: थैले में एक जैसे 4 सफेद और 4 काले रंग के गेंद रखे गए हैं और हमें 3 गेंदों का चयन करना है जो निम्न-लिखित पैटर्न का अनुपालन करके किया जा सकता है:

सफेद	3	2	1	–
काला	–	1	2	3

अर्थात् सभी चारों प्रकार से

यहां यह उल्लेखनीय है कि 4 सफेद गेंदों में से 3 सफेद गेंदों को चयन करने का तरीका $^4C_3$ के बराबर नहीं हैं क्योंकि सफेद गेंद एक जैसे (सदृश) हैं, अत: यह 1 के बराबर है। यही स्थिति 2, 1, की संख्या में सफेद रंगों के चयन के लिए भी है।

अत: 3 सफेद रंग के गेंदो के चयन का तरीका 1 है।

अत: अपेक्षित प्रायकिता = 1/4.

36. D: $P(A \cup B) = P(A) + P(B) - P(A \cap B)$

$P(A \cup B) = 0.25 + 0.50 - 0.12 = 0.63$

$P(\overline{A \cup B}) = 1 - P(A \cup B) = 1 - 0.63 = 0.37$.

37. D: घटना A $\rightarrow$ 10 से अधिक नहीं

घटना B $\rightarrow$ 5 में सबसे कम संख्या

$$P(B/A) = \frac{P(A \cap B)}{P(B)}$$

$$= \frac{{}^1C_1 . {}^5C_1 / {}^{100}C_2}{{}^{10}C_2 / {}^{100}C_2}$$

$$= \frac{{}^5C_1}{{}^{10}C_2} = \frac{5}{45} = \frac{1}{9}.$$

38. B: $P(A) = \dfrac{3}{7}, P(B) = \dfrac{7}{12}$

$P(\overline{A}) = \dfrac{4}{7}, P(\overline{B}) = \dfrac{5}{12}$

$\therefore P(A \cup B) = 1 - \dfrac{4}{7} \times \dfrac{5}{12} = \dfrac{16}{21}$.

39. B: P{(पहली 10 निकासियों में इक्के का पत्ता नहीं है) (11वां पत्ता इक्के का है)}

$$= \frac{{}^{48}C_{10}}{{}^{52}C_{10}} \times \frac{4}{42} = \frac{164}{4165}.$$

40. B: मान लें कि पिता के साथ कम से कम 1 लड़का होने की घटना A है, तथा पिता के साथ दो लड़के और एक लड़की होने की घटना B है। अब हमें ज्ञात करना है :

$P(B/A) = P(A \cap B)/P(A)$

P(A) = P(1 लड़का, 2 लड़कियां)

+ P(2 लड़के, 1 लड़की)

+ P(3 लड़के, कोई लड़की नहीं)

$= {}^3C_1(½)^1 (½)^2 + {}^3C_2(½)^2 (½)^1 + {}^3C_3(½)^3$

$= 7/8$

और $P(A \cap B)$ = P(2 लड़के, 1 लड़की) = 3/8

$\therefore P(B/A) = P(A \cap B)/P(A) = 3/7$.

41. B: कुल तरीकों = $^{80}C_2$

अनुकूल तरीके = $^{20}C_2$

$$P = \frac{{}^{20}C_2}{{}^{80}C_2} = \frac{19}{316}.$$

42. A: $P(2) = \dfrac{1}{6}, P(4) = \dfrac{1}{6}$

अपेक्षित प्रायिकता

$$P = {}^6C_3.\left(\frac{1}{6}\right)^3.\left(\frac{1}{6}\right)^3 = \frac{1}{6^6}.\frac{6!}{3!3!} = \frac{5}{11664}.$$

43. B: $P(A) = 0.7 \therefore P(\overline{A}) = 0.3$

P(कम से कम एक बार) = 1 – P (कोई घटना नहीं हुई)

$= 1 - (0.3)^3 = 0.973$.

44. C: P = P(0 चित) + P(1 चित) + P(2 चित)

+ P(3 चित) + P(4 चित)

$P = [{}^4C_0.(½)^0.(½)^4]^2 + [{}^4C_1.(½)^1.(½)^3]^2$
$+ [{}^4C_2.(½)^2.(½)^2]^2 + [{}^4C_1.(½)^3.(½)^1]^2$
$+ [{}^4C_4.(½)^4.(½)^0]^2$

$$P = \frac{1}{256} + \frac{16}{256} + \frac{36}{256} + \frac{16}{256} + \frac{1}{256}$$

$$P = \frac{70}{256} = \frac{35}{128}.$$

45. C: P(2 चित) = $^3C_2/2^3 = 3/8$

P (3 अभिप्रयोगों में सफलता प्राप्त न होना) =

$(1 - 3/8)^3 = (5/8)^3$

46. A: दोनों में से किसी भी छात्र द्वारा प्रश्न हल न कर पाने की प्रायिकता

$= (1 - 1/2)(1 - 1/3) = 1/3$

$\therefore$ प्रश्न के हल होने की संभावना

$= 1 - 1/3 = 2/3.$

47. C: $P(A \cap B) = P(A) + P(B) - P(A \cup B)$

$= 0.4 + 0.3 - 0.7 = 0$

$\therefore P(A \cap B) \neq P(A)\,P(B)$ अत: A और B स्वतंत्र नहीं है

{चूंकि $P(A \cap B) \neq 1$, A और B निश्शेष नहीं है}

$P(A \cap B) = 0$ अत: A और B परस्पर अपवर्जी हैं।

48. A: तीन पाशों पर आने वाली संख्याओं का कुल योग 8 निम्नलिखित प्रकार से हो सकता है :

$= [x + x^2 + ... + x^6]^3$ में x^8 का गुणांक

$= [1 + x + ... + x^5]^3$ में x^5 का गुणांक

$= (1 - x^6)^3 (1 - x)^{-3}$ में x^5 का गुणांक

$= (1 - x)^{-3}$ में x^5 का गुणांक

$$= \frac{3.4.5.6.7}{1.2.3.4.5} = 21$$

$\therefore$ तीन पाशों को फेंके जाने का कुल तरीका

$= 6^3 = 216$

$\therefore$ प्रायिकता $= 21/216 = 7/72.$

49. A: $P(A \cup B) = P(A) + P(B) - P(A \cap B)$

$\Rightarrow 0.6 = P(A) + P(B) - 0.2$

$\Rightarrow P(A) + P(B) = 0.8.$

50. C: एक वर्ष के भीतर मृत्यु न होने की प्रायिकता $= (1 - p)$

किसी भी व्यक्ति की मृत्यु नहीं होती, इसकी प्रायिकता $(1 - p)^n$ है

$\therefore$ एक वर्ष के भीतर कम से कम एक व्यक्ति की मृत्यु होती है, इसकी प्रायिकता $= [1 - (1 - p)^n]$

$\therefore$ इस बात की प्रायिकता कि A_1 की मृत्यु एक वर्ष के भीतर और सबसे पहले होगी, $= \dfrac{\left[1-(1-p)^n\right]}{n}.$

51. B: P (एक वर्ष के भीतर A और B में से केवल किसी एक की ही मृत्यु होगी)

$= P(\overline{A}B) + P(A\overline{B})$

$= P(\overline{A})\,P(B) + P(A)\,P(\overline{B})$

[चूंकि A और B स्वतंत्र हैं]

$= (1 - p)q + p(1 - q)$

$= p + q - 2pq.$

52. A: मान लें कि A पाशे को फेंकने पर वास्तव में छह आने की घटना को निरूपित करता है और B उन घटनाओं को निरूपित करता है जबकि उस व्यक्ति द्वारा यह सूचित किया जाता है कि छह आया है।

तो वास्तव में छह आए, इसकी प्रायिकता निम्नलिखित द्वारा व्यक्त की जाती है :

$$P(A/B) = \frac{P(A \cap B)}{P(B)}$$

अब $P(A \cap B) = \frac{1}{6}.\frac{3}{4} = \frac{3}{24}$

$$P(B) = P(A \cap B) + P(\overline{A} \cap \overline{B})$$

$$= \frac{1}{6}.\frac{3}{4} + \frac{5}{6}.\frac{1}{4} = \frac{8}{24}$$

अत: $P(A/B) = \frac{3/24}{8/24} = \frac{3}{8}.$

53. C: सिक्के पर चित आने की प्रायिकता $= 1/2$.

पाशे पर 1 या 2 आने की प्रायिकता $= 2/6$.

$\therefore$ दोनों सिक्के चित आएंगे और पाशे पर 1 या 2 आएगा, इसकी प्रायिकता $= 1/2 \times 1/2 \times 2/6 = 1/12.$

54. A: अपेक्षित प्रायिकता $= \dfrac{^8C_2 + {^4C_2}}{^{12}C_2} = \dfrac{17}{33}.$

55. B: थैले से दो गेंद निकालने के तरीकों की संख्या

$= (1 + X + ... + X^8) \times (1 + X + ... + X^4)$ में X^2 का गुणांक

$= \dfrac{1-X^9}{1-X}.\dfrac{1-X^5}{1-X}$ में X^2 का गुणांक

$= (1 - X^9)(1 - X^5).(1 - X)^{-2}$ में X^2 का गुणांक

$= (1 - X)^{-2}$ में X^2 का गुंणाक

$= \dfrac{(2)(3)}{2!} = 3$

इन 3 तरीकों में से 2 तरीकों में दोनों नीले या दोनों लाल रंग के गेंद निकाले जा सकते हैं।

$\therefore$ अपेक्षित प्रायिकता $= 2/3$.

56. B: सिक्के को n बार उछालने पर कम से कम एक बार चित आने की प्रायिकता

$= 1 - (½)^n \geq 0.9$

$\Rightarrow \quad (½)^n \leq 0.1 \Rightarrow 2^n \geq 10$

$\Rightarrow \quad n \geq 3$

$\therefore$ n का न्यूनतम मान = 4.

57. B: पान का पत्ता मिलने की प्रायिकता = (13/52)
बादशाह मिलने की प्रायिकता = 4/52
$\therefore$ पहला पत्ता पान का और दूसरा बादशाह का हो, इसकी प्रायिकता =13/52 × 4/52 = 1/52.

58. D: कोई x प्राप्त नहीं होगा क्योंकि P(AB) कभी भी P(ABC) से कम नहीं हो सकता।

59. D: मान लें कि A, A, I, N विन्यास किया गया। अब S के विन्यास के लिए 5 स्थान उपलब्ध हैं।
$\therefore$ S के विन्यास के तरीके

$$= {}^5C_4 . \frac{4!}{2!} = 60.$$

और 8 अक्षरों के विन्यास के तरीकों की कुल संख्या

$$= \frac{8!}{4!\,2!} = \frac{8.7.6.5}{2}$$

$\therefore$ P(कोई भी दो S-अक्षर एक साथ नहीं हो सकते)

$$= \frac{60.2}{8.7.6.5} = \frac{1}{14}.$$

60. A: सिक्के को उछालने पर चित आने की प्रायिकता = 1/2 तथा पाशे पर 5 या 6 आने की प्रायिकता = 2/6 = 1/3. वह व्यक्ति पहले सिक्के को उछालता है और तब बारी-बारी से पाशे को फेंकता है और सिक्के को उछालता है तथा वह जीत जाएगा यदि उसके द्वारा फेंके गए पाशे पर 5 या 6 आए इससे पहले ही सिक्के पर चित आ जाए। अत:

$$\text{प्रायिकता} = \frac{1}{2} + \left(\frac{1}{2}.\frac{2}{3}\right).\frac{1}{2} + \left(\frac{1}{2}.\frac{2}{3}\right).\left(\frac{1}{2}.\frac{2}{3}\right).\frac{1}{2} + \ldots$$

पहला दौर   दूसरा दौर   तीसरा दौर

$$= \frac{1}{2}\left[1 + \frac{1}{3} + \left(\frac{1}{3}\right)^2 + \ldots\right] = \frac{1}{2}.\frac{1}{1-1/3} = \frac{3}{4}.$$

61. C: P (A_i) का घटित न होना = $1 - 1/(i+1) = i/(i+1)$.
$\therefore$ P (किसी भी घटना का घटित न होना)
= (1/2).(2/3) ... $\{n/(n+1)\} = 1/(n+1)$

62. D: P(A) = 4/6 = 2/3, P(B) = 3/6 = 1/2
P(AB) = 1/6
P(A).P(B) = 1/3
As P(AB) ≠ P(A).P(B)
$\therefore$ A और B स्वतंत्र नहीं है। एक घटना का घटित होना दूसरी घटना के घटित होने को प्रभावित नहीं करता है,
$P(P \cap B) \neq$ रिक्त समुच्चय
$\therefore$ घटनाएं परस्पर अपवर्जी नहीं हैं।
सभी संभावित परिणाम विद्यमान हैं अर्थात् $A \cup B$ प्रतिदर्श समष्टि {1, 2, 3, 4, 5, 6} के बराबर है, अत: A और B घटनाएं निश्शेष (exhaustive) हैं।

63. A: मान लें कि विषम संख्या प्राप्त होने की प्रायिकता p है, तो सम संख्या प्राप्त होने की प्रायिकता $2p$ होगी। इस स्थिति में पाशे पर कोई भी संख्या आए, इसकी प्रायिकता है : $3.2p + 3.p = 1 \Rightarrow p = 1/9$। अब दोनों बारों में पाशे द्वारा दर्शाई गई संख्याओं का योग एक सम संख्या होगी यदि दोनों ही बार सम संख्याएं प्राप्त हों या दोनों ही बार विषम संख्याएं प्राप्त हों।

$$\therefore \text{प्रायिकता} = 3.\frac{2}{9}.3.\frac{2}{9} + 3.\frac{1}{9}.3.\frac{1}{9}$$

$$= \frac{4}{9} + \frac{1}{9} = \frac{5}{9}.$$

64. C: मान लें कि A उस घटना को व्यक्त करता है जबकि पाशे द्वारा 1 की संख्या प्रदर्शित की गई है और B उस घटना को व्यक्त करता है जबकि पाशे द्वारा 1 या 2 की संख्या प्रदर्शित की गई है। हमें P(A/B) ज्ञात करना है।
अब, P(B) = P(पाशे का 1 या 2 पार्श्व)
= 0.10 + 0.32 = 0.42
और $P(A \cap B)$ = P(पाशे का पार्श्व 1) = 0.10

$$\text{अत:} P(A/B) = \frac{P(A \cap B)}{P(B)} = \frac{0.10}{0.42} = \frac{5}{21}.$$

65. B: समुच्चय A में 4 अवयव हैं
$\therefore$ निर्मित किए जा सकने वाले कुल फलन = $4^4 = 256$
इनमें से आच्छादक फलन (on to functions) = 4!
= 24
$\therefore$ गुणा का फलन = 256 – 24 = 232
$\therefore$ P(गुणा के फलन का) = 232/256 = 29/32.

66. B: निर्मित संख्या 4 से विभाज्य होगी, यदि अंतिम 2 अंक 04, 40, 24, 32, 20, 12 हों।
$\therefore$ अनुकूल तरीकों की कुल संख्या
= 3! + 3! + 4 + 4 + 3! + 4 = 30
और निर्मित की जा सकने वाली कुल संख्याएं
= 5! – 4! = 4! (5 – 1) = 96

$$\therefore P(4 \text{ द्वारा विभाज्य संख्या}) = \frac{30}{96} = \frac{5}{16}.$$

67. B: अनुकूल तरीकों की संख्या = 2!.8!.

10 व्यक्तियों के विन्यास के तरीकों की कुल संख्या

$= (10 - 1)! = 9!$

$\therefore \quad P = \frac{2!8!}{9!} = \frac{2}{9}.$

68. A: शब्द के अक्षरों के विन्यास के कुल तरीके

$\text{ALLAHABAD} = \frac{9!}{4!2!}$

अनुकूल तरीकों की संख्या = 4!.2!.5!

$\therefore \quad p = \frac{4!2!5!4!2!}{9!} = \frac{1}{63}.$

69. D: अनुकूल तरीकों की संख्या = 9

कुल तरीकों की संख्या = 15

$\therefore$ एक चांस में P (सबसे बड़ी संख्या 9)

$= 9/15 = 3/5$

$\therefore$ P (सभी चांसों में सबसे बड़ी संख्या 9)

$= (3/5)^7.$

70. A: पुस्तकों के 25 स्थानों में गणित के 5 खंडों के लिए पांच स्थान = $^{25}C_5$.

इन स्थानों में हमें 5 खंडों का क्रमचय नहीं करना है क्योंकि इन 5 खंडों का क्रम निश्चित है, अर्थात् v_1, v_2, v_3, v_4, v_5 । शेष 20 पुस्तकें 20! तरीकों से विन्यस्त की जा सकती है।

$\therefore$ अनुकूल तरीके = $^{25}C_5.20!$

$= \frac{25!.20!}{5!20!} = \frac{25!}{5!}$ ... (1)

और तरीकों की कुल संख्या = 25! ... (2)

$\therefore$ प्रायिकता = 25!/(5! 25!) = 1/5!

71. A: समुच्चय $A \cap B$ के लिए 5 अवयवों का चयन $^{50}C_5$ तरीकों से किया जा सकता है। मान लें कि a शेष 45 अवयवों में से एक अवयव है, तो हमारे पास निम्नलिखित 4 स्थितियां होती हैं :

$a \in A$;	$a \in B$	*(i)*
$a \in A$;	$a \notin B$	*(ii)*
$a \notin A$;	$a \in B$	*(iii)*
$a \notin A$;	$a \notin B$	*(iv)*

(ii), (iii) और *(iv)* अनुकूल है क्योंकि $a \in A \cap B$ अत: शेष 45 अवयवों में से प्रत्येक के लिए 3 स्थितियां अनुकूल हैं। अत: अनुकूल तरीकों की संख्या

$= {}^{50}C_5\ (3)^{45}$ ... (1)

और तरीकों की कुल संख्या अर्थात् उपसमुच्चय A और उपसमुच्चय B निर्मित करने के तरीकों की संख्या

$= 2^{50}.2^{50} = 4^{50}$ ... (2)

अत: अपेक्षित प्रायिकता = $^{50}C_5.(3)^{45}/4^{50}$.

72. C: P (उपयुक्त डंडा प्राप्त करना) = 1/5

$\therefore$ P (इस उपयुक्त डंडे से सही शॉट लगाना)

$= 1/3 \times 1/5 = 1/15$

P (अनुपयुक्त डंडा प्राप्त करना) = 4/5

P (अनुपयुक्त डंडे से गलत शॉट लगाना)

$= 4/5 \times 1/4 = 1/5$

$\therefore$ P (सही शॉट लगाना) = 1/15 + 1/5 = 4/15.

73. B: मान लें कि $p(A)$ कुल 5 अंक प्राप्त करने की प्रायिकता है और P(B) कुल 7 अंक प्राप्त करने की प्रायिकता है।

$\therefore$ P(A) = 4/36 = 1/9, P(B) = 6/36 = 1/6

P(A या B) = 5/18 क्योंकि $A \cap B = \phi$

P(C) = P (न तो A और न ही B) = 13/18

$\therefore$ P(7 का अंक प्राप्त करने से 5 का अंक प्राप्त करना)

$$= \frac{1}{9} + \frac{13}{18}.\frac{1}{9} + \frac{15}{18}.\frac{13}{18}.\frac{1}{9} \ldots + \infty$$

$$= \frac{1}{9}\left[\frac{1}{1-(13/18)}\right] = \frac{2}{5}.$$

74. C: $P(A \cup B) = P(A) + P(B) - P(A \cap B)$

$\therefore P(A \cap B) = 1/3 + 3/4 - 5/6 = 3/12 = 1/4$

$P(A)\ P(B) = 1/3.3/4 = 1/4$

$P(A)\ P(B) = P(A \cap B)$

$\therefore$ A और B स्वतंत्र हैं

और $P(A \cap B) \neq 0$

$\therefore$ A और B अपवर्जी नहीं हैं

75. B: $P(A) = (1 - 3p)/2$

$P(B) = (1 + 4p)/3, P(C) = (1 + p)/6$

घटनाएं परस्पर अपवर्जी और निश्शेष हैं

$\therefore P(A \cup B \cup C) = P(A) + P(B) + P(C) = 1$

$$\frac{1-3p}{2} + \frac{1+4p}{3} + \frac{1+p}{6} = 1 \quad \ldots (1)$$

अर्थात् 1 = 1,

$\therefore$ p के किसी भी वास्तविक मान के लिए सत्य

और $0 \leq \frac{1-3p}{2} \leq 1$

$\Rightarrow -1/3 \leq p \leq 1/3$ ... (2)

और $0 \leq \frac{1+4p}{3} \leq 1$

$\Rightarrow -1/4 \le p \le 1/2$ ... (3)

और $0 \le \frac{1+p}{6} \le 1$

$\Rightarrow -1 \le p \le 5$ ... (4)

(1), (2), (3), (4) का सार्व हल है

$\Rightarrow -1/4 \le p \le 1/3$

p के मानों का समुच्य [–1/4, 1/3].

76. A: सबसे अधिक लंबे दो लड़कों को छोड़ देने पर शेष 98 लड़कों को दो बराबर समूहों में विभाजित किया जा सकता है जिनमें से प्रत्येक में 49 लड़के होंगे जो 98!/(49!)(49!).2 तरीकों से विन्यस्त किए जा सकते हैं। दो सबसे अधिक लंबे लड़कों को दो समूहों (प्रत्येक में एक) में 2 तरीकों से विन्यस्त किया जा सकता है।

$\therefore$ अनुकूल तरीके $= \frac{98!.2}{(49)!(49)!.2}$ ... (1)

और 100 लड़कों को दोनों समूहों में 50–50 की संख्या में रखा जा सकता है :

$\frac{100!}{50!.50!.2}$ तरीकों से ... (2)

(1)/(2) से अपेक्षित प्रायिकता प्राप्त होती है।

77. A: प्रश्न संख्या 87 के उत्तर के समान संक्रिया करें।

यहां $0 < P(A \cup B \cup C)$

$= P(A) + P(B) + P(C) \le 1$

$P(A \cup B \cup C) = 0$ से

$P(A) = P(B) = P(C) = 0.$

78. D: $P_1 = {}^{100}C_{50}(p)^{50}(1-p)^{50}$

$P_2 = {}^{100}C_{51}(p)^{51}(1-p)^{49}$

दिया गया है कि $P_1 = P_2$

$\therefore {}^{100}C_{50}(p)^{50}(1-p)^{50} = {}^{100}C_{51}(p)^{51}(1-p)^{49}$

$$\frac{1-p}{p} = \frac{\frac{(100)!}{(51)!.(49)!}}{\frac{(100)!}{(50)!.(50)!}} = \frac{50}{51}$$

$\therefore \quad p = 51/101.$

79. C: 5 दोषयुक्त बल्बों को चुनने के अनुकूल तरीके $= {}^{90}C_5$.

चयन के तरीकों की कुल संख्या $= {}^{100}C_5$

$\therefore$ P (दोषयुक्त बल्ब) $= \frac{{}^{90}C_5}{{}^{100}C_5}$.

80 C: P (दोनों इक्के हैं) $= \frac{4}{16} \times \frac{3}{15} = \frac{1}{20}$

P (एक इक्का है) $= \frac{1}{4}.\frac{12}{15} + \frac{12}{16}.\frac{4}{15} = \frac{2}{5}$

$\therefore$ P (कम से कम एक इक्का है) $= \frac{1}{20} + \frac{2}{5} = \frac{9}{20}$.

81. B: भारत द्वारा खेले गए मैंचों की संख्या = 4.

7 अंक प्राप्त करने (3 जीत और एक बराबरी) की प्रायिकता $= {}^4C_3(0.5)^3.(0.05) = 0.0250.$

8 अंक प्राप्त करने (सभी 4 में जीत) की प्रायिकता

$= (0.5)^4 = 0.0625$

$\therefore$ अपेक्षित प्रायिकता (कम से कम 7 अंक प्राप्त करना अर्थात् 7अंक या 8 अंक)

$= 0.0250 + 0.0625 = 0.0875.$

82. A: मान लें कि सिक्कों को n बार उछाला जाता है

P (7 चित) $= {}^nC_7 (1/2)^7 (1/2)^{n-7}$

$= {}^nC_7 (1/2)^n$

और P (9 चित) $= {}^nC_9 (1/2)^9 (1/2)^{n-9}$

$= nC_9. (1/2)^n$

दिया गया है कि P (7 चित) = P (9 चित)

$\Rightarrow {}^nC_7 = {}^nC_9 \Rightarrow n = 16$

$\therefore$ P(3 चित) $= {}^{16}C_3 (1/2)^3 (1/2)^{16-3}$

$= {}^{16}C_3 (1/2)^{16} = 35/2^{12}.$

83. C: P(A सत्य बोलता है) = 3/5, $P(\overline{A}) = 2/5$

P (B सत्य बोलता है) = 7/10, $P(\overline{B}) = 3/10$

P (दोनों सत्य बोलते हैं) = (3/5).(7/10) = 21/50

P (दोनों असत्य बोलते हैं) = (2/5).(3/10) = 6/50

P (दोनों कुछ बोलते हैं) = 21/50 + 6/50

= 27/50 = 0.54

84. C: कुल तरीकों की संख्या $= {}^{64}C_2$

अनुकूल तरीके

$= (1/2).({}^4C_1.{}^2C_1 + {}^{24}C_1.{}^3C_1 + {}^{36}C_1.{}^4C_1)$

$P = \frac{8+72+144}{2 \times 32 \times 63} = \frac{1}{18}.$

85. D:

पहला	दूसरा	तीसरा
✓	✓	×
✓	×	✓
×	✓	✓

P (प्रत्येक स्थिति) $= 1 \times \frac{1}{6} \times \frac{5}{6} = \frac{5}{36}$

अत: कुल प्रायिकता $= 3 \times \frac{5}{36} = \frac{15}{36} = \frac{5}{12}$

86. C: मान लें कि A एक घटना है जिसमें दो चुने गए आमों में से एक आम सड़ा हुआ नहीं है। और B एक ऐसी घटना है जिसमें चुने गए दो आमों में से दोनों आम सड़े हुए नहीं हैं। हमें P(B/A) ज्ञात करना है।

$$P(B/A) = \frac{P(A \cap B)}{A(A)} = \frac{O(A \cap B)}{O(A)}$$

$$= \frac{{}^6C_2}{{}^6C_2 + {}^6C_1.{}^4C_1} = \frac{5}{13}.$$

87. D: बक्से में कुल 9 मोजे (जुर्राब) हैं जिसमें से 2 मोजों को निकालने के तरीकों की संख्या $= {}^9C_2 = 36$.

2 सफेद मोजे निकालने के तरीकों की संख्या

$= {}^4C_2 = 6$

और 2 भूरे मोजे निकालने के तरीकों की संख्या

$= {}^5C_2 = 10$

$\therefore$ एक ही रंग के 2 मोजे निकालने की प्रायिकता = 2 सफेद मोजों को निकालने की प्रायिकता + 2 भूरे मोजों को निकालने की प्रायिकता

$$= \frac{6}{36} + \frac{10}{36} = \frac{16}{36} = \frac{4}{9}.$$

88. B: • * • * • * ... • *

मान लें कि पंक्ति में n व्यक्ति बैठे हैं। चुने नहीं गए $(n-2)$ व्यक्ति ऊपर तारकों द्वारा इंगित स्थानों पर बैठे हैं और चुने गए 2 व्यक्ति बिंदुओं द्वारा इंगित स्थानों पर विन्यस्त किए जा सकते हैं (बिंदुओं की संख्या $n-1$)। अत: अनुकूल तरीके ${}^{n-1}C_2$ हैं और कुल तरीके ${}^nC_2$ हैं। अत:

$$P = \frac{{}^{n-1}C_2}{{}^nC_2} = \frac{(n-1)!2!.(n-2)!}{(n-3)!2!.n!} = \frac{(n-2)}{n}$$

89. D: टिकट पर लिखे अंकों का योग और गुणनफल क्रमश: 7 और 0 केवल ऐसे दो टिकटों के संदर्भ में ही हो सकता है जिन पर 07 या 70 की संख्या लिखी हो।

अत: $P = 2/100 = 1/50$.

90. A: n सिक्कों पर दोनों ओर शीर्ष (चित) बने हैं तथा $(n+1)$ सिक्कों पर चित और पट दोनों बने हैं। अत:

$$P\text{ (चित)} = \frac{{}^nC_1}{{}^{2n+1}C_1}.1 + \frac{{}^{n+1}C_1}{{}^{2n+1}C_1}.\frac{1}{2} = \frac{31}{42}$$

$$\Rightarrow \frac{n}{2n+1} + \frac{n+1}{2(2n+1)} = \frac{31}{42}$$

$\Rightarrow 2n + n + 1 = (2n+1)(31/21)$

$\Rightarrow 63n + 21 = 62n + 31 \Rightarrow n = 10.$

91. C: P (सही पूर्वानुमान) = 1/3

P (गलत पूर्वानुमान) = 2/3

ठीक-ठीक 4 सही पूर्वानुमानों के लिए

$P = {}^7C_4\,(1/3)^4.(2/3)^3 = 280/3^7.$

92. C: मान लें कि 1, 2, 3, 4, 5 लिखी वस्तुएं क्रमश: 1, 2, 3, 4, 5 लिखी जगहों पर रखी गई हों, तो कोई भी वस्तु उस पर अंकित संख्या के संगत स्थान पर नहीं रखी गई हो, इस व्यवस्था की संख्या निम्नलिखित द्वारा दर्शाई जा सकती है :

$$5!\left[1 - \frac{1}{1!} + \frac{1}{2!} - \frac{1}{3!} + \frac{1}{4!} - \frac{1}{5!}\right]$$

$= 60 - 20 + 5 - 1 = 44$

विन्यासों की कुल संख्या = 5! = 120

अत: अपेक्षित प्रायिकता = 44/120 = 11/30.

93. D: अपेक्षित प्रायिकता P = (पहली निकासी में I) × P(दूसरी निकासी में I) × P(तीसरी निकासी में T)

$$= \frac{{}^{10}C_1}{{}^{20}C_1} \times \frac{{}^9C_1}{{}^{19}C_1} \times \frac{{}^{10}C_1}{{}^{18}C_1} = \frac{10}{20}.\frac{9}{19}.\frac{10}{18} = \frac{5}{38}.$$

94. A: मान लें $O(S) = n$

घटनाओं A, B, C के लिए (चित्र देखें)

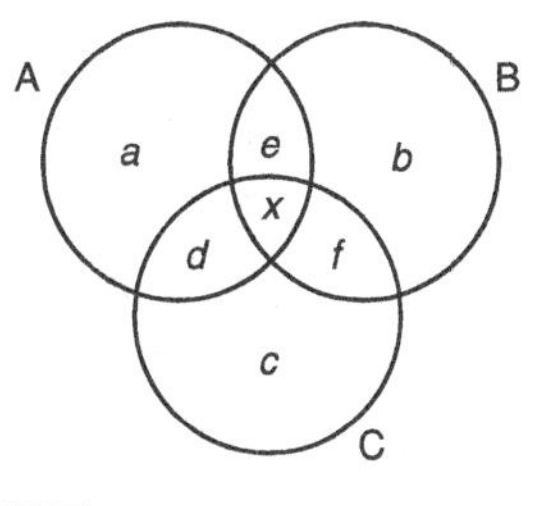

प्रश्नानुसार,

$a + d + b + f = np$ ...(1)

$b + e + d + c = np$ ...(2)

$a + e + c + f = np$ ...(3)

$x = np^2$ ...(4)

(1), (2) और (3) से,

$a + f = b + d = e + c = np/2$

$\therefore O(A \cup B \cup C) = a + b + c + d + e + f + x$

$$= \frac{3}{2}np + np^2$$

$$\therefore P(A \cup B \cup C) = \frac{3p + 2p^2}{2}.$$

95. B: अपेक्षित प्रायिकता = (कृष्ण की अब से 10 वर्ष बाद मृत्यु हो जाने की प्रायिकता) × (हैरी की अब से 10 वर्ष बाद मृत्यु हो जाने की प्रायिकता)
$= (1 - 7/15)(1 - 7/10) = 24/150.$

96. C: पान का पत्ता निकलने की प्रायिकता
$= 13/52 = 1/4$
P (उसे पान का पत्ता प्राप्त करने के लिए कम से कम 4 निकासियां करनी पड़ती हैं)

$$= \left(\frac{3}{4}\right)^3 \cdot \frac{1}{4} + \left(\frac{3}{4}\right)^4 \cdot \frac{1}{4} + \left(\frac{3}{4}\right)^5 \cdot \frac{1}{4} + \ldots$$

$$= \frac{(3/4)^3 \cdot 1/4}{1 - (3/4)} = \frac{27}{64}.$$

97. A: पाशे को एक बार फेंकने पर अपेक्षित अंक हैं 2, 3, 4 और 5 जिनकी संख्या 4 है।
सभी संभावित परिणाम हैं : 6.
∴ P = प्राप्त चार अंको में से न्यूनतम प्राप्त अंक 2 से कम न हो और अधिकतम प्राप्त अंक 5 से अधिक न हो, इसकी प्रायिकता
$= 4/6 = 2/3$
चूंकि पाशे को चार बार फेंका जाता है और सभी चारों बार पाशे को फेंकना स्वतंत्र घटनाएं हैं, अत: अपेक्षित प्रायिकता $= (2/3)^4 = 16/81.$

98. A: 9 अलग-अलग काले और 9 अलग-अलग सफेद गेंदों में से एक सफेद गेंद को निकालने की प्रायिकता = 1/2 और एक काले गेंद को निकालने की प्रायिकता भी 1/2 है। प्रतिस्थापित करते हुए की गई 9 निकासियों में प्रत्येक रंग के कम से कम चार गेंद हों, इसकी दो स्थितियां होंगी :

I P(5 सफेद, 4 काला) $= {}^9C_5 (½)^5 (½)^4$
$= p_1$ (मान लें)

II P(4 सफेद, 5 काला) $= {}^9C_4 (½)^4 . (½)^5$
$= p_2$ (मान लें)

स्थितियां अपवर्जी हैं, अत: P (प्रत्येक रंग के कम से कम 4) $= p_1 + p_2$
$= ({}^9C_4 + {}^9C_5).(1/2)^9$
$= 2.({}^9C_4.(1/2)^9 = 63/128$
जो 1/2 से मामूली कम है।

99. C: 2 इक्के प्राप्त करने के लिए 18 बार निकासी की जाए, इसका अर्थ है कि पहली 17 निकासियों में एक पत्ता इक्के का है और 16 पत्ते इक्के के नहीं हैं तथा 18 वीं निकासी में इक्के का दूसरा पत्ता मिलता है। अपेक्षित प्रायिकता

$$= \left\{ \begin{array}{l} \text{पहली 17 निकासियों में 1} \\ \text{पत्ता इक्के का और 16 पत्ते} \\ \text{इक्के के नहीं हैं} \qquad \dfrac{{}^{48}C_{16} \cdot {}^4C_1}{{}^{52}C_{17}} \end{array} \right\} \times$$

18 वीं निकासी में इक्के का दूसरा पत्ता $\frac{3}{35}$
$= 561/15925.$

100. C: 4 विकल्पों में से एक या एकाधिक विकल्पों पर सही का निशान लगाने के तरीकों की कुल संख्या
${}^4C_1 + {}^4C_2 + {}^4C_3 + {}^4C_4 = 15$
इन 15 संयोजनों में से केवल एक संयोजन ही सही है। पहले अभिप्रयोग में विकल्पों पर सही-सही निशान लगाने की प्रायिकता 1/15 है, दूसरे अभिप्रयोग में विकल्पों पर सही-सही निशान लगाने की प्रायिकता $\left(\frac{14}{15} \cdot \frac{1}{14}\right) = \frac{1}{15}$ और तीसरे अभिप्रयोग में विकल्पों पर सही-सही निशान लगाने की प्रायिकता $\frac{14}{15} \cdot \frac{13}{14} \cdot \frac{1}{13} = \frac{1}{15}$ है। अत: यदि उम्मीदवार को प्रश्न का उत्तर देने के तीन अवसर प्रदान किए जाएं तो उसे प्रश्न के उत्तर पर अंक प्राप्त होंगे, इसकी प्रायिकता है :
$(1/15) + (1/15) + (1/15) = 1/5.$

101. C: p_1 = सफेद गेंद निकालने की प्रायिकता = (12/24) = 1/2
p_2 = काला गेंद निकालने की प्रायिकता = (12/24) = 1/2
7 वीं निकासी में गेंद निकालने पर चौथी बार सफेद गेंद निकलेगा, इसका अर्थ है कि पहली छह निकासियों में सफेद गेंद तीन बार निकल चुका है तथा 7 वीं निकासी में चौथी बार सफेद गेंद निकलेगा
∴ अपेक्षित प्रायिकता
$= {}^6C_3 (p_1)^3 (p_2)^3 p_1 = 5/32.$

102. B: अनगिनत पाशे को फेंकने पर 4 से अधिक अंक प्राप्त करने की प्रायिकता = 1/3.
दूसरी, चौथी, छठी बार पाशे को फेंकने पर 4 से अधिक

अंक प्राप्त करने की प्रायिकता

$$= \frac{2}{3}\cdot\frac{1}{3} + \left(\frac{2}{3}\right)^3 \cdot \frac{1}{3} + \left(\frac{2}{3}\right)^5 \cdot \frac{1}{3} + \ldots$$

$$= \frac{2/9}{1-4/9} = 2/5.$$

103. A: मान लें कि i-वें बक्से से एक सफेद और एक काला गेंद निकलने की प्रायिकताएं क्रमश: $P(W_i)$ और $P(B_i)$ हैं, जहां $i = 1, 2, 3$.

$\therefore P(W_1) = 3/4, P(B_1) = 1/4$
$P(W_2) = 2/4 = 1/2, P(B_2) = 2/4 = 1/2$
$P(W_3) = 1/4, P(B_3) = 3/4$

3 बक्सों से दो सफेद और एक काला गेंद निम्नलिखित तरीकों से निकाला जाएगा :

	बक्स 1	बक्स 2	बक्स 3
तरीका 1	सफेद	सफेद	काला
तरीका 2	सफेद	काला	सफेद
तरीका 3	काला	सफेद	सफेद

$\therefore$ अपेक्षित प्रायिकता $= P(W_1).P(W_2).P(B_3)$
$+ P(W_1).P(B_2).P(W_3) + P(B_1).P(W_2).P(W_3)$
$= 13/32.$

(लाल, लाल) (सफेद, लाल)

104. B: प्रायिकता $= \frac{2}{5}\cdot\frac{1}{4} + \frac{3}{5}\cdot\frac{2}{4} = \frac{2}{5}.$

105. A: $x^2 + px + q = 0$ के मूल वास्तविक होंगे यदि $p^2 \geq 4q$. हो। संभावित चयन निम्नवत् हो सकता है :

p	q
1	–
2	1
3	1, 2
4	1, 2, 3, 4
5	1, 2, 3, 4, 5, 6
6	1, 2, ... 9
7, 8, 9, 10	1, 2, 3, ... 10

कुल = 62

$\therefore$ अनुकूल तरीके = 62

तरीकों की कुल संख्या $= 10^2 = 100$

$\therefore$ प्रायिकता $= 62/100 = 0.62.$

106. B: मान लें कि तीन बंदूकधारी क्रमश: A, B, C हैं। दिया गया है कि $P(A) = 0.4, P(B) = 0.5$ और $P(C) = 0.8.$

P (ठीक-ठीक दो व्यक्ति सफल होते हैं)

$= P(AB\overline{C}) + P(A\overline{B}C) + P(\overline{A}BC)$
$= 0.4 \times 0.5 \times 0.2 + 0.4 \times 0.5 \times 0.8 + 0.6 \times 0.5 \times 0.8$
$= 0.44.$

प्रैक्टिस टैस्ट पेपर्स

टैस्ट पेपर-I

1. निम्नलिखित द्विआधारी संख्याओं में से कौन–सी एक अभाज्य संख्या है?

A. 111101 B. 111010
C. 111111 D. 100011

2. द्वि–आधारी संख्याओं 1001.01 और 11.1 का गुणनफल क्या है?

A. 101110.011 B. 100000.011
C. 101110.101 D. 100000.101

3. कौन–सी दशा/दशाओं में आव्यूह A = $\begin{pmatrix} 0 & 0 & q \\ 2 & 5 & 1 \\ 8 & p & p \end{pmatrix}$ अव्युत्क्रमणीय होगी?

I. $q = 0$ II. $p = 0$
III. $p = 20$

नीचे दिए गए कूट का प्रयोग का सही उत्तर चुनिए:

A. 1 और 2 B. केवल 3
C. 1 और 3 D. 1 और 3

4. निम्नलिखित कथनों पर विचार कीजिए :

1. यदि det A = 0, तो det (adj A) = 0
2. यदि A व्युत्क्रमणीय है, तो det $(A^{-1}) = (\det A)^{-1}$

उपर्युक्त कथनों में से कौन–सा/से सही है/ हैं?

A. केवल 1
B. केवल 2
C. दोनों 1 और 2
D. न ही 1 और न ही 2

5. माना A एक $m \times n$ आव्यूह है। निम्नलिखित में से कौन–सी एक दशा में A^{-1} विद्यमान है?

A. केवल $m = n$
B. $m = n$ और det A $\neq 0$
C. $m = n$ और det A = 0
D. $m \neq n$

6. माना A और B कोटि $n \times n$ के दो आव्यूह हैं। साथ ही आव्यूह A व्युत्क्रमणीय है और आव्यूह B अव्युत्क्रमणीय है।

निम्नलिखित कथनों पर विचार कीजिए :

1. AB अव्युत्क्रमणीय है,
2. AB व्युत्क्रमणीय है,
3. $A^{-1}B$ अव्युत्क्रमणीय है,
4. $A^{-1}B$ व्युत्क्रमणीय है,

उपर्युक्त में से कौन–सा/से सही हैं?

A. 1 और 3 B. 2 और 4
C. केवल 1 D. केवल 3

7. माना A, कोटि $n \times n$ का एक वर्ग आव्यूह है और $n \geq 2$, माना आव्यूह A की प्रथम और द्वितीय पंक्तियों के विनिमय से आव्यूह B प्राप्त होता है, तो निम्नलिखित में से कौन–सा एक सही है?

A. det A = det B B. det A = – det B
C. A = B D. A = – B

8. k का मान क्या होना चाहिए कि रैखिक समीकरण निकाय $x - y + 2z = 0, kx - y + z = 0, 3x + y - 3z = 0$ का कोई अद्वितीय हल नहीं है?

A. 0 B. 3
C. 4 D. 5

9. यदि $-x^2 + 3x + 4 > 0$, तो निम्नलिखित में से कौन–सा एक सही है?

A. $x \in (-1, 4)$
B. $x \in (1, -4)$
C. $x \in (-\infty, -1) \cup (4, \infty)$
D. $x \in (\infty, 1] \cup [-4, \infty)$

10. sin (A + B) sin (A – B) + sin (B + C) sin (B – C) + sin (C + A) sin (C – A) का मान क्या है?

A. 0
B. sin A + sin B + sin C
C. cos A + cos B + cos C
D. 1

11. दिया गया है

$\tan \alpha = m (m + 1), \tan \beta = 1/(2m + 1)$, तो $\alpha + \beta$ का मान क्या है?

A. 0 B. $\frac{\pi}{4}$
C. $\frac{\pi}{6}$ D. $\frac{\pi}{3}$

12. यदि $x = r \sin\theta \cos\varphi$, $y = r \sin\theta \sin\varphi$ और $z = r \cos\theta$, तो $x^2 + y^2 + z^2$ निम्नलिखित में से किससे स्वतंत्र है?

A. केवल r B. r, φ
C. θ, φ D. r, θ

13. $\cos\theta + \cos 2\theta$ का न्यूनतम मान क्या है?

A. -2 B. $-\frac{9}{8}$
C. 0 D. $-\frac{9}{16}$

14. यदि $3 \tan\theta + 4 = 0$, जहां $(\pi/2) < \theta < \pi$, तो $2 \cot\theta - 5 \cos\theta + \sin\theta$ का मान क्या है?

A. $-\frac{53}{10}$ B. $\frac{7}{10}$
C. $\frac{23}{10}$ D. $\frac{37}{10}$

15. $\sin [\cot^{-1} \{\cos (\tan^{-1} x)\}]$, जहां $x > 0$; का मान किसके बराबर है?

A. $\sqrt{\frac{(x^2+1)}{(x^2+2)}}$ B. $\sqrt{\frac{(x^2+2)}{(x^2+1)}}$
C. $\frac{(x^2+1)}{(x^2+2)}$ D. $\frac{(x^2+2)}{(x^2+1)}$

16. cosec $(13\pi/12)$ का मान क्या है?

A. $\sqrt{6}+\sqrt{2}$ B. $-\sqrt{6}+\sqrt{2}$
C. $\sqrt{6}-\sqrt{2}$ D. $-\sqrt{6}-\sqrt{2}$

17. $(\sec\theta - \cos\theta)(\text{cosec}\,\theta - \sin\theta)(\cot\theta + \tan\theta)$ का मान क्या है?

A. 1 B. 2
C. $\sin\theta$ D. $\cos\theta$

18. यदि $\alpha + \beta = \frac{\pi}{2}$, और $\beta + \gamma = \alpha$; तो निम्नलिखित में से कौन–सा एक सही है?

A. $2 \tan\beta + \tan\gamma = \tan\alpha$
B. $\tan\beta + 2 \tan\gamma = \tan\alpha$
C. $\tan\beta + \tan\gamma = \tan\alpha$
D. $2 (\tan\beta + \tan\gamma) = \tan\alpha$

19. $\left(\frac{\cos 10° + \sin 20°}{\cos 20° - \sin 10°}\right)$ का मान क्या है?

A. $\frac{1}{\sqrt{3}}$ B. $-\frac{1}{\sqrt{3}}$
C. $\sqrt{3}$ D. $-\sqrt{3}$

20. त्रिभुज ABC, में, यदि $a = 2b$ और $A = 3B$, तो निम्नलिखित में से कौन–सा एक सही है?

A. यह त्रिभुज अधिकोणीय है,
B. यह त्रिभुज न्यूनकोण त्रिभुज है, परंतु समकोण त्रिभुज नहीं,
C. यह त्रिभुज समकोण त्रिभुज है,
D. यह त्रिभुज समद्विबाहु है, परंतु अधिकोणीय नहीं,

21. यदि $\sin x \cos y = \frac{1}{2}$, तो $\left(\frac{\pi}{4}, \frac{\pi}{4}\right)$ पर $\frac{d^2y}{dx^2}$ का मान क्या है?

A. -4 B. -2
C. -6 D. 0

22. कौन–से अंतराल में फलन $f(x) = \sqrt{9-x^2}$ वर्धमान है? $(f(x) > 0)$

A. $0 < x < 3$ B. $-3 < x < 0$
C. $0 < x < 9$ D. $-3 < x < 3$

23. यदि फलन $f(x) = \begin{cases} ax^2 + b & x < -1 \\ bx^2 + ax + 4 & x \geq -1 \end{cases}$ का अवकलज सर्वत्र संतत है, तो a और b के मान क्या हैं?

A. $a = 2, b = 3$
B. $a = 3, b = 2$
C. $a = -2, b = -3$
D. $a = -3, b = -2$

24. एक 34 से.मी. लंबी तार को एक ऐसे चतुर्भुज के रूप में मोड़ा जाता है, जिसका प्रत्येक कोण 90° है, इस चतुर्भुज के बीच परिबद्ध अधिकतम क्षेत्रफल कितना होगा?

A. 68 वर्ग से.मी. B. 70 वर्ग से.मी.
C. 71. 25 वर्ग से.मी. D. 72.25 वर्ग से.मी.

25. अवकल समीकरण $k\frac{d^2y}{dx^2} = \left[1+\left(\frac{dy}{dx}\right)^3\right]^{3/2}$ का घात क्या है, जबकि k एक अचर है?

A. 1 B. 2
C. 3 D. 4

26. निम्नलिखित दशाओं में से किस एक में $\frac{dy}{dx} = \frac{ax+b}{cy+d}$ का हल एक परवलय को निरूपित करता है?

A. $a = 0, c = 0$
B. $a = 1, b = 2, c \neq 0$
C. $a = 0, c \neq 0, b \neq 0$
D. $a = 1, c = 1$

27. $\int\left(\sqrt{x}+x\right)^{-1} dx$ का मान क्या है?

A. $ln\left(x+\sqrt{x}\right)+c$ B. $2ln\left(1+\sqrt{x}\right)+c$
C. $2ln\left(x+\sqrt{x}\right)+c$ D. $2ln\left(x-\sqrt{x}\right)+c$

28. यदि $f(x)$ सर्वत्र अवकलनीय है, तो निम्नलिखित में से कौन–सा एक सही है?

A. $|f|$ सर्वत्र अवकलनीय है
B. $|f|^2$ सर्वत्र अवकलनीय है
C. $f|f|$ कुछ बिंदुओं पर अवकलनीय नहीं है
D. उपर्युक्त में से कोई नहीं

29. यदि $f: \text{R} \to \text{R}$, $f(x) = ax^2 + bx + \text{c}$ के रूप में परिभाषित है, जबकि a, b, c नियत शून्येतर वास्तविक संख्याएं हैं, तो सामान्यतः निम्नलिखित कथनों में से कौन–सा एक सही है?

A. यदि $b^2 - 4ac > 0$, तो $f^{-1}(0)$ में 0 अंतर्विष्ट नहीं है
B. यदि $b^2 - 4ac < 0$, तो $f^{-1}(0)$ में 0 अनिवार्यतः अंतर्विष्ट होगा
C. यदि $b^2 - 4ac > 0$, तो $f^{-1}(0)$ में 0 अंतर्विष्ट हो सकता है
D. यदि $b^2 - 4ac < 0$, तो $f^{-1}(0)$ में 0 अंतर्विष्ट हो सकता है

30. $(1 - 2x + 3x^2 - 4x^3 + \ldots\ldots\ldots \infty)^{-5}$ के प्रसरण में x^5 का गुणांक क्या है?

A. $(10!)/(5!)^2$ B. 5^{-5}
C. 5^5 D. $10!/\{6!)(4!)\}$

31. यदि $\{(x-a)/(b+c)\} + \{(x-b)/(c+a)\} + \{(x-c)/(a+b) = 3$, तब x का मान क्या है?

A. 0 B. 1
C. $a+b+c$ D. abc

32. $\left[\left(-1+i\sqrt{3}/2\right)\right]^{10} + \left[\left(-1-\sqrt{3}\right)/2\right]^{10}$ का मान क्या है?

A. 1 B. – 1
C. 2 D. 0

33. x के कितने वास्तविक मान समीकरण $|x|+|-1| = 1$ को संतुष्ट करते हैं?

A. 1 B. 2
C. अपरिमित D. x का कोई भी मान नहीं

34. यदि A कोई 2×2 आव्यूह है और $\begin{pmatrix}1 & 2\\0 & 3\end{pmatrix}A = \begin{pmatrix}-1 & 0\\6 & 3\end{pmatrix}$; तो A किसके बराबर है?

A. $\begin{pmatrix}-5 & 1\\-2 & 2\end{pmatrix}$ B. $\begin{pmatrix}-5 & -2\\1 & 2\end{pmatrix}$

C. $\begin{pmatrix}-5 & -2\\2 & 1\end{pmatrix}$ D. $\begin{pmatrix}5 & 2\\-2 & -1\end{pmatrix}$

35. यदि $ax^2 + 2bx + c = 0$ के मूल α, β हैं और $\text{A}x^2 + 2\text{B}x + \text{C} = 0$ के $\alpha + \delta, \beta + \delta$ हैं, तो $(b^2 - ac)(\text{B}^2 - \text{AC})$ किसके बराबर है?

A. $(b / \text{B})^2$ B. $(a / \text{A})^2$
C. $(a^2 b^2) / (\text{A}^2 \text{B}^2)$ D. $(ab) / (\text{AB})$

36. $\left(\frac{x\sqrt{y}}{3} - \frac{3}{y\sqrt{x}}\right)^{12}$ के प्रसरण में मध्य पद क्या है?

A. $\text{C}(12, 7)\, x^3 y^{-3}$ B. $\text{C}(12, 6)\, x^{-3} y^3$
C. $\text{C}(12, 7)\, x^{-3} y^3$ D. $\text{C}(12, 6)\, x^3 y^{-3}$

37. यदि समीकरण $ax^2 + bx + c = 0$ के मूल α, β हैं, तो $(a\alpha + b)^{-1} + (a\beta + b)^{-1})$ का मान क्या है?

A. $a/(bc)$ B. $b/(ac)$
C. $-b/(ac)$ D. $-a/(bc)$

38. 8^{17} के संख्यांक रूप में अंकों की संख्या क्या है? (दिया गया है $\log_{10}2 = 0.3010$)
A. 51 B. 16
C. 15 D. 14

39. श्रेणी $1-\frac{1}{2}+\frac{1}{4}-\frac{1}{8}+ ....$ का योगफल क्या है?
A. $\frac{1}{2}$ B. $\frac{3}{4}$
C. $\frac{3}{2}$ D. $\frac{2}{3}$

40. यदि $d > 0$ सार्व अंतर वाली समांतर श्रेणी के तीन क्रमागत पद b_1, b_2, b_3 हैं, तो $b_3^2 = b_2 b_3 + b_1 d + 2$ के लिए d का मान क्या है?
A. $\frac{1}{2}$ B. 0
C. 1 D. 2

41. किन्हीं दो सदिशों $\vec{a}$ और $\vec{b}$, के लिए निम्नलिखित कथनों पर विचार कीजिए :
1. $|\vec{a}+\vec{b}| = |\vec{a}-\vec{b}| \Leftrightarrow \vec{a}, \vec{b}$ लांबिक है,
2. $|\vec{a}+\vec{b}| = |\vec{a}|+|\vec{b}| \Leftrightarrow \vec{a}, \vec{b}$ लांबिक है,
3. $|\vec{a}+\vec{b}|^2 = |\vec{a}|^2+|\vec{b}|^2 \Leftrightarrow \vec{a}, \vec{b}$ लांबिक हैं,

उपर्युक्त में से कौन–से कथन सही हैं?
A. केवल 1 और 2 B. केवल 1 और 3
C. दोनों 2 और 3 D. 1, 2 और 3

42. दो सदिशों $2\hat{i}+m\hat{j}-3n\hat{k}$ और $5\hat{i}+3m\hat{j}-n\hat{k}$ के परिमाण क्रमशः $\sqrt{14}$ और $\sqrt{35}$ हैं, जहाँ m, n पूर्णांक हैं, निम्नलिखित में से कौन–सा एक सही है?
A. m का 1 मान, n का 1 मान है
B. m का 1 मान, n के 2 मान हैं
C. m के 2 मान, n का 1 मान है
D. m के 2 मान, n के 2 मान हैं

43. यदि $\int_{ln2}^{x}(e^x-1)^{-1}\,dx = ln\frac{3}{2}$, तो x का मान क्या है?
A. e^2 B. $\frac{1}{e}$
C. $ln\ 4$ D. 1

44. यदि $\int_{-3}^{2} f(x)\,dx = \frac{7}{3}$ और $\int_{-3}^{9} f(x)\,dx = -\frac{5}{6}$, तो $\int_{2}^{9} f(x)\,dx$ का मान क्या है?
A. $-\frac{19}{6}$ B. $\frac{19}{6}$
C. $\frac{3}{2}$ D. $-\frac{3}{2}$

45. $\int \frac{dx}{(x^2+a^2)(x^2+b^2)}$ का मान क्या है?
A. $\frac{[\{\tan^{-1}(x/a)\}/a - \{\tan^{-1}(x/b)\}/b]}{(a^2+b^2)+c}$
B. $\frac{[\{\tan^{-1}(x/a)\}/a + \{\tan^{-1}(x/b)\}/b]}{(a^2+b^2)+c}$
C. $\frac{[\{\tan^{-1}(x/a)\}/a + \{\tan^{-1}(x/b)\}/b]}{(b^2-a^2)+c}$
D. $\frac{[\{\tan^{-1}(x/a)\}/a - \{\tan^{-1}(x/b)\}/b]}{(b^2-a^2)+c}$

46. ऐसे वक्र का, जो निर्देश–मूल बिंदु से गुजरता है और अवकलन समीकरण $dy = (y \tan x + \sec x)\,dx$ को संतुष्ट करता है, समीकरण क्या है?
A. $y = x \cos x$ B. $y \cos x = x$
C. $xy = \cos x$ D. $y \sin x = x$

47. अवकल समीकरण $\frac{dy}{dx} = \sec(x+y)$ का हल क्या है?
A. $y + \tan(x+y) = c$
B. $y - \tan\left\{\frac{x+y}{2}\right\} = c$

C. $y + \tan\left\{\frac{x+y}{2}\right\} = c$

D. $y + \tan\left\{\frac{x-y}{2}\right\} = c$

48. k के कौन–से मान के लिए अवकल समीकरण $\frac{dy}{dx} = ky$, प्राकृतिक क्षय के सिद्धांत को निरूपित करता है?

A. -5 B. 0
C. 0.01 D. $(10)^{-1}$

49. अंतराल $[-1, 2]$ में फलन $f(x) = x^{2/3}(5 - 2x)$ का/के क्रांतिक बिंदु कौन–सा/से है/हैं?

A. केवल 1 B. 0, 1
C. केवल $\frac{3}{2}$ D. $0, \frac{3}{2}$

50. सूची I को सूची II के साथ सुमेलित कीजिए और सूचियों के नीचे दिए गए कूट का प्रयोग कर सही उत्तर चुनिए :

सूची-I	**सूची- II**
(a) $f(x) = \cos x$	1. आलेख y- अक्ष को अनंत संख्या में बिंदुओं पर काटता है
(b) $f(x) = ln\ x$	2. आलेख x-अक्ष को दो बिंदुओं पर काटता है
(c) $f(x) = x^2 - 5x + 4$	3. आलेख y-अक्ष को केवल एक बिंदु पर काटता है
(d) $f(x) = e^x$	4. आलेख x-अक्ष को केवल एक बिंदु पर काटता है
	5. आलेख x-अक्ष को अनंत संख्या में बिंदुओं पर काटता है

कूट :

	(a)	(b)	(c)	(d)
A.	1	4	5	3
B.	1	3	5	4
C.	5	4	2	3
D.	5	3	2	4

51. यदि $x = 0$ पर $f(x) = (x+1)^{\cot x}$ संतत है, तो $f(0)$ किसके बराबर है?

A. 1 B. e
C. $\frac{1}{e}$ D. e^2

52. अवकल समीकरण $(x + y)(dx - dy) = dx + dy$ का हल क्या है?

A. $x + y + ln(x + y) = c$
B. $x - y + ln(x + y) = c$
C. $y - x + ln(x + y) = c$
D. $y - x - ln(x - y) = c$

53. यदि $(x + y) = 12$, तब xy का अधिकतम मान क्या है?

A. 25 B. 36
C. 49 D. 64

54. 50 मी. ऊंचे मीनार के निचले 24 मीटर भाग पर हरा रंग है और शेष भाग लाल है, धरातल पर मीनार के आधार से उस बिंदु की दूरी कितनी है, जिस पर मीनार के दोनों भिन्न भाग समान कोण अंतरित करते हैं?

A. 60 मीटर B. 72 मीटर
C. 90 मीटर D. 120 मीटर

55. यदि एक त्रिभुज के A, B और C ऐसे कोण हैं कि tan A = 1, tan B = 2, तो tan C का मान क्या है?

A. 0 B. 1
C. 2 D. 3

56. रेखाओं $Ax + By = A + B$ और $A(x - y) + B(x + y) = 2B$ के बीच न्यूनकोण क्या है?

A. 45°

B. $\tan^{-1}\left(\frac{A}{\sqrt{A^2 + B^2}}\right)$

C. $\tan^{-1}\left(\frac{B}{\sqrt{A^2 + B^2}}\right)$

D. 60°

57. यदि बिंदुओं $(a, 0\ 0)$ और $(-a, 0, 0)$ से बिंदु (x, y, z) की दूरियों के वर्गों का योगफल $2c^2$ है, तो निम्नलिखित में से कौन–सा एक सही है?

A. $x^2 + a^2 = 2c^2 - y^2 - z^2$
B. $x^2 + a^2 = c^2 - y^2 - z^2$

C. $x^2 - a^2 = c^2 - y^2 - z^2$
D. $x^2 + a^2 = c^2 + y^2 + z^2$

58. निम्नलिखित में से कौन–सी एक दशा में वृत्त $x^2 + y^2 + 2gx + 2fy + c = 0$ निर्देश मूल बिंदू के प्रतिलोमित दिशाओं में x-अक्ष पर दो बिंदुओं में मिलता है?

A. $c > 0$ B. $c < 0$
C. $c = 0$ D. $c \leq 0$

59. यदि निर्देश–मूल बिंदु से सरल रेखा $x + 2by = 2p$, पर लंब की लंबाई p है, तो b का मान क्या है?

A. $\frac{1}{p}$ B. p
C. $\frac{1}{2}$ D. $\frac{\sqrt{3}}{2}$

60. उस परवलय का समीकरण क्या है, जिसके शीर्ष और नाभि x-अक्ष पर निर्देश–मूल–बिंदु से क्रमशः a और b दूरियों पर हैं? $(b > a > 0)$

A. $y^2 = 8(b - a)(x - a)$
B. $y^2 = 4(b + a)(x - a)$
C. $y^2 = 4(b - a)(x + a)$
D. $y^2 = 4(b - a)(x - a)$

61. यदि $\vec{u} = \hat{i} - \hat{j}, \vec{v} = 2\hat{i} + 5\hat{j}, \vec{w} = 4\hat{i} + 3\hat{j}$ और $\vec{p} = \vec{u} + \vec{v} + \vec{w}$

निम्नलिखित में से कौन–सा एक सही है?

A. $-3\vec{u} + 2\vec{v} = \vec{p}$ B. $3\vec{u} - 2\vec{v} = \vec{p}$
C. $3\vec{u} + 2\vec{v} = \vec{p}$ D. $-3\vec{u} - 2\vec{v} = \vec{p}$

62. यदि $\vec{a}$ और $\vec{b}$ एक–दूसरे से 30° के कोण पर आनत मात्रक सदिश हों, तो निम्नलिखित में से कौन–सा एक सही है?

A. $|\vec{a} + \vec{b}| < 1$ B. $1 < |\vec{a} + \vec{b}| < 2$
C. $|\vec{a} + \vec{b}| = 2$ D. $|\vec{a} + \vec{b}| > 2$

63. विद्यार्थियों के एक समूह की बुद्धिमत्ता के मापन के लिए निम्नलिखित में कौन–सा एक माप अधिक उपर्युक्त होगा?

A. समांतर माध्य B. बहुलक
C. माध्यिका D. गुणोत्तर माध्य

64. एक लॉटरी में 16 टिकटें बेची जाती हैं और 4 पुरस्कार दिए जाते हैं, यदि किसी एक व्यक्ति ने उसमें से चार टिकटें खरीदी हों, तो उसके द्वारा पुरस्कार पाने की प्रायिकता क्या है?

A. $\frac{4}{16^4}$ B. $\frac{175}{256}$
C. $\frac{1}{4}$ D. $\frac{81}{256}$

65. यदि A और B कोई दो घटनाएँ हैं, और $P(A \cup B) = \frac{3}{4}, P(A \cap B) = \frac{1}{4}$ तथा $P(\overline{A}) = \frac{2}{3}$, जहां $\overline{A}$, A की पूरक घटना का द्योतक हो, तो P (B) का मान क्या है?

A. $\frac{1}{3}$ B. $\frac{2}{3}$
C. $\frac{1}{9}$ D. $\frac{2}{9}$

66. किसी द्विपद बंटन में माध्य 4 और प्रसरण 3 है, इसका बहुलक क्या है?

A. 6 B. 5
C. 4 D. 3

67. शब्द 'CABLE' के अक्षर ऐसे कितने ढंगों से विन्यासित किए जा सकते हैं कि स्वर (वॉवल्स) सदैव विषम स्थानों पर हों?

A. 12 B. 18
C. 24 D. 36

68. यदि X को $a + hU$ में, और Y को $b + kV$, में परिवर्तित किया जाए, तो समाश्रयण गुणांक b_{xy} और b_{UV} के बीच निम्नलिखित में से कौन–सा एक सही संबंध है?

A. $hb_{XY} = kb_{UV}$ B. $kb_{XY} = hb_{UV}$
C. $b_{XY} = b_{UV}$ D. $k^2b_{XY} = h^2b_{UV}$

69. ताश के 52 पत्तों में एक पत्ता निकाला जाता है और जुआरी यह बाजी लगाता है कि वह पत्ता हुकुम का पत्ता अथवा इसका इक्का होगा, उस जुआरी के बाजी जीतने के विरुद्ध होने की कितनी संभावना है?

A. 4 के विरुद्ध 13 B. 13 के विरुद्ध 4
C. 4 के विरुद्ध 9 D. 9 के विरुद्ध 4

70. A द्वारा दागी गई 5 गोलियों में से 4 निशाने पर लगती हैं, B द्वारा दागी गई 4 गोलियों में से 3 निशाने पर लगती हैं, C द्वारा दागी गई 3 गोलियों में से 2 निशाने पर लगती हैं। सभी तीनों एक–एक गोली चलाते हैं, दागी गई गोलियों में से कम–से–कम दो के निशाने पर लगने की क्या प्रायिकता है?

A. $\frac{1}{6}$ B. $\frac{3}{5}$

C. $\frac{5}{6}$ D. $\frac{1}{3}$

71. एक पेटी में एकसमान इलेक्ट्रॉनिक पुर्जे हैं, जिनमें से 4 दोषपूर्ण हैं, यदि पेटी से 3 पुर्जे यादृच्छिक ढंग से उत्तरोत्तर निकाले जाएं और निकाले गए पुर्जों को वापस न डाला जाए, तो निकाले गए पुर्जों में से दो के दोषपूर्ण होने की क्या प्रायिकता है?

A. $\frac{1}{5}$ B. $\frac{5}{24}$

C. $\frac{3}{10}$ D. $\frac{1}{40}$

72. एक समुच्चय X के अरिक्त उपसमुच्चय A, B और C के लिए $A \cup B = B \cap C$ है, उनके लिए निम्नलिखित में से कौन–सा सबसे प्रबल अनुमान निकाला जा सकता है?

A. $A = B = C$ B. $A \subseteq B = C$

C. $A = B \subseteq C$ D. $A \subseteq B \subseteq C$

73. यदि μ समष्टीय समुच्चय है और P, μ का एक उपसमुच्चय हो, तो $P \cap \{(P - \mu) \cup (\mu - P)$ किसके बराबर है?

A. φ B. P'

C. μ D. P

74. μ = सभी त्रिभुजों का समुच्चय है, P = सभी समद्विबाहु त्रिभुजों का समुच्चय है, Q = सभी समबाहु त्रिभुजों का समुच्चय है, R = सभी समकोण त्रिभुजों का समुच्चय है, समुच्चय $P \cap Q$ और $R - P$ क्रमशः किन्हें निरूपित करते हैं?

A. समद्विबाहु त्रिभुजों का समुच्चय; असमद्विबाहु समकोण त्रिभुजों का समुच्चय

B. समद्विबाहु त्रिभुजों का समुच्चय; समकोण त्रिभुजों का समुच्चय

C. समबाहु त्रिभुजों का समुच्चय; समकोण त्रिभुजों का समुच्चय

D. समद्विबाहु त्रिभुजों का समुच्चय; समबाहु त्रिभुजों का समुच्चय

75. निम्नलिखित कथनों पर विचार कीजिए : अरिक्त समुच्चयों A, B और C के लिए

1. $A - (B - C) = (A - B) \cup C$
2. $A - (B \cup C) = (A - B) - C$

उपर्युक्त कथनों में से कौन–सा/से सही है/हैं?

A. केवल 1 B. केवल 2

C. दोनों 1 और 2 D. न ही 1 और न ही 2

76. यदि समीकरणों $x^2 - (a - 1)x + (a + b) = 0$ और $ax^2 - 2x + b = 0$ के मूल एकसमान हों, तो a और b के मान क्या हैं?

A. $a = 2, b = 4$ B. $a = 2, b = -4$

C. $a = 1, b = \frac{1}{2}$ D. $a = -1, b = -\frac{1}{2}$

77. $xRy \Rightarrow x^2 + y^2 = 36$ के रूप में ऋणोतर पूर्णांकों के एक समुच्चय पर एक संबंध R परिभाषित है, R किसके बराबर है?

A. $\{(0, 6)\}$

B. $\{(6, 0), (\sqrt{11}, 5)(3, 3\sqrt{3})\}$

C. $\{(6, 0), (0, 6)\}$

D. $\{(\sqrt{11}, 5)(2, 4\sqrt{2}), (5, \sqrt{11}), (4\sqrt{2}, 2)\}$

78. निम्नलिखित कथनों पर विचार कीजिए :

1. रेखाओं की समांतरता एक तुल्यता संबंध है,
2. xRy, यदि x y, का पिता है, एक तुल्यता संबंध है

उपर्युक्त कथनों में से कौन–से सही है/हैं?

A. केवल 1 B. केवल 2

C. दोनों 1 और 2 D. न ही 1 और न ही 2

79. यदि ω एक के घनमूल को निर्दिष्ट करता है, तो समीकरण $x^3 - 27 = 0$ का वास्तविक मूल्य क्या है?

A. 3ω B. $3\omega^2$

C. -3ω D. $3\omega^3$

80. माना कि O, निर्देश–मूल बिंदु है और z, बिंदु A को निरूपित करता है, यदि OA को, वामावर्त दिशा में उसकी लंबाई समान रखते हुए कोण $\pi/2$ से घुमाया

जाए, तो नया बिंदु किससे निरूपित होगा?

A. $-iz$ B. $|z|i$

C. iz D. z

81. ऐसे वृत्त का समीकरण क्या है, जो निर्देश–मूल–बिंदु से गुजरता है और उसका केंद्र x-अक्ष पर निर्देश–मूल–बिंदु से दूरी h पर है?

A. $x^2 + y^2 - 2hx = 0$

B. $x^2 + y^2 - 2hx + h^2 = 0$

C. $x^2 + y^2 + 2hx = 0$

D. $x^2 + y^2 - h^2 = 0$

82. निम्नलिखित में से कौन–सा एक सही है? तीन तल $2x + 3y - z - 2 = 0$, $3x + 3y + z - 4 = 0$, $x - y + 2z - 5 = 0$

A. एक बिंदु पर एक–दूसरे को काटते हैं,

B. दो बिंदुओं पर एक–दूसरे को काटते हैं,

C. तीन बिंदुओं पर एक–दूसरे को काटते हैं,

D. एक रेखा में एक–दूसरे को काटते हैं

83. यदि एक अतिपरवलय की उत्केंद्रता और उसकी नाभिलंब की लंबाई क्रमशः $\frac{\sqrt{13}}{3}$ और $\frac{10}{3}$ इकाई हैं, तो उसकी अनुप्रस्थ अक्ष की लम्बाई क्या है?

A. $\frac{7}{2}$ इकाई B. 12 इकाई

C. $\frac{15}{2}$ इकाई D. $\frac{15}{4}$ इकाई

84. $(3, -1)$ और $(8, 9)$ को जोड़ने वाली रेखा को रेखा $y - x + 2$ किस अनुपात में काटती है?

A. 2 : 3 B. 3 : 2

C. 3 : – 2 D. 1 : 2

निर्देश : आगामी 4 (चार) प्रश्नांशों में दो वक्तव्य हैं : एक को 'कथन' (A)' तथा दूसरे को 'कारण (R)' कहा गया है, इन दोनों वक्तव्यों का सावधानीपूर्वक परीक्षण कर इन प्रश्नांशों का उत्तर नीचे दिए हुए कूट की सहायता से चुनिए :

कूट :

A. A और R दोनों सही हैं, और R, A का सही स्पष्टीकरण है

B. A और R दोनों सही हैं, और R, A का सही स्पष्टीकरण नहीं है

C. A सही है, परंतु R गलत है

D. A गलत है, परंतु R सही है

85. कथन (A) : यदि $A = \begin{pmatrix} 2 & 3 \\ 1 & 4 \end{pmatrix}$; $B = \begin{pmatrix} 1 & 0 \\ 0 & 1 \end{pmatrix}$; तो $(A + B)^2 = A^2 + B^2 + 2AB$

कारण (R) : उपर्युक्त में $AB = BA$.

86. कथन (A) : यदि $A = \begin{pmatrix} \cos\alpha & \sin\alpha \\ \cos\alpha & \sin\alpha \end{pmatrix}$

और $B = \begin{pmatrix} \cos\alpha & \cos\alpha \\ \sin\alpha & \sin\alpha \end{pmatrix}$

तो $AB \neq I$

कारण (R) : दो आव्यूहों का गुणनफल कभी भी एक तत्समक आव्यूह के बराबर नहीं हो सकता

87. कथन (A) : $\int_0^{\pi} \sin^7 x\, dx = 2\int_0^{\pi/2} \sin^7 x\, dx$

कथन (R) : $\sin^7 x$ एक विषम फलन है,

88. कथन (A) : यदि $\langle l, m, n \rangle$ एक रेखा की दिक्कोज्याएं हैं, तो

$$\left\langle \sqrt{\frac{l^2 + m^2}{2}}, \sqrt{\frac{m^2 + n^2}{2}}, \sqrt{\frac{n^2 + l^2}{2}} \right\rangle$$

कारण (R) : एक रेखा की दिक्कोज्याओं का योगफल इकाई होता है

89. निम्नलिखित में से कौन–सा, $\sqrt{i} + \sqrt{-i}$ के मानों में से एक है?

A. $\sqrt{2}$ B. 0

C. $\pm\frac{1+i}{\sqrt{2}}$ D. $\pm\frac{1-i}{\sqrt{2}}$

90. यदि समीकरण $x^2 + k^2 = 2(k + 1)x$ के समान मूल हैं, तो k का मान क्या है?

A. $-\frac{1}{3}$ B. $-\frac{1}{2}$

C. 0 D. 1

91. यदि $x = a^{1/3} - a^{-1/3}$, तो $x^3 + 3x$ किसके बराबर है?

A. शून्य B. $a + \left(\frac{1}{a}\right)$

C. $a - \left(\frac{1}{a}\right)$ D. $a^3 + \left(\frac{1}{a^3}\right)$

92. यदि $x^{1/3} + y^{1/3} + z^{1/3} = 0$, तो $(x + y + z)^3$ किसके बराबर है?

A. 1 B. 3

C. $3xyz$ D. $27\ xyz$

93. $a, b, c, 1 < a < b < n$ के साथ गुणोत्तर श्रेणी में हैं और $n > 1$ पूर्णांक है, $\log_a n, \log_b n, \log_c n$ एक अनुक्रम बनाते हैं, यह अनुक्रम निम्नलिखित में से कौन–सा एक है?

A. हरात्मक श्रेणी

B. समांतर श्रेणी

C. गुणोत्तर श्रेणी

D. उपर्युक्त में से कोई नहीं

94. $$\frac{\operatorname{cosec}(\pi + \theta) \cot \{(9\pi/2) - \theta\} \operatorname{cosec}^2 (2\pi - \theta)}{\cot (2\pi + \theta) \sec^2 (\pi - \theta) \sec \{(3\pi/2) + \theta\}}$$

का मान क्या है?

A. 0 B. 1

C. –1 D. ∞

95. यदि $3^{(x-1)} + 3^{(x+1)} = 30$, तो $3^{(x+2)} + 3^x$ का मान क्या है?

A. 30 B. 60

C. 81 D. 90

96. माना कि $f : [-100\pi, 1000\pi] \to [-1, 1]$; $f(\theta) = \sin\theta$ से परिभाषित होता है, तो $\theta \in [-100\pi, 1000\pi]$ के मानों की संख्या क्या है, जिसके लिए $f(\theta) = 0$?

A. 1000 B. 1101

C. 1100 D. 1110

97. निम्नलिखित में से किस एक में रेखा

$$\frac{x-2}{2} = \frac{y-3}{3} = \frac{z-4}{5}$$

अंतर्विष्ट है और वह z-अक्ष के समांतर समतल है?

A. $2x - 3y = 0$ B. $5x - 2z = 0$

C. $5y - 3z = 0$ D. $3x - 2y = 0$

98. निम्नलिखित कथनों में से कौन–सा एक समूह सही नहीं है?

A. माध्यिका बंटनों के दो समान उपसमूहों में बांटती है,

B. तीसरा चतुर्थक वही है, जो 75वां शतमतक है,

C. 5वां दशमक वही है, जो 50वां शततमक है,

D. 50वां दशमक वही है, जो 5वां शततमक है,

99. किसी कक्षा में सभी विद्यार्थियों का माध्य भार 60 किग्रा. है, कक्षा के लड़कों का माध्य भार 70 किग्रा. है, जबकि लड़कियों का माध्य भार 55 किग्रा. है। लड़कों की संख्या का लड़कियों की संख्या से क्या अनुपात है?

A. 2 : 1 B. 1 : 2

C. 1 : 4 D. 4 : 1

100. कुछ खिलाड़ियों के व्यायाम क्रिया से पूर्व और व्यायाम क्रिया के पश्चात् रक्त दाब पाठ्यांक के बंटन के आवृत्ति–वक्र क्रमशः (A) और (B), नीचे चित्र में दिखाए गए हैं, इन आवृत्ति वक्रों से निम्नलिखित में से कौन–सा एक निष्कर्ष निकाला जा सकता है?

A. दोनों बंटन एकसमान हैं

B. दोनों बंटनों का एक ही माध्य मान है

C. दोनों बंटनों का एक ही माध्य मान किंतु भिन्न प्रसरण है

D. दोनों बंटनों का एक ही प्रसरण, किंतु भिन्न माध्य मान है

101. यदि समीकरण $x^2 - 2x - 1 = 0$ के मूल α, β हैं, तो $\alpha^2\beta^{-2} + \alpha^{-2}\beta^2$ का मान क्या है?

A. – 2 B. 0

C. 30 D. 34

102. असमिका $2X + 3Y < 6$; $x \geq 0, y \geq 0$ को x, y के निम्नलिखित मानों में से कौन–सा एक संतुष्ट करता है?

A. $x = 0, y = 3$ B. $x = 1, y = 2$

C. $x = 1, y = 1$ D. $x = 4, y = 0$

103. $y = \frac{8}{(x^2 + 4)}$ और $x + y = 2$ के प्रतिच्छेदन पर

x का क्या मान है?

A. 0 B. 1
C. 2 D. –1

104. यदि A एक 3×3 आव्यूह है और $|A| = 4$, तो A (adj A) किसके बराबर है?

A. $\begin{pmatrix} 1 & 0 & 0 \\ 0 & 1 & 0 \\ 0 & 0 & 1 \end{pmatrix}$

B. $\begin{pmatrix} 4 & 0 & 0 \\ 0 & 4 & 0 \\ 0 & 0 & 4 \end{pmatrix}$

C. $\begin{pmatrix} 16 & 0 & 0 \\ 0 & 16 & 0 \\ 0 & 0 & 16 \end{pmatrix}$

D. नहीं जाना जा सकता है, क्योंकि आंकड़े अपर्याप्त हैं

105. यदि $A = \begin{pmatrix} x & x^2 & 1+x^2 \\ y & y^2 & 1+y^2 \\ z & z^2 & 1+z^2 \end{pmatrix}$, जबकि x, y, z भिन्न हैं, तो $|A|$ का मान क्या है?

A. 0
B. $x^2y - y^2 x + xyz$
C. $(x - y)(y - z)(z - x)$
D. xyz

106. दो सदिश $\vec{a}$ और $\vec{b}$ शून्येतर और असंरेख हैं, x के कौन–से मान के लिए सदिश $\vec{p} = (x-2)\vec{a} + \vec{b}$ और $\vec{q} = (x+1)\vec{a} - \vec{b}$ संरेख हैं?

A. 1 B. $\frac{1}{2}$
C. $\frac{2}{3}$ D. 2

107. यदि $\vec{a}$ और $\vec{b}$ क्रमशः दो बिन्दुओं A और B के स्थिति सदिश हैं, तो बढ़ाई गई AB पर किसी बिंदु C का स्थिति सदिश क्या होगा, जबकि $\overrightarrow{AC} = 2\overrightarrow{AB}$

A. $2\vec{a} - \vec{b}$ B. $2\vec{b} - \vec{a}$
C. $\vec{a} - 2\vec{b}$ D. $\vec{a} - \vec{b}$

108. यदि $|\vec{a}| = 3, |\vec{b}| = 4$, तब λ के कौन–से मान के लिए $(\vec{a} + \lambda\vec{b})$ $(\vec{a} - \lambda\vec{b})$ के लम्बवत् है?

A. $\frac{3}{4}$ B. $\frac{4}{3}$
C. $\frac{9}{16}$ D. $\frac{3}{5}$

109. बिंदु $\hat{i} - \hat{j} + \hat{k}$ से लगने वाले बल $\vec{F} = 3\hat{i} + 2\hat{j} - \hat{k}$ और बिंदु $2\hat{i} - 3\hat{j} + \hat{k}$ से लगने वाले बल $-\vec{F}$ से बनने वाले बलयुग्म के आघूर्ण का परिणाम क्या है?

A. $2\sqrt{5}$ B. $3\sqrt{5}$
C. $5\sqrt{5}$ D. $7\sqrt{5}$

110. माना $\vec{a} = 2\hat{j} - 3\hat{k}$, $\vec{b} = \hat{j} + 3\hat{k}$, और $\vec{c} = 3\hat{i} - 3\hat{j} + \hat{k}$. माना $\hat{n}$ एक मात्रक सदिश है और $\vec{a}.\hat{n} = \vec{b}.\hat{n} = 0$; $\vec{c}.\hat{n}$ का मान क्या है?

A. 1 B. $\sqrt{19}$
C. 3 D. – 3

111. **निर्देश** : नीचे दी गई सारणी, एक सुपर मार्केट में चार वस्तुओं A, B, C और D की मासिक मांग के माध्य और प्रसरण का सारांश प्रस्तुत करती है:

वस्तु	A	B	C	D
बिक्री माध्य	50	90	80	120
प्रसरण	9	25	36	16

कौन–सी वस्तु की मांग सुसंगत है?

A. वस्तु A B. वस्तु B
C. वस्तु C D. वस्तु D

112. एक संतुलित सिक्के को 12 बार उछालने पर 5 चित (Heads) और 7 पट (Tails) के आने की क्या प्रायिकता है?

A. $C(12, 5)/(2^5)$ B. $C(12, 5)/(2^7)$
C. $C(12, 5)/(2^{12})$ D. $C(12, 7)/2^6)$

113. बिंदु (2, – 2), (8, 4) (4, 6) और (–1, 1); निम्नलिखित चतुर्भुजों में से किस एक के क्रमागत शीर्ष हैं?

A. वर्ग
B. समचतुर्भुज
C. आयत (परंतु वर्ग नहीं)
D. समलंब (ट्रैपीजियम)

114. यदि एक सरल रेखा $ax + by = p$ पर निर्देश–मूल–बिंदु से लंब की लंबाई p है और $b = \frac{\sqrt{3}}{2}$, तब लंब और x-अक्ष के धनात्मक दिशा के बीच कोण कितना है?

A. 30°　　B. 45°

C. 60°　　D. 90°

115. निम्नलिखित में से कौन–सी एक दशा में सरल रेखा $ax + by + c = 0$ और निर्देशक अक्ष एक समद्विबाहु त्रिभुज बनाते हैं?

A. $|a| = |b|$

B. $|a| = |c|$

C. $|b| = |c|$

D. उपर्युक्त में से कोई नहीं

116. गोले $ax^2 + by^2 + cz^2 - 6x = 0$ का केंद्र क्या है, यदि उसकी त्रिज्या 1 इकाई है?

A. (0, 0, 0)

B. (1, 0, 0)

C. (3, 0, 0)

D. नहीं माना जा सकता, क्योंकि a, b, c के मान नहीं दिए गए हैं

117. किस दशा में $\left\langle \frac{1}{\sqrt{2}}, \frac{1}{2}, k \right\rangle$ किसी एक रेखा के दिक्कोज्याओं को निरूपित करते हैं?

A. $k = \frac{1}{2}$　　B. $k = -\frac{1}{2}$

C. $k = \pm\frac{1}{2}$

D. k का कोई भी मान हो सकता है

118. $\underset{x \to \infty}{\text{Lt}} \left(\frac{x-2}{x+2}\right)^{x+2}$ का क्या मान है?

A. 0　　B. e^4

C. e^{-2}　　D. e^{-4}

119. यदि $f(x) = (x + 1) \tan^{-1} (e^{-2x})$, तो $f'(0)$ का क्या मान है?

A. $\left(\frac{\pi}{4}\right) + 1$　　B. $\left(\frac{\pi}{4}\right) - 1$

C. $\left(\frac{\pi}{2}\right) + 1$　　D. $\left(\frac{\pi}{4}\right)$

120. वक्र $f(x) = \sqrt{x}\,(7x - 6)$, पर बिंदु का x-निर्देशांक क्या है जिस पर स्पर्शज्या x-अक्ष के समांतर है?

A. $-\frac{1}{3}$　　B. $\frac{2}{7}$

C. $\frac{6}{7}$　　D. $\frac{1}{3}$

उत्तरमाला

1	2	3	4	5	6	7	8	9	10
A	B	C	A	B	A	B	D	A	A
11	**12**	**13**	**14**	**15**	**16**	**17**	**18**	**19**	**20**
B	C	C	A	A	D	A	B	C	C
21	**22**	**23**	**24**	**25**	**26**	**27**	**28**	**29**	**30**
A	D	A	D	B	C	B	A	C	A
31	**32**	**33**	**34**	**35**	**36**	**37**	**38**	**39**	**40**
C	B	C	C	B	D	B	B	D	C
41	**42**	**43**	**44**	**45**	**46**	**47**	**48**	**49**	**50**
B	A	C	A	D	B	B	D	A	A
51	**52**	**53**	**54**	**55**	**56**	**57**	**58**	**59**	**60**
B	C	B	D	D	A	B	A	D	D
61	**62**	**63**	**64**	**65**	**66**	**67**	**68**	**69**	**70**
C	C	C	A	B	A	B	B	C	C
71	**72**	**73**	**74**	**75**	**76**	**77**	**78**	**79**	**80**
C	D	C	A	D	B	C	B	D	A
81	**82**	**83**	**84**	**85**	**86**	**87**	**88**	**89**	**90**
A	A	C	A	B	C	D	C	A	B

91	92	93	94	95	96	97	98	99	100
C	D	B	B	D	B	D	B	B	B
101	**102**	**103**	**104**	**105**	**106**	**107**	**108**	**109**	**110**
D	C	A	D	C	B	B	A	C	D
111	**112**	**113**	**114**	**115**	**116**	**117**	**118**	**119**	**120**
C	C	D	C	A	D	C	D	B	B

कुछ चुने हुए प्रश्नों के व्याख्यात्मक उत्तर

1. यहाँ (A) 111101

$= 1 \times 2^5 + 1 \times 2^4 + 1 \times 2^3 + 1 \times 2^2 + 0 \times 2 + 1$

$= 32 + 16 + 8 + 4 + 0 + 1$

$= 61$ (अभाज्य संख्या).

3. $|A| = 0$

$$\Rightarrow \begin{vmatrix} 0 & 0 & q \\ 2 & 5 & 1 \\ 8 & p & p \end{vmatrix} = 0$$

$\Rightarrow \quad q(2p - 40) = 0$

अतः $q = 0$ एवं $p = 20$

4. माना कि $A = \begin{vmatrix} 1 & 2 \\ 2 & 4 \end{vmatrix}$

$$\therefore \quad |A| = \begin{vmatrix} 1 & 2 \\ 2 & 4 \end{vmatrix} = 4 - 4 = 0$$

$$\therefore \quad |\text{Adj. } A| = \begin{vmatrix} 4 & -2 \\ -2 & 1 \end{vmatrix} = 4 - 4 = 0$$

अतः कथन I सत्य है।

यदि $A = \begin{bmatrix} 2 & 3 \\ 4 & 5 \end{bmatrix}$

$$|A| = \begin{vmatrix} 2 & 3 \\ 4 & 5 \end{vmatrix} = 10 - 12 = -2$$

$$\therefore \quad A^{-1} = -\frac{1}{2}\begin{bmatrix} 5 & -3 \\ -4 & 2 \end{bmatrix}$$

अतः $\det(A^{-1}) \neq \det(A)^{-1}$

अतः कथन II असत्य है।

6. माना कि $A = \begin{bmatrix} 1 & 2 \\ 3 & 4 \end{bmatrix}$ एवं $B = \begin{bmatrix} 1 & 2 \\ 2 & 4 \end{bmatrix}$

$|A| = -2$ एवं $|B| = 0$

$$AB = \begin{bmatrix} 1 & 2 \\ 3 & 4 \end{bmatrix}\begin{bmatrix} 1 & 2 \\ 2 & 4 \end{bmatrix}$$

$$= \begin{bmatrix} 1+4 & 2+8 \\ 3+8 & 6+16 \end{bmatrix}$$

$$= \begin{bmatrix} 5 & 10 \\ 11 & 22 \end{bmatrix}$$

$\therefore \quad |AB| = 110 - 110 = 0$

तब AB एकल है।

अब, $A^{-1} = -\frac{1}{2}\begin{bmatrix} 4 & -2 \\ -3 & 1 \end{bmatrix}$

$$= \begin{bmatrix} -2 & 1 \\ \frac{3}{2} & -\frac{1}{2} \end{bmatrix}$$

$$A^{-1}B = \begin{bmatrix} -2 & 1 \\ \frac{3}{2} & -\frac{1}{2} \end{bmatrix}\begin{bmatrix} 1 & 2 \\ 2 & 4 \end{bmatrix}$$

$$= \begin{bmatrix} -2+2 & -4+4 \\ \frac{3}{2}-1 & 3-2 \end{bmatrix}\begin{bmatrix} 0 & 0 \\ \frac{1}{2} & 1 \end{bmatrix}$$

अतः $|A^{-1}B| = 0 \therefore$ तब $|A^{-1}B|$ एकल है।

7. माना कि $A = \begin{bmatrix} 1 & 3 & 4 \\ 5 & 6 & 7 \\ 8 & 9 & 2 \end{bmatrix}$

प्रश्नानुसार, $B = \begin{bmatrix} 5 & 6 & 7 \\ 1 & 3 & 4 \\ 8 & 9 & 2 \end{bmatrix}$

$|A| = 1(12 - 63) - 3(10 - 56) + 4(45 - 48)$

$= -51 + 138 - 12 = 75$

इसी प्रकार,

$$|B| = 5(6-36) - 6(2-32) + 7(9-24)$$
$$= -150 + 180 - 105$$
$$= -75$$

अतः $|A| = -|B|$

8. यहाँ रेखीय समीकरण

$x - y + 2z = 0, \quad kx - y + z = 0;$
$3x + y - 3z = 0$

$$\Rightarrow \quad A = \begin{bmatrix} 1 & -1 & 2 \\ k & -1 & 1 \\ 3 & 1 & -3 \end{bmatrix} = 0$$

अद्वितीय हल नहीं होने के लिए,

$$|A| = \begin{vmatrix} 1 & -1 & 2 \\ k & -1 & 1 \\ 3 & 1 & -3 \end{vmatrix} = 0$$

$\Rightarrow \quad 1(3-1) - k(3-2) + 3(-1+2) = 0$
$\Rightarrow \quad 2 - k + 3 = 0$
$\therefore \quad k = 5$

9. $-x^2 + 3x + 4 > 0$
$\Rightarrow -x^2 + 4x - x + 4 > 0$
$\Rightarrow -x(x-4) - 1(x-4) > 0$
$\Rightarrow (-x-1)(x-4) > 0$
$\therefore x \in (-1, 4)$

10. $\sin(A+B)\sin(A-B) + \sin(B+C)\sin(B-C) + \sin(C+A)\sin(C-A)$
$= \sin^2 A - \sin^2 B + \sin^2 B - \sin^2 C + \sin^2 C - \sin^2 A$
$= 0$

11. $\tan\alpha = \dfrac{m}{m+1}$; $\tan\beta = \dfrac{1}{2m+1}$

Now, $\tan(\alpha+\beta) = \dfrac{\tan\alpha + \tan\beta}{1 - \tan\alpha \, . \, \tan\beta}$

$$= \frac{\dfrac{m}{m+1} + \dfrac{1}{2m+1}}{1 - \dfrac{m}{m+1} \cdot \dfrac{1}{2m+1}}$$

$$= \frac{m(2m+1) + m + 1}{(m+1)(2m+1) - m}$$

$$= \frac{2m^2 + m + m + 1}{2m^2 + 2m + m + 1 - m}$$

$$= \frac{2m^2 + 2m + 1}{2m^2 + 2m + 1}$$

$\therefore \quad \tan(\alpha+\beta) = 1$
$\Rightarrow \quad \tan(\alpha+\beta) = \tan \pi/4$
$\therefore \quad \alpha + \beta = \pi/4$

12. यहाँ $\quad x = r\sin\theta\cos\phi,$
$y = r\sin\theta\sin\phi$
$z = r\cos\theta,$

अब, $x^2 + y^2 + z^2$
$= r^2\sin^2\theta\cos^2\phi + r^2\sin^2\phi\sin^2\phi + r^2\cos^2\theta$
$= r^2\sin^2\theta(\cos^2\phi + \sin^2\phi) + r^2\cos^2\theta$
$= r^2\sin^2\theta + r^2\cos^2\theta$
$= r^2(\sin^2\theta + \cos^2\theta)$
$\therefore x^2 + y^2 + z^2 = r^2$

जो θ एवं ϕ से स्वतंत्र है।

14. $3\tan\theta + 4 = 0$

$\Rightarrow \tan\theta = -\dfrac{4}{3}$ और यदि $\cot\theta = -\dfrac{3}{4}$

तो, $\sin\theta = \dfrac{-4}{5}$, $\cos\theta = \dfrac{3}{5}$

अब, $2\cot\theta - 5\cos\theta + \sin\theta$

$$= 2\left(\frac{-3}{4}\right) - 5 \times \frac{3}{5} - \frac{4}{5}$$

$$= -\frac{3}{2} - 3 - \frac{4}{5}$$

$$= \frac{-15 - 30 - 8}{10} = \frac{-53}{10}$$

15. $\sin\left[\cot^{-1}\left\{\cos\left(\tan^{-1}x\right)\right\}\right]$

$$= \sin\left[\cot^{-1}\left\{\cos\left(\cos^{-1}\frac{1}{\sqrt{x^2+1}}\right)\right\}\right]$$

$$= \sin\left[\cot^{-1}\left\{\frac{1}{\sqrt{x^2+1}}\right\}\right]$$

$$= \sin\left[\sin^{-1}\left\{\frac{1}{\sqrt{1 + \left(\dfrac{1}{\sqrt{x^2+1}}\right)^2}}\right\}\right]$$

$$= \sqrt{\frac{x^2+1}{x^2+2}}$$

16. $\operatorname{cosec}\left(\frac{13\pi}{12}\right) = \operatorname{cosec}\left(\pi + \frac{\pi}{12}\right)$

$$= -\operatorname{cosec}\frac{\pi}{12}$$

$$= -\frac{1}{\sin\frac{\pi}{12}}$$

$$= -\frac{1}{\sin\left(\frac{\pi}{4}-\frac{\pi}{6}\right)}$$

$$= -\frac{1}{\sin\frac{\pi}{4}\cos\frac{\pi}{6} - \cos\frac{\pi}{4}\sin\frac{\pi}{6}}$$

$$= -\frac{1}{\frac{1}{\sqrt{2}}.\frac{\sqrt{3}}{2} - \frac{1}{\sqrt{2}}.\frac{1}{2}}$$

$$= -\frac{1}{\frac{\sqrt{3}}{2\sqrt{2}} - \frac{1}{2\sqrt{2}}}$$

$$= -\frac{2\sqrt{2}}{\sqrt{3}-1} = -\frac{2\sqrt{2}}{\sqrt{3}-1} \times \frac{\sqrt{3}+1}{\sqrt{3}-1}$$

$$= -\frac{2\sqrt{6}+2\sqrt{2}}{3-1}$$

$$= -\sqrt{6}-\sqrt{2}$$

17. $(\sec\theta - \cos\theta)(\operatorname{cosec}\theta - \sin\theta)(\cot\theta + \tan\theta)$

$$= \left(\frac{1}{\cos\theta} - \cos\theta\right)\left(\frac{1}{\sin\theta} - \sin\theta\right)\left(\frac{\cos\theta}{\sin\theta} + \frac{\sin\theta}{\cos\theta}\right)$$

$$= \frac{(1-\cos^2\theta)}{\cos\theta} \times \frac{(1-\sin^2\theta)}{\sin\theta} \times \frac{\cos^2\theta + \sin^2\theta}{\sin\theta\cos\theta}$$

$$= \frac{\sin^2\theta}{\cos\theta} \times \frac{\cos^2\theta}{\sin\theta} \times \frac{1}{\sin\theta\cos\theta}$$

$$= 1$$

18. यहाँ, $\alpha + \beta = \pi/2$ एवं $\beta + \gamma = \alpha$

अब, $\tan(\alpha + \beta) = \tan \pi/2 = \infty = \frac{1}{0}$

$$\Rightarrow \frac{\tan\alpha + \tan\beta}{1 - \tan\alpha\tan\beta} = \frac{1}{0}$$

$\therefore 1 - \tan\alpha\tan\beta = 0$

$\Rightarrow \tan\alpha . \tan\beta = 1$

अब, $\tan(\beta + \gamma) = \tan\alpha$

$$\Rightarrow \frac{\tan\beta + \tan\gamma}{1 + \tan\beta\tan\gamma} = \tan\alpha$$

$\Rightarrow \tan\beta + \tan\gamma = \tan\alpha - \tan\alpha\tan\beta\tan\gamma$

$\Rightarrow \tan\beta + \tan\gamma = \tan\alpha - \tan\gamma$

$(\because \tan\alpha\tan\beta = 1)$

$\therefore \tan\beta + 2\tan\gamma = \tan\alpha$

19. यहाँ, $\frac{\cos 10° + \sin 20°}{\cos 20° - \sin 10°}$

$$= \frac{\cos(90° - 80°) + \sin 20°}{\cos 20° - \sin(90° - 80°)}$$

$$= \frac{\sin 80° + \sin 20°}{\cos 20° - \cos 80°}$$

$$= \frac{2\sin 50°\cos 30°}{2\sin 50°\sin 30°} = \cot 30° = \sqrt{3}$$

20. यहाँ, $a = 2b$ एवं $A = 3B$

हम जानते हैं कि,

$$\frac{a}{\sin A} = \frac{b}{\sin B} = \frac{c}{\sin C}$$

$$\Rightarrow \frac{2b}{\sin 3B} = \frac{b}{\sin B}$$

(सिर्फ दो पद लेने पर)

$\Rightarrow 2\sin B = \sin 3B$

$\Rightarrow 2\sin B = 3\sin B - 4\sin^3 B$

$\Rightarrow 4\sin^3 B = \sin B$

$\Rightarrow 4\sin^2 B = 1$

$\Rightarrow \sin^2 B = \frac{1}{4}$

$\therefore \sin B = \frac{1}{2} = \sin 30°$

$\therefore B = 30°$

अब, $A = 3B = 3 \times 30° = 90°$

अतः त्रिभुज $\angle A$ पर समकोणीय है।

21. यहाँ, $\sin x \cos y = \frac{1}{2}$

दोनों तरफ अवकलन करने पर

$$\sin x(-\sin y)\frac{dy}{dx} + \cos y \cos x = 0$$

$$\Rightarrow \quad \frac{dy}{dx} = \cot x \cot y$$

पुनः अवकलन करने पर

$$\Rightarrow \quad \frac{d^2y}{dx^2} = \cot x(-\text{cosec}^2 y)\frac{dy}{dx} + \cot y(-\text{cosec}^2 x)$$

$$\Rightarrow \quad \frac{d^2y}{dx^2} = -\cot x\, \text{cosec}^2 y \,.\, \cot x \cot y - \cot y\, \text{cosec}^2 x$$

$$= -\cot^2 x\, \text{cosec}^2 y \cot y - \cot y\, \text{cosec}^2 x$$

$$\therefore \left[\frac{d^2y}{dx^2}\right]_{(\pi/4,\, \pi/4)}$$

$= -\cot^2 \pi/4\, \text{cosec}^2\pi/4 \cot \pi/4 - \cot \pi/4\, \text{cosec}^2\pi/4$

$$= -1^2 .(\sqrt{2})^2 .1 - 1.(\sqrt{2})^2$$

$$= -2 - 2 = -4$$

22. यहाँ, $f(x) = \sqrt{9 - x^2}$ and $f(x) > 0$

अब, $9 - x^2 > 0$

$\Rightarrow \quad x^2 < 9$

$\therefore \quad -3 < x < 3$

अतः अभीष्ट अंतराल $= -3 < x < 3$

23. यहाँ,

$$f(x) = \begin{cases} ax^2 + b & ; \quad x < -1 \\ bx^2 + ax + 4 & ; \quad x \geq -1 \end{cases}$$

$$\therefore f'(x) = \begin{cases} 2ax & ; \quad x < -1 \\ 2bx + a & ; \quad x \geq -1 \end{cases}$$

$\because f(x)$ का अवकलन सर्वत्र संतत है

$\therefore \quad x = -1$

यदि $f(x)$ के लिए $x = -1$ पर R = L = V

इसलिए $R = \lim_{x \to 1^+} f(x)$

$$= \lim_{x \to 1^+} (bx^2 + ax + 4)$$

$$= b - a + 4$$

$$L = \lim_{x \to 1^-} f(x) = \lim_{x \to 1^-} (ax^2 + b)$$

$$= a + b$$

अब $\quad b - a + 4 = a + b$

$\Rightarrow \quad 2a = 4$

$\therefore \quad a = 2$

$\because f'(x)$ का अवकलन सर्वत्र संतत है

$\therefore x = -1,$

$f'(x)$ के लिए $x = -1$ पर R = L = V

$\Rightarrow \quad -2b + a = -2a$

$\Rightarrow \quad -2b + 2 = -4 \qquad (\because a = 2)$

$\Rightarrow \quad 2b = 6$

$\therefore \quad b = 3$

24. माना कि चतुर्भुज की लम्बाई a सेमी. तथा चौड़ाई $\frac{34 - 2x}{2}$ सेमी.

अतः क्षेत्रफल $A = x\left(\frac{34 - 2x}{2}\right) = 17x - x^2$

$$\therefore \quad \frac{dA}{dx} = 17 - 2x$$

अधिकतम क्षेत्रफल के लिए,

$$\frac{dA}{dx} = 0$$

$\Rightarrow \quad 17 - 2x = 0$

$$\therefore \quad x = \frac{17}{2}$$

अब, $\frac{d^2A}{dx^2} = -2$, $\because$ क्षेत्रफल अधिकतम है,

$\therefore \quad$ लम्बाई $= x = \frac{17}{2}$ सेमी.

$$\text{चौड़ाई} = \frac{34 - 2 \times \frac{17}{2}}{2}$$

$$= \frac{34 - 17}{2} = \frac{17}{2}$$

$$\text{क्षेत्रफल} = \frac{17}{2} \times \frac{17}{2} = \frac{289}{4}$$

$= 72.25$ वर्ग सेमी.

25. $$K\frac{d^2y}{dx^2} = \left[1 + \left(\frac{dy}{dx}\right)^3\right]^{3/2}$$

दोनों ओर वर्ग करने पर

$$K^2\left(\frac{d^2y}{dx^2}\right)^2 = \left[1+\left(\frac{dy}{dx}\right)^3\right]^3$$

अतः अवकल समी. का अधिकतम घात 2 है।

27. माना कि $I = \int\left(\sqrt{x}+x\right)^{-1} dx$

$$= \int\frac{dx}{\left(\sqrt{x}+x\right)}$$

यदि $\sqrt{x} = t$ तो, $x = t^2$

$\Rightarrow \quad \frac{1}{2\sqrt{x}}dx = dt$

$\therefore \quad dx = 2t\ dt$

अब, $I = \int\frac{2t\ dt}{(t+t^2)} = 2\int\frac{dt}{(1+t)}$

$= 2\log(1+t) + C$

$= 2\log\left(1+\sqrt{x}\right)+C$

30. $(1 - 2x + 3x^2 - 4x^3 + \dots \infty)^{-5}$

$= \left[(1+x)^{-2}\right]^{-5} = (1+x)^{10}$

चूंकि छठा पद x^5 है

अतः उसका गुणनफल $= {}^{10}C_5$

$$= \frac{10!}{5!(10-5)!} = \frac{10!}{(5!)^2}$$

31. $\frac{x-a}{b+c}+\frac{x-b}{c+a}+\frac{x-c}{a+b} = 3$

$\Rightarrow \frac{x-a}{b+c}-1+\frac{x-b}{c+a}-1+\frac{x-c}{a+b}-1 = 0$

$\Rightarrow \frac{x-a-b-c}{b+c}+\frac{x-a-b-c}{c+a}+\frac{x-a-b-c}{a+b} = 0$

$\Rightarrow [x-(a+b+c]\left[\frac{1}{b+c}+\frac{1}{c+a}+\frac{1}{a+b}\right] = 0$

अतः $x - (a+b+c) = 0$

$\therefore \quad x = a+b+c$

32. माना कि $z = \left[\frac{-1+i\sqrt{3}}{2}\right]^{10}+\left[\frac{-1-i\sqrt{3}}{2}\right]^{10}$

यहाँ, $\omega = \frac{-1+i\sqrt{3}}{2}$ एवं $\omega^2 = \frac{-1-i\sqrt{3}}{2}$

तब, $z = (\omega)^{10}+\left(\omega^2\right)^{10}$

$= \left(\omega^3\right)^3.\omega+\left(\omega^3\right)^6.\omega^2$ $\quad [\because \omega^3 = 1]$

$= \omega + \omega^2$ $\quad [\because \omega+\omega^2 = -1]$

$= -1$

34. यहाँ, $\begin{bmatrix}1 & 2\\0 & 3\end{bmatrix}A = \begin{bmatrix}-1 & 0\\6 & 3\end{bmatrix}$

माना कि $A = \begin{bmatrix}a & b\\c & d\end{bmatrix}$

तब, $\begin{bmatrix}1 & 2\\0 & 3\end{bmatrix}\begin{bmatrix}a & b\\c & d\end{bmatrix} = \begin{bmatrix}-1 & 0\\6 & 3\end{bmatrix}$

$\Rightarrow \begin{bmatrix}a+2c & b+2d\\0+3c & 0+3d\end{bmatrix} = \begin{bmatrix}-1 & 0\\6 & 3\end{bmatrix}$

तुलना करने पर

$a+2c = -1,\ b+2d = 0,\ 3c = 6,\ 3d = 3$

तब, $c = 2$ एवं $d = 1$,

अब, $a + 2\times 2 = -1 \quad b + 2\times 1 = 0$

$\Rightarrow \quad a = -5 \quad \therefore b = -2$

अतः, $A = \begin{bmatrix}-5 & -2\\2 & 1\end{bmatrix}$

35. यहाँ, $ax^2 + 2bx + c = 0$ के मूल α, β हैं

$\therefore \alpha+\beta = -\frac{2b}{a}, \alpha\beta = \frac{c}{a}$

पुनः, $Ax^2 + 2Bx + C = 0$ के मूल $\alpha+\delta$ एवं $\beta+\delta$ हैं।

तो, $\alpha+\delta+\beta+\delta = -\frac{2B}{A}$;

$(\alpha+\delta)(\beta+\delta) = \frac{C}{A}$

अब, $\alpha-\beta = (\alpha+\delta)-(\beta+\delta)$

$\therefore \quad (\alpha-\beta)^2 = [(\alpha+\delta)-(\beta+\delta)]^2$

$\therefore \quad (\alpha+\beta)^2 - 4\alpha\beta = [(\alpha+\delta)+(\beta+\delta)]^2 - 4(\alpha+\delta)(\beta+\delta)$

$$\Rightarrow \left(\frac{-2b}{a}\right)^2 - 4\frac{c}{a} = \left(\frac{-2B}{A}\right)^2 - 4\frac{C}{A}$$

$$\Rightarrow \quad \frac{4b^2}{a^2} - \frac{4c}{a} = \frac{4B^2}{A^2} - \frac{4C}{A}$$

$$\Rightarrow \quad \frac{b^2 - ac}{a^2} = \frac{B^2 - AC}{A^2}$$

$$\therefore \quad \frac{b^2 - ac}{B^2 - AC} = \frac{a^2}{A^2} = \left(\frac{a}{A}\right)^2 \text{ Ans.}$$

36. समीकरण $\left(\frac{x\sqrt{y}}{3} - \frac{3}{y\sqrt{x}}\right)^{12}$ के प्रसारण हेतु

$x = 12$ (सम पद)

अतः, 7वां पद मध्य पद होगा।

$$\text{मध्य पद} = {}^{12}C_6 \left(\frac{x\sqrt{y}}{3}\right)^6 \cdot \left(\frac{-3}{y\sqrt{x}}\right)^6$$

$$= {}^{12}C_6 \left(\frac{x\sqrt{y}}{3} \times \frac{-3}{y\sqrt{x}}\right)^6$$

$$= {}^{12}C_6\, x^3\, y^{-3}$$

37. यदि $ax^2 + bx + c = 0$ के मूल α एवं β हैं

तो $\quad \alpha + \beta = \frac{-b}{a}; \alpha . \beta = \frac{c}{a}$

$\Rightarrow \quad a\alpha + a\beta = -b$

$\Rightarrow \quad a\alpha + b = -a\beta \quad$ ..(i)

एवं, $\quad a\beta + b = -a\alpha \quad$ ...(ii)

अब, $(a\alpha + b)^{-1} + (a\beta + b)^{-1}$

$$= (-a\beta)^{-1} + (-a\alpha)^{-1}$$

$$= \frac{1}{-a\beta} + \frac{1}{-a\alpha} = -\frac{1}{a}\left(\frac{1}{\beta} + \frac{1}{\alpha}\right)$$

$$= -\frac{1}{a}\left(\frac{\alpha+\beta}{\alpha\beta}\right) = -\frac{1}{a}\left(\frac{-b/a}{c/a}\right) = \frac{b}{ac}$$

38. माना कि $x = 8^{17} = (2^3)^{17} = 2^{51}$

$\Rightarrow \log x = 51 \log 2$

$= 51 \times 0.3010$

$= 15.3510$

अतः 8^{17} में अंकों की संख्या =

$(15 + 1) = 16$

39. $1 - \frac{1}{2} + \frac{1}{4} - \frac{1}{8} + \ldots$

$$= \left(1 + \frac{1}{4} + \frac{1}{16} + \ldots\right) - \left(\frac{1}{2} + \frac{1}{8} + \frac{1}{32} + \ldots\right)$$

$$= \frac{1}{1 - \frac{1}{4}} - \frac{\frac{1}{2}}{1 - \frac{1}{4}} = \frac{4}{3} - \frac{2}{3} = \frac{2}{3}$$

40. यदि b_1, b_2, b_3 समांतर श्रेणी में हैं तथा सार्व–अंतर d है

तो, $\quad b_2 = b_1 + d$ एवं $b_3 = b_1 + 2d$

अब, $\quad b_3^2 = b_2\, b_3 + b_1\, d + 2$

$\Rightarrow (b_1 + 2d)^2 = (b_1 + d)\,(b_1 + 2d) + b_1 d + 2$

$\Rightarrow b_1^2 + 4b_1 d + 4d^2$

$$= b_1^2 + b_1 d + 2b_1 d + 2d^2 + b_1 d + 2$$

$\Rightarrow \quad 4b_1 d + 4d^2 = 4b_1 d + 2d^2 + 2$

$\Rightarrow \quad 2d^2 = 2$

$\Rightarrow \quad d^2 = 1$

$\therefore \quad d = 1$

43. $\int_{\ln 2}^{x} (e^x - 1)^{-1} dx = \ln\frac{3}{2}$

$$\Rightarrow \int_{\log 2}^{x} \frac{1}{(e^x - 1)} dx = \log\frac{3}{2}$$

माना कि $\quad e^x - 1 = t$

$\Rightarrow \quad e^x = t + 1$

$\Rightarrow \quad e^x dx = dt$

तो, $\int_{1}^{e^x - 1} \frac{1}{t(t+1)} dt = \log\frac{3}{2}$

$$\Rightarrow \int_{1}^{e^x - 1} \left[\frac{1}{t} - \frac{1}{t+1}\right] dt = \log\frac{3}{2}$$

$$\Rightarrow \log (t)_1^{e^x - 1} - \log (t+1)_1^{e^x - 1} = \log\frac{3}{2}$$

$$\Rightarrow \log (e^x - 1) - \log\frac{e^x}{2} = \log\frac{3}{2}$$

$$\Rightarrow \log\frac{e^x - 1}{e^x / 2} = \log\frac{3}{2}$$

$\therefore \quad \frac{2(e^x - 1)}{e^x} = \frac{3}{2}$

$\Rightarrow 4(e^x - 1) = 3e^x$

$\Rightarrow \quad e^x = 4$

$\therefore \quad x = \log 4$

44. यहाँ, $\int_{-3}^{2} f(x)\,dx = \frac{7}{3}$

तथा $\int_{-3}^{9} f(x)\,dx = \frac{-5}{6}$

अब, $\int_{-3}^{9} f(x)\,dx = \int_{-3}^{2} f(x)\,dx + \int_{2}^{9} f(x)\,dx$

$\Rightarrow \quad \frac{-5}{6} = \frac{7}{3} + \int_{2}^{9} f(x)\,dx$

$\therefore \quad \int_{2}^{9} f(x)\,dx = \frac{-5}{6} - \frac{7}{3} = \frac{-19}{6}$

46. $dy = (y \tan x + \sec x)\,dx$

$\Rightarrow \quad \frac{dy}{dx} = y \tan x + \sec x$

$\Rightarrow \frac{dy}{dx} + (-\tan x)y = \sec x$

अब I.F. $= e^{\int -\tan x\,dx} = e^{\log \cos x} = \cos x$

$\therefore \; y \cos x = \int \cos x \,.\, \sec x\,dx$

$\Rightarrow y \cos x = \int dx$

$\therefore \; y \cos x = x + c$

अतः वक्र केन्द्र से गुजरता है अर्थात् (0, 0), अतः, $c = 0$

$\therefore y \cos x = x$

47. $\frac{dy}{dx} = \sec(x + y)$

($x + y = v$ का मान रखने पर)

$\Rightarrow \quad 1 + \frac{dy}{dx} = \frac{dv}{dx}$

$\Rightarrow \quad \frac{dy}{dx} = \frac{dv}{dx} - 1$

अब, $\frac{dv}{dx} - 1 = \sec v$

$\Rightarrow \quad \frac{dv}{dx} = 1 + \frac{1}{\cos v}$

$\Rightarrow \quad \frac{dv}{dx} = \frac{1 + \cos v}{\cos v}$

$\Rightarrow \left(\frac{\cos v}{1 + \cos v}\right) dv = dx$

$\Rightarrow \left(\frac{2\cos^2 v/2 - 1}{2\cos^2 v/2}\right) dv = dx$

$\Rightarrow \int\left(1 - \frac{1}{2}\sec^2 v/2\right) dv = \int dx + c$

$\Rightarrow \quad v - \tan\frac{v}{2} = x + c$

$\Rightarrow (x + y) - \tan\frac{(x + y)}{2} = x + c$

$\therefore y - \tan\frac{(x + y)}{2} = c$

51. $f(x) = (x + 1)^{\cot x}$ $x = 0$, पर संतत है, तो

$\lim_{x \to 0} f(x) = f(0)$

$\Rightarrow \lim_{x \to 0} (x + 1)^{\cot x} = f(0)$

दोनों तरफ log लेने पर,

$\Rightarrow \lim_{x \to 0} \cot x \log(1 + x) = \log f(0)$

$\Rightarrow \lim_{x \to 0} \frac{\log(1 + x)}{\tan x} = \log f(0) \qquad \left[\text{Form } \frac{0}{0}\right]$

$\therefore \quad \log f(0) = \lim_{x \to 0} \frac{1}{(1 + x)\sec^2 x} = 1$

$\Rightarrow \quad f(0) = e^1$

$\therefore \quad f(0) = e$

54. माना कि टावर की ऊँचाई, AB = 50 मीटर जिसमें हरे रंग की रंगाई BC = 24 मीटर तथा लाल रंग की रंगाई AC = 26 मीटर है।

यदि BD = x मी. एवं $\angle$ BDC = $\angle$ ADC = θ

तो समकोण ΔCBD से;

$$\tan\theta = \frac{24}{x} \qquad ...(i)$$

Abnormal Psychology

Abnormal Psychology

S.K. Mangal
Formerly Principal, Professor and Head
Department of Post Graduate Studies & Research
C.R. College of Education, Rohtak

STERLING

STERLING PUBLISHERS (P) LTD.
Regd. Office: A1/256 Safdarjung Enclave, New Delhi-110029.
CIN: U22110DL1964PTC211907
Phone: +91 82877 98380/+91 120-6251823
E-mail: mail@sterlingpublishers.in
www.sterlingpublishers.in

Abnormal Psychology

ISBN 978-93-86245-65-6
First Edition: 1988
Second Revised and Enlarged Edition: 2019, 2021

Printed and Published in India by

Sterling Publishers Pvt. Ltd.,
Plot No. 13, Ecotech-III, Greater Noida - 201306, U. P. India

Preface to the Second Edition

The first edition of the text "Abnormal Psychology" was brought out in the year 1984. Although, there have been regular imprints of the text during all these years in the past with the good wishes and favour showered on the part of the readers of this text, yet it has suffered with a need of bringing a revised edition of the work in the previous years.

During this long period of more than three decades, a lot of changes have taken place in the areas related to the disciplines of Abnormal Psychology and Applied Medicines particularly with the emergence of a number of revised publications of DSM (Diagnostic and Statistical Manual) and ICD (International Classification of Diseases) brought out respectively by American Psychiatric Association (APA) and World Health Organization (WHO). Today at present we have DSM-5 (brought out in the year 2013) and ICD-10 (brought out in the year 2010) with us and the proposed draft of ICD-11(the official one coming out soon in the year 2020) for the classification, diagnosis, understanding and treatment of abnormal behaviours, mental disorders and diseases. These developments have provided sufficient grounds for bringing needed changes and modifications in syllabi of the courses related to the subjects Abnormal and Clinical Psychology in degree classes of the universities and higher institutions of our country. Consequently, in the present edition of the text all necessary attempts have been made to consolidate the subject matter of the text by adding a number of new topics and enriching the contents of the previous ones for enabling it to meet the requirements of the subject "Abnormal Psychology" syllabi of the Indian Universities. The mentionable attempts in this direction are as below:

- Since the entire scheme and theme of the revision of the text has been woven around the developments resulted through the evolution in Diagnostic Statistical Manuals (DSM's)and International Classification of Diseases (ICD's) during the past years, therefore a well- intended initiative in the form of the enriching the existing chapter 10 entitled as "Classification of Mental Disorders" has been taken by providing due place to the discussion of DSM IV-TR(2000), DSM-5 (2013), ICD-10 (2010), and a brief commentary on the coming ICD-11 in the revised text.
- Four entirely new chapters have been added in the revised text naming as (i) Attention Deficit/Hyperactivity Disorder (ADHD) and Autism, (ii) Elimination and Eating Disorder (providing essentials about the elimination disorders like Enuresis and Encopresis and eating disorders like Anorexia nervosa, Bulimia nervosa and Binge eating disorder), (iii) Sleep Disorders (discussing about Primary insomnia, Primary Hypersomnia, Narcolepsy, Breathing -related sleep disorders, Circadian Rhythm sleep disorder, nightmares, night sleep terrors, and Somnambulism-night walking), and (iv) Old Age or Degenerative

Disorders (throwing light on the conditions like Delirium, Dementia, Vascular dementia, Alzheimer's disease, Pick's disease, Parkinson's disease, and Huntington's disease).

- The existing chapter 4 of the text named as "Motivation and Adjustment" have been bifurcated into two chapters 5 and 6 named as "Psychology of Motivation" and "Psychology of Adjustment" in order to do more justice to these topics in the light of the changes required in the syllabi. Mentionable in this connection is the useful addition of the topic like Areas and Spheres of Adjustment, Maladjustment, Detection of Maladjustment, Methods of Adjustment in the newly created chapter 5 of the text.
- A number of useful topics have been added at various places in the existing chapters of the text such as (i) Conflict resolution, Stressors, Types of Stressors , Stress cycle, Effects or Outcomes of Stress, Adaptation to Stress and Coping with Stress; (ii) New varieties of Obsessive-compulsive behaviour disorders such as Hoarding disorder, Trichotillomania (hair-pulling disorder), Excoriation (skin picking disorder), and Body dysmorphic disorder; (iii) Cognitive-behavioural therapy for the treatment of abnormal behaviour etc.
- Besides this, due attempts have been made for providing necessary revision, modification and enrichment to the subject matter belonging to all chapters of the text. For serving this objective, some chapters have been re-written, re-organized, and updated with latest information and the necessary figures as well as tables have been added for providing more clarity to the subject matter.

With such enhancement, enrichment and modifications carried out in the text, it is hoped that the text will be serving more useful purposes in meeting the requirements of the syllabi of the subject "Abnormal Psychology" belonging to the degree courses of the Indian universities. Besides, this it will also be proving helpful to the students of the related disciplines such as Clinical Psychology, Guidance and Counselling, and also for those who opt "Psychology" as an optional paper for their Indian or Provincial civil services and other competitive examinations.

With all good wishes for the brilliant future to its readers,

S.K. Mangal
skmangal@gmail.com

Independence Day
August 15, 2019

Preface

This book has been written for use as a basic text-book in an introductory course in Abnormal Psychology or as a book of general and clinical interest for those who are interested in the care of their own mental health or of others. It covers almost all the basic concepts and information regarding human abnormal behaviour through the following mainstreams:

1. Concept of abnormal behaviour and its science.
2. Etiology of abnormal behaviour.
3. Classification and description of abnormal behaviour.
4. Treatment of abnormal behaviour.

In the treatment of the subject, due care has been taken to make the book less ponderous and formidable for students, more interesting and meaningful, and more teachable and to bring it up to date with new developments. As far as possible a reasonable quality of thought and depth of treatment has been retained. In doing so, I have drawn upon three sources: theory, research and practical experience of various authors and writers, the work of whom, I gratefully acknowledge. I am also grateful to my colleagues, students and all those who have shared their experiences with me during the past several decades and, in doing so, have helped me learn and grow.

I hope that the book will be read by a lot of readers for whom it was not specifically designed and they will be benefited by it. They should feel free to write to me or the publishers with suggestions for the improvement of the book.

Rohtak
Independence Day 1984

S.K. Mangal

Contents

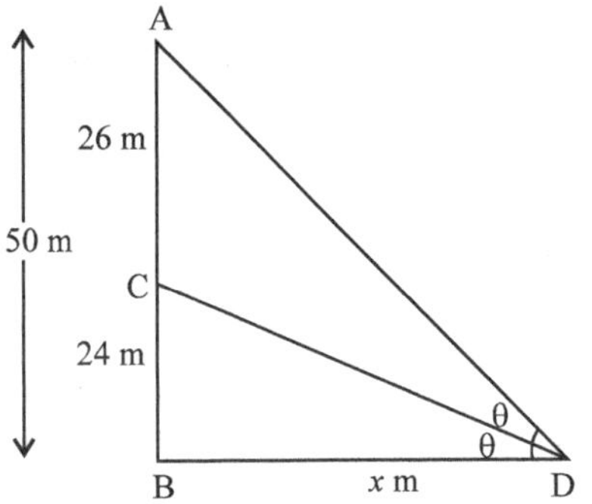

पुनः समकोण ΔABD से,

$$\tan 2\theta = \frac{50}{x}$$

$$\Rightarrow \quad \frac{2\tan\theta}{1-\tan^2\theta} = \frac{50}{x}$$

समी. (*i*) से tanθ का मान रखने पर,

$$\frac{2\times\frac{24}{x}}{1-\left(\frac{24}{x}\right)^2} = \frac{50}{x}$$

$$\Rightarrow \quad \frac{\frac{48}{x}}{\frac{x^2-576}{x^2}} = \frac{50}{x}$$

$$\Rightarrow \quad \frac{48x}{x^2-576} = \frac{50}{x}$$

$$\Rightarrow \quad 48x^2 = 50x^2 - 28800$$

$$\Rightarrow \quad 2x^2 = 28800$$

$$\Rightarrow \quad x^2 = 14400$$

$$\therefore \quad x = \sqrt{14400} = 120$$

अतः अभीष्ट दूरी = 120 मी.

55. ΔABC में $\tan A = 1$, $\tan B = 2$,

हम जानते हैं कि $A + B + C = 180°$

$\Rightarrow \tan(A + B + C) = \tan 180° = 0$

पुनः, माना कि $\tan C = x$

तो, $\tan(A + B + C)$

$$= \frac{\tan A + \tan B + \tan C - \tan A \tan B \tan C}{1 - \tan A \tan B - \tan B \tan C - \tan C \tan A}$$

$$\Rightarrow \quad \tan 180° = \frac{1+2+x-1\times 2\times x}{1-1\times 2-2\times x-x\times 1}$$

$$\Rightarrow \quad \frac{1+2+x-2x}{1-2-2x-x} = 0$$

$$\Rightarrow \quad \frac{3-x}{-1-3x} = 0$$

$$\Rightarrow \quad 3 - x = 0$$

$$\therefore \quad x = 3$$

अतः, $\tan C = 3$

56. यहाँ, $Ax + By = A + B$

$$\Rightarrow \quad y = -\frac{A}{B}x + \frac{(A+B)}{B}$$

$$\therefore \quad m_1 = -\frac{A}{B}$$

पुनः, $A(x - y) + B(x + y) = 2B$

$\Rightarrow (A + B)x + (-A + B)y = 2B$

$$\therefore \quad y = -\frac{(A+B)}{(-A+B)}x + \frac{2B}{(-A+B)}$$

$$\text{अतः,} \quad m_2 = -\frac{(A+B)}{(-A+B)}$$

यदि θ दोनों रेखाओं के बीच का न्यूनकोण है, तो

$$\tan\theta = \frac{m_1 - m_2}{1 + m_1 m_2}$$

$$= \frac{\frac{-A}{B} + \frac{A+B}{(-A+B)}}{1 + \frac{A}{B}\times\frac{(A+B)}{(-A+B)}}$$

$$= \frac{A^2 - AB + AB + B^2}{-AB + B^2 + A^2 + AB}$$

$$= \frac{A^2 + B^2}{A^2 + B^2} = 1$$

$$\Rightarrow \quad \tan\theta = \tan 45°$$

$$\therefore \quad \theta = 45°$$

57. प्रश्नानुसार,

$$2c^2 = (x-a)^2 + y^2 + z^2 + (x+a)^2 + y^2 + z^2$$

$$\Rightarrow \quad 2c^2 = x^2 + a^2 - 2ax + x^2 + a^2 + 2ax + 2y^2 + 2z^2$$

$$\Rightarrow \quad 2c^2 = 2x^2 + 2a^2 + 2y^2 + 2z^2$$

$$\Rightarrow \quad c^2 = a^2 + x^2 + y^2 + z^2$$

$$\therefore \quad x^2 + a^2 = c^2 - y^2 - z^2$$

59. यहाँ, रैखीय समीकरण

$$x + 2by = 2p$$

$$\therefore \quad x + 2by - 2p = 0$$

यदि निर्देश मूल बिंदु से सरल रेखा $x + 2by - 2p = 0$ पर लम्ब की लम्बाई p है, तो

$$p = \frac{0 + 2b(0) - 2p}{\sqrt{1^2 + (2b)^2}} = \frac{-2p}{\sqrt{1 + 4b^2}}$$

दोनों तरफ वर्ग करने पर

$\Rightarrow \quad p^2 = \dfrac{4p^2}{1+4b^2}$

$\Rightarrow \quad 4b^2 + 1 = 4$

$\Rightarrow \quad b^2 = \dfrac{3}{4}$

$\therefore \quad b = \dfrac{\sqrt{3}}{2}$

61. यहाँ $\vec{u} = \hat{i} - \hat{j}$, $\vec{v} = 2\hat{i} + 5\hat{j}$

एवं $\vec{w} = 4\hat{i} + 3\hat{j}$

अब, $\vec{p} = \vec{u} + \vec{v} + \vec{w}$ (दिया गया है)

$= \hat{i} - \hat{j} + 2\hat{i} + 5\hat{j} + 4\hat{i} + 3\hat{j}$

$= 7\hat{i} + 7\hat{j}$

Now, $-3\vec{u} + 2\vec{v} = 3(\hat{i} - \hat{j}) + 2(2\hat{i} + 5\hat{j})$

$= 3\hat{i} - 3\hat{j} + 4\hat{i} + 10\hat{j} = 7\hat{i} + 7\hat{j}$

अतः विकल्प (C) सही है।

62. यहाँ, $\vec{a}$ एवं $\vec{b}$ आनत मात्रक सदिश है

$\therefore \quad |\vec{a}| = 1\ ;\ |\vec{b}| = 1$

$\therefore \quad |\vec{a} + \vec{b}|^2 = |\vec{a}|^2 + |\vec{b}|^2 + 2.|\vec{a}|.|\vec{b}|$

$= 1^2 + 1^2 + 2.1.1 = 4$

अतः $\quad |\vec{a} + \vec{b}| = 2$

65. $P(A \cup B) = P(A) + P(B) - P(A \cap B)$

$\Rightarrow \quad \dfrac{3}{4} = \dfrac{1}{3} + P(B) - \dfrac{1}{4}$

$\left(\because P(A) = 1 - P(\overline{A}) = 1 - \dfrac{2}{3} = \dfrac{1}{3}\right)$

$\therefore \quad P(B) = \dfrac{3}{4} - \dfrac{1}{12}$

$= \dfrac{9-1}{12} = \dfrac{8}{12} = \dfrac{2}{3}$

70. A के निशाने पर लगने की प्रायकिता $= \dfrac{4}{5}$

B के निशाने पर लगने की प्रायिकता $= \dfrac{3}{4}$

C के निशाने पर लगने की प्रायिकता $= \dfrac{2}{3}$

पुनः जब A, B, एवं C प्रत्येक एक निशाना लगाते हैं तब निशाने पर लगने की अभीष्ट प्रायिकता

$$= \frac{4}{5} \times \frac{3}{4} \times \frac{2}{3} + \frac{4}{5} \times \frac{3}{4} \times \left(1 - \frac{2}{3}\right) + \frac{4}{5} \times \frac{2}{3} \times \left(1 - \frac{3}{4}\right) + \frac{3}{4} \times \frac{2}{3} \times \left(1 - \frac{4}{5}\right)$$

$$= \frac{2}{5} + \frac{3}{5} \times \frac{1}{3} + \frac{8}{15} \times \frac{1}{4} + \frac{1}{2} \times \frac{1}{5}$$

$$= \frac{2}{5} + \frac{1}{5} + \frac{2}{15} + \frac{1}{10}$$

$$= \frac{12 + 6 + 4 + 3}{30} = \frac{25}{30} = \frac{5}{6}$$

76. माना कि α एवं β दोनों समीकरणों के एक समान मूल हैं

तो, $x^2 - (a-1)x + (a+b) = 0$

$\alpha . \beta = (a + b)$

पुनः, $\quad ax^2 - 2x + b = 0$

$\Rightarrow \quad \alpha + \beta = \dfrac{2}{a}, \alpha\beta = \dfrac{b}{a}$

तथा, $\quad a - 1 = \dfrac{2}{a}$

$\Rightarrow \quad a^2 - a - 2 = 0$

$\Rightarrow \quad (a-2)(a+1) = 0$

अतः, $a = 2$ or -1

पुनः, $\quad a + b = \dfrac{b}{a}$

$\Rightarrow \quad a^2 + ab = b$

$\Rightarrow \quad 2^2 + 2b = b \qquad (a = 2)$

$\Rightarrow \quad b = -4$

अतः, $a = 2$ एवं $b = -4$

81. यहाँ, वृत्त की त्रिज्या h है जो O(0, 0) से गुजरती है। वृत्त का केन्द्र $(h, 0)$ है।

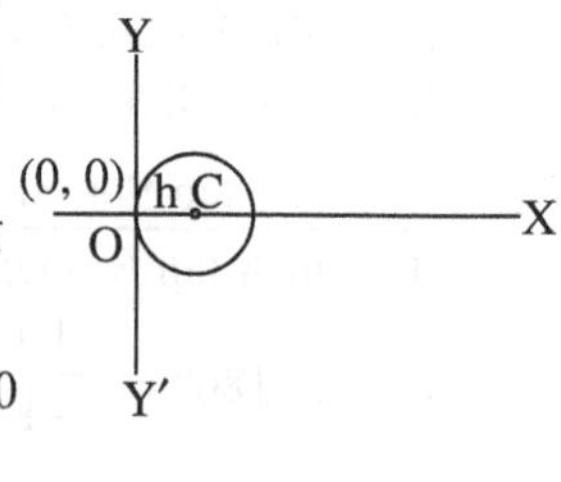

तो वृत्त का समीकरण

$(x - h)^2 + y^2 = h^2$

$\Rightarrow x^2 + y^2 - 2xh = 0$

84. ऐसी रेखा के लिए समी. जो (3, – 1) एवं (8, 9) से गुजरती है।

$$y + 1 = \frac{9+1}{8-3}(x-3)$$

$\Rightarrow \quad y + 1 = 2(x - 3)$

$\Rightarrow \quad 2x - y = 7 \quad ...(1)$

अब, दी गई रेखा के लिए समी.

$y - x + 2 = 0$

$\Rightarrow \quad -x + y = -2 \quad ...(2)$

समी. (1) एवं (2) को हल करने पर

$x = 5$ एवं $y = 3$

तथा $\quad 5 = \dfrac{m_1(8) + m_2(3)}{m_1 + m_2}$

$\Rightarrow \quad 8m_1 + 3m_2 = 5m_1 + 5m_2$

$\Rightarrow \quad 3m_1 = 2m_2$

$\therefore \quad \dfrac{m_1}{m_2} = \dfrac{2}{3}$

अतः अभीष्ट अनुपात = 2 : 3

85. यहाँ, $\quad A = \begin{bmatrix} 2 & 3 \\ 1 & 4 \end{bmatrix}, B = \begin{bmatrix} 1 & 0 \\ 0 & 1 \end{bmatrix}$

तथा $(A + B)^2 = \left\{\begin{bmatrix} 2 & 3 \\ 1 & 4 \end{bmatrix} + \begin{bmatrix} 1 & 0 \\ 0 & 1 \end{bmatrix}\right\}^2$

$= \begin{bmatrix} 3 & 3 \\ 1 & 5 \end{bmatrix}^2$

$= \begin{bmatrix} 3 & 3 \\ 1 & 5 \end{bmatrix}\begin{bmatrix} 3 & 3 \\ 1 & 5 \end{bmatrix}$

$= \begin{bmatrix} 9+3 & 9+15 \\ 3+5 & 3+25 \end{bmatrix}$

$= \begin{bmatrix} 12 & 24 \\ 8 & 28 \end{bmatrix}$

$A^2 + B^2 + 2AB$

$= \begin{bmatrix} 2 & 3 \\ 1 & 4 \end{bmatrix}\begin{bmatrix} 2 & 3 \\ 1 & 4 \end{bmatrix} + \begin{bmatrix} 1 & 0 \\ 0 & 1 \end{bmatrix}\begin{bmatrix} 1 & 0 \\ 0 & 1 \end{bmatrix} + 2\begin{bmatrix} 2 & 3 \\ 1 & 4 \end{bmatrix}\begin{bmatrix} 1 & 0 \\ 0 & 1 \end{bmatrix}$

$= \begin{bmatrix} 4+3 & 6+12 \\ 2+4 & 3+16 \end{bmatrix} + \begin{bmatrix} 1+0 & 0+0 \\ 0+0 & 0+1 \end{bmatrix} + 2\begin{bmatrix} 2+0 & 0+3 \\ 1+0 & 0+4 \end{bmatrix}$

$= \begin{bmatrix} 7 & 18 \\ 6 & 19 \end{bmatrix} + \begin{bmatrix} 1 & 0 \\ 0 & 1 \end{bmatrix} + \begin{bmatrix} 4 & 6 \\ 2 & 8 \end{bmatrix}$

$= \begin{bmatrix} 12 & 24 \\ 8 & 28 \end{bmatrix}$

अतः, $(A + B)^2 = A^2 + B^2 + 2AB$

पुनः, $\quad AB = \begin{bmatrix} 2 & 3 \\ 1 & 4 \end{bmatrix}\begin{bmatrix} 1 & 0 \\ 0 & 1 \end{bmatrix}$

$= \begin{bmatrix} 2+0 & 0+3 \\ 1+0 & 0+4 \end{bmatrix} = \begin{bmatrix} 2 & 3 \\ 1 & 4 \end{bmatrix}$

$BA = \begin{bmatrix} 1 & 0 \\ 0 & 1 \end{bmatrix}\begin{bmatrix} 2 & 3 \\ 1 & 4 \end{bmatrix}$

$= \begin{bmatrix} 2+0 & 3+0 \\ 0+1 & 0+4 \end{bmatrix} = \begin{bmatrix} 2 & 3 \\ 1 & 4 \end{bmatrix}$

अतः, $\quad AB = BA$

86. यहाँ, $\quad A = \begin{bmatrix} \cos\alpha & \sin\alpha \\ \cos\alpha & \sin\alpha \end{bmatrix};$

$B = \begin{bmatrix} \cos\alpha & \cos\alpha \\ \sin\alpha & \sin\alpha \end{bmatrix}$

तथा $AB = \begin{bmatrix} \cos^2\alpha + \sin^2\alpha & \cos^2\alpha + \sin^2\alpha \\ \cos^2\alpha + \sin^2\alpha & \cos^2\alpha + \sin^2\alpha \end{bmatrix}$

$= \begin{bmatrix} 1 & 1 \\ 1 & 1 \end{bmatrix}$

$\therefore \quad AB \neq I$, लेकिन कारण गलत है।

89. माना कि $z = \sqrt{i} + \sqrt{-i}$

दोनों तरफ वर्ग करने पर

$z^2 = i - i + 2\sqrt{-i^2} = 2\sqrt{1}$

$\Rightarrow \quad z^2 = 2$

$\therefore \quad z = \sqrt{2}$

90. यहाँ, $x^2 + k^2 = 2(k+1)x$

$\Rightarrow x^2 - 2(k+1)x + k^2 = 0$

इसके मूल समान हैं।

अतः, $D = [-2(k-1)]^2 - 4k^2 = 0$

$\Rightarrow 4(k^2 + 2k + 1 - k^2) = 0$

$2k + 1 = 0$

$\therefore \quad k = \frac{-1}{2}$

91. यहाँ, $x = a^{1/3} - a^{-1/3}$

$\therefore \quad x^3 = \left(a^{1/3} - a^{-1/3}\right)^3$

$= a - a^{-1} - 3\left(a^{1/3} - a^{-1/3}\right)$

$\Rightarrow \quad x^3 = a - \frac{1}{a} - 3x$

$\therefore \quad x^3 + 3x = a - \frac{1}{a}$

92. यदि $x + y + z = 0$

तो, $x^3 + y^3 + z^3 = 3xyz$

तथा $x^{1/3} + y^{1/3} + z^{1/3} = 0$

एवं $\left(x^{1/3}\right)^3 + \left(y^{1/3}\right)^3 + \left(z^{1/3}\right)^3$

$= 3x^{1/3}.y^{1/3}.z^{1/3}$

$\Rightarrow \quad x + y + z = 3(xyz)^{1/3}$

दोनों ओर घन करने पर

$(x + y + z)^3 = 27xyz$

94. $$\frac{\text{cosec}(\pi+\theta)\cot\left[9\frac{\pi}{2}-\theta\right]\text{cosec}^2(2\pi-\theta)}{\cot(2\pi-\theta)\sec^2(\pi-\theta)\sec\left(\frac{3\pi}{2}+\theta\right)}$$

$$= \frac{-\text{cosec}\,\theta\,.\tan\theta\,.(-\text{cosec}^2\theta)}{-\cot\theta(-\sec^2\theta)\,\text{cosec}\,\theta}$$

$$= \frac{\tan\theta\,\text{cosec}^2\theta}{\cot\theta\sec^2\theta}$$

$$= \frac{\frac{\sin\theta}{\cos\theta}\times\frac{1}{\sin^2\theta}}{\frac{\cos\theta}{\sin\theta}\times\frac{1}{\cos^2\theta}} = \frac{\sin\theta\cos\theta}{\sin\theta\cos\theta} = 1$$

95. दिया गया है,

$3^{x-1} + 3^{x+1} = 30$

$\Rightarrow 3^x . 3^{-1} + 3^x . 3^1 = 30$

$\Rightarrow \quad \frac{3^x}{3} + 3.3^x = 30$

$\Rightarrow \quad 3^x\left(\frac{1}{3} + 3\right) = 30$

$\Rightarrow \quad 3^x\left(\frac{10}{3}\right) = 30$

$\therefore \quad 3^x = 9$ ...(1)

अतः, $3^{x+2} + 3^x = 3^x(3^2 + 1)$

$= 10 \times 3x$

समी. (1) से $3x$ का मान रखने पर

$= 10 \times 9 = 90$

97. यहाँ, रेखा के लिए समी. है

$$\frac{x-2}{2} = \frac{y-3}{3} = \frac{z-4}{5}$$

अब, दी गई रेखा से गुजरते हुए तल का समी.

$a(x-2) = b(y-3) + c(z-4) = 0$, जहां,

$2a + 3b + 5c = 0$ ...(1)

चूंकि यह z-अक्ष के समान्तर है अतः इसका दिशानुपात 0, 0, 1 है;

अब, $a.0 + b.0 + c.1 = 0$

$\therefore \quad c = 0$

समी. (1) में c का मान रखने पर

$2a + 3b = 0$

$\therefore \quad a = -\frac{3}{2}b$

अतः, तल का समी. जो z-अक्ष के समान्तर है।

$-\frac{3}{2}b(x-2) + b(y-3) = 0$

$-3x + 6 + 2y - 6 = 0$

$\Rightarrow \quad -3x + 2y = 0$

$\therefore \quad 3x - 2y = 0$

99. माना कि लड़के एवं लड़कियों की संख्या x तथा y है

तो, $\frac{70x + 55y}{x + y} = 60$

$\Rightarrow \quad 70x + 55y = 60x + 60y$

$\Rightarrow \quad 10x = 5y$

$\therefore \quad \frac{x}{y} = \frac{5}{10} = \frac{1}{2}$

अतः, अभीष्ट अनुपात = 1 : 2.

101. यहाँ, α एवं β समी. $x^2 - 2x - 1 = 0$ के मूल हैं

$\therefore \quad \alpha + \beta = 2, \alpha\beta = -1$

तथा $\quad \alpha^2\beta^{-2} + \alpha^{-2}\beta^2$

$$= \frac{\alpha^2}{\beta^2} + \frac{\beta^2}{\alpha^2} = \frac{\alpha^4 + \beta^4}{\alpha^2\beta^2}$$

$$= \frac{(\alpha^2 + \beta^2)^2 - 2\alpha^2\beta^2}{(\alpha\beta)^2}$$

$$= \frac{[(\alpha + \beta)^2 - 2(\alpha\beta)]^2 - 2(\alpha\beta)^2}{(\alpha\beta)^2}$$

$$= \frac{[2^2 - 2(-1)]^2 - 2(-1)^2}{(-1)^2}$$

$$= \frac{(6)^2 - 2}{1} = 36 - 2 = 34$$

102. $2x + 3y \le 6$; $x \ge 0$ एवं $y \ge 0$

($x = 1$ तथा $y = 1$ मान रखने पर)

$2 \times 1 + 3 \times 1 = 5 < 6.$

103. यहाँ, $\quad y = \dfrac{8}{x^2 + 4} \quad$ ...(*i*)

तथा $\quad x + y = 2 \quad$ ...(*ii*)

y का मान समी. (ii) में रखने पर

$$x + \frac{8}{x^2 + 4} = 2$$

$$\Rightarrow \quad \frac{x^3 + 4x + 8}{x^2 + 4} = 2$$

$\Rightarrow \quad x^3 + 4x + 8 = 2x^2 + 8$

$\Rightarrow \quad x^3 - 2x^2 + 4x = 0$

$\Rightarrow \quad x(x^2 - 2x + 4) = 0$

अतः, $x = 0$; $x^2 - 2x + 4 \neq 0$

105. $$A = \begin{bmatrix} x & x^2 & 1 + x^2 \\ y & y^2 & 1 + y^2 \\ z & z^2 & 1 + z^2 \end{bmatrix}$$

$$\therefore \quad |A| = \begin{vmatrix} x & x^2 & 1 + x^2 \\ y & y^2 & 1 + y^2 \\ z & z^2 & 1 + z^2 \end{vmatrix}$$

विधि $C_3 \rightarrow C_3 - C_2$, द्वारा

$$|A| = \begin{vmatrix} x & x^2 & 1 \\ y & y^2 & 1 \\ z & z^2 & 1 \end{vmatrix}$$

पुनः विधि $R_1 \rightarrow R_1 - R_2$, $R_2 \rightarrow R_2 - R_3$ द्वारा

$$\therefore \quad |A| = \begin{vmatrix} x - y & x^2 - y^2 & 0 \\ y - z & y^2 - z^2 & 0 \\ z & z^2 & 1 \end{vmatrix}$$

$$= (x - y)(y - z) \begin{vmatrix} 1 & x + y & 0 \\ 1 & y + z & 0 \\ z & z^2 & 1 \end{vmatrix}$$

$$= (x - y)(y - z)[(y + z) - (x + y)$$

$$= (x - y)(y - z)(z - x)$$

106. संरेख की स्थिति में,

$$\vec{p} \times \vec{q} = \begin{vmatrix} x - 2 & 1 \\ x + 1 & -1 \end{vmatrix}$$

$$= -x + 2 - x - 1 = 0$$

$\Rightarrow \quad -2x + 1 = 0$

$$\therefore \quad x = \frac{1}{2}$$

107. यहाँ, $\vec{AB} - \vec{OB} - \vec{OA} = \vec{b} - \vec{a}$

$\vec{AC} = 2\vec{AB}$ (दिया गया है)

$$= 2\left(\vec{b} - \vec{a}\right)$$

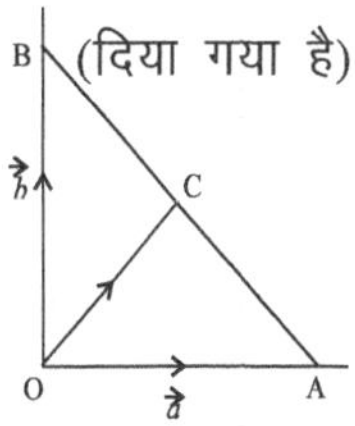

चित्रानुसार,

$$\vec{AC} = \vec{OC} - \vec{OA}$$

$$\Rightarrow \quad \vec{OC} = \vec{AC} + \vec{OA}$$

$$= 2\left(\vec{b} - \vec{a}\right) + \vec{a} = 2\vec{b} - \vec{a}$$

108. यहाँ, $\quad \left|\vec{a}\right| = 3$ एवं $\left|\vec{b}\right| = 4$

लम्बवत् के लिए,

$$\left|\vec{a} + \lambda\vec{b}\right| . \left|\vec{a} - \lambda\vec{b}\right| = 0$$

$$\Rightarrow \left|\vec{a}\right|^2 - \left|\lambda\vec{b}\right|^2 = 0 \Rightarrow \lambda^2 = \frac{\left|\vec{a}\right|^2}{\left|\vec{b}\right|^2} = \frac{3^2}{4^2}$$

$\therefore \quad \lambda = \frac{3}{4}$

110. यहाँ, $\vec{a} = 2\hat{j} - 3\hat{k}$

$\vec{b} = \hat{j} + 3\hat{k}$ & $\vec{c} = -3\hat{i} - 3\hat{j} + \hat{k}$

माना कि $\hat{n} = x\hat{i} + y\hat{j} + z\hat{k}$

तथा $\vec{a}\hat{n} = (2\hat{j} - 3\hat{k}).(x\hat{i} + y\hat{j} + z\hat{k})$

$= 2y - 3z$

$\vec{b}\hat{n} = (\hat{j} + 3\hat{k}).(x\hat{i} + y\hat{j} + z\hat{k})$

$= y + 3z$

पुनः, $\vec{a}\hat{n} = \vec{b}\hat{n} = 0$

$\therefore \quad 2y - 3z = y + 3z = 0$

हल करने पर $y = 0$ एवं $z = 0$

यहाँ $\hat{n}$ आनत मात्रक सदिश है।

अतः, $x^2 + y^2 + z^2 = -1$

$\Rightarrow \quad x^2 = 1$

$\therefore \quad x = 1$

तथा $\hat{n} = i$

$\therefore \quad \vec{c}\hat{n} = (-3\hat{i} + 3\hat{j} + \hat{k}) . i$

$= -3$

113. माना कि A, B, C एवं D के क्रमागत शीर्ष क्रमशः (2, – 2), (8, 4), (4, 6) तथा (– 1, 1) हैं।

तो, $AB = \sqrt{(8-2)^2 + (4+2)^2}$

$= \sqrt{6^2 + 6^2} = \sqrt{72} = 6\sqrt{2}$

$BC = \sqrt{(8-4)^2 + (4-6)^2}$

$= \sqrt{4^2 + (-2)^2} = \sqrt{20} = 2\sqrt{5}$

$CD = \sqrt{(4+1)^2 + (6-1)^2}$

$= \sqrt{5^2 + 5^2} = \sqrt{50} = 5\sqrt{2}$

$AD = \sqrt{(2+1)^2 + (-2-1)^2}$

$= \sqrt{3^2 + 3^2} = \sqrt{18} = 3\sqrt{2}$

अतः कोई भुजा बराबर नहीं है। अब,

AB की प्रवणता $= \frac{4+2}{8-2} = \frac{6}{6} = 1$

BC की प्रवणता $= \frac{6-4}{4-8} = -\frac{2}{4} = -\frac{1}{2}$

CD की प्रवणता $= \frac{6-1}{4+1} = \frac{5}{5} = 1$

AD की प्रवणता $= \frac{-2-1}{2+1} = \frac{-3}{3} = -1$

अतः AB तथा CD की प्रवणता बराबर है।

$\therefore$ AB || CD. अतः क्रमागत शीर्ष समलम्ब चतुर्भुज हैं।

114. $ax + by = p$

$\therefore \quad y = -\frac{a}{b}x + \frac{p}{b}$

अतः $m_1 = -\frac{a}{b}$

लम्बवत् की स्थिति में,

$m_1 m_2 = -1$

$\therefore \quad m_2 = -\frac{1}{m_1} = \frac{b}{a}$

अब, निर्देश मूल–बिन्दु से लम्ब की लम्बाई

$$p = \frac{-p}{a^2 + b^2}$$

$\Rightarrow \quad \sqrt{a^2 + b^2} = -1$

$\therefore \quad a^2 + b^2 = 1$

$\Rightarrow a^2 + \left(\frac{\sqrt{3}}{2}\right)^2 = 1$

$\Rightarrow \quad a^2 = 1 - \frac{3}{4}$

$\Rightarrow \quad a^2 = \frac{1}{4}$

$\therefore \quad a = \pm\frac{1}{2}$

$\therefore \quad \tan\theta = m_2 = \frac{b}{a} = \frac{\sqrt{3}/2}{1/2} = \sqrt{3}$

(a का धनात्मक मान लेने पर)

$\Rightarrow \quad \tan\theta = \tan 60°$

$\therefore \quad \theta = 60°$

117. यहाँ $\cos\alpha = \frac{1}{\sqrt{2}}$, $\cos\beta = \frac{1}{2}$, $\cos\gamma = k$.

हम जानते हैं कि

$$\cos^2\alpha + \cos^2\beta + \cos^2\gamma = 1$$

$$\Rightarrow \left(\frac{1}{\sqrt{2}}\right)^2 + \left(\frac{1}{2}\right)^2 + k^2 = 1$$

$$\frac{1}{2} + \frac{1}{4} + k^2 = 1$$

$$\Rightarrow \quad k_2 = 1 - \frac{3}{4} = \frac{1}{4}$$

$$\therefore \quad k = \pm\frac{1}{2} \text{ Ans.}$$

118. $\underset{x\to\infty}{\text{Lt}}\left(\frac{x-2}{x+2}\right)^{x+2} = \underset{x\to\infty}{\text{Lt}}\left(\frac{x+2-4}{x+2}\right)^{x+2}$

$$= \underset{x\to\infty}{\text{Lt}}\left(1-\frac{4}{x+2}\right)^{x+2}$$

$$= e^{-4} \quad \left[\because \text{Lt}\left(1+\frac{y}{x}\right)^x = e^y\right]$$

119. यहाँ, $f(x) = (x+1)\tan^{-1}(e^{-2x})$

$$\therefore \quad f'(x) = (x+1)\frac{1}{1+e^{-4x}}e^{-2x}.(-2) + \tan^{-1}(e^{-2x})$$

$$= (x+1)\frac{-2e^{-2x}}{1+e^{-4x}} + \tan^{-1}(e^{-2x})$$

$$f'(0) = (0+1)\frac{-2.e^{-2\times 0}}{1+e^{-4\times 0}} + \tan^{-1}(e^{-2\times 0})$$

$$= \frac{-2\times 1}{1+1} + \tan^{-1}(1) = -1 + \frac{\pi}{4} = \frac{\pi}{4} - 1$$

120. यहाँ, $f(x) = \sqrt{x}(7x-6) = 7x^{3/2} - 6x^{1/2}$

$$\therefore \quad f'(x) = 7\times\frac{3}{2}x^{1/2} - 6\times\frac{1}{2}\times\frac{1}{x^{1/2}}$$

$$= \frac{21}{2}\sqrt{x} - \frac{3}{\sqrt{x}}$$

$\because$ स्पर्शज्या x-अक्ष के समान्तर है

$$\therefore \quad f'(x) = 0$$

$$\Rightarrow \quad \frac{21}{2}\sqrt{x} - \frac{3}{\sqrt{x}} = 0 \Rightarrow \frac{7}{2}\sqrt{x} = \frac{1}{\sqrt{x}}$$

$$\therefore \quad x = \frac{2}{7}$$

टैस्ट पेपर-II

1. X और Y दो अरिक्त समुच्चय हैं, और X से Y में R_1 तथा R_2 दो सम्बन्ध हैं। तब निम्नलिखित में से कौन सा सही है ?

A. $(R_1 \cap R_2)^{-1} \subset R_1^{-1} \cap R_2^{-1}$
B. $(R_1 \cap R_2)^{-1} \supset R_1^{-1} \cap R_2^{-1}$
C. $(R_1 \cap R_2)^{-1} = R_1^{-1} \cap R_2^{-1}$
D. $(R_1 \cap R_2)^{-1} = R_1^{-1} \cup R_2^{-1}$

2. 500 छात्रों के एक समूह में से 475 हिन्दी बोल सकते हैं और 200 बंगाली बोल सकते हैं। ऐसे विद्यार्थियों की संख्या कितनी है जो केवल हिन्दी बोल सकते हैं?

A. 275 B. 300
C. 325 D. 350

3. यदि $(\log_3 x)^2 + \log_3 x < 2$, तो निम्नलिखित में से कौन सा सही है?

A. $0 < x < \frac{1}{9}$ B. $\frac{1}{9} < x < 3$
C. $3 < x < \infty$ D. $\frac{1}{9} \le x \le 3$

4. यदि $x^2 - 2mx + m^2 - 1 = 0$ के मूल -2 और 4 के बीच हैं तो निम्नलिखित में से कौन सा सही है?

A. $-1 \le m \le 3$ B. $-3 \le m \le 3$
C. $-3 \le m \le 5$ D. $-1 \le m \le 5$

5. $\{1, 2, 3, 4, 7, 9\}$ से तीन अंकों वाली कितनी संख्याएं बनायी जा सकती हैं जिनमें से प्रत्येक 600 से कम है, जब कि अंकों की पुनरावृत्ति की अनुमति है ?

A. 216 B. 180
C. 144 D. 120

6. यदि $A = \{(x, y) \mid x + y \le 4\}$ और
$B = \{(x, y) \mid x + y \le 0\}$ तो
$A \cap B$ क्या निरूपित करता है?

A. $\{(x, y) \mid x + y \le 2\}$ B. $\{(x, y) \mid 2x + y \le 4\}$
C. $\{(x, y) \mid x + y \le 0\}$ D. $\{(x, y) \mid x + y \le 4\}$

7. $|x^2 - x - 6| = x + 2$ के वास्तविक हलों की संख्या क्या है ?

A. 4 B. 3
C. 2 D. 1

8. श्रेणी $(1 \times 3) + (3 \times 5) + (5 \times 7) + ...$ के प्रथम 50 पदों का योग क्या है ?

A. 1,71,650 B. 26,600
C. 26,650 D. 26,900

9. X कोई अरिक्त समुच्चय है जिसमें n अवयव हैं। तब X पर सम्बन्धों की संख्या क्या है?

A. 2^{n^2} B. 2^n
C. 2^{2n} D. n^2

10. सम्बन्ध R ऐसे परिभाषित है : aRb तब और केवल तभी जब a से एक किलोमीटर दूरी पर b है। निम्नलिखित कथनों में से कौन सा सही नहीं है?

A. R स्वतुल्य है
B. R सममित है
C. R संक्रामक है
D. R प्रतिसममित नहीं है

11. निम्नलिखित में से कौन सा एक समुच्चय है जिसके सभी अवयव विषम धनात्मक पूर्णांक हैं ?

A. $S = \{x \in IR \mid x^3 - 8x^2 + 19x - 12 = 0\}$
B. $S = \{x \in IR \mid x^3 - 9x^2 + 23x - 15 = 0\}$
C. $S = \{x \in IR \mid x^3 - 7x^2 + 14x - 8 = 0\}$
D. $S = \{x \in IR \mid x^3 - 12x^2 + 44x - 48 = 0\}$

12. p और q के विभिन्न मानों के लिए रेखाएं $(p + 2q)x + (p - 3q)y = p - q$ जिस स्थिर बिन्दु से गुज़रती हैं वह निम्नलिखित में से कौन सा है?

A. $\left(\frac{3}{2}, \frac{5}{2}\right)$ B. $\left(\frac{2}{5}, \frac{2}{5}\right)$
C. $\left(\frac{3}{5}, \frac{3}{5}\right)$ D. $\left(\frac{2}{5}, \frac{3}{5}\right)$

13. दो सरल रेखाओं $y = \left(2 - \sqrt{3}\right)x + 5$ और $y = \left(2 + \sqrt{3}\right)x - 7$ के बीच का कोण क्या है ?

A. 60° B. 45°
C. 30° D. 15°

14. यदि α, β, γ वे कोण हैं, जो सदिश $\vec{r} = \lambda \hat{i} + 2\hat{j} - \hat{k}$ निर्देशाक्षों से बनाता है, तब $\sin^2 \alpha + \sin^2 \beta + \sin^2 \gamma$ का मान क्या है ?

A. 2 B. 1
C. $\lambda^2 + 1$ D. $1 - \lambda^2$

15. मान लीजिए कि IR वास्तविक संख्याओं का समुच्चय है और $f: \mathrm{IR} \rightarrow \mathrm{IR}$ एक फलन इस प्रकार है कि $f(x) = \frac{x^2}{1+x^2}$, तब f का परिसर क्या है?

A. IR B. IR – {1}
C. [0, 1] D. [0, 1)

16. वास्तविक गुणांक वाले एक द्विपद समीकरण का एक मूल $\frac{1}{(2-3i)}$ है। निम्नलिखित निष्कर्षों में से कौन सा/से सही है/हैं?

1. समीकरण का दूसरा मूल $\frac{1}{(3-2i)}$ होगा।
2. समीकरण का कोई वास्तविक मूल नहीं है।
3. समीकरण है $13x^2 - 4x + 1 = 0$

नीचे दिए गए कूट का प्रयोग कर सही उत्तर चुनिए:

A. केवल 1 तथा 2 B. केवल 3
C. केवल 2 तथा 3 D. 1, 2 तथा 3

17. $4a - 2b + c = 0, a, b, c \in \mathrm{IR}$ तब निम्नलिखित कथनों में से कौन सा/से सही नहीं है/हैं ?

1. व्यंजक $ax^2 + bx + c$ का एक गुणन खंड $(x + 2)$ सर्वदा है।
2. व्यंजक $ax^2 + bx + c$ का एक गुणन खंड $(x - 2)$ सर्वदा है।
3. व्यंजक $ax^2 + bx + c$ का एक गुणन खंड $(x + 2)$ से भिन्न होगा।

नीचे दिए गए कूट का प्रयोग कर सही उत्तर चुनिए:

A. केवल 1 तथा 2 B. 1, 2 तथा 3
C. केवल 2 D. केवल 1

18. $x^2 - (p-2)x - (p+1) = 0 \ (p \in \mathrm{IR})$ के मूलों के वर्गों का योग 5 है, तब p का मान क्या है ?

A. 0 B. –1
C. 1 D. $\frac{3}{2}$

19. समुच्चय X के दो अरिक्त समुच्चय A और B हैं। यदि $(A - B) \cup (B - A) = A \cup B$, तब निम्नलिखित में से कौन सा सही है?

A. $A \subset B$ B. $A \subset (X - B)$
C. $A = B$ D. $B \subset A$

20. यदि $A = \{(n, 2n) : n \in \mathrm{IN}\}$ और
$B = \{(2n, 3n) : n \in \mathrm{IN}\}$,
तब $A \cap B$ किसके बराबर है?

A. $\{(n, 6n) : n \in \mathrm{IN}\}$ B. $\{(2n, 6n) : n \in \mathrm{IN}\}$
C. $\{(n, 3n) : n \in \mathrm{IN}\}$ D. ϕ

21. समुच्चयों पर निम्नलिखित संक्रियाओं में से कौन सी सही नहीं है जहां कि B', B के पूरक को निर्दिष्ट करता है ?

A. $(B' - A') \cup (A' - B') = (A \cup B) - (A \cap B)$
B. $(A - B) \cup (B - A) = (A' \cup B') - (A' \cap B')$
C. $(B' - A') \cap (A' - B') = (B - A) \cap (A - B)$
D. $(B' - A') \cap (A' - B') = (B - A') \cup (A' - B)$

निर्देश: (प्रश्न 22 से 25 तक) आगामी 4 (चार) प्रश्नांशों में दो वक्तव्य हैं। एक को *'कथन (A)'* तथा दूसरे को *'कारण (R)'* कहा गया है। इन दोनों वक्तव्यों का सावधानीपूर्वक परीक्षण कर इन प्रश्नांशों का उत्तर नीचे दिए हुए कूट की सहायता से चुनिए:

कूट :

A. A और R दोनों सही हैं, और R, A का सही स्पष्टीकरण है
B. A और R दोनों सही हैं, परन्तु R, A का सही स्पष्टीकरण नहीं है
C. A सही है, परन्तु R ग़लत है
D. A ग़लत है, परन्तु R सही है

22. कथन *(A)*: $\int_1^e ln^2 x \, dx = e - 2.$

कथन *(R)*: $I_n = \int_1^e ln^n x \, dx = e - 2\, I_{n-1}.$

23. कथन *(A)*: यदि $\vec{a} = 2\hat{i} + \hat{j} - 2\hat{k}$,
$\vec{b} = \hat{i} + \hat{j} - \hat{k}$, तब
$|\vec{a}| \neq |\vec{b}|$.

कारण *(R)*: दो असमान सदिशों के परिमाण कभी भी बराबर नहीं हो सकते।

24. कथन *(A)*: यदि $P(A) = \frac{3}{4}$ तथा
$P(B) = \frac{3}{8}$; तब
$P(A \cup B) \geq \frac{3}{4}$

कारण (*R*): P(A) ≤ P(A∪B) तथा P(B) ≤ P(A ∪ B); अतः P(A ∪ B) ≥ max {P(A), P(B)}

25. कथन (*A*): *x* पर *y* के समाश्रयण समीकरण से *y* पर *x* का समाश्रयण समीकरण नहीं जाना जा सकता।

कारण (*R*): एक समीकरण में *x* परतंत्र चर तथा *y* स्वतंत्र चर है, जबकि दूसरे समीकरण में *y* परतंत्र चर और *x* स्वतंत्र है।

26. किसी गुणोत्तर श्रेढ़ी के प्रथम $2n+1$ पदों का गुणनफल क्या है?
- A. गुणोत्तर श्रेढ़ी के *n*वें पद की $(n+1)$वीं घात के बराबर
- B. गुणोत्तर श्रेढ़ी के *n*वें पद की $(2n+1)$वीं घात के बराबर
- C. गुणोत्तर श्रेढ़ी के $(n+1)$वें पद की $(2n+1)$वीं घात के बराबर
- D. गुणोत्तर श्रेढ़ी के $(n+1)$वें पद की *n*वीं घात के बराबर

27. $\sqrt{3}\ \text{cosec}20° - \sec20°$ का मान क्या है ?
- A. 4 B. 2
- C. 1 D. 0

28. यदि 11 सदस्यों की समिति में से एक सचिव तथा एक संयुक्त सचिव का चयन करना हो तो कितने ढंगों से उनका चयन हो सकता है?
- A. 110 B. 55
- C. 22 D. 11

29. निम्नलिखित में से कौन सा एक सही है?
- A. $A \cup (B - C) = A \cap (B \cap C')$
- B. $A - (B \cup C) = (A \cap B') \cap C'$
- C. $A - (B \cap C) = (A \cap B') \cap C$
- D. $A \cap (B - C) = (A \cap B) \cap C$

30. $P = \{p_1, p_2, p_3, p_4\}$,
$Q = \{q_1, q_2, q_3, q_4\}$ तथा
$R = \{r_1, r_2, r_3, r_4\}$.
यदि $S_{10} = \{(p_i, q_j, r_k) : i + j + k = 10\}$, तब S_{10} में कितने अवयव हैं ?
- A. 2 B. 4
- C. 6 D. 8

31. यदि $z = 1 + i$, तब z^2 के प्रतिलोम का क्या मान है?
- A. $2i$ B. i
- C. $\frac{i}{2}$ D. $-\frac{i}{2}$

32. *x* के किन मानों के लिए समीकरण $2\sin\theta = x + \frac{1}{x}$ मान्य है?
- A. $x = \pm 1$
- B. *x* के सभी वास्तविक मानों के लिए
- C. $-1 < x < 1$
- D. $x > 1$ और $x < -1$

33. यदि $\sin(\pi \cos x) = \cos(\pi \sin x)$, तब $\sin 2x$ का एक मान क्या है ?
- A. $-\frac{1}{4}$ B. $-\frac{1}{2}$
- C. $-\frac{3}{4}$ D. -1

34. $\tan(\tan^{-1} x + \tan^{-1} y + \tan^{-1} z) - \cot(\cot^{-1} x + \cot^{-1} y + \cot^{-1} z)$ का मान क्या है ?
- A. 0 B. $2(x+y+z)$
- C. $\frac{3\pi}{2}$ D. $\frac{3\pi}{2} + x + y + z$

35. किसी त्रिभुज ABC में यदि
$\cos A = \cos B \cos C$; तब
$\tan A - \tan B - \tan C$ का मान क्या है ?
- A. 0
- B. -1
- C. $1 + \tan A \tan B \tan C$
- D. $\tan A \tan B \tan C - 1$

36. समीकरण $\cos^{-1} x = 2 \sin^{-1} x$ को *x* का कौन सा मान सन्तुष्ट करता है ?
- A. $\frac{1}{2}$ B. -1
- C. 1 D. $-\frac{1}{2}$

37. OAB एक त्रिभुज इस प्रकार है कि $\vec{OA} = \vec{a}$, $\vec{OB} = \vec{b}$, साथ ही, AB पर C एक बिन्दु इस प्रकार है कि $\vec{AB} = 2\vec{BC}$। तब $\vec{AC}$ किसके बराबर है ?
- A. $\frac{1}{2}(\vec{b} - \vec{a})$ B. $\frac{1}{2}(\vec{b} + \vec{a})$
- C. $\frac{3}{2}(\vec{a} - \vec{b})$ D. $\frac{3}{2}(\vec{b} - \vec{a})$

38. $\vec{a}, \vec{b}, \vec{c}$ असमतलीय सदिश हैं, और

$$\vec{p} = \frac{\vec{b}\times\vec{c}}{[\vec{a},\vec{b},\vec{c}]},\ \vec{q} = \frac{\vec{c}\times\vec{a}}{[\vec{a},\vec{b},\vec{c}]},\ \vec{r} = \frac{\vec{a}\times\vec{b}}{[\vec{a},\vec{b},\vec{c}]}$$

तब

$$\left(\vec{a}-\vec{b}-\vec{c}\right).\vec{p} + \left(\vec{b}-\vec{c}-\vec{a}\right).\vec{q} + \left(\vec{c}-\vec{a}-\vec{b}\right).\vec{r}$$

का मान क्या है ?

A. 0 B. −3
C. 3 D. −9

39. यदि किसी समांतर चतुर्भुज ABCD के कोनों A, B, C के स्थिति सदिश $\vec{a}, \vec{b}, \vec{c}$ हैं तो कोने D का स्थिति सदिश क्या है ?

A. $\vec{a}+\vec{b}+\vec{c}$ B. $\vec{a}+\vec{b}-\vec{c}$
C. $\vec{a}-\vec{b}+\vec{c}$ D. $-\vec{a}+\vec{b}+\vec{c}$

40. एक Δ ABC में, कोण B अधिक कोण है और भुजाओं BC, CA, AB के मध्यबिन्दु क्रमशः D, E, F हैं। तो निम्नलिखित सदिशों में से किसका परिमाण अधिकतम है ?

A. $\overrightarrow{BC}$ B. $\overrightarrow{CA}$
C. $\overrightarrow{AB}$ D. $\overrightarrow{AD}$

41. यदि $\vec{p} \neq 0$ और प्रतिबंध $\vec{p}.\vec{q} = \vec{p}.\vec{r}$ तथा $\vec{p}\times\vec{q} = \vec{p}\times\vec{r}$ एक साथ लागू हैं तो निम्नलिखित में से कौन सा सही है ?

A. $\vec{q} \neq \vec{r}$ B. $\vec{q} = -\vec{r}$
C. $\vec{q}.\vec{r} = 0$ D. $\vec{q} = \vec{r}$

42. यदि शब्द 'LAGAN' के अक्षरों के क्रमचयों को शब्दकोष के अनुसार व्यवस्थित किया जाय तो 'NAAGL' का स्थान कहाँ होगा ?

A. 48वां शब्द B. 49वां शब्द
C. 50वां शब्द D. 51वां शब्द

43. $\dfrac{(3-2x)}{(1+3x)^3}$ में x^3 का गुणांक क्या है ?

A. −272 B. −540
C. −870 D. −918

44. यदि $A_{(\alpha)} = \begin{bmatrix}\cos\alpha & -\sin\alpha \\ \sin\alpha & \cos\alpha\end{bmatrix}$,

$$A_{(\beta)} = \begin{bmatrix}\cos\beta & -\sin\beta \\ \sin\beta & \cos\beta\end{bmatrix}$$

निम्नलिखित में से कौन सा सही है ?

A. $A_{(-\alpha)}\, A_{(-\beta)} = A_{(\alpha+\beta)}$
B. $A_{(-\alpha)}\, A_{(\beta)} = A_{(\beta-\alpha)}$
C. $A_{(\alpha)} + A_{(-\beta)} = A_{\{-(\beta-\alpha)\}}$
D. $A_{(\alpha)} + A_{(\beta)} = A_{(\alpha+\beta)}$

45. यदि $f(x) = \begin{vmatrix}1+\sin^2 x & \cos^2 x & 4\sin 2x \\ \sin^2 x & 1+\cos^2 x & 4\sin 2x \\ \sin^2 x & \cos^2 x & 1+4\sin 2x\end{vmatrix}$;

तब $f(x)$ का अधिकतम मान क्या है ?

A. 2 B. 4
C. 6 D. 8

46. त्रिभुज ABC की माध्यिका AD बिन्दु F पर द्विभाजित है और BF को बढ़ा कर भुजा AC तक P में मिलाया गया है। यदि AP = λ AC तब λ का मान क्या है ?

A. $\frac{1}{4}$ B. $\frac{1}{2}$
C. $\frac{2}{3}$ D. $\frac{1}{3}$

47. x के किन मानों के लिए दो सदिश $(x^2-1)\hat{i} + (x+2)\hat{j} + x^2\hat{k}$ और $2\hat{i} - x\hat{j} + 3\hat{k}$ परस्पर लम्ब हैं?

A. x के किसी वास्तविक मान के लिए नहीं
B. $x = \frac{1}{2}$ और $x = -1$
C. $x = -\frac{1}{2}$ और $x = 1$
D. $x = -1$ और $x = 2$

48. $\hat{i}+\hat{j}+\hat{k}$ द्वारा दिया गया बल बिन्दु $-2\hat{i}+3\hat{j}+\hat{k}$ से कार्यरत है। तब बिन्दु $\hat{i}+2\hat{j}+3\hat{k}$ के सापेक्ष आघूर्ण क्या है ?

A. $2\hat{i}+\hat{j}+2\hat{k}$ B. $\hat{i}-\hat{j}+3\hat{k}$
C. $3\hat{i}+2\hat{j}-\hat{k}$ D. इनमें से कोई नहीं

49. एक कण पर निम्नलिखित बल कार्यरत हैं:

(i) $2\hat{i}+3\hat{j}+5\hat{k}$

(ii) $-5\hat{i}+4\hat{j}-3\hat{k}$ और

(iii) $3\hat{i}-7\hat{k}$.

किस तल में यह गतिशील है ?

A. x-y तल

B. y-z तल

C. z-x तल

D. कोई भी स्वेच्छ तल

50. वह सदिश क्या है जिसका परिमाण 3 है और जो $\hat{i}+\hat{j}$ तथा $\hat{j}+\hat{k}$ पर लंब है ?

A. $3(\hat{i}+\hat{j}-\hat{k})$

B. $\sqrt{3}(\hat{i}-\hat{j}+\hat{k})$

C. $\sqrt{3}(\hat{i}+\hat{j}+\hat{k})$

D. $3(\hat{i}-\hat{j}+\hat{k})$

51. वृत्त $x^2+y^2=a^2$ में एक समत्रिबाहु त्रिभुज अन्तर्लिखित है जिसका एक शीर्षबिन्दु $(a, 0)$ पर है। इस शीर्षबिन्दु के सामने वाली भुजा का समीकरण क्या है ?

A. $2x-a=0$ B. $x+a=0$

C. $2x+a=0$ D. $3x-2a=0$

52. बिन्दुओं $(a-1, a, a+1)$, $(a, a+1, a-1)$ और $(a+1, a-1, a)$ पर विचार कीजिए।

1. ये बिन्दु सदा ही a के किसी भी वास्तविक मान के लिए किसी समभुज त्रिभुज के शीर्षबिन्दु हैं।
2. इन बिन्दुओं से बनने वाले त्रिभुज का क्षेत्रफल a से स्वतंत्र है।

उपर्युक्त कथनों में से कौन सा/से सही है/हैं ?

A. केवल 1 B. केवल 2

C. दोनों 1 और 2 D. न ही 1 और न ही 2

53. बिन्दुओं $(a, 0, 0)$, $(0, a, 0)$, $(0, 0, a)$ और $(0, 0, 0)$ से समान दूरी पर स्थित बिन्दु के निर्देशांक क्या हैं ?

A. $\left(\frac{a}{3},\frac{a}{3},\frac{a}{3}\right)$ B. $\left(\frac{a}{2},\frac{a}{2},\frac{a}{2}\right)$

C. (a, a, a) D. $(2a, 2a, 2a)$

54. यदि किसी दीर्घवृत्त का नाभिलम्ब (लैटस रैक्टम) उसके लघु अक्ष का आधा है, तब उस दीर्घवृत्त की उत्केन्द्रता क्या है ?

A. $\frac{1}{2}$ B. $\frac{\sqrt{3}}{2}$

C. $\frac{3}{4}$ D. $\frac{\sqrt{15}}{4}$

55. एक रेखा धनात्मक x-अक्ष से 45° तथा धनात्मक y, z अक्षों से समान कोण क्रमशः बनाती है। यह रेखा धनात्मक x, y और z अक्षों से जो तीन कोण बनाती है उनका योग क्या है ?

A. 180° B. 165°

C. 150° D. 135°

56. परवलय $y^2=2x$ पर P(2, 2) एक बिन्दु है और उसका शीर्षबिन्दु A है। परवलय पर एक दूसरा बिन्दु Q इस प्रकार है कि AP पर PQ लम्ब है। PQ की लम्बाई क्या है ?

A. $\sqrt{2}$ B. $2\sqrt{2}$

C. $4\sqrt{2}$ D. $6\sqrt{2}$

57. बिन्दुओं $(0, 0)$, $(a, 0)$ और $(0, b)$ से गुजरते हुए वृत्त की त्रिज्या क्या है ?

A. $\sqrt{a^2-b^2}$ B. $\sqrt{a^2+b^2}$

C. $\frac{1}{2}\sqrt{a^2+b^2}$ D. $2\sqrt{a^2+b^2}$

58. परवलय $y^2=12x$ पर एक बिन्दु की नाभिक दूरी 4 है। बिन्दु का भुज क्या है ?

A. 1 B. –1

C. $2\sqrt{3}$ D. –2

59. जिन दो रेखाओं की दिक् संख्याएं

$\left(\sqrt{3}-1, -\sqrt{3}-1, 4\right)$ और $\left(-\sqrt{3}-1, \sqrt{3}-1, 4\right)$ हैं

उनके बीच का कोण क्या है?

A. $\frac{\pi}{6}$ B. $\frac{\pi}{4}$

C. $\frac{\pi}{3}$ D. $\frac{\pi}{2}$

60. यदि किसी परवलय की नियंता y-अक्ष है और शीर्षबिन्दु $(2, 0)$ है तब उसकी नाभि कहाँ है ?

A. $(0, 0)$ B. $(-2, 0)$

C. $(4, 0)$ D. $(-4, 0)$

61. A और B दो व्युत्क्रमणीय वर्ग आव्यूह हैं, प्रत्येक की कोटि n है। तब $adj(AB)$ किसके बराबर है ?

A. $(adj\,A)\,(adj\,B)$
B. $(adj\,A) + (adj\,B)$
C. $(adj\,A) - (adj\,B)$
D. $(adj\,B)\,(adj\,A)$

62. M एक आव्यूह है जिसकी प्रविष्टियां वास्तविक संख्याएं हैं,

$$M = \begin{bmatrix} 4 & k & 0 \\ 6 & 3 & 0 \\ 2 & t & k \end{bmatrix}$$

निम्नलिखित में से कौन से प्रतिबन्ध M की व्युत्क्रमणीयता सुनिश्चित करते हैं ?

1. $k \neq 2$ 2. $k \neq 0$
3. $t \neq 0$ 4. $t \neq 1$

नीचे दिए गए कूट का प्रयोग कर सही उत्तर चुनिए:

A. 1 तथा 2 B. 2 तथा 3
C. 1 तथा 4 D. 3 तथा 4

63. $A = \begin{bmatrix} 1 & 1 & 1 \\ 1 & 1 & 1 \\ 1 & 1 & 1 \end{bmatrix}$ एक 3 कोटि का वर्ग आव्यूह है। तब किसी धनात्मक पूर्णांक n के लिए A^n का मान क्या है?

A. A B. $3^n A$
C. $(3^{n-1}) A$ D. 3A

64. A और B दो आव्यूह इस प्रकार हैं कि AB परिभाषित है। यदि AB = 0 तो निम्नलिखित में से कौन सा परिणाम निश्चय ही निकाला जा सकता है ?

A. A = 0 या B = 0
B. A = 0 और B = 0
C. A और B शून्येतर वर्ग आव्यूह हैं
D. A और B दोनों ही व्युत्क्रमणीय नहीं हो सकते

65. दो कोणों के बीच का अन्तर 1° हैं; उनके योग का वृत्तीय माप 1 है। वृत्तीय माप में छोटा कोण क्या है ?

A. $\left[\frac{180}{\pi} - 1\right]$ B. $\left[1 - \frac{\pi}{180}\right]$
C. $\frac{1}{2}\left[1 - \frac{\pi}{180}\right]$ D. $\frac{1}{2}\left[\frac{180}{\pi} - 1\right]$

66. 100 m से अधिक ऊँचाई वाले एक ऊर्ध्वाधर स्तम्भ के दो भाग हैं, नीचे वाला पूरे का एक तिहाई है। इसके निचले भाग के पैर से 40 m दूरी पर क्षैतिज तल में स्थित एक बिन्दु पर ऊपरी हिस्सा एक कोण अन्तरित करता है जिसका टैंजेंट $\frac{1}{2}$ है। स्तम्भ की ऊँचाई क्या है ?

A. 110 m B. 200 m
C. 120 m D. 150 m

67. किसी त्रिभुज ABC में $a = 2b$ और $\angle A = 3\angle B$। निम्नलिखित में से कौन सा सही है ?

A. त्रिभुज समद्विबाहु है
B. त्रिभुज समत्रिबाहु है
C. त्रिभुज समकोण है
D. ऐसा त्रिभुज विद्यमान नहीं है

68. एक धनात्मक न्यून कोण को दो भागों में विभाजित किया गया है जिनके टैंजेंट $\frac{1}{8}$ और $\frac{7}{9}$ हैं। कोण का मान क्या है ?

A. $\frac{\pi}{3}$ B. $\frac{\pi}{4}$
C. $\frac{\pi}{6}$ D. $\frac{\pi}{12}$

69. यदि कोण B कोण A का पूरक है, तब cosA cosB के अधिकतम और न्यूनतम मान क्रमशः क्या हैं ?

A. $0, -\frac{1}{2}$ B. $\frac{1}{2}, -1$
C. 1, 0 D. $\frac{1}{2}, -\frac{1}{2}$

70. यदि A, B और C कोई तीन स्वेच्छ घटनाएं हों तो निम्नलिखित व्यंजकों में से कौन सा एक यह दर्शाता है कि A तथा B दोनों घटित होती हैं पर C घटित नहीं होती ?

A. $A \cap \bar{B} \cap \bar{C}$ B. $A \cap B \cap \bar{C}$
C. $\bar{A} \cap \bar{B} \cap \bar{C}$ D. $(A \cup B) \cap \bar{C}$

71. बने–बनाए वस्त्रों के उत्पादन में सर्वाधिक बारम्बारता वाली माप ज़ानने के लिए निम्नलिखित में से कौन सा/सी प्रयोग में लाया जाता/जाती है ?

A. समांतर माध्य B. गुणोत्तर माध्य
C. बहुलक (मोड) D. हरात्मक माध्य

72. महाराष्ट्र में खाद्यान्नों के उत्पादन के आँकड़े 1992 से 2003 तक 12 वर्षों के लिए दिए गए हैं। इन आंकड़ों के चित्रण के लिए निम्नलिखित में से सर्वोत्तम निरूपण विधि कौन सी है ?

A. एक साधारण छड़ आरेख
B. एक वृत्तारेख
C. एक घटक छड़ आरेख जिसमें घटकों का कालानुसार क्रम में विन्यास है।
D. एक खंडित रेखा आलेख

73. $\lim\limits_{x \to 0} \frac{\sin|x|}{x}$ का मान क्या है ?

A. 1
B. –1
C. ∞
D. सीमा विद्यमान नहीं है

74. $x = 0$ और $x = 1$ के बीच वक्र $y = |x| + |x - 1|$ के नीचे का क्षेत्रफल क्या है ?

A. $\frac{1}{2}$ B. 1
C. $\frac{3}{2}$ D. 2

75. परवलय $y^2 = 4ax$ के बिन्दु $(at^2, 2at)$ पर अभिलम्ब की प्रवणता क्या है ?

A. $\frac{1}{t}$ B. t
C. $-t$ D. $-\frac{1}{t}$

76. यदि $u = \sin^{-1}(x - y)$, $x = 3t$, $y = 4t^3$, तो t के सापेक्ष u का अवकलज क्या है ?

A. $3(1 - t^2)$ B. $3\left(1-t^2\right)^{-\frac{1}{2}}$
C. $5\left(1-t^2\right)^{\frac{1}{2}}$ D. $5(1 - t^2)$

77. मान लीजिए $f(x) = \frac{1}{\sqrt{18 - x^2}}$, तब

$\lim\limits_{x \to 3} \frac{f(x) - f(3)}{x - 3}$ का मान क्या है ?

A. 0 B. $-\frac{1}{9}$
C. $\frac{1}{3}$ D. $\frac{1}{9}$

78. मान लीजिए सभी $x, y \in \mathrm{R}$ के लिए $f(x + y) = f(x) f(y)$ तथा $f(1) = 2$, जहाँ $f(x)$ एक सतत फलन है। तब $f'(1)$ किसके बराबर है ?

A. $2 \ln 2$ B. $\ln 2$
C. 1 D. 0

79. यदि $f(x) = \log\left[\frac{(1+x)}{(1-x)}\right]$ और $g(x) = \frac{(3x + x^3)}{1 + 3x^2}$ तब $f[g(x)]$ किसके बराबर है ?

A. $-f(x)$ B. $3[f(x)]$
C. $[f(x)]^3$ D. $-3[f(x)]$

80. एक दिए गए वक्र का किसी बिन्दु पर स्पर्शी x-अक्ष पर लम्ब किस प्रतिबन्ध के अधीन है ?

A. $\frac{dy}{dx} = 0$ B. $\frac{dy}{dx} = 1$
C. $\frac{dx}{dy} = 0$ D. $\frac{d^2y}{dx^2} = 1$

81. यदि $x = \cos t$, $y = \sin t$ तो $\frac{d^2y}{dx^2}$ किसके बराबर है ?

A. y^{-3} B. y^3
C. $-y^{-3}$ D. $-y^3$

82. यदि $f(x) = (x - x_0)\,\phi(x)$ और $x = x_0$ पर $\phi(x)$ सतत है, तब $f'(x_0)$ किसके बराबर है?

A. $\phi'(x_0)$ B. $\phi(x_0)$
C. $x_0\,\phi(x_0)$ D. $2\phi(x_0)$

83. यदि $y = x + e^x$, तब $\frac{d^2x}{dy^2}$ किसके बराबर है ?

A. e^x B. $-\frac{e^x}{\left(1+e^x\right)^3}$
C. $-\frac{e^x}{\left(1+e^x\right)}$ D. $-\frac{e^x}{\left(1+e^x\right)^2}$

84. $f(x) = x|x|$ का अवकलज क्या है ?

A. $|x| + x$ B. $2x$
C. $2|x|$ D. $-2|x|$

85. यदि दो इकाई सदिश $\vec{p}$ और $\vec{q}$ एक दूसरे से कोण $\frac{\pi}{3}$ बनाते हैं तब $\vec{p} - \frac{1}{2}\vec{q}$ का परिणाम क्या है ?

A. 0 B. $\frac{\sqrt{3}}{2}$
C. 1 D. $\frac{1}{\sqrt{2}}$

86. यदि आव्यूह $\begin{bmatrix} \cos\theta & \sin\theta & 0 \\ \sin\theta & \cos\theta & 0 \\ 0 & 0 & 1 \end{bmatrix}$ अव्युत्क्रमणीय है तब θ का एक मान क्या है ?

A. $\frac{\pi}{4}$ B. $\frac{\pi}{2}$
C. π D. 0

87. रैखिक समीकरणों का निकाय $x + y + z = 2, 2x + y - z = 3, 3x + 2y + kz = 4$, k के किन मानों के लिए अद्वितीय हल वाला है ?

A. $k = 0$ B. $-1 < k < 1$
C. $-2 < k < 2$ D. $k \neq 0$

88. $A = \begin{bmatrix} 1 & 0 \\ 0 & -1 \end{bmatrix}$ और $B = \begin{bmatrix} 1 & x \\ 0 & 1 \end{bmatrix}$

यदि AB = BA, तब x का मान क्या है ?

A. -1
B. 0
C. 1
D. कोई भी वास्तविक संख्या

89. यदि किसी वर्ग आव्यूह A की कोई दो पंक्तियों का परस्पर परिवर्तन कर के आव्यूह B को प्राप्त किया गया है, तब $|A + B|$ किसके बराबर है ?

A. $2|A|$ B. $2|B|$
C. 0 D. $|A| - |B|$

90. $A = (a_{ij})_{n \times n}$ और $adj\ A = (\alpha_{ij})$

यदि $A = \begin{bmatrix} 1 & 2 & 3 \\ 4 & 5 & 4 \\ 2 & 3 & -1 \end{bmatrix}$, तब α_{23} का मान क्या है ?

A. 1 B. -1
C. 8 D. -8

91. $\sin^{-1}\left(\sin\frac{2\pi}{3}\right)$ का मान क्या है ?

A. $-\frac{\pi}{3}$ B. $\frac{2\pi}{3}$
C. $-\frac{2\pi}{3}$ D. $\frac{\pi}{3}$

92. यदि α, β वास्तविक हैं, तब $\left|\frac{\alpha + i\beta}{\beta + i\alpha}\right|$ का मान क्या है?

A. 0 B. $\frac{1}{2}$
C. 1 D. 2

93. 100 बिजली के बल्बों के जीवनकाल का बारंबारता–बंटन नीचे दिखाया गया है :

बल्बों का जीवनकाल (घंटों में)	8.5-13.5	13.5-18.5	18.5-23.5	23.5-28.5	28.5-33.5	33.5-38.5
बल्बों की संख्या	7	x	40	y	10	2

यदि जीवनकाल की माध्यिका (मीडियन) 20 घण्टे है, तब बारंबारता (x, y) जिनका मान नहीं दिया गया, का मान क्या है ?

A. (28, 13) B. (23, 18)
C. (31, 10) D. (25, 16)

94. n प्रेक्षण $x_1, x_2, \ldots x_n$ का मानक विचलन 6 है। n प्रेक्षणों के एक अन्य समुच्चय $y_1, y_2, \ldots y_n$ का मानक विचलन 8 है। n प्रेक्षण $x_1 - y_1, x_2 - y_2, \ldots\ldots x_n - y_n$ का मानक विचलन क्या है ?

A. 10 B. 7
C. 14 D. 2

95. श्रेणी ${}^nC_0, {}^nC_1, \ldots\ldots {}^nC_n$ का समांतर माध्य क्या है?

A. $\frac{2^n}{n}$ B. $\frac{2^n}{(n+1)}$
C. $\frac{2^{(n+1)}}{n}$ D. $\frac{2^{(n+1)}}{(n+1)}$

96. किस प्रतिबंध में दो समाश्रयण रेखाओं के बीच के कोण का मान शून्य होगा?

A. $r = 0$ B. केवल जब $r = +1$
C. केवल जब $r = -1$ D. $r = \pm 1$

97. पाँच ऐसे सिक्के जिनमें प्रत्येक के फलकों पर एक तरफ 2 तथा दूसरी तरफ 3 अंकित हैं, फेंके जाते हैं। कुल योग का मान 12 के बराबर होने की प्रायिकता क्या है ?

A. $\frac{1}{16}$ B. $\frac{3}{16}$

C. $\frac{5}{16}$ D. $\frac{7}{16}$

98. पूर्वानुभव से यह ज्ञात है कि एक निवेशक द्वारा एक प्रतिभूति A में निवेश करने की प्रायिकता 0.6, प्रतिभूति B में निवेश करने की प्रायिकता 0.3, तथा दोनों प्रतिभूतियों A और B में निवेश करने की प्रायिकता 0.2 है। इसकी कितनी प्रायिकता है कि कोई निवेशक न तो A और न ही B में निवेश करेगा ?

A. 0.7 B. 0.28

C. 0.3 D. 0.4

99. शब्द CORPORATION के अक्षरों को कितने प्रकार से व्यवस्थित किया जा सकता है कि स्वर सर्वदा सम स्थानों पर हों?

A. 120 B. 2700

C. 720 D. 7200

100. प्रत्येक पंक्ति में दो कुर्सियां हैं और इस प्रकार कुल चार कुर्सियां हैं। कितने प्रकार से चार व्यक्ति कुर्सियों में बिठाए जा सकते हैं ताकि कोई कुर्सी खाली न रहे?

A. 6 B. 12

C. 24 D. 48

101. यदि $x = 1 + \frac{y}{2} + \left(\frac{y}{2}\right)^2 + \left(\frac{y}{2}\right)^3 + ...$ जहाँ $|y| < 2$, तब y का मान क्या है ?

A. $\frac{x-1}{x}$ B. $\frac{x-1}{2x}$

C. $\frac{2x-2}{x}$ D. $\frac{2x+1}{2x}$

102. यदि z_1 तथा z_2 दो सम्मिश्र संख्याएं इस प्रकार हैं कि $|z_1 + z_2| = |z_1| + |z_2|$; तब निम्नलिखित में से कौन सा सही है ?

A. $z_1 = \alpha z_2, \alpha \in \text{IR}$ B. $z_1 \geq 0$ अथवा $z_2 \geq 0$

C. $z_1 = \alpha z_2, \alpha > 0$ D. $|z_1| = |z_2|$

103. मान लीजिए $x > y$ दो वास्तविक संख्याएं हैं और $z \in \text{IR}, z \neq 0$। निम्नलिखित पर विचार कीजिए:

1. $x + z > y + z$ तथा $xz > yz$
2. $x + z > y + z$ तथा $x - z > y - z$
3. $xz > yz$ तथा $x/z > y/z$
4. $x - z > y - z$ तथा $x/z > y/z$

उपर्युक्त में से कौन सा/से सही है/हैं?

A. केवल 1 B. केवल 2

C. केवल 1 तथा 2 D. 1, 2, 3 तथा 4

104. $$\frac{(1001)_2^{(11)_2} - (101)_2^{(11)_2}}{(1001)_2^{(10)_2} + (1001)_2^{(01)_2}(101)_2^{(01)_2} + (101)_2^{(10)_2}}$$

का मान क्या है ?

A. $(1001)_2$ B. $(101)_2$

C. $(110)_2$ D. $(100)_2$

105. दो संख्याओं का योग 20 है। संख्याएं क्या हैं यदि एक के वर्ग और दूसरे के घन का गुणनफल अधिकतम है?

A. 6, 14 B. 15, 5

C. 12, 8 D. 10, 10

106. समीकरण $\frac{d^2y}{dx^2} = \left[y + \left(\frac{dy}{dx}\right)^2\right]^{\frac{1}{4}}$ का घात क्या है?

A. 1 B. 2

C. 3 D. 4

107. यदि $y^2 = p(x)$ घात 3 का एक बहुपद है, तब $2\frac{d}{dx}\left[y^3 \frac{d^2y}{dx^2}\right]$ का मान क्या है?

A. $p'(x)\,p'''(x)$ B. $p''(x)\,p'''(x)$

C. $p(x)\,p'''(x)$ D. एक अचर

108. अवकल समीकरण $\frac{dy}{dx} = \frac{y}{(x + 2y^3)}$ का हल क्या है?

A. $y(1 - xy) = cx$ B. $y^3 - x = cy$

C. $x(1 - xy) = cy$ D. $x(1 + xy) = cy$

109. निम्नलिखित अवकल समीकरणों में से कौन सा उस वृत्त-निकाय को निरूपित करता है जो y-अक्ष को मूलबिन्दु पर स्पर्श करता है ?

A. $\frac{dy}{dx} = x^2 - y^2$ B. $2xy\frac{dy}{dx} = y^2 - x^2$

C. $2xy\frac{dy}{dx} = x^2 - y^2$ D. $\frac{dy}{dx} = y^2 - x^2$

110. यदि m और n पूर्णांक हैं, तब $\int_0^{\pi} \sin mx \sin nx\, dx$ का मान क्या है यदि $m \neq n$?

A. 0 B. $\frac{1}{m+n}$

C. $\frac{1}{m-n}$ D. mn

111. यदि $f(x) = A \sin\left(\frac{\pi x}{2}\right) + B$ और $f'\left(\frac{1}{2}\right) = \sqrt{2}$, $\int_0^1 f(x)\,dx = \frac{2A}{\pi}$, तब B का मान क्या है?

A. $\frac{2}{\pi}$ B. $\frac{4}{\pi}$

C. 0 D. 1

112. यदि $f(x) = ln\left(x - \sqrt{1+x^2}\right)$, तब $\int f''(x)dx$ किसके बराबर है ?

A. $\frac{1}{\left(x - \frac{1}{\sqrt{1+x^2}}\right)} + C$ B. $-\frac{1}{\sqrt{1+x^2}} + C$

C. $-\sqrt{1+x^2} + C$ D. $ln\left(x - \sqrt{1+x^2}\right) + C$

113. अवकल समीकरण $x\,dy - ydx = 0$ का हल किसे निरूपित करता है?

A. समकोणीय अतिपरवलय

B. (0, 0) से गुजरती सीधी रेखा

C. शीर्षबिन्दु (0, 0) वाला परवलय

D. केन्द्र (0, 0) वाला वृत्त

114. यदि $x + y = t - \frac{1}{t}$, $x^2 + y^2 = t^2 + \frac{1}{t^2}$, तब $\frac{dy}{dx}$ किसके बराबर है ?

A. $\frac{1}{x}$ B. $-\frac{1}{x}$

C. $\frac{1}{x^2}$ D. $-\frac{1}{x^2}$

115. समष्टीय समुच्चय

$U = \{x | x^5 - 6x^4 + 11x^3 - 6x^2 = 0\}$

$A = \{x | x^2 - 5x + 6 = 0\}$

$B = \{x | x^2 - 3x + 2 = 0\}$

तब $(A \cap B)'$ क्या है ?

A. {1, 3} B. {1, 2, 3}

C. {0, 1, 3} D. {0, 1, 2, 3}

116. यदि किसी समान्तर श्रेढ़ी का प्रथम पद p है और सार्व अन्तर q है, तथा उसके प्रथम 10 पदों का योग प्रथम 5 पदों के योग का 4 गुणा है, तब अनुपात $p : q$ क्या है ?

A. 1 : 2 B. 1 : 4

C. 2 : 1 D. 4 : 1

117. यदि समीकरण $4\beta^2 + \lambda\beta - 2 = 0$ के मूल $\frac{k}{k+1}$ और $\frac{k+1}{k+2}$ के रूप में हैं तो λ का मान क्या है ?

A. $2k$ B. 7

C. 2 D. $k + 1$

118. मान लीजिए कि A उन सम्मिश्र संख्याओं का समुच्चय है जिनका वर्ग एक ऋणात्मक वास्तविक संख्या है। निम्नलिखित कथनों में से कौन सा सही है ?

A. $A \subseteq IR$

B. $A \supseteq IR$

C. $A = \{x + iy | x^2 \in IR | x, y \in IR\}$

D. $A = \{iy | y \in IR\}$

119. पूर्णांकों के समुच्चय Z पर एक सम्बन्ध R इस प्रकार परिभाषित है:

$mRn \Leftrightarrow m + n$ विषम है।

निम्नलिखित कथनों में से कौन सा/से R के लिए सही है/हैं?

1. R स्वतुल्य है 2. R सममित है

3. R संक्रामक है

नीचे दिये गये कूट का प्रयोग करते हुए सही उत्तर चुनिए:

A. केवल 2 B. 2 तथा 3

C. 1 तथा 2 D. 1 तथा 3

120. तीन व्यंजक नीचे दिए गए हैं:

$Q_1 = \sin(A + B) + \sin(B + C) + \sin(C + A)$

$Q_2 = \cos(A - B) + \cos(B - C) + \cos(C - A)$

$Q_3 = \sin A(\cos B + \cos C) + \sin B(\cos C + \cos A) + \sin C(\cos A + \cos B)$

निम्नलिखित में से कौन सा एक सही है ?

A. $Q_1 = Q_2$

B. $Q_2 = Q_3$

C. $Q_1 = Q_3$

D. सभी व्यंजक अलग अलग हैं।

उत्तरमाला

1	2	3	4	5	6	7	8	9	10
D	B	B	C	C	C	C	A	A	D
11	**12**	**13**	**14**	**15**	**16**	**17**	**18**	**19**	**20**
B	D	A	A	D	C	C	C	B	B
21	**22**	**23**	**24**	**25**	**26**	**27**	**28**	**29**	**30**
A	A	C	B	A	C	A	A	A	A
31	**32**	**33**	**34**	**35**	**36**	**37**	**38**	**39**	**40**
D	C	C	A	A	A	A	A	C	B
41	**42**	**43**	**44**	**45**	**46**	**47**	**48**	**49**	**50**
D	B	D	A	C	B	C	D	B	B
51	**52**	**53**	**54**	**55**	**56**	**57**	**58**	**59**	**60**
B	C	B	B	B	D	C	A	D	C
61	**62**	**63**	**64**	**65**	**66**	**67**	**68**	**69**	**70**
D	A	C	C	C	C	C	B	D	B
71	**72**	**73**	**74**	**75**	**76**	**77**	**78**	**79**	**80**
C	A	D	B	C	B	D	D	B	C
81	**82**	**83**	**84**	**85**	**86**	**87**	**88**	**89**	**90**
C	B	B	C	B	A	D	B	C	C
91	**92**	**93**	**94**	**95**	**96**	**97**	**98**	**99**	**100**
D	C	A	D	A	D	C	C	C	C
101	**102**	**103**	**104**	**105**	**106**	**107**	**108**	**109**	**110**
C	B	C	D	C	D	C	B	B	A
111	**112**	**113**	**114**	**115**	**116**	**117**	**118**	**119**	**120**
C	B	B	C	C	A	B	D	A	C

कुछ चुने हुए प्रश्नों के व्याख्यात्मक उत्तर

2. यहाँ $n(H \cup B) = 500$

$n(H) = 475$

$n(B) = 200$

अब $n(H \cup B) = n(H) + n(B) - n(H \cap B)$

$\Rightarrow \quad n(H \cap B) = n(H) + n(B) - n(H \cup B)$

$= 475 + 200 - 500$

$= 475 - 500 = 175$

अतः केवल हिन्दी बोलने वाले छात्रों की संख्या

$= n(H) - n(H \cap B)$

$= 475 - 175 = 300$

4. $x^2 - 2mx + m^2 - 1 = 0$

यहाँ $D = (-2m)^2 - 4 \times 1\,(m^2 - 1)$

$= 4m^2 - 4m^2 + 4 = 4$

अब, $x = \dfrac{-(-2m) \pm \sqrt{4}}{2}$

$= \dfrac{2m \pm 2}{2} = (m+1) \text{ or } (m-1)$

प्रश्नानुसार, $(m+1) \leq 4$

$\Rightarrow \quad m \leq 3$

या, $(m+1) \geq -2$

$\Rightarrow \quad m \geq -3$

पुनः

$m - 1 \leq 4$

$\Rightarrow \quad m \leq 5$

या, $m - 1 \geq -2$

$\Rightarrow \quad m \geq -1$

अतः $-3 \leq m \leq 5$

5. तीन अंकोंवाली संख्याओं में इकाई, दहाई तथा सैकड़े तीन स्थान होते हैं। प्रश्नानुसार, इकाई तथा दहाई अंकों के स्थान को दिए हुए छः अंकों में से किसी से

भी भरा जा सकता है परन्तु सैकड़े का स्थान सिर्फ 1, 2, 3 और 4 अंकों में से भरा जा सकता है। अतः

अभीष्ट संख्या $= 4 \times 6 \times 6$
$= 144$

8. यहाँ

$$t_n = [1 + (n-1) \times 2] (3 + (n-1) \times 2]$$
$$= (2n-1)(2n+1)$$
$$= 4n^2 - 1$$
$$S_n = \sum t_n$$
$$\Rightarrow \quad S_{50} = \sum_{n=1}^{50} t_n$$
$$= \sum_{n=1}^{50} \left(4n^2 - 1\right)$$
$$= 4 \sum_{n=1}^{50} n^2 - 50$$
$$= 4 \times \frac{50(50+1)(2 \times 50 + 1)}{6} - 50$$
$$= 2 \times 50 \times 17 \times 101 - 50$$
$$= 171700 - 50 = 1{,}71{,}650$$

11. $x^3 - 9x^2 + 23x - 15 = 0$

यहाँ, $x = 1$ रखने पर, व्यंजक का मान शून्य होता है। अतः $(x - 1)$ व्यंजक का एक गुण्नखण्ड है।

अतः $x^3 - 9x^2 + 23x - 15 = 0$

$\Rightarrow \quad x^2 (x-1) - 8x (x-1) + 15 (x-1) = 0$

$\Rightarrow \quad (x-1)(x^2 - 8x + 15) = 0$

$\Rightarrow \quad (x-1)[x^2 - 3x - 5x + 15] = 0$

$\Rightarrow \quad (x-1)[x(x-3) - 5(x-3)] = 0$

$\Rightarrow \quad (x-1)(x-3)(x-5) = 0$

$\therefore \quad x = \{1, 3, 5\}$

अतः $S = \{x \in IR | x^3 - 9x^2 + 23x - 15 = 0\}$ के सभी अवयव धनात्मक बिषम संख्या हैं।

13. यहाँ $m_1 = \left(2 - \sqrt{3}\right)$

$m_2 = \left(2 + \sqrt{3}\right)$

अब $\tan\theta = \dfrac{m_2 - m_1}{1 + m_2 m_1}$

$$= \frac{2 + \sqrt{3} - \left(2 - \sqrt{3}\right)}{1 + \left(2 + \sqrt{3}\right)\left(2 - \sqrt{3}\right)}$$
$$= \frac{2 + \sqrt{3} - 2 + \sqrt{3}}{1 + 4 - 3} = \frac{2\sqrt{3}}{2} = \sqrt{3}$$

$\tan\theta = \tan 60°$

$\therefore \quad \theta = 60°$

15. माना, $f(x) = y = \dfrac{x^2}{1 + x^2}$

$\Rightarrow \quad x^2 y - x^2 + y = 0$

$\Rightarrow \quad x^2 (y - 1) = -y$

$\Rightarrow \quad x^2 = \dfrac{y}{1 - y}$

$\therefore \quad x = \pm\sqrt{\dfrac{y}{1 - y}}$

अब $\sqrt{\dfrac{y}{1 - y}}$ एक वास्तविक संख्या है यदि

$1 - y > 0$

$\Rightarrow \quad 1 > y$ और $y \neq 1$

अतः f का प्रसार $[0, 1)$ है।

18. $x^2 - (p - 2)x - (p + 1) = 0$

माना कि α और β दिये हुए समीकरण का मूल है।

तब $\alpha + \beta = (p - 2)$

$\alpha\beta = -(p + 1)$

अब $\alpha^2 + \beta^2 = (\alpha + \beta)^2 - 2\alpha\beta$

$= (p - 2)^2 - 2 \times [-(p + 1)]$

$= p^2 - 4p + 4 + 2p + 2$

$= p^2 - 2p + 6$

प्रश्न से

$\alpha^2 + \beta^2 = 5$

अतः $p^2 - 2p + 6 = 5$

$\Rightarrow \quad p^2 - 2p + 1 = 0$

$\Rightarrow \quad (p - 1)^2 = 0$

$\Rightarrow \quad (p - 1) = 0$

$\therefore \quad p = 1$

23. $\vec{a} = 2\hat{i} + \hat{j} - 2\hat{k}$

$\vec{b} = \hat{i} + \hat{j} - \hat{k}$

$$|\vec{a}| = \sqrt{2^2+(1)^2+(-2)^2}$$
$$= \sqrt{4+1+4} = \sqrt{9} = 3$$
$$|\vec{b}| = \sqrt{1^2+1^2+(-1)^2}$$
$$= \sqrt{1+1+1} = \sqrt{3}$$

अतः $|\vec{a}| \neq |\vec{b}|$

किन्तु दो असमान सदिशों के समान परिमाण हो सकते हैं।

अतः A और R अलग–अलग सही हैं किन्तु R, A की सही व्याख्या नहीं करता।

27. $\sqrt{3}$ cosec 20° – sec20°

$= \tan 60°, \text{cosec}20° - \sec 20°$

$$= \frac{\sin 60°}{\cos 60°}\cdot\frac{1}{\sin 20°} - \frac{1}{\cos 20°}$$

$$= \frac{\sin 60°\cos 20° - \cos 60°\sin 20°}{\cos 60°\sin 20°\cos 20°}$$

$$= \frac{\sin(60°-20°)}{\cos 60°\frac{1}{2}\times 2\sin 20°\cos 20°}$$

$$= \frac{\sin 40°}{\cos 60°\times\frac{1}{2}\times\sin(2\times 20°)}$$

$$= \frac{\sin 40°}{\frac{1}{2}\times\frac{1}{2}\times\sin 40°} = 4$$

28. अभीष्ट तरीकों की संख्या $= {}^{11}p_2$

$$= \frac{11!}{(11-2)!} = \frac{11}{9!}$$

$$= \frac{11\times 10\times 9!}{9!}$$

$$= 11 \times 10 = 110$$

31. $z = 1 + i$

$\Rightarrow \quad z^2 = (1+i)^2 = 1 + i^2 + 2i$

$= 1 - 1 + 2i$

$\therefore \quad z^2 = 2i$

z^2 का प्रतिलोम $= (z^2)^{-1} = \dfrac{\overline{z^2}}{|z|^2} = \dfrac{-2i}{|2|^2}$

$$= \frac{-2i}{4} = -\frac{i}{2}$$

32. sin θ का मान –1 और 1 के बीच होता है

अतः यदि $\sin\theta = 1$

प्रश्नानुसार

$$2\times 1 = x + \frac{1}{x}$$

$\Rightarrow \quad 2 = \dfrac{x^2+1}{x}$

$\Rightarrow \quad x^2 - 2x + 1 = 0$

$\Rightarrow \quad (x-1)^2 = 0$

$\Rightarrow \quad (x-1) = 0$

$\therefore \quad x = 1$

किन्तु यदि $\sin\theta = -1$

तब $2\times -1 = x + \dfrac{1}{x}$

$\Rightarrow \quad -2 = \dfrac{x^2+1}{x}$

$\Rightarrow \quad x^2 + 2x + 1 = 0$

$\Rightarrow \quad (x+1)^2 = 0$

$\Rightarrow \quad x + 1 = 0$

$x = -1$

अतः यदि $2\sin\theta = x + \dfrac{1}{x}$ मान्य है

तब x का मान $-1 < x < 1$ होगा

37. यहाँ, $\vec{OA} = \vec{a}, \vec{OB} = \vec{b}$

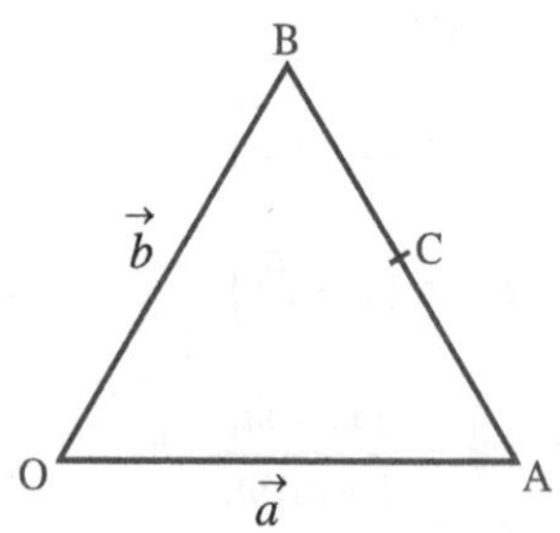

$\Rightarrow \qquad \vec{AB} = 2\,\vec{BC}$

ΔOAB से,

$$\vec{AB} = \vec{OB} - \vec{OA}$$
$$= \vec{b} - \vec{a}$$

अतः,

$$\vec{AC} = \frac{\vec{AB}}{2} = \frac{1}{2}\left(\vec{b} - \vec{a}\right)$$

39. यहाँ $\quad \vec{OA} = \vec{a}, \vec{OB} = \vec{b}$ और $\vec{OC} = \vec{c}$

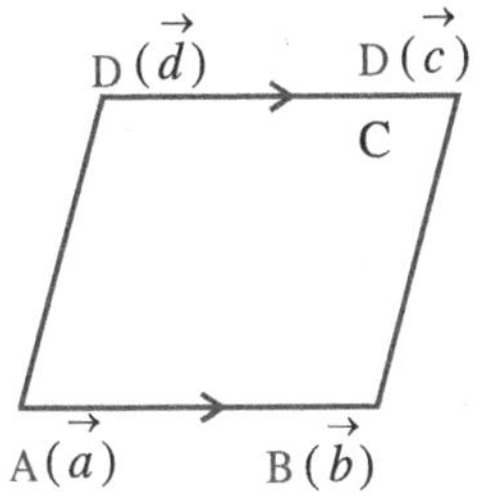

माना कि D का स्थिति सदिश $\vec{d}$ है।

यहाँ समान्तर चतुर्भुज की सम्मुख भुजाएं समान और समान्तर हैं।

अतः $\qquad \vec{AB} = \vec{DC} = \vec{b} - \vec{a} = \vec{c} - \vec{d}$

$\therefore \qquad \vec{d} = \vec{a} - \vec{b} + \vec{c}$

अतः $\vec{D}$ का स्थिति सदिश $= (\vec{a} - \vec{b} + \vec{c})$

40. यहाँ

$\angle B$ अधिक कोण है।

अतः, बड़े $\angle B$ के सामने की भुजा भी बड़ी होगी।

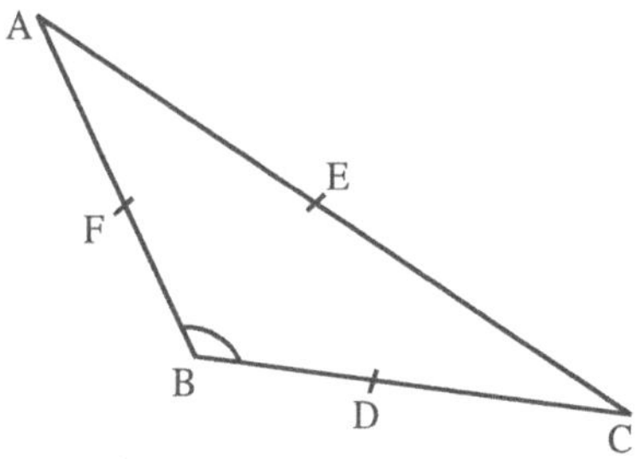

अतः, सदिश $\vec{CA}$ का परिमाण बड़ा है।

44. $$A_{(\alpha)} = \begin{bmatrix} \cos\alpha & -\sin\alpha \\ \sin\alpha & \cos\alpha \end{bmatrix}$$

$$A_{(\beta)} = \begin{bmatrix} \cos\beta & -\sin\beta \\ \sin\beta & \cos\beta \end{bmatrix}$$

$$A_{(\alpha+\beta)} = \begin{bmatrix} \cos(\alpha+\beta) & -\sin(\alpha+\beta) \\ \sin(\alpha+\beta) & \cos(\alpha+\beta) \end{bmatrix} \quad ...(i)$$

यहाँ,

$$A_{(-\alpha)} = \begin{bmatrix} \cos(-\alpha) & -\sin(-\alpha) \\ \sin(-\alpha) & \cos(-\alpha) \end{bmatrix}$$

$$= \begin{bmatrix} \cos\alpha & \sin\alpha \\ -\sin\alpha & \cos\alpha \end{bmatrix}$$

$$A_{(-\beta)} = \begin{bmatrix} \cos(-\beta) & -\sin(-\beta) \\ \sin(-\beta) & \cos(-\beta) \end{bmatrix}$$

$$= \begin{bmatrix} \cos\beta & \sin\beta \\ -\sin\beta & \cos\beta \end{bmatrix}$$

$A_{(-\alpha)}\, A_{(-\beta)}$

$$= \begin{bmatrix} \cos\alpha\cos\beta - \sin\alpha\sin\beta & \cos\alpha\sin\beta + \sin\alpha\cos\beta \\ -\sin\alpha\cos\beta - \cos\alpha\sin\beta & -\sin\alpha\sin\beta + \cos\alpha\cos\beta \end{bmatrix}$$

$$\Rightarrow A_{(-\alpha)}\, A_{(-\beta)} = \begin{bmatrix} \cos(\alpha+\beta) & \sin(\alpha+\beta) \\ -\sin(\alpha+\beta) & \cos(\alpha+\beta) \end{bmatrix}$$

$$\therefore A_{(-\alpha)}\, A_{(-\beta)} = \begin{bmatrix} \cos(\alpha+\beta) & -\sin(\alpha+\beta) \\ \sin(\alpha+\beta) & \cos(\alpha+\beta) \end{bmatrix} \quad ...(ii)$$

सभी (i) और (ii) से

$$A_{(-\alpha)}\, A_{(-\beta)} = A_{(\alpha+\beta)}$$

45. $$f_{(x)} = \begin{vmatrix} 1+\sin^2 x & \cos^2 x & 4\sin 2x \\ \sin^2 x & 1+\cos^2 x & 4\sin 2x \\ \sin^2 x & \cos^2 x & 1+4\sin 2x \end{vmatrix}$$

$R_2 \to R_2 - R_3$ से

$$= \begin{vmatrix} 1+\sin^2 x & \cos^2 x & 4\sin 2x \\ 0 & 1 & -1 \\ \sin^2 x & \cos^2 x & 1+4\sin 2x \end{vmatrix}$$

$R_1 \to R_1 - R_3$ से

$$= \begin{vmatrix} 1 & 0 & -1 \\ 0 & 1 & -1 \\ \sin^2 x & \cos^2 x & 1+4\sin 2x \end{vmatrix}$$

$= 1(1+4\sin 2x+\cos^2 x)+\sin^2 x(0+1)$
$= 1+4\sin 2x+\cos^2 x+\sin^2 x$
$= 1+4\sin 2x+1$
$= 2+4\sin 2x$

$f(x)$ के अधिकतम मान के लिए $\sin 2x = 1$

अतः $\quad f(x) = 2+4\times 1 = 6$

47. परस्पर लम्ब के लिए

$[(x^2-1)\hat{i}+(x+2)\hat{j}+x^2\hat{k}].[2\hat{i}-x\hat{j}+3\hat{k}]=0$
$\Rightarrow (x^2-1)\times 2+(x+2)\times -x+x^2\times 3=0$
$\Rightarrow 2x^2-2-x^2-2x+3x^2=0$
$\Rightarrow 4x^2-2x-2=0$
$\Rightarrow 2x^2-x-1=0$
$\Rightarrow 2x^2-2x+x-1=0$
$\Rightarrow 2x(x-1)+1(x-1)=0$
$\Rightarrow (2x+1)(x-1)=0$

या तो $\quad 2x+1 = 0 \qquad$ या $\quad x-1=0$
$\qquad x = -\frac{1}{2} \qquad\qquad x=1$

52. माना कि बिन्दु A, B और C के नियामक क्रमशः $(a-1, a, a+1), (a, a+1, a-1)$ और $(a+1, a-1, a)$ हैं।

अब $\quad AB = \sqrt{(a-a+1)^2+(a+1-a)^2+(a-1-a-1)^2}$
$= \sqrt{1^2+1^2+(-2)^2} = \sqrt{6}$

$BC = \sqrt{(a+1-a)^2+(a-1-a-1)^2+(a-a+1)^2}$
$= \sqrt{1^2+(-2)^2+1^2} = \sqrt{6}$

$AC = \sqrt{(a+1-a+1)^2+(a-1-a)^2+(a-a-1)^2}$
$= \sqrt{2^2+(-1)^2+(-1)^2} = \sqrt{6}$

अतः AB = BC = AC, इसलिए ABC एक समबाहु त्रिभुज है।

त्रिभुज की भुजाएँ a से स्वतंत्र है। अतः इसका क्षेत्रफल भी a से स्वतंत्र होगा।

53. माना कि अभीष्ट बिन्दु का नियामक (x, y, z) है।

प्रश्न से,
$(x-a)^2+y^2+z^2 = (-x)^2+(y-a)^2+z^2$
$\Rightarrow x^2-2xa+a^2+y^2+z^2 = x^2+y^2+a^2-2ya+z^2$
$\Rightarrow \quad -2xa = -2ya$
$\therefore \quad x = y \qquad$ .....(i)

पुनः
$x^2+(y-a)^2+z^2 = (-x)^2+(-y)^2+(z-a)^2$
$\Rightarrow x^2+y^2-2ya+a^2+z^2 = x^2+y^2+z^2+a^2-2za$
$\Rightarrow \quad -2ya = -2za$
$\therefore \quad y = z \qquad$ .....(ii)

अब समीकरण (i) और (ii) से
$x = y = z \qquad$ .....(iii)

इसी प्रकार
$x^2+y^2+(z-a)^2 = (-x)^2+(-y)^2+(-z)^2$
$\Rightarrow x^2+y^2+z^2+a^2-2za = x^2+y^2+z^2$
$\Rightarrow \quad a^2-2za = 0$
$\Rightarrow \quad 2za = a^2$
$\therefore \quad z = \frac{a}{2}$

अतः समीकरण (iii) से,

$$x = y = z = \frac{a}{2}$$

अतः अभीष्ट बिन्दु का नियामक $\left(\frac{a}{2},\frac{a}{2},\frac{a}{2}\right)$ है।

57. यहाँ वृत्त $(0, 0), (a, 0)$ और $(0, b)$ बिन्दुओं से गुजरती है।

वृत्त का सामान्य समीकरण
$x^2+y^2+2gx+2fy+c=0$

जब $x=0$ और $y=0$
$\Rightarrow \quad c = 0 \qquad$ .....(i)

अब जब कि $\quad x = a, \; y=0$

तब $\quad a^2+2ga+c = 0$
$\Rightarrow \quad a^2+2ga = 0 \qquad (\because c=0)$
$\Rightarrow \quad 2g = -a$
$\therefore \quad g = -a/2 \qquad$ .....(ii)

पुनः जब $\quad x = 0, y = b$

तब $\quad b^2+2fb+c = 0$
$\Rightarrow \quad b^2+2fb = 0 \qquad (\because c=0)$
$\Rightarrow \quad f = -b/2 \qquad$ .....(ii)

अब, वृत्त की त्रिज्या $= \sqrt{g^2+f^2-c}$

$$= \sqrt{\left(\frac{-a}{2}\right)^2+(-b/2)^2-0}$$

$$= \sqrt{\frac{a^2}{4}+\frac{b^2}{4}}$$

$$= \frac{1}{2}\sqrt{(a^2+b^2)}$$

58. यहाँ $y^2 = 12x$ (दिया है)

$y^2 = 4ax$ से तुलना करने पर

अतः $a = 3$

अब $y^2 = 4ax$ पर कोई बिन्दु (x, y) का नाभिक दूरी $x + a$

अतः परवलय $y^2 = 12x$ पर एक बिन्दु की नाभिक दूरी $x + 3$ होगी।

$\therefore \quad x + 3 = 4$

$\Rightarrow \quad x = 1$

अतः दी हुई बिन्दु का भुज 1 है।

60.

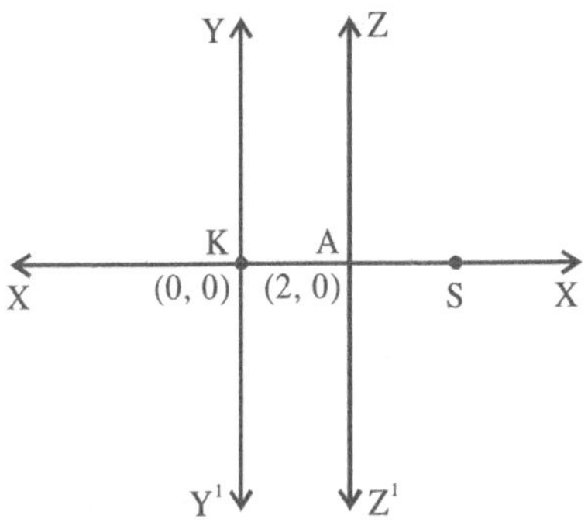

यहाँ (2, 0) परवलय की शीर्ष बिन्दु तथा y अक्ष इसकी नियंता है।

हम जानते हैं कि परवलय की शीर्ष बिन्दु नाभि और नियंता से समान दूरी पर होती है।

चित्र से,

K और A बिन्दु का नियामक (0,0) और (2, 0) है। बिन्दु A, KS का मध्य–बिन्दु है। अतः A का नियामक (4,0) होगा। अतः नाभिक का नियामक (4, 0) है।

63. यहाँ,
$$A = \begin{bmatrix} 1 & 1 & 1 \\ 1 & 1 & 1 \\ 1 & 1 & 1 \end{bmatrix}$$

तब
$$A^2 = \begin{bmatrix} 1 & 1 & 1 \\ 1 & 1 & 1 \\ 1 & 1 & 1 \end{bmatrix} \times \begin{bmatrix} 1 & 1 & 1 \\ 1 & 1 & 1 \\ 1 & 1 & 1 \end{bmatrix}$$

$$= \begin{bmatrix} 1+1+1 & 1+1+1 & 1+1+1 \\ 1+1+1 & 1+1+1 & 1+1+1 \\ 1+1+1 & 1+1+1 & 1+1+1 \end{bmatrix}$$

$$= \begin{bmatrix} 3 & 3 & 3 \\ 3 & 3 & 3 \\ 3 & 3 & 3 \end{bmatrix}$$

$$= 3\begin{bmatrix} 1 & 1 & 1 \\ 1 & 1 & 1 \\ 1 & 1 & 1 \end{bmatrix} = 3A$$

$$A^3 = A^2.A$$

$$= \begin{bmatrix} 3 & 3 & 3 \\ 3 & 3 & 3 \\ 3 & 3 & 3 \end{bmatrix}\begin{bmatrix} 1 & 1 & 1 \\ 1 & 1 & 1 \\ 1 & 1 & 1 \end{bmatrix}$$

$$= \begin{bmatrix} 3+3+3 & 3+3+3 & 3+3+3 \\ 3+3+3 & 3+3+3 & 3+3+3 \\ 3+3+3 & 3+3+3 & 3+3+3 \end{bmatrix}$$

$$= \begin{bmatrix} 9 & 9 & 9 \\ 9 & 9 & 9 \\ 9 & 9 & 9 \end{bmatrix} = 9\begin{bmatrix} 1 & 1 & 1 \\ 1 & 1 & 1 \\ 1 & 1 & 1 \end{bmatrix}$$

$$= 9A = 3^2 A$$

इसी प्रकार

$$A^4 = A^3 . A = 3^3 A$$
$$A^5 = A^4 . A = 3^4 A$$

....

....

....

$$A^n = A^{n-1} \cdot A = (3^{n-1}) A$$

65. $1° = \dfrac{\pi}{180}$ रेडियन

माना x और y दो कोण हैं

प्रश्नानुसार,

$$x + y = 1$$
$$x - y = \frac{\pi}{180}$$
$$- \quad + \quad\quad -$$

$$2y = 1 - \frac{\pi}{180}$$

$$\therefore \quad y = \frac{1}{2}\left(1 - \frac{\pi}{180}\right)$$

अतः छोटा कोण का वृत्तीय माप $= \dfrac{1}{2}\left(1 - \dfrac{\pi}{180}\right)$

67.

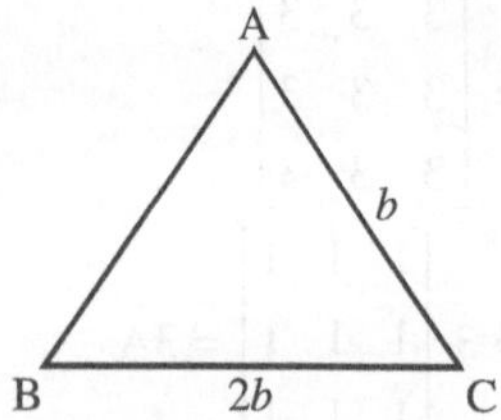

यहाँ ABC त्रिभुज में,

$$a = 2b, \qquad \angle A = 3\angle B$$

यदि यह त्रिभुज एक समकोण त्रिभुज होता, तो $\angle A = 90°$

$$AB = \sqrt{(2b)^2 - b^2}$$

$$= \sqrt{3b^2} = \sqrt{3}\,b$$

यहाँ $\angle A = 90°$

अतः $\angle B = \dfrac{90°}{3} = 30°$

पुनः $\tan B = \dfrac{AC}{AB} = \dfrac{b}{\sqrt{3}b} = \dfrac{1}{\sqrt{3}} = \tan 30°$

अतः $\angle B = 30°$

अतः ΔABC एक समकोण त्रिभुज है।

68. माना $\tan A = \dfrac{1}{8}$ और $\tan B = \dfrac{7}{9}$

$$\tan(A+B) = \frac{\tan A + \tan B}{1 - \tan A \times \tan B}$$

$$= \frac{\frac{1}{8}+\frac{7}{9}}{1-\frac{1}{8}\times\frac{7}{9}} = \frac{\frac{9+56}{72}}{\frac{72-7}{72}}$$

$$= \frac{65}{72}\times\frac{72}{65} = 1$$

$$\Rightarrow \tan(A+B) = \tan\frac{\pi}{4}$$

$$\therefore (A+B) = \pi/4$$

अतः धनात्मक न्यून कोण $\dfrac{\pi}{4}$ है

73. $\displaystyle \lim_{x\to 0}\frac{\sin|x|}{x}$

$$= \lim_{x\to 0^-}\frac{\sin(-x)}{x} = \lim_{x\to 0}\frac{-\sin x}{x} = -1$$

और $\displaystyle \lim_{x\to 0^+}\frac{\sin|x|}{x} = \lim_{x\to 0}\frac{\sin x}{x} = 1$

अतः $\displaystyle \lim_{x\to 0}\frac{\sin|x|}{x}$ का मान सम्भव नहीं है।

75. बिन्दु $(at^2, 2at)$ पर अभिलम्ब का समीकरण

$$lx + y = 2at + at^3$$

अतः इसकी ढाल $-t$,

77. $\displaystyle \lim_{x\to 3}\frac{f(x)-f(3)}{x-3} = f'(3)$

यहाँ $f'(x) = \dfrac{x}{(18-x^2)^{3/2}}$

$\therefore$ $f'(3) = \dfrac{3}{(9)^{3/2}} = \dfrac{3}{3^3} = \dfrac{1}{3^2} = \dfrac{1}{9}$

79. यहाँ,

$$f(x) = \log\left[\frac{(1+x)}{(1-x)}\right]$$

$$g(x) = \frac{3x+x^3}{1+3x^2}$$

अतः $f[g(x)] = f\left(\dfrac{3x+x^3}{1+3x^2}\right)$

$$= \log\frac{1+\frac{3x+x^3}{1+3x^2}}{1-\frac{3x+x^3}{1+3x^2}}$$

$$= \log\frac{1+3x^2+3x+x^3}{1+3x^2-3x-x^3}$$

$$= \log\left(\frac{1+x}{1-x}\right)^3$$

$$= 3 \log \left(\frac{1+x}{1-x}\right) = 3\,[f(x)]$$

81. $\because$ $x = \cos t$ और $y = \sin t$

$\Rightarrow$ $\frac{dx}{dt} = -\sin t$ और $\frac{dy}{dt} = \cos t$

$\therefore$ $\frac{dy}{dx} = \frac{dy/dt}{dx/dt} = \frac{\cos t}{-\sin t}$

अब $\frac{d^2y}{dx^2} = \frac{d}{dx}\left(\frac{dy}{dx}\right)$

$$= \frac{d}{dx}(-\cot t)$$

$$= \frac{d}{dt}(-\cot t) \times \frac{dt}{dx}$$

$$= \operatorname{cosec}^2 t \times \frac{1}{-\sin t} = -\operatorname{cosec}^3 t$$

$$= -y^{-3}$$

83. चुँकि $y = x + e^x$

x के सापेक्ष के अवकलन करने पर

$$\frac{dy}{dx} = 1 + e^x$$

$\Rightarrow$ $\frac{dx}{dy} = \frac{1}{1+e^x}$ .....(i)

पनुः x के सापेक्ष में अवकलन करने पर,

$$\frac{d^2x}{dy^2} = \frac{d}{dy}\left(\frac{dx}{dy}\right) = \frac{d}{dy}\left(\frac{1}{1+e^x}\right)$$

$$= \frac{d}{dx}\left(\frac{1}{1+e^x}\right)\frac{dx}{dy}$$

$$= \frac{-e^x}{\left(1+e^x\right)^2} \times \frac{1}{1+e^x}$$

$$= -\frac{e^x}{\left(1+e^x\right)^3}$$

85. चुंकि $\overline{p}$ और $\vec{q}$ इकाई सदिश हैं और एक–दूसरे के साथ $\frac{\pi}{3}$ का कोण बनाते हैं

$\therefore$ $\left|\vec{p} - \frac{1}{2}\vec{q}\right| = \sqrt{\left(\vec{p} - \frac{1}{2}\vec{q}\right)\cdot\left(\vec{p} - \frac{1}{2}\vec{q}\right)}$

$$= \sqrt{\left(\vec{p}.\vec{p} - \frac{1}{2}\vec{p}.\vec{q} - \frac{1}{2}\vec{q}\,\vec{p} + \frac{1}{4}\vec{q}.\vec{q}\right)}$$

$$= \sqrt{1 - \frac{1}{2}.1.\cos\frac{\pi}{3} - \frac{1}{2}.1.\cos\frac{\pi}{3} + \frac{1}{4}.1}$$

$$= \sqrt{1 + \frac{1}{4} - \cos\frac{\pi}{3}}$$

$$= \sqrt{\frac{5}{4} - \frac{1}{2}} = \sqrt{\frac{5-2}{4}}$$

$$= \sqrt{\frac{3}{4}} = \frac{\sqrt{3}}{2}$$

86. $\begin{bmatrix} \cos\theta & \sin\theta & 0 \\ \sin\theta & \cos\theta & 0 \\ 0 & 0 & 1 \end{bmatrix}$ एक अव्युत्क्रमणीय आव्यूह है यदि

$$\begin{vmatrix} \cos\theta & \sin\theta & 0 \\ \sin\theta & \cos\theta & 0 \\ 0 & 0 & 1 \end{vmatrix} = 0$$

तीसरी पंक्ति की दिशा में विस्तारित करने पर

$$\cos^2\theta - \sin^2\theta = 0$$

$\Rightarrow$ $\cos^2\theta = \sin^2\theta$

$\Rightarrow$ $\cos\theta = \sin\theta$

$\Rightarrow$ $\cos\theta = \cos\left(\frac{\pi}{2} - \theta\right)$

$\Rightarrow$ $2\theta = \frac{\pi}{2}$

$\therefore$ $\theta = \frac{\pi}{4}$

87. $x + y + z = 2,$

$$2x + y - z = 3$$

$$3x + 2y + kz = 4$$

$$D = \begin{vmatrix} 1 & 1 & 1 \\ 2 & 1 & -1 \\ 3 & 2 & k \end{vmatrix}$$

चूंकि रैखिक समीकरणों

$x + y + z = 2, 2x + y - z = 3, 3x + 2y + kz = 4$

का अद्वितीय मान है।

इसलिए $D \neq 0$.

$$\Rightarrow \begin{vmatrix} 1 & 1 & 1 \\ 2 & 1 & -1 \\ 3 & 2 & k \end{vmatrix} \neq 0$$

$\Rightarrow (k + 2) - (2k + 3) + 4 - 3 \neq 0$

$\Rightarrow k + 2 - 2k - 3 + 1 \neq 0$

$\Rightarrow -k \neq 0$

$\Rightarrow k \neq 0$

88. $\because \quad AB = BA$

$$\begin{bmatrix} 1 & 0 \\ 0 & -1 \end{bmatrix}\begin{bmatrix} 1 & x \\ 0 & 1 \end{bmatrix} = \begin{bmatrix} 1 & x \\ 0 & 1 \end{bmatrix}\begin{bmatrix} 1 & 0 \\ 0 & -1 \end{bmatrix}$$

$$\Rightarrow \begin{bmatrix} 1+0 & x+0 \\ 0+0 & 0-1 \end{bmatrix} = \begin{bmatrix} 1+0 & 0-x \\ 0+0 & 0-1 \end{bmatrix}$$

$$\Rightarrow \begin{bmatrix} 1 & x \\ 0 & -1 \end{bmatrix} = \begin{bmatrix} 1 & -x \\ 0 & -1 \end{bmatrix}$$

$\Rightarrow \quad x = -x$

$\Rightarrow \quad 2x = 0 \quad \Rightarrow x = 0$

90. यहाँ $A = \begin{bmatrix} 1 & 2 & 3 \\ 4 & 5 & 4 \\ 2 & 3 & -1 \end{bmatrix}$

$$\therefore \quad |A| = \begin{vmatrix} 1 & 2 & 3 \\ 4 & 5 & 4 \\ 2 & 3 & -1 \end{vmatrix}$$

$= 1(-5-12) - 2(-4-8) + 3(12-10)$

$= -17 + 24 + 6 = 13$

माना कि C_{ij}, Δ में a_{ij} का गुणक है।

$$C_{11} = \begin{vmatrix} 5 & 4 \\ 3 & -1 \end{vmatrix} = -17, C_{12} = -\begin{vmatrix} 4 & 4 \\ 2 & -1 \end{vmatrix} = 12,$$

$$C_{13} = \begin{vmatrix} 4 & 5 \\ 2 & 3 \end{vmatrix} = 2, C_{21} = -\begin{vmatrix} 2 & 3 \\ 3 & -1 \end{vmatrix} = 11,$$

$$C_{22} = \begin{vmatrix} 1 & 3 \\ 2 & -1 \end{vmatrix} = -7, C_{23} = -\begin{vmatrix} 1 & 2 \\ 2 & 3 \end{vmatrix} = 1,$$

$$C_{31} = \begin{vmatrix} 2 & 3 \\ 5 & 4 \end{vmatrix} = -7, C_{32} = -\begin{vmatrix} 1 & 3 \\ 4 & 4 \end{vmatrix} = 8,$$

$$C_{33} = \begin{vmatrix} 1 & 2 \\ 4 & 5 \end{vmatrix} = -3$$

$$\therefore \quad \text{adj } A = \begin{bmatrix} -17 & 12 & 2 \\ 11 & -7 & 1 \\ -7 & 8 & -3 \end{bmatrix}^T$$

$$= \begin{bmatrix} -17 & 11 & -7 \\ 12 & -7 & 8 \\ 2 & 1 & -3 \end{bmatrix}$$

$\therefore \quad \text{adj } A = \alpha_{ij}$

$\therefore \quad \alpha_{23} = 8$

91. $\sin^{-1}\left(\sin\frac{2\pi}{3}\right) = \sin^{-1}\left[\sin\left(\pi - \frac{\pi}{3}\right)\right]$

$$= \sin^{-1}\left[\sin\frac{\pi}{3}\right] = \frac{\pi}{3}$$

93.

बल्ब की आयु	बल्बों की संख्या	*(c.f.)*
8.5 – 13.5	7	7
13.5 – 18.5	x	$7 + x$
18.5 – 23.5	40	$47 + x$
23.5 – 28.5	y	$47 + x + y$
28.5 – 33.5	10	$57 + x + y$
33.5 – 38.5	2	$59 + x + y$
	N = 100	

$\because \quad 59 + x + y = 100 \Rightarrow x + y = 41 \quad \ldots \text{(i)}$

$$\text{माध्यिका} = L + \left(\frac{\frac{N}{2} - C}{f}\right) \times h$$

$$20 = 18.5 + \left(\frac{50-7-x}{40}\right) \times 5$$

$$\Rightarrow \quad 1.5 = \frac{43-x}{8}$$

$$\Rightarrow \quad 12 = 43 - x$$

$$\therefore \quad x = 31$$

$$\& \quad y = 10$$

95. $$\text{A.M.} = \frac{{}^nC_0 + {}^nC_1 + ... + {}^nC_n}{n}$$

$$= \frac{2^n}{n} \quad [\because {}^nC_0 + {}^nC_1 + ... + {}^nC_n = 2^n]$$

101. $$x = 1 + \frac{y}{2} + \left(\frac{y}{2}\right)^2 + \left(\frac{y}{2}\right)^3 + ...$$

$$\Rightarrow \quad x = \frac{1}{1-\frac{y}{2}}$$

$$\Rightarrow \quad x = \frac{2}{2-y}$$

$$\Rightarrow \quad 2x - xy = 2$$

$$\Rightarrow \quad -xy = 2 - 2x$$

$$\Rightarrow \quad xy = 2x - 2$$

$$\therefore \quad y = \frac{2x-2}{x}$$

104. $$\frac{(1001)_2^{(11)_2} - (101)_2^{(11)_2}}{(1001)_2^{(10)_2} + (1001)_2^{(01)_2}(101)_2^{(01)_2} + (101)_2^{(10)_2}}$$

$$= \frac{9^3 - 5^3}{9^2 + 9^1 \times 5^1 + 5^2} = \frac{(9-5)(9^2 + 9 \times 5 + 5^2)}{(9^2 + 9 \times 5 + 5^2)}$$

$= 9 - 5 = 4 = (100)_2$

105. माना कि दो संख्याएँ x और y है इस प्रकार कि $(x + y) = 20$

$$\Rightarrow \quad y = 20 - x \qquad .....(i)$$

पुनः

$$P = x^2 y^3$$

$$\Rightarrow \quad P = x^2 (20 - x)^3 \qquad .....(ii)$$

x के सापेक्ष में अवकलन करने पर

$$\frac{dP}{dx} = 2x(20-x)^3 + x^2.3(20-x)^2(-1)$$

$$= 2x(20-x)^3 - 3x^2(20-x)^2$$

$$= x(20-x)^2[2(20-x) - 3x]$$

$$= x(20-x)^2(40 - 2x - 3x)$$

$$= x(20-x)^2(40 - 5x) \qquad .....(iii)$$

P के अधिकतम मान के लिए $\frac{dP}{dx} = 0$

$\Rightarrow x(20-x)^2(40-5x) = 0$

$\Rightarrow x \neq 0, x \neq 20$ or $x = 8$.

समीकरण (iii) से

$$\frac{d^2P}{dx^2} = 20(20-x)(x^2 - 16x + 18)$$

$x = 8$ रखने पर $\frac{d^2P}{dx^2} = -1104 < 0.$

अतः संख्याएँ 8 और 12 हैं।

106. $$\frac{d^2y}{dx^2} = \left[y + \left(\frac{dy}{dx}\right)^2\right]^{1/4}$$

$$\Rightarrow \left(\frac{d^2y}{dx^2}\right)^4 = y + \left(\frac{dy}{dx}\right)^2$$

समीकरण में सबसे ऊच्च क्रमीय अवकलन का घात 4 है। अतः इसकी डिग्री 4 है।

115. $U = \{x \mid x^5 - 6x^4 + 11x^3 - 6x^2 = 0\}$

अब $\quad x^5 - 6x^4 + 11x^3 - 6x^2 = 0$

$\Rightarrow \quad x^2(x^3 - 6x^2 + 11x - 6) = 0$

$\Rightarrow \quad x^2[x^2(x-1) - 5x(x-1) + 6(x-1)] = 0$

$\Rightarrow \quad x^2[(x-1)(x^2 - 5x + 6)] = 0$

$\Rightarrow \quad x^2(x-1)(x-2)(x-3) = 0$

तब $\quad x = 0, 1, 2$ or 3

अब $\quad U = \{0, 1, 2, 3\}$

$\quad A = \{x \mid x^2 - 5x + 6 = 0\}$

अब $\quad x^2 - 5x + 6 = 0$

$\Rightarrow \quad (x-2)(x-3) = 0$

तब $\quad x = 2$ or 3

$\quad A = \{2, 3\}$

$\quad B = \{x \mid x^2 - 3x + 2 = 0\}$

अब $x^2 - 3x + 2 = 0$

$\Rightarrow \quad (x-1)(x-2) = 0$

$\Rightarrow \quad x = 1 \text{ or } 2$

$$B = \{1, 2\}$$

$$A \cap B = \{2\}$$

$$(A \cap B)' = U - (A \cap B)$$

$$= \{0, 1, 2, 3\} - \{2\} = \{0, 1, 3\}$$

116. यहाँ

$$\frac{S_{10}}{S_5} = \frac{\frac{10}{2}[2p + (10-1)q]}{\frac{5}{2}[2p + (5-1)9]} = \frac{4}{1}$$

$$\Rightarrow \frac{10[2p + 9q]}{5(2p + 4q)} = \frac{4}{1}$$

$$\Rightarrow \quad 20p + 90q = 40p + 80q$$

$$\Rightarrow \quad 10q = 20p$$

$$q = 2p$$

अत: $\quad \dfrac{p}{q} = \dfrac{1}{2}$

$\therefore \quad p : q = 1 : 2$

117. यहाँ,

$$\frac{k}{k+1} + \frac{k+1}{k+2} = -\frac{\lambda}{4} \qquad .....(i)$$

$$\frac{k}{k+1} \times \frac{k+1}{k+2} = -\frac{2}{4} \qquad .....(ii)$$

$$\Rightarrow \quad \frac{k}{k+2} = -\frac{1}{2}$$

$$\Rightarrow \quad 2k = -k - 2$$

$$\Rightarrow \quad 3k = -2$$

$$\therefore \quad k = -2/3$$

अब समीकरण (i) से,

$$\frac{k}{k+1} + \frac{k+1}{k+2} = -\lambda/4$$

$$\Rightarrow \quad \frac{\frac{-2}{3}}{-2/3+1} + \frac{-2/3+1}{-2/3+2} = -\lambda/4$$

$$\Rightarrow \quad \frac{-2/3}{\frac{-2+3}{3}} + \frac{\frac{-2+3}{3}}{\frac{-2+6}{3}} = -\lambda/4$$

$$\Rightarrow \quad \frac{-2}{1} + \frac{1}{4} = -\lambda/4$$

$$\Rightarrow \quad -\lambda/4 = -7/4$$

$$\therefore \quad \lambda = 7$$

टैस्ट पेपर-III

1. यदि $A + B = \frac{\pi}{2}$, तब $\cos A \cos B$ के महत्तम तथा लघुतम मान, क्रमशः क्या हैं?

A. 1/2 तथा 0 B. 0 तथा –1/2

C. 1/2 तथा –1/2 D. 0 तथा –1

2. यदि $\tan p\theta - \tan q\theta = 0$, तब θ के मान निम्नलिखित में से कौन–सी श्रेणी बनाते हैं?

A. समान्तर श्रेणी

B. गुणोत्तर श्रेणी

C. हरात्मक श्रेणी

D. उपरोक्त में से कोई भी नहीं

3. यदि $\tan x = b/a$, तब $\sqrt{\frac{a+b}{a-b}} + \sqrt{\frac{a-b}{a+b}}$ का मान क्या है ?

A. $\frac{2\sin x}{\sqrt{\sin 2x}}$ B. $\frac{2\cos x}{\sqrt{\cos 2x}}$

C. $\frac{2\cos x}{\sqrt{\sin 2x}}$ D. $\frac{2\sin x}{\sqrt{\cos 2x}}$

4. सममित आव्यूहों A तथा B के विषय में निम्नलिखित कथनों पर विचार कीजिए:

A. $A + B$ सममित है।

B. AB सममित है।

C. $AB + BA$ सममित है।

D. $AB - BA$ सममित है।

उपरोक्त में से कौन–से कथन सही हैं?

A. 1 तथा 2 B. 1 तथा 3

C. 2 तथा 3 D. 3 तथा 4

5. $$\begin{vmatrix} 2\cos^2\frac{\alpha}{2} & \sin\alpha & 1 \\ 2\cos^2\frac{\beta}{2} & \sin\beta & 1 \\ 1 & 0 & 1 \end{vmatrix}$$

का मान क्या है?

A. 0 B. 1

C. $\cos(\alpha - \beta)$ D. $\sin(\beta - \alpha)$

6. यदि x, y, z सभी धनात्मक हैं, तब

$$\begin{vmatrix} 1 & \log_x y & \log_x z \\ \log_y x & 1 & \log_y z \\ \log_z x & \log_z y & 1 \end{vmatrix}$$ का मान क्या है ?

A. 1 B. 3

C. 0 D. – 2

7. यदि ω, 1 का घनमूल है तथा $p = a + b$, $q = a\omega + b\omega^2$, $r = a\omega^2 + b\omega$; तब pqr का मान क्या है ?

A. $a^2b + ab^2$ B. $a^2 + ab + b^2$

C. $a^3 + b^3$ D. $(a + b)^3$

8. आव्यूह $\begin{bmatrix} a & b \\ -b & -a \end{bmatrix}$ का सारणिक D है तथा इस आव्यूह के अवयवों के सहखण्डों का सारणिक D' है। निम्नलिखित में से कौन–सा एक सही है?

A. $D' = D$ B. $D' = D^2$

C. $D' = D^3$ D. $D' = \frac{1}{D}$

9. $\tan 10° - \tan 7° - \tan 3°$ का मान क्या है?

A. 0

B. $\tan 20°$

C. $\tan 10° \tan 7° \tan 3°$

D. 1

10. वक्र $x^2 = 2y$ पर कौन–से बिन्दु, (0, 5) बिन्दु के समीपतम हैं?

A. $(\pm 2\sqrt{2}, 4)$ B. $(\pm 2, 2)$

C. $(\pm 3, 9/2)$ D. $(\pm\sqrt{2}, 1)$

11. अवकल समीकरण $\frac{dy}{dx} + x = \left(y - x\frac{dy}{dx}\right)^{-4}$ का घात क्या है?

A. 2 B. 3

C. 4 D. 5

12. यदि

$$x_0 = C_0$$
$$x_1 = C_0 + C_1$$
$$x_2 = C_0 + C_1 + C_2$$
$$x_3 = C_0 + C_1 + C_2 + C_3$$
$$\ldots \quad \ldots \quad \ldots \quad \ldots$$

तब $x_0 + x_1 + x_2 + x_3 + \ldots + x_{n-1,}$ का मान क्या है, जहाँ $C_0, C_1, C_2, C_3, \ldots$ द्विपद गुणांक हैं?

A. $n2^{(n-2)}$ B. $n2^{(n-1)}$
C. $n2^n$ D. $n2^{(n+1)}$

13. x, के कौन–से सभी वास्तविक मानों के लिए फलन

$f(x) = \log_{10}(3x - x^2) - \left\{\dfrac{1}{\log_2 10}\right\}$ विद्यमान है ?

A. $1 < x < 2$ B. $1 \le x \le 2$
C. $x \le 1$ D. $x \ge 2$

14. यदि $x = f(t), y = g(t)$ तथा $\dfrac{d^2y}{dx^2} = 0$; तब निम्नलिखित में से कौन–सा एक सही है ?

A. $\dfrac{dx}{dt}\dfrac{d^2y}{dt^2} = \dfrac{dy}{dt}\dfrac{d^2x}{dt^2}$

B. $\dfrac{d^2x}{dt^2} = \dfrac{d^2y}{dt^2}$

C. $\dfrac{d^2x}{dt^2} + \dfrac{d^2y}{dt^2} = 0$

D. $\dfrac{dx}{dt}\dfrac{d^2y}{dt^2} + \dfrac{dy}{dt}\dfrac{d^2x}{dt^2} = 0$

15. निम्नलिखित कथनों में से कौन–सा एक सही है ?
संख्याएँ $\log_6 7, \log_{42} 7, \log_{294} 7$

A. समान्तर श्रेणी में हैं
B. गुणोत्तर श्रेणी में हैं
C. हरात्मक श्रेणी में हैं
D. उपरोक्त में से किसी में भी नहीं हैं

16. निम्नलिखित कथनों में से कौन–सा एक सही है?
धन पूर्णांक $6^{10} - 51$

A. एक अभाज्य संख्या है B. एक सम संख्या है
C. 5 से विभाज्य है D. 3 का एक घात है

17. $7^{6/7} \cdot 7^{6/7^2} \cdot 7^{6/7^3} \ldots \infty$ तक, का मान क्या है ?

A. $\log_7(6/7)$ B. ∞
C. 6/7 D. 7

18. दिया गया है $\log_{10} 2 = 0.3010$; 20^{64} में अंकों की संख्या कितनी है?

A. 81 B. 82
C. 83 D. 84

19. समीकरण $x^2 - 5|x| + 6 = 0$ के हलों की संख्या कितनी है?

A. 2 B. 0
C. 1 D. 4

20. यदि A रिक्त समुच्चय है तथा B अनन्त समुच्चय है, तब $A \times B$ क्या है?

A. अपरिमित समुच्चय B. ϕ
C. अपरिभाषित D. एक एकल समुच्चय

21. यदि $f(x) = 4x^3 + 3x^2 + 3x + 4$, तब $x^3 f(1/x)$ का मान क्या है?

A. $f(-x)$ B. $1/f(x)$
C. $[f(1/x)]^2$ D. $f(x)$

22. निम्नलिखित में से कौन–सा एक सही है?
फलन $f(x) = \tan x - x$

A. सदैव ह्रासमान है
B. सदैव वर्धमान है
C. कभी भी ह्रासमान नहीं है
D. कभी वर्धमान और कभी ह्रासमान है

23. $\int_{-2}^{2}(px^2 + qx + s)dx$, का संख्यात्मक मान जानने के लिए निम्नलिखित में से किसका/किनका मान जानना आवश्यक है?

A. केवल p B. केवल q
C. p तथा s D. p, q, s

24. माना

$A = (1\ 2\ 3\ 4)$, $M = \begin{pmatrix} 5 \\ 0 \\ 1 \\ -1 \end{pmatrix}$ तथा $N = \begin{pmatrix} 2 \\ -5 \\ 3 \\ 0 \end{pmatrix}$

$A(M + N)$ का मान क्या है ?

A. $(7\ \ -10\ \ 12\ \ -4)$ B. $\begin{pmatrix} 7 \\ -10 \\ 12 \\ -4 \end{pmatrix}$

C. (5) D. 5

25. $A = [a_{ij}]$, जहाँ $a_{ij} = 2i + j \quad 1 \le i \le 3$
$B = [b_{ij}]$, जहाँ $b_{ij} = i - 2j \quad 1 \le j \le 2$
$A + B = C$, जहाँ $C = [c_{ij}]$; c_{32} का मान क्या है?

A. 7 B. 8
C. 5 D. 2

26. निम्नलिखित में से कौन–सा एक सही है ?
समीकरण निकाय $x + y + z = 6, 2x + y + z = 3$ तथा $3x + 2y + 2z = 9$

A. का कोई हल नहीं है
B. के हलों की संख्या अपरिमित है
C. का केवल एक ही हल है
D. के केवल तीन हल हैं

27. यदि $\sin 2A = \lambda \sin 2B$, तब $\dfrac{\tan(A+B)}{\tan(A-B)}$ का मान क्या है?

A. $\dfrac{\lambda-1}{\lambda+1}$ B. $\dfrac{\lambda+1}{\lambda-1}$
C. $\dfrac{\lambda^2-1}{\lambda^2+1}$ D. $\sqrt{\dfrac{\lambda-1}{\lambda+1}}$

28. $\tan^{-1} x + \cot^{-1} x$ का मान क्या है ?

A. $x > 0$ के लिए $\frac{\pi}{2}$, $x < 0$ के लिए $\frac{-\pi}{2}$
B. सभी x के लिए $\frac{\pi}{2}$
C. सभी x के लिए $\frac{-\pi}{2}$
D. पूर्णांकीय x के लिए $\frac{\pi}{2}$

29. यदि एक दीर्घवत्त का दीर्घ अक्ष उसके लघु अक्ष के तीन गुना हो, तब उसकी उत्केंद्रता क्या है?

A. $\dfrac{2\sqrt{2}}{3}$ B. $\dfrac{\sqrt{2}}{3}$
C. $\dfrac{2}{3}$ D. $\dfrac{4}{3}$

30. समाकल $\int e^{\left(\frac{x^2+1}{x}\right)} dx - \int \dfrac{e^{\left(\frac{x^2+1}{x}\right)}}{x^2} dx$ का मान क्या है ?

A. e^x B. $e^{\left(\frac{x^2+1}{x}\right)}$
C. $xe^{\left(\frac{x^2+1}{x}\right)}$ D. $\left(x+\dfrac{1}{x}\right)e^x$

31. निम्नलिखित कथनों पर विचार कीजिए:
सदिश $\hat{i} + \hat{j} + \sqrt{2}\hat{k}$ से $\pi/4$ कोण बनाने वाला सदिश

1. $\hat{i} + \hat{j}$ है 2. $\hat{i} + \sqrt{2}\hat{k}$ है
3. $\sqrt{2}\hat{k}$ है

उपरोक्त में से कौन–से कथन सही हैं?

A. 1, 2 तथा 3 B. 1 तथा 2
C. 2 तथा 3 D. 1 तथा 3

32. निम्नलिखित कथनों पर विचार कीजिए :
यदि $\vec{u} = \vec{a} - \vec{b} + \vec{c}$, $\vec{v} = 2\vec{a} - 3\vec{b}$ तथा $\vec{w} = \vec{a} + 3\vec{c}$; तब

1. यदि $[\vec{a}, \vec{b}, \vec{c}] = 0$; $\vec{u}$, $\vec{v}$, $\vec{w}$ समतलीय हैं
2. यदि $[\vec{a}, \vec{b}, \vec{c}] \ne 0$; $\vec{u}$, $\vec{v}$, $\vec{w}$ समतलीय नहीं हैं
3. यदि अदिश α, β, γ, जो सभी शून्य नहीं हैं विद्यमान हैं तथा $\alpha\vec{u} + \beta\vec{v} + \gamma\vec{w} = 0$ है तब $\vec{u}$, $\vec{v}$, $\vec{w}$ समतलीय हैं

उपरोक्त में से कौन–सा/से सही है/हैं?

A. केवल 1 B. केवल 2
C. केवल 3 D. 1 तथा 3

33. निम्नलिखित में से कौन–सा एक सही है ?
$f(x) = e^{\sin x}, x \in (-\pi, \pi)$

A. $(-\pi, \pi)$ पर एकदिष्ट वर्धमान है
B. $(-\pi, 0)$ पर एकदिष्ट वर्धमान है
C. $(0, \pi)$ पर एकदिष्ट ह्रासमान है
D. $\left(-\dfrac{\pi}{2}, \dfrac{\pi}{2}\right)$ पर एकदिष्ट वर्धमान है

34. फलन $\sin 4x + \tan 2x$ का आवर्तकाल क्या है ?

A. 2π B. π
C. $\pi/2$ D. $3\pi/2$

35. $\cos^{-1}\left(\dfrac{1}{\sqrt{1+t^2}}\right)$ के सापेक्ष $\sin^{-1}\left(\dfrac{t}{\sqrt{1+t^2}}\right)$ का अवकलन क्या है?

A. 1 B. –1
C. 2 D. –2

36. k के किस मान के लिए समीकरण
$9x^2 + y^2 = k(x^2 - y^2 - 2x)$ एक वत्त के समीकरण को निरूपित करता है ?

A. 1 B. 2
C. −1 D. 4

37. ऐसे परिवारों, जिनमें प्रत्येक परिवार में n बच्चे हैं, के लिए A एक ऐसी घटना है कि एक परिवार में दोनों लिंग के बच्चे हैं। प्रत्येक बच्चे के लड़का होने की प्रायिकता 1/2 है। $P(A)$ का मान क्या है?

A. $1/2^n$ B. $(n+1)/2^n$
C. $[2^{(n-1)}-1]/2^{(n-1)}$ D. $1/2^{(n-1)}$

38. एक सिक्के को n बार उछाला जाता है। हेड (H) के छः बार आने की प्रायिकता उसके आठ बार आने की प्रायिकता के बराबर है। n का मान क्या है?

A. 7 B. 14
C. 16 D. 19

39. केवल 0 तथा/अथवा 1 के अवयवों की कोटि 2 वाली सारणिकों के समुच्चय में से यादच्छिक ढंग से एक सारणिक चुनी जाती है। इस सारणिक के धनात्मक होने की प्रायिकता क्या है?

A. 3 / 16 B. 5 / 16
C. 1 / 16 D. 13 / 16

40. 20 cm लम्बी तार को एक त्रिज्यखण्ड के रूप में मोड़ने पर कितना अधिकतम सम्भव क्षेत्रफल परिबद्ध किया जा सकता है?

A. 25 cm^2 B. 20 cm^2
C. 100 cm^2 D. 144 cm^2

41. बिना पुनरावत्ति के 1, 2, 3, 4, 5, 6 सभी छः अंकों को लेकर उनसे बनने वाली संख्याओं के एकक स्थान के अंकों का योग कितना है ?

A. 1260 B. 2520
C. 3780 D. 5040

42. अंकों 0, 1, 2, 3, 4 तथा 5 से, 3 से विभाज्य पाँच–अंकीय संख्या बनानी है, जिसमें किसी अंक की पुनरावत्ति नहीं है। ऐसा कितने विभिन्न ढंगों से किया जा सकता है ?

A. 216 B. 212
C. 240 D. 600

43. एक त्रिभुज ABC में यदि $b + c = 3a$, तब $\cot\frac{B}{2}\cot\frac{C}{2}$ का मान क्या है ?

A. 1 B. 2
C. 3 D. −2

44. एक फुटबाल प्रतियोगिता में कुल 153 मैच खेले गए। प्रत्येक दो टीमों ने एक–दूसरे के विपरीत एक मैच खेला। इस प्रतियोगिता में भाग लेने वाली कुल कितनी टीमें थीं?

A. 17 B. 18
C. 19 D. 21

45. $(x^2 + 2x)^{n-1}$ में x^n का गुणांक कौन–सा है?

A. $(n-1)2^{(n-2)}$ B. $(n-1)2^{(n-1)}$
C. $(n-1)2^n$ D. $n2^{(n-1)}$

46. यदि $A = \begin{vmatrix} 3 & 1 \\ -1 & 2 \end{vmatrix}$ तथा $A^2 + 7I_2 = 5A$, तब A^{-1} कौन–सी है?

A. $\frac{1}{7}\begin{vmatrix} 2 & -1 \\ 1 & 3 \end{vmatrix}$ B. $\frac{1}{7}\begin{vmatrix} 2 & 1 \\ -1 & 3 \end{vmatrix}$
C. $\frac{1}{7}\begin{vmatrix} 2 & -1 \\ -1 & 3 \end{vmatrix}$ D. $\frac{1}{7}\begin{vmatrix} -2 & 1 \\ -1 & -3 \end{vmatrix}$

47. यदि समीकरण $x^2 - px + (p-1) = 0$ के मूल r_1 तथा r_2 हैं, तब p के कौन–से मान के लिए $(r_1^2 + r_2^2)$ का मान अल्पतम होगा?

A. $p = 0$ B. $p = -1$
C. $p = 1$ D. $p = 2$

48. परवलय $y^2 = ax$ के प्राचलिक निर्देशांकों का सही समुच्चय निम्नलिखित में से कौन–सा है?

A. $(at^2, 2at)$ B. $\left(at^2, \frac{at}{2}\right)$
C. $\left(\frac{at^2}{4}, \frac{-at}{2}\right)$ D. $\left(\frac{at^2}{2}, -at\right)$

49. A एक दशमलव भिन्न है तथा B उसका द्विआधारी तुल्य है। यदि A सान्त है, तब B के बारे में क्या कहा जा सकता है ?

A. B अनिवार्यतः सान्त है
B. B अनिवार्यतः सान्त नहीं हो सकता
C. B सान्त नहीं भी हो सकता
D. B परिभाषित नहीं भी हो सकता

50. निम्नलिखित कथनों में से कौन–सा एक सही है?
रिक्त समुच्चय का घात समुच्चय

A. एक रिक्त समुच्चय है
B. एक एकल समुच्चय है
C. दो या अधिक अवयवों वाला एक परिमित समुच्चय है
D. $\{a^b | a \in R, b \in N\}$

51. $\sin^{-1}\cos\sin^{-1}x + \cos^{-1}\sin\cos^{-1}x$ का मान क्या है ?

A. $2x$ B. $\pi/2$
C. $-\pi/2$ D. $2x + \pi$

52. यदि x के बराबर अथवा उससे कम मान वाला महत्तम पूर्णांक $|x|$, द्वारा निर्दिष्ट होता है, तब फलन $f(x) = |x| - x$ का परिसर क्या है?

A. $(-1, 0)$ B. $(-1, 0)$
C. $(-1, 0)$ D. $(-1, 0)$

53. बिन्दु $(1, 0)$ पर दो वक्रों $y = x^2 + ax + b$ तथा $y = cx - x^2$ के एक–दूसरे के स्पर्शीय होने के लिए निम्नलिखित में से कौन–से प्रतिबन्ध हैं?

A. $a = 2, b = -3, c = -1$
B. $a = 3, b = -4, c = -1$
C. $a = -1, b = 0, c = 1$
D. $a = -3, b = 2, c = 1$

54. $(\text{cosec } 10° - \sqrt{8} \sec 10°)$ का मान है ?

A. 2 B. 1
C. 4 D. इनमें से कोई नहीं

55. $\int_{-\pi/2}^{\pi/2} \frac{\sin x}{x^2} dx$ का मान क्या है ?

A. 1 B. 0
C. π D. -2

56. एक कण p वक्र $x^2y^3 = 27$ पर गतिमान है। जब p बिन्दु $(1, 3)$ पर है, उस समय $\frac{dy}{dt} = 10$ है। उस क्षण $\frac{dx}{dt}$ का मान क्या है ?

A. 5 B. -10
C. 10 D. -5

57. u और v, x के फलन हैं जो $x = 0$ पर अवकलनीय हैं, और $u(0) = 5, u'(0) = -3, v(0) = -1, v'(0) = 2$. तब $\frac{d}{dx}\left(\frac{u+v}{uv}\right)$ का $x = 0$ पर मान क्या है ?

A. $47/25$ B. $-47/25$
C. $25/47$ D. $-25/47$

58. यदि $\vec{a}$, $\vec{b}$ और $\vec{c}$ में से कोई भी दो सदिश समान्तर नहीं हैं और $\vec{a} \times \vec{b} = \vec{b} \times \vec{c}$, तब निम्नलिखित में से कौन–सा एक सही है ?

A. $\vec{a}, \vec{b}, \vec{c}$ समतलीय हैं
B. $\vec{a} + \vec{b}$ तथा $\vec{a} + \vec{c}$ समान्तर हैं
C. $\vec{a} + \vec{c}$ तथा $\vec{b}$ लाम्बिक हैं
D. $\vec{a} + \vec{c}$ तथा $\vec{b}$ समान्तर हैं

59. निम्नलिखित कथनों में से कौन–सा एक सही है?

$$f(x) = \frac{1}{1 + \tan x}$$

A. सभी $x \in (-\infty, \infty)$ के लिए संतत तथा वास्तविक मान फलन है
B. केवल $x = 3\pi/4$ पर असंतत है
C. की $(-\infty, \infty)$ पर परिमितानेक असांतत्याएँ हैं
D. की $(-\infty, \infty)$ पर अनन्तानेक असांतत्याएँ हैं

60. यदि α, β और γ भिन्न ऋणेतर वास्तविक संख्याएँ हैं तथा सदिश $\alpha\hat{i} + \alpha\hat{j} + \beta\hat{k}$, $\hat{i} + \hat{k}$ और $\beta\hat{i} + \beta\hat{j} + \gamma\hat{k}$ समतलीय हैं, तब निम्नलिखित में से कौन–सा एक सही है ?

A. $\beta^2 = \alpha\gamma$ B. $\beta = \frac{\alpha+\gamma}{2}$
C. $\beta = \frac{2\alpha\gamma}{\alpha+\gamma}$ D. $\alpha = 1, \beta = 0, \gamma = 1$

61. एक कण को बिन्दु $A = (2, -6, 1)$ से बिन्दु $B = (5, 9, 7)$. तक विस्थापित किया जाता है। यदि A से B तक की $\frac{1}{3}$ दूरी तक कण पर बल $\vec{F} = \hat{i} + 2\hat{j} - \hat{k}$ अनुप्रयुक्त किया जाता है तथा शेष दूरी पर बल $\frac{\vec{F}}{3}$ हो, तब A से B तक कण को विस्थापित करने में कितना कार्य किया जाएगा ?

A. 9 इकाई B. 12 इकाई
C. 15 इकाई D. 27 इकाई

62. यदि a वास्तबिक संख्या है तथा z एक सम्मिश्र संख्या है, तब $(z + a)(\bar{z} + a)$ का मान क्या है ?

A. $z^2 + a^2$ B. $a^2 - z^2$
C. $|z - a|^2$ D. $|z + a|^2$

63. यदि $ABCD$ एक चतुर्भुज है और $|\overrightarrow{BC}| = |\overrightarrow{AB}| = |\overrightarrow{AD}| = 2|\overrightarrow{CD}|$, तब $\overrightarrow{AB} + \overrightarrow{BC}$ किसके बराबर है?

A. $2\overrightarrow{DC} + \overrightarrow{AD}$ B. $\overrightarrow{DC} + \overrightarrow{AD}$
C. $\overrightarrow{CD} + \overrightarrow{DA}$ D. $2\overrightarrow{CD} + \overrightarrow{DA}$

64. $ax^2 + bx + c = 0$ एक द्विघात समीकरण है तथा $a \neq b \neq c$, $a + b + c = 0$. इस समीकरण के मूल कैसे हैं ?

A. दोनों धनात्मक हैं

B. दोनों ऋणात्मक हैं

C. दोनों वास्तविक तथा भिन्न हैं

D. दोनों अधिकल्पित हैं

65. एक समुच्चय $A = \{1, 2, 3\}$ के विषय में निम्नलिखित कथनों पर विचार कीजिए :

1. $R = \{(1, 1), (2, 2)\}$ A पर स्वतुल्य सम्बन्ध है।
2. $R = \{(3, 3)\}$ सममित तथा संक्रामक है, पर A पर स्वतुल्य सम्बन्ध नहीं है।

उपरोक्त कथनों में से कौन–सा/से सही है/हैं?

A. केवल 1 B. केवल 2

C. दोनों 1 और 2 D. न ही 1 और न ही 2

66. माना A तथा B दो घटनाएँ हैं।

$(A^c \cap B) \cup (A \cap B^c) \cup (A \cap B)$?

निम्नलिखित में से कौन–सी घटना को निरूपित करता है?

A. दो घटनाओं में से यथातथ्य एक को

B. अधिकतम दो घटनाओं को

C. दो घटनाओं में से कम–से–कम एक घटना को

D. दोनों घटनाओं में से किसी को भी नहीं

67. 2 अथवा 5 से विभाज्य 1 से 100 तक के पूर्णांकों का योग क्या है ?

A. 3600 B. 3550

C. 3050 D. 2550

68. निम्नलिखित में से कौन–सा एक सही है ?

समीकरण $x - \left(\frac{7}{x-3}\right) = 3 - \left(\frac{7}{x-3}\right)$

A. का केवल एक पूर्णांक मूल है

B. का कोई मूल नहीं है

C. के दो समान पूर्णांक मूल हैं

D. के दो असमान पूर्णांक मूल हैं

69. माना $n \in N$, $n > 25$, तथा A, G और H, 25 तथा n के क्रमशः समान्तर माध्य, गुणोत्तर माध्य तथा हरात्मक माध्य को निर्दिष्ट करते हैं। n का अल्पतम मान क्या है, यदि A, G, H समुच्चय $\{25, 26, \ldots, n\}$ में हों ?

A. 49 B. 81

C. 169 D. 225

70. यदि $\cos(\gamma + \delta) \sin(\alpha + \beta) = \cos(\gamma - \delta) \sin(\alpha - \beta)$ तब $\cot\alpha \cot\gamma \cot\delta$ का मान क्या है ?

A. $\tan 2\beta$ B. $\cot 2\beta$

C. $\tan \beta$ D. $\cot \beta$

71. निम्नलिखित में से कौन–सा एक सही है ?

$$f(x) = \frac{x}{1+|x|}, \ x \in (-\infty, \infty)$$

A. $(-\infty, \infty)$ में प्रत्येक बिन्दु पर एकदिष्ट वर्धमान है

B. $(-\infty, \infty)$ में प्रत्येक बिन्दु पर एकदिष्ट ह्रासमान है

C. $(-\infty, \infty)$ में सिवाय $x = 0$ के, एकदिष्ट वर्धमान है

D. $(-\infty, \infty)$ में सिवाय $x = 0$ के, एकदिष्ट ह्रासमान है

72. यदि $\theta + \phi = \pi / 6$, तब $(\sqrt{3} + \tan\theta)(\sqrt{3} + \tan\phi)$ का मान क्या है ?

A. 1 B. –1

C. 4 D. –4

73. $\sum_{r=0}^{\frac{n}{2}} {}^nC_{2r}$ का मान क्या है, यदि n सम है ?

A. $2^{(n+1)}$ B. 2^n

C. $2^{(n-1)}$ D. $2^{(n-2)}$

74. $\sin^2 24° - \sin^2 6°$ का मान क्या है ?

A. $\frac{\sqrt{5}-1}{4}$ B. $\frac{\sqrt{5}-1}{8}$

C. $\frac{\sqrt{5}+1}{8}$ D. $\frac{\sqrt{5}+1}{4}$

75. $z^2 + \bar{z}^2 + 2|z|^2$ का मान क्या है, यदि $z = 3 + 2i$?

A. 36 B. $81 + 12i$

C. 39 D. $40 + 12i$

76. $\sin 10° + \sin 50° - \sin 70°$ का मान क्या है ?

A. 1 B. 0

C. 1 / 2 D. 2

77. प्रथम n धन पूर्णांकों, जिनके भार संगत संख्याओं के वर्गों के बराबर हैं, का भारित माध्य क्या है ?

A. $(n + 1) / 2$

B. $[3n(n + 1)] / [2(2n + 1)]$

C. $(n + 1)(2n + 1) / 6$

D. $n(n + 1) / 2$

78. निम्नलिखित कथनों पर विचार कीजिए:

1. सहसम्बन्ध गुणांक, निर्देश–मूलबिन्दु के परिवर्तन से स्वतंत्र है।
2. सहसम्बन्ध गुणांक, मापक्रम के परिवर्तन से स्वतंत्र है।
3. समाश्रयण गुणांक, निर्देश–मूलबिन्दु के परिवर्तन से स्वतंत्र है।
4. समाश्रयण गुणांक, मापक्रम के परिवर्तन से स्वतंत्र है।

उपरोक्त कथनों में से कौन–से सही हैं ?

A. 1, 2 तथा 3 B. 1, 2 तथा 4

C. 1, 3 तथा 4 D. 2, 3 तथा 4

79. वत्त $(x-\alpha)^2+(y-\beta)^2=9$ का केन्द्र सरल रेखा $x=y$ पर है, तथा यह वत्त दूसरे वत्त $x^2+y^2=1$ से बाह्य स्पर्शीय है। α, β के मान क्या हैं ?

A. $\alpha = \pm 2\sqrt{2}, \beta = \pm 2\sqrt{2}$

B. $\alpha = \pm \sqrt{2}, \beta = \pm \sqrt{2}$

C. $\alpha = 0, \beta = 0$

D. $\alpha = 2, \beta = 2$

80. एक खेत में 20% पौधे संदूषित हैं। 4 पौधों का एक यादच्छिक प्रतिदर्श चुना जाता है। इसमें 3 पौधों के संदूषित होने की प्रायिकता क्या है ?

A. 0.9984 B. 0.064

C. 0.0016 D. 0.8

81. नियम $s=t^3-4t^2-3t$ के अनुसार एक सरल रेखा पर एक पिण्ड गतिमान है। प्रत्येक बार जब पिण्ड का वेग शून्य के बराबर होता है, तब समय और त्वरण : (समय, त्वरण) के मान क्या हैं?

A. (3, –10) B. (3, 10)

C. (2, – 10) D. (2, 10)

82. निम्नलिखित में से कौन–सा एक सही है ?

यदि $\vec{a}$ तथा $\vec{b}$ दो शून्येतर सदिश हों, तब समिका

$|\vec{a}+\vec{b}|=|\vec{a}|+|\vec{b}|$

A. कभी भी लागू नहीं होती

B. तभी लागू होती है यदि $\vec{a}$ तथा $\vec{b}$ एक–दूसरे से $\pi/2$ का कोण बनाएँ

C. तभी लागू होती है यदि $\vec{a}$ तथा $\vec{b}$ एकदिश हैं

D. तभी लागू होती है यदि $\vec{a}$ तथा $\vec{b}$ एक–दूसरे से π का कोण बनाएँ

83. सरल रेखाओं $x+y=0$ तथा $x-y=0$ से समदूरस्थ गतिमान बिन्दु का बिन्दुपथ क्या है?

A. $xy=0$ B. $xy=$ अचर

C. $x=0$ D. $y=0$

84. एक सरल रेखा की निर्देशक अक्षों पर अन्तः खण्ड a तथा b हैं। यदि निर्देश–मूलबिन्दु से इस सरल रेखा पर लम्ब की लम्बाई 1 है, तब निम्नलिखित में से कौन–सा एक सम्बन्ध सही है?

A. $\frac{1}{a^2}+\frac{1}{b^2}=2$ B. $\frac{1}{a^2}+\frac{1}{b^2}=\frac{1}{\sqrt{2}}$

C. $\frac{1}{a^2}+\frac{1}{b^2}=\frac{1}{2}$ D. $\frac{1}{a^2}+\frac{1}{b^2}=1$

85. x के कौन–से मान सम्बन्ध $\sin^{-1}x+\sin^{-1}(1-x)=\cos^{-1}x$ को सन्तुष्ट करते हैं ?

A. (0, 1) B. (–1, 1)

C. (0, ½) D. (–1, ½)

86. यदि $(1010)_2 \times (111)_2 = (X)_{10}$ तब X का मान क्या है ?

A. 60 B. 70

C. 75 D. 80

87. यदि $\tan A = 1/3$ तथा $\tan B = 1/7$, तब $2A+B$ का मान क्या है?

A. 30° B. 45°

C. 60° D. 135°

88. यदि $x=(1101)_2$, $y=(110)_2$, तब x^2+y^2 का मान क्या है ?

A. $(11101011)_2$ B. $(11001101)_2$

C. $(111000110)_2$ D. $(11100101)_2$

89. एक द्विघात समीकरण के मूलों का योग $\sqrt[3]{\lambda}$ है तथा उनके वर्गों का योग $\sqrt[5]{\mu^2}$ है। निम्नलिखित में से ऐसा एक समीकरण कौन–सा है?

A. $x^2-\sqrt[3]{\lambda}\,x+\left(\sqrt[3]{\lambda^2}-\sqrt[5]{\mu^2}\right)=0$

B. $x^2-\sqrt[3]{\lambda}\,x+\left(\sqrt[3]{\lambda^2}+\sqrt[5]{\mu^2}\right)=0$

C. $2x^2-2\sqrt[3]{\lambda}\,x+\left(\sqrt[3]{\lambda^2}-\sqrt[5]{\mu^2}\right)=0$

D. $2x^2-2\sqrt[3]{\lambda}\,x+\left(\sqrt[3]{\lambda^2}+\sqrt[5]{\mu^2}\right)=0$

90. $\left[\sqrt{\frac{x}{3}}+\sqrt{\frac{3}{2x^2}}\right]^{10}$ का मान है ?

A. 1 B. $^{10}C_1$

C. 5 / 12 D. इनमें से कोई नहीं

91. $\bar{x}$, $\bar{y}$ दो बंटनों के माध्य हैं, तथा $\bar{x} < \bar{y}$ और $\bar{z}$ संयुक्त बंटन का मध्य है। निम्नलिखित में से कौन–सा एक सही है ?

A. $\bar{x} > \bar{z}$ B. $\bar{y} < \bar{z}$

C. $\bar{z} = \frac{\bar{x}+\bar{y}}{2}$ D. $\bar{x} < \bar{z} < \bar{y}$

निर्देशः (प्रश्न 92 से 95) *आगामी चार (4) प्रश्नांशों में दो वक्तव्य हैं : एक को 'कथन(A)' तथा दूसरे को 'कारण (R)'* कहा गया है। इन दोनों वक्तव्यों का सावधानीपूर्वक परीक्षण कर इन प्रश्नांशों के उत्तर नीचे दिए हुए कूट की सहायता से चुनिए :

कूटः

A. A और R दोनों सही हैं, और R, A का सही स्पष्टीकरण है

B. A और R दोनों सही हैं, परन्तु R, A का सही स्पष्टीकरण नहीं है

C. A सही है, परन्तु R गलत है

D. A गलत है, परन्तु R सही है

92. कथन (A): $\{(1, 3), (2, 3), (1, 4), (2, 4)\}$ द्वारा परिभाषित समुच्चय $\{1, 2, 3, 4\}$ पर सम्बन्ध प्रतिचित्र नहीं है।

कारण (R): अवयव 1 तथा 2 के कोई पूर्व प्रतिबिम्ब नहीं हैं।

93. कथन (A): $99^{50} + 100^{50} < 101^{50}$

कारण (R): $m^n + (m + 1)^n < (m + 2)^n$, सभी $m, n \in N$ के लिए

94. कथन (A): $51 \times 52 \times 53 \times 54 \times 55 \times 56 \times 57 \times 58$, 40320 द्वारा विभाज्य है।

कारण (R): r क्रमागत धन पूर्णांकों का गुणनफल $\lfloor r$ से सदैव विभाज्य होता है।

95. कथन (A): $f(x) = e^{-|x|}, x = 0$ पर अवकलनीय है।

कारण (R): $f(x) = e^{-|x|}$, सभी x के लिए संतत है।

96. तीन घटनाओं A, B और C के लिए $(A \cap B) \cap (A \cup B^c) \cap (A^c \cup B)$ का सरल व्यंजक कौन–सा है ?

A. $A^c \cap B$ B. $A \cup B$

C. $A \cap B$ D. $A \cap B^c$

97. सरल रेखा $x \cos\theta + y \sin\theta = a$ तथा सरल रेखा $x \sin\theta - y \cos\theta = b$ के प्रतिच्छेद बिन्दु का बिन्दुपथ क्या है?

A. एक वत्त B. एक दीर्घवत्त

C. एक अतिपरवलय D. एक परवलय

98. यदि t एक चर है, तब वक्र

$x = \frac{a(1-t^2)}{(1+t^2)}, y = \frac{2bt}{(1+t^2)}$ क्या निरूपित करता है ?

A. (0, 0) केन्द्र वाला एक दीर्घवत्त

B. (a, b) केन्द्र वाला एक दीर्घवत्त

C. (0, 0) केन्द्र वाला एक अतिपरवलय

D. (a, b) केन्द्र वाला एक अतिपरवलय

99. $\frac{\alpha-\beta}{\alpha} + \frac{1}{2}\left(\frac{\alpha-\beta}{\alpha}\right)^2 + \frac{1}{3}\left(\frac{\alpha-\beta}{\alpha}\right)^3 + \cdots$

का मान क्या है, जबकि $0 < \beta < \alpha$?

A. $\frac{\alpha-\beta}{\alpha}$ B. $\frac{2(\alpha+\beta)}{\alpha-\beta}$

C. $\log\alpha - \log\beta$ D. $\frac{\alpha-\beta}{2\beta}$

100. समीकरण $x^2 + px + q = 0$ के मूल वास्तविक हैं तथा उनका मान 1 से अधिक है। यदि $r = p + q + 1$, तब निम्नलिखित में से कौन–सा एक सही है?

A. r का मान अनिवार्यतः 0 से अधिक है

B. r का मान अनिवार्यतः 0 से कम है

C. r का मान अनिवार्यतः 0 के बराबर है

D. r का मान 0 के बराबर हो सकता है

101. दो परिमित समुच्चयों में क्रमशः m तथा n अवयव हैं। प्रथम समुच्चय में उपसमुच्चयों की कुल संख्या दूसरे समुच्चय के उपसमुच्चयों की कुल संख्या से 56 अधिक है। m तथा n के क्रमशः मान क्या हैं ?

A. 7, 6 B. 6, 3

C. 5, 1 D. 8, 7

102. जब सूर्य का उन्नतांश β है, उसकी तुलना में सूर्य के उन्नतांश α पर क्षैतिज तल पर खड़े एक खम्भे की छाया d मीटर अधिक लम्बी है। खम्भे की ऊँचाई कितनी है?

A. $d\frac{\cos\alpha\cos\beta}{\cos(\alpha-\beta)}$ B. $d\frac{\sin\alpha\cos\beta}{\sin(\alpha-\beta)}$

C. $d\frac{\sin\alpha\sin\beta}{\sin(\beta-\alpha)}$ D. $d\frac{\sin\beta\cos\alpha}{\cos(\alpha+\beta)}$

103. निम्नलिखित में से कौन–सा एक सही है?

यदि $\vec{a}$ तथा $\vec{b}$ मात्रक सदिश हैं, तब

A. $\vec{a} + \vec{b}$ तथा $\vec{a} - \vec{b}$ दोनों का मात्रक सदिश होना सम्भव नहीं है

B. $\vec{a}+\vec{b}$ तथा $\vec{a}-\vec{b}$, दोनों मात्रक सदिश हैं

C. $\vec{a}+\vec{b}$ मात्रक सदिश है, परन्तु $\vec{a}-\vec{b}$ एक शून्य सदिश है; यदि $\vec{a}$ तथा $\vec{b}$ समान्तर हैं

D. यदि $\vec{a}$ तथा $\vec{b}$ एक–दूसरे पर लम्ब हों, केवल तभी $\vec{a}+\vec{b}$ तथा $\vec{a}-\vec{b}$, दोनों मात्रक सदिश हैं

104. निम्नलिखित पर विचार कीजिए :

1. $\int_0^a f(x)dx = \int_0^a f(x-a)dx$

2. $\int_{-a}^a f(x)dx = \int_0^a [f(x)+f(-x)]dx$

3. $\int_0^{2a} f(x)dx = \int_0^a f(x)dx + \int_0^a f(2a-x)dx$

4. $\int_a^b f(x)dx = \int_a^b f(x-a+b)dx$

उपरोक्त में से कौन–सा/से सही है/हैं?

A. केवल 2 B. केवल 3
C. केवल 2 तथा 3 D. केवल 1 तथा 4

105. निम्नलिखित कथनों में से कौन–सा एक सही है ?

A. $n(A\cup B)^2 = n(A)^2 + n(B)^2 - n(A\cap B)^2$
B. $n(A\cup B)^2 = n(A)^2 - n(B)^2 - n(A\cap B)^2$
C. $n(A\cup B)^2 = n(A)^2 + n(B)^2 + n(A\cap B)^2$
D. $n(A\cap B)^2 = n(A)^2 - n(B)^2 - n(A\cup B)^2$

106. परवलय $y^2 = 4ax$ के लघुतम नाभीय जीवा की लम्बाई कितनी है?

A. a B. $2a$
C. $4a$ D. $8a$

107. $(x+y+z)^{10}$ के प्रसरण में असमरूप पदों की संख्या कितनी है ?

A. 11 B. 33
C. 55 D. 66

108. निम्नलिखित में से कौन–सी दशा में निर्देशांक (0, 0), (h, k), $(h+h', k+k')$ और (h', k') को यदि क्रमानुसार लिया जाए तब वे एक समान्तरचतुर्भुज के शीर्ष होंगे ?

A. $hh' + kk' = 0$
B. $hh' - kk' = 0$
C. h, h', k तथा k' के सभी मानों के लिए सम्भव है।
D. $h = h', k = k'$

109. $\frac{1}{2\sin 10^\circ} - 2\sin 70^\circ$ का मान क्या है ?

A. –1 B. 1
C. 0 D. 2

110. $3\tan(\theta - 15^\circ) = \tan(\theta + 15^\circ)$ का व्यापक हल क्या है ?

A. $n\pi - \frac{\pi}{4}$, n ऋणेतर पूर्णांक है

B. $2n\pi - \frac{\pi}{4}$, n ऋणेतर पूर्णांक है

C. $n\pi + \frac{\pi}{4}$, n ऋणेतर पूर्णांक है

D. $2n\pi + \frac{\pi}{4}$, n ऋणेतर पूर्णांक है

111. यदि एक शांकव परिच्छेद की उत्केंद्रता $\frac{x^2}{x^2+1}$, $x \in R$; है, तब यह शांकव परिच्छेद

A. एक वत है B. एक परवलय है
C. एक दीर्घवत है D. एक अतिपरवलय है

112. त्रिज्या r वाले गोले के पष्ठीय क्षेत्रफल के सापेक्ष उसके आयतन परिवर्तन की दर क्या है ?

A. r B. $r/2$
C. πr D. $\pi r/2$

113. $\underset{x\to 0}{\text{Lt}} \frac{|x+1|+|x-1|-2}{x}$ का मान क्या है ?

A. 1 B. –1
C. 2 D. 0

114. $\int_{-1}^{1} x|x|\,dx$ का मान क्या है ?

A. 0 B. 1
C. 2 D. इनमें से कोई नहीं

115. $\int \frac{\cot x}{\sqrt{\sin x}} dx = ?$

A. $2\sqrt{\sin x}$ B. $-2\sqrt{\sin x}$

C. $\frac{2}{\sqrt{\sin x}}$ D. $\frac{-2}{\sqrt{\sin x}}$

116. $\underset{x\to 2}{\text{Lt}} \frac{\sqrt{1+\sqrt{2+x}}-\sqrt{3}}{x-2}$ का मान क्या है ?

A. $\frac{1}{8\sqrt{3}}$ B. $\frac{1}{4\sqrt{3}}$

C. 0 D. सीमा विद्यमान नहीं है

117. $\int_{-\pi/2}^{\pi/2} \frac{\tan x}{x^2} dx = ?$

A. 1 B. 0

C. π D. इनमें से कोई नहीं

118. $P(a, b, c)$; $Q(a+2, b+2, c-2)$ तथा $R(a+6, b+6, c-6)$ संरेख हैं।

निम्नलिखित कथनों पर विचार कीजिए:

1. R, PQ का 3 : 2 के अनुपात में आन्तरिक विभाजन करता है।
2. R, PQ का 3 : 2 के अनुपात में बाह्य विभाजन करता है।
3. Q, PR का 1 : 2 के अनुपात में आन्तरिक विभाजन करता है।

उपरोक्त में से कौन–सा/से कथन सही है/हैं?

A. केवल 1 B. केवल 2

C. 1 तथा 3 D. 2 तथा 3

119. 1 इकाई त्रिज्या वाले गोलों की संख्या कितनी है जो निर्देशक अक्षों को स्पर्श करते हैं ?

A. 4 B. 6

C. 8 D. अपरिमित

120. यदि <l, m, n> एक रेखा के दिक्कोज्या हों, तब $(l + m - n)^2 + (m + n - l)^2 + (l + m + n)^2 + (n + l - m)^2$ का मान क्या है ?

A. 0 B. 1

C. 4 D. $4(lm + mn + nl)$

उत्तरमाला

1	**2**	**3**	**4**	**5**	**6**	**7**	**8**	**9**	**10**
A	A	B	B	D	C	C	A	C	A
11	**12**	**13**	**14**	**15**	**16**	**17**	**18**	**19**	**20**
D	A	A	A	A	C	D	D	D	A
21	**22**	**23**	**24**	**25**	**26**	**27**	**28**	**29**	**30**
D	D	C	D	A	B	B	B	A	B
31	**32**	**33**	**34**	**35**	**36**	**37**	**38**	**39**	**40**
D	C	B	A	A	D	A	B	A	A
41	**42**	**43**	**44**	**45**	**46**	**47**	**48**	**49**	**50**
B	A	B	B	A	A	C	D	A	B
51	**52**	**53**	**54**	**55**	**56**	**57**	**58**	**59**	**60**
B	B	D	C	B	D	B	D	D	A
61	**62**	**63**	**64**	**65**	**66**	**67**	**68**	**69**	**70**
C	A	A	C	A	B	C	A	A	C
71	**72**	**73**	**74**	**75**	**76**	**77**	**78**	**79**	**80**
C	C	C	B	A	B	B	A	B	A
81	**82**	**83**	**84**	**85**	**86**	**87**	**88**	**89**	**90**
B	A	A	D	C	B	B	B	C	D
91	**92**	**93**	**94**	**95**	**96**	**97**	**98**	**99**	**100**
D	B	A	A	D	C	A	B	C	A
101	**102**	**103**	**104**	**105**	**106**	**107**	**108**	**109**	**110**
B	C	A	B	A	A	D	D	B	A
111	**112**	**113**	**114**	**115**	**116**	**117**	**118**	**119**	**120**
C	B	D	A	D	A	D	D	C	C

कुछ चुने हुए प्रश्नों के व्याख्यात्मक उत्तर

3. $\because \quad \tan x = \frac{b}{a} = \frac{\sin x}{\cos x}$

$\Rightarrow \quad \sin x = b$ and $\cos x = a$

$$\therefore \quad \sqrt{\frac{a+b}{a-b}} + \sqrt{\frac{a-b}{a+b}} = \frac{(a+b)+(a-b)}{\sqrt{a^2-b^2}}$$

$$= \frac{2a}{\sqrt{a^2-b^2}} = \frac{2\cos x}{\sqrt{\cos^2 x - \sin^2 x}}$$

$$= \frac{2\cos x}{\sqrt{\cos 2x}}$$

4. चूँकि A और B सममित आव्यूह हैं।

$\therefore \quad A^T = A$ और $B^T = B$

(i) $(A + B)^T = A^T + B^T = A + B$

$(\because A^T = A, B^T = B)$

$\therefore \quad A + B$ सममित है

$\because$ (ii) $(AB + BA)^T = (AB)^T + (BA)^T$

$= B^TA^T + A^TB^T$

$= BA + AB$

$= AB + BA$

$\therefore \quad AB + BA$ सममित हैं।

5. $$\Delta = \begin{vmatrix} 2\cos^2\frac{\alpha}{2} & \sin\alpha & 1 \\ 2\cos^2\frac{\beta}{2} & \sin\beta & 1 \\ 1 & 0 & 1 \end{vmatrix} = \begin{vmatrix} 2\cos^2\frac{\alpha}{2}-1 & \sin\alpha & 1 \\ 2\cos^2\frac{\beta}{2}-1 & \sin\beta & 1 \\ 0 & 0 & 1 \end{vmatrix}$$

$$= \begin{vmatrix} \cos\alpha & \sin\alpha & 1 \\ \cos\beta & \sin\beta & 1 \\ 0 & 0 & 1 \end{vmatrix}$$

$= \sin\beta\cos\alpha - \cos\beta\sin\alpha$

$= \sin(\beta - \alpha)$.

6. $$\Delta = \begin{vmatrix} 1 & \log_x y & \log_x z \\ \log_y x & 1 & \log_y z \\ \log_z x & \log_z y & 1 \end{vmatrix}$$

$$= \frac{1}{\log x \log y \log z}\begin{vmatrix} \log_e x & \log_e y & \log_e z \\ \log_e x & \log_e y & \log_e z \\ \log_e x & \log_e y & \log_e z \end{vmatrix}$$

$= 0$

7. $\because \quad p = a + b,\ q = a\omega + b\omega^2,\ r = a\omega^2 + b\omega$

$\therefore \quad pqr = (a + b)(a\omega + b\omega^2)(a\omega^2 + b\omega)$

$= (a + b)(a^2\omega^3 + ab\omega^2 + ab\omega^3\omega + b^2\omega^3)$

$[\because \omega^3 = 1]$

$= (a + b)(a^2 + ab\omega^2 + ab\omega + b^2)$

$[\because 1 + \omega + \omega^2 = 0]$

$= (a + b)[a^2 + b^2 + ab(\omega + \omega^2)]$

$[\because \omega + \omega^2 = -1]$

$= (a + b)(a^2 + b^2 - ab)$

$= (a^3 + b^3)$

8. $$D = \begin{vmatrix} a & b \\ -b & -a \end{vmatrix} = -a^2 + b^2 \quad \text{... (i)}$$

$$D' = \begin{vmatrix} c_{11} & c_{12} \\ c_{21} & c_{22} \end{vmatrix}$$

यहाँ $c_{11} = -a,\ c_{12} = b,\ c_{21} = -b,\ c_{22} = a$

$$\therefore \quad D' = \begin{vmatrix} -a & b \\ -b & a \end{vmatrix} = -a^2 + b^2 \quad \text{... (ii)}$$

समीकरण (i) और (ii), से

$D' = D$.

9. $\tan 10° - \tan 7° - \tan 3°$

$$= \left(\frac{\tan 10° - \tan 7°}{1 + \tan 10° \tan 7°}\right) \times (1 + \tan 10° \tan 7°) - \tan 3°$$

$= \tan(10° - 7°)(1 + \tan 10° \tan 7°) - \tan 3°$

$= \tan 3°\ (1 + \tan 10° \tan 7°) - \tan 3°$

$= \tan 3° + \tan 10° \tan 7° \ \tan 3° - \tan 3°$

$= \tan 10° \tan 7° \tan 3°$

11. $$\frac{dy}{dx} + x = \left(y - x\frac{dy}{dx}\right)^{-4}$$

$$\Rightarrow \quad \frac{dy}{dx} + x = \frac{1}{\left(y - x\frac{dy}{dx}\right)^4}$$

$$\Rightarrow \quad \left(\frac{dy}{dx} + x\right)\left(y - x\frac{dy}{dx}\right)^4 = 1$$

हल करने पर अवकलन समीकरण का उच्चत्तम घात 5 प्राप्त होता है।

13. $$f(x) = \log_{10}(3x - x^2) - \left\{\frac{1}{\log_2 10}\right\}$$

$$= \log_{10}(3x - x^2) - \frac{\log_{10} 2}{\log_2 10 \times \log_{10} 2}$$

$$= \log_{10}(3x - x^2) - \frac{\log_{10} 2}{\log_{10} 10}$$

$= \log_{10}(3x - x^2) - \log_{10} 2$

$$\Rightarrow \quad f(x) = \log_{10}\frac{3x - x^2}{2}$$

इस प्रकार हम पाते हैं कि फलन $f(x)$ का वास्तविक मान $1 < x < 2$ अन्तराल के बीच विद्यमान है।

16. $6^{10} - 51 = 60466176 - 51$
$= 60466125$

चूँकि इकाई स्थान 5 से विभाज्य है; अतः संख्या भी 5 से विभाज्य होगी।

18. माना $x = 20^{64}$

दोनों तरफ लघुगणक

$\therefore \quad \log x = 64 \log 20$
$= 64 \log (2 \times 10)$
$= 64 (\log 2 + \log 10)$
$= 64 [0.3010 + 1]$
$= 64 \times 1.3010$
$= 83.2640$

अब $\quad 83 + 1 = 84$

अतः x के मान में अंकों की संख्या 84 होगी।

19. $\quad |x| = x, \quad x > 0$

और $|x| = -x \quad x < 0.$

$\therefore\ x^2 - 5x + 6 = 0, x > 0$ और $x^2 + 5x + 6 = 0, x < 0$

$\Rightarrow x^2 - 3x - 2x + 6 = 0 \qquad \Rightarrow a = 1, b = 5, c = 6,$

$\Rightarrow x(x-3) - 2(x-3) = 0 \qquad \Rightarrow D = (5)^2 - 4 \cdot 1 \cdot 6$

$\Rightarrow (x-3)(x-2) = 0 \qquad \Rightarrow \quad = 25 - 24$

$\Rightarrow x - 3 = 0$ या, $x - 2 = 0 \qquad \therefore\ x = \dfrac{-5 \pm \sqrt{1}}{2}$

$\Rightarrow x = 3$ या, $x = 2 \qquad = \dfrac{-5+1}{2}$ or $\dfrac{-5-1}{2}$

$= -2$ or, -3

अतः समीकरण के आवश्यक मूलों की संख्या = 4

21. $\because \quad f(x) = 4x^3 + 3x^2 + 3x + 4$

$$\therefore \quad f\left(\frac{1}{x}\right) = 4\frac{1}{x^3} + 3\frac{1}{x^2} + \frac{3}{x} + 4$$

अतः $x^3 f\left(\dfrac{1}{x}\right)$ का मान

$$= 4x^3 \frac{1}{x^3} + 3x^3 \frac{1}{x^2} + \frac{3x^3}{x} + 4x^3$$
$$= 4 + 3x + 3x^2 + 4x^3$$
$$= 4x^3 + 3x^2 + 3x + 4$$

$$\Rightarrow x^3 f\left(\frac{1}{x}\right) = f(x)$$

22. प्रथम और ततीय चतुर्थांश में फलन $f(x) = \tan x - x$, वर्धमान है जबकि द्वितीय और चतुर्थ चतुर्थांश में ह्रासमान है। इसका अर्थ यह है कि फलन $f(x)$ कभी वर्धमान और कभी ह्रासमान है।

23. $$\int_{-2}^{2} \left(px^2 + qx + s\right) dx = \left(p\frac{x^3}{3} + q\frac{x^2}{2} + sx\right)_{-2}^{2}$$

$$= \frac{p}{3}(8+8) + \frac{q}{2}(4-4) + s(2+2)$$

$$= \frac{p}{3} \times 16 + \frac{q}{2} \times 0 + s \times 4$$

$$= \frac{16p}{3} + 0 + 4s = \frac{16p}{3} + 4s$$

अतः p तथा s का मान जानना आवश्यक है।

24. $A = \{1\ 2\ 3\ 4\}, M = \begin{pmatrix} 5 \\ 0 \\ 1 \\ -1 \end{pmatrix}$ और $N = \begin{pmatrix} 2 \\ -5 \\ 3 \\ 0 \end{pmatrix}$

$$\therefore \quad M + N = \begin{pmatrix} 5 \\ 0 \\ 1 \\ -1 \end{pmatrix} + \begin{pmatrix} 2 \\ -5 \\ 3 \\ 0 \end{pmatrix} = \begin{pmatrix} 7 \\ -5 \\ 4 \\ -1 \end{pmatrix}$$

$$\therefore A(M+N) = \{1\ 2\ 3\ 4\} \begin{pmatrix} 7 \\ -5 \\ 4 \\ -1 \end{pmatrix}$$

$$= 1 \times 7 + 2 \times (-5) + 3 \times 4 + 4 \times (-1)$$
$$= 7 - 10 + 12 - 4$$
$$= 19 - 14 = 5$$

25. $a_{11} = 2 \times 1 + 1 = 3, \quad a_{12} = 2 \times 1 + 2 = 4,$
$a_{21} = 2 \times 2 + 1 = 5, \quad a_{22} = 2 \times 2 + 2 = 6,$
$a_{31} = 2 \times 3 + 1 = 7, \quad a_{32} = 2 \times 3 + 2 = 8,$
$b_{11} = 1 - 2 \times 1 = -1, \quad b_{12} = 1 - 2 \times 2 = -3,$
$b_{21} = 2 - 2 \times 1 = 0, \quad b_{22} = 2 - 2 \times 2 = -2,$
$b_{31} = 3 - 2 \times 1 = 1, \quad b_{32} = 3 - 2 \times 2 = -1,$

$$\therefore \quad A = [a_{ij}] = \begin{bmatrix} 3 & 3 \\ 5 & 6 \\ 7 & 8 \end{bmatrix} \quad B = [b_{ij}] = \begin{bmatrix} -1 & -3 \\ 0 & -2 \\ 1 & -1 \end{bmatrix}$$

$$\therefore \quad A + B = \begin{bmatrix} 3 & 4 \\ 5 & 6 \\ 7 & 8 \end{bmatrix} + \begin{bmatrix} -1 & -3 \\ 0 & -2 \\ 1 & -1 \end{bmatrix}$$

$$= \begin{bmatrix} 3-1 & 4-3 \\ 5+0 & 6-2 \\ 7+1 & 8-1 \end{bmatrix}$$

$$= \begin{bmatrix} 2 & 1 \\ 5 & 4 \\ 8 & 7 \end{bmatrix} = \begin{bmatrix} C_{11} & C_{12} \\ C_{21} & C_{22} \\ C_{31} & C_{32} \end{bmatrix}$$

$\therefore \quad C_{32} = 7$

26. हमें दिया है कि

$$D = \begin{vmatrix} 1 & 1 & 1 \\ 2 & 1 & 1 \\ 3 & 2 & 2 \end{vmatrix}$$

$= 1(2-2) - (2 \times 2 - 3 \times 1) + (2 \times 2 - 3 \times 1)$
$= 0 - 1 + 1 = 0$

$$D_1 = \begin{vmatrix} 6 & 1 & 1 \\ 3 & 1 & 1 \\ 9 & 2 & 2 \end{vmatrix} = 0, \quad D_2 = \begin{vmatrix} 1 & 6 & 1 \\ 2 & 3 & 1 \\ 3 & 9 & 2 \end{vmatrix}$$

$= (6-9) - 6 \times 1 + 9$
$= -3 - 6 + 9 = 0$

$$D_3 = \begin{vmatrix} 1 & 1 & 6 \\ 2 & 1 & 3 \\ 3 & 2 & 9 \end{vmatrix}$$

$= (9-6) - (18-9) + 6(4-3)$
$= 3 - 9 + 6$
$= 9 - 9 = 0$

चूँकि $D = 0$ और $D_1 = D_2 = D_3 = 0$, अतः दिये हुए समीकरण निकाय का अनन्ततः अनेक हल सम्भव हैं।

27. $\because \quad \sin 2A = \lambda \sin 2B.$

समायोजन और वियोजन विधि से

$$\frac{\sin 2A + \sin 2B}{\sin 2A - \sin 2B} = \frac{\lambda+1}{\lambda-1}$$

$$\Rightarrow \quad \frac{2\sin\frac{2A+2B}{2} \cdot \cos\frac{2A-2B}{2}}{2\cos\frac{2A+2B}{2} \cdot \sin\frac{2A-2B}{2}} = \frac{\lambda+1}{\lambda-1}$$

$$\Rightarrow \quad \frac{\sin(A+B)}{\cos(A+B)} \cdot \frac{\cos(A-B)}{\sin(A-B)} = \frac{\lambda+1}{\lambda-1}$$

$$\Rightarrow \quad \tan(A+B) \cdot \cot(A-B) = \frac{\lambda+1}{\lambda-1}$$

$$\therefore \quad \frac{\tan(A+B)}{\tan(A-B)} = \frac{\lambda+1}{\lambda-1}$$

28. माना $\tan^{-1}x = \theta$, तब $x = \tan\theta \Rightarrow x = \cot\left(\frac{\pi}{2} - \theta\right)$

$$\Rightarrow \quad \cot^{-1}x = \frac{\pi}{2} - \theta$$

$$\Rightarrow \quad \cot^{-1}x = \frac{\pi}{2} - \tan^{-1}x$$

$$\Rightarrow \quad \tan^{-1}x + \cot^{-1}x = \frac{\pi}{2}$$

29. दीर्घवत $\frac{x^2}{a^2} + \frac{y^2}{b^2} = 1$, के लिए और यदि $a > b$,

तब $\quad b^2 = a^2(1 - e^2)$

$$\Rightarrow \quad e^2 = 1 - \frac{b^2}{a^2}$$

$$= 1 - \frac{4b^2}{4a^2}$$

$$= 1 - \left(\frac{2b}{2a}\right)^2$$

$$\therefore \quad e = \sqrt{1 - \left(\frac{\text{लघु अक्ष}}{\text{वहत अक्ष}}\right)^2}$$

यहाँ वहत् अक्ष = 3 × लघु अक्ष

$$\therefore \quad e = \sqrt{1 - \left(\frac{\text{लघु अक्ष}}{3\text{लघु अक्ष}}\right)^2}$$

$$= \sqrt{1 - \frac{1}{9}} = \sqrt{\frac{8}{9}} = \frac{2\sqrt{2}}{3}$$

32. $\vec{a} - \vec{b} + \vec{c} = x(2\vec{a} - 3\vec{b}) + y(\vec{a} + 3\vec{c})$

$\vec{a} - \vec{b} + \vec{c} = (2x + y)\vec{a} - 3x\vec{b} + 3y\vec{c}$

तुलना करने पर, हम पाते हैं कि

$2x + y = 1$ (i) $-3x = -1$ (ii) $3y = 1$ (iii)

$$\Rightarrow \quad x = \frac{1}{3}, \quad y = \frac{1}{3}$$

स्पष्टतः $x = \frac{1}{3}$ और $y = \frac{1}{3}$ का मान समीकरण (i) में रखने पर

$$2x + y = 2 \times \frac{1}{3} + \frac{1}{3}$$

$$= \frac{2}{3} + \frac{1}{3}$$

$$= \frac{3}{3} = 1$$

अतः x और y समीकरण (i) को संतुष्ट करता है।

35. माना $y = \sin^{-1}\left(\frac{t}{\sqrt{1+t^2}}\right)$

$$\therefore \quad \frac{dy}{dt} = \frac{1}{\sqrt{1-\frac{t^2}{1+t^2}}} \times \frac{\sqrt{1+t^2} \times 1 - t \times \frac{1}{2\sqrt{1+t^2}} \times 2t}{1+t^2}$$

$$= \frac{\sqrt{1+t^2}}{\sqrt{1+t^2-t^2}} \times \frac{\sqrt{1+t^2} - \frac{t^2}{\sqrt{1+t^2}}}{1+t^2}$$

$$= \sqrt{1+t^2} \times \frac{1+t^2-t^2}{\left(\sqrt{1+t^2}\right)\left(1+t^2\right)}$$

$$= \frac{1}{1+t^2}$$

और $\quad x = \cos^{-1} \frac{1}{\sqrt{1+t^2}}$

$$\therefore \frac{dx}{dt} = -\frac{1}{\sqrt{1-\frac{1}{1+t^2}}} \times \frac{\sqrt{1+t^2} \times 0 - 1 \times \frac{1}{2\sqrt{1+t^2}} \times 2t}{1+t^2}$$

$$= -\frac{1}{\sqrt{\frac{1+t^2-1}{1+t^2}}} \times \frac{\frac{-t}{\sqrt{1+t^2}}}{1+t^2}$$

$$= \frac{\sqrt{1+t^2}}{t} \times \frac{t}{\left(\sqrt{1+t^2}\right)\left(1+t^2\right)} = \frac{1}{1+t^2}$$

$$\therefore \quad \frac{dy}{dx} = \frac{dy/dt}{dx/dt} = \frac{\frac{1}{1+t^2}}{\frac{1}{1+t^2}} = 1$$

42. कोई संख्या 3 से विभाज्य है यदि उसके अंकों का योग 3 से विभाज्य है

$\therefore \quad 1+2+3+4+5 = 15$ जो कि 3 से विभाज्य है।

अतः 1, 2, 3, 4, 5 से बनी पाँच अंकों वाली संख्या 3 से विभाज्य है।

कुल संख्या = 5! = 120

पुनः 0, 1, 2, 3, 4 और 5 से बनी पाँच अंकों की संख्या

= 5! – 4!

= 120 – 24

= 96

अतः अभिष्ट संख्या = 120 + 96 = 216

43. $\cot\frac{B}{2} \cdot \cot\frac{C}{2}$

$$= \sqrt{\frac{s(s-b)}{(s-c)(s-a)}} \cdot \sqrt{\frac{s(s-c)}{(s-a)(s-b)}}$$

$$= \sqrt{\frac{s^2}{(s-a)^2}}$$

$$= \frac{2s}{2s-2a}$$

$$= \frac{a+b+c}{a+b+c-2a}$$

$$= \frac{a+3a}{a+3a-2a}$$

$$= \frac{4a}{4a-2a}$$

$$= \frac{4a}{2a} = 2$$

46. $$A^2 = \begin{bmatrix} 3 & 1 \\ -1 & 2 \end{bmatrix}\begin{bmatrix} 3 & 1 \\ -1 & 2 \end{bmatrix} = \begin{bmatrix} 8 & 5 \\ -5 & 3 \end{bmatrix}$$

$$7I_2 = 7\begin{bmatrix} 1 & 0 \\ 0 & 1 \end{bmatrix} = \begin{bmatrix} 7 & 0 \\ 0 & 7 \end{bmatrix}$$

$$5A = \begin{bmatrix} 15 & 5 \\ -5 & 10 \end{bmatrix}$$

$$A^2 + 7I_2 = \begin{bmatrix} 8 & 5 \\ -5 & 3 \end{bmatrix} + \begin{bmatrix} 7 & 0 \\ 0 & 7 \end{bmatrix} = \begin{bmatrix} 15 & 5 \\ -5 & 10 \end{bmatrix}$$

$$\therefore A^2 + 7I_2 = 5A$$

$$C_{11} = 2, \qquad C_{12} = (-1)(-1) = 1,$$

$$C_{12} = (-1)(1) = -1, \quad C_{22} = 3$$

$$\therefore \quad \text{adj } A = \begin{bmatrix} C_{11} & C_{12} \\ C_{21} & C_{22} \end{bmatrix}^T = \begin{bmatrix} 2 & 1 \\ -1 & 3 \end{bmatrix}^T = \begin{bmatrix} 2 & -1 \\ 1 & 3 \end{bmatrix}$$

$$|A| = \begin{vmatrix} 3 & 1 \\ -1 & 2 \end{vmatrix} = 6 + 1 = 7$$

$$\therefore \quad A^{-1} = \frac{1}{|A|} \cdot \text{adj } A$$

$$= \frac{1}{7}\begin{bmatrix} 2 & -1 \\ 1 & 3 \end{bmatrix}$$

50. घात समुच्चय के समुच्चयों की संख्या $= 2^n$

$\therefore$ रिक्त समुच्चय के कोई अवयव नहीं होते।

$\therefore$ $n = 0$

$\therefore$ रिक्त समुच्चय का घात समुच्चय $= 2^0$

$= 1$

= एकल समुच्चय

51. $\sin^{-1} \cos \sin^{-1}x + \cos^{-1} \sin \cos^{-1}x$

$$= \sin^{-1}\sqrt{1-\sin^2 \sin^{-1} x} + \cos^{-1}\sqrt{1-\cos^2 \cos^{-1} x}$$

$$= \sin^{-1}\sqrt{1-x^2} + \cos^{-1}\sqrt{1-x^2}$$

$$= \frac{\pi}{2}$$

56. $\because \quad x^2 y^3 = 27$

t के सापेक्ष दोनों तरफ अवकलन करने पर

$$2x\frac{dx}{dt} \cdot y^3 + x^2 \cdot 3y^2 \cdot \frac{dy}{dt} = 0$$

दिया है कि $\frac{dy}{dt} = 10$, जब बिन्दु P (1, 3) है।

$$\therefore \quad 2 \cdot 1 \cdot \frac{dx}{dt}(3)^3 + (1)^2 \cdot 3(3)^2 \cdot 10 = 0$$

$$\Rightarrow \quad 54\frac{dx}{dt} + 270 = 0$$

$$\Rightarrow \quad \frac{dx}{dt} = -\frac{270}{54} = -5$$

60. माना $\alpha\vec{i} + \alpha\vec{j} + \beta\vec{k} = x(\vec{i} + \vec{k}) + y(\beta\vec{i} + \beta\vec{j} + \gamma\vec{k})$

$$\alpha\vec{i} + \alpha\vec{j} + \beta\vec{k} = (x + y\beta)\vec{i} + \beta y\vec{j} + (x + \gamma y)\vec{k}$$

$$\Rightarrow \quad x + y\beta = \alpha \qquad \text{(i)}$$

$$\beta y = \alpha \qquad \text{(ii)}$$

$$x + \gamma y = \beta \qquad \text{(iii)}$$

$$\text{(ii)} \Rightarrow \quad y = \frac{\alpha}{\beta}$$

$y = \frac{\alpha}{\beta}$ का मान

समीकरण (i) में रखने पर,

$$x + \frac{\alpha}{\beta} \times \beta = \alpha$$

$$x = 0$$

$y = \frac{\alpha}{\beta}$ का मान

समीकरण (i) में रखने पर,

$x = 0$ और $y = \frac{\alpha}{\beta}$ का मान

समीकरण (iii) में रखने पर,

$$0 + \gamma \times \frac{\alpha}{\beta} = \beta$$

$$\Rightarrow \quad \beta^2 = \alpha\gamma$$

67. 2 से विभाज्य 1 और 100 के बीच की संख्याओं का योग

$= 2 + 4 + 6 + 8 + \ldots + 98 + 100$

$= 2\,(1 + 2 + 3 + 4 + \ldots + 49 + 50)$

$$= 2\left[\frac{50(50+1)}{2}\right]$$

$= 50 \times 51 = 2550$

5 से विभाज्य 1 और 100 के बीच की संख्याओं का योग

$= 5 + 15 + 25 + 35 + \ldots 85 + 95$

$= 5\,[1 + 3 + 5 + 7 + \ldots + 17 + 19]$

अब, $19 = 1 + (n-1) \cdot 2$

$\Rightarrow \quad 18 = 2\,(n-1)$

$\Rightarrow \quad n - 1 = 9$

$n = 10$

$\therefore \quad S = 5 \times \frac{10}{2}\,\{2\times 1 + (10-1)\times 2\}$

$= 25(2+18)$

$= 25 \times 20$

$= 500$

$\therefore$ कुल योग $= 2550 + 500$

$= 3050$

68. $\because \quad x - \left(\frac{7}{x-3}\right) = 3 - \left(\frac{7}{x-3}\right)$

$\Rightarrow \quad \frac{7}{x-3} - \frac{7}{x-3} = 3 - x$

$\Rightarrow \quad 0 = 3 - x$

$\Rightarrow \quad x = 3$ जो केवल एक पूर्णांक मूल है।

72. $\because \quad \theta + \phi = \frac{\pi}{6}$

$\Rightarrow \quad \tan(\theta+\phi) = \tan\frac{\pi}{6}$

$\Rightarrow \quad \frac{\tan\theta + \tan\phi}{1 - \tan\theta\cdot\tan\phi} = \frac{1}{\sqrt{3}}$

$\Rightarrow \quad \sqrt{3}\,(\tan\theta + \tan\phi) = 1 - \tan\theta\cdot\tan\phi$

$\Rightarrow \quad \sqrt{3}\,(\tan\theta + \tan\phi) + \tan\theta\cdot\tan\phi = 1$

दोनों तरफ 3 जोड़ने पर

$3 + \sqrt{3}\tan\theta + \sqrt{3}\tan\phi + \tan\theta\cdot\tan\phi = 1 + 3$

$\Rightarrow \quad \left(\sqrt{3}\right)^2 + \sqrt{3}\tan\theta + \sqrt{3}\tan\phi + \tan\theta\cdot\tan\phi = 4$

$\Rightarrow \quad \sqrt{3}\left(\sqrt{3}+\tan\theta\right) + \tan\phi\left(\sqrt{3}+\tan\theta\right) = 4$

$\Rightarrow \quad \left(\sqrt{3}+\tan\theta\right)\left(\sqrt{3}+\tan\phi\right) = 4$

74. $\sin^2 24° - \sin^2 6° = (\sin 24° + \sin 6°)(\sin 24° - \sin 6°)$

$= 2\sin\frac{30°}{2}\cos\frac{18°}{2}\cdot 2\cos\frac{30°}{2}\sin\frac{18°}{2}$

$= 2\sin 15°\cos 9°\cdot 2\cos 15°\sin 9°$

$= (2\sin 15°\cdot\cos 15°)(2\sin 9°\cdot\cos 9°)$

$= \sin 30°\cdot\sin 18°$

$= \frac{1}{2}\times\frac{\sqrt{5}-1}{4} = \frac{\sqrt{5}-1}{8}$

75. $\because\; z = 3 + 2i \Rightarrow |z| = \sqrt{3^2+2^2} \Rightarrow |z|^2 = 13$

$\therefore\; z^2 + \bar{z}^2 + 2|z|^2 = (3+2i)^2 + (3-2i)^2 + 2\times 13$

$= 9 + 12i + 4i^2 + 9 - 12i + 4i^2 + 26$

$= 18 + 26 - 8 = 36$

76. $\sin 10° + \sin 50° - \sin 70°$

$= 2\sin 30°\cdot\cos 20° - \sin 70°$

$= 2\times\frac{1}{2}\cdot\cos 20° - \sin 70°$

$= \cos(90° - 70°) - \sin 70°$

$= \sin 70° - \sin 70° = 0$

78. (i) सहसम्बन्ध गुणांक निर्देश–मूलबिन्दु और मापक्रम से स्वतंत्र है।

(ii) समाक्षयण गुणांक, निर्देश–मूलबिन्दु के परिवर्तन से स्वतंत्र है किन्तु मापक्रम के परिवर्तन से नहीं।

81. $\because \quad s = t^3 - 4t^2 - 3t$

$\therefore \quad \frac{ds}{dt} = 3t^2 - 8t - 3$

और $\quad \frac{d^2s}{dt^2} = 6t - 8$

जब $\quad \frac{ds}{dt} = 0$

$\Rightarrow \quad 3t^2 - 8t - 3 = 0$

$\Rightarrow \quad (t-3)(3t+1) = 0$

$\Rightarrow \quad t = 3$ or $t = -\frac{1}{3}$ (असम्भव)

$\therefore \quad \frac{d^2s}{dt^2} = 6\times 3 - 8 = 18 - 8 = 10$

85. $\sin^{-1}x + \sin^{-1}(1-x) = \cos^{-1}x$

$\Rightarrow \quad \sin[\sin^{-1}x + \sin^{-1}(1-x)] = \sin\cos^{-1}x$

$\Rightarrow \quad \sin\sin^{-1}\left[x\sqrt{1-(1-x)^2} + (1-x)\sqrt{1-x^2}\right]$

$= \sin\sin^{-1}\sqrt{1-x^2}$

$\Rightarrow \quad x\sqrt{1-(1-x)^2} + (1-x)\sqrt{1-x^2} = \sqrt{1-x^2}$

$\Rightarrow \quad -x^2 + 2x = 1 - x^2$

$\Rightarrow \quad 2x = 1$

$\therefore \quad x = \frac{1}{2}$

86. $(1010)_2 = 1 \times 2^3 + 0 \times 2^2 + 1 \times 2^1 + 0 \times 2^0$
$= 8 + 0 + 2 + 0 = 10$

और $(111)_2 = 1 \times 2^2 + 1 \times 2^1 + 1 \times 2^0$
$= 4 + 2 + 1 = 7$

$\therefore \quad (1010)_2 \times (111)_2 = 10 \times 7 = 70$

87. $\tan A = \frac{1}{3}$ और $\tan B = \frac{1}{7}$

$$\tan(2A+B) = \frac{\tan 2A + \tan B}{1 - \tan 2A \cdot \tan B}$$

$$= \frac{\frac{2\tan A}{1-\tan^2 A} + \tan B}{1 - \frac{2\tan A \cdot \tan B}{1-\tan^2 A}}$$

$$= \frac{2\tan A + \tan B\left(1-\tan^2 A\right)}{1-\tan^2 A - 2\tan A \cdot \tan B}$$

$$= \frac{2\tan A + \tan B - \tan^2 A \cdot \tan B}{1-\tan^2 A - 2\tan A \cdot \tan B}$$

$$= \frac{2 \times \frac{1}{3} + \frac{1}{7} - \frac{1}{9} \cdot \frac{1}{7}}{1 - \frac{1}{9} - 2 \cdot \frac{1}{3} \cdot \frac{1}{7}}$$

$$= \frac{\frac{2}{3} + \frac{1}{7} - \frac{1}{63}}{1 - \frac{1}{9} - \frac{2}{21}}$$

$$= \frac{\frac{42+9-1}{63}}{\frac{63-7-6}{63}} = \frac{\frac{51-1}{63}}{\frac{63-13}{63}}$$

$$= \frac{50/63}{50/63} = 1$$

$\because \quad \tan(2A+B) = \tan 45°$

$\therefore \quad 2A + B = 45°$

88. $\because \quad x = (1101)_2$
$= 1 \times 2^3 + 1 \times 2^2 + 0 \times 2^1 + 1 \times 2^0$
$= 8 + 4 + 0 + 1$
$= 13$

और $\quad y = (110)_2$
$= 1 \times 2^2 + 1 \times 2^1 + 0 \times 2^0$
$= 4 + 2 + 0$
$= 6$

$\therefore \quad x^2 + y^2 = (13)^2 + (6)^2$
$= 169 + 36$
$= 205$
$= (11001101)_2$

89. माना कि α और β द्विघात समीकरण $ax^2 + bx + c = 0$ का मूल है।

दिया है कि $\alpha + \beta = \sqrt[3]{\lambda}$ and $\alpha^2 + \beta^2 = \sqrt[5]{\mu^2}$

$\therefore \quad (\alpha+\beta)^2 = \alpha^2 + \beta^2 + 2\alpha\beta$

$\Rightarrow \quad \left(\sqrt[3]{\lambda}\right)^2 = \sqrt[5]{\mu^2} + 2\alpha\beta$

$\Rightarrow \quad \alpha\beta = \frac{1}{2}\left[\left(\sqrt[3]{\lambda}\right)^2 - \sqrt[5]{\mu^2}\right]$

$\therefore$ अभिष्ट द्विघात समीकरण

$x^2 - (\alpha+\beta)x + \alpha\beta = 0$

$$x^2 - \sqrt[3]{\lambda}\, x + \frac{1}{2}\left[\left(\sqrt[3]{\lambda}\right)^2 - \sqrt[5]{\mu^2}\right] = 0$$

$\Rightarrow \quad 2x^2 - 2\sqrt[3]{\lambda}\, x + \left(\sqrt[3]{\lambda}\right)^2 - \sqrt[5]{\mu^2} = 0$

$\Rightarrow \quad 2x^2 - 2\sqrt[3]{\lambda}\, x + \left(\sqrt[3]{\lambda^2} - \sqrt[5]{\mu^2}\right) = 0$

99. $\frac{\alpha-\beta}{\alpha} + \frac{1}{2}\left(\frac{\alpha-\beta}{\alpha}\right)^2 + \frac{1}{3}\left(\frac{\alpha-\beta}{\alpha}\right)^3 + \cdots$

$\frac{\alpha-\beta}{\alpha} = x$ श्ंखला में रखने पर

$$x + \frac{1}{2}x^2 + \frac{1}{3}x^3 + \ldots$$
$$= -\log(1-x)$$
$$= \log\frac{1}{1-x}$$

$$= \log \frac{1}{1-\frac{\alpha-\beta}{\alpha}}$$

$$= \log \frac{\alpha}{\alpha-\alpha+\beta}$$

$$= \log \frac{\alpha}{\beta}$$

$$= \log \alpha - \log \beta$$

101. माना A और B दो समुच्चय हैं जिसके क्रमशः m और n अवयव हैं। तब A के उप समुच्चयों की संख्या $= 2^m$ और B के उपसमुच्चयों की संख्या $= 2^n$

$\because \quad 2^m - 2^n = 56$

$\Rightarrow \quad 2^n(2^{m-n}-1) = 2^3(2^3-1)$

$\Rightarrow \quad 2^n = 2^3$ और $2^{m-n} - 1 = 2^3 - 1$

$\Rightarrow \quad n = 3$ और $m - n = 3$

$\Rightarrow \quad m - 3 = 3$

$\therefore \quad m = 6$

102. 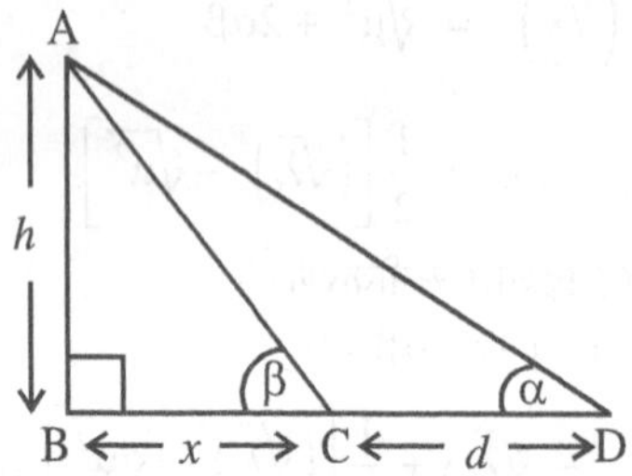

माना AB = h और CD = d, $\angle$ADB = α और $\angle$ACB = β

समकोण Δ ABC में

$$\tan\beta = \frac{AB}{BC} = \frac{h}{x}$$

$$\Rightarrow \quad x = \frac{h}{\tan\beta} \quad \text{... (i)}$$

पुनः समकोण ΔABD में

$$\tan\alpha = \frac{AB}{BD} = \frac{h}{x+d}$$

$$\Rightarrow \quad x + d = \frac{h}{\tan\alpha} \Rightarrow x = \frac{h}{\tan\alpha} - d \quad \text{... (ii)}$$

समीकरण (i) और (ii) से

$$\frac{h}{\tan\beta} = \frac{h}{\tan\alpha} - d \Rightarrow d = \frac{h}{\tan\alpha} - \frac{h}{\tan\beta}$$

$$\Rightarrow \quad d = \frac{(\tan\beta - \tan\alpha)h}{\tan\alpha \cdot \tan\beta}$$

$$\therefore \quad h = \frac{d\tan\alpha.\tan\beta}{\tan\beta - \tan\alpha}$$

$$= \frac{\frac{\sin\alpha}{\cos\alpha}\cdot\frac{\sin\beta}{\cos\beta}}{\frac{\sin\beta}{\cos\beta} - \frac{\sin\alpha}{\cos\alpha}}$$

$$= \frac{d\frac{\sin\alpha}{\cos\alpha}\cdot\frac{\sin\beta}{\cos\beta}}{\frac{\sin\beta\cdot\cos\alpha - \cos\beta\cdot\sin\alpha}{\cos\beta\cdot\cos\alpha}}$$

$$= \frac{d\sin\beta\cdot\sin\alpha}{\sin(\beta-\alpha)}$$

109. $\frac{1}{2\sin 10^\circ} - 2\sin 70^\circ$

$$= \frac{1 - 4\sin 10^\circ \cdot \sin 70^\circ}{2\sin 10^\circ}$$

$$= \frac{1 - 2\cos 60^\circ + 2\cos 80^\circ}{2\sin 10^\circ}$$

$$= \frac{1 - 2\times\frac{1}{2} + 2\cos(90^\circ - 10^\circ)}{2\sin 10^\circ}$$

$$= \frac{2\sin 10^\circ}{2\sin 10^\circ}$$

$$= 1$$

110. $3\tan(\theta - 15^\circ) = \tan(\theta + 15^\circ)$

$$\Rightarrow \quad \frac{\tan(\theta-15^\circ)}{\tan(\theta+15^\circ)} = \frac{1}{3}$$

$$\Rightarrow \quad \frac{\sin(\theta-15^\circ)}{\cos(\theta-15^\circ)} \times \frac{\cos(\theta+15^\circ)}{\sin(\theta+15^\circ)} = \frac{1}{3}$$

$$\Rightarrow \quad \frac{\frac{1}{2}[\sin(\theta-15+\theta+15)+\sin(\theta-15-\theta-15)]}{\frac{1}{2}[\sin(\theta-15+\theta+15)+\sin(\theta-15-\theta-15)]} = \frac{1}{3}$$

$$\Rightarrow \quad \frac{\sin 2\theta+\sin(-30°)}{\sin 2\theta-\sin(-30°)} = \frac{1}{3}$$

$$\Rightarrow \quad \frac{\sin 2\theta-\sin 30°}{\sin 2\theta+\sin 30°} = \frac{1}{3}$$

$$\Rightarrow \quad \frac{\sin 2\theta-\frac{1}{2}}{\sin 2\theta+\frac{1}{2}} = \frac{1}{3}$$

समायोजन और वियोजन विधि का उपयोग करने पर

$$\frac{\sin 2\theta-\frac{1}{2}+\sin 2\theta+\frac{1}{2}}{\sin 2\theta-\frac{1}{2}-\sin 2\theta-\frac{1}{2}} = \frac{4}{-2}$$

$$\Rightarrow \quad \frac{2\sin 2\theta}{-2\cdot\frac{1}{2}} = -2$$

$$\Rightarrow \quad \sin 2\theta = 1 = \sin\frac{\pi}{2}$$

$$\Rightarrow \quad 2\theta = \frac{\pi}{2}$$

$$\therefore \quad \theta = \frac{\pi}{4}$$

$\therefore$ $3\tan(\theta-15°) = \tan(\theta+15°)$

का समान्य हल $\left(n\theta+\frac{\pi}{4}\right)$ होगा।

112. $v = \frac{4}{3}\pi r^3, \qquad A = 4\pi r^2$

$$\therefore \quad \frac{dv}{dr} = 4\pi r^2; \qquad \frac{dA}{dr} = 8\pi r$$

$$\therefore \quad \frac{dv}{dA} = \frac{dv/dr}{dA/dr}$$

$$= \frac{4\pi r^2}{8\pi r}$$

$$\therefore \quad \frac{dv}{dA} = \frac{1}{2}r$$

116. $\lim_{x\to 2}\frac{\sqrt{1+\sqrt{2+x}}-\sqrt{3}}{x-2}$

$$= \lim_{x\to 2}\frac{\sqrt{1+\sqrt{2+x}}-\sqrt{3}}{x-2}\times\frac{\sqrt{1+\sqrt{2+x}}+\sqrt{3}}{\sqrt{1+\sqrt{2+x}}+\sqrt{3}}$$

$$= \lim_{x\to 2}\frac{1+\sqrt{2+x}-3}{(x-2)\left(\sqrt{1+\sqrt{2+x}}+\sqrt{3}\right)}$$

$$= \lim_{x\to 2}\frac{\sqrt{2+x}-2}{(x-2)\left(\sqrt{1+\sqrt{2+x}}+\sqrt{3}\right)}$$

$$= \lim_{x\to 2}\frac{\sqrt{2+x}-2}{(x-2)\left(\sqrt{1+\sqrt{2+x}}+\sqrt{3}\right)}\times\frac{\sqrt{2+x}+2}{\sqrt{2+x}+2}$$

$$= \lim_{x\to 2}\frac{2+x-4}{(x-2)\left(\sqrt{1+\sqrt{2+x}}+\sqrt{3}\right)\sqrt{2+x}+2}$$

$$= \lim_{x\to 2}\frac{x-2}{(x-2)\left(\sqrt{1+\sqrt{2+x}}+\sqrt{3}\right)\sqrt{2+x}+2}$$

$$= \lim_{x\to 2}\frac{1}{\left(\sqrt{1+\sqrt{2+x}}+\sqrt{3}\right)\sqrt{2+x}+2}$$

$$= \frac{1}{\left(\sqrt{1+\sqrt{2+2}}+\sqrt{3}\right)\sqrt{2+2}+2}$$

$$= \frac{1}{\left(\sqrt{1+2}+\sqrt{3}\right)(2+2)}$$

$$= \frac{1}{\left(2\sqrt{3}\right)4} = \frac{1}{8\sqrt{3}}$$

टैस्ट पेपर-IV

1. अगर $\sin^{-1} x + \sin^{-1} y + \sin^{-1} z = \frac{3\pi}{2}$, तो $x + y + z$ का मान क्या होगा?

A. –3　　B. 3
C. –1/3　　D. 1/3

2. अगर 11 Y = 90°, तो नीचे दिए गये व्यंजक का मान क्या होगा?

tanY tan2Y tan3Y tan4Y tan5Y tan6Y tan7Y tan8Y tan9Y tan10Y ?

A. 0　　B. –1
C. 1　　D. 2

3. अगर sin A = p और sin B = q, जहाँ $|p|$ तथा $|q|$ दोनों 1 से छोटा है, तो sin (A + B) का सभी संभावित मानों (तथा अलग–अलग) की संख्या क्या होगी?

A. 1　　B. 2
C. 3　　D. 4

4. अगर $x \sin^3\theta + y \cos^3\theta = \sin\theta \cos\theta$ तथा $x \sin\theta = y \cos\theta$, तो निम्नलिखित में से कौन–सा सही है?

A. $x^2 + y^2 = 0$　　B. $x^2 + y^2 = 1$
C. $x^2 - y^2 = 0$　　D. $x^2 - y^2 = 1$

5. अगर sin c तथा cos c द्विघातीय समीकरण $2x^2 - px + 1$ के मूल हैं, जहाँ $0 < c < \pi/2$, तो p के कितने संभावित मान हो सकते हैं?

A. 1　　B. 2
C. 3　　D. 4

6. मान लीजिए कि n कोई एक प्राकृतिक संख्या है जहाँ $n > 4$ तथा $U_n = \sin^n X + \cos^n X$

A. $U_n = U_{n-2} - U_{n-4} \sin^2 X \cos^2 X$
B. $U_n = U_{n-2} + U_{n-3} \sin X \cos X$
C. $U_n = U_{n-4} - U_{n-2} \sin^2 X \cos^2 X$
D. $U_n = -U_{n-2} + 2U_{n-4} \sin X \cos X$

7. अगर, एक त्रिभुज ABC के तीनों कोण A, B तथा C क्रमशः समानान्तर श्रेणी में हैं तथा $c^2 = a^2 + b^2$। अगर $c = 50$ मीटर, तो त्रिभुज का क्षेत्रफल वर्गमीटर में क्या होगा?

A. $\frac{625}{2}$　　B. $\frac{625\sqrt{2}}{2}$
C. $\frac{625\sqrt{3}}{2}$　　D. 625

8. अगर, $x - y = (4n + 1) \frac{\pi}{4}$ (जहाँ n कोई भी ऋणात्मक या धनात्मक पूर्ण संख्या है) तथा $x + y$, $\frac{\pi}{2}$ का विषम गुणज नहीं है, तब नीचे दिए गये व्यंजक का मान क्या होगा?

$$\frac{\sin 2x - \sin 2y}{\cos 2x + \cos 2y} = ?$$

A. –1　　B. 0
C. $\frac{1}{2}$　　D. 1

9. किसी 60 मीटर ऊँचे टावर के शिखर से दो वस्तुऐं जो एक ही क्षैतिज तल एवं टावर के पाद के साथ एक ही सरल रेखा पर अवस्थित है का अवनमन कोण क्रमशः α तथा β है जहाँ β > α, तो दोनों वस्तुओं के बीच की दूरी मीटर में क्या होगी?

A. 60 sin (β – α) cosecα cosecβ
B. 60 cos (β – α) secα secβ
C. 60 (cot α + cot β)
D. 60 (tan β – tan α)

10. बिन्दु (3, 4) तथा (2, –6) कौन–सी रेखा के विपरीत दिशा में अवस्थित होगें?

A. $10x - y = 26$　　B. $5x + 3y = -9$
C. $3x - 4y = 8$　　D. $x - y = 10$

11. दो समान परवलय (parabolas) का समान शीर्ष बिन्दु (Vertex) तथा उनके अक्ष क्रमशः समकोण बनाते हैं, तो वर्टेक्स (Vertex) के अलावा किसी अन्य कटान बिन्दु से खींचा गया उस पर स्पर्श रेखाओं के बीच का कोण क्या होगा?

A. $\frac{\pi}{4}$　　B. $\tan^{-1} 2$
C. $\frac{\pi}{3}$　　D. $\tan^{-1} \frac{3}{4}$

12. मूल बिन्दु (origin) से रेखा $3x - 4y = 25$ के सबसे नजदीक का बिन्दु कौन–सा होगा?

A. (–1, –7)　　B. (3, –4)
C. (–5, –8)　　D. (3, 4)

13. रेखा, $x + y = 0$ पर बिन्दु (4, 3) का परावर्तन (Reflection) बिन्दु कौन–सा होगा?

A. (–4, 3)　　B. (–3, –4)
C. (–3, 4)　　D. (4, –3)

14. किसी त्रिभुज का केन्द्रक (orthocentre) निम्नलिखित में से कौन–सा होगा जिसकी भुजायें $x = 0, y = 1$ तथा $x + y - 2 = 0$ हैं?

A. (1, 1) B. (0, 1)
C. (–1, 0) D. (0, –1)

15. बिन्दु t से परवलय (parabola) $y^2 = 4ax$ के फोकस (Focal) दूरी की लंबाई क्या होगी?

A. at^2 B. $a(1+t^2)$
C. $a\left(1+\frac{1}{t}\right)^2$ D. at^{-2}

16. निम्नलिखित में से उस वृत्त का समीकरण क्या होगा जो X–अक्ष को मूल बिन्दु से दुरी 3 पर स्पर्श करती है तथा Y–अक्ष से दुरी 6 काटती है?

A. $x^2 + y^2 - 6x \pm 6\sqrt{2}\,y + 9 = 0$
B. $x^2 + y^2 + 6x \pm 6\sqrt{2}\,y + 9 = 0$
C. $x^2 + y^2 \pm 6x + 6\sqrt{2}\,y + 9 = 0$
D. $x^2 + y^2 \pm 6\sqrt{2}\,x - 6y + 9 = 0$

17. किस शर्त्त के तहत रेखा $x = ay + b, z = cy + d$ तथा $x = a'y + b', z = c'y + d'$ परस्पर लम्बवत् होंगे?

A. $\frac{a}{a'} + \frac{c}{c'} = 0$ B. $aa' + cc' = -1$
C. $\frac{a}{a'} + \frac{c}{c'} = 1$ D. $aa' + cc' = 1$

18. फलन $f(x) = (3 - \cos 2x)^{-1}$ का अंतराल क्या होगा?

A. $\left[\frac{1}{4}, 1\right]$ B. $\left(\frac{1}{4}, \frac{1}{2}\right)$
C. $\left(-\frac{1}{4}, -\frac{1}{2}\right)$ D. $\left(\frac{1}{4}, \frac{1}{2}\right)$

19. मान लें $f: \mathrm{R} \to \mathrm{R}, f(x) = x|x|$ के द्वारा परिभाषित है, तो निम्नलिखित में से कौन–सा सत्य होगा?

A. f सिर्फ ऑनटो (onto) है
B. f सिर्फ वन–वन (one-one) है
C. f न ही ऑनटो (onto) न ही वन–वन (one-one) है
D. f वन–वन (one-one) तथा ऑनटो (onto) है

20. $\lim_{x\to\infty}\left(\frac{x+3}{x-1}\right)^{x+3}$ का मान क्या होगा?

A. e^2 B. e^3
C. e^4 D. e^{-4}

21. अगर $\lim_{x\to\infty} x\sin\left(\frac{1}{x}\right) = A$ तथा $\lim_{x\to 0} x\sin\left(\frac{1}{x}\right) = B$, हो तो निम्नलिखित में से कौन–सा सही होगा?

A. A = 1 तथा B = 0 B. A = 0 तथा B = 1
C. A = 0 तथा B = 0 D. A = 1 तथा B = 1

22. $\lim_{x\to 0}\frac{10^x - 2^x - 5^x + 1}{x\sin x}$ का मान क्या होगा?

A. $(ln\,2)(ln\,5)$ B. $(ln\,3)(ln\,5)$
C. $(ln\,10)(ln\,5)$ D. 0

23. मान लें $f(x) = [x]$ जहाँ $[x]$ x वाले सबसे बड़ी इनटिजर (Integer) को निर्देशित करता है। निम्नलिखित कथनों पर विचार करें।

(i) $f(x)$ ऑनटो (onto) नहीं है।
(ii) $f(x)$ $x = 0$ पर सतत् (Continuous) है।
(iii) $f(x)$ x के सभी संभावित धनात्मक मानों (positive integral values) के लिए असत्त है।

ऊपर दिए गये कथनों में कौन–कौन से सही हैं?

A. I तथा II B. I तथा III
C. II तथा III D. I, II तथा III

24. अगर $(x + y)^{m+n} = x^m y^n$ हो तो $\frac{dy}{dx}$ का मान क्या होगा?

A. $\frac{x}{y}$ B. xy
C. $\frac{y}{x}$ D. 1

25. p के किन मानों के लिए फलन

$$f(x) = \begin{cases} px^2 + 1 & \text{अगर} \quad x \le 1 \\ x + p & \text{अगर} \quad x > 1 \end{cases}$$

$x = 1$ पर अवकल गुणांक (Derivable) है?

A. $\frac{1}{2}$ B. 2
C. $-\frac{1}{2}$ D. –2

26. Log x^{2^x} के अवकल गुणांक का मान क्या होगा?

A. $\frac{1}{x}$ B. शून्य
C. $\frac{1}{2x}$ D. $\frac{1}{2}$

27. एक फलन $f: R \to R, f(x + y) = f(x)f(y)$ को संतुष्ट करता है, जहाँ सभी $x, y \in R$ नया $f(x) \neq 0$ जहाँ सभी

$x \in$ R 1 जहाँ $f(x)$, $x = 0$ पर अवकलित (differentiable) है तथा $f'(0) = 2$ तब $f'(x)$ निम्नलिखित में से किसके बराकर होगा?

A. $f(x)$ B. $-f(x)$

C. $2f(x)$ D. $\frac{f(x)}{2}$

28. मानलें $f(x)$ फलन रहते हुए भी अवकलित (differentiable) हो सकता हैं निम्नलिखित कथनों पर विचार करें–

(I) $f(x)$ एक सम फलन है।

(II) $f'(x)$ एक विषम फलन है।

(iii) $f'(x)$ सम या विषम हो सकते हैं।

ऊपर लिखित कथनों में कौन-सा/से कथन सही हो सकता है/हैं?

A. सिर्फ I B. सिर्फ II

C. I तथा II D. II तथा III

29. $x = 3$ के लिये $|x-1| + |x-4|$ का अवकल गुणांक (Derivative) क्या होगा?

A. –3 B. 3

C. 0 D. 2

30. मानलें $g(x)$ व्युत्क्रम (Inverse) है व्युत्क्रमित (Invertible) फलन $f(x)$ का जो $x = c$ पर अवकलित है। तब $g'[f(c)]$ का मान निम्नलिखित में से किसके बराबर होगा?

A. $f(c)$ B. $\frac{1}{f'(c)}$

C. $f(c)$ D. $\frac{1}{f(c)}$

31. अगर $f(x) = \frac{3x+2}{5x-2}\left(x \neq \frac{3}{5}\right)$ हो तो निम्नलिखित में से कौन–सा सही होगा?

A. $f^{-1}(x) = f(x)$ B. $f^{-1}(x) = -f(x)$

C. $(fof)(x) = -x$ D. $f^{-1}(x) = -\frac{1}{19}f(x)$

32. किसी देश की जनसंख्या 50 वर्षों में दोगुना हो जाती है। मान लें कि जनसंख्या वृद्धि दर, देश में रहने वाले (Inhabitants) की संख्या का समानुपाती है तो कितने वर्षों में जनसख्या तिगुनी हो जाएगी।

A. $50\,\frac{ln3}{ln2}$ B. $50\,\frac{ln(2)}{ln(3)}$

C. $50\,ln\,6$ D. 75

33. निम्नलिखित में से कौन–सा अवकल (Differential) समीकरण सभी परवलय (parabola) को निरुपित करता है जिसका सममित अक्ष x-अक्ष से मिलता (Coincident) है?

A. $y\frac{d^2y}{dx^2} + \left(\frac{dy}{dx}\right)^2 = 0$

B. $y\frac{d^3y}{dx^3} + \left(\frac{d^2y}{dx^2}\right)^2 = 0$

C. $y.\frac{dy}{dx} + \left(\frac{d^2y}{dx^2}\right)^2 = 0$

D. $y.\frac{dy}{dx} + \left(\frac{d^3y}{dx^3}\right)^3 = 0$

34. परवलय $4y = 3x^2$ तथा सरल रेखा $2y = 3x + 12$ के बीच के क्षेत्र का क्षेत्रफल निम्नलिखित में से कौन–सा निश्चित अनुकूलन (Definite intergral) निरुपित करता है?

A. $\int_{-2}^{4} \frac{3x^2}{4}dx$

B. $\int_{0}^{4}\left(\frac{3x+12}{2} - \frac{3}{4}x^2\right)dx$

C. $\int_{-2}^{4}\left(\frac{3x+12}{2} - \frac{3}{4}x^2\right)dx$

D. $\int_{-2}^{2}\left(\frac{3x+12}{2} - \frac{3}{4}x^2\right)dx$

35. $\int_{0}^{\pi} \frac{\cos x}{x^4 + (\pi - x)^4}dx$ का मान क्या होगा?

A. शून्य B. π

C. $\frac{\pi}{4}$ D. $\frac{\pi}{2}$

36. $\int_{0}^{100\pi} |\sin x|dx$ का मान क्या होगा?

A. 100 π B. 100

C. 200 D. 200 π

37. $\int \frac{(x-x^3)^{1/3}}{x^4}$ का मान क्या होगा?

A. $\frac{3}{8}\left(\frac{1}{x^2}-1\right)^{4/3}+c$ B. $-\frac{3}{8}\left(\frac{1}{x^2}-1\right)^{4/3}+c$

C. $\frac{1}{8}\left(1-\frac{1}{x^2}\right)^{4/3}+c$ D. $\frac{(x-x^3)^{1/3}}{x^4}+c$

38. $\int e^{\sqrt{x}}$ का मान क्या होगा?

A. $e^{\sqrt{x}}(\sqrt{x}-1)+c$ B. $2e^{\sqrt{x}}(\sqrt{x}-1)+c$

C. $2e^{\sqrt{x}}(\sqrt{x}+1)+c$ D. $e^{\sqrt{x}}+c$

39. निम्नलिखित समीकरण में से कौन–सा समीकरण वृत्तों का अवकल समीकरण को निरुपित करता है जिनके केन्द्र x अक्ष पर अवस्थित हैं तथा सभी मूल बिन्दु से गुजरते हैं?

A. $\frac{dy}{dx}=\frac{x^2+y^2}{2xy}$ B. $\frac{dy}{dx}=\frac{x^2-y^2}{2xy}$

C. $\frac{dy}{dx}=\frac{y^2-x^2}{2xy}$ D. $\frac{dy}{dx}=-\frac{x}{y}$

40. निम्न अवकल समीकरण का घात (Degree) क्या होगी?

$$\left(\frac{d^3y}{dx^3}\right)^{\frac{2}{3}}-3\frac{d^2y}{dx^2}+5\frac{dy}{dx}+4=0$$

A. 3 B. $\frac{2}{3}$

C. 2 D. 6

निर्देश (प्रश्न 41-46) : *निम्नलिखित प्रश्नों के दो भाग हैं, एक को कथन (A) तथा दूसरे को व्याख्या (R) के द्वारा दिखाया गया है। आपको दोनों भागों का सावधानी पूर्वक परीक्षण कर नीचे दिए गये कूटों की सहायता से सही उत्तर चुनना है।*

(A) दोनों A तथा R सत्य हैं तथा R, A की सही व्याख्या करता है।

(B) दोनों A तथा R सत्य हैं परन्तु R, A की सही व्याख्या नहीं करता है।

(C) A सत्य है, लेकिन R गलत है।

(D) A गलत है, लेकिन R सत्य है।

41. **कथन (A) :** $\lim_{n\to\infty} nx^n \neq \lim_{n\to\infty} n.\lim_{n\to\infty} x^n$,

जहाँ $|x|<1$

व्याख्या (R) : $\lim_{n\to\infty} f(x)g(x)=\lim_{n\to\infty} f(x).\lim_{n\to\infty} g(x)$

42. **कथन (A) :** माध्य विचलन कभी भी ऋणात्मक नहीं हो सकता है।

व्याख्या (R) : माध्य विचलन, केन्द्रीय मान (tendency) से विभिन्न परम विचलनों का समानान्तर माध्य है।

43. **कथन (A) :** आवृति बहुभुज एवं आवृति वक्र में कोई व्यावहारिक अंतर नहीं है।

व्याख्या (R) : आवृति बहुभुज के तहत् बिन्दुओं को सरल रेखा के द्वारा मिलाया जाता है जबकि आवृति वक्र के तहत् बिन्दुओं को वक्र (Smooth Curve) के द्वारा मिलाया जाता है।

44. **कथन (A) :** अगर $f(x)=x$ हो तथा $F(x)=\frac{x^2}{x}$ हो तो हमेशा, $F(x)=f(x)$

व्याख्या (R) : $x=0$, पर $F(x)$ को निरुपित नहीं किया जा सकता।

45. **कथन (A) :** कोई वृत जिनका केन्द्र O तथा त्रिज्या x cm है के अन्दर एक पँचभुज (Regular pentagon) का परिमित $12x \sin 36°$ सेमी के बराबर है।

व्याख्या (R) : कोई वृत्त जिनका केन्द्र O तथा त्रिज्या x cm है के अन्दर एक पँचभुज (Regular pentagon) का परिमित $2nx \sin\left(\frac{360°}{2n}\right)$ सेमी के बराबर होता है जबकि यह n-भुजा वाला है, जहाँ $n \geq 3$

46. **कथन (A) :** चार लगातार संख्याएं जो अभाज्य नहीं है, उन्हें सिर्फ 122, 123, 124, 125 के द्वारा दर्शाया जा सकता है।

व्याख्या (R) : प्रत्येक मिश्र (Composite) संख्या अपने वर्गमूल से छोटी अभाज्य संख्या से विभाजित होती है।

47. 1, 2, 3, ...10 अंकित की हुई दस गेन्दें एक थैले में हैं। 1 से 4 तक अंकित गेन्द लाल रंग की हैं बाकी की सारी 6 गेन्द नीले रंग की हैं। 3 नंबर अंकित गेंद की निकालने की प्रायिकता (probability) 0.1 है। एक गेंद निकाली गई जो लाल है।

निम्नलिखित कथनों में से कौन–सा सही है?

(A) P (3 नंबर अंकित निकाली गई गेंद। निकाली गई लाल गेंद) > 0.1

(B) P (3 नंबर अंकित निकाली गई गेंद। निकाली गई लाल गेंद) = 0.1

(C) P (3 नंबर अंकित निकाली गई गेंद। निकाली गई लाल गेंद) < 0.1

(D) P (निकाला गया गेंद। 3 नंबर अंकित निकाली गई लाल गेंद) = 0.25

48. अगर 6 ट्रॉयल (trials) में X द्विघातीय चर है जो सम्बन्ध 9 p (X = 4) तथा p (X = 2) को मानता (follow) है, तो सफलता की प्रायिकता (probability) क्या है?

A. $\frac{3}{4}$ B. $\frac{1}{4}$

C. $\frac{3}{8}$ D. $\frac{1}{8}$

49. अगर अन्तर्सम्बन्ध (Correlation) गुणांक X तथा Y के बीच का 0.7 है, तो अन्तर्सम्बन्ध गुणांक $U = 4X + 3$ तथा $V = \frac{3Y-4}{2}$ के बीच क्या होगा?

A. 0.6 B. 0.7

C. 0.8 D. 1

50. तीन पासों (Dice) को घुमाया (rolled) जाता है। विभिन्न सतहों की पाने की प्रायिकता (probability) क्या होगी?

A. $\frac{1}{3}$ B. $\frac{1}{4}$

C. $\frac{5}{9}$ D. $\frac{4}{9}$

51. सदिश $2\vec{i}+3\vec{j}+4\vec{k}$ तथा $\vec{i}-2\vec{j}+3\vec{k}$ दोनों पर कितने इकाई सदिश लम्बवत् होंगें?

A. 1 B. 2

C. शून्य D. ∞

52. अगर $\vec{a}=(1, 2,-3)$ तथा $\vec{b}(3,-1, 2)$ हों तो निम्नलिखित सदिशों में से कौन–सा सदिश $\vec{a}+\vec{b}$ पर लम्बवत् होगा?

A. $2\vec{a}-\vec{b}$ B. $2\vec{a}+\vec{b}$

C. $\vec{a}+2\vec{b}$ D. $\vec{a}-\vec{b}$

53. एक सदिश $\vec{V}$ जिसका मापांक 4 इकाई है समान रूप से सदिशों $\vec{i}+\vec{j}, \vec{j}+\vec{k}, \vec{k}+\vec{i}$ पर आता है। निम्नलिखित कथनों में कौन–सा सही होगा?

A. $\vec{V}=\frac{4}{\sqrt{3}}(\vec{i}-\vec{j}-\vec{k})$ B. $\vec{V}=\frac{4}{\sqrt{3}}(\vec{i}+\vec{j}-\vec{k})$

C. $\vec{V}=\frac{4}{\sqrt{3}}(\vec{i}+\vec{j}+\vec{k})$ D. $\vec{V}=4(\vec{i}+\vec{j}+\vec{k})$

54. बिन्दु P, Q, R, S किसी चतुर्भुज EFGH के चारों भुजाओं के क्रमशः मध्य–बिन्दु हैं तथा सदिश क्रमशः भुजा SR, SP, QP तथा QR के समानुपाती एव अणुदिश क्रियाशील हैं। निम्नलिखित में से कौन–सा सही होगा?

A. परिणामी सदिश, इकाई सदिश है।

B. परिणामी सदिश, रिक्त (Null) सदिश है।

C. परिणामी एक वैसा सदिश है जिसका मापांक इकाई से बड़ा है।

D. परिणामी सदिश न ही इकाई सदिश न ही रिक्त (Null) सदिश है।

55. बिन्दु (2, –7) तथा वृत्त $x^2 + y^2 - 14x - 10y - 151 = 0$ के बीच की न्यूनतम दूरी क्या होगी?

A. 2 इकाई B. 3 इकाई

C. 5 इकाई D. 7 इकाई

56. उस त्रिभुज का क्षेत्रफल क्या होगा जिसके शीर्ष बिंदु (Vertices) क्रमशः (0, 0, 0), (3, 4, 0) तथा (3, 4, 6) हों?

A. 12 वर्ग इकाई B. 15 वर्ग इकाई

C. 30 वर्ग इकाई D. 36 वर्ग इकाई

57. अगर बिन्दु (5, –1, 1), (1, –3, 4) तथा (1, –6, 10) क्रमशः किसी समचतुर्भुज के तीन शीर्ष बिन्दु (Vertices) हैं तो निम्नलिखित में से कौन चौथा शीर्ष बिन्दु (Vertex) होगा?

A. (7, –4, 11) B. (3, –7/2, 11/2)

C. (7, –4, 7) D. (7, 4, 11)

58. ABC एक त्रिभुज है जिसमें AD एक माध्यिका (Median) है। अगर A का नियामक (4, 7, –8) तथा त्रिभुज ABC के केन्द्रक का नियामक (1, 1, 1) है तो D का नियामक क्या होगा?

A. $\left(-\frac{1}{2}, 2, 11\right)$ B. $\left(-\frac{1}{2}, -2, \frac{11}{2}\right)$

C. (–1, 2, 11) D. (–5, –11, 19)

59. निम्नलिखित बिन्दुओं में कौन–सा बिन्दु तल $x = 3z - 4$ तथा $u = 2z - 3$ के कटान वाली रेखा पर अवस्थित है?

A. (4, 3, 0) B. (–3, –4, 0)

C. (3, 2, 1) D. (–4, –3, 0)

60. उस गोले का त्रिज्या क्या होगी, अगर गोला $ax^2 + 2y^2 + 2z^2 + 2bxy + 4x + c = 0$, मूल बिन्दु से गुजरता है, जहाँ a, b तथा c नियतांक हैं?

A. 1 इकाई

B. 2 इकाई

C. 3 इकाई

D. नहीं प्राप्त किया जा सकता है अगर a, b, c नहीं दिया गया हो।

61. किसी परवलय के किसी बिन्दु पर फोकस दूरियों का अंतर क्या होगा?

A. इसेन्ट्रिसिटी (Eccentricity)

B. फोकस बिन्दुओं के बीच की दूरी

C. प्रगामी (transverse) अक्ष की लंबाई।

D. अर्द्ध प्रगामी (Semi-transverse) अक्ष की लंबाई

62. सरल रेखा $5x - 12y - 5 = 0$ तथा $10x - 24y + 3 = 0$ क्रमशः एक ही वृत पर स्पर्श रेखा हैं, वृत का व्यास क्या होगा?

A. 1 इकाई B. 5 इकाई

C. 8 इकाई D. ½ इकाई

63. एक परवलय $y^2 = x$ के अंदर एक समबाहु त्रिभुज है जिसका एक शीर्ष बिन्दु परवलय का भी एक शीर्ष बिन्दु है। उस त्रिभुज की भुजा की लंबाई क्या होगी?

A. $\sqrt{3}$ इकाई B. $2\sqrt{3}$ इकाई

C. $3\sqrt{3}$ इकाई D. 1 इकाई

64. अगर $\frac{\alpha}{2}, \frac{\beta}{2}, \frac{\gamma}{2}$ एक सरल रेखा के द्वारा X, Y तथा Z-अक्षों के बीच का कोण हो तो $\cos\alpha + \cos\beta + \cos\gamma$ का मान क्या होगा?

A. 1 B. −1

C. 2 D. 3

65. तीन मेट्रिक्स क्रमश $E = [I_{ij}], F = [f_{ij}]$ तथा $G = [g_{ij}]$ हैं, जहाँ $EF = G$. अवयव g_{uv} मेट्रिक्स G का शून्य है। निम्नलिखित कथनों में से कौन–सा सही होगा?

A. मेट्रिक्स E का uवाँ कॉलम के सभी अवयव शून्य हैं।

B. मेट्रिक्स F का uवाँ कॉलम के सभी अवयव शून्य है।

C. मेट्रिक्स F का uवी कतार के सभी अवयव शून्य हैं।

D. मेट्रिक्स E का uवी कतार के सभी अवयव शून्य हैं।

66. M तथा G दो मेट्रीक्स हैं जहाँ

$$M = \begin{bmatrix} m_1 & m_2 & m_3 \\ n_1 & n_2 & n_3 \\ p_1 & p_2 & p_3 \end{bmatrix}$$ तथा

$$M - G = \begin{bmatrix} q_1 & q_2 & q_3 \\ r_1 & r_2 & r_3 \\ p_1 & p_2 & p_3 \end{bmatrix}$$

दो मेट्रीक्स G किस प्रकार का है?

A. शून्य (Null) मेट्रिक्स

B. अदिश मेट्रिक्स

C. निम्न त्रिभुजीय मेट्रिक्स (Lower triangle Matrix)

D. ऊच्च त्रिभुजीय मेट्रिक्स (Upper triangle matrix)

67. किसी त्रिभुज ABC में, $b^2 = c^2 + a^2$ हो तो tanA + tanC का मान क्या होगा?

A. tanB B. tanA . tanC

C. $\frac{b}{ac}$ D. $\frac{b^2}{ac}$

68. अगर $\tan\theta + \sec\theta = 4$ हो, तो $\sin\theta$ का मान क्या होगा?

A. $\frac{15}{28}$ B. $\frac{8}{15}$

C. $\frac{15}{17}$ D. $\frac{3}{5}$

69. अगर $\sin\theta = \frac{24}{25}$ हो तथा $0° < \theta < 90°$ हो, तो $\sin\left(\frac{\theta}{2}\right)$ का मान क्या होगा?

A. $\frac{12}{25}$ B. $\frac{7}{25}$

C. $\frac{3}{5}$ D. $\frac{4}{5}$

70. अगर $x = \cos^2\theta + \sec^2\theta$ हो, तो निम्नलिखित में से कौन–सा सही है?

A. $x = 2$ B. $x < 2$

C. $x > 2$ D. $x \geq 2$

71. मान लें कि A संकेत 1 को व्यक्त करता है, B संकेत 0 को व्यक्त करता है, C संकेत 1 को व्यक्त करता है D संकेत 0 को व्यक्त करता है तथा संकेत का क्रम इसी प्रकार जारी रहता है। अगर हम INDIA को AGRA से भाग दें तो द्विघातीय (Binary) संकेतन में निम्नलिखित में से कौन–सा शेषफल होगा?

A. $(1101)_2$ B. $(101)_2$

C. $(11)_2$ D. $(110)_2$

72. 2^{98} में कितने अंकों की संख्या होगी? (दिया हुआ है कि $\text{Log}_{10}{}^2 = 0.30103$)

A. 98 B. 99
C. 30 D. 29

73. मिश्र संख्यायें $z, -iz, z - iz$ के द्वारा अरगेन्ड डायग्राम के तहत बनने वाली त्रिभुज का क्षेत्रफल क्या होगा?

A. $|z|^2$ B. $2|z|^2$
C. $\frac{|z|^2}{2}$ D. $\frac{|z|^2}{4}$

74. एक द्विघातीय समीकरण जिसका गुणज (Leading Coefficient) 1 है, शीला x के गुणज 16 के बदले 19 पढ़ लेती है तथा मूल क्रमशः –15 तथा –4 ज्ञात करती है। निम्नलिखित में से कौन-से सही मूल होंगे?

A. 8, 8 B. 6, 10
C. –6, –10 D. 12, 5

75. 40 बच्चों के समूह में 30 तैर सकते हैं, 27 शतरंज (Chess) खेल सकते है तथा केवल 5 कुछ नहीं कर सकते हैं। तो कितने बच्चे सिर्फ तैर सकते हैं?

A. 30 B. 22
C. 72 D. 8

76. द्विघातीय समीकरण $x^2 - mx + 121$ के दोनों मूल क्रमशः 10 से बड़े हैं तो m का निम्नतम मान क्या होगा?

A. 21
B. 22
C. 23
D. निकाला नहीं जा सकता

77. $(A' \cap B' \cap C) \cup (B \cap C) \cup (A \cap C)$ का सरल हल क्या होगा जबकि A, B, C क्रमशः समुच्चय X का उपसमुच्चय है?

A. A B. B
C. C D. $X \cap (A \cup B \cup C)$

78. निम्नलिखित में से कौन–सा सम्बन्ध R का डोमेन (domain) होगा जबकि सम्बन्ध R को प्राकृतिक संख्याओं के समुच्चय–N के द्वारा व्यक्त किया गया हो $R = \{(m, n) : 2m + 3n = 30; m, n \in N\}$?

A. {2, 4, 6, 8} B. {3, 7, 11, 15}
C. {3, 6, 9, 12} D. {3, 6, 9, 12, 15}

79. $(x + y + z)^{10}$ के विस्तार में कितने पद होंगे?

A. 11 B. 33
C. 66 D. 3^{10}

80. निम्नलिखित में से कौन–सा सही है?

A. सम्बन्ध R_0 वास्तविक संख्याओं के समुच्चय के द्वारा इस प्रकार व्यक्त किया गया हो, जैसे $R_0 = \{(a, b)$ जहाँ $a^2 + b^2 = 1$ सभी के लिये $a, b \in R\}$ एक समतुल्य सम्बन्ध है।

B. सम्बन्ध R_0 वास्तविक संख्याओं के समुच्चय के द्वारा इस प्रकार व्यक्त किया गया हो, जैसे $R_0 = \{(a, b)$ जहाँ $|a - b| < \frac{1}{3}$, a के सभी मानों के लिये, $b \in R\}$ एक समतुल्य सम्बन्ध है।

C. सम्बन्ध I_0 इन्टीजर (Integer) संख्याओं के समुच्चय के द्वारा इस प्रकार व्यक्त किया गया हो, जैसे $I_1 I_0 I_2 : I_1^2 - 3I_1 I_2 + 2I_2^2 = 0$ सभी के लिये $I_1, I_2 \in 1$ एक समतुल्य सम्बन्ध है।

D. हम AE_cB को खुले वाक्य के द्वारा व्यक्त कर सकते हैं: A, B के समुच्चय परिवार के लिये कार्डिनली (Cardinally) समतुल्य है। तब सम्बन्ध E_c समुच्चय परिवार के लिये एक समतुल्य सम्बन्ध है।

81. शब्द MOTHER से चार शब्दों को एक साथ लेकर कितने शब्द बनाये जा सकते हैं जबकि हरेक बार शब्द M को लिया गया हो?

A. 240 B. 120
C. 60 D. 360

82. k का मान क्या होगा जबकि $\left(\sqrt{x} + \frac{k}{x^2}\right)^{10}$ के विस्तार में x से स्वतंत्र वाले पद का मान 405 है?

A. ± 3 B. ± 6
C. ± 5 D. ± 4

83. अगर समीकरण (1) $x^2 - px + q = 0$ तथा (2) $x^2 - rx + 5 = 0$ में एक मूल समान है तथा दूसरे समीकरण में मूलों का मान बराबर है तब निम्नलिखित में से कौन–सा मान $q + s$ के बराबर होगा?

A. $\frac{pr}{2}$ B. $2pr$
C. pr D. p^2r

84. अगर pवाँ, qवाँ तथा rवाँ पद किसी गुणोत्तर श्रेणी का पुनः गुणोत्तर श्रेणी में हो तो निम्नलिखित में से कौन–सा सही होगा?

A. p, q, r समानान्तर श्रेणी में है।
B. p, q, r गुणोत्तर श्रेणी में है।
C. p, q, r हरात्मक श्रेणी में है।
D. p, q, r न तो समानान्तर श्रेणी में न तो गुणोत्तर श्रेणी और न ही हरात्मक श्रेणी में है।

85. 10 शेर तथा 6 बाघों के समूह को एक कतार में कितने प्रकार से रखा जा सकता है जबकि दो बाघ एक साथ नहीं हो?

A. $10! \times 11p_6$ B. $10! \times 10p_6$
C. $6! \times 10p_7$ D. $6! \times 10p_6$

86. अगर दो संख्याओं का 6 गुणोत्तर माध्य है, उनका समानान्तर माध्य A तथा हरात्मक माध्य H निम्नलिखित समीकरण को संतुष्ट करता है

$$90A + 5H = 918$$

तो निम्नलिखित में से कौन-सा सही होगा?

A. A = 10 B. $A = \frac{1}{5}$; A = 10
C. A = 5; A = 10 D. $A = \frac{1}{5}$; A = 5

87. राष्ट्रीय प्रतियोगिता में क्रमशः 18 फुटबॉल की टीमें भाग लेती हैं तथा प्रत्येक टीम अपने प्रतिद्वंदी प्रत्येक टीम के साथ दो बार खेलती है तो इस प्रतियोगिता में कुल कितने मैच खेले गये?

A. 306 B. 300
C. 72 D. 153

88. अगर x, y, z; 1 के अलावा कोई अलग–अलग तीन धनात्मक संख्यायें हो तथा $(\log_y x . \log_z x - \log_x x) + (\log_x y ; \log_z y - \log_y y) + (\log_x z . \log_y z - \log_z z) = 0$ तो xyz का मान क्या होगा?

A. 2 B. 1
C. –1 D. 0

89. निम्नलिखित में से कौन–सा बन्द (closed) समुच्चयों का सम्मिलन है?

$\left[2+\frac{1}{n}, 10-\frac{1}{n}\right]; n = 1, 2, ...?$

A. [2, 10] B. [2, 10]
C. [2, 10] D. [2, 10]

90. निम्नलिखित में से कौन–सा बिन्दु इनइक्वेशन (Inequation) का हल नहीं होगा?

$3x + 4y > 12,\ x \geq 0,\ y \geq 0$?

A. (4, 2) B. (1, 3)
C. (2, 1) D. $\left(\frac{2}{3}, \frac{11}{4}\right)$

91. A एक $m \times n$ क्रम का वर्ग मेट्रीक्स है तथा K एक अदिश है, तब $adj\,(KA)$ निम्नलिखित में से किसके बराबर होगा?

A. $K\ adj\ A$ B. $K^2\ adj\ A$
C. $K^{n-1}\ adj\ A$ D. $K^n\ adj\ A$

92. k के किन मानों के लिये, सरल रेखा के समीकरणों के निकाय

$x + y + z = 2$
$2x + y - z = 3$
$3x + 2y + kz = 4$

का केवल एक हल होगा?

A. k शून्य के अलावा कोई भी वास्तविक संख्या है।
B. k कोई भी वास्तविक संख्या है।
C. k कोई भी इनटीजर (Integer) है।
D. k = 0

93. अगर नॉन सिंगुलर (Non-Singular) मेट्रिक्स $\begin{bmatrix} a_1 & b_1 & c_1 \\ a_2 & b_2 & c_2 \\ a_3 & b_3 & c_3 \end{bmatrix}$ का डीटरमीनान्ट Δ के द्वारा व्यक्त किया जाता हो तो मेट्रिक्स $\begin{bmatrix} a_1+3b_1-4c_1 & b_1 & 4c_1 \\ a_2+3b_2-4c_2 & b_2 & 4c_2 \\ a_3+3b_3-4c_3 & b_3 & 4c_3 \end{bmatrix}$ का डिटरमीनान्ट क्या होगा?

A. Δ B. – Δ
C. 7 Δ D. 4 Δ

94. सारणिक $\begin{vmatrix} 1 & a & a^2-bc \\ 1 & b & b^2-ca \\ 1 & c & c^2-ab \end{vmatrix}$ का मान क्या होगा?

A. abc B. $ab + bc + ca$
C. 0 D. $(a-b)(b-c)(c-a)$

95. A $n \times n$ क्रम का एक व्युत्क्रमणीय आव्यूह (non-singular matrix) है, तब निम्नलिखित में से कौन–सा मान $|adj\,A|$ के बराबर होगा?

A. $|A|^{n+1}$ B. $|A|^n$
C. $|A|^{n-1}$ D. $|A|$

96. अगर $M = \begin{bmatrix} x \\ y \\ z \end{bmatrix}$ तथा $G = [3, 4, 5]$ दो मेट्रीक्स हैं तो निम्नलिखित में से कौन–सा सही है?

A. गुणन मेट्रिक्स में, $MG = [h_{ij}]$, अवयव h_{32}, $5y$ है।
B. गुणन मेट्रिक्स में, $MG = [h_{ij}]$, अवयव h_{32}, $3x + 4y + 5z$ है।
C. गुणन मेट्रिक्स में, $MG = [h_{ij}]$, अवयव h_{32}, $4z$ है।
D. गुणन मेट्रिक्स में, $MG = [h_{ij}]$, अवयव h_{32} नहीं रहता है।

97. अगर $A = \begin{bmatrix} 0 & 1 \\ 0 & 0 \end{bmatrix}$ हो तो निम्नलिखित में से कौन–सा मान $(aI + bA)^n$ के बराबर होगा?
A. $a^nI + na^{n-1}bA$ B. $a^n + na^{n-1}bA$
C. $a^nI + a^{n-1}bA$ D. $a^nI + b^nA^n$

98. अगर A एक नॉन सिंगुलर (non-singular) मेट्रिक्स है जहाँ $A^{-1} = A^T$ तो निम्नलिखित में से कौन–सा मान A को व्यक्त करता है? (यहाँ A^T का मतलब A का ट्रांसपोज से है)

A. $\frac{1}{3}\begin{bmatrix} 1 & 2 & 2 \\ 2 & 1 & -1 \\ -2 & 2 & -1 \end{bmatrix}$ B. $\frac{1}{3}\begin{bmatrix} 1 & 2 & 2 \\ 2 & 1 & -2 \\ -2 & 2 & -1 \end{bmatrix}$

C. $\frac{1}{2}\begin{bmatrix} 1 & 2 & 2 \\ 2 & 1 & -1 \\ -2 & 2 & -1 \end{bmatrix}$ D. $\frac{1}{2}\begin{bmatrix} 1 & 2 & 2 \\ 2 & 1 & -1 \\ -2 & 2 & -1 \end{bmatrix}$

99. मेट्रिक्स X निम्नलिखित समीकरण को संतुष्ट करता है

$$\begin{bmatrix} 1 & 3 \\ 0 & 1 \end{bmatrix} X = \begin{bmatrix} 1 & 1 \\ 0 & -1 \end{bmatrix}$$

तो निम्नलिखित में से कौन–सा मान X को व्यक्त करता है?

A. $\begin{bmatrix} 1 & 4 \\ -1 & 0 \end{bmatrix}$ B. $\begin{bmatrix} 1 & -4 \\ 1 & 0 \end{bmatrix}$

C. $\begin{bmatrix} 1 & 4 \\ 0 & -1 \end{bmatrix}$ D. $\begin{bmatrix} 1 & -2 \\ 0 & -1 \end{bmatrix}$

100. मेट्रिक्स $M = \begin{bmatrix} 0 & 1 & 2 \\ 1 & 2 & 3 \\ 3 & 1 & 1 \end{bmatrix}$ तथा इनका व्युत्क्रम (Inverse) $N = (n_{ij})$ हो तो मेट्रीक्स N में n_{23} अवयव का मान क्या होगा?
A. 2 B. –2
C. 1 D. –1

101. अगर $I_m = \int_1^X (\ln X)^m dx$ संतुष्ट करता है सम्बन्ध $I_m = x(\ln X)^m - I\,I_{m-1}$, तो निम्नलिखित में से कौन–सा सही होगा?
A. $I = m - 1$ B. $I = m$
C. $I = m + 1$ D. $I = m^2 + 1$

102. $\int e^{x\ln a} e^x$ का मान क्या होगा?
A. $(ae)^x$ B. $\frac{(ae)^x}{ln\,(ae)}$
C. $\frac{e^x}{(1+lna)}$ D. $\frac{e^x}{(lna)}$

103. अगर तीन सदिश $\vec{a}, \vec{b}, \vec{c}$ क्रमशः परस्पर आपस में लम्बवत् हों तथा हरेक का मापांक इकाई हो तो $\vec{a}+\vec{b}+\vec{c}$ का मापांक क्या होगा?
A. 3 B. 1
C. $\sqrt{3}$ D. $\frac{1}{3}$

104. K के किन मानों के लिये, स्थिति (position) सदिश $60\vec{i}+3\vec{j}$, $40\vec{i}-8\vec{j}$ तथा $K\vec{i}-52\vec{j}$ एक रैखिक होंगे?
A. $K = 40$ B. $K = -40$
C. $K = -30$ D. $K = 20$

105. अगर $\vec{a}, \vec{b}$ तथा $\vec{c}$ तीन सदिश हों जिनका प्रत्येक जोड़ा एक रैखिक नहीं है, अगर सदिश $\vec{a}+\vec{b}$ तथा $\vec{b}+\vec{c}$ सदिश $\vec{c}$ तथा $\vec{a}$ के साथ क्रमशः एक रैखिक हों तो निम्नलिखित में से कौन–सा सही है?
A. $\vec{a}+\vec{b}+\vec{c}$ एक शून्य (Null) सदिश है।
B. $\vec{a}+\vec{b}+\vec{c}$ एक इकाई सदिश है।
C. $\vec{a}+\vec{b}+\vec{c}$ एक सदिश है, जिसका मापांक 2 इकाई है।
D. $\vec{a}+\vec{b}+\vec{c}$ एक सदिश है, जिसका मापांक 3 इकाई है।

106. अगर $|\vec{a}| = |\vec{b}| = |\vec{a}-\vec{b}| = 1$, हो, तो सदिश $\vec{a}$ तथा $\vec{b}$ के बीच का कोण क्या होगा?
A. $\frac{\pi}{6}$ B. $\frac{\pi}{3}$
C. $\frac{\pi}{2}$ D. $\frac{\pi}{4}$

107. उस समानान्तर चतुर्भुज का क्षेत्रफल क्या होगा जिसका विकर्ण क्रमशः $\vec{a} = 3\vec{i} + \vec{j} - 2\vec{k}$ तथा $\vec{b} = \vec{i} - 3\vec{j} + 4k$ हैं?

A. $5\sqrt{2}$ वर्ग इकाई B. $4\sqrt{3}$ वर्ग इकाई

C. $5\sqrt{3}$ वर्ग इकाई D. $10\sqrt{3}$ वर्ग इकाई

108. अगर $\vec{a} = \vec{i} + \vec{j}, \vec{b} = 2\vec{j} - \vec{k}$ तथा $\vec{r} \times \vec{a} = \vec{b} \times \vec{a}$, $\vec{r} \times \vec{b} = \vec{a} \times \vec{b}$ हो, तो $\frac{\vec{r}}{|\vec{r}|}$ का मान क्या होगा?

A. $\frac{(\vec{i} + 3\vec{j} - \vec{k})}{\sqrt{11}}$ B. $\frac{(\vec{i} - 3\vec{j} + \vec{k})}{\sqrt{11}}$

C. $\frac{(\vec{i} + 3\vec{j} + \vec{k})}{\sqrt{11}}$ D. $\frac{(\vec{i} - 3\vec{j} - \vec{k})}{\sqrt{11}}$

109. निम्नलिखित सदिशों में कौन–सा सदिश उस इकाई सदिश को निरूपित करेगा जो *YZ* तल के समानान्तर तथा सदिश $3\vec{i} + 4\vec{j} - 2\vec{k}$ पर लम्बवत् है?

A. $\frac{(-z\vec{i} + \vec{j} - \vec{k})}{\sqrt{6}}$ B. $\frac{(\vec{j} + 2\vec{k})}{\sqrt{5}}$

C. $\frac{(\vec{j} + \vec{k})}{\sqrt{2}}$ D. $\frac{(2\vec{i} + 3\vec{j} + 9\vec{k})}{\sqrt{94}}$

110. एक प्रयोग में दो चर क्रमशः X तथा Y कुछ इकाईयों में पाया गया। यह $\sigma_x = 2\sigma_y$ उल्लेख किया गया। निम्नलिखित में से कौन–सा कथन सही है?

A. X पर Y का रीग्रेशन गुणज, Y पर X का रीग्रेशन गुणज का चार गुना है।

B. X पर Y का रीग्रेशन गुणज, Y पर X का रीग्रेशन गुणज के बराबर है।

C. Y पर X का रीग्रेशन गुणज, X पर Y का रीग्रेशन गुणज के चार गुना है।

D. अंतर्सम्बन्ध गुणज का मान इकाई से बढ़ा हुआ है।

111. एक विद्युतीय निकाय में दो बॉल्ब A तथा B हैं। पूर्व के जाँच के क्रम में निम्नलिखित परिणाम पाया गया:

P (A फ्यूज है) = 0.20;

P (B अकेला फ्यूज है) = 0.15;

P (A तथा B फ्यूज है) = 0.15

तो सिर्फ बॉल्ब के फ्यूज होने की प्रायिकता (probability) क्या होगी?

A. 0.15 B. 0.20

C. 0.05 D. 0.25

112. निम्नलिखित में से कौन–सा सांख्यिकी मापन में ग्राफ की सहायता से ज्ञात नहीं किया जा सकता?

A. माध्यिका B. बहुलक

C. हरात्मक माध्य D. समानान्तर माध्य

113. निम्नलिखित आपेक्षिक आवृति विभाजन, किसी सामाजिक प्रोग्राम के तहत विभिन्न आयु के क्रम से एक देश के 50 सदस्यों का विभाजन दिखाया गया है

आयु (वर्ष में)	*आपेक्षिक आवृति*
30 – 39	0.02
40 – 49	0.06
50 – 59	0.16
60 – 69	0.32
70 – 79	0.20
80 – 89	0.16
90 – 99	0.08

उन सदस्यों की संख्या क्या होगी जो 50 वर्ष से ऊपर के हैं?

A. 4 B. 8

C. 46 D. 16

114. नीचे दिये गये सूची में कूटों की सहायता से सूची–I तथा सूची–II में सही उत्तर के लिये मिलान करें?

सूची-I	*सूची-II*
I. औसत जूते का आकार	a. गुणोत्तर माध्य
II. समान दूरी तय करने की स्थिति में औसत चाल	b. हरात्मक माध्य
III. समान समयावधि के स्थिति में औसत चाल	c. समानान्तर माध्य
IV. जनसंख्या वृद्धि की औसत दर	d. बहुलक

कूट:

A. I-a, II-b, III-c, IV-d

B. I-a, II-c, III-b, IV-d

C. I-d, II-b, III-c, IV-a

D. I-d, II-b, III-a, IV-c

115. अगर विचलन (Variates) स्वतंत्र हैं तब कौन–सा कथन सही होगा?

A. सह विचलन (Covariance) ऋणात्मक है।

B. सह विचलन (Covariance) धनात्मक है।

C. सह विचलन (Covariance) शून्य है।

D. सह विचलन (Covariance) का मान नहीं प्राप्त किया जा सकता है।

116. $\log_{10} 1\frac{1}{2} + \log_{10} 1\frac{1}{3} + \log_{10} 1\frac{1}{4}$....198 पदों तक का मान क्या होगा?

A. 100 B. 10

C. 2 D. 0

117. अगर $i = \sqrt{-1}$ हो, तो $\sqrt{i}$ का मान क्या होगा?

A. $\frac{1-i}{\sqrt{2}}$ B. $\frac{1+i}{\sqrt{2}}$

C. $\frac{2+i}{\sqrt{2}}$ D. $\frac{2-i}{\sqrt{2}}$

118. अगर दो द्विघातीय समीकरण $x^2 - bx + c = 0$ तथा $x^2 - b'x + c' = 0$ का एक मूल समान हो तो इस उभयनिष्ठ (समान) मूल का मान क्या होगा?

A. $\frac{b-b'}{c-c'}$ B. $\frac{c-c'}{b-b'}$

C. $\frac{b-b'}{c'-c}$ D. $\frac{c-c'}{b'-b}$

119. 5 से विभाजित होने वाली सभी संख्याओं जो 107 तथा 253 के बीच में अवस्थित हैं, का योगफल क्या होगा?

A. 5220 B. 5210

C. 5200 D. 5000

120. एक आदमी एक चट्टान पर है जो एक समुद्र के किनारे पर है, एक नाव को अपनी ओर आते देखता है। अगर यह नाव 10 मिनट में 30° के अवनमन कोण का मान 60° में बदल देती है तो नाव को किनारे पर आने के लिये कितना समय लगेगा?

A. 20 मिनट B. 15 मिनट

C. 10 मिनट D. 5 मिनट

उत्तरमाला

1	2	3	4	5	6	7	8	9	10
B	C	D	B	A	A	C	D	C	C
11	**12**	**13**	**14**	**15**	**16**	**17**	**18**	**19**	**20**
A	B	B	B	B	A	A	D	D	C
21	**22**	**23**	**24**	**25**	**26**	**27**	**28**	**29**	**30**
A	A	B	C	A	B	C	B	C	B
31	**32**	**33**	**34**	**35**	**36**	**37**	**38**	**39**	**40**
A	A	A	C	A	C	B	B	C	C
41	**42**	**43**	**44**	**45**	**46**	**47**	**48**	**49**	**50**
C	A	A	D	A	C	A	B	B	C
51	**52**	**53**	**54**	**55**	**56**	**57**	**58**	**59**	**60**
D	D	B	B	A	B	C	B	D	D
61	**62**	**63**	**64**	**65**	**66**	**67**	**68**	**69**	**70**
C	D	B	B	D	D	D	C	C	D
71	**72**	**73**	**74**	**75**	**76**	**77**	**78**	**79**	**80**
D	C	C	C	D	B	C	C	C	D
81	**82**	**83**	**84**	**85**	**86**	**87**	**88**	**89**	**90**
C	A	A	A	A	B	A	B	A	C
91	**92**	**93**	**94**	**95**	**96**	**97**	**98**	**99**	**100**
C	A	D	C	C	C	B	B	C	D
101	**102**	**103**	**104**	**105**	**106**	**107**	**108**	**109**	**110**
B	B	C	B	A	B	C	A	C	B
111	**112**	**113**	**114**	**115**	**116**	**117**	**118**	**119**	**120**
C	C	C	C	C	C	B	B	A	D

कुछ चुने हुए प्रश्नों के व्याख्यात्मक उत्तर

1. यहाँ $\sin^{-1} x + \sin^{-1} y + \sin^{-1} z = \dfrac{3\pi}{2}$

अगर, $\sin^{-1} x = \sin^{-1} y = \sin^{-1} z = \pi/2$

तो $x = y = z = \sin\dfrac{\pi}{2} = 1$

$\therefore\ x + y + z = 1 + 1 + 1 = 3$

2. यहाँ, $11y = 90°$

तो, $\tan y = \tan\,(90° - 10y) = \cot 10y$

इसी प्रकार,

$\tan 2y = \cot 9y$

$\tan 3y = \cot 8y$

$\equiv\ \equiv\ \equiv\ \equiv\ \equiv$

तो दिया गया व्यंजक $= \cot 10\,y\,.\,\cot 9\,y\,.\,\cot 8\,y\,.\,\cot 7\,y\,\cot 6\,y\,.\,\tan 6\,y\,.\,\tan 7\,y\,.\,\tan 8\,y\,.\,\tan 9\,y\,.\,\tan 10\,y$

$= 1$

8. $\dfrac{\sin 2x - \sin 2y}{\cos 2x + \cos 2y} = \dfrac{2\cos(x+y)\cdot\sin(x-y)}{2\cos(x+y)\cdot\cos(x-y)}$

$= \tan\,(x - y)$

यहाँ, $x - y = (4n + 1)\,\dfrac{\pi}{4}$ (दिया हुआ है)

$\therefore\ \tan\,(x - y) = \tan\,(4n + 1)\ \pi/4 = 1$

9. मानाकि AB एक 60 मीटर का टावर है जिसके दोनों तरफ बिन्दु C तथा D पर कोई दो वस्तुयें अवस्थित हैं।

यहाँ अवनमन कोण = उन्नयन कोण

साथा ही, $\beta > \alpha$ (दिया हुआ है)

अब Δ ABC में,

$\tan\alpha = \dfrac{AB}{AC} = \dfrac{60}{AC}$

$\therefore\ AC = 60\cot\alpha$ ...(1)

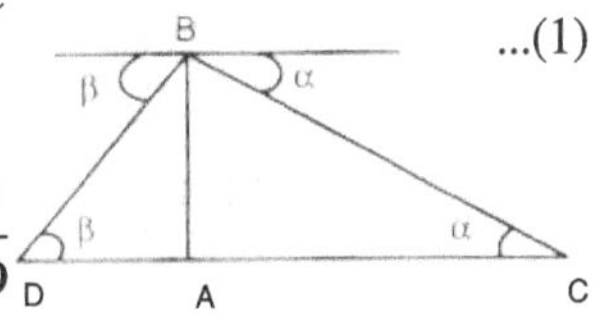

पुनः Δ ABD में,

$\tan\beta = \dfrac{AB}{AD} = \dfrac{60}{AD}$

$AD = 60\cot\beta$ ...(2)

अब, CD = AC + AD

$= 60\cot\alpha + 60\cot\beta$

$= 60\,(\cot\alpha + \cot\beta)$

अर्थात दोनों वस्तुओं की बीच की दूरी मीटर में $60\,(\cot\alpha + \cot\beta)$ होगी।

13. माना कि $(\alpha + \beta)$ सरल रेखा $x + y = 0$ पर बिन्दु (4, 3) का प्रतिबिम्ब (Image) है।

उस रेखा का समीकरण जो बिन्दु (4, 3) से जाती है तथा रेखा $x + y = 0$ के लम्बवत् है:

$y - 3 = 1(x - 4)$

या, $x - 4 = y - 3$

$\therefore\ x - y = 1$

यह रेखा $x + y = 0$ से बिन्दु $\left(\dfrac{1}{2},\ -\dfrac{1}{2}\right)$ पर मिलेगी।

$\therefore\ \dfrac{\alpha + 4}{2} = \dfrac{1}{2}$

या, $\alpha + 4 = 1$

$\therefore\ \alpha = -3$

तथा, $\dfrac{\beta + 3}{2} = -\dfrac{1}{2}$ या, $\beta + 3 = -1$

$\therefore\ \beta = -4$

$(-3, -4)$

18. मानाकि, $f(x) = (3 - \cos 2x)^{-1} = \dfrac{1}{3 - \cos 2x} = y$

या, $3 - \cos 2x = \dfrac{1}{y}$

या, $\cos 2x = 3 - \dfrac{1}{y}$

तो, $-1 \le 3 - \dfrac{1}{y} \le 1$

या, $-4 \le -\dfrac{1}{y} \le -2$

या, $\dfrac{1}{4} \le y \le \dfrac{1}{2}$

$\therefore\ y \in \left(\dfrac{1}{4},\ \dfrac{1}{2}\right)$

20. $\lim\limits_{x\to\infty}\left(\dfrac{x+3}{x-1}\right)^{x+3}$

$= \lim\limits_{x\to\infty}\left(1 + \dfrac{4}{x-1}\right)^{x+3} = \lim\limits_{x\to\infty}\left(1 + \dfrac{4}{x-1}\right)^{\frac{x-1}{4}\times\frac{4\times(x+3)}{(x-1)}}$

$= e^{\lim\limits_{x\to\infty}\frac{4(x+3)}{(x-1)}} = e^{\lim\limits_{x\to\infty}\frac{4\left(1+\frac{3}{2}\right)}{\left(1-\frac{1}{x}\right)}}$

$= e^{4\times 1} = e^4.$

21. $\lim_{x\to\infty} x\sin\left(\frac{1}{x}\right)$

$\lim_{x\to\infty}\left(\frac{\sin\left(\frac{1}{x}\right)}{\frac{1}{x}}\right)=1$

अर्थात, A = 1

फिर $\lim_{x\to 0}\sin\left(\frac{1}{x}\right)=\lim_{x\to 0} x$ $\times -1$ तथा 1 के बीच की कोई संख्या, जिससे B = 0

22. $\lim_{x\to 0}\frac{10^x-2^x-5^x+1}{x\sin x}$

$=\lim_{x\to 0}\left(\frac{5^x-1}{x}\right)\cdot\left(\frac{2^x-1}{x}\right)\cdot\left(\frac{x}{\sin x}\right)$

= log5 . log2.1

= log5 . log2 $\because (5^x-1)(2^x-1)=10^x-2^x-5^x+1$

24. यहाँ, $(x+y)^{m+n}=x^m y^n$

दोनों तरफ log लेने पर,

$\log(x+y)^{m+n}=\log(x^m\cdot y^n)$

या $(m+n)\log(x+y)=m\log x+n\log y$

x के सापेक्ष अवकलन करने पर,

$$(m+n)\times\frac{1}{x+y}\left(1+\frac{dy}{dx}\right)=m\times\frac{1}{x}+n\times\frac{1}{y}.\frac{dy}{dx}$$

या, $\left[\frac{(m+n)}{(x+y)}-\frac{n}{y}\right]\frac{dy}{dx}=\frac{m}{x}-\frac{m+n}{x+y}$

या, $\left[\frac{my+ny-nx-ny}{y(x+y)}\right]\frac{dy}{dx}=\frac{mx+my-mx-nx}{x(x+y)}$

या, $\frac{my-nx}{y(x+y)}\cdot\frac{dy}{dx}=\frac{my-nx}{x(x+y)}$

या, $\frac{dy}{dx}=\frac{(my-nx)}{x(x+y)}\times\frac{y(x+y)}{(my-nx)}$

$\therefore\ \frac{dy}{dx}=\frac{y}{x}$

26. मानाकि, $y=\log_x 2^x=\frac{\log x}{\log x^2}=\frac{\log x}{2\log x}$

या, $y=\frac{1}{2}$

$\therefore\ \frac{dy}{dx}=0$

32. मानाकि, प्रारम्भिक जनसंख्या p_0 है तथा t वर्षों के बाद जनसंख्या p हो जाती है।

$\frac{dp}{dt}=kp$

या, $\frac{dp}{p}=kdt$

अनुकुलन (Integrating) करने पर,

$\log p=kt+c$

जब $t=0, p=p_0$

$\log p_0=k\times 0+c$

जिससे, $c=\log p_0$

$\therefore\ \log p=kt+\log p_0$

या, $\frac{\log p}{\log p_0}=kt$

जब, $t=50$ तो $p=2p_0$

तो, $\log 2=50k$

या, $k=\frac{\log 2}{50}$

जिससे, $\log\frac{p}{p_0}=\frac{\log 2}{50}t$

फिर, $\log\frac{3p_0}{p_0}=\frac{\log 2}{50}.t$

या, $\log 3=\frac{\log 2}{50}t$

$\therefore\ t=50\frac{\log 3}{\log 2}$

35. $I=\int_0^{\pi}\frac{\cos x}{x^4+(\pi-x)^4}dx$ ....(1)

फिर, $I=\int_0^{\pi}\frac{\cos(\pi-x)}{(\pi-x)^4+x^4}dx$ ...(2)

दोनों को जोड़ने पर,

$2I=0$

$\therefore\ I=0$

37. $I = \int \frac{(x-x^3)^{1/3}}{x^4}dx$

$= \int \frac{\left(\frac{1}{x^2}-1\right)^{1/3}}{x^3}dx$

$\frac{1}{x^2} = t$ रखने पर,

$-2\frac{1}{x^3}dx = dt$

$\therefore \frac{1}{x^3}dx = -\frac{dt}{2}$

तो $I = -\frac{1}{2}\int t^{1/3}dt + c = -\frac{1}{2}\frac{t^{1/3+1}}{\frac{1}{3}+1} + c$

$= -\frac{1}{2}\times\frac{3}{4}t^{4/3} + c$

$= -\frac{3}{8}\left(\frac{1}{x^2}-1\right)^{4/3} + c$ (t का मान लौटाने पर)

38. $I = \int e^{\sqrt{x}}dx$

मानाकि, $\sqrt{x} = t, x = t^2$

जिससे $dx = 2t\,dt$

तो, $I = \int e^t \times 2t\,dt$

$= 2\int e^t t\,dt = 2\left[t.e^t - \int e^t dt\right]$

$= 2\left[t.e^t - e^t\right] + c$

$= 2e^{\sqrt{x}}\left(\sqrt{x}-1\right) + c$ (t का मान लौटाने पर)

40. यहाँ, $\left(\frac{d^3y}{dx^3}\right)^{2/3} - 3\frac{d^2y}{dx^2} + 5\frac{dy}{dx} + 4 = 0$

या, $\left(\frac{d^3y}{dx^3}\right)^{2/3} = 3\frac{d^2y}{dx^2} - 5\frac{dy}{dx} - 4$

दोनों तरफ घन (Cube) लेने पर,

तो $\left(\frac{d^3y}{dx^3}\right)^2 = \left(3\frac{d^2y}{dx^2} - 5\frac{dy}{dx} - 4\right)^3$

यहाँ उच्च क्रम के अवकल गुणांक का घात 2 है जिससे 2 घात का अवकल समीकरण होगा।

48. प्रायिकता फलन $p(r) = p(x = r) = 6_{c_r} p^r q^{6-r}$

दिया गया है $9p(x = 4) = p(x = 2)$

जिससे, $9 \times 6_{c_4} p^4q^2 = 6_{c_2} p^2q^4$

या, $9p^2 = q^2$

या, $9p^2 = (1 - p)^2$ [यहाँ $p + q = 1$]

या, $9p^2 = 1 + p^2 - 2p$

या, $8p^2 + 2p - 1 = 0$

या, $8p^2 + 4p - 2p - 1 = 0$

या, $4p(2p + 1) - 1(2p + 1) = 0$

या, $(4p - 1)(2p + 1) = 0$

जिससे, $p = \frac{1}{4}$ या, $p = -\frac{1}{2}$

55. $x^2 + y^2 - 14x - 10y - 151 = 0$

या, $x^2 - 2 \times 7x + 49 + y^2 - 2 \times 5y + 25 = 151 + 49 + 25$

या, $(x-7)^2 + (y-5)^2 = 225$

या, $(x-7)^2 + (y-5)^2 = (15)^2$

$\therefore$ केन्द्र $(7, 5)$ तथा त्रिज्या $= 15$

अब बिन्दु $(2, -7)$ तथा $(7, 5)$ के बीच की दूरी

$= \sqrt{(7-2)^2 + [5-(-7)]^2}$

$= \sqrt{5^2 + (5+7)^2}$

$= \sqrt{5^2 + 12^2}$

$= \sqrt{25 + 144}$

$= \sqrt{169}$

$= 13$

$\therefore$ न्यूनतम दूरी $= 15 - 13 = 2$ इकाई

58. यहाँ केन्द्रक G रेखा AD को 2 : 1 में बाँटती है।

मानाकि, D का नियामक (x, y, z) है।

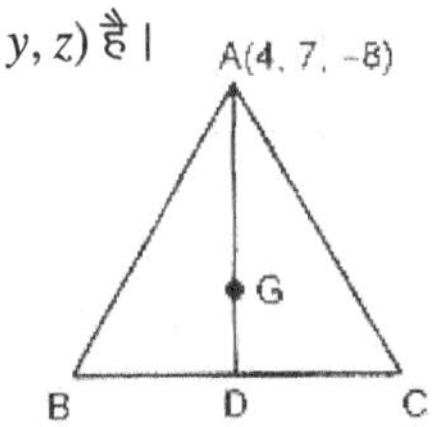

अब प्रश्न से,

$\frac{4 \times 1 + 2x}{1+2} = 1$

या, $4 + 2x = 3$

या, $2x = -1$

$\therefore\ x = -\frac{1}{2}$

फिर, $\frac{7\times1+y\times2}{3}=1$

या, $7 + 2y = 3$

या, $2y = -4$

$\therefore\ y = -2$

फिर पुनः,

$\frac{-8\times1+z\times2}{3}=1$

या, $-8 + 2z = 3$

या, $2z = 11$

$\therefore\ z = \frac{11}{2}$

अर्थात बिन्दु D का नियामक $\left(-\frac{1}{2},\ -2,\ \frac{11}{2}\right)$ होगा।

64. यहाँ,

$$\cos^2\frac{\alpha}{2}+\cos^2\frac{\beta}{2}+\cos^2\frac{\gamma}{2}=1$$

या, $2\cos^2\frac{\alpha}{2}+2\cos^2\frac{\beta}{2}+2\cos^2\frac{\gamma}{2}=2$

या, $1 + \cos\alpha + 1 + \cos\beta + 1 + \cos\gamma = 2$

$\cos\alpha + \cos\beta + \cos\gamma = -1$

68. $\sec\theta + \tan\theta = 4$ ...(1)

$\therefore\ \sec\theta-\tan\theta=\frac{\sec^2\theta-\tan^2\theta}{\sec\theta+\tan\theta}=\frac{1}{4}$ ...(2)

समीकरण (1) तथा (2) से,

$2\sec\theta = 4+\frac{1}{4}=\frac{17}{4}$

$\sec\theta = \frac{17}{8}$

$2\tan\theta = 4-\frac{1}{4}=\frac{15}{4}$

$\therefore\ \tan\theta = \frac{15}{8}$

$\sin\theta = \cos\theta\,.\,\tan\theta$

$= \frac{1}{\sec\theta}.\tan\theta$

$= \frac{1}{\frac{17}{8}}\times\frac{15}{8}=\frac{8}{17}\times\frac{15}{8}$

$\therefore\ \sin\theta = \frac{15}{17}$

74. मानाकि द्विघातीय समीकरण

$ax^2 + bx + c = 0$

यहाँ, $c = -15 \times -4 = 60$

तो, सही समीकरण होगा

$x^2 + 16x + 60 = 0$

या, $x^2 + 10x + 6x + 60 = 0$

या, $x(x + 10) + 6(x + 10) = 0$

या, $(x + 6)(x + 10) = 0$

जिससे, $x = -6$ या -10

76. $x^2 - mx + 121 = 0$

या, $x^2 - 22x + 121 = 0$ (दोनों मूलों का मान 11 लेने पर)

या, $x^2 - 2\times x\times 11 + 11^2 = 0$

या, $(x - 11)^2 = 0$

$\therefore\ x = 11 > 10$

फिर, $mx = x^2 + 121$

$m = \frac{x^2+121}{x}$ ...(1)

या, $m = x + 121x^{-1}$

$\frac{dm}{dx}=1-121x^{-2}$

फिर, $\frac{d^2m}{dx^2} = 2\times121x^{-3} >$ न्यूनतम

$\therefore\ 1 - 121x^{-2} = 0$

जिससे $x = 11$

अब, समीकरण (1) से, $m = 22$

81. यहाँ शब्द MOTHER में 6 असमान अक्षर हैं। M को सभी शब्दों में रखकर 4 अक्षरों का शब्द बनाना है। उपरोक्त प्रकार के शब्दों की संख्या

$= 5p_3 = \frac{5}{5-3}=\frac{5}{2}$

$= 5\times4\times3 = 60$

82. मानाकि $(r + 1)$ वाँ पद दिए गये व्यंजक का x से स्वतंत्र पद है।

$T_{r+1} = 10_{c_r}\left(\sqrt{x}\right)^{10-r}\left(\frac{k}{x^2}\right)^r$

$= 10_{c_r}\, x^{5-\frac{r}{2}}\times k^r.x^{-2r}$

$= 10_{c_r}\, x^{5-\frac{5r}{2}}.k^r$

यह पद x से स्वतंत्र है, जिससे

$5-\frac{5r}{2}=0$

या, $10 - 5r = 0$
जिससे $r = 2$

$\therefore\ 10_{c_2} k^2 = 405$

$$k^2 = \frac{405 \times 2}{10 \times 9} = 9$$

$\therefore\ k = \pm 3$

86. मानाकि a तथा b दो संख्यायें हैं।

प्रश्न से, $A = \frac{a+b}{2}$, $H = \frac{2ab}{a+b}$, $ab = 36$

तो $H = \frac{2ab}{a+b} = \frac{2 \times 36}{a+b} = \frac{72}{2A} = \frac{36}{A}$

अब $90A + 5H = 918$

या, $90A + 5 \times \frac{36}{A} = 918$ (H का मान रखने पर)

या, $90A^2 + 180 = 918A$

या, $90A^2 - 918A + 180 = 0$

या, $10A^2 - 102A + 20 = 0$

या, $10A^2 - 100A - 2A + 20 = 0$

या, $10A(A - 10) - 2(A - 10) = 0$

या, $(10A - 2)(A - 10) = 0$

जिससे, $A = \frac{1}{5}$ या 10

88. $\left(\log_y x.\log_z x - \log_x x\right) + \left(\log_x y.\log_z y - \log_y y\right) + \left(\log_x z.\log_y z - \log_z z\right) = 0$

या, $\left(\frac{\log x}{\log y} \times \frac{\log x}{\log z} - 1\right) + \left(\frac{\log y}{\log x}.\frac{\log y}{\log z} - 1\right) + \left(\frac{\log z}{\log x}.\frac{\log z}{\log y} - 1\right) = 0$

मानाकि, $\log x = a$, $\log y = b$ तथा $\log z = c$

तो दिया गया व्यंजक $= \left(\frac{a^2}{bc} - 1\right) + \left(\frac{b^2}{ac} - 1\right) + \left(\frac{c^2}{ab} - 1\right) = 0$

या, $\frac{a^2 - bc}{bc} + \frac{b^2 - ac}{ac} + \frac{c^2 - ab}{ab} = 0$

या, $\frac{a^3 - abc + b^3 - abc + c^3 - abc}{abc} = 0$

या, $a^3 + b^3 + c^3 - 3abc = 0$

या, $(a + b + c)\frac{1}{2}\left[(a-b)^2 + (b-c)^2 + (c-a)^2\right] = 0$

लेकिन, $x \neq y \neq z$ जिससे $a \neq b \neq c$

$\therefore\ a + b + c = 0$

जिससे, $\log x + \log y + \log z = 0$

या, $\log(x\,y\,z) = 0$

या, $\log(x\,y\,z) = \log 1$

$\therefore\ x\,y\,z = 1$

94. $\begin{vmatrix} 1 & a & a^2 - bc \\ 1 & b & b^2 - ac \\ 1 & c & c^2 - ab \end{vmatrix} = \begin{vmatrix} 1 & a & a^2 \\ 1 & b & b^2 \\ 1 & c & c^2 \end{vmatrix} - \begin{vmatrix} 1 & a & bc \\ 1 & b & ca \\ 1 & c & ab \end{vmatrix}$

$$= \begin{vmatrix} 1 & a & a^2 \\ 1 & b & b^2 \\ 1 & c & c^2 \end{vmatrix} - \frac{1}{abc}\begin{vmatrix} a & a^2 & abc \\ b & b^2 & abc \\ c & c^2 & abc \end{vmatrix}$$

$$= \begin{vmatrix} 1 & a & a^2 \\ 1 & b & b^2 \\ 1 & c & c^2 \end{vmatrix} - \frac{abc}{abc}\begin{vmatrix} 1 & a & a^2 \\ 1 & b & b^2 \\ 1 & c & c^2 \end{vmatrix} = 0$$

100. $M = \begin{bmatrix} 0 & 1 & 2 \\ 1 & 2 & 3 \\ 3 & 1 & 1 \end{bmatrix}$

यहाँ, $C_{11} = 2 - 3 = -1$, $C_{12} = -(1 - 9) = 8$

$C_{13} = 1 - 6 = -5$, $C_{21} = -(1 - 2) = 1$

$C_{22} = 0 - 6 = -6$, $C_{23} = -(0 - 3) = 3$

$C_{31} = 3 - 4 = -1$, $C_{32} = -(0 - 2) = 2$

$C_{33} = 0 - 1 = -1$

$$\therefore\ adj\,A = \begin{bmatrix} -1 & 8 & -5 \\ 1 & -6 & 3 \\ -1 & 2 & -1 \end{bmatrix}^T = \begin{bmatrix} -1 & 1 & -1 \\ 8 & -6 & 2 \\ -5 & 3 & -1 \end{bmatrix}$$

$|A| = -(1 - 2) + 3(3 - 4) = 1 - 3 = -2$

$$\therefore\ A^{-1} = \frac{1}{-2}\begin{bmatrix} -1 & 1 & -1 \\ 8 & -6 & 2 \\ -5 & 3 & -1 \end{bmatrix}$$

$\therefore\ n_{23} = \frac{2}{-2} = -1$

104. मानाकि, P, Q, R सदिश $60\vec{i}+2\vec{j}$, $40\vec{i}-8\vec{j}$, $k\vec{i}-52\vec{j}$ का स्थिति (position) सदिश है। तब

$\vec{PQ}=40\vec{i}-8\vec{j}-60\vec{i}-3\vec{j}=-20\vec{i}-11\vec{j}$

$\vec{QR}=k\vec{i}-52\vec{j}-40\vec{i}+8\vec{j}=(k-40)\vec{i}-44\vec{j}$

स्पष्टतः $k=-40$

$\vec{QR}=-80\vec{i}-44\vec{j}=4(-20\vec{i}-11\vec{j})=4\vec{PQ}$

105. $\vec{a}+\vec{b}$ तथा $\vec{c}$ एक रैखिक है, जिससे $\vec{a}+\vec{b}=x\vec{c}$

$\vec{b}+\vec{c}$ तथा $\vec{a}$ एक रैखिक है,

जिससे $\vec{b}+\vec{c}=y\vec{a}$

तो, $\vec{a}+\vec{b}+\vec{c}=(x+1)\vec{c}$

तथा, $\vec{a}+\vec{b}+\vec{c}=(y+1)\vec{a}$

जिससे, $(x+1)\vec{c}=(y+1)\vec{a}$

तो, $x+1=0$ तथा $y+1=0$

$x=-1,\ y=-1$

अर्थात, $\vec{a}+\vec{b}+\vec{c}=0$

106. $|\vec{a}|=|\vec{b}|=|\vec{a}-\vec{b}|=1$

तो, $|\vec{a}-\vec{b}|^2=|\vec{a}|^2+|\vec{b}|^2-2\vec{a}\cdot\vec{b}$

या, $1^2=1^2+1^2-2|\vec{a}|\,|\vec{b}|\cos\theta$

या, $2\cos\theta=1$

$\therefore\ \cos\theta=\frac{1}{2}$

जिससे $\theta=\frac{\pi}{3}$

107. मानाकि, $\vec{a}=3\vec{i}+\vec{j}-2\vec{k}$

$\vec{b}=\vec{i}-3\vec{j}+4\vec{k}$

$$\vec{a}\times\vec{b}=\begin{vmatrix}\vec{i} & \vec{j} & \vec{k}\\ 3 & 1 & -2\\ 1 & -3 & 4\end{vmatrix}$$

$=(4-6)\vec{i}-(12+2)\vec{j}+(-9-1)\vec{k}$

$=-2\vec{i}-14\vec{j}-10\vec{k}$

जिससे, $\vec{a}\times\vec{b}=\sqrt{(-2)^2+(-14)^2+(-10)^2}$

$=\sqrt{4+196+100}=\sqrt{300}$

समानान्तर चतुर्भुज का क्षेत्रफल $=\frac{1}{2}|\vec{a}\times\vec{b}|$

$=\frac{1}{2}\times\sqrt{300}=\frac{1}{2}\times10\sqrt{3}$

$=5\sqrt{3}$ वर्ग इकाई

116. $\log_{10}1\frac{1}{2}+\log_{10}1\frac{1}{3}+\log_{10}1\frac{1}{4}+\ldots198$ पदों तक

$=\log_{10}\frac{3}{2}+\log_{10}\frac{4}{3}+\log_{10}\frac{5}{4}+\ldots+\log_{10}\frac{200}{199}$

198वाँ पद $=\log_{10}\frac{200}{199}$

$=\log_{10}\left(\frac{3}{2}\times\frac{4}{3}\times\frac{5}{4}\times\ldots\times\frac{199}{198}\times\frac{200}{199}\right)$

$=\log_{10}\left(\frac{200}{2}\right)$

$=\log_{10}100=\log_{10}{}^{10^2}$

$=2\log_{10}10=2\times1=2$

118. मानाकि उभयनिष्ठ (Common) मूल α है तो

$\alpha^2-b\,\alpha+c=0$

$\alpha^2-b'\,\alpha+c'=0$

जिससे, $\frac{\alpha^2}{-bc'+cb'}=\frac{\alpha}{c-c'}=\frac{1}{b-b'}$

तो $\alpha=\frac{c-c'}{b-b'}$

119. 107 से 253 के बीच 5 से विभाजित सभी संख्याओं के लिये,

पहला पद = 110

अंतिम पद = 250 होगा,

मानाकि कुल पदों की संख्या n है,

$110+(n-1)5=250$

या, $(n-1)=250-110$

या, $n-1=\frac{140}{5}$

$\therefore\ n=28+1=29$

सभी पदों का योगफल=S $=\frac{n}{2}$ (पहला पद + अंतिम पद)

$=\frac{29}{2}(110+250)$

$=\frac{29}{2}\times360$

$=29\times180$

$=5220$